제2판

최호진 저

형법 각론

박영사

제2판 머리말

영국의 철학자 존 로크(John Locke)는 1690년 그의 저서 '통치론(Two Treatises of Government)'에서 "법이 끝나는 곳에서 폭정이 시작된다(Wherever law ends, tyranny begins)"라고 말하였다. 그는 군주의 전횡이나 정부 권력의 남용에 대해 경고하면서, 법 위에 존재하는 권력은 폭정의 시작이라고 주장했다. 국가는 시민의 권리와 자유를 보호하기 위해 존재해야 하며, 법은 그것을 실현하는 수단이어야 한다. 법이 권력의 도구가 될 때, 그것은 법의 탈을 쓴 폭력에 불과하다. 형식적으로는 적법해 보여도 그 집행이 공정하지 않다면, 그 법은 이미 본래의 의미를 잃는다. 권력자들이 자신들에게 유리하도록 법을 해석하고 적용할 때, 그 순간 법은 오염되고, 그 오염은 조용하고 깊숙이 사회의 신뢰를 침식시킨다.

프란츠 카프카의 소설 '소송(Der Prozess)'에서 주인공 요제프 K는 이유도 모른 채 체포되고 재판을 받는다. 소설 전체에서 요제프 K는 자신이 왜 기소되었는지, 어떻게 무죄를 입증해야 하는지 전혀 알지 못한 채 끝없이 좌절하고 무력해진다. 화가 티토렐리는 K에게 정의의 여신을 그린 그림을 보여주지만, 그것은 법의 공정함을 상징하는 정의의 여신과 사냥감을 가차 없이 추적해 파멸시키는 사냥의 여신을 하나로 합쳐놓은 그림이다. K는 법이 정의를 실현하기 위한 도구가 아니라, 개인을 끊임없이 괴롭히고 결국 파멸시키는 비인간적인 기계임을 온몸으로 경험한다.

법이 정의를 외면하고 권력에 복무할 때, 우리는 그것을 법치주의라 부를 수 없다. 그것은 단지 '법의 지배'가 아니라, '법을 이용한 지배'에 불과하다. 모두가 법치주의를 말하지만, 그 의미에 대해선 각기 다른 신념과 내용을 가지고 있다. 법치주의의 본질은 분명하지 않다. 그 개념은 여전히 모호하게 받아들여지며, 다양한 방식으로 해석되고 있다. 그러나 법치주의는 인류 보편의 가치로서 그 본질은 하나다. 이는 1789년 프랑스 인권선언에 담긴 내용과 같이 우리가 모두 알고 동의하는 바다. 인간은 자유롭게 태어나며, 자유 상태가 유지되고 평등한 권리를 누려야 하며, 정치적 집단은 인간이 자연 상태에서 누리는 불가침의 권리를 보장하는 것을 목표로 삼아야 하고, 주권은 국민에게 있고, 자유는 타인에게 해가 되지 않는 일이라면 무엇이건 자유롭게 할 수 있다는 의미이고, 법은 해로운 행위만을 금지할 수 있고, 법이 정하는 경우와 절차에 따라서만 소추, 체포, 구금될 수 있으며, 법은 명백하고도 꼭 필요한 처벌만을 규정해야 하고, 소급적 처벌을 해서는 안 된다. 법치주의는 수호되어야 한다.

법치주의를 수호해야 할 법률가의 언어로 인해 오히려 그 법치주의가 훼손될 때, 깊은 슬픔을 느낀다. 진실과 정의를 지켜야 할 이들이 법의 이름으로 법 왜곡을 정당화할 때, 분노를 억누를 수 없다. 법률가의 언어가 오히려 진실을 왜곡하고 정의를 감추는 도구가 된다면, 한 명의 법률가를 잃는 것에 그치는 것이 아니라, 사회가 신뢰를 잃는다. 물론 법률가는 구도자가 아니다. 그는 의뢰인의 권리를 최대한 보호해야 하는 의무도 지닌다. 하지만 최소한 자신의 언어가 향하고 있는 방향이 진실에 부합하는지, 자신이 하는 말이 '정당한 방어'인지 '기만적인 왜곡'인지는 돌아보아야 한다. 단지 지식을 가진 전문가에 머무르지 말아야 한다. 그는 법과 정의 사이에서 균형을 잡아야 하는 존재이고, 그가 말하는 언어는 단순한 의견이 아니라 사회적 판단에 영향을 미치는 힘을 가진다. 그렇기에 그 말 한마디에는 무게가 실려야 한다. 언어가 논리의 껍질을 쓰고 있지만, 그 안에 공정함이 없다면, 그것은 날카로운 흉기가 되어 정의를 찌르게 된다.

독일의 저명한 형법학자이자 법철학자인 구스타프 라드부르흐(Gustav Radbruch)는 제2차 세계대전 이후 나치 정권의 불법적인 법률들을 경험하며, '법률적 불법(gesetzliches Unrecht)'과 '초법률적 법(übergesetzliches Recht)'에 대한 이론을 정립하였다. 라드부르흐는 원래 법실증주의적 입장에 가까웠으나, 나치 정권에서 법의 이름으로 자행된 잔혹한 행위들을 목격하면서 그의 사상은 크게 변화했다. 흔히 '라드부르흐 공식(Radbruch's Formula)' 또는 '라드부르흐의 불법 공식'으로 말하는 그의 이론에서 그는 원칙적으로 법적 안정성이 다른 이념들보다 우선한다고 보았다. 즉, 법은 내용이 다소 불의하거나 목적에 부합하지 않더라도, 일단 적법한 절차를 거쳐 제정되고 실효적으로 적용되는 한, 법적 안정성을 위해 존중되어야 한다고 하였다. 그러나 라드부르흐는 법적 안정성의 원칙에도 불구하고, "실정법과 정의 사이의 충돌이 참을 수 없을 정도에 이르면, 그 법은 '잘못된 법(fehlerhaftes Recht)'으로서 정의에게 자리를 양보해야 한다. 정의가 의도적으로 부정되고, 정의의 핵심인 평등이 의식적으로 부인될 때, 그 법은 '악법'조차도 아니며 법으로서의 자격 그 자체가 박탈되는 것이다."고 하였다.

잘못된 형사입법에 직면하였을 때, 형법학자는 단순히 법률을 해석하고 적용하는 역할에 머무르지 아니한다. 이들은 해당 법률의 문제점을 지적하고, 개선 방안을 제시하며, 궁극적으로는 정의로운 형사사법 시스템을 구축하는 데 기여할 중요한 임무를 지닌다. 라드부르흐의 '법률적 불법' 이론이 보여주듯이, 법은 언제나 옳을 수 없으며, 학자들은 이러한 법의 한계를 직시하고 비판적 역할을 수행하여야 한다. 때로는 불편한 진실을 이야기하고, 다수의 의견에 반하더라도 원칙과 정의를 지키기 위해 기꺼이 목소리를 내야 한다. 이러한 형법학자의 임무는 고독하고 때로는 힘든 과정일 수 있지만, 건강한 형사사법 시스템을 유지하고 발전시키는 데 없어서는 안 될 중요한 책무이다. 형법학자는 단순히 법률을 연구하고 해석하는 역할을 넘어, 법치주의의 본질을 수호하고 시민의 기본적 인권을 옹호하는 파수꾼으로서의 역할을 다하여야 한다. 특히 형사법은 국가가 개인의 자유와 생명에 가장 강력하게 개입할 수 있는 수단이므로, 형법학자의 감시와 비판은 더욱 중요하다. 올바른 형사 입법과 해석에 대한 학자의 노력이 필요한 시점이다.

이번 제2판은 단순히 최신 판례를 반영하는 데 그치지 않고, 형법 이론의 핵심 쟁점을 보다 명확히 전달하고자 하는 데 중점을 두었다. 실무적 중요성과 학문적 깊이를 함께 고려하여, 독자들이 스스로의 판단을 형성할 수 있도록 돕는 데 의의를 두었다. 주요 개정 사항은 다음과 같다.

1. 제2판에서는 형법각론의 이론적 쟁점이 있는 부분에 대하여 저자의 견해를 적극적으로 밝혔다. 그래서 해당 부분에서 내용을 상당히 많이 추가하였고 부분적으로 설명 순서를 변경하기도 하였다. 내용을 대폭 보강하면서, 일부는 사실상 새롭게 집필한 것처럼 보일 정도로 많은 부분이 바뀌었다. 살인의 죄에서 생명 보호의 원칙, 낙태의 죄에서 낙태의 정당화사유와 자유화 문제, 보험사기·보이스피싱 등 사기죄 관련 문제, 편의시설부정이용죄, 신용카드 관련 범죄, 가상자산·채권양도 등과 관련한 횡령죄 성립 여부, 장물의 죄, 사회적 법익을 침해하는 범죄에서 각 편장별 총설 부분, 방화와 실화의 죄에서 죄수 문제, 유가증권 관련 범죄, 국가적 법익을 침해하는 범죄에서 내란죄, 간첩죄, 뇌물죄와 특별법의 알선수재죄, 도주죄와 도주원조죄, 범인은닉죄 등은 많이 보강되었다.
2. 형법 개정으로 인하여 새롭게 입법되거나 삭제된 부분이 있다. 공중협박죄와 공공장소 흉기소지죄가 신설되었다. 불특정 다수를 대상으로 한 범죄를 예방할 수 있다고 국가는 설명한다. 제2판에서 이에 대한 설명을 새롭게 작성하였다. 형법 개정으로 인하여 영아살해죄와 영아유기죄가 삭제되었다. 저항 능력이 없는 영아를 범죄

로부터 두텁게 보호하기 위한 것이다. 해당되는 부분은 삭제하였다.

3. 대법원 전원합의체 판결에 따라 강제추행죄, 주거침입죄 부분을, 헌법재판소의 헌법불합치 결정에 따라 재산범죄의 친족상도례 부분을 사실상 새롭게 집필하였다.
4. 주요 판례에 대해서는 판결이유뿐 아니라 사실관계도 함께 요약하였으며, 판례에 대한 해설도 추가했다. 해설이 필요 없이 단순한 판결이유만 있는 판례는 본문의 내용으로 넣거나 삭제하여 전반적으로 구조를 정돈하였다.

교과서를 지속적으로 집필하고 개정해 나가는 일은 참으로 수고스러운 일이다. 연구실이든 강의실이든 틈틈이 문장을 다듬고 판례를 정리하면서 자주 고민에 빠진다. 언제까지 이 작업을 이어갈 수 있을까 하는 의문을 넘어, 계속할 가치가 있는지 스스로에게 되묻게 되는 슬픈 순간도 있다. 연구 업적에 크게 반영되지 않고, 가벼이 여겨지는 현실 때문이다. 그럼에도 불구하고 학문적 책임감과 사명감으로 이 작업을 이어가고 있다.

특히 어려운 출판 환경 속에서도 이 책의 출간을 기꺼이 결정해 준 출판사 관계자 여러분께 진심으로 감사드린다. 그들의 결단과 신뢰가 없었다면 이 책은 유지되기 어려웠을 것이다. 이 책이 형법을 공부하는 학생들과 실무가들에게 의미 있는 길잡이가 되기를 바라며, 나아가 이 책을 통해 법과 정의에 대한 고민이 더욱 깊어지기를 기대한다.

2025년 7월

최호진

머리말

형법각론은 개별범죄에 대한 기본적 해석과 해석의 결과인 다양한 판례와 사례를 설명하고 있다. 형법총론은 모든 범죄에 적용될 수 있는 체계적 구성을 구성요건해당성, 위법성, 책임으로 나누어 설명하고 있는 반면에 형법각론은 개별 범죄구성요건요소에 대한 학설과 판례의 해석론을 설명하고 있다. 이론과 판례에 대한 설명에 있어서 균형감을 유지하기 위하여 노력하였다.

형법총론의 머리말에서도 언급한 바와 같이 이른바 '판례실증주의'에 대한 우려의 시선을 가지고 있다. 형법에 대한 체계적이고 정돈된 법이론적 지식 습득보다는 구체적 사건에 대한 판단 결과인 판례의 결론만을 외우는 것은 바람직하지 않다는 취지이다. 대법원이 구체적 사건에 따라 해결한 결과물인 판결에 '○○사건'이라고 이름을 붙이고 범죄 성립 여부에 대한 결론만을 외우는 것은 공부에 큰 도움이 되지 않는다. 하지만 '법리를 이해하기 위해서' 판례와 사례를 공부하는 것은 의미가 있다. 판례나 사례를 공부하는 목적은 오랫동안 구축된 법리를 익히기 위한 것이기 때문이다. 판례가 형법공부에 있어서 중요한 수업교재인 것은 분명하다. 중요한 판례에 대해서는 사실관계와 판결요지뿐만 아니라 이에 대한 간단한 해설을 덧붙였다. 판례의 결론뿐만 아니라 그러한 결론이 도출되는 논리적 과정까지 이해하는 것이 필요하다.

2021년 12월 개정된 형법이 시행되었다. 1953년 제정되어 시행된 현행 형법은 제정 이후 60년 이상 경과하였음에도 제정 당시의 어려운 한자어, 일본식 표현, 어법에 맞지 않는 문장 등이 그대로 사용되고 있는 문제점을 개선하기 위하여 법률용어들을 국민의 눈높이에 맞추어 알기 쉬운 우리말로 변경하고, 법률문장의 내용을 정확히 전달할 수 있도록 어순구조를 재배열하는 등 알기 쉬운 법률문장으로 개정하였다. 2020년 개정된 형법에서도 중요한 내용이 있다. 미성년자 의제강간 연령기준을 13세에서 16세로 상향하되, 피해 미성년자가 13세 이상 16세 미만인 경우 19세 이상의 자에 대해서만 처벌하도록 하였으며, 강간 등의 예비·음모에 대한 처벌규정을 신설하였다. 개정된 형법규정을 모두 반영하였다.

형법각론 공부에 있어서 중요한 것 중 하나는 대법원 전원합의체 판결이다. 2020년과 2021년에는 많은 대법원 전원합의체 판결이 있었다. 배우자 있는 사람과의 혼외 성관계 목적으로 다른 배우자가 부재중인 주거에 침입한 사건에 대한 대법원 2021.9.9. 선고 2020도12630 전원합의체 판결, 양자간 명의신탁에서 명의수탁자가 신탁부동산을 임의로 처분한 횡령죄 사건에 대한 대법원 2021.2.18. 선고 2016도18761 전원합의체 판결, 자동차 이중양도의 경우 배임죄 성립여부가 문제된 대법원 2020.10.22. 선고 2020도6258 전원합의체 판결, 부동산 이중저당에 대한 대법원 2020.6.18. 선고 2019도14340 전원합의체 판결에 대한 설명을 부가하였다. 2020년 4월 전국 25개 로스쿨 교수들이 모여 우리나라의 대표적인 형법 표준판례를 선정해 공개했다. 형법의 기본이념과 법리를 잘 설명하고 있는 판례들이다. 선정된 판례를 모두 반영하였다. 매달 2회씩 법원공보를 참고하여 형법 공부에 도움이 되는 판례를 선정하였다. 2021년 말까지 선고된 대법원 판례를 반영하였다.

형사법의 경우 형법뿐만 아니라 형사특별법에 대한 공부도 중요하다. 특히 성범죄에 대한 형법규정도 중요하지만 성폭력범죄의 처벌 등에 관한 특례법도 중요하다. 이외에도 특정강력범죄의 처벌에 관한 특례법, 특정경제범죄 가중처벌 등에 관한 법률, 특정범죄 가중처벌 등에 관한 법률, 여신전문금융업법, 부동산실권리자명의 등기에 관한 법률도 형법각론 공부에 중요한 특별법이다. 신용카드범죄, 부동산관련범죄, 보이스피싱범죄에 대한 설명에서는 해당 법률에 대한 설명도 추가하였다.

학자의 길을 걸어가게 되는 데 큰 모범이 되시는 김성돈 교수님의 학은에 깊은 감사를 드린다. 스승님이 계시지 않았다면 이 책 또한 나오지 않았을 것이다. 이 책이 나오는 데에는 많은 분들의 조력이 있었다. 단국대학교 박사과정에 재학 중인 허정현과 독일 오스나뷔르크대학교 박사과정에 재학 중인 백소연은 수정이나 보완이 필요한 부분을 꼼꼼하게 지적을 해주었다. 감사의 말을 전한다. 형법을 공부하는 사람들이 알아야 할 기본적 내용을 간결하면서도 명확하게 설명하는 것을 최우선으로 목표로 하였다. 그러한 목표를 이루었다고 자신할 수는 없다. 아직 부족한 점이 많으므로 계속 꾸준히 수정하고 보완할 것이다.

2022년 1월
최호진

차례

제5절 신용카드 관련범죄 · 540

제6절 공갈의 죄 · 556

제10절 손괴의 죄 · 705

제4절 일수와 수리에 관한 죄 · 786

제5절 교통방해의 죄 · 792

Chapter 03 공공신용에 대한 죄

제1절 통화에 관한 죄 · 811

제2절 유가증권, 우표와 인지에 관한 죄 · 824

제3절 문서에 관한 죄 · 839

제4절 위증과 증거인멸의 죄 · 1076

PART 01

개인적 법익

- Chapter 01 생명과 신체에 대한 죄
- Chapter 02 자유에 대한 죄
- Chapter 03 명예와 신용에 대한 죄
- Chapter 04 사생활의 평온에 대한 죄
- Chapter 05 재산에 대한 죄

CHAPTER 01

생명과 신체에 대한 죄

제1절 살인의 죄

Ⅰ. 총설

1. 의의

살인의 죄는 고의로 사람의 생명을 침해하는 것을 내용으로 하는 범죄이며, 살인의 죄의 보호법익은 사람의 생명이다. 사람의 생명은 인간 생존의 기본전제인 동시에 인간의 존엄과 가치보장의 전제조건이다. 따라서 헌법에 명문의 규정이 없어도 헌법에 규정된 모든 기본권의 전제로서 보호되는 것은 당연하다.[1)]

2. 생명 보호 원칙

가. 절대적 생명 보호 원칙

'절대적 생명 보호 원칙'이란 모든 생명은 그 자체로 존엄하며, 생존의 가치가 없다고 여겨지는 사람의 생명은 있을 수 없으며, 사람의 생명은 누구에 의해서도 침해될 수 없는 신성한 것이며, 누구도 스스로 포기할 수 없는 절대적 법익으로서 생명에 따라 그 보호 정도에서 상대화됨이 없이 보호되어야 한다는 원칙을 말한다.[2)] 이에 따르면 사람의 생명이 개인의 생존능력이나 생존이익, 사회적 기능이나 가치평가와는 무관하게 절대적으로 보호받아야 한다. 법적 가치판단의 영역에서 '생존 가치 없는 생명'은 존재하지 않으며, 생명은 그 주체조차 자유롭게 처분할 수 없는 절대적 법익으로 본다. 절대적 생명 보호 원칙은 형법상 여러 문제와 연결되어 있다. 예를 들면 안락사 인정 여부, 촉탁 또는 승낙에 의

1) 헌법재판소 1996.11.28. 선고 95헌바1 결정.

2) 김성돈, 44면; 김일수/서보학, 17면; 정성근/박광민, 39면; 손동권/김재윤, 5면.

한 살인죄 인정 여부, 자살의 비범죄화와 자살에 관여하는 행위에 대한 형법적 평가, 생명침해에 있어서 위법성조각사유 인정 여부, 사형제도 존폐론 등에서 절대적 생명 보호 원칙은 중요한 논의의 기준이 된다.

생명 보호 원칙을 절대적 원칙으로 철저하게 유지한다면 형법적 관점에서 다음과 같은 평가가 가능하다. 생명 보호 원칙이 절대적이라면 소극적 안락사의 경우는 형법 제20조 정당행위에 의해 위법성이 조각될 여지가 없게 되며, 형법 제252조 제2항 촉탁 또는 승낙에 의한 살인과 같이 처벌을 감경하는 규정은 원칙적으로 인정되지 않는다. 특히 자살의 의미에 대하여 절대적 생명 보호 원칙에 따르면 본인의 생명에 대한 자기결정권 행사 또는 자유로운 의사결정에 근거한 생명 포기라는 점을 인정하지 않고, 자살을 범죄로 보게 된다. 다만 자살이 처벌되지 않는 이유는 자살자가 이미 사망한 것이므로 형사소송법 제328조에 따라 결정으로 공소를 기각하여 처벌할 수 없다는 법리를 취하게 된다. 자살방조나 교사는 타인의 생명을 침해하는 행위로 간주될 수 있으며, 생명 보호 원칙이 절대적이라면 자살 방조나 교사 행위는 살인죄와 유사하게 엄격히 처벌되어야 할 것이다. 사형제도는 국가가 직접 개인의 생명을 박탈하는 행위로, 생명 보호 원칙의 절대성에 위배된다. 따라서 사형제도는 폐지되어야 한다는 결론에 이르게 된다. 이는 헌법적 차원에서도 생명권의 보호가 사형제도와 양립할 수 없다는 논리가 강화될 수 있다. 형법적으로 생명 보호 원칙을 절대적 원칙으로 이해한다면 모든 생명침해 행위는 어떠한 정당화 이유로도 허용되지 않는다. 생명 보호의 절대성이 다른 모든 가치 위에 놓이게 되며, 자율성과 공익의 관점이 축소된다. 이는 형법이 규율해야 할 다양한 상황에서 지나치게 경직된 판단을 초래할 가능성이 있다.

나. 상대적 생명 보호 원칙

생명 보호 원칙을 절대적 원칙으로 보지 않고, '최대한 생명 보호 원칙'이나 '상대적 생명 보호 원칙'을 주장하는 견해가 있다.[3] 이 견해들은 생명을 중요한 법익으로 인정하면서도, 다른 법익과 충돌하는 경우 무조건적인 보호가 아닌 현실적이고 균형적인 판단을 내리거나 생명이 모든 법익에 우선한다고 보기보다는 다른 법익과 비교형량하여 보호 수준을 결정하려는 태도이다. 즉, 생명을 최우선으로 보호하지만, 예외적으로 제한될 수 있다는 것을 강조한다. 안락사의 경우에도 환자의 존엄성이나 고통 경감을 위한 안락사를 고려할 수 있게 되며, 한 사람의 생명을 희생시켜 다수의 생명을 구하는 선택이 필요한 경우 위법성이나 책임이 조각될 수 있다.

---

3) 임웅/이현정/박성민, 10면; 배종대, 21면.

다. 소결

생각건대, 생명은 인간 실존의 근원이며, 인간에게 가장 핵심적 법익이므로 존중되고 보호되어야 한다. 생명 보호 원칙은 실정법에서 인정된 원칙이 아니라 법 이전에 선험적으로 존재하는 원칙이다. 생명 보호를 절대적으로 볼 것인가 상대화될 수 있는지는 상당히 어려운 문제이다. 절대적으로 보호될 생명과 그렇지 않은 생명 보호를 구분하는 것은 형법적 관점에서만 논쟁적이 아니라 윤리·종교적 관점에서도 논쟁적이다. 사람의 생명을 법이 보호해야 할 최고의 법익으로 본다면 생명 보호 원칙은 생명 관련된 규정의 해석원리(Interpretative Principle)인 동시에 입법원리(legislative principles)이다. 생명 보호는 핵심적 내용으로 유지되어야 하며, 그 예외를 인정할 수 있는지가 논의의 핵심이 되어야 한다고 생각한다. 예외를 인정하는 폭이 어느 정도인지에 따라 원칙의 유지 여부가 결정된다. 안락사 등 생명 보호 원칙이 문제 될 수 있는 특정 상황에서 생명보다 우선될 수 있는 것이 무엇인지, 안락사를 결정할 수 있는 핵심 기준이 무엇인지, 환자의 고통 경감과 환자의 자기결정권을 기준으로 허용될 수 있는지, 의학적 판단기준이 개입할 수 있는지 등을 논의해야 한다. 정당방위의 경우 자기수호의 원리와 법수호의 원리에 따라 자신 또는 타인의 생명을 보호하기 위해서 엄격한 요건을 갖추었다면 위법성이 조각될 수 있는지를, 사형제도의 경우 극악무도한 범죄에 대해 공공의 안전을 위해 생명을 박탈할 수 있는지를 논의해야 한다.

3. 구성요건의 체계

형법 제24장 살인의 죄는 다음과 같은 구성요건 체계를 갖추고 있다. 살인죄(제250조 제1항)가 기본적 구성요건에 해당한다. 살인죄를 기본적 구성요건으로 하여 특별한 불법이나 책임표지로 인하여 형이 가중되는 가중적 구성요건과 형이 감경되는 감경적 구성요건이 있다.[4] 가중적 구성요건에는 존속살해죄(제250조 제2항)가 있으며, 감경적 구성요건에는 촉탁·승낙에 의한 살인죄(제252조 제1항)가 있다.[5] 기본적 구성요건에 대한 변형적 구성요건으로는 자살교사·방조죄(제252조 제2항), 위계·위력에 의한 살인죄(제253조)가 있다.

4. 특별법

살인의 죄에 대한 특별법으로는 '특정범죄 가중처벌 등에 관한 법률'(특정범죄가중법),

4) 가중구성요건이나 감경구성요건에서 형이 가중되거나 형이 감경되는 이유가 구성요건이 정하고 있는 '불법' 때문인지 아니면 '책임' 때문인지에 대해서는 해석론상 견해의 대립이 있다.

5) 종래 감경적 구성요건으로 영아살해죄(제251조)가 있었지만, 2023년 8월 형법 개정되어 영아살해죄와 영아유기죄가 폐지되었다.

'성폭력범죄의 처벌 등에 관한 특례법'(성폭력처벌법), '아동 · 청소년의 성보호에 관한 법률'(청소년성보호법), '군형법', '선박 및 해상구조물에 대한 위해행위의 처벌 등에 관한 법률'(선박위해처벌법)이 있다. 특정범죄가중법에는 약취 · 유인 13세 미만 미성년자살인죄(동법 제5조의2), 보복살인죄(동법 제5조의9)가 있으며, 성폭력처벌법 제9조 제1항, 청소년성보호법 제10조에는 강간등살인죄에 대한 가중처벌 규정이 있다. 군형법에는 상관살해죄(동법 제53조 제1항)와 초병살해죄(동법 제59조 제1항)가 규정되어 있다. 선박위해처벌법에는 운항 중인 선박 또는 해상구조물의 안전을 위험하게 할 목적으로 그 선박 또는 해상구조물에 있는 사람을 살해한 경우 가중 처벌한다(동법 제5조 제1항).

Ⅱ. 살인죄

> 제250조 (살인, 존속살해) ① 사람을 살해한 자는 사형, 무기 또는 5년 이상의 징역에 처한다.
> 제254조(미수범) 제250조, 제252조 및 제253조의 미수범은 처벌한다.
> 제255조 (예비, 음모) 제250조와 제253조의 죄를 범할 목적으로 예비 또는 음모한 자는 10년 이하의 징역에 처한다.
> 제256조(자격정지의 병과) 제250조, 제252조 또는 제253조의 경우에 유기징역에 처할 때에는 10년 이하의 자격정지를 병과할 수 있다.

1. 의의

살인죄는 사람을 살해함으로써 그 생명을 침해하는 것을 내용으로 하는 범죄이며, 본죄의 보호법익은 사람의 생명이다. 사람의 생명은 최고의 법익이므로 이를 침해하는 살인죄는 가장 중한 범죄유형에 해당한다. 살인죄는 침해범이며, 결과범이다.

2. 객관적 구성요건

가. 주체: 사람

행위주체는 자연인(自然人)이다. 따라서 동물이나 법인(法人)은 살인죄의 행위주체가 될 수 없다. 또한 살인죄는 행위주체에 제한이 없고 누구나 범죄를 저지를 수 있는 일반범이며 신분범은 아니다. 하지만 부작위에 의한 살인죄의 경우에는 행위주체가 보증인적 지위에 있는 사람이어야 하므로 이 경우에는 신분범이 된다.

나. 객체: 사람

(1) 의의

행위객체는 자연인이다. 따라서 태아(胎兒)나 시체는 살아 있는 사람이 아니기 때문에 살인죄의 행위객체가 될 수 없다. 태아의 경우 낙태죄(제269조 이하)가 성립하며, 시체의 경우 시체손괴죄(제161조)가 성립한다.

(2) 사람의 시기

사람의 시기(始期)는 살인죄와 낙태죄를 구별하는 기준이 된다. 사람의 시기에 대하여 태아의 신체 일부가 노출된 때로 보는 일부노출설, 분만이 완료되어 모체로부터 완전히 분리된 때로 보는 전부노출설, 태아가 독립하여 호흡을 시작한 때로 보는 독립호흡설이 있지만, 진통설(陣痛說) 또는 분만개시설이 형법의 통설과 판례의 입장이다. 진통설에 따를 경우 태아가 태반으로부터 분리되기 시작하면서 산모에게 분만진통이 개시된 때로 본다.

생각건대, 사람의 시기에 대하여 분만 진통을 개시한 때로 보는 진통설 또는 분만개시설이 타당하다. 종래 제251조 영아살해죄에 있어서 행위객체를 '분만 중 또는 분만 직후의 영아'로 규정하고 있었다. '분만 중'인 경우에도 영아, 즉 사람으로 보았기 때문에 살인죄와 영아살해죄의 규정을 체계적으로 해석하면 사람의 시기는 분만을 개시한 진통 시로 보는 것이 타당하다. 생명의 시기에 대해서는 의학적으로 규명하는 것이 아니라 생명 보호에 대한 형법의 취지에 따라 규범적 관점에서 결정할 문제이다. 비록 사람의 시기에 대한 중요한 근거 중 하나인 영아살해죄 규정이 삭제되었지만, 종전 형법해석과는 달리 해석해야만 하는 규범적 이유는 없다. 영아살해죄 규정이 삭제되었다고 하더라도 형법의 규범적 원리에 따라 진통설에 따라 사람의 시기를 정하는 것이 타당하다.

제왕절개수술의 경우에는 사람의 시기에 대해서 달리 볼 수밖에 없다. 분만진통이 없기 때문이다. 제왕절개수술의 경우 복부피하지방층절개시설,[6] 일부노출설[7]이 제시되고 있지만, 자궁절개시를 사람의 시기로 보는 것이 다수설이다.[8] 분만을 개시하였다는 점에 중점을 둔다면 진통설과 가장 유사한 시점으로 자궁절개시로 보는 것이 타당하다.

---

6) 오영근/노수환, 16면.

7) 이정원, 35면.

8) 김성돈, 47면; 김일수/서보학, 21면; 박상기/전지연, 395면; 배종대, 39면; 이재상/장영민/강동범, 13면; 이형국/김혜경, 11면; 손동권/김재윤, 8면; 임웅/이현정/박성민, 15면; 정성근/박광민, 42면.

판례 분만 중 태아질식사건

【사실관계】 조산원 갑은 A의 해산을 조력함에 있어 A의 골반이 태아에 비하여 협소하다는 등 난산으로 정상 분만이 어려운 상태임에도 불구하고 정상 분만할 수 있으리라고 믿고 전문의의 지시나 진찰을 받게 하지 아니하고 수십 회에 걸쳐 산모의 배를 훑어 내리고 자궁수축제를 10여회 주사한 결과 분만 중인 태아를 질식사에 이르게 하고 산모에게 패혈증에 감염되게 하였다.

【판결요지】 사람의 생명과 신체의 안전을 보호법익으로 하고 있는 형법상의 해석으로는 규칙적인 진통을 동반하면서 태아가 태반으로부터 이탈되기 시작한 때 다시 말하여 분만이 개시된 때(진통설 또는 분만개시설)가 사람의 시기라고 봄이 타당하다고 여겨지며 이는 형법 제251조(영아살해)에서 분만중의 태아도 살인죄의 객체가 된다고 규정하고 있는 점을 미루어 보아서도 그 근거를 찾을 수 있는 바이니 조산원이 분만 중인 태아를 질식사에 이르게 한 경우에는 업무상 과실치사죄가 성립한다(대법원 1982.10.12. 선고 81도2621 판결).

【해설】 이 사건의 경우 분만이 개시된 것으로 볼 수 있으므로 사람에 해당한다. 따라서 조산원에게는 업무상과실치사죄가 성립한다. 만약 사람이 아니라 태아라고 본다면 과실낙태죄가 문제될 수 있으나, 과실에 의한 낙태에 대해서는 처벌 규정이 없다. 또한 조산원이 산모에게 패혈증에 감염되게 한 것은 업무상과실치상죄가 성립한다.

판례 제왕절개와 사람의 시기

【사실관계】 조산원 갑은 피해자 A로부터 자연분만을 의뢰받았다. 하지만 A는 당뇨증상과 양수과다증상이 있는데, 이러한 경우 태아가 거대아(巨大兒)가 되어 사산이나 난산 또는 기형출산의 가능성이 크다. 여러 가지 사정을 고려할 때 A에 대하여 자연분만을 포기하고 병원으로 전원시켜 유도분만이나 제왕절개를 하는 것이 적절하다. 출산예정일이 2주나 도과한 사건 당일 피해자의 자궁이 약 3cm정도밖에 열려있지 않았고, 출산 전 규칙적인 진통은 없었다. 이에 갑은 자연분만을 위하여 피해자를 대기실에 방치한 과실로 그 무렵 태아가 피해자의 자궁 내에서 뇌지주막하출혈 및 뇌실질내출혈 등 분만 전 저산소성 손상으로 인하여 사망하였고, 피해자는 대학병원에서 사망한 태아를 반출하기 위한 응급제왕절개수술을 받았다.

【판결요지】 [1] 사람의 생명과 신체의 안전을 보호법익으로 하고 있는 형법의 해석으로는 규칙적인 진통을 동반하면서 분만이 개시된 때(소위 진통설 또는 분만개시설)가 사람의 시기라고 봄이 타당하다.

[2] 제왕절개 수술의 경우 '의학적으로 제왕절개 수술이 가능하였고 규범적으로 수술이 필요하였던 시기'는 판단하는 사람 및 상황에 따라 다를 수 있어, 분만개시 시점, 즉 사람의 시기도 불명확하게 되므로 이 시점을 분만의 시기로 볼 수는 없다.

[3] 현행 형법이 사람에 대한 상해 및 과실치사상의 죄에 관한 규정과는 별도로 태아를

독립된 행위객체로 하는 낙태죄, 부동의 낙태죄, 낙태치상 및 낙태치사의 죄 등에 관한 규정을 두어 포태한 부녀의 자기낙태행위 및 제3자의 부동의 낙태행위, 낙태로 인하여 위 부녀에게 상해 또는 사망에 이르게 한 행위 등에 대하여 처벌하도록 한 점, 과실낙태행위 및 낙태미수행위에 대하여 따로 처벌규정을 두지 아니한 점 등에 비추어 보면, 우리 형법은 태아를 임산부 신체의 일부로 보거나, 낙태행위가 임산부의 태아양육, 출산 기능의 침해라는 측면에서 낙태죄와는 별개로 임산부에 대한 상해죄를 구성하는 것으로 보지는 않는다고 해석된다. 따라서 태아를 사망에 이르게 하는 행위가 임산부 신체의 일부를 훼손하는 것이라거나 태아의 사망으로 인하여 그 태아를 양육, 출산하는 임산부의 생리적 기능이 침해되어 임산부에 대한 상해가 된다고 볼 수는 없다(대법원 2007.6.29. 선고 2005도3832 판결).

【해설】 이 사건의 핵심은 태아에 대한 업무상과실치사죄가 성립하는지, 태아의 사망과 제왕절개수술을 이유로 임산부에 대한 업무상과실치상죄를 인정할 수 있는지 여부이다. 이 사안의 경우 임산부는 출산을 위한 규칙적인 진통이 없었으므로 진통설에 따를 경우 분만을 개시하였다고 볼 수 없기 때문에 그 태아는 형법상 사람이 아니다. 만약 제왕절개수술을 했다면 자궁절개시를 사람의 시기로 볼 수 있지만, 이 사안의 경우 현실적으로 제왕절개수술이 행해지지 않았다. 그렇다면 판시내용과 같이 '의학적으로 제왕절개 수술이 가능하였고 규범적으로 수술이 필요하였던 시점'을 사람의 시기로 볼 수 있는지 문제된다. 이에 대하여 판례는 이 시점을 사람의 시기로 보기 어렵다고 하였다. 이 시기는 판단하는 사람 및 상황에 따라 다를 수 있어 불명확하기 때문이다. 결국 태아는 사람으로 볼 수 없으므로 조산원에게 '태아'에 대한 업무상과실치사죄가 성립하지 않는다.

또한 사산한 태아를 반출하기 위해 응급제왕절개수술을 받은 것에 대하여 임산부에 대한 업무상과실치상죄를 인정할 수 있는지가 문제된다. 판례에 따르면 태아는 임산부의 신체의 일부가 아니므로 '임산부'에 대한 업무상과실치상죄도 성립하지 않는다. 태아가 임산부의 모체 내에서 사망하였다는 사실을 피해자의 신체의 완전성을 훼손하는 상해로 볼 수 없기 때문이다.

(3) 사람의 종기

사람의 종기(終期)는 살인죄와 제161조 시체손괴죄를 구별하는 기준이 된다. 사람의 종기에 대하여 현재 맥박종지설과[9] 뇌사설[10]이 대립하고 있다. 맥박종지설은 맥박이 영구적으로 정지하였을 때 사망한 것으로 보며, 뇌사설은 뇌기능이 종국적으로 정지된 뇌사상태에 이르렀을 때 사망한 것으로 본다. 뇌사설은 다시 세분하여 뇌간사설(腦幹死說: 뇌간 전

9) 김일수/서보학, 23면; 신동운, 537면.

10) 김성천/김형준, 10면; 박상기/전지연, 395면; 배종대, 40면; 이재상/장영민/강동범, 15면; 이형국/김혜경, 14면; 임웅/이현정/박성민, 17면; 손동권/김재윤, 9면; 정성근/박광민, 43면.

체의 기능이 불가역적으로 정지되었을 때), 대뇌사설(大腦死說: 대뇌기능인 정신기능의 불가역적 소실), 전뇌사설(全腦死說: 뇌간을 포함한 전뇌의 기능이 소멸한 상태)로 나뉜다. 뇌사설은 의료계에서 장기이식수술에 현실화되고 그 필요성에 의해 강하게 주장되고 있다. 뇌사설에 따를 경우 뇌기능이 소실되면 더 이상 사람이 아니므로 의료장치를 통해 심박을 유지시켜 놓고 장기이식을 하더라도 상해죄나 살인죄가 되지 않지만, 맥박종지설에 따르면 심박이 유지된다면 여전히 사람에 해당하기 때문에 장기이식을 하는 경우 상해죄나 살인죄의 구성요건해당성이 인정된다.

생각건대, 뇌사를 기준으로 사람의 종기를 결정하는 것은 신중해야 한다. 뇌기능이 소실된 시점을 확실하게 판정할 수 있는 신뢰할 방법과 기준이 불명확할 수 있기 때문이다. 심폐기능이 활동하고 있는 상태에서 뇌사에 대한 판정은 어려울 수밖에 없다. 목적지향성이 강한 의료법이나 행정법규의 영역에서는 뇌사를 사람의 종기로 볼 수 있어도 규범적 확실성이 요청되는 형법의 영역에서는 다소 어려움이 있다. 따라서 현재 시점에서는 맥박종지를 사람의 종기로 보는 것이 타당하다. 장기이식의 필요성에 대해서는 형법이 아닌 별도의 특별법에 의해서 규정되는 것이 타당하며, 장기이식 관련 법률은 위법성조각사유로 보는 것이 옳다. 뇌사자로부터 장기를 적출하여 완전하게 생명을 종지시킨 경우 살인죄나 촉탁승낙살인죄의 구성요건에 해당하지만, 장기 등 이식에 관한 법률에 따라 위법성이 조각된다고 해석할 수밖에 없다.

심화내용 장기 등 이식에 관한 법률

장기 등 이식에 관한 법률에 따르면 '살아있는 사람'이란 사람 중에서 뇌사자를 제외한 사람을 말하고, '뇌사자'란 동법에 따른 뇌사판정기준 및 뇌사판정절차에 따라 뇌 전체의 기능이 되살아날 수 없는 상태로 정지되었다고 판정된 사람을 말한다. 동법에 따르면 뇌사자는 사람이지만, 살아있는 사람은 아니라고 한다. 즉, 뇌사자는 살아있는 자도 아니며, 죽은 자도 아닌 제3의 생사 형태이다. 동법은 뇌사자를 사망한 자인지 아니면 살아 있는 사람인지에 대하여 명확한 대답을 해주지 않고 있다.

장기 등의 적출 및 이식을 위한 뇌사판정업무를 하고자 하는 의료기관은 뇌사판정위원회를 설치한 후 관련 규정에 따라 국립장기이식관리기관의 장에게 알려야 한다. 뇌사판정위원회는 대통령령으로 정하는 바에 따라 전문의사 2명 이상과 의료법 제2조 제1항에 따른 의료인이 아닌 위원 1명 이상을 포함한 4명 이상 6명 이하의 위원으로 구성한다. 뇌사판정절차와 뇌사판정기준에 대해서는 장기 등 이식에 관한 법률을 참조하라.

다. 행위: 살해행위

(1) 살해행위의 수단과 방법

살해행위의 수단과 방법에는 제한이 없다. 따라서 총을 쏘는 행위, 독극물을 먹이는 행위, 목을 조르는 행위 등과 같은 유형적 방법뿐만 아니라 정신적 고통을 주는 것과 같은 무형적 방법에 의한 살해행위도 가능하다. 저주·기도 등의 미신적 방법을 사용하는 미신범에 대하여는 실행행위성을 인정할 수 없으며, 실행행위성을 인정할 수 있다고 하더라도 인과관계를 확정할 수 없기 때문에 미신적 방법에 의한 살인행위는 불가능하다.

부작위에 의한 살인은 가능하다. 즉, 보증인지위에 있는 자가 작위의무를 위반하여 부작위행위를 통하여 사람을 살해하는 경우 부작위에 의한 살인죄가 성립한다.[11] 따라서 선박침몰 등과 같은 조난사고로 승객이나 다른 승무원들이 스스로 생명에 대한 위협에 대처할 수 없는 급박한 상황이 발생한 경우에는 선박의 운항을 지배하고 있는 선장이나 갑판 또는 선내에서 구체적인 구조행위를 지배하고 있는 선원들은 적극적인 구호활동을 통해 보호능력이 없는 승객이나 다른 승무원의 사망 결과를 방지하여야 할 작위의무가 있다. 이러한 구호의무를 이행함으로써 사망의 결과를 쉽게 방지할 수 있음에도 그에 이르는 사태의 핵심적 경과를 그대로 방관하여 사망의 결과를 초래하였다면 부작위에 의한 살인죄가 성립한다.[12]

강제·기망에 의하여 자살하게 한 경우 이론상 살인죄의 간접정범에 해당하지만, 이 경우 형법 제253조 위계·위력에 의한 살인죄가 성립한다.

판례 세월호 사건과 부작위에 의한 살인죄

【판결요지】 [1] 범죄는 보통 적극적인 행위에 의하여 실행되지만 때로는 결과의 발생을 방지하지 아니한 부작위에 의하여도 실현될 수 있다. 형법 제18조는 "위험의 발생을 방지할 의무가 있거나 자기의 행위로 인하여 위험발생의 원인을 야기한 자가 그 위험발생을 방지하지 아니한 때에는 그 발생된 결과에 의하여 처벌한다."라고 하여 부작위범의 성립 요건을 별도로 규정하고 있다.

자연적 의미에서의 부작위는 거동성이 있는 작위와 본질적으로 구별되는 무(無)에 지나지 아니하지만, 위 규정에서 말하는 부작위는 법적 기대라는 규범적 가치판단 요소에 의하여 사회적 중요성을 가지는 사람의 행태가 되어 법적 의미에서 작위와 함께 행위의 기본 형태를 이루게 되므로, 특정한 행위를 하지 아니하는 부작위가 형법적으로 부작위로서의 의미를 가지기 위해서는, 보호법익의 주체에게 해당 구성요건적 결과발

---

11) 보증인지위와 보증인의무에 대한 설명은 형법총론의 부작위범 이론을 참조하라.

12) 대법원 2015.11.12. 선고 2015도6809 전원합의체 판결.

생의 위험이 있는 상황에서 행위자가 구성요건의 실현을 회피하기 위하여 요구되는 행위를 현실적·물리적으로 행할 수 있었음에도 하지 아니하였다고 평가될 수 있어야 한다.

나아가 살인죄와 같이 일반적으로 작위를 내용으로 하는 범죄를 부작위에 의하여 범하는 이른바 부진정 부작위범의 경우에는 보호법익의 주체가 법익에 대한 침해위협에 대처할 보호능력이 없고, 부작위행위자에게 침해위협으로부터 법익을 보호해 주어야 할 법적 작위의무가 있을 뿐 아니라, 부작위행위자가 그러한 보호적 지위에서 법익침해를 일으키는 사태를 지배하고 있어 작위의무의 이행으로 결과발생을 쉽게 방지할 수 있어야 부작위로 인한 법익침해가 작위에 의한 법익침해와 동등한 형법적 가치가 있는 것으로서 범죄의 실행행위로 평가될 수 있다. 다만 여기서의 작위의무는 법령, 법률행위, 선행행위로 인한 경우는 물론, 신의성실의 원칙이나 사회상규 혹은 조리상 작위의무가 기대되는 경우에도 인정된다.

또한 부진정 부작위범의 고의는 반드시 구성요건적 결과발생에 대한 목적이나 계획적인 범행 의도가 있어야 하는 것은 아니고 법익침해의 결과발생을 방지할 법적 작위의무를 가지고 있는 사람이 의무를 이행함으로써 결과발생을 쉽게 방지할 수 있었음을 예견하고도 결과발생을 용인하고 이를 방관한 채 의무를 이행하지 아니한다는 인식을 하면 족하며, 이러한 작위의무자의 예견 또는 인식 등은 확정적인 경우는 물론 불확정적인 경우이더라도 미필적 고의로 인정될 수 있다. 이때 작위의무자에게 이러한 고의가 있었는지는 작위의무자의 진술에만 의존할 것이 아니라, 작위의무의 발생근거, 법익침해의 태양과 위험성, 작위의무자의 법익침해에 대한 사태지배의 정도, 요구되는 작위의무의 내용과 이행의 용이성, 부작위에 이르게 된 동기와 경위, 부작위의 형태와 결과발생 사이의 상관관계 등을 종합적으로 고려하여 작위의무자의 심리상태를 추인하여야 한다.

[2] 선장의 권한이나 의무, 해원의 상명하복체계 등에 관한 해사안전법 제45조, 구 선원법(2015.1.6. 법률 제13000호로 개정되기 전의 것) 제6조, 제10조, 제11조, 제22조, 제23조 제2항, 제3항은 모두 선박의 안전과 선원 관리에 관한 포괄적이고 절대적인 권한을 가진 선장을 수장으로 하는 효율적인 지휘명령체계를 갖추어 항해 중인 선박의 위험을 신속하고 안전하게 극복할 수 있도록 하기 위한 것이므로, 선장은 승객 등 선박공동체의 안전에 대한 총책임자로서 선박공동체가 위험에 직면할 경우 그 사실을 당국에 신고하거나 구조세력의 도움을 요청하는 등의 기본적인 조치뿐만 아니라 위기상황의 태양, 구조세력의 지원 가능성과 규모, 시기 등을 종합적으로 고려하여 실현가능한 구체적인 구조계획을 신속히 수립하고 선장의 포괄적이고 절대적인 권한을 적절히 행사하여 선박공동체 전원의 안전이 종국적으로 확보될 때까지 적극적·지속적으로 구조조치를 취할 법률상 의무가 있다.

또한 선장이나 승무원은 수난구호법 제18조 제1항 단서에 의하여 조난된 사람에 대한 구조조치의무를 부담하고, 선박의 해상여객운송사업자와 승객 사이의 여객운송계약에 따라 승객의 안전에 대하여 계약상 보호의무를 부담하므로, 모든 승무원은 선박 위험 시 서로 협력하여 조난된 승객이나 다른 승무원을 적극적으로 구조할 의무가 있다. 따라서 선박침몰 등과 같은 조난사고로 승객이나 다른 승무원들이 스스로 생명에 대한 위협에 대처할 수 없는 급박한 상황이 발생한 경우에는 선박의 운항을 지배하고 있는 선장이나 갑판 또는 선내에서 구체적인 구조행위를 지배하고 있는 선원들은 적극적인 구호활동을 통해 보호능력이 없는 승객이나 다른 승무원의 사망 결과를 방지하여야 할 작위의무가 있으므로, 법익침해의 태양과 정도 등에 따라 요구되는 개별적·구체적인 구호의무를 이행함으로써 사망의 결과를 쉽게 방지할 수 있음에도 그에 이르는 사태의 핵심적 경과를 그대로 방관하여 사망의 결과를 초래하였다면, 부작위는 작위에 의한 살인행위와 동등한 형법적 가치를 가지고, 작위의무를 이행하였다면 결과가 발생하지 않았을 것이라는 관계가 인정될 경우에는 작위를 하지 않은 부작위와 사망의 결과 사이에 인과관계가 있다(대법원 2015.11.12. 선고 2015도6809 전원합의체 판결).

【해설】 세월호 사건은 형법에서도 중요한 의미를 가지는 사건이다. 부작위에 대한 형법이론을 체계적으로 설명하고 있기 때문이다. 부작위는 법적 의미에서 작위와 함께 행위의 기본 형태이며, 형법적으로 부작위의 의미, 부작위의 작위의무, 부작위범의 고의, 부작위범의 인과관계에 대하여 대법원이 어떻게 보고 있는지를 확인할 수 있다.

(2) 실행의 착수 시기

본죄의 실행의 착수 시기는 이에 대한 일반이론에 따라 판단하면 된다. 주관적 객관설에 따르면 행위자가 고의로 타인의 생명을 위태롭게 하는 행위를 직접 개시한 때에 실행의 착수가 있다.[13] 따라서 피해자에게 총을 겨누었을 때, 목을 조르기 시작했을 때, 독극물이 든 음료수를 피해자에게 주었을 때,[14] 낫을 들고 피해자에게 접근했을 때[15]에 실행의 착수가 인정된다. 하지만 갑이 A를 살해하기 위하여 을, 병을 고용하면서 그들에게 대가의 지급을 약속한 것만으로는 실행의 착수가 인정되지 않으며 살인예비죄에 해당한다.[16]

라. 결과 발생과 인과관계

살인죄는 결과범이므로 본죄가 성립하기 위해서는 피해자의 사망이라는 결과 발생이 필요하다. 또한 살해행위와 사망의 결과 발생 사이에는 인과관계가 인정되어야 한다. 행위와 결과 발생 사이에는 어느 정도의 시간적 간격이 있어도 무방하다.

13) 실행의 착수 시기에 대한 일반적 이론에 대해서는 형법총론의 미수론 중 실행의 착수이론 부분을 참조하라.

14) 대법원 2007.7.26. 선고 2007도3687 판결; 대법원 1990.7.24. 선고 90도1149 판결.

15) 대법원 1986.2.25. 선고 85도2773 판결.

16) 대법원 2009.10.29. 선고 2009도7150 판결.

사망의 결과가 발생하지 않은 경우 살인죄의 미수가 된다. 치사량에 현저히 미달하는 독약으로 사람을 살해하려고 한 경우에는 살인죄의 불능미수가 되고,[17] 피해자에 대하여는 치사량이 미달하였다 할지라도 일반적으로는 사람을 살해할 수 있는 정도에 이른다면 살인죄의 장애미수가 된다.[18]

3. 주관적 구성요건

가. 고의

살인죄의 고의는 확정적 고의뿐만 아니라 미필적 고의만으로도 충분하다. 하지만 행위자의 내심적 의사로 볼 수 있는 살인의 고의는 행위자가 침묵하는 한 그 내용을 알 수 없다. 따라서 내심적 의사인 고의는 행위자의 객관적 행위를 통하여 추단(推斷)할 수밖에 없다. 행위자에게 범행 당시 살인의 범의가 있었는지 여부는 피고인이 범행에 이르게 된 경위, 범행의 동기, 준비된 흉기의 유무·종류·용법, 공격의 부위와 반복성, 사망의 결과 발생 가능성 정도, 범행 후에 있어서의 결과회피행동의 유무 등 범행 전후의 객관적인 사정을 종합하여 판단할 수밖에 없다.

살인의 미필적 고의를 인정한 사례로 다음의 경우가 있다. 돌이나 각목으로 길바닥에 누워있는 피해자의 머리를 강타한 경우,[19] 칼로 사람의 복부나 목을 찌른 경우,[20] 9세 여아의 목을 졸라 실신시킨 후 떠나버린 경우,[21] 시내버스를 운전하여 사람에게 돌진한 경우,[22] 강도가 베개로 피해자의 머리 부분을 약 3분간 누르던 중 피해자가 저항을 멈추고 사지가 늘어졌음에도 계속하여 누른 경우,[23] 건장한 체격의 군인이 왜소한 체격의 피해자를 폭행하고 특히 급소인 목을 설골(舌骨)이 부러질 정도로 세게 졸라 사망하게 한 경우,[24] 인체의 급소를 잘 알고 있는 무술교관 출신의 피고인이 무술의 방법으로 피해자의 울대(聲帶)를 가격하여 사망하게 한 경우[25]에는 살인의 고의를 인정할 수 있다.

---

17) 대법원 1984.2.14. 선고 83도2967 판결.
18) 대법원 1984.2.28. 선고 83도3331 판결.
19) 대법원 1998.6.9. 선고 98도980 판결.
20) 대법원 2001.9.28. 선고 2001도3997 판결.
21) 대법원 1994.12.22 선고 94도2511 판결.
22) 대법원 1988.6.14. 선고 88도692 판결.
23) 대법원 2002.2.8. 선고 2001도6425 판결.
24) 대법원 2001.3.9. 선고 2000도5590 판결.
25) 대법원 2000.8.18. 선고 2000도2231 판결.

판례 특수부대원 울대 가격 사건

【사실관계】 피고인은 특전사소속 707부대에서 13년 동안 하사관으로 복무하면서 무술교관 및 고강도의 임무를 수행하여 왔으며 태권도 4단, 격투기 6단, 합기도 5단 및 특공무술에 능하여 인간신체의 급소 및 살해방법에 관하여 누구보다도 잘 알고 있었다. 피고인은 피해자에게 적어도 3,000만원정도의 채무가 있었으며 피고인이 피해자와의 만남을 꺼려하고 있던 중, 사건 당시 피해자는 피고인이 약속장소에 나타나지 아니하고 오피스텔에서 옷을 벗고 자고 있는 것을 발견하고 격분하여 피고인의 목, 얼굴 등을 할퀴고 피고인의 고환을 잡고 늘어지는 등 피고인에게 화풀이를 하는 등 피해자가 행패를 계속하자 피해자의 울대부분을 오른손 무지와 식지로 쳤고 피해자는 의식을 잃고 쓰러져 회복하지 못한 채 그 자리에서 사망하였다.

【판결요지】 [1] 살인죄에 있어서의 범의는 반드시 살해의 목적이나 계획적인 살해의 의도가 있어야만 인정되는 것은 아니고 자기의 행위로 인하여 타인의 사망의 결과를 발생시킬 만한 가능 또는 위험이 있음을 인식하거나 예견하면 족한 것이고 그 인식 또는 예견은 확정적인 것은 물론 불확정적인 것이라도 이른바 미필적 고의로도 인정되는 것인데, 피고인이 살인의 범의를 자백하지 아니하고 상해 또는 폭행의 범의만이 있었을 뿐이라고 다투고 있는 경우에 피고인에게 범행 당시 살인의 범의가 있었는지 여부는 피고인이 범행에 이르게 된 경위, 범행의 동기, 준비된 흉기의 유무·종류·용법, 공격의 부위와 반복성, 사망의 결과발생가능성 정도, 범행 후에 있어서의 결과회피행동의 유무 등 범행 전후의 객관적인 사정을 종합하여 판단할 수밖에 없다.

[2] 인체의 급소를 잘 알고 있는 무술교관 출신의 피고인이 무술의 방법으로 피해자의 울대(聲帶)를 가격하여 사망케 한 행위에 살인의 범의가 있다고 본 사례(대법원 2000.8.18. 선고 2000도2231 판결).

【해설】 살인의 고의는 미필적 고의만으로도 충분하다. 하지만 행위자의 내심적 의사로 볼 수 있는 살인의 고의는 행위자가 침묵하는 한 그 내용을 알 수 없다. 따라서 내심적 의사인 고의는 행위자의 객관적 행위를 통하여 추단(推斷)할 수밖에 없다. 이에 대하여 행위자에게 범행 당시 살인의 범의가 있었는지 여부는 피고인이 범행에 이르게 된 경위, 범행의 동기, 준비된 흉기의 유무·종류·용법, 공격의 부위와 반복성, 사망의 결과발생 가능성 정도, 범행 후에 있어서의 결과회피행동의 유무 등 범행 전후의 객관적인 사정을 종합하여 판단할 수밖에 없다. 이 사례에서는 공격의 방법과 공격의 부위를 중심으로 고의를 인정한 것으로 보인다. 공격의 방법이 무술의 방법이라는 점, 공격의 부위가 인체의 급소인 울대 부분이라는 점에서 살인의 고의를 인정한 것으로 보인다.

판례 허벅지 20회 사건

【판결내용】 살인죄의 범의는 자기의 행위로 인하여 피해자가 사망할 수도 있다는 사실을 인식, 예견하는 것으로 족하지 피해자의 사망을 희망하거나 목적으로 할 필요는 없

고, 확정적인 고의가 아닌 미필적 고의로도 족한 것인바.... 피해자에 대한 가해행위를 직접 실행한 피고인 3, 4이 피해자의 머리나 가슴 등 치명적인 부위가 아닌 허벅지나 종아리 부위 등을 주로 찔렀다고 하더라도 칼로 피해자를 20여 회나 힘껏 찔러 그로 인하여 피해자가 과다실혈로 사망하게 된 이상 피고인 3, 4이 자기들의 가해행위로 인하여 피해자가 사망할 수도 있다는 사실을 인식하지 못하였다고는 볼 수 없고, 오히려 살인의 미필적 고의가 있었다고 볼 수 있다고 한 사례(대법원 2002.10.25. 선고 2002도4089 판결).

【해설】 행위자에게 어떤 고의가 있었는지를 판단하는 표지로 '공격의 부위와 반복성'이 있다. 행위자의 경우 허벅지나 종아리 부위 등과 같이 치명적인 부위가 아닌 곳을 공격한 경우에는 살인의 고의가 아닌 상해의 고의가 인정될 여지가 있지만, '20회'를 '힘껏' 찔렀다는 점에서 살인의 고의가 인정된다.

판례 저수지 추락 사건

【판결요지】 피고인이 교통사고를 가장하여 피해자들을 살해하고 보험금을 수령하여 자신의 경제적 곤란을 해결하고 신변을 정리하는 한편, 그 범행을 은폐할 목적으로 피해자들을 승용차에 태운 후에 고의로 승용차를 저수지에 추락시켜 피해자들을 사망하게 한 것으로서 살인의 범의가 인정된다고 한 사례(대법원 2001.11.27. 선고 2001도4392 판결).

【해설】 행위자에게 살인의 고의가 있는지를 판단하는 표지로 피고인이 범행에 이르게 된 경위, 범행의 동기, 사망의 결과 발생 가능성 정도, 범행 후에 있어서의 결과회피행동의 유무가 있다. 이 사안의 경우 피고인과 A와의 불륜관계 및 이로 인한 가정파탄, 피고인의 채무규모와 경제적 어려움, 피해자인 자녀들에 대한 보험가입 경위, 피해자인 자녀들과 조카들을 승용차에 태우고 다닌 경위 등 범행 당일의 행적, 도로와 저수지의 상태 및 추락 직전 상황과 경위, 사고 이후의 피고인이 보험청구하는 과정에서의 행적 등을 종합적으로 고려할 때 피해자들에 대한 살인의 고의가 인정된다고 보았다. 행위자의 고의를 추단하기 위해 객관적 상황을 종합하여 판단한 것이다.

판례 엽총방아쇠 사건

【판결요지】 총알이 장전되어 있는 엽총의 방아쇠를 잡고 있다가 총알이 발사되어 피해자가 사망한 사안에서, 범행의 도구로 사용된 엽총은 통상 사냥하기 직전에 총알을 장전하는 것인데도 사냥과는 전혀 관계없는 범행 당시 이미 총알이 장전되어 있었고, 실탄의 장전 유무는 탄창에 나타나는 표시에 의해서 쉽게 확인될 수 있어 총기에 실탄이 장전된 것인지 몰랐다고 하기 어려울 뿐 아니라, 안전장치를 하지 않은 상태에서 방아쇠를 잡고 있었던 점 등과 관계 증거에 나타난 전후 사정에 비추어, 피해자를 겁주려고 협박하다가 피해자의 접촉행위로 생겨난 단순한 오발사고가 아니라 살인의 고의가 있는 범죄행위였다고 본 원심판결을 수긍한 사례(대법원 1997.2.25. 선고 96도3364 판결).

【해설】 엽총에 총알을 장전하였다는 점, 장전되어 있다는 사실을 쉽게 확인할 수 있다는 점, 안전장치를 하지 않은 상태에서 방아쇠를 잡고 있다는 점을 고려할 때 살인의 고의를 인정한 사례이다.

판례 군의무반 김병장 사건

【사실관계】 군의무반 병장 갑은 피해자 윤일병이 군의무반에 정식으로 전입한 직후인 2014. 3. 초순경부터 피해자가 응급실에 실려간 2014. 4. 6.까지 지속적으로 피해자를 폭행하여 왔다. 특히 2014.4.6. 00:00경 피해자가 '갑의 아버지가 조폭이었다는 사실이 가장 감명 깊었다'는 말을 한 직후 피해자의 런닝셔츠를 2회에 걸쳐 잡아 찢기도 하는 등 그 폭행의 정도가 급격히 강해졌다. 갑은 사건 당일인 2014. 4. 6. 16:07경부터 냉동식품을 먹는 약 25분의 짧은 시간 동안 직접 피해자의 옆구리, 복부, 가슴 부위를 약 15~18회가량 발과 무릎 등으로 밟고 차거나 때린 것을 비롯하여, 을에게 지시하거나 병과 함께 피해자의 복부 부위를 약 20회가량 발로 차거나 밟기도 한 점, 갑은 계속된 폭행으로 인해 침상에 쓰러져 물도 제대로 마시지 못하고 옷을 입은 상태로 오줌을 싸고 의사표현도 잘 하지 못하여 을과 정에게 기대고 있던 피해자를 향하여 '꾀병 부리지 마라'고 말하며 발로 피해자의 가슴 부위를 세게 걷어차고, 이어 또다시 꾀병 부리지 말라며 추가로 폭행을 하려 하였으나 피해자의 상태를 인지하고 있던 병의 만류로 더 이상의 추가 폭행은 하지 못하였다.

【판결요지】 살인의 고의는 반드시 살해의 목적이나 계획적인 살해의 의도가 있어야만 인정되는 것은 아니고, 자기의 폭행 등 행위로 인하여 타인의 사망이라는 결과를 발생시킬 만한 가능성 또는 위험이 있음을 인식하거나 예견하였다면 고의가 있다고 할 수 있다. 피고인이 범행 당시 살인의 고의는 없었고 단지 상해 또는 폭행의 고의만 있었을 뿐이라고 다투는 경우에, 피고인에게 범행 당시 살인의 고의가 있었는지는 피고인이 범행에 이르게 된 경위, 범행의 동기, 준비된 흉기의 유무·종류·용법, 공격의 부위와 반복성, 사망의 결과발생 가능성 정도, 범행 후 결과 회피행동의 유무 등 범행 전후의 객관적인 사정을 종합하여 판단할 수밖에 없다. 등을 종합해 볼 때, 갑은 무차별적인 계속된 폭행으로 피해자가 사망할 수도 있다는 결과 발생의 가능성 또는 위험성을 인식하거나 예견하였고 나아가 그 결과 발생을 용인한 것으로 볼 수 있다는 이유로 살인의 미필적 고의를 인정할 수 있다(대법원 2015.10.29. 선고 2015도5355 판결).

【해설】 이 사건의 핵심적 논점 중 하나는 가해자인 갑의 고의가 무엇인가라는 점이다. 갑의 고의가 살인의 고의라면 살인죄가 되지만 만약 상해의 고의라면 이 사건은 상해치사사건이 되기 때문이다. 군검찰관은 주위적 공소사실로 피고인을 살인죄로 기소하였지만, 예비적 공소사실로 상해치사를 염두에 두었다. 대법원은 이 사건에 대하여 범행 전후의 객관적인 사정을 종합하여 판단할 때, 갑은 무차별적인 계속된 폭행으로 피해자가 사망할 수도 있다는 결과 발생의 가능성 또는 위험성을 인식하거나 예견하였

고 나아가 그 결과 발생을 용인한 것으로 볼 수 있기 때문에 살인의 미필적 고의가 인정된다고 하였다.

나. 착오

구성요건적 착오에 있어서 법정적 부합설에 따르면 구체적 사실의 착오의 경우 고의 성립에 영향이 없으나, 추상적 사실의 착오는 고의를 조각한다. 구체적 부합설에 따르면 구체적 사실의 착오 중 객체의 착오의 경우 고의 성립에 영향이 없으나 방법의 착오는 고의를 조각하며, 추상적 사실의 착오 역시 고의를 조각한다.[26)]

판례 형수조카 살해 사건

【판결요지】 피고인이 먼저 피고인의 형수 피해자1을 향하여 살의를 갖고 소나무 몽둥이를 양손에 집어들고 힘껏 후려친 가격으로 피를 흘리며 마당에 고꾸라진 동녀와 동녀의 등에 업힌 피고인의 조카 피해자2(남, 1세)의 머리 부분을 위 몽둥이로 내리쳐 위 피해자2를 현장에서 두개골절 및 뇌좌상으로 사망케 한 소위를 살인로 의율한 원심조처는 정당하며 소위 타격의 착오가 있는 경우라 할지라도 행위자의 살인의 범의 성립에 방해가 되지 아니한다(대법원 1984.1.24. 선고 83도2813 판결).

【해설】 이 사례는 구체적 사실의 착오 중 방법의 착오에 해당한다. 법정적 부합설을 취하고 있는 판례에 따르면 구체적 사실의 착오에 대해서는 고의가 조각되지 않으므로 살인죄의 성립을 인정한다. 구체적 부합설에 따르면 형수에 대한 살인미수와 조카에 대한 과실치사죄의 상상적 경합이 된다.

4. 위법성

가. 일반적 위법성 조각사유

사람의 생명이라는 법익의 중대성·비대체성으로 인하여 다른 범죄에 비하여 살인죄의 위법성조각사유를 적용함에는 더욱 엄격한 제한을 받는다.

위법성조각사유 중 긴급피난과 피해자의 승낙은 살인죄의 위법성조각사유가 될 수 없다. 긴급피난의 경우 생명은 다른 법익보다 우월한 법익이며 생명 대 생명같이 동가치를 가지는 경우 우월적 이익의 원칙이 적용되는 긴급피난이 될 수 없기 때문이다. 긴급피난을 정당화적 긴급피난과 면책적 긴급피난으로 나누는 이원설에 따를 경우[27)] 살인죄의 경

---

26) 구성요건적 착오에 대한 자세한 내용은 형법총론의 구성요건적 착오이론 부분을 참조하라.

27) 우월한 이익의 보호를 위하여 열등한 이익을 침해하는 행위는 정당화적 긴급피난에 해당할 수 있지만, 동등 법익 사이의 피난행위 또는 생명이나 신체와 같이 이익형량을 할 수 없는 법익 사이의 피난행위는 면책적 긴급피난으로 다루어진다.

우 정당화적 긴급피난은 적용되지 않고 면책적 긴급피난이 적용될 여지가 있을 뿐이다.[28] 피해자의 승낙의 경우 사람의 생명은 처분할 수 있는 법익이 아니기 때문에 위법성이 조각되지 않는다. 따라서 피해자의 승낙을 받아 살해한 경우는 촉탁·승낙살인죄(제252조 제1항)가 성립한다.

살인죄의 위법성조각사유로 인정될 수 있는 경우는 정당방위와 정당행위뿐이다. 자신을 살해하기 위하여 공격하는 A를 정당방위의사로 살해한 경우에는 정당방위로 위법성이 조각될 수 있다. 정당행위로서 위법성이 배제되는 경우로 군인의 전투행위, 교도관의 사형집행행위, 장기이식법에 따라 뇌사자로부터 장기 등을 적출한 경우, 연명의료 중단결정에 의한 존엄사의 경우 등이 있다.

나. 안락사

(1) 의의

안락사는 회복할 수 없는 죽음의 단계에 들어선 환자에 대하여 본인 또는 가족의 요구에 따라 고통이 적은 방법으로 생명을 단축하는 행위를 말한다. 안락사는 특히 의사의 의료행위과정에서 많은 논쟁을 발생시킨다. 예를 들면 의사가 회복불가능상태에 있는 말기암 환자를 안락사시킨 경우 의사의 행위에 대하여 살인죄 또는 촉탁승낙살인죄가 성립할 수 있는지가 문제된다. 환자의 요구에 따라 의사가 이를 행하였다면 촉탁승낙살인죄의 성립 여부가 문제되지만, 환자의 요구가 없음에도 불구하고 의사가 이를 행하였다면 살인죄의 성립 여부가 문제될 것이다. 안락사는 생명을 단축하지 않는 안락사(진정 안락사)와 생명을 단축하는 안락사(부진정 안락사)로 나눌 수 있다.

(2) 유형

(가) 생명을 단축하지 않는 안락사

생명을 단축하지 않는 안락사를 '진정 안락사'라고 한다. 진정 안락사는 생명을 단축시키는 것이 아니라, 임종시의 고통을 제거하기 위하여 적량의 마취제를 사용하여 안락하게 자연사할 수 있도록 하는 경우이다. 진정 안락사는 일종의 치료행위로 보기 때문에 살인죄의 구성요건해당성이 없다. 호스피스·완화의료 및 임종과정에 있는 환자의 연명의료결정에 관한 법률(연명의료결정법)에 따르면 말기환자로[29] 진단을 받은 환자 또는 임종과정에

---

28) 긴급피난의 본질에 대하여 일원설에 따를 경우 위법성은 조각되지 않지만, 적법행위에 대한 기대가능성 문제로 검토하여 책임이 조각될 수 있는 여지는 있다.

29) 말기환자(末期患者)란 적극적인 치료에도 불구하고 근원적인 회복의 가능성이 없고 점차 증상이 악화되어 보건복지부령으로 정하는 절차와 기준에 따라 담당의사와 해당 분야의 전문의 1명으로부터 수개월 이내에 사망할 것으로 예상되는 진단

있는 환자에 대해서는 의사의 설명의무 등 일정한 조건을 전제로 호스피스·완화의료를 인정하고 있다.

(나) 생명단축의 안락사

생명단축의 안락사를 '부진정 안락사'라고 한다. 생명단축의 안락사는 다시 적극적 안락사와 소극적 안락사로 나누어 고찰한다. 적극적 안락사는 독약주사의 경우와 같이 처음부터 생명단축을 목적으로 일정한 수단을 사용하여 생명을 단절시키는 경우로서 작위에 의한 안락사를 말한다. 소극적 안락사는 치료중단의 경우와 같이 생명연장을 위한 적극적인 수단을 취하지 않음으로써 생명을 단축시키는 경우를 말한다.

(3) 적극적 안락사와 위법성조각

적극적 안락사는 의사가 소극적으로 치료를 중단하는 것이 아니라 약물을 투입하는 등 적극적 작위를 통해 생명을 단축시키는 것을 말한다. 적극적 안락사의 경우 사회상규에 위배되지 않는 행위로 보아 위법성이 조각된다는 견해가 있다.[30]

하지만 적극적 안락사는 형법상 절대적 생명보호의 원칙에 위배되고, 생명보호의 상대화를 초래하며, 안락사를 남용할 위험이 있으므로 위법성을 조각시킬 수 없다고 보는 것이 타당하다. 따라서 의사의 행위는 환자의 의사에 반하여 이루어졌다면 살인죄, 환자의 부탁을 받고 행하였다면 승낙살인죄가 성립한다.[31]

(4) 소극적 안락사와 위법성조각

(가) 쟁점

소극적 안락사는 또는 존엄사는 회복불가능한 사망의 단계에 있는 환자의 생명이 인위적인 의료장치에 의하여 연장되고 있는 경우에 의료진이 그 생명연장장치를 제거함으로써 자연스러운 죽음을 맞도록 하는 것을 말한다. 소극적 안락사를 허용할 수 있는가에 대해서는 많은 논란이 있다.

(나) 학설

소극적 안락사의 경우 의사의 행위에 대하여 일정한 조건을 전제로 하여 촉탁승낙살인죄의 위법성이 조각된다고 보는 것이 통설이다. 위법성이 조각될 수 있는 요건으로는 다

을 받은 환자를 말한다.

30) 김성돈, 54면; 이형국/김혜경, 19면; 임웅/이현정/박성민, 26면.

31) 김일수/서보학, 347면; 배종대, 36면; 손동권/김재윤, 14면; 신동운, 514면.

음과 같은 것이 있다. ① 환자가 감내할 수 없는 육체적 고통에 시달리고 있어야 하며, 정신적 고통만으로는 부족하다. ② 의학적 관점에서 회복불가능한 질병으로 죽음의 시기가 임박하고 있어야 한다. ③ 원칙적으로 환자의 진지한 촉탁 또는 승낙이 있어야 한다. ④ 의사의 치료중단이 환자의 육체적 고통을 제거하거나 경감하기 위한 목적에서 이루어져 한다. 이러한 조건을 갖춘 경우에 한하여 촉탁승낙살인죄의 위법성이 조각된다.

(다) 판례

소극적 안락사의 허용 여부와 관련하여 이른바 '김할머니 사건'에서 대법원도 일정한 요건을 제시하면서 연명치료 중단이 허용된다고 판시하고 있다. 판례에 따르면 다음의 요건을 갖추었다면 소극적 안락사가 허용된다. ① 환자가 회복불가능한 사망의 단계에 있어야 한다. '회복불가능한 사망의 단계'란 의학적으로 환자가 의식의 회복가능성이 없고 생명과 관련된 중요한 생체기능의 상실을 회복할 수 없으며 환자의 신체상태에 비추어 짧은 시간 내에 사망에 이를 수 있음이 명백한 경우를 말한다. ② 소극적 안락사의 허용 여부에 대하여 환자의 의사가 확인되어야 한다. 환자는 미리 자신의 연명치료거부 내지 중단에 대한 의사를 밝힌 '사전의료지시'가 있어야 한다. 사전의료지시가 없는 경우에는 연명치료 중단에 관한 환자의 의사를 객관적으로 추정할 수 있어야 한다.[32)]

(5) 연명의료결정법

이른바 '김할머니 사건' 이후에 소극적 안락사의 허용 여부에 대하여 형법학계뿐만 아니라 의료계에서도 많은 논쟁이 있었다. 이에 따라 호스피스·완화의료 및 임종과정에 있는 환자의 연명의료결정에 관한 법률이 제정되었다. 연명의료결정법에 따라 회생 가능성이 없는 환자가 자기의 결정이나 가족의 동의로 의사의 연명치료를 받지 않을 수 있도록 하였다. 환자가 회복할 가능성이 없는데도 죽음에 이르는 기간만 연장하기 위해서 하는 심폐소생술, 인공호흡기, 혈액투석, 항암제 투여 등의 중단을 허용하고 있다.

심화내용 연명의료결정법

호스피스·완화의료 및 임종과정에 있는 환자의 연명의료결정에 관한 법률은 연명의료에 대한 기본원칙, 연명의료결정의 관리 체계, 연명의료의 결정 및 그 이행 등에 필요한 사항을 정하여 임종과정에 있는 환자의 연명의료결정을 제도화함으로써 환자의 자기결정을 존중하고 환자의 존엄과 가치를 보장하며, 암환자에만 국한되어 있는 호스

32) 대법원 2009.5.21. 선고 2009다17417 전원합의체 판결.

피스 서비스를 일정한 범위의 말기환자에게 확대 적용하도록 하고, 호스피스에 대한 체계적이고 종합적인 근거 법령을 마련하여 국민 모두가 인간적인 품위를 지키며 편안하게 삶을 마무리할 수 있도록 하기 위하여 2016년 1월 제정되었다. 이 법은 호스피스·완화의료와 임종과정에 있는 환자의 연명의료 결정 및 그 이행에 필요한 사항을 규정함으로써 환자의 최선의 이익을 보장하고 자기결정을 존중하여 인간으로서의 존엄과 가치를 보호하는 것을 목적으로 한다.

5. 가담 형태

2인 이상이 공동하여 살인죄를 범한 때에는 살인죄의 공동정범이 성립하며, 처벌되지 아니하는 자 또는 과실범으로 처벌되는 자를 교사 또는 방조하여 사망의 결과를 발생하게 한 자는 살인죄의 간접정범이 성립한다.

무고·위증 등 형사재판을 이용하여 피해자를 사형당하게 한 경우 살인죄의 간접정범이 성립할 수 있는지에 대하여 견해의 대립이 있다. 소송사기에서처럼 법원에 대한 기망이 인정되는 이상, 위증과 법원의 사형선고 사이에 인과관계가 입증된다면 살인죄의 간접정범을 인정하는 견해도 있지만,[33] 법원의 직권에 의한 실체진실 발견의무를 인정하고 있는 현행 형사소송법상 고발인·증인에 의한 재판지배를 인정할 수 없으므로 살인죄의 간접정범이 성립할 수 없다는 것이 다수설이다.[34]

생각건대, 무고(형법 제156조)나 위증(형법 제152조)과 같이 사실에 반하는 허위 진술을 통해 형사 절차를 왜곡하는 행위를 통하여 법관 및 검사와 같은 국가기관을 도구로 이용하여 잘못된 판단인 사형선고를 유도한 경우 국가기관이 간접정범의 도구가 될 수 있는지 의문이다. 무고한 피해자에게 사형선고와 집행을 한 경우라도 법원이 제시된 증거를 기초로 사실관계 판단을 자유심증주의에 따라 이루어졌다면 이러한 불행한 결과는 행위자의 재판지배에 의해 이루어졌다고 평가하기보다는 진실에 대한 법원의 판단에 오류가 있다고 평가하는 것이 합리적이다. 무고 및 위증 행위가 형사재판의 결과에 직접적으로 영향을 미쳤고, 사망이라는 결과를 초래했는지 검토해야 하는데, 사법절차상 수사, 공소제기, 재판 등 여러 단계가 존재하므로 위증이나 무고 행위와 수사기관의 수사·검사의 공소제기·법원의 사형선고 및 피고인의 사망 사이의 인과관계가 단절될 가능성이 크다. 현행 형사소송법상 사실인정을 당사자가 제출한 증거에 한정되지 않고, 법원의 직권에 의한 실체진실 발견의

33) 이에 대하여 살인죄의 간접정범을 긍정하는 견해로는 김성돈, 53면; 김성천/김형준, 27면; 임웅/이현정/박성민, 20면.

34) 김일수/서보학, 16면; 손동권/김재윤, 10면; 신동운, 538면; 이재상/장영민/강동범, 19면; 이형국/김혜경, 15면; 정성근/박광민, 47면.

무를 인정하고 있는 점, 증거법의 기본 원칙인 증거재판주의, 위법수집증거배제법칙, 자백배제법칙, 미확정 재판에 대한 상소 제도와 유죄의 확정판결에 대한 재심 제도 등 오판을 시정하기 위한 많은 소송법적 규정을 두고 있는 점을 고려한다면 고발인·증인에 의하여 형사재판의 전 과정을 지배한 '재판지배'를 인정하기 어렵다. 따라서 재판지배에 의한 살인죄의 간접정범은 성립하기 어렵다.[35)]

6. 죄수 및 다른 죄와의 관계

생명은 전속적 법익이므로 죄수는 피해자의 수에 따라 결정된다. 따라서 1개의 행위로 수인을 살해한 경우 수 개의 살인죄의 상상적 경합이 되며, 수 개의 행위로 수인을 살해한 경우 수 개의 살인죄의 실체적 경합이 된다. 따라서 갑이 단일한 범의로 동일한 장소에서 동일한 방법으로 시간적으로 접착된 상황에서 휴대하고 있던 권총에 실탄 6발을 장전하여 피해자들의 머리에 각기 1발씩 순차로 발사하여 살해하였다면 피해자들의 수에 따라 수 개의 살인죄를 구성하며,[36)] 수 개의 살인죄의 실체적 경합이 된다.

행위자가 한 명의 피해자를 살해하기 위하여 행한 살인예비·미수 및 기수는 법조경합 중 보충관계에 있으므로 살인예비죄와 살인미수죄는 성립하지 않고 하나의 살인죄 기수만 성립한다.

살인행위에 수반된 폭행, 상해, 손괴는 불가벌적 수반행위로 법조경합 중 흡수관계에 있으므로 폭행죄, 상해죄, 손괴죄는 살인죄에 흡수된다.

사람을 살해한 다음 그 범죄를 은폐하기 위하여 시체를 유기한 경우에는 살인죄와 제161조 시체유기죄의 실체적 경합범이 된다.[37)] 시체유기행위는 살인죄의 불가벌적 사후행위가 아니기 때문이다. 살인, 강도살인 등의 목적으로 사람을 살해한 자가 그 살해의 목적을 수행함에 있어 사후 시체의 발견이 불가능 또는 심히 곤란하게 하려는 의사로 인적이 드문 장소로 피해자를 유인하거나 실신한 피해자를 끌고 가서 그곳에서 살해하고 시체를 그대로 둔 채 도주한 경우에는 비록 결과적으로 시체의 발견이 현저하게 곤란을 받게 되는 사정이 있다 하더라도 별도로 시체은닉죄가 성립되지 아니한다.[38)]

---

35) 독재자에 의하여 수사·기소·재판의 전 과정에 개입하여 국가기관을 지배하여 피고인을 살해하게 하였다면 이는 더 이상 민주주의·법치주의 국가라고 부를 수 없다.

36) 대법원 1991.8.27. 선고 91도1637 판결.

37) 대법원 1984.11.27. 선고 84도2263 판결.

38) 대법원 1986.6.24. 선고 86도891 판결.

Ⅲ. 존속살해죄

제250조 (살인, 존속살해) ② 자기 또는 배우자의 직계존속을 살해한 자는 사형, 무기 또는 7년 이상의 징역에 처한다.
제254조(미수범) 제250조, 제252조 및 제253조의 미수범은 처벌한다.

1. 의의

존속살해죄는 자기의 직계존속 또는 배우자의 직계존속을 살해함으로써 성립하는 범죄이다. 존속살해죄는 보통살인죄에 비하여 형벌이 가중된다. 직계비속이 직계존속을 살해하는 경우에는 패륜성에 기초하여 비난이 더 가해지기 때문이다. 존속살해죄는 보통살인죄에 비하여 책임이 가중되는 형태이다.

2. 존속살해죄의 위헌에 대한 논의

가. 쟁점

존속살해죄가 존속의 생명을 일반인의 생명보다 중하게 보호하는 것이 되어 헌법상 평등의 원칙에 반하는 것이 아닌가라는 논의가 있다. 우리 형법은 존속살해죄 이외에도 존속상해, 존속폭행, 존속유기 등 존속에 대한 여러 범죄에 대하여도 가중처벌 규정을 두고 있기 때문에 위헌성에 대한 논의는 해당 범죄에 대해서도 같이 진행될 수 있다.

나. 학설과 판례

존속살해죄를 가중처벌하는 것에 대하여 합헌으로 보는 것이 학계의 일반적 입장이다.[39] 이는 범죄의 객체가 자기 또는 배우자의 직계존속이라는 특수한 신분관계에 해당하는 경우 가해자인 직계비속의 패륜성(悖倫性)에 대한 고도의 사회적 비난가능성이 인정되기 때문에 그 형을 가중하고자 하는 것이다.[40]

헌법재판소에 따르면 존속살해의 범행은 오래전부터 보편적 사회질서나 도덕원리, 나아가 인륜에도 반하는 행위로 인식되어 왔고, 그 패륜성에 비추어 일반 살인죄에 비하여

---

39) 존속살해죄의 위헌성에 대하여 읽어볼 만한 내용으로 배종대, 65면-70면; 임웅/이현정/박성민, 32면.

40) 헌법재판소 2002.3.28. 선고 2000헌바53 결정.

고도의 사회적 비난을 받아야 할 이유가 충분하다고 한다. 따라서 반인륜·패륜행위를 억제하기 위하여 존속살해죄를 엄벌함으로써 결과적으로는 존속이 강한 보호를 받게 된다 하더라도 이는 반사적 이익에 불과하므로 이를 반드시 불합리하다고만은 할 수 없으며, 현재 우리의 윤리관에 비추어 볼 때 오히려 합리적이라 할 수 있다.[41)]

다. 결론

생각건대, 헌법상 평등의 원칙이 합리적 근거가 있는 차등이나 차별까지 금지하는 것은 아니다. 존속에 대한 범죄를 중하게 처벌하는 것은 효라는 인류의 기본적 도덕가치에 근거를 둔 합리적 차별이라고 볼 수 있다. 입법목적의 정당성과 이를 달성하기 위한 수단의 적정성 즉, 존속살해 가중처벌의 이유와 이를 실현하기 위한 그 정도의 타당성 등에 비추어 그 차별적 취급에는 합리적 근거가 있으므로 헌법 제11조 제1항의 평등원칙에 반한다고 할 수 없다. 따라서 존속살해에 대한 가중처벌은 합헌적이라고 생각한다. 다만 존속살해의 경우만 가중 처벌하는 것은 평등하지 않다. '도덕적 평등의 문제'를 해결하기 위해서는 존속살해죄에 대하여 가중 처벌하는 규정뿐만 아니라 '비속살해죄'에 대하여 가중처벌하는 규정을 두는 것도 고려할 필요가 있다.[42)] 직계존속이 직계비속을 살해한 경우에도 존속살해죄에 버금가는 비난가능성을 가지고 있기 때문이다. '약자보호의 원칙'이라는 헌법정신을 고려하면 더욱 그러하다.

3. 객관적 구성요건

가. 주체: 직계비속 또는 그의 배우자

직계비속 또는 직계비속의 배우자만이 범할 수 있는 신분범이며, 신분이 있음으로 인하여 형이 가중되는 부진정 신분범이다. 따라서 공범과 신분규정인 형법 제33조 단서규정이 적용된다.

나. 객체: 자기 또는 배우자의 직계존속

(1) 의의

존속은 자기의 선조(先祖: 부모, 조부모, 증조부모등) 및 그들과 같은 항렬(行列)에 있는 혈족을 말한다. 존속 중 직계존속은 부모, 조부모, 증조부모 등 자기에게 직선적으로 이르는 선조만을 의미한다.

---

41) 헌법재판소 2013.7.25. 선고 2011헌바267 결정.

42) 같은 견해로는 임웅/이현정/박성민, 33면.

(2) 법률상 직계존속

직계존속은 법률상 개념이므로 사실상 직계존속은 제외된다. 따라서 사실상 혈족관계[43)] 에 있는 생부(生父)일지라도 법적으로 인지절차를 완료하지 않는 한 직계존속이라 할 수 없고(민법 제855조 이하 참조), 아무런 관계가 없는 타인이라도 합법한 절차에 의하여 입양관계가 성립하면 법정혈족[44)]이 되어 직계존속이 된다(민법 제866조 이하 참조). 다른 집에 입양한 경우에는 그의 친생부모 및 그 혈족·인척과의 친족관계는 소멸하지 않고 존속한다(민법 제882조의2). 따라서 실부모와 친자관계는 그대로 유지되며 양부모와 실부모 모두 직계존속이 된다. 그러나 친양자의 경우에는 원칙적으로 입양 전의 친족관계가 소멸한다(민법 제908조의3).

(3) 민법상 직계존속과 친양자제도

직계존비속 관계는 가족관계등록부의 기재가 기준이 되는 것은 아니며 민법의 친자관계만 있으면 된다. 즉, 친자관계라는 사실은 가족관계등록부의 기재 여하에 따라 결정되는 것이 아니라, 가족관계등록부에 친권자라고 등록되어 있다고 하더라도 사실상 친권자가 아닌 경우에는 법률상 친자관계가 생길 수 없다.

민법에 따르면 양친과 양자를 친생자관계로 보아 종전의 친족관계를 종료시키고 양친과의 친족관계만을 인정하며 양친의 성과 본을 따르도록 하는 친양자제도가 있다(민법 제908조의2 내지 제908조의8). 민법에 따르면 양자가 친양자제도로 타가에 입양된 경우에는 민법 제908조의3 제2항에 의해 입양 전의 친족관계는 친양자 입양이 확정된 때에 종료한다고 규정하고 있으므로 이후에는 직계존·비속관계는 성립되지 않는다고 보아야 할 것이다. 예를 들면 친양자로 입양이 확정된 상태에서 실부를 살해한 경우에는 존속살해죄가 아니라 보통살인죄가 성립한다고 보아야 한다. 이 경우에 실부모와의 친자관계는 종료되었기 때문이다.

판례 버려진 아이를 주워서 출생신고를 한 경우

【사실관계】 A녀는 그의 문앞에 버려진 생후 몇 시간 밖에 되지 않은 영아 갑을 주워다 기르고 호적에 그의 남편 B와의 사이에 태어난 친자식으로 입적하였다. 그러나 입양의 요건은 갖추지 못하였다. 그 후 성인이 된 갑은 A와 다투다가 A를 살해하였다.

【판결요지】 피살자(여)가 그의 문전에 버려진 영아인 피고인을 주어다 기르고 그 부와의 친생자인 것처럼 출생신고를 하였으나 입양요건을 갖추지 아니하였다면 피고인과의 사이에 모자관계가 성립될 리 없으므로, 피고인이 동녀를 살해하였다고 하여도 존

43) 혈족은 혈연관계가 있는 친족이다. 혈족은 자연혈족·법정혈족, 직계혈족·방계혈족, 부계혈족·모계혈족으로 나누어진다.

44) 법정혈족은 자연적인 혈연관계는 없지만 법률에 의하여 혈족으로 의제된 경우이다. 현행 민법상 법정혈족관계로는 양친자관계가 있다.

속살인죄로 처벌할 수 없다(대법원 1981.10.13. 선고 81도2466 판결).

【해설】 이 판례의 경우 실부모가 아님에도 불구하고 특별한 입양절차 없이 출생신고만으로 친생자로 호적부에 등재되어 있는데, 현행 민법상 사실상 직계존비속관계가 없는 자 상호 간에 법률상의 직계존비속관계를 창설하는 방법은 입양의 방법밖에는 없기 때문에 출생신고만으로 양친자관계가 창설되지 않는다. 허위출생신고에 의한 입양이 효력을 발생할 수 있는 가에 대하여 대법원은 당사자 간에 양친자관계를 성립시키려는 의사가 있고, 기타 입양의 실질적 요건을 구비한 경우에는 입양의 효력을 인정한다(대법원 1977.7.26. 선고 77다492 판결). 즉, 허위출생신고의 경우 입양신고를 하지 않고 허위출생신고를 한 경우에는 입양의 형식적인 요건인 입양신고를 하지 않았기 때문에 입양을 무효로 하는 것이 아니라, 무효행위의 전환으로서 비록 허위의 출생신고(무효행위)를 유효한 입양신고로 보겠다는 것이다. 주의할 것은 위 내용은 입양의 형식적인 요건에 대한 것이다. 따라서 입양의 실질적인 요건이 별개로 필요하다. 위의 문제된 사건의 경우 허위의 출생신고를 한 경우에 위의 대법원 판례의 태도에 비추어 형식적 요건은 갖추었다고 볼 여지는 있지만, 그 외의 실질적 요건은 갖추지 않았기 때문에 입양의 효력이 발생하지 않는다고 본 것이다. 결국 입양의 효력은 발생하지 않은 것이며, 양친자관계는 성립하지 않았으며, 존속살해죄가 아닌 보통살인죄가 성립한다. 출생신고를 하였지만 입양의 실질적 요건을 갖추었다면 출생신고는 입양신고로서 효력이 있으므로 양자라고 볼 수 있을 것이다. 이 경우에는 존속살해죄가 성립할 수 있다(대법원 2007.11.29. 선고 2007도8333,2007감도22 판결). 실질적 요건을 갖추었는지 여부는 구체적·개별적 사안에 따라 판단할 수밖에 없다.

(4) 생부의 인지와 생모의 출산행위

혼인외의 출생자는 생부가 인지하여야 친자관계가 성립하며(민법 제855조), 생모의 경우에는 인지가 없더라도 자녀의 출생이라는 사실관계로부터 당연히 친자관계가 성립한다.[45] 따라서 다른 집에 입양되더라도 자연혈족관계는 소멸되지 않으므로 양자로 입양된 아들이 자신의 생모를 살해한 경우 존속살해죄가 성립한다. 인지하지 않은 생부를 살해한 경우 보통살인죄가 성립한다.

(5) 자기 또는 배우자의 직계존속

자기 또는 배우자는 민법상 혼인절차에 의한 법률상 배우자의 직계존속을 말하며, 사실혼 관계에 있는 자는 제외된다. 배우자가 사망한 후 재혼한 생존배우자가 이전 배우자의 직계존속을 살해한 경우에는 존속살해죄가 아닌 보통살인죄가 성립한다. 부부의 일방이 사망한 후 생존배우자가 재혼한 경우에는 인척 관계가 소멸하기 때문이다(민법 제775조 제2항).

45) 대법원 1980.9.9. 선고 80도1731 판결.

배우자의 신분관계는 실행행위를 착수할 때 있으면 충분하므로 아내를 살해하고 곧이어 장인을 살해한 경우와 같이 동일한 기회에 배우자를 살해하고 곧이어 배우자의 직계존속을 살해한 경우에는 존속살해죄가 성립한다.

다. 행위: 살해행위

보통살인죄의 살해행위와 그 의미가 같다.

4. 주관적 구성요건

가. 고의

자기 또는 배우자의 직계존속을 살해한다는 사실에 대한 고의가 있어야 한다. 따라서 행위자가 행위 당시에 공격대상이 자기 또는 배우자의 직계존속이라는 사실을 인식하지 못한 경우에는 존속살해죄가 성립하지 않는다.

나. 구성요건적 착오

(1) 보통살인의 의사로 존속살해의 결과를 발생시킨 경우

보통살인의 의사로 존속살해의 결과를 발생시킨 경우는 경한 범죄사실인 보통살인죄를 인식하고 중한 범죄인 존속살해죄를 실현한 경우이다. 예를 들면 갑이 형을 살해하기 위하여 칼로 찔렀는데 사실은 아버지를 살해한 경우가 이에 해당한다. 이 경우는 형법 제15조 제1항이 직접 적용되는 사례이다. 따라서 존속살해죄가 아닌 보통살인죄가 성립한다. 특별히 무거운 죄가 되는 사실 즉, 존속살해죄에 대한 인식이 없기 때문이다. 객관적으로는 존속살해죄의 구성요건에는 해당하지만, 주관적으로는 존속살해죄의 가중표지에 해당하는 사실을 인식하지 못한 이상 존속살해죄의 고의로 행위한 것이 아니므로 존속살해죄로 처벌할 수 없으며 보통살인죄로 처벌된다. 제15조 제1항에 의하여 가중사실에 대한 고의는 부정되지만 경한 기본범죄사실에 대한 고의를 인정하는 결론은 대(大)는 소(小)를 포함한다는 논증의 결론이다.

(2) 존속살해의 의사로 보통살인의 결과를 발생시킨 경우

(가) 쟁점

존속살해의 의사로 보통살인의 결과를 발생시킨 경우는 무거운 죄가 되는 사실을 인식했으나 가벼운 범죄사실을 실현한 경우이다. 예를 들면 갑이 아버지를 살해하기 위하여 칼로 찔렀으나 사실은 자신의 형을 살해한 경우가 이에 해당한다. 이 경우는 형법 제15조 제1항이 반전된 경우이다.

(나) 학설

이에 대해서는 규정이 없기 때문에 견해의 대립이 있다. 동일한 행위객체에 대해 사망의 결과가 발생하였으므로 보통살인죄가 성립한다는 견해,[46] 존속살해의 불능미수와 보통살인의 상상적 경합범이 된다는 견해,[47] 존속살해의 불능미수와 과실치사의 상상적 경합범이 된다는 견해가 있다.[48]

(다) 결론

생각건대, 갑이 인식한 사실인 아버지에 대해서는 고의를 인정할 수 있으므로 존속살해죄가 성립하지만, 그 대상이 아버지가 아닌 형이었으므로 대상불능으로 인한 불능미수가 되므로 존속살해죄의 불능미수가 된다. 사실상 형을 살해한 결과에 대해서는 형법 제15조 제1항의 취지를 고려하여 판단해야 한다. 대는 소를 포함한다는 논증을 그대로 적용하여 존속살해의 고의 속에는 보통살인의 고의가 당연히 포함된다고 볼 수 있으므로 보통살인죄의 기수가 된다. 따라서 존속살해죄의 불능미수와 보통살인죄의 기수의 상상적 경합이 된다.

5. 가담 형태

존속살해죄는 부진정 신분범이므로 비신분자인 공범에게 형법 제33조 단서를 적용한다.[49] 따라서 본죄에 가담한 비신분자는 보통살인죄의 책임을 진다. 따라서 갑과 을이 공동으로 갑의 아버지를 살해한 경우 갑은 존속살해죄가 성립하며, 을은 보통살인죄가 성립한다. 갑이 을을 교사하여 을이 갑의 아버지를 살해하게 한 경우 갑은 존속살해죄의 교사범이 되며, 을은 보통살인죄가 성립한다. 갑이 을을 교사하여 을의 아버지를 살해하게 한 경우 갑은 보통살인죄의 교사범이 성립하며, 을은 존속살해죄가 성립한다.

이에 대하여 판례는 부진정 신분범인 존속살해죄에 가담한 신분자·비신분자는 모두 일단 제33조 본문이 적용되어 존속살해죄의 공범이 성립한다.[50] 다만 부진정 신분범인

46) 신동운, 553면; 이재상/장영민/강동범, 28면; 이형국/김혜경, 27면.

47) 김성돈, 61면; 박상기/전지연, 401면; 임웅/이현정/박성민, 36면.

48) 자세한 설명은 형법총론의 구성요건적 착오 중 가중사실에 대한 착오 부분을 참고하라.

49) 자세한 설명은 형법총론의 공범과 신분에 대한 설명을 참고하라.

50) 학설에 따르면 진정 신분범은 제33조 본문의 규정이, 부진정 신분범은 단서의 규정이 적용되므로 해당 범죄가 진정 신분

존속살해죄에 가담한 비신분자의 경우 범죄는 제33조 본문에 따라 성립하였지만, 과형은 제33조 단서가 적용된다고 한다. 따라서 본죄에 가담한 비신분자는 존속살해죄가 성립하였지만, 과형은 보통살인죄로 한다.

Ⅳ. 촉탁·승낙살인죄

> 제252조 (촉탁, 승낙에 의한 살인 등) ① 사람의 촉탁이나 승낙을 받아 그를 살해한 자는 1년 이상 10년 이하의 징역에 처한다.
> 제254조(미수범) 제250조, 제252조 및 제253조의 미수범은 처벌한다.
> 제256조(자격정지의 병과) 제250조, 제252조 또는 제253조의 경우에 유기징역에 처할 때에는 10년 이하의 자격정지를 병과할 수 있다.

1. 서설

촉탁·승낙살인죄는 보통살인죄에 비하여 가볍게 처벌된다. 본죄의 성격에 대하여 책임감경설과 불법감경설이 대립하고 있다. 책임감경설에 따르면 생명은 처분할 수 없는 법익이므로 촉탁·승낙에 의하여 불법이 감경될 수는 없으며, 다만 동정이나 원조 등과 같은 동기로 인하여 책임이 감경된다고 한다. 불법감경설에 따르면 본죄는 자살과 유사한 것으로 피해자의 자유로운 의사결정에 근거한 생명포기이므로 불법이 감경된다고 한다. 불법감경설이 다수설이다.[51)]

2. 객관적 구성요건

가. 객체: 자신에 대한 살해를 촉탁 또는 승낙한 자

본죄의 객체는 죽음의 의미를 이해할 수 있는 생명에 대한 가치판단능력과 자유로운 의사결정능력이 있어야 한다. 따라서 유아·심신상실자·정신장애자는 본죄의 객체가 될

범인지, 부진정 신분범인지에 대한 것은 사례 해결의 첫출발이지만, 판례의 입장에서 본문 적용 여부에 대하여 해당 범죄가 진정 신분범인지 부진정 신분범인지에 대한 구별은 의미 없다.

51) 김성돈, 62면; 김일수/서보학, 36면; 손동권/김재윤, 23면; 오영근/노수환, 33면; 이재상/장영민/강동범, 31면; 임웅/이현정/박성민, 39면; 정성근/박광민, 58면.

수 없다. 이들의 촉탁 또는 승낙을 받고 살해한 경우 보통살인죄가 성립한다. 이들의 촉탁이나 승낙의 유효성을 인정할 수 없기 때문이다.

나. 행위: 촉탁 또는 승낙을 받아 살해하는 행위

촉탁은 이미 죽음을 결의한 자가 타인에게 자신을 살해해줄 것을 요청하는 진지하고 명시적인 의사표시를 말하며, 승낙은 살해할 것을 결심한 행위자에게 피해자가 이에 동의하는 의사표시를 말한다. 승낙은 사실상 피해자가 자신에 대한 살해행위를 방조하는 것과 같다. 촉탁은 피살자 자신의 촉탁에 의한 것이어야 한다.

촉탁은 명시적으로 행하여져야 하지만, 승낙은 명시적 승낙뿐만 아니라 묵시적 승낙도 가능하다고 보는 견해가 있지만,[52)] 촉탁뿐만 아니라 승낙 모두 명시적으로 행해져야 한다고 보는 것이 타당하다. 묵시적 승낙을 허용할 경우 살인죄가 승낙살인죄로 오판될 가능성이 존재하기 때문이다.

촉탁·승낙은 피해자의 자유의사에 따른 진지한 의사에 의한 것이어야 한다. 따라서 강박, 기망, 농담, 일시적 흥분으로 한 촉탁 또는 승낙은 이에 해당하지 않으며, 이 경우 보통살인죄가 성립한다.

촉탁 또는 승낙은 살해행위 이전에 이루어져야 한다. 따라서 갑이 A를 살해하려고 하였으나 미수에 그친 경우 A로부터 살해에 대한 사후승낙을 받았다 하더라도 갑은 승낙살인죄의 미수범이 아니라 살인미수죄로 처벌된다.

실행의 착수 시기는 행위자가 피해자의 촉탁이나 승낙을 받고 살해행위를 개시했을 때이다. 따라서 살해의 촉탁·승낙만으로는 불가벌적 예비에 불과하다.

3. 주관적 구성요건

가. 고의

본죄가 성립하기 위해서는 촉탁이나 승낙에 의하여 사람을 살해한다는 고의가 있어야 한다. 촉탁이나 승낙은 피해자의 진의에 의한 것이라는 점에 대해서도 인식해야 한다.

나. 구성요건적 착오

촉탁·승낙이 없는데도 불구하고 행위자는 있는 것으로 오인하고 살해한 경우는 가벼운 범죄사실인 촉탁·승낙살인죄를 인식하고 무거운 범죄인 보통살인죄를 실현한 경우이

---

52) 김성돈, 63면; 김일수/서보학, 37면; 이재상/장영민/강동범, 32면.

기 때문에 형법 제15조 제1항에 의하여 촉탁·승낙살인죄가 성립한다.[53] 특별히 무거운 죄가 되는 사실, 즉 보통살인죄에 대한 인식이 없기 때문이다.

촉탁·승낙이 있는데도 불구하고 행위자는 없는 것으로 오인하고 살해한 경우 형의 감경적 요소에 대한 착오문제로서 이에 대해서는 견해의 대립이 있다. 촉탁·승낙살인죄가 성립한다는 견해, 촉탁 또는 승낙에 대한 인식이 없으므로 보통살인죄가 성립한다는 견해, 결과불법은 없으나 행위불법은 존재하므로 살인미수가 성립한다는 견해, 무거운 죄의 고의로 가벼운 죄를 범한 경우이기 때문에 형법 제15조 제1항을 반전시켜 행위자에게 적어도 가벼운 범죄의 범위 내에서 고의기수를 인정하여 가벼운 범죄의 고의기수와 무거운 범죄의 미수 사이의 상상적 경합을 인정하여 살인미수와 촉탁살인죄의 상상적 경합을 인정하는 견해 등으로 대립하고 있다.[54]

V. 자살교사·방조죄

> 제252조 (촉탁, 승낙에 의한 살인 등) ② 사람을 교사하거나 방조하여 자살하게 한 자도 제1항의 형에 처한다.
> 제254조(미수범) 제250조, 제252조 및 제253조의 미수범은 처벌한다.
> 제256조(자격정지의 병과) 제250조, 제252조 또는 제253조의 경우에 유기징역에 처할 때에는 10년 이하의 자격정지를 병과할 수 있다.

1. 서설

자살교사·방조죄는 사람을 교사 또는 방조하여 자살하게 한 경우에 성립하는 범죄이다. 자살관여죄라고도 한다. 범죄가 아닌 자살을 교사·방조하는 행위를 처벌하는 근거에 대하여 공범종속성설에 의하면 자살의 공범은 본래 처벌할 수 없는 것이므로, 본죄는 피해자의 자살을 이용하여 타인의 생명을 침해하는 행위를 특별히 독립된 범죄로 규정한 것으로, 본죄를 형법총칙의 공범 규정에 대한 특별규정으로 파악한다. 자살교사·방조죄는 형법총칙상 공범이 아니라 독립된 처벌 규정이다.

---

53) 김성천, 546면; 오영근/노수환, 34면; 이재상/장영민/강동범, 33면; 임웅/이현정/박성민, 40면.

54) 자세한 설명은 형법총론의 구성요건적 착오 중 감경사실에 대한 착오부분을 참고.

2. 구성요건

가. 객체: 자살자

자살자는 자살의 의미를 이해하고 자유로운 의사결정능력이 있어야 한다. 따라서 자살의 의미를 이해할 수 있는 능력이 없는 자를 교사·방조한 때에는 구체적 정황에 따라 살인죄의 간접정범 또는 위계·위력에 의한 살인죄가 성립된다.

판례 자살의 의미를 이해할 수 없는 자를 교사·방조한 경우

【판결요지】 피고인이 7세, 3세 남짓된 어린자식들에 대하여 함께 죽자고 권유하여 물속에 따라 들어오게 하여 결국 익사하게 하였다면 비록 피해자들을 물속에 직접 밀어서 빠뜨리지는 않았다고 하더라도 자살의 의미를 이해할 능력이 없고 피고인의 말이라면 무엇이나 복종하는 어린 자식들을 권유하여 익사하게 한 이상 살인죄의 범의는 있었음이 분명하다(대법원 1987.1.20. 선고 86도2395 판결).

【해설】 자살자는 자살의 의미를 이해하고 자유로운 의사결정능력이 있어야 한다. 따라서 자살의 의미를 이해할 수 있는 능력이 없는 자를 교사·방조한 때에는 구체적 정황에 따라 살인죄의 간접정범 또는 위계·위력에 의한 살인죄가 성립한다. 판례에 나타난 표현인 "자살의 의미를 이해할 능력이 없고, 피고인의 말이라면 무엇이나 복종하"였다는 점을 본다면 의사지배를 하였다고 볼 수 있으므로 살인죄의 간접정범에 해당할 수 있다.

나. 행위: 자살을 교사 또는 방조하여 자살하게 하는 것

(1) 자살교사

자살교사는 자살의 의사가 없는 자에게 자살을 결의하게 하는 것을 의미한다. 교사의 수단·방법을 불문한다. 권유·애원·명령·이익의 제공 등 어떠한 방법이라도 무방하지만, 위계 또는 위력에 의한 경우에는 제253조 위계 등에 의한 살인죄가 성립된다. 명시적 방법이든 묵시적 방법이든 불문한다. 작위에 의한 자살교사는 가능하지만, 부작위에 의한 자살교사는 불가능하다. 자살자에게 자살 실행 의사를 가지도록 할 어떤 동작이나 영향력이 없기 때문이다.

(2) 자살방조

자살방조는 이미 자살을 결의하고 있는 자를 도와주어 자살을 가능하게 하거나 용이하게 해 줌으로써 자살을 촉진하는 일체의 행위를 의미한다. 그 수단·방법에는 제한이 없다. 자살에 필요한 독극물이나 흉기 등 자살 도구를 마련해주는 행위, 자살할 장소를 제

공해 주는 행위, 자살에 대하여 정신적으로 격려하거나 자살의 방법을 알려주는 행위, 유서를 대필해 주는 행위, 피해자가 피고인과 말다툼을 하다가 '죽고 싶다' 또는 '같이 죽자'고 하며 피고인에게 기름을 사오라고 하자 피고인이 휘발유 1병을 사다 주었는데 피해자가 몸에 휘발유를 뿌리고 불을 붙여 자살한 경우[55] 등은 자살방조죄가 성립한다. 일명 '인터넷 자살 카페'의 회원들이 서로 자살의 당위성 및 자살 방법 등에 관한 정보를 교류하고 동반 자살자를 물색하며 자살 의지를 강화하고 그 실행을 용이하게 하는 것 또한 자살방조에 해당한다. 하지만 자살에 사용될 수 있는 청산염을 소지하지 않았음에도 불구하고 단지 금원 편취의 의도로 위 판매광고 등을 한 것이라면 이는 사기죄에 해당할 수 있어도 자살방조에는 해당하지 않는다.[56] 작위에 의한 자살방조뿐만 아니라 부작위에 의한 자살방조는 가능하다.

판례 유서대필 사건

【사실관계】 갑은 A가 이 땅의 민주화를 앞당기기 위해 분신자살을 하겠다는 생각을 알게 되었다. 갑은 이를 도와주려는 생각으로 1991.4.27경부터 같은 해 5.8까지의 어느 날에 어느 곳에서 리포트 용지에 검은 사인펜으로 유서 2통을 작성하여 주었다. 그 유서내용에 의하면 A에게 그의 분신자살이 조국과 민족을 위한 행위로 미화될 것이며 사후의 장례식을 포함한 모든 문제도 00단체에서 책임진다는 것을 암시해 주고 있었다.

【판결요지】 [1] 형법 제252조 제2항의 자살방조죄는 자살하려는 사람의 자살행위를 도와주어 용이하게 실행하도록 함으로써 성립되는 것으로서, 그 방법에는 자살도구인 총, 칼 등을 빌려주거나 독약을 만들어 주거나, 조언 또는 격려를 한다거나 기타 적극적, 소극적, 물질적, 정신적 방법이 모두 포함된다.

[4] 망인의 분신자살 경험, 증거물인 수첩, 업무일지, 메모지 등이 피고인에 의하여 사후에 조작되었다는 점, 망인의 분신자살 전후에 나타난 피고인의 행적 및 진술 등에 비추어 피고인은 망인이 자살하려는 정을 알고 그 유서를 대필해 주었으며 그 후 그 사실을 은폐하려 한 것이라고 보아 자살방조의 범죄사실을 인정한 사례(대법원 1992.7.24. 선고 92도1148 판결).

【해설】 이른바 유서 대필 사건은 한국판 드레퓌스사건이라고 불린다. 2015년 5월 대법원은 이 사건 재심 상고심에서 무죄를 선고한 원심을 확정했다. 유서대필 사건은 민주화 운동이 한창이던 1991년 전국민족민주운동연합(전민련) 총무부장이었던 강기훈이 당시 전민련 사회부장이었던 후배 김기설에게 분신할 것을 사주하고 유서를 대신 써 준 혐의로 억울하게 옥살이를 한 것을 말한다. 1992년 대법원이 유죄판결을 내린 지 23년 만에 이루어진 판단이다. 대법원이 무죄결정을 내린 이유는 유서대필 행위가 자

55) 대법원 2010.4.29. 선고 2010도2328 판결.

56) 대법원 2005.6.10. 선고 2005도1373 판결.

살방조에 해당하지 않는다는 것이 아니라 강기훈이 유서를 대필한 것이 아니라는 것이다. 그렇다면 유서대필행위는 자살방조행위에 해당될 수 있다는 대법원의 판단은 그대로 유지된다고 볼 수 있다.

다. 실행의 착수 시기와 기수 시기

실행의 착수 시기에 대하여 피해자가 자살행위에 들어간 때에 실행의 착수 시기로 보는 견해(자살행위시설)도 있지만,[57] 행위자가 자살을 교사·방조한 때에 실행의 착수 시기로 보는 견해가 통설이다(교사·방조시설). 자살을 교사와 방조한 때를 실행의 착수 시기로 보는 것이 타당하다. 자살을 교사·방조하였으나 상대방이 거절한 경우, 상대방이 승낙하였으나 자살로 나아가지 않은 경우, 상대방이 자살을 시도하였으나 실패한 경우 모두 본죄의 미수가 된다. 본죄는 총칙상 공범이 아니라 독립된 처벌 규정이므로 '기도된 교사'와 같은 형법총칙의 제31조 제2항과 제3항이 적용되지 않는다.

본죄의 기수 시기는 사망의 결과가 발생한 때이다. 따라서 자살을 교사·방조하여 상대방이 자살행위를 하여 자살의 결과가 발생하면 본죄의 기수가 된다.

라. 촉탁살인죄와의 구별

자살방조죄와 촉탁살인죄는 자살자 또는 피살자가 이미 죽음을 결의하고 있다는 점에서 공통된다. 따라서 자살방조와 촉탁에 의한 살인이 어떻게 구분되는가에 관하여서는 행위수행(자살)의 주도적 역할을 기준으로 삼는 견해와 행위지배를 기준으로 삼는 견해의 대립이 있다.

'자살의 주도적 역할 기준설'은 만일 피해자가 행위수행(자살)의 주도적 역할을 담당하였다면 이에 관여한 행위는 자살교사나 자살방조로 되지만, 비록 피해자에게 죽고 싶은 생각이 있어도 자살을 실행할 의사가 없고 촉탁이나 승낙을 받은 타인이 행위수행의 주도적 역할을 담당한 경우에는 촉탁·승낙에 의한 살인죄가 성립된다고 본다. 이에 대하여 '행위지배기준설'은 촉탁·승낙에 의한 살인과 자살교사·방조의 관계를 정범과 공범의 관계로 보아 행위지배의 유·무에 따라 이를 구분한다.

생각건대, 촉탁·승낙에 의한 살인죄는 비록 감경적 구성요건이기는 하나 살인죄의 정범으로서의 성격을 갖는다. 또한 비록 예외적으로 처벌된다 할지라도 자살교사·방조는

---

57) 피교사·방조자가 현실적으로 자살행위에 착수한 때에 본죄의 실행의 착수가 있다고 보는 견해는 본죄와 유사한 촉탁·승낙에 의한 살인죄의 착수시점을 피살자에 대한 살해의 착수시점으로 보는 것과 통일을 기해야 한다는 점, 살인에의 기도된 방조는 불가벌인데 자살에의 기도된 방조가 자살방조미수죄로 처벌되면 형의 균형이 맞지 아니한다는 점 등을 그 논거로 내세우고 있다(이정원, 63면).

본질적으로 공범적 성격을 가지고 있다. 따라서 정범과 공범의 구별기준인 행위지배가 양죄의 구별기준이 된다고 보는 것이 타당하다.

마. 고의

본죄의 고의는 타인에게 자살을 교사·방조하여 그로 하여금 자살하게 한다는 사실에 대한 인식과 의사이다. 피해자가 피고인과 말다툼하다가 '죽고 싶다' 또는 '같이 죽자'고 하며 피고인에게 기름을 사 오라고 하자 피고인이 휘발유 1병을 사다 주었는데 피해자가 몸에 휘발유를 뿌리고 불을 붙여 자살한 경우, 여러 가지 사정을 고려했을 때 피고인이 피해자에게 휘발유를 사다 주면 이를 이용하여 자살할 수도 있다는 것을 충분히 예상할 수 있었기 때문에 자살방조의 고의가 인정된다.[58]

3. 합의동사(合意同死) 또는 공동자살

합의에 의한 공동자살(情死)의 경우 모두 사망한 경우에는 형법적으로 문제될 것이 없지만, 만약 공동자살을 기도한 자 가운데 생존자가 있는 경우 생존자를 본죄로 처벌할 수 있는지 문제된다. 이에 대하여 통설은 생존자의 행위가 사망자에 대하여 자살의 교사·방조로 인정되면 본죄가 성립한다고 한다.[59] 이에 대하여 소수설은 합의동사의 경우 자살의 공동정범에 불과하므로 단독의 자살을 처벌하지 않듯이 합의동사도 마찬가지로 처벌할 수 없다고 한다.

생각건대, 동반자살에 대한 평가는 많은 형법 이론적 쟁점뿐만 아니라 법철학적 쟁점을 가지고 있다. 공동정범 이론은 공범 모두가 범죄를 구성하는 행위를 실행할 것을 전제한다. 자살이 범죄가 아니라면, 자살의 '공동정범'이라는 개념 자체가 성립할 수 없다. 따라서 소수설은 타당하지 않다.

자살은 기본적으로 생명에 대한 자기결정권의 행사라고 생각한다. 불행하지만 개인의 선택 문제이다. 행위자가 타인의 자살에 개입한 경우 처벌한다는 것이 자살교사·방조죄의 입법 취지이다. 따라서 형법이론상 생존자에 대하여 자살교사·방조죄가 성립하는 것은 당연하다. 하지만, 생명의 보호와 자유 사이의 긴장 관계, 형법의 보충성 원칙을 고려한다면 처벌하지 않는 것이 타당하다고 생각한다. 생존자에 대해서는 형사처벌보다는 자살 방지 및 생명 보호와 같은 사회복지시스템에서 해결하는 것이 타당하다. 주의할 점은

58) 대법원 2010.4.29. 선고 2010도2328 판결.

59) 김성돈, 67면; 손동권/김재윤, 29면; 신동운, 560면; 이형국/김혜경, 47면; 임웅/이현정/박성민, 45면.

자신은 같이 죽을 마음이 없으면서도 동반자살을 가장하고 타인을 기망·강요하여 자살하게 한 경우에는 위계·위력에 의한 살인죄가 성립한다.[60)]

4. 다른 죄와의 관계

타인을 교사하여 자살을 결의하게 한 후 나아가 그의 촉탁을 받아 살해한 경우에는 자살관여죄의 독자성을 인정하여 '효과 없는 교사'에 준하는 자살교사미수죄와 촉탁살인죄의 경합범이 된다는 견해[61)]가 있지만, 자살교사죄와 촉탁살인죄의 법조경합 중 보충관계로 보아 촉탁살인죄만 성립한다고 보는 것이 타당하다.[62)]

Ⅵ. 위계·위력에 의한 살인죄

> 제253조 (위계등에 의한 촉탁살인 등) 전조의 경우에 위계 또는 위력으로써 촉탁 또는 승낙하게 하거나 자살을 결의하게 한 때에는 제250조의 예에 의한다.
> 제254조(미수범) 제250조, 제252조 및 제253조의 미수범은 처벌한다.
> 제256조(자격정지의 병과) 제250조, 제252조 또는 제253조의 경우에 유기징역에 처할 때에는 10년 이하의 자격정지를 병과할 수 있다.

위계·위력에 의한 살인죄는 위계 또는 위력으로써 촉탁 또는 승낙하게 하거나 자살을 결의하게 한 경우에 성립하는 범죄이다. 본죄에 해당하면 제250조의 예에 의하여 처벌한다. 따라서 본죄의 객체가 자기 또는 배우자의 직계존속인 경우에는 존속살해죄의 형으로 처벌한다.

외형상 촉탁·승낙살인죄나 자살교사죄와 유사하지만, 본죄는 피해자의 진정한 의사에 반한다는 점에서는 살인죄와 유사하다. 본죄는 이론상 살인죄의 간접정범에 해당하지만, 형법은 별개의 구성요건으로 처벌하고 있다.

---

60) 김일수/서보학, 41면.
61) 정영일, 26면.
62) 김성돈, 66면; 이재상/장영민/강동범, 37면; 임웅/이현정/박성민, 45면.

Ⅶ. 살인예비·음모죄

> 第255조 (예비, 음모) 第250조와 第253조의 죄를 범할 목적으로 예비 또는 음모한 자는 10년 이하의 징역에 처한다.

살인예비·음모죄는 第250조 제1항 보통살인죄, 第250조 제2항 존속살해죄, 第253조 위계·위력에 의한 살인죄를 범할 목적으로 예비 또는 음모함으로써 성립한다.

본죄가 성립하기 위해서는 단순히 범죄를 실현할 의사만으로는 부족하고 객관적으로 실행행위를 가능하게 하거나 용이하게 하는 외부적 준비행위가 있어야 한다. 특정한 사람을 살인할 목적으로 칼 등 흉기를 준비한 경우[63] 또는 살해 목적으로 사람을 고용하여 대가 지급을 약속한 경우 살인을 위한 외부적 준비행위는 있었으므로 살인예비에 해당한다.[64] 준비행위는 물적 준비뿐만 아니라 인적 준비도 포함하며, 특별한 정형이 있는 것은 아니다.

하지만 단순히 범행의 의사나 계획이 있다는 것만으로는 예비에 해당하지 않는다. 피고인이 살해를 지시한 것만으로는 살인예비죄의 구성요건에 해당하지 않는다.[65] 그것만으로는 살인죄의 실현에 실질적으로 기여할 수 있는 행위로 보기 어렵기 때문이다.

제2절 상해와 폭행의 죄

Ⅰ. 총설

1. 의의와 보호법익

상해와 폭행의 죄는 사람의 신체에 대한 침해를 내용으로 하는 범죄이다. 본죄의 보호법익은 신체의 완전성 또는 신체의 불가침성이다.

63) 대법원 2005.9.29. 선고 2005도4205 판결.

64) 자세한 설명은 형법총칙의 예비·음모에 대한 설명을 참고.

65) 대법원 2007.11.29. 선고 2007도7378 판결.

2. 상해죄와 폭행죄의 관계

상해와 폭행을 구별하지 않고 양자를 포함하여 같이 처벌하고 있는 입법례도 있다. 예를 들면 독일 형법 제223조는 신체학대와 건강침해를 상해죄로 처벌하고 있으며, 신체학대에 형법상 폭행의 요소를 포함하고 있다. 이에 반하여 우리나라는 상해와 폭행의 죄를 분리하여 규정하고 있다. 스위스 형법 제123조의 경우에도 상해죄를 신체 또는 건강에 대한 훼손이라고 규정하고, 제126조에는 상해의 결과를 가져오지 않는 폭행 자체를 별도로 처벌하고 있다.

상해죄와 폭행죄의 관계에 대하여 양 죄 모두 신체의 완전성을 보호법익으로 하는 범죄이지만, 폭행죄는 거동범이고 상해죄는 침해범이라는 점에서 양 죄는 구별된다는 견해가 있지만,[66] 상해죄의 보호법익은 신체의 내부적 기능의 완전성인 '신체의 건강'이지만 폭행죄의 보호법익은 신체의 외적 완전성인 '신체의 건재'라는 점에서 양 죄는 구별된다는 것이 다수설이다.

생각건대, 상해죄를 폭행죄의 결과적 가중범이라고 보기 어렵다. 상해가 대부분 폭행에 의해서 이루어지지만, 협박 등 무형적 방법으로도 생길 수 있으며, 유형력의 행사가 아닌 부작위 등에 의한 상해도 가능하다는 점에서 상해죄와 폭행죄는 구별된다고 보는 것이 타당하다. 우리 형법은 폭행의 결과적 가중범으로 폭행치상죄를 별도로 규정하고 있다는 점, 상해죄에는 미수범 처벌 규정이 있다는 점을 본다면 양죄가 필연적으로 연관성이 있다고 보기 어렵다.

3. 보호법익과 보호 정도

상해죄와 폭행죄의 보호법익에 대하여 양죄 모두 신체의 불가침성 내지 완전성을 보호하는 구성요건으로 보는 견해와 폭행죄의 보호법익은 신체 외적 완전성이지만, 상해죄의 보호법익은 신체 내부적 기능의 완전성으로 보는 견해가 있다. 판례는 상해죄의 상해에 대하여 "피해자의 신체의 완전성을 훼손하거나 생리적 기능에 장애를 초래하는 것"이라고 판시하고 있어[67] 신체의 외적 완전성과 내적 완전성을 구별하지 않고 구별하지 않는 입장으로 보인다.

법익의 보호 정도에 대하여 상해죄와 폭행죄 모두 침해범으로 보는 견해, 상해죄는 침해범으로, 폭행죄는 추상적 위험범으로 보는 견해가 있다. 판례는 상해죄를 침해범으로 보고,

66) 배종대, 84면.

67) 대법원 2000.2.25. 선고 99도4305 판결; 대법원 1999.1.26. 선고 98도3732 판결.

폭행죄는 폭행행위만 있으면 성립하는 것으로 보므로 추상적 위험범으로 보고 있다.

생각건대, 상해죄는 결과범으로, 폭행죄는 추상적 위험범으로 보는 것이 타당하다. 상해죄는 신체의 외적 완전성이 침해되거나 신체 내부적 기능이 침해되는 것으로 상해의 결과 발생을 필요로 하는 침해범이며, 폭행죄는 신체에 대한 유형력의 행사로 인하여 법익이 침해될 위험성만으로 인정될 수 있는 추상적 위험범으로 해석하는 것이 체계적인 해석이다.

4. 특별법

상해와 폭행의 죄에 대한 특별법으로는 '폭력행위 등 처벌에 관한 법률'(폭력행위처벌법), '특정범죄 가중처벌 등에 관한 법률'(특정범죄가중법), '가정폭력범죄의 처벌 등에 관한 특례법'(가정폭력특례법)이 있다. 특별법에는 상해와 폭행의 죄에 대하여 가중처벌하는 행위양태가 규정되어 있다.

'폭력행위 등 처벌에 관한 법률'에는 형법 조항과 똑같은 구성요건을 규정하면서 법정형만 상향 조정한 조항들이 상당수 있었다. 이에 대하여 헌법재판소는 "흉기 기타 위험한 물건을 휴대하여 폭행죄, 협박죄, 재물손괴죄를 범하는 경우, 검사는 심판대상조항(폭력행위처벌법)을 적용하여 기소하는 것이 특별법 우선의 법리에 부합하나, 형법조항들을 적용하여 기소할 수도 있다. 그런데 위 두 조항 중 어느 조항이 적용되는지에 따라 피고인에게 벌금형이 선고될 수 있는지 여부가 달라지고, 징역형의 하한을 기준으로 최대 6배에 이르는 심각한 형의 불균형이 발생한다. 심판대상조항은 가중적 구성요건의 표지가 전혀 없이 법적용을 오로지 검사의 기소재량에만 맡기고 있으므로, 법집행기관 스스로도 법적용에 대한 혼란을 겪을 수 있고, 이는 결과적으로 국민의 불이익으로 돌아올 수밖에 없다. 법집행기관이 이러한 사정을 피의자나 피고인의 자백을 유도하거나 상소를 포기하도록 하는 수단으로 악용할 소지도 있다. 따라서 심판대상조항은 형벌체계상의 정당성과 균형을 잃은 것이 명백하므로, 인간의 존엄성과 가치를 보장하는 헌법의 기본원리에 위배될 뿐만 아니라 그 내용에 있어서도 평등원칙에 위배된다."고 하였다.[68] 헌재 결정에 따라 폭력행위처벌법의 많은 규정들이 삭제되었다.

폭력행위처벌법 제2조 제2항 공동폭행, 제2조 제3항과 제3조 제4항 누범가중처벌, 제4조 범죄목적 단체 등의 구성·활동, 제5조 단체 등의 이용·지원에 대한 처벌 규정은 여전히 존재하고 있다. 특히 폭력행위처벌법 제2조에 '2인 이상이 공동하여' 폭행죄, 존속폭

---

68) 헌법재판소 2015.9.24. 선고 2014헌바154 등 결정.

행죄, 상해죄, 존속상해죄를 범한 경우에는 형의 2분의 1까지 가중처벌하는 이른바 '공동범' 규정을 두고 있다.

특정범죄 가중처벌법 제5조의9 보복범죄 가중처벌, 제5조의10 운행 중인 자동차운전자에 대한 폭행 등 가중처벌, 제5조의11 위험운전치사상죄, 제5조의12 도주선박의 선장 또는 승무원에 대한 가중처벌 등이 있다.

5. 공동정범과 공동범

2인 이상이 '공동하여' 상해죄를 범한 때에는 형법 제30조를 적용하여 상해죄의 공동정범이 된다. 각자를 상해죄의 정범으로 처벌한다. 그런데 폭력행위처벌법 제2조에 따르면 2명 이상이 '공동하여' 상해, 폭행, 주거침입, 재물손괴, 체포·감금, 공갈 등의 죄를 범한 경우에는 형법 각 해당 조항에서 정한 형의 2분의 1까지 가중하고 있다. 폭력행위처벌법은 8개의 불법유형(상해·존속상해, 폭행·존속폭행, 체포감금·존속체포감금, 협박·존속협박, 주거침입·퇴거불응, 강요, 공갈, 재물손괴)에 대하여 2인 이상 공동의 경우는 각 조항에서 정한 형의 2분의 1까지 가중하여 처벌하고 반의사불벌죄 규정의 적용을 배제하고 있다.

법문의 내용이 모두 2명 이상이 '공동하여'라고 규정하고 있음에도 불구하고 폭력행위처벌법에서 법정형을 달리하여 가중처벌하고 있다. 형법상 공동정범과 요건이 동일함에 불구하고 일부 범죄유형에 대하여 법정형에 차이를 두는 것은 죄형법정주의와 책임주의를 위반한 위헌적 규정이라고 평가할 수 있다. 위헌적 규정이 아니라고 한다면 형법총칙상 공동정범과 폭력행위처벌법의 공동범이 서로 다른 규정이라고 해석할 수밖에 없다. 공동정범보다 가중처벌하는 특별규정인 점을 감안하면 엄격하게 해석할 필요가 있다.

폭력행위등처벌에관한법률 제2조 제2항 소정의 공동범과 형법 제30조의 공동정범의 차이에 대하여 판례는 "폭력행위등처벌에관한법률 제2조 제2항의 '2인 이상이 공동하여'라고 함은 그 수인 간에 소위 공범관계가 존재하는 것을 요건으로 하는 것이며, '수인이 동일 장소에서 동일 기회에 상호 다른 자의 범행을 인식하고 이를 이용하여 범행을 한 경우'임을 요하고, 형법 제30조의 소위 공동정범은 공범자 전원 간에 범죄에 대한 공동가공의 의사가 있는 경우, 즉 범행자 상호 간에 범의의 연락이 있고 그 일부 자가 범죄의 실행에 당한 경우에 성립되고, 이때에는 그 전원이 공동일체로서 범죄를 실행한 것이 되고 비록 스스로 직접 그 실행행위를 분담하지 아니한 자이더라도 그 범죄 전체에 관하여 공동정범으로서의 책임을 져야 한다."고 한다.[69]

---

69) 대법원 1986.6.10. 선고 85도119 판결.

판례는 폭력행위처벌법의 '공동'의 의미를 합동범의 '합동'의 의미와 동일한 것으로 제한적으로 해석하여 성립 범위를 제한하고 있다. 판례에 따르면 동일 기회에 동일 장소에서 상호 다른 자의 범행을 인식하고 이를 이용하여 범행하여 피해자에게 신체의 완전성을 훼손하는 상해를 입힌 경우 폭력행위처벌법의 공동상해가 되어 가중처벌된다. 하지만 폭행이나 상해를 한 사실이 있다고 하더라도 범죄의 실행행위의 분담이 없는 경우,[70] 피고인들 중 1인이 피해자를 폭행하고 나머지는 이를 휴대전화로 촬영하거나 지켜본 경우 공동폭행에 해당하지 않는다.[71]

생각건대, 형법 제30조 공동정범에는 각자가 구성요건의 일부를 분담하여 실행하는 '기능적 공동정범'뿐만 아니라 각자가 구성요건의 전부를 실행하는 '부가적 공동정범'이 있다. 폭력행위처벌법의 공동범의 경우에는 부가적 공동정범에 대하여 가중처벌하고, 기능적 공동정범은 형법 제30조의 공동정범으로 상해죄의 정범으로 처벌하는 것은 체계적이지 않다. 죄형법정주의와 책임주의에 반할 수 있는 규정이므로 입법적으로 개선될 필요가 있다.

Ⅱ. 상해죄

제257조 (상해, 존속상해) ① 사람의 신체를 상해한 자는 7년 이하의 징역, 10년 이하의 자격정지 또는 1천만원 이하의 벌금에 처한다.
③ 전2항의 미수범은 처벌한다.

1. 의의

상해죄는 사람의 신체를 상해함으로써 성립하는 범죄이다. 본죄는 결과범, 침해범이며 폭행죄와는 달리 반의사불벌죄가 아니다. 본죄의 보호법익은 신체의 건강 또는 생리적 기능이다.

70) 대법원 1981.6.23. 선고 81도1176 판결.
71) 대법원 2023.8.31. 선고 2023도6355 판결.

2. 구성요건

가. 객체: 자기 이외의 타인의 신체

(1) 의의

본죄의 객체는 자기 이외의 타인의 신체이다. 따라서 자신의 신체를 상해하는 자상행위(自傷行爲)는 특별법에 의하여 예외적으로 처벌되는 경우를[72] 제외하고는 원칙적으로 죄가 되지 않는다. 타인을 협박·강요·기망하여 그로 하여금 자상하게 한 때에는 상해죄의 간접정범이 된다.

판례 협박에 의한 자상

【사실관계】 갑은 A에게 면도칼을 주면서 "네가 네 코를 자르지 않을 때는 돌로서 죽인다"는 등 위협을 가해 자신의 생명에 위험을 느낀 A가 자신의 생명을 보존하기 위하여 스스로 면도칼로 콧등을 절단하여 전치 3개월의 상처를 입혀 안면부 불구가 되게 하였다.

【판결요지】 피고인이 피해자를 협박하여 그로 하여금 자상케 한 경우에 피고인에게 상해의 결과에 대한 인식이 있고 또 그 협박의 정도가 피해자의 의사결정의 자유를 상실케 함에 족한 것인 이상 피고인에 대하여 상해죄를 구성한다(대법원 1970.9.22. 선고 70도1638 판결).

【해설】 자상행위는 구성요건해당성이 없으므로 자상행위를 한 자는 처벌되지 않는 자이며, 피고인이 자상행위자의 의사를 지배한 경우에는 상해죄의 간접정범이 된다. 판례가 표현하고 있는 것과 같이 '피해자의 의사결정의 자유를 상실케' 할 정도의 협박을 했다면 자상행위를 한 피해자를 의사지배하였다고 볼 수 있다.

(2) 태아와 모체에 대한 상해

상해죄의 사람은 출생한 사람을 의미하므로 태아는 제외된다. 태아를 상해한 경우 이를 태아에 대한 상해죄를 인정하는 견해도 있을 수 있다. 하지만 상해죄의 객체는 사람이며, 태아는 사람이 아니므로 태아에 대한 상해를 상해죄로 인정하게 되면 유추해석금지의 원칙에 반한다. 따라서 약물 등을 투입하여 태아가 기형아로 출산된 경우에도 태아에 대한 상해죄가 성립할 수 없다.

태아에 대한 상해죄를 인정할 수 없다면 태아에 대한 상해를 '모체에 대한 상해죄'로 볼 수 있는지 문제될 수 있다. 태아의 경우 비록 그 생명의 유지를 위하여 모(母)에게 의존해

72) 병역법 제86조, 군형법 제41조 1항; 다만 병역법의 '신체 손상'의 의미에 대하여 대법원은 그 행위 유형 중의 하나인 신체 손상의 개념은 신체의 완전성을 해하거나 생리적 기능에 장애를 초래하는 상해의 개념과 일치되어야 하는 것은 아니며 병역의무의 기피 또는 감면사유에 해당되도록 신체의 변화를 인위적으로 조작하는 행위까지를 포함하는 개념이라고 본다(대법원 2004.3.25. 선고 2003도8247 판결).

야 하지만, 그 자체로 모(母)와 별개의 생명체이므로[73] 태아에 대한 침해를 임산부에 대한 상해로 볼 수 없다. 판례도 같은 입장이다.[74] 태아에 대한 상해에 대한 처벌 규정이 없는 한 이에 대한 처벌은 불가능하다고 생각한다.

나. 행위: 상해행위

(1) 상해 개념에 대한 학설

상해죄의 상해 개념에 대하여 견해의 대립이 있다. '신체의 완전성 침해설'에 따르면 상해의 개념을 광의로 파악하여 신체 내부에 대한 침해는 물론 신체의 외부적 완전성을 침해하는 행위만으로도 상해가 된다고 한다. '생리적 기능훼손설'은 상해의 개념을 협의로 파악하여 사람의 생리적 기능을 훼손하거나 건강을 해치는 것이 상해라고 보는 견해로 내부적 생리기능 훼손은 상해로, 외부적 완전성 침해는 폭행으로 본다.[75] '절충설'은 협의의 생리적 기능훼손과 신체 외관의 중대한 변경을 상해로 보아야 한다는 견해로 경미한 상처나 소량의 모발 절단은 폭행죄를 구성한다. 신체의 완전성 침해설에 따르면 신체 외관의 변경은 상해에 해당하지만, 신체 외관의 변경이 없는 경우에는 폭행에 해당한다. 절충설에 따르면 생리적 기능훼손과 신체외관의 중대한 변경은 상해에 해당하지만, 신체 외관의 경미한 변경은 폭행에 해당한다.

생각건대, 상해죄는 신체의 건강을 보호하는 것이므로 생리적 기능을 훼손하는 것을 상해로 보는 것이 타당하다. 따라서 생리적 기능훼손이 없는 모발 절단의 경우 상해라고 볼 수 없으며, 보행장애나 수면장애와 같이 신체 외관에 변경이 없더라도 생리적 기능훼손이 있는 경우 상해라고 보아야 한다.

(2) 판례

판례는 생리적 기능훼손설의 입장이다. 상해는 피해자의 신체의 완전성을 훼손하거나 생리적 기능에 장애를 초래하는 것으로, 반드시 외부적인 상처가 있어야만 하는 것이 아니다. 오랜 시간 동안의 협박과 폭행을 이기지 못하고 실신하여 범인들이 불러온 구급차 안에서야 정신을 차리게 되었다면, 외부적으로 어떤 상처가 발생하지 않았다고 하더라도 생리적 기능에 훼손을 입어 신체에 대한 상해가 있었다.[76] 여기서의 생리적 기능에는 육

73) 헌법재판소 2012.8.23. 선고 2010헌바402 결정.

74) 대법원 2007.6.29. 선고 2005도3832 판결.

75) 김성돈, 75면; 김일수/서보학, 64면; 손동권/김재윤, 37면; 신동운, 569면; 오영근/노수환, 44면; 이재상/장영민/강동범, 44면; 임웅/이현정/박성민, 59면; 정성근/박광민, 71면.

76) 대법원 1996.12.10. 선고 96도2529 판결.

체적 기능뿐만 아니라 정신적 기능도 포함된다. 따라서 정신과적 증상인 외상후 스트레스 장애도 상해에 해당한다.[77)]

일부 대법원 판례에 따르면 외부적 상처가 있다면 그 정도는 중요하지 않다고 본다. 상해의 정도가 0.1cm 정도의 찰과상에 불과하더라도 상해를 인정한 사례도 있다.[78)] 치료일수가 미상이라 하여도 상해죄가 성립할 수 있다.[79)] 하지만 외부적 상처만으로 생리적 기능이 훼손되었다고 볼 수 없다. 피부에 미세한 상처가 생긴 것은 일상생활에서 쉽게 생길 수 있는 경미한 상처이며, 치료 필요성까지 없다면 생리적 기능이 훼손되었다고 보기 어렵기 때문이다.

판례 음모절단 사건

【사실관계】 갑은 1998.12.19. 16:00경 친구의 원룸에서 그 곳에 데려온 피해자 A가 밥을 먹지 않는다는 이유로 A를 강제로 눕혀 옷을 벗긴 뒤 1회용 면도기로 피해자의 음모를 반 정도 깎았다.

【판결요지】 [1] 강제추행치상죄에 있어서의 상해는 피해자의 신체의 건강상태가 불량하게 변경되고 생활기능에 장애가 초래되는 것을 말하는 것으로서, 신체의 외모에 변화가 생겼다고 하더라도 신체의 생리적 기능에 장애를 초래하지 아니하는 이상 상해에 해당한다고 할 수 없다.

[2] 음모는 성적 성숙함을 나타내거나 치부를 가려주는 등의 시각적·감각적인 기능 이외에 특별한 생리적 기능이 없는 것이므로, 피해자의 음모의 모근(毛根) 부분을 남기고 모간(毛幹) 부분만을 일부 잘라냄으로써 음모의 전체적인 외관에 변형만이 생겼다면, 이로 인하여 피해자에게 수치심을 야기하기는 하겠지만, 병리적으로 보아 피해자의 신체의 건강상태가 불량하게 변경되거나 생활기능에 장애가 초래되었다고 할 수는 없을 것이므로, 그것이 폭행에 해당할 수 있음은 별론으로 하고 강제추행치상죄의 상해에 해당한다고 할 수는 없다(대법원 2000.3.23. 선고 99도3099 판결).

【해설】 상해의 개념에 대하여 신체의 완전성 침해설에 따를 경우 신체 외관의 변형이 생겼기 때문에 상해에 해당한다. 대법원 판례가 따르고 있는 생리적 기능훼손설에 따르면 신체 외부의 변형 유무를 불문하고 생리적 기능을 훼손하였다면 상해에 해당한다. 이 사건의 경우 음모의 전체적인 외관의 변형이 생리적 기능을 훼손한 것으로 볼 수 없다. 따라서 상해죄가 성립하지 않는다. 절충설에 따를 경우에도 음모의 변형을 신체 외관의 중대한 변경으로 보기 어렵기 때문에 상해에 해당하지 않는다. 소량의 음모 변형을 상해로 보지 않는다면 이는 강제추행치상죄가 아닌 단순강제추행죄만 성립한다.

---

77) 대법원 1999.1.26. 선고 98도3732 판결.
78) 대법원 1983.7.12. 선고 83도1258 판결.
79) 대법원 1983.11.8. 선고 83도1667 판결.

(3) 상해에 대한 대법원 판례정리[80)]

판례는 생리적 기능훼손설을 기본적 입장으로 보고 있지만, 신체의 완전성 침해설, 절충하는 입장을 취하고 있는 등 일관된 입장이라고 볼 수 없다. 특히 자연적 치유가 가능한 경우라도 상해를 인정한 사례도 있다. 판례에 따르면 생리적 기능훼손에는 보행불능, 수면장애, 일시적 기절,[81)] 약물로 인하여 일시적으로 수면 또는 의식불명 상태에 이르게 한 경우[82)]와 같은 신체의 기능장애뿐만 아니라 외상후 스트레스 장애와 같은 정신적 기능장애도 포함된다.[83)]

판례 상해를 인정한 사례

① 타인의 신체에 폭행을 가하여 보행불능, 수면장애, 식욕감퇴 등 기능의 장애를 일으킨 경우(대법원 1969.3.11. 선고 69도161 판결)

② 강간으로 인하여 요치 10일의 0.1센티미터 정도의 회음부찰과상이 생긴 경우(대법원 1983.7.12. 선고 83도1258 판결)

③ 7세 남짓한 여아의 질내에 손가락을 넣어 만지는 등 추행하여 음순좌우양측에 담적색 피하일혈반이 생긴 경우(대법원 1990.4.13. 선고 90도154 판결)

④ 처녀막은 부녀자의 신체에 있어서 생리조직의 일부를 구성하는 것으로서, 그것이 파열되면 정도의 차이는 있어도 생활기능에 장애가 오는 것이라고 보아야 하고, 처녀막 파열이 그와 같은 성질의 것인 한 비록 피해자가 성경험을 가진 여자로서 특이체질로 인해 새로 형성된 처녀막이 파열되었다 하더라도 강간치상죄를 구성하는 상처에 해당된다고 본 사례(대법원 1995.7.25. 선고 94도1351 판결).

⑤ 강간하려다 요치 2주의 경추부좌상, 우측주관절부염좌상을 가한 경우(대법원 1997.9.5. 선고 97도1725 판결)

⑥ 성폭력범죄의처벌및피해자보호등에관한법률 제9조 제1항의 상해는 피해자의 신체의 완전성을 훼손하거나 생리적 기능에 장애를 초래하는 것으로, 반드시 외부적인 상처가 있어야만 하는 것이 아니고, 여기서의 생리적 기능에는 육체적 기능뿐만 아니라 정신적 기능도 포함된다. 정신과적 증상인 외상 후 스트레스 장애가 성폭력범죄의처벌및피해자보호등에관한법률 제9조 제1항 소정의 상해에 해당한다고 본 사례(대법원 1999.1.26. 선고 98도3732 판결).

⑦ 강제추행과정에서 젖가슴을 꽉 움켜쥠으로써 요치 10일의 좌상을 가하여 압통과 종창의 치료를 위하여 주사를 맞고 3일간 투약한 경우(대법원 2000.2.11. 선고 99도4794 판결)

⑧ 강간하려다 미수에 그치고 피해자로 하여금 요치 7일의 우상지찰과상(가로 1센티미

---

80) 박성재, 형법상 상해의 개념과 입증. 사법연수원 논문집 제2집 (2004.12), 175-198면.

81) 대법원 1996.12.10. 선고 96도2529 판결.

82) 대법원 2017.6.29. 선고 2017도3196 판결.

83) 대법원 1999.1.26. 선고 98도3732 판결.

터, 세로 2센티미터), 두피 및 안면부 좌상을 가한 경우(대법원 2000.5.30. 선고 99도2937 판결)

⑨ 자동차 내에서 강간하기 위하여 목을 조르고, 팔꿈치로 가슴을 눌러 요치 2주의 경추부, 흉부좌상을 가한 경우(대법원 2000.10.27. 선고 2000도3759 판결)

⑩ 강도가 주먹으로 1회 머리를 때리고, 발로 걸어 넘어뜨려 요치 14일의 우측두부 피하출혈 및 부종, 두정부 및 발목부위 타박상을 가한 경우(대법원 2002.1.11. 선고 2001도5925 판결)

⑪ 강제추행을 한 결과 4주간의 치료를 요하는 급성스트레스반응, 우울장애 등을 일으킨 경우(대법원 2002.3.15. 선고 2001도7053 판결)

⑫ 강간을 하기 위하여 반항을 억압하는 과정에서 요치 10일의 안면부좌상과 전흉벽부찰과상(가로 1센티미터, 세로 0.5센티미터)을 가한 경우(대법원 2002.6.11. 선고 2001도4311 판결)

⑬ 검문중인 경찰관을 매달고 질주하여 요치 2주의 우손목염좌, 좌둔부타박상을 입게 한 경우(대법원 2003.4.25. 선고 2003도1254 판결)

⑭ 운전 중 12세 어린이의 양쪽 뒷무릎부위를 충돌, 넘어뜨려 좌측대퇴부 및 양측슬관절부좌상을 입게 한 경우(대법원 2003.5.30. 선고 2003도917 판결)

⑮ 강간 미수에 그치고 그 와중에 피해자의 발부위를 밟아 요치 2주의 좌족관절부좌상 등을 입게 한 경우(대법원 2003.5.30. 선고 2003도1256 판결)

판례 상해를 인정하지 않은 사례

① 강간은 미수에 그치고, 그 과정에서 피해자의 손바닥에 2센티미터 정도의 긁힌 상처를 입힌 경우(대법원 1987.10.26. 선고 87도1880 판결)

② 강간 도중 흥분하여 피해자의 좌측어깨부위를 입으로 빨아 동전 크기의 반상출혈상을 입힌 경우(대법원 1986.7.8. 선고 85도2042 판결; 1991.11.8. 선고 91도2188 판결)

③ 강간 과정에서 성경험이 있는 피해자로 하여금 외음부충혈과 양상박부근육통을 가한 사안(대법원 1989.1.31. 선고 88도831 판결)

④ 강간하려다 미수에 그치고, 피해자로 하여금 요치 7일의 경부 및 전흉부에 동전 크기의 피하출혈을 입게 한 경우(대법원 1994.11.4. 선고 94도1311 판결)

⑤ 강제추행하고, 피해자로 하여금 무릎에 멍이 들게 하는 치료일수불상의 상해를 입게 한 사안(대법원 1998.6.23. 선고 98도1035 판결)

⑥ 앞차의 뒷범퍼가 가볍게 탈착될 정도로 충돌하여 요치 1주의 요추부통증상을 가한 경우(대법원 2000.2.25. 선고 99도3910 판결)

⑦ 부녀의 음모를 1회용 면도기로 일부 깎은 사안(대법원 2000.3.23. 선고 99도3099 판결)

⑧ 승용차 운전중 6세의 여아를 충돌하여 요치 2주의 요추부염좌상을 입게 한 경우(대법원 2003.4.25. 선고 2002도6182 판결)

⑨ 강도가 신용카드번호를 알아내는 과정에서 피해자를 수회 때려 얼굴과 팔다리 부

분에 멍이 생긴 경우(대법원 2003.7.11. 선고 2003도2313 판결)

⑩ 강제추행과정에서 피해자의 다리에 약간의 멍이 들 정도의 좌상을 입게 한 경우(대법원 2004.3.11. 선고 2004도483 판결)

다. 결과: 상해의 결과

상해죄는 결과범이므로 상해의 결과가 발생하여야 한다. 상해의 의미에 대하여 생리적 기능훼손설에 따르면 상해의 결과는 건강침해 즉, 육체적 또는 정신적인 병적 상태의 야기와 증가를 말한다.

라. 고의

상해의 고의는 타인의 생리적 기능을 훼손하는 것에 대한 인식과 의사가 있어야 한다. 미필적 고의만으로도 충분하다.

상해의 고의와 폭행의 고의는 구별되어야 한다. 폭행의 고의로 폭행을 가하였으나 상해의 결과가 발생한 경우에는 폭행치상죄가 성립하고, 상해의 고의로 상해를 가하였으나 폭행의 결과를 발생시키는 데 그친 경우에는 상해미수가 성립한다.

대법원 판례 중에는 상해죄의 성립 요건으로 상해의 원인인 폭행에 대한 인식이 있으면 충분하고 상해를 가할 의사의 존재까지는 필요 없다는 판례도 있다.[84] 이러한 대법원 판례는 상해죄를 폭행죄의 결과적 가중범으로 이해하는 듯한 입장이다. 상해죄를 결과적 가중범으로 보는 것은 일본 형법의 해석상 가능할 뿐이며, 우리나라의 경우에는 상해죄가 성립하기 위해서는 상해의 고의가 있어야 한다. 잘못된 판례이다. 대법원 판례는 상해와 폭행의 고의를 구별하는 입장에서 사안을 해결하는 경우가 일반적이다. 상해죄가 성립하기 위해서는 상해를 가할 의사, 즉 상해의 고의가 있어야 함은 당연하다.

3. 위법성

가. 피해자의 승낙

일반적으로 상해죄에 있어서 피해자의 승낙이 있으면 위법성이 조각되지만, 상해에 대한 피해자의 승낙이 사회상규나 공서양속에 반한다면 피해자의 승낙에 의한 상해는 위법성이 조각되지 않는다. 예를 들면 복싱·격투기와 같이 신체상해를 예견할 수 있는 스포츠에 수반된 상해는 피해자의 승낙에 의하여 위법성이 조각되지만, 채무면제의 대가로 행하

---

84) 대법원 1983.3.22. 선고 83도231 판결; 대법원 2000.7.4. 선고 99도4341 판결.

는 상해는 피해자의 승낙 여부와 상관없이 상해죄가 성립한다(베니스의 상인 사례).

나. 의사의 치료행위

의사의 치료행위에 대하여 업무로 인한 정당행위설, 구성요건해당성배제설, 환자의 승낙을 위법성조각사유로 보는 견해가 대립하고 있다.

의사의 치료행위는 위법성이 조각된다는 입장 중에서 업무로 인한 정당행위로 보는지, 피해자의 승낙으로 위법성이 조각되는지에 대해서는 판례의 태도가 일관되지 않는다. 과거 업무로 인한 행위로 보는 판례가 대부분이었지만, 최근에는 환자의 자기결정권이 중시되면서 정당화근거로서 피해자의 승낙을 들고 있는 판례가 증가하고 있다(이른바 자궁근종 오진 사건).[85)]

다. 치료유사행위

질병예방을 위한 조치나 진단을 위한 검사에 의하여 발생하는 신체상해 또는 성형수술, 수혈, 이식수술, 불임수술, 거세수술과 같은 치료유사행위의 경우에는 피해자의 승낙에 의해서만 위법성이 조각될 수 있다. 승낙을 받기 위해서는 전제조건으로 충분한 설명의무를 이행하여야 한다.

라. 징계행위

일반적으로 징계행위는 법령에 의한 행위로 정당행위에 해당하기 때문에 위법성이 조각될 수 있지만, 체벌이 신체상해에 이르렀을 경우에는 징계권의 남용으로 보아 위법성이 조각되지 않는다는 것이 대법원 판례의 태도이다.

판례 교사의 징계행위

【사실관계】 여자중학교 체육교사 겸 태권도 지도교사인 피고인이 피해자들의 각 언행을 교정하기 위하여는 학생지도시의 준수요건을 지켜 개별적 지도로서 훈계하는 등의 방법을 사용할 수 있었던 상황이었으며 달리 특별한 사정은 인정될 수 없었음에도 스스로의 감정을 자제하지 못한 나머지 많은 낯모르는 학생들이 있는 교실 밖에서 피해자 학생들의 행동을 본 즉시 피고인 자신의 손이나 주먹으로 피해자 A의 머리 부분을 때렸고 피고인이 신고 있던 슬리퍼로 피해자 B의 양손을 때렸으며 감수성이 예민한 여학생인 피해자들에게 모욕감을 느낄 지나친 욕설을 하였다.

---

85) 대법원 1993.7.27. 선고 92도2345 판결.

【판결요지】 초·중등교육법령에 따르면 교사는 학교장의 위임을 받아 교육상 필요하다고 인정할 때에는 징계를 할 수 있고 징계를 하지 않는 경우에는 그 밖의 방법으로 지도를 할 수 있는데 그 지도에 있어서는 교육상 불가피한 경우에만 신체적 고통을 가하는 방법인 이른바 체벌로 할 수 있고 그 외의 경우에는 훈육, 훈계의 방법만이 허용되어 있는바, 교사가 학생을 징계 아닌 방법으로 지도하는 경우에도 징계하는 경우와 마찬가지로 교육상의 필요가 있어야 될 뿐만 아니라 특히 학생에게 신체적, 정신적 고통을 가하는 체벌, 비하(卑下)하는 말 등의 언행은 교육상 불가피한 때에만 허용되는 것이어서, 학생에 대한 폭행, 욕설에 해당되는 지도행위는 학생의 잘못된 언행을 교정하려는 목적에서 나온 것이었으며 다른 교육적 수단으로는 교정이 불가능하였던 경우로서 그 방법과 정도에서 사회통념상 용인될 수 있을 만한 객관적 타당성을 갖추었던 경우에만 법령에 의한 정당행위로 볼 수 있을 것이고, 교정의 목적에서 나온 지도행위가 아니어서 학생에게 체벌, 훈계 등의 교육적 의미를 알리지도 않은 채 지도교사의 성격 또는 감정에서 비롯된 지도행위라든가, 다른 사람이 없는 곳에서 개별적으로 훈계, 훈육의 방법으로 지도·교정될 수 있는 상황이었음에도 낯모르는 사람들이 있는 데서 공개적으로 학생에게 체벌·모욕을 가하는 지도행위라든가, 학생의 신체나 정신건강에 위험한 물건 또는 지도교사의 신체를 이용하여 학생의 신체 중 부상의 위험성이 있는 부위를 때리거나 학생의 성별, 연령, 개인적 사정에서 견디기 어려운 모욕감을 주어 방법·정도가 지나치게 된 지도행위 등은 특별한 사정이 없는 한 사회통념상 객관적 타당성을 갖추었다고 보기 어렵다(대법원 2004.6.10. 선고 2001도5380 판결).

【해설】 초·중등교육법령상 교사는 교육상 필요할 때 학생을 징계할 수 있고, 징계 이외의 지도는 훈계 또는 훈육의 방법만 허용된다. 단, 신체적 고통을 수반하는 행위인 이른바 체벌은 교육상 불가피한 경우에 한정하여 허용된다. 교사의 징계행위가 정당행위로 인정되기 위해서는 학생의 잘못된 언행을 교정하려는 교육적 목적, 다른 수단으로는 교정이 불가능해야 하는 불가피성, 징계의 방법·정도는 사회통념상 용인 가능한 수준이어야 한다. 이 사안의 경우와 같이 감정에 휩싸여 행한 경우, 공개적 망신주기, 불필요한 욕설, 신체에 위험한 폭행, 교육적 의도 없이 학생의 인격을 침해하거나 공적 모욕을 준 경우에는 정당행위로 인정되기 어렵다.

4. 죄수

사람의 신체는 일신전속적 법익이므로 피해자의 수에 따라 상해의 죄수가 결정된다. 따라서 상해행위가 동일한 일시·장소에서 동일한 목적으로 저질러졌다고 하더라도 피해자를 달리하고 있으면 피해자별로 각각 별개의 상해죄를 구성한다.

Ⅲ. 존속상해죄

제257조 (상해, 존속상해) ② 자기 또는 배우자의 직계존속에 대하여 제1항의 죄를 범한 때에는 10년 이하의 징역 또는 1천500만원 이하의 벌금에 처한다.
③ 전2항의 미수범은 처벌한다.
제265조(자격정지의 병과) 제257조제2항, 제258조, 제258조의2, 제260조제2항, 제261조 또는 전조의 경우에는 10년 이하의 자격정지를 병과할 수 있다.

존속상해죄는 자기 또는 배우자의 직계존속에 대하여 상해한 경우에 성립하는 범죄이다. 본죄는 객체가 직계존속이라는 신분관계로 인하여 상해죄에 대하여 책임이 가중되는 가중적 구성요건이며, 부진정 신분범이다.

Ⅳ. 중상해죄·존속중상해죄

제258조 (중상해, 존속중상해) ① 사람의 신체를 상해하여 생명에 대한 위험을 발생하게 한 자는 1년 이상 10년 이하의 징역에 처한다.
② 신체의 상해로 인하여 불구 또는 불치나 난치의 질병에 이르게 한 자도 전항의 형과 같다.
③ 자기 또는 배우자의 직계존속에 대하여 전2항의 죄를 범한 때에는 2년 이상 15년 이하의 징역에 처한다.
제265조(자격정지의 병과) 제257조제2항, 제258조, 제258조의2, 제260조제2항, 제261조 또는 전조의 경우에는 10년 이하의 자격정지를 병과할 수 있다.

1. 의의

중상해죄는 사람의 신체를 상해하여 생명에 대한 위험을 발생하게 하거나, 불구에 이르게 하거나, 불치나 난치의 질병에 이르게 함으로써 성립하는 범죄이다.

2. 법적 성격

중상해죄의 법적 성격과 관련하여 진정 결과적 가중범인지 아니면 부진정 결과적 가중범인지에 대하여 견해의 대립이 있다. 본죄는 중한 결과로 인하여 형이 가중되는 경우이지만, 여기의 중한 결과도 상해의 개념 내에 들어가므로 고의범이 된다는 견해가 있지만,[86] 본죄는 중한 결과에 대하여 과실 이외에 중상해의 고의가 있는 경우에도 성립하는 부진정 결과적 가중범이라는 견해가 다수설이다.[87] 피해자에게 치명상을 입히기 위해 상해를 하는 경우와 같은 중상해의 고의범을 단순상해죄에 비하여 무겁게 처벌하는 별도의 규정이 존재하지 않기 때문에 본죄를 부진정 결과적 가중범으로 보는 것이다.

본죄를 부진정 결과적 가중범으로 본다면 기본범죄로서 단순상해, 중한 결과로서 중한 상해의 발생, 기본범죄와 중한 결과 사이의 인과관계, 중한 상해에 대한 과실 또는 고의가 인정되어야 한다.

3. 구성요건

가. 기본범죄

본죄의 기본범죄는 상해이다. 상해죄의 상해행위와 그 의미가 같다.

나. 중한 결과

중상해죄가 성립하기 위해서는 기본범죄인 상해행위로 인하여 중한 결과가 발생하여야 한다. 본죄의 중한 결과는 생명에 대한 위험, 불구, 불치 또는 난치의 질병이다.

'생명에 대한 위험'은 생명에 대한 구체적인 위험인 치명상(致命傷)을 의미한다. 만약 피해자가 사망하였다면 본죄가 아니라 상해치사죄가 성립한다.

'불구'(不具)는 신체의 전체조직상 중요 부분이 절단되거나 또는 그 고유한 기능이 상실된 경우를 말한다. 팔이나 다리가 절단된 경우, 시력이나 청력을 상실한 경우가 이에 해당한다. 신체의 외형적 부분에 한하고 장기상실은 포함되지 않는다는 견해도 있지만,[88] 장기상실의 경우에도 포함된다고 보는 것이 타당하다.[89] 신체 부분의 중요성에 대한 판단은 피해자의 개인적 사정은 고려하지 않고 일반인의 관점에서 신체조직의 기능을 객관적으

86) 신동운, 581면.

87) 김성돈, 80면; 김성천/김형준, 68면; 김일수/서보학, 69면; 배종대, 92면; 손동권/김재윤, 43면; 오영근/노수환, 51면; 이재상/장영민/강동범, 52면; 이형국/김혜경, 67면; 임웅/이현정/박성민, 66면.

88) 이재상/장영민/강동범, 52면; 정성근/박광민, 74면.

89) 김성돈, 81면; 김일수/서보학, 70면; 임웅/이현정/박성민, 66면.

로 판단하여 결정해야 한다. 따라서 한 개의 치아 결손이라든지 새끼손가락 한 개의 절단은 본죄의 불구라고 할 수 없다. 그러나, 시력이나 청력을 상실한 경우와 같이 절단되지 않았다고 하더라도 그 고유 기능을 상실한 경우에는 불구에 해당한다.

'불치 또는 난치의 질병'은 에이즈와 같이 의학적으로 치료의 가능성이 없거나 불가능한 경우를 말한다. 척추손상으로 인한 장애 등이 이에 해당한다. 하지만 인공적 장치에 의하여 대체가 가능한 경우, 상처의 흉터는 제외된다.

판례는 시력이나 청력의 상실은 중상해에 해당하지만, 치아 2개가 빠진 것과 1 ~ 2개월간 입원할 정도로 다리가 부러진 상해 또는 3주간의 치료를 요하는 우측흉부자상은 중상해에 해당하지 않는다고 한다.[90)]

다. 주관적 구성요건

본죄는 부진정 결과적 가중범이다. 따라서 기본범죄인 상해에 대한 고의가 있어야 하며, 중한 결과 발생에 대해서는 과실뿐만 고의가 있는 경우에도 본죄가 성립한다. 따라서 피해자에게 치명상을 입히기 위해 고의로 상해를 한 경우 중상해죄가 성립한다.

4. 적용범위

폭행의 고의로 중상해의 결과를 발생시킨 경우에 중상해죄가 성립하는가에 대하여 견해의 대립이 있지만, 이론적으로 보아 중상해죄의 성립에는 상해의 고의가 있어야 하므로 폭행의 고의로 (중)상해의 결과를 발생시킨 경우에는 폭행치상죄가 성립하고 그 처벌은 중상해의 예에 따라 처벌된다고 보는 부정설이 타당하다.[91)]

V. 특수상해죄

> 제258조의2(특수상해) ① 단체 또는 다중의 위력을 보이거나 위험한 물건을 휴대하여 제257조 제1항 또는 제2항의 죄를 범한 때에는 1년 이상 10년 이하의 징역에 처한다.

90) 대법원 2005.12.9. 선고 2005도7527 판결.

91) 김일수/서보학, 71면; 배종대, 93면; 손동권/김재윤, 44면; 오영근/노수환, 53면; 이재상/장영민/강동범, 53면; 이형국/김혜경, 71면; 임웅/이현정/박성민, 67면; 정성근/박광민, 77면.

② 단체 또는 다중의 위력을 보이거나 위험한 물건을 휴대하여 제258조의 죄를 범한 때에는 2년 이상 20년 이하의 징역에 처한다.
③ 제1항의 미수범은 처벌한다.
제265조(자격정지의 병과) 제257조제2항, 제258조, 제258조의2, 제260조제2항, 제261조 또는 전조의 경우에는 10년 이하의 자격정지를 병과할 수 있다.

1. 의의

특수상해죄는 단체 또는 다중의 위력을 보이거나 위험한 물건을 휴대하여 상해죄, 존속상해죄, 중상해죄를 범한 경우에 성립한다.

2. 개정 이유

헌법재판소는 폭력행위 등 처벌에 관한 법률 중 특수폭행죄 가중처벌 등 일부 규정이 형법과 동일한 구성요건을 규정하면서 법정형만 상향하고 있어 헌법의 기본원리에 위배되고 평등의 원칙에 위반된다는 이유로 각각 위헌 결정을 하였다. 이에 폭력행위 등 처벌에 관한 법률 일부 규정을 정비하고 동시에 일부 범죄를 형법에 편입하여 처벌의 공백을 방지하면서 형벌체계상의 정당성과 균형을 갖추도록 하기 위하여 2016년 1월 형법을 개정하였다.[92)]

3. 객관적 구성요건

가. 단체 또는 다중의 위력을 보이거나

단체(團體)는 공동목적을 가진 다수인의 계속적·조직적 결합체를 말하며 어느 정도의 계속성과 조직성을 갖추어야 한다. 또한 공동목적의 적법·불법을 불문하며, 같은 장소에 집합해 있을 필요는 없고 소집·연락으로 집결할 가능성만 있으면 충분하다.

다중(多衆)은 단체를 이루지 못한 다수인의 일시적 집합을 말하며, 집단적 위력을 보일 정도의 다수 혹은 그에 의해 압력을 느끼게 해 불안을 줄 정도의 다수를 의미한다. 다중을 구성할 인원수는 소요죄와 같이 한 지방의 평온을 해할 정도까지는 필요 없다. 다중의 위력을 보인 범행으로 인정하기 위해서는 그 범행에 가담한 범인의 수, 그 장소의 근접 정

92) 이에 따라 특수상해죄(제258조의2), 특수강요죄(제324조 제2항), 특수공갈죄(제350조의2)가 신설되었다.

도, 유형력 행사의 태양 등 제반사정을 종합적으로 고려하여 판단하여야 한다.[93)]

위력(威力)을 보인다는 것은 사람의 의사를 제압할 만한 세력을 상대방에게 인식시키는 것을 의미한다. 위력을 보이는 것만으로도 충분하므로 상대방의 의사가 현실적으로 제압될 필요는 없지만, 상대방의 의사를 제압할 만한 세력을 인식시킬 정도는 되어야 한다.[94)] 단순히 위력을 이용하거나 상대방이 위력하에 있는 것만으로는 충분하지 않다.

나. 위험한 물건을 휴대하여

(1) 위험한 물건

위험한 물건은 본래의 용도나 제조 목적을 불문하고 '객관적 성질이나 사용방법'에 따라서 사람의 생명·신체에 해를 줄 수 있는 물건을 말한다. 판례상 나타난 위험한 물건으로는 드라이버, 쪽가위, 파리약 유리병, 안전면도용 칼날, 면도칼, 깨진 맥주병이나 항아리 조각, 깨지지 않은 맥주병이나 빈 양주병, 500cc 용량의 맥주잔, 곡괭이 자루, 세멘벽돌, 의자와 당구큐대, 자동차,[95)] CS 최루분말 비산형 최루탄[96)] 등이 있다. 살상용으로 제조된 것뿐만 아니라 사용용법상 사람을 살상하는데 사용할 수 있는 물건도 위험한 물건이다.

위험한 물건에 해당하는지에 대하여 물건의 객관적 성질만을 기준으로 판단해서는 안 되며, 물건의 사용방법 등도 함께 고려하여 판단해야 한다. 구체적인 경우에 사회통념에 따라 그 물건을 사용하면 상대방이나 제3자가 곧 살상의 위험을 느낄 수 있는지 여부에 따라 판단해야 한다. 구체적 사건에서 물건의 사용방법을 고려할 때 사회통념상 피해자들이나 제3자가 생명 또는 신체에 위험을 느꼈던 것으로는 보기 어렵다고 판단되는 경우에는 위험한 물건에 해당하지 않는다.[97)]

판례 경륜장 사무실 소화기 사건

【판결요지】 피고인이 술에 취하여 경륜장 매표소에서 행패를 부리자 피해자들을 비롯한 다수의 경륜장 직원들이 피고인을 제지하였고 이에 피고인이 경륜장 사무실로 들어가자 위 직원들이 따라 들어간 점, 피고인은 사무실 안에서도 위 직원들 5-6명이 있는 상

93) 대법원 1996.11.29. 선고 96도2212 판결.

94) 대법원 2006.2.10. 선고 2005도174 판결.

95) 대법원 2010.11.11. 선고 2010도10256 판결.

96) 대법원 2014.6.12. 선고 2014도1894 판결.

97) 대법원 2010.4.29. 선고 2010도930 판결; 대법원 2009.3.26. 선고 2007도3520 판결; 대법원 2008.1.17. 선고 2007도9624 판결.

태에서 소화기들을 던지며 소란을 피웠는데 특정인을 겨냥하여 던진 것으로는 보이지 아니하는 점, 피해자들이 상해를 입지 않은 점 등의 여러 사정을 종합하면, 피고인이 위 소화기들을 던진 행위로 인하여 사회통념상 피해자들이나 제3자가 생명 또는 신체에 위험을 느꼈던 것으로는 보기 어렵다고 판단하여 피고인에 대한 폭력행위 등 처벌에 관한 법률 제3조 제1항 위반죄가 성립하지 아니한다고 보았다(대법원 2010.4.29. 선고 2010도930 판결).

【해설】 소화기는 살상용으로 제조된 것은 아니지만, 사용방법에 따라서 사람의 생명·신체에 대해 위해를 줄 수 있는 물건에 해당한다. 위 사안의 경우 소화기는 사람을 살상하는데 사용된 것이 아니라 소란을 피우는데 사용된 것이며, 특정인을 겨냥하여 던진 것이 아니라는 점에서 위험한 물건에 해당하지 않는다.

(2) 휴대

(가) 휴대의 의미

휴대는 몸에 지닌다는 의미이지만 반드시 몸에 부착할 필요는 없다. 가까이에 두고 쉽게 사용할 수 있는 상태에 두면 충분하다. 휴대는 범행 이전부터 할 필요는 없으며, 범행현장에서 집어 들어 몸에 지니는 경우도 휴대에 포함된다. 반드시 손에 집어 들어야 하는 것은 아니다. 따라서 깨어진 유리조각을 들고 피해자의 얼굴에 던진 경우에도 위험한 물건을 휴대하였다고 볼 수 있다.

휴대의 의미와 관련하여 학설은 위험한 물건을 '소지'하는 것을 의미한다고 한다. 따라서 위험한 물건은 동산에 한하며, 사람의 신체의 일부는 물건이 아니므로 제외된다. 그런데 판례는 휴대의 의미에 대하여 '소지'뿐만 아니라 '널리 이용한다'는 뜻도 포함하고 있다고 본다. 이러한 판례의 태도에 대하여 학설은 휴대의 의미를 '소지'에 한정하지 않고 '널리 이용한다'는 의미까지 포함시키는 것은 문언의 가능한 의미를 넘은 유추적용으로 죄형법정주의에 반한다고 비판한다.

따라서 자동차 등을 운전하여 통행인이나 다른 차량의 운전자를 상해, 폭행, 협박한 경우 휴대의 의미를 소지뿐만 아니라 널리 이용 또한 포함하는 것으로 해석하는 판례에 따르면 특수상해죄, 특수폭행죄, 특수협박죄가 성립하게 된다. 그러나 휴대의 의미를 소지로 한정하여 해석하는 학설에 따르면 이 경우 자동차를 소지하였다고 보기 어렵기 때문에 단순상해죄, 단순폭행죄, 단순협박죄가 성립한다고 본다.

생각건대, '휴대'의 의미에 '널리 이용'을 포함하는 것으로 해석할 수 없다. '언어의 가능한 의미'를 벗어난 것으로 유추에 해당한다. 언어의 가능한 의미를 넘는 유추적용은 법률에 대한 국민의 예측가능성을 보장할 수 없을 뿐만 아니라 법창조의 영역에 속한다. 필요하다면 법개정을 통하여 입법적으로 해결해야 한다.

판례 승용차 앞범퍼 사건

【사실관계】 피고인은 1996.1.5. 11:20경 광주 서구 농성2동 소재 대원주차장 내 남구 견인차 사무소에서 주차위반을 하지 않았음에도 교통관리공사 직원인 피해자 A가 견인료를 납부하라고 요구하면서 그곳을 떠나려는 피고인 운전의 캐피탈 승용차의 앞을 가로막았다는 이유로 위험한 물건인 위 승용차의 앞범퍼 부분으로 A의 다리 부분을 들이 받고 약 1m 정도 진행하여 땅바닥에 넘어뜨리는 등 동인에게 폭행을 가하였다.

【판결요지】 [1] 폭력행위등처벌에관한법률 제3조 제1항에 있어서 '위험한 물건'이라 함은 흉기는 아니라고 하더라도 널리 사람의 생명, 신체에 해를 가하는 데 사용할 수 있는 일체의 물건을 포함한다고 풀이할 것이므로, 본래 살상용·파괴용으로 만들어진 것뿐만 아니라 다른 목적으로 만들어진 칼·가위·유리병·각종공구·자동차 등은 물론 화학약품 또는 사주된 동물 등도 그것이 사람의 생명·신체에 해를 가하는 데 사용되었다면 본조의 '위험한 물건'이라 할 것이며, 한편 이러한 물건을 '휴대하여'라는 말은 소지뿐만 아니라 널리 이용한다는 뜻도 포함하고 있다.

[2] 견인료납부를 요구하는 교통관리직원을 승용차 앞범퍼 부분으로 들이받아 폭행한 사안에서, 승용차가 폭력행위등처벌에관한법률 제3조 제1항 소정의 '위험한 물건'에 해당한다고 본 사례(대법원 1997.5.30. 선고 97도597 판결).

【해설】 승용차 앞범퍼 사건에서 판례는 휴대의 의미에 대하여 휴대는 소지뿐만 아니라 널리 이용한다는 뜻도 포함한다고 한다. 이에 대하여 학설은 휴대의 의미를 소지에 한정하지 않고 널리 이용한다는 의미까지 포함시키는 것은 문언의 가능한 의미를 넘은 유추적용으로 죄형법정주의에 반한다고 한다. 학설은 휴대의 의미는 소지 즉, 몸에 지니는 것에 한정하여 해석되어야 한다고 한다.

보충내용 자동차를 이용한 상해와 폭행

사회적 문제가 되고 있는 보복운전이나 난폭운전의 경우 대법원 판례의 태도와 같이 '휴대'의 의미를 소지뿐만 아니라 '이용'까지 포함된다는 것으로 해석한다면 자동차를 운전하여 피해자를 상해, 폭행 또는 협박을 한 경우에는 단순상해죄, 단순폭행죄 또는 단순협박죄가 성립하는 것이 아니라 특수상해죄, 특수폭행죄 또는 특수협박죄가 성립한다는 결론에 이른다. 도로 주행 중 차량을 이용하여 교통을 방해하고 이로 인하여 피해자를 상해 또는 사망에 이르게 한 경우 일반교통방해치사상죄가 성립할 수 있다.

(나) 상대방의 인식 여부

휴대는 범행 현장에서 '사용하려는 의도' 아래 위험한 물건을 소지하거나 몸에 지니는 경우를 말하며, 그 범행과는 전혀 무관하게 우연히 이를 소지하게 된 경우는 포함되지

않는다.[98]

몸에 지니고 있다는 것을 상대방에게 인식시켜야 한다는 견해가 있다.[99] 하지만 문언상 위험한 물건을 '보여'가 아니라 '휴대하여'라고 규정하고 있기 때문에 현장에서 범행에 사용하려는 의도 아래 위험한 물건을 소지하거나 몸에 지니고 있었다면 위험한 물건의 존재를 피해자에게 인식시킬 필요 없다는 것이 다수설과 판례[100]의 입장이다. 따라서 위험한 물건을 피해자에게 보이거나 실제 범행에 사용하지 않았더라도 단지 범행 현장에서 범행에 사용하려는 의도로 휴대하였다는 사실만으로도 본죄가 성립할 수 있다.

생각건대, 위험한 물건을 휴대한 경우를 가중처벌하는 것은 이를 사용한 경우 행위방법의 위험성으로 인하여 불법이 가중된 것으로 보기 때문이다. 행위자가 범행시 사용할 필요가 없다고 판단하여 이를 사용하지 않았음에도 불구하고 이를 단지 휴대하였다는 사실만으로도 형을 가중하는 것은 합리적이지 않다. 입법론적으로 상대방에게 '사용하여'라고 고칠 필요가 있다고 생각한다. 이렇게 개정이 된다면 자동차를 이용한 상해와 폭행의 성립과 관련하여 휴대를 소지뿐만 아니라 널리 이용하는 것도 포함하여 해석하는 판례의 문제점도 극복될 것으로 생각한다.

(3) 흉기와의 관계

'흉기'와 '위험한 물건'의 관계에 대하여 견해의 대립이 있다. 양자를 모두 형법해석상 같은 개념으로 보는 견해와 흉기와 위험한 물건은 구별되는 개념으로 보는 견해가 있다.

흉기(凶器)는 특수절도죄와 특수강도죄에서 사용하는 개념이다. 형법은 '흉기 기타 위험한 물건'이라고 흉기와 위험한 물건을 분명하게 구분하여 규정하고 있다.[101] 흉기는 위험한 물건과는 구별되는 개념으로, 위험한 물건은 일반개념이고, 흉기는 특수개념이므로 흉기는 위험한 물건의 일종으로 보는 것이 논리적이다.

흉기는 무기와 같이 제조 목적이 처음부터 사람을 살상하려고 만들어진 물건이거나 이에 준할 정도의 위험성을 가진 물건을 의미한다. 사용 용법에 따라 사람을 살상할 수 있는 위험한 물건과는 다른 개념이라고 보는 것이 타당하다. 그러한 위험성을 가진 물건에 해당하는지 여부는 그 물건의 본래의 용도, 크기와 모양, 개조 여부, 구체적 범행 과정에서 그 물건을 사용한 방법 등 제반 사정에 비추어 사회통념에 따라 객관적으로

98) 대법원 1982.2.23. 선고 81도3074 판결; 대법원 1990.4.24. 선고 90도401 판결.
99) 박상기/전지연, 431면.
100) 대법원 1984.4.10. 선고 84도353 판결; 대법원 1990.4.24. 선고 90도401 판결; 대법원 2002.6.14. 선고 2002도1341 판결; 대법원 2007.3.30. 선고 2007도914 판결 등 참조.
101) 대법원 2012.6.14. 선고 2012도4175 판결.

판단해야 한다.[102)]

일반적으로 성폭력처벌법 제4조의 특수강간죄, 스토킹처벌법 제18조, 폭력행위처벌법 제7조와 같이 "흉기나 그 밖의 위험한 물건"으로 규정되어 있는 경우가 많다. 흉기나 위험한 물건 모두 동일한 죄명으로 처벌하고 있기 때문에 양자를 특별히 구별해야 할 실익은 없다. 하지만 경찰관직무집행법 제3조의 불심검문, 공직선거법 제165조나 국민투표법 제65조의 무기나 흉기 등의 휴대 금지, 국회법 제153조의 방청의 금지와 신체검사와 같이 위험한 물건을 규정하지 않고 흉기만을 규정한 경우에는 흉기와 위험한 물건을 구별하여 해석할 필요가 있다.

다. 상해

본죄의 상해는 상해죄의 상해와 같은 의미이다.

4. 고의

단체 또는 다중의 위력을 보이거나 위험한 물건을 휴대하여 상해한다는 사실에 대한 인식이 있어야 한다. 특히 위험한 물건을 휴대하고 있다는 사실을 인식하지 못한 경우에는 본죄가 성립하지 않고 상해죄가 성립한다.

위험한 물건의 휴대라는 구성요건은 행위자가 상해와는 무관하게 우연히 위험한 물건을 휴대하게 된 것만으로는 부족하고, 행위자가 상해에 사용하려는 의도로 범행 현장에서 위험한 물건을 휴대하고 있는 경우를 의미하는 것으로 축소해석하는 것이 타당하다. 판례도 같은 입장이다.[103)] 범행 현장에서 범행에 사용하려는 의도 아래 흉기 등 위험한 물건을 소지하거나 몸에 지닌 이상 그 사실을 피해자가 인식하거나 실제로 범행에 사용하였을 것까지 요구되는 것은 아니다.[104)]

---

102) 대법원 2012.6.14. 선고 2012도4175 판결.

103) 대법원 1990.4.24. 선고 90도401 판결; 대법원 1984.4.10. 선고 84도353 판결; 대법원 1990.4.24. 선고 90도401 판결; 대법원 2002.6.14. 선고 2002도1341 판결; 대법원 2007.3.30. 선고 2007도914 판결.

104) 대법원 2007.3.30. 선고 2007도914 판결.

Ⅵ. 상해치사죄·존속상해치사죄

> 제259조 (상해치사) ① 사람의 신체를 상해하여 사망에 이르게 한 자는 3년 이상의 유기징역에 처한다.
> ② 자기 또는 배우자의 직계존속에 대하여 전항의 죄를 범한 때에는 무기 또는 5년 이상의 징역에 처한다.

1. 의의

상해치사죄는 사람의 신체를 상해하여 사망에 이르게 함으로써 성립하는 범죄이다. 상해죄의 진정 결과적 가중범이다. 존속상해치사죄는 존속상해죄의 결과적 가중범인 동시에 부진정 신분범이다.

2. 구성요건

본죄는 결과적 가중범이므로 결과적 가중범의 일반적 성립요건에 따라 기본범죄인 고의에 의한 상해행위, 중한 결과로서 사망의 결과 발생, 양자 사이의 인과관계, 중한 결과에 대한 예견가능성이 있어야 한다.

가. 기본범죄행위: 상해

기본범죄는 고의범인 상해죄이다.

나. 중한 결과의 발생: 사망의 결과

중한 결과인 사망의 결과가 발생하여야 한다. 중한 결과는 이미 기본범죄인 상해에 내포된 전형적인 위험의 실현에 해당하기 때문에 결과적 가중범의 본질적인 불법내용구성에 해당한다.

다. 인과관계

진정 결과적 가중범에서 인과관계에 필요한지에 대하여 견해의 대립이 있지만, 다수설은 중한 결과에 대한 예견가능성의 문제와는 별도로 고의에 의한 기본범죄와 중한 결과 발생 사이에 인과관계가 인정되어야 한다는 입장이다.[105] 판례도 같은 입장이다.

판례 상해행위를 피하려고 도주하다가 사망한 사건

【판결요지】 피고인이 이 사건 범행일시경 계속 교제하기를 원하는 자신의 제의를 피해자가 거절한다는 이유로 얼굴을 주먹으로 수회 때리자 피해자는 이에 대항하여 피고인의 손가락을 깨물고 목을 할퀴게 되었고, 이에 격분한 피고인이 다시 피해자의 얼굴을 수회 때리고 발로 배를 수회 차는 등 폭행을 하므로 피해자는 이를 모면하기 위하여 도로 건너편의 추어탕 집으로 도망가 도움을 요청하였으나, 피고인은 이를 뒤따라 도로를 건너간 다음 피해자의 머리카락을 잡아 흔들고 얼굴 등을 주먹으로 때리는 등 폭행을 가하였고, 이에 견디지 못한 피해자가 다시 도로를 건너 도망하자 피고인은 계속하여 쫓아가 주먹으로 피해자의 얼굴 등을 구타하는 등 폭행을 가하여 전치 10일간의 흉부피하출혈상 등을 가하였고, 피해자가 위와 같이 계속되는 피고인의 폭행을 피하려고 다시 도로를 건너 도주하다가 차량에 치여 사망한 사건에 대하여, 판례는 상해행위를 피하려고 하다가 차량에 치어 사망한 경우 상해행위와 피해자의 사망 사이에 상당인과관계가 있다고 하여 상해치사죄로 처단한 원심판결을 수긍하였다(대법원 1996.5.10. 선고 96도529 판결).

【해설】 기본범죄인 상해와 중한 결과인 사망의 결과 사이에 인과관계가 인정되어야 한다. 상해가 사망의 유일한 원인이 될 필요는 없다. 따라서 본 사건과 같이 가해자의 상해행위를 피하는 과정에서 발생한 피해자의 사망이 피해자의 부주의한 판단, 피해자의 지병, 피해자의 불충분한 치료, 의사의 의료과실이 개입되어 발생한 경우일지라도 상해행위와 사망의 결과 사이에 인과관계를 인정할 수 있다.

라. 중한 결과에 대한 예견가능성

행위자는 중한 결과인 사망의 결과 발생에 대한 예견가능성이 있어야 한다. 예견할 수 있다는 것은 행위자가 주의를 기울이면 피해자가 사망할 수 있다는 것을 알 수 있는 경우 즉, 과실이 있는 경우를 말한다.

판례 사망의 결과에 대한 예견가능성

【사실관계】 갑은 과거에 동거하던 피해자 A에게 다시 동거할 것을 요구하며 서로 말다툼을 하다가 주먹으로 얼굴과 가슴을 수없이 때리고 머리채를 휘어잡아 방벽에 여러 차례 부딪치는 폭행을 가하여 두개골결손, 뇌경막하출혈 등으로 2일 후 사망하게 하였다.

【판결내용】 사람의 얼굴과 가슴에 대한 가격은 신체기능에 중대한 지장을 초래할 수 있고 더구나 두뇌부위에 대하여 두개골 결손을 가져올 정도로 타격을 가할 경우에 치명

105) 진정 결과적 가중범의 인과관계에 대한 자세한 설명은 형법총론 결과적 가중범 부분을 참조하라.

적인 결과를 가져올 수 있다는 것은 누구나 예견할 수 있는 일이라고 할 것이므로, 원심이 피고인에게 피해자의 사망의 결과에 대한 예견가능성이 있었던 것으로 인정하여 피고인을 상해치사죄로 의율한 조치는 정당하다(대법원 1984.12.11. 선고 84도2183 판결).

【해설】 상해치사죄가 성립하기 위해서는 기본범죄인 상해, 중한 결과로서 사망의 결과 발생, 양자 간의 인과관계, 중한 결과에 대한 예견가능성이 있어야 한다. 사안의 경우 얼굴과 가슴에 대하여 가격하면 피해자의 사망이라는 중한 결과가 발생할 수 있다는 것에 대하여 예견가능성을 인정하였다.

3. 상해치사죄의 공동정범

진정 결과적 가중범의 공동정범을 부정하는 것이 다수설이다. 사후평가개념인 과실행위의 공동은 있을 수 없기 때문에 결과적 가중범의 공동정범은 불가능하다. 따라서 기본범죄를 공동으로 한 사람들 가운데 중한 결과에 대한 과실(예견가능성)이 있는 사람들에 대해서만 '개별적으로' 결과적 가중범이 성립할 뿐이다.

이에 대하여 판례는 폭행 기타의 신체 침해행위를 공동으로 할 의사가 있으면 성립되고, 결과를 공동으로 할 의사는 필요 없다고 하면서 원칙적으로 상해치사죄의 공동정범 성립을 인정한다. 다만 다른 공동행위자가 중한 결과인 사망의 결과를 예견할 수 없다면 상해치사죄가 성립하지 않는다.

판례 상해치사죄의 공동정범

【판결요지】 결과적가중범인 상해치사죄의 공동정범은 폭행 기타의 신체침해 행위를 공동으로 할 의사가 있으면 성립되고 결과를 공동으로 할 의사는 필요 없으며, 여러 사람이 상해의 범의로 범행 중 한 사람이 중한 상해를 가하여 피해자가 사망에 이르게 된 경우 나머지 사람들은 사망의 결과를 예견할 수 없는 때가 아닌 한 상해치사의 죄책을 면할 수 없다(대법원 2000.5.12. 선고 2000도745 판결 등 참조). 이와 같은 법리를 제1심 및 원심이 적법하게 채택한 증거들에 비추어 살펴보면, 원심이 그 판시와 같이 피고인이 냄비뚜껑을 피해자의 이마에 던지고 소주병이 깨질 때까지 피해자의 머리 부위를 수차례 가격한 점, 계속하여 흉기인 과도와 식칼을 이용하여 피해자의 머리 부위를 반복하여 때리거나 피해자를 협박한 점, 원심 공동피고인이 식칼로 피해자의 발등 동맥을 절단하는 것을 보고서도 이를 제지하지 아니한 점, 당시 피해자가 입은 상해의 부위가 전신에 걸쳐 광범위했고 상해 정도 또한 심히 중했던 점 등을 근거로 원심 공동피고인이 피해자에게 식칼로 상해를 가하는 과정에서 잘못하면 피해자를 사망에 이르게 할 수도 있다는 것을 피고인도 충분히 예견할 수 있었다고 본 것은 정당하고, 거기에 상고이유의 주장과

같이 경험의 법칙을 위반하여 사망의 결과에 관한 예견가능성을 잘못 인정하는 등의 위법이 없다(대법원 2013.4.26. 선고 2013도1222 판결).

Ⅶ. 동시범과 상해죄의 동시범 특례

> 제19조 (독립행위의 경합) 동시 또는 이시의 독립행위가 경합한 경우에 그 결과발생의 원인된 행위가 판명되지 아니한 때에는 각 행위를 미수범으로 처벌한다.
> 제263조 (동시범) 독립행위가 경합하여 상해의 결과를 발생하게 한 경우에 있어서 원인된 행위가 판명되지 아니한 때에는 공동정범의 예에 의한다.

1. 동시범

가. 의의

동시범(同時犯)은 다수인이 의사의 연락이 없이 동시(同時) 또는 이시(異時)에 동일한 객체에 대하여 구성요건적 결과를 실현한 경우로서 '독립행위의 경합'이라고도 한다. 동시범은 단독정범이 경합된 것이며 공동정범의 한 유형이 아니다. 공동의 범행결의가 없다는 점에서 공동정범과는 구별되며, 다른 행위자가 단순한 도구가 아니라는 점에서 간접정범과는 구별된다.

나. 종류

발생된 결과가 어느 행위자의 행위에 의한 것인지 분명히 판명된 경우 즉, '원인행위가 분명한 동시범'이라면 각자의 죄책을 쉽게 확정할 수 있다. 결과와 인과관계가 인정되지 않는 행위를 한 행위자는 그 죄의 미수범이 되고, 결과와 인과관계가 인정되는 행위를 한 행위자는 그 죄의 기수범이 된다.

문제는 '원인행위가 불분명한 동시범'이다. 이에 대하여 형법 제19조는 "독립행위가 경합한 경우에 그 결과 발생의 원인된 행위가 판명되지 아니한 때에는 각 행위를 미수범으로 처벌한다"고 규정하고 있다. 행위자의 실행행위가 있음에도 불구하고 그 행위와 결과 사이에 인과관계가 밝혀지지 않았다면 이를 미수범으로 보는 것은 인과관계의 불성립 또는 개별책임의 원칙을 고려한 법이론상 당연한 논리적 결론이다.

2. 상해죄의 동시범의 특례

가. 의의

동시범의 경우 그 결과 발생의 원인된 행위가 판명되지 아니한 때에는 형법 제19조에 따라 각 행위를 미수범으로 처벌해야 한다. 그런데 형법 제263조는 "독립행위가 경합하여 상해의 결과를 발생하게 한 경우에 있어서 원인된 행위가 판명되지 아니한 때에는 공동정범의 예"에 의하여 처벌한다는 동시범의 특례규정을 두고 있다.

상해의 결과에 대하여 동시범의 특례를 인정하는 취지는 상해는 빈번하게 발생하고 그 결과가 중대하다는 일반예방적 관점과 상해의 원인에 대한 입증 곤란을 구제하기 위한 정책적 고려에서 입법된 조문이다. 형법 제263조는 in dubio pro reo 원칙[106]의 예외가 된다.

나. 법적 성격

(1) 쟁점

상해죄에 있어서 동시범 특례 규정이 책임주의에 위반한 것이 아닌지, 그 법적 성격이 무엇인지 문제된다. 형법 제263조에 대해 상해의 결과에 대하여 책임이 없는 자에게 상해의 결과에 대한 책임을 묻는 것은 책임주의의 원칙에 반하는 것이 아닌가에 대하여 헌법재판소에서 논란이 되었지만, 헌법재판소는 이를 합헌으로 보았다.[107]

(2) 학설

'거증책임전환설'은 제263조를 입증의 곤란을 구제하기 위한 정책적 예외 규정으로 본다. 검사가 아니라 오히려 피고인에게 자기의 행위로 상해의 결과가 발생하지 않았음을 증명할 거증책임을 지운 것이라는 본다.[108]

'인과관계의 사실상 추정설'은 상해의 결과 발생에 대한 원인행위가 판명되지 않으면 제263조에 따라 피고인의 행위와 상해의 결과 사이에 사실상 인과관계가 있는 것으로 추정되지만, 피고인이 그 추정력을 깨뜨려 의심스러운 상태로 만들면 미수범을 인정해야 한다고 본다.

'법률상 추정설'은 입증의 곤란을 구제하기 위하여 법률상으로 각 행위자의 행위가 결과 발생의 원인으로 추정하여 공동정범의 책임을 인정한 것이라고 본다.

---

106) 피고인을 유죄로 하려면 의심할 여지가 없을 정도로 유죄의 입증(立證)이 있어야 하며, 그렇지 못한 때에는 피고인에게 유리한 무죄로 추정하여야 한다는 원칙을 말한다.

107) 헌법재판소 2018.3.29. 선고 2017헌가10 결정.

108) 김성천/김형준, 76면; 김일수/서보학, 75면; 손동권, 52면; 이재상/장영민/강동범, 57면; 임웅/이현정/박성민, 67면.

'이원설'은 제263조를 소송법상으로는 거증책임의 전환규정인 동시에, 실체법상으로는 공동정범의 범위를 확장 또는 공동정범을 의제하는 규정이라고 본다.[109]

'공동의사 의제설'은 제263조가 '공동정범의 예에 의한다'고 규정하고 있는 점에 주목하여 의사연락이 없는 독립행위 경합 사례에 대해서도 의사 연락이 있는 것으로 의제한다는 취지로 해석한다.[110] 인과관계의 문제로 본다면 '각자를 기수로 본다'고 규정해야 하지만, 이와 달리 '공동정범의 특수성'을 염두에 둔 규정이라는 것을 주된 논거로 한다.

(3) 결론

생각건대, 신체에 대한 상해행위는 그 자체로 상해의 결과를 발생시킬 위험을 내포하고 있기에 상해의 결과 발생과 관련이 없는 행위자의 행위를 상정하기 어렵고, 독립된 가해행위가 경합하는 경우 어느 행위가 결과 발생과 연결되었는지를 또는 어느 행위가 주로 결과 발생에 기여하였는지를 계량하는 것은 어렵다. 이것이 가능하다고 하더라도 독립행위가 경합하여 상해의 결과가 발생한 경우는 일상생활에서 흔히 발생하는 일이므로 이를 일일이 밝히는 것은 입법정책적으로 바람직하지 않을 수 있다. 이러한 점에서 본다면 상해죄에 대한 동시범 특례 규정은 형사정책적 관점에서 그 의미가 있다. 하지만 형사소송에 있어서 검사가 피고인이 유죄라는 점을 입증해야 하기에, 형법 제263조가 합리적 이유 없이 입증책임을 피고인에게 전가하는 것은 '의심스러울 때에는 피고인의 이익으로'라는 형사소송법의 법리에 어긋난다. 수사권을 가진 검사가 인과관계를 입증할 수 없는 상황에서 수사권도 없는 피고인이 이를 입증하라는 것은 사실상 불가능한 것을 요구하는 것과 마찬가지이며, 검사가 수사를 소홀히 할 위험성마저 존재할 수 있다. 검사가 인과관계를 입증할 수 없다면서 공소제기를 하면 이에 대한 몫은 온전히 피고인의 몫이다. 각 행위를 미수범으로 처벌하면 행위에 상응하는 책임을 물을 수 없다는 비판이 있을 수 있지만, 미수범 처벌은 형에 대한 감경 가능성을 인정한 것이므로 행위자에 대하여 행위에 상응하는 처벌이 완전히 불가능하지 않다. 따라서 책임주의에 반하는 위헌적 규정이므로 삭제하는 것이 바람직하다. 현재 규정이 유효한 상황에서는 이에 대한 해석을 극히 제한적으로 할 필요가 있다.

---

109) 신동운, 575면; 정성근/박광민, 81면.

110) 김성돈, 86면; 학설 명칭은 저자가 임의로 정한 것이다.

다. 적용요건

(1) 독립행위의 경합

독립행위의 경합이 있어야 한다. 독립행위의 경합은 2개 이상의 행위가 서로 의사의 연락 없이 동일한 객체에 대하여 행해진다는 것을 말한다. 따라서 상호 간의 의사연락이 있다면 이는 동시범의 문제가 아니라 공동정범의 문제이다.[111] 각 범행이 우연한 사실에 기하여 우발적으로 발생한 독립적인 행위이어야 하며, 상호 간에 범행에 관한 공동의사가 있다면 이는 독립행위가 아니라 공동정범이 된다.

경합하는 독립행위는 상해행위에 한하지 않고 폭행행위도 가능하다. 그러나 경합하는 독립행위에 강도행위, 강간행위, 과실행위가 포함된다고 해석하여 강도치상죄, 강간치상죄, 과실치사죄에도 제263조가 적용된다고 할 수 없다. 이것은 제263조를 피고인에게 불이익한 방향으로 유추적용하는 것이며 집단상해를 방지하고자 하는 제263조의 취지에 반하는 해석이기 때문이다.

경합하는 독립행위가 시간적 근접성을 가져야 하는지 문제된다. 독립행위는 적어도 동일기회라고 할 수 있는 정도로 근접할 것으로 제한해야 한다는 견해도 있다.[112] 하지만 다수설과 판례는 시간적 근접성이 필요하지 않다고 본다. 판례는 3시간[113] 또는 2시간[114] 남짓한 시간적 간격을 두고 발생한 사건에 대하여 제263조를 적용하였다.

생각건대, 동시범의 규정은 '동시(同時)'뿐만 아니라 '이시(異時)'에 발생한 경우에도 적용되는 것이므로 시간적 동일성이나 동일기회를 의미할 수 있는 동시뿐만 아니라 시간적 간격이 있는 이시에 대해서도 제19조와 제263조가 적용될 수밖에 없다. 논의의 핵심은 '이시'의 범위를 어느 정도로 한정적으로 해석할 것인가의 문제이다.

(2) 상해 또는 사망의 결과 발생

상해의 결과가 발생해야 한다. 따라서 상해죄와 폭행치상죄에 대하여 제263조를 적용할 수 있다. 보호법익이 다른 강도치사죄, 강간치사죄, 과실치사죄에 대해서 제263조를 적용할 수 없다. 경합하는 독립행위가 폭행 또는 상해행위가 아니기 때문이다.

그런데 상해치사죄와 폭행치사죄와 같이 사망의 결과가 발생한 경우에도 상해죄의 동시범의 특례를 적용할 수 있는지 문제된다. 이에 대하여 판례는 긍정하지만, 학설은 반대한다. 학설에 따르면 제263조는 동시범의 예외규정이므로 제한적으로 해석하는 것이 타

---

111) 대법원 1997.11.28. 선고 97도1740 판결.

112) 김성돈, 87면.

113) 대법원 1981.3.10. 선고 80도3321 판결.

114) 대법원 2000.7.28. 선고 2000도2466 판결.

당하며, 법조문이 '상해의 결과'가 발생한 경우라고 명시하고 있음에도 불구하고 '사망의 결과'가 발생한 경우까지 적용을 확대하는 것은 유추적용에 해당하여 죄형법정주의에 반한다는 이유로 부정하는 입장이다. 판례에 따를 경우 폭행치사죄, 상해치사죄의 경우에도 제263조가 적용된다.[115] 따라서 거증책임전환설에 따라 피고인이 자신의 행위로부터 피해자가 사망한 것이 아니라는 것을 입증하여야 폭행치사죄나 상해치사죄가 성립하지 않는다.

법문이 분명하게 '상해의 결과'라고 규정하고 있음에도 불구하고 이를 '사망의 결과'까지 확장하는 것은 법문언의 가능한 의미를 넘는 허용되지 않은 유추에 해당한다. 학설의 입장이 타당하다.

(3) 원인행위가 판명되지 않아야

결과 발생에 원인행위가 판명되지 않아야 한다. 결과 발생에 원인된 행위가 무엇인지 판명된 경우에는 각자 자기의 행위에 따라 책임을 진다.

판례 | 이시 폭행 사망 사건

【사실관계】 A는 거리에서 행인 乙과 사소한 문제로 시비를 벌이다가 힘이 센 乙로부터 구타를 당하여 부상을 입고 실신하였고, 乙은 달아났다. 이에 주위에 있던 사람들이 A를 의자에 눕혀 놓았는데, 그로부터 2시간 후에 이러한 사정을 모르는 甲은 자기가 즐겨 앉던 의자에 A가 누워있는 것을 보고 A를 밀어 땅바닥에 떨어지게 함으로써 이미 부상하여 있던 A로 하여금 사망에 이르게 하였다. 그러나 그 사망의 원인된 행위가 乙의 행위인지 아니면 甲의 행위인지 판명되지 않았다.

【판결요지】 시간적 차이가 있는 독립된 상해행위나 폭행행위가 경합하여 사망의 결과가 일어나고 그 사망의 원인된 행위가 판명되지 않은 경우에는 공동정범의 예에 의하여 처벌할 것이다(대법원 2000.7.28. 선고 2000도2466 판결).

【해설】 이 사건은 약 2시간 간격으로 을의 상해행위와 갑의 폭행행위가 독립하여 피해자에게 경합한 결과 사망에 이르게 한 사건이다. 본 판례는 형법 제263조를 적용하였다. 상해죄의 동시범 특례규정이 적용되기 위해서는 상해의 결과가 발생해야 한다. 그런데 본 사안과 같이 상해의 결과가 아닌 사망의 결과가 발생한 경우에도 동시범의 특례를 적용할 수 있는가에 대하여 판례는 긍정하는 입장이다. 또한 폭행행위와 폭행행위의 경합에 의한 폭행치사의 경우뿐만 아니라 상해행위와 상해행위의 경합에 의한 상해치사의 경우에도 제263조를 적용하는 것이 판례의 입장이다. 본 판례는 상해치사죄와 폭행치사죄도 제263조가 적용된다는 것을 밝히고 있다. 따라서 판례에 따를 경우 갑은 폭행치사죄의 동시범이 성립하며, 을은 상해치사죄의 동시범이 성립한다.

---

115) 대법원 1985.5.14. 선고 84도2118 판결.

Ⅷ. 폭행죄

제260조 (폭행, 존속폭행) ① 사람의 신체에 대하여 폭행을 가한 자는 2년 이하의 징역, 500만원 이하의 벌금, 구류 또는 과료에 처한다.
③ 제1항 및 제2항의 죄는 피해자의 명시한 의사에 반하여 공소를 제기할 수 없다.

1. 서설

폭행죄는 사람의 신체에 대하여 폭행을 가함으로써 성립하는 범죄이며 보호법익은 신체의 완전성이다. 본죄는 거동범, 추상적 위험범이다. 미수범 처벌 규정이 없으며, 반의사불벌죄이다.

2. 구성요건

가. 객체: 타인의 신체

폭행죄의 객체는 자연인인 타인의 신체이다. 상해죄에서 설명한 타인의 신체와 그 내용이 동일하다.

나. 행위: 폭행행위

(1) 폭행의 의의

폭행죄의 폭행행위는 사람의 신체에 대한 일체의 유형력의 행사를 의미한다(협의의 폭행). 형법상 폭행은 다양한 범죄구성요건에서 빈번하게 사용되는 개념이다. 형법상 폭행의 의미에 대해서는 후술한다.

폭행죄의 폭행은 반드시 사람의 신체에 직접적으로 접촉할 필요는 없다. 따라서 피해자에게 근접하여 욕설을 하면서 때릴 듯이 손발이나 물건을 휘두르거나 던지는 행위는 직접 피해자의 신체에 접촉하지 않았다고 하여도 피해자에 대한 불법한 유형력의 행사로서 폭행에 해당한다.[116)]

폭행은 사람의 신체에 대하여 물리적 유형력을 행사하는 것이므로, 사람의 신체와 관계없는 것에 대한 유형력의 행사는 폭행이 아니다. 따라서 사람의 신체와 관련이 없이 방

116) 대법원 1990.2.13. 선고 89도1406 판결.

문이나 대문을 걷어차는 행위, 인분이 든 비닐봉지를 마당에 던진 행위 등은 폭행에 해당하지 않는다.

판례 시정된 방문을 발로 차는 행위

【판결요지】 공소외인이 피고인을 만나 주지 않는다는 이유로 시정된 탁구장문과 주방문을 부수고 주방으로 들어가 방문을 열어주지 않으면 모두 죽여버린다고 폭언을 하면서 시정된 방문을 수회 발로 차는 행위는 재물손괴죄 또는 숙소 안의 공소외인에게 해악을 고지하여 외포케하는 단순협박죄에 해당함은 별론으로 하고 피해자의 신체에 대한 유형력의 행사로는 볼 수 없으므로 폭행죄에 해당한다 할 수 없다(대법원 1984.2.14. 선고 83도3186 판결).

【해설】 시정된 방문을 발로 차는 행위는 사람의 신체에 대한 것이 아니므로 폭행죄의 폭행에는 해당하지 않는다. 이 경우 문을 부순 행위는 재물손괴죄가 성립하며, 모두 죽여버린다는 폭언한 행위는 협박죄가 성립한다.

(2) 폭행행위의 유형력

폭행행위의 유형력에는 역학적 작용, 화학적·생리적 작용 이외에도 에너지의 작용도 포함된다. 역학적 작용에는 구타행위, 멱살을 잡거나 밀치는 행위, 손·옷을 세차게 잡아당기는 행위, 얼굴에 침을 뱉는 행위, 칼과 같은 흉기를 휘두르는 행위, 돌을 던지는 행위, 수염·모발을 절단하는 행위 등이 있으며, 화학적·생리적 작용에는 심한 소음이나 음향, 폭언의 수차 반복하는 행위, 고함을 질러 놀라게 하는 행위, 최면술을 걸거나 마취약을 사용하는 경우, 계속 전화를 걸어 벨을 울리게 하는 경우 등이 있다. 빛, 열, 전기, 냄새 등과 같은 에너지의 작용도 포함된다.

(3) 소음의 경우

소음은 신체적 고통을 주는 물리력의 작용이라고 볼 수 있으므로 음향의 정도에 따라서 폭행죄의 폭행에 해당할 수 있다. 수화자의 청각기관을 자극하여 그 수화자로 하여금 육체적·정신적으로 고통스럽게 느끼게 할 정도가 된다면 신체에 대한 폭행으로 볼 수 있다.[117] 다만 듣는 사람으로 하여금 고통스럽게 느끼게 할 정도의 소음이 아니라 단순히 불쾌감, 혐오감, 불안감을 주는 정도에 그쳐서 심리적 폭행으로 이해되는 경우에는 허용된 위험의 범위 안에 있는 행위로 구성요건해당성을 배제하는 것으로 파악하는 것이 타당하다. 소음이 폭행죄의 폭행에 해당할 수 있는지는 음량의 크기나 음의 높이, 음향의 지속시

117) 대법원 2003.1.10. 선고 2000도5716 판결; 공무집행방해죄의 폭행에 대해서는 대법원 2009.10.29. 선고 2007도3584 판결.

간, 종류 등을 종합적으로 고려하여 판단할 수밖에 없다.[118)]

다. 기수 시기

폭행죄는 거동범이므로 폭행행위만 하면 곧 기수가 되며 결과 발생이 필요 없다. 따라서 사람의 신체에 대하여 일정한 유형력의 행사만 있으면 폭행죄는 성립한다. 예를 들면 피해자를 향해 주먹을 휘둘렀으나 피해자에게 맞지 않은 경우에도 폭행죄는 기수가 된다. 폭행죄의 미수범 처벌 규정 또한 없다.

라. 고의

본죄는 고의범이므로 타인의 신체에 대하여 유형력을 행사한다는 사실에 대한 인식과 의사가 있어야 한다. 상해의 고의로 폭행의 결과가 발생한 경우 상해미수죄(제257조 제3항)가 성립하며, 폭행의 고의로 상해의 결과가 발생한 경우 폭행치상죄(제262조)가 성립한다.

3. 소추조건: 반의사불벌죄

반의사불벌죄의 경우 피해자의 처벌희망 의사표시가 없어도 수사와 공소제기가 가능하지만, 피해자가 처벌을 희망하지 않는 의사표시가 있으면 그의 명시한 의사에 반하여 공소를 제기할 수 없다(제260조 제3항). 만약 공소가 제기되었다면 법원은 공소기각의 판결을 선고해야 한다(형사소송법 제327조 제6호). 수사단계에서 처벌불원의 의사표시가 있으면 검사는 불기소처분을 하여야 한다. 하지만 폭력행위 등 처벌에 관한 법률 제2조 제4항에 따르면 2인 이상이 공동하여 폭행한 경우에는 반의사불벌죄에 해당하지 않는다.

Ⅸ. 존속폭행죄

> 第260조 (폭행, 존속폭행) ② 자기 또는 배우자의 직계존속에 대하여 제1항의 죄를 범한 때에는 5년 이하의 징역 또는 700만원 이하의 벌금에 처한다.
> ③ 제1항 및 제2항의 죄는 피해자의 명시한 의사에 반하여 공소를 제기할 수 없다.

118) 대법원 2009.10.29. 선고 2007도3584 판결.

> 第265조(자격정지의 병과) 제257조제2항, 제258조, 제258조의2, 제260조제2항, 제261조 또는 전조의 경우에는 10년 이하의 자격정지를 병과할 수 있다.

존속폭행죄는 자기 또는 배우자의 직계존속에 대하여 폭행을 한 경우에 성립하는 범죄이다. 본죄는 행위객체가 직계존속이라는 신분관계로 인하여 폭행죄에 비하여 책임이 가중되는 가중적 구성요건이다. 폭행죄와 마찬가지로 반의사불벌죄이다.

X. 특수폭행죄

> 第261조 (특수폭행) 단체 또는 다중의 위력을 보이거나 위험한 물건을 휴대하여 제260조 제1항 또는 제2항의 죄를 범한 때에는 5년 이하의 징역 또는 1천만원 이하의 벌금에 처한다.
> 第265조(자격정지의 병과) 제257조제2항, 제258조, 제258조의2, 제260조제2항, 제261조 또는 전조의 경우에는 10년 이하의 자격정지를 병과할 수 있다.

특수폭행죄는 단체 또는 다중의 위력을 보이거나 위험한 물건을 휴대하여 폭행함으로써 성립하는 범죄로서, 행위방법의 위험성 때문에 단순폭행죄에 비하여 불법이 가중된 형태이다.

단체 또는 다중의 위력의 의미, 위험한 물건과 휴대의 의미는 특수상해죄와 동일하며, 폭행의 의미는 폭행죄와 동일하다.

단체 또는 다중의 위력을 보이거나 위험한 물건을 휴대하여 폭행한다는 사실에 대한 인식이 있어야 한다. 특히 위험한 물건을 휴대하고 있다는 사실을 인식하지 못한 경우에는 본죄가 성립하지 않고 단순폭행죄가 성립한다.[119)]

위험한 물건의 휴대라는 구성요건은 행위자가 폭행과는 무관하게 우연히 위험한 물건을 휴대하게 된 것만으로는 부족하고, 행위자가 폭행에 사용하려는 의도로 범행현장에서 위험한 물건을 휴대하고 있는 경우를 의미하는 것으로 축소해석하는 것이 타당하다.

---

119) 김성돈, 96면.

XI. 폭행치사상죄

> 第262조 (폭행치사상) 第260조와 第261조의 죄를 지어 사람을 사망이나 상해에 이르게 한 경우에는 第257조부터 第259조까지의 예에 따른다.

1. 의의

폭행치사상죄는 제260조 폭행죄·존속폭행죄와 제261조 특수폭행죄를 범하여 사람을 사망 또는 상해에 이르게 한 경우에 성립하는 결과적 가중범이다.

2. '제257조부터 제259조까지의 예에 따른다'는 의미

'제257조부터 제259조까지의 예에 따른다'는 의미는 형법 제260조 폭행·존속폭행 또는 제261조 특수폭행죄를 범하여 상해, 중상해, 사망의 결과를 발생한 경우, 그 결과에 따라 상해의 경우에는 형법 제257조를, 중상해의 경우에는 제258조를, 사망의 경우에는 제259조의 예에 준하여 처벌한다는 의미이다.

그런데 2016년 형법 개정으로 특수상해죄가 형법 제258조의2로 신설됨에 따라 문언상 '제257조부터 제259조까지의 예에 따른다'는 의미에 제258조의2가 포함되어 특수폭행치상의 경우 특수상해인 형법 제258조의2 제1항의 예에 의하여 처벌하는 것으로 해석될 여지가 생겼다.[120] 즉 특수폭행치상의 경우 형법 제258조의2 제1항 특수상해의 예에 의하여 처벌할 것인지 아니면 제257조 제1항 단순상해의 예에 의하여 처벌할 것인지가 문제된다.

이에 대하여 판례는 형법 제258조의2의 신설에도 불구하고 특수폭행치상의 경우 종전과 같이 형법 제257조 제1항의 예에 의하여 처벌하는 것으로 해석하는 것이 타당하다고 한다.[121]

생각건대, 종래에 결과적 가중범인 폭행치상죄와 특수폭행치상죄를 고의범인 상해죄, 중상해죄의 예에 준하여 처벌하는 것으로 양자 간의 질적 차이를 고려하지 않았으며, 폭행치상죄와 특수폭행치상죄 사이의 행위불법의 차이를 고려하지 않고 동일한 법정형에

---

120) 이러한 해석에 따르면 특수폭행치상죄의 법정형이 형법 제258조의2 제1항이 정한 '1년 이상 10년 이하의 징역'이 되어 종래와 같이 형법 제257조 제1항의 예에 의하는 것보다 상향되는 결과가 발생하게 된다.

121) 대법원 2018.7.24. 선고 2018도3443 판결.

의하여 처벌하였다. 입법론적 관점에서 문제가 있지만, 2016년 형법 개정 과정에서 특수폭행치상죄의 법정형을 상향시켜야 할 만한 사회적 상황의 변경이 있다고 보기 어렵다. 특수상해죄의 신설과 문언상 특수상해죄의 예에 의하여 처벌하는 것이 가능하다고 해석하게 되면 형벌 체계상 정당성과 균형이 맞지 않으며, 형의 경중과 행위자의 책임, 즉 형벌 사이에 비례성을 갖추어야 한다는 형사법상 책임 원칙에 반할 우려가 있다. 형법 제258조의2의 신설에도 불구하고 특수폭행치상의 경우 종전과 같이 형법 제258조의2 특수상해죄가 아니라 제257조 제1항 상해죄의 예에 의하여 처벌하는 것으로 해석하는 것이 타당하다.

3. 인과관계와 예견가능성

결과적 가중범의 일반적 요건에 따라 기본범죄인 폭행행위로 인하여 중한 결과인 사망 또는 상해의 결과가 발생하여야 하며, 양자 간에 인과관계 및 중한 결과에 대한 예견가능성이 인정되어야 한다. 예견가능성이 있다는 것은 행위자의 행위로 인하여 피해자에게 사망 또는 상해의 결과가 발생할 수 있다는 것을 알 수 있는 경우, 과실이 있는 경우를 말한다. 전형적인 진정 결과적 가중범에 해당하는 범죄유형이다.[122]

XII. 상습상해·폭행죄

> 第264조 (상습범) 상습으로 제257조(상해죄, 존속상해죄), 제258조(중상해죄, 존속중상해죄), 제258조의2(특수상해죄), 제260조(폭행죄, 존속폭행죄) 또는 제261조(특수폭행죄)의 죄를 범한 때에는 그 죄에 정한 형의 2분의 1까지 가중한다.
> 제265조(자격정지의 병과) 제257조제2항, 제258조, 제258조의2, 제260조제2항, 제261조 또는 전조의 경우에는 10년 이하의 자격정지를 병과할 수 있다.

상습상해·폭행죄는 상습으로 상해죄, 존속상해죄, 중상해죄, 존속중상해죄, 특수상해죄, 폭행죄, 존속폭행죄, 특수폭행죄를 범한 경우에 성립하는 범죄이다. 본죄에 있어서 '상습'이란 반복된 행위에 의하여 얻어진 행위자의 습벽으로 인하여 죄를 범하는 것을 말

122) 자세한 설명은 형법총론의 결과적 가중범에 대한 설명을 참고하라.

한다. 본죄는 상습성으로 인하여 책임이 가중되는 가중적 구성요건이다.

행위자가 상습으로 A를 폭행하고, 직계존속 B를 폭행한 경우, 단순폭행, 존속폭행의 범행이 동일한 폭행 습벽의 발현에 의한 것으로 인정되는 경우 각 죄별로 상습성을 판단할 것이 아니라 그중 법정형이 더 중한 상습존속폭행죄에 나머지 행위를 포괄하여 하나의 죄만이 성립한다.[123]

판례 상습존속폭행죄의 포괄일죄

【판결요지】 [1] 폭행죄의 상습성은 폭행 범행을 반복하여 저지르는 습벽을 말하는 것으로서, 동종 전과의 유무와 그 사건 범행의 횟수, 기간, 동기 및 수단과 방법 등을 종합적으로 고려하여 상습성 유무를 결정하여야 하고, 단순폭행, 존속폭행의 범행이 동일한 폭행 습벽의 발현에 의한 것으로 인정되는 경우, 그중 법정형이 더 중한 상습존속폭행죄에 나머지 행위를 포괄하여 하나의 죄만이 성립한다고 봄이 타당하다. 그리고 상습존속폭행죄로 처벌되는 경우에는 형법 제260조 제3항이 적용되지 않으므로, 피해자의 명시한 의사에 반하여도 공소를 제기할 수 있다.

[2] 피고인이 상습으로 갑을 폭행하고, 어머니 을을 존속폭행하였다는 내용으로 기소된 사안에서, 피고인에게 폭행 범행을 반복하여 저지르는 습벽이 있고 이러한 습벽에 의하여 단순폭행, 존속폭행 범행을 저지른 사실이 인정된다면 단순폭행, 존속폭행의 각 죄별로 상습성을 판단할 것이 아니라 포괄하여 그중 법정형이 가장 중한 상습존속폭행죄만 성립할 여지가 있는데도, 이와 달리 상습폭행과 존속폭행의 2개 행위로 파악하여, 피고인에게 단순폭행의 습벽이 인정된다는 이유로 상습폭행 부분을 유죄로 인정하면서도 존속폭행의 습벽까지는 인정할 증거가 없다는 이유에서 상습존속폭행은 성립할 수 없고 존속폭행만 성립할 수 있다고 전제한 다음, 을이 제1심판결 선고 전에 처벌을 원하지 않는다는 의사를 밝혔다는 이유로 존속폭행 부분에 대하여 주문에서 공소기각을 선고한 원심판결에 형법 제264조, 폭행죄의 상습성, 죄수 등에 관한 법리오해의 잘못이 있다고 한 사례(대법원 2018.4.24. 선고 2017도10956 판결).

123) 대법원 2003.2.28. 선고 2002도7335 판결.

형법상 폭행의 개념

형법상 폭행이라는 개념은 다양한 범죄구성요건에서 빈번하게 사용되는 개념이지만, 그 구체적 의의와 대상은 각 개별범죄구성요건에 따라 다르다.

유 형	내 용		보 기
최광의	의의	사람·물건 등 대상을 불문하고 일체의 유형력의 행사	내란죄, 소요죄, 다중불해산죄
	대상	사람·물건 불문	
	정도	한 지방에 있어서의 공공의 평온을 해할 정도	
광 의	의의	사람에 대한 직접·간접의 유형력의 행사	공무집행방해죄, 특수도주죄, 강요죄
	대상	사람(직접폭행·간접폭행)	
	정도	상대방의 의사결정·의사활동에 영향을 줄 정도이면 충분	
협 의	의의	사람의 신체에 대한 유형력의 행사	폭행죄, 특수공무원폭행죄, 존속폭행죄, 외국원수폭행죄
	대상	사람의 신체(직접폭행)	
	정도	육체적·심리적 고통	
최협의	의의	상대방의 반항을 불가능하게 하거나 현저히 곤란하게 할 정도의 강력한 유형력의 행사	강도죄, 강간죄
	대상	사람(직접폭행·간접폭행)	
	정도	상대방의 반항을 불가능하게 할 정도 또는 반항이 가능하더라도 반항을 현저히 곤란하게 할 정도	

제3절 과실치사상의 죄

Ⅰ. 총설

1. 의의

과실치사상의 죄는 과실로 인하여 사람을 사망에 이르게 하거나 사람의 신체를 상해하는 것을 내용으로 하는 범죄이다. 고의범의 경우 원칙적으로 처벌하지만, 과실범의 경우는 형법에 특별히 규정이 있는 경우에 한하여 예외적으로 처벌한다. 사람의 생명과 신체에 대한 범죄로 법익에 대한 중요성으로 과실범에 대한 처벌 규정을 두고 있다.

2. 특별법

본죄의 특별법으로 교통사고처리특례법, 특정범죄가중처벌 등에 관한 법률이 있다. 특히 차의 운전자가 교통사고로 인하여 형법 제268조의 죄를 범한 경우에는 형법이 아닌 교통사고처리특례법 제3조가 적용된다. 차의 교통으로 업무상과실치상죄 또는 중과실치상죄와 도로교통법 제151조의 죄를 범한 운전자에 대하여는 피해자의 명시적인 의사에 반하여 공소를 제기할 수 없도록 규정하고 있다. 다만 사고 후 도주, 음주측정 불응, 신호위반 등 12개 중대법규위반의 경우에는 예외로 하고 있다. 교통사고를 일으킨 차가 보험업법 등에 따른 보험 또는 공제에 가입된 경우에는 제3조제2항 본문에 규정된 죄를 범한 차의 운전자에 대하여 공소를 제기할 수 없다.

특정범죄가중처벌 등에 관한 법률 제5조의3에서는 이른바 뺑소니운전자를 처벌하는 규정을 두고 있다. 자동차 등의 교통으로 인하여 형법 제268조의 죄를 범한 해당 차량의 운전자가 피해자를 구호하는 등 도로교통법 제54조 제1항에 따른 조치를 취하지 않고 도주한 경우 가중처벌한다.

Ⅱ. 과실치상죄, 과실치사죄

> 제266조 (과실치상) ① 과실로 인하여 사람의 신체를 상해에 이르게 한 자는 500만원 이하의 벌금, 구류 또는 과료에 처한다.
> ② 제1항의 죄는 피해자의 명시한 의사에 반하여 공소를 제기할 수 없다.
> 제267조 (과실치사) 과실로 인하여 사람을 사망에 이르게 한 자는 2년 이하의 금고 또는 700만원 이하의 벌금에 처한다.

과실치상죄는 과실로 인하여 사람의 신체를 상해에 이르게 한 경우에 성립하는 범죄이며, 반의사불벌죄이다. 과실치사죄는 과실로 인하여 사람을 사망에 이르게 한 경우에 성립하는 범죄이며, 반의사불벌죄는 아니다.

과실치상죄와 과실치사죄는 전형적인 과실범이다. 이에 대한 자세한 설명은 형법총론을 참고하기 바란다.

Ⅲ. 업무상과실치사상죄

제268조 (업무상과실·중과실 치사상) 업무상과실 또는 중대한 과실로 사람을 사망이나 상해에 이르게 한 자는 5년 이하의 금고 또는 2천만원 이하의 벌금에 처한다.

1. 서설

업무상과실치사상죄는 업무상 과실로 인하여 사람을 사상에 이르게 함으로써 성립하는 범죄이다. 업무상과실치사상죄에 대해서는 단순과실치사상죄에 비하여 형벌을 가중하고 있다.

업무상과실치사상죄는 다른 과실범과 마찬가지로 과실, 결과 발생, 인과관계 등의 요건을 갖추어야 하지만 본죄의 주체는 일정한 업무에 종사하는 업무자이어야 하며, 과실 또한 업무상과실이어야 한다는 점에서 다르다. 본죄는 부진정 신분범이다.

심화내용 업무상과실범에 대한 형벌가중 근거

형벌을 가중하는 근거에 대하여 견해의 대립이 있다. '주의의무설'은 업무자에게는 일반인보다 더 무거운 주의의무가 과해지기 때문에 고도의 주의의무를 태만히 한 점에서 형이 가중된다고 한다.[124] '주의능력설'은 주의의무는 업무자나 일반인이나 동일하지만, 업무자에게는 고도의 주의능력이 있기 때문에 일반인에 비하여 주의의무위반의 정도가 현저히 증대하여 불법이 크므로 가중처벌된다고 한다.[125] 이에 대하여 다수설인 '예견가능설'에 따르면 주의의무는 업무자나 일반인이나 동일하지만, 업무자에게는 일반적으로 결과에 대한 예견가능성이 크기 때문에 그 책임이 가중된다고 본다.[126]
생각건대, 결과 발생에 대해 요구되는 주의의무는 객관적 기준에 따라서 판단해야 하기 때문에 업무자와 일반인 사이에 주의의무의 차이가 있다고 볼 수 없다. 또한 업무

124) 김일수/서보학, 98면; 임웅/이현정/박성민, 102면.
125) 배종대, 124면; 이형국/김혜경, 97면.
126) 김성돈, 104면.

자라고 하더라도 반드시 일반인보다 주의능력이 높다고 할 수 없다. 동일한 업무에 종사하는 경우에도 각 업무자의 숙련도나 경험에 따라 그 주의능력의 정도는 다르다고 보아야 한다. 따라서 업무종사자는 일반인과는 다른 전문적인 지식이나 경험을 가지고 있기 때문에 결과 발생에 대한 예견가능성이 크기 때문에 책임이 가중된다고 보는 것이 타당하다.

2. 주체: 일정한 업무에 종사하는 자

가. 부진정 신분범

업무상과실치사상죄는 일정한 업무에 종사하는 자가 주체가 되기 때문에 신분범이며, 업무자이기 때문에 형벌을 가중하므로 부진정 신분범이다. 따라서 신분 없는 자가 본죄에 가담한 경우 형법 제33조 단서 규정이 적용된다. 판례에 따르면 제33조 본문에 따라 본죄가 성립하지만, 과형은 제33조 단서가 적용된다.

나. 업무

본죄의 업무(業務)는 사람이 사회생활상의 지위에 기하여 계속 또는 반복적으로 행하는 사무를 말한다.

(1) 사회생활상의 지위

사회생활상의 지위는 사람이 사회생활의 유지를 위하여 행하는 사회적 활동을 할 수 있는 것을 말한다. 따라서 식사, 수면, 운동과 같이 자연적 생활현상은 업무가 아니다. 본죄의 업무는 성질상 수행하는 직무 자체가 위험성을 갖기 때문에 사람의 생명·신체의 위험을 방지하는 것을 주된 의무의 내용으로 하는 '안전관리업무'뿐만 아니라 직무 자체가 위험성을 갖기 때문에 '안전배려'를 의무의 내용으로 하는 경우도 포함된다.[127] 운동경기에 참가하는 자는 자신의 행동으로 인해 다른 경기자 등이 다칠 수도 있으므로, 경기규칙을 준수하면서 다른 경기자 등의 생명이나 신체의 안전을 확보하여야 할 신의칙상 주의의무인 안전배려의무가 있으며,[128] 기획여행업자는 여행계약 내용의 실시 도중에 그러한 위험 발생의 우려가 있을 때는 미리 그 위험을 제거할 수단을 마련하는 등의 합리적 조치를 해야 할 안전배려의무가 있다.[129]

---

127) 대법원 2007.5.31. 선고 2006도3493 판결.

128) 대법원 2019.1.31. 선고 2017다203596 판결.

129) 대법원 2017.12.13. 선고 2016다6293 판결.

행위자 자신이 직접 종사하는 업무 이외에, 위험이 발생하기 쉬운 생활관계에서 예상되는 위험성을 방지할 것이 기대되는 지위에 있는 종사자의 업무도 포함된다. 유치원이나 중고등학교, 레저스포츠 등이 위험이 발생하기 쉬운 생활관계에 해당할 수 있다. 판례에 따르면 점원으로서 배달을 하기 위하여 자전거를 타고 소매상을 돌아다니는 일을 하고 있었다고 한다면 자전거를 운전하는 업무에 종사하고 있다고 본다.[130)]

판례 건물 소유자의 안전배려·안전관리 사무

【판결요지】 [1] 업무상과실치상죄의 '업무'란 사람의 사회생활면에서 하나의 지위로서 계속적으로 종사하는 사무를 말한다. 여기에는 수행하는 직무 자체가 위험성을 갖기 때문에 안전배려를 의무의 내용으로 하는 경우는 물론 사람의 생명·신체의 위험을 방지하는 것을 의무의 내용으로 하는 업무도 포함된다. 그러나 건물 소유자가 안전배려나 안전관리 사무에 계속적으로 종사하거나 그러한 계속적 사무를 담당하는 지위를 가지지 않은 채 단지 건물을 비정기적으로 수리하거나 건물의 일부분을 임대하였다는 사정만으로는 건물 소유자의 위와 같은 행위가 업무상과실치상죄의 '업무'에 해당한다고 보기 어렵다.

[2] 3층 건물의 소유자로서 건물 각 층을 임대한 피고인이, 건물 2층으로 올라가는 계단참의 전면 벽이 아크릴 소재의 창문 형태로 되어 있고 별도의 고정장치가 없는데도 안전바를 설치하는 등 낙하사고 방지를 위한 관리의무를 소홀히 함으로써, 건물 2층에서 나오던 갑이 신발을 신으려고 아크릴 벽면에 기대는 과정에서 벽면이 떨어지고 개방된 결과 약 4m 아래 1층으로 추락하여 상해를 입었다고 하여 업무상과실치상으로 기소된 사안에서, 피고인이 건물에 대한 수선 등의 관리를 비정기적으로 하였으나 그 이상의 안전배려나 안전관리 사무에 계속적으로 종사하였다고 인정하기 어렵다고 보아 업무상과실치상의 공소사실을 이유에서 무죄로 판단하고 축소사실인 과실치상 부분을 유죄로 인정한 원심판결이 정당하다고 한 사례(대법원 2017.12.5. 선고 2016도16738 판결).

【해설】 업무상과실치사상죄에 있어서 업무자의 업무는 사람의 생명·신체에 대한 위험방지의무를 주된 것으로 하는 경우뿐만 아니라 안전배려의무가 있는 경우에도 업무에 해당한다. 다만 위 사안의 경우 안전배려의 경우 계속적으로 종사하여야 하는데, 단지 건물을 비정기적으로 수리하거나 건물을 일부분 임대한 것만으로는 업무에 해당하지 않는다.

(2) 계속성 또는 반복성

업무는 객관적으로 상당한 횟수로 반복되거나 반복·계속할 의사로 행하여진 것이어

130) 대법원 1972.5.9. 선고 72도701 판결.

야 한다. 업무의 계속성이 있어야 한다. 따라서 비정기적으로 업무가 행해진 경우와 같이 계속성이 없는 것은 업무가 아니다.[131] 하지만 단 1회를 행한 경우에도 장래 계속·반복할 의사로 행해졌다면 본죄의 업무에 해당할 수 있다. 운전면허를 취득한 첫날 운전을 하다가 사람을 다치게 한 경우에도 업무상과실치상죄가 성립할 수 있다.

(3) 사무와 적법성

본죄의 업무는 사회생활상 지위에 기하여 계속적으로 행하는 사무이면 충분하므로 그 업무가 직업이거나 영업일 필요가 없으며, 면허가 있거나 적법한 사무일 필요가 없다. 따라서 무면허운전행위로 인하여 사람을 다치게 한 경우, 사업 당시 공사현장 감독인이라면 그 공사의 원래의 발주자의 직원이 아니고 또 발주자에 의하여 현장감독에 임명된 것도 아니며 건설업법상 요구되는 현장건설기술자의 자격도 없다고 하더라도 업무상과실치상죄가 성립한다.[132]

3. 행위: 업무상 과실행위

업무상 과실은 업무상 요구되는 주의의무를 태만히 함으로써 결과 발생을 예견하지 못하거나 회피하지 못한 경우를 말한다. 주의의무의 범위는 법령의 형식적 기준에 한하지 않고 업무의 성질과 구체적 사정에 따라 관습상·조리상 요구되는 일체의 주의의무에 미친다.

업무상 주의의무는 사회일반인의 주의능력을 표준으로 하여 요구된다고 하더라도, 결과 발생을 예견하고 회피할 모든 주의의무가 아니라, 사회적으로 상당한 범위의 주의의무만이 요구된다. 주의의무의 범위를 한정하는 원리로서 신뢰의 원칙이 중시되고 있다.

판례 자동차운전자의 주의의무

① 운전자가 차를 세워 시동을 끄고 1단 기어가 들어가 있는 상태에서 시동열쇠를 끼워놓은 채 11세 남짓한 어린이를 조수석에 남겨두고 차에서 내려온 동안 동인이 시동열쇠를 돌리며 악셀러레이터 페달을 밟아 차량이 진행하여 사고가 발생한 경우, 비록 동인의 행위가 사고의 직접적인 원인이었다 할지라도 그 경우 운전자로서는 위 어린이를 먼저 하차시키던가 운전기기를 만지지 않도록 주의를 주거나 손브레이크를 채운

131) 대법원 2017.12.5. 선고 2016도16738 판결.

132) 대법원 1983.6.14. 선고 82도2713 판결.

뒤 시동열쇠를 빼는 등 사고를 미리 막을 수 있는 제반조치를 취할 업무상 주의의무가 있다 할 것이어서 이를 게을리 한 과실은 사고결과와 법률상의 인과관계가 있다고 봄이 상당하다(대법원 1986.7.8. 선고 86도1048 판결).

② 신호등에 의하여 교통정리가 행하여지고 있는 사거리 교차로를 녹색등화에 따라 직진하는 차량의 운전자는 특별한 사정이 없는 한 다른 차량들도 교통법규를 준수하고 충돌을 피하기 위하여 적절한 조치를 취할 것으로 믿고 운전하면 족하고, 다른 차량이 신호를 위반하고 직진하는 차량의 앞을 가로질러 직진할 경우까지 예상하여 그에 따른 사고발생을 미연에 방지할 특별한 조치까지 강구할 업무상의 주의의무는 없다고 할 것이므로, 피고인이 녹색등화에 따라 사거리 교차로를 통과할 무렵 제한속도를 초과하였더라도, 신호를 무시한 채 왼쪽도로에서 사거리 교차로로 가로 질러 진행한 피해자에 대한 업무상 과실치사의 책임이 없다(대법원 1990.2.9. 선고 89도1774 판결).

③ 진행차선에 나타난 장애물을 피하기 위하여 다른 적절한 조치를 취할 겨를이 없었다거나 자기차선을 지켜 운행하려고 하였으나 운전자가 지배할 수 없는 외부적 여건으로 말미암아 어쩔 수 없이 중앙선을 침범하게 되었다는 등 중앙선 침범 자체에 대하여 운전자를 비난할 수 없는 객관적인 사정이 있는 경우에는 운전자가 중앙선을 침범하여 운행하였다 하더라도 그 중앙선 침범 자체만으로는 그 운전자에게 어떠한 과실이 있다고 볼 수 없다(대법원 1994.9.27. 선고 94도1629 판결).

④ 야간에 고속도로에서 차량을 운전하는 자는 주간에 정상적인 날씨 아래에서 고속도로를 운행하는 것과는 달리 노면상태 및 가시거리상태 등에 따라 고속도로상의 제한최고속도 이하의 속도로 감속·서행할 주의의무가 있다. 야간에 선행사고로 인하여 전방에 정차해 있던 승용차와 그 옆에 서 있던 피해자를 충돌한 사안에서 운전자에게 고속도로상의 제한최고속도 이하의 속도로 감속운전하지 아니한 과실이 있다고 본 사례(대법원 1999.1.15. 선고 98도2605 판결).

⑤ 선행차량에 이어 피고인 운전 차량이 피해자를 연속하여 역과하는 과정에서 피해자가 사망한 경우, 앞차를 뒤따라 진행하는 차량의 운전사로서는 앞차에 의하여 전방의 시야가 가리는 관계상 앞차의 어떠한 돌발적인 운전 또는 사고에 의하여서라도 자기 차량에 연쇄적인 사고가 일어나지 않도록 앞차와의 충분한 안전거리를 유지하고 진로 전방좌우를 잘 살펴 진로의 안전을 확인하면서 진행할 주의의무가 있다. 선행차량에 이어 피고인 운전 차량이 피해자를 연속하여 역과하는 과정에서 피해자가 사망한 경우, 피고인의 업무상 과실을 인정한 사례(대법원 2001.12.11. 선고 2001도5005 판결).

⑥ 택시 운전자인 피고인이 심야에 밀집된 주택 사이의 좁은 골목길이자 직각으로 구부러져 가파른 비탈길의 내리막에 누워 있던 피해자의 몸통 부위를 택시 바퀴로 역과하여 그 자리에서 사망에 이르게 하고 도주한 사안에서, 위 사고 당시 시각과 사고 당시 도로상황 등에 비추어 자동차 운전업무에 종사하는 피고인으로서는 평소보다 더욱 속도를 줄이고 전방 좌우를 면밀히 주시하여 안전하게 운전함으로써 사고를 미연에

방지할 주의의무가 있었는데도, 이를 게을리한 채 그다지 속도를 줄이지 아니한 상태로 만연히 진행하던 중 전방 도로에 누워 있던 피해자를 발견하지 못하여 위 사고를 일으켰으므로, 사고 당시 피고인에게는 이러한 업무상 주의의무를 위반한 잘못이 있었는데도, 이와 달리 판단하여 피고인에게 무죄를 선고한 원심판결에 업무상과실치사죄의 구성요건에 관한 법리오해의 위법이 있다고 한 사례(대법원 2011.5.26. 선고 2010도17506 판결).

판례 의사·간호사 등의 주의의무

① 의료과오사건에서 의사의 과실을 인정하려면 결과 발생을 예견할 수 있고 또 회피할 수 있었는데도 예견하거나 회피하지 못한 점을 인정할 수 있어야 한다. 의사의 과실이 있는지는 같은 업무 또는 분야에 종사하는 평균적인 의사가 보통 갖추어야 할 통상의 주의의무를 기준으로 판단하여야 하고, 사고 당시의 일반적인 의학 수준, 의료환경과 조건, 의료행위의 특수성 등을 고려하여야 한다. 의사가 진찰·치료 등의 의료행위를 할 때는 사람의 생명·신체·건강을 관리하는 업무의 성질에 비추어 환자의 구체적 증상이나 상황에 따라 위험을 방지하기 위하여 요구되는 최선의 조치를 해야 한다. 의사에게 진단상 과실이 있는지를 판단할 때는 의사가 비록 완전무결하게 임상진단을 할 수는 없을지라도 적어도 임상의학 분야에서 실천되고 있는 진단 수준의 범위에서 전문직업인으로서 요구되는 의료상의 윤리, 의학지식과 경험에 기초하여 신중히 환자를 진찰하고 정확히 진단함으로써 위험한 결과 발생을 예견하고 이를 회피하는 데에 필요한 최선의 주의의무를 다하였는지를 따져 보아야 한다. 나아가 의사는 환자에게 적절한 치료를 하거나 그러한 조치를 하기 어려운 사정이 있다면 신속히 전문적인 치료를 할 수 있는 다른 병원으로 전원시키는 등의 조치를 하여야 한다(대법원 2018.5.11. 선고 2018도2844 판결).

② 의사가 진찰·치료 등의 의료행위를 할 때는 사람의 생명·신체·건강을 관리하는 업무의 성질에 비추어 환자의 구체적 증상이나 상황에 따라 위험을 방지하기 위하여 요구되는 최선의 조치를 취하여야 하고, 환자에게 적절한 치료를 하거나 그러한 조치를 취하기 어려운 사정이 있다면 신속히 전문적인 치료를 할 수 있는 다른 병원으로의 전원조치 등을 취하여야 하며, 특히 미용성형을 시술하는 의사로서는 고도의 전문적 지식에 입각하여 시술 여부, 시술의 시기, 방법, 범위 등을 충분히 검토한 후 그 미용성형 시술의 의뢰자에게 생리적, 기능적 장해가 남지 않도록 신중을 기하여야 할 뿐 아니라, 회복이 어려운 후유증이 발생할 개연성이 높은 경우 그 미용성형 시술을 거부 내지는 중단하여야 할 의무가 있다(대법원 2007.5.31. 선고 2007도1977 판결).

③ 산부인과 개업의들이 매 분만마다 수혈용 혈액을 준비한다 하더라도 이를 사용하지 아니한 경우(대부분의 분만에서 사용하지 아니한다)에는 혈액원에 반납할 수 없고, 산부인과 의원에서는 이를 보관하였다가 다른 산모에게 사용할 수도 없기 때문에 결국 사

용하지 못한 혈액은 폐기하여야 하고, 헌혈 부족으로 충분한 혈액을 확보하지 못하고 있는 당시 우리나라의 실정상 만약 산부인과 개업의들이 매 분만마다 수혈용 혈액을 미리 준비하고, 이를 폐기한다면 혈액 부족이 심화될 우려가 있음을 알 수 있는바, 제왕절개분만을 함에 있어서 산모에게 수혈을 할 필요가 있을 것이라고 예상할 수 있었다는 사정이 보이지 않는 한, 산후과다출혈에 대비하여 제왕절개수술을 시행하기 전에 미리 혈액을 준비할 업무상 주의의무가 있다고 보기 어렵다고 본 사례(대법원 1997.4.8. 선고 96도3082 판결).

④ 산부인과 의사가 제왕절개수술을 시행 중 태반조기박리를 발견하고도 피해자의 출혈 여부 관찰을 간호사에게 지시하였다가 수술 후 약 45분이 지나 대량출혈을 확인하고 전원 조치하였으나 그 후 피해자가 사망한 사안에서, 피고인에게 대량출혈 증상을 조기에 발견하지 못하고, 전원을 지체하여 피해자로 하여금 신속한 수혈 등의 조치를 받지 못하게 한 과실이 있다고 한 사례(대법원 2010.4.29. 선고 2009도7070 판결).

⑤ 병원 인턴인 피고인이, 응급실로 이송되어 온 익수(溺水)환자 갑을 담당의사 을의 지시에 따라 구급차에 태워 다른 병원으로 이송하던 중 산소통의 산소잔량을 체크하지 않은 과실로 산소 공급이 중단된 결과 갑을 폐부종 등으로 사망에 이르게 하였다는 내용으로 기소된 사안에서, 을에게서 이송 도중 갑에 대한 앰부 배깅(ambu bagging)과 진정제 투여 업무만을 지시받은 피고인에게 일반적으로 구급차 탑승 전 또는 이송 도중 구급차에 비치되어 있는 산소통의 산소잔량을 확인할 주의의무가 있다고 보기는 어렵고, 다만 피고인이 갑에 대한 앰부 배깅 도중 산소 공급 이상을 발견하고도 구급차에 동승한 의료인에게 기대되는 적절한 조치를 취하지 아니하였다면 업무상 과실이 있다고 할 것이나, 피고인이 산소부족 상태를 안 후 취한 조치에 어떠한 업무상 주의의무 위반이 있었다고 볼 수 없는데도, 피고인에게 산소잔량을 확인할 주의의무가 있음을 전제로 업무상과실치사죄를 인정한 원심판단에 응급의료행위에서 인턴의 주의의무 범위에 관한 법리오해 또는 심리미진의 위법이 있다고 한 사례(대법원 2011.9.8. 선고 2009도13959 판결).

⑥ 갑상선아전절제술 및 전경부임파절청소술을 받은 환자가 기도부종으로 인한 호흡장애로 뇌기능 부분손상상태(식물인간상태)에 이르게 된 경우, 환자의 호흡 곤란을 알고도 00:30경부터 09:00경까지 환자의 상태를 확인하지 아니한 주치의 겸 당직의사와 그의 활력체크지시를 제대로 이행하지 아니하고 의사를 불러달라는 환자 보호자의 요청을 듣지 아니한 담당간호사들을 업무상과실치상죄로 처단한 사례(대법원 1994.12.22. 선고 93도3030 판결).

⑦ 야간 당직간호사가 담당 환자의 심근경색 증상을 당직의사에게 제대로 보고하지 않음으로써 당직의사가 필요한 조치를 취하지 못한 채 환자가 사망한 경우, 병원의 야간당직 운영체계상 당직간호사에게 환자의 사망을 예견하거나 회피하지 못한 업무상 과실이 있고, 당직의사에게는 업무상 과실을 인정하기 어렵다고 한 사례(대법원 2007.9.20. 선고 2006도294 판결).

⑧ 의사들의 주의의무 위반과 처방체계상의 문제점으로 인하여 수술 후 회복과정에 있는 환자에게 인공호흡 준비를 갖추지 않은 상태에서는 사용할 수 없는 약제가 잘못 처방되었고, 종합병원의 간호사로서 환자에 대한 투약 과정 및 그 이후의 경과 관찰

등의 직무 수행을 위하여 처방 약제의 기본적인 약효나 부작용 및 주사 투약에 따르는 주의사항 등을 미리 확인·숙지하였다면 과실로 처방된 것임을 알 수 있었음에도 그대로 주사하여 환자가 의식불명 상태에 이르게 된 사안에서, 간호사에게 업무상과실치상의 형사책임을 인정한 사례(대법원 2009.12.24. 선고 2005도8980 판결).

⑨ 혈액원 소속의 검사자들이 채혈한 혈액의 검사를 잘못한 상태에서 부적격 혈액들을 출고하여 이를 수혈받은 피해자들로 하여금 C형 간염 등이 감염되는 상해를 입게 한 경우, 혈액원장에게 업무상과실치상의 죄책을 인정하였지만, 혈액원 소속의 검사과장에게 혈액검사결과의 정확성, 혈액 적격 여부에 대한 업무상 주의의무가 있다고 단정할 수 없다고 한 사례(대법원 2007.5.10. 선고 2006도6178 판결).

⑩ 산후조리원의 주된 업무는 입소한 산모들에게 적절한 음식과 운동방법 등을 제공하여 몸을 회복할 수 있도록 하고, 산모가 대동한 신생아를 대신 관리하여 줌으로써 산모가 산후조리에 집중할 수 있도록 도와주는 것이고, 산모와 신생아의 집단관리는 산후조리서비스 제공에 필연적으로 부수되는 업무로서 그 자체가 치료행위는 아니다. 하지만, 면역력이 취약하여 다른 사람과 접촉이 바람직하지 아니한 신생아를 집단으로 수용하여 관리함으로써 질병의 감염으로 인한 생명 · 신체에 대한 위해가능성이 높아지는 특성상 보건분야 업무로서의 성격을 갖고 있으므로, 일반인에 의해 제공되는 산후조리 업무와는 달리 신생아의 집단관리 업무를 책임지는 사람으로서는 신생아의 건강관리나 이상증상에 관하여 일반인보다 높은 수준의 지식을 갖추어 신생아를 위생적으로 관리하고 건강상태를 면밀히 살펴 이상증세가 보이면 의사나 한의사 등 전문가에게 진료를 받도록 하는 등 적절한 조치를 취하여야 할 업무상 주의의무가 있다. 산후조리원에 입소한 신생아가 출생 후 10일 이상이 경과하도록 계속하여 수유량 및 체중이 지나치게 감소하고 잦은 설사 등의 이상증세를 보임에도 불구하고, 산후조리원의 신생아 집단관리를 맡은 책임자가 의사나 한의사 등의 진찰을 받도록 하지 않아 신생아가 탈수 내지 괴사성 장염으로 사망한 사안에서, 위 집단관리 책임자가 산모에게 신생아의 이상증세를 즉시 알리고 적절한 조치를 구하여 산모의 지시를 따른 것만으로는 업무상 주의의무를 다하였다고 볼 수 없다며 신생아 사망에 대한 업무상 과실치사의 죄책을 인정한 사례(대법원 2007.11.16. 선고 2005도1796 판결).

판례 기타의 주의의무

① 골프 카트는 안전벨트나 골프 카트 좌우에 문 등이 없고 개방되어 있어 승객이 떨어져 사고를 당할 위험이 커, 골프 카트 운전업무에 종사하는 자로서는 골프 카트 출발 전에는 승객들에게 안전 손잡이를 잡도록 고지하고 승객이 안전 손잡이를 잡은 것을 확인하고 출발하여야 하고, 우회전이나 좌회전을 하는 경우에도 골프 카트의 좌우

가 개방되어 있어 승객들이 떨어져서 다칠 우려가 있으므로 충분히 서행하면서 안전하게 좌회전이나 우회전을 하여야 할 업무상 주의의무가 있다. 골프장의 경기보조원인 피고인이 골프 카트에 피해자 등 승객들을 태우고 진행하기 전에 안전 손잡이를 잡도록 고지하지도 않고, 또한 승객들이 안전 손잡이를 잡았는지 확인하지도 않은 상태에서 만연히 출발하였으며, 각도 70°가 넘는 우로 굽은 길을 속도를 충분히 줄이지 않고 급하게 우회전한 업무상 과실로, 피해자를 골프 카트에서 떨어지게 하여 두개골골절, 지주막하 출혈 등의 상해를 입게 하였다고 본 원심판단을 수긍한 사례(대법원 2010.7.22. 선고 2010도1911 판결).

② 골프와 같은 개인 운동경기에 참가하는 자는 자신의 행동으로 인해 다른 사람이 다칠 수도 있으므로, 경기 규칙을 준수하고 주위를 살펴 상해의 결과가 발생하는 것을 미연에 방지해야 할 주의의무가 있다. 이러한 주의의무는 경기보조원에 대하여도 마찬가지로 부담한다. 운동경기에 참가하는 자가 경기규칙을 준수하는 중에 또는 그 경기의 성격상 당연히 예상되는 정도의 경미한 규칙위반 속에 제3자에게 상해의 결과를 발생시킨 것으로서, 사회적 상당성의 범위를 벗어나지 아니하는 행위라면 과실치상죄가 성립하지 않는다. 그러나 골프경기를 하던 중 골프공을 쳐서 아무도 예상하지 못한 자신의 등 뒤편으로 보내어 등 뒤에 있던 경기보조원(캐디)에게 상해를 입힌 경우에는 주의의무를 현저히 위반하여 사회적 상당성의 범위를 벗어난 행위로서 과실치상죄가 성립한다(대법원 2008.10.23. 선고 2008도6940 판결).

③ 주택수리공사에 관하여 전문적인 지식이 없는 도급인이 주택수리공사 전문업자에게 주택수리를 의뢰하면서 공사에 관한 관리 감독 업무 또는 공사의 시공에 있어서 분야별 공사업자나 인부들에 대한 구체적인 작업지시 및 감독 업무를 주택수리업자에게 일임한 경우, 도급인이 공사를 관리하고 감독할 지위에 있다거나 주택수리업자 또는 분야별 공사업자나 인부들에 대하여 공사의 시공이나 개별 작업에 관하여 구체적으로 지시하고 감독할 지위에 있다고 볼 수 없으므로 도급인에게 공사상 필요한 안전조치를 취할 업무상 주의의무가 있다고 할 수 없다고 한 사례(대법원 2002.4.12. 선고 2000도3295 판결).

④ 수영장의 경영자인 피고인이 수영장 내의 미끄럼틀에 안전요원을 배치하여 안전사고를 당하지 않도록 보살피도록 하였는데, 안전요원이 성인풀 쪽을 지키고 있는 사이에 피해자(9세)가 유아풀로 내려가는 미끄럼틀을 타고 내려가 끝부분에 다다랐을 때 다가오는 어린아이에게 부딪치지 않으려고 몸을 틀다가 미끄럼틀 손잡이에 입부분을 부딪쳐 상해를 입었다면, 안전요원이 사고방지조치의무를 제대로 이행하지 않을 것에 대비하여 피고인이 안전조치지시 외에 안전요원의 지시에 따르지 아니하면 미끄럼틀을 이용할 수 없도록 쇠사슬을 설치하거나, 낙하지점 부근에 다른 사람들이 접근하여 오지 않도록 안전시설을 설치하고, 수영장 내에 안전요원을 충분히 배치하여 미끄럼틀 낙하지점에 다른 사람이 접근하지 못하게 하여 충돌을 방지하게 할 구체적이고 직접적인 업무상 주의의무가 있다고 할 수 없다(대법원 1992.11.13. 선고 92도610 판결).

⑤ 술을 마시고 찜질방에 들어온 갑이 찜질방 직원 몰래 후문으로 나가 술을 더 마신

다음 후문으로 다시 들어와 발한실에서 잠을 자다가 사망한 사안에서, 갑이 처음 찜질방에 들어갈 당시 술에 만취하여 목욕장의 정상적 이용이 곤란한 상태였다고 단정하기 어렵고, 찜질방 직원 및 영업주에게 손님이 몰래 후문으로 나가 술을 더 마시고 들어올 경우까지 예상하여 직원을 추가로 배치하거나 후문으로 출입하는 모든 자를 통제·관리하여야 할 업무상 주의의무가 있다고 보기 어렵다는 이유로, 위 찜질방 직원 및 영업주가 공중위생영업자로서의 업무상 주의의무를 위반하였다고 본 원심판단에 법리오해 및 심리미진의 위법이 있다고 한 사례(대법원 2010.2.11. 선고 2009도9807 판결).

⑥ 건축자재인 철판 수백 장의 운반을 의뢰한 자가 절단면이 날카롭고 무거운 철판을 묶기에 매우 부적합한 폴리에스터 끈을 사용하여 철판 묶음 작업을 하는 등의 과실로 철판 쏠림 현상이 발생하였고, 이로 인하여 철판을 차에서 내리는 과정에서 철판이 쏟아져 내려 화물차 운전자가 사망한 사안에서, 운반 의뢰인에게 업무상 과실치사의 죄책을 인정한 사례(대법원 2009.7.23. 선고 2009도3219 판결).

⑦ 원칙적으로 도급인에게는 수급인의 업무와 관련하여 사고방지에 필요한 안전조치를 취할 주의의무가 없으나, 법령에 의하여 도급인에게 수급인의 업무에 관하여 구체적인 관리·감독의무 등이 부여되어 있거나 도급인이 공사의 시공이나 개별 작업에 관하여 구체적으로 지시·감독하였다는 등의 특별한 사정이 있는 경우에는 도급인에게도 수급인의 업무와 관련하여 사고방지에 필요한 안전조치를 취할 주의의무가 있다(대법원 2009.5.28. 선고 2008도7030 판결).

⑧ 3층 건물의 소유자로서 건물 각 층을 임대한 피고인이, 건물 2층으로 올라가는 계단참의 전면 벽이 아크릴 소재의 창문 형태로 되어 있고 별도의 고정장치가 없는데도 안전바를 설치하는 등 낙하사고 방지를 위한 관리의무를 소홀히 함으로써, 건물 2층에서 나오던 갑이 신발을 신으려고 아크릴 벽면에 기대는 과정에서 벽면이 떨어지고 개방된 결과 약 4m 아래 1층으로 추락하여 상해를 입었다고 하여 업무상과실치상으로 기소된 사안에서, 건물의 소유자인 피고인에게 이 사건 건물을 이용하는 사람들의 생명과 신체를 보호하기 위하여 이 사건 건물 2층 계단참 전면의 아크릴 벽면의 고정상태를 확인하고 미리 안전바를 설치하는 등으로 낙하사고를 방지하거나 건물을 관리할 법적인 주의의무가 있다(대법원 2017.12.5. 선고 2016도16738 판결).

4. 결과 발생과 인과관계

과실범은 결과범이다. 따라서 구성요건적 결과의 발생이 있어야 한다. 행위자의 주의의무위반과 구성요건적 결과의 발생 사이에는 인과관계가 있어야 한다. 인과관계에 있어서 합법칙적 조건설과 객관적 귀속이론에 따를 경우 행위가 결과에 대한 합법칙적 조건이 되는 때에 인과관계가 인정되어야 하며, 결과를 행위자의 행위에 객관적으로 귀속시킬 수 있어야 한다. 과실범과 관련된 객관적 귀속의 척도는 객관적 예견가능성, 주의의무위반관련성, 규범의 보호목적이 있다. 이에 대한 자세한 설명은 형법총론을 참고하기 바란다.

Ⅳ. 중과실치사상죄

> 第268조 (업무상과실·중과실 치사상) 업무상 과실 또는 중대한 과실로 인하여 사람을 사상에 이르게 한 자는 5년 이하의 금고 또는 2천만원 이하의 벌금에 처한다.

중과실치사상죄는 중대한 과실로 사람을 사상한 경우에 성립하는 범죄로 법정형은 업무상 과실과 동일하다. 부진정 신분범인 업무상과실치사상죄와 달리 중과실치사상죄의 경우에는 주체에 제한이 없는 일반범이다.

중과실은 주의의무위반의 정도가 큰 경우 즉, 중대한 주의의무위반을 의미한다. 약간의 주의만 기울였더라도 결과 발생을 방지할 수 있었던 경우의 과실을 말한다. 중과실이 있는지에 대해서는 구체적 사건에서 사회통념을 바탕으로 판단해야 한다.

판례 러시안룰렛 사건

【사실관계】 경찰관 갑, 을, 병은 1991.1.12. 00:40경 대구 동구 신천4동에 있는 레스토랑에서 평소에 범죄정보 입수를 위하여 자주 접촉하여 오던 피해자 A와 동석하여 술을 마시던 중, 피해자가 그 전날 저녁 대구 동촌관광호텔 나이트클럽에서부터 갑이 가슴에 휴대하고 있던 3.8구경 리볼버 권총에 대하여 호기심을 보이며, "디어헌트 영화에 나오는 총이 아니냐, 한번 만져보자"라고 요구하였으나 묵살하였는데, 피해자가 또 다시 위 주점에서도 같은 요구를 하고 그것이 거절된 데 화를 내면서 욕설과 함께 "임마, 디어헌트 게임 한번 하자, 형사가 그렇게 겁이 많나, 사나이가 한번죽지 두 번 죽나"라고 모욕적인 말을 하여 서로 시비가 되었고, 경찰관 갑은 위와 같은 피해자의 인격모욕적 시비에 화가 나서 순간적으로 가슴에 차고 있던 권총을 뽑아 들고 탄띠에서 실탄 1발을 꺼내어 약실뭉치를 열어 장전하고 약실을 돌린 다음, "너 임마 그 말에 대하여 책임질 수 있나"라고 하자 피해자가 "됐다 임마"라고 하자, 경찰관 갑 먼저 자신의 오른쪽 귀 뒷부분에 총구를 들이대고 "후회없나, 됐다"라고 재차 다짐을 하고 피해자가 "됐다"라고 하자 1회 격발하였으나 불발이 되자 권총을 피해자에게 던져 주며 격발을 유도하였고, 이어서 피해자가 왼손으로는 술잔을 들고 술을 마시면서 오른손으로는 권총을 집어 들고 자신의 오른쪽 귀 윗부분에 들이대고 1회 격발하여 위 실탄이

발사되어 두개골을 관통하여 사망하였다(경찰관 을, 병의 죄책).

【판결요지】 경찰관인 피고인들은 동료 경찰관인 갑 및 피해자 A와 함께 술을 많이 마셔 취하여 있던 중 갑자기 위 갑이 총을 꺼내 A와 같이 총을 번갈아 자기의 머리에 대고 쏘는 소위 "러시안 룰렛 게임"을 하다가 A가 자신이 쏜 총에 맞아 사망한 경우 피고인들은 위 갑과 A가 "러시안 룰렛"게임을 함에 있어 갑과 어떠한 의사의 연락이 있었다거나 어떠한 원인행위를 공동으로 한 바가 없고, 다만 위 게임을 제지하지 못하였을 뿐인데 보통사람의 상식으로서는 함께 수차에 걸쳐서 흥겹게 술을 마시고 놀았던 일행이 갑자기 자살행위와 다름없는 위 게임을 하리라고는 쉽게 예상할 수 없는 것이고(신뢰의 원칙), 게다가 이 사건 사고는 피고인들이 "장난치지 말라"며 말로 위 갑을 만류하던 중에 순식간에 일어난 사고여서 음주만취하여 주의능력이 상당히 저하된 상태에 있던 피고인들로서는 미처 물리력으로 이를 제지할 여유도 없었던 것이므로, 경찰관이라는 신분상의 조건을 고려하더라도 위와 같은 상황에서 피고인들이 이 사건 "러시안 룰렛"게임을 즉시 물리력으로 제지하지 못하였다 한들 그것만으로는 위 갑의 과실과 더불어 중과실치사죄의 형사상 책임을 지울 만한 위법한 주의의무위반이 있었다고 평가할 수 없다(대법원 1992.3.10. 선고 91도3172 판결).

【해설】 동석 경찰관 을과 병에게 중과실치사죄가 성립할 수 있는지 문제된 사건이다. 을, 병은 갑과 공동가공의 의사가 없었고, 단지 술자리에서 함께 있었으며, 물리적으로 즉시 제지하지 못한 점이 있을 뿐이다. 그러나 당시 상황은 갑작스럽고 비상식적인 상황이었고, 갑이 총을 꺼내 격발한 것은 극히 짧은 시간 내에 일어난 일이었으며, 이들은 만취 상태로 주의력이 상당히 저하되어 있었다. 따라서 이들의 행위를 두고 중과실치사에 이를 정도의 주의의무위반이 있었다고는 볼 수 없다고 판단하였다. 경찰관이라는 직무상 특별한 감시 및 제지 의무가 있는 경우에도, 행위 당시의 예측가능성, 시간적 여유, 정신 상태 등 객관적 사정을 종합적으로 고려하여 형사책임을 부정한 대표적 사례이다.

형법상 업무

Ⅰ. 의의

형법상 업무는 사람이 사회생활상의 지위에서 계속적으로 행하는 사무를 말한다.

Ⅱ. 요건

형법상 업무은 사회생활상의 지위에 따른 사무여야 하고 자연적 생활현상인 식사, 수면, 가사 등은 형법상 업무가 아니다. 또한 업무가 되기 위해서는 계속성이 있어야 한다. 객관적으로 상당한 횟수를 반복하여 행해지거나 반복·계속의 의사로 행해진 것이어야 한다. 하지만 단 1회의 행위라도 장래 계속·반복의 의사로 행해진 것이라면 업무에 해당한다.

업무는 사무이어야 한다. 사무란 사람이 사회적 지위에서 계속적으로 하는 일로서 반드시 면허가 있거나 적법한 사무일 필요 없다. 따라서 무면허 운전행위, 무면허 의료행위도 형법상 업무에 해당한다.

Ⅲ. 각칙의 업무분류

구 분		유 의 점	형 법 규 정
정당행위의 업무		업무에 의한 행위는 위법성조각사유	정당행위 (제20조)
행위주체와 관련된 업무	과실범의 업무	가중근거에 관해 위법성가중설(주의능력이 높다)과 책임가중설(예견가능성이 높다)의 대립	업무상 실화죄(제171조) 업무상 과실폭발성물건파열죄, 업무상 과실 가스·전기방류죄, 업무상 과실 가스·전기등 공급방해죄(제173조의2 제2항) 업무상 과실교통방해죄(제189조) 업무상과실치사상죄(제268조) 업무상 과실장물죄(제364조)

	진정 신분범의 요소인 업무	해당범죄의 정범요소 (유·무죄의 경계가 되므로 엄격 해석이 필요함)	허위진단서 등의 작성죄(제233조) 업무상 비밀누설죄(제317조) 업무상 과실장물죄(제364조)
	부진정 신분범의 요소인 업무	재산상 업무를 의미하며, 위법한 사무는 제외. 업무는 책임가중요소가 됨.	업무상 실화죄(제171조) 업무상 과실교통방해죄(제189조 제2항) 업무상과실치사상죄(제268조) 업무상 낙태죄(제270조 제1항) 업무상 위력등에 의한 간음죄(제303조) 업무상 횡령·배임죄(제356조)
보호법익인 업무		① 생명·신체에 위험한 일에 국한되지 않고, ② 오락업무는 제외, ③ 적법한 업무만을 대상으로 ④ 사무에 국한 (공무는 공무집행방해죄)	업무방해죄(제314조)
행위태양인 업무		아동을 생명·신체에 위험한 업무에 사용할 영업자 처벌	아동혹사죄(제274조)

제4절 **낙태의 죄**

Ⅰ. 총설

1. 의의

낙태의 죄는 태아를 자연적 분만기에 앞서 인위적으로 모체 밖으로 배출하거나 태아를 모체 내에서 살해하는 것을 내용으로 하는 범죄이다.

2. 낙태의 개념

낙태의 개념에 대하여 ① 임신중절에 의하여 태아를 살해하는 것이 낙태라고 보는 견해[133]와 ② 태아를 모체 내에서 살해하는 것뿐만 아니라 자연적 분만기에 앞서 태아를 인

133) 이재상/장영민/강동범, 88면.

위적으로 모체 밖으로 배출하는 경우에도 낙태라고 보는 견해가 대립한다. 낙태 후에 태아가 살아나오자 이를 다시 살해한 경우, 제1설에 따르면 낙태 미수죄와 살인죄가 성립하지만, 낙태 미수범에 대한 처벌 규정이 없으므로 살인죄만 성립한다. 제2설에 따르면 낙태 기수죄와 보통살인죄의 경합범이 된다.

생각건대, 독일 형법은 '임신을 중절한 자'라고 규정하고 있는데 우리 형법은 '낙태한 때'라고만 규정하고 있으므로 낙태를 임신중절에 의한 태아 살해로만 제한할 필요는 없다. 태아를 인위적으로 모체 밖으로 배출하는 것도 낙태로 보는 견해가 타당하다. 판례 또한 태아의 사망 여부가 낙태죄 성립에 영향을 미치지 않는다고 보아 같은 입장이다. 판례에 따르면 "낙태죄는 태아를 자연분만기에 앞서서 인위적으로 모체 밖으로 배출하거나 모체 안에서 살해함으로써 성립하고, 그 결과 태아가 사망하였는지 여부는 낙태죄의 성립에 영향이 없다."[134]

3. 보호법익과 보호 정도

본죄의 주된 보호법익은 태아의 생명이며, 모체의 생명·신체의 안전 또한 부차적 보호법익이다.[135] 태아도 헌법상 생명권의 주체가 되며, 국가는 헌법 제10조에 따라 태아의 생명을 보호할 의무가 있다.[136]

본죄의 보호 정도에 대하여 낙태를 임신중절에 의한 태아 살해로 보는 견해에 따르면 침해범이 된다. 하지만 낙태 미수의 처벌 규정이 없으므로 낙태의 의사로 분만기에 앞서 태아를 모체 밖으로 배출시키기만 하면 낙태죄가 성립하는 추상적 위험범으로 보는 것이 타당하다.

4. 낙태의 정당화사유

가. 낙태를 허용하는 방식

낙태를 정당화하는 방법으로 기한방식, 적응방식, 상담모델방식이 있다. '기한방식(期限方式)'은 임신 후 일정한 기간 내에 행해진 낙태를 전면적으로 허용하는 방식이다. 기간방식이라고도 한다. '적응방식(適應方式)'은 낙태를 원칙적으로 범죄로 처벌하지만, 일정한 적응(indication)이 있을 경우에는 낙태를 허용하는 방식이다. 허용사유방식이라고도 한다.

---

134) 대법원 2005.4.15. 선고 2003도2780 판결.

135) 김성돈, 110면; 김일수/서보학, 46면; 임웅/이현정/박성민, 117면.

136) 헌법재판소 2008.7.31. 선고 2004헌바81 결정.

'상담모델방식'은 임산부를 위한 조언과 도움을 제공할 수 있는 일정한 상담을 필요적으로 거친 뒤 임산부 자신의 자기결정에 따라 낙태를 허용하는 방식이다.

나. 모자보건법

형법은 제27장 낙태의 죄에서 낙태를 전면적으로 금지하면서도, 모자보건법을 통하여 일정한 의학적·우생학적·윤리적 적응사유 등이 있는 경우 형법의 낙태죄 적용을 배제함으로써 낙태를 일부 허용하고 있다. 낙태와 관련하여 우리 법체계는 낙태죄를 규정한 형법과 위법성조각사유를 규정한 모자보건법으로 이원화되어 있다.

모자보건법 제14조(인공임신중절수술의 허용한계)는 일정한 요건 하에 인공임신중절수술을 허용하고 있는 적응방식을 취하고 있다. 모자보건법의 규정은 낙태죄의 위법성조각사유에 해당한다. 모자보건법 제14조에 따르면 의사는 본인과 배우자(사실혼 관계 포함)의 동의를 얻어 인공임신중절수술을 할 수 있으며, 모자보건법에 따른 인공임신중절수술을 받은 자와 수술을 한 자는 형법 제269조제1항·제2항 및 제270조제1항에도 불구하고 처벌하지 아니한다(동법 제28조).

본인 또는 배우자가 대통령령이 정하는 우생학적 또는 유전학적 정신장애나 신체질환이 있는 경우 또는 본인 또는 배우자가 대통령령이 정하는 전염성질환이 있는 경우(우생학적 적응), 강간 또는 준강간에 의하여 임신된 경우 또는 법률상 혼인할 수 없는 혈족 또는 인척 간에 임신한 경우(윤리적 적응), 임신의 지속이 보건의학적 이유로 모체의 건강을 심각하게 해치고 있거나 해칠 우려가 있는 경우(의학적 적응)에 의사는 인공임신중절수술을 할 수 있다. 현행 모자보건법에 대하여 우생학적·윤리적 적응이 지나치게 좁게 규정되어 있으며, 사회적 적응을 인정하지 않는다는 비판이 있다. 예를 들면 산모가 미성년자이거나 경제적으로 극도로 어려워 도저히 아이를 양육할 여건이 마련되지 않아 한부모 가정이 예상되거나 양육 지원 체계가 불충분한 상황에서 아이를 출산하는 경우가 이에 해당하지만, 우리 법은 사회적·경제적 사유에 의한 낙태 갈등 상황에 대하여 인공임신중절을 인정하지 않는다.

5. 낙태의 자유화 문제

가. 독일

독일은 1974년 제5차 형법 개정법률에 의하여 기한방식(期限方式)[137]을 도입하여 낙태의 절대적 자유화를 채택하였다. 형법 제218조 제1항에 따라 원칙적으로 13주 이상 된

137) 독일 형법 제218a조는 낙태가 임신 12주 이내에 임부의 동의를 얻어 의사에 의하여 행하여질 때에는 처벌하지 않는다고 하였다.

태아의 낙태는 처벌되지만, 제218조a에 따르면 임산부 스스로 결정에 의하여 의사에 의해 행해졌다면 12주까지의 낙태는 허용하였다. 13주가 경과한 경우에는 제218조b에 따라 의학적이거나 우생학적 이유가 있다면 22주의 기간까지 낙태는 허용되었다. 그러나 1975년 2월 25일 낙태죄 허용규정은 독일 연방헌법재판소에 의하여 위헌판결을 받았다.

심화내용 독일 연방헌법재판소의 판결이유

연방헌법재판소는 다음과 같은 이유를 제시하였다. 첫째, 모태에서 발육 중인 생명은 독립적 법익으로서 헌법의 보호를 받는다. 국가의 생명 보호 의무는 발육 중인 생명에 대한 직접적인 침해를 금지할 뿐만 아니라, 국가에게 이러한 생명을 보호하고 지원하면서 지켜 줄 것을 명령한다. 둘째, 발육 중인 생명을 보호할 국가의 의무는 母에 대해서도 존재한다. 셋째, 태아의 생명 보호는 원칙적으로 임신기간 전반에 걸쳐 보호되며, 이는 임산부의 자기결정권보다 우선한다. 넷째, 입법자는 낙태행위의 법적 규제를, 형사처벌의 방법이 아닌 다른 형태로 입법할 수 있다. 중요한 점은 모든 수단이 종합적으로 태아의 생명 보호에 실질적으로 기여할 수 있는지에 달려 있다는 것이다. 헌법에 의하여 요구되는 보호가 다른 방법으로는 도달될 수 없는 극단의 경우에는, 입법자는 발육 중인 생명의 보호를 위하여 형법의 수단을 강구할 의무가 있다. 다섯째, 임신부의 생명에 대한 위험 또는 그 건강 상태에 대한 중대한 침해를 방지하기 위하여 낙태가 필요한 경우에는, 임신의 존속이 기대될 수 없다. 임산부의 건강과 생명의 위협과 비근한 사유로 인하여, 임산부에게 임신을 계속하도록 부담 지우는 것을 기대할 수 없다고 판단되는 경우에도 입법자는 낙태를 처벌하지 않도록 할 수 있다. 여섯째, 1974년 6월 18일의 제5차 형법 개정법률은 일정한 범위에서 태아의 생명을 보호할 헌법적 의무에 적합하지 않다.

독일 연방의회는 헌법재판소의 위헌결정에 따라 1976년 5월 18일 형법개정을 하여 수정란의 자궁벽 착상 이후에 행해진 낙태는 원칙적으로 처벌되지만, 일정한 경우 낙태가 허용되는 예외적인 경우를 규정하였다. 여기에는 의학적 사유, 우생학적 사유, 성범죄로 인한 임신의 사유, 임산부가 임신으로 사회, 경제적 어려움에 처한 사유가 있다. 이른바 낙태의 적응방식으로 변경하였다. 이러한 사유가 있다면 22주까지 낙태가 가능하였다.

종래 구동독에서는 기한방식에 의하여 임신 12주 내의 낙태의 자유를 인정해 왔기 때문에 독일통일 후 독일의 낙태법은 다시 문제 되었다. 1992년 독일연방의회는 임신초기에 상담의무와 결합하여 기한방식을 채택한 임부 및 가정보호법률을 통과시켰지만, 연방헌법재판소는 1993년 이 법률을 다시 위헌이라고 선고하였다. 다만 이 판결에서 기한방식과 상담제도의 결합 가능성을 인정하였다. 이에 1995년 의회는 임신 12주 이내에 임부가 낙태를 요구하고 적어도 낙태시술 3일 전에 상담한 후 상담증명서를 받고, 의사가 낙태시술을 한 경우에는 허용하는 형법 개정안을 통과시켰다.

나. 미국

미국 연방대법원은 여성의 프라이버시에 대한 권리를 낙태의 가부를 결정할 수 있는 권리에까지 확대하여, 임신 3개월까지 임부가 의사와 상의하여 낙태를 결정할 수 있다고 한다. 1973년 Roe v. Wade 사건에서 연방대법원은 낙태를 금지하고 있던 텍사스주법을 위헌이라고 판시하였다. 이후 1976년 Planned Parenthood of Gen. Mo. v. Danforth 사건에서 임신 12주 이내의 낙태에 배우자의 동의를 요구하는 것은 위헌이라고 판시하였으며, 1979년 Bellotti v. Baird 사건에서는 미성년자도 단독으로 낙태를 결정할 수 있는 헌법상 권리를 가진다고 하였다.

2022년 6월 24일, 미국 연방대법원은 Dobbs v. Jackson Women's Health Organization 사건에서 미시시피주가 제정한 임신 15주 이후 낙태를 금지하는 법률을 합헌으로 판결하였다. 1973년 Roe v. Wade 사건을 통해 연방 차원에서 보장되었던 낙태권이 49년 만에 폐기되었다. 이번 판결로 인해 미국은 낙태권 보장 여부를 연방 차원이 아닌 각 주의 입법권에 맡기게 되었으며, 이에 따라 일부 주에서는 낙태를 전면 금지하거나 제한하는 법률이 새롭게 시행되었다. 이 판결은 미국에서 헌법상 권리로서 낙태권의 존재 여부에 대한 법적 논쟁을 재점화했다.

6. 헌법재판소의 헌법불합치결정

헌법재판소는 2019년 4월 11일 재판관 4(헌법불합치) : 3(단순위헌) : 2(합헌)의 의견으로, 임신한 여성의 자기낙태를 처벌하는 형법 제269조 제1항, 의사가 임신한 여성의 촉탁 또는 승낙을 받아 낙태하게 한 경우를 처벌하는 형법 제270조 제1항 중 '의사'에 관한 부분은 모두 헌법에 합치되지 아니하며, 위 조항들은 2020. 12. 31.을 시한으로 입법자가 개정할 때까지 계속 적용된다는 결정을 선고하였다.[138)] 헌법불합치결정을 실질적으로 위헌결정이라고 본다면 7인의 헌법재판관은 낙태죄 처벌 규정을 위헌으로 보았다.

이에 따라 2020년 12월 31일까지 낙태와 관련된 형법 개정이 있어야 함에도 불구하고 형법 개정이 이루어지지 않았다. 결국 형법 제269조 제1항 자기낙태죄와 제270조 제1항 의사 등의 낙태죄 처벌 규정은 그 효력을 상실하였다.

138) 헌법재판소 2019.4.11. 선고 2017헌바127 결정.

판례 낙태죄에 대한 헌법불합치결정

【결정요지】

[재판관 유남석, 재판관 서기석, 재판관 이선애, 재판관 이영진의 헌법불합치의견]

자기낙태죄 조항은 모자보건법이 정한 예외를 제외하고는 임신기간 전체를 통틀어 모든 낙태를 전면적·일률적으로 금지하고, 이를 위반할 경우 형벌을 부과함으로써 임신의 유지·출산을 강제하고 있으므로, 임신한 여성의 자기결정권을 제한한다.

자기낙태죄 조항은 태아의 생명을 보호하기 위한 것으로서, 정당한 입법목적을 달성하기 위한 적합한 수단이다.

임신·출산·육아는 여성의 삶에 근본적이고 결정적인 영향을 미칠 수 있는 중요한 문제이므로, 임신한 여성이 임신을 유지 또는 종결할 것인지 여부를 결정하는 것은 스스로 선택한 인생관·사회관을 바탕으로 자신이 처한 신체적·심리적·사회적·경제적 상황에 대한 깊은 고민을 한 결과를 반영하는 전인적(全人的) 결정이다. 현 시점에서 최선의 의료기술과 의료 인력이 뒷받침될 경우 태아는 임신 22주 내외부터 독자적인 생존이 가능하다고 한다.

한편 자기결정권이 보장되려면 임신한 여성이 임신 유지와 출산 여부에 관하여 전인적 결정을 하고 그 결정을 실행함에 있어서 충분한 시간이 확보되어야 한다. 이러한 점들을 고려하면, 태아가 모체를 떠난 상태에서 독자적으로 생존할 수 있는 시점인 임신 22주 내외에 도달하기 전이면서 동시에 임신 유지와 출산 여부에 관한 자기결정권을 행사하기에 충분한 시간이 보장되는 시기(이하 착상 시부터 이 시기까지를 '결정가능기간'이라 한다)까지의 낙태에 대해서는 국가가 생명보호의 수단 및 정도를 달리 정할 수 있다고 봄이 타당하다.

낙태갈등 상황에서 형벌의 위하가 임신종결 여부 결정에 미치는 영향이 제한적이라는 사정과 실제로 형사처벌되는 사례도 매우 드물다는 현실에 비추어 보면, 자기낙태죄 조항이 낙태갈등 상황에서 태아의 생명 보호를 실효적으로 하지 못하고 있다고 볼 수 있다.

낙태갈등 상황에 처한 여성은 형벌의 위하로 말미암아 임신의 유지 여부와 관련하여 필요한 사회적 소통을 하지 못하고, 정신적 지지와 충분한 정보를 제공받지 못한 상태에서 안전하지 않은 방법으로 낙태를 실행하게 된다.

모자보건법상의 정당화사유에는 다양하고 광범위한 사회적·경제적 사유에 의한 낙태갈등 상황이 전혀 포섭되지 않는다. 예컨대, 학업이나 직장생활 등 사회활동에 지장이 있을 것에 대한 우려, 소득이 충분하지 않거나 불안정한 경우, 자녀가 이미 있어서 더 이상의 자녀를 감당할 여력이 되지 않는 경우, 상대 남성과 교제를 지속할 생각이 없거나 결혼 계획이 없는 경우, 혼인이 사실상 파탄에 이른 상태에서 배우자의 아이를 임신했음을 알게 된 경우, 결혼하지 않은 미성년자가 원치 않은 임신을 한 경우 등이 이에 해당할 수 있다.

자기낙태죄 조항은 모자보건법에서 정한 사유에 해당하지 않는다면 결정가능기간 중에 다양하고 광범위한 사회적·경제적 사유를 이유로 낙태갈등 상황을 겪고 있는 경우까지도 예외 없이 전면적·일률적으로 임신의 유지 및 출산을 강제하고, 이를 위반한 경우 형사처벌하고 있다.

따라서, 자기낙태죄 조항은 입법목적을 달성하기 위하여 필요한 최소한의 정도를 넘어 임신한 여성의 자기결정권을 제한하고 있어 침해의 최소성을 갖추지 못하였고, 태아의 생명 보호라는 공익에 대하여만 일방적이고 절대적인 우위를 부여함으로써 법익균형성의 원칙도 위반하였으므로, 과잉금지원칙을 위반하여 임신한 여성의 자기결정권을 침해한다.

자기낙태죄 조항과 동일한 목표를 실현하기 위하여 임신한 여성의 촉탁 또는 승낙을 받아 낙태하게 한 의사를 처벌하는 의사낙태죄 조항도 같은 이유에서 위헌이라고 보아야 한다.

자기낙태죄 조항과 의사낙태죄 조항에 대하여 각각 단순위헌결정을 할 경우, 임신 기간 전체에 걸쳐 행해진 모든 낙태를 처벌할 수 없게 됨으로써 용인하기 어려운 법적 공백이 생기게 된다. 더욱이 입법자는 결정가능기간을 어떻게 정하고 결정가능기간의 종기를 언제까지로 할 것인지, 결정가능기간 중 일정한 시기까지는 사회적·경제적 사유에 대한 확인을 요구하지 않을 것인지 여부까지를 포함하여 결정가능기간과 사회적·경제적 사유를 구체적으로 어떻게 조합할 것인지, 상담요건이나 숙려기간 등과 같은 일정한 절차적 요건을 추가할 것인지 여부 등에 관하여 앞서 헌법재판소가 설시한 한계 내에서 입법재량을 가진다.

따라서 자기낙태죄 조항과 의사낙태죄 조항에 대하여 단순위헌 결정을 하는 대신 각각 헌법불합치 결정을 선고하되, 다만 입법자의 개선입법이 이루어질 때까지 계속적용을 명함이 타당하다.

[재판관 이석태, 재판관 이은애, 재판관 김기영의 단순위헌의견]

헌법불합치의견이 지적하는 기간과 상황에서의 낙태까지도 전면적·일률적으로 금지하고, 이를 위반한 경우 형사처벌하는 것은 임신한 여성의 자기결정권을 침해한다는 점에 대하여 헌법불합치의견과 견해를 같이한다. 다만 여기에서 더 나아가 이른바 '임신 제1삼분기(first trimester, 대략 마지막 생리기간의 첫날부터 14주 무렵까지)'에는 어떠한 사유를 요구함이 없이 임신한 여성이 자신의 숙고와 판단 아래 낙태할 수 있도록 하여야 한다는 점, 자기낙태죄 조항 및 의사낙태죄 조항(이하 '심판대상조항들'이라 한다)에 대하여 단순위헌결정을 하여야 한다는 점에서 헌법불합치의견과 견해를 달리한다.

임신한 여성이 임신의 유지 또는 종결에 관하여 한 전인격적인 결정은 그 자체가 자기결정권의 행사로서 원칙적으로 보장되어야 한다. 다만 이러한 자기결정권도 태아의 성장 정도, 임신 제1삼분기를 경과하여 이루어지는 낙태로 인한 임신한 여성의 생명·건강의 위험성 증가 등을 이유로 제한될 수 있다.
한편, 임신한 여성의 안전성이 보장되는 기간 내의 낙태를 허용할지 여부와 특정한 사유에 따른 낙태를 허용할지 여부의 문제가 결합한다면, 결과적으로 국가가 낙태를 불가피한 경우에만 예외적으로 허용하여 주는 것이 되어 임신한 여성의 자기결정권을 사실상 박탈하게 될 수 있다.
그러므로 태아가 덜 발달하고, 안전한 낙태 수술이 가능하며, 여성이 낙태 여부를 숙고하여 결정하기에 필요한 기간인 임신 제1삼분기에는 임신한 여성의 자기결정권을 최대한 존중하여 그가 자신의 존엄성과 자율성에 터 잡아 형성한 인생관·사회관을 바탕으로 자신이 처한 상황에 대하여 숙고한 뒤 낙태 여부를 스스로 결정할 수 있도록 하여야 한다.
심판대상조항들은 임신 제1삼분기에 이루어지는 안전한 낙태조차 일률적·전면적으로 금지함으로써, 과잉금지원칙을 위반하여 임신한 여성의 자기결정권을 침해한다.
자유권을 제한하는 법률에 대하여, 기본권의 제한 그 자체는 합헌이나 그 제한의 정도가 지나치기 때문에 위헌인 경우에도 헌법불합치결정을 해야 한다면, 법률이 위헌인 경우에는 무효로 선언되어야 한다는 원칙과 그에 기초한 결정형식으로서 위헌결정의 존재 이유가 사라진다. 심판대상조항들이 예방하는 효과가 제한적이고, 형벌조항으로서의 기능을 제대로 하지 못하고 있으므로, 이들 조항이 폐기된다고 하더라도 극심한 법적 혼란이나 사회적 비용이 발생한다고 보기 어렵다. 반면, 헌법불합치결정을 선언하고 사후입법으로 이를 해결하는 것은 형벌규정에 대한 위헌결정의 효력이 소급하도록 한 입법자의 취지에도 반할 뿐만 아니라, 그 규율의 공백을 개인에게 부담시키는 것으로서 가혹하다. 또한 앞서 본 바와 같이 심판대상조항들 중 적어도 임신 제1삼분기에 이루어진 낙태에 대하여 처벌하는 부분은 그 위헌성이 명확하여 처벌의 범위가 불확실하다고 볼 수 없다. 심판대상조항들에 대하여 단순위헌결정을 하여야 한다.

[재판관 조용호, 재판관 이종석의 합헌의견]
태아와 출생한 사람은 생명의 연속적인 발달과정 아래 놓여 있다고 볼 수 있으므로, 인간의 존엄성의 정도나 생명 보호의 필요성과 관련하여 태아와 출생한 사람 사이에 근본적인 차이가 있다고 보기 어렵다. 따라서 태아 역시 헌법상 생명권의 주체가 된다.
태아의 생명권 보호라는 입법목적은 매우 중대하고, 낙태를 원칙적으로 금지하고 이를 위반할 경우 형사처벌하는 것 외에 임신한 여성의 자기결정권을 보다 덜 제한하면서 태아의 생명 보호라는 공익을 동등하게 효과적으로 보호할 수 있는 다른 수단이 있다고 보기 어렵다.
태아의 생명권을 보호하고자 하는 공익의 중요성은 태아의 성장 상태에 따라 달라진다고 볼 수 없으며, 임신 중의 특정한 기간 동안에는 임신한 여성의 인격권이나 자기결정권이 우선하고 그 이후에는 태아의 생명권이 우선한다고 할 수도 없다.

다수의견이 설시한 '사회적·경제적 사유'는 그 개념과 범위가 매우 모호하고 그 사유의 충족 여부를 객관적으로 확인하기도 어렵다. 사회적·경제적 사유에 따른 낙태를 허용할 경우 현실적으로 낙태의 전면 허용과 동일한 결과를 초래하여 일반적인 생명경시 풍조를 유발할 우려가 있다.

이처럼 자기낙태죄 조항으로 인하여 임신한 여성의 자기결정권이 어느 정도 제한되는 것은 사실이나, 그 제한의 정도가 자기낙태죄 조항을 통하여 달성하려는 태아의 생명권 보호라는 중대한 공익에 비하여 결코 크다고 볼 수 없으므로, 자기낙태죄 조항은 법익균형성 원칙에도 반하지 아니한다.

의사낙태죄 조항은 그 법정형의 상한 자체가 높지 않을 뿐만 아니라, 선고유예 또는 집행유예 선고의 길이 열려 있으므로, 책임과 형벌 간의 비례원칙에 위배되지 아니한다. 태아의 생명을 보호해야 하는 업무에 종사하는 자가 태아의 생명을 박탈하는 시술을 한다는 점에서 비난가능성 또한 크므로, 의사낙태죄 조항에 대하여 동의낙태죄(제269조 제2항)와 달리 벌금형을 규정하지 아니한 것이 형벌체계상의 균형에 반하여 헌법상 평등원칙에 위배된다고도 할 수 없다.

따라서 자기낙태죄 조항 및 의사낙태죄 조항은 모두 헌법에 위반되지 아니한다(헌법재판소 2019.4.11. 선고 2017헌바127 결정).

Ⅱ. 자기낙태죄

제269조 (낙태) ① 부녀가 약물 기타 방법으로 낙태한 때에는 1년 이하의 징역 또는 200만원 이하의 벌금에 처한다.

자기낙태죄는 부녀가 약물 기타 방법으로 낙태함으로써 성립하는 범죄이다. 본죄는 2019년 4월 헌법재판소에 의해 헌법불합치결정을 받았다. 자기낙태죄 조항과 의사낙태죄 조항에 대하여 각각 단순위헌결정을 할 경우, 임신 기간 전체에 걸쳐 행해진 모든 낙태를 처벌할 수 없게 됨으로써 용인하기 어려운 법적 공백이 생기게 될 것을 우려하여 헌법불합치결정을 하였다. 이후 입법자는 '결정가능기간'을 어떻게 정하고 결정가능기간의 종기를 언제까지로 할 것인지, 결정가능기간 중 일정한 시기까지는 사회적·경제적 사유에 대한 확인을 요구하지 않을 것인지 여부까지를 포함하여 결정가능기간과 사회적·경제적 사유를 구체적으로 어떻게 조합할 것인지, 상담요건이나 숙려기간 등과 같은 일정한 절차적 요건을 추가할 것인지 여부 등을 정하여 개정이 있을 것으로 예상하였다. 그러나 낙태와 관련된 형법 개정이 있어야 함에도 불구하고 아직 개정이 이루어지지 않았다. 결국 형법 제269조 제1항 자기낙태죄에 대한 처벌 규정은 그 효력을 상실하였다.

Ⅲ. 동의낙태죄

제269조 (낙태) ② 부녀의 촉탁 또는 승낙을 받아 낙태하게 한 자도 제1항(자기낙태죄)의 형과 같다.

1. 서설

동의낙태죄는 부녀의 촉탁 또는 승낙을 받아 낙태함으로써 성립하는 범죄이다. 자기낙태죄와는 필요적 공범관계에 있다. 동의낙태죄에 대해서는 위헌결정이 없었지만, 자기낙태죄가 효력을 상실함에 따라 본죄도 개정의 필요성이 있을 것으로 생각한다.

2. 구성요건

가. 주체

주체에는 제한이 없다. 단 업무상동의낙태죄(제270조 제1항)에 열거된 행위주체는 제외된다. 의료 자격이 없는 일반인이 임부의 요청이나 동의를 받아 낙태시술을 시행한 경우가 이에 해당한다.

나. 행위: 부녀의 촉탁 또는 승낙을 받아 낙태하는 것

'부녀'는 임신한 여성, 즉 임부를 말하며, '촉탁'은 임부가 낙태를 의뢰하거나 부탁하는 것을 말하며, '승낙'은 상대방이 낙태에 대하여 임부의 동의를 얻는 것을 말한다. 강요된 촉탁·승낙은 부동의낙태죄(제270조 제2항)가 성립한다. '낙태하게 하는 것'은 부녀의 촉탁이나 승낙을 받은 사람이 임부에 대하여 낙태행위를 하는 것을 말한다. 임부의 부탁을 받고 낙태약이나 수술비를 구해주거나 의사를 소개해주는 경우는 자기낙태죄의 공범이 될 수 있지만, 자기낙태죄는 효력을 상실하였으므로 무죄에 해당한다.

Ⅳ. 업무상 동의낙태죄

제270조 (의사 등의 낙태) ① 의사, 한의사, 조산사, 약제사 또는 약종상이 부녀의 촉탁 또는 승낙을 받어 낙태하게 한 때에는 2년 이하의 징역에 처한다.
④ 전3항의 경우에는 7년 이하의 자격정지를 병과한다.

업무상동의낙태죄는 의사, 한의사, 조산사, 약제사 또는 약종상이 부녀의 촉탁 또는 승낙을 받아 낙태하게 한 경우에 성립하는 범죄이다. 자기낙태죄 조항과 동일한 목표를 실현하기 위하여 임신한 여성의 촉탁 또는 승낙을 받아 낙태하게 한 의사를 처벌하는 의사낙태죄 조항도 헌법불합치결정을 받았고 그 효력을 상실하였다.

Ⅴ. 부동의낙태죄

제270조 (부동의낙태) ② 부녀의 촉탁 또는 승낙 없이 낙태하게 한 자는 3년 이하의 징역에 처한다.
④ 전3항의 경우에는 7년 이하의 자격정지를 병과한다.

부동의낙태죄는 부녀의 촉탁 또는 승낙 없이 낙태하게 한 경우에 성립하는 범죄이다. 본죄는 부녀의 촉탁이나 승낙이 없었다는 점에서 동의낙태죄에 비하여 불법이 가중된 가중적 구성요건이다. 부녀 몰래 하거나 부녀의 무지(無知)를 이용하는 것도 포함된다.

부동의낙태죄에 대해서는 헌법불합치결정이 없었으므로 그 효력은 유지된다. 부녀의 동의를 받지 않았다는 점에서 형법적 불법은 충분히 인정될 수 있다. 따라서 부동의낙태죄는 그대로 유지될 것으로 생각한다.

VI. 낙태치사상죄

> 제269조 (낙태) ③ 제2항의 죄를 범하여 부녀를 상해에 이르게 한 때에는 3년 이하의 징역에 처한다. 사망에 이르게 한 때에는 7년 이하의 징역에 처한다.
> 제270조 (의사 등의 낙태, 부동의낙태) ③ 제1항(업무상 동의낙태죄) 또는 제2항(부동의낙태죄)의 죄를 범하여 부녀를 상해에 이르게 한 때에는 5년 이하의 징역에 처한다. 사망에 이르게 한 때에는 10년 이하의 징역에 처한다.

1. 서설

낙태치사상죄는 동의낙태죄·업무상 동의낙태죄·부동의낙태죄를 범하여 부녀를 상해에 이르게 하거나 사망에 이르게 함으로써 성립하는 범죄이며, 결과적 가중범이다.

낙태치사상죄에 대해서는 헌법불합치결정이 없었으므로 그 효력은 유지된다. 다만 기본범죄 중 업무상 동의낙태죄에 대해서는 효력이 없으므로, 동의낙태죄와 부동의낙태죄만 기본범죄에 해당할 것이다.

2. 구성요건

가. 주체

본죄의 주체는 동의낙태죄·업무상 동의낙태죄·부동의낙태죄의 주체이다. 업무상동의낙태죄는 삭제될 것으로 예상된다.

나. 행위

본죄의 행위는 동의낙태죄·업무상 동의낙태죄·부동의낙태죄를 범하여 부녀를 상해에 이르게 하거나 사망에 이르게 하는 것이다. 업무상동의낙태죄는 삭제될 것으로 예상된다.

다. 기본범죄

본죄의 기본범죄는 동의낙태죄·업무상 동의낙태죄·부동의낙태죄이다. 업무상동의낙태죄는 삭제될 것으로 예상된다.

낙태치사상죄가 성립하기 위하여 기본범죄인 낙태가 기수에 이르러야 할 것인가에 대하여 견해의 대립이 있다. 예를 들면 낙태를 시도하다가 임부에게는 상해의 결과가 발생하였지만 낙태는 실패에 이른 경우 낙태치상죄로 처벌할 수 있는가의 문제이다. 이에 대하여 긍정설은 낙태죄는 미수범을 처벌하지 않으므로 낙태가 기수에 이른 때에만 낙태치사상죄가 성립한다고 본다.[139] 따라서 낙태가 미수에 그친 경우에는 부녀에 대한 (업무상) 과실치상죄만 성립한다고 한다. 부정설은 현행법이 낙태 미수를 처벌하지 않는다고 하여 고의의 낙태행위와 연결된 중한 결과 발생의 위험을 인정하지 말아야 한다는 이유는 없으므로 기본범죄행위의 기수·미수를 불문하고 낙태치사상죄가 성립한다고 본다.[140]

생각건대, 결과적 가중범에 있어서 기본범죄는 기수와 미수를 불문하여 중한 결과가 발생하였다면 성립이 가능하다. 따라서 부정설이 타당하며 이 경우에는 낙태치상죄와 업무상과실치상죄의 상상적 경합이 된다.

라. 중한 결과

기본범죄로 인하여 중한 결과인 상해 또는 사망의 결과가 발생해야 한다.

마. 주관적 구성요건

기본범죄인 낙태에 대한 고의와 중한 결과인 상해·사망에 대한 과실이 있어야 한다.

제5절 유기와 학대의 죄

Ⅰ. 총설

1. 의의와 보호법익

유기의 죄는 노유·질병 기타 사유로 인하여 부조를 요하는 자를 보호할 의무 있는 자가 유기하는 것을 내용으로 하는 범죄이다. 학대의 죄는 자기의 보호 또는 감독을 받는 자를 학대하는 것을 내용으로 하는 범죄이다. 유기의 죄의 보호법익은 피유기자의 생명·신체의 안전이며, 학대의 죄의 보호법익은 사람의 생명·신체의 안전 및 인격권이다.

139) 김성돈, 119면; 손동권/김재윤, 99면; 임웅/이현정/박성민, 129면.

140) 김일수/서보학, 57면.

2. 이른바 선한 사마리아인 조항

형법은 보호의무 없는 자가 유기하는 경우에는 처벌하지 않으며, 보호의무 있는 자가 유기한 경우에만 처벌한다. 이에 반하여 독일 형법 제323조의 c는 "재난, 공동의 위험 또는 곤궁시에 스스로 위험에 빠지거나 보다 중요한 의무를 침해하지 않고 구조할 수 있었음에도 필요한 구조를 하지 아니한 자는 1년 이하의 자유형 또는 벌금에 처한다."고 규정하여, 보호의무가 없는 경우에도 긴급구조의무위반죄로 처벌하고 있다. 이외에도 프랑스 형법 제223-6조 제2항, 오스트리아 형법 제95조 등이 있다. 이를 '선한 사마리아인 조항'이라고 한다. 우리나라는 선한 사마리아인 조항을 입법하지 않았으며, 우리나라 형법은 극단적 개인주의의 입장에서 유기죄를 규정하고 있는 점에 특색이 있다.

3. 보호의 정도

유기의 죄를 구체적 위험범으로 보는 견해도 있었다. 구체적 위험범으로 보게 되면 유기를 한 후 타인이 구조하는 것을 확인하고 장소를 떠난 경우에는 구체적 위험이 발생하지 않았으므로 유기죄는 성립하지 않게 된다.

그러나 현행 형법은 유기죄를 범하여 사람의 생명에 대한 구체적 위험을 발생시킨 경우에는 중유기죄로 특별히 가중처벌하는 규정을 두고 있다(제271조 제3항, 제4항). 구체적 위험범으로 특별히 중유기죄를 규성하고 있는 점, 유기의 죄는 요부조자를 보호 없는 상태에 둠으로써 생명·신체에 대한 위험이 있게 하는 것을 처벌하는 것에 그 본질이 있다는 점을 고려할 때 유기죄는 추상적 위험범으로 보는 것이 타당하다.[141)]

학대의 죄에 있어서 보호의 정도는 유기의 죄와 마찬가지로 추상적 위험범으로 보는 것이 타당하다.

4. 특별법

형법 제273조의 학대죄, 존속학대죄에 대하여 특별법이 있다. 18세 미만의 아동에 대하여 아동복지법과 아동학대범죄의 처벌 등에 관한 특례법이 있다. 아동복지법에 따르면 아동학대는 보호자를 포함한 성인이 아동의 건강 또는 복지를 해치거나 정상적 발달을 저해할 수 있는 신체적·정신적·성적 폭력이나 가혹행위를 하는 것과 아동의 보호자가 아동

---

141) 김성돈, 120면; 김일수/서보학, 88면; 배종대, 173면; 손동권/김재윤, 105면; 신동운, 631면; 이재상/장영민/강동범, 104면; 이형국/김혜경, 126면; 임웅/이현정/박성민, 130면; 정성근/박광민, 121면.

을 유기하거나 방임하는 것을 말한다. 동법 제17조에 따르면 아동을 매매하는 행위, 아동에게 음란한 행위를 시키거나 이를 매개하는 행위 또는 아동에게 성적 수치심을 주는 성희롱 등의 성적 학대행위, 아동의 신체에 손상을 주거나 신체의 건강 및 발달을 해치는 신체적 학대행위, 아동의 정신건강 및 발달에 해를 끼치는 정서적 학대행위 등을 금지하고 있으며, 이를 위반한 경우 동법 제71조에 따라 처벌하고 있다. 뿐만 아니라 2014년 8월에 제정된 아동학대범죄의 처벌 등에 관한 특례법에 따르면 아동학대로 인하여 아동이 사망에 이르거나(아동학대치사죄), 아동의 생명에 대한 위험 등을 발생하게 한 경우(아동학대중상해죄)등에 대하여 가중처벌하고 있다.

Ⅱ. 유기죄

> 제271조 (유기) ① 나이가 많거나 어림, 질병 그 밖의 사정으로 도움이 필요한 사람을 법률상 또는 계약상 보호할 의무가 있는 자가 유기한 경우에는 3년 이하의 징역 또는 500만원 이하의 벌금에 처한다.

1. 서설

유기죄는 나이가 많거나 어림, 질병 그 밖의 사정으로 도움이 필요한 사람을 법률상 또는 계약상 보호할 의무가 있는 자가 유기한 경우에 성립하는 범죄이다. 진정 신분범에 속한다.

2. 객관적 구성요건

가. 주체: 도움이 필요한 사람을 보호할 법률상 또는 계약상 보호의무 있는 자

보호의무는 나이가 많거나 어림, 질병 그 밖의 사정으로 도움이 필요한 사람, 즉 요부조자(要扶助者)를 그의 생명·신체에 대한 위험으로부터 보호해야 할 의무를 말한다. 보호의무의 발생 근거에는 법률상 보호의무와 계약상 보호의무가 있다.

(1) 법률상 보호의무

법률상 보호의무는 보호의무가 법률에 규정되어 있는 경우로, 공·사법을 불문한다. 예를 들면 경찰관직무집행법 제4조에 의한 경찰관의 보호조치의무, 도로교통법 제54조 제1항에 의한 사고운전자의 구호의무, 민법 제826조의 부부간의 부양의무, 민법 제913조의 친권자의 자녀에 대한 보호의무, 민법 제974조의 직계혈족 및 그 배우자 사이, 생계를 같이하는 친족관계에 따른 부양의무, 선원법 제11조 및 제12조에 따른 선장의 선박 위험이나 충돌 시 인명이나 선박 등에 대한 조치의무, 정신건강복지법 제39조 및 제40조의 민법상 후견인 또는 부양의무자의 정신질환자에 대한 보호의무 등이 있다. 판례에 따르면 법률상 부부뿐만 아니라 사실혼의 경우에도 법률상 보호의무를 인정한다.[142)]

보호의무는 신분상 지위로 인해 특별히 주어진 것이어야 한다. 따라서 법적 의무이지만 누구에게나 과하여져 있는 일반적 의무는 본죄의 보호의무가 아니다. 따라서 경범죄처벌법 제3조 제1항 제6호의 요부조자 신고의무와 같이 일반적 신고의무만으로 보호의무를 인정할 수 없다.

판례 **사실혼의 경우에도 '법률상 보호의무' 인정**

【판결요지】 [2] 형법 제271조 제1항에서 말하는 법률상 보호의무 가운데는 민법 제826조 제1항에 근거한 부부간의 부양의무도 포함되며, 나아가 법률상 부부는 아니지만 사실혼 관계에 있는 경우에도 위 민법 규정의 취지 및 유기죄의 보호법익에 비추어 위와 같은 법률상 보호의무의 존재를 긍정하여야 하지만, 사실혼에 해당하여 법률혼에 준하는 보호를 받기 위하여는 단순한 동거 또는 간헐적인 정교관계를 맺고 있다는 사정만으로는 부족하고, 그 당사자 사이에 주관적으로 혼인의 의사가 있고 객관적으로도 사회관념상 가족질서적인 면에서 부부공동생활을 인정할 만한 혼인생활의 실체가 존재하여야 한다(대법원 2008.2.14. 선고 2007도3952 판결).

【해설】 법률상 보호의무와 관련하여 사실혼 관계의 경우에도 보호의무자가 되며, 이를 위해서 주관적으로 혼인의 의사와 객관적으로 사회관념상 가족질서적인 면에서 부부공동생활을 인정할 만한 혼인생활의 실체가 존재해야 한다는 판례이다. 단순한 동거 또는 간헐적인 정교관계를 맺고 있다는 사정만으로는 사실혼 관계로 볼 수 없다.

(2) 계약상 보호의무

계약상 보호의무는 계약의 명시·묵시를 불문한다. 도움이 필요한 요부조자가 반드시 계약당사자일 필요는 없으며 유기자와 제3자 사이에 계약이 체결된 것이라도 무방하다.

---

142) 대법원 2008.2.14. 선고 2007도3952 판결.

예를 들면 유아에 대한 육아계약, 노인과 장애인에 대한 보호계약, 환자에 대한 간호·간병계약, 경호업체의 경호계약 등이 있다.

계약상 의무는 간호사나 보모와 같이 계약에 기한 주된 급부의무가 부조를 제공하는 것인 경우에 반드시 한정되지 아니하며, 계약의 해석상 계약관계의 목적이 달성될 수 있도록 상대방의 신체 또는 생명에 대하여 주의와 배려를 한다는 부수적 의무의 한 내용으로 상대방을 부조하여야 하는 경우도 포함된다. 예를 들면 수영강습계약의 경우 주된 급부의무는 수영강습이지만, 부수적으로 생명과 신체에 대한 안전을 배려해야 된다는 부수적 의무도 존재한다.

판례 계약에 기한 부수적 의무

【판결요지】 [1] 유기죄에 관한 형법 제271조 제1항은 그 행위의 주체를 "노유, 질병 기타 사정으로 부조를 요하는 자를 보호할 법률상 또는 계약상 의무 있는 자"라고 정하고 있다. 여기서의 '계약상 의무'는 간호사나 보모와 같이 계약에 기한 주된 급부의무가 부조를 제공하는 것인 경우에 반드시 한정되지 아니하며, 계약의 해석상 계약관계의 목적이 달성될 수 있도록 상대방의 신체 또는 생명에 대하여 주의와 배려를 한다는 부수적 의무의 한 내용으로 상대방을 부조하여야 하는 경우를 배제하는 것은 아니라고 할 것이다. 그러나 그 의무 위반의 효과로서 주로 손해배상책임이 문제되는 민사영역에서와는 달리 유기죄의 경우에는 당사자의 인적 책임에 대한 형사적 제재가 문제된다는 점 등을 고려하여 보면, 단지 위와 같은 부수의무로서의 민사적 부조의무 또는 보호의무가 인정된다고 해서 형법 제271조 소정의 '계약상 의무'가 당연히 긍정된다고는 말할 수 없고, 당해 계약관계의 성질과 내용, 계약당사자 기타 관련자들 사이의 관계 및 그 전개양상, 그들의 경제적·사회적 지위, 부조가 필요하기에 이른 전후의 경위, 필요로 하는 부조의 대체가능성을 포함하여 그 부조의 종류와 내용, 달리 부조를 제공할 사람 또는 설비가 있는지 여부 기타 제반 사정을 고려하여 위 '계약상의 부조의무'의 유무를 신중하게 판단하여야 한다.

[2] 피고인이 자신이 운영하는 주점에 손님으로 와서 수일 동안 식사는 한 끼도 하지 않은 채 계속하여 술을 마시고 만취한 피해자를 주점 내에 그대로 방치하여 저체온증 등으로 사망에 이르게 하였다는 내용으로 예비적으로 기소된 사안에서, 피해자가 피고인의 지배 아래 있는 주점에서 3일 동안 과도하게 술을 마시고 추운 날씨에 난방이 제대로 되지 아니한 주점 내 소파에서 잠을 자면서 정신을 잃은 상태에 있었다면, 피고인은 주점의 운영자로서 피해자의 생명 또는 신체에 대한 위해가 발생하지 아니하도록 피해자를 주점 내실로 옮기거나 인근에 있는 여관에 데려다 주어 쉬게 하거나 피해자의 지인 또는 경찰에 연락하는 등 필요한 조치를 강구하여야 할 계약상의 부조의무를 부담한다고 판단하여 유기치사죄를 인정한 원심판결을 수긍한 사례(대법원 2011.11.24. 선고 2011도12302 판결).

【해설】 계약상 보호의무와 관련하여 계약의 주된 급부의무뿐만 아니라 계약의 부수적 급부의무에서도 보호의무가 발생한다는 판례이다. 사안의 경우 술판매계약에 있어서 피해자인 손님에게 특별한 사정이 있다면 생명·신체에 대한 보호의무가 발생한다고 보았다. 술집 주인의 보호의무를 계약상 의무에서 도출한 것이다.

(3) 관습·조리·사무관리에 의한 보호의무 인정 여부

(가) 쟁점

법률상·계약상 보호의무 이외에도 관습·조리·사무관리에 의한 보호의무를 유기죄의 보호의무로 인정할 수 있는지 문제된다. 또한 강간범이 실신상태에 빠진 피해자를 두고 떠난 경우와 같이 선행 범죄 주체도 유기죄의 주체가 될 수 있는지 문제된다.

(나) 학설과 판례

종래에는 법률, 계약 이외에 관습, 조리, 사무관리 등에 의한 보호의무를 인정하고, 나아가서 공서양속이나 사회통념까지도 조리에 포함시켜 부진정 부작위범의 보증인적 지위와 동일하게 해석하였다.

판례는 동행자가 구조를 요하게 되었다 하더라도 일정한 거리를 동행한 사실만으로서는 법률상·계약상 보호의무가 있다고 볼 수 없다고 하였으며,[143] 강간치상의 범행을 저지른 자가 그 범행으로 인하여 실신상태에 있는 피해자를 구호하지 아니하고 방치한 경우 강간치상죄만 성립한다고 하여 선행 범죄 주체는 유기죄의 주체가 될 수 없다고 하였다.[144]

판례 관습·조리·사무관리에 의한 보호의무 부정

【사실관계】 1976.1.26.16:00경 피고인 갑과 피해자 A(41세)는 함께 마을을 향하여 가던 중 술에 취하였던 탓으로 도로 위에서 실족하여 2미터 아래 개울로 미끄러져 떨어졌다. 약 5시간가량 잠을 자다가 술과 잠에서 깨어난 피고인과 피해자는 도로 위로 올라가려 하였으나 야간이므로 도로로 올라가는 길을 발견치 못하여 개울 아래위로 헤매던 중 피해자는 후두부 타박상을 입어서 정상적으로 움직이기가 어렵게 되었고 피고인은 도로로 나오는 길을 발견하여 혼자 도로 위로 올라와 귀가하였다. 당시는 영하 15도의 추운 날씨이고 40미터 떨어진 곳에 민가가 있었다. 피해자 A는 약 4, 5시간 후 심장마비로 사망하였다.

【판결요지】 형법은 유기죄에 있어서 구법과는 달리 보호법익의 범위를 넓힌 반면에 보

143) 대법원 1977.1.11. 선고 76도3419 판결.

144) 대법원 1980.6.24. 선고 80도726 판결.

호책임 없는 자의 유기를 없애고 법률상 또는 계약상의 의무 있는 자만을 유기죄의 규정하고 있어 명문상 사회상규상의 보호책임을 관념할 수 없다고 하겠으니, 유기죄의 죄책을 인정하려면 보호책임이 있게 된 경위·사정·관계 등을 설시하여 그 구성요건이 요구하는 법률상·계약상의 보호의무를 밝혀야 하고 설혹 동행자가 구조를 요하게 되었다 하더라도 일정한 거리를 동행한 사실만으로서는 피고인에게 법률상·계약상의 보호의무가 있다고 할 수 없으니 유기죄의 주체가 될 수 없다(대법원 1977.1.11. 선고 76도3419 판결).

【해설】 피고인과 피해자 간의 법률상, 계약상 보호의무가 인정된다면 피고인의 행위는 유기의 죄의 주체가 될 수 있으므로 유기치사죄의 성립이 가능하다. 그러나 피고인과 피해자 간에는 법률상·계약상 보호의무가 있다고 보기 어렵다. '일정한 거리를 동행한 사실만'으로는 보호의무를 인정할 수 없기 때문이다. 따라서 갑은 유기죄의 주체가 될 수 없으므로 유기치사죄가 성립하지 않는다.

판례 강간피해자 유기의 경우

【사실관계】 피고인 갑은 피해자 A를 강간하려다 실패하고 상해를 입혔다. 상해의 결과 피해자 A는 의식불명상태에 빠졌음에도 불구하고 피고인 갑은 피해자를 방치하고 가버렸다.

【판결요지】 강간치상의 범행을 저지른 자가 그 범행으로 인하여 실신상태에 있는 피해자를 구호하지 아니하고 방치하였다고 하더라도 그 행위는 포괄적으로 단일의 강간치상죄만을 구성한다(대법원 1980.6.24. 선고 80도726 판결).

【해설】 강간범행자는 강간피해자를 보호해야 할 법률상, 계약상 보호의무 있는 자라고 할 수 없다. 따라서 유기죄는 성립하지 않으며 강간치상죄만 성립한다. 만약 보호의무를 인정한다면 유기치상죄와 강간치상죄의 경합범이 될 수 있다. 판례는 강간치상죄만을 구성한다고 하였기에 선행 범죄 주체는 법률상, 계약상 보호의무 있는 자라고 본 것은 아니다.

(다) 결론

형법 제271조가 보호의무의 근거를 법률상·계약상 의무에 제한하고 있음에도 불구하고 이를 법률의 명시적 근거 없이 관습, 조리 등의 불확정개념을 가벌성의 근거로 도입하는 것은 허용되는 해석의 한계를 벗어나는 것이므로 죄형법정주의에 반하는 해석이다. 따라서 법률 또는 계약에만 보호의무의 근거를 제한해야 한다고 보는 것이 타당하다.[145] 선행 범죄 주체의 경우에도 해당 범죄로 처벌하면 충분하며, 선행 범죄 행위로 인하여 보호의무가 발생한다고 볼 수 없다. 만약 이를 인정하게 된다면 생명·신체를 침해하는 범죄를 저지른 모든 행위자에 대하여 유기죄의 성립을 인정하게 되는데 이는 지나친 처벌의 확장이다.

145) 김성돈, 123면; 김일수/서보학, 89면; 배종대, 176면; 신동운, 635면; 오영근/노수환, 92면; 이재상/장영민/강동범, 106면; 정성근/박광민, 123면.

나. 객체: 나이가 많거나 어림, 질병 그 밖의 사정으로 인하여 도움이 필요한 사람

도움이 필요한 자(요부조자)란 정신적·육체적 결함으로 인하여 다른 사람의 도움을 받지 않고서는 자기 생명·신체에 대한 위험을 스스로 극복할 수 없는 사람을 말하며, 신체거동이 가능한 경제적 극빈자는 요부조자가 아니다. 경제적 이유는 요건이 아니므로 경제적으로 부유하더라고 일상생활에서 활동하기 힘들어 도움이 필요하다면 요부조자가 될 수 있다.

나이가 많거나 어림은 노인과 어린이를 말하지만, 연령 하나만을 기준으로 판단할 수 없으며 구체적 사정에 따라서 결정할 수 밖에 없다. 노유(老幼)라고도 한다. 질병은 육체적 질환뿐만 아니라 정신적 질환도 포함된다. 그 밖의 사정은 요부조자의 범위를 확대하는 일반요건으로 만취자, 마취·최면상태에 있는 자, 신체장애자, 분만 중의 부녀자 등이 이에 해당할 수 있다.

다. 행위: 유기행위

유기행위는 요부조자를 보호하지 않음으로써 그의 생명·신체에 위험을 가져오는 행위를 말한다.

유기행위는 피해자를 장소적으로 옮기는 것, 적극적으로 갖다 버리는 유기인 '이치'(移置) 뿐만 아니라 피해자를 장소적으로 두고 떠나는 장소적 격리까지도 포함하는 유기인 '치거'(置去)도 포함한다. 또한 적극적 유기·소극적 유기뿐만 아니라 피해자의 생존에 필요한 보호조치를 하지 않는 '부작위'도 포함된다. 따라서 자녀의 생존에 필수적인 수혈을 거부하는 행위는 작위인 유기행위와 다를 바 없으므로 이 경우 부작위에 의한 유기죄가 성립한다.

판례 여호와증인 사건

【사실관계】 피고인은 자신의 딸(당시 11세)이 전격성간염으로 인한 장내출혈증세를 보여 병원에 입원을 시켰다. 그런데 피고인은 의사가 최선의 치료방법이라고 판단한 수혈을 자신이 믿는 여호와의 증인의 교리에 어긋난다는 것을 이유로 완강하게 거부하고 이를 방해하여 딸을 장내출혈에 따른 실혈로 인해 사망하게 되었다.

【판결요지】 피고인이 믿는 여호와의 증인에 대한 종교적 신념 때문에 의사가 당시 권유한 국내 최선의 치료방법인 수혈을 완강하게 거부하고 방해하였다면 이는 결과적으로 요부조자를 위험한 장소에 두고 떠난 것이거나 다름이 없다고 할 것이므로, 이를 유기치사죄에 해당한다고 판시한 원심판결은 옳고, 치료방법을 선택할 자유권의 행사인 정당행위에 관한 법리오해와 종교의 자유를 보장한 헌법위반 등의 위법사유가 없으므로 상고를 기각한다(대법원 1980.9.24. 선고 79도1387 판결).

【해설】 이 사건은 다음과 같은 쟁점을 가지고 있다. ① 구성요건해당성에서는 피고인

의 양심에 따른 수혈거부행위가 유기에 해당하는가, 아니면 (작위 또는 부작위에 의한) 살인죄에 해당하는지 여부와 피고인이 유기의 고의가 있는지 아니면 살인의 고의가 있는지 여부이다. ② 위법성단계에서 피고인의 행위를 정당화시킬 수 있는 사유가 존재하는지 여부이다. 이에 대하여 판례는 피고인에 대하여 살인의 고의가 아닌 유기의 고의를 인정하였다. 살인의 고의가 인정된다면 부작위에 의한 살인죄가 성립하였을 것이다. 수혈을 거부하는 행위는 요부조자를 위험한 장소에 두고 떠난 것이나 다름없다고 판단하여 유기행위라고 판단하였으며, 이러한 행위에 대하여 정당행위 등 위법성조각사유를 인정하지 않았다.

라. 기수 시기

유기행위로 인하여 요부조자의 생명·신체에 대한 추상적 위험이 발생하면 기수가 된다. 따라서 요부조자를 유기한 후 이를 구조하는 사람이 없으면 다시 데려갈 생각으로 주변에서 대기하고 있는 경우에도 유기죄는 성립한다.

유기행위로 인하여 생명·신체에 대한 구체적 위험이 발생하면 중유기죄(제271조 제3항, 제4항)로 가중 처벌하며, 유기행위로 인하여 생명·신체에 대한 현실적 침해가 발생하면 유기치사상죄(제275조)가 성립한다.

심화내용 베이비박스(Baby box)와 유기죄

경제적 사정 등으로 아이를 키울 수 없는 부모가 아기를 종교단체 등 비영리단체가 운영하는 보호시설 내에 두고 떠나는 경우 유기죄가 성립할 수 있다. 2009년 서울 어느 교회에서 처음 만들어져 설치된 베이비박스는 영아가 위험한 곳에 버려져 목숨을 잃는 상황을 막을 수 있다는 평가가 있지만, 현행 형법에 따르면 유기죄가 성립하거나 아동복지법위반죄로 처벌될 수 있으며, 이를 설치한 행위는 유기죄의 방조에 해당할 수 있다. 베이비박스가 사회적 안전망의 역할을 한다는 점에서 법적 처벌보다는 부모와 아이를 돕는 방향으로 접근해야 한다는 견해도 있지만, 영아유기는 정당화되기 어렵다. 복지 차원에서 아기가 태어난 후 출산한 부모의 신원을 비밀로 유지하며, 아이를 안전하게 출산할 수 있도록 돕는 보호출산제가 도입될 필요가 있으며, 법령에서 정한 일정한 요건을 갖춘 경우에는 위법성을 조각시킬 수 있는 사유를 정해야 한다.

3. 고의

본죄는 고의범이다. 유기의 고의 내용은 자신이 보호의무 있는 자이며 요부조자를 유기한다는 것에 대한 인식과 의사이다. 보호의무자의 지위에 관한 착오, 즉 자신에게 피해자에 대하여 보호의무가 있음에도 불구하고 보호의무가 있다는 사실을 인식하지 못한 경우에는 구성요건적 착오로 고의가 조각된다. 보호의무의 내용·범위에 관한 착오, 즉 자신에게 보호의무가 있다는 사실에 대해서는 인식을 했지만, 그 보호의무의 내용이나 범위에 대하여 착오를 한 경우에는 금지착오가 되며, 오인에 정당한 이유가 있다면 책임이 조각된다. 본죄의 고의는 유기의 고의이므로 만약 행위자가 죽어도 상관없다고 용인하고 피해자를 유기하였다면 이는 유기의 고의를 넘어서 부작위에 의한 살인죄가 성립한다.

4. 죄수

본죄는 살인죄·상해죄에 대하여 보충관계에 있으므로 살인·상해의 고의로 유기하면 살인죄·상해죄만 성립한다.

Ⅲ. 존속유기죄

제271조 (존속유기) ② 자기 또는 배우자의 직계존속에 대하여 제1항의 죄를 지은 경우에는 10년 이하의 징역 또는 1천500만원 이하의 벌금에 처한다.

존속유기죄는 자기 또는 배우자의 직계존속을 유기함으로써 성립하는 범죄이다. 본죄는 객체가 직계존속이라는 신분관계로 인하여 유기죄에 대하여 책임이 가중되는 가중적 구성요건이며, 부진정 신분범이다.

Ⅳ. 중유기죄·존속중유기죄

제271조 (유기, 존속유기) ③ 제1항의 죄를 지어 사람의 생명에 위험을 발생하게 한 경우에는 7년 이하의 징역에 처한다.
④ 제2항의 죄를 지어 사람의 생명에 위험을 발생하게 한 경우에는 2년 이상의 유기징역에 처한다.

중유기죄·존속중유기죄는 유기죄 또는 존속유기죄를 범하여 사람의 생명에 구체적 위험을 야기시킨 결과적 가중범이며 고의에 의한 중한 결과 발생도 가능하므로 부진정 결과적 가중범이다.

V. 학대죄·존속학대죄

> 第273조 (학대, 존속학대) ① 자기의 보호 또는 감독을 받는 사람을 학대한 자는 2년 이하의 징역 또는 500만원 이하의 벌금에 처한다.
> ② 자기 또는 배우자의 직계존속에 대하여 전항의 죄를 범한 때에는 5년 이하의 징역 또는 700만원 이하의 벌금에 처한다.

1. 서설

학대죄는 자기의 보호 또는 감독을 받는 사람을 학대한 경우에 성립하는 범죄이다.

학대죄의 보호법익은 학대행위의 개념을 어떻게 이해하는가에 따라 다르다. 학대행위를 육체적·정신적으로 고통을 주는 가혹한 대우를 하는 것으로 해석하면 보호법익에 사람의 생명·신체의 안전뿐만 아니라 인격권도 포함하는 것이 논리적이며, 학대행위를 육체적 고통에 한정하는 것으로 해석하면 보호법익을 사람의 생명·신체의 안전이라고 파악하는 것이 논리적이다. 판례는 육체적으로 고통을 주는 것뿐만 아니라 정신적으로 차별대우를 하는 행위도 학대에 해당한다고 본다.[146]

생각건대, 학대행위를 육체적 고통에 한정할 필요는 없으며, 오히려 정신적으로 고통을 주는 행위를 학대행위의 주된 내용으로 보는 것이 타당하다. 따라서 본죄의 보호법익은 사람의 생명·신체의 안전뿐만 아니라 및 인격권도 포함한다.

학대죄는 자기의 보호 또는 감독을 받는 사람에게 육체적으로 고통을 주거나 정신적으로 차별대우를 하는 행위가 있음과 동시에 범죄가 완성되는 상태범 또는 즉시범이다.[147]

---

146) 대법원 2000.4.25. 선고 2000도223 판결.

147) 대법원 1986.7.8. 선고 84도2922 판결; 따라서 수십회에 걸쳐서 계속되는 일련의 폭행행위가 있었다 하더라도 그중 친권자로서의 징계권의 범위에 속하여 위법성이 조각되는 부분이 있다면 그 부분을 따로 떼어 무죄의 판결을 할 수 있다.

2. 객관적 구성요건

가. 주체: 타인을 보호·감독하는 자

본죄의 주체는 타인을 보호·감독하는 자이다. 사실상 보호·감독의 지위에 있으면 된다. 보호감독의 근거는 법령·계약에 국한되지 않고 관습·사무관리·조리에 의하더라도 무방하다.

나. 객체: 행위자의 보호·감독을 받는 자

본죄의 객체는 행위자의 보호·감독을 받는 자이다. 단 18세 미만인 경우에는 아동복지법이 적용된다. 아동복지법에 따르면 아동학대는 보호자를 포함한 성인이 아동의 건강 또는 복지를 해치거나 정상적 발달을 저해할 수 있는 신체적·정신적·성적 폭력이나 가혹행위를 하는 것과 아동의 보호자가 아동을 유기하거나 방임하는 것을 말한다. 동법 제17조에 따르면 아동을 매매하는 행위, 아동에게 음란한 행위를 시키거나 이를 매개하는 행위 또는 아동에게 성적 수치심을 주는 성희롱 등의 성적 학대행위, 아동의 신체에 손상을 주거나 신체의 건강 및 발달을 해치는 신체적 학대행위, 아동의 정신건강 및 발달에 해를 끼치는 정서적 학대행위 등을 금지하고 있으며, 이를 위반한 경우 동법 제71조에 따라 처벌하고 있다. 뿐만 아니라 2014년 8월에 제정된 아동학대범죄의 처벌 등에 관한 특례법에 따르면 아동학대로 인하여 아동이 사망에 이르거나(아동학대치사죄), 아동의 생명에 대한 위험 등을 발생하게 한 경우(아동학대중상해죄)등에 대하여 가중처벌하고 있다.

다. 행위: 학대행위

학대행위는 육체적 고통뿐만 아니라 정신적으로 고통을 주는 행위를 의미한다. 하지만 단순히 상대방의 인격에 대한 반인륜적 침해만으로는 부족하고 적어도 유기에 준하는 정도에 이르러야 한다는 것이 판례의 입장이다.[148] 어느 정도에 이르면 학대가 되는가는 보호·감독을 하는 자와 받는 자의 지위·환경 등 구체적 사정을 검토하여 판단해야 한다. 참고로 아동복지법에서 규정하고 있는 '아동학대'란 보호자를 포함한 성인이 아동의 건강 또는 복지를 해치거나 정상적 발달을 저해할 수 있는 신체적·정신적·성적 폭력이나 가혹행위를 하는 것과 아동의 보호자가 아동을 유기하거나 방임하는 것을 말한다.

148) 대법원 2000.4.25. 선고 2000도223 판결.

3. 고의

본죄는 고의범이므로 행위자에게 피보호자·피감독자를 학대한다는 점에 대한 인식과 의사가 있어야 한다. 뿐만 아니라 본죄는 경향범이므로 초과 주관적 불법요소로서 학대성향이 있어야 한다.

Ⅵ. 아동혹사죄

> 第274조 (아동혹사) 자기의 보호 또는 감독을 받는 16세 미만의 자를 그 생명 또는 신체에 위험한 업무에 사용할 영업자 또는 종업자에게 인도한 자는 5년 이하의 징역에 처한다. 그 인도를 받은 자도 같다.

1. 서설

아동혹사죄는 자기의 보호 또는 감독을 받는 16세 미만의 자를 그 생명 또는 신체에 위험한 업무에 사용할 영업자 또는 종업자에게 인도한 경우에 성립하는 범죄이다. 본죄의 보호법익은 아동의 복지권이다. 추상적 위험범, 진정 신분범이다. 인도하는 자뿐만 아니라 인도받는 자도 처벌하므로 필요적 공범 중 대향범에 해당한다.

2. 객관적 구성요건

가. 주체: 16세 미만의 자를 보호·감독하는 자

본죄의 주체는 인도하는 자와 인도받는 자이다. 인도하는 자는 16세 미만의 자를 보호·감독하는 자이며, 인도를 받는 대향자는 생명 또는 신체에 위험한 업무에 사용할 영업자 또는 종업자이다.

나. 객체: 16세 미만의 자

본죄의 객체는 16세 미만의 자이다. 발육의 정도는 본죄의 성립에 영향이 없으며, 피해자인 아동이 승낙하더라도 본죄는 성립한다.

다. 행위: 16세 미만의 자를 인도하거나 인수하는 행위

본죄의 행위는 16세 미만인 자를 생명 또는 신체에 위험한 업무에 사용할 영업자 또는 종업자에게 인도하는 행위와 인수받는 행위이다. 인도계약만으로는 불충분하고, 현실적으로 인도가 있어야 한다. 인도 후에 현실적으로 위험한 업무에 종사할 필요가 없으며 현실적 인도만 있으면 본죄가 성립한다. 거동범이기 때문이다. '위험한 업무'의 범위는 근로기준법이 규정하고 있는 '금지직종'보다 좁게 해석하는 것이 다수설이다. 아동혹사죄의 업무는 '생명·신체에 대한 위험한 업무'이며, 본죄의 법정형이 근로기준법위반죄의 법정형보다 중하기 때문이다.

3. 고의와 가혹성향

본죄는 고의범이므로 자기의 보호 또는 감독을 받는 16세 미만의 자를 그 생명 또는 신체에 위험한 업무에 사용할 영업자 또는 종업자에게 인도한다는 인식과 의사가 있어야 한다. 상대방은 이를 알면서 인수했을 때 고의가 인정된다. 뿐만 아니라 본죄는 경향범이므로 초과 주관적 불법요소로서 가혹성향이 있어야 한다.

Ⅶ. 유기등 치사상죄

제275조(유기등 치사상) ① 제271조 또는 제273조의 죄를 범하여 사람을 상해에 이르게 한 때에는 7년 이하의 징역에 처한다. 사망에 이르게 한 때에는 3년 이상의 유기징역에 처한다.
② 자기 또는 배우자의 직계존속에 대하여 제271조 또는 제273조의 죄를 범하여 상해에 이르게 한 때에는 3년 이상의 유기징역에 처한다. 사망에 이르게 한 때에는 무기 또는 5년 이상의 징역에 처한다.

1. 유기·학대치사상죄

유기·학대치사상죄는 제271조의 유기죄 또는 존속유기죄, 제273조의 학대죄 또는 존속학대죄를 범하여 사람을 상해에 이르게 하거나 사망에 이르게 한 경우에 성립하는 범죄이다. 단순유기죄·단순학대죄에 대한 가중적 구성요건으로서 진정 결과적 가중범이다. 유기·학대와 사상의 결과 사이에는 인과관계가 있어야 한다. 유기·학대치사상죄를 인정하기 위해서는 보호의무자의 행위로서 상해나 사망의 결과를 방지할 가능성이 있어야 한다.[149] 그 사이에 제3자의 행위가 일부 기여한 경우에도 인정될 수 있다.[150]

2. 존속유기·학대치사상죄

존속유기·학대치사상죄는 자기 또는 배우자의 직계존속에 대하여 제271조의 유기죄 또는 제273조의 학대죄를 범하여 상해에 이르게 하거나 사망에 이르게 한 경우에 성립하는 범죄이다. 유기·학대치사상죄에 대해 신분관계로 인해 형이 가중되는 가중적 구성요건으로서 부진정 신분범이다.

---

149) 대법원 1967.10.31. 선고 67도1151 판결.

150) 대법원 2015.11.12. 선고 2015도6809 전원합의체 판결.

CHAPTER 02

자유에 대한 죄

제1절 체포와 감금의 죄

Ⅰ. 총설

1. 의의와 보호법익

체포와 감금의 죄는 사람을 불법하게 체포 또는 감금함으로써 신체적 활동의 자유를 침해하는 것을 내용으로 하는 범죄이다.

본죄의 보호법익은 사람의 신체활동의 자유이며, 특히 장소선택의 자유, 장소이전 가능성을 전제로 한 잠재적 활동자유이다. 장소선택의 자유라고 함은 특정한 장소에 머무를 수 있는 적극적 자유를 의미하는 것이 아니라 일정한 장소에서 자유로이 떠날 수 있는 자유를 의미한다. 본죄의 보호의 정도는 침해범이다. 따라서 신체적 활동의 자유가 현실적으로 침해되었을 때 기수가 된다.

2. 특별법

폭력행위처벌법 제2조에 따르면 2인 이상이 공동하여 형법 제276조 제1항 체포·감금죄와 제276조 제2항 존속체포, 존속감금을 범한 경우에는 형의 2분의 1까지 가중처벌한다. 또한 자기 또는 타인의 형사사건의 수사 또는 재판과 관련하여 고소·고발 등 수사단서의 제공, 진술, 증언 또는 자료제출에 대한 보복의 목적으로 형법 제276조제1항의 체포·감금죄를 범한 경우에는 특정범죄가중법 제5조의9에 의하여 가중처벌한다.

Ⅱ. 체포·감금죄

> 제276조 (체포, 감금) ① 사람을 체포 또는 감금한 자는 5년 이하의 징역 또는 700만원 이하의 벌금에 처한다.
> 제280조 (미수범) 전4조의 미수범은 처벌한다.
> 제282조 (자격정지의 병과) 본장의 죄에는 10년 이하의 자격정지를 병과할 수 있다.

1. 의의

체포·감금죄는 사람을 체포 또는 감금한 경우에 성립하는 범죄이다. 본죄의 보호법익은 신체적 활동의 자유이며, 보호의 정도는 침해범이다. 또한 본죄는 기수가 된 이후에도 법익침해상태가 범행종료시까지 시간적으로 어느 정도 계속될 것을 필요로 하는 계속범이다.

2. 객관적 구성요건

가. 주체: 사람

본죄의 주체는 피해자 이외의 모든 자연인이다. 주의할 점은 재판, 검찰, 경찰 기타 인신구속에 관한 직무를 행하는 자 또는 이를 보조하는 자가 그 직권을 남용하여 사람을 체포 또는 감금한 때에는 본죄가 아니라 불법체포·감금죄(제124조)가 성립한다.

나. 객체: 사람

본죄의 객체는 범인 이외의 자연인이다. 자연인은 어느 정도의 활동의 자유를 가져야 하는가에 대하여 견해의 대립이 있다. 영아나 수면자 등 잠재적 활동의 자유가 제한되어 있는 사람에 대해서도 본죄가 성립할 수 있는지 문제된다. 이에 대하여 신체활동의 현실적 존재·의사를 불문하므로 살아 있는 사람이면 모두 본죄의 객체가 될 수 있기 때문에, 만취자·수면자·정신질환자·영아도 본죄의 객체가 된다는 견해가 있다.[151] 하지만 현실적으로는 신체활동의 자유가 없을지라도 곧 활동이 기대되는 잠재적 의사를 가진 자이면

151) 오영근/노수환, 105면

본죄의 객체가 된다는 견해가 통설이다.[152] 따라서 만취자·수면자 등은 장소 이전의 잠재적 자유를 가지고 있으므로 본죄의 객체가 되지만, 영아는 활동의 잠재적 자유가 없기 때문에 본죄의 객체에서 제외되고 제287조 약취죄의 객체가 될 뿐이다. 활동의 자유는 의사자유를 전제로 하는 것으로 보기 때문에 의사자유가 없는 자는 이 죄의 대상이 되지 않고 만취자, 수면자는 의식을 회복해야만 가능하다고 하는 견해도 있지만,[153] 통설과 같은 입장이라고 볼 수 있다.

생각건대, 본죄의 보호법익은 신체활동의 자유가 현실적으로 가능한 경우뿐만 아니라 잠재적으로 가능한 경우에도 보호되어야 한다. 현실적으로 행동의 가능성이 없더라도 잠재적으로 행동의 자유가 있다고 판단되면 본죄의 객체에 해당한다고 보는 것이 옳다. 따라서 만취자, 수면자, 신체장애자와 같이 사실상 활동이 가능하다면 본죄가 성립할 수 있지만, 영아와 같이 타인의 도움이 없이는 사실상 활동이 불가능하다면 본죄가 아닌 약취죄가 성립한다고 보는 것이 타당하다.

다. 행위: 체포·감금행위

(1) 체포행위

체포(逮捕)는 사람의 신체에 대하여 직접적·현실적인 구속을 가하여 그 신체활동의 자유를 박탈하는 것을 말한다(직접 구속). 체포의 수단·방법은 밧줄로 손발을 묶는 방법, 흉기를 이용하여 일정 시간 움직이지 못하게 하는 방법 등 유형적 방법·무형적 방법을 불문하며, 작위·부작위 모두 가능하다.

갑이 경찰관 A에게 현행범이라고 속여 B를 체포하게 하는 경우와 같이 처벌되지 않는 제3자의 행위를 이용한 간접정범의 형태로도 가능하다. 신체 활동의 자유 박탈은 전체적으로 관찰하여 판단해야 하며, 부분적으로 행동의 자유가 있다고 하더라도 규범적 관점에서 전체적으로 평가할 때 행동의 자유가 박탈되었다고 볼 수 있다면 본죄가 성립할 수 있다.

긴 밧줄에 묶여 있는 경우와 같이 피해자에게 부분적 자유가 있는 체포도 얼마든지 가능하다. 신체에 대한 직접적이고 현실적인 구속이 있어야 하므로 흉기를 겨누는 경우와 같이 신체에 대한 직접적 구속이 있는 경우에는 체포죄가 성립한다. 하지만 일정한 장소에 출석하도록 위협하여 출석하게 하는 경우는 신체에 대한 현실적인 구속이 없으므로 체포죄가 아니라 강요죄에 해당한다.

---

152) 김성돈, 152면; 배종대, 212면; 손동권/김재윤, 121면; 오영근/노수환, 105면; 이재상/장영민/강동범, 123면; 이형국/김혜경, 168면; 임웅/이현정/박성민, 145면; 정성근/박광민, 136면.

153) 김일수/서보학, 110면; 신동운, 650면.

(2) 감금행위

감금(監禁)은 사람을 일정한 장소 밖으로 나가지 못하게 하여 신체활동의 자유를 장소적으로 제한하는 것을 말한다(간접 구속). 장소적 제한이 있다는 점에서 체포와 구별된다. 맹견, 폭력, 포박, 마취와 같은 유형적 방법뿐만 아니라 협박, 위계, 수치심, 기망, 공포 등을 이용한 무형적 방법에 의해서도 가능하다.[154] 목욕하는 사람의 옷을 숨겨 수치심으로 밖으로 나오지 못하게 한 경우, 행위자의 폭행과 협박으로 야기된 공포심으로 인하여 피해자가 일정 장소 밖으로 나가지 못하거나 밖으로 나가는 것을 단념한 경우,[155] 자동차를 고속으로 주행하여 두려움을 느낀 피해자로 하여금 차량에서 내리지 못하게 하는 경우도 감금행위에 해당한다.[156]

허위신고를 하여 정을 모르는 수사기관을 이용하여 피해자를 체포·구속하게 한 경우 또는 재산분할의 목적으로 정을 모르는 정신건강의학과 의사로부터 입원결정을 받아 피해자를 정신병원에 강제입원시키는 경우와 같이 간접정범에 의한 감금도 가능하다.[157] 또한 방에 사람이 있는 줄 모르고 잠근 후 나중에 그 사실을 알고서도 문을 열어주지 않은 경우와 같이 부작위에 의한 감금도 가능하다.

행동의 자유 박탈이 반드시 전면적일 필요는 없으므로 감금된 특정한 장소에서 어느 정도의 생활의 자유가 주어졌을지라도 감금에 해당한다.[158]

판례 경찰서 조사계 사무실 사건

【사실관계】 경찰서 조사계장 갑과 조사계원 을은 1989.7.21.14:00경 절도피의자 A의 신병을 인수하여 같은 달 24일 23:55경 피의자에 대한 구속영장을 집행할 때까지 약 82시간동안 경찰서 조사계 사무실과 형사피의자 대기실 등에 있게 하면서 조사를 하는 한편, 그 기간 중 신병처리 품신과 영장신청을 위하여 형사피의자 대기실에서 대기시킨 시간을 제외하고는 조사경찰관들과 어울려 식사도 하고 사무실내외를 자유로이 통행하였다.

【판결요지】 감금죄에 있어서의 감금행위는 사람으로 하여금 일정한 장소 밖으로 나가지 못하도록 하여 신체의 자유를 제한하는 행위를 가리키는 것이고, 그 방법은 반드시 물리적, 유형적 장애를 사용하는 경우뿐만 아니라 심리적, 무형적 장애에 의하는 경우도 포함되는 것인바, 설사 피해자가 경찰서 안에서 직장동료인 피해자들과 같이 식사

---

154) 대법원 2000.3.24. 선고 2000도102 판결.

155) 대법원 1985.6.25. 선고 84도2083 판결; 대법원 1991.8.27. 선고 91도1604 판결.

156) 대법원 2000.2.11. 선고 99도5286 판결.

157) 대법원 2015.10.29. 선고 2015도8429 판결.

158) 대법원 1984.5.15. 선고 84도655 판결; 대법원 2000.3.24. 선고 2000도102 판결.

도 하고 사무실 안팎을 내왕하였다 하여도 피해자를 경찰서 밖으로 나가지 못하도록 그 신체의 자유를 제한하는 유형, 무형의 억압이 있었다면 이는 감금행위에 해당한다(대법원 1991.12.30.자 91모5 결정).

【해설】 감금은 사람을 일정한 장소 밖으로 나가지 못하게 하여 신체활동의 자유를 장소적으로 제한하는 것을 말한다. 경찰서 안이라는 장소적 제한을 했다면 경찰서 안에서 어느 정도의 자유가 주어졌다고 하더라도 감금에 해당한다. 다만 이 사안의 행위 주체는 경찰관들이므로 제276조 체포·감금죄가 아닌 제124조 불법체포감금죄가 성립한다.

(3) 결론

체포와 감금은 개념적으로 구별이 가능하지만, 양자의 구별이 현실적으로 명확한 것은 아니다. 양자가 혼재되어 계속적으로 연결되는 경우가 많다. 신체 활동의 자유가 제한적으로 가능한 경우 체포가 되는지 감금이 되는지 불분명한 경우가 많을 것이다. 감금을 위해 체포가 되는 경우가 있다면 더욱 그러할 것이다. 하지만 양자는 법정형이 동일하기에 엄격히 구별할 실익이 크지 않다.

라. 실행의 착수 시기

체포는 사람의 신체에 대하여 직접적이고 현실적인 구속을 가하여 신체활동의 자유를 박탈하는 행위를 의미한다. 따라서 체포죄의 실행의 착수 시기는 체포의 고의로써 타인의 신체적 활동의 자유의 침해를 현실적으로 포함할 수 있는 객관적 위험성이 있는 행위를 개시한 때이다. 감금죄의 경우에도 마찬가지이다. 체포·감금을 하기 위하여 피해자의 팔을 잡아당기거나 등을 미는 행위를 개시한 때,[159] 피해자가 나가지 못하도록 현관에서 거실 쪽으로 밀치는 행위를 개시한 때[160] 본죄의 실행의 착수가 인정될 수 있다.

마. 기수 시기

본죄는 신체 활동의 자유가 현실적으로 침해되었을 때 기수가 되므로 침해범이다. 본죄는 체포나 감금행위로 인하여 사람의 신체 활동의 자유가 침해되었다고 인정할 수 있을 정도의 어느 정도 일정한 시간적 계속이 필요하다.[161] 본죄는 자유 박탈 상태가 시간적으로 계속된 때 기수가 되고, 자유가 회복된 때에 범행이 종료된다. 자유 박탈 상태가 계속되는 한 범죄는 계속되고, 그동안 언제든지 공범 성립이 가능하다. 어느 정도의 시간적 계

159) 대법원 2020.3.27. 선고 2016도18713 판결.

160) 대법원 2018.2.28. 선고 2017도21249 판결.

161) 대법원 2018.2.28. 선고 2017도21249 판결; 대법원 2020.3.27. 선고 2016도18713 판결.

속이 있어야 본죄의 기수가 될 수 있는가에 대해서 행위의 사회적 의미에 따라서 구체적 사안을 검토하여 결정해야 한다.

(1) 일시적 자유 박탈의 경우

'일시적인 자유 박탈'의 경우 폭행죄가 성립하는가 아니면 체포·감금죄의 미수범이 성립하는가에 대하여 폭행죄가 성립한다는 것이 다수설이다. 자유 박탈이 일시적인 경우에는 체포·감금죄의 미수가 아닌 폭행죄가 성립하며, 자유 박탈의 정도가 어느 정도 시간적으로 계속되었을 경우에 체포·감금죄의 기수가 된다는 것이다.

생각건대, 이 경우에는 체포·감금의 고의에 따라 구분하는 것이 타당하다고 생각한다. 체포·감금의 고의 없이 일시적 자유 박탈에 그친 경우에는 폭행죄가 성립하지만, 체포·감금의 고의로 일시적 자유 박탈에 그친 경우에는 체포·감금죄의 미수가 성립한다고 보는 것이 타당하다. 판례도 같은 입장으로 보인다.

판례 실행의 착수 시기와 기수 시기, 계속범

【사실관계】 피해자가 피고인으로부터 강간미수 피해를 입은 후 피고인의 집에서 나가려고 하였는데 피고인이 피해자가 나가지 못하도록 현관에서 거실 쪽으로 피해자를 세 번 밀쳤고, 피해자가 피고인을 뿌리치고 현관문을 열고 나와 엘리베이터를 누르고 기다리는데 피고인이 팬티 바람으로 쫓아 나왔으며, 피해자가 엘리베이터를 탔는데도 피해자의 팔을 잡고 끌어내리려고 해서 이를 뿌리쳤고, 피고인이 닫히는 엘리베이터 문을 손으로 막으며 엘리베이터로 들어오려고 하자 피해자가 버튼을 누르고 손으로 피고인의 가슴을 밀어냈다.

【판결요지】 형법 제276조 제1항의 체포죄에서 말하는 '체포'는 사람의 신체에 대하여 직접적이고 현실적인 구속을 가하여 신체활동의 자유를 박탈하는 행위를 의미하는 것으로서 수단과 방법을 불문한다. 체포죄는 계속범으로서 체포의 행위에 확실히 사람의 신체의 자유를 구속한다고 인정할 수 있을 정도의 시간적 계속이 있어야 하나, 체포의 고의로써 타인의 신체적 활동의 자유를 현실적으로 침해하는 행위를 개시한 때 체포죄의 실행에 착수하였다고 볼 것이다. (중략) 피고인은 피해자의 신체적 활동의 자유를 박탈하려는 고의를 가지고 피해자의 신체에 대한 유형력의 행사를 통해 일시적으로나마 피해자의 신체를 구속하였다고 판단하였다. 앞서 본 법리와 증거에 비추어 살펴보아도, 위와 같은 원심의 판단에 상고이유 주장과 같이 체포미수죄에서의 유형력 행사의 정도에 관한 법리를 오해한 잘못이 없다(대법원 2018.2.28. 선고 2017도21249 판결).

【해설】 일시적 자유 박탈의 경우에는 폭행죄로 보는 것이 다수설이다. 따라서 위 사안의 경우 다수설에 따르면 폭행죄가 성립한다. 하지만 일시적 자유 박탈에 그친 경우라

도 행위자의 고의가 무엇인가에 따라서 달리 판단해야 한다. 위 사안의 경우 행위자는 체포의 고의를 가진 것이므로 체포죄의 기수인지 미수인지가 문제될 뿐이다. 체포죄는 계속범이므로 기수가 되기 위해서는 어느 정도의 시간적 계속성이 필요하다. 위 사안의 경우 피해자의 신체활동의 자유가 박탈되었다고 평가할 수 있을 정도의 시간적 계속성이 없는 일시적 자유 박탈에 해당하므로 체포죄는 기수가 아니라 미수에 해당한다.

(2) 자유 박탈에 대한 피해자의 인식

체포·감금죄의 기수가 성립하기 위해서 자유 박탈에 대한 피해자의 인식이 필요한가에 대하여 필요설과 불필요설이 대립하고 있다. 필요설에 따르면 침해범이라는 본죄의 성격상 자유 박탈에 대한 피해자의 현실적인 인식이 없는 상태에서의 체포·감금은 보호법익에 대한 침해의 위험성만을 갖고 있는 상태로서 미수라고 한다.[162] 이에 대하여 불필요설에 따르면 본죄의 보호법익인 이전의 자유가 현실적 자유가 아니라 잠재적 자유이기 때문에 피해자의 인식 여부와 관계없이 객관적으로 이를 침해한 사실이 있으면 본죄가 성립한다.[163]

생각건대, 체포·감금죄의 보호법익과 본죄의 객체인 사람의 범위라는 관점에서 해결되어야 한다. 본죄의 보호법익은 현실적인 장소이전의 자유가 아니라 '잠재적인' 이전의 자유이기 때문에 현실적으로 이전의 자유에 대한 피해자의 인식 여부는 중요하지 않다. 정신질환자나 명정자, 수면자와 같이 현재 시점에서는 장소이전의 자유가 없더라도 잠재적 이전의 자유를 가진 사람이라면 체포·감금죄의 객체가 된다. 따라서 정신질환자나 명정자, 수면자의 체포·감금에 대한 현실적 인식 여부는 체포·감금죄의 성립에 영향을 주지 않는다고 생각한다. 불필요설이 타당하다.

3. 위법성

형사소송법에 따른 체포·구속, 경찰관 직무집행법에 따른 구호대상자의 보호조치, 정신건강복지법에 따라 치료를 위한 정신질환자의 입원[164]은 정당행위 중 법령에 의한 행위로 위법성이 조각된다.[165] 피해자의 승낙에 의하여 감금한 경우 위법성조각설과 구성요건

---

162) 김일수/서보학, 138면; 배종대, 212면; 임웅/이현정/박성민, 145면.

163) 박상기/전지연, 477면; 이재상/장영민/강동범, 126면; 정성근/박광민, 136면.

164) 정신건강증진 및 정신질환자 복지서비스 지원에 관한 법률 제43조에서 규정하고 있는 보호의무자에 의한 입원에 관한 절차를 준수한 경우 위법성이 조각될 수 있다.

165) 종래 민법 제915조에 따라 친권자는 그 자를 보호 또는 교양하기 위하여 필요한 징계를 할 수 있었지만, 2021.1.26. 민법

해당성 조각설이 대립하고 있다. 감금에 대한 피해자의 승낙은 구성요건해당성을 조각하는 양해에 해당한다고 보는 것이 타당하다. 이른바 '형제복지원 사건'에서 판례는 "수용시설에 수용중인 부랑인들의 야간도주를 방지하기 위하여 그 취침시간 중 출입문을 안에서 시정조치한 행위가 형법 제20조의 정당행위에 해당되어 위법성이 조각된다"고 판단하였지만,[166] 옳은 결정이 아니라고 생각한다.

판례 정신의료기관에 자의로 입원한 환자의 퇴원 요구

【판결요지】 [2] 구 정신보건법(2015.1.28. 법률 제13110호로 개정되기 전의 것, 이하 같다) 제23조 제2항은 '정신의료기관의 장은 자의로 입원 등을 한 환자로부터 퇴원 신청이 있는 경우에는 지체 없이 퇴원을 시켜야 한다'고 정하고 있다(2016.5.29. 법률 제14224호로 전부 개정된 정신건강증진 및 정신질환자 복지서비스 지원에 관한 법률 제41조 제2항은 '정신의료기관 등의 장은 자의입원 등을 한 사람이 퇴원 등을 신청한 경우에는 지체 없이 퇴원 등을 시켜야 한다'고 정하고 있다). 환자로부터 퇴원 요구가 있는데도 구 정신보건법에 정해진 절차를 밟지 않은 채 방치한 경우에는 위법한 감금행위가 있다(대법원 2017.8.18. 선고 2017도7134 판결).

【해설】 현재는 '정신건강증진 및 정신질환자 복지서비스 지원에 관한 법률'에 따라 정신질환자의 입원에 대한 요건과 절차를 정하고 있다. 동법 제41조에는 정신질환자나 그 밖의 정신건강상 문제가 있는 사람이 스스로 신청하는 '자의입원', 동법 제42조에는 보호의무자의 동의를 받아 입원하는 '동의입원', 동법 제43조에는 보호의무자에 의한 입원, 동법 제44조에는 특별자치시장·특별자치도지사·시장·군수·구청장에 의한 입원, 동법 제50조에는 응급입원 등에 대한 요건과 절차를 정하고 있다. 정신질환자의 입원과 퇴원은 당해 법률에 따라서 정당화될 수 있다.

4. 죄수

사람을 체포하여 감금까지 한 경우 포괄일죄로 감금죄만 성립한다. 체포와 감금이 연속적으로 행해지는 경우가 많으며, 신체의 자유를 침해한다는 점에서 동일한 구성요건으로 볼 여지가 있기 때문이다.

개정에 의하여 친권자의 징계권은 삭제되었다. 따라서 친권자의 징계행위로 그 자녀를 체포·감금을 한 경우 법령에 의한 행위로 위법성이 조각되지 않는다. 사회상규에 위배되지 않는 행위로 위법성이 조각될 여지는 남아 있다.

166) 대법원 1988.11.8. 선고 88도1580 판결; 대법원 2021.3.11. 선고 2019오1 판결. 대법원은 1988.3.8. 피고인에 대한 공소사실 중 야간감금행위 부분이 감금죄를 구성한다고 본 원판결 법원의 판단에 감금죄와 형법 제20조의 정당행위에 관한 법리를 오해한 잘못이 있다는 이유로 원판결 중 피고인에 대한 부분을 전부 파기하고 그 부분 사건을 원판결 법원에 환송하였다(87도2671 판결).

본죄의 보호법익은 신체활동의 자유로 일신전속적 성질을 가지므로 피해자의 수에 따라 본죄가 성립한다고 보는 것이 타당하다. 따라서 1개의 행위로 동시에 동일 장소에 수인의 피해자들을 감금한 경우 피해자의 수만큼 본죄가 성립하며, 상상적 경합관계에 있다.

5. 다른 죄와의 관계

가. 체포·감금죄와 폭행·협박죄의 관계

체포·감금의 수단으로 폭행·협박을 한 경우에 폭행·협박은 불가벌적 수반행위로 본죄에 흡수되지만,[167] 폭행·협박이 체포·감금의 수단이 되지 않고 별개의 동기나 원인으로 이루어진 경우에는 폭행·협박죄는 흡수되지 않고 양죄는 경합범이 된다.

판례 감금을 하기 위한 수단으로서 행사된 협박

【사실관계】 피고인은 1981.3.29.12:40경 서울동대문구 중화동 소재 옥호불상 정육점 앞에서 피해자(여, 31세)의 신고로 같은 달 피고인이 폭력행위 등으로 구속되어 형사처벌을 받은 것에 불만을 품고 이를 보복하기 위하여 피해자에게 "자동차에 타라, 타지 않으면 가만있지 않겠다"고 협박하면서 동녀를 그곳에 대기시켜 놓았던 자동차 뒷좌석에 강제로 밀어 넣어 앉히고 동녀가 내려 달라고 애원했으나 내려주지 않고 그곳에서 같은 구 망우동 소재 망우리 공동묘지까지 약 20분간 자동차를 운전하였다.

【판결요지】 감금을 하기 위한 수단으로서 행사된 단순한 협박행위는 감금죄에 흡수되어 따로 협박죄를 구성하지 아니한다(대법원 1982.6.22. 선고 82도705 판결).

【해설】 행위자가 감금죄를 범하면서 그 죄와 논리적으로 필연적인 것은 아니지만 일반적·전형적으로 결합되어 있는 협박을 한 경우, 협박죄의 불법내용이 주된 감금죄에 대하여 경미한 경우에는 불가벌적 수반행위에 해당한다. 불가벌적 수반행위는 법조경합 중 흡수관계에 해당하여 별죄를 구성하지 않는다.

나. 체포·감금죄와 약취·유인죄의 관계

체포·감금죄와 약취·유인죄는 사람의 신체 자유를 침해한다는 점에서 동일하지만, 체포·감금죄는 신체 활동의 자유를 침해하는 것임에 비해, 약취·유인죄는 반드시 그것을 요하지 않는 점에서 양죄는 구성요건이 다르다. 사람을 약취·유인한 다음 그를 계속하여 감금한 경우에는 실체적 경합 관계이다. 따라서 미성년자를 유인한 자가 계속하여 미성년

167) 대법원 1982.6.22. 선고 82도705 판결.

자를 불법하게 감금하였을 때에는 미성년자유인죄 이외에 감금죄가 별도로 성립한다.[168)]

다. 체포·감금죄와 강간죄·강도죄의 관계

강간의 수단으로 감금을 한 경우에 감금은 강간죄에 흡수되지 않는다. 강간죄의 성립에 언제나 직접적으로 감금행위를 수반하는 것이 아니기 때문이다. 따라서 강간의 수단으로 감금하여 피해자를 강간하려 하였으나 강간미수에 그친 경우 감금죄와 강간죄는 상상적 경합이 된다는 것이 판례의 입장이다.[169)] 강도죄도 마찬가지이다.

감금 중에 강간이나 강도를 하였다면 감금죄와 강간죄·강도죄는 실체적 경합에 해당한다.[170)] 강간이나 강도가 종료한 이후에도 계속 감금을 한 경우에도 실체적 경합에 해당한다. 따라서 피해자를 강제로 승용차에 태우고 가면서 돈을 빼앗고 상해를 가한 뒤에도 상당한 거리를 진행하다가 교통사고를 일으켜 감금행위가 중단된 경우 감금죄와 강도상해죄는 실체적 경합에 해당한다.[171)]

판례 조개트럭 사건: 감금죄와 강간죄의 상상적 경합

【사실관계】 갑은 1980.7.10.10:22경 화물자동차에 조개를 실고 충남 홍성군으로 가다가 도중에 예산읍까지 태워달라는 A(여, 17세)의 부탁을 받고 그녀를 운전석 옆에 태웠다. 그러나 갑은 갑자기 A를 강간할 마음이 생겨 목적지로 데려다주지 아니하고 A의 하차요구를 거절한 채 계속 운행하면서 같은 달 11. 00:50경 강제로 추행을 하고 01:00경에는 강간을 하려다 뜻을 이루지 못하였다. 갑은 그래도 A를 강간할 의사를 버리지 않고 계속하여 A를 강제로 그 차에 태워 공주군 소재 ○○여관 앞길까지 운행하여 동 여관방에서 강간하려 하였으나 A는 화장실에 들어가 문을 잠그고 소리를 질러 위기를 모면하였다.

【판결요지】 강간죄의 성립에 언제나 직접적으로 또 필요한 수단으로서 감금행위를 수반하는 것은 아니므로 이 사건에서 감금행위가 강간미수죄의 수단이 되었다하여 감금행위는 강간미수죄에 흡수되어 범죄를 구성하지 않는다고 할 수는 없는 것이고 피고인이 피해자가 자동차에서 내릴 수 없는 상태를 이용하여 강간하려고 결의하고 주행중인 자동차에서 탈출불가능하게하여 외포케 하고 50킬로미터를 운행하여 여관 앞까지 강제로 연행하여 강간하려다 미수에 그친 것이므로 위 협박은 감금죄의 실행의 착수임과 동시에 강간미수죄의 실행의 착수라 할 것이고 감금과 강간미수의 두 행위가

168) 대법원 1998.5.26. 선고 98도1036 판결.
169) 대법원 1983.4.26. 선고 83도323 판결.
170) 대법원 1997.1.21. 선고 96도2715 판결.
171) 대법원 2003.1.10. 선고 2002도4380 판결.

시간적 장소적으로 중복될 뿐 아니라 감금행위 그 자체가 강간의 수단인 협박행위를 이루고 있는 경우로서 이 사건 감금과 강간미수죄는 일개의 행위에 의하여 실현된 경우로서 이 사건 감금과 강간미수죄는 일개의 행위에 의하여 실현된 경우로서 형법 제40조의 상상적 경합이라고 해석함이 상당하다(대법원 1983.4.26. 선고 83도323 판결).

【해설】 강간을 하기 위하여 감금한 경우 감금죄는 강간죄에 흡수되지 않는다. 강간죄의 성립에 언제나 직접적으로 또 필요한 수단이 되는 불가벌적 수반행위에 해당하지 않기 때문이다. 수반행위가 일반적인 범위를 넘어서 고유한 불법내용을 가질 때에는 불가벌적 수반행위가 성립하지 않고 별개의 죄가 된다. 또한 피고인의 협박행위는 감금죄와 강간미수죄를 실현시킨 것이며, 협박행위는 1개의 행위이므로 양죄의 관계는 상상적 경합이 된다.

라. 특정범죄가중처벌법위반죄와의 관계

자기 또는 타인의 형사사건의 수사 또는 재판과 관련하여 고소·고발 등 수사단서의 제공, 진술, 증언 또는 자료제출에 대한 보복의 목적으로 단순체포·감금죄를 범한 경우 특정범죄가중처벌법 제5조의9 제2항 보복체포·감금죄에 해당하고, 이 죄를 범하여 사람을 사망에 이르게 한 경우 특정범죄가중처벌법 제5조의9 제3항 보복체포·감금치사죄에 해당하여 가중처벌된다.

Ⅲ. 존속체포·감금죄

> 제276조 (존속체포, 존속감금) ② 자기 또는 배우자의 직계존속에 대하여 제1항의 죄를 범한 때에는 10년 이하의 징역 또는 1천500만원 이하의 벌금에 처한다.
> 제280조 (미수범) 전4조의 미수범은 처벌한다.

존속체포·감금죄는 자기 또는 배우자의 직계존속을 체포·감금함으로써 성립하는 범죄이다. 신분으로 인하여 책임이 가중되는 가중적 구성요건이며 부진정 신분범이다.

Ⅳ. 중체포·감금죄, 존속중체포·감금죄

> 第277조 (중체포, 중감금, 존속중체포, 존속중감금) ① 사람을 체포 또는 감금하여 가혹한 행위를 가한 자는 7년 이하의 징역에 처한다.
> ② 자기 또는 배우자의 직계존속에 대하여 전항의 죄를 범한 때에는 2년 이상의 유기징역에 처한다.
> 第280조 (미수범) 전4조의 미수범은 처벌한다.

중체포·감금죄는 사람을 체포 또는 감금하여 가혹한 행위를 가한 경우에 성립하는 범죄로 체포·감금죄에 대하여 행위태양으로 인하여 불법이 가중된 가중적 구성요건이다.

가혹한 행위는 사람에게 정신적·육체적 고통을 주는 일체의 행위를 말한다. 예를 들면 옷을 벗겨 수치심을 주는 행위, 음식물을 제공하지 않는 행위, 잠을 재우지 않는 행위 등이 이에 해당한다.

'가혹행위'라는 개념과 제273조의 학대죄의 '학대' 개념 간의 관계에 대하여 가혹행위 개념이 학대 개념보다 더 넓은 것으로 이해하는 것이 타당하다. 학대는 유기에 준하는 정도이어야 하지만[172) 가혹행위는 반드시 생명이나 신체에 위험을 줄 정도에 이를 필요는 없다고 생각한다.

가혹행위에 해당하는지 여부는 행위자 및 그 피해자의 지위, 처한 상황, 그 행위의 목적, 그 행위에 이르게 된 경위와 결과 등 구체적 사정을 검토하여 판단하여야 한다.

본죄의 고의에는 처음부터 체포·감금하여 가혹한 행위를 하려고 한 경우 이외에 체포·감금한 후에 가혹한 행위를 하려는 의사가 생긴 경우도 포함한다.

판례 동거녀 감금치사 사건

【판결요지】 피고인이 아파트 안방에서 안방문에 못질을 하여 동거하던 피해자가 술집에 나갈 수 없게 감금하고, 피해자를 때리고 옷을 벗기는 등 가혹한 행위를 하여 피해자가 이를 피하기 위하여 창문을 통해 밖으로 뛰어 내리려 하자 피고인이 이를 제지한 후, 피고인이 거실로 나오는 사이에 갑자기 안방 창문을 통하여 알몸으로 아파트 아래 잔디밭에 뛰어 내리다가 다발성 실질장기파열상 등을 입고 사망한 경우, 피고인의 중감금행위와 피해자의 사망 사이에는 인과관계가 있어 피고인은 중감금치사죄의 죄책

172) 대법원 2000.4.25. 선고 2000도223 판결.

을 진다고 본 사례(대법원 1991.10.25. 선고 91도2085 판결).

【해설】 안방문에 못질을 한 것은 감금행위에 해당하고, 피해자를 때리고 옷을 벗기는 것은 가혹행위에 해당하므로 중감금죄에 해당한다. 또한 피고인의 중감금행위와 피해자의 사망 사이에는 인과관계가 있으므로 결론적으로 중감금치사죄가 성립한다. 행위자의 행위를 피하기 위해 피해자가 도주하는 과정에서 발생한 사상의 결과에 대해서 인과관계가 인정된다는 것이 판례의 일반적 태도이다.

V. 특수체포·감금죄

제278조 (특수체포, 특수감금) 단체 또는 다중의 위력을 보이거나 위험한 물건을 휴대하여 전2조의 죄를 범한 때에는 그 죄에 정한 형의 2분의1까지 가중한다.
제280조 (미수범) 전4조의 미수범은 처벌한다.

특수체포·감금죄는 단체 또는 다중의 위력을 보이거나 위험한 물건을 휴대하여 체포·감금함으로써 성립하는 범죄이다. 행위방법의 위험성 때문에 단순체포·감금죄에 비하여 불법이 가중된 형태이다. 단체 또는 다중의 위력이나 위험한 물건의 휴대의 의미는 특수상해죄에서 설명한 바와 같다.

Ⅵ. 상습체포·감금죄

제279조 (상습범) 상습으로 제276조 또는 제277조의 죄를 범한 때에는 전조의 예에 의한다.
제280조 (미수범) 전4조의 미수범은 처벌한다.

상습체포·감금죄는 상습으로 체포·감금죄, 존속체포·감금죄, 중체포·감금죄, 존속중체포·감금죄를 범한 경우에 성립하는 범죄이다. 상습이란 반복된 행위에 의하여 얻어진 행위자의 습벽으로 인하여 죄를 범한 경우를 말한다. 본죄는 상습성으로 인하여 책임이 가중되는 가중적 구성요건이다.

Ⅶ. 체포·감금치사상죄

제281조 (체포·감금 등의 치사상)
① 제276조 내지 제280조의 죄를 범하여 사람을 상해에 이르게 한 때에는 1년 이상의 유기징역에 처한다. 사망에 이르게 한 때에는 3년 이상의 유기징역에 처한다.
② 자기 또는 배우자의 직계존속에 대하여 제276조 내지 제280조의 죄를 범하여 상해에 이르게 한 때에는 2년 이상의 유기징역에 처한다. 사망에 이르게 한 때에는 무기 또는 5년 이상의 징역에 처한다.

체포·감금치사상죄는 체포·감금죄, 중체포·감금죄, 상습체포·감금죄 등을 범하여 사람을 상해 또는 사망에 이르게 한 경우에 성립하는 결과적 가중범이다.

승용차로 피해자를 가로막아 승차하게 한 후 피해자의 하차 요구를 무시한 채 당초 목적지가 아닌 다른 장소를 향하여 시속 약 60km 내지 70km의 속도로 진행하여 피해자를 차량에서 내리지 못하게 한 행위는 감금죄에 해당하고, 피해자가 그와 같은 감금상태를 벗어날 목적으로 차량을 빠져 나오려다가 길바닥에 떨어져 상해를 입고 그 결과 사망에 이르렀다면 감금행위와 피해자의 사망 사이에는 상당인과관계가 있다고 할 것이므로 감금치사죄에 해당한다.[173)]

판례는 체포치상죄에서 상해의 의미에 대하여 피해자 신체의 건강상태가 불량하게 변경되고 생활기능에 장애가 초래되는 것으로 본다. 피해자가 입은 상처가 극히 경미하여 굳이 치료할 필요가 없고 치료를 받지 않더라도 일상생활을 하는 데 아무런 지장이 없으며 시일이 경과함에 따라 자연적으로 치유될 수 있는 정도라면, 그로 인하여 피해자의 신체의 건강상태가 불량하게 변경되었다거나 생활기능에 장애가 초래된 것으로 보기 어렵다면 체포치상죄의 상해에 해당한다고 할 수 없다.[174)] 상해죄의 상해 개념과 달리 본죄의 상해에 대해서는 '상대적 상해 개념'을 적용하고 있다.

경찰관이 집회 장소에서 질서유지업무를 수행하면서 집회 참가자들을 '적법하게' 체포하는 과정에서 상해의 결과가 발생하였다면 위법성이 조각될 수 있지만, 경찰관의 체포행위가 적법하지 않았다면 집회 참가자를 체포하는 과정에서 상해의 결과가 발생한 경우 본죄가 성립할 수 있다.

173) 대법원 2000.2.11. 선고 99도5286 판결.
174) 대법원 2020.3.27. 선고 2016도18713 판결.

제2절 협박의 죄

Ⅰ. 총설

1. 의의

협박의 죄는 해악을 고지함으로써 개인의 의사결정의 자유를 침해하는 것을 내용으로 하는 범죄이다. 개인의 의사결정의 자유는 자유로운 활동의 전제가 되는 정신적 자유로, 외부로부터 부당한 영향을 받지 않는 상태에서 개인이 자유롭게 의사결정을 할 수 있는 자유를 말한다. 협박죄는 개인의 의사'결정'의 자유를 보호법익으로 한다는 점에서, 의사'활동'의 자유를 보호법익으로 하는 강요죄와 밀접한 관계가 있다. 강요죄는 협박 외에도 폭행도 그 수단으로 포함하고 있고, 형법은 협박죄와 강요죄를 별도의 장에서 규정하고 있다.

형법에 규정된 범죄는 개인의 의사결정의 자유를 침해하지만, 그에 머무르지 않고 의사'활동'의 자유, 성적 자기결정의 자유, 재산권도 함께 보호법익으로 한다. 협박죄는 의사결정의 자유만을 보호법익으로 한다. 협박이 강요죄, 강간죄, 공갈죄, 강도죄 등 다른 범죄의 수단으로 사용되는 경우 협박죄는 이들 범죄에 흡수되어 별도의 범죄를 구성하지 않는다. 범죄 수단적 성격을 강한 범죄유형이다.

2. 보호법익

협박죄의 보호법익은 '개인의 의사결정의 자유'이다. 협박죄의 보호법익에 대하여 '개인의 법적 안전의 의식'이라는 견해와 '개인의 자유로운 의사결정'이라는 견해가 대립한다. 전자의 견해는 독일 형법상 협박죄의 보호법익을 개인의 법적 평온으로 보는 독일 통설의 영향을 받은 견해라고 할 수 있다. 그러나 독일 형법 제241조는 타인에게 중죄를 범할 것을 협박한 때에 협박죄가 성립하도록 규정하고 있고, 우리 형법이 단순히 사람을 협박하면 성립하므로 독일 형법의 보호법익보다 더 기초적이고 더 넓게 파악해야 하므로 후자의 견해가 타당하다고 생각된다. 판례도 같은 입장이다.[175)]

---

175) 대법원 2007.9.28. 선고 2007도606 전원합의체 판결.

3. 보호의 정도

가. 쟁점

협박죄가 침해범인지 아니면 위험범인지에 대하여 견해의 대립이 있다. 특히 협박죄의 기수 시기가 언제인지, 그리고 미수범 처벌 규정이 있는데 어느 경우를 미수로 볼 수 있는지에 대한 논의와 관련이 있다.

나. 학설

침해범설은 현행법이 미수범 처벌 규정을 두고 있기 때문에 침해범으로 보아야 한다는 견해이다. 따라서 개인의 의사의 자유가 현실적으로 침해된 경우에 한하여 기수를 인정해야 하며, 상대방에게 공포심을 줄만한 해악을 고지하였으나, 상대방이 현실적으로 공포심을 일으키지 않은 경우는 미수가 된다고 한다. 다수설의 입장이다.[176)]

위험범설은 협박죄를 위험범으로 파악하는 견해이다. 상대방이 현실적으로 공포심을 일으켰는지 여부와 관계없이 고지된 해악의 내용을 일반적으로 사람으로 하여금 공포심을 느낄 정도면 기수가 되고 그렇지 않으면 미수가 된다.

다. 판례

판례는 이른바 정보보안과 경찰공무원 협박 사건에서 협박죄를 사람의 의사결정의 자유를 보호법익으로 하는 위험범으로 보았다. 해악의 고지로 인하여 상대방이 그에 의하여 현실적으로 공포심을 일으킬 것까지 요구하는 것은 아니다. 해악을 고지함으로써 상대방이 그 의미를 인식한 이상, 상대방이 현실적으로 공포심을 일으켰는지 여부와 관계없이 그로써 구성요건은 충족되어 협박죄의 기수에 이르는 것으로 해석한다. 결국, 협박죄의 미수범 처벌조항은 해악의 고지가 현실적으로 상대방에게 도달하지 아니한 경우나, 도달은 하였으나 상대방이 이를 지각하지 못하였거나 고지된 해악의 의미를 인식하지 못한 경우 등에 적용된다.

판례 정보보안과 경찰공무원 협박 사건

【사실관계】 피해자는 과학대학교 설립을 추진하기 위해 모 지역 군수와 투자약정을 체결하는 등 위 학교설립을 빙자하여, 공소외 A에게 위 과학대학교 설립을 위한 학교부지 가운데 상가 및 택지로 조성될 부지 중 일부를 분양해주겠다고 약정하고, A로부터

176) 김일수/서보학, 120면; 배종대, 188면; 손동권/김재윤, 112면; 오영근/노수환, 112면; 이재상/장영민/강동범, 115면; 이형국/김혜경, 144면; 임웅/이현정/박성민, 152면; 정성근/박광민, 145면.

3회에 걸쳐 개발비 명목으로 6억 원을 받았는데, 이후 위 과학대학교 설립은 실현가능성이 희박해졌다. 위 A는 정보보안과 경찰공무원인 피고인 갑에게 위 6억 원을 반환받을 수 있도록 도와달라고 부탁하기에 이르렀다. 피고인 갑은 이를 승낙하고, 그 자리에서 피해자의 휴대전화로 전화를 걸어 "나는 △△경찰서 정보과에 근무하는 ○○○형사다. A가 집안 동생인데 돈을 언제까지 해 줄 것이냐, 빨리 안 해주면 상부에 보고하여 문제를 삼겠다"라고 말한 부분이 협박죄로 기소되었다. 피해자는 1심법원에 출석하여 당시 갑의 전화를 받고도 전혀 두려움이 없었다고 진술하였다.

【판결요지】 [1] [다수의견] (가) 협박죄가 성립하려면 고지된 해악의 내용이 행위자와 상대방의 성향, 고지 당시의 주변 상황, 행위자와 상대방 사이의 친숙의 정도 및 지위 등의 상호관계, 제3자에 의한 해악을 고지한 경우에는 그에 포함되거나 암시된 제3자와 행위자 사이의 관계 등 행위 전후의 여러 사정을 종합하여 볼 때에 일반적으로 사람으로 하여금 공포심을 일으키게 하기에 충분한 것이어야 하지만, 상대방이 그에 의하여 현실적으로 공포심을 일으킬 것까지 요구하는 것은 아니며, 그와 같은 정도의 해악을 고지함으로써 상대방이 그 의미를 인식한 이상, 상대방이 현실적으로 공포심을 일으켰는지 여부와 관계없이 그로써 구성요건은 충족되어 협박죄의 기수에 이르는 것으로 해석하여야 한다.

(나) 결국, 협박죄는 사람의 의사결정의 자유를 보호법익으로 하는 위험범이라 봄이 상당하고, 협박죄의 미수범 처벌조항은 해악의 고지가 현실적으로 상대방에게 도달하지 아니한 경우나, 도달은 하였으나 상대방이 이를 지각하지 못하였거나 고지된 해악의 의미를 인식하지 못한 경우 등에 적용될 뿐이다(대법원 2007.9.28. 선고 2007도606 전원합의체 판결).

【해설】 협박죄의 기수에 이르기 위하여 상대방이 현실적으로 공포심을 일으킬 것을 요하는지에 대하여 판례는 위험범설을 지지하였으며, 상대방이 현실적으로 공포심을 일으킬 필요는 없다고 하였다. 협박죄의 미수와 관련하여 ① 해악의 고지가 현실적으로 상대방에게 도달하지 아니한 경우, ② 도달은 하였으나 전혀 지각하지 못한 경우, ③ 고지된 해악의 의미를 상대방이 인식하지 못한 경우에 협박죄의 미수를 인정할 수 있다고 하였다.

라. 결론

침해범설과 위험범설의 차이점은 다음과 같다. 갑이 A에게 해악을 고지하였으나 A가 공포심을 느끼지 않은 경우 다수설에 따르면 협박죄의 미수가 되지만, 판례에 따르면 고지된 해악의 내용을 다시 판단하여 일반인의 입장에서 공포심을 느낄 정도가 되었다면 협박죄의 기수가 되며, 그 정도에 이르지 않았다면 협박죄의 미수가 된다. 해악의 정도도 달리 볼 수 있다. 협박죄를 침해범으로 이해한다면 해악은 '상대방에게' 공포심을 일으킬 정도의 것이어야 한다. 하지만 대법원 판례와 같이 협박죄를 위험범으로 이해한다면 '일반

적으로 사람으로' 하여금 공포심을 일으키게 하기에 충분하면 된다.[177)]

생각건대, 행위자가 해악을 고지하였더라도 상대방이 전혀 공포심을 느끼지 않고 의사결정의 자유가 침해되지 않았음에도 불구하고 본죄의 기수를 인정하는 것은 옳지 않다. 상대방에게 공포심을 일으킬 수 없는 사정을 고지한 경우를 해악을 고지한 것이라고 평가하기는 어렵다. 사람을 곤혹시키는 정도이거나 단순한 불쾌감이나 불안감을 느끼는 정도에 그치는 경우에는 해악의 고지라고 보기 어렵다. 마찬가지로 일반인의 입장에서는 공포심이 느낄 수 없지만 심약한 사람이거나 소심한 사람의 입장에서 공포심을 느끼고 일상생활에 장애가 발생하였다면 협박죄의 성립을 고려해야 한다. 따라서 협박죄는 침해범으로 공포심을 일으킬 수 있는 정도의 해악의 고지가 상대방에게 도달하여 상대방이 그 의미를 인식하고 나아가 현실적으로 공포심을 일으켰을 때에 비로소 기수에 이르렀다고 보는 것이 타당하다. 본죄는 침해범으로 보는 것이 타당하다. 위험범으로 이해하여 고지의 상대방이 전혀 문제삼지 않았음에도 불구하고 이를 처벌할 수 있다면, 형벌이 과잉화될 우려가 있다.

4. 특별법

2명 이상이 공동하여 형법 제283조 제1항 협박죄를 범한 경우, 폭력행위처벌법 제2조 제2항 제1호가 적용되어 협박죄에서 정한 형의 2분의1까지 가중한다.

자기 또는 타인의 형사사건의 수사 또는 재판과 관련하여 고소·고발 등 수사단서의 제공, 진술, 증언 또는 자료제출에 대한 보복의 목적으로 형법 제283조 제1항 협박죄를 범한 경우, 특정범죄가중법 제5조의9 제2항에 따라 가중처벌한다. 고소·고발 등 수사단서의 제공, 진술, 증언 또는 자료제출을 하지 못하게 하거나 고소·고발을 취소하게 하거나 거짓으로 진술·증언·자료제출을 하게 할 목적인 경우에도 또한 같다. 형법상 협박죄는 반의사불벌죄이지만, 특정범죄가중법의 협박죄는 반의사불벌죄가 아니다.

Ⅱ. 협박죄

제283조 (협박) ① 사람을 협박한 자는 3년 이하의 징역, 500만원 이하의 벌금, 구류 또는 과료에 처한다.

177) 대법원 2022.12.15. 선고 2022도9187 판결.

③ 제1항 및 제2항의 죄는 피해자의 명시한 의사에 반하여 공소를 제기할 수 없다.
제286조 (미수범) 전3조의 미수범은 처벌한다.

1. 의의

협박죄는 사람을 협박함으로써 성립하는 범죄이다. 본죄의 보호법익은 사람의 의사결정의 자유이다. 본죄의 보호 정도에 대하여 다수설은 침해범으로 보는 반면에, 판례는 위험범으로 본다. 반의사불벌죄이다.

2. 객관적 구성요건

가. 객체: 자연인

협박죄의 객체는 자연인이며, 법인은 포함되지 않는다.[178)] 협박죄는 사람의 의사결정의 자유를 보호법익으로 하는 범죄이므로 법인은 협박죄의 객체가 될 수 없다.

본죄는 의사결정의 자유를 침해하는 범죄이므로 본죄의 객체인 사람은 해악고지에 의하여 공포심을 일으킬만한 정신능력이 있어야 한다. 따라서 영아, 명정자, 정신질환자, 수면자는 본죄의 객체가 아니다.

외국원수·외국사절에 대해서는 외국원수에 대한 폭행·협박죄(제107조 제1항), 외국사절에 대한 폭행·협박죄(제108조 제1항)가 성립하므로 외국원수·외국사절은 본죄의 객체가 아니다.

나. 행위: 협박행위

(1) 의의

협박은 상대방에게 해악을 고지하여 공포심을 일으키게 하는 것을 의미한다(협의의 협박). 협박죄의 보호 정도에 대하여 위험범설을 취하는 판례에 따르면 상대방이 그에 의하여 현실적으로 공포심을 일으킬 것까지 요구하지 않기 때문에 일반적으로 사람으로 하여금 공포심을 일으키게 하기에 충분하다면 상대방에게 해악을 고지하는 것만으로도 협박에 해당한다(광의의 협박). 고지한 해악을 실제로 실현할 의도나 욕구가 있을 필요가 없다.[179)] 예를 들면 살해할 의도가 없음에도 불구하고 "죽이겠다"라고 해악을 고지한 경우에도 협박죄가 성립한다.

---

178) 대법원 2010.7.15. 선고 2010도1017 판결.

179) 대법원 1991.5.10. 선고 90도2102 판결.

(2) 해악의 내용

해악은 법익의 침해를 의미하며, 고지되는 해악의 내용에는 제한이 없다. 생명, 신체, 자유, 재산 등 모든 법익에 대한 일체의 해악이 가능하다.

해악의 내용이 피해자뿐만 아니라 피해자와 밀접한 제3자에 대한 것이라도 무방하다. 피해자와 밀접한 제3자에는 자연인뿐만 아니라 법인도 포함한다. 따라서 남편에게 아내의 간통사실을 인터넷을 통하여 알리겠다고 말한 경우, 회사 대표에게 회사의 비리를 폭로하겠다고 말한 경우 협박죄는 성립한다. 아내 또는 회사는 피해자와 밀접한 제3자이기 때문이다.

행위자가 제3자에 대한 해악의 고지를 한 경우 피해자와 제3자 사이에 밀접한 관계가 있다면 본죄가 성립하지만, 그렇지 않다면 협박죄는 성립하지 않는다. 따라서 경찰관에게 정당을 폭파하겠다는 해악을 고지한 경우 경찰관과 정당은 상호 간에 밀접한 관계가 없기 때문에 본죄가 성립하지 않는다.

판례 채권추심회사 지사장 협박 사건

【판결요지】 [1] 협박죄에서 협박이란 일반적으로 보아 사람으로 하여금 공포심을 일으킬 정도의 해악을 고지하는 것을 의미하며, 그 고지되는 해악의 내용, 즉 침해하겠다는 법익의 종류나 법익의 향유 주체 등에는 아무런 제한이 없다. 따라서 피해자 본인이나 그 친족뿐만 아니라 그 밖의 '제3자'에 대한 법익 침해를 내용으로 하는 해악을 고지하는 것이라고 하더라도 피해자 본인과 제3자가 밀접한 관계에 있어 그 해악의 내용이 피해자 본인에게 공포심을 일으킬 만한 정도의 것이라면 협박죄가 성립할 수 있다. 이때 '제3자'에는 자연인뿐만 아니라 법인도 포함된다 할 것인데, 피해자 본인에게 법인에 대한 법익을 침해하겠다는 내용의 해악을 고지한 것이 피해자 본인에 대하여 공포심을 일으킬 만한 정도가 되는지 여부는 고지된 해악의 구체적 내용 및 그 표현방법, 피해자와 법인의 관계, 법인 내에서의 피해자의 지위와 역할, 해악의 고지에 이르게 된 경위, 당시 법인의 활동 및 경제적 상황 등 여러 사정을 종합하여 판단하여야 한다.

[2] 협박죄는 사람의 의사결정의 자유를 보호법익으로 하는 범죄로서 형법규정의 체계상 개인적 법익, 특히 사람의 자유에 대한 죄 중 하나로 구성되어 있는바, 위와 같은 협박죄의 보호법익, 형법규정상 체계, 협박의 행위 개념 등에 비추어 볼 때, 협박죄는 자연인만을 그 대상으로 예정하고 있을 뿐 법인은 협박죄의 객체가 될 수 없다.

[3] 채권추심 회사의 지사장이 회사로부터 자신의 횡령행위에 대한 민·형사상 책임을 추궁당할 지경에 이르자 이를 모면하기 위하여 회사 본사에 '회사의 내부비리 등을 금융감독원 등 관계 기관에 고발하겠다'는 취지의 서면을 보내는 한편, 위 회사 경영지원본부장이자 상무이사에게 전화를 걸어 자신의 횡령행위를 문제삼지 말라고 요구하면

서 위 서면의 내용과 같은 취지로 발언한 사안에서, 위 상무이사에 대한 협박죄를 인정한 원심의 판단을 수긍한 사례(대법원 2010.7.15. 선고 2010도1017 판결).

【해설】 행위자가 제3자에 대한 해악의 고지를 한 경우 피해자와 제3자 간에 밀접한 관계가 있는 경우에는 본죄가 성립하지만, 그렇지 않은 경우에는 협박죄가 성립하지 않는다. 채권추심 회사의 지사장의 협박내용은 제3자인 법인에 대한 것이지만, 이 사안의 경우 피해자인 상무이사는 대표이사의 처남으로서 경영지원 본부장이었기에 피해자와 법인의 관계, 법인 내에서의 피해자의 지위와 역할을 고려할 때 피해자와 제3자인 법인 간에는 밀접한 관계가 있다고 보아로 협박죄가 성립한다고 판시하였다.

판례 정당 폭파 협박 사건

【판결요지】 피고인이 혼자 술을 마시던 중 갑 정당이 국회에서 예산안을 강행처리하였다는 것에 화가 나서 공중전화를 이용하여 경찰서에 여러 차례 전화를 걸어 전화를 받은 각 경찰관에게 경찰서 관할구역 내에 있는 갑 정당의 당사를 폭파하겠다는 말을 한 사안에서, 피고인은 갑 정당에 관한 해악을 고지한 것이므로 각 경찰관 개인에 관한 해악을 고지하였다고 할 수 없고, 다른 특별한 사정이 없는 한 일반적으로 갑 정당에 대한 해악의 고지가 각 경찰관 개인에게 공포심을 일으킬 만큼 서로 밀접한 관계에 있다고 보기 어려운데도, 이와 달리 피고인의 행위가 각 경찰관에 대한 협박죄를 구성한다고 본 원심판결에 협박죄에 관한 법리오해의 위법이 있다고 한 사례(대법원 2012.8.17. 선고 2011도10451 판결).

【해설】 행위자가 제3자에 대한 해악의 고지를 한 경우 피해자와 제3자 간에 밀접한 관계가 있는 경우에는 본죄가 성립하지만, 그렇지 않은 경우에는 협박죄가 성립하지 않는다. 피고인의 협박내용은 제3자인 정당에 대한 것이지만, 피해자인 경찰관과 제3자인 정당 간에는 밀접한 관계가 없으므로 협박죄는 성립하지 않는다. 피고인은 정당에 관한 해악을 고지한 것으로 경찰관 개인에 관한 해악을 고지하였다고 볼 수 없으며, 정당에 대한 해악 고지가 경찰관에게 공포심을 일으킬 만큼 밀접한 관계에 있다고 보기 어렵다.

(3) 해악의 판단기준

협박죄를 침해범으로 본다면 해악은 '상대방에게' 공포심을 일으킬 정도의 것이어야 한다. 하지만 대법원 판례와 같이 협박죄를 위험범으로 본다면 '일반적으로 사람으로' 하여금 공포심을 일으키게 하기에 충분하면 된다. 이에 대한 판단은 고지된 해악의 내용이 행위자와 상대방의 성향, 고지 당시의 주변 상황, 행위자와 상대방 사이의 친숙의 정도 및 지위 등의 상호관계, 제3자에 의한 해악을 고지한 경우에는 그에 포함되거나 암시된 제3자와 행위자 사이의 관계 등 행위 전후의 여러 사정을 종합하여 객관적으로 하여야 한다.[180]

180) 대법원 2022.12.15. 선고 2022도9187 판결.

(4) 협박과 경고의 구별

협박과 경고는 구별되어야 한다. 협박이 되기 위해서는 해악의 발생이 행위자에 의해 직접·간접으로 좌우될 수 있는 것이어야 한다. 이에 비해 경고는 상대방에게 공포심을 불러일으키기 위한 것이 아니라 해악 발생에 대해서 상대방의 경계를 촉구하는 충고를 말한다. 예를 들면 "내 말을 듣지 않으면 벼락을 맞을 것"이라고 말한 경우 이는 단순한 경고에 불과하며, 협박이 되지 않는다.

양자의 구별은 해악의 발생이 직접 또는 간접으로 행위자에 의해서 좌우될 수 있는 것으로 통고되었는가 아닌가에 있다. 따라서 천재지변이나 길흉화복 또는 제3자의 행위에 의해 해악을 고지한 경우에도 그것이 상대방을 외포시키기 위한 것이고 자신이 좌우할 수 있는 것처럼 고지되어 상대방이 사실상 그러한 해악이 발생할 가능성이 있다고 인식하면 협박이 될 수 있다.[181)]

판례 고무놀 사건

【사실관계】 피고인이 피해자인 누나의 집에서 온 몸에 연소성이 높은 고무놀을 바르고 라이타 불을 켜는 동작을 하면서 이를 말리려는 피해자 등에게 가위, 송곳을 휘두르면서 '방에 불을 지르겠다' '가족 전부를 죽여 버리겠다'고 소리치고 이를 약 1시간가량 말리던 피해자가 끝내 무섭고 두려워 신고를 하였다면, 피고인의 행위는 피해자로 하여금 공포심을 일으킬 수 있는 정도의 해악의 고지가 되고, 피고인에게 협박의 고의가 있었다고 볼 수 있는가?

【판결요지】 [1] 협박죄에 있어서의 협박이라 함은 일반적으로 보아 사람으로 하여금 공포심을 일으킬 수 있는 정도의 해악을 고지하는 것을 의미하므로 그 주관적 구성요건으로서의 고의는 행위자가 그러한 정도의 해악을 고지한다는 것을 인식. 인용하는 것을 그 내용으로 하고 고지한 해악을 실제로 실현할 의도나 욕구는 필요로 하지 아니하고, 다만 행위자의 언동이 단순한 감정적인 욕설 내지 일시적 분노의 표시에 불과하여 주위사정에 비추어 가해의 의사가 없음이 객관적으로 명백한 때에는 협박행위 내지 협박의 의사를 인정할 수 없으나 위와 같은 의미의 협박행위 내지 협박의사가 있었는지의 여부는 행위의 외형뿐만 아니라 그러한 행위에 이르게 된 경위, 피해자와의 관계 등 주위상황을 종합적으로 고려하여 판단해야 할 것이다.

[2] 피고인이 피해자인 누나의 집에서 갑자기 온 몸에 연소성이 높은 고무놀을 바르고 라이타 불을 켜는 동작을 하면서 이를 말리려는 피해자 등에게 가위, 송곳을 휘두르면서 "방에 불을 지르겠다" "가족 전부를 죽여버리겠다"고 소리쳤고 피해자가 피고인의 행위를 약 1시간가량 말렸으나 듣지 아니하여 무섭고 두려워서 신고를 하였다면, 피고

181) 대법원 2002.2.8. 선고 2000도3245 판결.

인의 행위는 피해자 등에게 공포심을 일으키기에 충분할 정도의 해악을 고지한 것이고, 나아가 피고인에게 실제로 피해자 등의 신체에 위해를 가할 의사나 불을 놓을 의사가 없었다고 할지라도 위와 같은 해악을 고지한다는 점에 대한 인식, 인용은 있었다고 봄이 상당하고, 피해자가 그 이상의 행동에 이르지 못하도록 막은 바 있다 해도 피고인의 행위가 단순한 감정적 언동에 불과하거나 가해의 의사가 없음이 객관적으로 명백한 경우에 해당한다고는 볼 수 없다(대법원 1991.5.10. 선고 90도2102 판결).

【해설】 고무놀과 라이터 사용, 송곳·가위 휘두름, 위협적 발언 등은 신체에 위해를 가할 듯한 외형을 띠며, 피해자가 실제로 두려움을 느끼고 신고했다는 점에서 공포심 유발의 가능성이 충분하다. 피고인에게 실제로 방화를 할 의도가 없었다고 하더라도, 협박죄의 성립에는 고지의 인식과 인용만으로 충분하므로, 본죄 성립을 인정하였다. 판례는 형식적 언동의 외형뿐 아니라, 상황 전체를 고려해 협박인지 여부를 판단해야 한다는 입장이며, 특히 행위자의 실제 의도와는 무관하게, 피해자가 객관적으로 위협을 느낄 수 있느냐가 판단 기준임을 다시금 확인한 사건이다.

(5) 협박과 욕설의 구별

협박과 감정적인 욕설도 구별되어야 한다. 단순한 감정적 욕설 또는 일시적 분노의 표시에 불과한 경우에는 피해자에 대하여 가해의 의사가 있다고 볼 수 없기 때문에 협박이라고 볼 수 없다. 따라서 피해자와 언쟁 중 "입을 찢어 버릴라"라고 한 말은 당시의 주위 사정 등에 비추어 단순한 감정적인 욕설에 불과하고 피해자에게 해악을 가할 것을 고지한 행위라고 볼 수 없어 협박에 해당하지 않는다.[182] 마찬가지로 피해자에게 "사람을 사서 쥐도 새도 모르게 파묻어버리겠다. 너까지 것 쉽게 죽일 수 있다."라고 한 말에 관하여 이는 언성을 높이면서 말다툼으로 흥분한 나머지 단순히 감정적인 욕설 내지 일시적 분노의 표시를 한 것에 불과하고 해악을 고지한다는 인식을 갖고 한 것이라고 보기 어렵다.[183] 협박인지 아니면 감정적 욕설에 불과한지는 행위의 외형뿐만 아니라 그러한 행위에 이르게 된 경위, 피해자와의 관계 등 주위 상황을 종합적으로 고려하여 판단해야 할 것이다.

(6) 해악고지의 방법

해악고지의 방법에는 제한이 없다. 해악의 내용이 합리적이거나 실현가능성이 있을 필요도 없으며, 부작위에 의한 협박도 가능하다. 일반적으로 언어나 문서에 의해서 이루어질 것이지만, 경우에 따라서는 거동으로 해악을 고지할 수 있다.[184] 따라서 가위로 목을

182) 대법원 1986.7.22. 선고 86도1140 판결.

183) 대법원 2006.8.25. 선고 2006도546 판결

184) 대법원 1975.10.7. 선고 74도2727 판결; 대법원 2009.9.10. 선고 2009도5146 판결; 대법원 2011.1.27. 선고 2010

찌를 듯이 겨누는 행동, 횟집 주방에 있던 회칼 2자루를 들고 나와 죽어버리겠다며 자해하려고 하는 행동과 같이 요구에 응하지 않으면 피해자에게 어떠한 해악을 가할 듯한 위세를 보인 행위[185]도 협박에 해당한다.

문서의 경우 실제로 존재하지 않는 허무인(虛無人) 명의나 익명으로 하더라도 관계없다. 해악의 고지를 제3자에게 시켜서 할 수도 있고, 행위자가 직접 해악을 가하겠다고 고지하는 경우뿐만 아니라 제3자로 하여금 해악을 가하겠다는 방식으로도 가능하다.[186] 다만 이 경우에는 고지자가 제3자의 행위를 사실상 지배하거나 제3자에 영향을 미칠 수 있는 지위에 있는 것으로 믿게 하는 언동을 하는 등의 요건이 필요하다.

판례 제3자로 하여금 해악을 가하도록 하겠다는 방식

【사실관계】 갑은 2001.10.6. 경 피해자의 장모가 있는 자리에서 서류를 보이면서 "자신의 요구를 들어주지 않으면 서류를 세무서로 보내 세무조사를 받게 하여 피해자를 망하게 하겠다."라고 말하여 피해자의 장모로 하여금 피해자에게 위와 같은 사실을 전하게 하고, 다음 날 피해자의 처에게 전화하여 "며칠 있으면 국세청에서 조사가 나올 것이니 그렇게 아시오."라고 말하였다.

【판결요지】 협박의 경우 행위자가 직접 해악을 가하겠다고 고지하는 것은 물론, 제3자로 하여금 해악을 가하도록 하겠다는 방식으로도 해악의 고지는 얼마든지 가능하지만, 이 경우 고지자가 제3자의 행위를 사실상 지배하거나 제3자에게 영향을 미칠 수 있는 지위에 있는 것으로 믿게 하는 명시적·묵시적 언동을 하였거나 제3자의 행위가 고지자의 의사에 의하여 좌우될 수 있는 것으로 상대방이 인식한 경우에 한하여 비로소 고지자가 직접 해악을 가하겠다고 고지한 것과 마찬가지의 행위로 평가할 수 있고, 만약 고지자가 위와 같은 명시적·묵시적 언동을 하거나 상대방이 위와 같이 인식을 한 적이 없다면 비록 상대방이 현실적으로 외포심을 느꼈다고 하더라도 이러한 고지자의 행위가 협박죄를 구성한다고 볼 수는 없다(대법원 2006.12.8. 선고 2006도6155 판결).

【해설】 행위자가 직접 해악을 가하겠다고 고지하는 경우뿐만 아니라 제3자로 하여금 해악을 가하겠다는 방식으로도 가능하다. 다만 이 경우 고지자가 제3자의 행위를 사실상 지배하거나 제3자에게 영향을 미칠 수 있는 지위에 있는 것으로 믿게 하는 명시적·묵시적 언동을 하였거나 제3자의 행위가 고지자의 의사에 의하여 좌우될 수 있는 것으로 상대방이 인식한 경우에 한하여 해악의 고지가 된다.

도14316 판결; 애인관계인 여성이 만나주지 않는다는 이유로 자신의 집 안에 있던 물건을 집어던지고 부엌칼로 손가락을 자르거나 배를 갈라 자해하려는 시늉을 하면서 자신의 요구를 거절하지 못하게 한 행위(대전고법 2006.7.28. 선고 2006노172 판결).

185) 대법원 2011.1.27. 선고 2010도14316 판결.

186) 대법원 2006.12.8. 선고 2006도6155 판결; 대법원 2007.6.1. 선고 2006도1125 판결.

다. 기수 시기

침해범설에 따르면 해악의 고지로 현실적으로 상대방에게 공포심이 일어났을 때가 기수가 된다. 따라서 일반적으로 공포심을 일으킬 수 있는 해악을 고지하였으나, 피해자가 현실적으로 공포심이 일으키지 않은 경우 협박죄의 미수가 된다. 하지만 판례가 취하고 있는 위험범설에 따르면 상대방이 현실적으로 공포심을 일으켰는지 여부와 관계없이 고지된 해악의 내용이 일반적으로 사람으로 하여금 공포심을 일으키게 하기에 충분하다면 기수가 된다. 해악을 고지하였으나 도달하지 않은 경우,[187] 도달했을지라도 상대방이 이를 지각하지 못하였거나[188] 고지된 해악의 의미를 인식하지 못한 경우에는 본죄의 미수가 된다.

3. 고의

협박죄는 고의범으로 상대방에게 해악을 고지하여 공포심을 일으킨다는 인식과 의사가 있어야 한다. 진실로 해악을 실현할 의사는 필요 없다. 따라서 고소할 의사가 없음에도 불구하고 상대방에게 공포심을 일으키게 할 목적으로 고소하겠다고 한 경우 또는 강간피해자의 아버지가 배상금을 주지 않으면 아들을 시켜 폭행하겠다고 말했으나 실제로는 딸의 명예를 고려하여 그럴 의사가 없는 경우에도 협박죄는 성립한다.

4. 위법성

가. 정당한 권리행사의 수단으로 협박하는 경우

자신이 가지고 있는 정당한 권리를 행사하는 수단으로 피해자를 협박한 경우 위법성이 조각될 수 있는지가 문제된다. 목적이 정당하더라도 행위자가 선택한 수단이 불법인 경우에도 위법성이 조각될 수 있는지의 문제이다.

학설은 정당한 권리행사의 수단으로 협박한 경우 '목적과 수단의 균형성'의 관점에서 판단한다. 합법적인 권리행사인 정당한 목적을 실현하기 위하여 선택한 수단인 협박이 사회통념상 용인할 수 있는 정도이거나 상당한 수단에 해당하는 등 사회상규에 반하지 않으

---

187) 협박편지를 우편·송부하여 협박하려 하였으나 편지가 반송되는 바람에 그 뜻을 이루지 못한 경우가 이에 해당한다.

188) 도로상에서 급차선변경으로 다툼 끝에 트렁크에서 흉기를 꺼내들고 피해자에게 가려다가 출동한 경찰관에게 제지당하여 특수협박미수로 인정된 서울동부지법 2006.6.21. 선고 2006고단841 판결; 폭죽을 터트려 자신의 통화를 방해하였다는 이유로 시비하다가 피해자가 다른 친구들을 불러 모으자, 이에 격분하여 부근에 있는 집에 들어가 위험한 물건인 부엌칼(칼길이 30㎝)과 과일칼(칼길이 20㎝)을 들고 나와 피해자들을 위협하고자 하였으나 피해자의 신고로 경찰관이 출동하는 바람에 그 뜻을 이루지 못하고 미수에 그친 서울남부지법 2007.1.30. 선고 2006고단3464 판결 등.

면 위법성이 조각된다.[189] 판례도 같은 입장이다.[190] 하지만 외견상으로는 권리의 행사로 보이지만 실질적으로 권리남용인 경우에는 협박죄가 성립한다고 한다.

예를 들면 채권자가 채권추심을 위하여 독촉 등 권리행사에 필요한 행위를 할 수 있기는 하지만, 법률상 허용되는 정당한 절차에 의한 것이어야 하며, 또한 채무자의 자발적 이행을 촉구하기 위해 필요한 범위 안에서 상당한 방법으로 그 권리가 행사되어야 한다. 권리를 행사하지 아니하고 해악을 고지한 것이 사회의 관습이나 윤리관념 등 사회통념에 비추어 용인될 수 없다면 위법성이 조각되지 않는다.[191]

나. 고소권자가 고소하겠다고 한 경우

고소권자가 형사고소를 고지하여 협박한 경우 고소권자인 이상 고소의사의 존부가 기준이 아니라 고소권의 행사를 어떤 목적을 위하여 남용했는가에 따라 판단해야 한다는 견해가 다수설이다. 따라서 형사고소의 고지도 정당한 권리행사의 일종이므로 고소권의 행사에 대한 고지가 권리남용인가의 여부를 기준으로 판단한다.

5. 소추조건

본죄는 반의사불벌죄이다. 하지만 폭력행위 등 처벌에 관한 법률 제2조 제4항에 따르면 2인 이상이 공동하여 협박한 경우에는 반의사불벌죄에 해당하지 않는다.

6. 죄수 및 다른 죄와의 관계

본죄의 죄수는 피해자의 수를 기준으로 결정한다. 동시에 하나의 행위로 수인에게 협박한 경우 수 개의 협박죄의 상상적 경합이다. 동일한 기회에 동일인에 대하여 여러 법익에 해악을 하겠다고 고지한 경우 일죄가 된다.

협박행위 시에 상해를 가하거나, 상해한 직후에 다시 별개의 해악으로 고지한 경우에는 협박죄와 상해죄의 실체적 경합범이 된다. 마찬가지로 폭행한 후 다시 죽이겠다고 협박한 경우 또는 죽이겠다고 협박한 후 다시 폭행한 경우 폭행행위와 협박행위는 별개의 행위이므로 폭행죄와 협박죄의 실체적 경합범이 된다. 판례에 따르면 위험한 물건인 소주

189) 대법원 1984.6.26. 선고 84도648 판결.

190) 대법원 2022.12.15. 선고 2022도9187 판결; 대법원 2011.7.14. 선고 2011도639 판결; 대법원 1998.3.10. 선고 98도70 판결.

191) 대법원 2011.5.26. 선고 2011도2412 판결.

병으로 피해자의 머리를 1회 쳐서 상해를 가하고 또 흉기인 가위로써 동 피해자를 찔러죽인다고 협박한 경우 협박행위는 상해의 단일범의 하에서 이루어진 하나의 폭언에 불과하여 협박행위는 상해죄에 포함된다.[192)]

협박이 다른 죄의 수단으로 된 경우 협박죄는 해당 범죄에 흡수되어 따로 협박죄는 성립하지 않는다.[193)] 예를 들면 피해자의 신고로 처벌받은 것에 불만을 품고 피해자를 협박하면서 자동차에 태우는 등 감금한 경우 감금을 하기 위한 수단으로서 행사된 단순한 협박행위는 감금죄에 흡수되어 따로 협박죄를 구성하지 아니한다.

폭행을 고지하면서 동시에 폭행한 경우 해악으로 고지한 폭행과 현실로 가한 폭행의 내용·일시·장소가 동일하면 협박은 폭행에 흡수되어 폭행죄만 성립한다. 협박은 폭행의 불가분적 수반행위에 해당한다. 하지만 고지한 폭행의 내용과 현실로 가한 폭행이 다를 경우에는 협박죄와 폭행죄의 실체적 경합범이 된다. 슈퍼마켓 사무실에서 식칼을 들고 피해자를 협박한 후 다시 식칼을 들고 매장을 돌아다니면서 손님을 내쫓아 그의 영업을 방해한 경우 협박죄와 업무방해죄의 실체적 경합이 된다.[194)]

Ⅲ. 존속협박죄

> 제283조 (존속협박) ② 자기 또는 배우자의 직계존속에 대하여 제1항의 죄를 범한 때에는 5년 이하의 징역 또는 700만원 이하의 벌금에 처한다.
> ③ 제1항 및 제2항의 죄는 피해자의 명시한 의사에 반하여 공소를 제기할 수 없다.
> 제286조(미수범) 전3조의 미수범은 처벌한다.

존속협박죄는 자기 또는 배우자의 직계존속에 대하여 협박한 경우에 성립하는 범죄이다. 본죄는 행위객체가 직계존속이라는 신분관계로 인하여 협박죄에 비하여 책임이 가중되는 가중적 구성요건이다.

192) 대법원 1976.12.14. 선고 76도3375 판결.
193) 대법원 1982.6.22. 선고 82도705 판결.
194) 대법원 1991.1.29. 선고 90도2445 판결.

Ⅳ. 특수협박죄

제284조 (특수협박) 단체 또는 다중의 위력을 보이거나 위험한 물건을 휴대하여 전조 제1항, 제2항의 죄를 범한 때에는 7년 이하의 징역 또는 1천만원 이하의 벌금에 처한다.

특수협박죄는 단체 또는 다중의 위력을 보이거나 위험한 물건을 휴대하여 협박함으로써 성립하는 범죄로서, 행위방법의 위험성 때문에 단순협박죄에 비하여 불법이 가중된 형태이다. 단체 또는 다중의 위력이나 위험한 물건의 휴대의 의미는 특수상해죄에서 설명한 바와 같다. 반의사불벌죄는 아니다.[195)]

Ⅴ. 상습협박죄

제285조 (상습범) 상습으로 제283조 제1항, 제2항 또는 전조의 죄를 범한 때에는 그 죄에 정한 형의 2분의1까지 가중한다.

상습협박죄는 상습으로 협박죄, 존속협박죄, 특수협박죄를 범한 경우에 성립하는 범죄이다. 상습이란 반복된 행위에 의하여 얻어진 행위자의 습벽으로 인하여 죄를 범한 경우를 말한다. 본죄는 상습성으로 인하여 책임이 가중되는 가중적 구성요건이다.

195) 대법원 2008.7.24. 선고 2008도4658 판결.

형법상 협박의 개념

형법상 협박이라는 개념은 다양한 범죄구성요건에서 빈번하게 사용되는 개념이지만, 그 구체적 의의와 대상은 각 범죄구성요건에 따라 다르다.

구 분	개 념	해당범죄
광 의	일반적으로 사람에게 공포심을 일으키게 할 만한 해악을 고지하는 것 (상대방이 현실로 공포심을 일으켰음을 요하지 않음) → 위험범	공무집행방해죄, 직무강요죄, 내란죄, 소요죄, 다중불해산죄, 특수도주죄, 협박죄(판례)
협 의	상대방이 현실로 공포심을 느낄 수 있을 정도의 해악을 고지하는 것 (상대방이 현실적으로 공포심을 느껴야 한다) → 침해범	협박죄(학설), 강요죄, 공갈죄, 약취죄
최협의	상대방의 반항을 현저히 곤란하게 하거나 상대방의 반항을 억압할 정도의 공포심을 일으킬 해악을 고지하는 것 → 침해범	강간죄, 강제추행죄, 강도죄, 준강도죄, 점유강취죄

제3절 약취, 유인 및 인신매매의 죄

Ⅰ. 총설

1. 의의와 보호법익

약취, 유인 및 인신매매의 죄는 사람을 약취·유인 또는 인신매매하여 자기 또는 제3자의 실력적 지배하에 둠으로써 개인의 자유로운 생활관계를 침해하는 것을 내용으로 하는 범죄이다.

본죄의 보호법익은 피인취자의 자유이다. 하지만 미성년자약취·유인죄의 경우 미성년자의 자유 이외에도 보호자의 감독권도 부차적인 보호법익이 된다는 것이 통설과 판례의 입장이다.

생각건대, 본죄의 입법 취지는 정신적·육체적으로 미숙하고 경험과 지식이 부족한 미성년자를 보호하는 것에 있다. 미성년자 본인의 동의 여부와 관계없이 그를 약취·유인하는 행위를 처벌할 필요가 있다. 보호자의 보호·양육권은 부모 등 보호감독자가 가지는 지배권이 아니라 미성년자의 복리실현을 위해 인정된 보호감독자의 권리인 동시에 의무이다. 보호자의 보호·양육권은 미성년자 약취·유인죄의 부차적 보호법익이 되므로 미성년자가 유인에 의하여 스스로 가출한 경우에도 보호자의 동의가 없으면 보호자의 감독권이 침해되었으므로 본죄가 성립한다.

2. 법적 성격

약취·유인죄의 법적 성격에 대하여 상태범설과 계속범설이 대립한다. 논의의 실익은 공소시효의 기산점, 공범의 성립 여부 등에 있다.

상태범설은 약취·유인된 사람을 자기 또는 제3자의 사실적 지배 아래에 옮김으로써 약취·유인죄는 기수가 되고 그 후에는 위법상태가 계속되는 데 불과하다고 본다. 이에 따르면 사실적 지배 아래에 옮긴 때 공소시효가 진행되고, 이후에 제3자가 범죄에 가담하더라도 공동정범 등이 될 수 없으며, 이후 약취·유인된 사람을 감금한 때에는 약취·유인죄와 감금죄는 실체적 경합이 된다.

계속범설은 약취·유인된 사람을 자기 또는 제3자의 사실적 지배 아래에 두고 있는 동안 약취·유인죄는 계속된다고 본다. 이에 따르면 피해자가 사실적 지배를 벗어나 자유를 회복한 때에 범죄가 종료되어 이때부터 공소시효가 진행되고, 이후에 제3자가 범죄에 가담하였다면 약취·유인죄의 공동정범 등이 될 수 있다.

생각건대, 본죄의 법적 성격을 상태범으로 볼 경우 약취·유인된 피해자가 아직 보호자 이외의 사람의 지배 아래 있음에도 불구하고 공소시효가 완성될 수 있다는 것은 부당하다. 공소시효의 기산점, 공범 성립의 가능성, 피해자의 정당방위 가능성 등을 고려한다면 본죄의 법적 성격을 계속범으로 보는 것이 타당하다.

3. 2013년 형법 개정

우리나라는 2000.11.15. UN 총회에서 채택된 '국제조직범죄방지협약(UNTOC)'과 '국제조직범죄방지협약을 보충하는 여성과 아동을 대상으로 하는 인신매매 예방·억제·처벌을 위한 의정서(인신매매방지의정서)'에 대하여 2000.12.13. 서명한 이후 UNTOC는 2003.9.29., 인신매매방지의정서는 2003.12.25. 각각 발효되었다. 이에 우리나라는 유엔 국제조직범죄방지협약 및 인신매매방지의정서의 이행입법으로 형법을 개정하였다. 형법 제31장 장(章)명을 "약취와 유인의 죄"에서 "약취, 유인 및 인신매매의 죄"로 변경하고 인신매매 관련 처벌조항을 신설하였다. 목적범 형태의 약취, 유인 등의 죄에 "추행, 간음, 결혼, 영리, 국외이송 목적" 외에도 "노동력 착취, 성매매와 성적 착취, 장기적출" 등 신종 범죄를 목적으로 하는 경우를 추가하였다.

결과적 가중범을 신설하되 상해와 치상, 살인과 치사 등의 법정형을 구분하여 책임주의에 부합하도록 하고, 종래 방조범 형태로 인정되던 약취, 유인, 인신매매 등을 위하여 사람을 모집, 운송, 전달하는 행위를 독자적인 구성요건으로 처벌하도록 하였다.

인류에 대한 공통적인 범죄인 약취, 유인과 인신매매죄의 규정이 대한민국 영역 밖에서 죄를 범한 외국인에게도 적용될 수 있도록 '세계주의 규정'을 도입하였다.

4. 특별법

형법 제287조 미성년자약취·유인죄는 피해자가 만 19세 미만의 미성년자를 의미한다. 이 경우 피해자가 만 13세 미만인 경우에는 특정범죄가중법 제5조의2에 의하여 가중처벌한다. 제5조의2 제1항에 따르면 13세 미만의 미성년자에 대하여 형법 제287조의 죄를 범한 사람은 그 약취(略取) 또는 유인(誘引)의 목적에 따라 가중처벌한다. 약취 또는 유인한 미성년자의 부모나 그 밖에 그 미성년자의 안전을 염려하는 사람의 우려를 이용하여 재물이나 재산상 이익을 취득할 목적인 경우, 약취 또는 유인한 미성년자를 살해할 목적인 경우에는 가중처벌한다.

제5조의2 제2항에 따르면 13세 미만의 미성년자에 대하여 형법 제287조의 죄를 범한 사람이 다음 각 호의 어느 하나에 해당하는 행위를 한 경우에는 가중처벌한다.

1. 약취 또는 유인한 미성년자의 부모나 그 밖에 그 미성년자의 안전을 염려하는 사람의 우려를 이용하여 재물이나 재산상의 이익을 취득하거나 이를 요구한 경우
2. 약취 또는 유인한 미성년자를 살해한 경우
3. 약취 또는 유인한 미성년자를 폭행·상해·감금 또는 유기(遺棄)하거나 그 미성년자에게 가혹한 행위를 한 경우
4. 제3호의 죄를 범하여 미성년자를 사망에 이르게 한 경우

이외에도 제5조의2에서는 약취·유인죄의 방조범, 미수범, 범인은닉, 예비·음모에 대하여 가중처벌하는 규정을 두고 있다.

2023.1.1.부터 시행되고 있는 인신매매등방지 및 피해자보호 등에 관한 법률 제2조 제1호에 의하면, "인신매매등"이란 성매매와 성적 착취, 노동력 착취, 장기적출 등의 착취를

목적으로 ① 사람을 폭행, 협박, 강요, 체포·감금, 약취·유인·매매하는 행위, ② 사람에게 위계 또는 위력을 행사하거나 사람의 궁박한 상태를 이용하는 행위, ③ 업무관계, 고용관계, 그 밖의 관계로 인하여 사람을 보호·감독하는 자에게 금품이나 재산상의 이익을 제공하거나 제공하기로 약속하는 행위 중의 어느 하나에 해당하는 행위를 하여 사람을 모집, 운송, 전달, 은닉, 인계 또는 인수하는 것을 말한다. 다만, 청소년성보호법 제2조 제1호에 따른 아동·청소년 또는 장애인복지법 제2조에 따른 장애인을 모집, 운송, 전달, 은닉, 인계 또는 인수하는 경우에는 다음 각 목의 어느 하나에 해당하는 행위를 요하지 아니한다. 인신매매방지법 제2조 제1호 각 목의 어느 하나에 해당하는 행위가 있는 경우에는 범죄피해자가 착취에 대해 동의하였다 하더라도 인신매매등을 한 자의 범죄의 성립에 영향을 미치지 아니한다(동법 제4조 제1항)고 규정하여, 피해자의 동의에 대한 인신매매방지의정서의 권고사항을 적극적으로 수용하고 있다.

Ⅱ. 미성년자 약취·유인죄

> 제287조(미성년자의 약취, 유인) 미성년자를 약취 또는 유인한 사람은 10년 이하의 징역에 처한다.
> 제294조(미수범) 제287조부터 제289조까지, 제290조 제1항, 제291조 제1항과 제292조 제1항의 미수범은 처벌한다.
> 제295조의2(형의 감경) 제287조부터 제290조까지, 제292조와 제294조의 죄를 범한 사람이 약취, 유인, 매매 또는 이송된 사람을 안전한 장소로 풀어준 때에는 그 형을 감경할 수 있다.

1. 서설

미성년자약취·유인죄는 미성년자를 약취 또는 유인함으로써 성립하는 범죄이다. 본죄의 보호법익은 피약취자(미성년자)의 자유권뿐만 아니라 보호자의 보호·양육권도 부차적인 보호법익이 된다.[196] 따라서 행위자가 미성년자를 약취·유인하는 경우에 미성년자의 동의가 있었다 하더라도 보호자의 보호·양육권을 침해하였다면 본죄가 성립한다.

196) 대법원 2003.2.11. 선고 2002도7115 판결.

2. 구성요건

가. 주체

미성년자 약취·유인죄의 주체에는 제한이 없다. 모든 자연인이 주체가 된다. 부모와 같은 '미성년자의 보호·양육권자'도 본죄의 주체가 될 수 있다. 부모가 이혼하였거나 별거하는 상황에서 미성년의 자녀를 부모의 일방이 평온하게 보호·양육하고 있는데, 상대방 부모가 폭행, 협박 또는 불법적인 사실상의 힘을 행사하여 그 보호·양육 상태를 깨뜨리고 자녀를 탈취하여 자기 또는 제3자의 사실상 지배하에 옮긴 경우 미성년자에 대한 약취죄를 구성한다.[197] 예를 들면 자녀에 대한 면접교섭기간이 종료하였음에도 불구하고 상대방 부모에게 미성년 자녀를 데려다주지 않은 채 연락을 두절한 경우 본죄가 성립할 수 있다. 보호감독자라고 하더라도 이는 다른 보호감독자의 보호·양육권을 침해하거나 자신의 보호·양육권을 남용하여 미성년자 본인의 이익을 침해하기 때문이다. 따라서 폭행, 협박, 불법적인 사실상의 힘을 행사하지 않거나 보호·양육권의 남용이라고 볼 수 없다면 본죄는 성립하지 않는다.

판례 베트남여성 자녀 약취 사건

【판결요지】 피고인 갑은 베트남 국적의 여성으로서 2006.2. A와 혼인하고 같은 해 4. 입국한 후 2007.8.12. 아들을 출산하여 천안시 소재 주거지에서 거주하며 A와 공동으로 아들을 보호·양육하였다. 갑과 A가 심하게 다툰 후 갑은 자존심이 상한 데다 국내에는 마땅히 찾아갈 곳이 없어 생후 약 13개월 된 아들을 데리고 친정인 베트남으로 돌아가기로 마음먹고 출국하였다. 갑은 2010.5.13. A와 협의하여 갑을 아들의 친권자 및 양육자로 정하여 이혼하기로 하고 법원으로부터 그 의사를 확인받았는데, 갑이 그때까지 A에게 아들을 돌려주는 대가로 금전 등을 부당하게 요구하거나 이를 협의이혼의 조건으로 내세운 적이 없었고, 협의이혼 후 아들의 양육비도 갑이 부담하기로 하였다.

【판결요지】 [1] [다수의견] 형법 제287조의 미성년자약취죄, 제288조 제3항 전단[구 형법(2013. 4. 5. 법률 제11731호로 개정되기 전의 것을 말한다. 이하 같다) 제289조 제1항에 해당한다]의 국외이송약취죄 등의 구성요건요소로서 약취란 폭행, 협박 또는 불법적인 사실상의 힘을 수단으로 사용하여 피해자를 그 의사에 반하여 자유로운 생활관계 또는 보호관계로부터 이탈시켜 자기 또는 제3자의 사실상 지배하에 옮기는 행위를 의미하고, 구체적 사건에서 어떤 행위가 약취에 해당하는지 여부는 행위의 목적과 의도, 행위 당시의 정황, 행위의 태양과 종류, 수단과 방법, 피해자의 상태 등 관련 사정을 종합하여 판단하여야 한다. 한편 미성년자를 보호·감독하는 사람이라고 하더라

197) 대법원 2008.1.31. 선고 2007도8011 판결.

도 다른 보호감독자의 보호·양육권을 침해하거나 자신의 보호·양육권을 남용하여 미성년자 본인의 이익을 침해하는 때에는 미성년자에 대한 약취죄의 주체가 될 수 있는데, 그 경우에도 해당 보호감독자에 대하여 약취죄의 성립을 인정할 수 있으려면 그 행위가 위와 같은 의미의 약취에 해당하여야 한다. 그렇지 아니하고 폭행, 협박 또는 불법적인 사실상의 힘을 사용하여 그 미성년자를 평온하던 종전의 보호·양육 상태로부터 이탈시켰다고 볼 수 없는 행위에 대하여까지 다른 보호감독자의 보호·양육권을 침해하였다는 이유로 미성년자에 대한 약취죄의 성립을 긍정하는 것은 형벌법규의 문언 범위를 벗어나는 해석으로서 죄형법정주의의 원칙에 비추어 허용될 수 없다. 따라서 부모가 이혼하였거나 별거하는 상황에서 미성년의 자녀를 부모의 일방이 평온하게 보호·양육하고 있는데, 상대방 부모가 폭행, 협박 또는 불법적인 사실상의 힘을 행사하여 그 보호·양육 상태를 깨뜨리고 자녀를 탈취하여 자기 또는 제3자의 사실상 지배하에 옮긴 경우, 그와 같은 행위는 특별한 사정이 없는 한 미성년자에 대한 약취죄를 구성한다고 볼 수 있다. 그러나 이와 달리 미성년의 자녀를 부모가 함께 동거하면서 보호·양육하여 오던 중 부모의 일방이 상대방 부모나 그 자녀에게 어떠한 폭행, 협박이나 불법적인 사실상의 힘을 행사함이 없이 그 자녀를 데리고 종전의 거소를 벗어나 다른 곳으로 옮겨 자녀에 대한 보호·양육을 계속하였다면, 그 행위가 보호·양육권의 남용에 해당한다는 등 특별한 사정이 없는 한 설령 이에 관하여 법원의 결정이나 상대방 부모의 동의를 얻지 아니하였다고 하더라도 그러한 행위에 대하여 곧바로 형법상 미성년자에 대한 약취죄의 성립을 인정할 수는 없다.

[2] 베트남 국적 여성인 피고인이 남편 갑의 의사에 반하여 생후 약 13개월 된 아들 을을 주거지에서 데리고 나와 약취하고 이어서 베트남에 함께 입국함으로써 을을 국외에 이송하였다고 하여 국외이송약취 및 피약취자국외이송으로 기소된 사안에서, 제반 사정을 종합할 때 피고인이 을을 데리고 베트남으로 떠난 행위는 어떠한 실력을 행사하여 을을 평온하던 종전의 보호·양육 상태로부터 이탈시킨 것이라기보다 친권자인 모(母)로서 출생 이후 줄곧 맡아왔던 을에 대한 보호·양육을 계속 유지한 행위에 해당하여, 이를 폭행, 협박 또는 불법적인 사실상의 힘을 사용하여 을을 자기 또는 제3자의 지배하에 옮긴 약취행위로 볼 수는 없다는 이유로, 피고인에게 무죄를 인정한 원심판단을 정당하다고 한 사례(대법원 2013.6.20. 선고 2010도14328 전원합의체 판결).

【해설】 미성년자 약취·유인죄의 주체에는 제한이 없다. 따라서 부모도 본죄의 주체가 될 수 있다. 부모가 이혼하였거나 별거하는 상황에서 미성년의 자녀를 부모의 일방이 평온하게 보호·양육하고 있는데, 상대방 부모가 폭행, 협박 또는 불법적인 사실상의 힘을 행사하여 그 보호·양육 상태를 깨뜨리고 자녀를 탈취하여 자기 또는 제3자의 사실상 지배하에 옮긴 경우 미성년자에 대한 약취죄를 구성한다. 보호감독자라고 하더라도 이는 자신의 보호·양육권을 남용하여 미성년자 본인의 이익을 침해하기 때문이다. 위 사안의 경우 상대방 부모나 그 자녀에게 어떠한 폭행, 협박이나 불법적인 사

실상의 힘을 행사함이 없이 그 자녀를 데리고 종전의 거소를 벗어나 다른 곳으로 옮겨 자녀에 대한 보호·양육을 계속하였다면, 그 행위가 보호·양육권의 남용이라고 보기 어렵다. 폭행, 협박, 불법적인 사실상의 힘을 행사하지 않거나 보호·양육권의 남용이라고 볼 수 없다면 본죄는 성립하지 않는다.

나. 객체: 미성년자

미성년자는 민법을 기준으로 만 19세 미만인 자를 말한다. 혼인한 미성년자도 본죄의 객체가 될 수 있는가에 대하여 형법의 가벌성 기준이 반드시 민법에 종속되는 것은 아니며 미성년자의 정신적·신체적 미숙으로 인한 특별한 보호 필요성에서 혼인한 미성년자도 얼마든지 이 죄의 대상이 될 수 있다고 하는 것이 다수설이다.[198] 이에 대하여 형법에 고유한 미성년자개념이 없으므로 민법상 성년자를 형법에서 미성년자로 보는 것은 죄형법정주의에 반하므로 혼인한 미성년자는 본죄의 객체가 될 수 없다는 소수 견해도 있다.[199]

생각건대, 혼인한 미성년자를 성년자로 보자는 민법 제826조의2 성년의제규정은 혼인한 미성년자를 혼인생활에서 독립적 경제주체로 행위능력자로 보자는 것이며, 형법상 미성년자에 대한 보호취지와는 다르다. 따라서 혼인한 미성년자도 본죄의 보호대상인 미성년자에 해당한다.

다. 행위: 약취·유인

본죄의 행위는 약취·유인행위이다. 이는 사람을 자유로운 생활관계·보호관계로부터 자기 또는 제3자의 실력적 지배상태로 옮기는 행위를 의미한다. 약취와 유인을 합하여 인취(引取)라고도 한다. 약취는 폭행·협박을 수단으로 하고, 유인은 기망·유혹을 수단으로 한다. 약취의 폭행·협박은 미성년자를 실력적 지배상태에 둘 수 있는 정도이면 되고 상대방의 반항을 억압할 정도일 필요 없다. 유인의 기망은 허위사실로 상대방을 착오에 빠지게 하는 것을 말하며, 유혹은 감언이설로 상대방을 현혹시켜 판단을 그르치게 하는 것을 말하며, 반드시 그 유혹의 내용이 허위일 필요는 없다.[200]

기망과 유혹은 상대방의 하자 있는 의사를 이용하는 것이므로 의사능력 있는 자만이 유인의 객체가 될 수 있다. 따라서 유아는 약취죄만이 성립한다.

보호자의 실력적 지배를 제거함으로써 피인취자를 자기 또는 제3자의 실력적 지배하에 둘 수도 있으므로 반드시 장소적 이전을 요건으로 하지 않는다. 따라서 미성년자가 혼

---

198) 김성돈, 162면; 김일수/서보학, 145면; 배종대, 222면; 손동권/김재윤, 134면; 신동운, 687면; 오영근/노수환, 122면; 이형국/김혜경, 184면; 정성근/박광민, 167면.

199) 이재상/장영민/강동범, 134면.

200) 대법원 1996.2.27. 선고 95도2980 판결.

자 머무는 주거에 침입하여 그를 감금한 뒤 폭행 또는 협박에 의하여 부모의 출입을 봉쇄하거나, 미성년자와 부모가 거주하는 주거에 침입하여 부모만을 강제로 퇴거시키고 독자적인 생활관계를 형성하기에 이르렀다면 비록 장소적 이전이 없었다 할지라도 형법 제287조의 미성년자약취죄에 해당한다.[201)]

판례 생활관계 이탈과 장소적 이전의 의미

【사실관계】 피고인은 범행 당일 14:30경 아파트 현관문을 열고 집안으로 들어서는 피해자 A를 발견하고 위 피해자에게 달려들어 옆구리에 칼을 들이대고 뒤따라 집안으로 침입한 후 집안을 뒤져 물품을 강취하고, 현금이 발견되지 않자 더 나아가 위 피해자를 인질로 삼아 그의 부모로부터 현금을 취득하기로 마음먹고 위 피해자를 결박시킨 다음 두 시간 남짓 부모의 귀가를 기다렸다. 그 후 19:00경 피해자의 모가 위 아파트 안으로 들어오자, 거실에서 앉아 포박된 위 피해자의 옆구리에 부엌칼을 들이대면서 "아들을 살리려면 이리와서 앉아"라고 위협하여 이에 놀란 피해자의 모가 황급히 밖으로 도망치자, 수회 전화를 걸어 "아들을 살리려면 돈 300만 원을 지금 마련해서 올라와라, 경찰에는 절대 알리지 마라, 만약 신고하면 아들을 죽이겠다"고 하는 등 수차례 협박하여 19:58경 피해자의 부모로부터 아파트 현관 입구에서 금품 50만 원을 전달받았으나 그 무렵 문밖에서 대기중이던 경찰관에게 체포되었다.

【판결요지】 [1] 형법 제287조에 규정된 약취행위는 폭행 또는 협박을 수단으로 하여 미성년자를 그 의사에 반하여 자유로운 생활관계 또는 보호관계로부터 이탈시켜 범인이나 제3자의 사실상 지배하에 옮기는 행위를 말하는 것이다. 물론, 여기에는 미성년자를 장소적으로 이전시키는 경우뿐만 아니라 장소적 이전 없이 기존의 자유로운 생활관계 또는 부모와의 보호관계로부터 이탈시켜 범인이나 제3자의 사실상 지배하에 두는 경우도 포함된다고 보아야 한다. 다만, 미성년자와 보호자의 일상생활의 장소적 중심인 주거에서 장소적 이전을 전제로 하지 아니한 채 폭행 또는 협박이 이루어진 경우에는, 그로 인하여 미성년자와 부모의 보호관계가 제한 혹은 박탈되는 모든 경우에 형법 제287조의 미성년자약취죄가 성립하는 것으로 볼 수는 없고, 무엇보다 미성년자를 기존의 생활관계 및 보호관계로부터 이탈시킬 의도가 없는 경우에는 실행의 착수조차 인정하기 어려우며, 범행의 목적과 수단, 시간적 간격 등을 고려할 때 사회통념상 실제로 기존의 생활관계 및 보호관계로부터 이탈시킨 것으로 인정되어야만 기수가 성립한다.

[2] 미성년자가 혼자 머무는 주거에 침입하여 그를 감금한 뒤 폭행 또는 협박에 의하여 부모의 출입을 봉쇄하거나, 미성년자와 부모가 거주하는 주거에 침입하여 부모만을 강제로 퇴거시키고 독자적인 생활관계를 형성하기에 이르렀다면 비록 장소적 이전이 없었다 할지라도 형법 제287조의 미성년자약취죄에 해당함이 명백하지만, 강도 범행

201) 대법원 2008.1.17. 선고 2007도8485 판결.

을 하는 과정에서 혼자 주거에 머무르고 있는 미성년자를 체포·감금하거나 혹은 미성년자와 그의 부모를 함께 체포·감금, 또는 폭행·협박을 가하는 경우, 나아가 주거지에 침입하여 미성년자의 신체에 위해를 가할 것처럼 협박하여 부모로부터 금품을 강취하는 경우와 같이, 일시적으로 부모와의 보호관계가 사실상 침해·배제되었다 할지라도, 그 의도가 미성년자를 기존의 생활관계 및 보호관계로부터 이탈시키는 데 있었던 것이 아니라 단지 금품 강취를 위하여 반항을 제압하는 데 있었다거나 금품 강취를 위하여 고지한 해악의 대상이 그곳에 거주하는 미성년자였던 것에 불과하다면, 특별한 사정이 없는 한 미성년자를 약취한다는 범의를 인정하기 곤란할 뿐 아니라, 보통의 경우 시간적 간격이 짧아 그 주거지를 중심으로 영위되었던 기존의 생활관계로부터 완전히 이탈되었다고 평가하기도 곤란하다.

[3] 미성년자 혼자 머무는 주거에 침입하여 강도 범행을 하는 과정에서 미성년자와 그 부모에게 폭행·협박을 가하여 일시적으로 부모와의 보호관계가 사실상 침해·배제되었더라도, 미성년자가 기존의 생활관계로부터 완전히 이탈되었다거나 새로운 생활관계가 형성되었다고 볼 수 없고 범인의 의도도 위와 같은 생활관계의 이탈이 아니라 단지 금품 강취를 위한 반항 억압에 있었으므로, 형법 제287조의 미성년자약취죄가 성립하지 않는다고 한 사례(대법원 2008.1.17. 선고 2007도8485 판결).

【해설】 피고인의 의사는 주거지에서 친권자인 피해자의 모를 퇴거시키거나 보호관계를 단념시켜 기존의 생활관계를 배제하고 독자적인 생활관계를 형성하고자 하는 데에 있었던 것이라기보다는, 피해자의 신체에 위해를 가할 것처럼 협박하여 피해자의 모로부터 금품을 강취하는 데에 있었다고 보는 것이 옳다. 신고를 받고 즉시 출동한 경찰관에 의하여 제압될 때까지의 시간적 간격이 불과 한 시간 남짓에 불과할 뿐만 아니라 피해자가 위 아파트를 그 장소적 근거로 삼고 있는 기존의 생활관계로부터 완전히 이탈되었다거나 새로운 생활관계가 형성되었다고 평가하기도 어렵다. 따라서 형법 제287조의 미성년자약취죄는 성립하지 않는다. 미성년자와 부모가 거주하는 주거에 침입하여 부모만을 강제로 퇴거시키고 독자적인 생활관계를 형성시켰다면 비록 장소적 이전이 없었다 할지라도 미성년자약취죄에 해당할 수 있다.

라. 실행의 착수 시기와 기수 시기

본죄의 실행의 착수 시기는 약취·유인의 수단인 폭행·협박·기망·유혹을 개시한 때이며, 기수 시기는 피인취자를 실력적 지배하에 두고 어느 정도 시간적 계속성이 인정될 때 기수가 된다.

마. 고의

본죄는 고의범이므로 피약취자가 미성년자라는 것과 약취·유인에 대한 인식과 의사가 있어야 한다. 약취의 동기·목적은 불문한다. 따라서 행위자가 불우한 가정에서 성장하고 있는 미성년자를 보호·양육하기 위하여 유인한 경우에도 본죄가 성립할 수 있다. 물론 이 행위에 대하여 정당행위 등으로 위법성이 조각될 수 있는지는 별개의 문제이다.

3. 위법성

본죄의 보호법익은 미성년자의 자유권뿐만 아니라 보호자의 감독권도 보호법익이 되므로 본죄의 위법성이 조각되기 위해서는 본인과 보호감독자 모두의 승낙이 있어야 한다. 보호자의 승낙만이 존재하고 미성년자인 본인의 승낙이 없는 경우 보호자의 권리남용이 된다. 이 경우 보호자도 본죄의 공범이 된다.

4. 다른 죄와의 관계

약취의 수단으로 체포·감금행위를 한 경우 체포·감금죄와 약취죄의 상상적 경합이 된다. 약취·유인한 자가 피해자를 계속 감금한 경우 감금죄와 약취죄의 실체적 경합이 되며,[202] 이 경우 피해자가 13세 미만의 미성년자인 경우 특정범죄가중법 제5조의2 제2항 제3호에 의하여 가중처벌된다.

5. 해방감경

본죄를 범한 자가 약취·유인·매매 또는 이송된 자를 안전한 장소로 풀어 준 때에는 그 형을 감경할 수 있다(제295조의2). 이미 기수에 달하여 돌이킬 수 없는 상황에 있는 행위자에게도 중지의 유혹을 줌으로써 피인취자를 보호하고자 하는 형사정책적 목적을 가진 규정이다.

Ⅲ. 추행 등 목적 약취·유인죄

제288조(추행 등 목적 약취, 유인 등) ① 추행, 간음, 결혼 또는 영리의 목적으로 사람을 약취 또는 유인한 사람은 1년 이상 10년 이하의 징역에 처한다.

---

202) 대법원 1998.5.26. 선고 98도1036 판결.

② 노동력 착취, 성매매와 성적 착취, 장기적출을 목적으로 사람을 약취 또는 유인한 사람은 2년 이상 15년 이하의 징역에 처한다.
③ 국외에 이송할 목적으로 사람을 약취 또는 유인하거나 약취 또는 유인된 사람을 국외에 이송한 사람도 제2항과 동일한 형으로 처벌한다.
제294조(미수범) 제287조부터 제289조까지, 제290조제1항, 제291조제1항과 제292조제1항의 미수범은 처벌한다.
제295조(벌금의 병과) 제288조부터 제291조까지, 제292조제1항의 죄와 그 미수범에 대하여는 5천만원 이하의 벌금을 병과할 수 있다.
제295조의2(형의 감경) 제287조부터 제290조까지, 제292조와 제294조의 죄를 범한 사람이 약취, 유인, 매매 또는 이송된 사람을 안전한 장소로 풀어준 때에는 그 형을 감경할 수 있다.

1. 의의

추행 등 목적 약취·유인죄는 추행 등 목적으로 사람을 약취 또는 유인함으로써 성립하는 범죄이다. 사람을 약취 또는 유인한 목적에 따라 법정형이 다르다. 추행, 간음, 결혼 또는 영리목적으로 사람을 약취 또는 유인한 경우에는 1년 이상 10년 이하의 징역, 노동력 착취, 성매매와 성적 착취, 장기적출, 국외이송을 목적으로 사람을 약취 또는 유인한 경우 2년 이상 15년 이하의 징역에 처한다.

2. 구성요건

본죄의 주체에는 제한이 없다. 추행 등의 목적으로 약취·유인을 하였다면 친권자 등 보호자도 본죄의 주체가 될 수 있다.

본죄의 객체에도 제한이 없다. 성별, 성년·미성년을 불문하며, 법질서에 호소할 정신적 지각능력 여부도 묻지 않는다. 본죄의 목적을 가지고 미성년자를 약취·유인하였다면 미성년자약취·유인죄가 아니라 가중적 구성요건인 본죄가 성립한다.

본죄의 행위는 약취·유인행위이다. 이는 사람을 자유로운 생활관계·보호관계로부터 자기 또는 제3자의 실력적 지배상태로 옮기는 행위를 의미한다. '실력적 지배'는 본래의 생활환경이나 보호상태에서 이탈 또는 배제시켜 사실상 지배하에 두는 것이면 충분하며,[203]

203) 대법원 1998.5.15. 선고 98도690 판결.

피인취자를 장소적으로 이전시키는 것뿐만 아니라 장소적 이전 없이 기존의 자유로운 생활관계·보호관계로부터 이탈시키는 것도 포함한다. 약취와 유인을 합하여 인취(引取)라고도 한다. 약취는 폭행·협박을 수단으로 하고, 유인은 기망·유혹을 수단으로 한다. 예를 들면 11세에 불과한 어린 나이의 피해자를 유혹하여 모텔 앞길에서부터 모텔 301호실까지 데리고 간 경우 피해자를 자유로운 생활관계로부터 이탈시켜 피고인의 사실적 지배 아래로 옮겼다고 볼 수 있으므로 유인에 해당한다.[204] 약취·유인의 구체적인 의미는 미성년자약취·유인죄의 경우와 같다.

3. 고의와 목적

본죄는 고의 이외에 초과 주관적 구성요건요소인 목적이 있어야 한다. '추행의 목적'이란 약취·유인된 자를 추행행위의 주체 또는 객체로 삼으려는 목적을 말하며, '간음의 목적'이란 결혼 아닌 성교행위를 할 목적을 말한다. 반드시 약취·유인한 자가 스스로 간음의 당사자가 되어야 하는 것은 아니다. '결혼의 목적'은 진실로 결혼할 목적을 말하며 결혼에는 법률혼뿐만 아니라 사실혼도 포함된다. '영리의 목적'이란 자기 또는 제3자로 하여금 재산상 이익을 얻게 할 목적을 말한다. 약취·유인된 자를 일정한 업무에 종사하게 한 후 그 수입으로 채무를 변제할 목적이 이에 해당한다.

'노동력 착취의 목적'은 경제적 측면에서의 착취를 말한다. 예를 들면 노예상태 또는 이와 유사한 예속상태에 두는 경우가 이에 해당하며, 지배·종속관계를 전제로 하여 대가적 급부를 제공하지 않거나 현저히 낮은 대가적 급부를 제공하고 피인취자의 노동력을 통하여 이익을 얻으려는 경우를 말한다. '성매매의 목적'이란 성을 사고파는 행위를 하게 할 목적을 말한다. 직접적인 성적 행위 자체뿐만 아니라 고객과의 접촉, 대가의 협상 등 준비행위도 성매매에 포함된다. '성적 착취의 목적'이란 성매매나 그 밖의 성적 행위를 하게 함으로써 얻어지는 경제적 측면에서의 이익을 착취할 목적을 말한다. '장기적출의 목적'은 장기를 신체로부터 분리시킬 목적을 말한다.

'국외이송의 목적'이란 피해자를 대한민국 영역 외로 보내려는 목적을 말한다. 국외이송의 목적의 동기는 불문한다.

204) 대법원 2007.5.11. 선고 2007도2318 판결.

4. 해방감경

본죄를 범한 자가 약취·유인된 자를 안전한 장소로 풀어 준 때에는 그 형을 감경할 수 있다(제295조의2). 이미 기수에 달하여 돌이킬 수 없는 상황에 있는 행위자에게도 중지의 유혹을 줌으로써 피인취자를 보호하고자 하는 형사정책적 목적을 가진 규정이다.

Ⅳ. 인신매매죄

제289조(인신매매) ① 사람을 매매한 사람은 7년 이하의 징역에 처한다.
② 추행, 간음, 결혼 또는 영리의 목적으로 사람을 매매한 사람은 1년 이상 10년 이하의 징역에 처한다.
③ 노동력 착취, 성매매와 성적 착취, 장기적출을 목적으로 사람을 매매한 사람은 2년 이상 15년 이하의 징역에 처한다.
④ 국외에 이송할 목적으로 사람을 매매하거나 매매된 사람을 국외로 이송한 사람도 제3항과 동일한 형으로 처벌한다.
제294조(미수범) 제287조부터 제289조까지, 제290조제1항, 제291조제1항과 제292조제1항의 미수범은 처벌한다.
제295조의2(형의 감경) 제287조부터 제290조까지, 제292조와 제294조의 죄를 범한 사람이 약취, 유인, 매매 또는 이송된 사람을 안전한 장소로 풀어준 때에는 그 형을 감경할 수 있다.

1. 단순인신매매죄(제1항)

가. 의의

제289조 제1항의 인신매매죄는 사람을 매매한 경우에 성립하는 범죄이다. 매매에 있어서 목적을 필요로 하지 않는 기본적 구성요건이다. 사람의 신체뿐만 아니라 인격권도 본죄의 보호법익이다. 매도인과 매수인을 똑같이 처벌하는 필요적 공범 중 대향범에 해당한다.

나. 구성요건

본죄의 주체에는 제한이 없다. 친권자 등 보호자도 본죄의 주체가 될 수 있다. 매도자와 매수자 모두 필요적 공범으로서 본죄의 주체가 된다.

본죄의 객체에도 제한이 없다. 성별, 성년·미성년을 불문하며, 법질서에 호소할 정신적 지각능력 여부도 묻지 않는다. 다만 19세 미만의 아동·청소년의 성을 사는 행위, 아동·청소년이용음란물을 제작하는 행위의 대상이 될 것을 알면서 아동·청소년을 매매하는 경우에는 아동·청소년성보호법 제12조가 적용된다.

본죄의 행위는 매매이다. 매매는 사람을 마치 물건과 같이 유상으로 상대방 또는 제3자에게 인도·인수하는 행위를 말한다. 반드시 민법상 매매와 그 법적 의미가 같을 필요가 없기 때문에 교환이나 부담부 증여도 포함되지만, 대가의 수수가 없는 무상의 경우에는 본죄가 성립하지 않는다.

다. 실행의 착수 시기와 기수 시기

본죄의 실행의 착수 시기는 사람을 매매하기로 하는 의사의 합치가 있는 시점이다. 매매계약만 체결하고 사람을 현실적으로 인도하지 않거나 인도에 실패한 경우에는 본죄의 미수가 된다.

본죄의 기수 시기는 사람의 신체에 대한 사실상 지배관계의 이전이 있는 때이다. 따라서 인신의 인도로 실력지배가 형성이 되었다면 본죄는 기수에 이른 것이며, 대금이 실제로 지급되었는지는 본죄의 성립 여부에 영향이 없다. 마찬가지로 대금이 지급되었다고 하더라도 현실적으로 인도가 되지 않았다면 미수에 불과하다.

라. 주관적 구성요건

사람을 매매한다는 고의만 있으면 된다. 따라서 추행, 노동력착취의 목적이 없는 경우에는 본죄가 성립한다.

2. 추행등목적 인신매매죄(제2항, 제3항, 제4항)

제289조 제2항, 제3항의 인신매매죄는 추행, 간음, 결혼 또는 영리의 목적으로(제2항), 노동력 착취, 성매매와 성적 착취, 장기적출을 목적으로(제3항), 국외에 이송할 목적으로(제4항) 사람을 매매한 경우에 성립하는 범죄이다.

인신매매죄와 다른 점은 고의 이외에 초과 주관적 구성요건요소로 추행, 간음, 결혼 또는 영리의 목적, 노동력 착취, 성매매와 성적 착취, 장기적출의 목적이 있어야 한다. 추행 등의 목적을 가지고 사람을 매매함으로써 성립하면 기수가 되며, 목적의 달성 여부는 기수·미수와 상관이 없다.

3. 해방감경

본죄를 범한 자가 매매된 자를 안전한 장소로 풀어 준 때에는 그 형을 감경할 수 있다(제295조의2). 이미 기수에 달하여 돌이킬 수 없는 상황에 있는 행위자에게도 중지의 유혹을 줌으로써 피해자를 보호하고자 하는 형사정책적 목적을 가진 규정이다.

V. 피약취·유인·매매자 국외이송죄

제288조(추행 등 목적 약취, 유인 등) ③ 국외에 이송할 목적으로 사람을 약취 또는 유인하거나 약취 또는 유인된 사람을 국외에 이송한 사람도 제2항과 동일한 형으로 처벌한다.
제289조(인신매매) ④ 국외에 이송할 목적으로 사람을 매매하거나 매매된 사람을 국외로 이송한 사람도 제3항과 동일한 형으로 처벌한다.

1. 의의

피약취·유인·매매자 국외이송죄는 약취·유인된 자(제288조) 또는 매매된 자(제289조)를 국외에 이송하는 행위를 함으로써 성립하는 범죄이다. 국외이송목적으로 약취·유인 또는 매매행위를 한 자뿐만 아니라 그 행위에 가담하지 않았다고 하더라도 사후에 국외이송행위를 한 경우를 처벌하는 구성요건이다.

2. 구성요건

본죄의 객체는 현실적으로 약취, 유인, 매매된 자이다. 성별, 성년·미성년을 불문한다. 본죄의 행위는 국외로 이송하는 것이다. 대한민국의 영역을 떠남으로써 본죄는 기수가 되며 반드시 외국의 영역에 들어 갈 필요는 없다. 공해상으로 나간 경우에도 본죄는 성립한다.

3. 해방감경

본죄를 범한 자가 이송된 자를 안전한 장소로 풀어 준 때에는 그 형을 감경할 수 있다(제295조의2). 이미 기수에 달하여 돌이킬 수 없는 상황에 있는 행위자에게도 중지의 유혹을 줌으로써 피해자를 보호하고자 하는 형사정책적 목적을 가진 규정이다.

Ⅵ. 약취, 유인, 매매, 이송 등 상해·치상죄

> 第290조(약취, 유인, 매매, 이송 등 상해·치상) ① 제287조부터 제289조까지의 죄를 범하여 약취, 유인, 매매 또는 이송된 사람을 상해한 때에는 3년 이상 25년 이하의 징역에 처한다.
> ② 제287조부터 제289조까지의 죄를 범하여 약취, 유인, 매매 또는 이송된 사람을 상해에 이르게 한 때에는 2년 이상 20년 이하의 징역에 처한다.
> 第295조(벌금의 병과) 제288조부터 제291조까지, 제292조제1항의 죄와 그 미수범에 대하여는 5천만원 이하의 벌금을 병과할 수 있다.
> 第295조의2(형의 감경) 제287조부터 제290조까지, 제292조와 제294조의 죄를 범한 사람이 약취, 유인, 매매 또는 이송된 사람을 안전한 장소로 풀어준 때에는 그 형을 감경할 수 있다.

약취, 유인, 매매, 이송 등 상해·치상죄는 미성년자약취·유인죄(제287조), 추행등목적약취·유인죄(제288조), 인신매매죄(제289조)를 범하여 약취, 유인, 매매 또는 이송된 사람을 상해하거나(제1항) 상해에 이르게 한 경우(제2항)에 성립하는 범죄이다. 제1항의 경우 상해에 대하여 고의가 있는 경우이며, 제2항은 상해에 대하여 과실이 있는 결과적 가중범이다. 제295조의2에 약취, 유인, 매매 또는 이송된 사람을 안전한 장소로 풀어준 때에는 그 형을 감경할 수 있는 해방감경규정이 있다.

Ⅶ. 약취, 유인, 매매, 이송 등 살인·치사

제291조(약취, 유인, 매매, 이송 등 살인·치사) ① 제287조부터 제289조까지의 죄를 범하여 약취, 유인, 매매 또는 이송된 사람을 살해한 때에는 사형, 무기 또는 7년 이상의 징역에 처한다.
② 제287조부터 제289조까지의 죄를 범하여 약취, 유인, 매매 또는 이송된 사람을 사망에 이르게 한 때에는 무기 또는 5년 이상의 징역에 처한다.
제294조(미수범) 제287조부터 제289조까지, 제290조제1항, 제291조제1항과 제292조제1항의 미수범은 처벌한다.
제295조(벌금의 병과) 제288조부터 제291조까지, 제292조제1항의 죄와 그 미수범에 대하여는 5천만원 이하의 벌금을 병과할 수 있다.

약취, 유인, 매매, 이송 등 살인·치사죄는 미성년자약취·유인죄(제287조), 추행등목적약취·유인죄(제288조), 인신매매죄(제289조)를 범하여 약취, 유인, 매매 또는 이송된 사람을 살해하거나(제1항) 사망에 이르게 한 경우(제2항)에 성립하는 범죄이다. 제1항의 경우 살해에 대하여 고의가 있는 경우이며, 제2항은 사망의 결과에 대하여 과실이 있는 결과적 가중범이다. 피해자가 사망한 경우이므로 제295조의2의 해방감경규정의 적용이 있을 수 없다.

Ⅷ. 약취, 유인, 매매, 이송된 사람의 수수·은닉 등

제292조(약취, 유인, 매매, 이송된 사람의 수수·은닉 등) ① 제287조부터 제289조까지의 죄로 약취, 유인, 매매 또는 이송된 사람을 수수(授受) 또는 은닉한 사람은 7년 이하의 징역에 처한다.
② 제287조부터 제289조까지의 죄를 범할 목적으로 사람을 모집, 운송, 전달한 사람도 제1항과 동일한 형으로 처벌한다.
제294조(미수범) 제287조부터 제289조까지, 제290조제1항, 제291조제1항과 제292조제1항의 미수범은 처벌한다.
제295조(벌금의 병과) 제288조부터 제291조까지, 제292조제1항의 죄와 그 미수범에 대하여는 5천만원 이하의 벌금을 병과할 수 있다.

제295조의2(형의 감경) 제287조부터 제290조까지, 제292조와 제294조의 죄를 범한 사람이 약취, 유인, 매매 또는 이송된 사람을 안전한 장소로 풀어준 때에는 그 형을 감경할 수 있다.

약취, 유인, 매매, 이송된 사람의 수수·은닉죄는 미성년자약취·유인죄(제287조), 추행등목적약취·유인죄(제288조), 인신매매죄(제289조)로 약취, 유인, 매매 또는 이송된 사람을 수수 또는 은닉한 경우(제1항), 미성년자약취·유인죄, 추행등목적약취·유인죄, 인신매매죄를 범할 목적으로 사람을 모집, 운송, 전달한 경우(제2항)에 성립하는 범죄이다. 제295조의2에 약취, 유인, 매매 또는 이송된 사람을 안전한 장소로 풀어준 때에는 그 형을 감경할 수 있는 해방감경규정이 있다.

Ⅸ. 예비·음모죄

제296조(예비, 음모) 제287조부터 제289조까지, 제290조제1항, 제291조제1항과 제292조제1항의 죄를 범할 목적으로 예비 또는 음모한 사람은 3년 이하의 징역에 처한다.

예비·음모죄는 미성년자약취·유인죄(제287조), 추행등목적약취·유인죄(제288조), 인신매매죄(제289조), 약취·유인·매매·이송 등 상해죄(제290조제1항), 약취·유인·매매·이송 등 살인죄(제291조제1항)를 범할 목적으로 예비 또는 음모한 경우에 성립하는 범죄이다. 미성년자약취·유인죄 등의 범죄가 중한 범죄임을 고려하여 예외적으로 예비·음모 처벌 규정을 둔 것이다.

Ⅹ. 세계주의

제296조의2(세계주의) 제287조부터 제292조까지 및 제294조는 대한민국 영역 밖에서 죄를 범한 외국인에게도 적용한다.

우리 형법은 형법의 장소적 적용범위와 관련하여 속인주의, 속지주의, 보호주의를 취하고 있으나[205] 약취·유인 또는 매매와 관련된 범죄는 인류 일반의 입장에서 보편타당하게 인권을 유린하는 범죄라는 점에서 대한민국의 영역 밖에서 죄를 범한 외국인에게도 적용하도록 하는 세계주의를 도입하였다. 미성년자약취·유인죄(제287조), 추행등목적약취·유인죄(제288조), 인신매매죄(제289조), 약취·유인·매매·이송 등 상해·치상죄(제290조), 약취·유인·매매·이송 등 살인·치사죄(제291조), 약취·유인·매매·이송된 사람의 수수·은닉죄(제292조), 미수범(제294조)을 범한 외국인에게도 적용된다.

제4절 강간과 추행의 죄

Ⅰ. 총설

1. 의의

강간과 추행의 죄는 개인의 성적 자기결정권을 침해하는 범죄이다. 개인의 성적 자기결정권을 폭행·협박, 위계·위력 등의 방법이나 이에 준하는 방법으로 침해하는 범죄이다.

성범죄는 성(性)과 관련된 일체의 범죄유형을 통칭하는 개념으로 형법은 형법 제2편 제32장 강간과 추행의 죄와 제22장 성풍속에 관한 죄로 구분하고 있다. 강간과 추행의 죄는 개인적 법익, 즉 개인의 성적 자기결정의 자유를 보호하기 위한 것이며, 성풍속에 관한 죄는 사회적 법익, 즉 사회 일반의 건전한 성도덕 또는 성풍속을 보호하기 위한 것이다. 넓게는 이러한 형법의 규정 외에도 성폭력범죄에는 성폭력범죄의 처벌 및 피해자보호 등에 관한 법률, 아동·청소년의 성보호에 관한 법률, 성매매알선 등 행위의 처벌에 관한 법률 등 특별법상 규정된 성 관련 범죄 일체가 포함된다.

성범죄는 고대로부터 처벌의 대상이 되어 왔으나, 이전에는 단순히 개인의 성적 의사결정의 자유를 보호하기 위한 개인적 범죄로서의 차원이 아니라, 음란성을 추방하여 성적 순결성을 보호하려는 사회적·국가적 이익을 우선적으로 고려하는 차원에서 이해되었다.[206] 하지만 근대에 와서는 성범죄의 자유화·합리화의 요구가 인식되면서 자유의 영역

---

205) 이에 대한 자세한 설명은 형법총론의 형법의 장소적 적용범위에 대한 설명을 참조하라.

206) 이러한 시각에서 로마법에서는 강간·근친상간·매매음(賣買淫)·간통 등을 범죄로 다루었고, 중세의 교회법과 계몽기 이후의 오스트리아·독일 등의 근대 형법에서도 마찬가지였다.

에서 강간·추행의 죄와 성풍속에 관한 죄로 분리되었다.

2. 보호법익

강간과 추행의 죄의 보호법익은 성적 자기결정권(性的 自己決定權)이다. 원래 성적 자기결정권은 성생활의 여부를 스스로 결정할 자유뿐만 아니라 인격적 성숙을 기초로 한 성생활의 가능성을 포함하는 적극적 개념으로 성행위를 할 것인가 여부, 성행위를 할 때 상대방을 누구로 할 것인가 여부, 성행위의 방법 등을 스스로 결정할 수 있는 권리이다. 하지만 강간죄의 보호법익인 성적 자기결정권의 범위는 제한적이다. 형법상 보호대상으로서 성적 자기결정권은 성생활을 할 적극적 자유를 보호하는 것이 아니라 원하지 않는 성행위를 하지 않을 소극적 자유를 보호하는 것이다.

다만 강간과 추행의 죄 중에서 폭행·협박을 수단으로 하는 범죄의 경우에는 신체의 불가침성 또는 의사결정의 자유도 부차적 보호법익이 된다.[207] 피구금자간음죄의 경우 구금된 자를 부당하게 대우하지 않는다는 점 및 감호자의 청렴성에 대한 일반인의 신뢰를 부차적 보호법익으로 하고, 미성년자간음죄는 미성년자에 대한 건전한 성적 발육을 부차적 보호법익으로 한다.

3. 특별법

성범죄에 대한 처벌은 일반형법보다는 특별법에 의해서 규율되는 경우가 많다. 일반형법상 성범죄 관련 처벌조문은 그 의미가 많이 축소되고 있다. 그럼에도 불구하고 성범죄에 대한 기초적 내용은 일반 형법을 통해서 확인해야 한다. 현재 주요한 성범죄관련 특별법으로는 성폭력범죄의 처벌 등에 관한 특례법, 아동·청소년의 성보호에 관한 법률 등이 있다.

참고 성폭력범죄에 대한 특별법의 변화

종전 성폭력범죄에 대한 특별법으로 1994.1.15. '성폭력범죄의 처벌 및 피해자보호등에 관한 법률'이 있었다. 동법은 제정된 이래 총 14차례에 걸쳐 개정되었으며, 개정을 거듭하면서 새로운 구성요건을 대폭 확대하고 법정형을 상향조정하여 강벌주의의 팽창을 반복하였다. 그런데 동법이 성폭력범죄의 처벌과 성폭력범죄의 피해자 보호 등

207) 김성돈, 178면; 김일수/서보학, 155면; 이형국/김혜경, 201면; 정성근/박광민, 167면.

에 관한 사항을 함께 규정하고 있어 각 사항에 대한 효율적인 대처에 한계가 있다는 비판이 있었다. 이에 따라 2010.4.15. '성폭력범죄의 처벌 등에 관한 특례법'과 '성폭력 방지 및 피해자보호 등에 관한 법률'로 분리되었다. 따라서 성폭력범죄의 처벌에 대해서는 '성폭력범죄의 처벌등에 관한 특례법'을 적용하며, 성폭력범죄의 피해자 보호에 대해서는 '성폭력범죄의 피해자보호 등에 관한 법률'을 적용한다.

4. 형법 개정

강간과 추행의 죄는 2012년 대폭 개정되었다. 사회가 다층화되고 복잡하게 발달함에 따라 성범죄도 역시 다양한 양상을 띠고 변화하고 있으나 개정 전 형법에서는 이러한 변화의 양상을 미처 담아내지 못하고 있었다. 유사성교행위만 하더라도 독일, 프랑스 등 선진 외국에서는 강간의 기준을 '신체에의 삽입'에 두고 강간죄에 포섭하여 엄하게 처벌하고 있는 것에 반하여 우리나라는 '성기 간의 삽입'만을 강간죄로 처벌하고 이와 유사한 성교행위는 강제추행죄로 처벌하고 있고, 게다가 강간죄의 객체를 '부녀'로 한정하는 문제점이 있었다.

개정 전 형법은 피해자의 사생활과 인격을 보호한다는 명분을 가지고 추행·간음 목적 약취·유인·수수·은닉죄 및 강간죄 등 성범죄를 친고죄로 규정하고 있었다. 그런데 피해자의 고소 취하를 얻어내기 위하여 가해자 측이 피해자를 협박하거나 명예훼손으로 역고소하는 경우가 많아 문제로 지적되고 있었고, 형법 체계가 성폭력을 중대한 범죄로 규정하고 있음에도 친고죄로 규정하고 있는 것은 형법 체계에도 맞지 아니한다는 비판을 받아왔었다. 또한 혼인빙자간음죄의 경우 기소되거나 처벌받는 경우가 거의 없어 법적 실효성이 낮을 뿐 아니라, 혼인빙자간음죄의 대상을 '음행의 상습 없는 부녀'로 한정하는 것 자체가 여성의 성적 주체성을 훼손하는 규정이므로 헌법재판소 결정에 따라 위헌결정이 되었으므로 이에 대한 형법 규정을 개정할 필요가 있었다. 따라서 변화된 시대 상황을 반영하여 다양화된 성범죄에 효과적으로 대처하기 위하여 유사강간죄를 신설하고, 성범죄의 객체를 '부녀'에서 '사람'으로 확대하며, 친고죄 및 혼인빙자간음죄를 폐지하였다.

2018년에는 업무상 위력 등에 의한 간음죄의 법정형을 상향하였으며, 2020년에는 미성년자에 대한 간음·추행죄를 개정하며 성적자기결정권의 동의능력을 16세로 상향하는 등 일부 구성요건을 개정하였을 뿐만 아니라 강간예비·음모죄 처벌 규정을 신설하였다.

Ⅱ. 강간죄

> 제297조 (강간) 폭행 또는 협박으로 사람을 강간한 자는 3년 이상의 유기징역에 처한다.
> 제300조 (미수범) 제297조, 제297조의2, 제298조 및 제299조의 미수범은 처벌한다.

1. 서설

강간죄는 강제추행죄에 대하여 불법이 가중되는 가중적 구성요건에 해당한다. 강간의 죄의 기본구성요건은 강간죄로, 강제추행의 죄의 기본적 구성요건은 강제추행죄로 보는 견해도 있다.[208] 성범죄에 대한 보호법익인 성적 자기결정권이 성교행위를 전제로 침해한 것이 아니라는 점을 고려한다면 강제추행죄를 기본적 구성요건으로 보는 것이 타당하다.

2. 객관적 구성요건

가. 주체: 사람

종전에는 강간죄의 객체를 부녀로 한정하였기 때문에 행위주체는 원칙적으로 남자라고 해석하였다. 하지만 형법 개정을 통하여 행위객체를 사람으로 변경하였기 때문에 원칙적으로 행위주체에는 제한이 없다. 여자도 강간죄의 간접정범[209]이나 공동정범뿐만 아니라 단독정범의 형태로 주체가 될 수 있다고 해석해야 한다. 따라서 강간죄는 신분범도 자수범도 아니다.

판례 부녀에게 강간죄의 공동정범을 인정한 사례

【사실관계】 갑남과 을남은 병녀와 함께 A녀를 강간하기로 공모·합동하여, 1996.10.4. 22:00경 갑남의 집에서 갑남은 피해자 A녀에게 옷을 벗으라고 하면서 손바닥으로 피해자의 얼굴을 4회 때리고, 이에 피해자가 강간을 당하지 않으려고 집 밖으로 도피하자, 을남은 피해자를 쫓아가 발로 피해자의 배와 등을 각 1회 걷어차면서 "왜 안 대어

---

208) 김일수/서보학, 157면; 배종대, 235면; 손동권/김재윤, 150면.

209) 갑녀가 정신질환자인 남자 을을 교사·방조하여 A녀를 강간하게 한 경우 을은 책임능력이 없으므로 처벌되지 않으며, 갑녀는 처벌되지 않는 자를 이용하여 자신의 범죄를 실행한 경우이므로 강간죄의 간접정범이 된다.

주느냐, 내가 여자라면 대어 주겠다."고 말하고, 병녀는 손바닥으로 피해자의 얼굴을 3회 때리고 머리채를 잡아 피해자를 갑남이 있는 방으로 밀어 넣은 뒤, 을남과 함께, 그 옆방에서 피해자가 도망하지 못하게 망을 보고, 갑남은 피해자를 방안으로 끌고 들어가 강제로 옷을 벗겨 반항을 억압한 다음 피해자를 1회 간음하여 강간하고, 그 다음날 03:30경 위와 같이 항거불능의 상태에 있는 피해자를 다시 1회 간음하여 강간하고, 그로 인하여 피해자로 하여금 약 1주간의 치료를 요하는 처녀막파열상을 입게 하였다.

【판결요지】 피고인들 및 병녀 간에는 강간범행에 대한 공동가공의 의사가 암묵리에 상통하였다고 할 것이고, 한편 을남은 갑남에게 강간당하지 않으려고 도망가는 피해자를 붙잡아 갑남과 성교를 할 것을 강요하면서 폭행을 하여 피해자로 하여금 도망가는 것을 단념하게 한 후 그녀를 갑남이 있는 방으로 데려왔고, 병녀 역시 피해자에게 갑남과 성교를 할 것을 강요하면서 피해자를 폭행하였고, 갑남이 피해자를 간음하는 동안 을남과 병녀는 바로 그 옆방에 있었던 이상 을남과 병녀는 강간죄의 실행행위를 분담하였다 할 것이고 그 실행행위의 분담은 시간적으로나 공간적으로 갑남과 협동관계에 있다고 보아야 할 것이다(대법원 1998.2.27. 선고 97도1757 판결).

【해설】 형법 제30조의 공동정범 성립 요건은 공동 가공의 의사와 실행행위의 분담이다. 이 사건에서는 병녀가 직접 성행위를 하지는 않았으나, 도망 방지, 반항 억압, 폭행·협박, 범행 공간 확보 등에서 적극적인 역할을 수행했으므로 실행행위 분담으로 인정된다. 을과 병은 갑의 강간 실행을 방조의 정도를 넘어서, 피해자의 반항을 억압하고 도망을 막으며, 갑의 강간행위를 용이하게 하고 성공시키는 데 본질적 기여한 것이므로 을과 병은 강간죄의 공동정범이 된다.

나. 객체: 사람

(1) 사람

본죄의 객체는 사람이다. 형법개정 전에는 본죄의 객체를 부녀로 한정하고 있었기 때문에 남자는 본죄의 객체가 될 수 없었다. 그러나 2012년 형법개정을 통하여 본죄의 객체를 사람으로 변경하였으므로 남자 또한 객체가 될 수 있다.

(2) 미성년자와 장애인

13세 미만의 사람도 본죄의 객체가 될 수 있다. 다만 13세 미만의 사람에 대하여 본죄를 범한 때에는 성폭력범죄 처벌 등에 관한 특례법에 의하여 가중처벌된다. 13세 이상 19세 미만의 아동·청소년을 강간한 경우에는 아동·청소년 성보호에 관한 법률에 따라 가중처벌된다. 따라서 형법은 피해자가 19세 이상인 경우에 적용된다.

장애인도 본죄의 객체가 될 수 있지만, 신체적 또는 정신적인 장애가 있는 사람을 강간한 경우에는 성폭력범죄 처벌 등에 관한 특례법에 의하여 가중처벌된다.

(3) 친족관계

성폭력범죄의 처벌 등에 관한 특례법 제5조에서는 친족관계에 있는 사람이 폭행 또는 협박으로 사람을 강간, 강제추행, 준강간한 경우[210] 형을 가중하고 있다. 친족의 범위는 4촌 이내의 혈족·인척과 동거하는 친족으로 하며, 사실상 관계에 의한 친족도 포함한다.

【정리】 범죄객체에 따른 성폭력범죄 적용법규

구분	성인	미성년자 또는 아동·청소년			업무상 관계	장애인	친족관계
		미성년자	19세 미만	13세 미만			
강간	형 297	·	아청 7①	성폭 7①	X	성폭 6①	성폭 5①

* 아청: 아동·청소년의 성보호에 관한 법률, 성폭: 성폭력범죄의 처벌 등에 관한 특례법

(4) 배우자

법률상 배우자인 처의 경우 종전 판례는 부부관계의 특수성과 법정형을 고려하여 본죄의 객체가 될 수 없다고 하였다.[211] 소위 부부강간죄 성립을 부정하였다. 그러나 대법원은 이에 대한 판례를 변경하였다. 먼저 2008도8601판결에서는 처에 대해서는 강간죄 성립을 부정하면서, 다만 혼인관계가 파탄되어 실질적인 부부관계가 인정될 수 없는 상태에 이르렀다면 법률상 배우자인 처도 본죄의 객체가 된다고 하였다. 하지만 이후 2012도14788 전원합의체 판결을 통하여 실질적인 혼인관계가 유지된다고 하더라도 폭행이나 협박으로 배우자를 간음한 경우에는 강간죄가 성립한다고 판시하였다. 부부강간죄의 성립을 인정한 것이다. 마찬가지로 행위자와 이미 성관계를 맺고 있는 사람에 대해서도 행위 당시에 폭행·협박을 사용하여 그를 강간한 경우(소위 데이트강간)에도 본죄가 성립한다.

생각건대, 부부 사이에 민법상 동거의무가 인정된다고 하더라도 상대 배우자의 폭행·협박에 의한 성관계 강요까지 감수해야 할 의무는 없으며, 혼인이 개인의 성적 자기결정권에 대한 포기라고 볼 수도 없다. 헌법이 보장하는 혼인의 자유가 개인의 인격권·행복추구권, 개인의 존엄과 양성 평등에 기초한 혼인과 가족생활 보장을 의미한다면, 강간죄의 객체에 법률상 배우자가 포함된다고 보는 것이 타당하다. 이는 혼인 관계가 파탄난 경우뿐만 아니라 혼인 관계가 실질적으로 유지되고 있는 경우에도 배우자 일방이 상대 배우자를 폭행·협박을 가하여 간음한 경우 강간죄가 성립한다고 보는 것이 타당하다.

---

210) 친족관계의 경우 유사강간을 가중처벌하는 규정은 없다. 입법의 불비로 보인다.

211) 처가 다른 여자와 동거하고 있는 남편을 상대로 간통죄 고소와 이혼소송을 제기하였으나 그 후 부부간에 다시 새출발을 하기로 약정하고 간통죄 고소를 취하한 경우에는 설령 남편이 폭력으로서 강제로 처를 간음하였다 하더라도 강간죄는 성립되지 아니한다(대법원 1970.3.10. 선고 70도29 판결).

판례 실질적 혼인관계와 아내 강간죄 성립

【판결요지】 [다수의견] (가) 형법(2012. 12. 18. 법률 제11574호로 개정되기 전의 것, 이하 같다) 제297조는 부녀를 강간한 자를 처벌한다고 규정하고 있는데, 형법이 강간죄의 객체로 규정하고 있는 '부녀'란 성년이든 미성년이든, 기혼이든 미혼이든 불문하며 곧 여자를 가리킨다. 이와 같이 형법은 법률상 처를 강간죄의 객체에서 제외하는 명문의 규정을 두고 있지 않으므로, 문언 해석상으로도 법률상 처가 강간죄의 객체에 포함된다고 새기는 것에 아무런 제한이 없다. 한편 1953. 9. 18. 법률 제293호로 제정된 형법은 강간죄를 규정한 제297조를 담고 있는 제2편 제32장의 제목을 '정조에 관한 죄'라고 정하고 있었는데, 1995. 12. 29. 법률 제5057호로 형법이 개정되면서 그 제목이 '강간과 추행의 죄'로 바뀌게 되었다. 이러한 형법의 개정은 강간죄의 보호법익이 현재 또는 장래의 배우자인 남성을 전제로 한 관념으로 인식될 수 있는 '여성의 정조' 또는 '성적 순결'이 아니라, 자유롭고 독립된 개인으로서 여성이 가지는 성적 자기결정권이라는 사회 일반의 보편적 인식과 법감정을 반영한 것으로 볼 수 있다. 부부 사이에 민법상의 동거의무가 인정된다고 하더라도 거기에 폭행, 협박에 의하여 강요된 성관계를 감내할 의무가 내포되어 있다고 할 수 없다. 혼인이 개인의 성적 자기결정권에 대한 포기를 의미한다고 할 수 없고, 성적으로 억압된 삶을 인내하는 과정일 수도 없기 때문이다.

(나) 결론적으로 헌법이 보장하는 혼인과 가족생활의 내용, 가정에서의 성폭력에 대한 인식의 변화, 형법의 체계와 그 개정 경과, 강간죄의 보호법익과 부부의 동거의무의 내용 등에 비추어 보면, 형법 제297조가 정한 강간죄의 객체인 '부녀'에는 법률상 처가 포함되고, 혼인관계가 파탄된 경우뿐만 아니라 혼인관계가 실질적으로 유지되고 있는 경우에도 남편이 반항을 불가능하게 하거나 현저히 곤란하게 할 정도의 폭행이나 협박을 가하여 아내를 간음한 경우에는 강간죄가 성립한다고 보아야 한다. 다만 남편의 아내에 대한 폭행 또는 협박이 피해자의 반항을 불가능하게 하거나 현저히 곤란하게 할 정도에 이른 것인지 여부는, 부부 사이의 성생활에 대한 국가의 개입은 가정의 유지라는 관점에서 최대한 자제하여야 한다는 전제에서, 그 폭행 또는 협박의 내용과 정도가 아내의 성적 자기결정권을 본질적으로 침해하는 정도에 이른 것인지 여부, 남편이 유형력을 행사하게 된 경위, 혼인생활의 형태와 부부의 평소 성행, 성교 당시와 그 후의 상황 등 모든 사정을 종합하여 신중하게 판단하여야 한다(대법원 2013.5.16. 선고 2012도14788, 2012전도252 전원합의체 판결).

【해설】 형법 제297조가 규정한 강간죄의 객체인 '부녀'에 법률상 배우자인 아내가 포함되는지, 혼인관계가 유지되고 있는 상황에서 남편의 성폭력 행위가 강간죄로 처벌될 수 있는지, 동거의무나 혼인의 본질이 성관계에 대한 무조건적 동의를 의미하는지가 문제된 사건이다. 혼인관계에 있는 배우자 사이에서도 강간죄가 성립할 수 있음을 명시적으로 인정한 중요한 판결이다.

(5) 주체와 객체의 상이성

강간죄의 객체를 '부녀'에서 '사람'으로 개정하였기 때문에 본죄의 성립에 있어서 원칙적으로 주체와 객체에 대한 제한이 없다는 점은 이미 설명하였다. 하지만 강간죄의 구성요건적 행위인 '간음행위'는 남자의 성기와 여자의 성기가 결합된 상태를 의미한다. 따라서 행위주체가 남자인 경우에는 행위객체는 여자이어야 하며, 반대로 행위주체가 여자인 경우에는 행위객체는 남자이어야 한다. 동성 간의 강간죄 성립은 불가능하며, 유사강간죄가 성립한다.

(6) 성전환의 경우

'여자로 성전환한 남자의 경우'에도 강간죄의 객체가 될 수 있는가에 대하여 문제된 적이 있다. 대법원은 종래 성전환수술에 의하여 여성으로서의 체형을 가지고 여성으로서 생활을 영위한 자는 부녀에 해당하지 않는다고 하였으나,[212] 그 후 피해자가 성장기부터 남성에 대한 불일치감과 여성으로서의 성귀속감을 나타냈고, 성전환수술로 인하여 여성으로서의 신체와 외관을 갖추었으며, 수술 이후 30여년간 개인적·사회적으로 여성으로서의 생활을 영위해 가고 있는 경우에는 사회통념상 여성으로 평가될 수 있다면 성전환자의 경우에도 강간죄의 객체인 부녀에 해당한다고 판시한 적이 있다.[213]

형법 개정되기 전 강간죄의 객체는 '부녀'에 한정하였기 때문에 성전환자의 경우 부녀에 해당할 수 있는가 아니면 강제추행죄가 성립하는가에 대한 논점은 중요했지만, 형법 개정으로 인해 본죄의 객체가 '사람'으로 변경되어, 남녀를 불문하기 때문에 강간죄 성립에 아무런 장애가 없다. 다만 강간죄가 성립하기 위해서는 행위주체와 행위객체가 상이해야 한다는 점에서(주체와 객체의 상이성) 성전환자에 대한 성별 판단기준은 여전히 형법적 의미가 있다.[214]

다. 행위: 폭행·협박으로 강간하는 행위

(1) 폭행·협박

폭행은 사람에 대한 유형력의 행사를 말하며, 그 대상은 피해자에게 직접 가해져야 한다. 제3자에 대한 폭행은 피해자에 대한 협박이 된다. 협박은 해악을 고지하는 것을 말한다. 폭행을 수반함이 없이 오직 협박만을 수단으로 피해자를 간음한 경우에도 강간죄가

212) 대법원 1996.6.11. 선고 96도791 판결.

213) 대법원 2009.9.10. 선고 2009도3580 판결.

214) 이에 대한 논의로 읽어볼 만한 문헌으로 이경렬, 개정형법상 강간죄의 객체 및 행위태양의 변경가능 여하, 비교형사법연구 제16권 제1호, 2014, 23면 이하.

성립할 수 있다. 폭행·협박은 본죄의 주체가 직접 하여야 한다. 제3자가 행한 폭행·협박을 이용하여 간음하면 준강간죄가 성립한다.

(2) 폭행·협박의 정도

폭행·협박의 정도는 상대방의 반항을 불가능하게 할 뿐만 아니라 반항이 현저히 곤란하게 할 정도의 높은 강도이어야 한다. 따라서 상대방의 반항이 가능한 정도의 낮은 강도의 폭행·협박을 한 경우에는 강간죄가 성립하지 않는다. 행위자가 마취제 또는 수면제 등의 약물을 사용하거나[215] 최면술을 거는 것과 같이 '절대적 폭력'에 의하여 상대방의 반항을 불가능하게 하고 간음한 경우뿐만 아니라 '강제적 폭력'으로 상대방이 반항을 포기하는 경우도 포함된다.

(3) 폭행·협박의 정도에 대한 판단기준

상대방의 반항 불가능성 또는 반항의 현저한 곤란성이 있었는지에 대한 판단은 구체적 사정을 고려한 객관적 판단이어야 한다. 피해자의 연령·건강·정신상태, 피고인과 피해자의 관계, 행위의 장소·시각,[216] 범행수단이 된 도구의 유무, 피고인이 행한 폭행·협박의 내용이나 그 정도, 폭행·협박이 피해자에게 미친 심리적·육체적 영향,[217] 가해자의 성질, 범행 후 피고인과 피해자가 취한 행동 양식, 폭행·협박이나 간음 과정에서 피고인과 피해자가 나눈 대화 내용[218] 및 피해자가 손쉽게 구조를 요청할 수 있었는지 여부 등 여러 사정을 종합적으로 고려하여 사회 일반으로서의 피해자가 반항할 수 있었지를 판단해야 한다.

대법원 판례는 폭행·협박이 피해자의 항거를 불가능하게 하거나 현저히 곤란하게 할 정도의 것이었는지 여부는 그 폭행, 협박의 내용과 정도는 물론, 유형력을 행사하게 된 경위, 피해자와의 관계, 성교 당시와 그 후의 정황 등 모든 사정을 종합하여 판단하여야 한다고 한다.[219] 사후적으로 보아 피해자가 성교 전에 범행 현장을 벗어날 수 있었다거나 피해자가 사력을 다하여 반항하지 않았다는 사정만으로 가해자의 폭행·협박이 피해자의 항거를 현저히 곤란하게 할 정도에 이르지 않았다고 섣불리 단정하여서는 안 된다.[220]

---

215) 대법원 2017.6.29. 선고 2017도3196 판결.

216) 대법원 2000.8.18. 선고 2000도1914 판결; 대법원 1999.4.9. 선고 99도519 판결.

217) 대법원 1992.4.14. 선고 92도259 판결.

218) 대법원 1991.5.28. 선고 91도546 판결.

219) 대법원 2007.1.25. 선고 2006도5979 판결; 대법원 1992.4.14. 선고 92도259판결.

220) 대법원 2012.7.12. 선고 2012도4031 판결; 대법원 2005.7.28. 선고 2005도3071 판결.

판례 구조요청과 폭행·협박의 판단

【판결요지】 피해자는 이 사건 제1공소사실인 1989.7.13.01:00경 가오여관 202호실에서의 강간에 대하여, 당시 공소장 기재와 같이 피고인이 피해자의 손목을 비트는 등 강제로 여관에 끌고 들어가서 강간을 하였다고 진술하고 당시 여관주인이 방을 안내하였지만 창피해서 구조를 요청하지 아니하였다는 것인바, 대학 4학년인 피해자가 강간의 위험을 느끼면서도 손쉬운 구조요청의 기회를 이용하지 아니하였다는 것은 우리의 경험칙상 쉽게 납득이 가지 아니하는 것이다. 또 피해자는 이 사건 제2공소사실인 7.18. 22:00경 피고인의 하숙방에서의 강간에 대하여, 그 날 피고인이 전화로 만나자고 해서 다방에 나갔더니 강제로 하숙방에 끌고 가 강간을 하였다고 진술하였으나, 수일전에 자기를 강간한 피고인을 만나지 않으면 아니 될 특별한 사정도 없이 간단히 만났다는 점에서부터 다방을 거쳐 하숙방까지 끌려갔다는 점과 피고인의 하숙집 주인에게 구조를 요청하지 아니하였다는 점에 이르기까지 강간행위로 인정하는 데는 어느 것이나 쉽게 수긍이 가지 않는 사항들이다. 이 사건 제3공소사실인 8.2. 23:00경 피고인의 하숙방에서의 강간에 대하여서도 그렇다. 그 날 피해자의 집에서부터 피고인의 하숙집까지 강제로 끌려가 강간을 당하였다는 것이나 화상을 입고 담배불로 온몸을 지지는데도 하숙집 주인에게 구조를 요청하지 아니하였다는 것은 쉽게 납득이 가지 않는 일이다. 피해자의 진술에 의하더라도 피해자의 어머니는 7.23. 이전에 피고인과 피해자가 동침한 사실을 미리 알고 있었다는 것인데 세상에 알려지는 것이 무서워서 위와 같은 피해사실을 신고하지 아니하였다고 하는 것도 여러 정황에 비추어 가볍게 수긍 되지 아니한다(대법원 1990.9.28. 선고 90도1562 판결).

【해설】 판례는 폭행·협박의 판단에 대한 주요표지로 '피해여성이 구조요청을 할 수 있는 상황임에도 불구하고 구조요청을 하지 않았다'는 사실을 강간이 있었는가에 대한 '정황증거'로 사용하고 있다. 피해자가 강간을 당하였음에도 불구하고 행위자를 다시 만났다는 점에 대해서도 폭행·협박의 유무에 대한 정황증거로 사용하고 있다. 범죄를 경험한 후 피해자가 보이는 반응은 다양하다. 범행 후 피해자의 일부 행동을 문제삼아 '피해자다움'이 결여되었다는 것으로 피해자의 진술에 대한 신빙성을 부정하는 것은 옳지 않다. 관념적으로 피해자 이미지를 설정해놓고 이에 맞지 않는 피해자의 태도가 있다면 진술의 신빙성이 없다거나 강간이 이루어지지 않았다고 판단하는 것은 문제가 있다. 2005도3071판결에서 "피해자가 성교 이전에 범행현장을 벗어날 수 있었다거나 피해자가 사력을 다하여 반항하지 않았다는 사정만으로 가해자의 폭행·협박이 피해자의 항거를 현저히 곤란하게 할 정도에 이르지 않았다고 섣불리 단정하여서는 안 된다"고 하여 이러한 표지 사용을 주의하고 있다.

판례 강간죄의 협박의 정도

【판결요지】 유부녀인 피해자에 대하여 혼인 외 성관계 사실을 폭로하겠다는 등의 내용으로 협박하여 피해자를 간음 또는 추행한 경우에 있어서 그 협박이 강간죄와 강제추행죄에 해당하는 폭행의 정도의 것이었는지 여부에 관하여는, 일반적으로 혼인한 여성에 대하여 정조의 가치를 특히 중시하는 우리 사회의 현실이나 형법상 간통죄로 처벌하는 조항이 있는 사정 등을 감안할 때 혼인 외 성관계 사실의 폭로 자체가 여성의 명예손상, 가족관계의 파탄, 경제적 생활기반의 상실 등 생활상의 이익에 막대한 영향을 미칠 수 있고 경우에 따라서는 간통죄로 처벌받는 신체상의 불이익이 초래될 수도 있으며, 나아가 폭로의 상대방이나 범위 및 방법(예를 들면 인터넷 공개, 가족들에 대한 공개, 자녀들의 학교에 대한 공개 등)에 따라서는 그 심리적 압박의 정도가 심각할 수 있으므로, 단순히 협박의 내용만으로 그 정도를 단정할 수는 없고, 그 밖에도 협박의 경위, 가해자 및 피해자의 신분이나 사회적 지위, 피해자와의 관계, 간음 또는 추행 당시와 그 후의 정황, 그 협박이 피해자에게 미칠 수 있는 심리적 압박의 내용과 정도 등 모든 사정을 종합하여 신중하게 판단하여야 한다.

유부녀인 피해자에 대하여 혼인 외 성관계 사실을 폭로하겠다는 등의 내용으로 협박하여 피해자를 간음 또는 추행한 사안에서 위와 같은 협박이 피해자를 단순히 외포시킨 정도를 넘어 적어도 피해자의 항거를 현저히 곤란하게 할 정도의 것이었다고 보기에 충분하다는 이유로, 강간죄 및 강제추행죄가 성립한다고 한 사례(대법원 2007.1.25. 선고 2006도5979 판결).

【해설】 강간죄 및 강제추행죄에서의 협박의 정도를 어떻게 판단할 것인지에 관해 중요한 법리를 제시한 사례이다. 특히 정신적 협박이 항거를 곤란하게 할 정도의 협박으로서 강간죄의 구성요건을 충족할 수 있는지 여부가 핵심 쟁점이다.

(4) 강간

(가) 의의

강간(强姦)은 상대방의 반항을 불가능하게 하여 사람을 간음하는 것을 말한다. 여기서 간음이란 결혼 아닌 성교행위로서 남자의 성기와 여자의 성기가 결합된 상태를 의미한다.[221] 따라서 폭행·협박이 있지만 성기 간의 결합이 없으면 강간죄의 기수범이 아니라 미수범에 불과하다.

강간죄가 성립하기 위해서는 성기 간의 결합이 있어야 한다는 점은 재고될 필요가 있다. 본죄의 주된 보호법익은 신체가 아니라 성적 자기결정권이라는 자유권이라는 점, 성기 결합이 있으면 성적 자기결정권 침해라고 보는 성기 중심 관점으로 성범죄를 구성하는

---

221) 국어의미론적으로 보면 강간에서 강(强)은 폭행이나 협박과 같은 강제적 상황을, 간(姦)은 간음과 같은 행위를 의미한다고 볼 수 있다. 따라서 폭행 또는 협박으로 간음한 경우라고 보는 것이 적절하다.

것이 전근대적 생각이라는 점, 범죄 수사의 단계에서 본죄의 기수와 미수를 확인하기 위해 성기 결합 여부를 확인하는 과정에서 피해자에 대하여 2차 피해를 야기할 수 있는 점을 고려한다면 이에 대한 논의를 재고할 필요가 있다.

(나) 기습강간

일반적으로는 행위자가 폭행·협박을 먼저 한 후 피해자를 항거불능이나 곤란 상태에 빠뜨리고 난 뒤에 간음이 이루어진다. 폭행·협박이 간음행위보다 선행되는 것이 일반적이지만, 판례는 폭행·협박이 반드시 간음행위보다 선행되어야 하는 것은 아니라고 한다. 비록 간음행위를 시작할 때 폭행·협박이 없었다고 하더라도 간음행위와 거의 동시 또는 그 직후에 피해자를 폭행하여 간음한 것으로 볼 수 있기 때문에 강간죄의 성립을 인정하였다.[222] 이른바 '기습강간'을 인정하고 있으며, 이는 폭행·협박의 정도를 완화시킨 것으로 볼 수 있다.

판례 폭행·협박이 간음행위보다 선행되어야 하는지 여부

【사실관계】 피고인은 2016.2.7. 17:00경 동거하던 피해자의 집에서 피해자에게 성관계를 요구하였는데, 피해자가 생리 중이라는 등의 이유로 이를 거부하자, 피해자에게 성기삽입을 하지 않기로 약속하고 엎드리게 한 후 피해자의 뒤에서 자위행위를 하다가 피해자의 팔과 함께 몸을 세게 끌어안은 채 가슴으로 피해자의 등을 세게 눌러 움직이지 못하도록 피해자의 반항을 억압한 다음 자신의 성기를 피해자의 성기에 삽입하여 1회 강간하였다.

【판결요지】 강간죄가 성립하려면 가해자의 폭행·협박은 피해자의 항거를 불가능하게 하거나 현저히 곤란하게 할 정도의 것이어야 한다. 폭행·협박이 피해자의 항거를 불가능하게 하거나 현저히 곤란하게 할 정도의 것이었는지 여부는 폭행·협박의 내용과 정도는 물론, 유형력을 행사하게 된 경위, 피해자와의 관계, 성교 당시와 그 후의 정황 등 모든 사정을 종합하여 판단하여야 한다. 또한 강간죄에서의 폭행·협박과 간음 사이에는 인과관계가 있어야 하나, 폭행·협박이 반드시 간음행위보다 선행되어야 하는 것은 아니다(대법원 2017.10.12. 선고 2016도16948, 2016전도156 판결).

【해설】 일반적으로는 행위자가 폭행·협박을 먼저 한 후 피해자를 항거불능상태에 빠뜨리고 난 뒤에 간음이 이루어진다. 폭행·협박이 간음행위보다 선행되는 것이 일반적이지만, 판례는 폭행·협박이 반드시 간음행위보다 선행되어야 하는 것은 아니라는 입장이다. 일종의 '기습강간' 사례이다. 비록 간음행위를 시작할 때 폭행·협박이 없었다고 하더라도 간음행위와 거의 동시 또는 그 직후에 피해자를 폭행하여 간음한 것으로

222) 대법원 2017.10.12. 선고 2016도16948, 2016전도156 판결.

볼 수 있기 때문에 강간죄의 성립을 인정하였다. 이 판례는 폭행·협박의 정도를 완화시킨 것으로 볼 수 있을 뿐만 아니라 사실상 비동의간음죄를 인정한 사례라고 평가할 수 있다.

(다) 구강성교와 항문성교

강간죄는 남자의 성기와 여자의 성기가 결합되어야만 성립한다. 따라서 폭행·협박을 사용하여 '구강성교(Oral Sex)'나 '항문성교(Anal Sex)'를 하게 한 경우에는 강간죄가 성립하지 않으며, 유사강간죄가 성립한다. 하지만 이러한 유사강간행위가 강간범죄에 못지않은 신체적·정신적 피해를 유발하는 것은 두말할 필요가 없다. 또한 유사강간행위에 대하여 성폭력처벌법과 아동·청소년성보호법에 일반 강제추행죄보다 가중처벌하는 규정을 두고 있었다. 이에 2012년 형법 개정을 하여 유사강간행위에 대한 처벌 규정을 신설하였다. 하지만 성기 간의 결합 여부에 따라 강간죄를 가장 중하게 처벌하고(3년 이상의 징역) 유사강간죄를 강제추행보다는 중하지만 강간죄보다는 경한 형으로 입법하는 것(2년 이상의 징역)은 적절하지 않다. 유사성교행위를 강간과 동일한 형으로 처벌할 필요가 있다고 생각한다.

라. 실행의 착수 시기와 기수 시기

본죄의 실행의 착수 시기는 사람을 간음하기 위하여 폭행·협박을 개시한 때이다. 따라서 폭행·협박을 하였지만 성교행위를 하지 못한 경우 본죄의 미수범이 된다. 피고인이 사촌 여동생의 가슴과 엉덩이를 만지면서 피해자를 강간하려 하였으나 위 피해자가 "야" 하고 크게 고함을 치자 도망간 경우는 폭행·협박을 개시하였다고 볼 수 없지만,[223] 피고인이 간음할 목적으로 새벽 4시에 여자 혼자 있는 방문 앞에 가서 피해자가 방문을 열어주지 않으면 부수고 들어갈 듯한 기세로 방문을 두드리고 피해자가 위험을 느끼고 창문에 걸터앉아 가까이 오면 뛰어내리겠다고 하는데도 베란다를 통하여 창문으로 침입하려고 하였다면 강간의 수단으로서의 폭행에 착수하였다고 할 수 있다.[224] 피고인이 피해자를 강간하려다가 피해자의 다음 번에 만나 친해지면 응해 주겠다는 취지의 간곡한 부탁으로 인하여 그 목적을 이루지 못한 후 피해자를 자신의 차에 태워 집에까지 데려다주었다면 강간죄의 중지미수에 해당한다.[225]

본죄의 기수 시기는 남녀 간의 성기가 결합되는 순간 기수가 된다는 이른바 삽입설 또는 결합설이 통설과 판례의 입장이다. 성기가 완전히 결합되거나 사정 또는 성욕의 만족

---

223) 대법원 1990.5.25. 선고 90도607판결.
224) 대법원 1991.4.9. 선고 91도288 판결.
225) 대법원 1993.10.12. 선고 93도1851 판결.

까지 있을 필요는 없다. 폭행·협박이 있지만 성기 간 결합이 없는 경우에는 본죄의 미수범이다. 강간죄 처벌 규정이 피해자의 성적 자기결정권을 보호하기 위한 법이라는 점에서 본다면 성기 결합 유무만을 가지고 본죄의 기수 시기를 결정하는 것에 대해서는 고려할 필요가 있다.

3. 고의

본죄가 성립하기 위해서는 주관적 구성요건으로 고의가 있어야 한다. 따라서 폭행·협박에 의하여 사람을 강간한다는 고의가 필요하다. 간음이 피해자의 의사에 반한다는 인식도 고의의 내용이 된다. 따라서 피해자의 동의가 있다고 오인한 때에는 강간죄의 고의는 부정된다. 피해자의 승낙이 있더라도 피해자가 13세 미만일 경우에는 형법 제305조 미성년자에 대한 간음죄에 해당할 수 있다.

4. 위법성

피해자의 승낙이 있는 경우 구성요건해당성이 부정되는 양해에 해당한다. 행위자가 본죄의 실행의 착수 이전에 피해자가 이를 동의한 경우에 피해자의 동의는 구성요건해당성을 조각하는 양해가 된다. 행위자가 실행에 착수한 이후에 피해자가 동의한 경우 강간죄의 미수가 된다고 보는 것이 타당하다. 하지만 행위자의 폭행·협박에 의하여 피해자가 어쩔 수 없이 동의한 경우가 많을 것이며, 사실 인정의 문제이기는 하지만 이 경우 피해자가 자유로운 상태에서 진정하게 동의하였다고 법적으로 평가하기는 어렵다고 생각한다. 만약 이 과정에서 피해자가 상해를 입었다면 강간치상죄가 성립한다.

13세 미만의 사람에 대하여 폭행·협박하여 간음하였다면 피해자의 승낙 여부와 상관없이 강간죄가 성립하며, 이 경우 성폭력범죄의 처벌 등에 관한 특례법에 따라 가중처벌된다. 13세 미만의 사람에 대하여 그의 동의를 얻고 간음·추행한 경우 간음·추행에 대한 동의능력을 부정하기 때문에 형법 제305조의 미성년자에 대한 간음·추행죄가 성립한다.

5. 죄수

강간죄는 각 행위 시마다 1개의 범죄가 성립한다. 동일한 폭행을 이용하여 수회 간음한 경우와 같이 시간적·장소적으로 근접하여 범의의 단일성과 계속성을 인정할 수 있는 경우에는 본죄의 단순일죄가 된다(연속범). 동일한 폭행이라고 볼 수 없는 경우에는 일죄가 아니라 수죄인 실체적 경합에 해당한다.

판례에 따르면 피해자를 1회 간음하고 200미터쯤 오다가 다시 1회 간음한 경우에 있어 피해자의 의사 및 그 범행시각과 장소로 보아 두 번째의 간음행위는 처음 한 행위의 계속으로 볼 수 있어 이를 단순일죄로 처벌하는 것은 정당하다고 본 반면에,[226] 피해자를 1회 강간하여 상처를 입게 한 후 약 1시간 후에 장소를 옮겨 같은 피해자를 다시 1회 강간한 행위는 그 범행시간과 장소를 달리하고 있을 뿐만 아니라 각 별개의 범의에서 이루어진 행위로 보아 실체적 경합범으로 보았다.[227] 후자의 판례에 대해서는 연속범에 해당되어 포괄일죄로 보아야 한다는 비판이 있다.

6. 다른 죄와의 관계

강간죄와 폭행죄·협박죄와의 관계에 대하여 강간의 수단으로 폭행·협박을 한 경우 강간죄만 성립한다. 양죄는 법조경합 중 특별관계이기 때문이므로 폭행죄나 협박죄 또는 폭력행위 등 처벌에 관한 법률위반죄는 성립하지 않는다. 하지만 폭행·협박이 강간과는 별개로 이루어진 경우 양죄는 실체적 경합이 된다.

강간죄와 강제추행죄와의 관계에 대하여 강간 시 강제추행을 한 경우 추행은 강간의 불가벌적 수반행위이므로 강간죄만 성립한다. 양죄는 법조경합 중 흡수관계이다.

강간하기 위한 수단으로 감금한 경우에는 감금죄와 강간죄의 상상적 경합이 되지만, 감금하는 도중에 강간의 고의가 생겨 강간한 경우에는 감금죄와 강간죄의 실체적 경합이 된다.[228]

강간범이 강간행위 후에 강도의 범의를 일으켜 그 부녀의 재물을 강취하는 경우에는 강도강간죄가 아니라 강간죄와 강도죄의 경합범이 성립하지만, 강간행위의 종료 전 그 실행행위의 계속 중에 강도의 행위를 할 경우에는 이때에 바로 강도의 신분을 취득하는 것이므로 이후에 그 자리에서 강간행위를 계속하는 때에는 강도가 부녀를 강간한 때에 해당하여 형법 제339조의 강도강간죄가 성립한다.[229]

주거침입에 침입하여 강간한 경우 이론적으로 주거침입죄와 강간죄의 경합범이 된다. 다만 성폭력범죄의 처벌 등에 관한 특례법 제3조 제1항에 따르면 주거침입죄를 범한 자가 강간의 죄를 범한 경우 특수강도강간 등의 1죄로 가중처벌한다.

---

226) 대법원 1970.9.29. 선고 70도1516 판결.
227) 대법원 1987.5.12. 선고 87도694 판결.
228) 대법원 1983.4.26. 선고 83도323 판결; 이른바 조개트럭 사건 참조.
229) 대법원 1988.9.9. 선고 88도1240 판결; 대법원 2010.12.9. 선고 2010도9630 판결.

판례 주거침입죄와 강간죄의 관계

【판결요지】 [1] 주거침입죄에 있어서 주거란 단순히 가옥 자체만을 말하는 것이 아니라 그 정원 등 위요지(圍繞地)를 포함한다. 따라서 다가구용 단독주택이나 다세대주택·연립주택·아파트 등 공동주택 안에서 공용으로 사용하는 엘리베이터, 계단과 복도는 주거로 사용하는 각 가구 또는 세대의 전용 부분에 필수적으로 부속하는 부분으로서 그 거주자들에 의하여 일상생활에서 감시·관리가 예정되어 있고 사실상의 주거의 평온을 보호할 필요성이 있는 부분이므로, 다가구용 단독주택이나 다세대주택·연립주택·아파트 등 공동주택의 내부에 있는 엘리베이터, 공용 계단과 복도는 특별한 사정이 없는 한 주거침입죄의 객체인 '사람의 주거'에 해당하고, 위 장소에 거주자의 명시적, 묵시적 의사에 반하여 침입하는 행위는 주거침입죄를 구성한다.

[2] 피고인이 강간할 목적으로 피해자를 따라 피해자가 거주하는 아파트 내부의 엘리베이터에 탄 다음 그 안에서 폭행을 가하여 반항을 억압한 후 계단으로 끌고 가 피해자를 강간하고 상해를 입힌 사안에서, 피고인이 성폭력범죄의 처벌 및 피해자보호 등에 관한 법률 제5조 제1항에 정한 주거침입범의 신분을 가지게 되었다는 이유로, 주거침입을 인정하지 않고 강간상해죄만을 선고한 원심판결을 파기한 사례(대법원 2009.9.10. 선고 2009도4335 판결).

【해설】 아파트의 엘리베이터와 계단과 복도는 주거침입죄의 객체인 '사람의 주거' 중 위요지에 해당한다. 위요지 또한 주거에 포함되는 것으로 보는 것이 통설과 판례의 입장이다. 따라서 그곳에 들어간 피고인의 행위는 주거침입죄가 성립한다. 주거침입죄를 범한 자가 강간죄를 범한 경우에는 성폭력범죄의 처벌 등에 관한 특례법 제3조 제1항의 죄에 해당하여 가중처벌한다. 또한 동법 제3조 제1항의 죄를 범한 자가 다른 사람을 상해한 경우 동법 제8조의 죄에 해당한다. 따라서 주거침입, 강간, 상해는 모두 포괄하여 성폭력범죄의 처벌 등에 관한 특례법 제8조 제1항의 강간상해죄가 성립한다.

7. 특별법

성범죄와 관련된 특별법으로는 대표적으로 성폭력범죄의 처벌 등에 관한 특례법, 아동·청소년성보호에 관한 법률 등 다수의 법률이 존재한다. 성폭력의 개념을 어떻게 이해하는가에 따라서는 위 법률 이외에도 많은 법률이 성범죄에 대한 규정을 가지고 있다고 볼 수 있다. 다양한 성관련범죄의 특별법으로 인하여 일반형법의 성범죄는 가장 기초적인 법규정만 가지고 있다고 해도 과언이 아니다. 성범죄와 관련된 공부는 일반형법보다는 특별법을 더 많이 공부하는 것이 중요하다. 대표적인 범죄유형으로는 다음과 같은 구성요건이 있다.

가. 특수강도강간죄와 특수강간죄

성폭력범죄의 처벌 등에 관한 특례법 제3조에는 특수강도강간죄를, 동법 제4조 제1항은 특수강간죄를 규정하고 있다. 동법 제3조 특수강도강간죄는 주거침입, 야간주거침입절도, 특수절도죄를 범한 사람이 강간 등의 범죄를 범한 경우(제1항)와 특수강도죄를 범한 사람이 강간 등의 범죄를 범한 경우(제2항)에 성립하는 범죄이다. 동법 제4조 특수강간죄는 흉기 기타 위험한 물건을 휴대하거나 2인 이상이 합동하여 형법 제297조의 강간죄를 범했을 때 성립하는 범죄이다. 특수강간죄의 경우에는 형법전에 편입하는 것이 바람직하다.

나. 친족관계에 의한 강간죄

성폭력범죄의 처벌 등에 관한 특례법 제5조에서는 친족관계에 있는 사람이 폭행 또는 협박으로 사람을 강간, 강제추행, 준강간한 경우 형을 가중하고 있다. 친족의 범위는 4촌 이내의 혈족·인척과 동거하는 친족으로 하며, 사실상 관계에 의한 친족도 포함한다. 따라서 법률이 정한 혼인의 실질관계는 모두 갖추었으나 법률이 정한 방식, 즉 혼인신고가 없기 때문에 법률상 혼인으로 인정되지 않는 사실혼으로 인하여 형성되는 인척도 해당한다.[230] 중혼에 해당하는 혼인이라도 취소되기 전까지는 유효하게 존속하는 것이므로 중혼적 사실혼도 친족관계에 해당한다.[231]

다. 장애인에 대한 강간·강제추행죄

성폭력범죄의 처벌 등에 관한 특례법 제6조에서는 신체적인 또는 정신적인 장애가 있는 사람에 대하여 강간, 유사강간, 강제추행, 준강간을 한 경우 형을 가중하고 있다. 위계 또는 위력으로 장애인을 간음 또는 추행한 경우에도 마찬가지이다. 또한 장애인의 보호, 교육 등을 목적으로 하는 시설의 장 또는 종사자가 보호, 감독의 대상인 장애인에 대하여 강간죄 등을 범한 경우에는 그 죄에 정한 형의 2분의 1까지 가중한다.

라. 미성년자에 대한 강간

13세 미만의 사람에 대하여 본죄를 범한 때에는 성폭력범죄 처벌 등에 관한 특례법 제7조에 의하여 가중처벌된다. 13세 이상 19세 미만의 아동·청소년을 강간한 경우에는 아동·청소년 성보호에 관한 법률 제7조에 따라 가중처벌한다.

---

230) 대법원 2000.2.8. 선고 99도5395 판결.

231) 대법원 2002.2.22. 선고 2001도5075 판결.

마. 기타

이외에도 업무상 위력 등에 의한 추행(동법 제10조), 공중 밀집 장소에서의 추행(동법 제11조), 성적 목적을 위한 다중이용장소 침입행위(동법 제12조), 통신매체를 이용한 음란행위(동법 제13조), 카메라 등을 이용한 촬영행위(동법 제14조), 허위영상물 등의 반포(동법 제14조의2), 촬영물 등을 이용한 협박·강요(동법 제14조의3) 등을 처벌하고 있다. 성폭력범죄의 처벌 등에 관한 특례법에 대해서는 별도로 확인하기를 바란다.

Ⅲ. 유사강간죄

> 제297조의2(유사강간) 폭행 또는 협박으로 사람에 대하여 구강, 항문 등 신체(성기는 제외한다)의 내부에 성기를 넣거나 성기, 항문에 손가락 등 신체(성기는 제외한다)의 일부 또는 도구를 넣는 행위를 한 사람은 2년 이상의 유기징역에 처한다.
> 제300조(미수범) 제297조, 제297조의2, 제298조 및 제299조의 미수범은 처벌한다.

1. 서설

유사강간죄는 폭행 또는 협박으로 사람에 대하여 구강, 항문 등 신체(성기는 제외한다)의 내부에 성기를 넣거나 성기, 항문에 손가락 등 신체(성기는 제외한다)의 일부 또는 도구를 넣음으로써 성립하는 범죄이다.

독일, 프랑스와 같은 외국에서는 강간의 기준을 '신체에의 삽입'에 그 기준을 두고 강간죄 성립을 인정하는 등 강간죄 성립을 비교적 넓게 보아 처벌하였음에 반하여, 우리나라는 성기 간의 결합만을 간음으로 보았기 때문에 구강, 항문 등 신체의 내부에 성기를 삽입하는 경우 또는 성기, 항문에 신체의 일부 또는 도구를 넣는 행위는 강간죄가 아닌 강제추행으로 볼 수밖에 없었다. 하지만, 이러한 행위유형들이 간음행위에 못지않게 피해자의 성적 자기결정권을 심각하게 침해하는 행위유형이기 때문에 이에 대하여 강제추행죄와는 별도로 강력히 처벌할 필요가 있었다. 이에 성폭력범죄의 처벌 등에 관한 특례법에서 유사강간행위를 별도로 구성요건으로 입법한 후 2012년 형법 개정을 통하여 일반형법에서도 유사강간죄를 규정하게 되었다. 다만 강간죄의 법정형이 3년 이상의 징역임에 반하여 유사강간죄의 법정형은 2년 이상의 징역이다. 이는 강간을 성기와 성기의 결합으로 보고, 유사강간을 성기와 비성기의 결합으로 보기 때문인 것으로 보인다. 하지만 강간과 유사강간은 성적 자기결정권의 침해라는 점에서는 동일하며, 성기 결합의 유무에 따라 법정형을 차별적으로 규정하고 있는 것은 성범죄를 '자유에 대한 침해'로 보는 것이 아니라 신체의 관점으로 보는 것으로 타당하지 않다. 동일한 법정형으로 규정하는 것이 바람직하다.

2. 구성요건

가. 주체: 사람

강간죄와 동일하게 본죄의 주체에는 제한이 없다. 따라서 남자뿐만 아니라 여자도 본죄의 주체가 될 수 있다. 강간죄의 경우 동성 간의 강간은 불가능하지만, 유사강간죄의 경우 성기 간의 결합이 필요 없으므로 동성 간의 유사강간죄는 성립할 수 있다.

나. 객체: 사람

강간죄와 동일하게 본죄의 객체는 사람이다. 13세 미만의 사람도 본죄의 객체가 될 수 있다. 다만 13세 미만의 사람에 대하여 본죄를 범한 때에는 성폭력범죄 처벌 등에 관한 특례법에 의하여 가중처벌된다. 13세 이상 19세 미만의 아동·청소년을 강간한 경우에는 아동·청소년 성보호에 관한 법률에 따라 가중처벌된다. 장애인도 본죄의 객체가 될 수 있다. 다만 이 경우에도 장애인에 대하여 유사강간행위를 한 경우 성폭력범죄의 처벌 등에 관한 특례법 제6조 제2항에 의해 가중처벌된다. 친족관계에 있는 경우 유사강간을 가중처벌하는 규정은 없다. 성폭력범죄의 처벌 등에 관한 특례법 제5조에서는 친족관계에 있는 사람이 폭행 또는 협박으로 사람을 강간, 강제추행, 준강간한 경우만을 가중처벌한다. 입법의 불비로 보인다.

【정리】 범죄객체에 따른 성폭력범죄 적용법규

구분	성인	미성년자 또는 아동·청소년			업무상 관계	장애인	친족관계
		미성년자	19세 미만	13세 미만			
유사강간	형 297-2	·	아청 7②	성폭 7②	X	성폭 6②	X

* 아청: 아동·청소년의 성보호에 관한 법률, 성폭: 성폭력범죄의 처벌 등에 관한 특례법

다. 행위: 폭행·협박으로 유사성교행위를 하는 것

(1) 의의

본죄의 구성요건적 행위는 폭행·협박으로 유사성교행위를 하는 것이다. 폭행·협박행위의 개념과 그 정도에 관해서는 강간죄의 경우와 같다.

유사성교행위는 사람에 대하여 구강·항문 등 신체(성기는 제외)의 내부에 성기를 넣거나, 성기·항문에 손가락 등 신체의 일부(성기는 제외) 또는 도구를 넣는 행위를 말한다. 유사성교행위는 최소한 '성기관련성'은 있어야 한다. 법조문이 성기를 넣거나 성기에 넣는 것으로 규정하고 있기 때문이다. 따라서 구강에 도구를 넣은 행위는 성기관련성이 없기 때문에 유사강간죄가 되지 않는다.

유사성교행위는 통상 구강성교와 항문성교를 의미하지만, 반드시 분명한 것은 아니다. 유사성교행위의 개념범주에 있어서 ① 구강·항문 등 신체의 내부에 성기를 넣는 행위, ② 성기·항문에 손가락 등 신체의 일부 또는 도구를 넣는 행위가 유사성교행위가 된다.

문제는 ①의 경우 귀속이나 겨드랑이와 같이 신체의 접합부분에 성기를 넣는 행위를 유사성교행위에 해당될 수 있는지, ②의 경우 성기·항문에 삽입되는 것으로 손가락을 그 예로 들고 있지만, 손가락 이외의 신체의 다른 부분이 무엇인지, 도구는 어느 정도에 이르러야 하는지가 문제된다. 또한 '넣는' 행위를 처벌하고 있으므로 넣지 않고 신체를 접촉하는 행위에 대해서는 어떻게 볼 수 있는지가 문제될 수 있다. 이외에도 유사성교행위가 되기 위해서는 단순히 넣은 행위만으로는 부족하고 피해자에게 성적 수치심과 혐오의 감정을 일으키는 것이어야 하는지가 문제될 수 있다. 이러한 문제는 강제추행죄와의 한계를 설정하는 것과 논의의 맥락을 같이 한다.

(2) 성매매특별법의 유사성교행위와 구별

형법상 유사성교행위의 의미에 대하여 일부 견해는 성매매특별법의 유사성교행위의 의미에 대한 판례를 소개하면서 그 범위가 확대될 가능성이 있다고 평가하고 있다.[232] 하지만 형법의 유사강간죄와 성매매특별법의 성매매 금지는 입법목적이나 처벌 대상 범위가 다르며, 성매매특별법은 성교행위와 유사성교행위를 아무런 구별 없이 같이 취급하고 있지만, 형법은 이를 달리 취급하고 있기 때문이다. 따라서 유사성교행위의 의미에 대하여 성매매특별법의 의미를 그대로 가져올 필요는 없다고 생각한다.[233]

---

232) 배종대, 254면; 정성근/박광민, 193면.

233) 성매매특별법상 처벌되는 '성매매'란 불특정인을 상대로 금품이나 그 밖의 재산상의 이익을 수수(收受)하거나 수수하기로 약속하고 '성교행위' 또는 '구강, 항문 등 신체의 일부 또는 도구를 이용한 유사성교행위'에 해당하는 행위를 하거나 그 상대방이 되는 것을 말한다.

또한 성매매특별법에서 유사성교행위는 '구강, 항문 등 신체의 일부 또는 도구를 이용한 유사성교행위'를 의미하는 것이며, 형법의 유사성교행위는 '넣는' 행위를 의미하고 있기 때문이다. 따라서 넣는 행위가 아닌 신체 접촉 행위는 본죄의 구성요건에 해당하지 않는다고 보아야 한다.

판례 성매매특별법의 유사성교행위

【판결요지】 [1] 성매매 등 근절과 성매매 피해자 인권 보호라는 성매매알선 등 행위의 처벌에 관한 법률의 입법 취지와 성교행위와 유사성교행위를 아무런 구별 없이 같이 취급하고 있는 같은 법 제2조 제1항 제1호의 규정 등 고려하면, 위 법률 제2조 제1항 제1호 (나)목의 '유사성교행위'는 구강·항문 등 신체 내부로의 삽입행위 내지 적어도 성교와 유사한 것으로 볼 수 있는 정도의 성적 만족을 얻기 위한 신체접촉행위를 말하고, 어떤 행위가 성교와 유사한 것으로 볼 수 있는 정도의 성적 만족을 얻기 위한 신체접촉행위에 해당하는지 여부는 당해 행위가 이루어진 장소, 행위자들의 차림새, 신체접촉 부위와 정도 및 행위의 구체적인 내용, 그로 인한 성적 만족감의 정도 등을 종합적으로 평가하여 규범적으로 판단하여야 한다.

[2] 마사지업소의 여종업원이 침대가 설치된 밀실에서 짧은 치마와 반소매 티를 입고 남자 손님의 온몸을 주물러 성적인 흥분을 일으킨 뒤 손님의 옷을 모두 벗기고 로션을 바른 손으로 손님의 성기를 감싸쥐고 성교행위를 하듯이 왕복운동을 하여 성적 만족감에 도달한 손님으로 하여금 사정하게 한 행위가 성매매알선 등 행위의 처벌에 관한 법률 제2조 제1항 제1호 (나)목의 '유사성교행위'에 해당한다고 한 사례(대법원 2006.10.26. 선고 2005도8130 판결).

【해설】 위에 소개된 판례는 형법상 유사강간죄에 있어서 유사성교행위의 의미에 대한 판례는 아니다. 앞서 설명한 바와 같이 성매매특별법상 유사성교행위의 의미를 형법에서도 그대로 차용할 수 없다. 입법목적이 다르며, 구성요건이 다르기 때문이다.

라. 실행의 착수 시기와 기수 시기

본죄의 실행의 착수 시기는 강간죄와 동일하다. 따라서 폭행·협박을 개시한 때 유사강간죄의 실행의 착수가 있다. 본죄의 기수 시기는 신체 내부에 성기를 넣거나 성기·항문에 손가락 등 신체의 일부 또는 도구를 넣었을 때 기수가 된다.

Ⅳ. 강제추행죄

> 제298조 (강제추행) 폭행 또는 협박으로 사람에 대하여 추행을 한 자는 10년 이하의 징역 또는 1천500만원 이하의 벌금에 처한다.
> 제300조(미수범) 제297조, 제297조의2, 제298조 및 제299조의 미수범은 처벌한다.

1. 의의

강제추행죄는 폭행 또는 협박으로 사람에 대하여 추행함으로써 성립하는 범죄로 사람의 성적 자기결정권을 보호하기 위한 기본적 구성요건이다.

2. 자수범 여부

강제추행죄가 정범 자신이 직접 범죄를 실행하여야 성립하는 자수범으로 볼 수 있는지에 대하여 판례는 자수범이 아니라고 한다.[234] 자수범이라면 간접정범의 형태로 범죄를 범할 수 없지만, 자수범이 아니라는 판례에 따르면 처벌되지 아니하는 타인을 도구로 삼아 피해자를 강제로 추행하는 간접정범의 형태로 범할 수 있다.

생각건대, 자수범의 개념과 그 유형에 대해서는 학설의 대립이 있으며 현재 논의 상황에서 분명한 개념 정의를 하기는 힘들지만, 범죄의 실행에 행위자의 신체를 수단으로 사용해야 하는 범죄인 강제추행죄의 경우에는 자수범으로 보는 것이 타당하다. 또한 간접정범은 간접정범과 피해자 사이에 매개자인 피이용자가 있다는 것을 특징으로 한다. 따라서 피해자를 피이용자로 볼 수 없다. 피해자에 대하여 직접 범행을 실행했다면 이는 간접이 아니라 '직접'범죄를 실행하였다고 보는 것이 타당하다.

판례 강제추행죄는 자수범이 아님

【사실관계】 갑은 스마트폰 채팅 애플리케이션을 통하여 알게 된 피해자들로부터 은밀한 신체 부위가 드러난 사진을 전송받은 사실이 있고, 피해자들의 개인정보나 피해자들의 지인에 대한 인적사항을 알게 된 것을 기화로 피해자들에게 시키는 대로 하지 않

234) 대법원 2018.2.8. 선고 2016도17733 판결.

으면 기존에 전송받았던 신체 사진과 개인정보 등을 유포하겠다고 하는 방법으로 피해자들을 협박하였다. 이에 피해자 스스로 가슴 사진, 성기 사진, 가슴을 만지는 동영상과 성기에 이물질을 삽입하거나 자위를 하는 동영상을 촬영하도록 한 다음, 그와 같이 촬영된 사진과 동영상을 전송받았다.

【판결요지】 강제추행죄는 사람의 성적 자유 내지 성적 자기결정의 자유를 보호하기 위한 죄로서 정범 자신이 직접 범죄를 실행하여야 성립하는 자수범이라고 볼 수 없으므로, 처벌되지 아니하는 타인을 도구로 삼아 피해자를 강제로 추행하는 간접정범의 형태로도 범할 수 있다. 여기서 강제추행에 관한 간접정범의 의사를 실현하는 도구로서의 타인에는 피해자도 포함될 수 있으므로, 피해자를 도구로 삼아 피해자의 신체를 이용하여 추행행위를 한 경우에도 강제추행죄의 간접정범에 해당할 수 있다(대법원 2018.2.8. 선고 2016도17733 판결).

【해설】 판례는 강제추행죄를 자수범으로 보지 않기 때문에 위 사안의 경우 처벌되지 않는 자를 이용한 강제추행죄의 간접정범으로 본다. 자수범의 개념과 그 유형에 대해서는 학설의 대립이 있지만, 범죄의 실행에 행위자의 신체를 수단으로 사용해야 하는 범죄인 강제추행죄의 경우에는 자수범으로 보는 것이 타당하다. 또한 간접정범은 간접정범과 피해자 사이에 매개자인 피이용자가 있다는 것을 특징으로 한다. 따라서 피해자를 피이용자로 볼 수 없다. 피해자에 대하여 직접 범행을 실행했다면 이는 간접이 아니라 '직접' 범죄를 실행하였다고 보는 것이 타당하다. 사안의 경우 강제추행죄의 간접정범이 아니라 폭행 또는 협박으로 의무 없는 일을 하게 하는 강요죄로 보는 것이 적절하다.

3. 구성요건

가. 주체: 사람

본죄의 주체에는 제한 없다. 따라서 남자뿐만 아니라 여자도 본죄의 단독정범·공동정범이 가능하다. 동성 간의 강제추행도 가능하다.

나. 객체: 사람

본죄의 객체에는 제한이 없다. 여자뿐만 아니라 남자도 가능하다. 법률상 배우자에 대해서는 부부강간죄 성립을 인정한 것과 같이 강제추행죄 또한 인정될 여지가 있다. 하지만 부부강간죄를 인정하는 것과는 달리 강제추행죄의 경우에는 부부관계의 특수성이 고려될 필요가 있다고 생각한다. 또한 추행의 의미를 확장하는 대법원 판례의 태도를 고려해볼 때 배우자는 본죄의 객체가 되지 않는다고 보는 것이 타당하다. 다만 이 경우 강요죄가 문제될 수 있다.

만 13세 미만의 사람에 대하여 본죄를 범한 때에는 성폭력범죄 처벌 등에 관한 특례법에 의하여 가중처벌된다. 만 13세 이상 만 19세 미만의 아동·청소년을 강제추행을 한 경우에는 아동·청소년 성보호에 관한 법률에 따라 가중처벌된다. '친족관계인 사람'이거나 '신체적인 또는 정신적인 장애가 있는 사람'에 대하여 강제추행을 한 경우 성폭력범죄의 처벌 등에 관한 특례법 제5조와 제6조에 의해 가중처벌된다.

【정리】 범죄객체에 따른 성폭력범죄 적용법규

구분	성인	미성년자 또는 아동·청소년			업무상 관계	장애인	친족관계
		미성년자	19세 미만	13세 미만			
강제추행	형 298	·	아청 7③	성폭 7③	X	성폭 6③	성폭 5②

* 아청: 아동·청소년의 성보호에 관한 법률, 성폭: 성폭력범죄의 처벌 등에 관한 특례법

다. 행위: 폭행 또는 협박으로 추행하는 것

(1) 폭행·협박의 의의

강제추행죄의 구성요건적 행위는 '폭행 또는 협박으로 추행하는 것'이다. '폭행 또는 협박'은 행위수단에 해당하며, '추행'은 행위태양에 해당한다. 문언적으로 해석하게 되면 폭행·협박과 추행은 별개의 구성요건이다. 따라서 강제추행죄의 성립 여부를 판단하는 경우에는 폭행·협박과 추행을 나누어 판단해야 한다.

이에 대하여 판례는 강제추행죄에 있어서 폭행 또는 협박한다는 것은 먼저 상대방에 대하여 폭행 또는 협박을 가하여 그 항거를 곤란하게 한 뒤에 추행행위를 하는 경우만을 말하는 것이 아니고 '폭행행위 자체가 추행행위'라고 인정되는 경우인 '기습추행'도 포함된다고 한다.[235)]

(2) 폭행·협박의 정도

(가) 학설

강제추행죄의 폭행·협박의 정도에 대하여 견해의 대립이 있다. 학설은 강간죄의 경우와 같이 상대방의 반항을 불가능하게 하거나 현저히 곤란하게 하는 정도에 이르러야 한다는 견해,[236)] 본죄의 법정형으로 벌금형이 규정되어 있는 것으로 보아 강간죄와 폭행죄·협

---

235) 대법원 1994.8.23. 선고 94도630 판결; 대법원 2015.9.10. 선고 2015도6980 판결.

236) 김일수/서보학, 166면; 배종대, 250면; 오영근/노수환, 147면; 이재상/장영민/강동범, 167면; 이형국/김혜경, 213면; 정성근/박광민, 195면.

박죄의 중간 정도의 폭행·협박으로서 일반인으로 하여금 반항의 곤란을 느끼게 할 정도이면 족하다는 견해,[237] 상대방의 의사에 반하는 유형력의 행사라면 힘의 대소강약을 불문한다는 견해[238] 등이 대립하고 있다.

(나) 판례

종래 대법원은 강제추행죄의 '폭행 또는 협박'의 의미에 관하여 이를 두 가지 유형으로 나누었다. 폭행행위 자체가 곧바로 추행에 해당하는 '이른바 기습추행형'에는 상대방의 의사를 억압할 정도의 것임을 요하지 않고 상대방의 의사에 반하는 유형력의 행사가 있는 이상 그 힘의 대소강약을 불문한다고 판시하는 한편,[239] 폭행 또는 협박이 추행보다 시간적으로 앞서 그 수단으로 행해진 '이른바 폭행·협박 선행형'에는 상대방의 항거를 곤란하게 하는 정도의 폭행 또는 협박이 요구된다고 판시하였다.[240]

그런데 2023.9.21. 선고 2018도13877 전원합의체 판결에 따라 이른바 폭행·협박 선행형 강제추행죄의 '폭행 또는 협박'의 의미에 관한 종래 대법원의 입장을 변경하였다. "강제추행죄의 '폭행 또는 협박'은 상대방의 항거를 곤란하게 할 정도로 강력할 것이 요구되지 아니하고, 상대방의 신체에 대하여 불법한 유형력을 행사(폭행)하거나 일반적으로 보아 상대방으로 하여금 공포심을 일으킬 수 있는 정도의 해악을 고지(협박)하는 것"이라고 보았다.[241] 피해자의 항거 곤란이라는 요소를 제외한 것이다. 판례를 변경한 이유에 대하여 대법원은 "강제추행죄의 범죄구성요건과 보호법익, 종래의 판례 법리의 문제점, 성폭력범죄에 대한 사회적 인식, 판례 법리와 재판 실무의 변화에 따라 해석 기준을 명확히 할 필요성 등에 비추어 강제추행죄의 '폭행 또는 협박'의 의미는 다시 정의"하였다고 한다.

판례 폭행·협박 선행형의 강제추행죄에서 '폭행 또는 협박'의 의미

【사실관계】 피고인은 2014.8.15. 19:23경 피고인의 주거지 방안에서 4촌 친족관계인 피해자(여, 15세)에게 "내 것 좀 만져줄 수 있느냐?"며 피해자의 왼손을 잡아 피고인의 성기 쪽으로 끌어당겼으나 피해자가 이를 거부하며 일어나 집에 가겠다고 하자, "한번만 안아줄 수 있느냐?"며 피해자를 양팔로 끌어안은 다음 피해자를 침대에 쓰러뜨려 피해자 위에 올라타 반항하지 못하게 한 후, 피해자에게 "가슴을 만져도 되느냐?"며

237) 김성천/김형준, 189면; 손동권/김재윤, 158면; 임웅/이현정/박성민, 221면.
238) 김성돈, 185면; 박상기/전지연, 501면.
239) 대법원 1983.6.28. 선고 83도399 판결; 대법원 2002.4.26. 선고 2001도2417 판결.
240) 대법원 2007.1.25. 선고 2006도5979 판결; 대법원 2012.7.26. 선고 2011도8805 판결.
241) 대법원 2023.9.21. 선고 2018도13877 전원합의체 판결.

피고인의 오른손을 피해자의 상의 티셔츠 속으로 집어넣어 속옷을 걷어 올려 왼쪽 가슴을 약 30초 동안 만지고 피해자를 끌어안고 자세를 바꾸어 피해자가 피고인의 몸에 수차례 닿게 하였으며, "이러면 안 된다. 이러면 큰일 난다."며 팔을 풀어 줄 것을 요구하고 방문을 나가려는 피해자를 뒤따라가 약 1분 동안 끌어안아 피해자를 강제로 추행하였다.

【판결요지】 [1] [다수의견] (가) 형법 및 성폭력범죄의 처벌 등에 관한 특례법(이하 '성폭력처벌법'이라 한다)은 강제추행죄의 구성요건으로 '폭행 또는 협박'을 규정하고 있는데, 대법원은 강제추행죄의 '폭행 또는 협박'의 의미에 관하여 이를 두 가지 유형으로 나누어, 폭행행위 자체가 곧바로 추행에 해당하는 경우(이른바 기습추행형)에는 상대방의 의사를 억압할 정도의 것임을 요하지 않고 상대방의 의사에 반하는 유형력의 행사가 있는 이상 그 힘의 대소강약을 불문한다고 판시하는 한편, 폭행 또는 협박이 추행보다 시간적으로 앞서 그 수단으로 행해진 경우(이른바 폭행·협박 선행형)에는 상대방의 항거를 곤란하게 하는 정도의 폭행 또는 협박이 요구된다고 판시하여 왔다(이하 폭행·협박 선행형 관련 판례 법리를 '종래의 판례 법리'라 한다).

(나) 강제추행죄의 범죄구성요건과 보호법익, 종래의 판례 법리의 문제점, 성폭력범죄에 대한 사회적 인식, 판례 법리와 재판 실무의 변화에 따라 해석 기준을 명확히 할 필요성 등에 비추어 강제추행죄의 '폭행 또는 협박'의 의미는 다시 정의될 필요가 있다. 강제추행죄의 '폭행 또는 협박'은 상대방의 항거를 곤란하게 할 정도로 강력할 것이 요구되지 아니하고, 상대방의 신체에 대하여 불법한 유형력을 행사(폭행)하거나 일반적으로 보아 상대방으로 하여금 공포심을 일으킬 수 있는 정도의 해악을 고지(협박)하는 것이라고 보아야 한다. 구체적인 이유는 다음과 같다.

① 강제추행죄에서 추행의 수단이 되는 '폭행 또는 협박'에 대해 피해자의 항거가 곤란할 정도일 것을 요구하는 종래의 판례 법리는 강제추행죄의 범죄구성요건이나 자유롭고 평등한 개인의 성적 자기결정권이라는 보호법익과 부합하지 아니한다.

형법 제298조 및 성폭력처벌법 제5조 제2항 등 강제추행죄에 관한 현행 규정은 '폭행 또는 협박으로 사람에 대하여 추행을 한 자' 또는 '폭행 또는 협박으로 사람을 강제추행한 경우' 이를 처벌한다고 정하고 있을 뿐, 폭행·협박의 정도를 명시적으로 한정하고 있지 아니하다. '강제추행'에서 '강제(强制)'의 사전적 의미는 '권력이나 위력으로 남의 자유의사를 억눌러 원하지 않는 일을 억지로 시키는 것'으로서, 반드시 상대방의 항거가 곤란할 것을 전제로 한다고 볼 수 없고, 폭행·협박을 수단으로 또는 폭행·협박의 방법으로 동의하지 않는 상대방에 대하여 추행을 하는 경우 그러한 강제성은 구현된다고 보아야 한다.

강제추행죄는 개인의 성적 자기결정권을 보호법익으로 한다. 종래의 판례 법리는 피해자의 '항거곤란'이라는 상태적 개념을 범죄구성요건에 포함시켜 폭행 또는 협박의 정도가 일반적인 그것보다 더 높은 수준일 것을 요구하였다. 그에 따라 강제추행죄가 성립하기 위해서는 높은 수준의 의사 억압 상태가 필요하다고 보게 되고, 이는 피해자가 실제로 어떠한 항거를 하였는지 살펴보게 하였으며, 반대로 항거가 없었던 경우에는 그러한 사정을 이유로 성적 자기결정권의 침해를 부정하는 결과를 초래하기도 하였다. 하지만 이와 같이 피해자의 '항거곤란'을 요구하는 것은 여전히 피해자에게 '정조'를 수호하는 태도를 요구하는 입장을 전제하고 있다고 볼 수 있고, 개인의 성적 자유 내지 성적 자기결정권을 보호법익으로 하는 현행법의 해석으로 더 이상 타당하다고 보기 어렵다.

② 강제추행죄에서 '폭행 또는 협박'은 형법상 폭행죄 또는 협박죄에서 정한 '폭행 또는 협박'을 의미하는 것으로 분명히 정의되어야 하고, 이는 판례 법리와 재판 실무의 변화에 비추어 볼 때 법적 안정성 및 판결에 대한 예측가능성을 높이기 위하여도 필요하다.

그동안 대법원은 개별적·구체적인 사건에서 강제추행죄의 성립 요건이나 피해자 진술의 신빙성 등을 심리하면서 고려해야 할 판단 기준과 방법에 관하여 판시하여 왔다. 또한 근래의 재판 실무는 종래의 판례 법리에도 불구하고 가해자의 행위가 폭행죄에서 정한 폭행이나 협박죄에서 정한 협박의 정도에 이르렀다면 사실상 상대방의 항거를 곤란하게 할 정도라고 해석하는 방향으로 변화하여 왔다.

이러한 법원의 판례와 재판 실무는 강제추행죄의 보호법익의 변화를 반영함과 아울러, 종래의 판례 법리에 따른 현실의 수사와 재판 과정에서 자칫 성폭력범죄의 피해자에게 이른바 '피해자다움'을 요구하거나 2차 피해를 야기할 수 있다는 문제 인식을 토대로 형평과 정의에 합당한 형사재판을 실현하기 위한 것인바, 한편 그로 인하여 강제추행죄의 구성요건으로 피해자의 항거가 곤란할 정도의 폭행 또는 협박을 요구하는 종래의 판례 법리는 그 의미가 상당 부분 퇴색하였다. 그렇다면 이제 범죄구성요건의 해석 기준을 명확히 함으로써 사실상 변화된 기준을 적용하고 있는 현재의 재판 실무와 종래의 판례 법리 사이의 불일치를 해소하고, 오해의 소지와 혼란을 방지할 필요가 있다.

③ 강제추행죄의 '폭행 또는 협박'의 의미를 위와 같이 정의한다고 하여 위력에 의한 추행죄와 구별이 불분명해지는 것은 아니다.

위력에 의한 추행죄에서 '위력'이란 사람의 자유의사를 제압하거나 혼란하게 할 만한 일체의 세력을 말하는 것으로, 유형적이든 무형적이든 묻지 아니하는바, 이는 강제추행죄에서의 '폭행 또는 협박'과 개념적으로 구별된다. 그리고 형법 및 성폭력처벌법 등은 미성년자, 심신미약자, 신체적인 또는 정신적인 장애가 있는 사람, 피보호자·피감독자, 아동·청소년을 위력으로 추행한 사람을 처벌하는 규정(형법 제302조, 성폭력처벌법 제6조 제6항, 제7조 제5항, 제10조 제1항, 아동·청소년의 성보호에 관한 법률 제7조 제5항)을 두고 있는바, 위력에 의한 추행죄는 성폭력 범행에 특히 취약한 사람을 보호대상으로 하여 강제추행죄의 '폭행 또는 협박'과 다른 '위력'을 범행수단으로 한 성적 침해 또는 착취행위를 범죄로 규정하여 처벌하려는 것이다.

이러한 위력과 폭행·협박의 개념상 차이, 위력에 의한 추행죄와 강제추행죄의 구성요건, 각 보호법익과 체계 등을 고려하면, 위력에 의한 추행죄에서 '위력'은 유형력의 대상이나 내용 등에 비추어 강제추행죄의 '폭행 또는 협박'에 해당하지 아니하는 폭행·협박은 물론, 상대방의 자유의사를 제압하거나 혼란하게 할 만한 사회적·경제적·정치적인 지위나 권세를 이용하는 것을 포함한다. 따라서 강제추행죄의 폭행 또는 협박의 의미를 종래의 판례 법리와 같이 제한 해석하여야만 위력과 구별이 용이해진다고 볼 수는 없다.

(다) 요컨대, 강제추행죄는 상대방의 신체에 대해 불법한 유형력을 행사하거나 상대방으로 하여금 공포심을 일으킬 수 있는 정도의 해악을 고지하여 상대방을 추행한 경우에 성립한다. 어떠한 행위가 강제추행죄의 '폭행 또는 협박'에 해당하는지 여부는 행위의 목적과 의도, 구체적인 행위태양과 내용, 행위의 경위와 행위 당시의 정황, 행위자와 상대방과의 관계, 그 행위가 상대방에게 주는 고통의 유무와 정도 등을 종합하여 판단하여야 한다(대법원 2023.9.21. 선고 2018도13877 전원합의체 판결).

【해설】 강제추행죄의 폭행·협박의 의미를 재정의한 중요 판결이다. 이 판결에서 '항거곤란' 요건을 폐기하였다. 이제 강제추행죄에서 말하는 '폭행 또는 협박'은 "상대방의 신체에 대해 불법한 유형력을 행사하거나, 일반적으로 공포심을 유발할 수 있는 정도의 해악을 고지하는 것"으로 폭행죄·협박죄에서 말하는 수준의 폭행·협박이면 족하다고 볼 수 있다. 폭행의 유형력의 강도가 크지 않더라도, 성적 자기결정권을 침해한 경우면 충분히 강제추행에 해당할 수 있다고 본다. 성폭력은 피해자의 저항 여부보다 동의 여부, 즉 자기결정권 침해 여부가 중심이어야 한다는 가치관을 반영한 판결이다. 재판 실무에서 항거 여부보다는 폭행·협박의 존재 여부 중심으로 판단하고 있는 점을 반영하였다고 한다.

(다) 결론

폭행·협박의 정도를 넓게 이해하면 성범죄에 대하여 강력히 처벌하고, 피해자의 범위를 확대하여 보호범위를 넓힐 수 있다는 점에서 형사정책적 의미가 있지만, 강제추행의 성립 범위가 지나치게 확대되어 불합리한 사례가 발생할 우려가 있다.

이른바 '기습추행형'의 경우 상대방의 의사에 반하는 유형력의 행사가 있는 이상 그 힘의 대소강약을 불문한다고 본다면 단순추행과 강제추행의 구분이 모호하게 될 수 있어 처벌의 경계가 흐려질 수 있다. 형법이 폭행·협박을 행위수단으로, 추행을 행위태양으로 규정하고 있는 것은 폭행·협박을 수단으로 하지 않는 '단순추행'의 경우에는 처벌하지 않겠다는 것이며, 폭행·협박을 수단으로 하여 피해자의 의사에 반하는 '강제추행'만을 처벌하겠다는 것으로 해석할 수 있다. 폭행죄와 강제추행죄의 차이는 신체적 접촉의 성격 및 성적 자기결정권 침해 여부에 있게 되며, 행위자의 고의가 무엇인가에 따라 결정될 가능성이 높다. 이번 판례에서 '항거 곤란' 요소를 제외함으로써, 폭행행위가 강제추행으로 잘못 적용될 가능성이 높아져 두 죄의 구별이 어려워질 수 있다. 예를 들면 갑이 운전 연수 중 차량 안에서 연수를 받던 A의 운전이 미숙하다는 이유로 A의 오른쪽 허벅지를 1회 소리가 날 정도로 세게 때린 경우 폭행죄가 되는지 강제추행죄가 되는지 불분명하다.[242)]

이른바 '폭행·협박 선행형'의 경우 폭행·협박에 대하여 상대방의 항거 곤란하게 하는 정도를 제외할 경우 위력에 의한 추행죄와 구별이 어려워진다. 대법원은 양 개념이 '개념적으로' 구별될 수 있다고 하지만, '사실상' 명확하게 구별될 수 있는지 의문이다. 강제추행죄의 기준이 낮아짐에 따라, 단순히 의도치 않은 신체 접촉이나 오해의 소지가 있는 행위도 범죄로 판단될 가능성이 높아질 수 있으며, 처벌의 범위가 지나치게 확대될 위험이 있다. 판례는 성적 자기결정권을 강조하는 사회적 변화의 흐름에 부응하려 했으며, 피해자 중심으로 강제추행죄를 해석하려는 긍정적인 변화의 측면이 있지만, 행위자의 의도성이 충분히 입증되지 않을 경우 오판의 여지가 생길 수 있다.

따라서 본죄의 구성요건이 폭행·협박과 추행으로 분리되어 규정되어 있는 점, 단순폭행과 강제추행의 구별이 어려워지는 점, 폭행죄와 위력에 의한 추행죄와 구별이 어려워질 가능성이 있는 점, 처벌이 과도하게 확대될 우려가 있는 점, 본죄의 법정형으로 벌금형이 규정되어 있는 점을 본다면 본죄의 폭행·협박에 반항의 곤란이 현저할 필요성까지는 요구되지 않지만, 강간죄와 폭행죄·협박죄의 중간 정도의 폭행·협박으로서 일반인으로 하여금 반항의 곤란을 느끼게 할 정도이면 족하다고 보는 것이 타당하다. 폭행과 강제추행을 구별하기 위해, 신체 접촉이 피해자의 성적 자기결정권을 침해했는지에 대한 명확한 판단기준을 마련해야 한다.

(3) 추행의 의의

추행은 규범적 평가와 가치판단에 의해서만 그 의미 내용을 확정할 수 있는 규범적 구성요건요소이다. 추행의 의미가 무엇인가에 대하여 견해의 대립이 있다.

성욕의 흥분·자극·만족을 목적으로 하는 행위로서 건전한 상식이 있는 일반인에게 성적 수치·혐오의 감정을 느끼게 하는 일체의 행위로 보는 소수설이 있지만,[243)] 이 견해에 따르면 복수·혐오·호기심에서 행한 음란행위는 추행의 범위에서 제외되므로 부당한 결과를 초래한다. 따라서 그 목적을 불문하고 객관적으로 일반인에게 성적 수치·혐오의 감정을 느끼게 하는 일체의 행위를 의미하는 것으로 보는 것이 타당하다.[244)]

---

242) 대법원 2024.8.1. 선고 2024도3061 판결.

243) 김일수/서보학, 165면.

244) 김성돈, 190면; 김성천/김형준, 190면; 배종대, 251면; 오영근/노수환, 155면; 이재상/장영민/강동범, 168면; 이형국/

판례에 따르면 추행은 객관적으로 일반인에게 성적 수치심이나 혐오감을 일으키게 하고 선량한 성적 도덕관념에 반하는 행위로서 피해자의 성적 자기결정권을 침해하는 것이라고 하며,[245] 성립에 필요한 주관적 구성요건요소는 고의만으로 충분하고,[246] 성욕을 자극·흥분·만족시키려는 주관적 동기나 목적이 있어야 하는 것은 아니라고 한다.[247] 추행에 해당하는지 여부는 피해자의 의사, 성별, 연령, 행위자와 피해자의 이전부터의 관계, 그 행위에 이르게 된 경위, 구체적 행위태양, 주위의 객관적 상황과 그 시대의 성적 도덕관념 등을 종합적으로 고려하여 신중히 결정되어야 한다.[248]

(4) 기습추행

강제추행죄는 통상적으로 폭행·협박을 한 후 추행행위를 하는 것으로 규정되어 있다. 이러한 유형뿐만 아니라 폭행행위 자체가 추행행위라고 인정되는 '기습추행'의 경우에도 강제추행죄가 성립한다는 것이 판례의 입장이다. 기습추행의 경우에는 상대방의 반항이 존재할 수 없으므로 상대방의 의사에 반하는 유형력의 행사가 있는 이상 그 힘의 대소강약을 불문하게 된다.

판례 기습추행 사건

【사실관계】 갑은 2014.3.25. 22:10경 혼자 술을 마시고 직장 기숙사에서 나와 배회하던 중 버스에서 내려 혼자 걸어가는 피해자(여, 17세)를 발견하고, 마스크를 착용한 채 200m 정도 피해자를 뒤따라갔다. 갑은 인적이 없고 외진 곳에 이르러 피해자에게 약 1m 간격으로 가까이 접근하여 양팔을 높이 들어 피해자를 껴안으려고 하였으나, 인기척을 느낀 피해자가 뒤돌아보면서 "왜 이러세요?"라고 소리치자, 그 상태로 몇 초 동안 피해자를 쳐다보다가 다시 오던 길로 되돌아갔다.

【판결요지】 [1] 강제추행죄는 상대방에 대하여 폭행 또는 협박을 가하여 항거를 곤란하게 한 뒤에 추행행위를 하는 경우뿐만 아니라 폭행행위 자체가 추행행위라고 인정되는 경우도 포함되며, 이 경우의 폭행은 반드시 상대방의 의사를 억압할 정도의 것일 필요는 없다. 추행은 객관적으로 일반인에게 성적 수치심이나 혐오감을 일으키게 하고 선량한 성적 도덕관념에 반하는 행위로서 피해자의 성적 자유를 침해하는 것을 말하며, 이에 해당하는지는 피해자의 의사, 성별, 연령, 행위자와 피해자의 이전부터의

김혜경, 213면; 정성근/박광민, 196면.

245) 대법원 2024.8.1. 선고 2024도3061 판결.

246) 대법원 2006.1.13. 선고 2005도6791 판결.

247) 대법원 2013.9.26. 선고 2013도5856 판결.

248) 대법원 2002.4.26. 선고 2001도2417 판결; 대법원 2015.9.10. 선고 2015도6980 판결.

관계, 행위에 이르게 된 경위, 구체적 행위태양, 주위의 객관적 상황과 그 시대의 성적 도덕관념 등을 종합적으로 고려하여 신중히 결정되어야 한다.

그리고 추행의 고의로 상대방의 의사에 반하는 유형력의 행사, 즉 폭행행위를 하여 실행행위에 착수하였으나 추행의 결과에 이르지 못한 때에는 강제추행미수죄가 성립하며, 이러한 법리는 폭행행위 자체가 추행행위라고 인정되는 이른바 '기습추행'의 경우에도 마찬가지로 적용된다.

[2] 피고인이 밤에 술을 마시고 배회하던 중 버스에서 내려 혼자 걸어가는 피해자를(여, 17세) 발견하고 마스크를 착용한 채 뒤따라가다가 인적이 없고 외진 곳에서 가까이 접근하여 껴안으려 하였으나, 피해자가 뒤돌아보면서 소리치자 그 상태로 몇 초 동안 쳐다보다가 다시 오던 길로 되돌아갔다고 하여 아동·청소년의 성보호에 관한 법률 위반으로 기소된 사안에서, 피고인과 피해자의 관계, 피해자의 연령과 의사, 행위에 이르게 된 경위와 당시 상황, 행위 후 피해자의 반응 및 행위가 피해자에게 미친 영향 등을 고려하여 보면, 피고인은 피해자를 추행하기 위해 뒤따라간 것으로 추행의 고의를 인정할 수 있고, 피고인이 가까이 접근하여 갑자기 뒤에서 껴안는 행위는 일반인에게 성적 수치심이나 혐오감을 일으키게 하고 선량한 성적 도덕관념에 반하는 행위로서 피해자의 성적 자유를 침해하는 행위여서 그 자체로 이른바 '기습추행' 행위로 볼 수 있으므로, 피고인의 팔이 피해자의 몸에 닿지 않았더라도 양팔을 높이 들어 갑자기 뒤에서 껴안으려는 행위는 피해자의 의사에 반하는 유형력의 행사로서 폭행행위에 해당하며, 그때 '기습추행'에 관한 실행의 착수가 있는데, 마침 피해자가 뒤돌아보면서 소리치는 바람에 몸을 껴안는 추행의 결과에 이르지 못하고 미수에 그쳤으므로, 피고인의 행위는 아동·청소년에 대한 강제추행미수죄에 해당한다고 한 사례(대법원 2015.9.10. 선고 2015도6980 판결).

【해설】 피해자 신체에 접촉하지 않았음에도 강제추행미수죄가 성립할 수 있는지, 기습추행의 실행착수 시점은 언제로 볼 수 있는지, 피고인의 추행의 고의는 어떤 점에서 인정되는지 문제된 사건이다. 판례에 따르면 추행이란 "객관적으로 성적 수치심을 유발하고 성적 도덕관념에 반하는 행위"이며, 피고인의 팔을 들어 피해자를 껴안으려는 행위는 이미 실행착수 단계로 평가하였다. 피해자의 몸에 닿지 않았더라도, 기습추행 행위의 고의와 실행의 착수를 인정하였다. 강제추행미수죄가 성립한다고 본 판례이다.

(5) 추행의 정도

(가) 쟁점

추행의 정도에 대해서는 견해의 대립이 있다. 이에 대한 논의의 실익은 추행이 성립하기 위해서 육체적 접촉이 있어야 하는지, 신체 부위에 따라 추행 여부가 달라질 수 있는지이다.

(나) 학설

추행의 대상이 되는 사람의 성적 자유를 침해하는 것으로 인정될 수 있을 만큼 '중대성이 있는 육체적 접촉'이 있어야 한다는 견해가 있다.[249] 따라서 상대방의 성기나 젖가슴을 만지는 행위는 추행에 해당하지만, 특별한 성적 의미를 부과할 수 없는 포옹과 같이 중대성이 없는 접촉행위는 단순한 무례행위로 보는 것이 타당하며, 이를 추행으로 보기 어렵다. 뿐만 아니라 육체적 접촉 없이 폭행·협박으로 피해자에게 옷을 벗게 한 행위는 강요죄에 해당할 여지는 있지만 추행으로 보기 어렵다. 이에 대하여 일반인의 입장에서 추행이 행해진 때의 당사자의 의사, 감정 또는 주위사정이 감안되어야 하므로 신체 부위에 따라 본질적인 차이를 두지 않아야 된다는 견해도 있다.[250]

(다) 판례

판례는 신체 부위에 따라 본질적인 차이를 둘 수 없다는 입장이다. 직장 상사가 등 뒤에서 피해자의 의사에 명백히 반하여 어깨를 주무른 경우 여성에 대한 추행에 있어 신체 부위에 따라 본질적인 차이가 있다고 볼 수 없다는 이유로 강제추행을 인정하였으며,[251] 이른바 러브샷의 방법으로 술을 마시게 하는 경우,[252] 피해자를 팔로 힘껏 껴안고 두 차례 강제로 입을 맞춘 경우[253]에도 강제추행을 인정하였다. 판례는 추행의 범위를 반드시 중대한 육체적 접촉행위에 한정하고 있지 않으며 추행의 정도를 확대하고 있는 입장이다.

(라) 결론

강제추행죄는 자유권으로서 개인의 성적 자기결정권을 침해하는 범죄이므로, 강제추행죄의 '추행'이란 일반인에게 성적 수치심이나 혐오감을 일으키고 선량한 성적 도덕관념에 반하는 행위인 것만으로는 부족하고 그 행위의 상대방인 피해자의 성적 자기결정의 자유를 침해하는 것이어야 한다. 본죄의 성립 여부는 '자유의 침해' 여부를 주된 기준으로 해야 하며, 해야지, 피해자의 신체를 기준으로 할 것은 아니다. 신체 부위에 따라 본질적 차이가 있는 것은 아니다. 하지만 성적 의미가 전혀 없는 신체까지 확대하는 것은 경계할 필요가 있다. 구체적 사례에 따라 확인될 필요가 있다.

249) 김일수/서보학, 165면; 정성근/박광민, 197면.

250) 김성돈, 192면.

251) 대법원 2004.4.16. 선고 2004도52 판결.

252) 대법원 2008.3.13. 선고 2007도10050 판결.

253) 대법원 1983.6.28. 선고 83도399 판결.

(6) 피해자의 성적 수치심

객관적으로 일반인에게 성적 수치심이나 혐오감을 일으키게 할 만한 행위를 하였지만, 강제추행죄가 성립하기 위해서 행위자의 행위로 인하여 피해자가 성적 수치심이나 혐오감을 실제로 느껴야 하는지 문제될 수 있다. 판례는 행위자가 피해자를 대상으로 추행행위를 하였으면 충분하고 피해자가 성적 수치심이나 혐오감을 반드시 실제로 느껴야 하는 것은 아니라고 한다.[254] 피해자의 성적 수치심이 필요 없다고 하는 것은 강제추행죄의 법적 성격을 침해범이 아닌 위험범으로 보는 것과 같다고 생각한다.

라. 실행의 착수 시기와 기수 시기

본죄의 실행의 착수 시기는 추행의 고의로 상대방에 대하여 폭행·협박행위를 한 때이며, 본죄의 기수 시기는 추행의 결과가 발생한 때이다. 따라서 추행의 고의로 상대방의 의사에 반하는 유형력의 행사 즉, 폭행행위를 하여 그 실행행위에 착수하였으나 추행의 결과에 이르지 못한 때에는 강제추행미수죄가 성립한다.

문제는 폭행행위 자체가 추행행위에 해당하는 '기습추행'의 경우이다. 대법원 판례에 따르면 이러한 법리는 폭행행위 자체가 추행행위라고 인정되는 이른바 '기습추행'의 경우에도 마찬가지로 적용된다.[255] 따라서 양팔을 높이 들어 갑자기 뒤에서 피해자를 껴안으려는 행위는 폭행행위에 해당하므로 실행의 착수가 인정되며, 실제로 피고인의 팔이 피해자의 몸에 닿지는 않았다면 추행의 결과에 이르지 못하였으므로 강제추행미수죄에 해당한다.

판례 강제추행에 해당하는 사례

① 골프장 여종업원들이 거부의사를 밝혔음에도, 골프장 사장과의 친분관계를 내세워 함께 술을 마시지 않을 경우 신분상의 불이익을 가할 것처럼 협박하여 이른바 러브샷의 방법으로 술을 마시게 한 사안에서 강제추행죄를 인정한 사례(대법원 2008.3.13. 선고 2007도10050 판결).

② 양부가 취중에 10세의 입양한 딸과 잠을 자다가 다리로 딸의 몸을 누르면서 엉덩이와 가슴을 만진 사안에서, 강제추행죄를 인정한 사례(대법원 2008.4.10. 선고 2007도9487 판결).

③ 피고인이 엘리베이터 안에서 피해자를 칼로 위협하는 등의 방법으로 꼼짝하지 못하도록 하여 자신의 실력적인 지배하에 둔 다음 자위행위 모습을 보여준 행위가 강제추행죄의 추행에 해당한다고 본 사례(대법원 2010.2.25. 선고 2009도13716 판결).

④ 피고인은 공터에서 피해자들이(만7세, 만8세) 놀고 있는 것을 발견하고 다가가 피

254) 대법원 2020.6.25. 선고 2015도7102 판결.

255) 대법원 2015.9.10. 선고 2015도6980 판결.

해자들을 끌어안고 손으로 피해자들의 음부 부위를 갑자기 1회 만졌다. 피고인이 사탕과 호루라기를 매개로 피해자들에게 접근하면서 피해자들을 끌어안는 것에 대하여 피해자들이 별다른 저항을 하지 않은 경우(대법원 2012.6.14. 선고 2012도3893, 2012감도14,2012전도83 판결).

⑤ 피고인이 아파트 엘리베이터 내에 13세 미만인 A(여, 11세)와 단둘이 탄 다음 A를 향하여 성기를 꺼내어 잡고 여러 방향으로 움직이다가 이를 보고 놀란 A 쪽으로 가까이 다가감으로써 위력으로 A를 추행하였다고 하여 성폭력범죄의 처벌 등에 관한 특례법 위반으로 기소된 사안에서, 피고인의 행위는 위력에 의한 추행에 해당한다고 보아야 하는데도, 이와 달리 본 원심판결에 법리오해의 위법이 있다고 한 사례(대법원 2013.1.16. 선고 2011도7164 판결).

⑥ 피고인이, 알고 지내던 여성인 피해자 A가 자신의 머리채를 잡아 폭행을 가하자 보복의 의미에서 A의 입술, 귀, 유두, 가슴 등을 입으로 깨무는 등의 행위를 한 경우(대법원 2013.9.26. 선고 2013도5856 판결).

⑦ 피고인이 밤에 술을 마시고 배회하던 중 버스에서 내려 혼자 걸어가는 피해자 갑을 발견하고 마스크를 착용한 채 뒤따라가다가 인적이 없고 외진 곳에서 가까이 접근하여 껴안으려 하였으나, 갑이 뒤돌아보면서 소리치자 그 상태로 몇 초 동안 쳐다보다가 다시 오던 길로 되돌아갔다고 하여 아동·청소년의 성보호에 관한 법률 위반으로 기소된 사안에서, 피고인의 행위가 아동·청소년에 대한 강제추행미수죄에 해당한다고 한 사례(대법원 2015.9.10. 선고 2015도6980 판결).

4. 특별법

가. 특수강제추행죄

성폭력범죄의 처벌 등에 관한 특례법 제4조 제2항은 강제추행죄에 대한 가중적 구성요건으로 특수강제추행죄를 규정하고 있다. 특수강제추행죄는 흉기 기타 위험한 물건을 휴대하거나 2인 이상이 합동하여 형법 제298조의 죄를 범했을 때 성립하는 범죄로, 행위방법의 위험성으로 인하여 불법이 가중된 경우이다. 특수강간죄와 마찬가지로 친고죄가 아니다.

나. 장애인에 대한 강제추행

성폭력범죄의 처벌 등에 관한 특례법 제6조 제3항에서는 장애인에 대한 강제추행죄를 규정하여 가중처벌하고 있다.

다. 미성년자에 대한 강제추행

성폭력범죄의 처벌 등에 관한 특례법 제7조 제3항은 13세 미만의 사람에 대하여 강제추행을 한 경우 5년 이상의 유기징역 또는 3천만원 이상 5천만원 이하의 벌금에 처한다.

아동·청소년의 성보호에 관한 법률 제7조 제3항에서 아동·청소년에 대하여 강제추행을 한 경우 2년 이상의 유기징역 또는 1천만원 이상 3천만원 이하의 벌금에 처한다.

양 법률의 관계상 13세 미만의 아동·청소년에 대해서는 성폭력처벌법이 적용되며, 13세 이상 19세 미만의 아동·청소년에 대해서는 아동·청소년 성보호에 관한 법률이 적용된다고 해석할 수 있다.

라. 친족관계에 의한 강제추행

친족관계인 사람이 폭행 또는 협박으로 사람을 강제추행한 경우 성폭력범죄의 처벌 등에 관한 특례법 제5조에 의하여 가중처벌된다. 친족의 범위는 4촌 이내의 혈족·인척과 동거하는 친족으로 하며, 사실상의 관계에 의한 친족을 포함한다.

V. 준강간죄·준강제추행죄

> 제299조(준강간, 준강제추행) 사람의 심신상실 또는 항거불능의 상태를 이용하여 간음 또는 추행을 한 자는 제297조, 제297조의2 및 제298조의 예에 의한다.
> 제300조(미수범) 제297조, 제297조의2, 제298조 및 제299조의 미수범은 처벌한다.

1. 서설

준강간죄·준강제추행죄는 사람의 심신상실 또는 항거불능의 상태를 이용하여 간음, 유사성교행위 또는 추행함으로써 성립하는 범죄이다. 정신적·신체적 사정으로 인하여 성적 거부의사를 제대로 표명할 수 없는 사람의 성적자기결정권을 보호해주는 것을 보호법익으로 한다. 성적 자기결정권은 원치 않는 성적 관계를 거부할 권리라는 소극적 측면을 말한다.[256)]

본죄가 자수범인가에 대하여 이를 긍정하는 견해가 있으나, 자수범이 아니라는 것이 다수설의 입장이다. 정신질환자 등 처벌되지 않는 제3자를 이용한 간접정범이 성립할 수 있으므로 자수범이 아니라고 보는 것이 타당하다.

---

256) 대법원 2021.2.4. 선고 2018도9781 판결.

2. 구성요건

가. 객체: 심신상실 또는 항거불능의 상태에 있는 사람

(1) 심신상실의 의의

심신상실의 의미에 대하여 판례는 정신기능의 장애로 인하여 성적 행위에 대한 정상적인 판단능력이 없는 상태로 이해한다. 본죄의 심신상실에 신체기능의 장애는 포함하지 않는 해석이다. 하지만 본죄의 심신상실은 心'神'喪失이 아니라 心'身'喪失이다.[257] 형법 제10조의 심신상실(心神喪失)과 본죄의 심신상실(心身喪失)은 전혀 다른 개념이다. 형법 제10조의 심신상실은 정신적 기능의 상실을 의미하지만, 본죄의 심신상실은 정신적 기능의 상실뿐만 아니라 신체적 기능의 상실도 포함한다. 문언적 해석을 한다면 정신적 기능의 장애는 없지만 다른 원인으로 인하여 신체적 기능이 상실된 자도 본죄의 객체에 해당한다고 보는 것이 타당하다. 따라서 수면 중이거나 일시적으로 깊은 의식장애에 빠진 사람도 본죄의 객체에 해당한다. 술을 많이 마셔 잠이 든 사람을 보고 욕정이 동하여 간음행위를 한 경우 준강간죄가 성립한다.

심신미약자에 대한 간음·추행은 제302조에서 별도로 처벌하고 있기 때문에 본죄의 심신상실에는 심신미약은 포함되지 않는다. 제302조의 심신미약자도 '心身'微弱者이다.

판례 심신상실, 항거불능 상태의 의미

【판결요지】 [1] 형법 제299조는 '사람의 심신상실 또는 항거불능의 상태를 이용하여 추행을 한 자'를 처벌하도록 규정한다. 이러한 준강제추행죄는 정신적·신체적 사정으로 인하여 성적인 자기방어를 할 수 없는 사람의 성적 자기결정권을 보호해 주는 것을 보호법익으로 하며, 그 성적 자기결정권은 원치 않는 성적 관계를 거부할 권리라는 소극적 측면을 말한다.

[2] 준강간죄에서 '심신상실'이란 정신기능의 장애로 인하여 성적 행위에 대한 정상적인 판단능력이 없는 상태를 의미하고, '항거불능'의 상태란 심신상실 이외의 원인으로 심리적 또는 물리적으로 반항이 절대적으로 불가능하거나 현저히 곤란한 경우를 의미한다. 이는 준강제추행죄의 경우에도 마찬가지이다. 피해자가 깊은 잠에 빠져 있거나 술·약물 등에 의해 일시적으로 의식을 잃은 상태 또는 완전히 의식을 잃지는 않았더라도 그와 같은 사유로 정상적인 판단능력과 대응·조절능력을 행사할 수 없는 상태에 있

---

257) 국내 교과서에는 준강간죄의 심신상실을 형법 제10조의 심신상실과 그 법적 용어가 동일한 것으로 보고 있다. 이러한 이유로 본죄의 심신상실과 제10조의 심신상실의 용어가 같음에도 불구하고 이를 달리 볼 것인가에 대한 논의가 진행되고 있다. 하지만, 제정 형법 이후 본죄의 심신상실은 心神喪失이 아니라 心'身'喪失로 표기되어 있다(관보 단기 4286년 9월 18일 참조). 입법자의 의사와 관보와의 불일치인지 아니면 학자들의 오해인지를 밝힐 필요가 있다.

었다면 준강간죄 또는 준강제추행죄에서의 심신상실 또는 항거불능 상태에 해당한다.

[3] (가) 의학적 개념으로서의 '알코올 블랙아웃(black out)'은 중증도 이상의 알코올 혈중농도, 특히 단기간 폭음으로 알코올 혈중농도가 급격히 올라간 경우 그 알코올 성분이 외부 자극에 대하여 기록하고 해석하는 인코딩 과정(기억형성에 관여하는 뇌의 특정 기능)에 영향을 미침으로써 행위자가 일정한 시점에 진행되었던 사실에 대한 기억을 상실하는 것을 말한다.

알코올 블랙아웃은 인코딩 손상의 정도에 따라 단편적인 블랙아웃과 전면적인 블랙아웃이 모두 포함한다. 그러나 알코올의 심각한 독성화와 전형적으로 결부된 형태로서의 의식상실의 상태, 즉 알코올의 최면진정작용으로 인하여 수면에 빠지는 의식상실(passing out)과 구별되는 개념이다.

(나) 따라서 음주 후 준강간 또는 준강제추행을 당하였음을 호소한 피해자의 경우, 범행 당시 알코올이 위의 기억형성의 실패만을 야기한 알코올 블랙아웃 상태였다면 피해자는 기억장애 외에 인지기능이나 의식 상태의 장애에 이르렀다고 인정하기 어렵지만, 이에 비하여 피해자가 술에 취해 수면상태에 빠지는 등 의식을 상실한 패싱아웃 상태였다면 심신상실의 상태에 있었음을 인정할 수 있다.

또한 '준강간죄 또는 준강제추행죄에서의 심신상실·항거불능'의 개념에 비추어, 피해자가 의식상실 상태에 빠져 있지는 않지만 알코올의 영향으로 의사를 형성할 능력이나 성적 자기결정권 침해행위에 맞서려는 저항력이 현저하게 저하된 상태였다면 '항거불능'에 해당하여, 이러한 피해자에 대한 성적 행위 역시 준강간죄 또는 준강제추행죄를 구성할 수 있다.

(다) 그런데 법의학 분야에서는 알코올 블랙아웃이 '술을 마시는 동안에 일어난 중요한 사건에 대한 기억상실'로 정의되기도 하며, 일반인 입장에서는 '음주 후 발생한 광범위한 인지기능 장애 또는 의식상실'까지 통칭하기도 한다.

(라) 따라서 음주로 심신상실 상태에 있는 피해자에 대하여 준강간 또는 준강제추행을 하였음을 이유로 기소된 피고인이 '피해자가 범행 당시 의식상실 상태가 아니었고 그 후 기억하지 못할 뿐이다.'라는 취지에서 알코올 블랙아웃을 주장하는 경우, 법원은 피해자의 범행 당시 음주량과 음주 속도, 경과한 시간, 피해자의 평소 주량, 피해자가 평소 음주 후 기억장애를 경험하였는지 여부 등 피해자의 신체 및 의식 상태가 범행 당시 알코올 블랙아웃인지 아니면 패싱아웃 또는 행위통제능력이 현저히 저하된 상태였는지를 구분할 수 있는 사정들과 더불어 CCTV나 목격자를 통하여 확인되는 당시 피해자의 상태, 언동, 피고인과의 평소 관계, 만나게 된 경위, 성적 접촉이 이루어진 장소와 방식, 그 계기와 정황, 피해자의 연령·경험 등 특성, 성에 대한 인식 정도, 심리적·정서적 상태, 피해자와 성적 관계를 맺게 된 경위에 대한 피고인의 진술 내용의 합리성, 사건 이후 피고인과 피해자의 반응을 비롯한 제반 사정을 면밀하게 살펴 범행 당시 피해자가 심신상실 또는 항거불능 상태에 있었는지 여부를 판단해야 한다.

또한 피해사실 전후의 객관적 정황상 피해자가 심신상실 등이 의심될 정도로 비정상적인 상태에 있었음이 밝혀진 경우 혹은 피해자와 피고인의 관계 등에 비추어 피해자가 정상적인 상태하에서라면 피고인과 성적 관계를 맺거나 이에 수동적으로나마 동의하리라고 도저히 기대하기 어려운 사정이 인정되는데도, 피해자의 단편적인 모습만으로 피해자가 단순히 '알코올 블랙아웃'에 해당하여 심신상실 상태에 있지 않았다고 단정하여서는 안 된다(대법원 2021.2.4. 선고 2018도9781 판결).

【해설】 준강간죄의 심신상실과 항거불능을 해석한 판례이다. 특히 블랙아웃 상태는 기억상실 상태를 의미하므로 심신상실로 보기는 어렵지만, 패싱아웃 상태는 의식상태를 의미하므로 심신상실의 상태로 본다는 점이다. 피해자가 블랙아웃 상태인지 아니면 패싱아웃 상태인지는 여러 사정을 종합하여 판단하여야 한다. 의식상실 상태에 빠져 있지는 않지만, 알코올의 영향으로 의사를 형성할 능력이나 성적 자기결정권 침해행위에 맞서려는 저항력이 현저하게 저하된 상태였다면 항거불능에 해당한다. 이 사안에 대하여 대법원은 피해자는 피고인이 추행할 당시 술에 만취하여 잠이 드는 등 심신상실 상태에 있었다고 보았다.

(2) 항거불능

본죄의 항거불능의 상태는 심신상실 이외의 사유로 인하여 심리적 또는 육체적으로 반항이 불가능한 경우를 말한다. 의사가 자기를 신뢰한 여자 환자를 치료하는 것처럼 하면서 추행하는 경우와 같이 심리적으로 반항이 불가능한 경우뿐만 아니라 포박되어 있는 경우 또는 수회의 강간으로 기진되어 있는 부녀와 같이 육체적으로 반항이 불가능한 경우 모두 포함된다.

항거불능뿐만 아니라 항거가 곤란한 경우도 포함되는 것으로 보는 것이 판례이다. 판례에 따르면 형법 제297조, 제298조와의 균형상 심신상실 이외의 원인 때문에 심리적 또는 물리적으로 반항이 절대적으로 불가능하거나 현저히 곤란한 경우도 포함한다.[258]

판례에 따르면 교회 노회장이 교회 여신도를 간음·추행한 사건에 대하여 피고인에 대한 종교적 믿음이 무너지는 정신적 충격을 받으면서 피고인의 행위가 종교적으로 필요한 행위로서 이를 용인해야 하는지에 관해 판단과 결정을 하지 못한 채 곤혹과 당황, 경악 등 정신적 혼란을 겪어 피고인의 행위를 거부하지 못하는 상태에 대하여 반항이 현저하게 곤란한 상태에 있었다고 판단하였다.[259]

항거불능의 상태에 이르게 된 원인은 불문한다. 피해자 스스로가 약물이나 술을 많이 마셔 항거불능에 빠진 경우에도 본죄가 성립한다. 그러나 행위자가 수면제 등을 사용하거

258) 대법원 2012.6.28. 선고 2012도2631 판결.

259) 대법원 2009.4.23. 선고 2009도2001 판결.

나 술을 많이 먹여 피해자의 항거불능의 상태를 야기한 다음 간음·추행한 경우에는 준강간죄가 아니라 강간죄·강제추행죄가 성립한다.

(3) 사람

형법상 준강간죄·준강제추행죄의 객체는 성인을 말한다. 만 13세 미만의 사람에 대하여 본죄를 범한 때에는 성폭력범죄 처벌 등에 관한 특례법에 의하여 가중처벌된다. 만 13세 이상 만 19세 미만의 아동·청소년을 강제추행을 한 경우에는 아동·청소년 성보호에 관한 법률에 따라 가중처벌된다. '친족관계인 사람'이거나 '신체적인 또는 정신적인 장애가 있는 사람'에 대하여 본죄를 범한 경우 성폭력범죄의 처벌 등에 관한 특례법에 의해 가중처벌된다.

【정리】 범죄객체에 따른 성폭력범죄 적용법규

구분	성인	미성년자 또는 아동·청소년			업무상 관계	장애인	친족관계
		미성년자	19세 미만	13세 미만			
준강간·준강제추행	형 299	·	아청 7④	성폭 7④	X	성폭 6④	성폭 5③

* 아청: 아동·청소년의 성보호에 관한 법률, 성폭: 성폭력범죄의 처벌 등에 관한 특례법

나. 행위: 심신상실 또는 항거불능의 상태를 이용하여 간음·유사성교·추행

본죄의 행위는 심신상실 또는 항거불능의 상태를 이용하여 간음·유사성교·추행하는 것이다. 이용한다는 것은 행위자가 이런 상태를 인식하였을 뿐만 아니라 그 상태 때문에 간음·유사성교·추행이 가능하였거나 용이하게 되었음을 의미한다.

다. 실행의 착수 시기

범죄의 실행의 착수는 구성요건에 해당하는 행위 또는 구성요건적 행위와 밀접한 행위를 개시한 때에 인정된다. 준강간죄의 경우 피해자의 심신상실 상태를 이용하여 간음할 의도를 가지고 '간음의 수단이라고 할 수 있는 행위'를 개시한 시점에 실행의 착수가 인정된다. 피해자와 성관계를 할 의사로 술에 취하여 모텔 침대에 잠들어 있는 피해자의 속바지를 벗기는 행위는 준강간죄의 실행에 착수한 것으로 볼 수 있다.[260]

260) 대법원 2019.2.14. 선고 2018도19295 판결.

판례 준강간죄의 실행의 착수

【판결요지】 피고인은 피해자가 잠을 자는 사이에 피해자의 바지와 팬티를 발목까지 벗기고 웃옷을 가슴까지 올린 다음, 피고인의 바지를 아래로 내린 상태에서 피해자의 가슴, 엉덩이, 음부 등을 만지고 피고인이 성기를 피해자의 음부에 삽입하려고 하였으나 피해자가 몸을 뒤척이고 비트는 등 잠에서 깨어 거부하는 듯한 기색을 보이자 더 이상 간음행위에 나아가는 것을 포기하였다. 피고인의 행위는 피해자의 항거불능의 상태를 이용하여 간음을 할 의도를 가지고 간음의 수단이라고 할 수 있는 행동을 시작한 것으로서 준강간죄의 실행에 착수하였다고 보아야 한다. 피해자가 잠에서 깨어난 것은 항거불능상태가 아니지만, 이미 실행에 착수한 행위를 피해자의 항거로 목적을 달성하지 못한 것이므로 준강간죄의 장애미수에 해당한다(대법원 2000.1.14. 선고 99도5187 판결).

【해설】 간음의 고의를 가지고, 간음의 수단이 되는 일련의 행위를 시작한 때 실행의 착수로 본다. 본 사안에서 하의를 벗기고, 신체를 만지고, 삽입을 시도한 행위는 단순한 준비행위를 넘어 준강간죄의 실행에 착수한 것으로 평가된다. 피해자가 깨어났다고 하더라도, 이는 실행에 착수한 행위가 외부 사정으로 인해 중단된 것으로 장애미수에 해당한다.

라. 미수와 기수

준강간죄의 실행의 착수를 하였지만 피해자의 항거불능상태에서 벗어나 항거함으로 인하여 간음에 이르지 못한 경우는 준강간죄의 장애미수에 해당한다. 예를 들면 수면 중인 피해자에 대하여 행위자가 간음의 수단이 되는 행동을 하는 과정에서 피해자가 잠에서 깨어난 경우 행위자가 간음행위를 하려는 시점에는 피해자가 항거불능상태에 있지 않더라도 준강간죄의 장애미수가 된다.[261)]

또한 피고인이 피해자가 심신상실 또는 항거불능의 상태에 있다고 인식하고 그러한 상태를 이용하여 간음할 의사로 피해자를 간음하였으나 피해자가 실제로는 심신상실 또는 항거불능의 상태에 있지 않은 경우에는 실행의 수단 또는 대상의 착오로 인하여 준강간죄에서 규정하고 있는 구성요건적 결과의 발생이 처음부터 불가능한 경우는 준강간죄의 불능미수에 해당한다는 것이 판례의 입장이다.[262)]

준강간죄의 기수 시기는 강간죄와 동일하게 간음행위 시 즉, 성기가 결합한 때이다. 준강제추행죄의 기수 시기는 추행행위를 한 때이다.

---

261) 대법원 2000.1.14. 선고 99도5187 판결.

262) 대법원 2019.3.28. 선고 2018도16002 전원합의체 판결.

판례 준강간죄의 불능미수 사건

【사실관계】 피고인은 2017.4.17. 22:30경 자신의 집에서 피고인의 처, 피해자와 함께 술을 마시다가 다음 날 01:00경 피고인의 처가 먼저 잠이 들고 02:00경 피해자도 안방으로 들어가자 피해자를 따라 들어간 뒤, 누워 있는 피해자의 옆에서 피해자의 가슴을 만지고 팬티 속으로 손을 넣어 음부를 만지다가, 바지와 팬티를 벗긴 후 1회 간음하여 강간하였다. 피고인이 피해자가 심신상실 또는 항거불능의 상태에 있다고 인식하고 그러한 상태를 이용하여 간음할 의사로 피해자를 간음하였으나 피해자가 술을 마신 것은 사실이지만 만취하지 않았기 때문에 실제로는 심신상실 또는 항거불능의 상태에 있지 않았다.

【판결요지】 [1] 형법 제297조는 "폭행 또는 협박으로 사람을 강간한 자는 3년 이상의 유기징역에 처한다."라고 규정하고, 제299조는 "사람의 심신상실 또는 항거불능의 상태를 이용하여 간음 또는 추행을 한 자는 제297조, 제297조의2 및 제298조의 예에 의한다."라고 규정하고 있다. 형법은 폭행 또는 협박의 방법이 아닌 심신상실 또는 항거불능의 상태를 이용하여 간음한 행위를 강간죄에 준하여 처벌하고 있으므로, 준강간의 고의는 피해자가 심신상실 또는 항거불능의 상태에 있다는 것과 그러한 상태를 이용하여 간음 한다는 구성요건적 결과 발생의 가능성을 인식하고 그러한 위험을 용인하는 내심의 의사를 말한다.

[2] [다수의견] 형법 제300조는 준강간죄의 미수범을 처벌한다. 또한 형법 제27조는 "실행의 수단 또는 대상의 착오로 인하여 결과의 발생이 불가능하더라도 위험성이 있는 때에는 처벌한다. 단, 형을 감경 또는 면제할 수 있다."라고 규정하여 불능미수범을 처벌하고 있다.

따라서 피고인이 피해자가 심신상실 또는 항거불능의 상태에 있다고 인식하고 그러한 상태를 이용하여 간음할 의사로 피해자를 간음하였으나 피해자가 실제로는 심신상실 또는 항거불능의 상태에 있지 않은 경우에는, 실행의 수단 또는 대상의 착오로 인하여 준강간죄에서 규정하고 있는 구성요건적 결과의 발생이 처음부터 불가능하였고 실제로 그러한 결과가 발생하였다고 할 수 없다. 피고인이 준강간의 실행에 착수하였으나 범죄가 기수에 이르지 못하였으므로 준강간죄의 미수범이 성립한다. 피고인이 행위 당시에 인식한 사정을 놓고 일반인이 객관적으로 판단하여 보았을 때 준강간의 결과가 발생할 위험성이 있었으므로 준강간죄의 불능미수가 성립한다.

구체적인 이유는 다음과 같다.

① 형법 제27조에서 규정하고 있는 불능미수는 행위자에게 범죄의사가 있고 실행의 착수라고 볼 수 있는 행위가 있지만 실행의 수단이나 대상의 착오로 처음부터 구성요건이 충족될 가능성이 없는 경우이다. 다만 결과적으로 구성요건의 충족은 불가능하지만, 그 행위의 위험성이 있으면 불능미수로 처벌한다. 불능미수는 행위자가 실제로 존재하지 않는 사실을 존재한다고 오인하였다는 측면에서 존재하는 사실을 인식하지

못한 사실의 착오와 다르다.

② 형법은 제25조 제1항에서 "범죄의 실행에 착수하여 행위를 종료하지 못하였거나 결과가 발생하지 아니한 때에는 미수범으로 처벌한다."라고 하여 장애미수를 규정하고, 제26조에서 "범인이 자의로 실행에 착수한 행위를 중지하거나 그 행위로 인한 결과의 발생을 방지한 때에는 형을 감경 또는 면제한다."라고 하여 중지미수를 규정하고 있다.

장애미수 또는 중지미수는 범죄의 실행에 착수할 당시 실행행위를 놓고 판단하였을 때 행위자가 의도한 범죄의 기수가 성립할 가능성이 있었으므로 처음부터 기수가 될 가능성이 객관적으로 배제되는 불능미수와 구별된다.

③ 형법 제27조에서 정한 '실행의 수단 또는 대상의 착오'는 행위자가 시도한 행위 방법 또는 행위객체로는 결과의 발생이 처음부터 불가능하다는 것을 의미한다. 그리고 '결과 발생의 불가능'은 실행의 수단 또는 대상의 원시적 불가능성으로 인하여 범죄가 기수에 이를 수 없는 것을 의미한다고 보아야 한다.

한편 불능범과 구별되는 불능미수의 성립요건인 '위험성'은 피고인이 행위 당시에 인식한 사정을 놓고 일반인이 객관적으로 판단하여 결과 발생의 가능성이 있는지 여부를 따져야 한다.

④ 형법 제299조에서 정한 준강간죄는 사람의 심신상실 또는 항거불능의 상태를 이용하여 간음함으로써 성립하는 범죄로서, 정신적·신체적 사정으로 인하여 성적인 자기방어를 할 수 없는 사람의 성적 자기결정권을 보호법익으로 한다. 심신상실 또는 항거불능의 상태는 피해자인 사람에게 존재하여야 하므로 준강간죄에서 행위의 대상은 '심신상실 또는 항거불능의 상태에 있는 사람'이다. 그리고 구성요건에 해당하는 행위는 그러한 '심신상실 또는 항거불능의 상태를 이용하여 간음'하는 것이다. 심신상실 또는 항거불능의 상태에 있는 사람에 대하여 그 사람의 그러한 상태를 이용하여 간음행위를 하면 구성요건이 충족되어 준강간죄가 기수에 이른다.

피고인이 피해자가 심신상실 또는 항거불능의 상태에 있다고 인식하고 그러한 상태를 이용하여 간음할 의사를 가지고 간음하였으나, 실행의 착수 당시부터 피해자가 실제로는 심신상실 또는 항거불능의 상태에 있지 않았다면, 실행의 수단 또는 대상의 착오로 준강간죄의 기수에 이를 가능성이 처음부터 없다고 볼 수 있다. 이 경우 피고인이 행위 당시에 인식한 사정을 놓고 일반인이 객관적으로 판단하여 보았을 때 정신적·신체적 사정으로 인하여 성적인 자기방어를 할 수 없는 사람의 성적 자기결정권을 침해하여 준강간의 결과가 발생할 위험성이 있었다면 불능미수가 성립한다(대법원 2019.3.28. 선고 2018도16002 전원합의체 판결).

【해설】 준강간죄의 불능미수 성립 요건을 정립한 중요한 판례이다. 준강간죄의 실행에 착수한 행위가 있었는지, 피해자가 실제로 심신상실 또는 항거불능 상태가 아님에도, 피고인이 그렇게 인식한 경우 형법상 불능미수가 성립하는지, '위험성' 있는 불능미수

로 처벌 가능한지가 문제된 사건이다. 범죄의 고의는 있었으나, 객관적 현실에서는 기수 성립이 불가능한 상황에서 범죄 성립 여부를 검토한 대표 사례로, 불능미수의 개념과 위험성 판단기준을 명확히 한 데에 법리적 의의가 크다.

마. 고의

형법은 폭행 또는 협박의 방법이 아닌 심신상실 또는 항거불능의 상태를 이용하여 간음한 행위를 강간죄에 준하여 처벌하고 있으므로, 준강간의 고의는 피해자가 심신상실 또는 항거불능의 상태에 있다는 것과 그러한 상태를 이용하여 간음한다는 구성요건적 결과 발생의 가능성을 인식하고 그러한 위험을 용인하는 내심의 의사를 말한다.[263)]

3. 특별법

가. 특수준강간, 준강제추행죄

성폭력범죄의 처벌 등에 관한 특례법 제4조 제3항에서는 흉기 기타 위험한 물건을 휴대하거나 2인 이상이 합동하여 형법 제299조(준강간, 준강제추행)의 죄를 범한 경우 특수강간 또는 특수준강제추행죄로 가중처벌하고 있다.

나. 친족관계에 의한 준강간죄

성폭력범죄의 처벌 등에 관한 특례법 제5조 제3항에서는 친족관계인 사람이 준강간죄를 범한 경우 친족관계에 의한 강간죄와 동일한 형으로 처벌하고 있다.

다. 장애인에 대한 강간죄

성폭력범죄의 처벌 등에 관한 특례법 제6조 제4항에서는 신체장애 또는 정신상의 장애로 항거불능인 상태에 있음을 이용하여 사람을 간음하거나 추행한 경우에는 동법 장애인에 대한 강간죄 등으로 처벌하고 있다.

라. 미성년자에 대한 준강간, 준강제추행죄

13세 미만의 사람에 대하여 준강간, 준강제추행죄를 범한 경우 성폭력범죄의 처벌 등에 관한 특례법에 의해 가중처벌된다. 13세 이상 19세 미만의 아동·청소년에 대하여 본죄를 범한 경우 아동·청소년 성보호에 관한 법률에 의해 가중처벌된다.

---

263) 대법원 2019.3.28. 선고 2018도16002 전원합의체 판결.

Ⅵ. 강간등 상해·치상죄

> 第301조 (강간등 상해·치상) 제297조, 제297조의2 및 제298조부터 제300조까지의 죄를 범한 자가 사람을 상해하거나 상해에 이르게 한 때에는 무기 또는 5년 이상의 징역에 처한다.

1. 의의와 성격

강간상해·치상죄는 강간죄, 유사강간죄, 강제추행죄, 준강간·준강제추행죄 및 그 미수죄를 범한 자가 사람을 상해하거나 상해에 이르게 함으로써 성립하는 범죄이다.

강간상해죄는 고의범인 강간죄와 고의범인 상해죄가 결합된 결합범이지만, 강간치상죄는 기본범죄인 강간죄와 상해의 결과에 대하여 과실이 있는 진정 결과적 가중범이다. 양자의 불법의 경중이 다름에도 불구하고 법정형을 동일하게 규정하고 있는 것은 문제이다. 강간상해죄와 강간치상죄의 법정형을 달리할 필요가 있다.

2. 주체

본죄의 주체는 제297조, 제297조의2 및 제298조부터 제300조까지의 죄를 범한 자, 즉 강간죄, 유사강간죄, 강제추행죄, 준강간·준강제추행죄 및 그 미수죄를 범한 자이다. 해당 범죄를 범한 자가 사람을 상해하거나 상해에 이르게 한 경우 성립한다.

3. 구성요건적 행위

본죄의 구성요건적 행위는 사람을 상해하거나 상해에 이르게 하는 것이다. 고의로 상해를 한 경우는 강간상해죄이며, 과실로 인하여 상해에 이르게 한 경우는 강간치상죄이다. 강간상해죄는 고의범과 고의범을 결합한 결합범이며, 강간치상죄는 고의범과 과실범을 결합한 결과적 가중범이다.

4. 강간 등의 기회

상해의 결과는 간음·추행의 기회에 또는 이와 밀접하게 관련된 행위에서 발생된 것이어야 한다. 따라서 간음·추행행위 그 자체에서 발생한 경우, 그 수단인 폭행·협박에 의해서 야기된 경우, 간음·추행행위 등에 수반하여 발생한 경우에 상해의 결과가 발생해야 한다. 강간의 기회가 아닌 다른 사정에 의하여 상해의 결과가 발생한 경우 본죄는 성립하지 않는다.

판례 강간피해자 치아결손 사건

【판결요지】 [1] 강간 등에 의한 치사상죄에 있어서 사상의 결과는 간음행위 그 자체로부터 발생한 경우나 강간의 수단으로 사용한 폭행으로부터 발생한 경우는 물론 강간에 수반하는 행위에서 발생한 경우도 포함한다.

[2] 피고인이 스스로 야기한 강간범행의 와중에서 피해자가 피고인의 손가락을 깨물며 반항하자 물린 손가락을 비틀며 잡아 뽑다가 피해자에게 치아결손의 상해를 입힌 소위를 가리켜 법에 의하여 용인되는 피난행위라 할 수 없다(대법원 1995.1.12. 선고 94도2781 판결).

【해설】 피해자의 치아결손은 간음행위 자체로부터 또는 강간의 수단으로 사용한 폭행으로부터 발생한 경우는 아니지만, 강간에 수반하는 행위에서 발생한 경우라고 볼 수 있으므로 강간의 기회에 발생한 상해의 결과이다. 또한 긴급피난에 해당하는지에 대하여 판례는 법에 의하여 용인되는 피난행위라고 할 수 없다고 하여 강간치상죄를 인정하였다. 이는 고의에 의한 자초위난에 해당하는 사례이다. 자세한 내용은 형법총론의 긴급피난에 대한 설명을 참조하라.

5. 강간치상죄 또는 강제추행치상에 있어서 상해의 정도

가. 쟁점

강간 등의 기회에 상해의 결과가 발생한 경우 본죄가 성립하며, 형법은 상해죄의 상해에 비하여 법정형을 중하게 규정하여 가중처벌하고 있다. 따라서 본죄의 상해 개념과 상해죄의 상해 개념을 동일하게 볼 것인지 아니면 달리 볼 것인지에 대하여 견해의 대립이 있다.

나. 학설

강간치상죄나 강제추행치상에 있어서 상해의 정도에 대해서 강간상해·치상을 중하게 처벌하는 점에 비추어 본죄의 상해는 상해죄의 상해 개념과 다르며, 상당한 정도의 경우로 제한해야 한다는 상대적 상해 개념[264]과 범죄별로 상해의 개념을 달리 해석하는 것은 실정법상 근거가 없고, 판단기준이 애매하여 자의적 법해석이 될 위험이 있으므로 상해의 개념은 통일적으로 해석해야 한다는 일원적 상해 개념[265]이 대립하고 있다.

다. 판례

대법원 판례의 강간치상 또는 강제추행치상에 대한 판단기준은 상대적 상해 개념을 취하고 있다고 볼 수 있다. 대법원의 판단기준은 일상적으로 흔히 발생하는 상처인가(일상성), 치료를 받을 필요가 없고 자연치유되는 상처인가(치료필요성), 일상생활에 장애를 초래하는 상처인가(생활기능장애성)을 고려하여 상해를 판단하고 있다. 이러한 판례의 태도는 본죄의 상해 개념을 상해죄의 상해 개념과는 다르게 보기 때문이다. 본죄는 사람을 상해하거나 상해의 결과가 발생한 경우에 무기 또는 5년 이상의 징역이라는 무거운 처벌을 하는 점에 비추어 건강상태가 불량하게 변경되고 생활기능에 장애를 초래할 정도에 달할 것을 요한다고 해야 하기 때문이다.

판례 소형승용차 안 강간치상 사건

【사실관계】 피해자는 만 14세의 중학교 3학년 여학생으로 154㎝의 신장에 40kg의 체구인데, 이러한 피해자가 40대의 건장한 군인인 피고인과 소형승용차의 좁은 공간에서 밖으로 빠져나오려고 실랑이를 하고 위 차량을 벗어난 후에는 다시 타지 않으려고 격렬한 몸싸움을 하는 과정에서 적지 않은 물리적 충돌로 인하여 우측 슬관절 부위 찰과상을 입었는데, 이 무릎 상처는 크지 않고 조금 까진 정도이다. 병원에는 2004. 7. 17. 오후에 한 번 갔으며 그 이후로는 병원에 가지 않고 집에서 머큐롬을 바르는 정도이다.

【판결요지】 [1] 강간행위에 수반하여 생긴 상해가 극히 경미한 것으로서 굳이 치료할 필요가 없어서 자연적으로 치유되며 일상생활을 하는 데 아무런 지장이 없는 경우에는 강간치상죄의 상해에 해당되지 아니한다고 할 수 있을 터이나, 그러한 논거는 피해자의 반항을 억압할 만한 폭행 또는 협박이 없어도 일상생활 중 발생할 수 있는 것이거나 합의에 따른 성교행위에서도 통상 발생할 수 있는 상해와 같은 정도임을 전제로 하는 것이므로 그러한 정도를 넘는 상해가 그 폭행 또는 협박에 의하여 생긴 경우라면 상해에 해당된다고 할 것이며, 피해자의 건강상태가 나쁘게 변경되고 생활기능에 장애가 초래된 것인지는 객관적, 일률적으로 판단될 것이 아니라 피해자의 연령, 성별,

264) 김성돈, 198면; 이재상/장영민/강동범, 174면; 오영근, 강간치상죄에서 상해의 개념, 형사판례연구 제3권, 155면.

265) 김일수/서보학, 174면; 손동권/김재윤, 163면; 이형국/김혜경, 221면; 임웅/이현정/박성민, 229면; 정성근/박광민, 202면.

체격 등 신체, 정신상의 구체적 상태를 기준으로 판단되어야 한다.

[2] 피해자가 소형승용차 안에서 강간범행을 모면하려고 저항하는 과정에서 피고인과의 물리적 충돌로 인하여 입은 '우측 슬관절 부위 찰과상' 등이 강간치상죄의 상해에 해당하지 않는다고 본 원심판결을 파기한 사례(대법원 2005.5.26. 선고 2005도1039 판결).

【해설】 강간치상죄에서 말하는 '상해'의 의미와 판단기준에 대한 판례이다. 특히 상해의 경미성 여부, 피해자의 구체적 상태를 고려한 상대적 판단기준을 중심으로 한 판단이 핵심이다. 원심은 찰과상이 경미하다는 이유로 강간치상죄의 상해로 보지 않았지만, 대법원은 이를 부적절한 판단으로 보고 파기환송하였다. 피해자의 연령, 성별, 체격 등 개인의 신체적 특성에 따라, 상해 여부가 달리 평가될 수 있다는 것이다. 어린 여학생이 건장한 남성과 좁은 차 안에서 강하게 저항하는 과정에서 생긴 찰과상은, 비록 객관적으로는 경미해 보이더라도, 상당한 충격과 위해가 있었던 것으로 평가할 수 있다는 것이 판례의 취지이다.

라. 결론

상해죄에 비하여 강간상해죄나 강간치상죄는 법정형을 중하게 규정하고 있다. 자연치료가 가능하고, 일상생활에 장애가 될 수준이 아닌 경우 또는 건강상태를 불량하게 변경하였다고 보기 어려운 경우에는 본죄의 상해에 해당하지 않는다고 보는 상대적 상해 개념이 타당하다. 본죄의 확대 적용을 제한하는 것이 타당하기 때문이다. 본죄의 상해 개념을 제한적으로 해석하는 것은 죄형법정주의 원칙에도 부합한다.

판례 상해를 인정한 판례

① 피고인들이 피해자를 강간하여 피해자에게 요치 10일의 회음부찰과상을 입혔다면 상해의 정도가 0.1cm 정도의 찰과상에 불과하더라도 이것도 형법상 상해의 개념에 해당하므로 강간치상죄의 성립에 영향이 없다(대법원 1983.7.12. 선고 83도1258 판결).

② 피고인이 7세 1월 남짓밖에 안 되는 피해자의 질 내에 손가락을 넣어 만지는 등 추행을 하여 피해자의 음순 좌우 양측에 생긴 남적색 피하일혈반이 타박이나 마찰로 말미암아 음순내부에 피멍이 든 것으로서 그 상처부위에 소변의 독소가 들어가면 염증이 생길 수도 있는 것이라면, 그 상처를 치료하는데 필요한 기간이 2일에 불과하더라도, 형법 제301조 소정의 상해의 개념에 해당하는 것으로 보아야 한다(대법원 1990.4.13. 선고 90도154 판결).

③ 피고인이 강간하려고 피해자의 반항을 억압하는 과정에서 주먹으로 피해자의 얼굴과 머리를 몇 차례 때려 피해자가 코피를 흘리고(흘린 코피가 이불에 손바닥 만큼의 넓이로 묻었음) 콧등이 부었다면 비록 병원에서 치료를 받지 않더라도 일상생활에 지장이 없고 또 자연적으로 치료될 수 있는 것이라 하더라도 강간치상죄에 있어서의 상해에 해당한다(대법원 1991.10.22. 선고 91도1832 판결).

④ 미성년자에 대한 추행행위로 인하여 그 피해자의 외음부 부위에 염증이 발생한 것이라면, 그 증상이 약간의 발적과 경도의 염증이 수반된 정도에 불과하다고 하더라도 그로 인하여 피해자 신체의 건강상태가 불량하게 변경되고 생활기능에 장애가 초래된 것이 아니라고 볼 수 없으니, 이러한 상해는 미성년자의제강제추행치상죄의 상해의 개념에 해당한다고 본 사례(대법원 1996.11.22. 선고 96도1395 판결).

⑤ 피고인이 범행 당시 양쪽 손으로 피해자의 팔을 붙잡아 내리누르고 비틀었으며, 엄지와 검지 손가락으로 약 10초간 피해자의 목을 내리눌러 피해자에게 경추부좌상 및 우측주관절부염좌상이 발생하였다면, 이러한 상처로 인하여 피해자의 신체의 건강상태가 불량하게 변경되고 생활기능에 장애가 초래된 것이 아니라고 볼 수 없음에도 불구하고 강간치상죄에 있어서의 상해에 해당하지 않는다고 판단한 원심판결을 채증법칙 위배 등을 이유로 파기한 사례(대법원 1997.9.5. 선고 97도1725 판결).

⑥ 피해자가 강제추행 과정에서 가해자로부터 왼쪽 젖가슴을 꽉 움켜잡힘으로 인하여 왼쪽 젖가슴에 약 10일간의 치료를 요하는 좌상을 입고, 심한 압통과 약간의 종창이 있어 그 치료를 위하여 병원에서 주사를 맞고 3일간 투약을 한 경우, 피해자는 위와 같은 상처로 인하여 신체의 건강상태가 불량하게 변경되고 생활기능에 장애가 초래되었다 할 것이어서 이는 강제추행치상죄에 있어서의 상해의 개념에 해당한다고 한 사례(대법원 2000.2.11. 선고 99도4794 판결).

⑦ 피해자가 소형승용차 안에서 강간범행을 모면하려고 저항하는 과정에서 피고인과의 물리적 충돌로 인하여 입은 '우측 슬관절 부위 찰과상' 등이 강간치상죄의 상해에 해당하지 않는다고 본 원심판결을 파기한 사례(대법원 2005.5.26. 선고 2005도1039 판결).

⑧ 수면제와 같은 약물을 투약하여 피해자를 일시적으로 수면 또는 의식불명 상태에 이르게 한 경우에도 약물로 인하여 피해자의 건강상태가 불량하게 변경되고 생활기능에 장애가 초래되었다면 자연적으로 의식을 회복하거나 외부적으로 드러난 상처가 없더라도 이는 강간치상죄나 강제추행치상죄에서 말하는 상해에 해당한다(대법원 2017.6.29. 선고 2017도3196 판결).

판례 상해를 부정한 판례

① 강간도중 흥분하여 피해자의 왼쪽 어깨를 입으로 빨아서 생긴 동전크기 정도의 반상출혈상은 별다른 통증이나 자각증상도 없어 피해자는 그 상처를 알아차릴 수도 없었는데 의사가 진찰을 하던 과정에서 우연히 발견한 것이고 의학상 치료를 받지 아니하더라도 자연흡수되어 보통 1주 정도가 지나면 자연치우되는 것으로서 인체의 생활기능에 장해를 주고 건강상태를 불량하게 변경하는 것이 아니어서 강간치상죄의 상해에 해당한다 할 수 없다(대법원 1986.7.8. 선고 85도2042 판결).

② 피고인이 피해자를 강간하려다가 미수에 그치고 그 과정에서 위 피해자의 왼쪽 손

바닥에 약 2센티미터 정도의 긁힌 가벼운 상처가 발생한 경우라면 그 정도의 상처(소상)는 일상생활에서 얼마든지 생길 수 있는 극히 경미한 상처로서 굳이 치료할 필요도 없는 것이어서 그로 인하여 인체의 완전성을 해하거나 건강상태를 불량하게 변경하였다고 보기 어려우므로 피해자가 입은 위 소상을 가지고서 강간치상죄의 상해에 해당된다고는 할 수 없다(대법원 1987.10.26. 선고 87도1880 판결).

③ 피해자가 이미 성행위의 경험이 있는 자로서 그가 입은 상처가 3, 4일간의 가료를 요하는 외음부 충혈과 양 상박부 근육통으로서 위 피해자가 병원에 가서 치료를 받지 않더라도 일상생활을 하는데 아무런 지장이 없고 자연적으로 치유가 될 수 있는 정도이며 실제 아무런 치유를 받은 일이 없다면 이로 인하여 신체의 완전성이 손상되고 생활기능에 장애가 왔다거나 건강상태가 불량하게 변경되었다고 보기는 어려우므로 위 상처가 강간치상죄의 상해에 해당된다고는 할 수 없다(대법원 1989.1.31. 선고 88도831 판결).

④ 피해자를 강간하려다가 미수에 그치고 그 과정에서 피해자에게 경부 및 전흉부 피하출혈, 통증으로 약 7일 간의 가료를 요하는 상처가 발생하였으나 그 상처가 굳이 치료를 받지 않더라도 일상생활을 하는 데 아무런 지장이 없고 시일이 경과함에 따라 자연적으로 치유될 수 있는 정도라면 그로 인하여 신체의 완전성이 손상되고 생활기능에 장애가 왔다거나 건강상태가 불량하게 변경되었다고 보기는 어려워 강간치상죄의 상해에 해당하지 않는다고 한 사례(대법원 1994.11.4. 선고 94도1311 판결).

⑤ 음모는 성적 성숙함을 나타내거나 치부를 가려주는 등의 시각적 · 감각적인 기능 이외에 특별한 생리적 기능이 없는 것이므로, 피해자의 음모의 모근 부분을 남기고 모간 부분만을 일부 잘라냄으로써 음모의 전체적인 외관에 변형만이 생겼다면, 이로 인하여 피해자에게 수치심을 야기하기는 하겠지만, 병리적으로 보아 피해자의 신체의 건강상태가 불량하게 변경되거나 생활기능에 장애가 초래되었다고 할 수는 없을 것이므로, 그것이 폭행에 해당할 수 있음은 별론으로 하고 강제추행치상죄의 상해에 해당한다고 할 수는 없다(대법원 2000.3.23. 선고 99도3099 판결).

6. 인과관계와 예견가능성

강간행위와 상해의 결과 사이에 인과관계와 예견가능성이 있어야 한다. 강간행위 등에 수반되지 않은 상해 결과는 본죄에 해당하지 않는다. 따라서 강간에 대한 수치심으로 피해자가 자살을 시도하여 상해를 입은 경우에는 강간죄만 성립한다. 기본범죄에서 직접 상해의 결과가 발생하지 않았더라도 '기본범죄 행위의 기회에' 또는 이와 '밀접한 수반행위에 의하여' 발생한 경우에도 형법상 인과관계를 인정할 수 있다.

피고인과 피해자가 여관에 투숙하여 별다른 저항이나 마찰 없이 성행위를 한 후, 피고인이 잠시 방 밖으로 나간 사이에 피해자가 방문을 안에서 잠그고 구내전화를 통하여 여관 종업원에게 구조요청까지 한 후라면, 일반경험칙상 이러한 상황에서 피해자가 피고인의 방문 흔드는 소리에 겁을 먹고 강간을 모면하기 위하여 3층에서 창문을 넘어 탈출하다가 상해를 입은 것이라고 예견할 수는 없으므로 강간치상죄가 성립하지 않는다.[266)]

7. 다른 죄와의 관계

강간상해죄는 강간행위 시 상해의 고의가 존재하는 경우에 성립한다. 따라서 강간이 종료한 후에 새로운 고의로 피해자를 상해한 경우에는 강간죄와 상해죄의 경합범이 된다.

강간으로 인하여 피해자를 상해에 이르게 한 후 다시 살인의 고의가 생겨 피해자를 살해한 경우에는 강간치상죄와 살인죄의 실체적 경합이 된다.

Ⅶ. 강간등 살인·치사죄

> 제301조의2 (강간등 살인·치사) 제297조, 제297조의2 및 제298조부터 제300조까지의 죄를 범한 자가 사람을 살해한 때에는 사형 또는 무기징역에 처한다. 사망에 이르게 한 때에는 무기 또는 10년 이상의 징역에 처한다.

1. 의의와 성격

강간살인·치사죄는 강간죄, 유사강간죄, 강제추행죄, 준강간·준강제추행죄 및 그 미수범을 범한 자가 사람을 살해하거나 사망에 이르게 함으로써 성립하는 범죄이다.

강간살인죄는 고의범인 강간죄와 고의범인 살인죄가 결합된 결합범이지만, 강간치사죄는 기본범죄인 강간죄와 중한 결과인 사망의 결과에 대하여 과실이 있는 진정 결과적 가중범이다.

2. 주체

본죄의 주체는 제297조, 제297조의2 및 제298조부터 제300조까지의 죄를 범한 자,

---

266) 대법원 1985.10.8. 선고 85도1537 판결.

즉 강간죄, 유사강간죄, 강제추행죄, 준강간·준강제추행죄 및 그 미수죄를 범한 자이다. 해당 범죄를 범한 자가 사람을 살해하거나 사망에 이르게 한 경우 성립한다.

3. 구성요건적 행위

본죄의 구성요건적 행위는 사람을 살해하거나 사망에 이르게 하는 것이다. 고의로 살해를 한 경우는 강간살인죄이며, 과실로 인하여 사망에 이르게 한 경우는 강간치사죄이다. 강간살인죄는 고의범과 고의범을 결합한 결합범이며, 강간치사죄는 고의범과 과실범을 결합한 결과적 가중범이다.

4. 강간 등의 기회

강간상해죄나 강간치상죄와 마찬가지로 강간살인죄와 강간치사죄에 있어서 사망의 결과는 간음·추행의 기회 또는 이와 밀접하게 관련된 행위에서 발생된 것이어야 한다. 따라서 간음·추행행위 그 자체에서 발생한 경우, 그 수단인 폭행·협박에 의해서 야기된 경우, 간음·추행행위 등에 수반하여 발생한 경우에 사망의 결과가 발생해야 한다. 강간의 기회가 아닌 다른 사정에 의하여 사망의 결과가 발생한 경우 본죄는 성립하지 않는다.

5. 인과관계와 예견가능성

강간행위와 사망의 결과 사이에는 인과관계와 예견가능성이 있어야 한다. 강간행위와 피해자의 사망 사이에 인과관계가 없을 경우에는 강간죄만 성립한다.

판례에 따르면 피고인이 자신이 경영하는 속셈학원의 강사로 피해자를 채용하고 학습교재를 설명하겠다는 구실로 유인하여 호텔 객실에 감금한 후 강간하려 하자, 피해자가 완강히 반항하던 중 피고인이 대실시간 연장을 위해 전화하는 사이에 객실 창문을 통해 탈출하려다가 지상에 추락하여 사망한 사안에서, 피고인의 강간미수행위와 피해자의 사망과의 사이에 상당인과관계가 있다고 보아 강간치사죄의 성립을 인정하였으며,[267] 피고인들이 의도적으로 피해자를 술에 취하도록 유도하고 수차례 강간한 후 의식불명 상태에 빠진 피해자를 비닐창고로 옮겨 놓아 피해자가 저체온증으로 사망한 사안에서, 위 피해자의 사망과 피고인들의 강간 및 그 수반행위와의 인과관계 그리고 피해자의 사망에 대한

267) 대법원 1995.5.12. 선고 95도425 판결.

피고인들의 예견가능성이 인정되므로, 위 비닐창고에서 피해자를 재차 강제추행, 강간하고 하의를 벗겨 놓은 채 귀가한 피고인이 있다 하더라도 피고인들은 피해자의 사망에 대한 책임을 면한다고 볼 수 없어 강간치사죄의 성립을 인정하였다.[268)]

하지만 강간을 당한 피해자가 집에 돌아가 음독자살하기에 이른 원인이 강간을 당함으로 인하여 생긴 수치심과 장래에 대한 절망감 등에 있었다 하더라도 그 자살행위가 바로 강간행위로 인하여 생긴 당연의 결과라고 볼 수는 없으므로 강간행위와 피해자의 자살행위 사이에 인과관계를 인정할 수는 없다고 한 판례도 있다.[269)] 이 경우에는 강간죄만 성립한다.

6. 죄수

강간살인죄는 강간행위 시 살인의 고의가 존재하는 경우에 성립한다. 따라서 강간이 종료한 후에 새로운 고의로 피해자를 살해한 경우에는 강간죄와 살인죄의 경합범이 된다.

강간으로 인하여 피해자를 상해에 이르게 한 후 다시 살인의 고의가 생겨 피해자를 살해한 경우에는 강간치상죄와 살인죄의 실체적 경합이 된다.

Ⅷ. 미성년자·심신미약자 위계·위력 간음·추행죄

> 제302조 (미성년자등에 대한 간음) 미성년자 또는 심신미약자에 대하여 위계 또는 위력으로써 간음 또는 추행을 한 자는 5년 이하의 징역에 처한다.

1. 의의

미성년자·심신미약자 위계·위력 간음·추행죄는 미성년자 또는 심신미약자에 대하여 위계 또는 위력으로써 간음 또는 추행을 한 경우에 성립하는 범죄이다. 행위수단이 폭행·협박이 아니라 위계 또는 위력이라는 점에서 강간죄와 다르다. 미성년자에 대하여 위계 또는 위력으로써 유사강간행위를 한 경우 이에 대한 처벌 규정은 없다. 입법의 불비이다.

---

268) 대법원 2008.2.29. 선고 2007도10120 판결.

269) 대법원 1982.11.23. 선고 82도1446 판결.

2. 객체: 미성년자 또는 심신미약자

가. 미성년자

미성년자는 19세 미만의 자를 말한다. 혼인한 미성년자는 성년으로 의제되기 때문에 본죄의 객체가 될 수 없다는 견해가 있지만,[270] 혼인한 미성년자에 대한 성년의제는 민법에 해당할 뿐이며, 정신적·신체적으로 미숙한 미성년자 등의 성적 자유를 보호하고자 하는 형법의 취지에서 보면 보호대상에서 제외시켜야 할 이유가 없다. 혼인한 미성년자도 본죄의 객체에 해당한다.

위계 또는 위력으로써 13세 미만의 사람을 간음하거나 추행한 경우에는 성폭력처벌법에 따라 가중처벌되며(성폭력처벌법 제7조 제5항), 위계 또는 위력으로써 아동·청소년을 간음하거나 추행한 경우에는 청소년성보호법에 따라 가중처벌된다(청소년성보호법 제7조 제5항). 특별법 우선의 원칙을 적용하면 실질적으로 형법 제302조는 미성년자에 대한 위계·위력에 의한 간음·추행죄는 의미가 없으며, 심신미약자에 대한 처벌 규정만 의미가 있다.

나. 심신미약자

심신미약자는 정신기능의 장애 또는 신체기능의 장애로 정상적인 판단능력이 부족한 자를 말한다. 제302조의 심신미약자도 '心神'微弱者가 아닌 '心身'微弱者라는 것은 이미 설명하였다. 따라서 본죄의 심신미약자와 형법 제10조 제2항의 심신미약자는 동일하지 않다. 연령에는 제한이 없으므로 성년도 행위객체가 될 수 있다.

【정리】 범죄객체에 따른 성폭력범죄 적용법규

구분		성인	미성년자 또는 아동·청소년			심신미약	업무상 관계	장애인	친족관계
			미성년자	19세 미만	13세 미만				
위계·위력	간음	X	형 302	아청 7⑤	성폭 7⑤	○	형 303①	성폭 6⑤	X
	추행	X	형 302	아청 7⑤	성폭 7⑤	○	성폭 10①	성폭 6⑥	X

* 아청: 아동·청소년의 성보호에 관한 법률, 성폭: 성폭력범죄의 처벌 등에 관한 특례법

270) 김일수/서보학, 179면; 이재상/장영민/강동범, 177면.

3. 행위: 위계·위력으로써 간음·추행하는 것

가. 위계

(1) 의의

위계(僞計)는 행위자의 행위목적을 달성하기 위하여 피해자에게 오인, 착각, 부지를 일으키게 하여 이를 이용하는 것을 말한다. 위계에 의한 간음·추행죄는 아동·청소년, 미성년자, 심신미약자, 피보호자·피감독자, 장애인을 그 보호대상으로 하고 있다.

행위자가 간음의 목적으로 피해자에게 오인, 착각, 부지를 일으키고 피해자의 그러한 심적 상태를 이용하여 간음의 목적을 달성하였다면 위계와 간음행위 사이의 인과관계를 인정할 수 있고, 따라서 위계에 의한 간음죄가 성립한다. 다만 행위자의 위계행위가 있었다는 것만으로 본죄가 성립하는 것은 아니다. 위계적 언동의 내용 중 피해자가 성행위를 결심하게 된 중요한 동기를 이룰 수 있는 사정이 포함되어 피해자의 자발적인 성적 자기결정권의 행사가 없었다고 평가할 수 있어야 한다.[271)]

(2) 위계의 대상

피해자가 오인, 착각, 부지에 빠지게 되는 대상, 즉 위계의 대상은 간음행위 자체일 수도 있고, 간음행위에 이르게 된 동기이거나 결부된 금전적·비금전적 대가와 같은 요소일 수도 있다.

종전 대법원 판례에 따르면 위계의 오인, 착각, 부지란 간음행위 자체에 대한 오인, 착각, 부지를 말하는 것이지, 간음행위와 불가분적 관련성이 인정되지 않는 다른 조건에 관한 오인, 착각, 부지를 가리키는 것은 아니라고 하였다.[272)] 따라서 청소년에게 성교의 대가로 돈을 주겠다고 거짓말하고 청소년이 이에 속아 피고인과 성교행위를 한 경우 위계에 해당하지 않는다고 보았다.

이후 대법원은 위계에 의한 간음죄의 입법경위, 성적 자기결정권 행사의 의미 등을 종합하여 종전 판례를 변경하였다. 위계의 대상은 간음행위 자체일 수도 있고, 간음행위에 이르게 된 동기이거나 결부된 금전적·비금전적 대가와 같은 요소일 수도 있다. 위계적 언동의 내용 중에 피해자가 성행위를 결심하게 된 중요한 동기를 이룰 만한 사정이 포함되

271) 대법원 2020.8.27. 선고 2015도9436 전원합의체 판결.

272) 대법원 2001.12.24. 선고 2001도5074 판결; 피고인이 청소년에게 성교의 대가로 돈을 주겠다고 거짓말하고 청소년이 이에 속아 피고인과 성교행위를 하였다고 하더라도, 사리판단력이 있는 청소년에 관하여는 그러한 금품의 제공과 성교행위 사이에 불가분의 관련성이 인정되지 아니하는 만큼 이로 인하여 청소년이 간음행위 자체에 대한 착오에 빠졌다거나 이를 알지 못하였다고 할 수 없다는 이유로 피고인의 행위가 청소년의성보호에관한법률 제10조 제4항 소정의 위계에 해당하지 아니한다고 본 사례.

어 있어 피해자의 자발적인 성적 자기결정권의 행사가 없었다고 평가할 수 있다면 위계에 해당한다고 판단하였다.

판례 채팅 애플리케이션과 미성년자 간음 사건

【사실관계】 36세 피고인 갑은 스마트폰 채팅 애플리케이션을 통하여 알게 된 14세의 피해자에게 자신을 '고등학교 2학년인 갑'이라고 거짓으로 소개하고 채팅을 통해 교제하던 중 자신을 스토킹하는 여성 때문에 힘들다며 그 여성을 떼어내려면 자신의 선배와 성관계를 하여야 한다는 취지로 피해자에게 이야기하였다. 피해자는 36세 피고인에게 속아 자신이 갑의 선배와 성관계를 하는 것만이 갑을 스토킹하는 여성을 떼어내고 갑과 연인관계를 지속할 수 있는 방법이라고 오인하였으며, 갑은 마치 자신이 갑의 선배인 것처럼 행세하여 피해자와 성관계를 하였다.

【판결요지】 [1] 아동·청소년을 보호하고자 하는 이유는, 아동·청소년은 사회적·문화적 제약 등으로 아직 온전한 자기결정권을 행사하기 어려울 뿐만 아니라, 인지적·심리적·관계적 자원의 부족으로 타인의 성적 침해 또는 착취행위로부터 자신을 방어하기 어려운 처지에 있기 때문이다. 또한 아동·청소년은 성적 가치관을 형성하고 성 건강을 완성해가는 과정에 있으므로 아동·청소년에 대한 성적 침해 또는 착취행위는 아동·청소년이 성과 관련한 정신적·신체적 건강을 추구하고 자율적 인격을 형성·발전시키는 데에 심각하고 지속적인 부정적 영향을 미칠 수 있다. 따라서 아동·청소년이 외관상 성적 결정 또는 동의로 보이는 언동을 하였더라도, 그것이 타인의 기망이나 왜곡된 신뢰관계의 이용에 의한 것이라면, 이를 아동·청소년의 온전한 성적 자기결정권의 행사에 의한 것이라고 평가하기 어렵다.

[2] 위계에 의한 간음죄에서 '위계'란 행위자의 행위목적을 달성하기 위하여 피해자에게 오인, 착각, 부지를 일으키게 하여 이를 이용하는 것을 말한다. 이러한 위계의 개념 및 성폭력범행에 특히 취약한 사람을 보호하고 행위자를 강력하게 처벌하려는 입법 태도, 피해자의 인지적·심리적·관계적 특성으로 온전한 성적 자기결정권 행사를 기대하기 어려운 사정 등을 종합하면, 행위자가 간음의 목적으로 피해자에게 오인, 착각, 부지를 일으키고 피해자의 그러한 심적 상태를 이용하여 간음의 목적을 달성하였다면 위계와 간음행위 사이의 인과관계를 인정할 수 있고, 따라서 위계에 의한 간음죄가 성립한다. 왜곡된 성적 결정에 기초하여 성행위를 하였다면 왜곡이 발생한 지점이 성행위 그 자체인지 성행위에 이르게 된 동기인지는 성적 자기결정권에 대한 침해가 발생한 것은 마찬가지라는 점에서 핵심적인 부분이라고 하기 어렵다. 피해자가 오인, 착각, 부지에 빠지게 되는 대상은 간음행위 자체일 수도 있고, 간음행위에 이르게 된 동기이거나 간음행위와 결부된 금전적·비금전적 대가와 같은 요소일 수도 있다.

다만 행위자의 위계적 언동이 존재하였다는 사정만으로 위계에 의한 간음죄가 성립하는 것은 아니므로 위계적 언동의 내용 중에 피해자가 성행위를 결심하게 된 중요한 동기를 이룰 만한 사정이 포함되어 있어 피해자의 자발적인 성적 자기결정권의 행사가 없었다고 평가할 수 있어야 한다. 이와 같은 인과관계를 판단할 때에는 피해자의 연령 및 행위자와의 관계, 범행에 이르게 된 경위, 범행 당시와 전후의 상황 등 여러 사정을 종합적으로 고려하여야 한다.

한편 위계에 의한 간음죄가 보호대상으로 삼는 아동·청소년, 미성년자, 심신미약자, 피보호자·피감독자, 장애인 등의 성적 자기결정 능력은 그 나이, 성장과정, 환경, 지능 내지 정신기능 장애의 정도 등에 따라 개인별로 차이가 있으므로 간음행위와 인과관계가 있는 위계에 해당하는지 여부를 판단할 때에는 구체적인 범행 상황에 놓인 피해자의 입장과 관점이 충분히 고려되어야 하고, 일반적·평균적 판단능력을 갖춘 성인 또는 충분한 보호와 교육을 받은 또래의 시각에서 인과관계를 쉽사리 부정하여서는 안 된다.

[3] 피고인이 스마트폰 채팅 애플리케이션을 통하여 알게 된 14세의 피해자에게 자신을 '고등학교 2학년인 갑'이라고 거짓으로 소개하고 채팅을 통해 교제하던 중 자신을 스토킹하는 여성 때문에 힘들다며 그 여성을 떼어내려면 자신의 선배와 성관계를 하여야 한다는 취지로 피해자에게 이야기하고, 피고인과 헤어지는 것이 두려워 피고인의 제안을 승낙한 피해자를 마치 자신이 갑의 선배인 것처럼 행세하여 간음한 사안에서, 14세에 불과한 아동·청소년인 피해자는 36세 피고인에게 속아 자신이 갑의 선배와 성관계를 하는 것만이 갑을 스토킹하는 여성을 떼어내고 갑과 연인관계를 지속할 수 있는 방법이라고 오인하여 갑의 선배로 가장한 피고인과 성관계를 하였고, 피해자가 위와 같은 오인에 빠지지 않았다면 피고인과의 성행위에 응하지 않았을 것인데, 피해자가 오인한 상황은 피해자가 피고인과의 성행위를 결심하게 된 중요한 동기가 된 것으로 보이고, 이를 자발적이고 진지한 성적 자기결정권의 행사에 따른 것이라고 보기 어렵다는 이유로, 피고인은 간음의 목적으로 피해자에게 오인, 착각, 부지를 일으키고 피해자의 그러한 심적 상태를 이용하여 피해자를 간음한 것이므로 이러한 피고인의 간음행위는 위계에 의한 것이라고 평가할 수 있음에도 이와 달리 본 원심판결에 위계에 의한 간음죄에 관한 법리오해의 위법이 있다고 한 사례(대법원 2020.8.27. 선고 2015도9436 전원합의체 판결).

【해설】 종전 대법원 판례에 따르면 위계의 오인, 착각, 부지란 간음행위 자체에 대한 오인, 착각, 부지를 말하는 것이지, 간음행위와 불가분적 관련성이 인정되지 않는 다른 조건에 관한 오인, 착각, 부지를 가리키는 것은 아니라고 하였다. 위 사안의 경우 피해자는 간음행위와 불가분적 관련성이 인정되지 않는 다른 조건에 관하여 피고인에게 속은 사례이다. 대법원은 행위자가 간음의 목적으로 피해자에게 오인, 착각, 부지를 일으키고 피해자의 그러한 심적 상태를 이용하여 간음의 목적을 달성하였다면 위계와 간음행위 사이의 인과관계를 인정할 수 있다고 보아 이와 다른 취지의 종전 판례를 변경하였다.

나. 위력

위력(威力)이란 피해자의 성적 자유의사를 제압할 수 있는 힘을 말한다. 유형적이든 무형적이든 상관없다. 폭행·협박은 물론 사회적·경제적·정치적 지위나 권세를 이용하여 상대방의 의사를 제압하는 일체의 행위를 말한다. 현실적으로 피해자의 자유의사가 제압될 필요는 없다.[273)]

위력에 의한 간음죄는 미성년자나 심신미약자와 같이 판단 능력이나 대처 능력이 일반인에 비하여 낮은 사람은 경미한 유·무형력의 행사에 의해서도 저항을 제대로 하지 못하고 피해를 입을 가능성이 있기 때문에 그 범죄의 성립 요건을 보다 완화된 형태로 규정한 것이다.

위력으로써 추행한 것인지 여부는 피해자에 대하여 이루어진 구체적인 행위의 경위 및 태양, 행사한 세력의 내용과 정도, 이용한 행위자의 지위나 권세의 종류, 피해자의 연령, 행위자와 피해자의 이전부터의 관계, 피해자에게 주는 위압감 및 성적 자유의사에 대한 침해의 정도, 범행 당시의 정황 등 여러 사정을 종합적으로 고려하여 판단하여야 한다.[274)]

주의할 점은 위력으로 폭행·협박을 할 경우 강간죄나 강제추행죄의 폭행·협박에 이르지 않아야 한다. 위력의 정도가 중하여 강간죄에서 요구하는 정도의 폭행·협박을 사용하였다고 볼 수 있다면 본죄가 아니라 강간죄가 성립한다.

Ⅸ. 업무상 위계·위력 등에 의한 간음죄

> 제303조 (업무상 위력 등에 의한 간음) ① 업무, 고용 기타 관계로 인하여 자기의 보호 또는 감독을 받는 사람에 대하여 위계 또는 위력으로써 간음한 자는 7년 이하의 징역 또는 3천만원 이하의 벌금에 처한다.

1. 서설

업무상 위계·위력 등에 의한 간음죄는 업무, 고용 기타 관계로 인하여 자기의 보호 또는 감독을 받는 사람을 위계 또는 위력으로써 간음한 경우에 성립하는 범죄이다. 피보호

273) 대법원 2020.7.9. 선고 2020도5646 판결.
274) 대법원 2019.6.13. 선고 2019도3341 판결.

자 또는 피감독자의 성적 자유를 보호법익으로 한다. 행위자가 보호·감독하는 지위를 이용하여 사람의 성적 자유를 부당하게 침해하는 것을 보호하기 위한 것이다. 형법은 업무상 위계·위력에 의하여 '추행'을 처벌하는 규정을 두고 있지 않으며, 이 경우 형법이 아닌 성폭력범죄의 처벌 등에 관한 특별법 제10조 제1항에 의하여 처벌된다.

2. 구성요건

가. 주체: 보호자 또는 감독자

본죄의 주체는 업무, 고용 기타 관계로 인하여 타인을 보호 또는 감독하는 자이다. 따라서 신분범이다.

나. 객체: 피보호자 또는 피감독자

본죄의 객체는 업무, 고용 기타 관계로 인하여 보호 또는 감독을 받는 자이다. 종전에는 본죄의 객체를 부녀로 규정하고 있었으나 2013년 형법 개정을 통하여 본죄의 객체를 사람으로 변경하였다.

미성년자·성년자를 불문하지만 13세 미만의 자는 제305조 미성년자에 대한 간음·추행죄가 성립하고, 19세 미만의 청소년인 경우에도 아동·청소년성보호법이 우선 적용되므로 본죄의 객체는 19세 이상인 자에 한정된다.[275]

본죄의 업무는 사적 업무·공적 업무를 불문하며, 고용은 사용자와 피용자의 관계를 말한다. 기타 관계는 법률상 보호·감독뿐만 아니라 사실상 보호·감독을 받는 관계도 포함된다. 처가 경영하는 미장원에 고용된 부녀의 경우,[276] 병원 응급실에서 당직 근무를 하던 의사가 자신의 보호감독하에 있는 입원환자들을 추행행위를 한 경우도 이에 해당한다.[277]

직장 안에서 보호 또는 감독을 받거나 사실상 보호 또는 감독을 받는 상황에 있는 사람뿐만 아니라 채용 절차에서 영향력의 범위 안에 있는 사람도 포함한다.[278] 따라서 채용 절차에서 구직자를 추행한 경우에도 본죄가 성립한다.

다. 행위: 위계 또는 위력으로 간음하는 행위

본죄의 구성요건적 행위는 위계 또는 위력으로 간음하는 것이다. 위계와 위력의 의미

275) 정성근/박광민, 206면.

276) 대법원 1976.2.10. 선고 74도1519 판결.

277) 대법원 2005.7.14. 선고 2003도7107 판결.

278) 대법원 2020.7.9. 선고 2020도5646 판결.

는 미성년자·심신미약자간음죄와 같으며, 간음의 의미는 강간죄와 같다.

간음행위를 한 경우에는 형법상 업무상 위력 등에 의한 간음죄가 성립하며, 추행행위를 한 경우에는 성폭력범죄의 처벌 등에 관한 특례법의 업무상 위력 등에 의한 추행죄가 성립한다. 입법체계상 추행의 경우에도 형법전으로 편입하는 것이 바람직하다.

3. 다른 죄와의 관계

13세 미만의 피감독자를 위계·위력으로써 간음한 때에는 본죄의 특별규정인 제305조 미성년자에 대한 간음죄가 적용된다. 13세 이상의 미성년자 또는 심신미약자인 피감독자를 간음한 때에도 제302조 미성년자 등에 대한 간음죄가 성립한다. 다만 19세 미만의 청소년인 경우에는 아동·청소년의 성보호에 관한 법률에 의하여 처벌된다.

4. 특별법

가. 업무상 위력 등에 의한 추행죄

성폭력범죄의 처벌 등에 관한 특례법 제10조에 따르면 업무·고용이나 그 밖의 관계로 인하여 자기의 보호, 감독을 받는 사람에 대하여 위계 또는 위력으로 추행한 사람은 2년 이하의 징역 또는 500만 원 이하의 벌금에 처한다. 따라서 업무상 위력 등에 의한 간음의 경우에는 형법에 따라 처벌되며, 업무상 위력 등에 의한 추행의 경우에는 성폭력처벌법에 따라 처벌된다.

나. 성희롱

형법 제303조 제1항과 성폭력범죄의 처벌 등에 관한 특례법 제11조 제1항에 비추어 보면, 남자인 직장상사의 부하 여직원에 대한 이른바 성희롱은 위계나 위력을 행사하여 간음 내지 추행의 정도에 달한 경우에만 형사책임을 지게 된다고 해석되며, 이외의 경우에는 처벌하지 않는다.

X. 피구금자간음죄

> 제303조 (업무상 위력등에 의한 간음) ② **법률에 의하여 구금된 사람을 감호하는 자가 그 사람을 간음한 때에는 10년 이하의 징역에 처한다.**

1. 의의

피구금자간음죄는 법률에 의하여 구금된 사람을 감호하는 자가 피구금자를 간음한 경우에 성립하는 범죄이다. 본죄는 피구금자의 성적 자기결정권뿐만 아니라 피구금자에 대한 인격적 처우와 감호자의 청렴성에 대한 일반인의 신뢰를 보호법익으로 한다. 본죄의 주체가 감호자라는 점에서 신분범이다.

2. 구성요건

가. 주체: 감호자

본죄의 주체는 검찰·경찰공무원, 교정직 공무원과 같이 법률에 의하여 구금된 자를 감호하는 자이다. 따라서 본죄는 진정 신분범이다.

나. 객체: 법률에 의하여 구금된 자

본죄의 객체는 법률에 의하여 구금된 사람이다. 여기에는 확정판결에 의하여 형의 집행을 받고 있는 자, 노역장에 유치된 자, 구속된 형사피의자 및 피고인이 포함된다. 종전에는 법률에 의하여 구금된 부녀로 규정하였으나, 2013년 형법 개정을 통하여 객체를 부녀에서 사람으로 변경하였다.

다. 행위: 간음행위

본죄는 감호자가 피구금자를 간음함으로써 성립하며, 특별한 수단을 요건으로 하지 않는다. 피구금자는 폭행·협박 또는 위계·위력의 수단에 의하지 않더라도 공포 또는 심리적 위축 등으로 인하여 성적 자유가 침해될 수 있음을 고려한 것이다. 만약 폭행·협박을 수단으로 하였다면 본죄가 아니라 강간죄가 성립한다.

피구금자의 동의를 얻어 간음한 경우에도 본죄는 성립한다. 감호자의 청렴성도 부차적인 보호법익이기 때문이다.

XI. 미성년자에 대한 간음·추행죄

> 제305조 (미성년자에 대한 간음, 추행) ① 13세 미만의 사람에 대하여 간음 또는 추행을 한 자는 제297조, 제297조의2, 제298조, 제301조 또는 제301조의2의 예에 의한다.
> ② 13세 이상 16세 미만의 사람에 대하여 간음 또는 추행을 한 19세 이상의 자는 제297조, 제297조의2, 제298조, 제301조 또는 제301조의2의 예에 의한다.

1. 서설

가. 의의

미성년자에 대한 간음·추행죄는 13세 미만의 사람에 대하여 간음 또는 추행하는 경우(제1항)와 19세 이상의 자가 13세 이상 16세 미만의 사람에 대하여 간음 또는 추행하는 경우(제2항)에 성립하는 범죄이다. 제305조 제2항의 미성년자에 대한 간음·추행죄는 2020년 5월 형법 개정을 통하여 신설되었다.

미성년자에 대하여 폭행·협박이나 위계·위력을 사용하지 않았고 심지어 동의를 받고 간음이나 추행을 한 경우에도 본죄가 성립한다. 이를 강간 또는 강제추행으로 의제하여 처벌한다는 점에서 미성년자에 대한 간음·추행죄를 '미성년자 의제강간·강제추행죄'라고도 한다. 본죄의 구성요건에 '간음 또는 추행을 한 자'라고 규정하여 '유사간음'은 없지만, "제297조의2"의 예에 의한다는 규정이 있으므로 유사간음의 경우에도 본죄가 성립한다.

나. 보호법익

미성년자에 대한 간음·추행죄는 성인을 대상으로 하는 성범죄에 비하여 특별한 취급을 하고 있다. 미성년자의 경우에는 외부로부터의 부적절한 성적 자극이나 물리력의 행사가 없는 상태에서 심리적 장애 없이 성적 정체성 및 가치관을 형성할 권익을 보호할 필요가 있다. 아동보호의 관점에서 연소자들이 성욕의 대상이나 도구로 전락되어 자유로운 인격의 정상적인 성숙을 방해받지 않도록 하는데 입법취지가 있다.[279) 280)] 따라서 미성년자가 성관계에 대하여 동의를 한 경우에도 본죄에 따라 처벌할 수 있다.

---

279) 김일수/서보학, 171면; 신동운, 737면; 이재상/장영민/강동범, 172면; 이형국/김혜경, 228면; 정성근/박광민, 200면.
280) 대법원 2006.1.13. 선고 2005도6791 판결.

다. 연령에 따른 동의능력 구분

형법은 미성년자의 동의능력을 연령에 따라 구분한다. 제305조 제1항에 따르면 13세 미만의 경우에는 '절대적으로' 동의능력이 없다. '절대적 동의무능력자'이다. 13세 미만의 사람에 대하여 간음 또는 추행을 한 경우에는 동의 유무를 불문하고 제1항에 의하여 처벌된다. 제305조 제2항에 따르면 13세 이상 16세 미만의 경우에는 '상대적으로' 동의능력이 없다. 19세 이상의 자에 대해서는 동의능력이 없지만, 19세 미만의 자에 대해서는 동의능력이 있다. '상대적 동의무능력자'이다.

13세 이상 16세 미만의 자에 대한 동의는 그 상대방의 연령에 따라 상대화되어 있는 것이 특징이다. 상대방 연령이 19세 이상의 자로 제한되어 있다. 미성년자 상호 간의 합의에 의한 성행위가 처벌되면 소년범죄가 양산될 우려가 있다는 고려에서 상대방의 연령에 따라 동의능력을 구분한 것이다. 동의능력이 피해자의 특성에 따른 것이라면 적절한 입법이라고 볼 수 있는지 의문이며, 만약 미성년자가 18세의 상대방과 상호 동의하에 상시적으로 성관계를 가져오고 있다가 상대방이 19세 이상이 된 경우에도 본죄가 성립한다고 볼 수 있는지 의문이다.

16세 이상인 경우에는 완전한 동의능력이 있다. 개정 전 형법에서는 13세를 기준으로 피해자의 동의능력을 인정하였지만, 개정 형법은 피해자의 동의능력을 16세 이상으로 상향하였다고 평가할 수 있다. 16세 이상은 '완전한 동의능력자'이다.

2. 제1항의 미성년자 간음·추행죄

가. 주체

행위객체가 13세 미만의 사람인 경우 행위주체에는 제한이 없다. 14세 이상의 형사성년자라면 누구든지 본죄의 주체가 될 수 있다. 예를 들면 15세의 사람이 12세의 사람과 상호 동의하여 간음한 경우 본죄가 성립한다.

나. 객체

행위객체는 13세 미만의 사람이다. 13세 미만이라면 남녀를 불문하며, 성행위에 대한 동의에 대한 의미를 이해하고 자유롭게 의사결정을 하였다고 하더라도 규범적으로 동의능력을 부정한다. 절대적 동의무능력자이다. 따라서 13세 미만의 사람에 대하여 동의를 받고 간음한 경우에도 본죄가 성립한다.

다. 행위: 간음 또는 추행

13세 미만의 사람에 대하여 간음 또는 추행을 함에 있어서 폭행·협박·위계·위력 등 별도의 수단은 필요 없다. 만약 처음부터 폭행·협박이 있었다면 본죄가 아니라 강간죄·강제추행죄가 성립한다.

3. 제2항의 미성년자 간음·추행죄

가. 주체

행위객체가 13세 이상 16세 미만의 사람인 경우 행위주체는 19세 이상의 사람이다. 따라서 19세 미만의 경우에는 상대방의 유효한 동의를 받았다면 본죄의 주체가 되지 않는다.

예를 들면 20세의 사람이 14세의 사람과 상호 동의하에 간음·추행을 한 경우 본죄가 성립하지만, 18세의 사람이 14세의 사람과 상호 동의하에 간음·추행을 한 경우에는 본죄가 성립하지 않는다.

나. 객체

행위객체는 13세 이상 16세 미만의 사람이다. 13세 이상 16세 미만의 사람인 경우 동의능력은 상대적이다. 상대방이 19세 이상인 경우에는 동의 유무를 불문하고 본죄에 해당하지만, 상대방이 19세 미만인 경우에는 동의능력을 인정한다. 상대적 동의무능력자이다.

다. 행위: 간음 또는 추행

13세 이상 16세 미만의 사람에 대하여 간음 또는 추행을 함에 있어서 폭행·협박·위계·위력 등 별도의 수단은 필요 없다. 만약 처음부터 폭행·협박이 있었다면 본죄가 아니라 강간죄·강제추행죄가 성립한다.

4. 미수범 처벌 규정

본죄는 미수범 처벌 규정을 준용하고 있지 않으나, 본죄는 강간죄, 유사강간죄, 강제추행죄의 예에 의하므로 미수범도 처벌된다는 것이 다수설과 판례의 입장이다. "제297조, 제297조의2, 제298조, 제301조 또는 제301조의2의 예에 의한다"는 표현의 의미는 단순히 법정형만을 준용하는 것이 아니라, 형벌조항 전체를 준용하는 것으로 봄이 타당하므로 미수범 처벌 규정까지 포함된다고 해석한다. 제305조의 입법목적을 달성하기 위해서는 기수뿐만 아니라 미수범까지도 처벌할 수 있어야 한다. 이러한 해석은 유추해석이나 확장해석이 아니며, 형법이 말하는 "예에 의한다"는 문언의 범위 내에서의 해석이다.[281)]

5. 고의

제1항의 미성년자 간음·추행죄가 성립하기 위해서는 피해자가 13세 미만의 사람이라는 사실을 인식해야 한다. 또한 행위자가 13세 미만의 사람을 간음·추행한다는 고의만 있으면 된다. 그 외에 성욕을 자극·흥분·만족시키려는 주관적 동기나 목적까지 있어야 하는 것은 아니다.[282)]

제2항의 미성년자 간음·추행죄가 성립하기 위해서는 19세 이상의 자가 상대방이 13세 이상 16세 미만의 사람이라는 점과 그를 간음·추행한다는 고의만 있으면 된다. 제1항과 마찬가지로 성욕을 자극·흥분·만족시키려는 주관적 동기나 목적까지 있어야 하는 것은 아니다.

판례 중학교 1학년 간음 사건

【사실관계】 피해자는 만 12세 6개월인 중학교 1학년생으로 만 13세가 되기까지 6개월 정도 남은 상황이었다. 갑은 검찰 조사에서 "피해자를 밖에서 만났을 때는 어둡고 피해자가 키도 크고 해서 나이가 어린 줄 몰랐는데 모텔에서 보니까 피해자가 15살 또는 16살 정도로 어려 보였고, 피해자에게 '몇 살이냐'고 물어보니까 피해자가 '중학교 1학년이라서 14살이다'라고 했었습니다. 그래서 당시 우리식 나이로 14살 정도 되는 줄 알았다"고 진술하였고, 피해자 또한 수사기관에서 "피고인에게 14세라고 말하였다"고 진술하였다. 갑과 피해자는 사건 당일 처음 만난 사이이었고, 피해자가 갑에게 생년월일까지 알려준 바는 없었다. 이 사건 강간 범행 발생 약 3개월 전에 이루어진 건강검사 결과에 의하면 피해자는 키 약 155cm, 몸무게 약 50kg 정도로 중학교 1학년생으로서는 오히려 큰 편에 속하는 체격이었다. 갑은 당시 피해자를 데리고 모텔로 들어갔는데 모텔 관리자로부터 특별한 제지를 받은 바 없었다.

【판결요지】 [1] 형사재판에서 공소가 제기된 범죄의 구성요건을 이루는 사실은 그것이 주관적 요건이든 객관적 요건이든 그 입증책임이 검사에게 있으므로, 구 성폭력범죄의 처벌 및 피해자보호 등에 관한 법률 제8조의2 제1항에서 정하는 범죄의 성립이 인

281) 대법원 2007.3.15. 선고 2006도9453 판결.

282) 대법원 2006.1.13. 선고 2005도6791 판결; 초등학교 4학년 담임교사(남자)가 교실에서 자신이 담당하는 반의 남학생의 성기를 만진 행위가 미성년자의제강제추행죄에서 말하는 '추행'에 해당한다고 한 원심의 판단을 수긍한 사례.

정되려면, 피고인이 피해자가 13세 미만의 여자임을 알면서 그를 강간하였다는 사실이 검사에 의하여 입증되어야 한다. 물론 피고인이 일정한 사정의 인식 여부와 같은 내심의 사실에 관하여 이를 부인하는 경우에는 이러한 주관적 요소로 되는 사실은 사물의 성질상 그 내심과 상당한 관련이 있는 간접사실 또는 정황사실을 증명하는 방법에 의하여 이를 입증할 수밖에 없고, 이때 무엇이 상당한 관련성이 있는 간접사실에 해당할 것인가는 정상적인 경험칙에 바탕을 두고 사실의 연결상태를 합리적으로 분석·판단하는 방법에 의하여야 한다. 그러나 피해자가 13세 미만의 여자라는 객관적 사실로부터 피고인이 그 사실을 알고 있었다는 점이 추단된다고 볼 만한 경험칙 기타 사실상 또는 법적 근거는 이를 어디서도 찾을 수 없다(대법원 2012.8.30. 선고 2012도7377 판결).

【해설】 13세 미만 미성년자에 대한 간음죄가 성립하려면 행위자는 상대방이 13세 미만의 사람이라는 점에 대하여 인식을 해야 한다. 따라서 13세 미만의 사람을 13세 이상으로 오인한 경우 구성요건적 착오로 고의가 조각된다. 형사소송법상 행위자에게 고의가 있는 지에 대해서는 검사가 입증해야 한다. 피고인이 피해자가 13세 미만인 사실을 몰랐다고 범의를 부인하는 경우에는 다른 범죄와 마찬가지로 상당한 관련성이 있는 간접사실 또는 정황사실에 의하여 증명 여부가 판단되어야 한다. 이 사건의 경우 검사는 행위자에 대한 고의를 입증하지 못하였기 때문에 무죄가 되었다. 2020년 개정 형법에 따르면 제305조 제2항의 미성년자 간음·추행죄가 성립할 여지는 있다.

XII. 상습범

제305조의2(상습범) 상습으로 제297조, 제297조의2, 제298조부터 제300조까지, 제302조, 제303조 또는 제305조의 죄를 범한 자는 그 죄에 정한 형의 2분의 1까지 가중한다.

상습으로 강간죄, 유사강간죄, 강제추행죄, 준강간·준강제추행죄 및 그 미수범, 미성년자·심신미약자에 대한 위계·위력에 의한 간음·추행죄, 업무상 위력 등에 의한 간음죄, 미성년자에 대한 간음·추행죄를 범한 경우에 성립하는 범죄이다. 상습으로 죄를 범한 경우 그 죄에 정한 형의 2분의 1까지 가중한다.

XIII. 예비·음모죄

제305조의3(예비, 음모) 제297조, 제297조의2, 제299조(준강간죄에 한정한다), 제301조(강간 등 상해죄에 한정한다) 및 제305조의 죄를 범할 목적으로 예비 또는 음모한 사람은 3년 이하의 징역에 처한다.

강간예비·음모죄는 2020년 형법 개정으로 신설되었다. 제297조 강간죄, 제297조의2 유사강간죄, 제299조 준강간죄, 제301조 강간상해죄, 제305조 미성년자에 대한 간음·추행죄를 범할 목적으로 예비·음모한 경우에 성립하는 범죄이다.

제298조 강제추행죄, 제299조 준강제추행죄, 제301조 강간치상죄, 제302조 미성년자 등에 대한 위계·위력에 의한 간음죄, 제303조 업무상 위력 등에 의한 간음죄는 제외되었다.

【정리】 성폭력범죄의 행위객체별 적용법조

구분		성인 미성년자	미성년자 또는 아동·청소년			심신 미약	업무상 관계	장애인	친족관계
			미성년자	19세 미만	13세 미만				
강간		형 297	·	아청 7①	성폭 7①	X	X	성폭 6①	성폭 5①
유사강간		형 297-2	·	아청 7②	성폭 7②	X	X	성폭 6②	X
강제추행		형 298	·	아청 7③	성폭 7③	X	X	성폭 6③	성폭 5②
준강간·준강제추행		형 299	·	아청 7④	성폭 7④	X	X	성폭 6④	성폭 5③
위계·위력	간음	X	형 302	아청 7⑤	성폭 7⑤	○	형 303①	성폭 6⑤	X
	추행	X	형 302	아청 7⑤	성폭 7⑤	○	성폭 10①	성폭 6⑥	X

* 아청: 아동·청소년의 성보호에 관한 법률, 성폭: 성폭력범죄의 처벌 등에 관한 특례법

【정리】 성폭력범죄의 행위유형별 적용법조

형법	성폭력범죄의 처벌 등에 관한 특례법						아동청소년의 성보호에 관한 법률
강간죄 (297조)	주거침입강간 야간주거침입절도강간 특수절도강간 특수강도강간 (3조 1,2항)	특수강간 (4조1항)	친족관계 강간 (5조1항)	장애인 강간 (6조1항)	13세미만 강간 (7조1항)		아동·청소년강간 (7조1항)
유사강간 (297조의2)	주거침입유사강간 야간주거침입절도유사 강간 특수절도유사강간 특수강도유사강간 (3조 1,2항)	X	X	장애인유사 강간 (6조2항)	13세미만 유사강간 (7조2항)		아동·청소년유사 강간 (7조2항)
강제추행 (298조)	야간주거침입절도강제 추행 특수절도강제추행 특수강도강제추행 (3조 1,2항)	특수강제 추행 (4조2항)	친족강제 추행 (5조2항)	장애인강제 추행 (6조3항)	13세미만 강제추행 (7조3항)	공중밀집 장소추행 (11조)	아동청소년강제 추행 (7조3항)
준강간·준강 제추행 (299조)	야간주거침입절도준 강간·강제추행 특수절도준강간·강제 추행 특수강도준강간·강제 추행(3조 1,2항)	특수준강 간·준강제 추행 (4조2항)	친족준 강간·준강 제추행 (5조3항)	장애인준 강간·준강제 추행 (6조4항)	13세미만준 강간·준강 제추행죄 (7조4항)		아동·청소년준강 간·준강제추행 (7조4항)
미성년자위계 등간음·추행 (302조)				장애인위계 등간음·추행 (6조5항)	13세미만미 성년위계등 간음·추행 (7조5항)		아동청소년위계 등간음·추행 (7조5항)
업무상위계등 간음 (303조1항)	업무상위계등추행(10조1항)			장애인위계 등간음·추행 (6조6항)			
피감호자간음 (303조2항)	피감호자추행(10조2항)						
13세 미만 간 음·추행죄 13세 이상 16 세 미만 간 음·추행죄 (305조)							장애아동·청소년 간음·추행(8조)
강간등상 해·치상 (301조)	강간등상해·치상(8조)						아동청소년강간 등상해·치상 (9조)

형법	성폭력범죄의 처벌 등에 관한 특례법		아동청소년의 성보호에 관한 법률
강간등살인·치사(301조의2)	강간등살인·치사(9조)		아동·청소년강간등살인·치사(10조)
	성적목적을 위한 공공장소침입(12조), 통신매체이용음란행위(13조), 카메라등이용촬영(14조), 허위영상물 등의 반포(제14조의2), 촬영물 등을 이용한 협박·강요(제14조의3)		아동청소년이용음란물제작배포(11조) 아동청소년매매행위(12조) 등

제5절 강요의 죄

Ⅰ. 총설

1. 의의

강요의 죄는 폭행 또는 협박으로 사람의 권리행사를 방해하거나 의무 없는 일을 하게 하는 것을 내용으로 하는 범죄이다. 강요의 죄는 의사결정의 자유를 침해한다는 점에서 협박죄와 같지만, 의사활동의 자유까지 침해한다는 점에서 협박죄와 다르다. 강요의 죄는 일반적 자유를 침해하는 범죄이므로, 폭행·협박을 수단으로 하여 재산권을 침해하는 공갈죄와 구별된다.

2. 보호법익

강요의 죄의 보호법익은 의사결정의 자유뿐만 아니라 의사활동의 자유도 보호법익이 된다. 다만 중강요죄의 경우에는 피해자의 생명·신체도 보호법익이 되며, 인질상해·치상죄와 인질살해·치사죄의 경우에는 인질의 생명·신체도 보호법익이 된다.

3. 형법전의 편제

제37장 권리행사를 방해하는 죄에는 법적 성격이 다른 권리행사방해죄(제323조, 제324조, 제326조), 강요죄(제324조 내지 324조의6), 강제집행면탈죄(제327조)가 함께 규정되어 있다. 개인적 법익이라는 공통점 외에는 서로 법적 성격이 다르다. 권리행사방해죄와 강제집행면탈죄는 재산범죄이며, 강요죄는 자유를 침해하는 범죄이다. 강요의 죄는 형법전의 편제상 재산적 법익에 대한 제37장 권리행사를 방해하는 죄와 같은 장에서 규정되어 있지만, 협박죄와 같이 의사결정의 자유나 활동의 자유를 침해하는 것으로 자유에 대한 죄로 보는 것이 바람직하다. 제37장 권리행사를 방해하는 죄에서 제324조 강요죄 등을 분리하여 별도의 편장으로 구성하는 것이 체계적이다.

Ⅱ. 강요죄

> 제324조 (강요) ① 폭행 또는 협박으로 사람의 권리행사를 방해하거나 의무 없는 일을 하게 한 자는 5년 이하의 징역 또는 3천만원 이하의 벌금에 처한다.
> 제324조의5 (미수범) 제324조 내지 제324조의4의 미수범은 처벌한다.

1. 의의

강요죄는 폭행 또는 협박으로 사람의 권리행사를 방해하거나 의무 없는 일을 하게 한 경우에 성립하는 범죄이다. 사람의 의사결정의 자유와 그 활동의 자유를 보호법익으로 하는 침해범이다.

2. 구성요건

가. 객체: 사람

본죄의 객체는 의사의 자유를 가진 자연인이다. 따라서 장래에 닥칠 불이익을 인식하고 고통을 느낄 수 없는 영아, 정신질환자 등은 강요죄의 객체가 될 수 없다.

폭행·협박을 당하는 사람과 권리행사방해를 당한 사람이 동일인일 필요 없다. 예를 들면 갑이 A에 대하여 폭행·협박을 하고 B에 대하여 권리행사 방해를 한 경우 폭행·협박의 상대방인 A에 대해서는 폭행죄·협박죄가 성립하며, B에 대해서는 강요죄가 성립한다.

나. 행위: 강요행위

본죄의 행위는 강요행위이다. 강요행위는 폭행 또는 협박으로 사람의 권리행사를 방해하거나 의무없는 일을 하게 하는 것을 말한다.

(1) 강요의 수단: 폭행 또는 협박

(가) 폭행

폭행은 사람에 대한 직접적·간접적 유형력의 행사이다(광의의 폭행 개념). 따라서 반드시 신체에 가해질 필요는 없으며, 간접적 유형력의 행사도 본죄의 폭행에 해당한다. 예를 들면 시각장애인의 이동을 막기 위하여 그가 데리고 가는 안내견을 붙잡는 경우, 신체장애인의 휠체어를 손괴하여 그로 하여금 법정에서 증언을 못하도록 한 경우, 임차인으로부터 집을 명도받기 위하여 수도·전기·가스 등을 끊고 문을 폐쇄한 경우와 같이 사람에 대한 간접적 유형력의 행사도 폭행에 해당한다. 다만 갑이 피해자로 하여금 주차장을 이용하지 못하게 할 의도로 차량을 피해자 주택 대문 앞에 주차한 경우 갑의 행위로 피해자에게 주택 외부에 있던 피해자 차량을 주택 내부의 주차장에 출입시키지 못하는 불편이 발생하였지만, 피해자는 차량을 용법에 따라 정상적으로 사용할 수 있었다면 강요죄의 폭행에 해당하지 않는다. 물론 주차 당시 갑과 피해자 사이에 물리적 접촉이나 피해자에게 어떤 유형력을 행사했다고 볼만한 사정이 있다면 강요죄는 성립할 수 있다.[283)]

본죄의 폭행에는 절대적 폭력과 심리적 폭력을 포함하며, 폭행의 강도는 의사결정과 행동의 자유를 제한할 정도이어야 한다.

(나) 협박

협박은 해악을 고지하여 공포심을 일으키는 것이다. 협박은 객관적으로 의사결정의 자유를 제한하거나 의사실행의 자유를 방해할 정도로 겁을 먹게 할 만한 해악을 고지하는 것을 말한다. 이와 같은 협박이 인정되기 위해서는 발생 가능한 것으로 생각할 수 있는 정도의 구체적인 해악의 고지가 있어야 한다.[284)]

행위자가 그의 직업, 지위 등에 기하여 불법한 위세를 이용하여 재물의 교부나 재산상 이익을 요구하고 상대방으로 하여금 그 요구에 응하지 않을 때에는 부당한 불이익을 당할 위험이 있다는 위구심을 일으키게 하는 경우에도 해악의 고지가 된다.[285)] 다만 공무원이 자신의 직무와 관련한 상대방에게 공무원 자신 또는 자신이 지정한 제3자를 위하여 재산적 이익 등을 제공할 것을 요구하고, 상대방은 공무원의 지위에 따른 직무에 관하여 어떠한 이익을 기대하며 그에 대한 대가로 요구에 응한 경우 직권남용이나 뇌물 요구는 될 수 있어도 협박을 요건으로 하는 강요죄가 성립하기는 어렵다.[286)]

해악의 고지는 반드시 명시적인 방법이 아니더라도 말이나 행동을 통해서 상대방으로 하여금 어떠한 해악에 이르게 할 것이라는 인식을 갖게 하는 것이면 충분하다.[287)] 사정에 따라서는 한마디 말도 없이 거동에 의하여서도 할 수 있다. 예를 들면 환경단체 소속 회원인 피고인들이 단속 권한이 없음에도 불구하고 축산 농가들의 폐수 배출 단속 활동을 벌

283) 대법원 2021.11.25. 선고 2018도1346 판결.

284) 대법원 2019.8.29. 선고 2018도13792 전원합의체 판결.

285) 대법원 2013.4.11. 선고 2010도13774 판결.

286) 대법원 2019.8.29. 선고 2018도13792 전원합의체 판결.

287) 대법원 2017.10.26. 선고 2015도16696 판결.

이고 사실확인서를 징구하는 과정에서 행한 신분증 휴대, 사진 촬영 등 일련의 행위는 피고인들에게 단속 권한이 있는 것으로 오인한 피해자들로 하여금 피고인의 요구에 불응할 경우 고발 조치 등의 불이익을 받을 위험이 있다는 인식을 갖게 하였다면 강요행위에 해당한다.[288)]

(다) 폭행·협박의 정도

폭행·협박의 정도는 반항을 불가능하게 하거나 곤란하게 할 정도일 것은 요하지 않으나, 적어도 상대방에게 공포심을 주어 그의 의사결정·의사활동에 영향을 미칠 수 있는 정도이어야 한다. 따라서 직장에서 상사가 범죄행위를 저지른 부하직원에게 징계절차에 앞서 자진하여 사직할 것을 단순히 권유하였다고 하여 이를 강요죄에서의 협박에 해당한다고 볼 수는 없다.[289)]

판례 소비자불매운동과 홈페이지 팝업창

【판결요지】 [2] 소비자가 구매력을 무기로 상품이나 용역에 대한 자신들의 선호를 시장에 실질적으로 반영하기 위한 집단적 시도인 소비자불매운동은 본래 '공정한 가격으로 양질의 상품 또는 용역을 적절한 유통구조를 통해 적절한 시기에 안전하게 구입하거나 사용할 소비자의 제반 권익을 증진할 목적'에서 행해지는 소비자보호운동의 일환으로서 헌법 제124조를 통하여 제도로서 보장되나, 그와는 다른 측면에서 일반 시민들이 특정한 사회, 경제적 또는 정치적 대의나 가치를 주장·옹호하거나 이를 진작시키기 위한 수단으로 소비자불매운동을 선택하는 경우도 있을 수 있고, 이러한 소비자불매운동 역시 반드시 헌법 제124조는 아니더라도 헌법 제21조에 따라 보장되는 정치적 표현의 자유나 헌법 제10조에 내재된 일반적 행동의 자유의 관점 등에서 보호받을 가능성이 있으므로, 단순히 소비자불매운동이 헌법 제124조에 따라 보장되는 소비자보호운동의 요건을 갖추지 못하였다는 이유만으로 이에 대하여 아무런 헌법적 보호도 주어지지 아니한다고 단정하여서는 아니 된다. 다만 대상 기업에 특정한 요구를 하면서 이에 응하지 않을 경우 불매운동의 실행 등 대상 기업에 불이익이 되는 조치를 취하겠다고 고지하거나 공표하는 것과 같이 소비자불매운동의 일환으로 이루어지는 것으로 볼 수 있는 표현이나 행동이 정치적 표현의 자유나 일반적 행동의 자유 등의 관점에서도 전체 법질서상 용인될 수 없을 정도로 사회적 상당성을 갖추지 못한 때에는 그 행위 자체가 강요죄나 공갈죄에서 말하는 협박의 개념에 포섭될 수 있으므로, 소비자불매운동 과정에서 이루어진 어떠한 행위가 강요죄나 공갈죄의 수단인 협박에 해당

288) 대법원 2010.4.29. 선고 2007도7064 판결.
289) 대법원 2008.11.27. 선고 2008도7018 판결.

하는지 여부는 해당 소비자불매운동의 목적, 불매운동에 이르게 된 경위, 대상 기업의 선정이유 및 불매운동의 목적과의 연관성, 대상 기업의 사회·경제적 지위와 거기에 비교되는 불매운동의 규모 및 영향력, 대상 기업에 고지한 요구사항과 불이익 조치의 구체적 내용, 그 불이익 조치의 심각성과 실현가능성, 고지나 공표 등의 구체적인 행위 태양, 그에 대한 상대방 내지 대상 기업의 반응이나 태도 등 제반 사정을 종합적·실질적으로 고려하여 판단하여야 한다.

[3] 피고인이, 갑 주식회사가 특정 신문들에 광고를 편중했다는 이유로 기자회견을 열어 갑 회사에 대하여 불매운동을 하겠다고 하면서 특정 신문들에 대한 광고를 중단할 것과 다른 신문들에 대해서도 특정 신문들과 동등하게 광고를 집행할 것을 요구하고 갑 회사 인터넷 홈페이지에 '갑 회사는 앞으로 특정 언론사에 편중하지 않고 동등한 광고 집행을 하겠다'는 내용의 팝업창을 띄우게 한 사안에서, 불매운동의 목적, 그 조직과정 및 규모, 대상 기업으로 갑 회사 하나만을 선정한 경위, 기자회견을 통해 공표한 불매운동의 방법 및 대상 제품, 갑 회사 직원에게 고지한 요구사항의 구체적인 내용, 위 공표나 고지행위 당시의 상황, 그에 대한 갑 회사 경영진의 반응, 위 요구사항에 응하지 않을 경우 갑 회사에 예상되는 피해의 심각성 등 제반 사정을 고려할 때, 피고인의 행위는 갑 회사의 의사결정권자로 하여금 그 요구를 수용하지 아니할 경우 불매운동이 지속되어 영업에 타격을 입게 될 것이라는 겁을 먹게 하여 의사결정 및 의사실행의 자유를 침해한 것으로 강요죄나 공갈죄의 수단으로서의 협박에 해당한다고 본 원심판단을 수긍한 사례(대법원 2013.4.11. 선고 2010도13774 판결).

【해설】 소비자불매운동은 소비자보호운동의 일환으로 헌법 제124조를 통하여 제도로서 보장되거나 헌법 제21조에 따라 보장되는 정치적 표현의 자유나 헌법 제10조에 내재된 일반적 행동의 자유의 관점 등에서 보호받을 수 있다. 따라서 강요죄나 공갈죄 성립 여부를 판단할 때 신중해야 한다. 다만 그 표현이나 행동이 전체 법질서상 용인될 수 없을 정도로 사회적 상당성을 갖추지 못한 때에는 협박에 해당할 수 있다. 이 사안의 경우 여러 사정을 종합적으로 판단할 때 강요죄나 공갈죄의 수단으로서 협박에 해당한다고 판단하였다.

(2) 강요의 내용: 권리행사를 방해하거나 의무 없는 일을 하게 하는 것

(가) 권리행사방해

권리행사방해는 행사할 수 있는 권리를 행사하지 못하게 하는 것이다. 예를 들면 고소권자인 피해자로 하여금 고소를 못하게 하는 것, 증인이 법정에서 증언을 하지 못하게 하는 것, 교수로 하여금 강의를 못하게 하는 것, 학생으로 하여금 강의를 못 듣게 하거나 시험을 못 치게 하는 것, 여권을 강제 회수하여 해외여행을 할 권리행사를 방해한 경우,[290)]

290) 대법원 1993.7.27. 선고 93도901 판결.

피고인들이 협박하여 피해자들이 건설장비를 투입하여 수해상습지 개선 사업 공사를 진행하는 적법한 영업활동의 자유를 방해한 경우[291] 등이 이에 해당한다.

(나) 의무 없는 일을 하게 하는 것

의무 없는 일을 하게 하는 것은 의무 없는 자에게 일정한 작위·부작위 또는 수인을 강요하는 것을 말한다. 예를 들면 사죄광고를 하게 하는 것, 소송을 취하하게 하는 것, 매도의사가 없음에도 불구하고 부동산을 매도하게 하는 것, 술을 마시게 하는 것 등이 있다. 결과범이므로 이와 같은 결과가 발생하지 않은 경우에는 강요미수죄가 성립한다. 권리행사로 볼 수 없는 행위에 대한 폭행·협박은 단순폭행·협박죄가 된다.

'의무 없는 일'이란 법령, 계약 등에 기하여 발생하는 법률상 의무 없는 일을 말하므로, 법률상 의무 있는 일을 하게 한 경우에는 강요죄가 성립하지 않는다. 따라서 상관이 직무수행을 태만히 하거나 지시사항을 불이행하고 허위보고 등을 한 부하에게 근무태도를 교정하고 직무수행을 감독하기 위하여 직무수행의 내역을 일지 형식으로 기재하여 보고하도록 명령하는 행위는 직무권한 범위 내에서 내린 정당한 명령이므로 부하는 명령을 실행할 법률상 의무가 있다. 이를 실행하지 아니하는 경우 징계처분이나 얼차려의 제제를 부과하는 상관의 명령은 강요에 해당하지 않는다.[292]

판례 강요죄에 있어서 협박의 의미

【판결요지】 골프시설의 운영자가 골프회원에게 불리하게 변경된 내용의 회칙에 대하여 동의한다는 내용의 등록신청서를 제출하지 아니하면 회원으로 대우하지 아니하겠다고 통지한 것이 강요죄에 해당한다고 한 사례(대법원 2003.9.26. 선고 2003도763 판결).

【해설】 주식회사 A가 ○○컨트리클럽을 인수하여 □□컨트리클럽으로 명칭을 변경하여 운영하게 되었다. 이에 따라 ○○컨트리클럽의 회원들은 □□컨트리클럽의 회원으로서의 지위를 가지게 되었고, 회원지위 승계등록절차는 골프장 회원관리에 필요한 행정절차에 불과하다. 그런데 행정적 절차에 불과한 회원의 승계등록절차를 빌미로 회사측에서 요구하는 대로 승계등록절차를 이행하지 않는 한 회원의 자격을 인정하지 않고 예약제한, 비회원요금 징수와 같은 재산상 불이익을 가하겠다는 의사를 명시한 것이다. 이는 재산상 불이익이라는 해악을 고지하는 방법으로 회원들을 협박하여 회원권이라는 재산적 권리의 행사를 제한하고 변경된 회칙을 승낙하도록 강요한 경우에 해당한다.

---

291) 대법원 2017.10.26. 선고 2015도16696 판결.

292) 대법원 2012.11.29. 선고 2010도1233 판결.

다. 기수 시기

폭행·협박에 의하여 권리행사가 현실적으로 방해되거나 의무 없는 일을 현실적으로 했을 때 기수가 된다. 따라서 폭행·협박을 하였으나 권리행사를 방해하지 못한 경우 또는 인과관계가 없는 경우, 폭행·협박 자체가 미수에 그친 경우는 강요죄의 미수에 해당한다.

3. 위법성의 판단기준

정당한 목적을 달성하기 위한 폭행·협박은 원칙적으로 강요죄가 되지 않는다. 예를 들면 음주운전·자살을 저지하기 위한 폭행·협박은 강요죄가 성립하지 않는다(목적의 비난가능성). 정당한 목적을 달성하기 위한 경우에도 수단 자체가 고도의 불법내용을 가진 경우에는 위법성이 조각되지 않는다(수단의 비난가능성). 폭행·협박이 권리행사의 외관을 가질지라도 목적과의 사이에 내적 연관성이 없는 경우에는 위법성을 조각할 수 없다(목적과 수단의 관련성).

판례는 권리실현의 수단 방법이 사회통념상 허용되는 정도나 범위를 넘는다면 강요죄가 성립할 수 있다고 본다. 어떤 행위가 구체적으로 사회통념상 허용되는 정도나 범위를 넘는 것인지는 그 행위의 주관적 측면과 객관적 측면, 즉 추구된 목적과 선택된 수단을 전체적으로 종합하여 판단한다.[293]

상사 계급의 피고인이 그의 잦은 폭력으로 신체에 위해를 느끼고 겁을 먹은 상태에 있던 부대원들에게 청소 불량 등을 이유로 머리를 박는 속칭 '원산폭격'을 시키거나 양손을 깍지 낀 상태에서 약 2시간 동안 팔굽혀펴기를 50-60회 정도 하게 한 경우 피고인이 부대원들에게 얼차려를 지시할 당시 얼차려의 결정권자도 아니었고 소속 부대의 얼차려 지침상 허용되는 얼차려도 아니라면, 피고인의 얼차려 지시 행위를 형법 제20조의 정당행위로 볼 수 없다.[294] 수해상습지 개선 사업에 건설장비 근로자가 특정 노총 등에 가입되어 있는 경우에만 공사 현장에 투입하고 다른 지역일 경우에는 그 투입 사실을 통지 또는 양해를 구하는 관행이 있다는 것은 위법성을 조각시킬 수 있는 정당한 목적이라고 보기 어렵다.[295]

---

293) 대법원 2017.10.26. 선고 2015도16696 판결.
294) 대법원 2006.4.27. 선고 2003도4151 판결.
295) 대법원 2017.10.26. 선고 2015도16696 판결.

4. 죄수

체포·감금죄, 약취·유인죄, 강간·강제추행죄가 성립하면 법조경합 중 특별관계에 해당하므로 강요죄는 성립하지 않는다. 강요행위에 의해 초래된 결과가 강도·공갈죄의 법익침해에 이르게 되면 강도죄나 공갈죄만 성립하고 강요죄는 성립하지 않는다. 법조경합 중 보충관계에 해당하기 때문이다.

타인에게 범죄를 강요하고 타인이 강요당한 범죄를 실행한 경우 강요의 수단인 폭행·협박이 피강요자의 저항을 불가능하게 할 정도이면 피강요자가 실행한 범죄의 간접정범과 강요죄의 상상적 경합이 된다는 견해가 있다. 그러나 강요자가 간접정범이 되려면 피강요자가 처벌되지 않거나 과실범으로 처벌되어야 하지만, 이 경우에 피강요자는 실행범죄로 처벌될 수 있으므로 강요자는 피강요자가 실행한 범죄의 교사범과 강요죄의 상상적 경합이 된다고 보는 것이 타당하다.[296)]

Ⅲ. 특수강요죄

> 제324조 ② 단체 또는 다중의 위력을 보이거나 위험한 물건을 휴대하여 제1항의 죄를 범한 자는 10년 이하의 징역 또는 5천만원 이하의 벌금에 처한다.

특수강요죄는 단체 또는 다중의 위력을 보이거나 위험한 물건을 휴대하여 강요죄를 범한 경우에 성립하는 범죄이다.

헌법재판소는 폭력행위 등 처벌에 관한 법률 중 특수폭행죄 가중처벌 등 일부 규정이 형법과 동일한 구성요건을 규정하면서 법정형만 상향하고 있어 헌법의 기본원리에 위배되고 평등의 원칙에 위반된다는 이유로 각각 위헌 결정을 하였다. 이에 폭력행위 등 처벌에 관한 법률 일부 규정을 정비하고 동시에 일부 범죄를 형법에 편입하여 처벌의 공백을 방지하면서 형벌체계상의 정당성과 균형을 갖추도록 하기 위하여 2016년 1월 형법을 개정하여 특수강요죄를 입법하였다.[297)]

296) 임웅/이현정/박성민, 166면.

297) 이에 따라 특수상해죄(제258조의2), 특수강요죄(제324조 제2항), 특수공갈죄(제350조의2)가 신설되었다.

Ⅳ. 중강요죄

> 제326조 (중권리행사방해) 제324조 또는 제325조의 죄를 범하여 사람의 생명에 대한 위험을 발생하게 한 자는 10년 이하의 징역에 처한다.

중강요죄 또는 중권리행사방해죄는 강요죄 또는 점유강취죄를[298] 범하여 생명에 대한 구체적 위험을 발생하게 하는 경우에 성립하는 범죄이다. 강요죄의 부진정 결과적 가중범이다.

Ⅴ. 인질강요죄

> 제324조의2 (인질강요) 사람을 체포·감금·약취 또는 유인하여 이를 인질로 삼아 제3자에 대하여 권리행사를 방해하거나 의무없는 일을 하게 한 자는 3년 이상의 유기징역에 처한다.
> 제324조의5 (미수범) 제324조 내지 제324조의4의 미수범은 처벌한다.
> 제324조의6 (형의 감경) 제324조의2 또는 제324조의3의 죄를 범한 자 및 그 죄의 미수범이 인질을 안전한 장소로 풀어준 때에는 그 형을 감경할 수 있다.

1. 의의

인질강요죄는 사람을 체포·감금·약취·유인하여 이를 인질로 삼아 제3자에 대하여 권리행사를 방해하거나 의무 없는 일을 하게 하는 경우에 성립하는 범죄이다.

인질을 이용하여 체포면탈·정치범 석방 또는 정치적 목적을 달성하려는 행위에 대처하기 위한 규정이다. 본죄의 보호법익은 피강요자의 의사자유뿐만 아니라 인질의 생명·신체의 안전이다.

---

298) 점유강취죄에 대해서는 재산범죄 제11절 권리행사를 방해하는 죄에서 설명한다.

2. 구성요건

가. 객체: 사람

본죄는 결합범으로 인질의 객체와 강요의 객체는 다르다. 인질의 객체인 사람과 강요의 객체인 제3자라는 이중의 객체성을 모두 갖추어야 한다.[299] 인질은 자연인이면 되고 피강요자와 일정한 신분관계가 있을 필요도 없다. 피강요자는 의사결정·의사활동의 자유를 가진 자에 제한된다.

나. 행위: 사람을 체포·감금·약취·유인하여 이를 인질로 삼아 강요하는 행위

본죄의 구성요건적 행위는 사람을 체포·감금·약취·유인하여 이를 인질로 삼아 강요하는 것이다. 인질의 수단은 생명·신체에 대한 권리를 행위자의 처분 아래 두는 것이면 충분하고 그 방법의 구체적인 내용은 불문한다. 체포·감금 또는 약취·유인의 수단에 의하지 않는 경우는 단순강요죄에 해당한다.

강요는 체포·감금 또는 약취·유인된 자를 인질로 삼아 제3자의 권리행사를 방해하거나 의무 없는 일을 하게 하는 것을 말한다. 현행법상 강요의 상대방은 제3자이므로 인질에 대한 강요는 포함되지 않는다. 법조문은 제3자임을 명문으로 요구하고 있다. 제3자는 자연인 이외에 법인, 법인격 없는 단체, 국가기관을 불문한다.

인질로 삼는다는 것은 체포·감금 또는 약취·유인된 자의 생명·신체의 안전에 대한 제3자의 우려를 이용하여 석방이나 생명·신체에 대한 안전보장의 대가로 제3자를 강요할 목적하에 권리행사방해나 의무강요의 대상(代償)으로 이용하는 것을 말한다.

다. 실행의 착수 시기 및 기수 시기

본죄의 실행의 착수 시기에 대하여 견해의 대립이 있다. 본죄의 실행의 착수 시기를 인질강요의 의사로 체포·감금 또는 약취·유인행위를 개시한 때라는 견해,[300] 체포·감금 또는 약취·유인 후 강요행위를 개시한 때라는 견해,[301] 인질강요의 의사가 처음부터 있었던 경우는 체포·감금 또는 약취·유인행위를 개시한 때이지만 체포·감금 또는 약취·유인한 후에 인질강요의 의사가 생긴 경우에는 강요행위를 개시한 때라는 견해가[302] 있다.

본죄의 성격이 결합범이기는 하지만 본질적으로 강요죄의 가중적 구성요건이므로 강

299) 김성돈, 147면; 김일수/서보학, 130면.

300) 김일수/서보학, 131면; 손동권/김재윤, 182면; 임웅/이현정/박성민, 169면; 정성근/박광민, 160면.

301) 김성돈, 147면; 배종대, 207면; 이재상/장영민/강동범, 152면.

302) 오영근/노수환, 141면.

요행위를 한 때를 실행의 착수 시기로 보는 것이 타당하다. 기수 시기는 권리행사를 방해하거나 의무 없는 일을 행하게 된 현실적 결과가 발생한 때이다.

라. 고의

본죄는 고의범이므로 체포·감금 또는 약취·유인 이외에 인질 및 강요에 대한 고의도 있어야 한다.

3. 위법성

인질강요는 정당한 권리행사의 수단으로 행해졌을지라도 위법성을 조각할 수 없다. 목적이 정당한 경우라도 수단의 불법성이 너무 크기 때문이다.

4. 해방감경

제324조의 6에 의해 이 죄를 범한 자 및 이 죄의 미수범이 인질을 안전한 장소로 풀어준 때에는 그 형을 감경할 수 있다(임의적 감경). 이미 기수에 달한 범죄행위의 미수란 생각할 수 없으므로 이 규정은 인질의 안전을 확보하기 위한 형사정책적 목적을 지닌 중지미수규정이다. 자의성과 같은 중지미수의 일반적 요건을 충족할 필요는 없으며, 행위자의 내면적 동기와 상관없이 인질을 안전한 장소로 풀어주면 된다.

Ⅵ. 인질상해·치상죄

> 제324조의3 (인질상해·치상) 제324조의2의 죄를 범한 자가 인질을 상해하거나 상해에 이르게 한 때에는 무기 또는 5년 이상의 징역에 처한다.
> 제324조의5 (미수범) 제324조 내지 제324조의4의 미수범은 처벌한다.
> 제324조의6 (형의 감경) 제324조의2 또는 제324조의3의 죄를 범한 자 및 그 죄의 미수범이 인질을 안전한 장소로 풀어준 때에는 그 형을 감경할 수 있다.

인질상해·치상죄는 인질강요죄를 범한 자가 인질을 상해하거나 상해에 이르게 한 경우에 성립하는 범죄이다. 인질상해죄는 상해에 대하여 고의가 있는 경우이며, 인질치상죄는 상해에 대하여 과실이 있는 경우이다. 인질상해죄는 인질강요죄와 상해죄의 결합범이지만, 인질치상죄는 결과적 가중범에 해당한다. 인질을 안전한 장소에 풀어준 경우에는 형을 감경하는 해방감경규정이 있다.

Ⅶ. 인질살해·치사죄

제324조의4 (인질살해·치사) 제324조의2의 죄를 범한 자가 인질을 살해한 때에는 사형 또는 무기징역에 처한다. 사망에 이르게 한 때에는 무기 또는 10년 이상의 징역에 처한다.
제324조의5 (미수범) 제324조 내지 제324조의4의 미수범은 처벌한다.

인질살해·치사죄는 인질강요죄를 범한 자가 인질을 살해하거나 사망에 이르게 한 경우에 성립하는 범죄이다. 인질살해죄는 살해에 대하여 고의가 있는 경우이며, 인질치상죄는 사망에 대하여 과실이 있는 경우이다. 인질살해죄는 인질강요죄와 살인죄의 결합범이지만, 인질치사죄는 결과적 가중범에 해당한다. 인질상해죄와는 달리 본죄에는 인질을 안전한 장소에 풀어준 경우에는 형을 감경하는 해방감경규정이 없다. 따라서 인질을 풀어주었으나 결국 인질이 사망한 경우 형을 감경하지 않는다.

CHAPTER 03

명예와 신용에 대한 죄

제1절 명예에 관한 죄

Ⅰ. 총설

1. 의의

명예에 관한 죄는 공연히 사실을 적시하여 사람의 명예를 훼손하거나 사람을 모욕하는 것을 내용으로 하는 범죄이다. 형법은 명예에 관한 죄에 대하여 크게 명예훼손죄와 모욕죄로 나누어 규정하고 있다. 명예훼손죄는 공연히 사실 또는 허위의 사실을 적시하여 사람의 명예를 훼손하는 것을 내용으로 하고, 모욕죄는 공연히 사람을 모욕하는 것을 내용으로 하는 범죄이다.

2. 명예의 유형

명예에 관한 죄의 보호법익은 명예이다. 명예는 사람의 인격적 가치이며, 이는 다시 내적 명예, 외적 명예, 명예감정으로 나누어 파악할 수 있다.

내적 명예는 다른 사람의 평가와는 독립하여 사람이 가지고 있는 인격의 내부적 가치 그 자체를 말한다. 개인이 스스로 가지고 있는 자기 존중감이나 자아에 대한 긍지를 의미하며, 이러한 가치는 순수한 가치세계의 가치이며, 사람이 출생에 의하여 가지게 되어 결코 상실할 수 없는 인격가치이다. 내적 명예는 타인의 침해에 의하여 훼손될 성질이 아니기 때문에 형법은 이를 보호할 필요도, 보호할 수도 없다.

외적 명예는 사람의 인격적 가치와 그의 도덕적, 사회적 행위에 대한 사회적 평가 또는 사회적 평판(social reputation)을 말한다. 명예훼손죄의 보호법익은 외적 명예이다. 명예훼손은 단순히 특정 사람의 감정을 상하게 하는 것이 아니라 그 사람에 대한 사회적 평가를 훼손하는 것을 말한다.

명예감정은 자신의 인격적 가치에 대한 자기 자신의 주관적인 평가 내지 감정을 말한다. 명예감정은 사회적 맥락에서 자신이 어떻게 보이길 원하는지, 타인의 평가에 대한 욕구를 말하며, 개인이 타인에게 존경이나 긍정적 평가를 받고자 하는 감정을 말한다. 자기 자신에 대한 가치평가이므로 타인에 의해 훼손될 수 있지만, 명예감정은 사람마다 다르기 때문에 객관적으로 보호할 수 있는 판단기준이 없다.

3. 보호법익

명예훼손죄, 모욕죄의 보호법익은 사회적 가치에 대한 사회적 평가인 외적 명예로 보는 것이 통설과 판례의 입장이다.[303)]

생각건대, 형법이 보호하고자 하는 명예는 사회적 질서와 밀접하게 연관되어 있기 때문에 명예훼손죄의 보호법익은 외적 명예로 보는 것이 타당하다. 명예감정을 보호법익으로 설정할 수 없다. 만약 명예감정을 보호법익으로 한다면 공연성을 요건으로 할 필요가 없지만, 현행법 규정은 모두 공연성을 요건으로 하고 있고, 허위가 아닌 진실한 사실을 적시해도 명예훼손죄가 성립되기 때문이다. 명예감정을 보호법익으로 한다면 피해자의 명예감정 침해 여부에 대한 기준이 전부 달라질 수 있다. 사람마다 명예감정의 기준이나 정도가 다를 수 있으며, 특정 상황에서 한 개인이 느끼는 명예감정도 시간이 지나면 달라질 수 있다. 따라서 형법이 보호할 수 있는 객관적 기준을 설정하기 어려워 이를 보호법익으로 삼는다면 법적 안정성이 훼손될 우려가 있다. 명예감정을 법적으로 보호할 경우, 사실과 다른 경미한 발언이나 비판조차도 명예훼손죄로 문제 삼아 형법적으로 처벌할 가능성이 증대될 수 있다. 이는 결국 표현의 자유를 과도하게 제한하고, 사회적 소통과 비판의 기능을 위축시킬 수 있다. 명예감정은 객관적 평가보다 주관적 요소가 강하기 때문에, 이를 보호법익으로 삼는다면 범죄의 성립 여부가 피해자의 감정에 따라 불확실해질 수 있다는 문제점이 있다. 형법적으로 보호되는 법익은 객관적으로 타인에 의해 평가되는 외적 명예이지, 개인의 내면적 감정이나 주관적 평가가 될 수 없다. 본죄의 보호법익을 사회적 평가를 의미하는 외적 명예로 보는 것이 타당하다.

303) 대법원 1987.5.12. 선고 87도739 판결.

4. 보호 정도

본죄의 보호 정도에 대하여 적시된 사실을 불특정 또는 다수인이 현실적으로 인식하여 최소한 명예가 훼손될 구체적 위험이 있어야 기수가 된다는 구체적 위험설이 있지만,[304)] 통설과 판례는 본죄를 추상적 위험범으로 본다.[305)] 공연히 사실을 적시하여 사람의 명예를 훼손하거나 사람을 모욕하면 완성되고, 그것으로 인하여 피해자의 명예가 침해되어야 기수가 되는 것은 아니다.

Ⅱ. 명예훼손죄

제307조 (명예훼손) ① 공연히 사실을 적시하여 사람의 명예를 훼손한 자는 2년 이하의 징역이나 금고 또는 500만원 이하의 벌금에 처한다.
② 공연히 허위의 사실을 적시하여 사람의 명예를 훼손한 자는 5년 이하의 징역, 10년 이하의 자격정지 또는 1천만원 이하의 벌금에 처한다.
제312조 (고소와 피해자의 의사) ① 제308조와 제311조의 죄는 고소가 있어야 공소를 제기할 수 있다.
② 제307조와 제309조의 죄는 피해자의 명시한 의사에 반하여 공소를 제기할 수 없다.

1. 의의

명예훼손죄는 공연히 진실한 사실을 적시하여 사람의 명예를 훼손한 경우(제1항) 또는 공연히 허위의 사실을 적시하여 사람의 명예를 훼손한 경우(제2항)에 성립하는 범죄이다. 피해자의 명시한 의사에 반하여 공소를 제기할 수 없는 반의사불벌죄이다.

304) 배종대, 285면.
305) 김성돈, 213면; 김일수/서보학, 187면; 이재상/장영민/강동범, 192면.

2. 객관적 구성요건

가. 객체: 사람의 명예

(1) 명예

명예훼손죄의 보호법익이자 객체인 명예는 사람의 인격적 가치와 그의 도덕적, 사회적 행위에 대한 사회적 평가인 '외적 명예'를 의미한다. 인격적 가치는 사람의 행위와 인격에 대한 윤리적 가치뿐만 아니라 개인적 능력, 신체적·정신적인 자질, 직업, 성격, 외모, 지식 등과 같이 사회생활에서 인정되는 모든 사회적 가치를 포함한다.

사람의 인격적 가치에 대한 사회일반의 평가는 그 사람의 진가(眞價)와 일치할 필요는 없다. 사람의 진가와 관계없이 사회일반이 생각하고 있는 가정적 가치도 본죄의 보호대상인 명예에 해당한다. 다만 인격적 가치는 긍정적 가치이어야 하며 부정적 가치는 포함하지 않는다. 형벌이라는 수단을 통해서까지 형법적으로 보호할 필요성이 없다. 따라서 범죄자가 가지고 있는 악명은 명예가 될 수 없다.[306)]

또한 사람의 지불능력이나 지불의사에 대한 경제적 평가는 사회적 가치에 포함되지만, 형법에서 별도의 신용훼손죄로 처벌하고 있기 때문에 본죄의 객체에서는 제외된다.

(2) 명예의 주체

명예의 주체, 즉 피해자는 모든 자연인뿐만 아니라 법인도 포함된다. 따라서 살아 있는 사람이라면 정신질환자·유아도 명예의 주체가 된다. 사망한 자의 명예를 훼손한 경우는 본죄가 아니라 사자명예훼손죄가 성립한다.

학회, 종친회, 동창회와 같은 법인격 없는 단체도 법이 인정한 사회적 기능을 수행하고 법적 의사를 형성할 수 있으면 명예주체가 된다. 다만 사교단체나 가족은 대외적 법적 활동의 주체가 아니기 때문에 명예주체가 되지 않는다.

국가나 지방자치단체는 기본권의 수범자이지 기본권의 주체가 아니고, 업무수행과 관련된 사항은 국민의 광범위한 감시와 비판의 대상이 되어야 하기 때문에 국가나 지방자치단체는 명예훼손죄나 모욕죄의 피해자, 즉 외부적 명예의 주체가 될 수 없다.

판례 고흥군 홈페이지 명예훼손 사건

【판결요지】 형법이 명예훼손죄 또는 모욕죄를 처벌함으로써 보호하고자 하는 사람의 가치에 대한 평가인 외부적 명예는 개인적 법익으로서, 국민의 기본권을 보호 내지 실현해야 할 책임과 의무를 지고 있는 공권력의 행사자인 국가나 지방자치단체는 기본

306) 김성돈, 216면; 김일수/서보학, 189면; 정성근/박광민, 212면.

권의 수범자일 뿐 기본권의 주체가 아니고, 정책결정이나 업무수행과 관련된 사항은 항상 국민의 광범위한 감시와 비판의 대상이 되어야 하며 이러한 감시와 비판은 그에 대한 표현의 자유가 충분히 보장될 때에 비로소 정상적으로 수행될 수 있으므로, 국가나 지방자치단체는 국민에 대한 관계에서 형벌의 수단을 통해 보호되는 외부적 명예의 주체가 될 수는 없고, 따라서 명예훼손죄나 모욕죄의 피해자가 될 수 없다(대법원 2016.12.27. 선고 2014도15290 판결).

【해설】 고흥군청 인터넷 홈페이지에 고흥군을 비방할 목적으로 허위 내용의 글을 게시하거나 고흥군에 대한 경멸적인 표현의 글을 게재하여 고흥군의 명예를 훼손하고 모욕하였다며 공소가 제기된 사안에서, 고흥군은 지방자치단체로서 명예훼손죄나 모욕죄의 피해자가 될 수 없기 때문에 명예훼손죄와 모욕죄가 성립하지 않는다는 판례이다.

국가나 지방자치 단체는 피해자가 될 수 없어도 정책 결정이나 업무수행에 관여한 공직자 개인의 경우에는 명예훼손이 될 여지가 있다. 정부 또는 국가기관의 업무수행과 관련된 사항에 관한 표현으로 그 업무수행에 관여한 공직자에 대한 사회적 평가가 다소 저하될 수 있다고 하더라도, 그 내용이 공직자 개인에 대한 악의적이거나 심히 경솔한 공격으로서 현저히 상당성을 잃은 것으로 평가되지 않는 한, 그로 인하여 곧바로 공직자 개인에 대한 명예훼손이 된다고 할 수 없다.[307] 이는 공직자 개인에 대한 악의적이거나 심히 경솔한 공격으로서 현저히 상당성을 잃은 것으로 평가할 수 있다면 본죄가 성립할 수 있다는 의미이다.

방송국 프로듀서 등 피고인들이 특정 프로그램 방송보도를 통하여 '미국산 쇠고기 수입을 위한 제2차 한미 전문가 기술협의'(이른바 '한미 쇠고기 수입 협상')의 협상단 대표와 주무부처 장관이 협상을 졸속으로 체결하여 국민을 인간광우병(vCJD) 위험에 빠뜨리게 하였다는 취지로 표현하는 등 그 자질 및 공직수행 자세를 비하하여 이들의 명예를 훼손하였다고 문제된 사건,[308] 세월호 침몰 사건 당시 해양경찰청장과 세월호 침몰사고 현장 구조대원들, 세월호 구조 담당 해양경찰과 관련된 명예훼손 사건,[309] 피고인이 세월호 참사 국민대책회의 공동위원장이자 '4월 16일의 약속 국민연대' 상임운영위원으로서 언론사 기자와 시민 등을 상대로 기자회견을 하던 중 '세월호 참사 당일 7시간 동안 대통령이 마약이나 보톡스를 했다는 의혹이 사실인지 청와대를 압수·수색해서 확인했으면 좋겠다.'는 취지로 발언한 사건 등이 문제된 적이 있다.[310][311]

307) 대법원 2011.9.2. 선고 2010도17237; 대법원 2018.11.29. 선고 2016도14678 판결.

308) 대법원 2011.9.2. 선고 2010도17237 판결.

309) 대법원 2018.11.29. 선고 2016도14678 판결.

310) 대법원 2021.3.25. 선고 2016도14995 판결.

311) 공적인 존재의 정치적 이념을 비판하는 표현에 대한 법적 규제와 그 한계에 대하여 읽어볼 만한 민사판결문으로 대법원

(3) 집합명칭을 사용한 경우

법인격 없는 단체에도 이르지 못한 집단 내지 집합체를 지칭하여 그 명예를 훼손하는 '집합명칭에 의한 명예훼손' 또는 '집단표시에 의한 명예훼손'의 경우 원칙적으로 집단구성원에 대한 명예훼손죄는 성립하지 않는다. 집단표시에 의한 비난이 개별구성원에 이르러서는 비난의 정도가 희석되어 구성원 개개인의 사회적 평가에 영향을 미칠 정도에 이르지 않은 것으로 평가될 수 있기 때문이다. 따라서 "정치꾼은 모두 사기꾼이다", "한국인은 뻔뻔하다" 등과 같이 특정성을 결여한 경우에는 명예훼손죄가 성립하지 않는다.

하지만 다음의 경우와 같이 일정한 요건을 갖춘 경우에는 예외적으로 구성원 모두 또는 구성원 개개인에 대한 명예훼손이 될 수 있다.

첫째, "A세무서 법인세과 소속 세무공무원들은 모두 납세자로부터 금품을 수수한다" 또는 "A대학교 법학과 교수들은 모두 입시부정과 관련이 있다" 등과 같은 경우 집단의 구성원이 일반인과 명백히 구별될 수 있을 정도로 집합명칭이 특정되어 있고, 그 내용이 집단의 구성원을 모두 지적하는 것이라면 구성원 개개인은 자신의 명예를 훼손당한 피해자로서 고소할 수 있다. 단 이 경우에도 예외를 인정하는 일반적인 평균판단이 아니라야 한다.

둘째, "장관 가운데 1명이 기업으로부터 뇌물을 수수하였다" 또는 "A초등학교 교사 중 몇 명은 학부형으로부터 촌지를 받는다" 등과 같이 집단의 구성원 중 1인 또는 수인을 지적하였지만 그것이 누구인가를 명백히 하지 아니하여 구성원 모두가 혐의를 받는 경우에 명예훼손죄가 된다.

판례 3·19 동지회 사건

【사실관계】 갑은 학교 교사 66명 중 37명이 소속하고 있는 '3·19 동지회 소속 교사들이 학생들을 선동하여 무단 하교하게 하였다'라는 내용의 보도자료를 배포하였다.

【판결요지】 명예훼손죄는 어떤 특정한 사람 또는 인격을 보유하는 단체에 대하여 그 명예를 훼손함으로써 성립하는 것이므로 그 피해자는 특정한 것임을 요하고, 다만 서울시민 또는 경기도민이라 함과 같은 막연한 표시에 의해서는 명예훼손죄를 구성하지 아니한다 할 것이지만, 집합적 명사를 쓴 경우에도 그것에 의하여 그 범위에 속하는 특정인을 가리키는 것이 명백하면, 이를 각자의 명예를 훼손하는 행위라고 볼 수 있다(대법원 2000.10.10. 선고 99도5407 판결).

【해설】 피해자를 집합적 명사로 표현한 경우, 명예훼손죄가 성립하는지 여부에 대하여 판례는 집합적 명사를 쓴 경우에도 그것에 의하여 그 범위에 속하는 특정인을 가리키는 것이 명백하면 각자의 명예를 훼손하는 행위라고 본다.

2018.10.30. 선고 2014다61654 전원합의체 판결.

판례 여성 아나운서 모욕 사건

【사실관계】 국회의원이었던 피고인 갑은 국회의장배 전국 대학생 토론대회에 참여했던 학생들과 저녁회식을 하는 자리에서, 장래의 희망이 아나운서라고 한 여학생들에게 아나운서 지위를 유지하거나 승진하기 위하여 "다 줄 생각을 해야 하는데, 그래도 아나운서 할 수 있겠느냐. ○○여대 이상은 자존심 때문에 그렇게 못하더라"라는 등의 말을 함으로써 공연히 8개 공중파 방송 아나운서들로 구성된 △△연합회 회원인 여성 아나운서 154명을 각 모욕하였다는 사실로 기소되었다.

【판결요지】 모욕죄는 특정한 사람 또는 인격을 보유하는 단체에 대하여 사회적 평가를 저하시킬 만한 경멸적 감정을 표현함으로써 성립하므로 그 피해자는 특정되어야 한다. 그리고 이른바 집단표시에 의한 모욕은, 모욕의 내용이 집단에 속한 특정인에 대한 것이라고는 해석되기 힘들고, 집단표시에 의한 비난이 개별구성원에 이르러서는 비난의 정도가 희석되어 구성원 개개인의 사회적 평가에 영향을 미칠 정도에 이르지 아니한 경우에는 구성원 개개인에 대한 모욕이 성립되지 않는다고 봄이 원칙이고, 비난의 정도가 희석되지 않아 구성원 개개인의 사회적 평가를 저하시킬 만한 것으로 평가될 경우에는 예외적으로 구성원 개개인에 대한 모욕이 성립할 수 있다. 한편 구성원 개개인에 대한 것으로 여겨질 정도로 구성원 수가 적거나 당시의 주위 정황 등으로 보아 집단 내 개별구성원을 지칭하는 것으로 여겨질 수 있는 때에는 집단 내 개별구성원이 피해자로서 특정된다고 보아야 할 것인데, 구체적인 기준으로는 집단의 크기, 집단의 성격과 집단 내에서의 피해자의 지위 등을 들 수 있다(대법원 2014.3.27. 선고 2011도15631 판결).

【해설】 이에 대하여 대법원은 집단표시에 의한 모욕죄가 성립하지 않는다고 판단하였다. ① 피고인을 수사기관에 고소한 여성 아나운서는 154명이고, △△연합회에 등록된 여성 아나운서의 수는 295명에 이르며, 피고인의 발언 대상인 '여성 아나운서'라는 집단은 직업과 성별로만 분류된 집단의 명칭으로서 그중에는 이 사건 고소인들이 속한 공중파 방송 아나운서들로 구성된 △△연합회에 등록된 사람뿐만 아니라 유선방송에 소속되어 있거나 그 밖의 다양한 형태로 활동하는 여성 아나운서들이 존재하므로 '여성 아나운서'라는 집단 자체의 경계가 불분명하고 그 조직화 및 결속력의 정도 또한 견고하다고 볼 수 없는 점, ② 피고인의 발언 대상이 그중 피고인을 고소한 여성 아나운서들이 속한 △△연합회만을 구체적으로 지칭한다고 보기도 어려운 점, ③ 피고인의 이 사건 발언은, 비록 그 발언 내용이 매우 부적절하고 저속하기는 하지만, 앞서 본 여성 아나운서 집단의 규모와 조직 체계, 대외적으로 구성원의 개성이 부각되는 정도에 더하여 그 발언의 경위와 상대방, 발언 당시의 상황, 그 표현의 구체적 방식과 정도 및 맥락 등을 고려해 보면 위 발언으로 인하여 곧바로 피해자들을 비롯한 여성 아나운서들에 대한 기존의 사회적 평가를 근본적으로 변동시킬 것으로 보이지는 아니하는 점, ④ 피해자들을 비롯한 여성 아나운서들은 방송을 통해 대중에게 널리 알려진 사람들이어서 그 생활 범위 내에 있는 사람들이 문제된 발언과 피해자들을 연결시킬 가능

성이 있다는 이유만으로 곧바로 그 집단 구성원 개개인에 대한 모욕이 된다고 평가하게 되면 모욕죄의 성립 범위를 지나치게 확대시킬 우려가 있는 점 등을 종합해 보면, 피고인의 이 사건 발언은 여성 아나운서 일반을 대상으로 한 것으로서 그 개별구성원인 피해자들에 이르러서는 비난의 정도가 희석되어 피해자 개개인의 사회적 평가에 영향을 미칠 정도에까지는 이르지 아니하므로 형법상 모욕죄에 해당한다고 보기는 어렵다.

나. 행위: 공연히 사실 또는 허위사실을 적시하여 명예를 훼손하는 것

(1) 공연히

(가) 의의

'공연히'는 불특정 또는 다수인이 인식할 수 있는 상태를 의미한다. 따라서 불특정한 다수인 뿐만 아니라 불특정한 1인, 특정한 다수인의 경우에도 공연성은 인정된다. 인터넷 포털사이트의 기사란은 인터넷 포털사이트를 이용하는 불특정 다수의 이용자들이 쉽게 그 내용을 확인할 수 있으므로 이에 댓글을 게재한 행위는 당연히 공연성이 인정된다.[312]

하지만 특정한 1인의 경우에는 공연성을 인정할 수 없다. 여기에서 '특정'이라 함은 반드시 신원의 특정만을 의미하는 것이 아니라, 가족관계, 친구, 직장동료 등과 같이 행위자와 밀접한 결합관계로 맺어져 있음을 의미한다.

불특정 또는 다수인이 인식할 수 있는 상태에 도달하면 충분하다. 추상적 위험범이기 때문이다. 따라서 불특정 또는 다수인이 실제로 인식하지 않아도 공연성은 인정된다. 따라서 갑이 직장상사의 명예를 훼손하는 사실을 적시한 벽보를 사내게시판에 게시하였으나 즉시 이를 철거하는 바람에 아무도 그 내용을 읽지 못하였더라도 공연성은 인정된다.

(나) 판례의 전파성이론

원칙적으로 특정한 1인에 대하여 사실을 적시한 경우 공연히 하였다고 볼 수 없다. 그럼에도 불구하고 판례는 이른바 '전파성이론'에 의하여 공연성을 인정할 여지를 남겨두고 있다.

대법원 판례는 사실을 적시한 상대방이 특정한 한 사람인 경우라 하더라도 그 말을 들은 사람이 불특정 또는 다수인에게 그 말을 전파할 가능성이 있는 때에는 공연성을 인정하며, 특정한 한 사람이 다른 사람에게 전파할 가능성이 없거나, 비밀이 보장되는 경우에는 공연성을 부정한다. 이를 '전파성이론'이라고 한다. 이 이론은 명예훼손 범죄의 공연성에 관한 대법원 판례의 기본적 법리로 적용되어 왔다.

한편, 공연성에 관한 전파가능성의 법리를 그대로 유지할 것인가에 대하여 논의가 있었다. 이에 대하여 대법원은 오랜 시간에 걸쳐 발전시켜 온 것으로서 현재에도 여전히 법

312) 대법원 2008.7.10. 선고 2008도2422 판결.

리적으로나 현실적인 측면에 비추어 타당하므로 유지되어야 한다고 하였다. 대법원 판례와 재판 실무는 전파가능성 법리를 제한 없이 적용할 경우 공연성 요건이 무의미하게 되고 처벌이 확대되게 되어 표현의 자유가 위축될 우려가 있다는 점을 고려하여, 전파가능성의 구체적·객관적인 적용 기준을 세우고, 피고인의 범의를 엄격히 보거나 적시의 상대방과 피고인 또는 피해자의 관계에 따라 전파가능성을 부정하는 등 판단 기준을 사례별로 유형화하면서 전파가능성에 대한 인식이 필요함을 전제로 전파가능성 법리를 적용함으로써 공연성을 엄격하게 인정하고 있다.

판례에 따르면 남편의 친구[313] 등과 같이 피해자와 밀접한 관계에 있는 자, 피해자의 직장 상사, 피해자의 동업자에 대하여 말한 경우는 전파가능성이 없다고 한다. 갑이 집에서 처로부터 전날 외박한 사실에 대하여 추궁당하자 이를 모면하기 위하여 처에게 피해자와 여관방에서 동침한 사실이 있다고 말한 사실만으로써는 명예훼손죄의 구성요건인 공연성이 있다 할 수 없다고 하였다.[314]

생각건대, 판례의 전파성이론은 표현의 자유를 지나치게 제한하고 있으며, 전파가능성이 있다는 이유로 공연성을 인정하는 것은 문언의 통상적 의미를 벗어나 피고인에게 불리한 확장해석으로 죄형법정주의에서 금지하는 유추해석에 해당한다. 또한 범죄의 성립 여부는 행위자의 행위에 의하여 결정되어야 함에도 불구하고 상대방의 전파의사 또는 전파할 개연성에 좌우된다는 것은 타당하지 않다. 미래에 전파될 가능성이라는 추측을 처벌의 근거로 삼는 것은 죄형법정주의에 반한다. 상대방이 전파할 개연성이 있는지에 대하여 행위자가 인식하지 못한 경우에는 더욱 그러하다. 판례가 전파가능성에 대한 구체적·객관적 적용기준을 세운다고 하지만, 그러한 기준 설정이 가능한지 의문이다. 직장동료·친구·친인척에게 사실을 적시한 경우 피해자와 어느 정도 밀접관계가 있으면 전파가능성이 있는지를 객관화하기 어렵기 때문이다. 유사사례의 경우에도 구체적 사정에 따라 전파가능성의 유무를 달리 판단하고 있다. 따라서 공연성 개념에 전파가능성을 포함시켜 해석할 수 없다.

판례 공연성과 전파가능성

【판결요지】 [다수의견] 명예훼손죄의 관련 규정들은 명예에 대한 침해가 '공연히' 또는 '공공연하게' 이루어질 것을 요구하는데, '공연히' 또는 '공공연하게'는 사전적으로 '세상에서 다 알 만큼 떳떳하게', '숨김이나 거리낌이 없이 그대로 드러나게'라는 뜻이다. 공연성을 행위 태양으로 요구하는 것은 사회에 유포되어 사회적으로 유해한 명예훼손 행위

313) 대법원 2000.2.11. 선고 99도4579 판결.

314) 대법원 1984.3.27. 선고 84도86 판결.

만을 처벌함으로써 개인의 표현의 자유가 지나치게 제한되지 않도록 하기 위함이다.

대법원 판례는 명예훼손죄의 구성요건으로서 공연성에 관하여 '불특정 또는 다수인이 인식할 수 있는 상태'를 의미한다고 밝혀 왔고, 이는 학계의 일반적인 견해이기도 하다. 대법원은 명예훼손죄의 공연성에 관하여 개별적으로 소수의 사람에게 사실을 적시하였더라도 그 상대방이 불특정 또는 다수인에게 적시된 사실을 전파할 가능성이 있는 때에는 공연성이 인정된다고 일관되게 판시하여, 이른바 전파가능성 이론은 공연성에 관한 확립된 법리로 정착되었다. 이러한 법리는 정보통신망 이용촉진 및 정보보호 등에 관한 법률(이하 '정보통신망법'이라 한다)상 정보통신망을 이용한 명예훼손이나 공직선거법상 후보자비방죄 등의 공연성 판단에도 동일하게 적용되어, 적시한 사실이 허위인지 여부나 특별법상 명예훼손 행위인지 여부에 관계없이 명예훼손 범죄의 공연성에 관한 대법원 판례의 기본적 법리로 적용되어 왔다.

공연성에 관한 전파가능성 법리는 대법원이 오랜 시간에 걸쳐 발전시켜 온 것으로서 현재에도 여전히 법리적으로나 현실적인 측면에 비추어 타당하므로 유지되어야 한다. 대법원 판례와 재판 실무는 전파가능성 법리를 제한 없이 적용할 경우 공연성 요건이 무의미하게 되고 처벌이 확대되게 되어 표현의 자유가 위축될 우려가 있다는 점을 고려하여, 전파가능성의 구체적·객관적인 적용 기준을 세우고, 피고인의 범의를 엄격히 보거나 적시의 상대방과 피고인 또는 피해자의 관계에 따라 전파가능성을 부정하는 등 판단 기준을 사례별로 유형화하면서 전파가능성에 대한 인식이 필요함을 전제로 전파가능성 법리를 적용함으로써 공연성을 엄격하게 인정하여 왔다. 구체적으로 살펴보면 다음과 같다.

(가) 공연성은 명예훼손죄의 구성요건으로서, 특정 소수에 대한 사실적시의 경우 공연성이 부정되는 유력한 사정이 될 수 있으므로, 전파될 가능성에 관하여는 검사의 엄격한 증명이 필요하다. 나아가 대법원은 '특정의 개인이나 소수인에게 개인적 또는 사적으로 정보를 전달하는 것과 같은 행위는 공연하다고 할 수 없고, 다만 특정의 개인 또는 소수인이라고 하더라도 불특정 또는 다수인에게 전파 또는 유포될 개연성이 있는 경우라면 공연하다고 할 수 있다'고 판시하여 전파될 가능성에 대한 증명의 정도로 단순히 '가능성'이 아닌 '개연성'을 요구하였다.

(나) 공연성의 존부는 발언자와 상대방 또는 피해자 사이의 관계나 지위, 대화를 하게 된 경위와 상황, 사실적시의 내용, 적시의 방법과 장소 등 행위 당시의 객관적 제반 사정에 관하여 심리한 다음, 그로부터 상대방이 불특정 또는 다수인에게 전파할 가능성이 있는지 여부를 검토하여 종합적으로 판단하여야 한다. 발언 이후 실제 전파되었는지 여부는 전파가능성 유무를 판단하는 고려요소가 될 수 있으나, 발언 후 실제 전파 여부라는 우연한 사정은 공연성 인정 여부를 판단함에 있어 소극적 사정으로만 고려되어야 한다. 따라서 전파가능성 법리에 따르더라도 위와 같은 객관적 기준에 따라 전파가능성을 판단할 수 있고, 행위자도 발언 당시 공연성 여부를 충분히 예견할 수 있

으며, 상대방의 전파의사만으로 전파가능성을 판단하거나 실제 전파되었다는 결과를 가지고 책임을 묻는 것이 아니다.

(다) 추상적 위험범으로서 명예훼손죄는 개인의 명예에 대한 사회적 평가를 진위에 관계없이 보호함을 목적으로 하고, 적시된 사실이 특정인의 사회적 평가를 침해할 가능성이 있을 정도로 구체성을 띠어야 하나, 위와 같이 침해할 위험이 발생한 것으로 족하고 침해의 결과를 요구하지 않으므로, 다수의 사람에게 사실을 적시한 경우뿐만 아니라 소수의 사람에게 발언하였다고 하더라도 그로 인해 불특정 또는 다수인이 인식할 수 있는 상태를 초래한 경우에도 공연히 발언한 것으로 해석할 수 있다.

(라) 전파가능성 법리는 정보통신망 등 다양한 유형의 명예훼손 처벌규정에서의 공연성 개념에 부합한다고 볼 수 있다. 인터넷, 스마트폰과 같은 모바일 기술 등의 발달과 보편화로 SNS, 이메일, 포털사이트 등 정보통신망을 통해 대부분의 의사표현이나 의사전달이 이루어지고 있고, 그에 따라 정보통신망을 이용한 명예훼손도 급격히 증가해 가고 있다. 이러한 정보통신망과 정보유통과정은 비대면성, 접근성, 익명성 및 연결성 등을 본질적 속성으로 하고 있어서, 정보의 무한 저장, 재생산 및 전달이 용이하여 정보통신망을 이용한 명예훼손은 '행위 상대방' 범위와 경계가 불분명해지고, 명예훼손 내용을 소수에게만 보냈음에도 행위 자체로 불특정 또는 다수인이 인식할 수 있는 상태를 형성하는 경우가 다수 발생하게 된다. 특히 정보통신망에 의한 명예훼손의 경우 행위자가 적시한 정보에 대한 통제가능성을 쉽게 상실하게 되고, 빠른 전파성으로 인하여 피해자의 명예훼손의 침해 정도와 범위가 광범위하게 되어 표현에 대한 반론과 토론을 통한 자정작용이 사실상 무의미한 경우도 적지 아니하다. 따라서 정보통신망을 이용한 명예훼손 행위에 대하여, 상대방이 직접 인식하여야 한다거나, 특정된 소수의 상대방으로는 공연성을 충족하지 못한다는 법리를 내세운다면 해결 기준으로 기능하기 어렵게 된다. 오히려 특정 소수에게 전달한 경우에도 그로부터 불특정 또는 다수인에 대한 전파가능성 여부를 가려 개인의 사회적 평가가 침해될 일반적 위험성이 발생하였는지를 검토하는 것이 실질적인 공연성 판단에 부합되고, 공연성의 범위를 제한하는 구체적인 기준이 될 수 있다. 이러한 공연성의 의미는 형법과 정보통신망법 등의 특별법에서 동일하게 적용되어야 한다.

(마) 독일 형법 제193조와 같은 입법례나 유엔인권위원회의 권고 및 표현의 자유와의 조화를 고려하면, 진실한 사실의 적시의 경우에는 형법 제310조의 '공공의 이익'도 보다 더 넓게 인정되어야 한다. 특히 공공의 이익관련성 개념이 시대에 따라 변화하고 공공의 관심사 역시 상황에 따라 쉴 새 없이 바뀌고 있다는 점을 고려하면, 공적인 인물, 제도 및 정책 등에 관한 것만을 공공의 이익관련성으로 한정할 것은 아니다. 따라서 사실적시의 내용이 사회 일반의 일부 이익에만 관련된 사항이라도 다른 일반인과의 공동생활에 관계된 사항이라면 공익성을 지닌다고 할 것이고, 이에 나아가 개인에 관한 사항이더라도 그것이 공공의 이익과 관련되어 있고 사회적인 관심을 획득한 경

우라면 직접적으로 국가·사회 일반의 이익이나 특정한 사회집단에 관한 것이 아니라는 이유만으로 형법 제310조의 적용을 배제할 것은 아니다. 사인이라도 그가 관계하는 사회적 활동의 성질과 사회에 미칠 영향을 헤아려 공공의 이익에 관련되는지 판단하여야 한다(대법원 2020.11.19. 선고 2020도5813 전원합의체 판결).

【해설】 판례의 쟁점은 명예훼손죄의 공연성에 관하여 판례상 확립된 법리인 이른바 전파가능성의 유지 여부이다. 다만 표현의 자유가 위축될 우려가 있기 때문에 판단기준을 사례유형별로 유형화하면서 공연성을 엄격히 인정한다. ① 전파가능성에 대한 검사의 엄격한 증명, ② 전파될 가능성에 대한 증명의 정도는 단순히 가능성이 아닌 개연성을 요구, ③ 공연성의 존부에 대한 종합판단, ④ 공공의 이익관련성 개념의 확대를 통한 발언 내용에 따른 위법성조각의 확대 필요성을 그 방법으로 제시한다.

(다) 판례에 나타난 전파가능성

전파가능성에 따라 공연성을 인정한 판례로는 다음과 같은 것이 있다. 개인 블로그의 비공개 대화방에서 상대방으로부터 비밀을 지키겠다는 말을 듣고 일대일로 대화하였다고 하더라도, 그 사정만으로 대화 상대방이 대화 내용을 불특정 또는 다수에게 전파할 가능성이 없다고 할 수 없으므로, 명예훼손죄의 요건인 공연성을 인정할 여지가 있다고 보았다.[315)]

전파가능성에 따라 공연성을 부정한 판례로는 다음과 같은 것이 있다. 피고인이 각 피해자에게 '사이비 기자 운운' 또는 '너 이 쌍년 왔구나'라고 말한 장소가 여관방 안이고 그곳에는 피고인과 그의 처, 피해자들과 그들의 딸, 사위, 매형밖에 없었고 피고인이 피고인의 딸과 피해자들의 아들 간의 파탄된 혼인 관계를 수습하기 위하여 만나 얘기하던 중 감정이 격화되어 말한 경우,[316)] 어느 사람에게 귀엣말 등 그 사람만 들을 수 있는 방법으로 그 사람 본인의 사회적 가치 내지 평가를 떨어뜨릴 만한 사실을 이야기한 경우,[317)] 이혼소송 계속 중인 처가 남편의 친구에게 서신을 보내면서 남편의 명예를 훼손하는 문구가 기재된 서신을 동봉한 경우,[318)] 기자를 통해 사실을 적시하는 경우에는 기사화되어 보도되어야만 적시된 사실이 외부에 공표된다고 보아야 할 것이므로 기자가 취재를 한 상태에서 아직 기사화하여 보도하지 아니한 경우는 전파가능성이 없다고 판단하였다.[319)]

315) 대법원 2008.2.14. 선고 2007도8155 판결.

316) 대법원 1984.4.10. 선고 83도49 판결.

317) 대법원 2005.12.9. 선고 2004도2880 판결.

318) 대법원 2000.2.11. 선고 99도4579 판결.

319) 대법원 2000.5.16. 선고 99도5622 판결.

(2) 사실의 적시

사실의 적시는 사람의 사회적 평가 내지 가치를 저하시키는데 충분한 사실을 지적하는 것을 의미한다.

(가) 사실의 적시와 가치판단 또는 의견 표현

'사실'은 가치판단 또는 평가를 내용으로 하는 '의견 표현'과는 다르다. 사실의 적시는 시간과 공간적으로 구체적인 과거 또는 현재의 사실관계에 관한 보고 내지 진술을 의미하는 것으로, 그 표현 내용이 증거에 의해 증명이 가능한 것을 말한다. 행위자의 진술이 사실인가 또는 의견인가를 구별할 때에는 언어의 통상적인 의미와 용법, 증명가능성, 문제된 말이 사용된 문맥, 그 표현이 행하여진 사회적 상황 등 전체적 정황을 고려하여 판단하여야 한다.[320)]

판례 사실의 적시와 의견 표현의 구별

【사실관계】 피고인은 피해자인 역사학자의 책 내용을 비판하는 저서를 집필하면서, 피해자가 "임나일본부설이 사실이라고 주장했다.", "백제가 야마토 조정의 식민지라고 주장했다.", "일본서기를 사실로 믿고 임나일본부설을 비판하지 않았다."라고 썼다고 주장하였다. 그러나 피해자의 저서는 실제로 임나일본부설의 존재 자체를 부정하고 있었다. 피해자는 피고인을 허위 사실 적시에 의한 명예훼손죄로 고소하였다.

【판결요지】 명예훼손죄에서의 사실의 적시란 가치판단이나 평가를 내용으로 하는 의견 표현에 대치되는 개념으로서 시간과 공간적으로 구체적인 과거 또는 현재의 사실관계에 관한 보고 내지 진술을 의미하며, 그 표현내용이 증거에 의한 입증이 가능한 것을 말하고, 판단할 진술이 사실인가 또는 의견인가를 구별할 때에는 언어의 통상적 의미와 용법, 입증가능성, 문제된 말이 사용된 문맥, 그 표현이 행하여진 사회적 상황 등 전체적 정황을 고려하여 판단하여야 한다. 다른 사람의 말이나 글을 비평하면서 사용한 표현이 겉으로 보기에 증거에 의해 입증 가능한 구체적인 사실관계를 서술하는 형태를 취하고 있더라도, 글의 집필의도, 논리적 흐름, 서술체계 및 전개방식, 해당 글과 비평의 대상이 된 말 또는 글의 전체적인 내용 등을 종합하여 볼 때, 평균적인 독자의 관점에서 문제 된 부분이 실제로는 비평자의 주관적 의견에 해당하고, 다만 비평자가 자신의 의견을 강조하기 위한 수단으로 그와 같은 표현을 사용한 것이라고 이해된다면 명예훼손죄에서 말하는 사실의 적시에 해당한다고 볼 수 없다(대법원 2017.5.11. 선고 2016도19255 판결).

【해설】 사실과 의견의 구별 기준은 단어의 사전적 의미나 표현형식만이 아니라, 표현

---

320) 대법원 1996.11.22. 선고 96도1741 판결; 대법원 1998.3.24. 선고 97도2956 판결; 대법원 2011.9.2. 선고 2010도17237 판결; 대법원 2021.3.25. 선고 2016도14995 판결.

이 사용된 문맥, 글 전체의 흐름과 논리 전개, 표현 당시의 사회적 상황, 평균적인 독자의 관점에서 어떻게 이해되는가 등 전체적 정황을 종합적으로 고려해야 한다. 이 사건의 경우 피고인의 표현은 겉으로는 "사실"처럼 보이나, 비평적 논평의 일부로서 주관적 판단이나 논평, 즉 의견 표현에 가까운 것으로 해석된다. 특히 피고인이 피해자의 주장을 왜곡 또는 과장하여 비판하는 맥락에서 나온 표현이다. 따라서 피고인의 표현은 형법상 '사실의 적시'에 해당하지 않는다.

(나) 피해자의 과거 또는 현재의 사회적 가치에 대한 구체적 사실

사회적 가치는 인격, 기술, 지능, 학력, 경력은 물론 건강, 신분, 가문 등 사회생활에서 존중되어야 할 모든 가치를 포함한다. 사람의 지불능력이나 지불의사에 대한 경제적 평가는 사회적 가치에 포함되지만, 형법에서 별도의 신용훼손죄로 처벌하고 있기 때문에 본죄의 객체에서는 제외된다.

적시된 사실은 피해자에 대한 사항이어야 한다. 따라서 처의 간통사실을 적시해도 남편에 대한 명예훼손은 성립하지 않는다.

과거 또는 현재의 사실이어야 한다. 장래의 일을 적시하는 것은 의견진술은 될 수 있어도 사실은 되지 않는다. 다만 장래의 사실도 현재 사실에 대한 주장을 포함할 경우에는 사실에 해당할 수 있다.

판례 과거 또는 현재의 사실을 기초로 장래의 일을 적시하는 경우

【판결요지】 [1] 명예훼손죄가 성립하기 위하여는 사실의 적시가 있어야 하는데, 여기에서 적시의 대상이 되는 사실이란 현실적으로 발생하고 증명할 수 있는 과거 또는 현재의 사실을 말하며, 장래의 일을 적시하더라도 그것이 과거 또는 현재의 사실을 기초로 하거나 이에 대한 주장을 포함하는 경우에는 명예훼손죄가 성립한다고 할 것이고, 장래의 일을 적시하는 것이 과거 또는 현재의 사실을 기초로 하거나 이에 대한 주장을 포함하는지 여부는 그 적시된 표현 자체는 물론 전체적인 취지나 내용, 적시에 이르게 된 경위 및 전후 상황, 기타 제반 사정을 종합적으로 참작하여 판단하여야 한다.
[2] 피고인이 경찰관을 상대로 진정한 사건이 혐의인정되지 않아 내사종결 처리되었음에도 불구하고 공연히 "사건을 조사한 경찰관이 내일부로 검찰청에서 구속영장이 떨어진다."고 말한 것은 현재의 사실을 기초로 하거나 이에 대한 주장을 포함하여 장래의 일을 적시한 것으로 볼 수 있어 명예훼손죄에 있어서의 사실의 적시에 해당한다고 한 사례(대법원 2003.5.13. 선고 2002도7420 판결).

【해설】 장래의 일을 말한 경우에도 일정한 조건에 따라 '사실의 적시'로 볼 수 있다는 판례이다. 장래 일을 말하더라도 그것이 과거 또는 현재의 사실을 기초로 하거나, 그에

대한 암시적 주장을 포함하는 경우, 사실의 적시에 해당될 수 있다. 즉 단순한 추측이 아닌, "그 사람에게 범죄 혐의가 있어 곧 구속된다"는 식의 말은 이미 범죄 혐의가 있다는 '현재 사실'을 전제로 한 주장이므로 '사실의 적시'에 해당하여 명예훼손죄 성립이 가능하다.

(다) 적시의 특정성

'적시'는 사람의 사회적 평가를 저하시키는데 충분한 사실을 지적하는 것이다. 반드시 그 사람의 성명을 명시할 것을 요하는 것은 아니며, 표현의 내용을 주위사정과 종합판단하여 그것이 어느 특정인을 지목하는 것인가를 알 수 있는 경우에는 그 특정인에 대한 명예훼손죄가 성립한다. 반드시 단정적으로 표현할 것을 요하지 않는다. 보도, 소문이나 제3자의 말을 인용하는 방법으로 단정적인 표현이 아닌 우회적 표현에 의하여 암시하거나, 추측·의혹 또는 질문에 의하여도 관계없다.[321] 하지만 질문에 대한 단순한 확인 대답만으로는 사실을 적시하였다고 할 수 없다.

판례에 따르면 애꾸눈, 병신이라고 욕설한 경우,[322] 개같은 잡년, 시집을 열두번을 간 년아, 자식도 못 낳는 창녀같은 년이라고 큰소리친 경우,[323] 아무 것도 아닌 똥꼬다리같은 놈이 잘 운영되어 가는 어촌계를 파괴하려 한다고 말한 경우,[324] 피해자가 피고인의 범죄를 고발하였다고만 말하고 고발의 동기나 경위에 관하여 전혀 언급하지 않은 경우[325]에는 사실의 적시가 아니라고 하였다.

(라) 적시의 구체성

사실의 적시는 특정인의 명예가 침해될 수 있을 정도로 구체적이어야 한다.[326] 따라서 구체적 사실이 아닌 추상적 사실·가치판단의 표시는 모욕죄에 해당한다. 특정인의 사회적 가치나 평가를 저하시키기에 충분한 구체적인 사실의 적시가 있다고 하기 위해서는 반드시 그러한 구체적인 사실이 직접적으로 명시되어 있을 것을 요구하는 것은 아니지만, 적어도 적시된 내용 중의 특정 문구에 의하여 그러한 사실이 곧바로 유추될 수 있을 정도는 되어야 한다.[327]

---

321) 대법원 2008.11.27. 선고 2007도5312 판결; 대법원 2021.3.25. 선고 2016도14995 판결.
322) 대법원 1994.10.25. 선고 94도1770 판결.
323) 대법원 1985.10.22. 선고 85도1629 판결.
324) 대법원 1989.3.14. 선고 88도1397 판결.
325) 대법원 1994.6.28. 선고 93도696 판결.
326) 대법원 1994.6.28. 선고 93도696 판결.
327) 대법원 2011.8.18. 선고 2011도6904 판결.

피해자가 동성애자가 아님에도 불구하고 동성애자라는 표현을 한 경우와 같이 가치중립적인 표현을 사용하였다고 하더라도 사회통념상 그로 인하여 특정인의 사회적 평가가 저하되었다고 판단된다면 명예훼손죄가 성립할 수 있다.[328] 어떤 표현이 명예훼손적인지 여부는 그 표현에 대한 사회 통념에 따른 객관적 평가에 의하여 판단하여야 하기 때문이다.

(마) 공적 인물에 대한 공적 관심 사안

공적 인물에 대한 공적 관심 사안과 사적인 영역에 속하는 사안 사이에 심사기준의 차이를 두어야 한다는 것이 판례의 입장이다. 판례에 따르면 표현의 자유와 명예보호 사이에 한계를 설정함에 있어서 피해자가 공적·사적인 존재인지, 표현이 공적 관심 사안인지 아니면 사적 영역에 속하는 사안인지, 표현이 객관적으로 국민이 알아야 할 공공성, 사회성을 갖춘 사안으로 여론형성이나 공개토론에 기여하는 것인지 아닌지 등을 가려서 심사기준에 차이를 두어야 한다.[329]

공론의 장에 나선 전면적 공적 인물의 경우에는 비판과 의혹의 제기를 감수해야 하고 그러한 비판과 의혹에 대해서는 해명과 재반박을 통해서 이를 극복해야 하며 공적 관심사에 대한 표현의 자유는 중요한 헌법상 권리로서 최대한 보장되어야 한다.[330] 공적 관심사에 대한 표현의 자유 보장과 개인의 사적 법익 및 인격권 보호라는 두 법익이 충돌하였을 때에는 구체적인 경우에 표현의 자유로 얻어지는 가치와 인격권의 보호에 의하여 달성되는 가치를 비교형량할 수밖에 없다. 표현형식과 내용이 모욕적이고 경멸적인 인신공격에 해당하거나 타인의 신상에 관하여 인격권을 침해한 경우에는 표현의 자유의 한계를 벗어난 것으로 허용될 수 없다.

공적 인물과 관련된 공적 관심사에 관하여 의혹을 제기하는 형태의 표현행위에 대해서는 일반인에 대한 경우와 달리 암시에 의한 사실의 적시로 평가하는데 신중해야 한다.[331]

판례 세월호와 보톡스 사건

【사실관계】 세월호 참사 국민대책회의 공동위원장이자 '4월 16일의 약속 국민연대' 상임운영위원 갑은 언론사 기자와 시민 등을 상대로 기자회견을 하던 중 '세월호 참사 당일 7시간 동안 대통령이 마약이나 보톡스를 했다는 의혹이 사실인지 청와대를 압수·수색해서 확인했으면 좋겠다.'는 취지로 발언하였다.

328) 대법원 2007.10.25. 선고 2007도5077 판결.
329) 대법원 2022.12.15. 선고 2017도19229 판결.
330) 대법원 2018.10.30. 선고 2014다61654 전원합의체 판결.
331) 대법원 2021.3.25. 선고 2016도14995 판결.

【판결요지】 [2] 기자회견 등 공개적인 발언으로 인한 명예훼손죄 성립 여부가 문제 되는 경우 발언으로 인한 피해자가 공적 인물인지 사적 인물인지, 발언이 공적인 관심사안에 관한 것인지 순수한 사적인 영역에 속하는 사안에 관한 것인지, 발언이 객관적으로 국민이 알아야 할 공공성이나 사회성을 갖춘 사안에 관한 것으로 여론형성이나 공개토론에 기여하는 것인지 아닌지 등을 따져보아 공적 인물에 대한 공적 관심사안과 사적인 영역에 속하는 사안 사이에 심사기준의 차이를 두어야 한다. 문제 된 표현이 사적인 영역에 속하는 경우에는 표현의 자유보다 명예의 보호라는 인격권이 우선할 수 있으나, 공공적·사회적인 의미를 가진 경우에는 이와 달리 표현의 자유에 대한 제한이 완화되어야 한다. 특히 정부 또는 국가기관의 정책결정이나 업무수행과 관련된 사항은 항상 국민의 감시와 비판의 대상이 되어야 하고, 이러한 감시와 비판은 표현의 자유가 충분히 보장될 때 비로소 정상적으로 이루어질 수 있으며, 정부 또는 국가기관은 형법상 명예훼손죄의 피해자가 될 수 없다. 그러므로 정부 또는 국가기관의 정책결정 또는 업무수행과 관련된 사항을 주된 내용으로 하는 발언으로 정책결정이나 업무수행에 관여한 공직자에 대한 사회적 평가가 다소 저하될 수 있더라도, 발언 내용이 공직자 개인에 대한 악의적이거나 심히 경솔한 공격으로서 현저히 상당성을 잃은 것으로 평가되지 않는 한, 그 발언은 여전히 공공의 이익에 관한 것으로서 공직자 개인에 대한 명예훼손이 된다고 할 수 없다. 이때 그러한 표현이 국가기관에 대한 감시·비판을 벗어나 공직자 개인에 대한 악의적이거나 심히 경솔한 공격으로서 현저히 상당성을 잃은 것인지는 표현의 내용이나 방식, 의혹사항의 내용이나 공익성의 정도, 공직자의 사회적 평가를 저하하는 정도, 사실 확인을 위한 노력의 정도, 그 밖의 주위 여러 사정 등을 종합하여 판단해야 한다.

[3] 피고인이 세월호 참사 국민대책회의 공동위원장이자 '4월 16일의 약속 국민연대'(이하 '4·16 연대'라 한다) 상임운영위원으로서 언론사 기자와 시민 등을 상대로 기자회견을 하던 중 '세월호 참사 당일 7시간 동안 대통령이 마약이나 보톡스를 했다는 의혹이 사실인지 청와대를 압수·수색해서 확인했으면 좋겠다.'는 취지로 발언함으로써 마치 대통령이 세월호 사건 발생 당일 마약을 하거나 피부미용, 성형수술을 위한 보톡스 주사를 맞고 있어 직무수행을 하지 않았던 것처럼 허위사실을 적시하여 대통령의 명예를 훼손하였다는 내용으로 기소된 사안에서, 제반 사실에 비추어 위 발언은 피고인과 4·16 연대 사무실에 대한 압수·수색의 부당성과 대통령의 행적을 밝힐 필요성에 관한 의견을 표명하는 과정에서 세간에 널리 퍼져 있는 의혹을 제시한 것으로 '대통령이 마약을 하거나 보톡스 주사를 맞고 있어 직무수행을 하지 않았다.'는 구체적인 사실을 적시하였다고 단정하기 어렵고, 피고인이 공적 인물과 관련된 공적 관심사항에 대한 의혹 제기 방식으로 표현행위를 한 것으로서 대통령 개인에 대한 악의적이거나 심히 경솔한 공격으로서 현저히 상당성을 잃은 것으로 평가할 수 없어 명예훼손죄로 처벌할 수 없다는 이유로, 이와 달리 본 원심판단에 형법 제307조 제2항에서 정한

명예훼손죄의 사실 적시, 전면적 공적 인물에 대한 명예훼손죄의 위법성 판단에 관한 법리오해의 잘못이 있다고 한 사례(대법원 2021.3.25. 선고 2016도14995 판결).

【해설】 본 판례는 공적 인물에 대한 공적 관심사안과 사적 영역에 속하는 사안 사이에 명예훼손죄의 성립 여부를 판단하는 기준을 달리하고 있다. 문제 된 표현이 사적인 영역에 속하는 경우에는 표현의 자유보다 명예의 보호라는 인격권이 우선할 수 있으나, 공공적·사회적인 의미를 가진 경우에는 이와 달리 표현의 자유에 대한 제한이 완화되어야 한다는 판례이다.

(바) 사실적시의 방법

사실적시의 방법에는 제한이 없다. 언어, 문서, 도화, 신문, 잡지, 라디오, 기타 출판물, 정보통신망의 인터넷 게시판 모두 가능하다.

만약, 신문, 잡지, 라디오 등 기타 출판물에 의하는 경우에 비방의 목적이 있으면 출판물에 의한 명예훼손죄가 성립하며, 비방의 목적이 없으면 형법 제307조의 명예훼손죄가 성립한다.

또한 정보통신망의 인터넷 게시판에 의하는 경우 비방의 목적이 있으면 정보통신망 이용촉진 및 정보보호 등에 관한 법률 제70조의 이른바 사이버 명예훼손죄가 성립한다. 동법에 따르면 사람을 비방할 목적으로 정보통신망을 통하여 공공연하게 사실이나 거짓의 사실을 드러내어 다른 사람의 명예를 훼손한 경우에 성립한다. 사람을 비방할 목적이 없으면 형법 제307조의 명예훼손죄가 성립한다.

(3) 허위사실의 적시

형법 제307조 제1항은 진실한 사실을 적시하여 명예를 훼손한 경우를, 형법 제307조 제2항은 허위의 사실을 적시하여 명예를 훼손한 경우를 규정하고 있다. 행위자의 표현내용이 '허위의 사실'인지 또는 '진실한 사실'인지는 위 조문의 어느 항이 적용될 것인지를 결정짓는 구성요건요소이다. 허위의 사실인 경우에는 형을 가중하고 있다.

그런데 대법원 판례는 제307조 제1항의 '사실'은 제2항의 '허위의 사실'과 반대되는 '진실한 사실'을 말하는 것이 아니라 가치판단이나 평가를 내용으로 하는 '의견'에 대치되는 개념이라고 한다. 판례에 따르면 제307조 제1항의 명예훼손죄는 적시된 사실이 진실한 사실인 경우이든 허위의 사실인 경우이든 모두 성립될 수 있고, 특히 적시된 사실이 허위의 사실이라고 하더라도 행위자에게 허위성에 대한 인식이 없는 경우에는 제307조 제2항의 명예훼손죄가 아니라 제307조 제1항의 명예훼손죄가 성립될 수 있다고 한다. 이러한 대법원의 해석은 중요한 법이론적 변화를 가져온다. 특히 착오의 경우 통설과 판례는 결론에 이르는 논증과정을 달리할 수밖에 없다. 이에 대해서는 후술한다.

판례 명예훼손죄의 사실의 의미

【판결요지】 형법 제307조 제1항, 제2항, 제310조의 체계와 문언 및 내용에 의하면, 제307조 제1항의 '사실'은 제2항의 '허위의 사실'과 반대되는 '진실한 사실'을 말하는 것이 아니라 가치판단이나 평가를 내용으로 하는 '의견'에 대치되는 개념이다. 따라서 제307조 제1항의 명예훼손죄는 적시된 사실이 진실한 사실인 경우이든 허위의 사실인 경우이든 모두 성립될 수 있고, 특히 적시된 사실이 허위의 사실이라고 하더라도 행위자에게 허위성에 대한 인식이 없는 경우에는 제307조 제2항의 명예훼손죄가 아니라 제307조 제1항의 명예훼손죄가 성립될 수 있다. 제307조 제1항의 법정형이 2년 이하의 징역 등으로 되어 있는 반면 제307조 제2항의 법정형은 5년 이하의 징역 등으로 되어 있는 것은 적시된 사실이 객관적으로 허위일 뿐 아니라 행위자가 그 사실의 허위성에 대한 주관적 인식을 하면서 명예훼손행위를 하였다는 점에서 가벌성이 높다고 본 것이다(대법원 2017.4.26. 선고 2016도18024 판결).

(4) 적시된 사실의 진실성과 허위성

적시된 사실이 진실인지 허위인지를 판단하는 것은 쉬운 일이 아니다. 적시된 사실이 허위의 사실인지 여부를 판단함에 있어서는 적시된 사실의 내용 전체의 취지를 살펴 판단해야 한다. 중요한 부분이 객관적 사실과 합치되는 경우에는 세부에 있어서 진실과 약간 차이가 나거나 다소 과장된 표현이 있다 하더라도 이를 허위의 사실이라고 볼 수는 없다.[332] 행위자가 그와 같은 사실을 적시함에 있어 적시사실이 허위임을 인식하여야 하고, 이러한 허위의 점에 대한 인식, 즉 고의에 대한 입증책임은 검사에게 있다.[333]

민사재판에서 진실한 사실로 인정되었다고 하여도 항상 진실한 사실이 되는 것은 아니다. 민사재판에서 법원은 당사자 사이에 다툼이 있는 사실관계에 대하여 처분권주의와 변론주의, 그리고 자유심증주의의 원칙에 따라 신빙성이 있다고 보이는 당사자의 주장과 증거를 받아들여 사실을 인정하는 것이어서, 민사판결의 사실인정이 항상 진실한 사실에 해당한다고 단정할 수는 없다.[334]

판례 민사판결을 통하여 사실인정이 있는 경우

【판결요지】 민사재판에서 법원은 당사자 사이에 다툼이 있는 사실관계에 대하여 처분권주의와 변론주의, 그리고 자유심증주의의 원칙에 따라 신빙성이 있다고 보이는 당

332) 대법원 2000.2.25. 선고 99도4757 판결 등 참조.

333) 대법원 2009.1.30. 선고 2007도5836 판결; 대법원 2010.10.28. 선고 2009도4949 판결 등 참조.

334) 대법원 2017.12.5. 선고 2017도15628 판결.

사자의 주장과 증거를 받아들여 사실을 인정하는 것이어서, 민사판결의 사실인정이 항상 진실한 사실에 해당한다고 단정할 수는 없다. 따라서 다른 특별한 사정이 없는 한, 그 진실이 무엇인지 확인할 수 없는 과거의 역사적 사실관계 등에 대하여 민사판결을 통하여 어떠한 사실인정이 있었다는 이유만으로, 이후 그와 반대되는 사실의 주장이나 견해의 개진 등을 형법상 명예훼손죄 등에 있어서 '허위의 사실 적시'라는 구성요건에 해당한다고 쉽게 단정하여서는 아니 된다. 판결에 대한 자유로운 견해 개진과 비판, 토론 등 헌법이 보장한 표현의 자유를 침해하는 위헌적인 법률해석이 되어 허용될 수 없기 때문이다(대법원 2017.12.5. 선고 2017도15628 판결).

다. 기수 시기

본죄는 추상적 위험범이다. 명예훼손적 내용이 불특정 또는 다수인이 인식할 수 있는 상태에 두면 충분하고 현실적으로 그 내용이 피해자에게 알려져 피해자의 명예가 훼손되었다는 결과 발생이 필요하지 않다. 단순히 명예를 훼손할 우려가 있는 행위가 있으면 기수가 된다. 예를 들면 대학생 갑이 특정 교수를 비난하는 글을 인터넷 게시판에 게시하였으나 이후 즉시 삭제한 경우 해당 글을 읽은 사람이 없다고 하더라도 명예훼손죄는 성립한다.[335)]

3. 주관적 구성요건

가. 고의

본죄는 고의범이므로 타인의 명예를 훼손하는 사실 또는 허위사실을 공연히 적시한다는 것에 대한 인식과 의사가 있어야 한다. 학설에 따르면 행위자의 인식에 따라 제307조 제1항과 제2항의 명예훼손죄로 구별된다. 하지만 판례에 따르면 행위자의 인식이 진실이든 허위이든 불문하고 제307조 제1항이 적용되지만, 적시된 사실이 허위일 경우에는 가벌성이 높다고 하여 가중처벌할 뿐이다. 이러한 판례의 태도는 결과, 즉 적시된 사실이 진실인가 허위인가에 따라 구별하는 것이다.

(1) 고의의 입증과 미필적 고의

행위자가 그 사항이 허위라는 것을 인식하였는지 여부는 성질상 외부에서 이를 알거나 증명하기 어려우므로, 공표된 사실의 내용과 구체성, 소명자료의 존재 및 내용, 피고인이 밝히는 사실의 출처 및 인지 경위 등을 토대로 피고인의 학력, 경력, 사회적 지위, 공표 경

---

335) 이 사건이 실제 처벌받을 가능성이 있는가는 별개의 문제이다.

위, 시점 및 그로 말미암아 예상되는 파급효과 등의 여러 객관적 사정을 종합하여 판단할 수밖에 없으며, 범죄의 고의는 확정적 고의뿐만 아니라 결과 발생에 대한 인식이 있고 그를 용인하는 의사인 이른바 미필적 고의도 포함하므로 허위사실 적시에 의한 명예훼손죄 역시 미필적 고의에 의하여도 성립할 수 있다.[336)]

(2) 전파가능성에 대한 인식

판례에 따르면 명예훼손죄의 공연성을 인정하는 경우에 전파가능성을 그 이유로 삼고 있다. 따라서 판례에 따를 경우 전파가능성에 대한 인식이 있음은 물론 나아가 그 위험을 용인하는 내심의 의사가 있어야 한다. 행위자가 전파가능성을 용인하고 있었는지 여부는 외부에 나타난 행위의 형태와 상황 등 구체적인 사정을 기초로 일반인이라면 그 전파가능성을 어떻게 평가할 것인가를 고려하면서 행위자의 입장에서 그 심리상태를 추인하여야 한다.

(3) 목적

명예훼손의 목적 내지 비방의 목적이 있어야 하는 것은 아니며, 피해자가 다소 흥분하고 있다고 하여 고의가 부정되는 것은 아니다. 확인요구에 대한 대답과정에서 사실을 발설한 경우에 고의는 부정된다.[337)]

나. 착오

(1) 학설

학설에 따르면 형법 제307조 제1항은 진실한 사실을 적시하여 명예를 훼손한 경우를, 형법 제307조 제2항은 허위의 사실을 적시하여 명예를 훼손한 경우를 규정하고 있다. 제1항과 제2항은 별개의 범죄구성요건으로 보고 있으며, 사실의 진실성과 허위성을 구성요건을 정하는 중요한 요소에 해당한다.

행위자가 진실한 사실로 인식하였지만, 허위의 사실을 적시한 경우는 경한 범죄인 제307조 제1항의 명예훼손죄를 인식하고 중한 범죄인 제307조 제2항의 명예훼손죄를 실현한 경우이기 때문에 형법 제15조 제1항에 의하여 경한 범죄인 제307조 제1항의 명예훼손죄가 성립한다. 특별히 중한 죄가 되는 사실, 즉 허위사실적시에 의한 명예훼손죄에 대한 인식이 없기 때문이다.

---

336) 대법원 2014.3.13. 선고 2013도12430 판결.

337) 대법원 1985.5.28. 선고 85도588 판결.

행위자가 허위의 사실로 인식하였지만, 진실한 사실을 적시한 경우는 제15조 제1항이 반전된 경우, 즉 중한 사실을 인식했으나 경한 범죄사실을 실현한 경우이다. 이 경우 가중사실에 대한 고의는 부정되지만, 기본범죄사실에 대한 고의를 인정할 수 있다는 큰 고의는 작은 고의를 포함한다는 논증에 따라 제307조 제1항의 명예훼손죄가 성립한다.

(2) 판례

판례는 제307조 제1항의 '사실'과 제307조 제2항의 '허위의 사실'의 규정 체계 등을 고려할 때, 제307조 제1항의 '사실'은 제2항의 '허위의 사실'과 반대되는 '진실한 사실'이 아니라고 본다. 따라서 제307조 제1항의 명예훼손죄는 적시된 사실이 진실한 사실인 경우이든 허위의 사실인 경우이든 모두 성립될 수 있고, 특히 적시된 사실이 허위의 사실이라고 하더라도 행위자에게 허위성에 대한 인식이 없는 경우에는 제307조 제2항의 명예훼손죄가 아니라 제307조 제1항의 명예훼손죄가 성립될 수 있다고 한다.[338] 이를 분석하면 제307조 제1항과 제2항과 관련된 착오 유형의 경우 모두 제307조 제1항이 '직접' 적용된다고 본다.

【정리】명예훼손죄의 체계와 관련된 학설과 판례의 비교

	인식한 사실	적시된 사실	법리
학설	진실	진실	제307조 제1항 직접 적용
	허위	허위	제307조 제2항 직접 적용
	진실	허위	제15조 제1항을 적용 → 제307조 제1항
	허위	진실	대는 소를 포함한다는 논증 → 제307조 제1항
판례	진실	진실	제307조 제1항 직접 적용
	허위	허위	제307조 제2항 적용 (가벌성이 높아서)
	진실	허위	제307조 제1항 직접 적용
	허위	진실	제307조 제1항 직접 적용

338) 대법원 2017.4.26. 선고 2016도18024 판결.

4. 위법성

피해자의 승낙에 의하여 위법성이 조각될 수 있다.[339] 명예의 주체가 명예훼손행위를 승낙한 경우에는 위법성이 조각된다. 피해자의 승낙이 있는 경우 명예훼손죄의 결과반가치와 행위반가치가 모두 상쇄되어 구성요건해당성이 조각되는 양해로 보는 견해도 있다.[340] 명예훼손죄의 불법이 반드시 피해자의 의사에 반하는 것만을 내용으로 하는 것이 아니므로 위법성조각사유로 보는 것이 타당하다.

정당행위에 의한 위법성 조각이 긍정되는 경우로는 형사재판에 있어서 검사의 기소요지의 진술(법령에 의한 행위), 피고인과 변호인의 방어권 행사(법령에 의한 행위), 진지한 정보의 이익이 존재하고 국민의 알 권리를 충족시키는 범위에서 신문, 라디오 등의 보도기관의 보도(업무행위), 학술 또는 예술작품에 대한 공정한 논평 등이 있다. 위법성조각이 부정되는 경우로는 형사재판에서의 변론이라도 허위의 사실을 적시한 때에는 위법성이 조각되지 않는다.

5. 형법 제310조에 의한 위법성조각

제310조 (위법성의 조각) 제307조 제1항의 행위가 진실한 사실로서 오로지 공공의 이익에 관한 때에는 처벌하지 아니한다.

가. 의의

명예훼손죄는 행위자가 적시한 사실이 비록 진실이라 할지라도 타인의 명예를 훼손하였다면 처벌하고 있다. 하지만 개인의 명예보호 때문에 오히려 진실이 은폐되고 건전한 비판이 봉쇄된다면 이는 오히려 사회의 발전을 막는 결과가 될 수 있다. 특히 언론의 자유와 표현의 자유, 국민의 알 권리와 상충을 일으키게 된다. 따라서 형법 제310조는 진실한 사실로서 공공의 이익에 관한 경우에 한하여 명예훼손행위가 정당화되는 것으로 본다. 제310조에 의하여 위법성이 조각될 수 있는 것은 진실한 사실의 적시에 한정하고 있다는 점을 주의해야 한다. 따라서 허위의 사실을 적시한 경우에는 제310조 위법성조각사유가 적용될 여지가 없다.

339) 김성돈, 225면.
340) 김일수, 한국형법 Ⅲ, 434면.

나. 정당화 요건

(1) 진실한 사실

적시된 사실이 '진실한 사실'이어야 한다. 공공의 이익을 위한 것이라고 할지라도 허위의 사실을 적시해서는 안 된다. 따라서 제307조 제2항의 허위사실적시 명예훼손죄, 제308조의 사자명예훼손죄, 제309조 제2항의 출판물에 의한 허위사실적시 명예훼손죄에 대해서는 제310조에 따라서 위법성이 조각되지 않는다. 진실한 사실이란 그 내용 전체의 취지를 살펴볼 때 중요한 부분이 객관적 사실과 합치되는 사실이므로, 세부에 있어서 약간의 차이가 있거나 다소 과장된 표현이 있어도 전체로 보아 진실과 합치되면 족하다.[341]

(2) 공공의 이익

사실의 적시가 오로지 공공의 이익에 관한 것이어야 한다. '오로지' 공공의 이익을 위한다고 규정하고 있지만 이를 유일한 동기로 하는 것으로 제한해석할 필요는 없다. 따라서 '주로' 공공의 이익이 동기가 된 경우면 족하다는 것이 다수설과 판례의 입장이다. 따라서 부수적으로 다른 사익적 목적이나 개인적 동기가 포함된 경우에도 위법성이 조각될 수 있다.

공공의 이익에 관한 것에는 널리 국가·사회 기타 일반 다수인의 이익에 관한 것뿐만 아니라 특정한 사회집단이나 그 구성원 전체의 관심과 이익에 관한 것도 포함한다.[342]

(3) 주관적 정당화 요소

주관적 정당화 요소인 '공공의 이익을 위한다는 목적'이 있어야 한다. 따라서 사람을 비방할 목적이 있는 제309조 제1항의 출판물에 의한 명예훼손죄의 경우 제310조에 따라서 위법성이 조각될 여지는 없다. 이러한 목적이 유일한 동기가 될 필요는 없고 주된 목적이 공공의 이익을 위한 것이면 충분하다. 피해자를 비방할 목적이 함께 숨어 있었다고 하더라도 그 주요한 동기가 공공의 이익을 위한 것이라면 위법성이 조각된다.[343]

다. 위법성조각사유에 대한 새로운 판단기준

독일 등 외국의 입법례와 달리 우리 형법은 진실한 사실을 적시한 경우에도 명예훼손죄로 처벌하고 있기 때문에, 타인에 대한 공정한 비판마저 처벌함으로써 건전한 여론 형성이나 민주주의의 균형 잡힌 발전을 가로막을 가능성이 있다. 유엔인권위원회도 명예훼손의 비범죄화 내지 제한적 적용을 권고한 바 있다. 따라서 표현의 자유와의 조화를 통한

---

341) 대법원 2003.11.13. 선고 2003도3606 판결.

342) 대법원 2023.2.2. 선고 2022도13425 판결.

343) 대법원 1989.2.14. 선고 88도899 판결.

우리 사회의 건전한 자정작용을 위해 명예훼손죄의 구성요건에 해당한다고 하더라도 그것이 공정한 비판에 해당할 경우 형사처벌은 지양할 필요가 있다. 진실성의 증명과 공공의 이익이라는 위법성의 조각 요건을 엄격하게 요구하면 형사제재의 범위는 넓어지고 언론의 자유는 위축된다. 가치 있는 공적인 사안이나 국민이 알아야 할 사안에 대하여 자유로운 비판이나 토론을 하지 못하게 형사처벌로 규율한다면 언론의 자유는 축소되고, 비교형량의 비중은 명예보호 쪽에 치우치게 된다.[344] 이와 같은 취지를 고려하여 형법 제310조를 보다 넓게 인정할 필요가 있다.[345]

판례 공익성을 부정한 판례

① 회사의 대표이사에게 압력을 가하여 단체협상에서 양보를 얻어내기 위한 방법의 하나로 현수막과 피켓을 들고 확성기를 사용하여 반복해서 불특정다수의 행인을 상대로 소리치면서 거리행진을 함으로써 위 대표이사의 명예를 훼손한 행위가 공공의 이익을 위하여 사실을 적시한 것으로 볼 수 없어 위법성이 조각되지 아니한다고 한 사례(대법원 2004.10.15. 선고 2004도3912 판결).

② 학교운영의 공공성, 투명성의 보장을 요구하여 학교가 합리적이고 정상적으로 운영되게 할 목적으로 공연히 사실을 적시하였더라도, 피해자들의 거주지 앞에서 그들의 주소까지 명시하여 명예를 훼손하였다면, 이는 공공의 이익을 위한 사실의 적시로 볼 수 없어 위법성이 조각되지 아니한다고 한 사례(대법원 2008.3.14. 선고 2006도6049 판결).

판례 공익성을 인정한 판례

① 신학대학교의 교수가 출판물 등을 통하여 종교단체인 구원파를 이단으로 비판하는 과정에서 특정인을 그 실질적 지도자로 지목하여 명예를 훼손하는 사실을 적시하였으나 비방의 목적에서라기보다는 기독교 신자 등에게 공소외 1에 대한 실망이 피고인이 구원파를 떠나게 된 동기의 하나가 되었음을 설명하고 공소외 1이 지도자로서의 자질이나 덕목이 부족함을 부각함으로써 구원파를 경계케 할 목적으로 공공의 이익을 위하여 한 행위라고 판단한 사례(대법원 1996.4.12. 선고 94도3309 판결).

② 국립대학교 교수가 자신의 연구실 내에서 제자인 여학생을 성추행하였다는 내용의 글을 지역 여성단체가 자신의 인터넷 홈페이지 또는 소식지에 게재한 사안에서, 국립대학교 교수인 피해자의 지위, 적시사실의 내용 및 성격, 표현의 방법, 동기 및 경위 등 제반 사정을 종합하여 볼 때, 비록 성범죄에 관한 내용이어서 명예의 훼손정도가 심각

344) 헌법재판소 1999.6.24. 선고 97헌마265 결정.

345) 대법원 2020.11.19. 선고 2020도5813 전원합의체 판결.

하다는 점까지를 감안한다 할지라도 인터넷 홈페이지 또는 소식지에 위와 같은 내용을 게재한 행위는 학내 성폭력 사건의 철저한 진상조사와 처벌 그리고 학내 성폭력의 근절을 위한 대책마련을 촉구하기 위한 목적으로 공공의 이익을 위한 것으로서 달리 비방의 목적이 있다고 단정할 수 없다고 한 사례(대법원 2005.4.29. 선고 2003도2137 판결).

③ 아파트 동대표인 피고인이 자신에 대한 부정비리 의혹을 해명하기 위하여 그 의혹제기자가 명예훼손죄로 입건된 사실 등을 기재한 문서를 아파트 입주민들에게 배포한 사안에서, 문서에 기재된 내용이 대체로 객관적인 사실과 일치하고, 배포가 이루어진 상대방의 범위가 제한되며, 그 표현방법도 위 의혹제기자를 비방하는 표현이 없는 점 등 제반 사정에 비추어, 위 문서 배포행위가 오로지 공공의 이익을 위하여 진실한 사실을 적시한 경우로서 형법 제310조의 위법성조각사유에 해당한다고 한 사례(대법원 2005.7.15. 선고 2004도1388 판결).

④ 개인택시운송조합 전임 이사장이 새로 취임한 이사장의 비리에 관한 사실을 적시하여 조합원들에게 유인물을 배포한 행위가 진실한 사실로서 그 적시된 사실 또는 의견은 모두 조합의 업무집행이 정당하게 이루어지지 아니하였음을 지적하는 취지로서 그 표현행위의 상대방인 조합원들에 대한 관계에서 객관적으로 공공의 이익에 관한 것이므로 위법성이 조각된다고 한 사례(대법원 2007.12.14. 선고 2006도2074 판결).

⑤ 교장 갑이 여성기간제교사 을에게 차 접대 요구와 부당한 대우를 하였다는 인상을 주는 내용의 글을 게재한 교사 병의 명예훼손행위가 교육현장에서의 남녀평등은 중요한 헌법적 가치이고, 교육문제는 교육관련자들만의 문제가 아니라 학부모와 학생 등 국가사회 일반의 관심사항이며, 교육문제에 관하여 정보가 공개되고 공론의 장이 마련될 필요가 있는 점 등 공공의 이익에 관한 것으로서 위법성이 조각된다고 한 사례(대법원 2008.7.10. 선고 2007도9885 판결).

⑥ 특정 상가건물관리회의 회장이 위 관리회의 결산보고를 하면서 전 관리회장이 체납관리비 등을 둘러싼 분쟁으로 자신을 폭행하여 유죄판결을 받은 사실을 알린 사안에서, 건물관리회원 전체의 관심과 이익에 관한 것으로서 형법 제310조에 의하여 위법성이 조각된다고 한 사례(대법원 2008.11.13. 선고 2008도6342 판결).

라. 법적 효과

(1) 실체법적 효과

'처벌하지 아니한다'의 의미에 대하여 위법성조각사유라는 것에 대하여 의견이 일치한다. 제310조의 표제도 '위법성의 조각'이라고 되어 있다.

(2) 소송법적 성격

위법성조각사유인 사실의 진실성과 공익성에 관한 거증책임이 검사와 피고인 중 어느 쪽에 있는가에 대하여 견해의 대립이 있다. 판례는 제310조를 거증책임의 전환에 관한 규정이라고 보기 때문에 적시사실의 진실성과 공익성에 대한 거증책임은 피고인이 부담한다고 한다.[346] 그러나 다수설은 제310조를 거증책임의 전환에 관한 규정이 아니라고 본다.[347] 법조문이 증명문제에 관해 규정하고 있지 않으며, 형사소송법상 입증의 책임은 검사에게 있으므로 피고인이 제310조의 위법성조각사유를 주장할 경우 진실성·공익성의 부존재에 대한 입증책임은 검사에게 있다고 한다.[348]

생각건대, 형법 제310조는 명예훼손죄의 위법성조각에 대한 규정이며, 형사소송법상 범죄의 증명에 대한 문제는 아니다. 또한 적시된 사실이 진실인지 여부와 공익성의 존재에 대하여 피고인이 입증하라는 것은 사실상 표현의 자유를 축소한 것이라고 볼 수 있다. 진실성 및 공익성에 대한 증명책임은 형사소송법상 일반원칙에 따라 검사에게 있다고 보는 것이 타당하다.

판례 사실의 진실성과 공익성에 대한 증명

【판결요지】 공연히 사실을 적시하여 사람의 명예를 훼손한 행위가 형법 제310조의 규정에 따라서 위법성이 조각되어 처벌대상이 되지 않기 위하여는 그것이 진실한 사실로서 오로지 공공의 이익에 관한 때에 해당된다는 점을 행위자가 증명하여야 하는 것이나, 그 증명은 유죄의 인정에 있어 요구되는 것과 같이 법관으로 하여금 의심할 여지가 없을 정도의 확신을 가지게 하는 증명력을 가진 엄격한 증거에 의하여야 하는 것은 아니므로, 이때에는 전문증거에 대한 증거능력의 제한을 규정한 형사소송법 제310조의2는 적용될 여지가 없다(대법원 1996.10.25. 선고 95도1473 판결).

【해설】 명예훼손죄에서 위법성 조각사유로서의 형법 제310조의 요건인 사실의 진실성과 공익성 증명 기준에 대해 중요한 법리를 제시한 판례이다. 특히 그 증명의 수준과 증거법칙의 적용 범위를 다룬다는 점에서 실무상 중요하다.

마. 진실성과 공익성에 대한 착오의 문제

(1) 쟁점

허위의 사실임에도 불구하고 행위자가 이를 진실한 사실이라고 오인하고 공익을 위하여 사실을 적시하여 타인의 명예를 훼손한 경우 어떻게 처리할 것인가에 대하여 견해의 대립이 있다.

---

346) 대법원 1996.10.25. 선고 95도1473 판결; 대법원 2004.5.28. 선고 2004도1497 판결.

347) 김성돈, 226면; 김일수/서보학, 165면; 배종대, 290면; 손동권/김재윤, 202면; 오영근/노수환, 189면; 이재상/장영민/강동범, 198면; 이형국/김혜경, 247면; 임웅/이현정/박성민, 253면; 정성근/박광민, 223면.

348) 김성돈, 226면.

(2) 학설

① 사실의 진실성과 공익성은 위법성조각사유의 전제사실이 되므로 이에 대한 착오를 위법성조각사유의 전제사실에 대한 착오로 보는 견해, ② 제310조의 적용을 위한 특별한 주관적 정당화요소로서 성실한 검토의무를 인정하여 이를 허용된 위험의 법리와 결합시키면 성실한 진실성에 대한 검토의무를 이행한 이상 행위반가치가 탈락되므로 명예훼손의 결과가 발생하였음에도 불구하고 위법성이 부정된다는 허용된 위험설,[349] ③ 진실성 요건은 제310조에 규정되어 있지만 실제로는 명예훼손죄의 가중구성요건의 적용과 감경구성요건의 적용을 가르는 기준일 뿐이므로, 형법 제15조 제1항의 적용을 가능하게 하는 근거로서 행위자가 자신의 행위가 허용된 것으로 오인하도록 만든 요인이 된 경우에는 제16조의 위법성의 착오가 될 수 있다는 위법성착오설,[350] ④ 진실성에 대한 착오와 공익성에 대한 착오를 분리하여 고찰하는 견해가 있다. 우선 진실성에 대한 착오는 제16조 위법성의 착오로 보아 오인에 정당한 이유가 있으면 책임이 조각되지만, 공익성에 대한 착오는 위법성조각사유의 전제사실에 대한 착오문제로 구분한다.[351]

(3) 판례

대법원 판례는 적시된 사실이 객관적으로 공공의 이익을 위한 것이고 행위자가 공공의 이익을 위해 그 사실을 적시하면서 진실한 사실이라고 오인한 데에 상당한 이유가 있을 것을 조건으로 위법성이 조각된다는 입장이다.[352]

대법원 판례는 진실성과 공익성에 대한 착오 문제를 구성요건적 착오로 보는지 금지착오로 보는지 불분명하다. 뿐만 아니라 착오의 효과에 대해서도 고의 조각이나 책임 조각이 아닌 '위법성 조각'을 인정하는 독자적인 견해를 취하고 있다. 또한 위법성이 조각되기 위해서는 착오에 정당한 이유가 있어야 한다고 한다.

(4) 결론

생각건대, 행위자가 진실성과 공익성에 대하여 착오를 한 경우 위법성조각사유의 전제사실에 대한 착오 문제로 보는 것이 타당하다. 진실성과 공익성은 위법성을 조각시킬 수 있는 객관적 정당화 상황이며, 공공의 이익을 위한다는 목적은 주관적 정당화 요소로 보는 것이 체계적이다. 위법성조각사유의 전제사실에 대한 착오에 대하여 '엄격책임설'에

349) 김일수/서보학, 200면; 임웅/이현정/박성민, 254면.
350) 손동권/김재윤, 200면.
351) 김성돈, 230면.
352) 대법원 1993.6.22. 선고 92도3160 판결.

따르면 위법성조각사유와 관련된 착오는 모두 금지착오로 보기 때문에, 착오에 정당한 이유가 있으면 책임이 조각되지만, 정당한 이유가 없으면 고의범이 성립한다. '제한적 책임설 중 구성요건적 착오 규정 유추적용설'은 구성요건착오 규정을 직접 적용할 것이 아니라 유추 적용을 해야 한다는 견해로, 객관적 정당화상황인 진실성과 공익성은 객관적 구성요건과 유사하며, 행위자가 착오한 경우 그 행위에 대해서 행위반가치가 부정되므로 구성요건적 착오와 유사하다. 따라서 구성요건착오 규정을 유추 적용하여 '불법고의'를 조각한다. 만약 착오에 과실이 있다면 과실범으로 처벌될 수 있다. 명예훼손죄의 '불법고의'가 조각되며, 과실범 처벌 규정이 없으므로 결국 무죄가 된다. '제한적 책임설 중 법효과전환 책임설'은 위법성조각사유의 전제사실에 대한 착오의 경우에 행위객체에 대하여 일정한 침해행위를 한다는 사실에 대한 인식·인용이 있으므로 구성요건적 고의는 조각되지 않지만, 착오로 인하여 행위자의 법질서에 반하여 동기 설정을 하였다는 심정반가치(법배반적 또는 법적대적 심정)를 인정할 수 없으므로 책임형식으로서 '책임고의'는 부정된다. 다만 책임고의가 조각되는 경우의 법효과에 대한 규정이 없으므로 그 '법효과'에 있어서는 구성요건적 착오와 같이 취급한다. 결국 구성요건적 고의는 조각되지 않지만 책임고의가 조각되며, 착오에 과실이 있다면 과실범으로 처벌될 수 있다.[353] 명예훼손죄의 '책임고의'가 조각되며, 과실범 처벌 규정이 없으므로 결국 무죄가 된다.

제한적 책임설 중 유추적용설과 법효과전환적 책임설은 고의범의 성립을 인정하지 않고 과실범을 인정한다는 점에서는 결론이 동일하며, 다만 그 이론적 구성에만 차이가 있을 뿐이다. 법리적 측면에서 본다면 법효과전환책임설이 타당하다.[354]

6. 실행의 착수 시기

본죄의 실행의 착수 시기는 공연히 사실 또는 허위의 사실을 적시한 때이다. 불특정 또는 다수인이 인식할 수 있는 상태에 두면 본죄는 기수에 이른다. 실행의 착수와 동시에 기수가 되는 추상적 위험범이기 때문이다.

명예훼손죄의 종료 시기는 서적·신문 등 기존의 매체에 명예훼손적 내용의 글을 게시하는 경우에 그 게시행위로써 명예훼손죄는 종료하는 것이며, 그 서적이나 신문이 회수하지 않는 동안 범행이 계속된다고 볼 수 없다. 마찬가지로 정보통신망을 이용한 명예훼손의 경우에도 정보통신망에 게재행위를 종료한 것만으로도 범죄행위는 종료하였다. 게시

353) 박상기/전지연, 175면; 배종대, 330면; 신동운, 455면; 이재상/장영민/강동범, 360면; 임웅, 329면.

354) 자세한 내용은 형법총론 중 금지착오 부분을 참조하라.

행위 후에도 독자의 접근가능성이 기존의 매체에 비하여 높다고 하여 원래 게시물이 삭제되어 정보의 송수신이 불가능해지는 시점을 종료 시점으로 볼 수 없다.[355)]

7. 죄수 및 다른 죄와의 관계

본죄의 보호법익인 명예는 일신전속적 법익이므로 피해자의 수를 기준으로 죄수가 결정된다. 따라서 1개의 문서로 2인 이상의 명예를 훼손한 경우 수 개의 명예훼손죄의 상상적 경합이 된다.

명예훼손행위 중 모욕적 언사를 사용한 경우 모욕죄는 성립하지 않으며 명예훼손죄만 성립한다. 법조경합 중 흡수관계이다.

하나의 허위사실을 공연히 적시하여 명예와 신용을 동시에 훼손한 경우 양죄의 상상적 경합이라는 견해가 있지만,[356)] 상상적 경합을 인정하는 것은 신용훼손죄를 재산죄라고 해석하는 경우에만 가능한 결론이다. 신용훼손죄는 자유라는 인격적 법익을 보호하기 위한 것도 있기 때문에 양자의 관계는 법조경합 중 특별관계로 보는 것이 타당하다.[357)] 따라서 신용훼손죄가 성립하면 명예훼손죄는 성립하지 않는다.

진실한 사실을 적시하여 신용을 훼손한 경우 제307조 제1항의 명예훼손죄만 성립한다. 진실한 사실을 적시하여 신용훼손한 경우에는 신용훼손죄와 관련된 처벌 규정이 없다.

Ⅲ. 사자명예훼손죄

제308조 (사자의 명예훼손) 공연히 허위의 사실을 적시하여 사자의 명예를 훼손한 자는 2년 이하의 징역이나 금고 또는 500만원 이하의 벌금에 처한다.
제312조 (고소와 피해자의 의사) ① 제308조와 제311조의 죄는 고소가 있어야 공소를 제기할 수 있다.

---

355) 대법원 2007.10.25. 선고 2006도346 판결.

356) 박상기/전지연, 530면; 신동운, 765면.

357) 김성돈, 231면; 김일수/서보학, 212면.

1. 의의와 보호법익

사자명예훼손죄는 공연히 허위의 사실을 적시하여 사자의 명예를 훼손한 경우에 성립하는 범죄이다. 사자(死者)의 명예훼손죄의 보호법익에 대하여 유족의 사자에 대한 추모감정이라는 추모감정설, 유족의 명예라는 유족명예설, 역사적 가치로서의 사자의 명예라는 사자명예설이 대립하고 있는데, 이 중에서 사자명예설이 통설·판례의 태도이다. 본죄는 친고죄이다.

2. 객관적 구성요건: 허위의 사실

사자명예훼손죄가 성립하기 위해서는 허위의 사실을 적시하여야 한다. 따라서 사자에 대한 진실한 사실을 적시한 경우에는 본죄가 성립하지 않는다. 사자에 대하여 진실한 비평을 허용하지 않는다면 사회적·역사적 평가가 불가능하게 될 것이기 때문이다.

판례 역사드라마 사건

【판결요지】 [1] 역사적 인물을 모델로 한 드라마가 그 소재가 된 역사적 인물의 명예를 훼손할 수 있는 허위사실을 적시하였는지 여부를 판단할 때에는 적시된 사실의 내용, 진실이라고 믿게 된 근거나 자료의 신빙성, 예술적 표현의 자유로 얻어지는 가치와 인격권의 보호에 의해 달성되는 가치의 이익형량은 물론 역사드라마의 특성에 따르는 여러 사정과 드라마의 주된 제작목적, 드라마에 등장하는 역사적 인물과 사건이 이야기의 중심인지 배경인지 여부, 실존인물에 의한 역사적 사실과 가상인물에 의한 허구적 이야기가 드라마 내에서 차지하는 비중, 드라마상에서 실존인물과 가상인물이 결합된 구조와 방식, 묘사된 사실이 이야기 전개상 상당한 정도 허구로 승화되어 시청자의 입장에서 그것이 실제로 일어난 역사적 사실로 오해되지 않을 정도에 이른 것으로 볼 수 있는지 여부 등을 종합적으로 고려하여야만 한다.

[2] 역사드라마 '서울 1945'의 특정 장면이 공연히 허위사실을 적시하여 망인(亡人)인 이승만 등의 명예를 훼손하였다는 공소사실에 대하여, 구체적인 허위사실의 적시가 있었다고 보기 어렵다는 이유로 무죄를 선고한 원심판단을 정당하다고 한 사례 (대법원 2010.4.29. 선고 2007도8411 판결).

【해설】 예술의 자유가 무제한적인 기본권은 아니므로 타인의 명예를 침해하여서는 안된다. 그 대상이 죽은 사람이라 하더라도 허위사실을 적시하여 역사적 사실을 왜곡하는 방법으로 명예를 훼손한 경우 형법 제308조의 적용대상이 될 수 있다. 다만 역사적 사실은 시간의 경과에 따라 실체적 진실의 확인이 어렵고, 역사드라마를 창작·연출함

에 있어서 명백한 사실만을 가지고 이야기를 전개하는 것이 어렵기에 연출자 등이 작가적 해석 및 평가와 예술적 창의력을 발휘하여 허구적 묘사를 통해 객관적 사실들 사이의 간극을 메울 수밖에 없다. 허구적 묘사가 역사적 개연성을 잃지 않았다면 이를 허위라고 평가하기 어렵다.

3. 고의

공연히 허위의 사실을 적시하여 사자의 명예를 훼손한다는 고의가 있어야 한다. 허위인지 여부를 판단함에 있어서는 적시된 사실의 내용 전체의 취지를 살펴볼 때 세부적인 내용에서 진실과 약간 차이가 나거나 다소 과장된 표현이 있는 정도에 불과하다면 이를 허위라고 볼 수 없으나, 중요한 부분이 객관적 사실과 합치하지 않는다면 이를 허위라고 보아야 한다. 행위자가 그 사항이 허위라는 것을 인식하였는지 여부는 성질상 외부에서 이를 알거나 증명하기 어려우므로, 공표된 사실의 내용과 구체성, 소명자료의 존재 및 내용, 피고인이 밝히는 사실의 출처 및 인지 경위 등을 토대로 피고인의 학력, 경력, 사회적 지위, 공표 경위, 시점 및 그로 말미암아 예상되는 파급효과 등의 여러 객관적 사정을 종합하여 판단할 수밖에 없다. 허위사실 적시에 의한 명예훼손죄와 마찬가지로 제308조의 사자명예훼손죄에서도 확정적 고의뿐만 아니라 미필적 고의에 의해서도 본죄가 성립할 수 있다.[358)]

4. 착오의 문제

행위자가 상대방을 죽은 사람으로 오인하고 허위의 사실을 적시하였으나 사실은 생존자였던 경우, 경한 사실인 사자명예훼손죄를 인식하고 중한 범죄인 허위사실적시 명예훼손죄를 실현한 것으로 형법 제15조 제1항을 적용하여 가벼운 범죄인 사자명예훼손죄가 성립한다.

행위자가 상대방을 죽은 사람으로 오인하고 진실한 사실을 적시하였으나 생존자였던 경우, 본죄의 고의는 허위의 사실을 적시한다는 고의이므로 고의가 인정되지 않는다. 과실범의 문제가 되지만, 과실범 처벌 규정이 없으므로 무죄이다.

행위자가 상대방을 생존자로 오인하고 진실한 사실을 적시하였으나 죽은 사람인 경우, 형법 제27조 불능미수 중 대상불능에 해당하는 사례로 위험성이 있을 경우 불능미수로 처벌할 수 있지만, 명예훼손죄의 경우 미수범 처벌 규정이 없으므로 무죄이다.

---

358) 대법원 2014.3.13. 선고 2013도12430 판결.

행위자가 상대방을 생존자로 오인하고 허위의 사실을 적시하였으나 죽은 사람인 경우, 큰 고의는 작은 고의를 포함하므로, 즉 가중구성요건의 표지에 대한 인식은 경한 구성요건의 표지에 대한 인식을 포함하고 있기 때문에 경한 고의를 인정하여 경한 범죄인 사자명예훼손죄가 성립한다.[359)]

Ⅳ. 출판물에 의한 명예훼손죄

제309조 (출판물등에 의한 명예훼손) ① 사람을 비방할 목적으로 신문, 잡지 또는 라디오 기타 출판물에 의하여 제307조제1항의 죄를 범한 자는 3년 이하의 징역이나 금고 또는 700만원 이하의 벌금에 처한다.
② 제1항의 방법으로 제307조제2항의 죄를 범한 자는 7년 이하의 징역, 10년 이하의 자격정지 또는 1천500만원 이하의 벌금에 처한다.
제312조 (고소와 피해자의 의사) ② 제307조와 제309조의 죄는 피해자의 명시한 의사에 반하여 공소를 제기할 수 없다.

1. 의의

출판물에 의한 명예훼손죄는 사람을 비방할 목적으로 신문, 잡지 또는 라디오 기타 출판물에 의하여 진실한 사실 또는 허위의 사실을 적시하여 사람의 명예를 훼손함으로써 성립하는 범죄이다. 초과 주관적 요소인 '비방 목적'이 있다는 점과 출판물은 다수의 사람이 볼 수 있고, 장기간 보존될 수 있는 등 명예훼손의 위험성이 매우 높은 행위수단을 사용했다는 점에서 명예훼손죄의 불법이 가중된 구성요건이다. 반의사불벌죄이다.

판례는 본죄를 계속범이 아닌 즉시범으로 본다. 서적·신문 등 기존의 매체에 명예훼손적 내용의 글을 게시하는 경우에 그 게시행위로써 명예훼손의 범행은 종료하는 것이며 그 서적이나 신문을 회수하지 않는 동안 범행이 계속된다고 보지는 않는다. 정보통신망을 이용한 명예훼손의 경우도 마찬가지다.[360)]

359) 김성돈, 233면; 손동권/김재윤, 205면; 이형국/김혜경, 252면.
360) 대법원 2007.10.25. 선고 2006도346 판결.

2. 객관적 구성요건

가. 신문, 잡지 또는 라디오

신문·잡지·라디오는 출판물의 예시이다. 따라서 대중적 전파가 가능한 TV, 비디오, 영화 등의 영상매체도 출판물에 포함된다는 것이 다수설이다.[361] 하지만 TV, 영화 등을 기타 출판물에 포함을 시키면 이는 피고인에게 불리한 유추이므로 허용될 수 없다는 견해도 있다.[362]

생각건대, 출판물에 의한 명예훼손죄는 신문, 잡지 등 인쇄매체를 기초로 입법되었다. 그동안 문화의 발전으로 인한 다양한 매체들이 등장하였음에도 불구하고 이를 전혀 반영하고 있지 못하다. TV, 영화, 음반, 비디오물, 정보통신망의 영상매체 등이 본죄에 반영되어 있지 않다. 출판문화산업진흥법의 '간행물', 음악산업진흥에 관한 법률에 따른 '음반', 영화 및 비디오물의 진흥에 관한 법률에 따른 '영화 및 비디오물', 게임산업진흥에 관한 법률에 따른 '게임물', 신문 등의 진흥에 관한 법률에 따른 인터넷신문 등 높은 전파 가능성을 가진 인쇄매체뿐만 아니라 시청각매체도 포함할 수 있도록 입법적 개선이 필요하다. 출판물에 의한 명예훼손죄는 너무나 낡아버린 규정이다. 현행법 해석상 이러한 매체를 포함하는 것으로 해석하는 것은 무리이다. 입법적으로 개선할 수밖에 없다.

나. 기타 출판물

'기타 출판물'에 해당한다고 하기 위하여는, 사실적시의 방법으로서 출판물 등을 이용하는 경우 그 성질상 다수인이 견문할 수 있는 높은 전파성과 신뢰성 및 장기간의 보존가능성 등 피해자에 대한 법익침해의 정도가 더욱 크다는 데 그 가중처벌의 이유가 있는 점에 비추어 보면, 그것이 등록·출판된 제본 인쇄물이나 제작물은 아니라고 할지라도 적어도 그와 같은 정도의 효용과 기능을 가지고 사실상 출판물로 유통·통용될 수 있는 외관을 가진 인쇄물로 볼 수 있어야 한다.[363] 따라서 컴퓨터 워드프로세서로 작성되어 프린트된 A4용지 7쪽 분량의 인쇄물이나,[364] 장수가 2장에 불과하며 제본방법도 조잡한 것으로 보이는 최고서 사본이 출판물이라고 할 수 있을 정도의 외관과 기능을 가진 인쇄물에 해당한다고 보기는 어렵다.[365]

---

361) 김일수/서보학, 204면; 이형국/김혜경, 253면.
362) 김성돈, 235면; 임웅/이현정/박성민, 260면.
363) 대법원 1998.10.9. 선고 97도158 판결.
364) 대법원 2000.2.11. 선고 99도3048 판결.
365) 대법원 1997.8.26. 선고 97도133 판결.

다. 인터넷 게시판 등 정보통신망의 경우

인터넷 게시판과 같이 사람을 비방할 목적으로 정보통신망을 통하여 공공연하게 사실 또는 거짓의 사실을 드러내어 다른 사람의 명예를 훼손한 경우에는 정보통신망 이용촉진 및 정보보호 등에 관한 법률 제70조에 따라서 처벌된다. 본죄와 마찬가지로 초과 주관적 구성요건으로 고의 이외에 '비방의 목적'이 있어야 한다.

라. 공연성

명예훼손죄와는 달리 본죄 성립에 있어서 공연성이 인정될 필요가 없다. 출판물에 해당한다는 것만으로도 이미 공연성을 갖추었다고 볼 수 있기 때문이다.

3. 주관적 구성요건

가. 고의

적시하는 사실의 진실성 또는 허위성에 대한 인식뿐만 아니라 출판물 등을 통하여 본죄를 범한다는 인식과 의사가 필요하다. 제보자가 분쟁을 정치적으로 해결하기 위하여 신문기사의 취재·작성과 직접적인 연관이 없는 국회의원에게 허위의 사실을 알렸을 뿐인데, 피제보자인 국회의원이 이를 언론에 공개하거나 기자들에게 취재됨으로써 그 사실이 신문에 게재되어 일반 공중에 배포된 경우 출판물에 의한 명예훼손죄는 성립하지 않는다. 고의를 인정할 수 없기 때문이다. 하지만 제보자가 피제보자에게 그 알리는 사실이 기사화되도록 특별히 부탁하였다거나 피제보자가 이를 기사화할 것이 고도로 예상되는 등의 특별한 사정이 있다면 본죄가 성립할 수 있다.[366)]

나. 비방할 목적

'비방할 목적'은 행위자가 자신의 행위가 공연히 사실을 적시하여 사람의 명예를 훼손할 가능성이 있음을 인식하고 감수하는 정도를 넘어 '목적'을 삼는 것을 말한다.

'비방할 목적'이란 가해의 의사와 목적을 필요로 하는 것이다. 사람을 비방할 목적이 있는지는 적시한 사실의 내용과 성질, 사실의 공표가 이루어진 상대방의 범위, 표현의 방법 등 표현 자체에 관한 여러 사정을 감안하여야 하며, 동시에 그 표현으로 훼손되거나 훼손될 수 있는 명예의 침해 정도 등을 비교·형량하여 판단하여야 한다.[367)]

---

366) 대법원 2002.6.28. 선고 2000도3045 판결.

367) 대법원 2018.11.29. 선고 2016도14678 판결.

비방의 목적과 공공의 이익을 위한 것과는 행위자의 주관적 의도의 방향에 있어 서로 상반되는 관계에 있다. 적시한 사실이 공공의 이익에 관한 것인 경우에는 비방할 목적은 부인된다고 봄이 상당하다. 국립대학교 교수가 자신의 연구실 내에서 제자인 여학생을 성추행하였다는 내용의 글을 지역 여성단체가 자신의 인터넷 홈페이지 또는 소식지에 게재한 경우, 학내 성폭력 사건의 철저한 진상조사와 처벌 그리고 학내 성폭력의 근절을 위한 대책 마련을 촉구하기 위한 목적으로 공공의 이익을 위한 것이라면 비방의 목적이 있다고 단정할 수 없다.[368)]

다. 비방의 목적과 공공의 이익 간의 관계

비방 목적 없이 허위의 사실을 신문 등 출판물에 게재하는 것만으로는 본죄가 성립하지 않지만, 비방 목적이 있으면 진실한 사실을 보도하더라도 본죄가 성립하며, 제310조 위법성조각사유에 해당하지 않는다. 사람을 비방할 목적과 공공의 이익을 위한 것과는 서로 상반된 개념이기 때문이다.

그 적시한 사실이 공공의 이익에 관한 것인지 여부는 당해 명예훼손적 표현으로 인한 피해자가 공무원 내지 공적 인물과 같은 공인인지 아니면 사인에 불과한지, 그 표현이 객관적으로 국민이 알아야 할 공공성·사회성을 갖춘 공적 관심 사안에 관한 것으로 사회의 여론형성 내지 공개토론에 기여하는 것인지 아니면 순수한 사적인 영역에 속하는 것인지, 피해자가 그와 같은 명예훼손적 표현의 위험을 자초한 것인지, 그리고 그 표현에 의하여 훼손되는 명예의 성격과 침해의 정도, 그 표현의 방법과 동기 등의 여러 사정에 비추어 판단하여야 할 것이며, 또한 적시된 사실은 이로써 특정인의 사회적 가치 내지 평가가 침해될 가능성이 있을 정도로 구체성을 띠어야 한다.[369)]

행위자의 주요한 동기나 목적이 공공의 이익을 위한 것이라면 부수적으로 다른 사익적 목적이나 동기가 내포되어 있다는 사정만으로 비방할 목적이 있었다고 보기 어렵다.[370)]

판례 산후조리원 사건

【사실관계】 피고인은 산후조리원 이용 후, 인터넷 카페 및 블로그에 이용 후기 형식의 글 9건을 게시하였다. 피고인이 게시한 글의 주요 내용은 온수 보일러 고장, 산후조리실 사이의 소음, 음식의 간 등 피고인이 13박 14일간 이 사건 산후조리원에서 지내면서 직접 겪은 불편했던 사실을 알리는 것이거나, 환불을 요구하며 이용 후기에 올리겠

368) 대법원 2005.4.29. 선고 2003도2137 판결.

369) 대법원 2009.6.11. 선고 2009도156 판결; 대법원 2007.10.26. 선고 2006도5924 판결.

370) 대법원 2012.11.29. 선고 2012도10392 판결.

다는 피고인의 항의에 피해자 측이 "막장으로 소리 지르고 난리도 아니다."며 이용 후기로 산후조리원에 피해가 생길 경우 피고인에게 손해배상을 청구하겠다는 취지로 대응했다거나, 피고인의 이용 후기가 거듭 삭제되는 것을 항의하는 것이다. 인터넷 카페에 게시된 피고인의 글에 대하여 카페 회원들이 댓글을 다는 방법으로 피고인에게 공감을 표시하거나, 피고인이 너무 예민하게 반응한 것이라며 피고인과 함께 산후조리원에서 지낸 카페 회원들이, 신생아실에서 언성을 높인 피고인의 태도를 나무라기도 하는 등 활발한 찬반 토론이 이루어지기도 했다.

【판결요지】 [1] 국가는 건전한 소비행위를 계도(啓導)하고 생산품의 품질향상을 촉구하기 위한 소비자보호운동을 법률이 정하는 바에 따라 보장하여야 하며(헌법 제124조), 소비자는 물품 또는 용역을 선택하는 데 필요한 지식 및 정보를 제공받을 권리와 사업자의 사업활동 등에 대하여 소비자의 의견을 반영시킬 권리가 있고(소비자기본법 제4조), 공급자 중심의 시장 환경이 소비자 중심으로 이전되면서 사업자와 소비자의 정보 격차를 줄이기 위해 인터넷을 통한 물품 또는 용역에 대한 정보 및 의견 제공과 교환의 필요성이 증대되므로, 실제로 물품을 사용하거나 용역을 이용한 소비자가 인터넷에 자신이 겪은 객관적 사실을 바탕으로 사업자에게 불리한 내용의 글을 게시하는 행위에 비방의 목적이 있는지는 해당 적시 사실의 내용과 성질, 해당 사실의 공표가 이루어진 상대방의 범위, 표현의 방법 등 표현 자체에 관한 제반 사정을 두루 심사하여 더욱 신중하게 판단하여야 한다.

[2] 갑 운영의 산후조리원을 이용한 피고인이 9회에 걸쳐 임신, 육아 등과 관련한 유명 인터넷 카페나 자신의 블로그 등에 자신이 직접 겪은 불편사항 등을 후기 형태로 게시하여 甲의 명예를 훼손하였다는 내용으로 정보통신망 이용촉진 및 정보보호 등에 관한 법률 위반으로 기소된 사안에서, 피고인이 인터넷 카페 게시판 등에 올린 글은 자신이 산후조리원을 실제 이용하면서 겪은 일과 이에 대한 주관적 평가를 담은 이용 후기인 점, 위 글에 '甲의 막장 대응' 등과 같이 다소 과장된 표현이 사용되기도 하였으나, 인터넷 게시글에 적시된 주요 내용은 객관적 사실에 부합하는 점, 피고인이 게시한 글의 공표 상대방은 인터넷 카페 회원이나 산후조리원 정보를 검색하는 인터넷 사용자들에 한정되고 그렇지 않은 인터넷 사용자들에게 무분별하게 노출되는 것이라고 보기 어려운 점 등의 제반 사정에 비추어 볼 때, 피고인이 적시한 사실은 산후조리원에 대한 정보를 구하고자 하는 임산부의 의사결정에 도움이 되는 정보 및 의견 제공이라는 공공의 이익에 관한 것이라고 봄이 타당하고, 이처럼 피고인의 주요한 동기나 목적이 공공의 이익을 위한 것이라면 부수적으로 산후조리원 이용대금 환불과 같은 다른 사익적 목적이나 동기가 내포되어 있다는 사정만으로 피고인에게 갑을 비방할 목적이 있었다고 보기 어려운데도, 이와 달리 보아 유죄를 인정한 원심판결에 같은 법 제70조 제1항에서 정한 명예훼손죄 구성요건요소인 '사람을 비방할 목적'에 관한 법리오해의 위법이 있다고 한 사례(대법원 2012.11.29. 선고 2012도10392 판결).

【해설】 '비방의 목적'이란 오로지 타인의 사회적 평가를 저하시킬 의도를 의미한다. 그

런데 공공의 이익을 위한 사실의 적시라면, 그로 인해 상대방의 명예가 훼손되더라도 비방의 목적이 있다고 단정할 수 없다. 비방 목적은 단지 사익이 개입됐다는 이유만으로 추정할 수 없고, 표현의 맥락과 목적 전체를 종합 판단해야 한다. 피고인이 쓴 글은 실제 이용 경험을 바탕으로 작성된 후기이며, 산후조리원 선택을 앞둔 예비 소비자에게 정보 제공의 목적이 있다. 일부 표현이 과격했지만, 주요 내용은 사실에 부합하였으며, 게시된 인터넷 카페나 블로그는 정보를 찾는 사람들에 제한적으로 노출되었다. 환불 요구 등 일부 사적 목적이 내포돼 있더라도, 전체적 맥락상 공익성이 우선하는 이상 비방 목적은 부정된다.

4. 간접정범의 문제

타인을 비방할 목적을 가진 갑이 비방의 목적이 없는 신문기자 을에게 허위 정보를 제공하여 보도하게 한 경우 신문기자 을은 비방의 목적이 없기 때문에 출판물에 의한 명예훼손죄가 성립하지 않는다. 또한 신문기자 을은 허위 사실을 진실한 사실로 착오한 경우이므로 제15조 제1항이 적용되어 제307조 제1항의 사실적시에 의한 명예훼손죄가 성립 여부가 문제되지만, 제310조에 의하여 공공의 이익이 있을 경우 위법성이 조각되어 처벌되지 않는다. 따라서 갑은 비방의 목적을 가지고 처벌되지 않는 을을 이용한 경우에 해당하므로 출판물에 의한 명예훼손죄의 간접정범으로 처벌된다.

판례 출판물에 의한 명예훼손죄의 간접정범

【사실관계】 갑이 신문사 기자인 을에게 연예인 A의 실명을 거론하면서 A로부터 폭행을 당하여 상해를 입었다는 허위사실을 적시함으로써 A를 비방할 목적으로 기사의 자료를 제공하자, 이를 진실한 것으로 오신한 을이 기사를 작성하여 공표하였다.

【판결내용】 형법 제309조 제2항 소정의 '사람을 비방할 목적'이란 가해의 의사 내지 목적을 요하는 것으로, 사람을 비방할 목적이 있는지 여부는 당해 적시 사실의 내용과 성질, 당해 사실의 공표가 이루어진 상대방의 범위, 표현의 방법 등 그 표현 자체에 관한 제반 사정을 감안함과 동시에 그 표현에 의하여 훼손되거나 훼손될 수 있는 명예의 침해 정도 등을 비교, 고려하여 결정하여야 한다(대법원 2007.12.27. 선고 2007도4850 판결 참조). 그리고 타인을 비방할 목적으로 허위사실인 기사의 재료를 신문기자에게 제공한 경우에 그 기사를 신문지상에 게재하느냐의 여부는 오로지 당해 신문의 편집인의 권한에 속한다고 할 것이나, 그 기사를 편집인이 신문지상에 게재한 이상 그 기사의 게재는 기사재료를 제공한 자의 행위에 기인한 것이므로, 그 기사재료를 제공한 자는 형법 제309조 제2항 소정의 출판물에 의한 명예훼손죄의 죄책을 면할 수 없는 것이다(대법원 2009.11.12. 선고 2009도8949 판결).

판례 출판물에 의한 명예훼손죄의 간접정범

【사실관계】 의사 갑은 1996. 10. 중순 새정치국민회의 소속 서울시 정무부시장을 통하여 같은 당 국회의원 을에게 "메디슨사는 기술력이 외국에 비해 떨어지는 기업이나 정부의 보호정책과 권력자의 비호 등에 의해 급성장했다. 메디슨사의 급성장에는 정부 고위층의 1백억 원 특혜금융지원이 있었다. 피고인이 메디슨사를 사기로 고소했으나 대통령 주치의가 담당검사에게 압력을 넣어 무혐의 처리되도록 하였다."는 취지로 제보하고, 1996.10.22. 국회의원 을로 하여금 국회에서 위 제보내용을 공개하도록 하여, 1996.10.23. 한겨레신문, 조선일보, 경향신문 등에 그 내용대로 기사가 게재되어 다수의 독자들에게 배포되게 함으로써 허위의 사실을 적시하여 피해자 회사의 명예를 훼손하였다.

【판결요지】 [1] 출판물에 의한 명예훼손죄는 간접정범에 의하여 범하여질 수도 있으므로 타인을 비방할 목적으로 허위의 기사 재료를 그 정을 모르는 기자에게 제공하여 신문 등에 보도되게 한 경우에도 성립할 수 있으나 제보자가 기사의 취재·작성과 직접적인 연관이 없는 자에게 허위의 사실을 알렸을 뿐인 경우에는, 제보자가 피제보자에게 그 알리는 사실이 기사화 되도록 특별히 부탁하였다거나 피제보자가 이를 기사화 할 것이 고도로 예상되는 등의 특별한 사정이 없는 한, 피제보자가 언론에 공개하거나 기자들에게 취재됨으로써 그 사실이 신문에 게재되어 일반 공중에게 배포되더라도 제보자에게 출판·배포된 기사에 관하여 출판물에 의한 명예훼손죄의 책임을 물을 수는 없다.

[2] 의사가 의료기기 회사와의 분쟁을 정치적으로 해결하기 위하여 국회의원에게 허위의 사실을 제보하였을 뿐인데, 위 국회의원의 발표로 그 사실이 일간신문에 게재된 경우 출판물에 의한 명예훼손이 성립하지 아니한다고 한 사례(대법원 2002.6.28. 선고 2000도3045 판결).

【해설】 의사 갑이 국회의원 을에게 허위사실을 제보하고, 을은 그 사실을 국회에서 공개함으로써 신문에 보도된 사건이다. 출판물에 의한 명예훼손죄의 간접정범이 성립되는지가 문제된다. 의사 갑은 단지 메디슨사와의 분쟁을 야당 국회의원을 통하여 정치적으로 해결하려 하였던 것으로 보이고, 달리 갑이 을에게 이를 알리면서 신문에 기사화되도록 특별히 부탁하였다거나 을이 이를 언론에 공개하여 기사화할 것이 고도로 예상되는 특별한 사정이 있다고 보기 어렵다. 의사 갑에게 출판물에 의한 명예훼손죄에 대한 고의를 인정하기 어렵다. 그 후 국회의원 을이 여당 대표 연설에 대한 비판으로 이를 공개하고, 그것이 신문에 보도되었다고 할지라도 갑에게 출판물에 의한 명예훼손죄의 책임이 있다고 보기는 어렵다. 국회의원 을의 경우에도 제보된 사실이 허위라는 인식이 없었으며 진실인 것으로 오인한 경우이므로 제307조 제1항 사실적시에 의한 명예훼손죄 성립 여부가 문제될 수 있으나, 공공의 이익을 위하여 한 것으로 제310조에 따라 위법성이 조각될 수 있으며, 위법성이 조각되지 않는다고 하더라도 국회의원의 면책특권은 인적 처벌조각사유이므로 처벌되지 않는다.

V. 모욕죄

제311조 (모욕) 공연히 사람을 모욕한 자는 1년 이하의 징역이나 금고 또는 200만원이하의 벌금에 처한다.
제312조 (고소와 피해자의 의사) ① 제308조와 제311조의 죄는 고소가 있어야 공소를 제기할 수 있다.

1. 의의

모욕죄는 공연히 사람을 모욕한 경우에 성립하는 범죄이다. 본죄의 보호법익은 사람의 가치에 대한 사회적 평가를 의미하는 '외부적 명예'이다.[371] 본죄는 추상적 위험범이다. 따라서 외부적 명예를 저하시킬 만한 추상적 판단이나 경멸적 감정을 공연히 표시함으로써 성립하므로, 피해자의 외부적 명예가 현실적으로 침해되거나 구체적·현실적으로 침해될 위험이 발생하여야 하는 것도 아니다.[372] 피해자의 고소가 있어야 공소제기가 가능한 친고죄이다.

2. 행위: 공연히 모욕하는 것

가. 공연성

공연성의 의미는 명예훼손죄와 같다.

나. 모욕

모욕이란 사실을 적시하지 아니하고 사람의 사회적 평가를 저하시킬 만한 추상적 판단이나 경멸적 감정을 표현하는 것을 의미한다.[373] 언어는 인간의 가장 기본적인 표현수단이며, 사람마다 언어습관이 다를 수 있으므로 그 표현이 다소 무례하고 저속하다는 이유로 모두 형법상 모욕죄로 처벌할 수는 없다.[374] 어떠한 표현이 모욕에 해당하는지는 상대

371) 김성돈, 238면; 배종대, 268면; 손동권/김재윤, 208면; 신동운, 773면; 오영근/노수환, 197면; 이재상/장영민/강동범, 181면; 이형국/김혜경, 255면; 임웅/이현정/박성민, 265면; 정성근/박광민, 211면.

372) 대법원 2016.10.13. 선고 2016도9674 판결.

373) 대법원 2015.9.10. 선고 2015도2229 판결.

374) 대법원 2018.11.29. 선고 2017도2661 판결; 대법원 2015.12.24. 선고 2015도6622 판결; 대법원 2015.9.10. 선고 2015도2229 판결.

방 개인의 주관적 감정이나 정서상 어떠한 표현을 듣고 기분이 나쁜지 등 명예감정을 침해할 만한 표현인지를 기준으로 판단할 수 없다. "부모가 그런 식이니 자식도 그런 것이다"[375] 또는 "A는 정말 야비한 사람인 것 같습니다"[376]와 같은 표현으로 인하여 상대방의 기분이 다소 상할 수 있다고 하더라도 그 내용이 너무나 막연하여 그것만으로 곧 상대방의 명예감정을 해하거나 외부적 명예를 침해할만한 표현이라고 볼 수 없다.

표현의 일부분만을 볼 것이 아니라 표현의 의미와 문제된 표현의 전체 맥락 등을 기준으로 판단해야 한다. 따라서 임대아파트의 분양전환과 관련하여 임차인이 아파트 관리사무소의 방송시설을 이용하여 임차인 대표 회의의 전임회장을 비판하며 "전 회장의 개인적인 의사에 의하여 주택공사의 일방적인 견해에 놀아나고 있기 때문에"라고 한 표현,[377] 아파트 입주자대표회의 감사인 피고인이 관리소장의 외부특별감사에 관한 업무처리에 항의하기 위해 관리소장실을 방문한 자리에서 그와 언쟁을 하다가 "야, 이따위로 일할래.", "나이 처먹은 게 무슨 자랑이냐."라고 말한 경우[378]는 전체 문언상 모욕죄의 '모욕'에 해당하지 않는다.

모욕의 수단·방법에는 제한이 없다. 따라서 직접적으로 말을 하는 것뿐만 아니라 손가락 욕설과 같은 거동이나 태도에 의해서도 가능하다. 언어적 수단이 아닌 비언어적·시각적 수단만을 사용한 표현도 사람의 사회적 평가를 저하시킬 만한 추상적 판단이나 경멸적 감정을 전달한 것이라면 모욕에 해당할 수 있다.[379] 따라서 영상편집·합성기술을 이용한 모욕행위도 가능하다.

'국민호텔녀'와 같이 표현이 다의적이거나 의미가 확정되지 않은 '신조어'인 경우 피고인이 그러한 표현을 한 경위 및 동기, 피고인의 의도, 표현의 구체적인 내용과 맥락 등을 고려하여, 그 용어의 의미를 확정한 후 모욕적 표현에 해당하는지를 판단해야 한다.[380] 최근 사회적으로 인종, 성별, 출신 지역 등을 이유로 한 혐오 표현(hate speech)이 문제되고 있는데, 혐오 표현 중에는 특정된 피해자에 대한 사회적 평가를 저하한다면 모욕에 해당할 수 있다.

375) 대법원 2007.2.22. 선고 2006도8915 판결.
376) 대법원 2022.8.31. 선고 2019도7370 판결.
377) 대법원 2008.12.11. 선고 2008도8917 판결.
378) 대법원 2015.9.10. 선고 2015도2229 판결.
379) 대법원 2023.2.2. 선고 2022도4719 판결.
380) 대법원 2022.12.15. 선고 2017도19229 판결.

판례 방송국 시청자게시판 사건

【사실관계】 피고인은 2002.2.21. 23:47경 강릉시 금학동 77에 있는 리버플 호프집에서, 같은 날 MBC 방송 '우리시대'라는 프로그램에서 피해자(교사)를 대상으로 하여 방영한 '엄마의 외로운 싸움'을 시청한 직후 위 프로그램이 위 피해자의 입장에서 편파적으로 방송하였다는 이유로 그곳에 설치된 컴퓨터를 이용하여 MBC 홈페이지에 접속하여 위 '우리시대' 프로그램 시청자 의견란에 불특정 다수인이 볼 수 있도록 "오선생님 대단하십니다", "학교 선생님이 불법주차에 그렇게 소중한 자식을 두고 내리시다니. 그렇게 소중한 자식을 범법행위의 변명의 방패로 쓰시다니 정말 대단하십니다. 한가지 더 견인을 우려해 아이를 두고 내리신 건 아닌지."라는 글을 작성·게시하였다.

【판결요지】 [2] 피고인이 방송국 시사프로그램을 시청한 후 방송국 홈페이지의 시청자 의견란에 작성·게시한 글 중 특히, "그렇게 소중한 자식을 범법행위의 변명의 방패로 쓰시다니 정말 대단하십니다."는 등의 표현은 그 게시글 전체를 두고 보더라도, 그 출연자인 피해자에 대한 사회적 평가를 훼손할 만한 모욕적 언사라고 한 사례.

[3] 피고인이 방송국 홈페이지의 시청자 의견란에 작성·게시한 글 중 일부의 표현은 이미 방송된 프로그램에 나타난 기본적인 사실을 전제로 한 뒤, 그 사실관계나 이를 둘러싼 문제에 관한 자신의 판단과 나아가 이러한 경우에 피해자가 취한 태도와 주장한 내용이 합당한가 하는 점에 대하여 자신의 의견을 개진하고, 피해자에게 자신의 의견에 대한 반박이나 반론을 구하면서, 자신의 판단과 의견의 타당함을 강조하는 과정에서 부분적으로 그와 같은 표현을 사용한 것으로서 사회상규에 위배되지 않는다고 봄이 상당하다고 한 사례(대법원 2003.11.28. 선고 2003도3972 판결).

【해설】 본 사건은 피고인이 게시한 글 전체를 보면 피고인의 발언은 모욕에는 해당하지만, 자신의 판단과 의견의 타당함을 강조하는 과정에서 부분적으로 모욕적 표현을 하였다는 점에서 사회상규에 위배되지 않는 행위로 위법성이 조각된다고 판단하였다.

다. 집단표시에 의한 모욕

집단표시에 의한 모욕은, 모욕의 내용이 그 집단에 속한 특정인에 대한 것이라고는 해석되기 힘들고 집단표시에 의한 비난이 개별구성원에 이르러서는 비난의 정도가 희석되어 구성원 개개인의 사회적 평가에 영향을 미칠 정도에 이르지 않는 것으로 평가되는 경우에는 구성원 개개인에 대한 모욕이 성립되지 않는다고 할 것이지만, 구성원 개개인에 대한 것으로 여겨질 정도로 구성원 수가 적거나 당시의 주위 정황 등으로 보아 집단 내 개별구성원을 지칭하는 것으로 여겨질 수 있는 때에는 집단 내 개별구성원이 피해자로서 특정된다고 보아야 하고, 그 구체적 기준으로는 집단의 크기, 집단의 성격과 집단 내에서의 피해자의 지위 등을 들 수 있다. 따라서 인터넷 다음 사이트의 아고라 토론방에 "개독알

밥 ○○ 꼴통놈들은", "전문시위꾼 ○○ 똘마니들", "존만이들아" 등과 같은 글을 게재한 경우 공연히 '○○'의 회원인 피해자 A를 모욕하였다고 볼 수 없다.[381)]

3. 기수 시기

모욕죄는 추상적 위험범으로 보는 것이 통설과 판례이다. 따라서 모욕으로 인하여 피해자의 외적 명예가 현실적으로 침해될 필요는 없고, 이를 저하시킬 만한 모욕적 언사가 제3자가 인식할 수 있는 상태에 있으면 된다. 따라서 피해자나 제3자가 이를 인식할 필요는 없다.[382)]

4. 위법성조각사유

모욕죄에 대해서 정당방위, 긴급피난, 피해자의 승낙, 정당행위의 요건을 갖춘 경우 위법성이 조각될 수 있다.

어떤 글이 모욕적 표현을 담고 있는 경우에도 그 글이 객관적으로 타당성이 있는 사실을 전제로 하여 그 사실관계나 이를 둘러싼 문제에 관한 자신의 판단과 피해자의 태도 등이 합당한가 하는 데 대한 자신의 의견을 밝히고, 자신의 판단과 의견이 타당함을 강조하는 과정에서 부분적으로 모욕적인 표현이 사용된 것에 불과하다면 사회상규에 위배되지 않는 행위로서 형법 제20조에 의하여 위법성이 조각될 수 있다.[383)]

명예훼손죄의 위법성 조각사유인 제310조를 모욕죄에도 적용될 수 있는가에 대하여 견해의 대립이 있지만 제310조의 적용은 제307조 제1항의 죄를 범한 경우로 제한되어 있기 때문에 제310조의 위법성조각사유는 모욕죄에는 적용되지 않는다는 것이 통설과 판례의 입장이다.

판례 골프클럽 구직 사이트 사건

【판결요지】 피고인이 골프클럽 경기보조원들 사이에서 각 골프클럽에 대한 정보교환을 통해 구직의 편의 등의 도모를 주된 목적으로 하는 사이트의 '벌당벌금제도'라는 게시판에 '이상한 나라의 빅토리아'라는 제목으로 '재수 없으면 벌당 잡힘. 규칙도 없음. 아주 조심해야 됨. 부장이나 조장 마주치지 않게 피해서 다녀야 됨. 조장들 한심한 인간

381) 대법원 2013.1.10. 선고 2012도13189 판결.

382) 대법원 2004.6.25. 선고 2003도4934 판결.

383) 대법원 2003.11.28. 선고 2003도3972 판결; 대법원 2005.12.23. 선고 2005도1453 판결; 대법원 2021.3.25. 선고 2017도17643 판결.

들임. 불쌍한 인간임. 잘못 걸리면 공개처형됨'이라는 내용의 글을 작성·게시하였다.

【판결요지】 이 사건 피고인의 표현은 골프클럽 경기보조원인 회원들 사이의 각 골프클럽에 대한 평가 내지 의견교환의 장소에서, 피고인이 개인적으로 실제 경험하였던 특정 골프클럽 제도운영의 불합리성을 비난하고 이를 강조하는 과정에서 그 비난의 대상인 제도의 담당자인 피해자에 대하여도 같은 맥락에서 일부 부적절한 표현을 사용하게 된 것으로, 이러한 행위는 사회상규에 위배되지 않는다고 봄이 상당하다(대법원 2008.7.10. 선고 2008도1433 판결).

【해설】 피고인이 게시한 글 중 골프클럽 조장이 한심하고 불쌍한 인간이라고 표현한 부분은 그 게시글 전체를 두고 보더라도 피해자의 인격적 가치에 대한 사회적 평가를 훼손할 만한 모욕적 언사라고 볼 수는 있지만, 피고인이 위 게시판에 글을 올리게 된 동기나 경위 및 배경을 살펴보면 피고인의 표현은 골프클럽 경기보조원인 회원들 사이의 각 골프클럽에 대한 평가 내지 의견교환의 장소에서, 피고인이 개인적으로 실제 경험하였던 특정 골프클럽 제도운영의 불합리성을 비난하고 이를 강조하는 과정에서 그 비난의 대상인 제도의 담당자인 피해자에 대하여도 같은 맥락에서 일부 부적절한 표현을 사용하게 된 것이므로 이러한 행위는 형법 제20조의 사회상규에 위배되지 않는 정당행위에 해당하므로 위법성이 조각된다.

5. 죄수

하나의 행위로 명예훼손죄와 모욕죄의 구성요건을 동시에 충족하면 명예훼손죄만 성립한다. 법조경합 중 흡수관계에 해당한다. 얼굴에 침을 뱉은 행위와 같이 모욕적 수단이 폭행죄의 구성요건에 해당하면 양죄의 상상적 경합이다.

외국원수 또는 외국사절에 대한 모욕죄는 공연성을 요건으로 하지 않는 형법 제107조 2항 또는 제108조 2항의 특별규정이 있다. 따라서 외국원수 등을 모욕한 경우 외국원수·외교사절에 대한 모욕죄만 성립한다.

판례 모욕죄 성립을 인정한 사례

① 피해자에 대하여 "야 이 개같은 잡년아, 시집을 열두번을 간 년아, 자식도 못 낳는 창녀같은 년"이라고 큰소리 친 경우, 위 발언내용은 그 자체가 피해자의 사회적 평가를 저하시킬 만한 구체적 사실이라기 보다는 피해자의 도덕성에 관하여 가지고 있는 추상적 판단이나 경멸적인 감정표현을 과장되게 강조한 욕설에 지나지 아니하여 형법 제311조의 모욕에는 해당할지언정, 형법 제307조 제1항의 명예훼손에 해당한다고 보기 어렵다(대법원 1985.10.22. 선고 85도1629 판결).

② "아무것도 아닌 똥꼬다리 같은 놈"이라는 구절은 모욕적인 언사일 뿐 구체적인 사실의 적시라고 할 수 없다(대법원 1989.3.14. 선고 88도1397 판결).
③ 동네사람 4명과 구청직원 2명 등이 있는 자리에서 피해자가 듣는 가운데 구청직원에게 피해자를 가리키면서 "저 망할 년 저기 오네"라고 피해자를 경멸하는 욕설 섞인 표현을 한 경우(대법원 1990.9.25. 선고 90도873 판결).

판례 모욕죄 성립을 부정한 사례

① "부모가 그런 식이니 자식도 그런 것이다"와 같은 표현으로 인하여 상대방의 기분이 다소 상할 수 있다고 하더라도 그 내용이 너무나 막연하여 그것만으로 곧 상대방의 명예감정을 해하여 형법상 모욕죄를 구성한다고 보기는 어렵다고 한 사례(대법원 2007.2.22 선고 2006도8915 판결).
② 임대아파트의 분양전환과 관련하여 임차인이 아파트 관리사무소의 방송시설을 이용하여 임차인대표회의의 전임회장을 비판하며 "전 회장의 개인적인 의사에 의하여 주택공사의 일방적인 견해에 놀아나고 있기 때문에"라고 한 표현이 전체 문언상 모욕죄의 '모욕'에 해당하지 않는다고 한 사례(대법원 2008.12.11 선고 2008도8917 판결).
③ 아파트 입주자대표회의 감사인 피고인이 관리소장 갑의 업무처리에 항의하기 위해 관리소장실을 방문한 자리에서 갑과 언쟁을 하다가 "야, 이따위로 일할래.", "나이 처먹은 게 무슨 자랑이냐."라고 말한 사안에서, 피고인의 발언은 상대방을 불쾌하게 할 수 있는 무례하고 저속한 표현이기는 하지만 객관적으로 갑의 인격적 가치에 대한 사회적 평가를 저하시킬 만한 모욕적 언사에 해당하지 않는다고 한 사례(대법원 2015.9.10. 선고 2015도2229 판결).
④ 피고인이 택시 기사와 요금 문제로 시비가 벌어져 112 신고를 한 후, 신고를 받고 출동한 경찰관 갑에게 늦게 도착한 데 대하여 항의하는 과정에서 "아이 씨발!"이라고 말한 사안에서, 제반 사정에 비추어 피고인의 발언은 직접적으로 피해자를 특정하여 그의 인격적 가치에 대한 사회적 평가를 저하시킬 만한 경멸적 감정을 표현한 모욕적 언사에 해당한다고 단정하기 어렵다고 한 사례(대법원 2015.12.24. 선고 2015도6622 판결).
⑤ A주식회사 해고자 신분으로 노동조합 사무장직을 맡아 노조활동을 하는 갑이 노사관계자 140여 명이 있는 가운데 큰 소리로 피고인 갑보다 15세 연장자로서 A회사 부사장인 B를 향해 "야 ○○아, ○○이 여기 있네, 니 이름이 ○○이잖아, ○○아 나오니까 좋지?" 등으로 여러 차례 B의 이름을 부른 경우(대법원 2018.11.29. 선고 2017도2661 판결).
⑥ 인터넷 신문사 소속 기자 갑이 작성한 기사가 인터넷 포털 사이트의 '핫이슈' 난에 게재되자, 피고인이 "이런걸 기레기라고 하죠?"라는 댓글을 게시함으로써 공연히 갑을 모욕하였다는 내용으로 기소된 사안에서, '기레기'는 모욕적 표현에 해당하나, 위 댓글의 내용, 작성 시기와 위치, 위 댓글 전후로 게시된 다른 댓글의 내용과 흐름 등을

종합하면, 위 댓글을 작성한 행위는 사회상규에 위배되지 않는 행위로서 형법 제20조에 의하여 위법성이 조각된다고 한 사례(대법원 2021.3.25. 선고 2017도17643 판결).

【정리】 명예훼손죄와 모욕죄의 구별

구 분	명예훼손죄	모욕죄
보호법익	외적 명예	외적 명예(통설)
행위방법	구체적 사실의 적시 ① 사람의 명예를 훼손할 정도의 구체성이 있어야 함 ② 구체적 사실의 시기·장소·수단 등을 상세히 특정할 필요는 없음 ③ 구체적 사실은 적시자가 직접 체험한 것이든, 다른 사람들로부터 추측한 결론이든 상관없음 ④ 적시방법에는 제한이 없음	추상적 사실의 적시 ① 사람의 사회적 평가를 저하시킬 우려가 있는 정도에 이르지 않은 사실의 적시를 의미함(애꾸눈, 전과자 등) ② 추상적 사실 또는 판단의 진위 여부는 불문함. ③ 모욕의 수단·방법은 무제한(언행·거동, 태도에 의해서도 가능, 또한 부작위에 의한 모욕도 가능)
행 위	공연성	공연성
명예주체	자연인(유아, 정신질환자) 법인(다수설) 국가·지자체는 제외 사자명예훼손죄	자연인(유아, 정신질환자) 법인(다수설) 국가·지자체는 제외 사자에 대한 모욕죄는 불가능
제310조의 적용 여부	적용	적용되지 않음(다수설, 판례)
소추방법	반의사불벌죄, 다만 사자에 대한 명예훼손죄는 친고죄	친고죄 (모욕죄는 가벼운 범죄이므로 피해자의 의사에 반해 소추할 필요가 없기 때문)

제2절 신용·업무와 경매에 관한 죄

Ⅰ. 총설

1. 의의

신용·업무와 경매에 관한 죄란 사람의 신용을 훼손하거나, 업무를 방해하거나, 경매·입찰의 공정성을 침해하는 것을 내용으로 하는 범죄이다. 형법 제34장에는 신용훼손죄(제313조), 업무방해죄(제314조), 경매·입찰방해죄(제315조)가 규정되어 있다. 본장의 죄는 경제생활과 관련된 자유를 보호하는 범죄라는 점에서는 공통되지만, 각각 보호법익을 달리하는 독립된 구성요건이다.

2. 보호법익과 법적 성격

신용훼손죄, 업무방해죄, 경매·입찰방해죄의 보호법익은 각각 신용, 업무, 경매의 안전을 보호법익으로 한다.

신용은 사람의 경제생활에서도 사회적으로 중요한 가치를 가지는 것이며, 업무는 경제적 업무만이 아니라 사회적 활동으로서의 업무도 포함하며, 경매와 입찰이 공정한 거래질서를 보호하기 위한 점에서 본장의 죄는 자유에 대한 죄로서의 성격과 함께 재산에 대한 죄로서의 성격도 가지는 범죄이다.

Ⅱ. 신용훼손죄

제313조 (신용훼손) 허위의 사실을 유포하거나 기타 위계로써 사람의 신용을 훼손한 자는 5년 이하의 징역 또는 1천500만원 이하의 벌금에 처한다.

1. 의의

신용훼손죄는 허위의 사실을 유포하거나 기타 위계로써 사람의 신용을 훼손함으로써 성립하는 범죄이다. 명예에 관한 죄로서의 성격을 기본으로 하면서 재산죄에 근접한 일면을 가진 독립된 범죄이다. 본죄의 보호법익은 신용이다.

2. 객체: 사람의 신용

신용은 사람의 경제적 지위에 대한 사회적 평가, 즉 사람의 지불능력과 지불의사에 대한 사회적 신뢰를 말한다. 여기서 사람은 자연인뿐만 아니라 법인·법인격 없는 단체도 포함된다.

판례 퀵서비스회사 사건

【판결요지】 퀵서비스 운영자인 피고인이 배달업무를 하면서, 손님의 불만이 예상되는 경우에는 평소 경쟁관계에 있는 피해자 운영의 퀵서비스 명의로 된 영수증을 작성·교부함으로써 손님들로 하여금 불친절하고 배달을 지연시킨 사업체가 피해자 운영의 퀵서비스인 것처럼 인식하게 한 사안에서, 퀵서비스의 주된 계약내용이 신속하고 친절한 배달이라 하더라도, 그와 같은 사정만으로 위 행위가 피해자의 경제적 신용, 즉 지급능력이나 지급의사에 대한 사회적 신뢰를 저해하는 행위에 해당한다고 보기는 어렵다는 이유로, 피고인에 대한 신용훼손의 주위적 공소사실을 무죄로 인정한 원심판단을 수긍한 사례(대법원 2011.5.13. 선고 2009도5549 판결).

【해설】 신용은 지급능력이나 지급의사에 대한 사회적 신뢰를 의미한다. 본 사안의 경우 이와 관련이 없다. 오히려 신용을 훼손하였다기 보다는 해당 회사의 서비스 품질에 대한 고객의 신뢰를 훼손한 것으로 보인다. 명예훼손죄나 업무방해죄의 성립 가능성이 있다.

3. 행위: 허위사실을 유포하거나 기타 위계로써 신용을 훼손하는 것

허위사실의 유포는 객관적 진실에 반하는 사실을 불특정 또는 다수인에게 전파하는 것을 말한다. 진실한 사실을 유포하거나 또는 사실이 아닌 단순한 가치판단이나 의견의 진술하는 경우에는 이에 해당되지 않는다.

기타 위계는 상대방의 착오·부지를 이용하거나 기망·유혹의 방법으로 판단을 그르치게 하는 일체의 행위를 말한다.

신용훼손은 사람의 지불능력 또는 지불의사에 대한 사회적 신뢰를 떨어뜨리는 상태를 야기하는 것을 말한다. 신용을 훼손시킬 수 있는 상태를 야기하면 충분하며 실제로 신용이 훼손될 필요까지는 없다.

판례 단순한 가치판단이나 의견의 진술에 해당하는 경우

【사실관계】 갑은 A가 운영하는 계의 운영권 일체를 인수받아 운영하기로 마음먹고 계원 수명이 모인 자리에서 "A는 집도 없고 남편도 없는 과부이며, 계주로서 계불입금을 모아서 도망가더라도 책임지고 도와줄 사람이 없는 알몸이니 A에게 불입금을 주지말고 나에게 달라", "나는 1억원 상당의 집이 있고, 남편도 공무원이므로 안심하고, 계불입금을 주면 책임지고 계를 잘 운영하겠다"는 취지로 말하였다.

【판결요지】 형법상 신용훼손죄는 허위사실의 유포 기타 위계로써 사람의 신용을 훼손할 것을 요하고, 여기서 허위사실의 유포라 함은 객관적으로 보아 진실과 부합하지 않는 과거 또는 현재의 사실을 유포하는 것으로서 (미래의 사실도 증거에 의한 입증이 가능할 때에는 여기의 사실에 포함된다) 피고인의 단순한 의견이나 가치판단을 표시하는 것은 이에 해당하지 않는다고 할 것인바, 피해자가 계주로서 계불입금을 모아서 도망가더라고 책임지고 도와줄 사람이 없다는 취지의 피고인의 말은 피고인의 피해자에 대한 개인적 의견이나 평가를 진술한 것에 불과하여 이를 허위사실의 유포라고 할 수 없다(대법원 1983.2.8. 선고 82도2486 판결).

【해설】 허위사실이 아니라 단순한 의견표명이나 가치판단인 경우에는 신용훼손이 되지 않으며, 허위사실이라면 미래의 사실이라도 그것이 증명 가능하다면 신용훼손죄가 성립할 수 있다는 판례이다. 본 사안의 경우 피해자에 대한 개인적 의견이나 평가를 진술한 것으로 보아서 신용훼손죄의 성립을 부정하였다.

4. 기수 시기

본죄의 기수 시기는 신용훼손에 대한 일반적 위험이 있을 때이다. 추상적 위험범이기 때문이다. 법문상 훼손이라는 용어를 쓰고 있지만 신용의 특성상 현실적으로 침해될 것까지 요구하면 신용침해라는 결과 발생 여부를 확정하는 것이 어려울 뿐만 아니라 미수범 처벌 규정도 없기 때문에 대부분 처벌할 수 없는 결과를 초래하게 된다.[384] 따라서 신용을 훼손할만한 허위사실을 유포하거나 기타 위계의 행사만 있으면 본죄의 기수가 되는 추상적 위험범으로 보는 것이 타당하다. 판례도 "신용훼손의 결과가 실제로 발생함을 요하는 것은 아니고 신용훼손의 결과를 초래할 위험이 발생하는 것이면 족하다"고 한다.[385]

384) 김성돈, 245면; 김일수/서보학, 211면; 이형국/김혜경, 262면.

385) 대법원 2011.9.8. 선고 2011도7262 판결.

5. 죄수 및 다른 죄와의 관계

하나의 허위사실을 공연히 적시하여 명예와 신용을 동시에 훼손한 경우 양죄의 상상적 경합이라는 견해가 있지만,[386] 상상적 경합을 인정하는 것은 신용훼손죄를 재산죄라고 해석하는 경우에만 가능한 결론이다. 신용훼손죄는 자유라는 인격적 법익을 보호하기 위한 것도 있기 때문에 양자의 관계는 법조경합 중 특별관계로 보는 것이 타당하다.[387] 따라서 신용훼손죄가 성립하면 명예훼손죄는 성립하지 않는다.

Ⅲ. 업무방해죄

제314조 (업무방해) ① 제313조의 방법 또는 위력으로써 사람의 업무를 방해한 자는 5년 이하의 징역 또는 1천500만원 이하의 벌금에 처한다.

1. 의의

업무방해죄는 허위의 사실을 유포하거나 위계 또는 위력으로써 사람의 업무를 방해함으로써 성립하는 범죄이다. 업무방해죄는 경제적 활동에 있어서 업무뿐만 아니라 사회적 활동에 있어서 업무를 모두 보호하기 위한 것이다. 따라서 재산범죄적 성격과 사회적 활동의 자유에 대한 죄로서의 성격을 함께 갖고 있다. 본죄의 보호법익은 '업무'이다.

2. 객체: 업무

가. 업무의 의의

업무란 사람이 직업 기타 사회생활상 지위에서 계속적·반복적으로 종사하는 사무 또는 사업을 말한다. '사회적 지위'와 '계속성'의 2가지 요소가 요구된다.

직업이나 사회생활상의 지위에 기한 것이라고 보기 어려운 단순한 개인적인 일상생활의 일환으로 행하여지는 사무는 업무방해죄의 보호대상인 업무에 해당하지 않는다.[388]

---

386) 박상기/전지연, 530면.

387) 김성돈, 245면; 김일수/서보학, 212면; 이형국/김혜경, 263면.

388) 대법원 2017.11.9. 선고 2014도3270 판결.

개인적인 용무로 고속버스를 타기 위해 자가용 차량을 운전한 것은 업무에 해당하지 않는다.

업무는 계속·반복적으로 행해져야 하므로 1회적 사무인 경우에는 업무에 해당되지 않는다. 따라서 피해자가 하는 담장공사를 일시적으로 방해한 것에 불과한 경우 담장공사는 1회적 사무에 불과하기 때문에 업무방해죄가 성립하지 않는다.[389] 하지만 1회적인 사무라 하더라도 그 자체가 어느 정도 계속하여 행해지는 것이거나 혹은 그것이 직업 또는 사회생활상 지위에서 계속적으로 행하여 온 '본래의 업무수행과 밀접불가분의 관계'에서 이루어진 경우에는 본죄의 업무에 해당한다. 따라서 상사의 명령에 의해 같은 직장의 다른 사무를 처리하는 경우,[390] 회사의 공장이전과 관련된 제반 업무[391]는 1회적일지라도 본죄의 업무가 된다.

보수의 유무나 영리의 목적의 유무를 불문하며, 주된 업무뿐만 아니라 부수적 업무도 포함된다. 권리를 행사하는 것은 업무에 해당하지 않는다. 주주로서 주주총회에서 의결권 등을 행사하는 것은 주식의 보유자로서 그 자격에서 권리를 행사하는 것에 불과할 뿐 그것이 '직업 기타 사회생활상 지위에 기하여 계속적으로 종사하는 사무 또는 사업'에 해당한다고 할 수 없으며,[392] 학생들이 학교에 등교하여 교실에서 수업을 듣는 것은 학생들 본인의 권리를 행사하는 것이므로 업무에 해당하지 않는다.[393]

판례 **회사의 공장이전과 관련한 제반 업무**

【판결요지】 [1] 업무방해죄에 있어서의 업무란 직업 또는 사회생활상의 지위에 기하여 계속적으로 종사하는 사무나 사업의 일체를 의미하고, 그 업무가 주된 것이든 부수적인 것이든 가리지 아니하며, 일회적인 사무라 하더라도 그 자체가 어느 정도 계속하여 행해지는 것이거나 혹은 그것이 직업 또는 사회생활상의 지위에서 계속적으로 행하여 온 본래의 업무수행과 밀접불가분의 관계에서 이루어진 경우에도 이에 해당한다 할 것이며, 한편 업무방해죄의 업무방해는 널리 그 경영을 저해하는 경우에도 성립하는데, 업무로서 행해져 온 회사의 경영행위에는 그 목적 사업의 직접적인 수행뿐만 아니라 그 확장, 축소, 전환, 폐지 등의 행위도 정당한 경영권 행사의 일환으로서 이에 포함된다.
[2] 회사가 사업장의 이전을 계획하고 그 이전을 전후하여 사업을 중단 없이 영위할 목적으로 이전에 따른 사업의 지속적인 수행방안, 새 사업장의 신축 및 가동개시와 구

389) 대법원 1989.3.28. 선고 89도110 판결.
390) 대법원 1971.5.24. 선고 71도399 판결.
391) 대법원 2005.4.15. 선고 2004도8701 판결.
392) 대법원 2004.10.28. 선고 2004도1256 판결.
393) 대법원 2013.6.14. 선고 2013도3829 판결.

사업장의 폐쇄 및 가동중단 등에 관한 일련의 경영상 계획의 일환으로서 시간적·절차적으로 일정기간의 소요가 예상되는 사업장 이전을 추진, 실시하는 행위는 그 자체로서 일정기간 계속성을 지닌 업무의 성격을 지니고 있을 뿐만 아니라 회사의 본래 업무인 목적 사업의 경영과 밀접불가분의 관계에서 그에 수반하여 이루어지는 것으로 볼 수 있으므로 이 점에서도 업무방해죄에 의한 보호의 대상이 되는 업무에 해당한다(대법원 2005.4.15. 선고 2004도8701 판결).

【해설】 업무방해죄의 업무 개념에 대한 기본 판례이다. 특히 일회적 사무의 경우 본래의 업무수행과 '밀접불가분의 관계'에 있는 것도 업무로 본다. '경영을 저해하는 행위', '경영상 계획의 일환' 등 업무의 의의에 대한 중요개념을 설명하고 있다.

판례 초등학생들이 학교에 등교하여 교실에서 수업을 듣는 것

【사실관계】 피고인이 대흥초등학교 1학년 1반 교실 및 1학년 2반 교실 안에서 교사인 공소외 1, 공소외 2에게 욕설을 하거나 피해자인 학생들에게 욕설을 하여 수업을 할 수 없게 하였다.

【판결요지】 형법상 업무방해죄의 보호대상이 되는 '업무'라 함은 직업 기타 사회생활상의 지위에 기하여 계속적으로 종사하는 사무 또는 사업을 말하는 것인데, 초등학생들이 학교에 등교하여 교실에서 수업을 듣는 것은 헌법 제31조가 정하고 있는 무상으로 초등교육을 받을 권리 및 초·중등교육법 제12, 13조가 정하고 있는 국가의 의무교육 실시의무와 부모들의 취학의무 등에 기하여 학생들 본인의 권리를 행사하는 것이거나 국가 내지 부모들의 의무를 이행하는 것에 불과할 뿐 그것이 '직업 기타 사회생활상의 지위에 기하여 계속적으로 종사하는 사무 또는 사업'에 해당한다고 할 수 없다(대법원 2013.6.14. 선고 2013도3829 판결).

【해설】 초등학생들이 수업을 듣는 것은 자신의 권리를 행사하는 것이지 업무를 수행하는 것이 아니므로 이를 방해한 행위에 대해서는 업무방해죄가 성립하지 않는다. 하지만 당시 교사들이 수업하는 것은 업무를 수행하는 것이라고 볼 수 있으므로 교사들에 대해서는 업무방해죄가 성립한다고 봄이 타당하다. 폭행 또는 협박을 하여 초등학생들의 권리행사를 방해하거나 학부모들의 의무이행을 방해한 경우에 해당할 수 있으므로 강요죄가 성립할 수 있다.

나. 타인의 업무

업무방해죄에 있어서의 행위의 객체는 타인의 업무이고, 여기서 타인이라 함은 범인 이외의 자연인과 법인 및 법인격 없는 단체를 의미한다.[394] 따라서 자기의 업무를 방해한 경우에는 본죄가 성립할 수 없다. 종중 정기총회를 주재하는 종중회장의 의사진행업무는

394) 대법원 2007.12.27. 선고 2005도6404 판결; 대법원 1999.1.15. 선고 98도663 판결.

종중원들에 대한 관계에서는 타인의 업무이다.[395] 법적 성질이 영조물에 불과한 대학교 자체는 업무의 주체가 될 수 없다.[396] 관련 규정을 볼 때 대학교 편입학업무는 대학교 자체가 아니라 총장의 업무이며, 성적평가업무는 대학 자체가 아니라 담당교수의 업무에 속한다.

다. 정당한 업무

(1) 보호대상이 되는 업무

업무방해죄의 보호대상이 되는 업무는 정당한 업무이어야 한다. 형법상 보호할 가치가 없는 업무는 본죄의 업무에 해당하지 않는다. 사실상 평온하게 이루어진 사회활동도 업무로 파악되므로 무효인 사무, 행정규칙을 위반한 사무 등과 같이 형식적 위법성을 결한 사무도 업무가 될 수 있다. 그 업무의 기초가 된 계약 또는 행정행위 등이 반드시 적법하여야 하는 것은 아니기 때문이다. 건물의 전차인이 임대인의 승낙 없이 전차하였다고 하더라도 전차인이 불법침탈 등의 방법에 의하여 건물의 점유를 개시한 것이 아니고 그동안 평온하게 영업을 하면서 점유를 계속하여 왔다면 보호대상이 되는 업무에 해당한다.[397] 백화점 입주 상인들이 영업을 하지 않고 매장 내에서 점거 농성만을 하면서 매장 내의 기존의 전기 시설에 임의로 전선을 연결하여 각종 전열기구를 사용함으로써 화재위험이 높아 백화점 경영 회사의 대표이사인 피고인이 부득이 단전조치를 취하였다면, 그 단전조치 당시 보호받을 업무가 존재하지 않았으므로 업무방해죄가 성립하지 않는다.[398]

판례 양수인의 업무에 대한 양도인의 업무방해

【판결요지】 [1] 형법상 업무방해죄의 보호대상이 되는 '업무'는 직업 또는 계속적으로 종사하는 사무나 사업으로서 일정 기간 사실상 평온하게 이루어져 사회적 활동의 기반이 되는 것을 말하며, 그 업무의 기초가 된 계약 또는 행정행위 등이 반드시 적법하여야 하는 것은 아니지만 타인의 위법한 행위에 의한 침해로부터 보호할 가치가 있는 것이어야 한다. 따라서 어떠한 업무의 양도·양수 여부를 둘러싸고 분쟁이 발생한 경우에 양수인의 업무에 대한 양도인의 업무방해죄가 인정되려면, 당해 업무에 관한 양도·양수합의의 존재가 인정되어야 함은 물론이고, 더 나아가 그 합의에 따라 당해 업무가 실제로 양수인에게 양도된 후 사실상 평온하게 이루어져 양수인의 사회적 활동의 기반이 됨으로써 타인, 특히 양도인의 위법한 행위에 의한 침해로부터 보호할 가치가 있는 업무라고 볼 수 있을 정도에 이르러야 한다.

395) 대법원 1995.10.12. 선고 95도1589 판결.
396) 대법원 1999.1.15. 선고 98도663 판결.
397) 대법원 1986.12.23. 선고 86도1372 판결.
398) 대법원 1995.6.30. 선고 94도3136 판결.

[2] 회사 운영권의 양도·양수 합의의 존부 및 효력에 관한 다툼이 있는 상황에서 양수인이 비정상적으로 위 회사의 임원변경등기를 마친 것만으로는 회사 대표이사로서 정상적인 업무에 종사하기 시작하였다거나 그 업무가 양도인에 대한 관계에서 보호할 가치가 있는 정도에 이르렀다고 보기 어려워, 양도인의 침해행위가 양수인의 '업무'에 대한 업무방해죄를 구성하는 것으로 볼 수 없다고 한 사례(대법원 2007.8.23. 선고 2006도3687 판결).

(2) 보호대상이 될 수 없는 업무

성매매업[399]이나 의료법위반행위,[400] 공인중개사 아닌 사람이 영위하는 중개업,[401] 법원의 직무집행정지 가처분결정에 의하여 그 직무집행이 정지된 자가 법원의 결정에 반하여 직무를 수행함으로써 업무를 계속 행하는 경우[402] 등과 같이 위법의 정도가 중하여 사회생활상 용인될 수 없을 정도로 반사회성을 띠는 경우 형법상 보호할 가치가 없는 위법한 업무이므로 원칙적으로 본죄의 보호대상인 업무에서 제외된다. 하이패스 업체 선정을 위한 한국도로공사의 현장 성능시험에서 제안요청서의 조건을 충족하지 못하였고, 성능시험 자체가 부적합하지만, 그것만으로 시험의 개시나 수행 과정에서의 하자 정도가 반사회성을 가진다고 볼 수 없기 때문에 도로공사의 성능시험 업무는 본죄의 보호대상이 된다.[403]

판례 성매매업소에 대한 업무방해

【판결요지】 [1] 형법상 업무방해죄의 보호대상이 되는 '업무'란 직업 또는 계속적으로 종사하는 사무나 사업으로서 타인의 위법한 침해로부터 형법상 보호할 가치가 있는 것이어야 하므로, 어떤 사무나 활동 자체가 위법의 정도가 중하여 사회생활상 도저히 용인될 수 없는 정도로 반사회성을 띠는 경우에는 업무방해죄 보호대상이 되는 '업무'에 해당한다고 볼 수 없다.

[2] 구 성매매알선 등 행위의 처벌에 관한 법률(2010.4.15. 법률 제10261호로 개정되기 전의 것)은 제2조 제1항 제2호에서 성매매알선 등 행위에 해당하는 행위로 '성매매를 알선·권유·유인 또는 강요하는 행위', '성매매의 장소를 제공하는 행위' 등을 규정하고, 제4조 제2호 및 제4호에서 성매매알선행위와 성을 파는 행위를 하게 할 목적으로 타인을 고용·모집하는 행위를 금지하고, 이를 위반하여 성매매알선 등 행위를 한 자 및 미수범을 형사처벌하도록 규정하고 있으므로(같은 법 제19조 제1항 제1호, 제2항 제1호, 제23조 등 참조), 성매매알선 등 행위는 법에 의하여 원천적으로 금지된 행위로서 형사처벌의 대상이 되는 중대

399) 대법원 2011.10.13. 선고 2011도7081 판결.
400) 대법원 2001.11.30. 선고 2001도2015 판결.
401) 대법원 2007.1.12. 선고 2006도6599 판결.
402) 대법원 2002.8.23. 선고 2001도5592 판결.
403) 대법원 2010.5.27. 선고 2008도2344 판결.

한 범죄행위일 뿐 아니라 정의관념상 용인될 수 없는 정도로 반사회성을 띠는 경우에 해당하므로, 업무방해죄의 보호대상이 되는 업무라고 볼 수 없다.

[3] 폭력조직 간부인 피고인이 조직원들과 공모하여 갑이 운영하는 성매매업소 앞에 속칭 '병풍'을 치거나 차량을 주차해 놓는 등 위력으로써 업무를 방해하였다는 내용으로 기소된 사안에서, 갑은 사창가 골목에서 윤락녀를 고용하여 성매매업소를 운영하여 왔는데, 성매매업소 운영에는 성매매를 알선·권유하거나 성매매장소를 제공하는 행위 등이 필연적으로 수반되고 따라서 업소 운영자는 구 성매매알선 등 행위의 처벌에 관한 법률(2010. 4. 15. 법률 제10261호로 개정되기 전의 것) 제19조 제1항 제1호의 '성매매알선 등 행위를 한 자' 또는 같은 법 제19조 제2항 제1호의 '영업으로 성매매알선 등 행위를 한 자'에 해당하므로, 갑의 성매매업소 운영업무는 업무방해죄의 보호대상이 되는 업무라고 볼 수 없는데도, 이와 달리 보아 피고인에게 유죄를 인정한 원심판결에 법리오해의 위법이 있다고 한 사례(대법원 2011.10.13. 선고 2011도7081 판결).

라. 공무도 업무방해죄의 업무에 포함되는지 여부

(1) 쟁점

공무(公務)도 업무방해죄의 업무에 포함되는가에 대하여 견해의 대립이 있다. 공무집행방해죄의 행위태양은 '폭행·협박과 위계'임에 반하여 본죄의 행위태양은 '허위사실의 유포와 위계·위력'이기 때문이다. 따라서 허위사실을 유포하여 공무집행을 방해한 경우 또는 공무집행방해죄의 폭행·협박보다 낮은 강도의 폭행·협박이나 위력을 사용한 경우 제314조의 업무방해죄가 성립하는지가 논의의 핵심이다.

(2) 학설

공무포함설은 허위사실의 유포에 의한 공무방해를 처벌해야 할 필요성을 그 근거로 내세운다. 공무를 본죄에서 제외시키면 허위사실의 유포에 의한 공무방해는 어느 범죄에도 해당하지 않기 때문이다.[404] 업무방해죄와 공무집행방해죄가 동시에 성립하면 법조경합에 의해 공무집행방해죄만 성립한다고 본다.

공무제외설은 업무방해죄는 개인의 경제활동·인격활동의 자유를 보호하기 위한 범죄이기 때문에 공무는 제외된다고 보는 견해로 공무에 대한 방해는 공무에 대한 방해죄를 적용한다.[405]

절충설은 비공무원의 공무, 비권력적 공무, 공무집행방해죄의 요건인 폭행·협박·위계

404) 김일수/서보학, 215면; 임웅/이현정/박성민, 276면.

405) 김성돈, 248면; 배종대, 304면; 오영근/노수환, 205면; 이재상/장영민/강동범, 211면.

이외의 방법으로 방해한 경우는 이 죄의 업무에 포함시켜야 한다는 견해이다.[406]

(3) 판례

대법원 판례는 "공무원이 직무상 수행하는 공무를 방해하는 행위에 대해서는 업무방해죄로 의율할 수 없다"고 하여 공무제외설의 입장이다. 업무방해죄와 공무집행방해죄는 그 보호법익과 보호대상이 다르며, 형법이 업무방해죄와는 별도로 공무집행방해죄를 규정하고 있는 것은 사적 업무와 공무를 구별하여 공무에 관해서는 공무원에 대한 폭행, 협박 또는 위계의 방법으로 그 집행을 방해하는 경우에 한하여 처벌하겠다는 취지라는 것이 주된 근거이다. 공무집행방해죄의 행위유형이 제한되어 있는 것은 그 이외의 행위에 대해서는 처벌하지 않겠다는 입법취지인 것으로 본다.

판례 경찰서 민원실 행패 사건

【사실관계】 갑은 자신들이 제출한 진정서 및 탄원서에 기재한 내용을 수사이의사건 담당자인 경찰관 A가 제대로 조사하지 않았다는 이유로 지방경찰청장 면담을 요구하였고, 이를 제지하는 A와 수사1계장 경찰관 B에게 "눈깔을 후벼 판다", "너 쥐약 먹었냐" 등의 욕설을 하고 큰 소리를 지르며 민원실 밖 복도에 주저앉았다.

【판결요지】 [1] [다수의견] 형법상 업무방해죄의 보호법익은 업무를 통한 사람의 사회적·경제적 활동을 보호하려는 데 있으므로, 그 보호대상이 되는 '업무'란 직업 또는 계속적으로 종사하는 사무나 사업을 말하고, 여기서 '사무' 또는 '사업'은 단순히 경제적 활동만을 의미하는 것이 아니라 널리 사람이 그 사회생활상의 지위에서 계속적으로 행하는 일체의 사회적 활동을 의미한다. 한편, 형법상 업무방해죄와 별도로 규정한 공무집행방해죄에서 '직무의 집행'이란 널리 공무원이 직무상 취급할 수 있는 사무를 행하는 것을 의미하는데, 이 죄의 보호법익이 공무원에 의하여 구체적으로 행하여지는 국가 또는 공공기관의 기능을 보호하고자 하는 데 있는 점을 감안할 때, 공무원의 직무집행이 적법한 경우에 한하여 공무집행방해죄가 성립하고, 여기에서 적법한 공무집행이란 그 행위가 공무원의 추상적 권한에 속할 뿐 아니라 구체적 직무집행에 관한 법률상 요건과 방식을 갖춘 경우를 가리키는 것으로 보아야 한다. 이와 같이 업무방해죄와 공무집행방해죄는 그 보호법익과 보호대상이 상이할 뿐만 아니라 업무방해죄의 행위유형에 비하여 공무집행방해죄의 행위유형은 보다 제한되어 있다. 즉 공무집행방해죄는 폭행, 협박에 이른 경우를 구성요건으로 삼고 있을 뿐 이에 이르지 아니하는 위력 등에 의한 경우는 그 구성요건의 대상으로 삼고 있지 않다. 또한, 형법은 공무집행방해죄 외에도 여러 가지 유형의 공무방해행위를 처벌하는 규정을 개별적·구체적으로

406) 정성근/박광민, 238면.

마련하여 두고 있으므로, 이러한 처벌조항 이외에 공무의 집행을 업무방해죄에 의하여 보호받도록 하여야 할 현실적 필요가 적다는 측면도 있다. 그러므로 형법이 업무방해죄와는 별도로 공무집행방해죄를 규정하고 있는 것은 사적 업무와 공무를 구별하여 공무에 관해서는 공무원에 대한 폭행, 협박 또는 위계의 방법으로 그 집행을 방해하는 경우에 한하여 처벌하겠다는 취지라고 보아야 한다. 따라서 공무원이 직무상 수행하는 공무를 방해하는 행위에 대해서는 업무방해죄로 의율할 수는 없다고 해석함이 상당하다.

[2] 지방경찰청 민원실에서 민원인들이 진정사건의 처리와 관련하여 지방경찰청장과의 면담 등을 요구하면서 이를 제지하는 경찰관들에게 큰소리로 욕설을 하고 행패를 부린 행위에 대하여, 경찰관들의 수사 관련 업무를 방해한 것이라는 이유로 업무방해죄의 성립을 인정한 원심판결에, 업무방해죄의 성립범위에 관한 법리를 오해한 위법이 있다고 한 사례(대법원 2009.11.19. 선고 2009도4166 전원합의체 판결).

【해설】 공무에 대한 방해 행위에 업무방해죄를 적용할 수 있는가라는 중대한 쟁점을 다룬 판례이다. 본 사건은 공무집행방해죄와 업무방해죄의 구별과 관련된 판례 중 가장 핵심적인 사례로 꼽힌다. 구체적으로, 경찰관의 진정사건 처리와 같은 직무집행을 민원인이 방해한 경우 공무집행방해죄로만 처벌할 수 있는지 아니면 업무방해죄도 가능한지가 쟁점이다. 경찰관의 진정처리·면담 응대 등은 명백한 공무이고, 그에 대한 방해행위는, 폭행·협박이 있는 경우에는 공무집행방해죄가 성립하지만 그렇지 않은 경우는 처벌되지 않거나 다른 법률 규정에 따를 수밖에 없다. 본 사건과 같이, 단순한 언행, 소란, 욕설은 업무방해죄로는 의율할 수 없다.

(4) 결론

생각건대, 업무방해죄와 공무집행방해죄는 그 보호법익이 다르며, 그 행위태양도 다르게 규정되어 있다. 업무방해죄에 비하여 공무집행방해죄의 행위태양은 제한적이다. 공무집행방해죄의 경우 폭행, 협박, 위계에 의한 공무집행방해죄만을 처벌하고 허위사실유포와 위력에 의한 공무집행방해죄를 행위태양으로 규정하고 있지 않다. 이는 전자의 행위에 대해서만 처벌하고 허위사실유포와 위력에 의한 행위는 처벌하지 않겠다는 입법자의 의사가 표현된 것으로 보인다. 위력에 의한 경우에도 본죄에 따라 처벌할 수 있다면 정부의 정책에 반대하는 의사표시를 한 경우에도 처벌할 수 있는 가능성이 있어서 형벌이 과도하게 확장할 우려가 있어 부당하다. 따라서 업무방해죄에 있어서 보호대상이 되는 업무에는 공무가 제외된다고 보는 것이 타당하다.

3. 행위: 허위사실 유포, 위계, 위력으로 업무를 방해하는 행위

가. 허위사실 유포와 위계

(1) 허위사실 유포와 위계의 의미

허위사실의 유포와 위계의 의미는 신용훼손죄에서 설명한 바와 같다. '허위사실의 유포'는 객관적 진실에 반하는 사실을 불특정 또는 다수인에게 전파하는 것을 말한다. 진실한 사실을 유포하거나 사실이 아닌 가치판단을 표시하는 행위는 허위사실의 유포에 해당하지 않는다. 유포한 대상이 사실과 의견 가운데 어느 것에 속하는지 판단할 때는 언어의 통상적 의미와 용법, 증명가능성, 문제 된 말이 사용된 문맥, 당시의 사회적 상황 등 전체적 정황을 고려해서 판단해야 한다.[407] 의견 표현과 사실 적시가 혼재되어 있는 경우에는 이를 전체적으로 보아 허위사실을 유포하여 업무를 방해한 것인지 등을 판단해야지, 의견 표현과 사실 적시 부분을 분리하여 별개로 범죄의 성립 여부를 판단해서는 안 된다.[408]

'위계'라 함은 행위자의 행위 목적을 달성하기 위하여 상대방에게 오인·착각 또는 부지를 일으키게 하여 이를 이용하는 것을 말한다. 상대방이 이에 따라 그릇된 행위나 처분을 하였다면 위계에 의한 업무방해죄가 성립한다.[409] 인터넷 자유게시판 등에 실제의 객관적인 사실을 게시하는 행위는, 설령 그로 인하여 피해자의 업무가 방해된다고 하더라도, 본죄의 위계에 해당하지 않는다.[410]

(2) 입시부정과 채용 비리

위계에 의한 업무방해죄가 주로 문제되는 사례유형으로는 이른바 입시부정과 채용 비리 등이 있다. 사립대학교 교수인 갑이 출제교수들로부터 대학원신입생전형시험문제를 제출받아 을, 병에게 그 시험문제를 알려주자, 그들이 답안쪽지를 작성한 다음 이를 답안지에 그대로 베껴 써서 그 정을 모르는 시험감독관에게 제출한 경우, 위계로써 입시감독 업무를 방해한 것이므로 업무방해죄에 해당하며,[411] 대학 입학시험 문제와 그 답안을 입시 수험생들에게 알려준 경우도 마찬가지다. 대학교 총장이 지원자의 성적 등을 고쳐 사정부를 허위로 작성한 다음 그 정을 모르는 입학사정위원들에게 제출하여 입학사정을 하게 한 경우 위계로서 입학사정 업무를 방해한 것이다.[412]

---

407) 대법원 1998.3.24. 선고 97도2956 판결; 대법원 2017.4.13. 선고 2016도19159 판결.

408) 대법원 2021.9.30. 선고 2021도6634 판결.

409) 대법원 1992.6.9. 선고 91도2221 판결.

410) 대법원 2007.6.29. 선고 2006도3839 판결.

411) 대법원 1991.11.12. 선고 91도2211 판결.

412) 대법원 1993.5.11. 선고 92도255 판결.

채용 과정에서 특정 지원자의 성적을 조작하여 필기시험에 합격시키거나 면접을 보게 하거나 채용하게 하는 경우 면접위원이나 채용을 하는 법인에 대하여 위계에 의한 업무방해죄가 성립한다. 심사위원들이 담합하여 특정 지원자를 합격에 이르게 하였다면 법인에 대한 업무방해죄가 성립한다.

문제는 회사의 대표나 공사의 사장이 직원에 대한 채용 권한을 가지고 있는 경우이다. 이 경우 대표나 사장의 지시에 의하여 불공정 채용 행위가 이루어졌다면 위계에 의한 업무방해죄가 성립하지 않는다. 신규 채용 권한은 대표나 사장이 법인의 기관으로서의 지위에서 업무를 집행하는 것에 불과하며, 신규 채용 권한이 있는 대표나 사장의 행위로 인하여 법인이 오인·착각 또는 부지를 일으켰다고 볼 수 없기 때문이다.[413] 위계의 상대방이 없다는 것으로 업무방해죄의 성립이 부정되는 것은 문제가 있다. 사기업의 경우에는 사적 자치의 원칙에 따라 문제되지 않는다고 하더라고 공기업 등 공공기관에 대해서는 이에 대한 입법론적 방안이 마련될 필요가 있다.

(3) 허위 자료 제출과 업무 담당자의 심사

신청을 받아 자격요건을 심사한 후 수용 여부를 결정하는 업무 담당자에게 신청인이 허위의 주장을 하면서 허위의 자료를 제출한 경우 본죄가 성립할 수 있는지가 문제된다.

심사업무담당자는 심사업무에 있어서 신청자의 신청서에 기재된 사유가 사실과 부합하지 않을 수 있음을 전제로 하여 그 자격요건 등을 심사·판단하는 것이다. 따라서 업무담당자가 사실을 충분히 확인하지 아니한 채 신청인이 제출한 허위의 신청사유나 허위의 소명자료를 가볍게 믿고 이를 수용하였다면 이것은 업무 담당자의 불충분한 심사에 기인한 것으로서 신청인의 위계가 업무방해의 위험성을 발생시켰다고 할 수 없어 위계에 의한 업무방해죄를 구성하지 않는다.[414]

하지만 신청인이 업무 담당자에게 허위의 주장을 하면서 이에 부합하는 허위의 소명자료를 첨부하여 제출한 경우 그 수리 여부를 결정하는 업무 담당자가 관계 규정이 정한 바에 따라 그 요건의 존부에 관하여 나름대로 충분히 심사를 하였으나 신청사유 및 소명자료가 허위임을 발견하지 못하여 그 신청을 수리하게 될 정도에 이르렀다면 이것은 업무담당자의 불충분한 심사로 인하여 발생한 것이 아니라 신청인의 위계행위에 의하여 업무방해의 위험성이 발생된 것이기 때문에 위계에 의한 업무방해죄가 성립된다.[415] 따라서

413) 대법원 2007.12.27. 선고 2005도6404 판결.

414) 대법원 2009.1.30. 선고 2008도6950 판결.

415) 대법원 2020.9.24. 선고 2017도19283 판결; 갑이 허위로 기재된 봉사활동확인서를 발급받아 고등학교에 제출하여 학생이 2010년도 학교장 명의의 봉사상을 수상하게 한 경우.

주한외국영사관에 비자발급을 신청함에 있어 신청인이 제출한 허위의 자료 등에 대하여 업무담당자가 충분히 심사하였으나 신청사유 및 소명자료가 허위임을 발견하지 못하여 그 신청을 수리하게 된 경우, 위계에 의한 업무방해죄가 성립한다.[416)]

(4) 위계의 상대방

위계는 상대방의 오인, 착각, 부지를 일으킬 목적으로 이루어지는 것이므로, 위계는 사람을 직접적인 상대방으로 이루어지는 것이 원칙이다. 따라서 사람이 아닌 컴퓨터 등 정보처리장치에 허위의 정보를 입력한 경우에는 원칙적으로 본죄가 아닌 제314조 제2항의 컴퓨터장애업무방해죄가 성립하는 것으로 보는 것이 타당하다.

하지만 대법원 판례는 이러한 행위가 입력된 정보 등을 바탕으로 업무를 담당하는 사람의 오인, 착각 또는 부지를 일으킬 목적으로 행해진 경우라면 그 행위가 업무를 담당하는 사람을 직접적인 대상으로 이루어진 것이 아니라도 본죄의 위계에 해당한다는 입장이다. 컴퓨터에 허위정보를 입력하는 것은 범행수단에 불과한 것으로 보았다. 특정 회사가 제공하는 게임사이트에서 정상적인 포커 게임을 하고 있는 것처럼 가장하면서 통상적인 업무처리 과정에서 적발해 내기 어려운 사설 프로그램인 '한도우미 프로그램'을 이용하여 약관상 양도가 금지되는 포커 머니를 약속된 상대방에게 이전해 준 경우 회사의 정상적인 게임사이트 운영 업무를 방해한 것이므로 위계에 의한 업무방해죄가 성립한다.[417)] 전자투표를 대신하는 행위를 하여 정당 내 경선업무를 방해한 사건,[418)] 특정 후보 지지자 명단을 이용하여 ACS 여론조사를 조작한 사건에서[419)] 그 범행에 컴퓨터를 이용한 것은 범행수단으로 보았다.

이러한 대법원 판례의 태도는 '위계의 상대방'에 대하여 확장해석한 것으로 볼 수 있다. 컴퓨터장애업무방해죄가 성립하기 위해서는 정보처리에 장애가 발생하여야 하는데 단순히 허위정보 입력만을 하고 정보처리에 장애가 발생하지 않는 경우에는 컴퓨터장애업무방해죄가 성립하지 않는다. 대법원 판례에 따르면 이 경우에는 위계에 의한 업무방해죄가 성립하게 된다.

416) 대법원 2004.3.26. 선고 2003도7927 판결.
417) 대법원 2009.10.15. 선고 2007도9334 판결.
418) 대법원 2013.11.28. 선고 2013도4178 판결.
419) 대법원 2013.11.28. 선고 2013도5814 판결.

판례 허위사실 유포와 위계에 의한 업무방해

① 사립대학교 교수인 피고인 갑이 출제교수들로부터 대학원신입생전형시험문제를 제출 받아 피고인 을, 병에게 그 시험문제를 알려주자 그들이 답안쪽지를 작성한 다음 이를 답안지에 그대로 베껴 써서 그 정을 모르는 시험감독관에게 제출한 경우, 위계로써 입시감독업무를 방해한 것이므로 업무방해죄에 해당한다(대법원 1991.11.12. 선고 91도2211 판결).

② 노동조합 간부들이 회사와 협의 없이 일방적으로 휴무를 결정한 후 유인물을 배포하여 유급 휴일로 오인한 근로자들이 출근하지 아니하여 공장의 가동을 불능케 한 것이 위계에 의한 업무방해죄에 해당한다고 본 사례(대법원 1992.3.31. 선고 92도58 판결).

③ 학부모들이 대학교 교무처장 등에게 자녀들의 부정입학을 청탁하면서 그 대가로 대학교측에 기부금 명목의 금품을 제공하고 이에 따라 교무처장 등이 그들의 실제 입학시험성적을 임의로 고쳐 그 석차가 모집정원의 범위 내에 들도록 사정부를 허위로 작성한 다음 이를 그 정을 모르는 입학사정위원들에게 제출하여 그들로 하여금 그 사정부에 따라 입학사정을 하게 함으로써 자녀들을 합격자로 사정처리하게 한 것은 위계로써 입학사정위원들의 사정업무를 방해한 것이다(대법원 1994.3.11. 선고 93도2305 판결).

④ 지방공사 사장이 신규직원 채용권한을 행사하는 것은 공사의 기관으로서 공사의 업무를 집행하는 것이므로, 위 권한의 귀속주체인 사장 본인에 대한 관계에서도 업무방해죄의 객체인 타인의 업무에 해당하며, 신규직원 채용권한을 가지고 있는 지방공사 사장이 시험업무 담당자들에게 지시하여 상호 공모 내지 양해하에 시험성적조작 등의 부정한 행위를 한 경우, 법인인 공사에게 신규직원 채용업무와 관련하여 오인·착각 또는 부지를 일으키게 한 것이 아니므로, '위계'에 의한 업무방해죄에 해당하지 않는다고 한 사례(대법원 2007.12.27. 선고 2005도6404 판결).

⑤ 형법 제314조 제1항 소정의 위계에 의한 업무방해죄에 있어서의 '위계'라 함은 행위자의 행위목적을 달성하기 위하여 상대방에게 오인·착각 또는 부지를 일으키게 하여 이를 이용하는 것을 말하므로, 인터넷 자유게시판 등에 실제의 객관적인 사실을 게시하는 행위는, 설령 그로 인하여 피해자의 업무가 방해된다고 하더라도, 위 법조항 소정의 '위계'에 해당하지 않는다(대법원 2007.6.29. 선고 2006도3839 판결).

⑥ 대한주택공사가 시행하는 택지개발사업의 공동택지용지 수의공급업무와 관련하여 신청자격이 없는 자가 매매계약일자를 허위기재한 소유토지조서 등 신청자격이 있는 것처럼 보이는 자료를 첨부하여 수의공급신청을 한 경우, 위계에 의한 업무방해죄를 구성한다고 한 사례(대법원 2007.12.27. 선고 2007도5030 판결).

⑦ 한국자산관리공사가 공적자금을 회수하기 위하여 공적자금 투입업체의 출자전환 주식을 매각하기로 하고 그 매각업무의 주간사를 선정하는 과정에서, 1차 선정위원회의 구성원들이 특정 업체에 유리하게 평가표의 평가항목별 배점을 수정하여 그 업체를 1순위로 선정한 다음, 이러한 사실을 고지하지 않은 채 2차 선정위원회에 심사

결과와 수정된 평가표를 제출한 것은 위계에 의한 업무방해죄를 구성한다고 한 사례(대법원 2008.1.17. 선고 2006도1721 판결).

⑧ 한국토지공사 지역본부가 중고자동차매매단지를 분양하기 위하여 유자격 신청자들을 대상으로 무작위 공개추첨하여 1인의 수분양자를 선정하는 절차를 진행하는데, 신청자격이 없는 피고인이 총 12인의 신청자 중 9인의 신청자의 자격과 명의를 빌려 그 당첨확률을 약 75%까지 인위적으로 높여 분양을 신청한 사안에서, 위 분양절차는 공정한 자유경쟁을 통한 적정한 가격형성을 목적으로 하는 입찰절차에 해당하지 않고, 피고인이 분양절차에 참가한 것은 9인의 신청자와 맺은 합작투자의 약정에 따른 것으로서 위 분양업무의 주체인 한국토지공사가 예정하고 있던 범위 내의 행위이므로, 위 추첨방식의 분양업무의 적정성과 공정성 등을 방해하는 행위라고 볼 수 없어 입찰방해죄나 업무방해죄가 성립하지 않는다고 한 사례(대법원 2008.5.29. 선고 2007도5037 판결).

⑨ 신청을 받아 자격요건을 심사하여 수용 여부를 결정하는 업무의 담당자가 신청인이 제출한 허위의 신청사유 등을 충분히 확인하지 않은 채 수용한 경우, 신청인에게 위계에 의한 업무방해죄가 성립하지 않는다(대법원 2008.6.26. 선고 2008도2537 판결).

⑩ 대학교 시간강사 임용과 관련하여 허위의 학력이 기재된 이력서만을 제출한 사안에서, 임용심사업무 담당자가 불충분한 심사로 인하여 허위 학력이 기재된 이력서를 믿은 것이므로 위계에 의한 업무방해죄를 구성하지 않는다고 한 사례(대법원 2009.1.30. 선고 2008도6950 판결).

⑪ 다른 사람이 작성한 논문을 피고인 단독 혹은 공동으로 작성한 논문인 것처럼 학술지에 제출하여 발표한 논문연구실적을 부교수 승진심사 서류에 포함하여 제출한 사안에서, 당해 논문을 제외한 다른 논문만으로도 부교수 승진 요건을 월등히 충족하고 있었다는 등의 사정만으로는 승진심사 업무의 적정성이나 공정성을 해할 위험성이 없었다고 단정할 수 없으므로, 위계에 의한 업무방해죄를 구성한다고 한 사례(대법원 2009.9.10. 선고 2009도4772 판결).

⑫ 수산업협동조합의 신규직원 채용 업무와 관련하여, 필기시험 채점업무 담당자들이 조합장인 피고인의 지시에 따라 점수조작을 통해 응시자 갑과 을을 필기시험에 합격시켜 면접시험에 응시할 수 있도록 한 사안에서, 위 점수조작행위에 공모 또는 양해하였다고 볼 수 없는 면접위원들의 면접업무가 방해되었다고 본 사례(대법원 2010.3.25. 선고 2009도8506 판결).

⑬ 경품용 상품권 발행업체 지정 여부를 결정하는 한국게임산업개발원의 업무담당자는 관계 규정이 정한 바에 따라 가맹점 내역에 관한 공인회계사 명의의 확인서를 받았고, 가맹점에 가맹점계약의 체결 여부를 확인하였으며, 공인회계사 등 전문적인 지식을 갖춘 자들을 실사위원으로 지정하여 현장실사하게 하는 등의 방법으로 그 요건의 존부에 관하여 나름대로 충분히 심사를 하였으나, 신청사유 및 소명자료가 허위임을 발견하지 못하고 결국 그 신청을 받아들여 공소외 1 주식회사를 경품용 상품권 발행업체로 지정하게 된 경우 이는 업무담당자의 불충분한 심사가 아니라 신청인의 위계행위에 의하여 업무방해의 위험성이 발생된 것이므로 위계에 의한 업무방해죄가 성립한다(대법원 2010.3.25. 선고 2008도4228 판결).

⑭ 갑 상호저축은행 경영진인 피고인이 영업정지가 임박한 상황에서 갑 저축은행에 파견되어 있던 금융감독원 감독관에게 알리지 아니한 채 영업마감 후에 특정 고액 예금채권자들에게 영업정지 예정사실을 알려주어 예금을 인출하도록 함으로써 파견감독관의 상시감독업무를 방해한 경우 업무방해죄의 위계에 해당한다(대법원 2013.1.24. 선고 2012도10629 판결).

나. 위력

위력이라 함은 범인의 위세, 사람 수 및 주위의 상황에 비추어 피해자의 자유의사를 제압하기 족한 세력을 의미한다. 유형적인 폭력·협박은 물론 무형적인 사회적·경제적·정치적 지위와 권세에 의한 압박 등도 이에 포함된다. 현실적으로 피해자의 자유의사가 제압될 필요는 없다.

위력을 행함에 있어서 직접적 상대방은 업무종사자인 경우가 일반적이겠지만, 위력이 반드시 업무에 종사 중인 사람에게 직접 가해지는 세력만을 의미하는 것은 아니고, 사람의 자유의사를 제압하기에 족한 일정한 물적 상태를 만들어 사람으로 하여금 자유로운 행동을 불가능하게 하거나 현저히 곤란하게 하는 경우,[420] 제3자를 통하여 간접적으로 행사하는 경우에 제3자에 대한 위력의 행사로 피해자의 자유의사가 직접 제압될 가능성이 있다면 위력에 해당할 수 있다.[421]

하지만 행위자가 제3자의 의사결정에 관여할 수 있는 권한을 가지고 있거나 그에 대하여 업무상 지시를 할 수 있는 지위에 있는 경우에는 위력에 해당하지 않는다.[422] 상대방의 업무에 지장을 초래했다고 하더라도 행위자가 가지는 정당한 권한을 행사한 것으로 볼 수 있기 때문이다.

판례 위력에 의한 업무방해

① 계약갱신 및 체납임·관리비 상당액을 독려차 나온 사원에게 "너희들이 무엇인데 상인협의회에서 하는 일을 방해하며 협의회에서 돌리는 유인물을 압수하느냐 당장 해임시키겠다."고 한 정도의 욕설을 한 행위만으로는 업무방해죄의 위력을 행사한 것으로 보기 어렵다(대법원 1983.10.11. 선고 82도2584 판결).
② 피해자가 시장번영회를 상대로 잦은 진정을 하고 협조를 하지 않는다는 이유로 시장번영회 총회결의에 의하여 피해자 소유점포에 대하여 정당한 권한없이 단전조치를 한 것이라면 이 경우에는 그 결의에 참가한 회원의 위력에 의한 업무방해 행위가 성립하고 피해자에게 사전통고를 한 여부나 피고인이 회장의 자격으로 단전조치를 한 여

420) 대법원 2009.9.10. 선고 2009도5732 판결; 대법원 1987.4.28. 선고 87도453, 87감도41 판결.
421) 대법원 2013.2.28. 선고 2011도16718 판결.
422) 대법원 2023.3.30. 선고 2019도7446 판결.

부는 위 죄의 성립에 영향이 없다(대법원 1983.11.8. 선고 83도1798 판결).

③ 피고인들이 마이크를 빼앗으며 유림총회의 회의를 진행하지 못하게 하고 피해자를 비방하면서 걸려 있는 현수막을 제거하고 회의장에 들어가려는 대의원들을 회의에 참석하지 못하게 하였다면 위력으로 피해자의 유림총회 개최업무를 방해한 것이라고 보아야 할 것이고, 피해자가 유림대표 선출에 관한 규정에 위배하여 위 회의를 개최하였고, 결국 총회의 무기연기가 선언되었다고 하여도 업무방해죄의 성립에 영향이 없다(대법원 1991.2.12. 선고 90도2501 판결).

④ 주주가 주주총회에 참석하면서 소유 주식 중 일부에 관한 의결권의 대리행사를 타인들에게 나누어 위임하여 주주총회에 참석한 그 의결권 대리인들이 대표이사의 주주총회장에서의 퇴장 요구를 거절하면서 고성과 욕설 등을 사용하여 대표이사의 주주총회의 개최, 진행을 포기하게 만든 경우, 그와 같은 의결권 대리행사의 위임은 위세를 과시하여 정상적인 주주총회의 진행을 저해할 의도이고 주주총회에서 그 의결권 대리인들이 요구한 사항은 의결권 대리행사를 위한 권한 범위에 속하지 않으므로, 대표이사는 그 대리인들이 주주총회에 참석하는 것을 적법하게 거절할 수 있었다는 이유로, 업무방해죄가 성립한다고 한 사례(대법원 2001.9.7. 선고 2001도2917 판결).

⑤ 신고한 옥외집회에서 고성능 확성기 등을 사용하여 발생된 소음이 82.9dB 내지 100.1dB에 이르고, 사무실 내에서의 전화통화, 대화 등이 어려웠으며, 밖에서는 부근을 통행하기조차 곤란하였고, 인근 상인들도 소음으로 인한 고통을 호소하는 정도에 이르렀다면 이는 위력으로 인근 상인 및 사무실 종사자들의 업무를 방해한 업무방해죄를 구성한다고 한 사례(대법원 2004.10.15. 선고 2004도4467 판결).

⑥ 피고인이 자신의 명의로 등록되어 있는 피해자 운영의 학원에 대하여 피해자의 승낙을 받지 아니하고 폐원신고를 하였다고 하더라도 피해자에게 사전에 통고를 한 뒤 폐원신고를 하였다면 피해자에게 오인·착각 또는 부지를 일으켜 이를 이용하여 피해자의 업무를 방해한 것으로 보기는 어렵고, 오히려 피해자가 운영하고 있는 학원이 자신의 명의로 등록되어 있는 지위를 이용하여 임의로 폐원신고를 함으로써 피해자의 업무를 위력으로써 방해한 것이라고 한 사례(대법원 2005.3.25. 선고 2003도5004 판결).

⑦ 대부업체 직원이 대출금을 회수하기 위하여 소액의 지연이자를 문제삼아 법적 조치를 거론하면서 소규모 간판업자인 채무자의 휴대전화로 수백 회에 이르는 전화공세를 한 것이 사회통념상 허용한도를 벗어난 채권추심행위로서 채무자의 간판업 업무가 방해되는 결과를 초래할 위험이 있었다고 보아 업무방해죄를 구성한다고 한 사례(대법원 2005.5.27. 선고 2004도8447 판결).

⑧ 자신의 명의로 사업자등록이 되어 있고 자신이 상주하여 지게차 판매 등을 하고 있는 지위를 이용하여, 피해자의 사업장 출입을 금지하기 위하여 출입문에 설치된 자물쇠의 비밀번호를 변경한 행위는 위력에 의한 업무방해죄가 성립한다고 한 사례(대법원 2009.4.23. 선고 2007도9924 판결).

⑨ 경찰청 민원실에서 말똥을 책상 및 민원실 바닥에 뿌리고 소리를 지르는 등 난동을 부린 행위가 '위력'으로 경찰관의 민원접수 업무를 방해한 것이라는 이유로 업무방해에 해당한다고 본 원심판결에 법리오해의 위법이 있다고 한 사례(대법원 2010.2.25. 선고 2008도9049 판결).

⑩ 갑 주식회사 임원인 피고인이 자동차 판매수수료율과 관련하여 대리점 사업자들과 갑 회사 사이에 의견대립이 고조되자, 대리점 사업자 을이 일정액의 사용료를 지급하고 판매정보 교환 등에 이용해 오던 갑 회사의 내부전산망 전체 및 고객관리시스템 중 자유게시판에 대한 접속권한을 차단한 경우 위력으로 업무를 방해하였다고 본 원심판단을 정당하다고 한 사례(대법원 2012.5.24. 선고 2009도4141 판결).

⑪ 인터넷 카페의 운영진인 피고인들이 카페 회원들과 공모하여, 특정 신문들에 광고를 게재하는 광고주들에게 불매운동의 일환으로 지속적·집단적으로 항의전화를 하거나 항의글을 게시하는 등의 방법으로 광고중단을 압박함으로써 위력으로 광고주들 및 신문사들의 업무를 방해하였다는 내용으로 기소된 사안에서, 피고인들의 행위가 광고주들에 대하여는 업무방해죄의 위력에 해당하지만, 신문사들에 대하여는 직접적인 위력의 행사가 있었다고 보기에 부족하다고 본 사례(대법원 2013.3.14. 선고 2010도410 판결).

다. 노동쟁의로서 파업과 위력

노동쟁의행위의 유형인 파업과 업무방해죄에 대하여 종래 대법원 판례는 근로자들의 파업은 당연히 위력에 해당하는 것을 전제로 노동관계 법령에 따른 정당한 쟁의행위로서 위법성이 조각되는 경우가 아닌 한 업무방해죄를 구성한다고 하였다.

그러나 최근 전원합의체 판결에 의하여 쟁의행위로서 파업이 언제나 업무방해죄에 해당하는 것으로 볼 것은 아니고, 전후 사정과 경위 등에 비추어 사용자가 예측할 수 없는 시기에 전격적으로 이루어져 사용자의 사업 운영에 심대한 혼란 내지 막대한 손해를 초래하는 등으로 사용자의 사업 계속에 관한 자유의사가 제압·혼란될 수 있다고 평가할 수 있는 경우에 한하여 비로소 집단적 노무제공의 거부가 위력에 해당하여 업무방해죄가 성립한다. 파업에 있어서 위력의 의미를 제한적으로 해석한 판례이다.

판례 노동쟁의행위로서 파업과 업무방해죄의 위력

【판결요지】 [1] [다수의견] (가) 업무방해죄는 위계 또는 위력으로써 사람의 업무를 방해한 경우에 성립하며(형법 제314조 제1항), '위력'이란 사람의 자유의사를 제압·혼란케 할 만한 일체의 세력을 말한다. 쟁의행위로서 파업(노동조합 및 노동관계조정법 제2조 제6호)도, 단순히 근로계약에 따른 노무의 제공을 거부하는 부작위에 그치지 아니하고 이를 넘어서 사용자에게 압력을 가하여 근로자의 주장을 관철하고자 집단적으로 노무제공을 중단하는 실력행사이므로, 업무방해죄에서 말하는 위력에 해당하는 요소를 포함하고 있다.

(나) 근로자는 원칙적으로 헌법상 보장된 기본권으로서 근로조건 향상을 위한 자주적인 단결권·단체교섭권 및 단체행동권을 가지므로(헌법 제33조 제1항), 쟁의행위로서 파업이 언제나 업무방해죄에 해당하는 것으로 볼 것은 아니고, 전후 사정과 경위 등에 비추어 사용자가 예측할 수 없는 시기에 전격적으로 이루어져 사용자의 사업운영에 심대한 혼란 내지 막대한 손해를 초래하는 등으로 사용자의 사업계속에 관한 자유의사가 제압·혼란될 수 있다고 평가할 수 있는 경우에 비로소 집단적 노무제공의 거부가 위력에 해당하여 업무방해죄가 성립한다고 보는 것이 타당하다.

(다) 이와 달리, 근로자들이 집단적으로 근로의 제공을 거부하여 사용자의 정상적인 업무운영을 저해하고 손해를 발생하게 한 행위가 당연히 위력에 해당하는 것을 전제로 노동관계 법령에 따른 정당한 쟁의행위로서 위법성이 조각되는 경우가 아닌 한 업무방해죄를 구성한다는 취지로 판시한 대법원 1991.4.23. 선고 90도2771 판결, 대법원 1991.11.8. 선고 91도326 판결, 대법원 2004.5.27. 선고 2004도689 판결, 대법원 2006.5.12. 선고 2002도3450 판결, 대법원 2006.5.25. 선고 2002도5577 판결 등은 이 판결의 견해에 배치되는 범위 내에서 변경한다.

[2] [다수의견] 피고인을 비롯한 전국철도노동조합 집행부가 중앙노동위원회 위원장의 직권중재회부결정에도 불구하고 파업에 돌입할 것을 지시하여, 조합원들이 전국 사업장에 출근하지 아니한 채 업무를 거부하여 철도 운행이 중단되도록 함으로써 한국철도공사에 영업수익 손실과 대체인력 보상금 등 막대한 손해를 입힌 사안에서, 중앙노동위원회 위원장의 중재회부보류결정의 경위 및 내용, 노동조합의 총파업 결의 이후에도 노사 간에 단체교섭이 계속 진행되다가 최종적으로 결렬된 직후 위 직권중재회부결정이 내려진 점을 감안할 때, 한국철도공사로서는 노동조합이 필수공익사업장으로 파업이 허용되지 않는 사업장에서 구 노동조합 및 노동관계조정법(2006.12.30. 법률 제8158호로 개정되기 전의 것)상 직권중재회부 시 쟁의행위 금지규정 등을 위반하면서까지 파업을 강행하리라고는 예측할 수 없었다 할 것이고, 나아가 파업의 결과 수백 회에 이르는 열차 운행이 중단되어 한국철도공사의 사업운영에 예기치 않은 중대한 손해를 끼친 사정들에 비추어, 위 파업은 사용자의 자유의사를 제압·혼란케 할 만한 세력으로서 형법 제314조 제1항에서 정한 '위력'에 해당한다고 보기에 충분하다는 이유로, 같은 취지에서 피고인에 대한 업무방해의 공소사실을 유죄로 인정한 원심판결을 수긍한 사례(대법원 2011.3.17. 선고 2007도482 전원합의체 판결).

【해설】 노동쟁의행위(파업)가 형법상 업무방해죄의 '위력'에 해당하는지, 그리고 그에 따라 업무방해죄가 성립할 수 있는지에 관한 중요한 판례이다. 이 판결은 노동3권의 보장과 형법상 업무방해죄의 충돌 문제를 조정한 의미 있는 판례이다. 모든 파업이 업무방해죄를 구성하지는 않으며, 사용자가 예측하기 어려운 시점에 전격적으로 파업이 이루어졌고, 그로 인해 중대한 손해나 혼란이 발생하여 사업 운영의 자유가 제압된 경우에만 업무방해죄가 성립한다. 필수공익사업장인 철도공사에서 직권중재회부 이후

파업을 강행한 행위는 노사관계 전반의 사정, 단체교섭 경과, 사용자 예측 가능성 등을 고려할 때 사용자의 자유로운 의사결정 및 사업 운영을 중대한 방식으로 혼란시켰다. 따라서 단순한 쟁의행위의 정당한 실현 범위를 넘어선 위력에 해당한다.

라. 업무방해

업무방해는 업무의 집행 자체를 방해하는 것은 물론이고 널리 업무의 경영을 저해하는 것도 포함한다.[423] 작위에 의한 업무방해뿐만 아니라 부작위에 의한 업무방해도 가능하다. 다만 이 경우 부작위를 실행행위로서의 작위와 동일시할 수 있어야 한다.[424] 피고인이 공사대금을 받을 목적으로 공사를 위해 쌓아 두었던 건축자재를 공사 완료 후 단순히 치우지 않은 행위는 적극적 방해행위와 동등한 형법적 가치를 가진다고 볼 수 없다.

업무방해는 업무집행 자체를 방해하는 경우뿐만 아니라 업무의 적정성 내지 공정성이 방해된 경우에도 업무방해죄가 성립한다.[425] 따라서 서류배달업 회사가 고객으로부터 배달을 의뢰받은 서류의 포장 안에 특정 종교를 비방하는 내용의 전단을 피고인이 위 회사 몰래 집어 넣어 함께 배달되게 한 경우, 위 회사의 서류배달업무를 방해한 것으로 업무방해죄가 성립한다.[426] 다른 사람이 작성한 논문을 피고인 단독 혹은 공동으로 작성한 논문인 것처럼 학술지에 제출하여 발표한 논문연구실적을 부교수 승진심사 서류에 포함하여 제출한 경우, 당해 논문을 제외한 다른 논문만으로도 부교수 승진 요건을 월등히 충족하고 있었다는 등의 사정이 있었다고 하여도 승진심사 업무의 적정성이나 공정성을 해할 위험성이 없었다고 단정할 수 없으므로, 위계에 의한 업무방해죄가 성립한다.[427]

마. 기수 시기

업무방해죄는 업무를 방해할 우려가 있는 상태에 있으면 기수가 된다. 업무방해의 결과가 현실적으로 발생할 필요가 없으며 업무방해의 결과를 초래할 위험이 발생하는 것만으로도 충분하다. 따라서 본죄는 추상적 위험범이다.[428]

하지만 결과 발생의 염려가 없는 경우에는 업무방해죄가 성립하지 않는다. 예를 들면 시험 출제위원이 문제를 선정하여 시험실시자에 제출하기 전에 이를 유출되었지만, 유출된 문제가 시험실시자에게 제출되지도 아니하였다면 문제유출로 인하여 시험실시 업무

423) 대법원 1999.5.14. 선고 98도3767 판결.
424) 대법원 2017.12.22. 선고 2017도13211 판결.
425) 대법원 2008.1.17. 선고 2006도1721 판결.
426) 대법원 1999.5.14. 선고 98도3767 판결.
427) 대법원 2009.9.10. 선고 2009도4772 판결.
428) 대법원 1991.6.28. 선고 91도944 판결.

가 방해될 추상적인 위험조차 있다고 할 수 없으며,[429] 피고인이 피해자가 조경수 운반을 위하여 사용하던 피고인 소유 토지 위의 현황도로에 축대를 쌓아 그 통행을 막은 경우, 그 도로폐쇄에도 불구하고 대체도로를 이용하여 종전과 같이 조경수 운반차량 등을 운행할 수 있었다면 피해자의 조경수 운반업무가 방해되는 결과 발생의 염려가 없었으므로 본죄가 성립하지 않는다.[430]

4. 고의

업무방해죄는 고의범이다. 따라서 본죄가 성립하기 위해서는 업무방해의 고의가 있어야 한다. 허위 사실의 유포, 위계, 위력으로써 타인의 업무를 방해한다는 사실에 대한 인식과 의사가 있어야 한다. 고의는 반드시 업무방해의 목적이나 계획적인 업무방해의 의도가 있어야만 하는 것은 아니고, 자신의 행위로 인하여 타인의 업무가 방해될 가능성 또는 위험에 대한 인식이나 예견으로 충분하며, 그 인식이나 예견은 확정적인 것은 물론 불확정적인 것이라도 이른바 미필적 고의로 인정된다.[431]

5. 위법성

업무방해행위라고 하더라도 정당방위, 자구행위, 정당행위에 해당한다면 위법성이 조각된다. 피해자의 승낙이 있을 경우에는 구성요건해당성이 조각되는 양해에 해당한다. 업무방해의 경우에는 정당행위로 위법성이 조각되는 경우가 많다.

시장번영회 회장이 이사회의 결의와 시장번영회의 관리 규정에 따라서 관리비 체납자의 점포에 대하여 실시한 단전 조치는 형법 제20조의 정당행위로서 업무방해죄가 성립하지 않는다.[432] 호텔 내 주점의 임대인이 임차인의 차임 연체를 이유로 계약서상 규정에 따라 위 주점에 대하여 단전·단수조치를 취한 경우, 약정 기간이 만료되었고 임대차 보증금도 차임연체 등으로 공제되어 이미 남아있지 않은 상태에서 미리 예고한 후 단전·단수조치를 하였다면 정당행위에 해당하지만, 약정 기간이 만료되지 않았고 임대차 보증금도 상당한 액수가 남아있는 상태에서 계약해지의 의사표시와 경고만을 한 후 단전·단수조치를

---

429) 대법원 1999.12.10. 선고 99도3487 판결.

430) 대법원 2007.4.27. 선고 2006도9028 판결.

431) 대법원 2012.5.24. 선고 2009도4141 판결; 대법원 2012.5.24. 선고 2011도7943 판결; 대법원 2009.1.15. 선고 2008도9410 판결.

432) 대법원 2004.8.20. 선고 2003도4732 판결.

하였다면 정당행위로 볼 수 없다.[433] 신고한 옥외집회에서 고성능 확성기를 사용하여 사무실 내에서의 전화통화, 대화 등이 어려웠으며, 밖에서는 부근을 통행하기조차 곤란하였고, 인근 상인들도 소음으로 인한 고통을 호소하는 정도에 이르렀다면 이는 위력으로 인근 상인 및 사무실 종사자들의 업무를 방해한 업무방해죄가 성립한다.[434] 노동쟁의로 인한 쟁의행위가 적법절차를 거치지 않거나 방법이 위법한 경우에는 위력에 의한 업무방해죄가 성립한다. 근로자의 정당한 이익을 주장하기 위한 상당한 수단인 때에는 정당행위로서 위법성을 조각한다.[435]

6. 죄수 및 다른 죄와의 관계

폭행을 하여 타인의 업무를 방해한 경우 폭행죄와 업무방해죄는 일죄가 아닌 수죄에 해당하며 1개의 행위에 의해서 이루어졌다면 양죄는 상상적 경합관계에 있다. 양죄는 구성요건과 보호법익을 달리하고 있고, 업무방해죄의 성립에 일반적·전형적으로 사람에 대한 폭행행위를 수반하는 것은 아니며, 폭행행위가 업무방해죄에 비하여 별도로 고려되지 않을 만큼 경미한 것이라고 할 수도 없으므로, 설령 피해자에 대한 폭행행위가 동일한 피해자에 대한 업무방해죄의 수단이 되었다고 하더라도 그러한 폭행행위가 이른바 '불가벌적 수반행위'에 해당하여 업무방해죄에 대하여 흡수관계에 있다고 볼 수는 없다.[436] 따라서 피고인이 폭행의 방법으로 피해자의 택시운행업무를 방해한 경우 폭행죄와 업무방해죄는 상상적 경합이 된다.

마찬가지로 공동재물손괴의 범행이 업무방해의 과정에서 이루어졌다고 해도 양 죄의 피해자 및 행위의 태양이 다르므로 양 죄가 실체적 경합범의 관계에 있다.[437]

---

433) 대법원 2007.9.20. 선고 2006도9157 판결.
434) 대법원 2004.10.15. 선고 2004도4467 판결.
435) 대법원 1990.5.15. 선고 90도357 판결.
436) 대법원 2012.10.11. 선고 2012도1895 판결.
437) 대법원 2007.5.11. 선고 2006도9478 판결.

Ⅳ. 컴퓨터장애업무방해죄

> 제314조 (업무방해) ② 컴퓨터 등 정보처리장치 또는 전자기록 등 특수매체기록을 손괴하거나 정보처리장치에 허위의 정보 또는 부정한 명령을 입력하거나 기타 방법으로 정보처리에 장애를 발생하게 하여 사람의 업무를 방해한 자도 제1항의 형과 같다.

1. 의의

컴퓨터장애업무방해죄는 컴퓨터 등 정보처리장치 또는 전자기록 등 특수매체기록을 손괴하거나 정보처리장치에 허위의 정보 또는 부정한 명령을 입력하거나 기타 방법으로 정보처리에 장애를 발생하게 하여 사람의 업무를 방해함으로써 성립하는 범죄이다.

본죄는 정보처리에 장애를 발생하게 하여 업무를 방해한 경우이므로 장애는 현실적으로 발생하여야 하지만, 업무에 대해서는 방해할 가능성이 있으면 된다. 따라서 본죄의 성격은 추상적 위험범으로 보는 것이 타당하다. 판례도 같은 입장으로 보인다.

판례 허위 클릭정보 전송 사건

【판결요지】 형법 제314조 제2항의 '컴퓨터 등 장애 업무방해죄'가 성립하기 위해서는 가해행위 결과 정보처리장치가 그 사용목적에 부합하는 기능을 하지 못하거나 사용목적과 다른 기능을 하는 등 정보처리에 장애가 현실적으로 발생하였을 것을 요하나, 정보처리에 장애를 발생하게 하여 업무방해의 결과를 초래할 위험이 발생한 이상, 나아가 업무방해의 결과가 실제로 발생하지 않더라도 위 죄가 성립한다. 따라서 포털사이트 운영회사의 통계집계시스템 서버에 허위의 클릭정보를 전송하여 검색순위 결정 과정에서 위와 같이 전송된 허위의 클릭정보가 실제로 통계에 반영됨으로써 정보처리에 장애가 현실적으로 발생하였다면, 그로 인하여 실제로 검색순위의 변동을 초래하지는 않았다 하더라도 '컴퓨터 등 장애 업무방해죄'가 성립한다(대법원 2009.4.9. 선고 2008도11978 판결).

【해설】 정보처리장치의 기능 자체에 오류 또는 비정상적인 작동이 현실적으로 발생해야 한다. 그러나 업무 자체에 대한 방해는 결과가 실제 발생하지 않아도, 즉, 업무방해의 결과에 이르지 않아도 '위험'이 있으면 본죄가 성립한다. 따라서 판례는 이 죄를 추상적 위험범으로 파악한다. 검색포털에 자동 클릭 봇을 동원하여 검색 순위 조작을 시도했는데 검색 순위가 실제로 바뀌지 않아도, 통계 집계 시스템에 허위 정보가 반영되었다면 정보처리에 장애가 발생한 것으로 보고 본죄가 성립한다.

2. 구성요건

가. 객체: 컴퓨터 등 정보처리장치와 전자기록 등 특수매체기록

(1) 컴퓨터 등 정보처리장치

정보처리장치란 자동적으로 계산이나 데이터의 처리를 할 수 있는 정보처리기능이 있는 전자장치를 말한다. 컴퓨터가 가장 대표적이다. 여기의 정보처리장치는 시스템 자체가 자동적이고 독립적으로 정보처리능력을 갖춘 것으로서 업무에 사용되는 것이어야 한다. 따라서 컴퓨터라고 하더라도 업무와 관계없는 개인용 컴퓨터나, 정보의 보존·검색 등 정보처리능력을 독자적으로 갖고 있지 못한 자동판매기, 휴대용 계산기 등은 본죄의 객체에 해당하지 않는다.

판례는 정보처리장치에 하드웨어와 소프트웨어를 모두 포함시키고 있지만,[438] 소프트웨어는 특수매체기록으로 보는 것이 타당하다.

(2) 전자기록 등 특수매체기록

특수매체기록은 일정한 저장매체에 전자방식이나 자기방식에 의하여 저장된 기록을 의미한다. 전자기록은 정보처리능력을 가진 장치에 의하여 전자적 방식과 자기적 방식에 의하여 수록·보존되어 있는 기록 그 자체를 말한다. 전자적 방식이란 전자의 작용을 이용한 기록으로 반도체기억집적회로(IC 메모리)가 대표적인 예이다.

기록은 일정한 기록매체에 정보 또는 데이터가 수록·보존되어 있는 상태를 말한다. 따라서 어느 정도 영속성이 있어야 하므로 회선상 흘러가는 통신 중의 데이터나 중앙처리장치에서 처리 중인 데이터는 기록에 포함되지 않는다.[439]

나. 행위

(1) 의의

본죄의 구성요건적 행위는 정보처리장치 또는 전자기록 등 특수매체기록을 손괴하거나 정보처리장치에 허위의 정보 또는 부정한 명령을 입력하거나 기타의 방법으로 정보처리에 장애를 발생하게 하여 사람의 업무를 방해하는 것이다. 손괴, 허위의 정보 또는 부정한 명령의 입력, 기타의 방법은 업무를 방해하는 행위수단에 해당한다.

438) 대법원 2012.5.24. 선고 2011도7943 판결; 대법원 2004.7.9. 선고 2002도631 판결.
439) 김성돈, 257면; 김일수/서보학, 220면; 정성근/박광민, 243면.

(2) 손괴, 허위정보 또는 부정한 명령입력, 기타 방법

'손괴'는 정보처리장치·특수매체기록을 물리적으로 훼손하거나 멸실하게 하여 효용을 해하는 물리적 손괴행위뿐만 아니라 파일삭제나 포맷 등 디스크에 기록된 내용 등 전자기록의 내용을 말소시키는 전자기록의 소거행위, 강력한 자기장을 이용하여 저장된 자료를 손상시키는 자력에 의한 교란행위도 포함된다.

'허위정보의 입력'은 은행에 입금하지 않음에도 불구하고 입금한다고 입력하는 것과 같이 객관적 진실에 반하는 내용의 정보를 입력하는 것을 말하며, '부정한 명령의 입력'은 바이러스 등 악성코드를 침투시키는 행위와 같이 사무처리 과정에서 본래의 목적과 상이한 명령을 입력하는 것을 말한다. 대법원 판례에 따르면 정보처리장치를 관리, 운영할 권한이 없는 자가 그 정보처리장치에 입력되어 있던 관리자의 아이디와 비밀번호를 무단으로 변경하는 행위는 부정한 명령을 입력한 경우에 해당한다.[440)]

'기타 방법'은 정보처리장치의 작동에 직접 영향을 줄 수 있는 가해행위를 하여 그 사용목적에 부합하는 기능을 하지 못하게 하거나 사용목적과 다른 기능을 하게 하는 일체의 행위를 말한다. 전원을 단절하여 내장된 정보가 없어지게 하거나, 통신회선의 절단, 입출력장치 등 부속설비의 손괴, 저압의 배전, 처리불능 데이터의 입력, 온도와 습도 등의 작동환경파괴 등이 예시로 제시되고 있다.[441)]

판례 컴퓨터업무방해죄를 인정한 사례

① 대학 교직원이 전보발령으로 인하여 웹서버를 관리, 운영할 권한이 없는 상태에서 웹서버에 접속하여 홈페이지 관리자의 비밀번호를 무단으로 변경한 행위(대법원 2007.3.16. 선고 2006도6663 판결).

② 주택재건축조합 조합장인 피고인이 자신에 대한 감사활동을 방해하기 위하여 조합 사무실에 있던 컴퓨터에 비밀번호를 설정하고 하드디스크를 분리·보관함으로써 조합 업무를 방해하였다는 내용으로 기소된 사안에서, 위와 같은 방법으로 조합의 정보처리에 관한 업무를 방해한 행위는 형법 제314조 제2항의 컴퓨터 등 장애 업무방해죄에 해당한다는 이유로, 원심이 이를 형법 제314조 제1항의 업무방해행위로 본 것은 잘못이나 그 법정형이 동일하여 판결에 영향이 없다고 한 사례(대법원 2012.5.24. 선고 2011도7943 판결).

③ 갑 주식회사 대표이사인 피고인이, 악성프로그램이 설치된 피해 컴퓨터 사용자들이 실제로 인터넷 포털사이트에 해당 검색어로 검색하거나 검색 결과에서 해당 스폰서링크를 클릭하지 않았음에도 그와 같이 검색하고 클릭한 것처럼 인터넷 포털사이트

---

440) 대법원 2007.3.16. 선고 2006도6663 판결.

441) 김성돈, 258면; 김일수/서보학, 222면.

의 관련 시스템 서버에 허위의 신호를 발송하는 방법으로 정보처리에 장애를 발생하게 한 경우(대법원 2013.3.28. 선고 2010도14607 판결).

판례 컴퓨터업무방해죄를 부정한 사례

① 메인 컴퓨터의 비밀번호는 시스템관리자가 시스템에 접근하기 위하여 사용하는 보안 수단에 불과하므로, 단순히 메인 컴퓨터의 비밀번호를 알려주지 아니한 것만으로는 정보처리장치의 작동에 직접 영향을 주어 그 사용목적에 부합하는 기능을 하지 못하게 하거나 사용목적과 다른 기능을 하게 하였다고 볼 수 없어 형법 제314조 제2항에 의한 컴퓨터등장애업무방해죄로 의율할 수 없다(대법원 2004.7.9. 선고 2002도631 판결).
② 피고인들이 불특정 다수의 인터넷 이용자들에게 배포한 '업링크솔루션'이라는 프로그램은, 갑 회사의 네이버 포털사이트 서버가 이용자의 컴퓨터에 정보를 전송하는 데에는 아무런 영향을 주지 않고, 다만 이용자의 동의에 따라 위 프로그램이 설치된 컴퓨터 화면에서만 네이버 화면이 전송받은 원래 모습과는 달리 피고인들의 광고가 대체 혹은 삽입된 형태로 나타나도록 하는 것에 불과하므로, 이것만으로는 정보처리장치의 작동에 직접·간접으로 영향을 주어 그 사용목적에 부합하는 기능을 하지 못하게 하거나 사용목적과 다른 기능을 하게 하였다고 볼 수 없어 컴퓨터 등 장애 업무방해죄로 의율할 수 없다고 본 원심판단을 수긍한 사례(대법원 2010.9.30. 선고 2009도12238 판결).

(3) 정보처리 장애 발생

정보처리에 장애를 발생하여야 한다. 장애발생은 정보처리장치의 작동에 영향을 주어 그 사용목적에 부합하는 기능을 하지 못하게 하거나, 사용목적과는 다른 동작을 하게 하는 경우이다. 이러한 정보처리의 장애는 현실적으로 발생해야 한다. 하지만 메인 컴퓨터의 비밀번호는 시스템관리자가 시스템에 접근하기 위하여 사용하는 보안 수단에 불과하므로, 단순히 메인 컴퓨터의 비밀번호를 알려주지 아니한 것만으로는 정보처리에 장애가 발생하였다고 보기 어렵다.[442]

(4) 업무방해

업무가 방해되었다는 현실적인 결과 발생은 필요 없으며, 업무가 방해될 위험이 있으면 성립한다. 장애는 현실적으로 발생하여야 하며, 업무에 대해서는 방해할 가능성이 있으면 된다. 따라서 본죄의 성격은 추상적 위험범으로 보는 것이 타당하다.

---

442) 대법원 2004.7.9. 선고 2002도631 판결.

판례도 같은 입장으로 보인다. 대법원 판례에 따르면 이른바 허위 클릭정보 전송 사건에서 정보처리에 장애가 현실적으로 발생하였다면 그로 인하여 실제로 검색 순위의 변동을 초래하지는 않았다 하더라도 본죄가 성립한다고 한다.[443]

다. 고의

본죄의 고의는 컴퓨터 등 정보처리장치 또는 전자기록 등 특수매체기록을 손괴하거나 정보처리장치에 허위의 정보 또는 부정한 명령을 입력하거나 기타 방법으로 정보처리에 장애를 발생하게 한다는 인식과 이를 통하여 사람의 업무를 방해한다는 인식과 그를 실현하려는 의사이다.

3. 죄수 및 다른 죄와의 관계

1개의 정보처리장치에 수회의 허위정보나 부정한 명령을 입력하여도 포괄일죄의 요건을 갖추면 일죄가 된다. 업무방해죄와 본죄는 특별관계에 있으므로 본죄가 성립하면 업무방해죄는 성립하지 않는다.

컴퓨터 등을 손괴하거나 전자기록을 소거하여 업무방해를 한 경우 손괴죄와 본죄의 상상적 경합이 된다는 견해[444]와 본죄의 손괴행위에 모두 포함되므로 법조경합에 의해 흡수된다는 견해[445]가 대립하고 있다. 법조경합 중 흡수관계로 보는 것이 타당하다.

V. 경매·입찰방해죄

제315조 (경매, 입찰의 방해) **위계 또는 위력 기타 방법으로 경매 또는 입찰의 공정을 해한 자는 2년 이하의 징역 또는 700만원 이하의 벌금에 처한다.**

1. 의의

경매·입찰방해죄는 위계 또는 위력 기타 방법으로 경매 또는 입찰의 공정을 해한 경우

443) 대법원 2009.4.9. 선고 2008도11978 판결.
444) 김성천/김형준, 239면; 손동권/김재윤, 234면; 이재상/장영민/강동범, 218면.
445) 김성돈, 259면; 김일수/서보학, 224면; 오영근/노수환, 209면; 임웅/이현정/박성민, 280면; 정성근/박광민, 246면.

에 성립하는 범죄이다. 본죄는 추상적 위험범이다.[446] 따라서 입찰의 공정을 해할 행위를 하면 본죄는 성립하며 현실적으로 입찰의 공정을 해한 결과가 발생할 필요는 없다.[447]

판례 입찰방해죄는 위험범

【판결요지】 입찰방해죄는 위태범으로서 결과의 불공정이 현실적으로 나타나는 것을 요하는 것이 아니고, 그 행위에는 가격을 결정하는 데 있어서 뿐 아니라, 적법하고 공정한 경쟁방법을 해하는 행위도 포함된다. 한편, 입찰자들 상호 간에 특정업체가 낙찰받기로 하는 담합이 이루어진 상태에서 그 특정업체를 포함한 다른 입찰자들은 당초의 합의에 따라 입찰에 참가하였으나 일부 입찰자는 자신이 낙찰받기 위하여 당초의 합의에 따르지 아니한 채 오히려 낙찰받기로 한 특정업체보다 저가로 입찰하다면, 이러한 일부 입찰자의 행위는 위와 같은 담합을 이용하여 낙찰을 받은 것이라는 점에서 적법하고 공정한 경쟁방법을 해한 것이 되고, 따라서 이러한 일부 입찰자의 행위 역시 입찰방해죄에 해당한다(대법원 2010.10.14. 선고 2010도4940 판결).

【해설】 입찰방해죄의 법적 성격은 위험범이며, 입찰 담합에 가담하기로 하였다가 당초 합의에서 이탈한 자에게도 입찰방해죄가 성립한다는 판례이다.

2. 구성요건

가. 객체

본죄의 행위객체는 경매와 입찰이다. 경매는 매도인이 다수의 매수인에게 청약을 받고, 그중에 최고가격의 청약자에게 승낙을 함으로써 성립하는 매매이다. 입찰은 경쟁계약에 있어서 다수인으로 하여금 문서로 계약내용을 표시하게 하고, 그중 가장 유리한 청약자와 계약을 체결하는 것을 말한다.

본죄의 경매·입찰의 종류는 불문한다. 국가·공공단체에 의한 것이건 개인이 실시하는 것이건 상관없다. 입찰시행자가 입찰을 실시할 법적 의무에 기하여 시행한 입찰이라야만 본죄의 객체가 되는 것은 아니다.[448] 다만 경매·입찰방해죄가 성립하면 최소한 적법하고 유효한 경매·입찰절차가 존재하여야 한다. 따라서 처음부터 경매·입찰절차가 존재하지 않았다면 본죄는 성립하지 않는다.[449]

공정한 자유경쟁을 통한 적정한 가격형성을 목적으로 하는 '입찰절차'가 아닌 공적·사

446) 대법원 2003.9.26. 선고 2002도3924 판결 참조.

447) 대법원 2010.10.14. 선고 2010도4940 판결; 대법원 2018.12.27. 선고 2018도15075 판결.

448) 대법원 2007.5.31. 선고 2006도8070 판결.

449) 대법원 2005.9.9. 선고 2005도3857 판결.

적 경제주체의 임의의 선택에 따른 '일반 계약체결의 과정'에서 공정한 경쟁을 해하는 행위를 한 경우에는 입찰방해죄가 성립하지 않는다. 따라서 한국토지공사 지사가 폐기물최종처리시설 부지를 분양하면서 일정 요건을 갖춘 분양신청자를 대상으로 추첨을 통해 1인의 분양대상자를 선정하는 방식으로 분양절차를 진행한 것은 입찰방해죄의 입찰절차에 해당하지 않는다.[450] '분양절차'는 공정한 자유경쟁을 통한 적정한 가격형성을 목적으로 하는 입찰절차에 해당하지 않는다.

판례 경제주체의 임의의 선택에 따른 계약체결의 과정

【판결요지】 [1] 형법 제315조의 입찰방해죄는 위계 또는 위력 기타의 방법으로 입찰의 공정을 해하는 경우에 성립하는 위태범으로서, 여기서 '입찰의 공정을 해하는 행위'란 공정한 자유경쟁을 통한 적정한 가격형성에 부당한 영향을 주는 상태를 발생시키는 것으로, 그 행위에는 가격결정뿐 아니라 적법하고 공정한 경쟁방법을 해하는 행위도 포함되지만, 이러한 입찰방해 행위가 있다고 하기 위해서는 그 방해의 대상이 되는 입찰절차가 존재하여야 하므로, 위와 같이 공정한 자유경쟁을 통한 적정한 가격형성을 목적으로 하는 입찰절차가 아니라 공적·사적 경제주체의 임의의 선택에 따른 계약체결의 과정에 공정한 경쟁을 해하는 행위가 개재되었다 하여 입찰방해죄로 처벌할 수는 없다.

[2] 한국토지공사 지역본부가 중고자동차매매단지를 분양하기 위하여 유자격 신청자들을 대상으로 무작위 공개추첨하여 1인의 수분양자를 선정하는 절차를 진행하는데, 신청자격이 없는 피고인이 총 12인의 신청자 중 9인의 신청자의 자격과 명의를 빌려 그 당첨확률을 약 75%까지 인위적으로 높여 분양을 신청한 사안에서, 위 분양절차는 공정한 자유경쟁을 통한 적정한 가격형성을 목적으로 하는 입찰절차에 해당하지 않고, 피고인이 분양절차에 참가한 것은 9인의 신청자와 맺은 합작투자의 약정에 따른 것으로서 위 분양업무의 주체인 한국토지공사가 예정하고 있던 범위 내의 행위이므로, 위 추첨방식의 분양업무의 적정성과 공정성 등을 방해하는 행위라고 볼 수 없어 입찰방해죄나 업무방해죄가 성립하지 않는다고 한 사례(대법원 2008.5.29. 선고 2007도5037 판결).

【해설】 입찰절차는 공정한 자유경쟁을 통한 적정한 가격형성을 목적으로 하는 것이다. 입찰절차가 아닌 일반 계약체결과정이라면 본죄의 입찰에 해당하지 않는다. 입찰이 아니라 공적·사적 경제주체의 임의의 선택에 따른 계약체결의 과정이라면 이 과정에 공정경쟁을 해하는 행위가 개재되었다 하더라도 경매·입찰방해죄는 성립하지 않는다.

450) 대법원 2008.12.24. 선고 2007도9287 판결.

나. 행위

(1) 위계 또는 위력 기타 방법

행위의 수단은 위계 또는 위력 기타 방법이다. 위계 또는 위력은 기타 방법의 예시에 불과하므로 위계 또는 위력 이외의 방법으로도 가능하다. 위계·위력의 의미는 신용훼손죄와 업무방해죄의 위계·위력과 동일하다. 위력은 폭행·협박의 정도에 이르러야 하는 것은 아니다. 따라서 입찰장소의 주변을 에워싸고 사람들의 출입을 막는 등 위력을 사용하여 입찰에 참가하려는 사람을 참석하지 못하도록 경우에도 입찰방해죄가 성립한다.[451] 또한 사회적·경제적·정치적 지위와 권세에 의한 압력을 행사한 경우에도 위력에 해당한다.[452]

(2) 담합행위

담합행위는 경매·입찰의 참가자 상호 간의 통모에 의하여 특정인을 경락자·낙찰자로 하기 위하여 그 이외의 자는 일정한 가격 이상 또는 그 이하로 호가·입찰하지 않을 것을 협정하는 것 또는 입찰을 가장하거나 수인의 입찰자 중 1인만 입찰하게 하고 나머지는 입찰을 포기할 것을 모의하는 것을 말한다. 위계에 의한 경매·입찰방해행위에 해당한다.

입찰참가자들 사이의 담합행위가 입찰방해죄로 되기 위하여는 반드시 입찰참가자 전원 사이에 담합이 이루어져야 하는 것은 아니고, 입찰참가자들 중 일부 사이에만 담합이 이루어진 경우라고 하더라도 그것이 입찰의 공정을 해하는 것으로 평가되는 이상 입찰방해죄는 성립한다.[453]

담합행위가 있었다면 낙찰가격이 입찰시행자에게 유리하게 결정되었고 또 담합자 사이에 금품의 수수가 없었더라도 본죄는 성립하며,[454] 담합투찰한 경우 결과적으로 투찰에 참여한 업체의 수가 많아서 실제로 가격형성에 부당한 영향을 주지 않았다고 하더라도 본죄는 성립한다.[455]

판례 | 담합행위 배신 사례

【사실관계】 입찰에 참가한 업체들 사이에 사전담합이 있었고, 특정 업체가 낙찰을 받기로 합의되었다. 그러나 피고인은 그 담합에 처음에는 가담했다가, 입찰 당일 합의를 깨고 자신이 더 낮은 가격으로 입찰하여 낙찰을 받았다.

---

451) 대법원 1993.2.23. 선고 92도3395 판결.
452) 대법원 2000.7.6. 선고 99도4079 판결.
453) 대법원 2009.5.14. 선고 2008도11361 판결; 대법원 2006.6.9. 선고 2005도8498 판결.
454) 대법원 1994.5.24. 선고 94도600 판결.
455) 대법원 2009.5.14. 선고 2008도11361 판결.

【판결요지】 [2] 입찰자들 상호 간에 특정업체가 낙찰받기로 하는 담합이 이루어진 상태에서 그 특정업체를 포함한 다른 입찰자들은 당초의 합의에 따라 입찰에 참가하였으나 일부 입찰자는 자신이 낙찰받기 위하여 당초의 합의에 따르지 아니한 채 오히려 낙찰받기로 한 특정업체보다 저가로 입찰하였다면, 이러한 일부 입찰자의 행위는 위와 같은 담합을 이용하여 낙찰을 받은 것이라는 점에서 적법하고 공정한 경쟁방법을 해한 것이 되고, 따라서 이러한 일부 입찰자의 행위 역시 입찰방해죄에 해당한다.

[3] 피고인이 서울특별시도시철도공사가 발주한 시각장애인용 음성유도기 제작설치 입찰에 관한 담합에 가담하기로 하였다가 자신이 낙찰받기 위하여 당초의 합의에 따르지 아니한 채 원래 낙찰받기로 한 특정업체보다 저가로 입찰한 사안에서, 이러한 피고인의 행위는 입찰방해죄에 해당하므로, 같은 취지에서 위계로써 입찰의 공정을 해하였다는 공소사실을 유죄로 인정한 원심판단을 수긍한 사례(대법원 2010.10.14. 선고 2010도4940 판결).

【해설】 배신행위도 입찰방해죄에 해당할 수 있다. 담합이라는 불공정한 구조에 편승한 후 자신이 낙찰받기 위해 기습적으로 배신하고 입찰가를 낮춘 경우, 이는 공정한 경쟁을 이용한 것이 아니라 담합 구조 자체를 악용한 것이다. 따라서 입찰자들 간 신뢰를 전제로 성립된 경쟁 환경을 교란한 것으로 보아, 위계에 해당하며 입찰방해죄가 성립한다. 배신으로 인해 결과적으로 경쟁이 회복되더라도 위법성은 상실되지 않는다. 입찰방해죄는 공정성 침해 자체가 문제이므로 결과적으로 낙찰가가 낮아졌다고 하여 무죄가 되는 것은 아니다.

(3) 공정을 해하는 행위

경매 또는 입찰의 공정을 해하는 것은 적정한 가격을 형성하는 자유경쟁에 대한 침해를 의미하며 가격결정, 경쟁방법에 대한 침해가 모두 포함된다. 그 행위에는 가격을 결정하는 것뿐만 아니라 적법하고 공정한 경쟁방법을 해하는 행위도 포함된다.[456] 동종업자 사이의 무모한 출혈경쟁을 방지하기 위한 수단에 불과하여 입찰가격에 있어 입찰실시자의 이익을 해하거나 입찰자에게 부당한 이익을 얻게 하는 것이 아니라고 하여도 실질적으로 단독입찰을 하면서 경쟁입찰인 것 같이 가장하였다면 입찰의 공정을 해한 것으로 볼 수 있다.[457]

판례에 따르면 입찰참가자들 중 일부와의 사이에만 담합이 이루어진 경우라고 하더라도 그것이 입찰의 공정을 해하는 것으로 평가되는 이상 입찰방해죄는 성립한다.[458] 학교법인의 이사장과 직원이 특정업자와 공모하여 예정가격을 미리 알려줌으로써 그 특정업

456) 대법원 2006.6.9. 선고 2005도8498 판결; 대법원 2018.12.27. 선고 2018도15075 판결.

457) 대법원 2003.9.26. 선고 2002도3924 판결.

458) 대법원 2006.6.9. 선고 2005도8498 판결.

자가 공정한 자유경쟁 없이 공사를 낙찰받을 수 있도록 한 경우,[459] 고속도로 휴게소 운영권 입찰에서 여러 회사가 각자 입찰에 참가하되 누구라도 낙찰될 경우 동업하여 새로운 회사를 설립하고 그 회사로 하여금 휴게소를 운영하기로 합의한 후 입찰에 참가한 경우[460] 입찰방해죄가 성립한다.

(4) 적정가격

적정가격에 대하여 자유경쟁의 구체적 진행과정에서 얻어지는 가격이라는 경쟁가격설[461]과 평균적인 시장가격을 기준으로 정해야 한다는 시장가격설[462]이 대립하고 있다.

판례에 따르면 적정가격은 객관적으로 산정된 것이 아니라 경매·입찰의 구체적 진행과정에서 얻어지는 가격을 말한다. 판례는 경쟁가격설의 입장이다.[463]

낙찰가격이 입찰시행자의 예정가격에 달하였다고 하더라도 그것이 공정한 자유경쟁에 의한 가격형성을 방해한 것이라면 공정을 해하는 행위가 되므로 경쟁가격설이 타당하다.

3. 위법성조각사유

경매·입찰방해죄에 해당하는 행위라고 하더라도 무모한 출혈경쟁을 방지할 목적으로 상거래질서에 비추어 상당한 수단으로 이루어져 일반거래의 관념상 정당한 행위로 인정되는 경우에는 사회상규에 위배되지 않는 행위로 위법성이 조각될 수 있다. 담합의 목적이 가격을 올려 주문자의 이익을 해하려는 것이 아니고 주문자의 예정가격 내에서 무모한 경쟁을 방지하려고 하는 것에 있다면 입찰 자체의 공정을 해하였다고 볼 수 없다.[464]

하지만 가장경쟁자를 조작하여 단독입찰을 경쟁입찰인 것처럼 가장한 경우에는 경매·입찰의 공정성을 해한 것이므로 본죄가 성립한다는 것이 판례의 입장이다.[465]

---

459) 대법원 2007.5.31. 선고 2006도8070 판결.
460) 대법원 2006.12.22. 선고 2004도2581 판결.
461) 김성돈, 262면; 박상기/전지연, 559면; 배종대, 317면; 임웅/이현정/박성민, 281면.
462) 김일수/서보학, 225면; 정성근/박광민, 248면.
463) 대법원 1971.4.30. 선고 71도519 판결.
464) 대법원 1971.4.20. 선고 70도2241 판결.
465) 대법원 2003.9.26. 선고 2002도3924 판결; 대법원 2001.6.29. 선고 99도4525 판결; 대법원 1994.11.8. 선고 94도2142 판결.

4. 다른 죄와의 관계

경매·입찰방해죄가 종전 형법 제8장 공무방해에 관한 죄에서 분리하여 제34장 신용, 업무와 경매에 관한 죄에 편입하면서 그 보호대상을 국가나 공공단체의 경매·입찰에 한정하지 않고 사인의 경매·입찰도 포함하는 모든 경매·입찰로 확대한 것으로 본다면, 국가나 공공단체의 경매·입찰이라고 하더라도 위계로써 그 공정을 해하는 행위는 위계에 의한 공무집행방해죄가 아니라 경매·입찰방해죄만 성립한다.[466]

건설산업기본법에 따라 건설공사의 입찰에 있어 입찰의 공정을 해치는 행위를 하는 건설업자를 가중처벌하고 있으므로, 이 규정은 형법 제315조 입찰방해죄의 특별규정에 해당한다.[467] 건설산업기본법의 입찰행위 개념은 형법상 입찰방해죄에 있어 입찰과 동일한 개념이다.

466) 대법원 2000.3.24. 선고 2000도102 판결.

467) 대법원 2001.2.9. 선고 2000도4700 판결; 대법원 2015.12.24. 선고 2015도13946 판결.

CHAPTER 04

사생활의 평온에 대한 죄

제1절 **비밀침해의 죄**

Ⅰ. 총설

1. 의의

비밀침해의 죄는 사생활의 비밀을 침해하는 것을 내용으로 하는 범죄이다. 형법의 비밀침해의 죄는 사생활의 비밀을 탐지하는 행위와 이를 누설하는 행위를 처벌하고 있다. 다만 형법으로 보호되는 사생활의 비밀은 봉함 기타 비밀장치한 사람의 편지, 문서 또는 도화에 제한되어 있다. 통신 및 대화 비밀은 통신비밀보호법에 따라 보호된다. 통신비밀보호법과 형사소송법 또는 군사법원법의 규정에 의하지 아니하고는 우편물의 검열·전기통신의 감청 또는 통신사실확인자료의 제공을 하거나 공개되지 아니한 타인 간의 대화를 녹음 또는 청취하지 못한다(통신비밀보호법 제3조). 누구든지 공개되지 아니한 타인 간의 대화를 녹음하거나 전자장치 또는 기계적 수단을 이용하여 청취할 수 없다(통신비밀보호법 제14조).

2. 보호법익과 보호 정도

비밀침해죄의 보호법익을 비밀장치가 되어 있는 정보의 불가침성,[468] 자기가 작성·소유·보관하는 편지 또는 문서에 대한 배타적 권리라고 보는 견해도 있지만, 다수설은 사생활 평온의 핵심이 되는 개인의 비밀이라고 한다.[469] 업무상 비밀침해죄의 주된 보호법익은 개인의 비밀이며, 부차적으로 특정 직업종사자들의 비밀준수에 대한 일반인의 신뢰도 부차적인 법익으로 고려되고 있다.

468) 김성천/김형준, 318면.

469) 김성돈, 266면; 김일수/서보학, 225면.

제316조 제1항의 비밀침해죄는 추상적 위험범이지만, 제316조 제2항의 비밀침해죄는 침해범이다. 제317조 업무상 비밀누설죄는 추상적 위험범이다.

Ⅱ. 비밀침해죄

> **제316조 (비밀침해) ① 봉함 기타 비밀장치한 사람의 편지, 문서 또는 도화를 개봉한 자는 3년 이하의 징역이나 금고 또는 500만원 이하의 벌금에 처한다.**
> **제318조 (고소) 본장의 죄는 고소가 있어야 공소를 제기할 수 있다.**

1. 의의

비밀침해죄는 봉함 기타 비밀장치한 사람의 편지, 문서 또는 도화를 개봉한 경우에 성립하는 범죄이다. 본죄의 보호법익은 개인의 비밀이며, 추상적 위험범이다. 고소가 있어야 공소를 제기할 수 있는 친고죄이다.

2. 구성요건

가. 객체: 봉함 기타 비밀장치한 사람의 편지, 문서 또는 도화

(1) 사람의 편지, 문서 또는 도화

본죄의 보호법익은 개인의 비밀이므로 비밀의 주체는 자연인에 한하며, 법인이나 법인격 없는 단체는 포함되지 않는다.[470]

편지는 특정인으로부터 다른 특정인에게 의사를 전달하는 문서로 발송 전후를 불문하며, 우편물이 아니어도 상관없다. 문서는 편지가 아닌 것으로서 문자나 그 밖의 발음부호로 특정인의 의사를 표시한 것을 말하며, 유언장·원고·일기장·메모장 등이 이에 해당한다. 도화는 그림으로 의사표시한 것이므로 의사표시가 없는 것은 도화가 아니다.

(2) 봉함 기타 비밀장치

편지·문서·도화이더라도 그것이 봉함 기타 비밀장치하지 않은 것이라면 본죄의 객체

470) 김성돈, 267면; 박상기/전지연, 563면; 임웅/이현정/박성민, 286면.

가 아니다. 따라서 수령자가 일단 수령하고 열람한 후에는 본죄의 행위객체가 되지 않는다.

봉함은 외피를 파손하지 않고서는 내용을 알 수 없도록 만든 것이며, 비밀장치는 비밀주체가 비밀유지를 위하여 외부자의 접근을 차단할 목적으로 만들어 그 내용을 알 수 없게 하는 봉함 이외의 모든 장치를 말한다. 반드시 문서 자체에 비밀장치가 되어 있는 것만을 의미하는 것은 아니고, 봉함 이외의 방법으로 외부 포장을 만들어서 그 안의 내용을 알 수 없게 만드는 일체의 장치를 말한다.[471] 문서 자체를 봉함하는 경우 외에도 타인이 객관적으로 쉽게 볼 수 없도록 피해자가 외부에 의사를 표현한 경우라면 피해자가 예상하지 못한 방법으로 쉽게 문서에 접근할 수 있다고 하더라도 비밀장치한 문서에 해당한다. 풀로 붙인 것, 끈으로 매어둔 것, 잠금장치가 있는 책상 서랍이나 금고에 넣고 열쇠를 잠가둔 것이 이에 해당한다.

나. 행위: 개봉

개봉은 봉함 기타 비밀장치를 파괴하여 편지·문서·도화의 내용을 공개될 수 있는 상태에 두는 것을 말한다. 본죄는 개봉함으로써 즉시 기수가 되는 추상적 위험범이다. 따라서 행위자가 그 내용을 인식하지 않았다고 하여도 본죄는 성립한다. 다만, 제316조 제2항의 기술적 수단을 사용한 경우에는 내용을 인식하여야 한다.

다. 고의

비밀침해죄는 고의범이므로 행위자는 비밀장치한 타인의 편지 등을 개봉한다는 인식과 의사가 있어야 한다.

타인에게 온 편지를 자기에게 온 것으로 잘못 알고 뜯어 본 경우 구성요건적 착오로 고의가 조각된다. 과실범 처벌 규정이 없으므로 처벌할 수 없다.

타인에게 온 편지인 줄 알면서 뜯어 볼 권한이 있다고 믿고 개봉한 경우 금지착오로 오인에 정당한 이유가 있는 경우에는 책임이 조각된다.

3. 위법성

피해자의 동의가 있는 경우에는 위법성을 조각시키는 승낙이 아니라 구성요건해당성을 배제하는 양해에 해당한다.

통신비밀보호법 제3조(우편물의 검열), 우편법 제28조(법규위반우편물의 개피), 우편법 제

471) 대법원 2008.11.27. 선고 2008도9071 판결.

35조(환부불가능우편물의 개피), 군사법원법 제147조(피고인의 우편물압수), 형사소송법 제107조(우체물의 압수) 규정과 같이 편지를 개봉할 권한이 법령에 규정되어 있는 경우에는 정당행위로서 위법성이 조각된다.

친권자가 민법 제913조에 따라 子를 보호하고 교양할 권리·의무가 있으므로 친권행사로서 자녀에게 온 편지를 개봉한 경우에는 정당행위로서 위법성이 조각된다.[472] 부부 상호 간에는 일방이 타방의 편지를 개봉할 권한이 없다. 하지만 장기출장 중인 배우자에게 중요하고 급한 편지 등이 도착한 경우 다른 배우자가 그를 위하여 개봉하였다면 추정적 승낙에 의해 정당화될 수 있다.

4. 소추조건: 친고죄

비밀침해죄는 친고죄이므로 고소권자의 고소가 있어야 공소를 제기할 수 있다. 편지의 경우 고소권자가 누구인가에 대하여 발신인은 언제나 피해자가 된다고 보는 것이 타당하다. 하지만 수신인의 경우에는 발신 후에 피해자가 된다는 견해와 도착 후에 피해자가 된다는 견해, 수신인은 언제나 피해자가 된다는 견해 등이 대립하고 있다. 발신인뿐만 아니라 수신인 모두 언제나 피해자가 되므로 고소할 수 있다고 보는 것이 타당하다.[473]

Ⅲ. 기술적 방법에 의한 비밀침해죄

제316조 (비밀침해) ② 봉함 기타 비밀장치한 사람의 편지, 문서, 도화 또는 전자기록 등 특수매체기록을 기술적 수단을 이용하여 그 내용을 알아낸 자도 제1항의 형과 같다.
제318조 (고소) 본장의 죄는 고소가 있어야 공소를 제기할 수 있다.

---

472) 반대 견해는 가족법상 친권은 子를 보호하고 교양할 일반적 권리·의무이므로 친권 속에 子의 편지를 개봉할 일반적인 권리가 포함되어 있다고 볼 수 없다고 한다. 친권자라 하더라도 원칙적으로 자의 사적 비밀과 관련된 사생활의 평온을 함부로 교란해서는 안 된다. 다만 자녀의 인격적 성숙을 위해 특별히 문제되는 편지를 개봉한 경우에는 경미한 법익충돌이라는 관점에서 정당화된다고 한다(김일수/서보학, 234면).

473) 김성돈, 270면; 김일수/서보학, 194면; 배종대, 327면; 손동권/김재윤, 245면; 신동운, 810면; 오영근/노수환, 226면; 이재상/장영민/강동범, 228면; 임웅/이현정/박성민, 288면; 정성근/박광민, 256면.

1. 의의

기술적 방법에 의한 비밀침해죄는 편지를 개봉하지 않고 기술적 방법에 의해 그 내용을 알아내는 행위와 전자기록 등 특수매체기록의 내용을 기술적 수단으로 빼내는 행위를 처벌하는 규정이다. 제316조 제1항의 비밀침해죄는 그 내용을 인식하지 않아도 개봉행위만으로 성립하는 것과는 달리 본죄는 기술적 수단을 이용하여 그 내용을 알아내어야 성립하므로 침해범이다.

2. 구성요건

가. 객체: 편지, 문서, 도화 또는 전자기록 등 특수매체기록

본죄의 객체는 봉함 기타 비밀장치한 사람의 편지, 문서, 도화 또는 전자기록이다. 비밀장치한 편지, 문서, 도화의 의미는 제316조 제1항의 비밀침해죄와 그 의미가 같다.

제316조 제1항과는 달리 본죄의 객체에는 전자기록 등 특수매체기록이 추가되어 있다. 비밀장치한 전자기록 등 특수매체기록은 일정한 데이터에 관한 전자적 기록이나 광학적 기록을 말한다. 전자적 기록은 전기적 기록과 자기적 기록을 의미하며, 광학적 기록은 레이저기술을 이용한 기록을 의미한다. 특수매체기록에 있어서 비밀장치라는 것은 컴퓨터 자체에 시정되어 있는 경우와 같이 물리적 접근을 차단하는 외형적 장치뿐만 아니라 정보의 호출이나 접근을 위한 비밀번호, 전자카드, 지문인식 또는 음성인식과 같이 특수한 작동체계 등 기술적·관리적 보호조치를 포함하는 개념이다. 컴퓨터 파일이나 정보저장매체에 패스워드를 설정한 경우, 전자카드 판독, 지문이나 안면인식 등 생체정보 인식장치를 설치한 경우가 이에 해당한다.

나. 행위: 기술적 수단으로 내용을 알아내는 것

본죄의 구성요건적 행위는 기술적 수단으로 그 내용을 알아내는 것이다. 이는 비밀장치한 타인의 편지, 문서, 도화, 전자기록 등 특수매체기록을 개봉하지 않고 원형을 유지한 채 봉함된 편지 등의 내용을 자외선 등과 같은 기술적 수단을 이용하여 탐지하는 경우, 암호화된 특수매체기록의 내용을 암호를 해독하거나 파괴하여 탐지해낸 경우가 이에 해당한다.

본죄가 성립하기 위해서는 내용을 알아내어야 한다. 내용을 알아내지 못한 경우에는 본죄가 성립하지 않는다. 본죄에 대한 미수범 처벌 규정은 없다.

제1항의 개봉행위와 제2항의 내용을 알아내는 행위와의 관계가 문제될 수 있다. 개봉하지 못한 경우에는 그 내용을 알아내지 못한 것으로 보는 것이 합리적이다. 따라서 개봉

행위에 대해서는 제1항의 비밀침해죄가, 개봉한 후 내용까지 알아내었다면 제2항의 비밀침해죄가 성립한다고 보는 것이 타당하다. 양죄의 법정형이 동일하기 때문에 특별한 구별의 실익이 있는 것은 아니다.

컴퓨터 해킹(hacking) 중 보안장치를 푸는 행위 등과 같이 기술적 보호조치를 무력화시키는 행위 자체만을 따로 처벌하는 규정은 없다. 보안장치를 무력화한 후 그 내용을 알아내어야 본죄가 성립한다.

본죄에 있어서 특수매체기록은 정보통신망에 연계되어 작동하고 있는 정보처리장치를 전제로 하고 있지 않다. 정보통신망에 연결되어 있지 않고 컴퓨터 등 정보처리장치와 분리되어 개별적으로 보관하고 있는 USB는 본죄의 특수매체기록에 해당한다. 만약 타인의 비밀이 '정보통신망에 의하여' 처리·보관·전송되는 비밀인 경우에는 정보통신망법 제49조의 정보통신망정보훼손 및 비밀침해죄로 처벌된다.[474]

다. 기수 시기

기술적 방법으로 그 내용을 알아냈을 때 기수가 된다. 내용을 알지 못하면 본죄는 성립하지 않는다. 미수범 처벌 규정이 없다. 만약 편지, 문서, 도화를 개봉한 것에 그치고 그 내용을 알아내지 못한 경우에는 제316조 제1항의 비밀침해죄가 성립한다.

전자기록 등 특수매체기록의 보안장치를 해제하였지만, 그 내용을 알아내지 못한 경우에는 제316조 제2항의 비밀침해죄는 성립하지 않는다. 미수범 처벌 규정도 없다. 이 경우에는 제316조 제1항의 비밀침해죄도 성립하지 않는다. 제1항의 비밀침해죄의 객체에 전자기록 등 특수매체기록이 규정되어 있지 않기 때문이다. 제316조 제1항의 행위객체에 전자기록 등 특수매체기록을 추가하는 입법이 필요하다.

3. 위법성 조각

비밀침해행위라도 하더라도 정당방위, 긴급피난, 정당행위로 행한 경우에는 위법성이 조각된다. 피해자의 동의가 있는 경우에는 위법성을 조각시키는 승낙이 아니라 구성요건 해당성을 배제하는 양해에 해당한다.

판례에 따르면 회사의 이익을 빼돌린다는 소문을 확인할 목적으로, 피해자가 사용하면서 비밀번호를 설정하여 비밀장치를 한 전자기록인 개인용 컴퓨터의 하드디스크를 검색

474) 전기통신을 통한 대화의 비밀은 통신비밀보호법 제16조 제1호가 적용된다. 예를 들면 컴퓨터 통신망의 대화방 또는 인터넷의 IRC(Internet Relay Chatting)에서의 대화를 불법으로 도청하는 경우는 통신비밀보호법이 적용된다.

한 행위는 형법 제20조의 정당행위에 해당하여 위법성이 조각된다.[475)]

판례 개인용컴퓨터 하드디스크 검색 사건

【판결요지】 회사의 직원이 회사의 이익을 빼돌린다는 소문을 확인할 목적으로, 비밀번호를 설정함으로써 비밀장치를 한 전자기록인 피해자가 사용하던 개인용 컴퓨터의 하드디스크를 떼어내어 다른 컴퓨터에 연결한 다음 의심이 드는 단어로 파일을 검색하여 메신저 대화 내용, 이메일 등을 출력한 사안에서, 피해자의 범죄 혐의를 구체적이고 합리적으로 의심할 수 있는 상황에서 피고인이 긴급히 확인하고 대처할 필요가 있었고, 그 열람의 범위를 범죄 혐의와 관련된 범위로 제한하였으며, 피해자가 입사 시 회사 소유의 컴퓨터를 무단 사용하지 않고 업무 관련 결과물을 모두 회사에 귀속시키겠다고 약정하였고, 검색 결과 범죄행위를 확인할 수 있는 여러 자료가 발견된 사정 등에 비추어, 피고인의 그러한 행위는 사회통념상 허용될 수 있는 상당성이 있는 행위로서 형법 제20조의 정당행위라고 본 원심의 판단을 수긍한 사례(대법원 2009.12.24. 선고 2007도6243 판결).

【해설】 '사회통념상 허용될 수 있는 상당성이 있는 행위'는 판례가 자주 설명하는 제20조의 '사회상규에 위배되지 않는 행위'의 다른 표현이다. 정당행위를 인정하려면 그 행위의 동기나 목적의 정당성, 행위의 수단이나 방법의 상당성, 보호이익과 침해이익과의 법익균형성, 긴급성, 그 행위 외에 다른 수단이나 방법이 없다는 보충성 등의 요건을 갖추어야 한다. 참고로 행위의 긴급성과 보충성은 수단의 상당성을 판단할 때 고려요소의 하나로 참작하여야 하고 이를 넘어 독립적인 요건으로 보지 않는다. 본 사례의 경우 판례는 여러 가지 사정 등을 비추어 본 요건을 갖추었다고 보고 정당행위를 인정하였다.

Ⅳ. 업무상 비밀누설죄

제317조 (업무상 비밀누설) ① 의사, 한의사, 치과의사, 약제사, 약종상, 조산사, 변호사, 변리사, 공인회계사, 공증인, 대서업자나 그 직무상 보조자 또는 차등의 직에 있던 자가 그 업무처리 중 지득한 타인의 비밀을 누설한 때에는 3년 이하의 징역이나 금고, 10년 이하의 자격정지 또는 700만원 이하의 벌금에 처한다.
② 종교의 직에 있는 자 또는 있던 자가 그 직무상 지득한 사람의 비밀을 누설한 때에도 전항의 형과 같다.
제318조 (고소) 본장의 죄는 고소가 있어야 공소를 제기할 수 있다.

475) 대법원 2009.12.24. 선고 2007도6243 판결.

1. 의의

의사, 한의사, 치과의사, 약제사, 약종상, 조산사, 변호사, 변리사, 공인회계사, 공증인, 대서업자나 그 직무상 보조자 또는 차등의 직(此等의 職)에 있던 자가 그 업무처리 중 지득(知得)한 타인의 비밀을 누설한 경우(제1항), 종교의 직에 있는 자 또는 있던 자가 그 직무상 지득한 사람의 비밀을 누설한 경우(제2항)에 성립하는 범죄이다.

본죄의 보호법익은 개인의 비밀인 동시에 일정한 직업 종사자가 업무처리 중 지득한 타인의 비밀을 지켜줄 것이라는 일반인의 신뢰라는 공공의 이익도 부차적 보호법익이 된다.[476] 타인의 비밀을 전해 듣는 누설의 상대방에 대한 처벌 규정은 없으므로 편면적 대향범에 해당한다.

2. 구성요건

가. 주체: 의사, 한의사, 치과의사, 약제사 등

본죄의 주체는 법률에 규정되어 있는 자에 한정되는 제한적 열거이며, 여기에 열거되지 않은 사람은 본죄의 주체가 될 수 없다.[477] 진정 신분범이다. 본죄가 자수범인지에 대하여 견해의 대립이 있다. 자수범이라고 본다면 열거된 자 이외의 사람은 본죄의 간접정범이나 직접정범은 될 수 없지만,[478] 자수범으로 보기 어렵다. 간접정범의 형태로 본죄의 성립이 가능하다고 생각한다.

공무원 또는 공무원이었던 자가 법령에 의한 직무상 비밀을 누설한 때에는 공무상비밀누설죄(제127조)가 성립하고, 외교상의 비밀을 누설한 때에는 외교상 비밀누설죄(제113조)가 성립한다.

비신분자가 지득한 타인의 비밀을 공연히 사실을 적시하는 방법으로 누설했을 경우에는 본죄가 아니라 명예훼손죄가 성립한다.

나. 객체: 업무처리 중 또는 직무상 지득한 타인의 비밀

(1) 비밀

비밀은 일반적으로 알려져 있지 않은 사실로서, 타인에게 알려지지 않는 것이 본인에

476) 대법원 2018.5.11. 선고 2018도2844 판결.

477) 행위주체를 제한한 것이 입법적으로 문제라는 지적이 있으며, 변호사가 아닌 변호인(형소법 제31조), 대리인(민소법 제80조 제1항)이 제외된 것은 입법의 흠결이라는 지적이 있다(배종대, 329면).

478) 이재상/장영민/강동범, 233면; 임웅/이현정/박성민, 292면.

게 이익되는 사실을 말한다. 따라서 공지의 사실은 비밀이 아니다. 사실을 이미 알고 있는 사람이 있다고 하더라도 아직 모르고 있는 사람에 대해서는 비밀이 된다.

(2) 비밀의 요소

비밀이 되기 위해서는 사실의 비밀성, 객관적 비밀유지의 이익, 주관적 비밀유지의 의사가 있어야 한다.

'사실의 비밀성'이 있어야 한다. 비밀을 아는 사람들은 제한되고 특정된 사람들에 한정되어 있어야 하므로 공지의 사실이나 공개된 비밀은 더 이상 비밀이 아니다. 일반적으로 알려지지 아니한 사실이라면 특정한 일부의 사람들에게 알려져 있는 사실이라고 하더라도 이를 알지 못하는 사람들에게는 비밀이 될 수 있다.

비밀이익이 있어야 한다. 비밀이익은 이를 다른 사람에게 알리지 않는 것이 본인에게 이익이 되는 것을 말한다. 비밀로 유지하는 것에 이익이 있다는 것은 반드시 경제적 이익이 있음을 의미하지 않는다. 반드시 공공의 이익으로 승인되거나 경제적으로 가치 있는 이익이어야만 하는 것은 아니지만 사소한 비밀은 비밀필요성이 없으므로 비밀유지이익을 인정하기 어렵다. 객관적 비밀유지이익이 있어야 한다. 비밀유지에 관해 개인이 어떤 객관적인 합리적 이익을 갖지 않을 때에는 비밀이 되지 않는다. 여기서는 어떤 사실이 사생활의 비밀로서 내용적인 적성을 갖고 있느냐는 비밀적격성과 그것을 피해자 본인의 비밀로서 보호해 주어야 할 필요가 있느냐는 비밀필요성이 판단기준이 된다.

본인이 다른 사람에게 비밀로 하기를 원하는 주관적 비밀유지의사가 있어야 한다. 이는 명시적으로 표시될 필요는 없고, 현존하기만 하면 된다.

(3) 비밀의 주체

비밀의 주체는 자연인뿐만 아니라 법인, 법인격 없는 단체도 포함한다. 자연인은 생존자이어야 하며 국가 또는 공공단체는 제외된다. 개인의 비밀이라면 되며, 그 비밀의 내용은 상관없다. 개인의 비밀의 내용이 사생활의 비밀뿐만 아니라 공적 생활에 관한 것도 포함된다.

의료법 제19조(정보 누설 금지)에서 누설이나 발표를 금지하고 있는 '다른 사람의 비밀'은 당사자의 동의 없이는 원칙적으로 공개되어서는 안 되는 비밀영역으로 보호되어야 하므로 환자가 나중에 사망하더라도 소멸하지 않는다. 따라서 의료법 제19조가 정한 '다른 사람'에는 생존하는 개인 이외에 이미 사망한 사람도 포함된다.[479]

479) 대법원 2018.5.11. 선고 2018도2844 판결.

(4) 업무처리 중·업무상 지득한 비밀

업무처리 중 또는 업무상 지득한 비밀이어야 한다. 따라서 사무처리와 직무와 관계없이 지득한 비밀은 본죄의 보호객체가 아니다. 이러한 과정에서 얻어 낸 것이면 되며, 본인 또는 제3자를 통해서 들은 것은 물론 행위자 스스로 알아낸 것이라도 상관없다.

다. 행위: 누설

본죄의 구성요건적 행위는 비밀을 누설하는 것이다. 누설(漏泄)은 비밀에 속하는 사실을 아직 모르는 제3자에게 비밀을 고지하는 것을 말한다. 이미 비밀을 알고 있는 사람에게 알려주는 것은 누설이 아니다.

누설의 방법에는 제한이 없다. 타인의 비밀사항이 기재된 서류를 방치하여 제3자가 열람하도록 한 경우와 같이 부작위에 의한 누설도 가능하다. 분실된 자료의 일부를 법원에 증거로 제출하는 것은 업무상 비밀누설죄가 아니다.[480)]

라. 결과: 타인의 비밀에 대한 침해에 대한 구체적인 위험

본죄를 구체적 위험범으로 보면 구성요건적 결과로 비밀침해에 대한 구체적 위험이 필요하다. 따라서 누설행위에 의해 비밀이 상대방인 제3자에게 도달한 때 기수가 되고 비밀의 현실적인 인식이 있을 것을 요하지 않는다. 하지만 본죄를 추상적 위험범으로 보게 되면 비밀을 누설한 순간 기수가 되며, 구성요건적 결과 발생은 필요 없다.

마. 고의

본죄는 고의범이므로 신분에 대한 인식과 자기가 알고 있는 비밀을 누설한다는 인식과 의욕이 있어야 한다. 따라서 신분에 대한 착오, 타인의 비밀성에 대한 착오는 구성요건적 착오로 고의가 조각된다. 자기에게 누설할 수 있는 권한이 있다고 착오한 경우 금지착오에 해당한다.

3. 위법성

가. 일반적 위법성조각사유

피해자의 동의는 구성요건해당성을 배제하는 양해에 해당한다. 감염병의 예방 및 관리에 관한 법률 등과 같이 법령에 의하여 비밀고지가 의무로 되어 있는 경우에는 정당행위

---

480) 대법원 1992.5.22. 선고 91다39320 판결.

로서 위법성이 조각된다. 치료중인 환자가 에이즈 환자인 것을 안 의사가 다른 사람에게 전염되는 것을 막기 위해 그 환자의 약혼녀에게 이 사실을 알려준 경우 긴급피난으로 위법성이 조각된다.

나. 증언거부권자의 증언

증인이 증언거부권을 행사하지 않고 타인의 비밀을 누설하는 증언을 하였을 경우 위법성이 조각되는가에 대하여 견해의 대립이 있다. 부정설은 증언거부권을 인정하여 묵비의무를 보장하고 있는 이상 그 요건을 갖추었음에도 임의로 증언한 경우에는 업무상 비밀누설죄가 성립한다는 견해이다.[481] 긍정설은 일종의 의무충돌이며 증인이 증언거부권을 행사하지 않으면 증언의무가 있으므로 묵비의무를 벗어나게 되며 위법성이 조각된다는 입장이다.[482] 소송법상 이익과 비밀보호 이익 간의 비교형량을 통하여 긴급피난의 요건이 충족된 경우에는 위법성이 조각될 수 있다는 견해도 있다.[483]

4. 특별법

의료인이나 의료기관 종사자의 비밀누설에 대해서는 의료법 제19조에서 금지하고 있으며, 이를 위반한 경우 의료법 제88조에서 가중처벌하고 있다. 약사의 경우에도 마찬가지다. 약사법 제87조에 따르면 약사·한약사는 이 법 또는 다른 법령에 규정된 경우 외에는 의약품을 조제·판매하면서 알게 된 타인의 비밀을 누설하여서는 아니 된다. 이를 위반한 경우 약사법 제94조에서 가중처벌하고 있다. 변리사의 경우에도 업무상 알게 된 비밀을 누설하거나 도용한 경우 변리사법에서 가중처벌하고 있다.

변호사의 경우 변호사법 제77조의2(지방변호사회의 임직원이거나 임직원이었던 자), 제89조의8(윤리협의회의 위원·간사·사무직원 또는 그 직에 있었던 자)에 규정하고 있는 자가 비밀을 누설한 경우 형사처벌하고 있다. 변호사법 제26조에서 "변호사 또는 변호사이었던 자는 그 직무상 알게 된 비밀을 누설하여서는 아니 된다. 다만, 법률에 특별한 규정이 있는 경우에는 그러하지 아니하다."고 규정하고 있지만, 변호사가 이를 위반한 경우 형사처벌 규정을 별도로 두고 있지 않다. 이 경우 형법이 적용될 것이다.

481) 김일수/서보학, 197면.
482) 김성돈, 273면; 배종대, 331면; 손동권/김재윤, 248면; 신동운, 818면; 오영근/노수환, 230면; 이재상/장영민/강동범, 233면; 정성근/박광민, 260면.
483) 임웅/이현정/박성민, 295면.

제2절 주거침입의 죄

Ⅰ. 총설

1. 의의

주거침입의 죄는 사람의 주거 또는 관리하는 건조물 등의 평온과 안전을 침해하는 것을 내용으로 하는 범죄이다. 헌법 제16조 국민의 사생활을 '공간적'으로 보호해 주기 위하여 주거의 자유를 침해받지 않도록 보장하고 있다. 시민의 사생활 공간에 대한 보호가 선행되지 않고서는 사생활의 내용에 대한 보호를 기대하기 어려우므로 주거의 자유는 사생활의 비밀과 자유를 지키기 위한 불가결한 기초에 해당한다.[484)]

2. 보호법익

가. 쟁점

주거침입의 죄의 보호법익이 무엇인지에 대하여 견해의 대립이 있다. 견해의 대립에 따라 주거할 법적 권리는 없지만 사실상 주거하는 경우 또는 공동주거권자가 있는 경우 일방의 승낙만 받고 들어가 경우에도 주거침입죄가 성립 여부가 달라진다.

나. 학설

사실상의 평온설은 일정한 장소에 대한 사실상 지배로부터 발생하고 그 장소에 거주하는 공동생활자 전원이 타인의 침해를 받지 않을 수 있는 사실상의 평온을 내용으로 하는 주거권이라고 보는 견해이다.[485)] 주거에 대한 사실상 지배가 있으면 정당한 권원(權原)이 없더라도 보호된다. 따라서 사실상 주거자 또는 관리자의 승낙을 받고 타인 소유의 주거에 들어가는 것은 주거의 사실상의 평온을 해하는 것이 아니다.

주거권설은 자기 집이나 기타 보호구역 안에서 타인의 방해를 받지 않고 자기 의사에 따라 활동할 수 있는 권리인 주거권이라고 보는 견해이다.[486)] 주거권의 핵심은 주택과 그 밖의 사생활 내지 업무보호영역에 누가 들어오고 누가 머물러도 좋은지를 결정할 수 있는 자유이다. 주거권은 개인적 자유권의 일종으로 주거침해는 주거권자의 개인적 자유에 대

---

484) 허영, 한국헌법론, 445면.

485) 김성돈, 275면; 김일수/서보학, 201면; 배종대, 335면; 신동운, 821면; 오영근/노수환, 230면; 정성근/박광민, 262면.

486) 박상기/전지연, 572면; 이재상/장영민/강동범, 234면.

한 침해이다. 따라서 법익주체인 주거권자의 의사에 반해 주거권을 침해한 이상, 사실상 주거를 지키고 있는 다른 사람이나 공동주거권자의 승낙을 받고 들어간 때에도 본죄는 성립한다.

절충설은 주거권을 주된 보호법익으로 보고 여기에 사실상의 평온을 절충시켜, 일정하게 구획된 개인의 생활 또는 업무의 장소에서 개인이 누릴 수 있는 법적 지위 내지 사실상의 평온을 보호법익으로 보는 견해이다.

구분설은 주거 내지 건조물의 종류를 구분하여 개인의 사적 장소인 경우에는 주거의 사실상의 평온이, 공중이 자유로이 출입할 수 있는 개방된 장소의 경우에는 업무상 평온과 비밀이 보호법익이라는 견해이다.[487)]

다. 판례

판례에 따르면 주거침입죄는 사실상 주거의 평온을 보호법익으로 한다. 그 주거자 또는 간수자가 건조물 등에 거주 또는 간수할 권리를 가지고 있는가의 여부는 범죄의 성립을 좌우하는 것이 아니며, 점유할 권리 없는 자의 점유라 하더라도 그 주거의 평온은 보호되어야 할 것이므로, 권리자가 그 권리를 실행함에 있어 법에 정하여진 절차에 의하지 아니하고 그 건조물 등에 침입한 경우에는 주거침입죄가 성립한다.[488)] 임대차 종료 후 임차인이 불법하게 점유하고 있었는데, 임대인이 임의로 문을 폐쇄하자 임차인이 판자를 뜯고 들어간 경우 무권리자라고 하여도 사실상의 주거의 평온은 보호되어야 하므로 임차인에게 주거침입죄가 성립하지 않는다.[489)]

라. 결론

주거권설에 따라 주거권을 엄격하게 법적 권리로 파악하면 임대차 기간이 종료한 임차인과 같이 정당한 권원(權原)은 없지만, 주거 등을 사실상 평온하게 이용·관리·지배하고 있는 상태를 보호할 수 없게 된다. 또한 사실상 주거를 지키고 있는 다른 사람이나 공동주거권자의 승낙을 받고 들어간 때에도 그것이 법익주체인 주거권자의 의사에 반하는 경우에는 주거침입죄가 성립한다는 결론도 법현실과 맞지 않다. 절충설은 양설이 가지는 문제점을 제거할 수 있다고 하지만 주거권을 보호법익으로 보는 이상 주거권설이 갖는 문제점은 여전히 있다. 구분설은 주거의 기능이 혼용되고 있는 곳도 적지 않고, 굳이 주거의 종류를 구분하지 않고도 사실상의 평온을 보호함으로써 본죄의 보호목적은 충분히 달성될

---

487) 임웅/이현정/박성민, 296면.

488) 대법원 2008.5.8. 선고 2007도11322 판결.

489) 대법원 1973.6.26. 선고 73도460 판결.

수 있기 때문에 주거의 종류에 따라 구분하는 것은 불필요하다.

생각건대, 본죄의 보호법익을 사실상 주거의 평온으로 보는 것이 타당하다. 주거침입죄의 성부는 적법한 권원의 유무와 관계없이 주거 출입 자체에 대하여 사실상의 거주자 또는 관리자의 승낙 여부에 달려 있다고 보는 것이 타당하다. 침입이란 거주자가 주거에서 누리는 사실상의 평온상태를 해치는 행위태양으로 주거에 들어가는 것을 의미한다. 복수거주자가 있는 경우에도 현실적으로 한 사람의 승낙을 받고 평온히 주거에 출입한 경우에는 주거침입죄가 성립하지 않는다.

3. 보호 정도

본죄의 보호 정도에 대하여 결과범·침해범으로 보는 견해[490]와 거동범·추상적 위험범으로 보는 견해[491]가 대립하고 있다. 본죄를 침해범으로 보게 된다면 보호법익에 대한 현실적 침해가 있어야 기수가 되고, 보호법익이 침해될 위험성이 있는 경우에는 미수가 된다. 본죄를 추상적 위험범으로 보게 되면 보호법익에 대한 침해 여부와 상관없이 침입행위를 이루어지면 기수가 되고, 침입행위가 완성되지 못하면 미수가 된다.

판례는 주거의 사실상 평온이 침해되었다고 볼 수 있는 이상 신체의 일부만 들어가도 주거침입죄가 기수가 된다고 하므로 본죄를 침해범으로 본다.

Ⅱ. 주거침입죄

> 제319조 (주거침입, 퇴거불응) ① 사람의 주거, 관리하는 건조물, 선박이나 항공기 또는 점유하는 방실에 침입한 자는 3년 이하의 징역 또는 500만원 이하의 벌금에 처한다.
> 제322조 (미수범) 본장의 미수범은 처벌한다.

490) 김일수/서보학, 240면; 임웅/이현정/박성민, 298면; 정성근/박광민, 245면.

491) 김성돈, 275면; 김성천/김형준, 337면.

1. 의의

주거침입죄는 사람의 주거, 관리하는 건조물, 선박이나 항공기 또는 점유하는 방실에 침입한 경우에 성립하는 범죄이다. 본죄의 보호 정도에 대하여 침해범설과 추상적 위험범설이 대립하고 있다. 판례는 침해범으로 본다.

2. 객체: 사람의 주거, 관리하는 건조물, 선박이나 항공기 또는 점유하는 방실

가. 사람의 주거

(1) 주거와 위요지

주거는 침식에 사용하는 장소이어야 한다.[492] 상시적인 주거뿐만 아니라 별장, 여행자의 숙소와 같이 일시적인 주거도 포함한다. 캠핑 차량이나 캐러밴과 같이 여행 중 집과 같은 주거 공간을 제공하여 침식에 사용될 수 있는 곳이라면 본죄의 주거에 해당할 수 있다. 대학의 강의실이나 회사의 사무실은 침식에 사용되는 곳이 아니므로 주거가 아니며 점유하는 방실에 해당한다.

(2) 위요지

본죄의 주거는 단순히 가옥 자체만을 말하는 것이 아니라 그 위요지(圍遶地)를 포함한다.[493] 위요지가 되기 위해서는 건조물에 인접한 그 주변의 토지로서 외부와의 경계에 담 등이 설치되어 그 토지가 건조물의 이용에 제공되고 또 외부인이 함부로 출입할 수 없다는 점이 객관적으로 명확하게 드러나야 한다. 따라서 건조물의 이용에 기여하는 인접의 부속 토지라고 하더라도 인적 또는 물적 설비 등에 의한 구획 내지 통제가 없어 통상의 보행으로 그 경계를 쉽사리 넘을 수 있는 정도라고 한다면 일반적으로 외부인의 출입이 제한된다는 사정이 객관적으로 명확하게 드러났다고 보기 어려우므로 위요지에 해당하지 않는다.[494]

주택의 경우라면 정원, 담장과 방 사이의 좁은 통로,[495] 계단, 지하실, 차고, 옥상과 같은 곳이나 아파트·연립주택과 같은 공동주택의 경우라면 공용 계단이나 공용 복도,[496] 엘리베이터,[497] 주차장 등은 주거에 부속하는 위요지에 해당한다.

---

492) 침식을 하지 않더라도 점거하는 장소이면 된다는 견해로는 배종대, 336면.
493) 대법원 2001.4.24. 선고 2001도1092 판결.
494) 대법원 2010.4.29. 선고 2009도14643 판결; 대법원 2004.6.10. 선고 2003도6133 판결.
495) 대법원 2001.4.24. 선고 2001도1092 판결.
496) 대법원 2009.8.20. 선고 2009도3452 판결.
497) 대법원 2009.9.10. 선고 2009도4335 판결.

(3) 소유·점유의 적법 관계

일시 비워둔 집도 주거가 되며, 소유관계의 적법 여부는 요건이 아니다. 따라서 임대차 계약 종료 후의 주거뿐만 아니라 경락허가결정이 무효라고 하더라도 이에 기한 인도명령에 의한 집행으로서 일단 건물의 점유가 경락인에게 이전된 이상 경락인의 주거에 해당하므로 소유자가 무단히 들어간 경우 주거침입죄가 성립한다.[498] 점유할 권리 없는 자의 점유라고 하더라도 그 주거의 평온은 보호되어야 할 것이므로, 권리자가 그 권리실행으로서 자력구제의 수단으로 건조물에 침입한 경우에도 주거침입죄가 성립한다.[499]

(4) 타인의 주거와 공동주거

본죄의 주거는 '타인'의 주거이어야 한다. 따라서 행위자 자신이 단독으로 또는 다른 사람과 공동으로 거주하거나 관리·점유하는 주거에 출입한 경우 공동생활을 영위하여 공동거주자의 지위를 가지고 있다면 일시적 주거에 나왔다고 하더라도 주거침입죄는 성립하지 않는다. 다른 사람과 공동으로 주거에 거주하거나 건조물을 관리하던 사람이 공동생활관계에서 이탈하거나 주거 등에 대한 사실상의 지배·관리를 상실한 경우 등 특별한 사정이 있다면 주거침입죄가 성립할 수 있다.[500]

판례 공용으로 사용하는 계단과 복도

【사실관계】 피고인 갑은 배우자 을과의 불화로 인해 을과 공동생활을 영위하던 아파트에서 짐 일부를 챙겨 나왔는데, 그 후 자신의 부모인 병, 정과 함께 아파트에 찾아가 출입문을 열 것을 요구하였으나 을은 외출한 상태로 을의 동생인 무가 출입문에 설치된 체인형 걸쇠를 걸어 문을 열어 주지 않자 공동하여 걸쇠를 손괴한 후 아파트에 침입하였다.

【판결요지】 [1] [다수의견] (가) 형법은 제319조 제1항에서 '사람의 주거, 관리하는 건조물, 선박이나 항공기 또는 점유하는 방실에 침입한 자'를 주거침입죄로 처벌한다고 규정하고 있는바, 주거침입죄는 주거에 거주하는 거주자, 건조물이나 선박, 항공기의 관리자, 방실의 점유자 이외의 사람이 위 주거, 건조물, 선박이나 항공기, 방실(이하 '주거 등'이라 한다)에 침입한 경우에 성립한다. 따라서 주거침입죄의 객체는 행위자 이외의 사람, 즉 '타인'이 거주하는 주거 등이라고 할 것이므로 행위자 자신이 단독으로 또는 다른 사람과 공동으로 거주하거나 관리 또는 점유하는 주거 등에 임의로 출입하더라도 주거침입죄를 구성하지 않는다. 다만 다른 사람과 공동으로 주거에 거주

498) 대법원 1984.4.24. 선고 83도1429 판결.
499) 대법원 1985.3.26. 선고 85도122 판결.
500) 대법원 2021.9.9. 선고 2020도6085 전원합의체 판결.

하거나 건조물을 관리하던 사람이 공동생활관계에서 이탈하거나 주거 등에 대한 사실상의 지배·관리를 상실한 경우 등 특별한 사정이 있는 경우에 주거침입죄가 성립할 수 있을 뿐이다.

(나) 주거침입죄가 사실상 주거의 평온을 보호법익으로 하는 이상, 공동주거에서 생활하는 공동거주자 개개인은 각자 사실상 주거의 평온을 누릴 수 있다고 할 것이다. 그런데 공동거주자 각자는 특별한 사정이 없는 한 공동주거관계의 취지 및 특성에 맞추어 공동주거 중 공동생활의 장소로 설정한 부분에 출입하여 공동의 공간을 이용할 수 있는 것과 같은 이유로, 다른 공동거주자가 이에 출입하여 이용하는 것을 용인할 수인의무도 있다. 그것이 공동거주자가 공동주거를 이용하는 보편적인 모습이기도 하다. 이처럼 공동거주자 각자가 공동생활의 장소에서 누리는 사실상 주거의 평온이라는 법익은 공동거주자 상호 간의 관계로 인하여 일정 부분 제약될 수밖에 없고, 공동거주자는 이러한 사정에 대한 상호 용인하에 공동주거관계를 형성하기로 하였다고 보아야 한다. 따라서 공동거주자 상호 간에는 특별한 사정이 없는 한 다른 공동거주자가 공동생활의 장소에 자유로이 출입하고 이를 이용하는 것을 금지할 수 없다.

공동거주자 중 한 사람이 법률적인 근거 기타 정당한 이유 없이 다른 공동거주자가 공동생활의 장소에 출입하는 것을 금지한 경우, 다른 공동거주자가 이에 대항하여 공동생활의 장소에 들어갔더라도 이는 사전 양해된 공동주거의 취지 및 특성에 맞추어 공동생활의 장소를 이용하기 위한 방편에 불과할 뿐, 그의 출입을 금지한 공동거주자의 사실상 주거의 평온이라는 법익을 침해하는 행위라고는 볼 수 없으므로 주거침입죄는 성립하지 않는다. 설령 그 공동거주자가 공동생활의 장소에 출입하기 위하여 출입문의 잠금장치를 손괴하는 등 다소간의 물리력을 행사하여 그 출입을 금지한 공동거주자의 사실상 평온상태를 해쳤더라도 그러한 행위 자체를 처벌하는 별도의 규정에 따라 처벌될 수 있음은 별론으로 하고, 주거침입죄가 성립하지 아니함은 마찬가지이다.

(다) 공동거주자 각자가 상호 용인한 통상적인 공동생활 장소의 출입 및 이용행위의 내용과 범위는 공동주거의 형태와 성질, 공동주거를 형성하게 된 경위 등에 따라 개별적·구체적으로 살펴보아야 한다. 공동거주자 중 한 사람의 승낙에 따른 외부인의 공동생활 장소의 출입 및 이용행위가 외부인의 출입을 승낙한 공동거주자의 통상적인 공동생활 장소의 출입 및 이용행위의 일환이자 이에 수반되는 행위로 평가할 수 있는 경우에는 이러한 외부인의 행위는 전체적으로 그 공동거주자의 행위와 동일하게 평가할 수 있다. 따라서 공동거주자 중 한 사람이 법률적인 근거 기타 정당한 이유 없이 다른 공동거주자가 공동생활의 장소에 출입하는 것을 금지하고, 이에 대항하여 다른 공동거주자가 공동생활의 장소에 들어가는 과정에서 그의 출입을 금지한 공동거주자의 사실상 평온상태를 해쳤더라도 주거침입죄가 성립하지 않는 경우로서, 그 공동거주자의 승낙을 받아 공동생활의 장소에 함께 들어간 외부인의 출입 및 이용행위가 전체적으로 그의 출입을 승낙한 공동거주자의 통상적인 공동생활 장소의 출입 및 이용행위의

일환이자 이에 수반되는 행위로 평가할 수 있는 경우라면, 이를 금지하는 공동거주자의 사실상 평온상태를 해쳤음에도 불구하고 그 외부인에 대하여도 역시 주거침입죄가 성립하지 않는다고 봄이 타당하다(대법원 2021.9.9. 선고 2020도6085 전원합의체 판결).

【해설】 공동거주자는 거실, 현관, 복도 등 통상적인 공동생활의 장소에 대해 서로 출입을 용인할 수인의무가 있다. 이는 공동생활관계 형성 시 묵시적으로 전제되는 사실상의 합의에 기초한다. 따라서 정당한 이유 없이 출입을 금지했다고 해도, 해당 공간에 출입한 행위가 공동생활의 일환이라면 주거침입죄 성립하지 않는다. 공동거주자의 동행자도 마찬가지로, 해당 출입이 승낙한 공동거주자의 통상적인 공동생활 이용행위의 일환으로 볼 수 있다면, 외부인의 출입도 주거침입죄가 성립하지 않는다.

나. 관리하는 건조물

(1) 건조물의 의의

건조물은 주거를 제외한 일체의 건물 및 그 부속물을 말한다. 건조물은 주위 벽, 기둥과 지붕 또는 천정으로 구성된 구조물로서 사람이 머무르거나 출입할 수 있는 장소이어야 한다.[501] 따라서 축사의 소독시설,[502] 공사 현장에 컨테이너 박스 등으로 가설된 현장사무소, 공중화장실은 건조물에 해당하지만, 축사의 물탱크시설이나 건물 신축 공사 현장의 타워크레인[503]은 건조물에 해당하지 않는다.

판례 건물신축 공사현장과 타워크레인

【판결요지】 [1] 주거침입죄에 있어서 침입행위의 객체인 건조물은 주위벽 또는 기둥과 지붕 또는 천정으로 구성된 구조물로서 사람이 기거하거나 출입할 수 있는 장소를 말하고, 또한 단순히 건조물 그 자체만을 말하는 것이 아니고 위요지를 포함한다고 할 것이나 위요지가 되기 위하여는 건조물에 인접한 그 주변 토지로서 관리자가 외부와의 경계에 문과 담 등을 설치하여 그 토지가 건조물의 이용을 위하여 제공되었다는 것이 명확히 드러나야 한다.

[2] 피고인들이 건물신축 공사현장에 무단으로 들어간 뒤 타워크레인에 올라가 이를 점거한 사안에서, 타워크레인은 건설기계의 일종으로서 작업을 위하여 토지에 고정되었을 뿐이고 운전실은 기계를 운전하기 위한 작업공간 그 자체이지 건조물침입죄의 객체인 건조물에 해당하지 아니하고, 피고인들이 위 공사현장에 컨테이너 박스 등으로 가설된 현장사무실 또는 경비실 자체에 들어가지 아니하였다면, 피고인들이 위 공사현장의 구내에 들어간 행위를 위 공사현장 구내에 있는 건조물인 위 각 현장사무실

501) 대법원 2007.12.13. 선고 2007도7247 판결.

502) 대법원 2007.12.13. 선고 2007도7247 판결.

503) 대법원 2005.10.7. 선고 2005도5351 판결.

또는 경비실에 침입한 행위로 보거나, 위 공사현장 구내에 있는 건축 중인 건물에 침입한 행위로 볼 수 없다고 한 원심의 판단을 수긍한 사례(대법원 2005.10.7. 선고 2005도5351 판결).

(2) 관리하는 건조물

본죄의 객체인 건조물은 '관리하는 건조물'이므로 건조물은 사실상 사람이 관리, 지배하고 있는 것이어야 한다. 따라서 타인의 침입을 방지하기 위한 인적·물적 설비가 있어야 한다. 버려진 폐창고의 경우에는 건조물에는 해당하지만 관리하고 있지 않으므로 이에 들어간 경우 주거침입죄가 성립하지 않는다. 출입 금지의 경고문구만을 붙여둔 것만으로는 관리라고 할 수 없다.

(3) 위요지

건조물이란 단순히 건조물 그 자체만을 말하는 것은 아니고 그 위요지(圍繞地)도 포함된다. 위요지가 되기 위해서는 건조물에 인접한 그 주변의 토지로서 외부와의 경계에 담 등이 설치되어 그 토지가 건조물의 이용에 제공되고 또 외부인이 함부로 출입할 수 없다는 점이 객관적으로 명확하게 드러나야 한다. 따라서 건조물의 이용에 기여하는 인접의 부속 토지라고 하더라도 인적 또는 물적 설비 등에 의한 구획 내지 통제가 없어 통상의 보행으로 그 경계를 쉽사리 넘을 수 있는 정도라고 한다면 일반적으로 외부인의 출입이 제한된다는 사정이 객관적으로 명확하게 드러났다고 보기 어려우므로 위요지에 해당하지 않는다.[504)]

다. 선박, 항공기

'선박'은 수상 또는 수중에서 항행용으로 사용하거나 사용할 수 있는 배를 의미한다(선박법 제1조의2 참조). 선박의 크기나 선박톤수는 불문한다. '항공기'는 공기의 반작용으로 뜰 수 있는 기기로서 비행기, 헬리콥터, 비행선, 활공기를 의미한다(항공안전법 제2조 참조).

선박이나 항공기는 사람의 주거에 사용될 수 있거나 사람이 머무르거나 출입할 수 있는 정도에 이르러야 하며, 관리하고 있는 선박이나 항공기이어야 한다.

자동차는 본죄의 객체에 해당하지 않는다. 최근 자동차 기술의 발전으로 인하여 주거 목적으로 사용될 수 있을 정도의 자동차가 등장함에 따라 이에 대한 침입의 경우에도 주거침입죄로 처벌할 필요가 있다. 행위객체에 자동차를 추가하는 입법 또한 고려해 볼 필요가 있다.

---

504) 대법원 2010.4.29. 선고 2009도14643 판결; 대법원 2004.6.10. 선고 2003도6133 판결.

라. 점유하는 방실

점유하는 방실은 건조물 안에서 사실상 지배관리하고 있는 하나의 구획된 장소를 말한다. 회사 건물 중 일부분인 사무실, 호텔의 객실, 대학의 강의실이나 교수연구실, 공중화장실의 용변칸[505] 등이 이에 해당한다. 가옥의 일부분인 하나의 방을 명도받은 경우에도 점유하는 방실에 속한다.

3. 행위: 침입

가. 침입의 의의

(1) 거주자의 의사 기준설과 사실상 평온 기준설

침입은 거주자의 의사에 반하여 행위자의 신체가 주거에 들어가는 것을 말한다. 침입이 되려면 거주자나 관리자의 명시적 의사 또는 추정적 의사에 반하는 것이어야 한다. 거주자 등의 동의를 얻어 들어간 경우 침입에 해당하지 않으며, 거주자의 동의는 구성요건 해당성을 배제하는 양해에 해당한다. 학설은 침입의 의미를 파악함에 있어서 거주자의 의사를 중심으로 둔다.

하지만 판례는 침입을 주거의 사실상 평온상태를 해치는 행위태양으로 주거에 들어가는 것을 의미하고, 침입에 해당하는지는 출입 당시 객관적·외형적으로 드러난 행위태양을 기준으로 판단함이 원칙이라고 한다. 거주자의 의사에 반하는지는 사실상의 평온상태를 해치는 행위태양인지를 평가할 때 고려할 요소 중 하나이지만 주된 평가 요소가 될 수는 없다고 한다. 판례에 따르면 거주자의 의사에 반한다는 주관적 사정만으로는 바로 침입에 해당한다고 볼 수 없다. 침입행위에 해당하는지를 판단할 때 거주자의 의사도 고려되지만, 주거 등의 형태와 용도·성질, 외부인에 대한 출입의 통제·관리 방식과 상태 등 출입 당시 상황에 따라 그 정도는 달리 평가될 수 있다.[506]

생각건대, 주거침입죄의 침입 여부는 원칙적으로 거주자의 의사를 기초로 판단하여야 하며, 사실상 평온상태를 침해하는 행위태양인지는 거주자의 의사를 판단함에 있어서 하나의 보충적 고려 사항이다. '거주자의 의사에 반하지 않으면서도 사실상 평온상태를 해치는 모습으로 들어간다면 주거에 침입한다'는 판례의 법리는 성립불가능한 명제이다. 거주자의 동의를 받고 통상의 출입방법이 아닌 담을 넘어 들어오거나 베란다를 통해 들어온 경우에도 주거침입죄에 해당한다는 것은 통상의 법감정에도 부합하지 않는다. 판례와

505) 대법원 2003.5.30. 선고 2003도1256 판결.

506) 대법원 2021.9.9. 선고 2020도12630 전원합의체 판결; 대법원 2022.3.24. 선고 2017도18272 전원합의체 판결.

같이 출입하려는 주거 등의 형태와 용도·성질, 외부인에 대한 출입의 통제·관리 방식과 상태, 행위자의 출입 경위와 방법 등을 종합적으로 고려하면 구체적 타당성이 있는 결과는 나올 수 있지만, 어떤 요소를 중요시하는지에 따라 유사한 사안임에도 불구하고 범죄 성립 여부가 달라질 수 있는 문제점도 있다. 본죄의 보호법익을 거주자의 사실상 평온으로 본다면 거주자의 의사를 고려하지 않고 주거침입죄의 성립 여부를 판단할 수 없다. 거주자의 의사를 기준으로 판단하는 것이 타당하다.

판례 음식점에 영업주의 승낙을 받고 통상적 출입방법으로 들어간 경우

【사실관계】 피고인들은 A, B가 운영하는 각 음식점에서 인터넷 언론사 기자 C를 만나 식사를 대접하면서 C가 부적절한 요구를 하는 장면 등을 확보할 목적으로 녹음·녹화 장치를 설치하거나 장치의 작동 여부 확인 및 이를 제거하기 위하여 각 음식점의 방실에 들어갔다.

【판결요지】 [1] [다수의견] (가) 주거침입죄는 사실상 주거의 평온을 보호법익으로 한다. 주거침입죄의 구성요건적 행위인 침입은 주거침입죄의 보호법익과의 관계에서 해석하여야 하므로, 침입이란 주거의 사실상 평온상태를 해치는 행위태양으로 주거에 들어가는 것을 의미하고, 침입에 해당하는지는 출입 당시 객관적·외형적으로 드러난 행위태양을 기준으로 판단함이 원칙이다. 사실상의 평온상태를 해치는 행위태양으로 주거에 들어가는 것이라면 대체로 거주자의 의사에 반하겠지만, 단순히 주거에 들어가는 행위 자체가 거주자의 의사에 반한다는 주관적 사정만으로는 바로 침입에 해당한다고 볼 수 없다. 거주자의 의사에 반하는지는 사실상의 평온상태를 해치는 행위태양인지를 평가할 때 고려할 요소 중 하나이지만 주된 평가 요소가 될 수는 없다. 따라서 침입행위에 해당하는지는 거주자의 의사에 반하는지가 아니라 사실상의 평온상태를 해치는 행위태양인지에 따라 판단되어야 한다.

(나) 행위자가 거주자의 승낙을 받아 주거에 들어갔으나 범죄나 불법행위 등(이하 '범죄 등'이라 한다)을 목적으로 한 출입이거나 거주자가 행위자의 실제 출입 목적을 알았더라면 출입을 승낙하지 않았을 것이라는 사정이 인정되는 경우 행위자의 출입행위가 주거침입죄에서 규정하는 침입행위에 해당하려면, 출입하려는 주거 등의 형태와 용도·성질, 외부인에 대한 출입의 통제·관리 방식과 상태, 행위자의 출입 경위와 방법 등을 종합적으로 고려하여 행위자의 출입 당시 객관적·외형적으로 드러난 행위태양에 비추어 주거의 사실상 평온상태가 침해되었다고 평가되어야 한다. 이때 거주자의 의사도 고려되지만 주거 등의 형태와 용도·성질, 외부인에 대한 출입의 통제·관리 방식과 상태 등 출입 당시 상황에 따라 그 정도는 달리 평가될 수 있다.

일반인의 출입이 허용된 음식점에 영업주의 승낙을 받아 통상적인 출입방법으로 들어갔다면 특별한 사정이 없는 한 주거침입죄에서 규정하는 침입행위에 해당하지 않는

다. 설령 행위자가 범죄 등을 목적으로 음식점에 출입하였거나 영업주가 행위자의 실제 출입 목적을 알았더라면 출입을 승낙하지 않았을 것이라는 사정이 인정되더라도 그러한 사정만으로는 출입 당시 객관적·외형적으로 드러난 행위태양에 비추어 사실상의 평온상태를 해치는 방법으로 음식점에 들어갔다고 평가할 수 없으므로 침입행위에 해당하지 않는다(대법원 2022.3.24. 선고 2017도18272 전원합의체 판결).

【해설】 이 판례는 이른바 초원복집 사건 판결(95도2674 판결)을 변경한 것이다. 변경된 대법원 판례가 침입을 해석함에 있어서 보호법익과 관련하여 해석해야 한다는 점과 주거침입죄가 성립하지 않는다는 결론은 적절하다. 하지만, 대법원의 논거를 받아들이기 힘들다. 거주자의 의사를 주된 평가요소로 하지 않고 사실상의 행위태양을 기준으로 침입을 판단해야 하는 법리는 문제가 있다. 본죄의 보호법익이 거주자의 사실상 평온을 보호하는 것이라면 침입 여부를 판단할 때 거주자의 의사를 주된 평가요소로 하고, 행위태양은 보충적으로 고려되어야 한다.

나. 거주자 등의 의사에 반하는 침입

(1) 의의

침입은 거주자 또는 관리자의 의사 또는 추정적 의사에 반하여 주거 안으로 들어가는 것을 말한다. 따라서 아파트 입주자대표회의가 입주자가 아닌 세차영업을 하는 외부인의 단지 안 주차장에 대한 출입을 금지하는 결정을 하고 그 사실을 외부인에게 통보하였음에도 외부인이 입주자대표회의의 결정에 반하여 그 주차장에 들어갔다면, 출입 당시 관리자로부터 구체적인 제지를 받지 않았다고 하더라도 그 주차장의 관리권자인 입주자대표회의의 의사에 반하여 들어간 것이므로 건조물침입죄가 성립한다.[507)]

이때 거주자의 의사는 명시적인 경우뿐만 아니라 묵시적인 경우도 포함되고 주변 사정에 따라서는 거주자의 반대의사가 추정될 수도 있다. 따라서 평소 회사의 업무처리를 위해 사무실을 사용하였다고 하더라도 회사를 퇴사하였다면 더 이상의 출입 권한은 없으므로 피해회사의 의사에 반하여 비정상적인 방법으로 사무실에 들어간 행위는 주거침입죄가 성립한다.[508)]

(2) 출입통제되는 건조물에 관리자의 승낙에 하자가 있는 경우

기망에 의한 동의를 받고 주거 등에 들어간 경우 동의가 평온·공연하게 이루어지지 않았기 때문에 하자 있는 동의가 있다면 주거침입죄가 된다는 견해[509)]와 피해자의 동의가

---

507) 대법원 2021.1.14. 선고 2017도21323 판결.

508) 대법원 2007.8.23. 선고 2007도2595 판결.

509) 배종대, 341면; 오영근/노수환, 237면; 정성근/박광민, 250면.

양해에 해당하므로 양해의 성질상 승낙의 경우와는 달리 기망에 의한 동의도 하자가 있지만 의사에 반하는 것은 아니므로 주거침입죄가 되지 않는다는 견해[510)]가 대립하고 있다.

판례는 방송국 시사프로그램 제작자들이 서울구치소에 수용 중인 사람을 취재하고자 서울구치소장의 허가 없이 접견내용을 촬영·녹음할 목적으로 명함지갑 모양으로 제작된 녹음·녹화장비를 몰래 소지하고 서울구치소에 들어간 사건에서,[511)] 관리자에 의해 출입이 통제되는 건조물에 관리자의 승낙을 받아 건조물에 통상적인 출입방법으로 들어갔다면, 이러한 승낙의 의사표시에 기망이나 착오 등의 하자가 있더라도 특별한 사정이 없는 한 형법 제319조 제1항에서 정한 건조물침입죄가 성립하지 않는다고 하였으며, 관리자가 행위자의 실제 출입 목적을 알았더라면 출입을 승낙하지 않았을 사정이 있더라도 마찬가지라고 한다.

생각건대, 주거침입죄의 불법의 본질은 출입 여부에 대하여 피해자의 의사에 반하여 주거 등에 들어간다는 점이다. 피해자 동의의 법적 성격을 구성요건해당성을 조각시키는 양해로 본다면 기망에 의한 하자 있는 의사표시라고 하더라도 유효한 동의로 보아 주거침입죄가 성립하지 않는다고 보는 것이 타당하다. 예를 들면 생일 축하를 해주기 위하여 몰래 집에 들어간 경우와 같이 출입에 있어서 자신의 진정한 동기를 숨기는 모든 경우에 대하여 주거침입죄가 성립한다고 보는 것은 주거침입죄의 범위를 지나치게 확대한 것이다. 하지만 범죄 목적이 있는 경우에는 달리 볼 여지가 있다. 피해자의 동의가 유효하다고 보기 어렵기 때문이다.

판례 구치소에 녹음·녹화장비 소지하고 들어간 경우

【사실관계】 피고인들은 서울구치소에 수용 중인 사람을 취재하고자 서울구치소장의 허가 없이 접견내용을 촬영·녹음할 목적으로 명함지갑 모양으로 제작된 녹음·녹화장비를 몰래 소지하고 서울구치소에 들어갔다. 서울구치소장이나 교도관이 이러한 사실을 알았더라면 피고인들이 이를 소지한 채 서울구치소에 출입하는 것을 승낙하지 않았을 것이다.

【판결요지】 관리자에 의해 출입이 통제되는 건조물에 관리자의 승낙을 받아 건조물에 통상적인 출입방법으로 들어갔다면, 이러한 승낙의 의사표시에 기망이나 착오 등의 하자가 있더라도 특별한 사정이 없는 한 형법 제319조 제1항에서 정한 건조물침입죄가 성립하지 않는다. 이러한 경우 관리자의 현실적인 승낙이 있었으므로 가정적·추정적 의사는 고려할 필요가 없다. 단순히 승낙의 동기에 착오가 있다고 해서 승낙의 유

510) 김성돈, 279면; 김일수/서보학, 248면; 이재상/장영민/강동범, 241면; 임웅/이현정/박성민, 301면.
511) 대법원 2022.3.31. 선고 2018도15213 판결.

효성에 영향을 미치지 않으므로, 관리자가 행위자의 실제 출입 목적을 알았더라면 출입을 승낙하지 않았을 사정이 있더라도 건조물침입죄가 성립한다고 볼 수 없다. 나아가 관리자의 현실적인 승낙을 받아 통상적인 출입방법에 따라 건조물에 들어간 경우에는 출입 당시 객관적·외형적으로 드러난 행위태양에 비추어 사실상의 평온상태를 해치는 모습으로 건조물에 들어간 것이라고 평가할 수도 없다(대법원 2022.3.31. 선고 2018도15213 판결).

【해설】 관리자에 의해 출입이 통제되는 건조물에 관리자의 승낙을 받아 건조물에 통상적인 출입방법으로 들어갔으나 이러한 승낙의 의사표시에 기망이나 착오 등의 하자가 있는 경우, 건조물침입죄가 성립하지 않는다고 보았으며, 이때 관리자가 행위자의 실제 출입 목적을 알았더라면 출입을 승낙하지 않았을 사정이 있더라도 마찬가지라고 판단하였다. 또한 이 사안의 경우 위계에 의한 공무집행방해죄 성립 여부도 문제되었지만, 판례는 피고인이 금지규정을 위반하여 감시·단속을 피하는 것을 공무원이 적발하지 못하였다면 이는 공무원이 감시·단속이라는 직무를 소홀히 한 결과일 뿐이며, 금지물품을 교정시설 내로 반입하였다면 교도관의 검사·단속을 피하여 단순히 금지규정을 위반하는 행위를 한 것일 뿐 이로써 위계에 의한 공무집행방해죄가 성립한다고 할 수는 없다고 판단하였다.

(3) 범죄 목적을 숨긴 채 동의를 받고 개인의 주거 등에 들어간 경우

범죄 목적을 숨긴 채 동의를 받고 타인의 주거에 들어간 경우 동의권자가 그 진의를 알았더라면 동의를 하지 않았을 것이라고 판단될 때에는 주거침입죄가 성립하는 것으로 보는 것이 타당하다. 동의권자의 실질적 의사에 반하는 것이기 때문이다. 따라서 대리 응시자들이 시험장에 입장한 경우,[512] 강간할 의도를 숨기고 피해자가 사용 중인 공중화장실의 문을 노크하여 남편으로 오인한 피해자가 문을 열어 준 화장실 안으로 들어간 경우,[513] 피고인이 피해자인 회사에서 근무하는 관계로 그 회사의 차고나 사무실에 출입할 수 있다 하더라도 절취의 목적으로 들어간 경우[514]에는 동의권자의 의사에 반하여 들어간 침입행위에 해당한다.

판례는 침입에 해당하는지에 대하여 '출입 당시 객관적·외형적으로 드러난 행위 태양을 기준으로 판단함이 원칙'이며, 거주자의 의사뿐만 아니라 다른 요소를 가지고 판단하고 있다. 따라서 판례에 따르면 일부 사례의 경우에는 행위자가 범죄 등의 목적을 숨기고 한 것이라도 주거침입죄가 성립한다고 단정할 수 없다. 예를 들면 피고인이 연인관계인 피해자의 안방에 CCTV 카메라와 동영상 저장장치를 부착한 TV인 사실을 숨기고 피해자

---

512) 대법원 1967.12.19. 선고 67도1218 판결.

513) 대법원 2003.5.30. 선고 2003도1256 판결.

514) 대법원 1979.10.30. 선고 79도1882 판결.

에게 TV를 설치해 주겠다면서 안방까지 들어간 경우, 주거침입죄가 성립하지 않는다고 판단했다.[515] 이는 주거자의 실질적 의사에 명백히 반하는 행위이므로 유효한 승낙이라고 보기 어렵다. 주거침입죄가 성립한다고 보는 것이 타당하다.

판례 공중화장실 침입 사건

【사실관계】 피해자는 공중화장실의 용변칸에서 하의를 내리고 좌변기에 앉아 있던 중, 노크 소리가 나서 남편인 줄 알고 "아빠야"라고 하면서 밖이 보일 정도로 용변칸 문을 열었는데, 피고인이 강간할 의도로 문을 열고 들어와 문을 잠그면서 앞을 가로막았고, 이에 피해자가 놀라서 소리치면서 하의를 입고 밖으로 나가려고 일어서려고 하자 한 손으로 피해자의 입을 막고, 다른 손으로는 그녀의 몸통 부분을 붙잡아 그녀의 반항을 억압한 후 그녀를 간음하려 하였으나, 그 곳 남자화장실에 있던 피해자의 남편이 달려오자 뜻을 이루지 못하고 미수에 그친 채, 피해자에게 약 2주간의 치료를 요하는 좌족관절부좌상 등을 입게 하였다.

【판결요지】 [1] 타인의 주거에 거주자의 의사에 반하여 들어가는 경우는 주거침입죄가 성립하며 이때 거주자의 의사라 함은 명시적인 경우뿐만 아니라 묵시적인 경우도 포함되고 주변사정에 따라서는 거주자의 반대의사가 추정될 수도 있다.

[2] 피고인이 피해자가 사용중인 공중화장실의 용변칸에 노크하여 남편으로 오인한 피해자가 용변칸 문을 열자 강간할 의도로 용변칸에 들어간 것이라면 피해자가 명시적 또는 묵시적으로 이를 승낙하였다고 볼 수 없어 주거침입죄에 해당한다고 한 사례(대법원 2003.5.30. 선고 2003도1256 판결).

【해설】 피해자는 피고인의 노크 소리를 듣고 피해자의 남편으로 오인하고 용변칸 문을 연 것이고, 피고인은 피해자를 강간할 의도로 용변칸에 들어간 것을 알았다면 문을 열지 않았을 것이다. 따라서 피해자가 문을 연 것은 의사의 흠결 또는 하자가 있는 경우이므로 유효한 동의라고 볼 수 없으며 거주자의 의사에 반하여 들어가는 침입에 해당할 뿐만 아니라 강간에 대한 유효한 승낙으로도 볼 수 없다. 또한 공중화장실은 관리하는 건조물에 해당하고, 용변칸은 점유하는 방실에 해당한다. 또한 공중화장실이 누구나 출입할 수 있는 장소라고 하더라도 범죄목적으로 들어간 경우에는 형법 제319조의 건조물침입죄에 해당한다. 강간의 기회에 상해가 발생하였기 때문에 강간치상죄도 성립한다.

(4) 범죄 목적을 숨긴 채 영업장소 등 공공장소에 들어간 경우

백화점이나 마트, 상가 건물 등과 같이 불특정·다수인이 자유로이 출입할 수 있는 개방된 공공장소에 범죄 목적으로 들어간 경우 주거침입죄가 성립하는지가 문제된다.

515) 대법원 2022.4.28. 선고 2022도1717 판결.

판례는 종전 이른바 초원복집 사건에서[516] 일반인의 출입이 허용된 음식점이라 하더라도, 영업주의 명시적 또는 추정적 의사에 반하여 들어간 것이라면 주거침입죄가 성립된다고 하였지만, 최근 음식점에 녹음장치를 설치한 사건에서 종전 견해를 변경하였다.[517] 일반인의 출입이 허용된 음식점에 영업주의 승낙을 받아 통상적인 출입 방법으로 들어갔다면 특별한 사정이 없는 한 주거침입죄에서 규정하는 침입행위에 해당하지 않는다고 보았다. 설령 행위자가 범죄 등을 목적으로 음식점에 출입하였거나 영업주가 행위자의 실제 출입 목적을 알았더라면 출입을 승낙하지 않았을 것이라는 사정이 인정되더라도 그러한 사정만으로는 침입행위에 해당하지 않는다.[518]

생각건대, 공중이 자유롭게 출입할 수 있는 공개된 장소의 경우 관리자가 출입하는 개개인에 대하여 출입에 대한 동의를 일일이 표시하는 것은 사실상 불가능하며, 출입에 대한 포괄적인 동의의사를 가지고 있는 것으로 보는 것이 법현실에 부합한다. 관리자가 출입에 대하여 포괄적 동의를 한 이상 주거침입죄가 성립하지 않는다고 보는 것이 타당하다. 일반적으로 개방된 건조물에 관리자의 출입 제한이나 제지가 없는 상태에서 통상적인 방법으로 들어갔다면 침입행위에 해당하지 않는다고 보는 것이 타당하다.

판례 음식점에 녹음장치 설치 사건

【사실관계】 피고인들이 공모하여, 갑, 을이 운영하는 각 음식점에서 인터넷 언론사 기자 병을 만나 식사를 대접하면서 병이 부적절한 요구를 하는 장면 등을 확보할 목적으로 녹음·녹화장치를 설치하거나 장치의 작동 여부 확인 및 이를 제거하기 위하여 각 음식점의 방실에 들어갔다.

【판결요지】 [1] [다수의견] (나) 행위자가 거주자의 승낙을 받아 주거에 들어갔으나 범죄나 불법행위 등(이하 '범죄 등'이라 한다)을 목적으로 한 출입이거나 거주자가 행위자의 실제 출입 목적을 알았더라면 출입을 승낙하지 않았을 것이라는 사정이 인정되는 경우 행위자의 출입행위가 주거침입죄에서 규정하는 침입행위에 해당하려면, 출입하려는 주거 등의 형태와 용도·성질, 외부인에 대한 출입의 통제·관리 방식과 상태, 행위자의 출입 경위와 방법 등을 종합적으로 고려하여 행위자의 출입 당시 객관적·외형적으로 드러난 행위태양에 비추어 주거의 사실상 평온상태가 침해되었다고 평가되어야 한다. 이때 거주자의 의사도 고려되지만 주거 등의 형태와 용도·성질, 외부인에 대한 출입의 통제·관리 방식과 상태 등 출입 당시 상황에 따라 그 정도는 달리 평가될 수 있다.

516) 대법원 1997.3.28. 선고 95도2674 판결.
517) 대법원 2022.3.24. 선고 2017도18272 전원합의체 판결.
518) 대법원 2022.3.24. 선고 2017도18272 전원합의체 판결.

일반인의 출입이 허용된 음식점에 영업주의 승낙을 받아 통상적인 출입방법으로 들어갔다면 특별한 사정이 없는 한 주거침입죄에서 규정하는 침입행위에 해당하지 않는다. 설령 행위자가 범죄 등을 목적으로 음식점에 출입하였거나 영업주가 행위자의 실제 출입 목적을 알았더라면 출입을 승낙하지 않았을 것이라는 사정이 인정되더라도 그러한 사정만으로는 출입 당시 객관적·외형적으로 드러난 행위태양에 비추어 사실상의 평온상태를 해치는 방법으로 음식점에 들어갔다고 평가할 수 없으므로 침입행위에 해당하지 않는다(대법원 2022.3.24. 선고 2017도18272 전원합의체 판결).

【해설】 음식점 등 공공 개방적 장소에의 출입이 주거침입죄의 '침입'에 해당하는지 여부에 대해 중요한 법리를 제시한 판례이다. 특히 "외형상 평온 침해 여부"라는 객관적 침입 개념을 중심으로 주거침입죄의 범위를 한정적으로 해석한 것이 핵심이다.

(5) 공동거주자 중 1인의 동의를 받고 출입한 경우

공동주거자 중 1인의 동의를 받았지만, 그 출입이 다른 주거자의 의사에 반할 때 주거침입이 인정될 것인가에 대하여 견해가 대립하고 있다. 다른 공동주거자의 추정적 동의를 받지 않으면 주거침입죄가 성립한다는 견해[519]와 주거침입죄의 성립을 부정하는 견해[520]가 대립하고 있다.

종전 판례는 남편이 일시 부재 중에 처와 간통하기 위하여 처의 동의를 받고 주거에 들어간 경우 주거침입죄의 성립을 긍정하였다.[521] 2020도12630 전원합의체 판결을 통하여 종전의 견해를 변경하였다. 배우자 있는 사람과의 혼외 성관계 목적으로 다른 배우자가 부재중인 주거에 출입하여 주거침입죄로 기소된 사건에서, 외부인이 공동주거자 중 주거 내에 현재하는 거주자의 현실적인 승낙을 받아 통상적인 출입 방법에 따라 공동주거에 들어간 경우라면 그것이 부재중인 다른 거주자의 추정적 의사에 반하더라도 주거침입죄가 성립하지 않는다.[522]

생각건대, '침입'의 의미를 주거침입죄의 보호법익과의 관계에서 해석하는 것으로 주거침입죄의 보호법익이 '사실상 누리고 있는 주거의 평온'이며, 보호법익은 사실상태를 바탕으로 발생하는 것으로 '사실적 성질'을 가진다. 공동주거의 형태에 따라 사실상의 평온상태를 절대적으로 유지할 수 없으며 부분적으로 제약될 수밖에 없다. 기숙사, 쉐어하우스 등 공동주거의 다양한 특성을 고려하여 개별적으로 판단할 수밖에 없지만, 주거침입죄의 보호법익을 사실상의 평온으로 본다면 법리적으로 타당한 해석이다. 기숙사에서 공동

519) 김성돈, 280면; 박상기/전지연, 576면; 정성근/박광민, 249면.

520) 김성천/김형준, 345면; 김일수/서보학, 239면; 임웅/이현정/박성민, 301면.

521) 대법원 1984.6.26. 선고 83도685 판결.

522) 대법원 2021.9.9. 선고 2020도12630 전원합의체 판결.

주거자 중 1인인 룸메이트가 일시 부재중에 다른 룸메이트의 동의를 받고 출입하였다면 '사실상의 평온'이 침해되었다고 보기 어렵다.

판례 다른 배우자 부재중 혼외 성관계 목적으로 주거에 들어간 경우

【판결요지】 [1] [다수의견] 외부인이 공동거주자의 일부가 부재중에 주거 내에 현재하는 거주자의 현실적인 승낙을 받아 통상적인 출입방법에 따라 공동주거에 들어간 경우라면 그것이 부재중인 다른 거주자의 추정적 의사에 반하는 경우에도 주거침입죄가 성립하지 않는다고 보아야 한다. 구체적인 이유는 다음과 같다.

(가) 주거침입죄의 보호법익은 사적 생활관계에 있어서 사실상 누리고 있는 주거의 평온, 즉 '사실상 주거의 평온'으로서, 주거를 점유할 법적 권한이 없더라도 사실상의 권한이 있는 거주자가 주거에서 누리는 사실적 지배·관리관계가 평온하게 유지되는 상태를 말한다. 외부인이 무단으로 주거에 출입하게 되면 이러한 사실상 주거의 평온이 깨어지는 것이다. 이러한 보호법익은 주거를 점유하는 사실상태를 바탕으로 발생하는 것으로서 사실적 성질을 가진다. 한편 공동주거의 경우에는 여러 사람이 하나의 생활공간에서 거주하는 성질에 비추어 공동거주자 각자는 다른 거주자와의 관계로 인하여 주거에서 누리는 사실상 주거의 평온이라는 법익이 일정 부분 제약될 수밖에 없고, 공동거주자는 공동주거관계를 형성하면서 이러한 사정을 서로 용인하였다고 보아야 한다. 부재중인 일부 공동거주자에 대하여 주거침입죄가 성립하는지를 판단할 때에도 이러한 주거침입죄의 보호법익의 내용과 성질, 공동주거관계의 특성을 고려하여야 한다. 공동거주자 개개인은 각자 사실상 주거의 평온을 누릴 수 있으므로 어느 거주자가 부재중이라고 하더라도 사실상의 평온상태를 해치는 행위태양으로 들어가거나 그 거주자가 독자적으로 사용하는 공간에 들어간 경우에는 그 거주자의 사실상 주거의 평온을 침해하는 결과를 가져올 수 있다. 그러나 공동거주자 중 주거 내에 현재하는 거주자의 현실적인 승낙을 받아 통상적인 출입방법에 따라 들어갔다면, 설령 그것이 부재중인 다른 거주자의 의사에 반하는 것으로 추정된다고 하더라도 주거침입죄의 보호법익인 사실상 주거의 평온을 깨트렸다고 볼 수는 없다. 만일 외부인의 출입에 대하여 공동거주자 중 주거 내에 현재하는 거주자의 승낙을 받아 통상적인 출입방법에 따라 들어갔음에도 불구하고 그것이 부재중인 다른 거주자의 의사에 반하는 것으로 추정된다는 사정만으로 주거침입죄의 성립을 인정하게 되면, 주거침입죄를 의사의 자유를 침해하는 범죄의 일종으로 보는 것이 되어 주거침입죄가 보호하고자 하는 법익의 범위를 넘어서게 되고, '평온의 침해' 내용이 주관화·관념화되며, 출입 당시 현실적으로 존재하지 않는, 부재중인 거주자의 추정적 의사에 따라 주거침입죄의 성립 여부가 좌우되어 범죄 성립 여부가 명확하지 않고 가벌성의 범위가 지나치게 넓어지게 되어 부당한 결과를 가져오게 된다.

(나) 주거침입죄의 구성요건적 행위인 침입은 주거침입죄의 보호법익과의 관계에서 해석하여야 한다. 따라서 침입이란 '거주자가 주거에서 누리는 사실상의 평온상태를 해치는 행위태양으로 주거에 들어가는 것'을 의미하고, 침입에 해당하는지 여부는 출입 당시 객관적·외형적으로 드러난 행위태양을 기준으로 판단함이 원칙이다. 사실상의 평온상태를 해치는 행위태양으로 주거에 들어가는 것이라면 대체로 거주자의 의사에 반하는 것이겠지만, 단순히 주거에 들어가는 행위 자체가 거주자의 의사에 반한다는 거주자의 주관적 사정만으로 바로 침입에 해당한다고 볼 수는 없다.

외부인이 공동거주자 중 주거 내에 현재하는 거주자로부터 현실적인 승낙을 받아 통상적인 출입방법에 따라 주거에 들어간 경우라면, 특별한 사정이 없는 한 사실상의 평온상태를 해치는 행위태양으로 주거에 들어간 것이라고 볼 수 없으므로 주거침입죄에서 규정하고 있는 침입행위에 해당하지 않는다(대법원 2021.9.9. 선고 2020도12630 전원합의체 판결).

【해설】 공동주거자 중 1인이 부재한 중에 행위자가 다른 공동주거자인 그 배우자 또는 사실혼 상대방의 동의를 받아 혼외 성관계 목적으로 주거에 들어간 경우 주거침입죄가 성립하는지에 관해 대법원이 주거침입죄 보호법익의 본질적 요소인 '사실상 주거의 평온'을 중심으로 판단하였다. 공동주거자 중 주거 내에 현재하는 거주자로부터 동의를 받고 통상적인 출입방법으로 들어갔다면 주거침입죄가 성립하지 않는다.

다. 외부로부터의 침입과 신체 일부만 들어간 경우

침입 방법에는 제한이 없지만, 침입은 외부로부터의 침입이어야 한다. 따라서 이미 주거 안에 있는 자에 대해서는 이 죄는 성립할 수 없다.

신체 일부만 들어가도 침입이 되는가에 대하여 견해의 대립이 있다. 다수설은 신체 전부가 들어가야 침입에 해당하며 일부가 들어간 경우에는 미수가 된다고 한다. 하지만, 판례는 신체 전부가 들어간 경우뿐만 아니라 신체 일부가 들어간 경우에도 사실상의 평온을 해하였다면 침입에 해당한다고 본다.[523)]

생각건대, 주거침입죄의 보호법익을 사실상의 평온이라고 본다면 보호법익이 현실적으로 침해되었을 때 본죄의 기수가 된다고 보는 것이 타당하다. 따라서 신체 일부가 들어간 경우에도 사실상의 평온을 침해하였다면 침입으로 보는 것이 타당하다.

라. 사실상 거주

주거권은 적법한 점유의 개시로써 획득하지만, 그 이후에 주거권은 사실상 거주하고 있으면 주거권은 계속 유지된다. 법률상 점유할 권리 여부는 문제되지 않는다. 주거침입죄는 '사실상 주거의 평온'을 보호법익으로 하는 것이기 때문이다. 따라서 임대차 기간이

523) 대법원 1995.9.15. 선고 94도2561 판결.

종료한 이후에 임차인이 계속 점유하고 있는 건물에 소유자가 무단으로 출입하면 주거침입죄가 성립한다. 점유할 권리 없는 자의 점유라고 하더라도 그 주거의 평온은 보호되어야 할 것이므로, 권리자가 그 권리실행으로서 자력구제의 수단으로 건조물에 침입한 경우에도 주거침입죄가 성립한다.[524] 일단 적법하게 거주를 개시한 후에 그 권한을 상실하여 사법상 불법점유가 되더라도 권리자가 정당한 절차에 의하지 아니하고 그 주거에 침입하면 주거침입죄가 성립한다.[525]

하지만 다른 사람의 주택에 무단 침입한 범죄사실로 이미 유죄판결을 받은 사람이 그 판결이 확정된 후에도 퇴거하지 않은 채 계속하여 당해 주택에 거주한 경우 판결 확정 이후의 행위는 별도의 주거침입죄를 구성한다.[526]

마. 부작위에 의한 침입

진정 부작위범인 퇴거불응죄는 별도의 규정이 있으므로 여기서는 부진정 부작위범만이 문제된다. 주거에 대한 보증인의무를 지고 있는 자가 제3자의 침입을 방지하지 않거나, 주거권자의 의사에 반하여 침입한 것을 사후에 알면서 그대로 있는 경우에 성립한다. 부작위에 의한 침입은 주거권자의 퇴거요구를 받을 것을 요건으로 하지 않는 점에서 퇴거불응죄와 구별된다.

판례 주거침입죄 관련 주요 판례

① 피고인이 피해자가 사용중인 공중화장실의 용변칸에 노크하여 남편으로 오인한 피해자가 용변칸 문을 열자 강간할 의도로 용변칸에 들어간 것이라면 피해자가 명시적 또는 묵시적으로 이를 승낙하였다고 볼 수 없어 주거침입죄에 해당한다고 한 사례(대법원 2003.5.30. 선고 2003도1256 판결).

② 평소 회사의 업무처리를 위해 사무실을 사용하였다고 하더라도 회사를 퇴사하였다면 더 이상의 출입 권한은 없으므로 피해회사의 의사에 반하여 비정상적인 방법으로 사무실에 들어간 행위는 주거침입죄가 성립한다(대법원 2007.8.23. 선고 2007도2595 판결).

③ 아파트 입주자대표회의가 입주자가 아닌 세차영업을 하는 외부인의 단지 안 주차장에 대한 출입을 금지하는 결정을 하고 그 사실을 외부인에게 통보하였음에도 외부인이 입주자대표회의의 결정에 반하여 그 주차장에 들어갔다면, 출입 당시 관리자로부터 구체적인 제지를 받지 않았다고 하더라도 그 주차장의 관리권자인 입주자대표회

524) 대법원 1985.3.26. 선고 85도122 판결.
525) 대법원 1983.3.8. 선고 82도1363 판결.
526) 대법원 2008.5.8. 선고 2007도11322 판결.

의의 의사에 반하여 들어간 것이므로 건조물침입죄가 성립한다(대법원 2021.1.14. 선고 2017도21323 판결).

④ 배우자 있는 사람과의 혼외 성관계 목적으로 다른 배우자가 부재중인 주거에 출입하여 주거침입죄로 기소된 사건에서, 외부인이 공동주거자 중 주거 내에 현재하는 거주자의 현실적인 승낙을 받아 통상적인 출입방법에 따라 공동주거에 들어간 경우라면 그것이 부재중인 다른 거주자의 추정적 의사에 반하더라도 주거침입죄가 성립하지 않는다(대법원 2021.9.9. 선고 2020도12630 전원합의체 판결).

⑤ 행위자가 범죄 등을 목적으로 음식점에 출입하였거나 영업주가 행위자의 실제 출입 목적을 알았더라면 출입을 승낙하지 않았을 것이라는 사정이 인정되더라도 그러한 사정만으로는 출입 당시 객관적·외형적으로 드러난 행위태양에 비추어 사실상의 평온상태를 해치는 방법으로 음식점에 들어갔다고 평가할 수 없으므로 침입행위에 해당하지 않는다(대법원 2022.3.24. 선고 2017도18272 전원합의체 판결).

⑥ 관리자에 의해 출입이 통제되는 건조물에 관리자의 승낙을 받아 건조물에 통상적인 출입방법으로 들어갔다면, 이러한 승낙의 의사표시에 기망이나 착오 등의 하자가 있더라도 특별한 사정이 없는 한 형법 제319조 제1항에서 정한 건조물침입죄가 성립하지 않는다. 이러한 경우 관리자의 현실적인 승낙이 있었으므로 가정적·추정적 의사는 고려할 필요가 없다. 단순히 승낙의 동기에 착오가 있다고 해서 승낙의 유효성에 영향을 미치지 않으므로, 관리자가 행위자의 실제 출입 목적을 알았더라면 출입을 승낙하지 않았을 사정이 있더라도 건조물침입죄가 성립한다고 볼 수 없다. 나아가 관리자의 현실적인 승낙을 받아 통상적인 출입방법에 따라 건조물에 들어간 경우에는 출입 당시 객관적·외형적으로 드러난 행위태양에 비추어 사실상의 평온상태를 해치는 모습으로 건조물에 들어간 것이라고 평가할 수도 없다(대법원 2022.3.31. 선고 2018도15213 판결).

⑦ 피고인이 피해자의 안방에 CCTV 카메라와 동영상 저장장치를 부착한 TV인 사실을 숨기고 피해자에게 TV를 설치해주겠다면서 안방까지 들어간 경우 주거침입죄의 성립을 부정한 사례(대법원 2022.4.28. 선고 2022도1717 판결).

4. 실행의 착수 시기와 기수 시기

가. 실행의 착수 시기

본죄의 실행의 착수 시기는 구성요건의 일부를 실현하는 행위까지 요구하는 것은 아니고 범죄구성요건의 실현에 이르는 현실적 위험성을 포함하는 행위를 개시하는 것으로만으로도 충분하다. 따라서 주거침입의 의사로 주거의 문을 열거나 문의 시정장치를 여는 등의 행위를 했을 때 비록 신체의 일부가 집안에 들어가지 않았더라고 실행의 착수가 인정된다. 출입문이 열려 있으면 안으로 들어가겠다는 의사 아래 출입문을 당겨보는 행위는

실행의 착수가 인정된다.[527)]

하지만 침입 대상인 아파트에 사람이 있는지를 확인하기 위해 그 집의 초인종을 누른 행위만으로는 침입의 현실적 위험성을 포함하는 행위를 시작하였다거나, 주거의 사실상의 평온을 침해할 객관적인 위험성을 포함하는 행위를 한 것으로 볼 수 없다.[528)]

판례 야간주거침입죄의 실행의 착수 시기

【사실관계】 갑은 출입문이 열려 있는 집에 들어가 재물을 절취하기로 마음먹고 피해자들이 주거하는 다세대주택에 들어가 그 건물 101호의 출입문을 손으로 당겨보았는데 문이 잠겨있자, 그 옆의 102호, 2층의 201호, 202호, 3층의 301호, 302호, 옆 건물의 주택 1층에 이르러 똑같이 출입문을 당겨보았는데 모두 잠겨있어 범행에 실패하였고, 그 후 위 주택 2층의 문이 열려 있어 갑이 침입하여 절취하였다.

【판결이유】 주거침입죄의 실행의 착수는 주거자, 관리자, 점유자 등의 의사에 반하여 주거나 관리하는 건조물등에 들어가는 행위, 즉 구성요건의 일부를 실현하는 행위까지 요구하는 것은 아니고 범죄구성요건의 실현에 이르는 현실적 위험성을 포함하는 행위를 개시하는 것으로 족하다고 할 것이므로, 원심판시와 같이 출입문이 열려 있으면 안으로 들어가겠다는 의사 아래 출입문을 당겨보는 행위는 바로 주거의 사실상의 평온을 침해할 객관적인 위험성을 포함하는 행위를 한 것으로 볼 수 있어 그것으로 주거침입의 실행에 착수가 있었고, 단지 그 출입문이 잠겨있었다는 외부적 장애요소로 인하여 뜻을 이루지 못한데 불과하다 할 것이다(대법원 2006.9.14. 선고 2006도2824 판결).

【해설】 원심은 피고인이 잠긴 출입문을 부수거나 도구를 이용하여 강제로 열려는 의사가 전혀 없이, 즉 출입문이 잠겨있다면 침입할 의사가 전혀 없이 손으로 출입문을 당겨보아 출입문이 잠겨있는지 여부를 확인한 것이라면 이는 범행의 대상을 물색한 것에 불과하여 피고인의 이 부분행위는 야간주거침입절도죄의 예비단계에 불과하고 그 실행의 착수에 나아간 것이 아니라고 판단하였으나 대법원은 이 부분에 대하여 주거침입부분에 대하여 실행의 착수를 인정하였다.

나. 기수 시기

본죄의 기수 시기에 대하여 학설은 신체의 전부가 주거에 들어간 때 기수가 된다고 한다. 다만 주거침입죄는 계속범이므로 주거에 평온에 대한 침해는 어느 정도 시간적으로 계속되어야 한다. 이에 대해서 판례는 신체의 전부 또는 일부가 들어갔는가에 따라 결정될 것이 아니라 사실상의 평온침해 여부에 따라서 기수 시기를 결정해야 한다고 한다. 따

527) 대법원 2006.9.14. 선고 2006도2824 판결.

528) 대법원 2008.4.10. 선고 2008도1464 판결.

라서 신체의 일부가 들어갔더라도 사실상의 평온을 해하였다면 주거침입의 기수를 인정한다. 갑이 피해자의 집에서 그를 강간할 의도를 가지고 피해자의 방안을 들여다본다는 인식으로 그 집 담벽에 발을 딛고 창문을 열고 안으로 얼굴을 들이미는 행위를 하여 거주자의 사실상 주거의 평온을 해하였다면 주거침입죄는 기수에 이르렀다.[529]

5. 고의

본죄는 고의범이므로 주거권자의 의사에 반하여 주거 등에 들어간다는 고의가 있어야 한다. 거주자의 의사에 반함을 알지 못한 경우 구성요건적 착오로 고의가 조각되며, 거주자가 출입을 승낙하였음에도 불구하고 거주자의 의사에 반한다고 오인한 경우에는 불능범 또는 불능미수의 문제가 된다. 주거에 들어갈 정당한 권한이 있다고 오인한 경우에는 금지착오에 해당한다.

6. 위법성

피해자의 승낙은 주거침입죄의 가장 대표적인 위법성조각사유에 해당한다. 그러나 피해자의 동의가 있는 경우에는 이미 침입이라고 할 수 없으므로 피해자의 동의는 구성요건을 조각하는 양해라고 보는 것이 타당하다.

맹견이나 강도를 피하기 위해 타인의 주거에 들어가는 경우, 낙뢰를 피하기 위하여 타인의 주거에 들어간 경우 긴급피난으로 위법성이 조각된다. 외출중인 이웃집의 화재를 진압하기 위하여 집에 들어간 경우 또는 의식불명의 환자를 구하기 위하여 집에 들어간 경우 추정적 승낙 또는 긴급피난에 의하여 위법성이 조각된다.

형사소송법의 구속·압수·수색·검증을 위한 경우, 민사소송법의 강제집행을 위한 경우, 노동법의 쟁의행위를 위한 경우는 권리남용이 아니라면 정당행위로서 주거침입죄의 위법성이 조각된다.

해고된 근로자더라도 해고의 효력을 다투는 경우에는 근로자 또는 조합원의 지위는 인정되므로 회사 내 노조 사무실에 출입할 수 있지만,[530] 조합의 대의원이 아님에도 불구하고 조합 대의원회의에 참석하기 위해 회사에 들어가는 것은 건조물침입죄에 해당한다.[531]

현행범 체포의 경우 수사기관이 현행범을 체포하기 위하여 타인의 주거에 들어간 경우

---

529) 대법원 1995.9.15. 선고 94도2561 판결.

530) 대법원 1991.11.8. 선고 91도326 판결.

531) 대법원 1991.9.10. 선고 91도1666 판결.

법령에 의한 행위로서 위법성이 조각되지만, 사인이 현행범 체포 또는 은닉장물의 발견을 위해 타인의 주거에 들어간 경우에는 구체적 사실관계에 따라 다르게 판단해야 한다. 주거침입행위가 현행범을 체포하는 과정에서 체포에 수반되는 행위라고 평가할 수 있다면 주거침입죄는 성립하지 않는다고 보는 것이 타당하다.

술에 취하여 시비 중에 상대방의 주거에 들어가 때린 이유를 따진 경우[532]에는 사회상규에 반하지 않는 행위로 위법성이 조각된다. 그러나 동리 부녀자에 대한 욕설을 따지기 위하여 동리 부녀자 10여명과 함께 야간에 그의 집에 몰려 들어간 경우,[533] 건물소유권을 둘러싼 분쟁상태가 종결되지 않은 상태에서 소유자라고 주장하는 피고인이 피해자가 점유·관리하고 있는 문제의 건물에 들어간 경우,[534] 아내의 간통 현장을 급습하여 그 사진을 촬영할 의도하에 아내의 상간자의 주택에 침입한 경우[535]에는 사회상규에 반한다고 보았다.

7. 죄수 및 다른 죄와의 관계

가. 죄수

주거침입죄는 다른 범죄를 저지르기 위한 수단으로 행해지는 경우가 많다. 우리 형법은 견련범이라는 형태의 과형상 일죄를 인정하지 않고,[536] 주거침입죄를 독자적인 독립범죄로 본다. 따라서 수단이 되는 주거침입죄와 목적이 되는 주된 범죄는 원칙적으로 실체적 경합관계이다. 주거침입을 한 후 다른 범죄인 살인죄 또는 강간죄 등을 범한 경우 원칙적으로 주거침입죄와 살인죄·강간죄의 실체적 경합이 된다. 예외적으로 형법 제330조 야간주거침입절도죄 또는 제334조 제1항 야간주거침입강도죄 등과 같이 주거침입죄를 목적 범죄와 결합시켜 하나의 독립한 범죄로 규정하는 경우도 있다.

나. 주거침입죄와 절도죄의 관계

일반적으로 주거침입은 절도죄의 구성요건이 아니므로 절도범인이 범행수단으로 주거침입을 한 경우 주거침입행위는 절도죄에 흡수되지 아니하고 별개로 주거침입죄가 성립

532) 대법원 1967.9.26. 선고 67도1089 판결.

533) 대법원 1983.10.11. 선고 83도2230 판결.

534) 대법원 1989.9.12. 선고 89도889 판결.

535) 대법원 2003.9.26. 선고 2003도3000 판결.

536) 일본의 경우 본래의 주된 범죄와 그 수단이 되는 범죄를 '견련범'이라고 하고, 목적범죄의 수단이 되는 주거침입죄는 목적범죄와 견련범 관계에 있다고 하여 과형상 일죄라고 본다.

한다. 따라서 주거침입죄와 절도죄의 실체적 경합관계로 보는 것이 원칙이다.[537)]

하지만 야간에 주거에 침입하여 절도를 한 경우 주거침입죄는 야간주거침입절도죄에 흡수되어 제330조의 야간주거침입절도죄만 성립한다. 제331조 제1항의 야간손괴침입절도의 경우에도 마찬가지로 별도로 주거침입죄는 성립하지 않는다.

다. 주거침입죄와 상습절도죄의 관계

형법 제332조 상습절도는 상습으로 단순절도, 야간주거침입절도, 특수절도, 자동차등 불법사용의 죄를 범한 경우 그 죄에 정한 각 형의 2분의 1을 가중하고 있다. 상습절도 가중처벌 규정은 주거침입을 구성요건으로 하지 않는 '상습단순절도'와 주거침입을 구성요건으로 하고 있는 '상습야간주거침입절도' 또는 '상습특수절도'(야간손괴침입절도)가 있다.

상습단순절도의 경우 상습으로 단순절도를 범한 범인이 주간에 주거침입을 한 경우 주거침입행위에 대한 평가는 포함되어 있지 않다. 그러므로 형법 제332조에 규정된 상습절도죄를 범한 범인이 그 범행의 수단으로 주간에 주거침입을 한 경우 그 주간 주거침입행위는 상습절도죄와 별개로 주거침입죄를 구성한다.[538)] 하지만 상습야간주거침입절도의 경우에는 이미 주거침입행위가 구성요건에 들어가 있으므로 별개로 주거침입죄가 성립하지 않는다.

판례 주거침입과 상습단순절도

【판결요지】 형법 제330조에 규정된 야간주거침입절도죄 및 형법 제331조 제1항에 규정된 특수절도(야간손괴침입절도)죄를 제외하고 일반적으로 주거침입은 절도죄의 구성요건이 아니므로 절도범인이 범행수단으로 주거침입을 한 경우에 주거침입행위는 절도죄에 흡수되지 아니하고 별개로 주거침입죄를 구성하여 절도죄와는 실체적 경합의 관계에 서는 것이 원칙이다. 또 형법 제332조는 상습으로 단순절도(형법 제329조), 야간주거침입절도(형법 제330조)와 특수절도(형법 제331조) 및 자동차 등 불법사용(형법 제331조의2)의 죄를 범한 자는 그 죄에 정한 각 형의 2분의 1을 가중하여 처벌하도록 규정하고 있으므로, 위 규정은 주거침입을 구성요건으로 하지 않는 상습단순절도와 주거침입을 구성요건으로 하고 있는 상습야간주거침입절도 또는 상습특수절도(야간손괴침입절도)에 대한 취급을 달리하여, 주거침입을 구성요건으로 하고 있는 상습야간주거침입절도 또는 상습특수절도(야간손괴침입절도)를 더 무거운 법정형을 기준으로 가중처벌하고 있다. 따라서 상습으로 단순절도를 범한 범인이 상습적인 절도범행의 수단으로 주간(낮)에 주거

537) 대법원 1984.12.26. 선고 84도1573 전원합의체 판결.

538) 대법원 2015.10.15. 선고 2015도8169 판결.

침입을 한 경우에 주간 주거침입행위의 위법성에 대한 평가가 형법 제332조, 제329조의 구성요건적 평가에 포함되어 있다고 볼 수 없다. 그러므로 형법 제332조에 규정된 상습절도죄를 범한 범인이 범행의 수단으로 주간에 주거침입을 한 경우 주간 주거침입행위는 상습절도죄와 별개로 주거침입죄를 구성한다. 또 형법 제332조에 규정된 상습절도죄를 범한 범인이 그 범행 외에 상습적인 절도의 목적으로 주간에 주거침입을 하였다가 절도에 이르지 아니하고 주거침입에 그친 경우에도 주간 주거침입행위는 상습절도죄와 별개로 주거침입죄를 구성한다(대법원 2015.10.15. 선고 2015도8169 판결).

라. 주거침입죄와 야간주거침입강도죄의 관계

형법 제334조 제1항의 야간주거침입강도의 경우에도 별도로 주거침입죄는 성립하지 않는다. 이미 주거침입행위가 구성요건에 들어가 있기 때문이다. 형법 제334조 제1항의 야간주거침입강도에 의한 강도상해의 경우에도 별도로 주거침입죄는 성립하지 않는다는 것이 판례의 입장이다.

판례 특수강도에 의한 강도상해의 경우 주거침입죄 성립 여부

【사실관계】 갑이 야간에 피해자의 주거에 침입하여 재물을 물색하던 중 피해자가 잠에서 깨어나자 피해자를 폭행하여 간음하고 재물을 강취할 것을 마음먹고, 주먹으로 피해자의 얼굴 부위를 수회 때려 피해자의 반항을 억압한 후 피해자의 바지와 팬티를 벗겨 피해자를 간음하려 하였으나 피해자의 집 밖에서 차량 소리가 들리는 바람에 피해자를 간음하지 못하고, 현금 8,730원을 가지고 나왔다

【판결요지】 형법 제334조 제1항은 "야간에 사람의 주거, 관리하는 건조물, 선박이나 항공기 또는 점유하는 방실에 침입하여 제333조(강도)의 죄를 범한 자는 무기 또는 5년 이상의 징역에 처한다."고 규정하고 있고, 형법 제337조는 "강도가 사람을 상해하거나 상해에 이르게 한 때에는 무기 또는 7년 이상의 징역에 처한다."고 규정하고 있는데, 강도상해죄에 있어서의 강도는 형법 제334조 제1항 특수강도도 포함된다고 보아야 한다. 그런데 형법 제334조 제1항 특수강도죄는 '주거침입'이라는 요건을 포함하고 있으므로 형법 제334조 제1항 특수강도죄가 성립할 경우 '주거침입죄'는 별도로 처벌할 수 없고, 형법 제334조 제1항 특수강도에 의한 강도상해가 성립할 경우에도 별도로 '주거침입죄'를 처벌할 수 없다고 보아야 할 것이다(대법원 2012.12.27. 선고 2012도12777 판결).

【해설】 원심은 이 사건에 대하여 강도상해, 강도강간미수에 해당하는 이외에 별도로 주거침입죄가 성립한다고 판시하였으나, 대법원은 강도상해죄에서 강도에 특수강도가 포함되는데, 이 특수강도죄는 주거침입이라는 요건을 포함하고 있기 때문에 형법 제334조 제1항 특수강도에 의한 강도상해가 성립할 경우에도 별도로 주거침입죄를 처벌할 수 없다고 하였다.

Ⅲ. 퇴거불응죄

제319조 (주거침입, 퇴거불응) ② 전항의 장소에서 퇴거요구를 받고 응하지 아니한 자도 전항의 형과 같다.
제322조 (미수범) 본장의 미수범은 처벌한다.

1. 의의

퇴거불응죄는 주거 등에 적법하게 들어가거나 또는 과실로 들어간 자가 주거자·관리자·점유자 등의 퇴거 요구를 받고도 이에 응하지 아니한 경우에 성립하는 범죄이다. 진정부작위범이며 거동범이다.

2. 주체: 사람의 주거 등에 적법하게 또는 과실로 들어간 자

본죄의 주체는 사람의 주거 등에 적법하게 또는 과실로 들어간 자이다. 처음부터 위법하게 들어간 자는 주거침입죄에 해당한다.

판례에 따르면 근로자들의 직장점거가 개시 당시 적법한 것이었다 하더라도 사용자가 이에 대응하여 적법하게 직장폐쇄를 하게 되면, 사용자의 사업장에 대한 물권적 지배권이 전면적으로 회복되는 결과 사용자는 점거중인 근로자들에 대하여 정당하게 사업장으로부터의 퇴거를 요구할 수 있고 퇴거를 요구받은 이후의 직장점거는 위법하게 되므로, 적법히 직장폐쇄를 단행한 사용자로부터 퇴거요구를 받고도 불응한 채 직장점거를 계속한 행위는 퇴거불응죄를 구성한다.[539]

3. 행위: 퇴거요구를 받고 불응하는 것

퇴거요구권자는 주거권자, 점유자, 관리자 또는 이들의 위탁을 받은 자이다. 판례에 따르면 주거 등에 관하여 거주·관리·점유할 법률상 정당한 권한을 가지고 있어야만 거주자나 관리자·점유자가 될 수 있는 것은 아니다. 사실상 주거의 평온을 보호법익으로 하는

539) 대법원 1991.8.13. 선고 91도1324 판결.

것을 그 근거로 제시한다.[540] 교회 건물의 관리주체라고 할 수 있는 교회당회에서 출입금지의결을 하고 교회의 관리인이 퇴거요구하였지만 이에 응하지 않은 경우 퇴거불응죄가 성립한다.[541]

숙박업자가 고객에게 객실을 제공하여 일시적으로 이를 사용할 수 있도록 하고 고객으로부터 사용에 따른 대가를 지급받는 숙박 계약이 종료됨에 따라 고객이 숙박업소의 관리자 등으로부터 퇴거 요구를 받은 경우에도 본죄가 성립할 수 있다.[542] 다만 숙박 계약에 있어서 퇴거 불응은 채무불이행으로 볼 수 있기 때문에 고객의 개별 객실에 대한 점유가 숙박업자의 전체 숙박업소에 대한 사실상 주거의 평온을 침해하는 것으로 평가할 수 있는 특별한 사정이 있는 경우에 퇴거불응죄가 성립할 수 있는 것으로 제한적으로 해석할 필요가 있다.

퇴거 요구는 그 의사가 분명히 전달될 수 있도록 명시적일 뿐만 아니라 묵시적으로도 가능하다. 퇴거 요구는 1회로써 충분하며, 반복할 필요가 없다.

퇴거불응죄의 퇴거는 행위자의 '신체'가 주거에서 나감을 의미한다. 따라서 행위자가 퇴거하면서 건물에 가재도구 등을 남겨두었다고 하더라도 퇴거불응죄는 성립하지 않는다.[543]

4. 기수 시기

퇴거 요구를 받고 즉시 응하지 않을 때 기수가 된다. 다만 퇴거가 사실상 가능하여야 한다. 따라서 달리는 자동차 안에 있는 사람 또는 옷을 벗고 있는 사람에게 나가라고 하였다고 하여 본죄가 성립하는 것은 아니다. 본죄는 진정 부작위범이므로 퇴거가 가능함에도 불구하고 퇴거 요구에 응하지 아니할 때에 성립한다.

5. 미수범 인정 여부

진정 부작위범의 성질상 미수를 생각하기 어렵다. 그럼에도 불구하고 본죄의 미수범 처벌 규정이 있는 것은 잘못된 입법이다.

540) 대법원 2008.1.17. 선고 2006도1890 판결; 대법원 2023.12.14. 선고 2023도9350 판결.
541) 대법원 1992.4.28. 선고 91도2309 판결.
542) 대법원 2023.12.14. 선고 2023도9350 판결.
543) 대법원 2007.11.15. 선고 2007도6990 판결.

Ⅳ. 특수주거침입죄

제320조 (특수주거침입) 단체 또는 다중의 위력을 보이거나 위험한 물건을 휴대하여 전조의 죄를 범한 때에는 5년 이하의 징역에 처한다.
제322조 (미수범) 본장의 미수범은 처벌한다.

특수주거침입죄는 단체 또는 다중의 위력을 보이거나 위험한 물건을 휴대하여 주거침입죄 또는 퇴거불응죄를 범함으로써 성립하는 범죄이다. 단체 또는 다중의 위력과 위험한 물건을 휴대한다는 의미는 특수상해죄의 그것과 동일하다.

위험한 물건을 처음부터 가지고 있든지 침입 후 나중에 휴대해도 상관이 없다. 수인이 흉기를 휴대하여 타인의 건조물에 침입하기로 공모한 후 그중 일부는 밖에서 망을 보고 나머지 일부만이 건조물 안으로 들어갔을 경우에 있어서 특수주거침입죄의 구성요건이 충족되었다고 볼 수 있는지의 여부는 직접 건조물에 들어간 범인을 기준으로 하여 그 범인이 흉기를 휴대하였다고 볼 수 있느냐의 여부에 따라 결정한다.[544)]

Ⅴ. 주거·신체수색죄

제321조 (주거·신체수색) 사람의 신체, 주거, 관리하는 건조물, 자동차, 선박이나 항공기 또는 점유하는 방실을 수색한 자는 3년 이하의 징역에 처한다.
제322조 (미수범) 본장의 미수범은 처벌한다.

주거·신체수색죄는 사람의 신체, 주거, 관리하는 건조물, 자동차, 선박이나 항공기 또는 점유하는 방실을 수색한 경우에 성립하는 범죄이다.

본죄의 구성요건적 행위는 수색행위이다. 수색은 사람 또는 물건을 발견하기 위하여 사람의 신체 또는 일정한 장소를 조사하는 것을 말한다.

주거에 침입하여 수색한 때에는 본죄와 주거침입죄의 경합범이 된다. 절도나 강도의 목적으로 주거에 침입하여 실내의 금품을 물색한 경우에 해당하는 수색행위는 절도죄나 강도죄의 불가벌적 수반행위로서 절도·강도죄에 흡수된다.

---

544) 대법원 1994.10.11. 선고 94도1991 판결.

CHAPTER 05

재산에 대한 죄

제1절 재산죄 총설

Ⅰ. 재산죄의 의의

재산죄는 개인의 재산적 법익을 침해함으로써 성립하는 범죄이다. 국민의 재산권은 자본주의적 경제질서의 기초인 동시에 인간다운 생활을 하기 위한 필수조건이다. 헌법은 재산권을 기본권으로 보장하고 있고, 형법은 헌법 이념에 따라 타인의 재산을 침해하는 행위를 범죄로 규정하고 있다.

재산에 대한 형법적 보호는 일반형법뿐만 아니라 특별법에 의해서도 이루어진다. 대표적인 법률로는 특정범죄 가중처벌 등에 관한 법률, 특정경제범죄 가중처벌 등에 관한 법률, 여신전문금융업법, 전기통신금융사기 피해 방지 및 피해금 환급에 관한 특별법, 보험사기방지 특별법, 부동산 실권리자명의 등기에 관한 법률 등 많은 법률이 있다.

재산죄에는 절도와 강도의 죄(제38장), 사기와 공갈의 죄(제39장), 횡령과 배임의 죄(제40장), 장물에 관한 죄(제41장), 손괴의 죄(제42장), 권리행사방해죄(제37장)가 있다. 절도와 강도의 죄는 타인의 재물이나 재산상 이익을 그의 의사에 반하여 탈취함으로써 성립하는 범죄이며, 사기와 공갈의 죄는 상대방의 하자 있는 의사에 의하여 재물의 교부를 받거나 재산상 이익을 편취함으로써 성립하는 범죄이다. 횡령과 배임의 죄는 신뢰관계를 위반하여 재물을 영득하거나 재산상 이익을 취득함으로써 성립하는 범죄이며, 장물에 관한 죄는 장물을 취득·양도·운반·보관하거나 알선함으로써 성립하는 범죄이다. 손괴의 죄는 재물 자체를 훼멸하거나 효용가치를 해함으로써 성립하는 범죄이며, 권리행사방해죄는 소유권 이외의 재산권인 제한물권이나 채권을 보호하기 위한 범죄로서 일반적인 재산범죄와는 차이가 있지만, 광의의 재산죄에 속한다.

Ⅱ. 재산죄의 분류

재산죄는 여러 가지 기준에 의해서 분류할 수 있으나, 일반적으로 행위객체, 영득의사의 유무, 소유자의 개입성, 보호법익에 따라 다음과 같이 분류한다.

【정리】 재산죄의 분류 1

분류기준	분류특징		형법규정
객체	재물죄	재물만을 객체로 하는 범죄	절도죄, 횡령죄, 장물죄, 손괴죄
	이득죄	재산상 이익만을 객체로 하는 범죄	배임죄
	재물 및 이득죄	양자 모두를 객체로 하는 범죄	강도죄, 사기죄, 공갈죄
영득의사	영득죄	불법영득의사를 필요로 하는 범죄	절도죄, 강도죄, 사기죄, 공갈죄, 횡령죄
	훼기죄(비영득죄)	불법영득의사를 필요로 하지 않는 범죄	손괴죄
소유자의 개입성	탈취죄	피해자의 의사에 반하여 재산을 취득하는 재산죄	절도죄, 강도죄, 횡령죄, 장물죄
	편취죄	피해자의 하자 있는 의사에 의한 처분행위에 의하여 재산을 취득하는 재산죄	사기죄, 공갈죄
보호법익	소유권		절도죄, 횡령죄, 손괴죄, 장물죄
	소유권 이외의 특별한 재산적 가치		자동차 등 불법사용죄, 권리행사방해죄, 점유강취죄, 강제집행면탈죄
	전체로서의 소유권		강도죄, 사기죄, 공갈죄, 배임죄, 부당이득죄

【정리】 재산죄의 분류 2

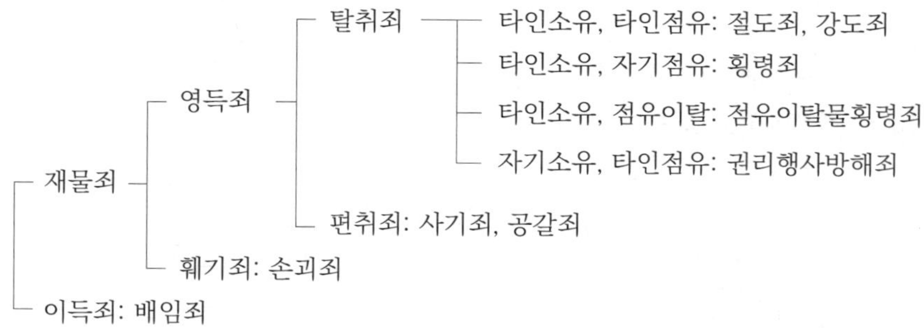

Ⅲ. 재물

형법 제346조 본장의 죄에 있어서 관리할 수 있는 동력은 재물로 간주한다.
민법 제98조 본법에서 물건이라 함은 유체물 및 전기 기타 관리할 수 있는 자연력을 말한다.

1. 서설

형법은 재산범죄의 객체를 재물과 재산상 이익으로 나누어 규정하고 있다. 형법상 재물 개념은 재산범죄 여러 곳에서 사용하고 있다. 재산범죄 중 재물만을 행위객체로 설정하고 있는 재물죄로는 절도죄, 횡령죄, 장물죄, 손괴죄가 있으며, 재물뿐만 아니라 재산상 이익도 행위객체로 설정하고 있는 재물 및 이득죄로는 강도죄, 사기죄, 공갈죄가 있다. 개별 범죄에 있어서 재물의 의미가 조금씩 달라질 수 있다. 구체적 차이점은 개별 구성요건에서 설명하며, 아래에서는 재물의 일반적 개념 요소를 중심으로 설명한다. 먼저 형법상 재물 개념에 대하여 유체성 및 관리가능성, 가치성, 가동성(可動性), 적법성 요건으로 나누어 설명한다.

2. 유체성 및 관리가능성

가. 견해의 대립

재물죄의 객체인 재물은 유체물에 한정되는가 아니면 에너지 등 무체물도 포함하는가에 대하여 유체성설과 관리가능성설이 대립하고 있다.

'유체성설'은 형법상 재물은 일정한 공간을 차지하고 있는 유체물에 한정된다는 견해이다.[545] 이 견해에 따르면 재물의 '物'은 물질, 즉 유체물을 의미한다는 것이 과학 및 일상의 언어 용법이므로 에너지 등은 물질성을 지닐 수 없고, 소유와 관리는 별개의 개념이므로 관리할 수 있는 동력이라고 해서 소유권 범죄의 객체가 된다는 것은 부당하다고 한다. 그럼에도 불구하고 형법이 제346조에서 '관리할 수 있는 동력은 재물로 간주한다'는 규정을 둔 것은 예외적인 특별규정을 둔 것으로 이해한다.

'관리가능성설'은 관리가능한 것이면 유체물뿐만 아니라 무체물도 재물이 된다는 견해이다.[546] 이 견해에 따르면 유체물이 재물이 되는 것은 그것이 유체물이기 때문이 아니라 사람의 관리·지배에 귀속시킬 수 있기 때문이라고 한다. 민법 제98조도 '유체물 및 전기 기타 관리할 수 있는 자연력'을 물건이라고 규정하고 있다는 점을 그 근거로 한다. 과학기술의 진보에 따라 유체물뿐만 아니라 에너지 등 무체물에 대한 침해에 대해서도 재산죄에 의한 형법적 보호가 필요하다. 형법 제346조에서 관리할 수 있는 동력을 재물로 간주하는 규정을 둔 것은 예시적·주의적 규정에 불과하다고 평가한다.

생각건대, 관리가능성설이 타당하다. 형법상 재물에 대한 개념 정의는 없으므로 민법상 물건의 개념 정의를 기초하여 설명할 수밖에 없다. 민법 제98조는 관리가능성을 물건 개념에 중요한 요소로 보고 있다. 유체물이라도 관리가능성이 없다면 이는 사람의 배타적 지배를 인정하기 어렵다는 것을 의미하며, 무체물이라도 관리가능성이 있다면 소유권을 인정할 수 있다는 것을 의미한다, 즉 관리가능성설에 따르면 유체물이라도 어디까지 관리가능할 것인가에 따라 재물의 범위가 달라진다. 무체물일 경우 민법과 형법은 '전기 기타 관리할 수 있는 자연력'과 '관리할 수 있는 동력'을 그 범위로 정하고 있다. 논의의 핵심은 새로운 형태의 물건을 인정할 수 있을지, 법률상 '관리'할 수 있다는 의미가 무엇인지를 밝히는 것이다.

---

545) 김성돈, 294면; 김일수/서보학, 274면; 배종대, 356면; 손동권/김재윤, 274면.

546) 정성근/박광민, 279면; 이재상/장영민/강동범, 252면; 임웅/이현정/박성민, 325면; 오영근/노수환, 252면.

나. 재물의 범위(관리가능성설에 따를 경우)

(1) 유체물

일정한 공간을 차지하고 있는 물체이어야 한다. 따라서 현금·액체·기체와 같은 경우 물질성을 지니고 있기 때문에 재물에 해당한다. 기체의 경우 용기 등에 압축된 상태로 있어 사람이 관리할 수 있는 상태가 된다면 재물에 해당하지만, 공기 중에 흩어져 있다면 관리가능성이 없으므로 재물로 보기 어렵다.

채권 기타의 권리 자체는 형법상 재물이 아니다. 하지만 그러한 권리가 화체된 문서인 어음, 수표, 상품권은 재물에 해당한다. 바닷물, 공기, 해, 달, 별 등과 같이 유체물이라도 관리가능성이 없는 것은 재물이 아니다. 결론적으로 형법상 재물이 되기 위해서는 우선 관리가능한 유체물이어야 한다.

하지만 관리할 수 있는 유체물이라 할지라도 민법상 권리의 객체가 될 수 없는 것은 재물이 아니다. 따라서 살아 있는 사람, 살아 있는 인체의 일부와 같은 신체는 소유권의 객체가 아니라 권리의 주체이므로 재물이 아니다. 인체에 부착되어 있는 치료보조장치의 경우에도 재물이 아니다. 그러나 신체로부터 분리된 모발·혈액·치아·장기·피부는 분리당한 사람의 소유로 형법상 재물이다.

수정되기 전의 정자나 난자는 재물에 해당하지만, 착상 전의 배아(胚芽)는 장래에 인간의 생명체로 발전할 수 있기 때문에 재물이 아니다.[547] 시체는 형법 제12장 신앙에 관한 죄의 객체로서 형법 제161조 시체영득죄의 적용을 받기 때문에 재산죄의 객체인 재물은 될 수 없다. 그러나 시체가 해부용으로 기증이 되어 학술 연구의 대상이 된 경우 또는 박물관에 전시된 미이라는 재산죄의 객체인 재물이 될 수 있다.

심화내용 시체의 물건성

시체가 물건인지, 물건이라면 소유권의 객체가 될 수 있는지에 대한 문제가 된다. 사람은 '생존하는 동안' 권리능력을 가지며, 생존이 끝나는 사망에 의하여 권리능력을 잃게 된다. 사망한 사람의 '시체'의 법적 성격이 무엇인가에 대한 논의가 있다. 민법학에서는 시체를 물건으로 본다. 시체도 소유권의 객체가 될 수 있지만, 통상의 소유권이 사용·수익·처분 권능을 모두 가지는 것에 비하여, 시체는 오직 매장·제사 등을 위한 권능과 의무를 내용으로 하는 특수한 것, 즉 처분권능이 제한되어 있는 것이라고 본다. 이러한 특수소유권이 누구에게 속하는가에 대하여 판례는 제사 주재자에게 승계된다고 한다.[548] 시체의 물건성을 부정하는 견해는 인간의 존엄과 가치, 인격의 존중을 중

547) 배종대, 359면.

548) 대법원 2008.11.20. 선고 2007다27670 전원합의체 판결.

요시하는 입장으로 보인다. 사람의 인격은 사후에도 존중되어야 하는 것은 당연하지만, 법률적 문제를 해결하기 위한 법이론적 구성은 불가피하다고 생각한다. 시체의 일부를 영득한 경우 형법 제161조 시체영득죄 외에도 시체의 물건성을 인정하여 절도죄 등 재산범죄가 성립할 수 있는지 문제될 수 있다. 이 경우 절도죄 등이 성립할 수 있지만 법조경합으로 시체영득죄만 성립한다고 보는 것이 타당하다.

(2) 전기 및 관리할 수 있는 동력

(가) 관리의 의미

전기·열·냉기·수력·압력·빛 등 무체물은 관리가능한 경우에만 형법상 재물이 될 수 있다. '관리가능하다'는 것은 동력이 축전이나 압축 등의 방법으로 일정한 용기에 의해 유체화되든지 아니면 전력이나 수력처럼 통제가능한 상태를 의미한다.[549)]

'관리'라 함은 물리적 관리를 의미한다. 이러한 물리적 관리 이외에도 사무적·법률적 관리도 포함될 수 있는지가 문제된다. 이는 '권리에 대한 절도'가 성립할 수 있는지에 대한 문제이다. 이에 대해서 통설과 판례는 관리란 '물리적 관리'만을 의미하며, 사무적·법적 관리는 포함되지 않는다고 한다. 따라서 권리절도의 성립을 부정한다.[550)] 통설에 의하면 권리 자체, 라디오나 TV 전파, 전화·FAX의 송·수신 기능, 컴퓨터프로그램이나 전자기록의 복사에 의한 경제적 가치, 정보나 사상 등은 재물이 아니다. 이러한 것들은 사무적·법적 관리는 가능하지만, 물리적 관리가 불가능하기 때문이다. 따라서 타인의 컴퓨터에 저장된 데이터를 무단으로 사용하고 반환한 경우, 타인의 전화기를 무단으로 사용한 경우[551)] 절도죄는 성립하지 않는다.

판례 | 타인의 전화기 무단 사용 - 절도죄 성립 부정

【판결요지】 타인의 전화기를 무단으로 사용하여 전화통화를 하는 행위는 전기통신사업자가 그가 갖추고 있는 통신선로, 전화교환기 등 전기통신설비를 이용하고 전기의 성질을 과학적으로 응용한 기술을 사용하여 전화가입자에게 음향의 송수신이 가능하도록 하여 줌으로써 상대방과의 통신을 매개하여 주는 역무, 즉 전기통신사업자에 의하여 가능하게 된 전화기의 음향송수신기능을 부당하게 이용하는 것으로, 이러한 내용의 역무는 무형적인 이익에 불과하고 물리적 관리의 대상이 될 수 없어 재물이 아니라고 할 것이므로 절도죄의 객체가 되지 아니한다(대법원 1998.6.23. 선고 98도700 판결).

549) 김일수/서보학, 275면; 배종대, 357면.

550) 대법원 1994.3.8. 선고 93도2272 판결.

551) 대법원 1998.6.23. 선고 98도700 판결.

판례 타인의 전화기 무단 사용 – 사기죄 성립 부정

【판결요지】 사기죄가 성립하기 위하여는 기망행위와 이에 기한 피해자의 처분행위가 있어야 할 것인바, 타인의 일반전화를 무단으로 이용하여 전화통화를 하는 행위는 전기통신사업자인 한국전기통신공사가 일반전화 가입자인 타인에게 통신을 매개하여 주는 역무를 부당하게 이용하는 것에 불과하여 한국전기통신공사에 대한 기망행위에 해당한다고 볼 수 없을 뿐만 아니라, 이에 따라 제공되는 역무도 일반전화 가입자와 한국전기통신공사 사이에 체결된 서비스이용계약에 따라 제공되는 것으로서 한국전기통신공사가 착오에 빠져 처분행위를 한 것이라고 볼 수 없으므로, 결국 위와 같은 행위는 형법 제347조의 사기죄를 구성하지 아니한다 할 것이고, 이는 형법이 제348조의2를 신설하여 부정한 방법으로 대가를 지급하지 아니하고 공중전화를 이용하여 재산상 이익을 취득한 자를 처벌하는 규정을 별도로 둔 취지에 비추어 보아도 분명하다 할 것이다(대법원 1999.6.25. 선고 98도3891 판결).

(나) 동력

동력은 자연력 에너지에 한할 것인가 아니면 인간의 노동력·우마차의 견인력도 포함시킬 것인가에 대하여 견해의 대립이 있다. 제346조는 '관리할 수 있는 동력'이라고 하여 그 범위에 제한을 가하고 있지 아니하므로 동력을 자연력에 제한할 이유가 없으며 인간의 노동력이나 동물의 견인력도 동력에 포함된다는 견해가 있지만, 전기 기타 관리할 수 있는 자연력, 관리할 수 있는 동력과 동일시할 수 있는 열·냉기·압력 이외에 인간이나 동물의 견인력까지 재물의 개념을 확대하는 것은 지나친 확대해석이 되거나 허용되지 않는 유추적용에 해당할 수 있기 때문에 이를 부정하는 것이 타당하다.

판례 전기절도 사건

【사실관계】 피고인 갑은 피해자로부터 임대계약 종료를 원인으로 한 명도요구를 받고 2006. 9. 3.경 이 사건 식당 건물에서 퇴거하기는 하였으나, 이 사건 식당 건물 외벽 쪽에 설치하여 사용하던 대형냉장고는 그 전원이 연결되어 있는 상태로 두었다. 피해자 측은 피고인의 퇴거 직후 명도상황을 점검하면서 위 대형냉장고가 전원이 연결된 상태로 존치되어 있는 것을 확인하고 갑에게 그 철거를 요구하였으며, 이에 따라 갑이 2006. 10.경 위 대형냉장고를 철거하였는데, 그 기간 동안 전기사용료가 22,965원가량 되었다.

【판결내용】 사실관계가 이와 같다면, 비록 피고인이 이 사건 식당 건물에서 퇴거하기는 하였으나, 위 대형냉장고의 전원을 연결한 채 그대로 둔 이상 그 부분에 대한 점유·관리는 그대로 보유하고 있었다고 보아야 하며, 피고인이 위 대형냉장고를 통하여 전기

를 계속 사용하였다고 하더라도 이는 당초부터 자기의 점유·관리하에 있던 전기를 사용한 것에 불과하고, 타인의 점유·관리하에 있던 전기를 사용한 것이라고 할 수는 없고, 피고인에게 절도의 범의가 있었다고도 할 수 없으므로 피고인을 절도죄로 의율할 수는 없다고 할 것이다(대법원 2008.7.10. 선고 2008도3252 판결).

【해설】 전기는 제326조에 의하여 관리할 수 있는 동력으로 절도죄의 객체가 된다. 이 사안의 경우 대형냉장고를 통하여 전기가 사용된 것은 자기의 점유하에 있던 전기를 사용한 것이며, 타인의 점유하에 있는 전기를 사용한 것이 아니므로 절도죄가 성립하지 않는다는 판례이다.

(3) 정보절도에 대한 문제

(가) 쟁점

타인의 컴퓨터에 저장된 정보를 자신의 USB에 저장하여 몰래 가지고 나온 경우와 같이 타인의 정보를 절취한 경우 형법상 절도죄가 성립할 수 있는지가 문제된다. 하지만 정보는 재물에 해당하지 않는다는 것이 통설과 판례의 입장이다. 컴퓨터에 저장되어 있는 '정보' 그 자체는 유체물이라고 볼 수도 없고, 물질성을 가진 동력도 아니므로 재물이 될 수 없기 때문이다. 따라서 절도죄가 성립하지 않는다.

(나) 출력물의 경우

정보를 종이에 출력하여 생성한 경우 출력물에 대한 절도죄가 성립할 수 있는지 문제될 수 있다. 회사 연구개발실에서 컴퓨터에 저장되어 있는 설계도면을 A2용지에 2장을 출력한 사안에 대하여[552] 판례는 출력된 설계도면은 피해 회사의 업무를 위하여 생성되어 피해 회사에 의하여 보관되고 있던 문서가 아니라, 피고인이 가지고 갈 목적으로 피해 회사의 업무와 관계없이 새로이 생성시킨 문서라 할 것이므로, 이는 피해 회사 소유의 문서라고 볼 수는 없기 때문에 출력물에 대한 절도죄의 성립을 부정하였다. 이를 복사하거나 출력하였다 할지라도 그 정보 자체가 감소하거나 피해자의 점유 및 이용가능성을 감소시키는 것이 아니므로 그 복사나 출력 행위를 가지고 절도죄가 성립하지 않는다고 하였다.

하지만 출력물이라고 하더라도 피해 회사에 보관되어 있던 문서이거나 회사의 소유권 대상이 된다면 이를 취거하는 행위는 절도죄가 성립한다. 피고인이 가지고 갈 목적으로 피해 회사의 업무와 관계없이 새로이 생성시킨 문서라면 절도죄가 성립하지 않는다.[553]

---

552) 대법원 2002.7.12. 선고 2002도745 판결.

553) 대법원 1986.9.23. 선고 86도1205 판결.

판례 컴퓨터에 저장된 정보와 절도죄

【사실관계】 2000.10. 초순경 피고인 을은 피고인 갑에게 피해자 주식회사 하이켐텍에 보관되어 있는 직물원단고무코팅시스템의 설계도면과 공정도를 빼내오도록 요구하고, 피고인 갑은 이를 승낙한 후, 피고인 갑이 2000.10.14. 15:00경 피해 회사 연구개발실에서 그 곳 노트북 컴퓨터에 저장되어 있는 위 시스템의 설계도면을 A2용지에 2장을 출력하여 가지고 나왔다.

【판결요지】 [1] 절도죄의 객체는 관리가능한 동력을 포함한 '재물'에 한한다 할 것이고, 또 절도죄가 성립하기 위해서는 그 재물의 소유자 기타 점유자의 점유 내지 이용가능성을 배제하고 이를 자신의 점유하에 배타적으로 이전하는 행위가 있어야만 할 것인바, 컴퓨터에 저장되어 있는 '정보' 그 자체는 유체물이라고 볼 수도 없고, 물질성을 가진 동력도 아니므로 재물이 될 수 없다 할 것이며, 또 이를 복사하거나 출력하였다 할지라도 그 정보 자체가 감소하거나 피해자의 점유 및 이용가능성을 감소시키는 것이 아니므로 그 복사나 출력 행위를 가지고 절도죄를 구성한다고 볼 수도 없다.

[2] 피고인이 컴퓨터에 저장된 정보를 출력하여 생성한 문서는 피해 회사의 업무를 위하여 생성되어 피해 회사에 의하여 보관되고 있던 문서가 아니라, 피고인이 가지고 갈 목적으로 피해 회사의 업무와 관계없이 새로이 생성시킨 문서라 할 것이므로, 이는 피해 회사 소유의 문서라고 볼 수는 없다 할 것이어서, 이를 가지고 간 행위를 들어 피해 회사 소유의 문서를 절취한 것으로 볼 수는 없다(대법원 2002.7.12. 선고 2002도745 판결).

【해설】 이 판례는 디지털 정보가 절도죄의 객체가 되는 '재물'에 해당하는지, 나아가 복사·출력된 문서가 피해자의 문서로서 절취된 것으로 볼 수 있는지에 대한 판단을 제시하고 있다. 이 사건에서 컴퓨터에 저장된 설계도면은 파일 형태의 디지털 정보로 존재하고 있었고, 피고인은 이를 출력하거나 복사하는 방식으로 취득하였다. 판결은 정보 그 자체는 유체물이 아니고, 또 복사나 출력으로 인해 원본 정보가 감소하거나 사라지는 것이 아니므로, 피해자의 점유 및 이용가능성을 배제하지 않는다는 점을 들어 절도죄가 성립할 수 없다고 판단하였다.

(다) 결론

생각건대, 정보화 사회에서 정보가 가지는 경제적 가치가 높음에도 불구하고 이를 몰래 가져간 경우에 절도죄로 처벌할 수 없다는 것은 재고되어야 한다. 물론 현행 형법의 해석상 정보를 재물로 보는 것은 무리이다. 재물을 유체물과 관리가능한 동력으로 한정하고 있기 때문이다. 따라서 재물만을 객체로 하는 절도죄, 횡령죄, 장물죄, 손괴죄는 성립할 수 없다. 정보를 재산범죄에 대한 보호객체로 하는 것은 입법으로 해결할 수 밖에 없다.[554] 과학

554) 최호진, 온라인 게임아이템에 대한 형법적 해석방향, 형사정책연구 통권 제88호, 2011.12, 37면 이하 참조.

기술의 발달로 인하여 전자적 형태로 보관하는 정보에 대하여 재산적 가치가 증대되고 있는 현실을 고려한다면 재산적 가치가 있는 정보에 대한 절도죄, 횡령죄, 장물죄 등에 대한 입법을 고려해야 한다.

다만 정보에 대하여 경제적 교환가치가 인정될 수 있다면 형법상 재산상 이익으로 볼 수 있다. 재산상 이익을 객체로 하는 배임죄, 강도죄, 사기죄, 공갈죄의 성립은 제한적으로 가능하다. 또한 정보가 기업의 영업비밀이거나 산업기술일 경우에는 부정경쟁방지 및 영업비밀보호에 관한 법률과 산업기술 유출방지 및 보호에 관한 법률에 따라 보호된다.

3. 가치성

가. 재물의 가치성

형법적 보호의 대상이 되는 재물이 되기 위해서는 무엇이든 가치 있는 것이어야 한다. 재물의 가치성에는 '객관적 가치'와 '주관적 가치'가 있다. 객관적 가치는 재물의 소유자·점유자 개인뿐만 아니라 그 이외의 타인에게도 가치가 있는 것으로, 경제적·금전적 교환가치를 말한다. 주관적 가치는 개인적으로 재물을 소유·점유할 가치가 있는 것으로 애인의 편지, 부모의 사진 등과 같이 개인적으로만 가치가 있는 것을 말한다.

나. 재물의 가치성에 대한 구체적 내용

재물은 객관적 가치인 경제적 교환가치까지 있을 필요 없고, 소유자의 주관적 가치가 있으면 재물이 된다는 것이 통설과 판례의 입장이다. 따라서 애인이나 부모의 사진, 주민등록증,[555] 인감증명서,[556] 국회의원투표용지, 주권포기각서,[557] 찢어진 약속어음,[558] 폐지로 소각될 도시계획구조변경계획서,[559] 백지의 자동차출고의뢰서용지,[560] 법원으로부터 송달된 심문기일소환장,[561] 신용카드[562]도 형법상 재물이 된다.

---

555) 대법원 1969.12.9. 선고 69도1627 판결.
556) 대법원 1986.9.23. 선고 85도1775 판결.
557) 대법원 1996.9.10. 선고 95도2747 판결.
558) 대법원 1987.10.13. 선고 87도1240 판결.
559) 대법원 1981.3.24. 선고 80도2902 판결.
560) 대법원 1996.5.10. 선고 95도3057 판결.
561) 대법원 2000.2.25. 선고 99도5775 판결.
562) 대법원 1999.7.9. 선고 99도857 판결.

판례 찢어진 약속어음 사건

【사실관계】 갑은 약속어음의 발행인 A가 약속어음을 회수하여 세 조각으로 찢어버린 약속어음을 몰래 가져와 이를 행사할 목적으로 그 찢어진 약속어음을 조합하여 어음의 외형을 갖춘 새로운 약속어음을 만들었다.

【판결요지】 [1] 재산죄의 객체인 재물은 반드시 객관적인 금전적 교환 가치를 가질 필요는 없고 소유자 점유자가 주관적인 가치를 가지고 있음으로서 족하고 주관적 경제적 가치 유무의 판별은 그것이 타인에 의하여 이용되지 않는다고 하는 소극적 관계에 있어서 그 가치가 성립하는 경우가 있을 수 있는 것이니 발행자가 회수하여 세 조각으로 찢어버림으로서 폐지로 되어 쓸모 없는 것처럼 보이는 약속어음의 소지를 침해하여 가져갔다면 절도죄가 성립한다.

[2] 찢어서 폐지로 된 타인발행 명의의 약속어음 파지면을 이용 조합하여 어음의 외형을 갖춘 경우에는 새로운 약속어음을 작성한 것으로서 그 행사의 목적이 있는 이상 유가증권 위조죄가 성립한다(대법원 1976.1.27. 선고 74도3442 판결).

【해설】 세 조각으로 찢어버린 약속어음도 형법상 재물에 해당하며, 갑이 이를 몰래 가져간 행위는 절도죄가 성립한다는 것이 판례의 입장이다. 이를 행사할 목적으로 그 찢어진 약속어음을 조합하여 어음의 외형을 갖춘 새로운 약속어음을 만든 행위는 유가증권위조죄가 성립한다. 양죄는 실체적 경합관계에 있다.

4. 재물과 부동산

가. 쟁점

사기죄·공갈죄·횡령죄·장물죄·손괴죄의 행위객체인 재물에는 동산뿐만 아니라 부동산 모두 포함한다. 그러나 절도죄·강도죄의 행위객체인 재물에 있어서 동산뿐만 아니라 부동산도 절도죄·강도죄의 객체가 될 수 있는지가 문제된다. 이는 소위 부동산절도 또는 부동산강도를 인정할 수 있는가의 문제이다. 부동산절도·부동산강도죄가 성립할 수 있는지에 대하여 견해의 대립이 있다.

나. 학설

긍정설에 따르면 독일 형법처럼 가동물건(可動物件)을 객체로 한다는 명문규정이 없으며, 부동산 침탈에 대한 사법적 구제가 재판의 지연·비용의 부담 등으로 인하여 용이하지 아니하므로, 이에 대하여 형법적 보호를 해줄 필요가 있다고 한다. 탈취행위의 본질은 재물에 대한 지배의 이전에 있는 것이지 반드시 장소적 이전을 요건으로 하는 것은 아니라

는 이유로 부동산절도·강도죄의 성립을 긍정한다.[563)]

부정설에 따르면 부동산은 그 점유가 침해된 경우에도 그 소재 자체가 변경되는 것이 아니므로 피해자의 점유가 배제되었다고 보기 어려우며, 절취·강취란 그 개념구조상 재물의 장소적 이전을 내용으로 하기 때문에 부동산절도·강도죄의 성립을 인정할 수 없다고 한다.[564)]

다. 판례

대법원 판례의 입장은 분명하지 않다. 부동산에 대한 절도의 성립을 부정하는 듯한 태도의 판례가 있는가 하면, 부동산에 대한 절도의 성립을 인정하는 듯한 태도의 판례도 있다. 특히 이른바 영산홍 사건에서 갑이 타인의 수목을 절취한 것에 해당한다는 전제에서 기수 시기를 논하고 있다.[565)] 토지와 분리되지 않는 상태에 있는 수목은 원칙적으로 토지의 일부분으로 동산이 아니라 부동산의 일부이기 때문이다.

판례 영산홍 사건

【사실관계】 피고인 갑은 피해자가 운영하는 연구소 마당에 쏘렌토 승용차를 세워 두고, 그 곳에서 약 20m 떨어진 연구소 마당 뒤편에서 피해자 소유의 영산홍 1그루를 캐었다. 위 영산홍은 높이가 약 1m 50㎝ 이상, 폭이 약 1m 정도로서 상당히 클 뿐만 아니라 뿌리가 상하지 않도록 뿌리 부분의 흙까지 함께 캐내어져 갑이 혼자서 이를 운반하기 어렵자, 남편인 을에게 전화를 걸어 영산홍을 차에 싣는 것을 도와 달라고 말하여 을이 그곳으로 왔다. 갑과 을은 위 연구소 마당에 주차된 승용차 바로 뒤에서 위 영산홍을 함께 잡고 있다가 피해자에게 발각되었다.

【판결요지】 [1] 입목을 절취하기 위하여 캐낸 때에 소유자의 입목에 대한 점유가 침해되어 범인의 사실적 지배하에 놓이게 되므로 범인이 그 점유를 취득하고 절도죄는 기수에 이른다. 이를 운반하거나 반출하는 등의 행위는 필요하지 않다.

[2] 절도범인이 혼자 입목을 땅에서 완전히 캐낸 후에 비로소 제3자가 가담하여 함께 입목을 운반한 사안에서, 특수절도죄의 성립을 부정한 사례(대법원 2008.10.23. 선고 2008도6080 판결).

【해설】 수목(樹木)은 토지와 분리되면 동산으로 되지만 토지로부터 분리되지 않은 상태에서는 원칙적으로 토지의 일부분으로 독립한 물건이 아니라 부동산의 일부이다. 그 지상에 생육하고 있거나 식재된 입목의 소유권은 토지소유자에게 있다. 판례는 갑과 을이 타인의 수목(부동산)을 절취한 것에 해당한다는 전제에서 기수 시기를 논하고 있는 것이다.

563) 오영근/노수환, 272면; 임웅/이현정/박성민, 329면; 정성근/박광민, 283면.

564) 김성돈, 296면; 김일수/서보학, 228면; 박상기/전지연, 584면; 손동권/김재윤, 285면.

565) 대법원 2008.10.23. 선고 2008도6080 판결.

이 사건은 부동산절도를 인정할 수 있는가라는 논점 이외에도 입목절도에 있어서 기수 시기는 언제인지, 기수 시기에 따라 남편 을이 특수절도죄가 되는지 등 많은 논점을 가지고 있다. 원심법원은 기수 시기를 영산홍을 자동차에 옮겨서 적재완료한 때로 보았다. 따라서 실행행위 도중에 가담한 남편에 대하여 특수절도죄로 보았다. 이에 반해 대법원은 갑에 대해 영산홍을 절취하기 위해 캐낸 시점을 절도죄의 기수로 인정하고, 기수 이후에 범행에 참여한 남편에 대해서는 특수절도죄가 성립하지 않는다.

라. 결론

원칙적으로 부동산 절도·강도죄의 성립을 부정하는 것이 타당하다. 부동산의 점유가 침해된 경우에도 그 권리 회복이 반드시 곤란한 것은 아니다. 부동산 절도의 유형으로 생각해 볼 수 있는 유형에 대하여 형법상 다른 범죄의 성립 가능성이 있다.

부동산 중 '토지'는 육지의 일부분으로 토지의 범위는 지표면과 정당한 이익이 있는 범위 내에서 그 상하를 포함한다(민법 제212조 참조). 절취는 재물의 장소 이전을 개념적 요소로 하기 때문에, 부동산 절도죄가 성립한다고 보기 어렵다. 부동산 경계를 침범하여 타인의 토지를 무단으로 점거하는 경우에는 제370조 경계침범죄 또는 제319조 주거침입죄가 성립할 수 있다. 토지를 강취한 경우도 마찬가지다. 불법한 방법으로 등기부의 명의인을 변경함으로써 부동산에 대한 권리를 침해하는 경우에는 제231조 사문서위조죄와 제234조 위조사문서행사죄, 제228조 공정증서원본부실기재죄가 성립하는 것으로 보는 것이 타당하다.

부동산 중 '토지의 정착물'의 경우에는 달리 볼 여지가 있다. 토지의 정착물이란 토지에 고정적으로 부착되어 쉽게 이동할 수 없는 물건으로 건물, 수목, 다리, 돌담 등이 이에 해당한다. 토지 정착물 중 '건물'은 토지와 별개의 부동산이지만, 장소 이전이 어렵다는 점에서 '토지'와 동일하게 볼 수 있다.

토지에서 자라고 있는 '수목(樹木)'은 본래 토지의 정착물로서 토지의 일부분이다. 다만 그 수목이 입목에 관한 법률이나 명인방법(明認方法)[566]이라는 관습법상 공시방법을 인정한 판례에 따라 독립한 부동산으로 다루어진다. 토지에 부착하고 있는 물건이라도 정착물이 아니면 동산에 속하지만, 수목이 토지에 정착되어 있고, 법률이나 명인방법으로 공시되어 있다면 부동산으로 보아야 한다.

판례가 이른바 영산홍 사건에서 식재되어 있는 수목을 캐낸 행위에 대하여 절도죄 성립 여부를 검토한 것은 부동산 절도죄를 인정한 것으로 보인다. 다른 이유로 인하여 토지에서 분리된 수목은 동산에 해당하므로 이를 운반한 경우에는 동산 절도에 해당하지만, 토지에

---

566) 명인방법(明認方法)은 수목의 집단이나 미분리 과실의 소유권이 누구에게 속하고 있는지를 제3자가 명백하게 인식할 수 있도록 하는 관습법상 공시방법이다. 수목에 소유자의 이름을 기재한 표찰을 붙이기도 한다.

정착되어 있는 수목을 토지에서 분리시키는 행위는 부동산 절도라고 보아야 한다. 토지와 분리되어 있는 수목은 동산으로 볼 수 있지만, 식재된 수목은 부동산이기 때문이다.

토지나 건물과 같이 사실상 장소 이전의 가능성이 없는 경우에는 절도죄를 인정하기 어렵지만, 수목·미분리과실·농작물과 같이 토지 등으로부터 분리하여 장소 이전의 가능성이 있다면 절도죄를 인정할 수 있다고 생각한다. 갑이 A의 토지 위에서 생장하고 있는 감나무에서 감을 채취해 갔다면 감에 대한 절도죄를 인정하는 것이 법이론과 법감정에 부합하는 결론이다. 미분리과실은 수목의 일부이며, 수목은 부동산이기 때문이다.

부동산 중 장소적 이전이 불가능한 '토지와 건물'에 대해서는 절도죄 성립이 불가능하지만, 수목이나 미분리과실과 같이 장소적 이전이 가능한 경우에는 절도죄 성립이 가능하다고 생각한다. 컨테이너 형태의 농막이나 조립식 주택을 토지로부터 분리하여 다른 곳으로 이전한 경우에도 절도죄 성립이 가능하다고 생각한다.

5. 적법성

재산죄의 객체인 재물은 그 소유·소지가 적법한 것이어야 하는가? 금제품(禁制品)과 불법원인급여물의 재물성 인정 여부가 문제된다.

가. 금제품

금제품은 법률에 의하여 일반적으로 소유 또는 점유가 금지되어 있는 물건을 말한다. 금제품에는 불법무기, 마약과 같이 단순히 소지(점유)가 금지되어 있는 상대적 금제품과 위조통화, 아편흡식기와 같이 소유 자체가 금지되어 소유권의 객체로 될 수 없는 절대적 금제품이 있다.

(1) 학설

금제품의 재물성 인정 여부에 대하여 견해의 대립이 있다. 부정설은 금제품은 소유권의 목적이 될 수 없으므로 재산죄의 객체인 재물이 될 수 없다는 견해이다. 금제품의 재물성을 인정하여 이에 대한 탈취죄를 인정하게 되면, 금제품의 소지를 다른 법에서는 금지하고 있는데 형법에서는 이를 보호해 주는 결과가 되어 법체계상 모순을 가져온다는 점을 그 근거로 제시하고 있다.

긍정설은 금제품일지라도 절차에 따라 몰수되기 전까지는 그 소유·소지를 보호해야 하므로 재물성을 인정해야 한다는 견해이다.[567] 금제품을 소지하는 것을 범죄로 하는 것과 그 소지를 침해하는 것은 전혀 별개의 문제이며, 금제품일지라도 사실상의 점유는 보호해야 한다는 점을 그 근거로 제시하고 있다. 우리나라 다수설의 입장이다.

절충설은 금제품 가운데 단순히 소지가 금지되어 있는 상대적 금제품은 소유권은 존재하며 그 소지만을 금지하고 있으므로 재산죄의 객체가 되지만, 소유 자체가 금지되어 있는 절대적 금제품의 경우에는 소유권의 객체가 될 수 없으므로 재물이 될 수 없다는 견해이다. 소유권을 보호하는 소유권범죄의 본질상 소유권의 객체가 될 수 있는 것만이 재물이 된다는 점을 그 근거로 제시하고 있다.[568]

(2) 판례

대법원 판례는 유가증권도 그것이 정상적으로 발행된 것은 물론 비록 작성권한이 없는 자에 의하여 위조된 것이라 하더라도 절차에 따라 몰수되기까지는 그 소지자의 점유를 보호해야 한다는 점에서 금제품이라고 하더라도 형법상 재물로서 절도죄의 객체가 된다고 하였다.[569]

판례 스키장 리프트 탑승권 사건

【사실관계】 갑은 쌍방울개발이 운영하는 무주리조트 스키장의 리프트 탑승권 발매기에서 발매기의 전원을 켠 후 날짜를 입력하여 한 장씩 찍혀 나오는 리프트 탑승권을 빼내어 가는 방법으로 발매기를 조작하여 회원용 리프트 탑승권을 발급·취득하였다. 이에 을은 그 정을 알면서 리프트 탑승권을 5회에 걸쳐 1,700여장을 4,700만원에 매수하였다.

【판결요지】 [3] 유가증권도 그것이 정상적으로 발행된 것은 물론 비록 작성권한 없는 자에 의하여 위조된 것이라고 하더라도 절차에 따라 몰수되기까지는 그 소지자의 점유를 보호하여야 한다는 점에서 형법상 재물로서 절도죄의 객체가 된다.

[4] 리프트 탑승권 발매기를 전산조작하여 위조한 탑승권을 발매기에서 뜯어 간 행위는 탑승권 위조행위와 위조탑승권 절취행위가 결합된 것이라는 이유로, 위조탑승권의 장물성을 인정한 사례(대법원 1998.11.24. 선고 98도2967 판결).

【해설】 판례에 따르면 리프트 탑승권은 유가증권에 해당하고, 발매기를 전산조작하여 리프트 탑승권을 발급하는 행위를 유가증권위조로 보았다. 위조된 유가증권을 발매기에서 뜯어간 행위에 대하여 절도죄를 인정하였으며, 이를 을에게 교부한 행위는 위조

567) 김성천/김형준, 321면; 김일수/서보학, 278면; 박상기/전지연, 586면; 손동권/김재윤, 285면; 오영근/노수환, 272면; 임웅/이현정/박성민, 333면; 정성근/박광민, 283면.

568) 배종대, 359면.

569) 대법원 1998.11.24. 선고 98도2967 판결.

유가증권행사죄가 성립한다. 위조된 유가증권은 금제품에 해당되는데, 원심은 위조된 유가증권을 발매기에서 뜯어간 행위에 대하여 절도죄 성립을 부정하였지만, 대법원은 유가증권도 그것이 정상적으로 발행된 것은 물론 비록 작성권한 없는 자에 의하여 위조된 것이라고 하더라도 절차에 따라 몰수되기까지는 그 소지자의 점유를 보호하여야 한다는 점에서 형법상 재물로서 절도죄의 객체가 된다고 하여 절도죄의 성립을 인정하였다. 따라서 갑은 유가증권위조죄, 위조유가증권행사죄뿐만 아니라 절도죄도 성립한다. 한편 을은 위조된 유가증권이라는 점, 즉 장물인 점을 알았으므로 장물죄가 성립한다.

(3) 결론

절도죄의 보호법익을 소유권으로만 본다면 절대적 금제품과 같이 소유권이 인정되지 않는 재물을 절취하는 행위를 절도죄로 처벌하기는 어렵다. 하지만 절도죄의 보호법익을 소유권뿐만 아니라 점유권도 보호하는 것으로 본다면 절도죄 성립을 인정할 수 있다. 금제품에 대하여 절도죄를 인정하지 않게 되면 사실상 금제품을 보호하는 것으로 법감정에 부합하지 않는다. 피해자가 금제품을 소지하는 문제와 행위자가 금제품을 절취하는 문제는 별개의 문제다. 소유·소지가 금지되는 것과 이에 대한 재산죄 성립 여부는 별개라고 생각한다. 금제품이라도 재물성을 인정하는 것이 타당하다.

나. 불법원인급여물

불법원인급여(不法原因給與)는 불법의 원인으로 인하여 재산을 급여하거나 노무를 제공한 경우를 말한다(민법 제746조). 불법원인이라 함은 그 원인되는 행위가 선량한 풍속 기타 사회질서에 위반하는 경우를 말하는 것으로,[570] 급부의 원인이 불법인 경우에는 급부의 내용자체가 불법인 경우(도박에 건 금전의 급부), 불법한 급부의 대가로 행한 급부(불륜관계를 맺는 대가로 금전을 교부한 경우), 불법행위를 조건으로 하는 급부(살인할 것을 조건으로 한 금전급부)가 불법원인급여가 된다.[571]

급부가 불법원인급여인 경우에는 급부자는 원칙적으로 반환청구를 할 수 없다(민법 제746조 본문). 불법한 계약에 기하여 물건의 소유권을 이전한 경우에 그 소유권은 수령자에게 귀속된다는 것이 민법의 통설과 판례이다.[572]

불법원인급여물인 경우 그 소유·소지가 금지된 것이 아니므로, 이에 대한 재산죄의 성

570) 대법원 2003.11.27. 선고 2003다41722 판결.

571) 송덕수, 신민법강의, 1401면.

572) 송덕수, 신민법강의, 1403면-1405면; 물권행위의 무인론에 따르면 당연히 급부자에게 소유권이 없어서 물권적 청구권을 행사할 수 없지만, 물권행위의 유인론에 따르면 급부자에게 소유권이 있으므로 문제가 될 수 있다. 이에 민법 학설과 판례는 제746조가 물권적 청구권에도 적용되어 소유권을 이유로 하여서도 반환청구할 수 없다고 한다.

립 여부와는 별도로 재물성 그 자체는 인정된다. 또한 불법원인급여물의 경우에도 소유권은 수령자에게 귀속된다. 따라서 성매수인이 성매매라는 불법원인으로 성매도인에게 교부한 경우 그 돈은 성매도인의 소유이므로 이를 성매수인이 몰래 다시 가져갔다면 절도죄가 된다. 재산범죄 중 불법원인급여와 관련된 쟁점에는 절도죄뿐만 아니라 사기죄, 횡령죄, 장물죄 등이 있다. 해당 부분에서 설명한다.

6. 재물의 타인성

가. 재물성의 타인성과 민법이론

재물이 누구의 소유인가에 대해서는 민법의 물권법 이론에 의하여 결정된다. 형법에 특수한 소유권 개념이 없기 때문이다. 이하에서는 형법적으로 중요한 사례에 대해서만 설명한다.

나. 타인의 토지 위에 심은 수목의 소유관계

수목(樹木)은 토지와 분리되면 동산으로 되지만 토지로부터 분리되지 않은 상태에서는 원칙적으로 토지의 일부분으로 독립한 물건이 아니라 부동산의 일부이다. 따라서 그 지상에 생육하고 있거나 식재된 입목은 토지소유자의 소유권이라는 것이 민법의 일반이론이다.

입목에 관한 법률에 의하여 입목등기를 한 경우에 수목은 토지와 별개의 부동산으로 다루어지며, 입목등기를 하지 않은 수목이더라도 관습법상 공시방법인 명인방법(明認方法)을 갖춘 경우에 토지와 독립된 부동산으로서 거래의 객체로 된다.

따라서 갑이 A의 토지 위에 권원(權原) 없이 감나무를 식재하였다면 그 수목은 토지소유자인 A의 소유가 된다. 이후 그 수목에서 감을 수확하였다면 타인의 재물을 절취한 것으로 절도죄가 성립한다.[573)]

만약 타인 소유의 토지에 수목을 식재할 당시 토지의 소유권자로부터 그에 관한 명시적 또는 묵시적 승낙·동의·허락 등을 받았다면, 이는 민법 제256조에서 부동산에의 부합의 예외 사유로 정한 '권원'에 해당한다고 볼 수 있으므로, 해당 수목은 토지에 부합하지 않고 식재한 자에게 그 소유권이 귀속된다.

따라서 갑이 자신이 종전 토지소유자 A로부터 동의를 받아 식재하였던 수목을 해당 토지를 매수한 새로운 토지소유자 B와 다툼이 발생하자 갑이 감나무를 전기톱을 이용하여 절단한 경우 자신의 수목을 절단한 것이므로 특수재물손괴죄는 성립하지 않는다.[574)]

---

573) 대법원 1998.4.24. 선고 97도3425 판결.

574) 대법원 2023.11.16. 선고 2023도11885 판결.

판례 옹아나무 전기톱 절단 사건

【사실관계】 피고인은 피해자 甲이 乙로부터 매수한 토지의 경계 부분에 매수 전 자신이 식재하였던 옹아나무 등 수목 5그루 시가 합계 약 2,050만 원 상당을 전기톱을 이용하여 절단하였다.

【판결요지】 [1] 민법 제256조에서 부동산에의 부합의 예외사유로 규정한 '권원'은 지상권, 전세권, 임차권 등과 같이 타인의 부동산에 자기의 동산을 부속시켜서 그 부동산을 이용할 수 있는 권리를 뜻한다. 따라서 타인 소유의 토지에 수목을 식재할 당시 토지의 소유권자로부터 그에 관한 명시적 또는 묵시적 승낙·동의·허락 등을 받았다면, 이는 민법 제256조에서 부동산에의 부합의 예외사유로 정한 '권원'에 해당한다고 볼 수 있으므로, 해당 수목은 토지에 부합하지 않고 식재한 자에게 그 소유권이 귀속된다.

[2] 피고인은 피해자 甲이 乙로부터 매수한 토지의 경계 부분에 매수 전 자신이 식재하였던 옹아나무 등 수목 5그루 시가 합계 약 2,050만 원 상당을 전기톱을 이용하여 절단하였다고 하여 특수재물손괴의 공소사실로 기소된 사안에서, 제반 사정에 비추어 피고인이 수목을 식재할 당시 토지의 전 소유자 乙로부터 명시적 또는 묵시적으로 승낙·동의를 받았거나 적어도 토지 중 수목이 식재된 부분에 관하여는 무상으로 사용할 것을 허락받았을 가능성을 배제하기 어렵고, 이는 민법 제256조에서 부동산에의 부합의 예외사유로 정한 '권원'에 해당한다고 볼 수 있어 수목은 토지에 부합하는 것이 아니라 이를 식재한 피고인에게 소유권이 귀속되며, 비록 甲이 토지를 매수할 당시 乙로부터 지장물까지 함께 매수하였다는 취지로도 증언하였으나 이를 뒷받침할 만한 증거가 없고, 설령 토지 및 지장물을 함께 매수하였더라도 수목이 식재될 당시부터 토지에 부합하지 않았다면 그 매매목적물에 수목이 당연히 포함된다고 단정할 수도 없다는 등의 이유로, 이와 달리 피고인은 수목이 甲 소유임을 미필적으로나마 인식하고서 이를 절단하였다고 보아 공소사실을 유죄로 인정한 원심판결에 재물손괴죄의 '소유권'에 관한 법리오해의 잘못이 있다고 한 사례(대법원 2023.11.16. 선고 2023도11885 판결).

【해설】 민법 제256조는 "동산이 부동산에 부합한 때에는 부동산의 소유자가 그 동산의 소유권을 취득한다"고 규정하고 있으나, '권원(權原)'이 있는 경우에는 예외를 인정한다. 수목 식재 당시에 토지 소유자의 동의나 승낙이 있었다면, 해당 수목은 토지에 부합하지 않으며, 식재자에게 소유권이 귀속된다. 피고인은 토지의 전 소유자인 乙로부터 명시적·묵시적으로 수목 식재에 관한 승낙 또는 사용 허락을 받았을 가능성이 있다. 그렇다면 해당 수목은 민법상 부합하지 않으며 여전히 피고인 소유로 볼 수 있다. 이 경우 피고인이 수목을 절단한 행위는 자신의 재물에 대한 처분이므로 재물손괴죄는 성립하지 않는다.

다. 농작물의 경우

토지에서 경작·재배되는 농작물은 원칙적으로 토지의 일부이므로 소유권은 토지소유자에게 있다(원물주의). 임차권과 같이 정당한 권원에 의하여 타인의 토지에서 경작·재배한 농작물은 토지와 독립한 물건으로 다루어진다(민법 제256조 단서).

그러나 벼와 같이 수확기간이 비교적 짧은 농작물의 소유권 인정에 관하여 판례는 특별한 취급을 하고 있다. 아무런 권원 없이 타인의 토지에서 농작물을 경작·재배한 경우에도 그 농작물이 성숙하여 독립한 물건으로서 존재를 갖추었다면 그 농작물의 소유권은 언제나 토지소유자가 아닌 경작자에게 속한다고 한다(생산주의). 농작물의 경우에 파종 시부터 수확까지의 기간이 짧고, 경작자의 부단한 관리가 필요하며, 그 점유의 귀속이 비교적 명백하다는 점을 근거로 들고 있다.[575)]

따라서 갑이 A의 토지 위에 권원 없이 '농작물'을 재배하였는데 수확기에 이르러 토지소유자인 A가 이를 가져간 경우 A는 절도죄가 성립한다.

라. 소유권유보부 매매 또는 할부매매

소유권유보부 매매는 매도인이 매매목적물을 매수인에게 인도하면서 대금채권을 확보하기 위하여 대금이 전부 지급될 때까지 소유권을 유보하고, 대금이 전부 지급되면 소유권이 자동적으로 매수인에게 이전되는 것으로 약정하는 경우를 말한다. 주로 할부거래에서 이루어지며, 매도인이 매매대금을 전부 수령할 때까지 대금채권에 대한 담보의 효과를 취득·유지하려는 의도에서 이루어진다. 유보된 소유권도 형법상 완전한 소유권이며, 매수인은 소유권유보부 매매에 의하여 목적물을 사용·수익할 수 있으나, 대금을 완급하기까지 소유권이 매도인에게 유보되어 있으므로 매수인은 목적물을 처분할 수 없다.

마. 자동차 등록과 지입제

자동차, 중기, 건설기계 등은 비록 동산이기는 하나 부동산의 등기와 마찬가지로 '등록'에 의하여 소유권이 이전되고, 등록이 부동산 등기와 마찬가지로 소유권 이전의 요건이므로 소유권유보부 매매의 법리가 적용되지 않는다.[576)]

지입제는 자동차운송사업면허 등을 가진 운송사업자와 실질적으로 자동차를 소유하고 있는 차주 간의 계약으로 외부적으로 자동차를 운송사업자 명의로 등록하여 운송사업자에게 귀속시키고 내부적으로는 각 차주들이 독립된 관리 및 계산으로 영업을 하며 운송사

575) 토지에 대한 소유권이 없는 자가 권원 없이 경작한 입도라 하더라도 성숙하였다면 그에 대한 소유권은 경작자에게 귀속된다(대법원 1963.2.21. 선고 62다913 판결); 김준호, 민법강의, 202면.

576) 대법원 2010.2.25. 선고 2009도5064 판결.

업자에 대하여는 지입료를 지불하는 운송사업형태를 말한다.[577] 지입된 자동차의 경우에는 운송사업자 명의로 등록되므로 운송사업자의 소유가 된다.

판례 중기의 매도인이 타회사에 지입된 중기를 회수한 경우

【판결요지】 을이 갑회사로부터 중기를 갑회사에 소유권을 유보하고 할부로 매수한 다음 병회사에 이를 지입하고 중기등록원부에 병회사를 소유자로 등록한 후 을의 갑에 대한 할부매매대금 채무를 담보하기 위하여 갑명의로 근저당권 설정등록을 하였으며 위 중기는 을이 이를 점유하고 있었는데 갑의 회사원인 피고인들이 합동하여 승낙없이 위 중기를 가져간 경우, 지입자가 사실상의 처분관리권을 가지고 있다고 하여도 이는 지입자와 지입받은 회사와의 내부관계에 지나지 않는 것이고 대외적으로는 자동차등록원부상의 소유자 등록이 원인무효가 아닌 한 지입받은 회사가 소유권자로서의 권리(처분권 등)를 가지고 의무(공과금 등 납세의무, 중기보유자의 손해배상 책임 등)를 지는 것이므로 피고인들의 중기취거 행위는 지입받은 회사인 병의 중기등록원부상의 소유권을 침해한 것으로서 특수절도죄에 해당한다(대법원 1989.11.14. 선고 89도773 판결).

【해설】 을이 갑회사로부터 할부로 자동차를 구입한 후 이를 다시 병회사에 지입하면서 자동차등록원부에 그 회사를 소유자로 등록하였다. 소유권유보부매매의 법리를 적용시키면 자동차의 소유권은 갑회사에 있지만, 등기나 등록에 의하여 소유권이 이전되는 부동산이나 자동차등은 소유권유보부매매의 법리가 적용되지 않는다. 따라서 자동차의 소유권은 중기등록원부에 등록된 병회사에 있다. 따라서 갑회사 직원들이 위 차량을 무단으로 가져와 버린 경우에는 (특수)절도죄에 해당한다.

바. 공동소유

타인과 공동소유에 속하는 재물은 타인의 재물이다. 민법상 공동소유의 형태로 공유(共有),[578] 합유(合有),[579] 총유(總有)[580]가 있는데, 이러한 공동소유에 대하여 형법은 타인의 소유로 본다.

교회재산은 공동소유의 한 형태인 총유로 본다. 일반적으로 하나의 교회가 두 개의 교

---

577) 대법원 2003.9.2. 선고 2003도3073 판결; 대법원 2009.9.24. 선고 2009도5302 판결; 대법원 2021.6.24. 선고 2018도14365 판결.

578) 공유는 물건이 지분에 의하여 수인의 소유로 된 때, 즉 공동의 목적을 위한 인적 결합관계가 없는 수인이 공동으로 물건을 소유하는 것을 말한다. 각 공유자는 자기 지분을 자유롭게 처분할 수 있고, 물건의 분할을 청구할 수 있다.

579) 합유는 여러 사람이 조합체를 이루어 물건을 소유하는 공동소유의 형태로, 조합의 구성원은 조합재산에 대한 지분을 가지지만, 수인의 조합원은 공동의 목적 하에 결합되어 있기 때문에 지분의 양도는 제한되고, 조합관계가 종료할 때까지 분할청구를 할 수 없다.

580) 총유는 다수인이 권리능력 없는 사단을 이루어 물건을 소유하는 형태이다. 구성원의 총합체로서 단체가 물건의 관리·처분에 관한 권능을 가지며, 단체의 구성원은 이를 사용·수익할 수 있는 권능만을 가진다.

회로 분열된 경우 교회의 장정 기타 일반적으로 승인된 규정에서 교회가 분열될 경우를 대비하여 미리 재산의 귀속에 관하여 정하지만, 만약 이러한 규정이 없다면 교회의 법률적 성질이 권리능력 없는 사단인 까닭으로 총유의 일반원리에 따라 정해져야 한다.

교회가 분열된 경우 그 재산의 귀속에 대하여 종전 대법원 판례에 따르면 교회의 재산은 '분열 당시 교인들의 총유'에 속한다고 하였으나,[581] 2004다37775 전원합의체 판결에서 '그 교회에 소속된 잔존 교인들의 총유'에 속하는 것으로 견해를 변경하였다.[582]

따라서 교회가 분열되자 갑이 자신이 이전에 교회에 기부한 교회 재산의 일부를 가져온 경우 절도죄가 성립한다.

사. 동업재산의 경우

동업재산은 동업자의 합유에 속한다. 동업관계가 존속하고 있다면 동업자는 동업재산에 대한 지분을 임의로 처분할 권한이 없다. 동업자 사이에 손익분배 정산이 되지 아니하였다면 동업자 한 사람이 임의로 동업자들의 합유에 속하는 동업재산을 처분할 권한이 없다. 따라서 동업자의 공동점유에 속하는 동업재산을 다른 동업자의 승낙 없이 그 점유를 배제하고 단독으로 자기의 지배로 옮긴 경우,[583] 피해자와 동업자금으로 구입하여 피해자가 관리하고 있는 포크레인 1대를 그의 허락 없이 다른 사람을 시켜 운전하게 한 경우[584] 절도죄가 성립한다.

아. 무주물

무주물은 현재 소유자가 없는 물건을 말하므로 이 경우에는 타인의 재물이 아니다. 무주의 동산을 소유의 의사로 점유한 자가 소유권을 취득하기 때문이다(민법 제252조 제1항). 야생동물의 경우 자유상태에 있는 한 무주물이다. 하지만 동물원에 있는 야생동물이나 연못 속에 있는 고기의 경우 타인의 재물이다.

판례 무주물과 재물의 타인성

【사실관계】 A는 행정관청의 굴 양식 어업권 면허를 받아 허가를 받은 일정구역 내에서

581) 하나의 교회가 두 개 이상으로 분열된 경우 그 재산의 처분에 관하여 교회 장정 등에 규정이 없는 한 분열 당시 교인들의 총의에 따라 그 귀속을 정하여야 하고 그와 같은 절차 없이 위 재산에 대하여 다른 교파의 점유를 배제하고 자기 교파만의 지배에 옮긴다는 인식 아래 이를 가지고 갔다면 절도죄를 구성한다(대법원 1998.7.10. 선고 98도126 판결).

582) 대법원 2006.4.20. 선고 2004다37775 전원합의체 판결.

583) 대법원 1987.12.8. 선고 87도1831 판결.

584) 대법원 1990.9.11. 선고 90도1021 판결.

굴 양식어업을 하고 있었다. 피고인 甲은 A의 어업 구역 내에서 자연서식 바지락을 무단으로 채취하였다.

【판결요지】 원심은 피고인 등이 공소외 A가 수산업법에 의한 굴 양식면허를 받은 구역 내에서 그곳에 서식하고 있던 바지락을 채취한 사실을 인정하고 굴 양식 어업등, 어업면허를 받은 구역에는 그 면허를 받은 자의 승낙 없이는 함부로 들어갈 수 없고 면허권자는 면허를 받아 양식한 양지식물뿐 아니라 그 곳에 있는 그 외의 자연서식의 바지락 등도 동인이 사실상 관리 지배함으로써 그 소유권을 원시취득한 것이라 하여 절도죄의 객체로 인정하고 유죄를 선고하였다. 그러나 수산업법에 의한 소위 양식 어업권은 행정관청의 면허를 받아 해상의 일정 구역 내에서 그 소유의 수산동·식물을 양식할 수 있는 권리를 가리키는 것으로서 그 면허를 받았다는 사실만으로서 곧 당해 구역 내에 자연적으로 번식하는 수산동·식물에 관하여 당연히 소유권이나 점유권을 취득한다고 할 수는 없고 따라서 피고인들이 위 구역 내에서 자연서식의 바지락을 채취하였다 하더라도 수산업법 위반이 됨은 별론으로 하고 절도죄를 구성한다고는 할 수는 없을 것이다(대법원 2010.4.8. 선고 2009도11827 판결).

【해설】 무주물은 절도죄의 객체가 되지 못한다는 판례이다. 양식어업권이라는 면허가 있다는 것으로 소유권을 취득했다고 볼 수 없다. 위 사례에서 굴을 양식하는 어업구역에서 자연서식한 바지락은 무주물이므로 절도죄가 성립하지 않는다. 수산업법위반은 가능하다.

자. 명의신탁과 소유권의 귀속관계

명의신탁은 소유권이나 그 밖의 물권을 보유한 자 또는 사실상 취득하거나 취득하려고 하는 실권리자가 타인과의 사이에서 대내적으로는 실권리자가 물권을 보유하거나 보유하기로 하고 그에 관한 등기나 등록은 그 타인의 명의로 하기로 하는 것을 말한다. 목적물에 대한 대외적 소유자는 명의수탁자이지만 대내적 소유자는 명의신탁자이다. 대외적 소유권과 대내적 소유권이 다르기 때문에 명의신탁의 경우 누구의 소유인가라는 문제가 발생한다.

특히 자동차 명의신탁관계의 경우 자동차에 대한 소유권의 득실변경은 등록을 함으로써 그 효력이 생기고 등록이 없는 한 대외적 관계에서는 물론 당사자의 대내적 관계에서도 소유권을 취득할 수 없는 것이 원칙이다.

하지만, 당사자 사이에 소유권을 등록명의자가 아닌 사람이 보유하기로 약정하였다는 등의 특별한 사정이 있다면 그 내부 관계에 있어서는 등록명의자가 아닌 자가 소유권을 보유하게 된다.[585] 따라서 갑이 자신의 명의로 등록된 자동차를 사실혼 관계에 있던 A에

585) 대법원 2013.2.28. 선고 2012도15303 판결.

게 증여하여 A만이 이를 운행·관리하여 오다가 서로 별거하면서 재산분할 내지 위자료 명목으로 A가 소유하기로 하였는데, 갑이 이를 임의로 운전해 간 경우[586] 자동차 등록명의와 관계없이 갑과 A 사이에서는 A가 소유자이기 때문에 절도죄가 성립한다.

또한 갑이 자신의 어머니 A 명의로 구입·등록하여 A에게 명의신탁한 자동차를 B에게 담보로 제공한 후 B 몰래 가져간 경우 갑이 B가 점유하고 있는 자동차를 임의로 가져간 이상 절도죄가 성립한다.[587] 약정 당사자인 갑과 A 사이의 내부 관계에서는 등록명의자 아닌 갑이 소유권을 보유하게 된다고 하더라도 제3자인 B에 대한 관계에서는 어디까지나 등록명의자 A의 소유이기 때문이다.

부동산 명의신탁에 대해서는 부동산 실권리자명의 등기에 관한 법률의 적용을 받는다. 이에 대해서는 횡령죄에서 자세히 설명한다.

Ⅳ. 재산상 이익

1. 의의

재산상 이익은 재물 이외의 일체의 재산적 가치 있는 이익을 말한다. 재산상 이익에는 재산 증가와 같은 적극적 이익뿐만 아니라, 부채감소와 같은 소극적 이익도 포함하며, 채무면제와 같은 영구적 이익뿐만 아니라 채무이행의 연기와 같은 일시적 이익도 재산상 이익에 포함된다.

2. 법적 성질

가. 법률적 재산설

법률상 인정되는 재산적 권리 및 의무의 총화가 재산상 이익이라는 견해이다. 권리는 법률적 의미이므로, 법적으로 인정되지 않는 불법재산이나 권리가 아닌 사실상의 이익 및 노동력은 형법상 재산상 이익에 해당하지 않는다.

갑이 성매매 대금을 지불할 의사 없이 매춘부 A와 성관계를 맺은 이른바 매춘부 사례에서 매춘부의 불법한 성적 서비스는 형법상 재산상 이익에 해당하지 않으므로 갑에 대하여 사기죄의 성립은 부정된다.

---

586) 대법원 2013.2.28. 선고 2012도15303 판결.

587) 대법원 2012.4.26. 선고 2010도11771 판결.

나. 경제적 재산설

개인에 속하는 경제적 이익의 총체가 재산상 이익이라는 견해이다. 경제적 기준이 그 판단기준이 되며, 사실상 경제적 가치가 있는 이익이라면 민법상 권리가 아닐지라도 재산상 이익에 해당한다. 다수설과 판례의 입장이다.[588] 정당한 재화뿐만 아니라 노동력, 정보 등 경제적 가치가 있으면 재산상 이익에 해당하며, 반사회질서의 법률행위를 근거로 무효인 청구권, 기타 불법으로 획득한 불법재산도 재산상 이익에 포함된다.

일반적으로 부녀와의 성행위 자체는 경제적으로 평가할 수 없지만, 부녀가 금품 등을 받을 것을 전제로 성행위를 하는 매춘부 사례에서 매춘부의 불법한 성적 서비스도 형법상 재산상 이익에 속한다고 보아 사기죄의 성립을 긍정한다.[589]

다. 법률적·경제적 재산설

경제적 가치 있는 이익 중에서 법적으로 승인된 것만이 재산상 이익이라는 견해이다.[590] 법적으로 정당한 근거가 있다면 사실상 수익 가능성까지도 형법상 재산에 포함한다.

매춘부 사례에서 불법한 성적 서비스는 법질서의 보호를 받지 못하기 때문에 형법상 재산상 이익이 되지 못하며, 사기죄의 성립을 부정한다.

라. 판례

판례에 나타난 재산상 이익 유형을 보면 채무의 면제나 채무 변제의 유예,[591] 부동산에 근저당권을 설정한 경우 피담보채무액 상당의 이익, 자금대여나 지급보증,[592] 다른 사람이 재물 또는 재산상 이익을 받음으로써 부정한 청탁을 받은 자가 그만큼 지출을 면하게 되는 경우,[593] 부녀가 금품 등을 받을 것을 전제로 성행위를 하는 경우 그 행위의 대가,[594] 비트코인[595] 등과 같이 '환금 또는 환가 가능성'이 있어 그에 대한 경제적 평가가 비교적

---

588) 김성돈, 333면; 손동권/김재윤, 325면; 오영근/노수환, 255면; 이재상/장영민/강동범, 300면; 임웅/이현정/박성민, 382면; 정성근/박광민, 286면.

589) 대법원 2001.10.23. 선고 2001도2991 판결.

590) 김일수/서보학 319면; 배종대, 414면.

591) 피고인이 피해자들을 기망하여 부동산을 매도하면서 매매대금 중 일부를 피해자들의 피고인에 대한 기존 채권과 상계하는 방법으로 지급받아 채무 소멸의 재산상 이익을 취득한 경우(대법원 2012.4.13. 선고 2012도1101 판결); 대법원 1983.11.8. 선고 83도1723 판결.

592) 대법원 2013.9.26. 선고 2013도5214 판결.

593) 대법원 2017.12.7. 선고 2017도12129 판결; 대법원 2017.12.7. 선고 2017도12129 판결.

594) 대법원 2001.10.23. 선고 2001도2991 판결; 대법원 1983.2.8. 선고 82도2714 판결.

595) 대법원 2021.11.11. 선고 2021도9855 판결; 다만 가상자산의 경우 내재적 가치는 없기 때문에 이를 기초로 재산상 이익의 가액을 평가할 수 없으며, 그 '실질적 교환가치'가 얼마인지는 시장에서 거래되는 가격을 기준으로 할 수밖에 없다. 암

용이한 경우에는 해당 객체가 재산상 이익에 해당한다.

나아가 판례는 이에 한정하지 않고 '재산상 이익을 얻을 외견상 가능성이나 지위'까지 그 범위를 점차 확대하고 있다. "재산상의 이익은 반드시 사법상 유효한 재산상의 이득만을 의미하는 것이 아니고 외견상 재산상의 이득을 얻을 것이라고 인정할 수 있는 사실관계만 있으면" 된다는 판례,[596] 피해자가 신용카드 매출전표에 허위 서명한 사건에서 "피고인들이 각 매출전표 상의 금액을 지급받을 가능성이 완전히 없어져 버린 것이 아니고 외견상 여전히 그 금액을 지급받을 가능성이 있는 상태"에 있으므로 재산상 이익을 취득하였다고 본 판례,[597] 소송사기에 있어서 소유권보전등기의 말소를 명하는 확정판결은 '대상 토지의 소유권에 대한 방해를 제거하고 그 소유명의를 얻을 수 있는 지위'라는 재산상 이익을 취득한 것,[598] 경제적 이익을 기대할 수 있는 자금운용의 권한 내지 지위의 획득[599]도 재산상 이익에 해당한다고 한다.

마. 결론

재산상 이익은 '경제적 이익의 총체 또는 전체적으로 고찰할 때 재산 상태의 증가를 가져오는 일체의 이익 내지 가치'이며, 재산상 이익의 발생 여부는 '경제적 관점에서 실질적으로 판단'해야 한다. 재산상 이익의 개념 요소 중 가장 기초적인 요소는 '환금 또는 환가 가능성'이다. 재산상 이익의 가액은 특별한 사정이 없다면 재산상 이익의 시장가치, 즉 '객관적 교환가치'를 의미한다. 특정 재물이나 재산상 이익이 가지는 가치는 그 재물이 실제 거래된 가격이나 실제 제시되고 있는 가격, 시장가치에 대한 감정 가액 등 개별적·구체적 사례를 고려하여 종합적으로 평가할 수밖에 없다.

V. 점유

1. 점유의 개념

형법상 점유는 물건에 대한 물리적·현실적 작용에 의하여 인정되는 순수한 사실상의 지배관계를 말한다. 형법상 점유 개념은 민법에 비하여 보다 사실적인 개념으로 민법의 법

호화폐 또는 가상자산의 형법적 성격에 대해서 최호진, 암호화폐 또는 가상자산의 형법적 성격, 형사법연구 제34권 제3호(2022), 241면 이하 참조.

596) 대법원 1994.2.22. 선고 93도428 판결.

597) 대법원 1997.2.25. 선고 96도3411 판결.

598) 대법원 2006.4.7. 선고 2005도9858 전원합의체 판결.

599) 대법원 2012.9.27. 선고 2011도282 판결.

적·규범적 성격을 가진 간접점유와 상속에 의한 점유의 이전은 형법상 인정되지 않는다. 또한 점유보조자의 점유의 경우 민법상 점유로 인정되지 않지만, 형법상으로는 점유로 인정된다. 재물을 사실상으로 지배하는지 여부는 재물의 크기·형상, 그 개성의 유무, 점유자와 재물과의 시간적·장소적 관계 등을 종합하여 사회통념에 비추어 결정되어야 한다.[600)]

【정리】 민법상 점유 개념과 형법상 점유 개념 비교

	민법의 점유	형법의 점유
성질	법적·규범적	사실적·현실적
간접점유	○	×
법인의 점유	○	×
점유개정	○	×
점유의 상속	○	×
점유보조자의 점유	×	○

판례 점유의 상속과 절도죄 성립 여부

【판결요지】 [1] 절도죄란 재물에 대한 타인의 점유를 침해함으로써 성립하는 것이다. 여기서의 '점유'라고 함은 현실적으로 어떠한 재물을 지배하는 순수한 사실상의 관계를 말하는 것으로서, 민법상의 점유와 반드시 일치하는 것이 아니다. 물론 이러한 현실적 지배라고 하여도 점유자가 반드시 직접 소지하거나 항상 감수(監守)하여야 하는 것은 아니고, 재물을 위와 같은 의미에서 사실상으로 지배하는지 여부는 재물의 크기·형상, 그 개성의 유무, 점유자와 재물과의 시간적·장소적 관계 등을 종합하여 사회통념에 비추어 결정되어야 한다. 그렇게 보면 종전 점유자의 점유가 그의 사망으로 인한 상속에 의하여 당연히 그 상속인에게 이전된다는 민법 제193조는 절도죄의 요건으로서의 '타인의 점유'와 관련하여서는 적용의 여지가 없고, 재물을 점유하는 소유자로부터 이를 상속받아 그 소유권을 취득하였다고 하더라도 상속인이 그 재물에 관하여 위에서 본 의미에서의 사실상의 지배를 가지게 되어야만 이를 점유하는 것으로서 그때부터 비로소 상속인에 대한 절도죄가 성립할 수 있다.

[2] 피고인이 내연관계에 있는 갑과 아파트에서 동거하다가, 갑의 사망으로 갑의 상속인 을 및 병 소유에 속하게 된 부동산 등기권리증 등 서류들이 들어 있는 가방을 위 아파트에서 가지고 가 절취하였다는 내용으로 기소된 사안에서, 피고인이 갑의 사망 전부터 아파트에서 갑과 함께 거주하였고, 갑의 자식인 을 및 병은 위 아파트에서 전

600) 대법원 2012.4.26. 선고 2010도6334 판결.

혀 거주한 일이 없이 다른 곳에서 거주·생활하다가 갑의 사망으로 아파트 등의 소유권을 상속하였으나, 을 및 병이 갑 사망 후 피고인이 가방을 가지고 가기까지 그들의 소유권 등에 기하여 아파트 또는 그곳에 있던 가방의 인도 등을 요구한 일이 전혀 없는 사정 등에 비추어, 피고인이 가방을 들고 나온 시점에 을 및 병이 아파트에 있던 가방을 사실상 지배하여 점유하고 있었다고 볼 수 없어 피고인의 행위가 을 등의 가방에 대한 점유를 침해하여 절도죄를 구성한다고 할 수 없는데도, 이와 달리 보아 절도죄를 인정한 원심판결에 절도죄의 점유에 관한 법리오해 등의 위법이 있다고 한 사례(대법원 2012.4.26. 선고 2010도6334 판결).

【해설】 갑의 사망으로 인하여 가방에 대하여 갑의 상속인인 을과 병에게 점유가 이전되었다면 피고인이 이것을 가지고 간 것은 타인소유 타인점유의 물건을 절취한 절도죄에 해당한다. 민법에 따를 경우 상속으로 인하여 점유의 이전이 인정되지만, 형법상 점유는 순수한 사실상 지배관계를 의미하므로 가방에 대하여 상속인에게 점유가 이전되었다고 볼 수 없다. 피고인의 경우 가방에 대하여 자기가 점유하고 있는 것으로 보아야 한다. 따라서 피고인은 타인소유, 자기점유의 물건에 대하여 횡령한 것이며, 횡령죄가 성립한다고 볼 수 있다.

2. 점유의 개념요소

형법상 점유가 인정되기 위해서는 객관적·물리적 요소로서 '점유사실'(지배사실)과 주관적·정신적 요소로서 '점유의사'(지배의사)가 있어야 한다. 이러한 점유 개념은 사회적·규범적 요소에 의하여 점유의 범위가 확대·제한되거나 부정되기도 한다.

가. 객관적·물리적 요소: 점유사실

점유사실은 재물에 대해서 사실상 지배하고 있는 상태를 의미한다. 점유사실이 인정되기 위해서는 밀접한 시간적·장소적 관련성이 존재해야 한다. 재물을 악지(握持) 또는 감시(監視)하고 있는 경우와 같이 실력적 지배가 있는 상태를 말한다.

사실적 처분가능성이 존재하면 충분하며, 재물에 대한 법적 처분권까지 있을 필요는 없다. 따라서 갑이 절도범 A가 절취한 물건을 다시 훔친 경우 절도범에게도 절취장물에 대한 점유가 인정되기 때문에 절도죄가 성립한다. 법적 처벌권까지 있을 필요는 없고, 사실적 처분가능성만 있으면 충분하기 때문이다.

나. 주관적·정신적 요소: 점유의사

점유의사는 재물을 자기의 의사에 따라 관리·지배하려는 사실적 의사를 의미한다. 점유의사는 순수한 사실상 지배의사를 말하여, 소유의 의사, 영득의사가 아니다. 법적 처분권·행위능력은 불필요하다. 따라서 유아 또는 정신질환자의 점유도 인정되지만, 법인의 점유의사는 부정된다.

재물지배의 의사는 특정한 재물에 대한 구체적 지배의사가 아니라 일반적 지배의사를 의미한다. 개개의 재물의 소재에 대한 인식은 필요 없다. 우편함 속의 물건은 그 함에 투입되는 순간부터 주인에게 점유가 인정되며, 집안에서 잃어버린 물건의 경우 집주인의 점유로, 여관에서 손님이 두고 간 물건은 여관주인의 점유로 인정된다.

재물지배의사는 잠재적 지배의사를 말하며, 현실적 지배의사일 필요는 없다. 따라서 수면자·일시적 의식상실자의 점유도 인정된다.

다. 사회적·규범적 요소

형법의 점유는 객관적·주관적 요소에 의해서만 결정되는 것이 아니라, 거래계의 경험칙과 같은 사회적·규범적 요소에 따라 고려해야 한다. 이러한 사회적·규범적 요소에 의해 점유의 개념이 확대되거나 축소되는 경우가 있다.

(1) 점유의 개념이 확대되는 경우

사회적·규범적 요소에 의해 점유의 개념이 '확대'되는 경우로 휴가 떠난 빈집의 물건, 도로변에 세워 둔 자동차, 강간 피해자가 현장에 두고 손가방[601]과 같이 시간적·장소적으로 일시적 이탈이 있어도 '정신적 점유'가 인정되는 경우에는 형법상 점유가 인정된다. 소유자가 물건을 일정 장소에 두고 간 경우 소유자가 그 소재를 알고 이를 찾을 수 있는 경우에는 정신적 점유가 인정되기 때문에 형법상 소유자의 점유가 인정된다. 하지만 소유자가 그 소재를 모르는 경우에는 형법상 점유가 인정되지 않는다.

소유자가 다른 사람의 배타적 지배범위 내에 두고 온 경우에는 관리자의 점유가 인정된다. 물론 이 경우에도 소유자의 정신적 점유가 인정되면 소유자와 관리자의 공동점유가 된다. 하지만 시내버스, 지하철, 백화점 등 공중의 출입이 자유롭고 빈번한 곳에 방치되어 있는 경우에는 관리자의 배타적 지배가 미치기 어렵기 때문에 관리자의 점유가 인정되기 어렵다.

601) 대법원 1984.2.28. 선고 84도38 판결.

판례 **분실물 또는 유류물에 대한 판례**

① 어떤 물건을 잃어버린 장소가 당구장과 같이 타인의 관리 아래 있을 때에는 그 물건은 그 관리자의 점유에 속한다. 따라서 그 관리자가 아닌 제3자가 이를 취거하는 것은 유실물횡령이 아니라 절도죄에 해당한다(대법원 1984.4.25. 선고 88도409 판결).

② 고속버스의 운전사는 고속버스의 간수자로서 차내에 있는 승객의 물건을 점유하는 것이 아니고 승객이 잊고 내린 유실물을 교부받을 권능을 가질 뿐이므로 유실물을 현실적으로 발견하지 않는 한 이에 대한 점유를 개시했다고 할 수 없고, 그 사이에 다른 승객이 유실물을 발견하고 이를 가져갔다면 절도죄에 해당하지 않고 점유이탈물횡령죄에 속한다(대법원 1993.3.16. 선고 92도3170 판결).

③ 승객이 두고 내린 지하철의 전동차 바닥이나 선반 위에 있던 물건을 타인이 가져간 경우, 지하철 승무원은 유실물법상 간수자로서 승객이 잊고 내린 유실물을 교부받을 권능을 가질 뿐 전동차안에 있는 승객의 물건을 점유한다고 할 수 없고, 그 유실물을 현실적으로 발견하지 않는 한 이에 대한 점유를 개시했다고 할 수 없으므로, 그 사이에 위와 같은 유실물을 발견하고 가져간 행위는 점유이탈물횡령죄에 해당함은 별론으로 하고 절도죄에 해당하지 않는다(대법원 1999.11.26. 선고 99도3963 판결).

④ 강간을 당한 피해자가 도피하면서 현장에 놓아두고 간 손가방은 점유이탈물이 아니라 사회통념상 피해자의 지배하에 있는 물건이라고 보아야 할 것이므로 피고인이 그 손가방 안에 들어 있는 피해자소유의 돈을 꺼낸 소위는 절도죄에 해당한다(대법원 1984.2.28. 선고 84도38 판결).

⑤ 피해자가 피씨방에 두고 간 핸드폰은 피씨방 관리자의 점유하에 있어서 제3자가 이를 취한 행위는 절도죄를 구성한다(대법원 2007.3.15. 선고 2006도9338 판결).

(2) 점유의 개념이 제한되는 경우

사회적·규범적 요소에 의해 점유의 개념이 '제한'되는 경우는 사실상 재물지배와 지배의사가 인정되어도 점유가 부정되는 경우이다. 예를 들면 음식점에서 손님이 사용하는 그릇의 경우 손님이 사실상 재물지배와 지배의사가 있지만 손님의 점유가 아니라 주인의 점유로 인정된다.

또한 이른바 책략절도와 같이 기망행위가 점유취득의 수단이 된 경우 절도죄가 되는지 아니면 사기죄가 되는지 문제된다. 처분행위가 피기망자의 직접적 행위의 결과로 행해진 때에는 사기죄가 성립하지만, 행위자의 별도의 행위에 의하여 점유를 확보한 경우에는 절도죄가 된다.[602] 예식장 축의금 접수대에서 접수인인 것처럼 행세하여 축의금을 교부받은

602) 책략절도에 대해서는 절도죄와 사기죄에서 자세히 설명한다. 김성돈, 300면; 김일수/서보학, 288면; 배종대, 374면.

가짜 혼주의 경우 점유의사와 점유사실을 인정할 수 있지만 사회적·규범적 관점에서 점유가 부정된다. 다른 사람의 휴대전화를 잠깐 보겠다고 하면서 건네받자마자 그대로 도주한 경우 휴대전화에 대한 점유를 인정할 수 없으며, 금은방에서 귀금속을 구입하지 않고 달아날 의사를 가진 자가 진의를 숨긴 채 주인에게 목걸이를 건네받고 화장실에 가는 것처럼 도주한 경우에도 사회적·규범적 의미에서 점유의 이전이 있다고 볼 수 없다.

판례 결혼식 축의금 절취 사건

【사실관계】 갑은 결혼예식장에서 신부측 축의금 접수인 것처럼 행세하고, 하객들이 피고인에게 축의금을 내어 놓자 이를 받은 후 신부측 접수대에 전달하지 않고 이를 가로챘다.

【판결요지】 피해자가 결혼예식장에서 신부측 축의금 접수인인 것처럼 행세하는 피고인에게 축의금을 내어 놓자 이를 교부받아 가로챈 사안에서, 피해자의 교부행위의 취지는 신부측에 전달하는 것일 뿐 피고인에게 그 처분권을 주는 것이 아니므로, 이를 피고인에게 교부한 것이라고 볼 수 없고 단지 신부측 접수대에 교부하는 취지에 불과하므로 피고인이 그 돈을 가져간 것은 신부측 접수처의 점유를 침탈하여 범한 절취행위라고 보는 것이 정당하다(대법원 1996.12.20. 선고 96도2227 판결).

【해설】 피고인의 경우 점유의사와 점유사실을 인정할 수 있지만 사회적·규범적 관점에서 축의금에 대한 점유는 피고인인 가짜 혼주가 아니라 진짜 혼주에게 있다. 따라서 행위자의 입장에서는 진짜 혼주의 점유를 침탈한 것으로 사기죄가 아니라 절도죄가 성립한다. 행위자의 점유확보가 점유침탈의 수단으로 이용된 것이라고 볼 수 있기 때문이다.

3. 점유의 주체

가. 자연인

자연인만이 점유의 주체가 되고 법인의 점유는 부정된다. 법인의 소유물에 대해서는 그 대표기관인 자연인이 법인을 위하여 사실상의 지배를 하는 것이다. 자연인이면 의사능력·책임능력을 불문한다. 따라서 유아·정신질환자·명정자의 점유도 인정된다.

나. 사자(死者)의 점유

(1) 원칙

사자(死者), 즉 죽은 사람은 점유의사를 가질 수 없으며, 사자의 점유사실도 인정할 수 없기 때문에 원칙적으로 사자의 점유는 인정되지 않는다. 따라서 죽은 사람이 가지고 있었던 휴대품은 원칙적으로 점유이탈물이 되며, 이를 가져 간 경우 점유이탈물횡령죄가 된다.

(2) 절취의 의사를 가지고 사람을 살해한 후 그의 재물을 영득한 경우

절취의 의사를 가지고 사람을 살해한 후 그의 재물을 영득한 경우 피해자가 생전에 가지고 있던 점유를 살해·탈취 등 일련의 행위에 의해 침해하는 것이므로 일련의 행위를 전체적으로 고찰하여 피해자의 생전 점유를 인정한다. 따라서 이 경우 강도살인죄가 된다는 것이 통설과 판례의 입장이다.

(3) 살해 후 절취의사가 생겨서 피해자의 재물을 영득한 경우

(가) 쟁점

행위자가 피해자를 살해한 후 절취 의사가 생겨서 그의 재물을 영득한 경우, 살인죄 외에 점유이탈물횡령죄가 성립하는지 아니면 절도죄가 성립하는지에 대하여 견해의 대립이 있다.

(나) 학설과 판례

점유이탈물횡령죄설은 사망에 의해 재물이 피해자의 지배를 떠났기 때문에 점유의사가 없으므로 죽은 사람의 점유를 인정할 수 없고, 상속에 의한 점유의 이전도 인정되지 않으므로 상속인의 점유도 부정된다. 따라서 죽은 사람의 재물을 취거하는 행위는 점유이탈물횡령죄가 성립한다는 견해이다. 이 경우 살인죄와 점유이탈물횡령죄의 경합범이 된다.
절도죄설은 피해자의 사망과 시간적·장소적으로 근접한 범위 내에 있다면 사망 후에도 생전의 점유는 계속되므로 절도죄가 성립한다는 견해로 판례의 입장이다. 이 경우 살인죄와 절도죄의 경합범이 된다.

판례 살해된 피해자의 재물에 대한 점유

【사실관계】 갑은 A의 자취방을 찾아가 술을 마시던 중 A와 말다툼을 하던 끝에 격분하여 그 곳 부뚜막에 있는 부엌칼을 집어 들고 A를 살해한 뒤, 방에서 술에 취하여 4시간 30분쯤 잠이 들었다가 일어나 벽에 걸려 있는 A 명의의 예금 900만원이 예금된 통장 1개, 도장 1개, 현금 10만원이 들어 있는 A의 점퍼를 입고 나와 그 날 오전에 은행에 가서 A 명의의 예금청구서를 작성·제출하여 예금을 수령하였다.
【판결요지】 [1] <u>피해자를 살해한 방에서 사망한 피해자 곁에 4시간 30분쯤 있다가 그 곳 피해자의 자취방 벽에 걸려 있던 피해자가 소지하는 물건들을 영득의 의사로 가지</u>

고 나온 경우 피해자가 생전에 가진 점유는 사망 후에도 여전히 계속되는 것으로 보아야 한다.

[2] 사망자 명의로 된 문서라고 할지라도 그 문서의 작성일자가 명의자의 생존 중의 날짜로 된 경우 일반인으로 하여금 사망자가 생존 중에 작성한 것으로 오신케 할 우려가 있으므로, 비록 시간적으로 피해자의 사망 이후에 피해자 명의의 문서를 위조하고 이를 행사한 것이라 하더라도 사문서위조죄와 동행사죄가 성립한다(대법원 1993.9.28. 선고 93도2143 판결).

【해설】 이 사안에 대하여 판례는 점퍼에 대해서 피해자가 생전에 가진 점유가 사망 후에도 여전히 계속된다는 이유로 절도죄의 성립을 인정하였다. 피해자의 사망과 시간적·장소적으로 근접한 범위 내에 있다고 평가한 것이다. 또한 피해자명의의 예금청구서를 작성한 것과 관련해서는 그 작성일자가 명의인인 피해자의 생존일자이기 때문에 일반인으로 하여금 피해자가 작성한 것으로 오신케 할 우려가 있기 때문에 사문서위조죄가 성립하며, 이를 은행원에게 제시한 것은 동행사죄가 성립한다. 예금수령에 대해서는 사기죄를 인정했다.

(다) 결론

생각건대, 살해 후 피해자의 재물을 영득한 경우는 재물이 행위자와 관련 없는 제3의 원인에 의하여 이탈된 것이 아니라, 오히려 행위자가 피해자의 점유를 이탈시켰다는 점을 중시한다면 절도로 보는 것이 타당하다. 절도죄가 성립한다고 하더라도 피해자의 생전 점유를 어느 정도 인정할 수 있는지 문제된다. 살해행위와 재물의 취거행위를 전체적으로 파악하여 양자가 불가분의 관계에 있다고 판단할 경우에는 절도죄가 성립하는 것으로 보는 것이 타당하다. 이는 영득한 재물과 사자와의 장소적인 거리, 시간의 경과 정도, 피해자의 사망 장소가 주거 내부인지 외부인지 등을 종합적으로 고려하여 사회통념에 따라 판단할 수밖에 없다.

4. 점유의 타인성과 공동점유

가. 쟁점

절도죄의 객체는 타인이 점유하는 재물이므로 타인의 점유는 그 재물이 행위자의 단독점유에 속하지 않는 것을 말한다. 공동점유도 행위자의 단독점유에 속하지 않기 때문에 타인의 점유에 해당한다. 공동점유는 다수인이 재물에 대하여 사실적 지배를 하는 것을 말한다. 공동점유의 유형으로 대등관계에 의한 공동점유와 상하관계에 의한 공동점유로 나누어 볼 수 있다.

나. 대등관계에 의한 공동점유

대등관계에 의한 공동점유의 경우 공동점유자 상호 간에 점유의 타인성을 인정한다. 따라서 1인이 다른 점유자의 동의 없이 단독점유로 옮기면 절도죄가 성립한다. 따라서 동업관계로 수입된 금전을 일방이 임의로 소비한 경우,[603] 조합원의 1인이 공동점유에 속하는 합유물건을 다른 조합원의 승낙 없이 단독점유로 옮긴 경우,[604] 피해자와 동업자금으로 구입하여 피해자가 관리하고 있던 다이야포크레인 1대를 그의 허락 없이 다른 사람으로 하여금 운전하여 가도록 한 행위[605]는 절도죄가 성립한다.

다. 상하관계에 의한 공동점유

상하관계에 의한 공동점유의 경우 다시 비독립적 점유와 독립적 점유로 나누어 살펴볼 필요가 있다. 비독립적 점유의 경우 상하 주종관계에 의하여 종속적 지위에 있는 종업원에게 점유를 인정할 수 있는가에 대하여 통설과 판례는 종업자는 사실상 재물을 지배·감시하고 있을지라도 이는 주인의 지시에 따라 기계적으로 행동할 뿐이므로 주인의 단독점유만이 성립한다고 한다. 따라서 종업원이 상품을 영득하면 절도죄가 성립한다.

독립적 점유의 경우는 다시 신뢰관계 유무에 따라 나누어 고찰한다. 종업원이 사실상 지배하고 있는 재물에 대해서 상하 간에 고도의 신뢰관계가 있어서 어느 정도의 처분권이 위임되어 있는 경우에는 종업원의 단독점유를 인정하여 이를 영득하면 횡령죄가 성립한다.

대법원 판례에 따르면 주인이 외출하면서 금고와 오토바이 열쇠를 맡기며 배달된 상품대금을 지급할 것을 위탁받은 종업원은 금고의 돈과 오토바이에 대한 단독점유가 인정되므로 종업원이 금고의 돈을 훔쳐 오토바이를 타고 도망한 경우 횡령죄가 성립하고,[606] 평소 오토바이 열쇠를 보관하고 있던 피고인이 피해자의 승낙을 받고 그의 심부름으로 오토바이를 타고 가서 수표를 현금으로 바꾼 뒤 마음이 변하여 그대로 도망한 경우 오토바이와 현금에 대한 횡령죄가 성립한다.[607] 화물자동차의 운전자가 운반 중인 재물을 영득한 때에는 운전자의 단독점유를 인정하여 횡령죄가 성립한다고 보는 것이 판례의 입장이다.

하지만 철도와 같이 운행표에 따라 일정한 노선을 운행하는 차량의 경우에는 그 차량 내에 있는 화물에 대하여 운전자의 단독점유는 부정되며, 그 화물은 철도공사와 공동점유가 된다. 따라서 이를 영득하면 절도죄가 성립한다. 운행 중인 지하철 전동차 선반 위

603) 대법원 1965.1.19. 선고 64도536 판결.
604) 대법원 1982.12.28. 선고 82도2058 판결.
605) 대법원 1990.9.11. 선고 90도1021 판결.
606) 대법원 1982.3.9. 선고 81도3396 판결.
607) 대법원 1986.8.19. 선고 86도1093 판결.

에 승객이 잊고 가버린 가방의 경우 점유를 이탈한 물건으로 이를 영득하면 점유이탈물횡령죄가 성립한다.[608] 이는 운전자에 대한 위탁자의 현실적인 감독과 통제가 가능한가라는 것이 기준이 되기 때문이다.

라. 피해자의 위탁에 의한 보관관계

위탁자로부터 위임을 받은 운반자의 경우 의뢰자의 현실적 지배·감독이 불가능한 경우에는 운반자의 단독점유를 인정하지만, 의뢰자의 현실적 지배·감독이 가능한 경우에는 의뢰자에게 점유가 인정된다. 판례도 같은 입장이다.

판례 물건의 운반을 의뢰받은 짐꾼이 그 물건을 영득한 경우 횡령죄의 성부

【판결요지】 피해자가 서울시내 평화시장 내의 한 가게에서 판시 의류 48장을 매수하여 이를 묶어서 그곳에 맡겨 놓은 후 그곳에서 약 50미터 떨어져 위 가게를 살펴볼 수 없는 딴 가게로 가서 지게짐꾼인 피고인을 불러 위 가게에 가서 맡긴 물건을 운반해 줄 것을 의뢰하자 피고인은 그 가게에 가서 위에 맡긴 물건을 찾아 피해자에게 운반하여 주지 아니하고 용달차에 싣고가 처분하였는바, 위와 같이 피해자로부터 피고인 단독으로 판시 점포에 가서 그 물건을 위반해 올 것을 의뢰받은 것이라면 피고인의 그 운반을 위한 위 물건의 소지 관계는 피해자의 위탁에 의한 보관관계에 있다고 할 것이므로 이를 영득한 행위를 횡령죄로 의율한 것은 정당하다.(대법원 1982.11.23. 선고 82도2394 판결)

【해설】 물건의 운반을 의뢰받은 운반자에 대하여 의뢰자가 '가게를 살펴 볼 수 없는' 곳에 위치하고 있어 현실적 지배·감독이 불가능하였다. 따라서 이 경우에는 운반자의 단독점유가 인정되며, 운반자가 이를 그대로 싣고 가 처분을 하였다면 이는 횡령죄가 성립한다.

마. 포장물 위탁의 경우

우편배달원이 배달 중인 우편물 속에 있는 물건을 꺼내어 가진 경우와 같이 봉함된 포장물을 위탁받은 자가 그 내용물을 영득한 경우 내용물에 대한 점유가 위탁자와 보관자 중 누구에게 있는지가 문제된다. 이에 대하여 판례는 포장물 전체는 보관자의 점유이지만, 내용물에 대한 점유는 위탁자에게 있다고 본다.[609] 따라서 임치된 포장물의 경우 전체를 영득하면 횡령죄가 성립하며, 내용물을 영득하면 절도죄가 성립한다. 다수설은 위탁의 취지와 구체적인 형식을 준거로 해서 형식적인 위탁관계인 경우에는 위탁자의 점유이고,

608) 대법원 1999.11.26. 선고 99도3963 판결.

609) 대법원 1956.1.27. 선고 4288형상375 판결.

실질적인 위탁관계인 경우에는 보관자의 점유로 본다.[610)]

VI. 불법영득의사

1. 의의

불법영득의사(不法領得意思)는 권리자를 배제하고 타인의 재물을 자기의 소유물과 같이 그 경제적 용법에 따라 임의로 이용·처분할 의사를 말한다. 불법영득의사의 법적 성격에 대하여 이를 고의의 내용에 불과하다고 보는 견해도 있지만,[611)] 고의 이외의 초과 주관적 구성요건요소로 보는 것이 타당하다.[612)]

2. 절도죄 성립에 있어서 불법영득의사는 필요한가?

가. 쟁점

독일 형법 제242조는 절도죄에 관하여 명문으로 불법영득의 의사가 필요하다고 규정하고 있다. 이와 같은 명문의 규정이 없는 우리 형법의 해석에 있어서도 불법영득의사가 필요한가에 대하여 견해의 대립이 있다. 불법영득의사가 필요한가에 대한 논의는 절도죄와 손괴죄의 구별, 사용절도의 불가벌성의 한계 획정과 관련되어 있다.

나. 학설

필요설은 절도죄가 성립하기 위해서는 불법영득의사가 필요하다고 한다. 통설과 판례의 입장이다. 그 근거로 절도죄의 보호법익은 소유권이므로, 절도죄의 성립에 소유권을 침해한다는 의사로서 불법영득의사가 있어야 함은 당연하며, 형법이 절도죄를 손괴죄보다 무겁게 처벌하는 이유는 절도죄에 있어서는 행위자가 불법영득의사로 점유를 침해하였기 때문이다. 따라서 불법영득의사의 유무에 따라서 가벌적인 절도와 불가벌적인 사용절도를 구별할 수 있다고 한다.

불요설은 우리나라의 경우 독일 형법처럼 불법영득의사를 요구하는 명문 규정이 없으며, 절도죄의 보호법익은 점유이므로, 점유를 침해하는 사실만 있으면 충분하고 다시 불법영득의사를 필요로 하지 않는다. 절도죄를 손괴죄보다 중하게 벌하는 이유는 불법영득

610) 김일수/서보학, 286면; 배종대, 372면; 이재상/장영민/강동범, 267면; 정성근/박광민, 304면.
611) 배종대, 376면; 오영근/노수환, 265면; 정성근/박광민, 310면.
612) 김성돈, 307면; 김일수/서보학, 293면; 임웅/이현정/박성민, 347면.

의사 때문이 아니라 재산적 질서를 혼란시킨다는 행위태양 때문이다. 불법영득의 의사가 없는 사용절도로 재물의 사용으로 피해자에게 중대한 가치의 감소를 초래한 경우에는 절도죄의 성립을 인정해야 한다고 한다. 따라서 불법영득의사는 필요하지 않다고 한다.

다. 판례

판례는 절도죄가 성립하기 위해서는 불법영득의사가 있어야 한다고 한다. 내연관계를 회복시키기 위하여 그가 찾으러 오면 반환하면서 타일러 다시 내연관계를 지속시킬 생각으로 그의 물건을 가져온 경우,[613] 피고인이 피해자의 전화번호를 알아두기 위하여 피해자가 떨어뜨린 전화요금 영수증을 습득한 후 돌려주지 않은 경우,[614] 상사와의 의견 충돌 끝에 항의의 표시로 사표를 제출한 다음 평소 피고인이 전적으로 보관, 관리해 오던 이른바 비자금 관계 서류 및 금품이 든 가방을 들고 나온 경우[615]에는 불법영득의사가 없기 때문에 절도죄가 성립하지 않는다고 한다.

라. 결론

절도죄의 경우 보호법익은 기본적으로 소유권이므로 절도죄가 성립하기 위해서는 행위자가 타인의 재물을 자기 소유물처럼 처분·이용하려는 의사, 다시 말해 소유자의 권리를 배제하고 경제적 이익을 독점하려는 주관적 의사가 있어야 한다. 불법영득의사가 없다면 처벌할 수 있는 절도죄와 처벌할 수 없는 사용절도를 구별할 수 없다. 형법이 명시적으로 불법영득의사를 규정하고 있지 않지만, 불법영득의사는 고의 외에 초과 주관적 구성요건요소에 해당한다.

3. 불법영득의사의 내용

가. 쟁점

불법영득의사가 필요하다는 입장에서 영득의사의 구체적 내용이 무엇인가에 대하여 다시 견해의 대립이 있다. 불법영득의사의 내용을 어떻게 파악하는가에 따라 사용절도, 손괴목적으로 탈취한 경우에 대하여 절도죄 성립 여부가 달라진다.

---

613) 대법원 1992.5.12. 선고 92도280 판결.

614) 대법원 1989.11.28. 선고 89도1679 판결.

615) 대법원 1995.9.5. 선고 94도3033 판결.

나. 학설과 판례

(1) 소유자의사설

불법영득의사는 권리자를 완전히 배제하여 타인의 물건을 자기의 소유물인 것처럼 이용·처분하려는 의사를 내용으로 한다는 견해로 다수설의 입장이다. 불법영득의사는 권리자 배제의사(소극적 요소)와 소유자 의사(적극적 요소)로 구성되어 있다.

따라서 사용절도의 경우 권리자를 영구적으로 완전히 배제하지 못한 것이므로 권리자 배제의사가 없기 때문에 불법영득의사를 인정하지 않아 처벌할 수 없다. 손괴목적의 탈취의 경우 불법영득의사의 요소로서 경제적 이용·처분의사를 인정하지 않고, 손괴·은닉의 의사도 소유권의 내용을 행사하려는 의사로 보기 때문에 절도죄가 성립한다.

(2) 향익설

불법영득의사는 타인의 재물로부터 무엇인가 경제적 이익을 취득할 의사를 내용으로 한다는 견해이다. 불법영득의사는 경제적 이용·처분의사만으로 구성된다.

따라서 사용절도의 경우 일시적으로 타인의 재물을 사용하여 이득할 의사가 있으므로 절도죄가 성립하며, 손괴목적의 탈취의 경우 경제적 이용이 아니므로 절도죄는 성립하지 않으며 손괴죄가 성립한다.

(3) 경제적 용법설

불법영득의사는 권리자를 배제하고 타인의 재물을 자기의 소유물과 같이 그 경제적 용법에 따라서 이용·처분하려는 의사를 내용으로 한다는 견해로 대법원 판례의 태도이다.[616] 영구적으로 물건의 경제적 이익을 보유할 의사일 필요는 없다.[617] 따라서 불법영득의사는 권리자 배제의사, 소유자 의사뿐만 아니라 경제적 이용·처분의사로 구성된다.

사용절도의 경우 권리자 배제의사가 없으므로 절도죄는 성립하지 않으며, 손괴목적의 탈취의 경우 경제적 이용·처분의사가 없으므로 절도죄가 아니라 손괴죄가 성립한다.

다. 결론

불법영득의사는 원래의 소유권자를 그 지위에서 배제시키려는 소극적 요소(소유자 배제의사)와 소유권자에 유사한 지위를 향유하려는 적극적 요소(소유권 향유의사)로 이루어져 있다. 소극적 요소는 재물에 대한 기존의 소유자의 지위를 배제시키려는 의사를 말하며, 이

616) 대법원 1999.4.9. 선고 99도519 판결.
617) 대법원 2012.7.12. 선고 2012도1132 판결.

러한 의사는 반드시 영구적 내지 지속적이어야 한다. 따라서 사용한 뒤 반환할 의사를 가진 이른바 사용절도는 불법영득의사가 없기 때문에 원칙적으로 처벌할 수 없다.

적극적 요소는 타인의 재물에 대하여 자기 또는 제3자로 하여금 소유자의 지위와 유사한 지위를 취득하게 할 의사를 말한다. 따라서 노트북 컴퓨터의 화면을 망치로 내리쳐 파손시킨 경우는 소유자의 지위를 향유하려는 적극적 의사가 없으므로 절도죄는 성립하지 않으며, 손괴죄가 성립할 수 있다.

대법원 판례에 따르면 불법영득의사는 권리자 배제의사, 소유자 의사뿐만 아니라 경제적 이용·처분의사로 구성된다. 경제적 이용·처분의사를 추가적으로 언급하는 것은 비경제적인 처분인 손괴를 절도와 구별하기 위한 취지로 보인다. 하지만 경제적 이용·처분의사는 사실상 소유자 의사에 포함되어 있는 것이므로 굳이 경제적 용법을 추가적으로 요구할 필요는 없다고 생각한다. 손괴죄는 불법영득의사를 필요로 하지 않는 훼기죄라는 점을 고려한다면 더욱 그러하다.

판례 불법영득의사를 부정한 판례

① 군인이 총기를 분실하고 그를 보충하기 위하여 총기를 취거한 경우에는 불법영득의 의사가 있다고 할 수 없다(대법원 1977.6.7. 선고 77도1069 판결).
② 피고인이 피해자 등과 말다툼을 하면서 시비하는 중에 그들 중 일행이 피고인을 식칼로 찔러 죽이겠다고 위협을 하여 주위를 살펴보니 식칼이 있어 이를 갖고 파출소에 가져가 협박의 증거물로 제시하였다면, 가사 피고인의 위 협박의 신고내용이 허위라고 하더라도 불법영득의 의사가 있었다고 할 수는 없다(대법원 1986.7.8. 선고 86도354 판결).
③ 타인의 인감도장을 책상서랍에서 몰래 꺼내어 가지고 가서 차용금증서의 연대보증인란에 날인한 후 곧 제자리에 넣어둔 경우(대법원 1987.12.8. 선고 87도1959 판결).
④ 가구회사 디자이너 개인에게 임의처분이 허용되어 왔고, 피고인은 회사로부터 부당하게 징계를 받았다고 생각하고 노동위원회에 구제신청을 하면서 자신이 그동안 회사업무에 충실하였다는 사실을 입증하기 위한 자료로 삼기 위하여 이를 가지고 나온 것이라면 피고인에게 위 도면들에 대한 불법영득의 의사가 있었다고 볼 수 없다고 한 사례(대법원 1992.3.27. 선고 91도2831 판결).
⑤ 사촌형제인 피해자와의 분규로 재단법인 이사장직을 사임한 뒤 피해자의 집무실에 찾아가 잘못을 나무라는 과정에서 화가 나서 피해자를 혼내주려고 피해자의 가방을 들고 나온 경우(대법원 1993.4.13. 선고 93도328 판결).
⑥ 내연관계에 있던 여자가 계속 회피하며 만나 주지 않자 내연관계를 회복시켜 볼 목적으로 그녀의 물건을 가져 와 보관한 후 이를 찾으러 오면 그 때 그 물건을 반환하면서 타일러 다시 내연관계를 지속시킬 생각으로 물건을 가져 왔고 그녀의 가족에게 그

사실을 그녀에게 연락하라고 말하였으며 그 후 이를 보관하고 있으면서 이용 내지 소비하지 아니한 경우(대법원 1992.5.12. 선고 92도280 판결).

⑦ 상사와의 의견 충돌 끝에 항의의 표시로 사표를 제출한 다음 평소 피고인이 전적으로 보관, 관리해 오던 이른바 비자금 관계 서류 및 금품이 든 가방을 들고 나온 경우(대법원 1995.9.5. 선고 94도3033 판결).

⑧ 타인의 신용카드를 임의로 가지고 가 현금자동지급기에서 현금을 인출한 후 곧바로 반환한 경우 이를 사용하여 현금자동지급기에서 현금을 인출하였다 하더라도 신용카드 자체가 가지는 경제적 가치가 인출된 예금액만큼 소모되었다고 할 수 없으므로, 이를 일시 사용하고 곧 반환한 경우에는 불법영득의 의사가 없다(대법원 1999.7.9. 선고 99도857 판결).

⑨ 갑이 짝사랑하던 A녀의 승낙없이 A녀와 혼인한 것으로 혼인신고서를 작성하기 위하여 A녀의 집 안방 화장대 서랍에서 A녀의 승낙없이 도장을 몰래 꺼내어 이를 이용하여 혼인신고서를 작성한 후 곧바로 도장을 제자리에 갖다 놓은 경우(대법원 2000.3.28. 선고 2000도493 판결).

⑩ 살인 범행의 증거를 인멸하기 위하여 살해도구로 이용한 골프채와 옷 등 다른 증거품들과 함께 자신의 차량에 싣고 가다가 쓰레기 소각장에서 태워버린 경우(대법원 2000.10.13. 선고 2000도3655 판결).

⑪ 은행이 발급한 직불카드를 사용하여 타인의 예금계좌에서 자기의 예금계좌로 돈을 이체시켰다 하더라도 직불카드 자체가 가지는 경제적 가치가 계좌이체된 금액만큼 소모되었다고 할 수는 없으므로, 이를 일시 사용하고 곧 반환한 경우에는 그 직불카드에 대한 불법영득의 의사는 없다(대법원 2006.3.9. 선고 2005도7819 판결).

판례 불법영득의사를 인정한 판례

① 피고인이 길가에 세워져 있는 오토바이를 소유자의 승낙 없이 타고 가서 용무를 마친 약 1시간 30분 후 본래 있던 곳에서 약 7, 8미터 되는 장소에 방치한 경우(대법원 1981.10.13. 선고 81도2394 판결).

② 길가에 세워 둔 시동이 걸린 타인의 자동차를 함부로 운전하여 200m가량 간 경우(대법원 1992.9.22. 선고 92도1949 판결).

③ 범행을 저지르고 도주하기 위하여 피고인이 근무하던 중국집 앞에 세워져 있는 오토바이를 소유자의 승낙 없이 타고 가서 00호텔 부근에 버린 다음 버스를 타고 광주로 가버린 경우(대법원 2002.9.6. 선고 2002도3465 판결).

④ 타인의 예금통장을 무단사용하여 예금을 인출한 후 바로 예금통장을 반환하였다 하더라도 그 사용으로 인한 위와 같은 경제적 가치의 소모가 무시할 수 있을 정도로 경미한 경우가 아닌 이상, 예금통장 자체가 가지는 예금액 증명기능의 경제적 가치에 대한 불법영득의 의사를 인정할 수 있으므로 절도죄가 성립한다(대법원 2010.5.27. 선고 2009도9008 판결).

⑤ 회사 감사인 갑이 회사 경영진과의 불화로 한 달 가까이 결근하다가 회사 감사실에 침입하여 자신이 사용하던 컴퓨터에서 하드디스크를 떼어간 후 4개월 가까이 지난 시

점에 반환한 경우 갑이 하드디스크를 일시 보관 후 반환하였다고 평가하기 어려워 불법영득의사를 인정할 수 있다(대법원 2011.8.18. 선고 2010도9570 판결).

⑥ 갑이 A의 영업점 내에 있는 A 소유의 휴대전화를 허락 없이 가지고 나와 이를 이용하여 통화를 하고 문자메시지를 주고받은 다음 약 1~2시간 후 A에게 아무런 말을 하지 않고 위 영업점 정문 옆 화분에 놓아두고 간 경우 A의 휴대전화를 자신의 소유물과 같이 경제적 용법에 따라 이용하다가 본래의 장소와 다른 곳에 유기하여 불법영득의사가 있었다(대법원 2012.7.12. 선고 2012도1132 판결).

4. 불법영득의사의 객체

가. 쟁점

물건이 가지는 가치만을 취하고 물건 자체는 소유자에게 그대로 반환한 경우와 같이 행위자는 구체적으로 무엇을 영득하였는지에 대하여 논의가 있다. 예를 들면 예금통장을 훔친 후 예금만 인출하고 예금통장은 그대로 반환한 경우 또는 도장을 훔쳐서 날인한 후 그대로 소유자에게 반환한 경우에도 절도죄의 불법영득의사를 인정할 수 있는지 문제된다.

나. 학설과 판례

불법영득의사를 가진 자가 영득할 구체적 대상이 무엇인지에 대하여 견해의 대립이 있다. 불법영득하는 것은 재물의 물체 그 자체라는 물체설, 영득의사의 객체는 물체 속에 화체되어 있는 경제적 가치라는 가치설, 영득의사의 객체는 물체 또는 그 물체가 가지고 있는 가치라고 하는 절충설이 있다. 통설과 판례는 절충설의 입장이다.

생각건대, 물체설은 물건 자체는 소유자에게 두고 그 가치만을 취하거나, 예금통장을 훔친 후 예금만 인출하고 통장을 반환하는 경우와 같이 일시 사용한 후에 물체를 반환하는 경우 절도죄를 인정할 수 없다는 문제점이 있으며, 가치설은 경제적 가치가 없는 재물을 절취한 때에는 영득의 의사를 인정할 수 없어 절도죄로 처벌할 수 없기 때문에 부당하다. 따라서 물체와 가치는 재물이 가지고 있는 두 가지 측면의 하나에 지나지 않으므로 절충설이 타당하다.

다. 가치의 내용

이때의 가치는 단순한 사용가치가 아니라, 재물의 종류와 기능에 따라 개념적으로 결합되어 있는 '재물의 특수한 기능가치'를 의미한다. 따라서 물건 자체는 반환하였지만 그 물체의 특수한 기능가치를 침해한 경우에는 재물의 경제적 가치가 감소한 경우이므로 영득의사가 인정된다.

예를 들면 예금통장을 절취하여 예금의 전부 또는 일부를 인출한 후 반환한 경우는 일정 액수의 예금 인출을 가능하게 하는 통장의 기능적 가치가 감소되었기 때문에 불법영득의사가 인정된다.[618] 그러나 주민등록증을 사용한 후 반환한 경우, 절취한 현금카드나 타인의 신용카드를 이용하여 현금을 인출한 후 그 카드를 반환한 경우는 신분증이나 현금·신용카드가 가지는 특수한 기능가치는 감소된 것이 아니므로 불법영득의사가 인정되지 않는다는 것이 판례의 입장이다.[619]

하지만 직불카드의 경우 신용카드와 다르게 결제금액이 카드 소유자의 계좌에서 바로 인출되며, 연결된 계좌에서 현금을 인출하는 것이 가능하다는 점에서 예금통장의 경우와 같다고 볼 수 있다. 직불카드의 기능적 가치가 감소되었다고 보는 것이 타당하다.

판례 예금통장을 사용하여 예금인출 후 반환

【판결요지】 예금통장은 예금채권을 표창하는 유가증권이 아니고 그 자체에 예금액 상당의 경제적 가치가 화체되어 있는 것도 아니지만, 이를 소지함으로써 예금채권의 행사자격을 증명할 수 있는 자격증권으로서 예금계약사실 뿐 아니라 예금액에 대한 증명기능이 있고 이러한 증명기능은 예금통장 자체가 가지는 경제적 가치라고 보아야 하므로, 예금통장을 사용하여 예금을 인출하게 되면 그 인출된 예금액에 대하여는 예금통장 자체의 예금액 증명기능이 상실되고 이에 따라 그 상실된 기능에 상응한 경제적 가치도 소모된다. 그렇다면 타인의 예금통장을 무단사용하여 예금을 인출한 후 바로 예금통장을 반환하였다 하더라도 그 사용으로 인한 위와 같은 경제적 가치의 소모가 무시할 수 있을 정도로 경미한 경우가 아닌 이상, 예금통장 자체가 가지는 예금액 증명기능의 경제적 가치에 대한 불법영득의 의사를 인정할 수 있으므로 절도죄가 성립한다(대법원 2010.5.27. 선고 2009도9008 판결).

【해설】 예금통장을 사용 후 반환하였다고 하더라도 예금통장이 가지는 경제적 가치가 인출액만큼 침해되었다고 볼 수 있기 때문에 절도죄에 해당한다. 예금통장 자체가 가지는 예금액 증명기능의 기능적 가치에 대한 불법영득의사를 인정할 수 있으므로 절도죄가 성립한다.

판례 신용카드를 사용하여 현금인출 후 반환

【판결요지】 신용카드업자가 발행한 신용카드는 이를 소지함으로써 신용구매가 가능하고 금융의 편의를 받을 수 있다는 점에서 경제적 가치가 있다 하더라도, 그 자체에 경

618) 대법원 2010.5.27. 선고 2009도9008 판결.

619) 대법원 1998.11.10. 선고 98도2642 판결; 대법원 1999.7.9. 선고 99도857 판결.

제적 가치가 화체되어 있거나 특정의 재산권을 표창하는 유가증권이라고 볼 수 없고, 단지 신용카드회원이 그 제시를 통하여 신용카드회원이라는 사실을 증명하거나 현금자동지급기 등에 주입하는 등의 방법으로 신용카드업자로부터 서비스를 받을 수 있는 증표로서의 가치를 갖는 것이어서, 이를 사용하여 현금자동지급기에서 현금을 인출하였다 하더라도 신용카드 자체가 가지는 경제적 가치가 인출된 예금액만큼 소모되었다고 할 수 없으므로, 이를 일시 사용하고 곧 반환한 경우에는 불법영득의 의사가 없다(대법원 1999.7.9. 선고 99도857 판결).

【해설】 여신전문금융업법에 따르면 분실 또는 도난된 신용카드를 사용한 경우에는 동법에 따라 처벌된다. 신용카드를 사용하여 현금을 인출한 후 바로 반환한 경우 여신전문금융업법과는 별도로 형법상 절도죄가 성립할 수 있는지가 문제된다. 이 경우 신용카드가 가지고 있는 특수한 기능가치가 감소된 것이 아니므로 절도죄는 성립하지 않는다는 것이 판례의 태도이다.

판례 **직불카드를 사용하여 계좌이체 후 반환한 경우**

【판결요지】 은행이 발급한 직불카드를 사용하여 타인의 예금계좌에서 자기의 예금계좌로 돈을 이체시켰다 하더라도 직불카드 자체가 가지는 경제적 가치가 계좌이체된 금액만큼 소모되었다고 할 수는 없으므로, 이를 일시 사용하고 곧 반환한 경우에는 그 직불카드에 대한 불법영득의 의사는 없다고 보아야 한다(대법원 2006.3.9. 선고 2005도7819 판결).

【해설】 직불카드는 상품이나 용역을 구입한 소비자가 대금 결제를 위해 카드를 제시하면 가게에 설치된 단말기를 통해 고객의 은행계좌에서 가게의 은행계좌로 대금이 직접 이체되도록 하는 카드다. 카드를 발행하는 주체는 은행이고, 직불카드를 사용하기 위해서는 은행계좌를 가지고 있어야 한다. 신용카드와 다르게 결제금액이 카드 소유자의 계좌에서 바로 인출되며, 연결된 계좌에서 현금을 인출하는 것이 가능하다. 이러한 점을 본다면 직불카드는 은행의 예금통장을 사용하여 예금을 인출한 경우와 유사하다고 볼 수 있다. 따라서 직불카드 사례에 대하여 불법영득의사를 인정하는 것이 타당하다.

5. 불법영득의사의 불법의 의미

가. 쟁점

영득은 객관적으로 불법하여야 절도죄가 성립한다. 여기서 불법의 구체적 의미가 무엇인가에 대하여 학설과 판례가 대립하고 있다. 예를 들면 목장 주인 갑이 자신이 기르는 송아지가 A의 축사에 들어가 있는 것을 보고 A에게 돌려달라고 하였음에도 불구하고 A가 이에 응하지 않자, 밤에 몰래 들어가 자기의 송아지를 데리고 나온 경우 절도죄가 성립하는가의 문제이다. 수단(절취의 불법)에 중점을 둘 것인가 아니면 결과(영득의 불법)에 중점을 둘 것인가가 문제된다. 이는 행위자에게 반환청구권이 있는 경우에도 절도죄가 성립할 수 있는가에 대한 것이다.

나. 학설과 판례

학설은 영득의 불법은 실질적으로 소유권이 일치하지 않는 상태를 의미한다고 한다. 행위자에게 반환청구권이 있는 경우에는 절도죄가 성립하지 않는다. 불법영득의사의 불법을 결과(영득의 불법)에 중점을 두는 입장이다. 실질적 소유권 질서에 부합된다고 평가할 수 있기 때문이다. 행위자에게 물권적 청구권이 있는 경우 그 취거행위는 적법하며, 행위자에게 채권적 청구권이 있는 경우에는 특정물채권인 경우에는 적법하지만, 종류채권인 경우에는 불법하다.

판례는 절취가 적법하지 않으면 불법영득의사를 인정한다. 불법영득의사의 불법을 수단(절취의 불법)에 중점을 두는 입장이다. 따라서 행위자에게 반환청구권이 있는 경우에도 절도죄가 성립한다고 한다.

판례 절취의 불법성

【사실관계】 자동차 대형영업소 과장 갑은 A가 할부로 매입한 약 1억 1천만원 상당의 굴삭기 1대의 할부금을 연체하자 A소유의 주택에 대하여 강제경매를 신청하였다. 이후 A가 일정한 기한까지 할부대금을 지급하여 주기로 하는 내용의 각서를 작성하여 주자, 갑은 위 부동산강제경매를 취하해 주었다. 그럼에도 불구하고 A가 위 각서의 내용대로 이행하지 않자, 전북 진안군소재 공사현장에서 위 굴삭기를 트레일러에 싣고 와서 B에게 매도하였다.

【판결요지】 [1] 형법상 절취란 타인이 점유하고 있는 자기 이외의 자의 소유물을 점유자의 의사에 반하여 그 점유를 배제하고 자기 또는 제3자의 점유로 옮기는 것을 말하는 것으로, 비록 약정에 기한 인도 등의 청구권이 인정된다고 하더라도, 취거 당시에 점유 이전에 관한 점유자의 명시적·묵시적인 동의가 있었던 것으로 인정되지 않는 한, 점유자의 의사에 반하여 점유를 배제하는 행위를 함으로써 절도죄는 성립하는 것이고, 그러한 경우에 특별한 사정이 없는 한 불법영득의 의사가 없었다고 할 수는 없다.

[2] 굴삭기 매수인이 약정된 기일에 대금채무를 이행하지 아니하면 굴삭기를 회수하여 가도 좋다는 약정을 하고 각서와 매매계약서 및 양도증명서 등을 작성하여 판매회사 담당자에게 교부한 후 그 채무를 불이행하자 그 담당자가 굴삭기를 취거하여 매도한 경우, 굴삭기에 대한 소유권 등록 없이 매수인의 위와 같은 약정 및 각서 등의 작성, 교부만으로 굴삭기에 대한 소유권이 판매회사로 이전될 수는 없으므로 굴삭기 취거 당

시 그 소유권은 여전히 매수인에게 남아 있고, 매수인의 의사표시 중에 자신의 동의나 승낙 없이 현실적으로 자신의 점유를 배제하고 굴삭기를 가져가도 좋다는 의사까지 포함되어 있었던 것으로 보기는 어렵다는 이유로, 그 굴삭기 취거행위는 절도죄에 해당하고 불법영득의 의사도 인정된다고 한 사례(대법원 2001.10.26. 선고 2001도4546 판결 절도).

【해설】 등록한 건설기계에 대한 소유권의 이전은 그 등록이 있음으로써 비로소 효력이 발생하는 것이므로, 약정 및 각서, 매매계약서, 양도증명서 등이 있었다고 하더라도 굴삭기에 대한 소유권이 판매회사로 이전될 수는 없다. 따라서 갑이 굴삭기를 취거할 당시 그 소유권은 여전히 A에게 있다. 만약 매수인 A의 의사표시 중에 자신의 동의나 승낙 없이 현실적으로 자신의 점유를 배제하고 굴삭기를 가져가도 좋다는 의사까지 포함되어 있다면 절도죄가 성립하지 않을 수 있지만, 이 사건의 경우 그러한 의사표시가 있었다고 보기 어렵다고 판단하였다.

판례 절취의 불법성

① 채무자의 책상서랍을 승낙 없이 뜯어 돈을 꺼내 자기의 채권의 변제에 충당한 것은 자기 채권의 추심을 위하여 채무자의 점유하에 있는 채무자 소유의 금원을 불법하게 탈취한 것으로 불법영득의 의사가 있다고 볼 것이다(대법원 1983.4.12. 선고 83도297 판결).

② 갑회사가 공소외 을에게 철재를 외상 판매하고 그 대금지급을 위하여 받은 약속어음이 부도되어 동 물품의 반환청구권을 가지고 있다 하여도, 갑회사의 사원인 피고인이 위 을로부터 피해자 병이 위 철재를 매수하여 점유하고 있는 사실을 알고서도 이를 운반하여 갔다면 절도죄의 성립에 영향이 없다(대법원 1983.11.22. 선고 83도2539 판결).

③ 피해자와 사이에 피해자 소유인 쇄석장비들에 관하여 점유개정의 방법에 의한 양도담보부 금전소비대차계약을 체결하였는데 피해자가 변제기일이 지나도 채무를 변제하지 아니하자 채권자 회사의 직원들인 피고인들이 합동하여 피해자의 의사에 반하여 쇄석장비들을 임의로 분해하여 가지고 간 행위에 대하여 절도죄를 인정한 사례(대법원 2005.6.23. 선고 2005도2861 판결).

④ 채권자들이 채무자인 피해자에 대한 채권을 우선적으로 확보할 목적으로 피해자의 물건을 무단으로 취거한 사안에서, 절도죄에서의 불법영득의사를 인정하고, 자구행위의 성립과 추정적 승낙의 존재를 부정한 사례(대법원 2006.3.24. 선고 2005도8081 판결).

6. 사용절도

가. 의의

사용절도란 타인의 재물을 무단으로 일시적으로 단순한 사용을 한 후에 소유자에게 반환하는 것을 말한다. 불법영득의사 중 소유자 배제의사(소극적 요건)가 없는 경우이므로 절도죄로 처벌되지 않는다. 예를 들면 친구의 노트북 컴퓨터를 동의받지 않고 사용한 후에 이를 다시 제자리에 갔다 놓은 경우가 이에 해당한다.

나. 성립 요건

사용절도가 되기 위해서는 단순한 사용이어야 한다. 재물의 가치를 감소·소멸시켜서는 안 된다. 일시적 사용일지라도 재물의 가치를 현저히 감소·소멸시킨 경우에는 절도죄가 성립한다. 예를 들면 서점에서 판매 중인 책을 일시 읽어보고 돌려주려던 중 그 책에 밑줄을 긋거나 메모를 한 경우, 1회용 건전지를 일시 사용 후 돌려준 경우에는 재물 가치의 현저한 감소가 있기 때문에 절도죄가 성립한다.

사용 후 반환하여야 한다. 사용 후 재물을 소유자의 지배범위 내에 돌려놓아서 권리자가 확실하게 이를 취득할 수 있도록 해야 한다. 따라서 일시 사용이라도 사용 후 다른 장소에 방치하여 소유자의 지배범위 내에 돌려놓지 않은 경우 사용절도가 아니라 절도죄가 성립한다.

주관적 요건으로 재물 취거 당시에 반환 의사가 존재해야 한다. 따라서 반환 의사가 없다면 절도죄가 성립한다. 다만 반환 의사 유무만으로 불법영득의사를 확정하기 어려운 점을 보완하기 위해서 가치 감소, 일시 사용 후의 방치, 사용 시간과 거리의 장단 등 또 다른 기준을 부가해서 불법영득의사를 인정한다.[620]

다. 효과

권리자를 배제하고 타인의 재물을 자기의 소유물과 같이 경제적 용법에 따라 이용·처분하려는 의사가 없으므로 절도죄가 성립하지 않는다.

라. 자동차등 불법사용죄 처벌

자동차에 대한 사용절도의 경우 이론에 따르면 처벌되지 않지만, 1995년 형법 개정에 의하여 자동차 등의 사용절도에 한하여 불법사용죄(형법 제331조의2)를 신설함으로써 예외적으로 처벌하고 있다. 따라서 다른 사람의 자동차, 선박, 항공기 또는 원동기장치자전거를 일시 사용하고 반환한 경우에도 자동차등불법사용죄로 처벌된다.

---

620) 정성근/박광민, 315면.

Ⅶ. 친족상도례

1. 의의

친족상도례는 친족 간에 범해진 재산죄에 대하여 친족관계라는 신분상의 특수 사정을 고려하여 범인을 유리하게 취급하는 특례 규정을 말한다. 친족 간의 정서를 고려하여 법이 가능하다면 가정 내부 문제에 개입하지 말자는 법정책적 특별규정에 해당한다.

우리 형법은 친족관계의 원근, 즉 멀고 가까움에 따라 형면제, 형감경 또는 친고죄로 하는 입법형식을 가지고 있다. 근친관계에 있을 경우에는 형을 면제하며, 원친관계에 있을 경우에는 친고죄로 하고 있다. 다만 장물죄에 대해서는 장물범과 피해자 사이가 근친일 경우 형을 면제하며 원친일 경우에는 친고죄로 한다. 장물범과 본범 사이가 근친일 경우 형을 감면한다.

제328조 제1항에 따르면 직계혈족, 배우자, 동거친족, 동거가족 또는 그 배우자 간의 제323조의 죄는 그 형을 면제한다. 제1항 이외의 친족간에 제323조의 죄를 범한 때에는 고소가 있어야 공소를 제기할 수 있다.

다만 헌법재판소는 2024년 6월 27일 재판관 전원일치 의견으로 직계혈족, 배우자, 동거친족, 동거가족 또는 그 배우자 간의 권리행사방해죄는 그 형을 면제하도록 한 형법 제328조 제1항은 헌법에 합치되지 아니한다는 결정을 선고하였다. 권리행사방해죄에 적용되는 친족상도례를 규정한 형법 제328조는 대부분의 재산범죄에 준용되고 있기 때문에 권리행사방해죄에 한정되지 않고, 재산범죄 전반에 걸친 문제이다.

판례 형법 제328조 제1항 친족상도례 규정 헌법불합치 결정

【결정 요지】 1. 형사피해자의 재판절차진술권

○ 헌법 제27조 제5항은 "형사피해자는 법률이 정하는 바에 의하여 당해 사건의 재판절차에서 진술할 수 있다."라고 규정하여 형사피해자의 재판절차진술권을 보장하고 있다. 다만, 형사피해자의 재판절차진술권을 어떠한 내용으로 구체화할 것인가에 관하여는 입법자에게 입법형성의 자유가 부여되고 있으므로, 그것이 재량의 범위를 넘어 명백히 불합리한 경우에 비로소 위헌의 문제가 생길 수 있다.

2. 심판대상조항이 형사피해자의 재판절차진술권을 침해하는지 여부(적극)

○ 친족상도례의 규정 취지는, 가정 내부의 문제는 국가형벌권이 간섭하지 않는 것이 바람직하다는 정책적 고려와 함께 가정의 평온이 형사처벌로 인해 깨지는 것을 막으려는 데에 있다. 가족·친족 관계에 관한 우리나라의 역사적·문화적 특징이나 재산범죄의 특성, 형벌의 보충성을 종합적으로 고려할 때, 경제적 이해를 같이하거나 정서적으

로 친밀한 가족 구성원 사이에서 발생하는 수인 가능한 수준의 재산범죄에 대한 형사 소추 내지 처벌에 관한 특례의 필요성은 수긍할 수 있다.

○ 심판대상조항은 재산범죄의 가해자와 피해자 사이의 일정한 친족관계를 요건으로 하여 일률적으로 형을 면제하도록 규정하고 있다.

- 심판대상조항은 직계혈족이나 배우자에 대하여 실질적 유대나 동거 여부와 관계없이 적용되고, 또한 8촌 이내의 혈족, 4촌 이내의 인척에 대하여 동거를 요건으로 적용되며, 그 각각의 배우자에 대하여도 적용되는데, 이처럼 넓은 범위의 친족간 관계의 특성은 일반화하기 어려움에도 일률적으로 형을 면제할 경우, 경우에 따라서는 형사피해자인 가족 구성원의 권리를 일방적으로 희생시키는 것이 되어 본래의 제도적 취지와는 어긋난 결과를 초래할 우려가 있다.
- 심판대상조항은 강도죄와 손괴죄를 제외한 다른 모든 재산범죄에 준용되는데, 이러한 재산범죄의 불법성이 일반적으로 경미하여 피해자가 수인 가능한 범주에 속한다거나 피해의 회복 및 친족간 관계의 복원이 용이하다고 단정하기 어렵다. 예컨대, '특정경제범죄 가중처벌 등에 관한 법률' 상 횡령이나 업무상 횡령으로서 이득액이 50억 원 이상인 경우 '무기 또는 5년 이상의 징역'으로 가중처벌될 수 있는 중한 범죄이고, 피해자의 임의의사를 제한하는 정도의 폭행이나 협박(공갈), 흉기휴대 내지 2인 이상 합동 행위(특수절도) 등을 수반하는 재산범죄의 경우 일률적으로 피해의 회복이나 관계의 복원이 용이한 범죄라고 보기 어렵다.
- 피해자가 독립하여 자유로운 의사결정을 할 수 있는 사무처리능력이 결여된 경우에 심판대상조항을 적용 내지 준용하는 것은 가족과 친족 사회 내에서 취약한 지위에 있는 구성원에 대한 경제적 착취를 용인하는 결과를 초래할 염려가 있다.
- 그런데 심판대상조항은 위와 같은 사정들을 전혀 고려하지 아니한 채 법관으로 하여금 형면제 판결을 선고하도록 획일적으로 규정하여, 거의 대부분의 사안에서는 기소가 이루어지지 않고 있고, 이에 따라 형사피해자는 재판절차에 참여할 기회를 상실하고 있다. 예외적으로 기소가 되더라도, '형의 면제'라는 결론이 정해져 있는 재판에서는 형사피해자의 법원에 대한 적절한 형벌권 행사 요구는 실질적 의미를 갖기 어렵다.

○ 로마법 전통에 따라 친족상도례의 규정을 두고 있는 대륙법계 국가들의 입법례를 살펴보더라도, 일률적으로 광범위한 친족의 재산범죄에 대해 필요적으로 형을 면제하거나 고소 유무에 관계없이 형사소추할 수 없도록 한 경우는 많지 않으며, 그 경우에도 대상 친족 및 재산범죄의 범위 등이 우리 형법이 규정한 것보다 훨씬 좁다.

○ 위와 같은 점을 종합하면, 심판대상조항은 형사피해자가 법관에게 적절한 형벌권을 행사하여 줄 것을 청구할 수 없도록 하는바, 이는 입법재량을 명백히 일탈하여 현저히 불합리하거나 불공정한 것으로서 형사피해자의 재판절차진술권을 침해한다(헌법재판소 2024.6.27. 선고 2020헌마468등 결정).

2. 법적 성질

제328조 제1항의 근친 간의 재산죄에 있어서 형면제의 경우 친족관계는 인적 처벌조각사유이다. 제328조 제2항의 원친 간의 재산죄에 있어서 친고죄로 취급되는 경우 친족의 고소는 소추조건이다. 장물죄의 경우 형감경의 효과가 부여되는 경우 친족관계는 책임감경사유로 본다.

3. 적용 범위

가. 범죄의 범위

형법은 친족상도례를 권리행사방해죄에서 규정하고 있고 이를 절도죄, 사기죄, 공갈죄, 횡령죄, 배임죄 및 장물죄에 준용하고 있다. 강도죄와 손괴죄에 대해서는 친족상도례 규정이 적용되지 않는다는 점을 주의해야 한다. 강도죄에 대해서 친족상도례를 적용하지 않는 것은 타당하지만, 재물손괴죄에 대해서 친족상도례를 적용하지 않는 것은 불합리하다. 개정될 필요가 있다.

나. 친족의 인적 범위

친족상도례가 적용되는 친족의 범위는 민법의 규정에 의한다. 민법 제767조에 따르면 배우자, 혈족 및 인척을 친족으로 한다. '혈족'은 자기의 직계존속과 직계비속을 직계혈족이라 하고 자기의 형제자매와 형제자매의 직계비속, 직계존속의 형제자매 및 그 형제자매의 직계비속을 방계혈족이라 한다(민법 제768조). '인척'은 혈족의 배우자, 배우자의 혈족, 배우자의 혈족의 배우자이다(민법 제769조). 피고인이나 피해자가 타가에 입양된 사실이 있다고 할지라도 생가를 중심으로 한 종전의 친족관계는 소멸되지 않는다.[621] 또한 사돈지간인 혈족의 배우자의 혈족은 인척이 아니므로 피고인과 피해자가 사돈지간이라고 하더라도 친족으로 볼 수 없다.[622]

배우자는 법률상 배우자를 의미한다. 피고인과 피해자 사이에 혼인신고가 되어 있더라도 당사자 간에 혼인의 합의가 없다면 이는 무효이므로 친족상도례가 적용되지 않는다.[623]

친족은 배우자, 혈족, 인척을 말하지만, 본죄에서 동거친족은 직계혈족과 배우자를 제외하고 방계혈족과 인척이 동거친족에 해당한다. 따라서 일시숙박하는 친족, 가출한 친

621) 대법원 1967.1.31. 선고 66도1483 판결.
622) 대법원 2011.4.28. 선고 2011도2170 판결.
623) 대법원 2015.12.10. 선고 2014도11533 판결.

족, 셋방 사는 친족(차가친족)은 동거친족에 포함되지 않는다. 동거친족은 형이 면제되는 반면에, 비동거친족은 친고죄에 해당하는 친족상도례가 적용된다.

다. 친족의 시간적 범위

친족관계는 행위 시에 존재하여야 한다. 행위 시에 친족관계가 있다면 그 이후에 친족관계가 없어진 때에도 친족상도례는 적용된다. 다만, 혼인외의 출생자를 인지하는 경우에는 민법 제860조에 의하여 인지의 효력이 출생 시에 소급하여 발생하므로 이러한 인지의 소급효는 친족상도례에 관한 규정에도 적용된다.

판례 인지의 소급효와 친족상도례 규정

【사실관계】 甲은 亡 乙의 혼인외의 출생자로서 甲은 생전의 父 乙을 상대로 인지청구소송을 제기해놓은 상태였는데, 乙이 사망하자 乙이 생전에 은행으로부터 임차사용해오던 대여금고의 문을 은행지점장에게 열어 주도록 요청하여 그 대여금고의 안에 보관 중이던 양도성예금증서를 다른 공동상속인들 몰래 처분하기 위하여 꺼내어 갔다. 그 후 甲은 재판상 인지의 확정판결을 받았다.

【판결요지】 형법 제344조, 제328조 제1항 소정의 친족 간의 범행에 관한 규정이 적용되기 위한 친족관계는 원칙적으로 범행 당시에 존재하여야 하는 것이지만, 부가 혼인외의 출생자를 인지하는 경우에 있어서는 민법 제860조에 의하여 그 자의 출생시에 소급하여 인지의 효력이 생기는 것이며, 이와 같은 인지의 소급효는 친족상도례에 관한 규정의 적용에도 미친다고 보아야 할 것이므로, 인지가 범행 후에 이루어진 경우라고 하더라도 그 소급효에 따라 형성되는 친족관계를 기초로 하여 친족상도례의 규정이 적용된다(대법원 1997.1.24. 선고 96도1731 판결).

라. 소유자와 점유자가 다른 경우

재물의 소유자와 점유자가 다른 경우에 친족관계가 어느 쪽에 필요한지가 문제된다. 친족관계의 존재 범위에 대하여 행위자와 소유자 사이에 존재해야 한다는 소유자관계설이 있지만, 소유자와 점유자 모두 행위자와 친족관계가 존재해야 한다는 소유자·점유자관계설도 있다.

판례는 소유자뿐만 아니라 점유자 모두 친족관계가 있어야 한다는 소유자·점유자관계설을 취하고 있으며, 공동소유 형태의 경우 피해자들 모두 친족이어야 친족상도례가 적용될 수 있다는 입장이다.[624]

---

624) 대법원 2008.7.24. 선고 2008도3438 판결.

판례 친족관계의 존재 범위

【사실관계】 갑은 자신의 누이의 아들(생질)이 경영하는 금은세공공장에서 피해자로부터 가공의뢰를 받아 보관중인 다이아몬드를 절취하였다.

【판결요지】 절도죄는 재물의 점유를 침탈하므로 인하여 성립하는 범죄이므로 재물의 점유자가 절도죄의 피해자가 되는 것이나 절도죄는 점유자의 점유를 침탈하므로 인하여 그 재물의 소유자를 해하게 되는 것이므로 재물의 소유자도 절도죄의 피해자로 보아야 할 것이다. 그러니 형법 제344조에 의하여 준용되는 형법 제328조 제2항 소정의 친족간의 범행에 관한 조문은 범인과 피해물건의 소유자 및 점유자 쌍방 간에 같은 조문 소정의 친족관계가 있는 경우에만 적용되는 것이고, 단지 절도 범인과 피해 물건의 소유자 간에만 친족관계가 있거나 절도 범인과 피해 물건의 점유자 간에만 친족관계가 있는 경우에는 그 적용이 없는 것이라고 보는 것이 타당할 것이다(대법원 1980.11.11. 선고 80도131 판결).

【해설】 절도죄의 객체인 재물의 소유자와 점유자가 동일인이 아닌 경우 친족상도례가 적용되기 위해서는 범인이 소유자와 점유자 양자 모두에 대해 친족관계가 있어야 한다는 판례이다. 이 사례의 경우 피해 물건의 점유자 간에만 친족관계가 있는 경우이다.

판례 합유로 등기되어 있는 경우

【판결요지】 피고인 등이 공모하여, 피해자 갑, 을 등을 기망하여 갑, 을 및 병과 부동산 매매계약을 체결하고 소유권을 이전받은 다음 잔금을 지급하지 않아 같은 금액 상당의 재산상 이익을 편취하였다는 내용으로 기소된 사안에서, 갑은 피고인의 8촌 혈족, 병은 피고인의 부친이나, 위 부동산이 갑, 을, 병의 합유로 등기되어 있어 피고인에게 형법상 친족상도례 규정이 적용되지 않는다고 본 원심판단을 수긍한 사례(대법원 2015.6.11. 선고 2015도3160 판결).

【해설】 피해자 중 을은 친족이 아니며, 해당 부동산이 합유로 등기되어 있기 때문에 친족상도례 규정을 적용할 수 없다는 판례이다. 공동소유형태의 경우 피해자들 모두 친족이어야 친족상도례가 적용될 수 있다는 취지이다.

마. 특별법의 적용

형법의 친족상도례에 대한 규정은 특정경제범죄 가중처벌 등에 관한 법률 제3조 제1항의 사기죄에도 적용이 되며,[625] 흉기 기타 위험한 물건을 휴대하여 공갈죄를 범하여 폭력행위 등 처벌에 관한 법률위반의 경우에도 적용된다.[626] 특별법인 위 법률에 친족상도례에 관한 형법의 적용을 배제한다는 명시적인 규정이 없기 때문이다.

625) 대법원 2010.2.11. 선고 2009도12627 판결.

626) 대법원 2010.7.29. 선고 2010도5795 판결.

4. 적용효과

가. 원칙

> 第328조 (친족간의 범행과 고소) ① 직계혈족, 배우자, 동거친족, 동거가족 또는 그 배우자 간의 제323조의 죄는 그 형을 면제한다.
> ② 제1항이외의 친족 간에 제323조의 죄를 범한 때에는 고소가 있어야 공소를 제기할 수 있다.
> ③ 전2항의 신분관계가 없는 공범에 대하여는 전2항을 적용하지 아니한다.
> 第344조 (친족간의 범행) 제328조의 규정은 제329조 내지 제332조의 죄 또는 미수범에 준용한다.

직계혈족, 배우자, 동거친족, 동거가족 또는 그 배우자 간의 범죄는 제328조 제1항에 따라 그 형을 면제하고, 그 외의 친족 간의 범죄는 제328조 제2항에 따라 고소가 있어야 공소를 제기할 수 있는 친고죄로 취급한다.

형면제의 경우는 유죄는 인정되지만 형면제의 실체판결을 하며, 친고죄의 경우 고소가 없을 경우 공소기각판결로 소송을 종결한다.

나. 장물죄의 특칙

> 第365조 (친족간의 범행) ① 전3조의 죄를 범한 자와 피해자 간에 제328조 제1항, 제2항의 신분관계가 있는 때에는 동조의 규정을 준용한다.
> ② 전3조의 죄를 범한 자와 본범 간에 제328조 제1항의 신분관계가 있는 때에는 그 형을 감경 또는 면제한다. 단 신분관계가 없는 공범에 대하여는 예외로 한다.

장물범과 피해자(소유자 및 점유자) 간에 제328조 제1항의 친족관계가 있는 경우에는 형을 면제하고, 제328조 제2항의 친족관계가 있는 경우에는 친고죄로 취급한다.

장물범과 본범 간에 제328조 제1항의 친족관계가 있는 경우에는 그 형을 감경 또는 면제하고, 제328조 제2항의 친족관계가 있는 경우에는 형의 감경이나 면제의 효과를 인정하지 않는다.

5. 개별문제

가. 사기죄와 친족상도례

사기죄의 경우 피기망자와 재산상 피해자가 다른 경우 친족상도례가 적용되기 위해서는 양자 모두에게 친족관계가 있어야 하는지 문제된다. 이는 사기죄의 보호법익을 어떻게 파악하느냐에 따라 친족관계의 인적 범위가 달라진다. 사기죄의 보호법익을 재산권으로 보는 입장에서는 피기망자는 피해자가 될 수 없으므로 행위자와 피기망자 사이에는 친족관계가 없어도 친족상도례가 적용될 수 있다. 하지만, 사기죄의 보호법익을 재산권뿐만 아니라 거래의 진실성에 대한 일반인의 신뢰까지 포함하는 입장에서는 피기망자도 피해자가 되므로 피기망자와 행위자 사이에도 친족관계가 인정되어야 한다.[627]

판례는 사기죄의 보호법익에 있어서 전체로서의 재산뿐만 아니라 거래의 진실성 내지 신의성실을 포함하고 있음에도 불구하고 친족상도례 적용에 있어서는 피기망자를 피해자에 포함시키지 않는다.[628] 손자가 할아버지의 통장을 절취하여 이를 현금자동지급기에 넣고 예금잔고를 자신의 거래은행 계좌로 이체한 경우 은행이 피해자이므로 컴퓨터사용사기죄의 범인에 대하여 친족상도례를 적용하지 않았다.[629] 소송사기의 경우 피기망자는 법원이지만, 재산상 피해자는 소송의 상대방이다. 법원을 기망하여 직계혈족 관계에 있는 제3자로부터 재물을 편취한 경우, 사기죄의 범인에 대하여 친족상도례를 적용하여 형을 면제한다.[630] 이 역시 피기망자인 법원을 피해자에 포함시키지 않는 판례이다.

생각건대, 사기죄의 보호법익은 거래상의 진실성은 제외한 전체 재산권으로 보는 것이 타당하다. 따라서 피기망자는 피해자가 아니므로 행위자와 피기망자 사이에 친족관계가 없고, 재산상 피해자와 친족관계만 있으면 친족상도례가 적용될 수 있다.

판례 컴퓨터사용사기죄의 피해자

【판결요지】 [1] 컴퓨터 등 정보처리장치를 통하여 이루어지는 금융기관 사이의 전자식 자금이체거래는 금융기관 사이의 환거래관계를 매개로 하여 금융기관 사이나 금융기관을 이용하는 고객 사이에서 현실적인 자금의 수수 없이 지급·수령을 실현하는 거래

627) 거래의 진실성과 신의성실을 사기죄의 보호법익에 포함시키면 재산상 손해가 없더라도 사기죄의 성립을 인정하게 되며, 재산상 피해자와 피기망자가 다른 경우에 피기망자도 사기죄의 피해자가 된다. 하지만 전체재산설에 따르면 기망행위에 의하여 거래의 진실성이 침해되었다고 하더라도 재산상 손해가 발생하지 않았다면 사기죄는 성립하지 않는다. 이에 대한 자세한 내용은 사기죄에서 설명한다.

628) 대법원 1978.4.13. 선고 75도781 판결.

629) 대법원 2007.3.15. 선고 2006도2704 판결.

630) 대법원 2014.9.26. 선고 2014도8076 판결; 대법원 2018.1.25. 선고 2016도6757 판결.

방식인바, 권한 없이 컴퓨터 등 정보처리장치를 이용하여 예금계좌 명의인이 거래하는 금융기관의 계좌 예금 잔고 중 일부를 자신이 거래하는 다른 금융기관에 개설된 그 명의 계좌로 이체한 경우, 예금계좌 명의인의 거래 금융기관에 대한 예금반환 채권은 이러한 행위로 인하여 영향을 받을 이유가 없는 것이므로, 거래 금융기관으로서는 예금계좌 명의인에 대한 예금반환 채무를 여전히 부담하면서도 환거래관계상 다른 금융기관에 대하여 자금이체로 인한 이체자금 상당액 결제채무를 추가 부담하게 됨으로써 이체된 예금 상당액의 채무를 이중으로 지급해야 할 위험에 처하게 된다. 따라서 친척 소유 예금통장을 절취한 자가 그 친척 거래 금융기관에 설치된 현금자동지급기에 예금통장을 넣고 조작하는 방법으로 친척 명의 계좌의 예금 잔고를 자신이 거래하는 다른 금융기관에 개설된 자기 계좌로 이체한 경우, 그 범행으로 인한 피해자는 이체된 예금 상당액의 채무를 이중으로 지급해야 할 위험에 처하게 되는 그 친척 거래 금융기관이라 할 것이고, 거래 약관의 면책 조항이나 채권의 준점유자에 대한 법리 적용 등에 의하여 위와 같은 범행으로 인한 피해가 최종적으로는 예금 명의인인 친척에게 전가될 수 있다고 하여, 자금이체 거래의 직접적인 당사자이자 이중지급 위험의 원칙적인 부담자인 거래 금융기관을 위와 같은 컴퓨터 등 사용사기 범행의 피해자에 해당하지 않는다고 볼 수는 없으므로, 위와 같은 경우에는 친족 사이의 범행을 전제로 하는 친족상도례를 적용할 수 없다.

[2] 손자가 할아버지 소유 농업협동조합 예금통장을 절취하여 이를 현금자동지급기에 넣고 조작하는 방법으로 예금 잔고를 자신의 거래 은행 계좌로 이체한 사안에서, 위 농업협동조합이 컴퓨터 등 사용사기 범행 부분의 피해자라는 이유로 친족상도례를 적용할 수 없다고 한 사례(대법원 2007.3.15. 선고 2006도2704 판결).

【해설】 할아버지를 사기죄의 피해자로 볼 경우 본범인 손자와 피해자인 할아버지는 직계혈족이므로 제328조 제1항의 친족상도례가 적용되어 손자를 처벌할 수 없다. 그러나 판례에 따르면 위 사안의 경우 피해자는 할아버지가 아닌 금융기관인 농협이다. 따라서 본범과 피해자 간에는 친족관계가 없으므로 친족상도례 규정이 적용되지 않는다.

나. 공갈죄와 친족상도례

공갈죄의 보호법익은 재산권과 자유권이므로 피공갈자도 피해자가 된다. 따라서 행위자는 피공갈자와 소유자 모두에게 친족관계가 있어야 친족상도례가 적용된다.

다. 횡령죄·배임죄와 친족상도례

본죄는 신뢰관계에 대한 위배를 본질로 하므로 위탁자도 피해자가 된다. 따라서 행위자는 소유자뿐만 아니라 위탁자 모두에게 친족관계가 있어야 친족상도례가 적용된다.

제2절 절도의 죄

Ⅰ. 총설

1. 의의

절도의 죄는 타인의 재물을 그의 의사에 반하여 절취하는 것을 내용으로 하는 범죄로, 객체가 재물로 한정되어 있는 순수한 재물죄이다. 재물을 상대방의 의사에 반하여 가져가는 탈취죄이며, 불법영득의사가 있어야 되는 영득죄에 해당한다.

2. 보호법익

절도죄의 보호법익에 대하여 재물에 대한 소유권이라는 견해,[631] 재물에 대한 점유라는 견해, 소유권과 함께 점유도 포함된다는 수정된 소유권설[632] 등이 대립하고 있다.

판례는 절도죄의 주된 보호법익으로 소유권 및 그에 준하는 권리인 본권을, 부차적 보호법익으로 점유로 보고 있다. 판례는 절도죄의 보호법익이 무엇인지에 대하여 명확하게 밝히고 있지는 않다. 하지만 형법상 절취 개념에 대하여 "타인이 점유하고 있는 자기 이외의 자의 소유물을 점유자의 의사에 반하여 점유를 배제하고 자기 또는 제3자의 점유로 옮기는 것"이라고 판시한 판결,[633] 절도범이 피해 물건의 소유자와 점유자 중 어느 한쪽에만 친족관계가 있는 경우 친족상도례에 관한 규정을 적용할 수 있는지에 대하여 범인과 피해물건의 소유자 및 점유자 모두 사이에 친족관계가 있는 경우에만 적용할 수 있다는 판례[634] 등을 분석하면 판례는 소유권뿐만 아니라 점유도 보호법익으로 본다고 평가할 수 있다.

생각건대, 절도죄의 보호법익은 소유권뿐만 아니라 점유도 포함하는 것으로 보는 것이 타당하다. 절도죄는 기본적으로 소유권을 보호하기 위한 범죄임은 틀림없다. 하지만 용익물권이나 담보물권도 소유권에 준하여 보호할 필요가 있으므로 소유권에 준하는 본권으로 보아야 한다. 소유권 및 본권의 침해가 점유를 침해하는 것으로 이루어진다는 점에서 점유 또한 부차적 보호법익이 된다.

---

631) 김일수/서보학, 223면; 박상기/전지연, 590면; 배종대, 352면; 이재상/장영민/강동범, 249면.

632) 김성돈, 292면; 손동권/김재윤, 270면; 신동운, 897면; 오영근/노수환, 270면; 임웅/이현정/박성민, 324면; 정성근/박광민, 293면.

633) 대법원 2014.2.21. 선고 2013도14139 판결 등

634) 대법원 1980.11.11. 선고 80도131 판결.

3. 보호의 정도

소유권은 침해될 수 없다는 점에서 절취만 있으면 절도죄는 성립이 될 수 있기 때문에 위험범으로 보는 견해가 있으나,[635] 점유의 침탈로 소유권도 사실상 침해되었다는 점에서 침해범설로 보는 견해가 통설이다. 소유권에 대한 침해가 반드시 민법상 소유권 상실을 의미하는 것은 아니며, 점유침탈로 인하여 소유권의 내용인 사용·수익·처분이 곤란하게 되어도 소유권이 침해되었다고 할 수 있기 때문이다.

4. 구성요건의 체계

기본적 구성요건은 단순절도죄이며, 이에 대한 가중적 구성요건으로 야간주거침입절도죄와 특수절도죄, 상습절도죄가 있다. 자동차등불법사용죄는 별개의 독립된 구성요건이다.

Ⅱ. 절도죄

제329조 (절도) 타인의 재물을 절취한 자는 6년 이하의 징역 또는 1천만원 이하의 벌금에 처한다.
제342조 (미수범) 제329조 내지 제341조의 미수범은 처벌한다.

1. 의의

절도죄는 타인의 재물을 절취한 경우에 성립하는 범죄이다. 절도의 죄 중 기본적 구성요건에 해당한다. 침해범, 결과범, 재물죄, 영득죄, 탈취죄이다.

2. 객체: 타인의 재물

절도죄의 행위객체는 타인이 점유하는 타인의 재물이다. 재물, 타인 점유와 타인 소유에 대한 설명은 재산죄 총설에서 이미 설명하였다.

---

635) 이재상/장영민/강동범, 249면.

보충내용 민법상 선의취득과 도품

민법 제249조 선의취득에 따르면 평온, 공연하게 동산을 양수한 자가 선의이며 과실 없이 그 동산을 점유한 경우에는 양도인이 정당한 소유자가 아닌 때에도 즉시 그 동산의 소유권을 취득한다. 다만 민법 제250조와 제251조에는 절도·강도죄에 의한 도품의 경우 예외 규정을 두고 있다. 민법 제250조에 따르면 선의취득의 경우 그 동산이 도품이나 유실물인 때에는 피해자 또는 유실자는 도난 또는 유실한 날로부터 2년 내에 그 물건의 반환을 청구할 수 있다. 그러나 도품이나 유실물이 금전인 때에는 그러하지 아니하다. 민법 제251조에 따르면 양수인이 도품 또는 유실물을 경매나 공개시장에서 또는 동종류의 물건을 판매하는 상인에게서 선의로 매수한 때에는 피해자 또는 유실자는 양수인이 지급한 대가를 변상하고 그 물건의 반환을 청구할 수 있다.

3. 행위: 절취행위

가. 점유배제와 새로운 점유취득

절도죄의 구성요건적 행위는 절취행위이다. 절취행위는 타인의 점유배제와 새로운 점유의 취득행위를 의미한다.

점유의 배제는 점유자의 의사에 반하여 재물에 대한 사실상의 지배를 제거하는 것을 말한다. 점유배제는 점유자의 의사에 반하여야 하므로 점유자의 동의는 구성요건해당성을 배제하는 양해가 된다. 점유배제는 날치기와 같이 공연히 이루어지는 경우뿐만 아니라 은밀히 이루어질 수 있다.

점유의 취득은 재물에 대한 방해 없는 사실상의 지배를 설정하는 것을 말한다. 절취가 되기 위해서는 '새로운 점유의 취득'이 필요하므로 새장 속의 새를 날아가게 하거나 기르는 동물을 도망하게 하는 것은 새로운 점유의 취득이 없으므로 절취가 아니다.

나. 탈취와 사취의 구별

절취행위는 상대방의 의사에 반하여 점유를 배제하고 새로운 점유를 취득하는 '탈취행위'를 의미한다. 이 경우 재물의 교부와 관련하여 기망행위가 점유취득의 수단이 된 경우에도 절도죄가 성립하는지, 이른바 '책략절도'가 성립할 수 있는지 문제된다. 착오에 빠진 피해자의 처분행위로 인하여 행위자가 재물의 교부를 받으면 사기죄가 성립하며, 피해자의 처분행위에 의하지 아니하고 행위자가 탈취의 방법으로 재물을 취득하면 절도죄가 성립한다. 따라서 피해자의 처분행위가 있는가에 따라서 사기죄와 절도죄가 구분된다.

예를 들면 피해자가 결혼예식장에서 신부측 축의금 접수인인 것처럼 행세하는 갑에게 축의금을 내어놓자 이를 교부받아 가로챈 '결혼식 축의금 절취 사건'의 경우 피해자가 갑에게 축의금을 교부하는 행위가 처분행위라고 본다면 갑에게 사기죄가 성립하지만, 피해자의 교부행위가 처분행위라고 볼 수 없다면 갑은 하객과 진짜 혼주 사이에서 축의금을 탈취한 것이므로 절도죄가 성립한다. 판례에 따르면 피해자의 교부행위의 취지는 갑에게 처분권을 주는 것이 아니며, 피해자가 갑에게 소유권을 이전한다는 종국적인 의사를 가진 것이 아니기 때문에 절도죄가 성립한다. 피고인이 피해자 경영의 금방에서 마치 귀금속을 구입할 것처럼 가장하여 피해자로부터 순금목걸이 등을 건네받은 다음 화장실에 갔다 오겠다는 핑계를 대고 도주한 경우도 마찬가지다.[636]

판례 결혼식 축의금 절취 사건

【판결요지】 피해자가 결혼예식장에서 신부측 축의금 접수인인 것처럼 행세하는 피고인에게 축의금을 내어 놓자 이를 교부받아 가로챈 사안에서, 피해자의 교부행위의 취지는 신부측에 전달하는 것일 뿐 피고인에게 그 처분권을 주는 것이 아니므로, 이를 피고인에게 교부한 것이라고 볼 수 없고 단지 신부측 접수대에 교부하는 취지에 불과하므로 피고인이 그 돈을 가져간 것은 신부측 접수처의 점유를 침탈하여 범한 절취행위라고 보는 것이 정당하다(대법원 1996.10.15. 선고 96도2227, 96감도94 판결).

【해설】 결혼식에 참석한 하객이 갑에게 축의금을 주는 행위는 갑에게 축의금에 대한 처분권을 주는 것이 아니므로 처분행위라고 볼 수 없다. 따라서 갑이 탈취의 방법으로 재물을 취득한 것으로 볼 수 있으므로 절도죄가 성립한다.

4. 실행의 착수 시기

본죄의 실행의 착수 시기는 타인의 점유를 배제하는 행위를 개시한 때이다. 판례는 점유침해의 밀접한 행위나 목적물을 물색한 때 절도죄의 실행의 착수를 인정한다(밀접행위시설 또는 물색행위시설).

판례 실행의 착수를 인정한 판례

① 금품을 절취하기 위하여 고속버스 선반 위에 놓여진 손가방의 한쪽 걸쇠만 열었다 하여도 절도범행의 실행에 착수하였다(대법원 1983.10.25. 선고 83도2432 판결).

② 소매치기하기 위하여 피해자의 양복 상의 주머니로부터 금품을 절취하려고 그 호

636) 대법원 1994.8.12. 선고 94도1487 판결.

주머니에 손을 뻗쳐 그 겉을 더듬은 때(대법원 1984.12.11. 선고 84도2524 판결).
③ 피해자 소유 자동차 안에 들어 있는 밍크코트를 발견하고 이를 절취할 생각으로 공범이 위 차 옆에서 망을 보는 사이 위 차 오른쪽 앞문을 열려고 앞문손잡이를 잡아당기다가 피해자에게 발각된 경우(대법원 1986.12.23. 선고 86도2256 판결).
④ 피해자집의 담을 넘어 침입하여 그 집 부엌에서 금품을 물색하던 중에 발각되어 도주한 경우(대법원 1987.1.20. 선고 86도2199 판결).
⑤ 담을 넘어 마당에 들어가 그곳에 있는 구리를 찾기 위하여 담에 붙어 걸어간 때(대법원 1989.9.12. 선고 89도1153 판결).
⑥ 주간에 절도의 목적으로 방안까지 들어갔다가 절취할 재물을 찾지 못하여 거실로 돌아 나온 경우(대법원 2003.6.24. 선고 2003도1985 판결).
⑦ 야간에 손전등과 박스 포장용 노끈을 이용하여 도로에 주차된 차량의 문을 열고 현금 등을 훔치기로 마음먹고, 차량의 문이 잠겨 있는지 확인하기 위해 양손으로 운전석 문의 손잡이를 잡고 열려고 하던 중 경찰관에게 발각된 경우(대법원 2009.9.24. 선고 2009도5595 판결).

판례 실행의 착수를 부정한 판례

① 평소 잘 아는 피해자에게 전화채권을 사주겠다고 하면서 골목길로 유인하여 돈을 절취하려고 기회를 엿본 경우(대법원 1983.3.8. 선고 82도2944 판결).
② 훔칠 물건이 있는 자동차를 찾기 위하여 손전등으로 자동차 내부를 비추어 본 경우(대법원 1985.4.23. 선고 85도464 판결).
③ 피해자의 집 부엌문에 시정된 열쇠고리의 장식을 뜯는 행위만으로는 절도죄의 실행행위에 착수한 것이라고 볼 수 없다(대법원 1989.2.28. 선고 88도1165 판결).
④ '주간에' 아파트 출입문 시정장치를 손괴하다가 발각되어 도주한 경우(대법원 2009.12.24. 선고 2009도9667 판결).
⑤ 피고인이 아파트 신축공사 현장 안에 있는 건축자재 등을 훔칠 생각으로 공범과 함께 위 공사현장 안으로 들어간 후 창문을 통하여 신축 중인 아파트의 지하실 안쪽을 살핀 행위가 특수절도죄의 실행의 착수에 해당하지 않는다고 한 사례(대법원 2010.4.29. 선고 2009도14554 판결).

5. 기수 시기

절도죄의 기수 시기는 재물에 대한 새로운 점유의 취득이 있는 때이다(취득설). 그러나 언제 새로운 점유가 개시되었는가는 구체적인 사례에서 목적물의 성질·모양·은닉방법·장소에 따라 다르게 판단되어야 하므로 일률적으로 정할 수는 없다. 따라서 작고 가벼워 쉽게 운반할 수 있는 물건들은 손에 잡거나 주머니, 가방 등에 넣는 것만으로도 이미 점유를 취득하였다고 볼 수 있지만, 크고 무거워 운반이 용이하지 않는 물건들은 어느 정도 피해자의 지배범위를 벗어난 때 또는 벗어날 수 있는 상태에 있을 때에 점유의 취득이 있다고 할 수 있다. 무거운 물건의 경우 차량에 적재했을 때 점유의 취득이 있다고 보아야 한다. 이러한 점에서 타인의 입목(立木)을 벌채한 경우에서 운반·반출 시가 아니라 벌채행위의 종료와 동시에 기수가 된다는 대법원 판례는 다소 문제가 있다.

판례 영산홍 사건

【사실관계】 피고인 갑은 피해자가 운영하는 연구소 마당에 쏘렌토 승용차를 세워 두고, 그곳에서 약 20m 떨어진 연구소 마당 뒤편에서 피해자 소유의 영산홍 1그루를 캐었다. 위 영산홍은 높이가 약 1m 50㎝ 이상, 폭이 약 1m 정도로서 상당히 클 뿐만 아니라 뿌리가 상하지 않도록 뿌리 부분의 흙까지 함께 캐내어져 갑이 혼자서 이를 운반하기 어렵자, 남편 을에게 전화를 걸어 영산홍을 차에 싣는 것을 도와 달라고 말하여 을이 그곳으로 왔다. 갑과 을은 위 연구소 마당에 주차된 승용차 바로 뒤에서 위 영산홍을 함께 잡고 있다가 피해자에게 발각되었다.

【판결요지】 [1] 입목을 절취하기 위하여 캐낸 때에 소유자의 입목에 대한 점유가 침해되어 범인의 사실적 지배하에 놓이게 되므로 범인이 그 점유를 취득하고 절도죄는 기수에 이른다. 이를 운반하거나 반출하는 등의 행위는 필요하지 않다.

[2] 절도범인이 혼자 입목을 땅에서 완전히 캐낸 후에 비로소 제3자가 가담하여 함께 입목을 운반한 사안에서, 특수절도죄의 성립을 부정한 사례(대법원 2008.10.23. 선고 2008도6080 판결).

【해설】 이 사건은 부동산절도를 인정할 수 있는가라는 논점 이외에도 입목절도에 있어서 기수 시기는 언제인지, 기수 시기에 따라 남편 을이 특수절도죄가 되는지 등 많은 논점을 가지고 있다. 원심법원은 기수 시기를 영산홍을 자동차에 옮겨서 적재완료한 때로 보았다. 이에 반해 대법원은 갑에 대해 영산홍을 절취하기 위해 캐낸 시점을 절도죄의 기수로 인정하였다. 영산홍절도가 완성된 이후에 남편 을이 가담하였으므로 특수절도의 현장성을 인정할 수 없기 때문에 특수절도죄가 성립하지 않는다. 남편의 경우 장물운반죄는 성립할 수 있다. 생각건대, 영산홍이 크기 때문에 피고인이 혼자 운반하기 어렵다는 사정을 고려한다면 영산홍을 토지로부터 캐낸 시점을 기수 시기로 보기 어렵고, 범인의 사실적 지배하에 있다고 평가하기 어렵다. 원심과 같이 어느 정도 피해자의 지배범위를 벗어날 수 있는 시점인 자동차에 적재한 때에 기수 시기로 보는 것이 타당하다. 남편 을에 대하여 특수절도죄 성립을 긍정하는 것이 타당하다.

판례 절도죄의 기수

① 방안에 있는 물건을 들고 나오다가 소유자의 '도둑이야'라는 고함소리에 당황하여 이를 방과 방문밖에 던지고 달아난 경우(대법원 1964.4.21. 선고 64도112 판결).

② 창고에서 동판과 전선을 밖으로 들고 나와 손수레에 싣고 운반해 가다가 방범대원에게 발각되어 체포된 경우(대법원 1984.2.14. 선고 83도3242 판결).

③ 피고인이 피해자 경영의 까페에서 야간에 아무도 없는 그 곳 내실에 침입하여 장식장 안에 들어 있던 정기적금통장 등을 꺼내 들고 까페로 나오던 중 발각되어 돌려 준 경우 피고인은 피해자의 재물에 대한 소지(점유)를 침해하고, 일단 피고인 자신의 지배 내에 옮겼다고 볼 수 있으니 절도의 미수에 그친 것이 아니라 야간주거침입절도의 기수라고 할 것이다(대법원 1991.4.23. 선고 91도476 판결).

④ 입목을 절취하기 위하여 캐낸 때에 소유자의 입목에 대한 점유가 침해되어 범인의 사실적 지배하에 놓이게 되므로 범인이 그 점유를 취득하고 절도죄는 기수에 이른다. 이를 운반하거나 반출하는 등의 행위는 필요하지 않다(대법원 2008.10.23. 선고 2008도6080 판결).

6. 절취의 기수와 절취의 종료

기수 시기의 문제와 위법영득이 성공 또는 완수되었는가는 별개의 문제이다. 기수 시기를 지나서 종료시기를 지났을 경우에 비로소 절취는 완료되었다고 볼 수 있다. 종료시기를 중심으로 절도죄의 공소시효가 진행되며, 일단 종료가 되면 절취한 재물에 대한 그 후의 사용, 수익, 처분, 손괴 등은 절도죄의 구성요건에 포괄적으로 포함되는 불가벌적 사후행위가 된다. 기수 이후에 절취물건을 되돌려 준 경우에도 절도죄는 성립한다.

절도죄는 구성요건적 실행행위에 의하여 법익의 침해가 발생함으로써 범죄는 기수가 되고 종료되지만, 기수 이후에도 위법상태가 계속되는 상태범이다. 상태범은 기수 시기와 종료시기가 일치한다는 점에서 즉시범과 동일하다. 기수 후의 행위는 불가벌적 사후행위에 불과하다.

7. 주관적 구성요건

가. 고의

절도죄의 고의는 타인이 점유하는 타인의 재물을 절취한다는 인식과 이를 실현하려는 의사를 말한다.

나. 불법영득의사

초과 주관적 구성요건으로 절도죄의 고의뿐만 아니라 불법영득의사가 필요하다는 것이 통설과 판례의 입장이다. 불법영득의사는 원래의 소유권자를 그 지위에서 배제시키는 의사인 소극적 요소인 소유자 배제의사와 소유권자에 유사한 지위를 향유하려는 적극적 요소인 소유권 향유의사로 이루어져 있다.[637]

8. 죄수 및 다른 죄와의 관계

가. 판단기준

절도죄의 죄수는 절취의 수에 따라 정해진다. 따라서 1개의 행위에 의하여 여러 사람의 소유에 속하는 재물을 절취하는 경우에는 상상적 경합이 아니라 단순일죄가 된다. 구성요건적 불법이 양적으로 증가하는 데 불과하기 때문이다.

수 개의 행위에 의하여 여러 사람의 소유에 속하는 재물을 절취하는 경우에는 원칙적으로 경합범이 된다. 하지만 수 개의 행위가 시간적·장소적으로 결합되어 있을 때에는 포괄일죄인 연속범, 접속범이 될 수 있다. 예를 들면 밤에 창고에 침입하여 새벽 2시부터 새벽 4시까지 총 6개의 물건을 훔친 경우에는 한 개의 절도죄만이 성립한다.

나. 불가벌적 사후행위

절도죄는 상태범이므로 절취가 기수로 된 이후의 행위가 절도행위와 보호법익이 같고 절도행위가 침해한 양을 초과하지 않는다면 그 행위는 불가벌적 사후행위로 별도의 죄를 구성하지 않는다. 법조경합 중 흡수관계에 해당한다.

하지만 사후행위가 다른 사람의 법익이나 새로운 법익을 침해하거나 절도행위가 침해한 법익의 양을 초과한 경우에는 별도의 죄를 구성한다.

따라서 절취한 재물을 손괴하는 경우, 절취한 승차권[638] 또는 자기앞수표를 현금으로 환금하는 경우[639]에는 불가벌적 사후행위가 되지만, 절취한 예금통장으로 은행에서 예금을 인출하는 경우,[640] 절취한 전당표로 전당물을 찾는 경우,[641] 절취한 장물을 제3자에게 담보제공하는 경우는[642] 절도죄 이외에 새로운 법익을 침해한 것이므로 불가벌적 사후행

637) 불법영득의사에 대한 자세한 내용은 재산죄 총설 부분을 참조하라.

638) 대법원 1975.8.29. 선고 75도1996 판결.

639) 대법원 1982.7.27. 선고 82도822 판결.

640) 대법원 1974.11.26. 선고 74도2817 판결.

641) 대법원 1980.10.14. 선고 80도2155 판결.

642) 대법원 1980.11.25. 선고 80도2310 판결.

위가 아니라 별도로 사기죄가 성립한다. 절취한 신용카드를 사용하는 경우, 문서를 절취하여 피해자의 재물을 편취하는 경우, 절취한 재물을 피해자에게 매각하는 경우도 불가벌적 사후행위가 아니다.

다. 절도죄와 주거침입죄의 관계

형법 제330조에 규정된 야간주거침입절도죄 및 형법 제331조 제1항에 규정된 특수절도(야간손괴침입절도)죄를 제외하고 일반적으로 주거침입은 절도죄의 구성요건이 아니므로 절도범인이 범행수단으로 주거침입을 한 경우에 주거침입행위는 절도죄에 흡수되지 아니하고 별개로 주거침입죄를 구성하여 절도죄와는 실체적 경합의 관계로 보는 것이 원칙이다.[643)]

상습절도에는 주거침입을 구성요건으로 하지 않는 상습단순절도와 주거침입을 구성요건으로 하고 있는 상습야간주거침입절도 또는 상습특수절도(야간손괴침입절도)가 있다. 상습으로 단순절도를 범한 범인이 상습적인 절도범행의 수단으로 주간에 주거침입을 한 경우에 주간 주거침입행위의 위법성에 대한 평가가 형법 제332조, 제329조의 구성요건적 평가에 포함되어 있다고 볼 수 없다. 그러므로 형법 제332조에 규정된 상습절도죄를 범한 범인이 범행의 수단으로 주간에 주거침입을 한 경우 주간 주거침입행위는 상습절도죄와 별개로 주거침입죄를 구성한다.

Ⅲ. 야간주거침입절도죄

> 제330조 (야간주거침입절도) 야간에 사람의 주거, 관리하는 건조물, 선박, 항공기 또는 점유하는 방실(房室)에 침입하여 타인의 재물을 절취(竊取)한 자는 10년 이하의 징역에 처한다.
> 제342조 (미수범) 제329조 내지 제341조의 미수범은 처벌한다.

1. 의의

야간주거침입절도죄는 야간에 주거 등에 침입하여 타인의 재물을 절취함으로써 성립하는 범죄이다. 야간이라는 행위상황에서 범하는 주거침입죄와 단순절도죄의 결합범이다.

643) 대법원 2015.10.15. 선고 2015도8169 판결.

2. 구성요건

가. 행위상황: 야간

본죄는 '야간'이라는 행위상황에서 이루어져야 한다. 언제부터 언제까지 야간인가에 대하여 본죄의 입법취지가 야간의 불안상태를 이용하고 야간의 평온을 깨뜨리는 것을 무겁게 벌하는 데 있으므로 일반인이 심리적으로 야간이라고 볼 수 있는 상태를 야간이라고 해야 한다는 심리학적 해석설이 있지만, 통설과 판례는 일몰 후 일출 전까지로 보는 천문학적 해석설을 따르고 있다. 법적 안정성 관점에서 천문학적 해석이 타당하다.

야간이라는 행위상황이 주거침입행위와 절취행위 중 어느 시점에 있어야 하는지에 대하여 견해의 대립이 있다. 학설은 주거침입과 절취행위 모두 야간에 있어야 한다는 견해,[644) 양자 중 어느 하나만 야간에 있으면 충분하다는 견해,[645) 주거침입이 야간에 있어야 한다는 견해,[646) 절취행위가 야간에 있어야 한다는 견해[647)가 대립하고 있다.

판례는 야간에 주거침입을 하여야 한다고 해석한다. 따라서 주간에 주거침입하여 야간에 절취한 경우에는 주거침입죄와 절도죄의 경합범이 된다. 하지만 야간에 주거침입하여 주간에 절취한 경우에도 본죄가 성립하는지에 대하여 직접적으로 판단하지 않고 있다.

생각건대, 형법이 야간절도에 대한 위험성보다는 야간주거침입에 대한 위험성을 고려하여 야간주거침입절도에 대한 가중처벌 규정을 둔 것으로 볼 수 있다. 야간절도를 가중하는 처벌 규정이 없다는 점도 이를 고려한 것이라고 볼 수 있다. 야간주거침입절도죄는 주거침입죄와 절도죄의 결합범이므로 주거침입행위가 시간적으로 선행한다. 따라서 주거침입은 야간에 있어야 한다고 해석하는 것이 타당하다. 야간에 주거에 침입한 이상, 절취행위는 야간이든 주간이든 상관없다.

판례 '주간에' 주거에 침입하여 '야간에' 재물을 절취한 행위

【사실관계】 피고인 갑은 2010.6.16. 15:40경 피해자가 운영하는 서울 동대문구 장안동 ○○모텔에 이르러, 피해자가 평소 비어 있는 객실의 문을 열어둔다는 사실을 알고 그 곳 202호 안까지 들어가 침입한 다음, 같은 날 21:00경 그곳에 설치되어 있던 피해자 소유의 LCD모니터 1대 시가 3만 원 상당을 가지고 나와 절취하였다.

【판결요지】 형법은 제329조에서 절도죄를 규정하고 곧바로 제330조에서 야간주거침입절도죄를 규정하고 있을 뿐, 야간절도죄에 관하여는 처벌규정을 별도로 두고 있지 아

644) 김일수/서보학, 307면; 손동권/김재윤, 307면.

645) 김성돈, 316면; 배종대, 391면; 임웅/이현정/박성민, 364면; 정성근/박광민, 319면.

646) 오영근/노수환, 285면; 이재상/장영민/강동범, 282면.

647) 김성천/김형준, 352면; 박상기/전지연, 605면.

니하다. 이러한 형법 제330조의 규정형식과 그 구성요건의 문언에 비추어 보면, 형법은 야간에 이루어지는 주거침입행위의 위험성에 주목하여 그러한 행위를 수반한 절도를 야간주거침입절도죄로 중하게 처벌하고 있는 것으로 보아야 하고, 따라서 주거침입이 주간에 이루어진 경우에는 야간주거침입절도죄가 성립하지 않는다고 해석하는 것이 타당하다(대법원 2011.4.14. 선고 2011도300 판결).

나. 행위태양: 주거침입행위와 절취행위

본죄의 구성요건적 행위태양은 주거침입행위와 절취행위이다. 주거침입죄의 주거침입행위와 절도죄의 절취행위와 그 의미가 동일하다.

3. 실행의 착수 시기 및 기수 시기

본죄는 주거침입죄와 절도죄의 결합범으로 시간적으로 주거침입이 선행하기 때문에 본죄의 실행의 착수 시기는 야간에 주거침입한 때이다. 절도의 의사로 주거의 문을 열거나 문의 시정장치를 여는 등의 행위를 했을 때 비록 신체의 일부가 집안에 들어가지 않았더라고 실행의 착수가 인정된다. 출입문이 열려 있으면 안으로 들어가겠다는 의사 아래 출입문을 당겨보았다면 주거침입의 실행에 착수한 것이다.[648] 본죄의 기수 시기는 절도죄와 같이 재물에 대한 새로운 점유의 취득이 있는 때이다.

판례 아파트 베란다 철제난간 사건

【사실관계】 피고인 갑은 2003.3.2. 19:45경 부천시 원미구 소재 꿈동산 신안아파트 1909동 뒤편에 이르러 금품을 절취할 목적으로 난간을 잡고 1909동 202호 뒤쪽 베란다로 올라가 미리 준비한 소형손전등을 창문에 비추면서 내부를 살피던 중, 때마침 위 아파트에 근무하는 경비원인 피해자 A에게 발각되어 그 곳 베란다에서 뛰어내려 도주하다가 체포를 면탈할 목적으로 미리 소지하고 있던 드라이버를 위 피해자의 얼굴에 들이대면서 "너 잡지마, 잡으면 죽여"라고 말하여 이에 불응하면 위 피해자의 신체 등에 어떠한 위해를 가할 것 같은 태도를 보여 피해자를 협박하였다.

【판결요지】 [1] 준강도의 주체는 절도, 즉 절도범인으로, 절도의 실행에 착수한 이상 미수이거나 기수이거나 불문하고, 야간에 타인의 재물을 절취할 목적으로 사람의 주거에 침입한 경우에는 주거에 침입한 단계에서 이미 형법 제330조에서 규정한 야간주거침입절도죄라는 범죄행위의 실행에 착수한 것이라고 보아야 하며, 주거침입죄의 경우 주거침입의 범의로써 예컨대, 주거로 들어가는 문의 시정장치를 부수거나 문을 여는

648) 대법원 2006.9.14. 선고 2006도2824 판결.

등 침입을 위한 구체적 행위를 시작하였다면 주거침입죄의 실행의 착수는 있었다고 보아야 한다.

[2] 주거침입죄의 실행의 착수는 주거자, 관리자, 점유자 등의 의사에 반하여 주거나 관리하는 건조물 등에 들어가는 행위, 즉 구성요건의 일부를 실현하는 행위까지 요구하는 것은 아니고, 범죄구성요건의 실현에 이르는 현실적 위험성을 포함하는 행위를 개시하는 것으로 족하다.

[3] 야간에 아파트에 침입하여 물건을 훔칠 의도하에 아파트의 베란다 철제난간까지 올라가 유리창문을 열려고 시도하였다면 야간주거침입절도죄의 실행에 착수한 것으로 보아야 한다고 한 사례(대법원 2003.10.24. 선고 2003도4417 판결).

【해설】 피고인 갑에게 준강도가 성립하는지를 검토하기 위해서는 먼저 갑에게 야간주거침입절도죄가 성립하는지 보아야 한다. 야간주거침입절도죄의 실행의 착수 시기는 절취행위 시가 아니라 주거침입 시이며, 주거침입죄의 실행의 착수는 주거나 건조물에 신체의 일부가 들어가야만 하는 것이 아니며, 문손잡이를 잡아 당기는 등 범죄구성요건의 실현에 이르는 현실적 위험성을 포함하는 행위도 실행의 착수행위로 볼 수 있다. 위 사안의 경우 갑은 주거침입의 실행의 착수에 해당하므로 야간주거침입절도죄의 미수에 해당하며, 절도미수가 체포를 면탈할 목적으로 피해자를 협박한 경우이므로 준강도죄가 성립한다.

판례 다세대주택 가스배관 사건

【판례】 피고인이 이 사건 다세대주택 2층의 불이 꺼져있는 것을 보고 물건을 절취하기 위하여 가스배관을 타고 올라가다가, 발은 1층 방범창을 딛고 두 손은 1층과 2층 사이에 있는 가스배관을 잡고 있던 상태에서 순찰 중이던 경찰관에게 발각되자 그대로 뛰어내린 사실을 인정한 후, 이러한 피고인의 행위만으로는 주거의 사실상의 평온을 침해할 현실적 위험성이 있는 행위를 개시한 때에 해당한다고 보기 어렵다는 이유로 공소사실을 무죄로 판단한 원심을 긍정한 사례(대법원 2008.3.27. 선고 2008도917 판결).

【해설】 다세대주택의 1층 방범창을 발로 딛고 가스배관을 잡고 있는 상태에서 그대로 뛰어내린 경우 실행의 착수 시기인 주거침입을 인정하지 않았다. 이 사건의 경우 다세대주택의 특성상 건물 외벽에서 주거의 위요지가 아닌 도로로 뛰어내린 경우로 보인다.

4. 주관적 구성요건

본죄의 고의는 야간에 주거 침입하여 타인의 재물을 절취한다는 인식과 의사를 말한다. 절도의 고의가 언제 있어야 하는지 문제된다. 야간주거침입절도죄는 야간에 타인의 재물을 절취할 목적으로 사람의 주거에 침입한 경우에는 주거침입 단계에서 이미 야간주거침입절도죄의 실행에 착수한 것이라고 보아야 한다. 야간주거침입절도죄는 주거침입죄와 절도죄의 결합범으로서 시간적으로 주거침입행위가 선행되는 것이므로 그 실행의 착수 시점인 주거침입이 이루어질 때 절도의 고의가 있어야 한다. 야간에 주거침입행위가 있은 후 비로소 절도의 고의가 생겼다면 주거침입죄와 절도죄의 경합범이 될 수 있을지언정 야간주거침입절도죄는 성립하지 않는다.[649] 야간주거침입절도죄는 재산죄이므로 불법영득의사도 있어야 한다.

Ⅳ. 특수절도죄

> 第331조 (특수절도) ① 야간에 문이나 담 그 밖의 건조물의 일부를 손괴하고 제330조의 장소에 침입하여 타인의 재물을 절취한 자는 1년 이상 10년 이하의 징역에 처한다.
> ② 흉기를 휴대하거나 2명 이상이 합동하여 타인의 재물을 절취한 자도 제1항의 형에 처한다.
> 第342조 (미수범) 제329조 내지 제341조의 미수범은 처벌한다.

1. 의의

특수절도죄는 야간에 문호 또는 장벽 기타 건조물의 일부를 손괴하고 주거에 침입하여 타인의 재물을 절취하거나(제331조 제1항), 흉기를 휴대하여 타인의 재물을 절취하거나 2인 이상이 합동하여 타인의 재물을 절취한 경우(제331조 제2항)에 성립하는 범죄이다. 특수절도죄는 3가지 유형이 있다. 제331조 제1항의 특수절도를 '야간주거손괴 후 침입절도'라고 하며, 제331조 제2항 전단의 특수절도를 '흉기휴대절도'라고 하며, 제331조 제2항 후단의 특수절도를 '합동절도'라고 한다.

649) 대법원 2025.1.9. 선고 2022도5573 판결.

2. 야간주거손괴 후 침입절도

가. 의의

야간주거손괴 후 침입절도죄는 야간에 문호 또는 장벽 기타 건조물의 일부를 손괴하고 야간주거침입죄를 범하는 경우에 성립하는 범죄이다. 손괴죄와 야간주거침입절도죄가 결합된 형태이다. 손괴는 주거침입을 하기 위한 수단이다.

나. 야간

야간의 의미는 야간주거침입절도죄와 같이 일몰 후 일출 전이다. 야간에 문, 담 그 밖의 건조물의 일부를 손괴하고 주거침입을 하여야 하므로, 주간에 문 등을 손괴하고 주거침입하여 절취한 경우에는 본죄가 아니라, 손괴죄, 주거침입죄, 절도죄의 실체적 경합이 된다. 주간에 손괴하고 야간에 주거침입하여 절취한 경우에는 손괴죄와 야간주거침입절도죄의 실제적 경합이 된다.[650)]

다. 문이나 담 그 밖의 건조물의 일부를 손괴

'문이나 담 그 밖의 건조물의 일부'는 주거 등에 대한 침입을 방지하기 위하여 설치된 일체의 침입방지시설를 말한다. '손괴'는 물리적으로 문호 또는 장벽 기타 건조물의 일부를 훼손하여 그 효용을 상실시키는 것을 말한다.[651)]

문을 부수거나 강제로 뜯는 행위, 담장을 넘어뜨리거나 허무는 행위, 건물의 벽이나 지붕, 창문 등을 깨뜨리고 침입하면 본죄에 해당한다. 침입목적으로 잠긴 유리문을 돌멩이 등으로 부수고 들어간 경우가 대표적이다. 판례에 따르면 야간에 상점의 출입문을 발로 걷어차자 잠금 고리의 아래쪽 부착 부분이 출입문에서 떨어져 출입문과의 사이가 뜨게 되면서 출입문이 열려 상점 안으로 침입하여 재물을 절취한 경우 본죄의 성립을 인정하였지만,[652)] 야간에 피해자들이 운영하는 식당의 창문과 방충망을 창틀에서 분리하였을 뿐인 경우에는 물리적으로 훼손하여 효용을 상실하게 한 것은 아니므로 본죄의 성립을 부정하였다.[653)]

라. 실행의 착수 시기와 기수 시기

본죄의 실행의 착수 시기는 야간에 건조물의 일부를 손괴하기 시작한 때이다. 판례도

650) 김성돈, 318면.

651) 대법원 2004.10.15. 선고 2004도4505 판결.

652) 대법원 2004.10.15. 선고 2004도4505 판결.

653) 대법원 2015.10.29. 선고 2015도7559 판결.

같은 입장이다.[654] '주간에' 아파트 출입문 시정장치를 손괴하다가 발각되어 도주한 경우 본죄의 실행의 착수가 인정되지 않는다.[655] 본죄의 기수 시기는 재물을 취득한 때이다.

마. 죄수

제331조 제1항의 야간주거손괴 후 침입절도죄는 야간에 손괴를 하여야 성립하는 범죄이며, 손괴죄와 야간주거침입절도죄의 결합범이다. 따라서 본죄가 성립하는 경우에는 손괴죄와 야간주거침입절도죄는 별도로 성립하지 않는다.

야간이 아닌 주간에 문호 등을 손괴하고 주간에 주거침입하여 절취한 경우에는 본죄는 성립하지 않으며, 손괴죄, 주거침입죄, 절도죄의 실체적 경합이 된다.

주간에 문호 등을 손괴하고 야간에 주거침입하여 절취한 경우에는 손괴죄와 야간주거침입절도죄의 실체적 경합이 된다.

야간에 주거침입한 후에 절취하고 나오면서 건조물 일부를 손괴한 경우에는 야간주거침입절도죄와 손괴죄의 실체적 경합이 된다.

3. 흉기휴대절도

가. 의의

흉기휴대절도죄는 흉기를 휴대하고 절도죄를 범한 경우에 성립하는 범죄이다. 흉기를 휴대하여 타인의 재물을 절취한 행위를 특수절도죄로 가중하여 처벌하는 것은 흉기의 휴대로 인하여 피해자 등에 대한 위해의 위험이 커진다는 점 등을 고려한 것이다.

나. 흉기

흉기는 사람을 살상하려는 목적으로 만들어진 물건을 말한다. 특수상해죄의 행위수단으로 위험한 물건이 있다. 위험한 물건과 흉기와의 관계가 문제된다. 하지만 흉기와 위험한 물건은 서로 다른 개념이므로 위험한 물건이라고 해서 모두 흉기라고 할 수 없다. 따라서 위험성이 있는 물건이라도 일반인의 관점에서 흉기라고 볼 수 없다면 본죄의 흉기에는 해당하지 않는다. 흉기는 특수상해죄 등에서 규정하고 있는 위험한 물건보다 좁은 개념이라고 할 수 있다.[656]

흉기에 해당하는지에 대해서는 물건의 객관적 성질에 따라 결정해야 하며, 휴대자의

---

654) 대법원 1986.9.9. 선고 86도1273 판결; 대법원 1977.7.26. 선고 77도1802 판결.

655) 대법원 2009.12.24 선고 2009도9667 판결.

656) 대법원 2012.6.14. 선고 2012도4175 판결.

주관에 따라 판단할 것은 아니다. 따라서 도끼, 망치, 철봉과 같이 본래 다른 용도로 제작된 도구라도 사람의 살상에 이용될 수 있는 물건으로서 일반인이 위험을 느낄 수 있다면 본죄의 흉기에 해당한다.

다. 휴대

휴대는 몸에 지닌다는 의미로 범행에 사용할 의사로 몸에 지니고 있어야 한다. 반드시 손에 쥐고 있을 필요는 없고, 가방이나 주머니에 넣고 있는 경우와 같이 흉기를 쉽게 잡을 수 있는 상태에 있는 것도 휴대에 해당한다.

흉기를 휴대하고 있음을 상대방에게 반드시 인식시킬 필요는 없지만 적어도 외부에서 인식 가능한 방법으로 지니고 있어야 한다. 처음부터 흉기를 휴대할 필요는 없으며, 실행의 착수 시점부터 기수 시기까지 휴대하고 있으면 충분하다.

라. 다른 죄와 관계

흉기휴대절도죄는 주거침입과 손괴를 그 요건으로 하고 있지 않으므로 주간에 건조물의 일부를 손괴하고 침입하여 흉기휴대절도죄를 범한 경우 주거침입죄, 손괴죄, 특수절도죄의 실체적 경합이 된다.

4. 합동절도

가. 의의

합동절도는 2인 이상이 합동하여 절취하는 경우에 성립하는 범죄이다. 합동범은 단독범 또는 공동정범의 형태로 범죄를 범한 경우보다 형벌을 가중하고 있다. 합동절도는 절도죄의 가중적 구성요건이다. 합동범은 2인 이상이 합동하여 죄를 범하는 것인데 이 경우 2인 이상이 공동하여 죄를 범하는 공동정범과 어떤 관계가 있는지가 문제된다. 이는 합동범의 본질과 관련이 있다. 합동범의 본질에 대하여 공모공동정범설, 가중적 공동정범설, 현장설, 현장적 공동정범설이 대립하고 있으나, 현장설이 다수설과 판례의 입장이다.[657] 현장설에 따르면 합동(合同)은 '현장에서의 협동'을 의미하며, 현장은 시간적·장소적으로 근접해 있는 상황을, 협동은 공동으로 실행행위를 분담하는 것을 의미한다. 따라서 절도에 가담하였다고 하더라도 현장에서의 협동이 없다면 합동절도는 성립하지 않는다.

판례에 따르면 피고인이 피해자의 형과 범행을 모의하고 피해자의 형이 피해자의 집에

657) 이에 대한 자세한 설명은 형법총론 합동범 부분 설명을 참조하라.

서 절취행위를 하는 동안 피고인은 그 집 안의 가까운 곳에 대기하고 있다가 절취품을 가지고 같이 나온 경우 시간적, 장소적으로 협동관계가 있었다고 본다.[658)]

생각건대, 형법이 공동정범의 공동의 개념과 달리 합동이라는 개념을 따로 사용하면서 가중된 처벌을 하고 있다는 것은 합동범의 범행방법이나 범행의 강도가 공동정범의 공동의 방법과 다르기 때문이다.[659)] 따라서 합동 개념은 공동 개념에 비해 추가적인 요소를 갖추고 있는 것으로 보아야 한다. 합동은 공동의 두 가지 요건, 즉 주관적 요건인 '공동가공의 의사'와 객관적 요건인 '실행행위의 분담' 이외에도 범행현장 내지 현장 부근에서의 '현실적 협동관계'라는 세 번째 요건을 추가적으로 요구하는 개념이다. 따라서 현장설이 타당하다.

나. 합동범의 공동정범

(1) 쟁점

합동범은 필요적 공범이므로 내부자 사이에는 별도로 공동정범이나 교사범·방조범이 성립하지 않는다. 따라서 갑과 을이 합동하여 절도죄를 범한 경우 갑과 을은 특수절도죄가 성립하는 것이며, 절도죄의 공동정범이 되는 것이 아니다.

내부자 관계가 아닌 외부에서 합동 관계에 있지 않은 제3자가 있는 경우에 범죄가담형태가 문제된다. 이 경우 협의의 공범인 교사·방조범은 당연히 성립한다. 갑과 을이 합동하여 특수절도죄를 범함에 있어서 외부에서 병이 이를 교사 또는 방조한 경우 병은 특수절도죄의 교사범 또는 방조범이 성립한다. 그런데 제3자에 대하여 합동범의 공동정범이 성립하는가에 대해서는 견해의 대립이 있다. 현장에는 없었지만, 기능적 행위지배를 인정할 수 있는 제3자가 있는 경우에 그를 합동범의 공동정범으로 인정할 수 있는가의 문제이다.

(2) 학설

다수설인 현장설에 따르면 합동범의 공동정범의 성립은 부정된다. 공모자라고 하더라도 현장에 있지 않다면 본죄의 정범이 될 수 없기 때문이다. 만약 합동범의 공동정범을 인정하게 되면 현장에 없었음에도 불구하고 기능적 행위지배가 있다는 이유로 합동범으로 가중처벌하는 것은 책임주의에 반하고 합동이라는 문언의 의미를 공동으로 넓힌 것이므로 유추적용이 된다고 한다. 따라서 기능적 행위지배만 있는 제3자는 단순절도의 공동정범이 되거나, 단순절도의 공동정범과 합동범의 교사 또는 방조의 상상적 경합이 된다고 한다.

---

658) 대법원 1996.3.22. 선고 96도313 판결.

659) 김성돈, 320면.

하지만, 현장설을 취하면서도 합동범에 대한 공동정범의 성립을 인정하는 견해도 있다. 현장적 공동정범설은 현장 밖에서 범행지휘 등의 기능적 역할분담을 한 경우에는 공동정범의 성립을 인정할 수 있다고 한다.[660)]

(3) 판례

대법원은 3인 이상이 범행을 공모한 후 적어도 2인 이상의 범인이 범행현장에서 시간적·장소적으로 협동관계를 이루어 실행행위를 분담한 경우에는 그 공모에는 참여하였으나 현장에서 실행행위를 분담하지 않은 제3자에 대하여도 그가 정범성의 표지를 갖추고 있다면 그 범인은 합동범의 공동정범이 성립한다고 한다.

이른바 삐끼주점 사건에서 삐끼들이 피해자의 신용카드를 이용하여 현금자동지급기에서 현금을 절취하는 동안, 현장에는 없지만 절도범의 행위를 자기 의사의 수단으로 범행하였다고 평가할 수 있다면 합동절도의 공동정범이 된다고 판단하였다. 마찬가지로 피고인이 갑, 을과 공모한 후 갑, 을은 피해자 회사의 사무실 금고에서 현금을 절취하고, 피고인은 위 사무실로부터 약 100m 떨어진 곳에서 망을 보는 방법으로 합동하여 재물을 절취한 사건에서 판례는 피고인은 갑, 을의 합동절도 범행에 대한 공동정범으로 보았다.[661)]

판례 | 삐끼주점 사건

【사실관계】 속칭 삐끼주점의 지배인인 피고인이 피해자로부터 신용카드를 강취하고 신용카드의 비밀번호를 알아낸 후 현금자동지급기에서 인출한 돈을 삐끼주점의 분배관례에 따라 분배할 것을 전제로 하여 A(삐끼), B(삐끼주점 업주) 및 C(삐끼)와 피고인은 삐끼주점 내에서 피해자를 계속 붙잡아 두면서 감시하는 동안 A, B 및 C는 피해자의 신용카드를 이용하여 현금자동지급기에서 현금을 인출하기로 공모하였고, 그에 따라 A, B 및 C가 1997.4.18. 04:08경 서울 강남구 삼성동 소재 엘지마트 편의점에서 합동하여 현금자동지급기에서 현금 4,730,000원을 절취하였다.

【판결요지】 3인 이상의 범인이 합동절도의 범행을 공모한 후 적어도 2인 이상의 범인이 범행 현장에서 시간적, 장소적으로 협동관계를 이루어 절도의 실행행위를 분담하여 절도 범행을 한 경우에는 공동정범의 일반 이론에 비추어 그 공모에는 참여하였으나 현장에서 절도의 실행행위를 직접 분담하지 아니한 다른 범인에 대하여도 그가 현장에서 절도 범행을 실행한 위 2인 이상의 범인의 행위를 자기 의사의 수단으로 하여 합동절도의 범행을 하였다고 평가할 수 있는 정범성의 표지를 갖추고 있다고 보여지

---

660) 김일수/서보학, 311면; 손동권/김재윤, 312면.

661) 대법원 2011.5.13. 선고 2011도2021 판결.

는 한 그 다른 범인에 대하여 합동절도의 공동정범의 성립을 부정할 이유가 없다고 할 것이다. 형법 제331조 제2항 후단의 규정이 위와 같이 3인 이상이 공모하고 적어도 2인 이상이 합동절도의 범행을 실행한 경우에 대하여 공동정범의 성립을 부정하는 취지라고 해석할 이유가 없을 뿐만 아니라, 만일 공동정범의 성립가능성을 제한한다면 직접 실행행위에 참여하지 아니하면서 배후에서 합동절도의 범행을 조종하는 수괴는 그 행위의 기여도가 강력함에도 불구하고 공동정범으로 처벌받지 아니하는 불합리한 현상이 나타날 수 있다. 그러므로 합동절도에서도 공동정범과 교사범·종범의 구별기준은 일반원칙에 따라야 하고, 그 결과 범행현장에 존재하지 아니한 범인도 공동정범이 될 수 있으며, 반대로 상황에 따라서는 장소적으로 협동한 범인도 방조만 한 경우에는 종범으로 처벌될 수도 있다(대법원 1998.5.21. 선고 98도321 전원합의체 판결).

【해설】 A, B, C는 피해자의 신용카드로 범죄현장인 편의점에서 합동하여 현금을 인출하였기 때문에 특수절도죄가 성립한다. 문제는 범죄현장과 떨어진 주점 내에서 피해자를 감시하고 있는 피고인에 대하여 특수절도죄를 인정할 수 있는지이다. 학설에 따르면 피고인은 단순절도의 공동정범과 특수절도의 방조범이 될 수 있다. 판례는 피고인에 대하여 기능적 범행지배가 인정된다면 특수절도죄의 공동정범이 된다는 입장이다.

(4) 결론

합동범의 본질을 현장설로 보는 이상 현장에 없는 가담자는 합동범의 공동정범으로 볼 수 없다. 형법이 합동범을 가중처벌하는 것은 현장에서 현실적 협동관계가 있었기 때문이다. 형가중적 요소인 '범행현장에서의 현실적 협동관계'가 없었음에도 불구하고 합동범의 공동정범으로 가중처벌하는 것은 책임주의 원칙에 반한다. 기능적 범행지배는 있지만 현장에는 없는 제3자는 단순절도의 공동정범이 되거나, 사안에 따라서는 단순절도의 공동정범과 합동범의 교사 또는 방조의 상상적 경합이 될 수 있다.

5. 죄수 및 다른 죄와의 관계

형법 제331조의 특수절도죄에서 규정하고 있는 야간주거손괴후침입절도죄, 흉기휴대절도죄, 합동절도죄는 각각 독립된 범죄이다.

1인이 야간에 흉기를 휴대하고 주거에 침입하면서 문호 등을 손괴하고 들어가 재물을 절취한 경우와 같이 제331조 제1항과 제2항의 구성요건을 모두 충족시키는 경우가 발생할 수 있다. 이와 같은 경우 제1항과 제2항의 관계에 따라 죄수 문제가 발생한다. 이런 경우 특수절도죄의 포괄일죄가 된다는 견해,[662] 양죄의 상상적 경합이 된다는 견해[663]가 있다. 제331조 제1항과 제2항 간의 관계는 상상적 경합관계로 보는 것이 타당하다.

2인 이상이 흉기를 휴대하고 합동하여 절취한 경우에는 제331조 제2항의 특수절도죄 구성요건을 모두 충족시킨 경우로서 이는 특수절도죄의 포괄일죄로 보는 것이 타당하다. 강도죄에 있어서 폭행과 협박을 모두 행하고 재물을 강취한 경우에 강도죄의 포괄일죄로 보는 것과 같은 논리이다.[664]

2인 이상이 야간에 주거에 침입한 후 합동하여 절취한 경우에는 야간주거침입절도죄와 합동절도죄에 해당되며, 양죄의 관계는 법조경합 중 흡수관계에 해당하여 중한 범죄인 합동절도죄만 성립한다.

V. 자동차등 불법사용죄

> **제331조의2 (자동차등 불법사용) 권리자의 동의 없이 타인의 자동차, 선박, 항공기 또는 원동기장치자전거를 일시 사용한 자는 3년 이하의 징역, 500만원 이하의 벌금, 구류 또는 과료에 처한다.**

1. 의의

자동차불법사용죄는 권리자의 동의 없이 타인의 자동차, 선박, 항공기 또는 원동기장치자전거를 일시 사용한 경우에 성립하는 범죄이다. 원칙적으로 사용절도는 불법영득의사가 없기 때문에 처벌되지 않지만, 자동차 등 특별한 객체에 대해서는 사용절도를 처벌하기 위하여 95년 형법 개정에 신설된 범죄유형이다.

2. 객체

본죄의 행위객체는 자동차, 선박, 항공기 또는 원동기장치자전거이다. 본죄의 행위객체는 예시적인 것이 아니라 제한적인 것이므로 본죄에 규정된 행위객체 이외의 것은 제외

662) 정성근/정준섭, 199면; 박상기/전지연, 610면.
663) 김성돈, 320면; 임웅/이현정/박성민, 371면.
664) 김성돈, 320면.

된다. 원동기장치자전거는 도로교통법에 규정된 것으로 배기량 125cc 이하의 이륜자동차 또는 차를 말한다.

3. 행위: 권리자의 동의 없이 일시적으로 사용

본죄의 구성요건적 행위는 타인의 자동차, 선박, 항공기 또는 원동기장치자전거를 권리자의 동의 없이 일시적으로 사용하는 것이다.

가. 일시 사용

사용은 자동차 등을 통행수단으로 이용하는 것을 의미한다. 따라서 자동차 등에 들어가서 잠을 자거나, 장물을 자동차 안에 은닉하거나, 자동차의 라디오를 들었다는 것만으로는 사용이라고 할 수 없다.

자동차의 사용은 일시적인 사용이어야 한다. 일시 사용의 정도를 넘어갔다면 불법영득의사가 인정되어 절도죄가 성립한다. 자동차의 사용으로 인하여 자동차 등 목적물 자체가 가지는 경제적 가치가 상당한 정도로 소모되거나 곧 반환하지 않고 장시간 점유하고 있다면 일시 사용이라고 볼 수 없다.

나. 권리자의 동의 없이

권리자의 동의가 없어야 한다. 따라서 권리자의 동의는 구성요건해당성을 조각하는 양해에 해당한다. 권리자는 소유자뿐만 아니라 자동차 등의 정당한 사용권자도 포함된다.[665] 정당한 사용자는 소유자뿐만 아니라 각종 물권이나 채권에 기하여 소유권에 준하여 자동차를 적법하게 사용할 수 있는 사람을 말한다. 예를 들면 자동차 리스계약에 의한 사용자도 권리자로 볼 수 있다.

권리자의 동의 없이 사용을 개시함으로써 기수가 된다. 따라서 권리자의 동의를 받아 정당하게 사용을 개시하였다가 권한 범위를 넘어선 사용이나 권한 없는 사용의 계속은 여기에 포함되지 않는다. 권리자의 동의 범위를 넘은 경우까지 본죄가 성립한다고 하면 사소한 계약위반까지 처벌하게 되어 형법의 보충성의 원칙에 반하기 때문이다.[666]

665) 김성돈, 323면; 배종대, 403면; 신동운, 959면; 오영근/노수환, 294면; 임웅/이현정/박성민, 373면.
666) 김일수/서보학, 314면; 배종대, 402면.

다. 타인의 자동차, 선박, 항공기 또는 원동기장치자전거

'자동차'는 철길이나 가설된 선을 이용하지 아니하고 원동기를 사용하여 운전되는 차를 말한다(도로교통법 제2조 제18호 참조). 건설기계가 포함될 수 있는지 해석상 쟁점이 발생할 수 있지만, 법체계의 통일성을 고려한다면 포함하는 것으로 보아도 무방하다고 생각한다.

'선박'은 수상 또는 수중에서 항행용으로 사용하거나 사용할 수 있는 배를 의미한다(선박법 제1조의2 참조). 선박의 크기나 선박톤수는 불문한다.

'항공기'는 공기의 반작용으로 뜰 수 있는 기기로서 비행기, 헬리콥터, 비행선, 활공기를 의미한다(항공안전법 제2조 참조).

'원동기장치자전거'는 도로교통법의 '원동기장치자전거'를 의미한다. 원동기장치자전거의 종류에는 크게 '배기량 125cc 이하의 오토바이 또는 배기량 50cc 미만의 원동기를 단 차', 전기를 동력으로 사용하는 1인용 교통수단인 '개인형 이동장치' 2가지가 있다. 전자는 오토바이나 소형스쿠터가 해당되며, 후자로는 전동킥보드, 전동 이륜평행차, 스로틀 방식의 전기자전거와 같은 교통수단이 있다. 배기량 125cc를 초과하는 오토바이는 이륜자동차에 해당한다.

4. 착오

권리자의 동의가 없는데도 있는 것으로 착오한 경우는 객관적 구성요건요소에 대한 착오로 고의가 조각된다. 권리자의 동의가 있는데도 불구하고 행위자가 동의가 없는 것으로 오인한 경우에는 대상의 불가능에 의한 불능범이 된다.

5. 반환의사와 자동차등불법사용죄

본죄는 불법영득의사가 없는 사용절도에 대한 예외적 처벌 규정에 해당한다. 따라서 불법영득의사라는 초과 주관적 구성요건요소는 필요하지 않다. 다만 타인의 자동차 등이라는 사실의 인식과 그것을 권리자의 동의 없이 일시 사용한다는 인식과 의사가 있어야 한다. 일시 사용의 목적으로 타인의 점유를 침탈한 경우에도 이를 반환할 의사 없이 상당한 장시간 점유하고 있거나 본래의 장소와 다른 곳에 유기하는 경우에는 이를 일시 사용하는 경우라고는 볼 수 없다.

판례 불법영득의사와 자동차등불법사용죄

【사실관계】 피고인 갑이 강도상해 등의 범행을 저지르고 도주하기 위하여 갑이 근무하던 인천 중구 항동7가 소재 연안아파트 상가 중국집 앞에 세워져 있는 오토바이를 소유자의 승낙 없이 타고 가서 신흥동 소재 뉴스타호텔 부근에 버린 다음 버스를 타고 광주로 가버렸다.

【판결요지】 [1] 형법 제331조의2에서 규정하고 있는 자동차등불법사용죄는 타인의 자동차 등의 교통수단을 불법영득의 의사 없이 일시 사용하는 경우에 적용되는 것으로서 불법영득의사가 인정되는 경우에는 절도죄로 처벌할 수 있을 뿐 본죄로 처벌할 수 없다 할 것이며, 절도죄의 성립에 필요한 불법영득의 의사라 함은 권리자를 배제하고 타인의 물건을 자기의 소유물과 같이 이용, 처분할 의사를 말하고 영구적으로 그 물건의 경제적 이익을 보유할 의사임은 요치 않으며 일시 사용의 목적으로 타인의 점유를 침탈한 경우에도 이를 반환할 의사 없이 상당한 장시간 점유하고 있거나 본래의 장소와 다른 곳에 유기하는 경우에는 이를 일시 사용하는 경우라고는 볼 수 없으므로 영득의 의사가 없다고 할 수 없다.

[2] 소유자의 승낙 없이 오토바이를 타고 가서 다른 장소에 버린 경우, 자동차등불법사용죄가 아닌 절도죄가 성립한다고 한 사례(대법원 2002.9.6. 선고 2002도3465 판결).

【해설】 단순한 '이용 목적'이라도 소유자의 권리를 배제하고 반환 의사 없이 타인의 물건을 다른 장소에 유기하거나 장시간 점유하면 이는 단순한 일시 사용을 넘어 불법영득의사에 의한 절도죄가 된다.

VI. 상습절도죄

> 제332조 (상습범) 상습으로 제329조 내지 제331조의2의 죄를 범한 자는 그 죄에 정한 형의 2분의1까지 가중한다.
> 제342조 (미수범) 제329조 내지 제341조의 미수범은 처벌한다.

1. 의의

상습절도죄는 상습으로 단순절도(형법 제329조), 야간주거침입절도(형법 제330조)와 특수절도(형법 제331조) 및 자동차 등 불법사용(형법 제331조의2)의 죄를 범함으로써 성립하는 범죄이다. 행위주체의 상습성이라는 책임신분요소에 의하여 책임이 가중되는 책임가중적 구성요건이며 부진정 신분범이다.

2. 상습성

상습성은 동종의 범행을 반복하는 습벽을 말하며, 책임을 가중시키는 책임 표지에 해당하므로 고의의 인식대상이 아니다.

3. 상습절도와 주거침입죄의 관계

위 규정은 주거침입을 구성요건으로 하지 않는 상습단순절도와 주거침입을 구성요건으로 하고 있는 상습야간주거침입절도 또는 상습특수절도(야간손괴침입절도)에 대한 취급을 달리하여, 주거침입을 구성요건으로 하고 있는 상습야간주거침입절도 또는 상습특수절도(야간손괴침입절도)를 더 무거운 법정형을 기준으로 가중처벌하고 있다. 따라서 상습으로 단순절도를 범한 범인이 상습적인 절도범행의 수단으로 주간에 주거침입을 한 경우에 주간 주거침입행위의 위법성에 대한 평가가 형법 제332조, 제329조의 구성요건적 평가에 포함되어 있다고 볼 수 없다. 그러므로 형법 제332조에 규정된 상습절도죄를 범한 범인이 범행의 수단으로 주간에 주거침입을 한 경우 주간 주거침입행위는 상습절도죄와 별개로 주거침입죄를 구성한다.

형법 제332조에 규정된 상습절도죄를 범한 범인이 그 범행 외에 상습적인 절도의 목적으로 주간에 주거침입을 하였다가 절도에 이르지 아니하고 주거침입에 그친 경우에도 주간 주거침입행위는 상습절도죄와 별개로 주거침입죄를 구성한다.[667)]

Ⅶ. 친족상도례

제344조 (친족간의 범행) 제328조의 규정은 제329조 내지 제332조의 죄 또는 미수범에 준용한다.
제328조 (친족간의 범행과 고소) ① 직계혈족, 배우자, 동거친족, 동거가족 또는 그 배우자간의 제323조의 죄는 그 형을 면제한다.
② 제1항이외의 친족간에 제323조의 죄를 범한 때에는 고소가 있어야 공소를

---

667) 대법원 2015.10.15. 선고 2015도8169 판결; 상습으로 절도 또는 절도미수의 범행을 저지르고, 또 절도 목적으로 주간에 타인의 주거에 침입하였으나 절도에는 이르지 아니한 범행을 저지른 피고인에 대하여 형법 제332조가 정한 상습절도죄와는 별도로 형법 제319조가 정한 주거침입죄를 인정하고 이들 각 죄에 대하여 경합범 가중을 한 것은 정당하다.

제기할 수 있다.
③ 전2항의 신분관계가 없는 공범에 대하여는 전2항을 적용하지 아니한다.

제329조에서 제332조의 절도범과 재물소유자 사이에 직계혈족, 배우자, 동거친족, 동거가족 또는 그 배우자의 관계가 있으며 형이 면제되고, 그 밖의 친족관계가 있을 경우에는 고소가 있어야 공소를 제기할 수 있다.

제3절 강도의 죄

Ⅰ. 총설

1. 의의

강도의 죄는 폭행 또는 협박으로 타인의 재물을 강취하거나 기타 재산상 이익을 취득하거나 제3자로 하여금 이를 취득하게 함으로써 성립하는 범죄이다. 폭행죄·협박죄와 절도죄의 결합범이다.

2. 보호법익

강도의 죄는 재산권뿐만 아니라 부수적으로 생명, 신체, 의사결정, 의사활동의 자유를 보호법익으로 한다. 강도죄의 경우 재물강취나 이익강취는 폭행·협박을 수단으로 하여 이루어지기 때문이다.

3. 강도죄의 유형

강도의 죄의 유형으로는 제333조 강도죄, 제334조 특수강도죄, 제336조 인질강도죄, 제341조 상습강도죄가 있으며, 절도죄와 강도죄의 중간유형으로 제335조 준강도죄가 있다. 결합범 및 결과적 가중범으로 제337조 강도상해죄와 강도치상죄, 제338조 강도살인죄와 강도치사죄가 있다. 이외에도 제340조 해상강도죄가 있다.

강도의 죄는 범죄의 중대성을 고려하여 미수뿐만 아니라 예비·음모도 처벌하고 있다. 강도의 죄에 대해서는 친족상도례의 특례가 적용되지 않는다.

4. 특별법

특정범죄가중법에서는 강도죄로 3회 이상 징역형을 받은 자가 다시 강도죄를 범하여 누범으로 처벌하는 경우인 '누범강도'에 대하여 형을 가중하고 있다(동법 제5조의4 제5항 제2호).[668] 절도의 경우에는 '5인 이상 공동상습절도'와 '상습절도 누범'이 규정되어 있지만, 강도의 경우에는 규정이 없다. 특정범죄가중법에서는 상습강도에 대한 가중처벌 규정(동법 제5조의4 제3항)을 두었으나, 헌법재판소 위헌결정으로 2016.1.6. 삭제되었다. 상습강도의 경우는 형법 제341조에 따라 가중처벌된다.[669] 특정범죄가중법 제5조의5에서 강도상해죄 등 재범자에 대한 가중처벌 규정을 두고 있다.

성폭력처벌법은 특수강도죄 또는 그 죄의 미수를 범한 자가 형법상 강간, 유사강간, 강제추행죄, 준강간, 준강제추행죄를 범한 때에 가중처벌하는 규정을 두고 있다(동법 제3조). 특정강력범죄법은 강도의 죄를 특정강력범죄로 규정하고 이에 대하여 실체법 및 절차법상 특례조항을 두고 있다. 특정강력범죄로 형(刑)을 선고받고 그 집행이 끝나거나 면제된 후 3년 이내에 다시 특정강력범죄를 범한 경우에는 그 죄에 대하여 정하여진 형의 장기 및 단기의 2배까지 가중한다(동법 제3조). 특정강력범죄를 범한 당시 18세 미만인 소년을 사형 또는 무기형에 처하여야 할 때에는 소년법 제59조에도 불구하고 그 형을 20년의 유기징역으로 한다. 특정강력범죄를 범한 소년에 대하여 부정기형(不定期刑)을 선고할 때에는 소년법 제60조 제1항 단서에도 불구하고 장기는 15년, 단기는 7년을 초과하지 못한다.

Ⅱ. 강도죄

제333조 (강도) 폭행 또는 협박으로 타인의 재물을 강취하거나 기타 재산상의 이익을 취득하거나 제3자로 하여금 이를 취득하게 한 자는 3년 이상의 유기징역에 처한다.

제342조 (미수범) 제329조 내지 제341조의 미수범은 처벌한다.

---

668) 2016.1.6. 특정범죄가중법의 개정으로 법정형이 무기 또는 10년 이상의 징역으로 바뀌었다. 현행 형법 제341조의 상습강도죄와 그 법정형이 동일하다. 비록 상습범은 아니지만 사실상 상습범으로 보아 상습범과 동일한 형으로 가중처벌하는 것으로 볼 수 있다(이주원, 특별형법 제8판, 339면).

669) 개정 전 특정범죄가중법에서는 상습강도에 대하여 '사형, 무기 또는 10년 이상의 징역'으로 가중하고 있었고, 현행 형법 제341조의 상습강도죄의 경우 그 법정형이 '무기 또는 10년 이상의 징역'이므로, 사형을 삭제한 것에 불과하다. 큰 의미가 있는 변화라고 보기 어렵다.

1. 의의

강도죄는 폭행 또는 협박으로 타인의 재물을 강취하거나 기타 재산상 이익을 취득하거나 제3자로 하여금 이를 취득하게 한 경우에 성립하는 범죄이다. 폭행죄 또는 협박죄와 절도죄의 결합범이며, 강도의 죄 중 기본적 구성요건이다.

2. 구성요건

가. 객체: 타인의 재물 또는 재산상의 이익

강도죄의 객체는 타인이 점유하는 타인의 재물 또는 재산상 이익이다.[670] 타인이 점유하는 자기의 재물을 강취한 경우에는 제325조 점유강취죄가 성립한다.

나. 행위

(1) 의의

강도죄의 구성요건적 행위는 폭행 또는 협박으로 재물을 강취하거나 재산상 이익을 취득하거나 제3자로 하여금 이를 취득하게 하는 행위이다. 강도죄는 폭행·협박행위와 재산강취행위의 결합범이다.

(2) 폭행·협박행위

(가) 폭행·협박의 의의

강도죄의 폭행은 사람에 대한 직접, 간접적인 유형력의 행사이다. 미리 준비한 돌멩이로 안면을 1회 강타하는 행위,[671] 주류 또는 마취제를 사용하여 사람을 혼수상태에 빠뜨리는 행위는 사람에 대한 직접적 유형력의 행사에 해당한다. 또한 직접적으로는 물건에 대한 유형력의 행사라고 할지라도 간접적으로 사람에 대한 것이라고 볼 수 있으면 본죄의 폭행에 해당한다. 따라서 들고 있는 핸드백을 날치기하는 경우에는 절도가 되지만, 피해자가 이를 예상하고 꽉 잡고 있는 것을 강제로 빼앗은 경우에는 강도가 될 수 있다.[672]

강도죄의 협박은 해악을 고지하여 상대방에게 공포심을 일으키는 것을 말하며, 해악의 내용에는 제한이 없다. 현실적으로 해악을 가할 의사나 해악의 내용이 실현될 가능성이 없어도 본죄의 협박에 해당한다. 따라서 장난감 권총으로 상대방을 협박하여 재물을 강취

---

670) 이에 대한 자세한 설명은 재산죄 총설 부분을 참조하라.

671) 대법원 1986.12.23. 선고 86도2203 판결.

672) 대법원 2007.12.13. 선고 2007도7601 판결.

하는 경우에도 강도죄에 해당할 수 있다.

판례 날치기 사건

【판결요지】 [1] 소위 '날치기'와 같이 강제력을 사용하여 재물을 절취하는 행위가 때로는 피해자를 넘어뜨리거나 상해를 입게 하는 경우가 있고, 그러한 결과가 피해자의 반항 억압을 목적으로 함이 없이 점유탈취의 과정에서 우연히 가해진 경우라면 이는 강도가 아니라 절도에 불과하지만, 그 강제력의 행사가 사회통념상 객관적으로 상대방의 반항을 억압하거나 항거 불능케 할 정도의 것이라면 이는 강도죄의 폭행에 해당한다. 그러므로 날치기 수법의 점유탈취 과정에서 이를 알아채고 재물을 뺏기지 않으려는 상대방의 반항에 부딪혔음에도 계속하여 피해자를 끌고 가면서 억지로 재물을 빼앗은 행위는 피해자의 반항을 억압한 후 재물을 강취한 것으로서 강도에 해당한다.
[2] 날치기 수법으로 피해자가 들고 있던 가방을 탈취하면서 가방을 놓지 않고 버티는 피해자를 5m 가량 끌고 감으로써 피해자의 무릎 등에 상해를 입힌 경우, 반항을 억압하기 위한 목적으로 가해진 강제력으로서 그 반항을 억압할 정도에 해당한다고 보아 강도치상죄의 성립을 인정한 사례(대법원 2007.12.13. 선고 2007도7601 판결).

【해설】 재물을 뺏기지 않으려는 상대방의 반항에 부딪혔음에도 불구하고 피해자를 끌고 가면서 억지로 재물을 빼앗은 행위는 피해자의 반항을 억압한 후 재물을 강취한 것으로 강도에 해당한다. 만약 피해자의 반항억압을 목적으로 함이 없이 점유탈취의 과정에서 우연히 가해진 경우라면 이는 절도에 불과하다.

(나) 폭행·협박의 정도

강도죄의 폭행과 협박의 정도는 상대방의 의사를 억압하여 반항을 불가능하게 할 정도에 이르러야 한다. 폭행·협박의 정도에 대한 판단은 행위 당시의 구체적 사정, 즉 피해자의 수·연령·성별, 범행의 시간과 장소, 폭행·협박의 태양과 행위자의 인상 등을 검토하여 그 폭행·협박으로 일반인의 반항을 억압할 정도에 이르렀는가를 기준으로 판단해야 한다. 또한 수단이 반항을 억압할 정도로 객관적으로 적합한 수단일 필요는 없으며, 사실상 반항을 억압할 정도에 이르면 된다.

(3) 재물의 강취 또는 재산상 이익의 취득

(가) 재물의 강취

폭행·협박에 의하여 재물의 강취가 있어야 된다. 재물의 개념은 앞에서 설명한 바와 같다. 강도죄의 재물은 타인점유, 타인소유의 재물이므로 타인이 점유하는 자신의 소유물을 강취한 경우에는 점유강취죄가 성립한다.

(나) 재산상 이익의 취득

재산상 이익을 취득하는 형태로는 ① 피해자에게 일정한 처분을 시켜 이익을 취득하는 경우, ② 정당한 대가를 지급하지 않고 피해자가 노무를 제공하는 경우, ③ 피해자에게 일정한 의사표시를 하게 하여 이익을 취득하는 경우가 있다.

피해자에게 일정한 처분을 시켜 이익을 취득하는 경우로 채무를 면제하게 하거나 채무이행의 연기를 승낙하게 하는 것을 예로 들 수 있다.

정당한 대가를 지급하지 않고 피해자가 노무를 제공하는 경우로 택시 운전자를 폭행·협박하여 택시를 운행하게 한 경우를 예로 들 수 있다. 참고로 도주하는 절도범이 자가용 승용차를 정차시켜 강제로 운행하게 한 경우에는 대가를 지급받을 수 없는 노무의 제공이므로 강도죄는 성립할 수 없으며 제324조 강요죄가 성립한다.

피해자에게 일정한 의사표시를 하게 하여 이익을 취득하는 경우로 소유권이전등기 또는 저당권설정등기의 말소의 의사표시를 하게 하는 것을 예로 들 수 있다.

(다) 피해자의 처분행위 필요성

재산상 이익의 취득은 상대방의 의사를 억압한 상태에서 이루어지는 것이므로 재산상 이익의 취득은 반드시 피해자의 일정한 의사표시·처분행위에 의한 것일 필요는 없다. 강도죄는 상대방의 의사에 반한 탈취죄이기 때문이다. 따라서 채무자가 채무면탈의 목적으로 채권자를 살해한 경우 피해자인 채권자의 처분행위가 없음에도 불구하고 이익을 취득하거나 취득할 개연성이 있는 경우에는 강도살인죄가 성립한다. 살인행위와 재물탈취행위는 서로 밀접하게 관련되어 있어 살인행위를 이용한 재물탈취행위라고 볼 수 있기 때문이다.[673] 하지만 상속인에 의한 채권행사가 가능한 경우에는 이득이 있다고 볼 수 없기 때문에 단순살인죄가 성립한다.

(4) 폭행·협박과 재물, 재산상 이익 취득 사이의 인과관계

폭행·협박이 재물강취의 수단이 되어야 하며, 폭행·협박에 의한 반항억압과 재물강취 또는 재산상 이익의 취득 사이에 인과관계가 있어야 한다.

폭행·협박이 재물강취의 수단으로 사용되었다고 하기 위해서는 폭행·협박과 재물의 강취 사이에 시간적·장소적 관련성이 있어야 한다. 폭행·협박은 재물강취 시에 이루어져야 한다. 적어도 기수 이전에 폭행·협박이 있어야 한다. 따라서 재물취거가 기수에 이른 후에 폭행·협박을 하였을 경우에는 시간적 관련성이 없기 때문에 강도죄가 아니라 준강

673) 대법원 1985.10.22. 선고 85도1527 판결.

도죄가 성립한다. 다른 목적으로 폭행·협박을 하던 중에 재물강취의 고의가 생겨 폭행을 계속하여 재물을 강취한 경우에는 제2차 폭행·협박이 재물강취의 수단이 되었으므로 강도죄가 성립한다.

행위자가 강도의 고의 없이 폭행·협박을 하여 상대방이 항거불능상태에 빠진 후에 재물강취의 고의가 생겨 재물을 취거한 경우에 폭행·협박이 재물강취의 수단이 되었다고 볼 수 없으므로 강도죄의 성립이 부정된다. 이에 대하여 판례는 강도죄의 성립을 인정한다.

강도의 고의로 상대방의 반항을 억압할 정도의 폭행·협박을 하였지만 상대방은 조금도 공포심을 느끼지 않고 연민의 정으로 재물을 교부하거나 단순한 공포심 때문에 재물을 교부한 경우에는 강도죄의 미수가 된다.[674]

다. 실행의 착수 시기와 기수 시기

본죄의 실행의 착수 시기는 폭행·협박을 개시한 때이며, 기수 시기는 재물 또는 재산상 이익을 취득한 때이다. 판례에 따르면 재산상 이익을 현실적으로 취득한 때뿐만 아니라 취득할 가능성이 있는 경우에도 본죄의 기수로 본다.

판례 신용카드 매출전표에 피해자가 허위 서명을 하여 교부한 경우

【판결요지】 [1] 형법 제333조 후단의 강도죄(이른바 강제이득죄)의 요건이 되는 재산상의 이익이란 재물 이외의 재산상의 이익을 말하는 것으로서, 그 재산상의 이익은 반드시 사법상 유효한 재산상의 이득만을 의미하는 것이 아니고 외견상 재산상의 이득을 얻을 것이라고 인정할 수 있는 사실관계만 있으면 여기에 해당된다.

[2] 피고인들이 폭행·협박으로 피해자로 하여금 매출전표에 서명을 하게 한 다음 이를 교부받아 소지함으로써 이미 외관상 각 매출전표를 제출하여 신용카드회사들로부터 그 금액을 지급받을 수 있는 상태가 되었는바, 피해자가 각 매출전표에 허위 서명한 탓으로 피고인들이 신용카드회사들에게 각 매출전표를 제출하여도 신용카드회사들이 신용카드 가맹점 규약 또는 약관의 규정을 들어 그 금액의 지급을 거절할 가능성이 있다 하더라도, 그로 인하여 피고인들이 각 매출전표 상의 금액을 지급받을 가능성이 완전히 없어져 버린 것이 아니고 외견상 여전히 그 금액을 지급받을 가능성이 있는 상태이므로, 결국 피고인들이 '재산상 이익'을 취득하였다고 볼 수 있다(대법원 1997.2.25. 선고 96도3411 판결).

【해설】 신용카드의 매출전표에 허위서명을 하였기 때문에 신용카드회사가 금액의 지급을 거절할 가능성이 있지만, 신용카드회사로부터 금액을 지급받을 가능성이 전혀 없는 것은 아니다. 금액을 지급받을 수 있는 상태, 즉 재산상 이익을 취득할 가능성이 있으면 강도죄는 기수에 해당한다.

674) 김일수/서보학, 323면; 배종대, 419면; 이재상/장영민/강동범, 305면; 정성근/박광민, 339면.

라. 고의와 불법영득의사

본죄가 성립하기 위해서는 고의뿐만 아니라 불법영득의사도 있어야 한다. 따라서 강간하는 과정에서 피해자들이 도망가지 못하게 하기 위하여 손가방을 빼앗은 경우에는 강도죄가 성립하지 않는다. 불법영득의사를 인정할 수 없기 때문이다.

3. 가담 형태

공동정범이 되기 위해서는 객관적인 요소인 공동가공의 행위는 분업적으로 분담하여도 되지만 주관적인 요소인 불법영득의 의사는 공동정범 모두 가지고 있어야 한다.

4. 죄수

기본적으로 강도죄의 경우에는 피해자의 수로 결정된다. 수인의 피해자에게 폭행·협박을 가하여 수인으로부터 각각 재물을 강취한 때에는 피해자의 수에 따른 수개의 강도죄가 성립한다. 같은 사람이 관리하고 있는 수인의 소유에 속하는 재물을 강취한 때에는 단순일죄가 된다.

동일한 장소에서 동일한 방법에 의하여 시간적으로 접착된 상황에서 이루어진 경우에는 피해자가 여러 사람이더라도 단순일죄가 성립한다.[675] 강도가 시간적으로 접착된 상황에서 가족을 이루는 수인에게 폭행·협박을 가하여 집 안에 있는 재물을 탈취한 경우 그 재물은 가족의 '공동점유' 아래 있는 것으로서, 이를 탈취하는 행위는 '그 소유자가 누구인지를 불문하고' 강도죄의 단순일죄가 된다.[676]

강도가 한 개의 강도범행을 하는 동일 장소, 동일 방법이라고 하더라도 수명의 피해자에게 '각각' 폭행을 가하여 '각각' 상해를 입힌 경우에는 각 피해자별로 수개의 강도상해죄가 성립하며 이들은 실체적 경합범의 관계에 있다.[677] 다만 강도범이 피해자들의 반항을 억압하는 수단인 폭행·협박행위가 사실상 공통으로 이루어졌기 때문에 법률상 1개의 행위로 평가되어 상상적 경합으로 보아야 될 경우도 있다.[678]

675) 대법원 1979.10.10. 선고 79도2093 판결.
676) 대법원 1996.7.30. 선고 96도1285 판결.
677) 대법원 1987.5.26. 선고 87도527 판결.
678) 대법원 1991.6.25. 선고 91도643 판결.

판례 여관강도 사건

【사실관계】 갑은 을과 함께 여관에 투숙객을 가장하고 들어가, 을이 조용히 하라고 하면서 숙박할 방을 안내하려던 여관의 종업원인 A의 옆구리와 허벅지를 칼로 찔러 상해를 가하고 201호실로 끌고 들어가 폭행, 협박을 하고 있던 중, 마침 다른 방에서 나오던 여관주인인 B도 같은 방에 밀어 넣은 후, A 소유의 현금과 병으로부터 현금과 금반지 및 열쇠뭉치를 강취하고, 다시 2층으로 올라가 열쇠뭉치로 객실문을 열고 투숙객들의 재물을 강취하였다.

【판결요지】 [1] 강도가 동일한 장소에서 동일한 방법으로 시간적으로 접착된 상황에서 수인의 재물을 강취하더라도, 수인의 피해자들에게 폭행 또는 협박을 가하여 그들로부터 그들이 각기 점유관리하고 있는 재물을 각각 강취하였다면, 피해자들의 수에 따라 수개의 강도죄를 구성하는 것이고, 다만 강도범인이 피해자들의 반항을 억압하는 수단인 폭행·협박행위가 사실상 공통으로 이루어졌기 때문에, 법률상 1개의 행위로 평가되어 상상적 경합으로 보아야 될 경우가 있는 것은 별문제이다.

[2] 피고인이 여관에서 종업원을 칼로 찔러 상해를 가하고 객실로 끌고 들어가는 등 폭행·협박을 하고 있던 중, 마침 다른 방에서 나오던 여관의 주인도 같은 방에 밀어 넣은 후, 주인으로부터 금품을 강취하고, 1층 안내실에서 종업원 소유의 현금을 꺼내 갔다면, 여관 종업원과 주인에 대한 각 강도행위가 각별로 강도죄를 구성하되 피고인이 피해자인 종업원과 주인을 폭행·협박한 행위는 법률상 1개의 행위로 평가되는 것이 상당하므로 위 2죄는 상상적 경합범관계에 있다고 할 것이다(대법원 1991.6.25. 선고 91도643 판결).

【해설】 강도가 동일한 장소에서 동일한 방법으로 시간적으로 접착된 상황에서 수인의 피해자들에게 폭행 또는 협박을 가하여 그들로부터 각기 점유관리하고 있는 재물을 각각 강취한 경우의 죄수에 대하여 대법원은 여관 종업원과 주인에 대한 각 강도행위가 각별로 강도죄를 구성하되 법률상 1개의 행위로 평가되어 위 2죄는 상상적 경합범관계에 있다고 보았다.

5. 다른 죄와의 관계

절도죄와는 법조경합 관계에 있다. 따라서 강도죄가 성립한다면 절도죄는 성립하지 않는다. 강취한 재물의 처분행위는 새로운 법익을 침해하지 않았다면 '불가벌적 사후행위'이다. 그러나 강취한 은행예금통장을 이용하여 은행원을 기망하고 예금환급명목으로 돈을 인출한 경우 새로운 법익을 침해하였으므로 이 경우 강도죄, 사문서위조, 동 행사 및 사기죄의 실체적 경합범이다.

강도범이 체포를 면탈할 목적으로 경찰관에게 폭행을 가한 경우에는 강도죄와 공무집행방해죄의 실체적 경합관계에 있다. 절도범이 체포를 면탈할 목적으로 경찰관에게 폭행을 가한 때에는 준강도죄와 공무집행방해죄의 상상적 경합관계에 있다.[679)]

Ⅲ. 특수강도죄

> 제334조 (특수강도) ① 야간에 사람의 주거, 관리하는 건조물, 선박이나 항공기 또는 점유하는 방실에 침입하여 제333조의 죄를 범한 자는 무기 또는 5년 이상의 징역에 처한다.
> ② 흉기를 휴대하거나 2인 이상이 합동하여 전조의 죄를 범한 자도 전항의 형과 같다.
> 제342조 (미수범) 제329조 내지 제341조의 미수범은 처벌한다.

1. 의의

특수강도죄의 세부 유형으로 야간에 사람의 주거, 관리하는 건조물, 선박이나 항공기 또는 점유하는 방실에 침입하여 강도죄를 범한 경우인 야간주거침입강도(제334조 제1항), 흉기를 휴대하여 강도죄를 범한 경우인 흉기휴대강도(제334조 제2항 전단), 2인 이상이 합동하여 강도죄를 범한 경우인 합동강도(제334조 제2항 후단)가 있다. 행위상황과 행위수단의 위험성으로 인하여 단순강도죄에 비하여 형을 가중한 구성요건이다.

2. 야간주거침입강도

가. 의의

야간주거침입강도죄는 야간에 주거에 침입하여 강도를 한 경우에 성립하는 범죄로서 주거침입죄와 강도죄의 결합범이다. 절도의 경우 제330조에 야간주거침입절도죄를 특수절도죄와 별개의 구성요건으로 두고 있음에 반하여, 강도의 경우 야간주거침입강도죄를 특수강도죄의 한 유형으로 두고 있다.

야간의 의미와 그 적용 범위는 야간주거침입절도죄에서 설명한 내용과 동일하며, 사람

679) 대법원 1992.7.28. 선고 92도917 판결.

의 주거 등에 대한 설명은 주거침입죄에서 설명한 내용과 동일하며, 강도의 의미는 강도죄에서 설명한 내용과 동일하다.

나. 실행의 착수 시기

본죄의 실행의 착수 시기에 대하여 주거에 침입한 때라고 보는 견해와 야간주거침입절도죄와는 달리 폭행·협박을 개시한 때라고 보는 견해가 대립한다. 판례는 일관되어 있지 않다. 야간주거침입강도죄는 주거침입과 강도의 결합범으로서 시간적으로 주거침입행위가 선행되므로 실행의 착수 시기를 주거침입한 때라고 본 사례도 있고,[680] 폭행·협박을 한 때라고 본 사례도 있는 등[681] 실행의 착수 시기에 대하여 일관성을 결여하고 있다. 강도의 범의로 야간에 칼을 휴대한 채 타인의 주거에 침입하여 집안의 동정을 살피다가 피해자를 발견하고 갑자기 욕정을 일으켜 칼로 협박하여 강간한 사건에 대하여 주거에 침입하여 집안의 동정을 살피는 것만으로는 실행의 착수를 인정하지 않았다.

생각건대, 본죄는 야간주거침입죄와 강도죄의 결합범이므로 야간주거침입절도와 마찬가지로 주거침입한 때에 본죄의 실행의 착수로 보는 것이 일관성이 있는 해석이다. 따라서 갑이 재물을 강취할 의도로 출입문 옆 창살을 통하여 침입하려다 피해자의 헛기침에 발각된 것으로 알고 도주한 경우 야간주거침입강도죄의 미수에 해당한다.

3. 흉기휴대강도

흉기를 휴대하여 강도죄를 범한 경우이다. 흉기휴대의 의미는 흉기휴대절도죄와 동일하고, 강도의 의미는 강도죄와 동일하다.

4. 합동강도

2인 이상이 합동하여 강도죄를 범한 경우이다. 합동의 의미는 특수절도죄와 동일하고, 강도의 의미는 강도죄와 동일하다.

680) 대법원 1992.7.28. 선고 92도917 판결.

681) 대법원 1991.11.22. 선고 91도2296 판결.

Ⅳ. 준강도죄

> 제335조 (준강도) 절도가 재물의 탈환에 항거하거나 체포를 면탈하거나 범죄의 흔적을 인멸할 목적으로 폭행 또는 협박한 때에는 제333조 및 제334조의 예에 따른다.

1. 의의

준강도죄는 절도가 재물의 탈환을 항거하거나 체포를 면탈하거나 범죄의 흔적을 인멸할 목적으로 폭행·협박할 때에 성립하는 범죄이다. 재물의 탈환을 항거할 목적, 체포를 면탈할 목적, 범죄의 흔적을 인멸할 목적을 필요로 하는 목적범이며, 절도죄와 폭행죄 또는 협박죄의 결합범이다.

2. 주체: 절도

본죄의 주체는 절도이다. 단순절도 뿐만 아니라 야간주거침입절도, 특수절도, 상습절도도 포함된다.

가. 준강도죄의 주체에 절도의 미수범이 포함되는지 여부

(1) 쟁점

절도의 미수에 그친 자가 재물의 탈환을 항거하거나 체포를 면탈하거나 범죄의 흔적을 인멸할 목적으로 폭행 또는 협박을 가한 경우에도 준강도죄가 성립할 수 있는지가 문제된다. 이에 대한 논의는 특히 준강도죄가 성립하기 위해서는 재물탈환의 항거와 관련되어 논의되고 있다.

(2) 학설

준강도죄의 주체인 절도는 기수범뿐만 아니라 미수범 모두 포함된다는 긍정설이 다수설이다.[682] 부정설은 준강도죄의 주체인 절도에는 미수범은 포함되지 않고 기수범만이라고 보는 견해이다. 절도미수범이 재물탈환에 항거할 목적으로 폭행 또는 협박을 가한다는

682) 김성천/김형준, 374면; 김일수/서보학, 331면; 배종대, 435면; 오영근/노수환, 310면; 이재상/장영민/강동범, 310면; 임웅/이현정/박성민, 389면; 정성근/박광민, 344면.

것은 탈취죄인 절도죄의 성격상 불가능하고 행위자가 재물탈환에 항거하려면 적어도 재물의 탈취가 기수에 이른 후에만 가능하므로 준강도죄의 주체는 절도범의 기수범에 한정한다는 것이다. 이원설은 체포면탈목적이나 범죄의 흔적을 인멸할 목적인 경우에는 기수범과 미수범 모두 해당될 수 있으나 재물탈환을 항거할 목적의 경우에는 기수범만이 주체가 될 수 있다는 견해이다.

(3) 판례

대법원 판례는 준강도의 주체인 절도에 절도기수범과 절도미수범이 모두 포함되는 것으로 본다.[683] 또한 준강도의 기수 시기를 절취행위의 기수·미수에 따라 구별해야 한다는 판례의 입장에 따르면 절도미수가 체포면탈 등의 목적으로 폭행·협박한 경우 준강도미수가 된다.

(4) 결론

주간에 절도범이 주거에 침입하여 물건을 잡는 순간 집주인에게 발각되어 절도는 미수에 그쳤지만, 체포면탈의 목적으로 집주인을 폭행한 경우 긍정설은 준강도죄의 성립을 긍정하게 되며, 부정설은 준강도죄의 성립을 부정하고 절도미수죄와 폭행죄의 경합범을 인정하게 되며, 이원설은 준강도죄의 성립을 긍정하게 된다.

생각건대, 행위자가 어떤 목적을 가지고 있는가에 따라 본죄의 성립 여부가 달라지는 것은 바람직하지 않으므로, 준강도의 주체인 절도는 기수·미수가 모두 포함되는 것으로 보는 것이 타당하다.

나. 준강도죄의 주체에 강도가 포함되는지 여부

(1) 쟁점

갑이 피해자를 폭행·협박하고 재물강취를 하여 강도죄를 범하였으나 피해자가 갑을 체포하려고 하자 체포면탈의 목적으로 피해자를 다시 폭행·협박한 경우 강도죄 외에도 다시 준강도죄가 성립할 수 있는지에 대하여 문제될 수 있다. 강도가 재물강취에 착수하였으나 강취에는 성공하지 못하고 강도의 미수에 그쳤지만 체포면탈의 목적으로 피해자를 폭행·협박한 경우에도 마찬가지다.

683) 대법원 1990.2.27. 선고 89도2532 판결.

(2) 학설

긍정설은 재물에 대한 강도죄는 절도죄의 구성요건을 포괄할 뿐만 아니라 강도가 재물탈환에 대한 항거 목적, 체포면탈 목적, 범죄의 흔적 인멸의 목적으로 사후적으로 폭행·협박을 가한 경우는 일반 준강도와 행위구조가 동일하다는 이유로 준강도의 주체에 강도도 포함된다는 입장이다. 절도가 도품을 보존하기 위해 사후적으로 폭행·협박한 경우를 준강도로 파악함에도 불구하고, 강도가 강취품을 보존하기 위해 사후적으로 폭행·협박한 경우를 단순폭행·협박죄로 다루는 것은 균형이 맞지 않는다는 것이다.[684)]

부정설은 그 근거로 법문이 절도를 주체로 한정하고 있는데 강도를 주체로 인정하는 것은 문언해석에 반한다는 입장이다.[685)] 절도의 경우 재물을 취거하려는 기회에 재물탈환항거·체포면탈·범죄흔적인멸의 목적으로 폭행·협박을 가하는 것이 강도에 준하는 위법성과 불법성을 띠기 때문에 특별규정을 통해 중하게 처벌할 필요성이 있으나, 처음부터 폭행·협박을 수단으로 하고 중한 형벌이 규정되어 있는 강도에서는 그럴 필요성이 크지 않다는 것이다.[686)] 강도를 일반적으로 준강도의 주체로 인정하면 강도와 준강도가 실체적 경합으로 처벌되어 과잉처벌에 이르게 된다고 한다.[687)]

(3) 결론

강도가 준강도의 주체가 된다는 긍정설에 따르면 특수강도의 준강도 또는 준강도의 특수강도가 성립하지만, 부정설에 따르면 단순강도죄와 협박죄의 실체적 경합범이 성립한다.

생각건대, 강도가 이미 성립한 경우에 이를 다시 준강도를 인정하면 강도죄와 준강도죄의 실체적 경합이 된다. 이렇게 해석하면 과잉처벌이며, 강도를 이중으로 평가한 것이다. 제335조에서 명문으로 '절도'로 규정하고 있고 이를 강도에 '준'하는 것으로 본다는 의미는 이 경우 강도와 같이 보는 것이 합리적이라는 의미이므로, 이미 폭행·협박을 한 강도범에 대하여 다시 강도의 준강도를 인정하는 것은 불합리하다. 따라서 단순강도죄의 미수와 특수협박죄의 실체적 경합이 된다고 보는 것이 타당하다.

다. 절도의 예비행위

절도의 예비행위만으로는 준강도죄의 주체인 절도가 될 수 없다. 따라서 갑이 절도의 의사로 주간에 주거에 침입하였다가 물색행위에 이르기도 전에 곧바로 발각되자 체포 면

---

684) 배종대, 435면.

685) 김일수/서보학, 332면; 임웅/이현정/박성민, 389면; 정성근/박광민, 345면.

686) 김일수/서보학, 332면.

687) 손동권/김재윤, 338면.

탈 목적으로 주인을 폭행한 경우 갑은 아직 절도죄의 실행의 착수로 나아갔다고 볼 수 없으므로 주거침입죄와 폭행죄가 성립한다. 하지만 절도의 의사로 야간에 주거에 침입하였다가 발각되자 체포 면탈 목적으로 주인을 폭행한 경우 갑은 야간주거침입절도죄의 실행의 착수로 나아갔으므로 준강도죄가 성립한다.

판례 아파트 베란다 철제난간 사건

【사실관계】 피고인 갑은 2003.3.2. 19:45경 부천시 원미구 소재 꿈동산 신안아파트 1909동 뒤편에 이르러 금품을 절취할 목적으로 난간을 잡고 1909동 202호 뒤쪽 베란다로 올라가 미리 준비한 소형손전등을 창문에 비추면서 내부를 살피던 중, 때마침 위 아파트에 근무하는 경비원인 피해자 A에게 발각되어 그 곳 베란다에서 뛰어내려 도주하다가 체포를 면탈할 목적으로 미리 소지하고 있던 드라이버를 위 피해자의 얼굴에 들이대면서 "너 잡지마, 잡으면 죽여"라고 말하여 이에 불응하면 위 피해자의 신체 등에 어떠한 위해를 가할 것 같은 태도를 보여 피해자를 협박하였다.

【판결요지】 [1] 준강도의 주체는 절도, 즉 절도범인으로, 절도의 실행에 착수한 이상 미수이거나 기수이거나 불문하고, 야간에 타인의 재물을 절취할 목적으로 사람의 주거에 침입한 경우에는 주거에 침입한 단계에서 이미 형법 제330조에서 규정한 야간주거침입절도죄라는 범죄행위의 실행에 착수한 것이라고 보아야 하며, 주거침입죄의 경우 주거침입의 범의로써 예컨대, 주거로 들어가는 문의 시정장치를 부수거나 문을 여는 등 침입을 위한 구체적 행위를 시작하였다면 주거침입죄의 실행의 착수는 있었다고 보아야 한다.

[2] 주거침입죄의 실행의 착수는 주거자, 관리자, 점유자 등의 의사에 반하여 주거나 관리하는 건조물 등에 들어가는 행위, 즉 구성요건의 일부를 실현하는 행위까지 요구하는 것은 아니고, 범죄구성요건의 실현에 이르는 현실적 위험성을 포함하는 행위를 개시하는 것으로 족하다.

[3] 야간에 아파트에 침입하여 물건을 훔칠 의도하에 아파트의 베란다 철제난간까지 올라가 유리창문을 열려고 시도하였다면 야간주거침입절도죄의 실행에 착수한 것으로 보아야 한다고 한 사례(대법원 2003.10.24. 선고 2003도4417 판결).

【해설】 피고인 갑에게 준강도가 성립하는지를 검토하기 위해서는 먼저 갑에게 야간주거침입절도죄가 성립하는지 보아야 한다. 야간주거침입죄의 실행의 착수 시기는 절취행위 시가 아니라 주거침입 시이며, 주거침입죄의 실행의 착수는 주거나 건조물에 신체의 일부가 들어가야만 하는 것이 아니며, 문손잡이를 잡아 당기는 등 범죄구성요건의 실현에 이르는 현실적 위험성을 포함하는 행위도 실행의 착수행위로 볼 수 있다. 위 사안의 경우 갑은 주거침입죄의 실행의 착수에 해당하므로 야간주거침입절도죄의 미수에 해당하며, 절도미수가 체포를 면탈할 목적으로 피해자를 협박한 경우이므로 준강도죄의 미수가 성립한다.

라. 절도죄의 정범

준강도죄의 주체는 절도죄의 정범만 해당된다. 따라서 종범, 교사범은 준강도죄의 주체가 될 수 없다. 만약 절도죄의 교사범이 절취행위에는 가담하지 않았지만, 폭행행위에는 가담하였다면 '절취행위와의 근접성'이 결여되어 절도교사와 폭행죄의 실체적 경합범이 된다.

절도범이 범행 중 또는 범행 직후 피해자에게 발각되자 체포를 면하기 위해 주인을 폭행하여 상해를 입히면 준강도죄가 아니라 강도상해죄가 성립한다.

판례 술값 26만원 사건

【사실관계】 피고인 갑은 2013.8.3. 12:30 피해자 A가 운영하는 술집에서 피해자로부터 술값 26만 원의 지급을 요구받자 피해자를 유인·폭행하여 술값의 지급을 면하기로 마음먹고, 피해자를 부근에 있는 아파트 뒤편 골목으로 유인한 후, 양손으로 피해자의 어깨 부위를 붙잡아 밀치고 발로 다리를 걸어 바닥에 넘어뜨린 다음 피해자의 몸 위에 올라타 양손으로 피해자의 목을 조르거나 피해자의 입을 손으로 막고 주먹으로 얼굴을 때리려고 하는 등으로 반항하지 못하게 한 다음 그대로 도주함으로써, 술값 26만 원의 지급을 면하였고 피해자에게 약 2주간의 치료를 요하는 양측 팔꿈치의 찰과상 등의 상해를 가하였다.

【판결요지】 [1] 형법 제335조는 '절도'가 재물의 탈환을 항거하거나 체포를 면탈하거나 죄적을 인멸한 목적으로 폭행 또는 협박을 가한 때에 준강도가 성립한다고 규정하고 있으므로, 준강도죄의 주체는 절도범인이고, 절도죄의 객체는 재물이다.

[2] 피고인이 술집 운영자 갑으로부터 술값의 지급을 요구받자 갑을 유인·폭행하고 도주함으로써 술값의 지급을 면하여 재산상 이익을 취득하고 상해를 가하였다고 하여 강도상해로 기소되었는데, 원심이 위 공소사실을 '피고인이 갑에게 지급해야 할 술값의 지급을 면하여 재산상 이익을 취득하고 갑을 폭행하였다'는 범죄사실로 인정하여 준강도죄를 적용한 사안에서, 원심이 인정한 범죄사실에는 그 자체로 절도의 실행에 착수하였다는 내용이 포함되어 있지 않음에도 준강도죄를 적용하여 유죄로 인정한 원심판결에 준강도죄의 주체에 관한 법리오해의 잘못이 있다고 한 사례(대법원 2014.5.16. 선고 2014도2521 판결).

【해설】 검사는 본 사안에 대하여 강도상해죄로 기소를 하였다. 하지만 원심은 피해자가 입은 상해는 강도상해죄에서의 상해에 해당하지 않는다고 보아 강도상해죄를 무죄로 판단하였다. 이에 공소사실의 동일성이 인정되고 피고인의 방어권 행사에 실질적 불이익을 초래하지 않는다는 이유로 공소장 변경 없이 공소사실의 마지막 부분을 '피고인은 피해자에게 지급해야 할 술값 26만 원의 지급을 면하여 같은 금액 상당의 재산상 이익을 취득하고 피해자를 폭행하였다'로 변경하고 이에 관하여 준강도죄를 적용하여 유죄를 선고하였다. 그러나 대법원은 이러한 원심에 대하여 준강도죄가 성립하기 위해서는 절도가 먼저 성립해야 하는데, 대법원은 절도의 실행에 착수하였다고 볼

수 없기 때문에 준강도죄를 적용할 수 없다고 한다. 본 사안의 경우 단순강도죄가 성립한다. 2주간의 치료를 요하는 양측 팔꿈치의 찰과상은 상대적 상해 개념에 따라 치료필요성이 없는 경미한 상해이므로 강도상해죄의 상해에 해당한다고 보기 어렵다.

3. 행위: 폭행·협박

준강도죄의 폭행·협박은 강도죄와 동일하다. 따라서 상대방의 반항을 억압하는 수단으로서 일반적·객관적으로 가능하다고 인정되는 정도의 것이면 되고 현실적으로 반항을 억압하였음을 필요로 하지 않는다. 절도가 옷을 잡히자 체포를 면하려고 잡은 손을 뿌리치는 것만으로는 준강도죄의 폭행에 해당한다고 할 수 없다.[688]

공무를 집행하는 공무원에 대하여 폭행·협박을 한 경우에는 준강도죄와 공무집행방해죄의 상상적 경합이 된다.

절도범이 체포를 면탈할 목적으로 체포하려는 여러 명의 피해자에게 같은 기회에 폭행을 가하여 그중 1인에게만 상해를 가하였다면 이러한 행위는 포괄하여 하나의 강도상해죄만 성립한다.[689] 절도범인이 체포를 면탈할 목적으로 경찰관에게 폭행 협박을 가한 때에는 준강도죄와 공무집행방해죄를 구성하고 양죄는 상상적 경합관계에 있으나, 강도범인이 체포를 면탈할 목적으로 경찰관에게 폭행을 가한 때에는 강도죄와 공무집행방해죄는 실체적 경합관계에 있고 상상적 경합관계에 있는 것이 아니다.[690]

4. 절도의 기회

준강도의 폭행·협박은 절도의 기회에 행해져야 한다. 절취와 폭행·협박이 시간적·장소적으로 근접되어 있어야만 강도죄와 같이 평가될 수 있기 때문이다.

가. 시간적 근접성

폭행·협박의 시간적 근접성에 대하여 절도의 실행의 착수 이후로부터 절도의 종료 직후까지 사이에 행하여져야 한다는 견해가 다수설과 판례이다. 체포면탈목적과 증거인멸목적을 위한 폭행·협박은 절도 미수 단계뿐만 아니라 범행종료 후에도 가능하다는 것을 전제하고 있으므로 이와 같이 해석한다. 절도범과 피해자가 절도의 현장에 같이 있는 경

688) 대법원 1985.5.14. 선고 85도619 판결.

689) 대법원 2001.8.21. 선고 2001도3447 판결.

690) 대법원 1992.7.28. 선고 92도917 판결.

우, 시간적·장소적으로 접착하여 피해자가 범인을 현행범의 상태에서 체포하였거나 체포할 수 있는 상황이라면 절도의 기회에 해당한다. 피해자가 추적 태세에 있거나 범인이 일단 체포되었다고 하더라도 아직 신병확보가 확실하다고 할 수 없는 경우도 절도의 기회에 해당한다.[691] 절도가 절도행위의 기회 계속 중이라고 볼 수 있는 그 실행 중 또는 실행 직후에 체포를 면탈할 목적으로 폭행을 가한 때에는 준강도죄가 성립되고 이로써 상해를 입혔을 때는 강도상해죄가 성립된다.[692] 절도가 완전히 종료한 후에는 준강도죄는 성립하지 않는다.[693]

판례 보안사무실 사건

【사실관계】 피고인은 절도행위가 발각되어 도주하다가 곧바로 뒤쫓아 온 보안요원에게 붙잡혀 보안사무실로 인도되어 피해자로부터 그 경위를 확인받던 중 체포된 상태를 벗어나기 위해서 위 피해자에게 폭행을 가하여 상해를 가하였다.

【판결요지】 [1] 준강도는 절도범인이 절도의 기회에 재물탈환의 항거 등의 목적으로 폭행 또는 협박을 가함으로써 성립되는 것으로서, 여기서 절도의 기회라고 함은 절도범인과 피해자측이 절도의 현장에 있는 경우와 절도에 잇달아 또는 절도의 시간·장소에 접착하여 피해자측이 범인을 체포할 수 있는 상황, 범인이 죄적인멸에 나올 가능성이 높은 상황에 있는 경우를 말하고, 그러한 의미에서 피해자측이 추적태세에 있는 경우나 범인이 일단 체포되어 아직 신병확보가 확실하다고 할 수 없는 경우에는 절도의 기회에 해당한다.

[2] 절도범인이 일단 체포되었으나 아직 신병확보가 확실하지 않은 단계에서 체포상태를 면하기 위해 폭행하여 상해를 가한 경우, 그 행위는 절도의 기회에 체포를 면탈할 목적으로 폭행하여 상해를 가한 것으로서 강도상해죄에 해당한다고 한 사례(대법원 2001.10.23. 선고 2001도4142 판결).

【해설】 본 사건의 주요 쟁점은 절도행위가 발각되어 도주하던 피고인이 일단 체포되어 보안사무실에 인도된 상태에서 다시 폭행을 가하여 체포상태에서 벗어나려 했을 때 이는 절도의 기회에 해당하는가, 그리고 강도상해죄로 평가할 수 있는가에 대한 문제이다. 판례는 피고인이 절도행위 직후 체포되었지만, 그 신병이 완전히 확보되지 않은 상태에서 폭행을 가해 상해를 입힌 점에 주목했다. 이와 같은 상황은 여전히 "절도의 기회"에 해당하며, 폭행의 목적이 체포의 면탈에 있었고, 상해의 결과가 발생했기 때문에, 결국 이는 형법 제336조 제1항의 강도상해죄가 성립한다고 판단하였다.

691) 대법원 2001.10.23. 선고 2001도4142 판결.
692) 대법원 1987.10.26. 선고 87도1662 판결.
693) 대법원 1999.2.26. 선고 98도3321 판결.

나. 장소적 근접성

폭행과 협박이 절도현장 또는 그 부근에서 행해진 경우, 절도 현장에서 발각되어 직접 추적을 받고 있었던 때에는 거리가 다소 떨어진 경우에도 장소적 근접성을 인정할 수 있다. 절도범행의 종료 후 얼마되지 아니한 단계이고 안전지대에로 이탈하지 못하고 피해자 측에 의하여 체포될 가능성이 남아 있는 단계에서 추적당하여 체포되려 하자 구타한 경우에도 절취행위와 그 체포를 면탈하기 위한 구타행위와의 사이에 시간상 및 거리상 극히 근접한 관계에 있다 할 것이므로, 준강도죄가 성립한다.[694]

5. 준강도죄의 기수·미수의 판단기준

본죄의 기수·미수의 판단기준에 대하여 학설은 폭행·협박의 기수·미수에 따라 판단해야 한다는 폭행·협박행위기준설,[695] 절도의 기수·미수에 따라 판단해야 한다는 절취행위기준설,[696] 절도미수와 폭행·협박미수의 두 경우 모두를 준강도의 미수로 보는 결합설[697]이 대립하고 있다.

대법원 판례는 종전에 폭행·협박의 기수·미수에 따라 준강도의 기수와 미수를 구별해야 한다고 하였으나, 2004도5074 전원합의체 판결에 의해 절도행위의 기수·미수에 따라 준강도의 기수와 미수를 구별해야 한다고 견해를 변경하였다.

판례 주점 양주 절취 사건

【사실관계】 갑과 을이 합동하여 양주를 절취할 목적으로 장소를 물색하던 중, 2003.12.9. 06:30경 부산 부산진구 부전2동 소재 5층 건물 중 2층 A가 운영하는 주점에 이르렀다. 을은 1층과 2층 계단 사이에서 피고인 갑과 무전기로 연락을 취하면서 망을 보고 있었다. 피고인 갑은 위 주점의 잠금장치를 뜯고 침입하여 위 주점 내 진열장에 있던 양주 45병 시가 1,622,000원 상당을 미리 준비한 바구니 3개에 담고 있었다. 그러던 중 계단에서 서성거리고 있던 을을 수상히 여기고 위 주점 종업원인 피해자 B가 주점으로 돌아오려는 소리를 듣자, 갑은 양주를 그대로 둔 채 출입문을 열고 나오다가 피해자 B에게 붙잡혔다. 이에 갑은 체포를 면탈할 목적으로 자신의 목을 잡고 있던 피해자 B의 오른손을 깨무는 등 폭행을 하였다.

【판결요지】 [1] [다수의견] 형법 제335조에서 절도가 재물의 탈환을 항거하거나 체포를

694) 대법원 1982.7.13. 선고 82도1352 판결.

695) 배종대, 441면.

696) 김성돈, 344면; 신동운, 993면; 이재상/장영민/강동범, 313면; 정성근/박광민, 349면.

697) 손동권/김재윤, 342면; 오영근/노수환, 313면; 임웅/이현정/박성민, 392면.

면탈하거나 죄적을 인멸할 목적으로 폭행 또는 협박을 가한 때에 준강도로서 강도죄의 예에 따라 처벌하는 취지는, 강도죄와 준강도죄의 구성요건인 재물탈취와 폭행·협박 사이에 시간적 순서상 전후의 차이가 있을 뿐 실질적으로 위법성이 같다고 보기 때문인바, 이와 같은 준강도죄의 입법 취지, 강도죄와의 균형 등을 종합적으로 고려해 보면, 준강도죄의 기수 여부는 절도행위의 기수 여부를 기준으로 하여 판단하여야 한다.
[2] 절도미수범이 체포를 면탈할 목적으로 폭행한 행위에 대하여 준강도미수죄로 의율한 원심판결을 수긍한 사례(대법원 2004.11.18. 선고 2004도5074 전원합의체 판결).
【해설】 준강도죄의 기수·미수 판단기준에 대하여 다수의견은 준강도죄의 기수 여부는 절도행위의 기수 여부를 기준으로 판단해야 한다고 하면서 절도행위가 미수에 그쳤다면, 준강도행위가 있어도 준강도미수죄로 본다. 강도와 준강도는 위법성의 정도가 실질적으로 같기 때문에, 준강도도 절도행위 중심으로 평가해야 한다는 취지이다. 기존 대법원 판례를 변경하고, 절도 기수 여부가 중심이라는 해석을 확립한 판례이다.

6. 고의 및 목적

본죄는 고의범인 동시에 목적범이므로 본죄가 성립하기 위해서는 고의뿐만 아니라 ① 재물의 탈환의 항거, ② 체포의 면탈, ③ 범죄흔적의 인멸의 목적으로 폭행·협박을 하여야 성립하는 목적범이다. ①의 경우 절도의 기수범을 전제로 한 개념이며 ②, ③은 절도의 기수와 미수를 불문한다.

7. 가담 형태

절도의 공범 가운데 한 사람이 준강도죄를 범한 경우 다른 공범자는 준강도죄의 공동정범이 되는가? 이에 대하여 대법원 판례는 절도의 공동정범자가 폭행·협박을 나아갈 것을 예상할 수 있는 경우 준강도죄 성립을 인정한다.[698] 예견가능성이 기준이다.

학설은 이에 반대한다. 공동정범은 공동자 상호 간의 의사연락이 있는 범위에서 각자 기능적 범행지배가 미치는 범위 내에서 결정된다. 절도의 공동정범은 상호 간에 절도를 공동실행하기로 의사연락을 한 것이지 유사시에 폭행·협박을 통한 준강도를 공동실행하기로 의사연락한 것이라고는 보기 어렵다. 또한 공동자 중 1인이 절도를 초과하여 행한 폭행·협박을 다른 공동자가 기능적 범행지배를 하고 있다고 볼 수 없다. 따라서 공동정범 가운데 1인이 공동의사의 범위를 초과한 경우에는 그 부분은 단독정범이 되며, 다른 공동자에게 준강도죄는 성립하지 않는다고 보는 것이 타당하다.

698) 대법원 1984.10.10. 선고 84도1887 판결; 대법원 1984.2.28. 선고 83도3321 판결.

판례 담배창구에 몸이 걸린 사건

【판결요지】 [1] 준강도가 성립하려면 절도가 절도행위의 실행 중 또는 실행 직후에 체포를 면탈할 목적으로 폭행, 협박을 한 때에 성립하고 이로써 상해를 가하였을 때에는 강도상해죄가 성립되는 것이고, 공모합동하여 절도를 한 경우 범인중의 하나가 체포를 면탈할 목적으로 폭행을 하여 상해를 가한 때에는 나머지 범인도 이를 예기하지 못한 것으로 볼 수 없다면 강도상해죄의 죄책을 면할 수 없다.
[2] 절도를 공모한 피고인이 다른 공모자 갑의 폭행행위에 대하여 사전양해나 의사의 연락이 전혀 없었고, 범행장소가 빈 가게로 알고 있었고, 위 갑이 담배창구를 통하여 가게에 들어가 물건을 절취하고 피고인은 밖에서 망을 보던 중 예기치 않았던 인기척 소리가 나므로 도주해버린 이후에 위 갑이 창구에 몸이 걸려 빠져 나오지 못하게 되어 피해자에게 붙들리자 체포를 면탈할 목적으로 피해자에게 폭행을 가하여 상해를 입힌 것이고, 피고인은 그동안 상당한 거리를 도주하였을 것으로 추정되는 상황하에서는 피고인이 위 갑의 폭행행위를 전연 예기할 수 없었다고 보여지므로 피고인에게 준강도상해죄의 공동책임을 지울 수 없다(대법원 1984.2.28. 선고 83도3321 판결).

【해설】 본 판례의 핵심 쟁점은 피고인이 다른 사람과 공모하여 절도 범행을 실행하였으나, 그 공범 중 1인 갑이 도중에 체포를 면탈할 목적으로 피해자에게 폭행을 가하여 상해를 입힌 경우, 피고인이 이에 대해 강도상해죄의 공동정범으로 책임을 질 수 있는지이다. 단순히 공모하여 절도에 가담하였다고 해서 무조건 중한 결과에 대해 공동정범으로 처벌되지 않으며, 공범의 폭행·상해가 공모의 범위 내에 있었는지, 또는 적어도 예견가능한 범위였는지가 기준이다.

8. 처벌

제335조가 전 2조의 예에 의한다는 의미는 강도죄 또는 특수강도죄와 같이 취급한다는 의미이다. 또한 강도상해·치상죄, 강도살인·치사죄 및 강도강간죄의 적용에 있어서도 강도와 같이 취급한다. 절도범인이 처음에는 흉기를 휴대하지 않았으나 체포를 면탈할 목적으로 폭행·협박을 가할 때에 비로소 흉기를 휴대하여 사용한 때에는 특수강도의 준강도가 된다.[699)]

699) 대법원 1973.11.13. 선고 73도1553 전원합의체 판결.

V. 인질강도죄

> 제336조 (인질강도) 사람을 체포·감금·약취 또는 유인하여 이를 인질로 삼아 재물 또는 재산상의 이익을 취득하거나 제3자로 하여금 이를 취득하게 한 자는 3년 이상의 유기징역에 처한다.
> 제342조 (미수범) 제329조 내지 제341조의 미수범은 처벌한다.

인질강도죄는 사람을 체포·감금·약취 또는 유인하여 이를 인질로 삼아 재물 또는 재산상 이익을 취득하거나 제3자로 하여금 이를 취득함으로써 성립하는 범죄이다. 체포·감금죄 또는 약취·유인죄와 공갈죄의 결합범이다.[700] 석방의 대상으로 재물 또는 재산상 이익을 취득함으로써 기수가 되며, 해방감경규정은 없다.

미성년자를 약취·유인하고 재물이나 재산상 이익을 취득하거나 요구한 때에는 특정범죄 가중처벌 등에 관한 법률 제5조의2에 의하여 가중처벌된다.

VI. 강도상해·치상죄

> 제337조 (강도상해, 치상) 강도가 사람을 상해하거나 상해에 이르게 한 때에는 무기 또는 7년 이상의 징역에 처한다.
> 제342조 (미수범) 제329조 내지 제341조의 미수범은 처벌한다.

1. 의의

강도상해·치상죄는 강도가 사람을 상해하거나 상해에 이르게 한 경우에 성립하는 범죄이다. 본죄는 강도의 기회에 상해의 결과 발생이 수반되기 쉽다는 점을 고려한 강도죄의 가중적 구성요건이다. 강도상해죄는 고의범인 강도죄와 고의범인 상해죄의 결합범이며, 강도치상죄는 고의범인 강도죄와 과실범인 과실치상죄의 결합형태인 진정 결과적 가

---

700) 종전에 약취강도죄가 사람을 약취하여 그 석방의 대상으로 재물을 취득한 경우에만 성립하도록 규정한 것을 1995년 형법 개정을 통하여 죄명을 인질강도죄로 바꾸고, 행위방법에 약취 이외에 유인, 체포, 감금을 포함시키고, 재산상 이익도 추가하였다.

중범이다. 양자의 불법의 경중이 다름에도 불구하고 법정형을 동일하게 규정하고 있는 것은 문제이다. 강도치사죄의 경우와 같이 강도치상죄도 강도상해죄에 비하여 법정형을 달리할 필요가 있다.

2. 주체: 강도

본죄의 주체는 강도이다. 강도는 단순강도, 특수강도, 준강도, 인질강도도 포함된다. 본죄의 주체는 강도의 기수·미수를 불문하지만, 예비·음모단계에 있는 자는 제외된다.

3. 행위: 상해하거나 상해에 이르게 하는 행위

본죄의 행위는 사람을 상해하거나 상해에 이르게 하는 것이다. 상해는 고의로 사람의 생리적 기능을 훼손하는 것이며, 상해에 이르게 하는 것(치상)은 과실에 의하여 상해의 결과를 초래하는 것이다. 강도상해는 고의범과 고의범이 결합된 결합범이며, 강도치상죄는 고의범과 과실범이 결합된 진정 결과적 가중범이다.

가. 상해

강도상해는 상해에 대하여 고의가 있는 경우를 의미한다. 절도가 그 실행 중 체포면탈의 목적으로 피해자를 상해한 경우 절도는 준강도가 되며, 준강도가 상해를 가한 경우이므로 강도상해가 된다. 강도죄의 폭행은 상대방의 반항을 불가능하게 하거나 현저히 곤란하게 할 정도의 높은 강도의 폭행이므로 가벼운 찰과상에 그친 경우에는 본죄의 상해라고 볼 수 없다.

나. 치상

강도치상은 상해에 대하여 고의 없이 과실로 상해의 결과를 발생시킨 경우이다. 결과적 가중범이므로 기본범죄인 강도행위와 중한 결과인 상해의 결과 사이에는 인과관계가 있어야 하며, 치상에 대하여 예견가능성이 있어야 한다. 중한 결과 발생에 대한 예견가능성이 없는 경우에는 강도죄만 성립한다.

다. 강도의 기회

상해 또는 치상의 결과는 반드시 재물강취의 수단으로서 한 폭행으로 인한 것일 필요는 없다. 강도의 기회에 이루어진 것이면 충분하다. '강도의 기회'는 실행에 착수하여 강도범행 종료 직후까지 강도행위와 시간적·장소적으로 밀접한 연관성이 있는 범위를 말한다. 준강도죄의 '절도의 기회'와 그 의미가 동일하다. 따라서 강도가 흉기를 보이며 협박하는데 피해자가 항거하다가 상해 또는 치상의 결과가 발생한 경우에도 본죄가 성립한다. 따라서 강취현장에서 피고인의 발을 붙잡고 늘어지는 피해자를 30미터쯤 끌고 가서 폭행함으로써 상해한 경우,[701] 피고인이 택시를 타고 가다가 요금지급을 면할 목적으로 소지한 과도로 운전수를 협박하자 이에 놀란 운전수가 택시를 급우회전하면서 그 충격으로 피고인이 겨누고 있던 과도에 어깨 부분이 찔려 상처를 입은 경우에는[702] 강도의 기회에 해당한다. 그러나 피해자의 부상이 피해자의 적극적인 체포행위과정에서 스스로의 행위의 결과로 인한 경우,[703] 날치기범이 점유탈취의 과정에서 우연히 피해자를 넘어지게 하거나 부상하게 하는 경우라면[704] 강도상해죄가 성립하지 않는다.

4. 가담 형태

강도의 공범(공동정범) 중 1인이 강도의 기회에 상해 또는 치상의 결과를 발생하게 한 경우에 다른 공범에게도 본죄가 성립하는가?

강도의 공동정범 상호 간에는 강도의 수단인 폭행·협박에 대해서는 의사연락이 있지만 상해에 대해서는 의사연락이 없으므로 고의범인 강도상해죄의 공동정범이 성립할 수 없다.

상해의 고의가 없는 공동정범자에게 결과적 가중범인 강도치상죄의 죄책을 물을 수 있는가에 대하여 결과적 가중범에 있어서는 고의범인 기본범죄에 대하여만 공동정범의 성립이 가능하고 과실로 초과된 중한 결과에 대하여 결과적 가중범의 공동정범은 성립하지 않는다고 보는 것이 타당하다. 따라서 초과실행된 중한 결과에 대해서는 공동자 각자의 과실 여부를 검토하여 예견가능성이 있는 자에게 '개별적으로' 결과적 가중범인 강도치상죄의 죄책을 지우는 것이 타당하다.

판례의 경우 상해에 대한 예견가능성이 있는가를 묻지 않고 공동자 모두에게 상해의 결과에 대한 책임을 지우는 판례가 있는가 하면, '예견가능성이 부정되지 않으면' 강도치사죄의 책임을 진다는 판례도 있다.

---

701) 대법원 1984.6.26. 선고 84도970 판결.
702) 대법원 1985.1.15. 선고 84도2397 판결.
703) 대법원 1985.7.9. 선고 85도1109 판결.
704) 대법원 2003.7.25. 선고 2003도2316 판결.

판례 공범자 중 1인이 강도의 기회에 상해를 입힌 경우

【판결요지】 강도의 공범자 중 1인이 강도의 기회에 피해자에게 폭행을 가하여 그의 신체를 상해한 경우에 다른 공범자에게도 재물갈취의 수단으로 폭행이 가하여질 것이라는 점에 관하여 상호 의사의 연락이 있었던 것으로 보아야 할 것이므로, 구체적으로 상해에 관하여까지는 공모하지 않았다고 하더라도 폭행으로 생긴 결과에 대하여 공범으로서의 책임을 져야 한다(대법원 1990.10.12. 선고 90도1887 판결).

판례 수인이 합동하여 강도를 한 경우 그중 1인이 사람을 살해한 경우의 죄책

【판결요지】 [1] 강도살인죄는 고의범이므로 강도살인죄의 공동정범이 성립하기 위하여는 강도의 점뿐 아니라 살인의 점에 관한 고의의 공동이 필요하다.

[2] 강도의 공범자 중 1인이 강도의 기회에 피해자에게 폭행 또는 상해를 가하여 살해한 경우, 다른 공모자가 살인의 공모를 하지 아니하였다고 하여도 그 살인행위나 치사의 결과를 예견할 수 없었던 경우가 아니면 강도치사죄의 죄책을 면할 수 없다고 할 것이나, 피고인이나 변호인이 항소이유로서 이를 전혀 예견할 수 없었다고 주장하는 경우, 이에 관하여는 사실심인 항소심이 판단을 하여야 한다.

[3] 강도살인죄는 고의범이고 강도치사죄는 이른바 결과적가중범으로서 살인의 고의까지 요하는 것이 아니므로, 수인이 합동하여 강도를 한 경우 그중 1인이 사람을 살해하는 행위를 하였다면 그 범인은 강도살인죄의 기수 또는 미수의 죄책을 지는 것이고 다른 공범자도 살해행위에 관한 고의의 공동이 있었으면 그 또한 강도살인죄의 기수 또는 미수의 죄책을 지는 것이 당연하다 하겠으나, 고의의 공동이 없었으면 피해자가 사망한 경우에는 강도치사의, 강도살인이 미수에 그치고 피해자가 상해만 입은 경우에는 강도상해 또는 치상의, 피해자가 아무런 상해를 입지 아니한 경우에는 강도의 죄책만 진다고 보아야 할 것이다(대법원 1991.11.12. 선고 91도2156 판결).

5. 미수범

형법 제342조에서 본죄의 미수범 처벌 규정을 두고 있다. 강도상해죄의 미수범은 처벌된다. 강도상해죄의 기수·미수는 주된 행위인 상해가 기수·미수에 따라 결정되어야 하며 강도의 기수·미수와는 무관하다. 강도상해죄의 미수란 상해가 미수인 경우를 말한다. 하지만 강도치상죄의 미수는 결과적 가중범의 미수 문제이다. 진정 결과적 가중범의 미수를 부정하는 것이 타당하다.

Ⅶ. 강도살인, 강도치사죄

> 제338조 (강도살인, 치사) 강도가 사람을 살해한 때에는 사형 또는 무기징역에 처한다. 사망에 이르게 한 때에는 무기 또는 10년 이상의 징역에 처한다.
> 제342조 (미수범) 제329조 내지 제341조의 미수범은 처벌한다.

1. 의의

강도살인죄와 강도치사죄는 강도가 사람을 살해하거나 사망에 이르게 한 경우에 성립하는 범죄이다. 강도의 기회에 사람에 대한 사망이라는 결과가 수반되기 쉽다는 점을 고려한 강도죄의 가중적 구성요건이다. 강도살인죄는 강도죄와 살인죄의 결합범이며, 강도치사죄는 강도죄의 진정 결과적 가중범이다.

2. 주체: 강도

본죄의 주체는 강도이다. 강도는 단순강도, 특수강도, 준강도, 인질강도도 포함된다. 본죄의 주체는 강도의 기수·미수를 불문하지만, 예비·음모단계에 있는 자는 제외된다.

3. 행위: 살해하거나 사망에 이르게 하는 행위

본죄의 행위는 사람을 살해하거나 사망에 이르게 하는 것이다. 강도살인은 살해에 대하여 고의가 있는 경우이며, 사망에 이르게 하는 것(치사)은 살해의 고의 없이 과실로 사망의 결과를 발생시킨 경우이다. 강도살인은 고의범과 고의범이 결합된 결합범이며, 강도치사죄는 고의범과 과실범이 결합된 진정 결과적 가중범이다.

가. 강도살인

강도살인은 살해에 대하여 고의가 있는 경우를 말한다.

나. 강도치사

강도치사는 사망에 대하여 고의 없이 과실로 사망의 결과를 발생시킨 경우이다. 결과적 가중범이므로 기본범죄인 강도행위와 중한 결과인 사망의 결과 사이에는 인과관계가 있어야 하며, 치사에 대하여 예견가능성이 있어야 한다. 중한 결과 발생에 대한 예견가능성이 없는 경우에는 강도죄만 성립한다.

다. 강도의 기회

사망 또는 치사의 결과는 반드시 강도의 수단인 폭행으로 인한 것임을 요하지 않는다. 강도의 기회에 이루어진 것이면 충분하다. 강도치상죄의 '강도의 기회' 또는 준강도죄의 '절도의 기회'와 그 의미가 동일하다.

판례 강도범행 직후 체포를 면하기 위한 경찰관 살해행위

【판결요지】 [1] 강도살인이라 함은 강도범인이 강도의 기회에 살인행위를 함으로써 성립하는 것이므로, 강도범행의 실행 중이거나 그 실행 직후 또는 실행의 범의를 포기한 직후로서 사회통념상 범죄행위가 완료되지 아니하였다고 볼 수 있는 단계에서 살인이 행하여짐을 요건으로 한다.

[2] 강도범행 직후 신고를 받고 출동한 경찰관이 위 범행 현장으로부터 약 150m 지점에서, 화물차를 타고 도주하는 피고인을 발견하고 순찰차로 추적하여 격투 끝에 피고인을 붙잡았으나, 피고인이 너무 힘이 세고 반항이 심하여 수갑도 채우지 못한 채 피고인을 순찰차에 억지로 밀어 넣고서 파출소로 연행하고자 하였는데, 그 순간 피고인이 체포를 면하기 위하여 소지하고 있던 과도로써 옆에 앉아 있던 경찰관을 찔러 사망케 하였다면 피고인의 위 살인행위는 강도행위와 시간상 및 거리상 극히 근접하여 사회통념상 범죄행위가 완료되지 아니한 상태에서 이루어진 것이라고 보여지므로(위 살인행위 당시에 피고인이 체포되어 신체가 완전히 구속된 상태이었다고 볼 수 없다), 원심이 피고인을 강도살인죄로 적용하여 처벌한 것은 옳다고 한 사례(대법원 1996.7.12. 선고 96도1108 판결).

4. 다른 죄와의 관계

가. 채무면탈 목적 살인의 경우

(1) 쟁점

채무자가 채무를 면탈할 목적으로 사람을 살해한 경우 강도살인죄가 성립하는지 보통살인죄가 성립하는지 문제된다. 특히 채무면탈 목적으로 살해를 한 경우에도 사실상 채무면탈의 가능성이 있는지에 따라서 강도살인죄의 성립 여부가 달라진다.

(2) 학설

학설은 이에 대하여 강도살인죄의 성립을 인정한다. 강도의 고의로 사람을 살해하면 강도죄의 착수에 있다고 할 것이므로 강도의 수단으로 사람을 살해한 이상 강취행위의 전후를 불문하고 본죄를 구성한다.

하지만 이 경우에도 사실상 또는 법적으로 채무를 면하거나 이익을 취득할 가능성이 있어야 한다. 따라서 채무자가 채권자에게 차용증을 써주었다든가, 저당권을 설정한 경우 또는 상속인의 채권행사가 여전히 가능한 경우 등과 같이 채권자를 살해한다고 해서 채무를 면하게 되는 것은 아닌 경우와 술값이나 택시요금과 같이 그 자리에서 지불하지 않고 달아나면 사실상 채무를 면하게 되어 직접적·구체적 이익이 채무자에게 돌아가는 경우를 구별할 필요가 있다.

전자의 경우 재산상 이득의 취득이 불가능하기 때문에 강도살인죄가 아니라 단순살인죄가 성립한다. 하지만 후자의 경우 채권자를 살해함으로써 채무를 면하게 되는 재산적 이익이 사실상 발생하므로 강도살인죄가 성립한다. 채무면탈의 목적으로 채권자를 살해한 경우 항상 강도살인죄가 성립한다면 경제적 이익을 의도한 모든 살인이 강도살인이 된다는 문제점이 있기 때문이다. 따라서 사실상 또는 법적으로 채무를 면하거나 이익취득이 가능하다면 강도살인죄가 성립하지만 그렇지 않다면 보통살인죄가 성립한다.

(3) 판례

판례는 술집에서 두 사람밖에 없는 상황에서 술값을 면하기 위해 술집 주인을 살해한 경우에는 강도살인죄의 성립을 인정하였지만, 채무의 존재가 명백할 뿐만 아니라 채권자의 상속인이 존재하고 그 상속인에게 채권의 존재를 확인할 방법이 확보되어 있는 경우에는 강도살인죄의 성립을 부정하였다.

판례 소주방 사건

【사실관계】 피고인 갑이 피해자 A 경영의 소주방에서 금 35,000원 상당의 술과 안주를 시켜 먹은 후 주인이 피고인에게 술값을 지급할 것을 요구하며 피고인의 허리를 잡고 피고인이 도망가지 못하게 하자 피고인은 그 술값을 면할 목적으로 피해자를 살해하고, 곧바로 피해자가 소지하고 있던 현금 75,000원을 꺼내어 갔다. 피고인이 피해자를 살해할 당시 그 소주방 안에는 피고인과 피해자 두 사람밖에 없었음을 알 수 있는바, 그와 같은 경우 피고인이 피해자를 살해하면 피해자는 피고인에 대하여 술값 채권을 행사할 수 없게 되고, 피해자 이외의 사람들에게는 피해자가 피고인에 대하여 술값 채권을 가지고 있음이 알려져 있지 아니한 탓으로 피해자의 상속인이 있다 하더라도 피

고인에 대하여 그 채권을 행사할 가능성은 없다.

【판결이유】 ... 그러므로 위와 같은 상황에서 피고인이 채무를 면탈할 목적으로 피해자를 살해한 것은 재산상의 이익을 취득할 목적으로 피해자를 살해한 것이라 할 수 있고, 또한 피고인이 피해자를 살해한 행위와 즉석에서 피해자가 소지하였던 현금을 탈취한 행위는 서로 밀접하게 관련되어 있기 때문에 살인행위를 이용하여 재물을 탈취한 행위라고 볼 수 있으니 원심이 피고인의 위와 같은 일련의 행위에 대하여 강도살인죄의 성립을 인정한 조치는 정당하고(대법원 1985.10.22. 선고 85도1527 판결 참조), 그와 같은 조치에 피고인이 논하는 바와 같은 강도살인죄의 법리오해의 위법이 있다고 할 수 없다(대법원 1999.3.9. 선고 99도242 판결).

【해설】 피해자를 살해한 후 곧바로 피해자가 소지하고 있던 75,000원을 가져간 행위는 강도살인죄가 되는 것이 분명하다. 문제는 술값을 면할 목적으로 피해자를 살해한 행위이다. 이에 대하여 판례는 강도살인죄의 성립을 인정한다.

판례 상속인이 있는 경우

【사실관계】 피고인은 피해자로부터 돈을 차용하였다. 피고인이 피해자에게 변제기 유예를 요청하였으나 피해자가 피고인의 변제기 유예 요청을 거부하면서 피고인을 심히 모욕하는 바람에 격분을 일으켜 억제하지 못하고 피해자를 살해하였다. 피고인과 피해자 사이에 차용증서가 작성되지는 않았지만 피해자의 그 상속인 중 한 사람인 피해자의 처가 피해자로부터 전해 들어 이미 피고인에 대한 대여금 채권의 존재를 알고 있었다.

피고인은 살해 직후 피해자가 운전하고 온 차량의 적재함에 피해자의 시체를 싣고 보니 마침 그 상의 조끼에 지갑이 있는 것을 발견하고, 장차 시체가 발견될 때 피해자의 신원이 밝혀지는 게 두려워 이를 숨기기 위하여 지갑을 꺼내 그 차량의 사물함에 통째로 넣어두었다가, 그로부터 15시간 가량 지난 후인 그 다음날 10:00경 범행현장에 다시 왔을 때 지갑 속에 들어 있던 돈과 피해자의 바지주머니에 별도로 들어 있던 10만원 가량의 돈을 꺼냈다가, 지갑 속의 돈은 피에 젖어 사용할 수 없을 것으로 생각하여 며칠 후 월악산 계곡에다 지갑째로 버리고, 다만 바지주머니에서 꺼낸 돈을 유류대금과 담배값 등으로 사용하였다.

【판결요지】 [1] 강도살인죄가 성립하려면 먼저 강도죄의 성립이 인정되어야 하고, 강도죄가 성립하려면 불법영득(또는 불법이득)의 의사가 있어야 하며, 형법 제333조 후단 소정의 이른바 강제이득죄의 성립요건인 '재산상 이익의 취득'을 인정하기 위하여는 재산상 이익이 사실상 피해자에 대하여 불이익하게 범인 또는 제3자 앞으로 이전되었다고 볼 만한 상태가 이루어져야 하는데, 채무의 존재가 명백할 뿐만 아니라 채권자의 상속인이 존재하고 그 상속인에게 채권의 존재를 확인할 방법이 확보되어 있는 경우에는 비록 그 채무를 면탈할 의사로 채권자를 살해하더라도 일시적으로 채권자측의 추급을 면한 것에 불과하여 재산상 이익의 지배가 채권자측으로부터 범인 앞으로 이전되었다고 보기는 어려우므로, 이러한 경우에는 강도살인죄가 성립할 수 없다.

[2] 강도살인죄는 강도범인이 강도의 기회에 살인행위를 함으로써 성립하는 것이므로, 강도범행의 실행중이거나 그 실행 직후 또는 실행의 범의를 포기한 직후로서 사회통념상 범죄행위가 완료되지 아니하였다고 볼 수 있는 단계에서 살인이 행하여짐을 요건으로 한다.

[3] 피고인이 피해자 소유의 돈과 신용카드에 대하여 불법영득의 의사를 갖게 된 것이 살해 후 상당한 시간이 지난 후로서 살인의 범죄행위가 이미 완료된 후의 일이라면, 살해 후 상당한 시간이 지난 후에 별도의 범의에 터잡아 이루어진 재물 취거행위를 그보다 앞선 살인행위와 합쳐서 강도살인죄로 처단할 수 없다고 한 사례(대법원 2004.6.24. 선고 2004도1098 판결).

【해설】 채무면탈을 하기 위하여 피해자를 살해한 경우 강도살인죄의 성립 여부가 문제된다. 위 사안의 경우 채무의 존재가 명백하고 상속인이 있기 때문에 피고인이 재산상 이익을 취했다고 볼 수 없다. 일시적으로 추급을 면한 것에 불과하기 때문이다. 따라서 강도살인죄가 아닌 보통살인죄가 성립한다. 또한 15시간이 지난 후에 범행현장에 다시 와서 피해자의 지갑을 가져간 것에 대하여는 별도의 고의로 이루어진 것이며 강도살인죄에 해당하는 것이 아니다. 이 경우 절도죄 또는 점유이탈물횡령죄가 문제될 수 있는데, '살해 후 상당한 시간이 지난 후에' 발생하였다는 점에서 사자의 점유를 인정하기 어려운 것으로 보인다. 따라서 이 부분에 대해서는 점유이탈물횡령죄가 성립할 수 있다. 살인죄와 점유이탈물횡령죄의 실체적 경합으로 보는 것이 타당하다.

나. 탈취의사로 살해 후 재물취득한 경우

처음부터 재물탈취의사로 피해자를 살해한 후 재물을 탈취한 경우에는 탈취행위가 사망의 전후에 있는가를 묻지 않고 강도살인이 된다.

다. 살해 후 탈취의사로 재물을 영득한 경우

살해한 직후 재물탈취의 의사가 생겨 이를 영득한 경우 판례에 따르면 살인죄와 절도죄의 실체적 경합이 된다. 피해자가 생전에 가진 점유는 사망 후에도 여전히 계속되는 것으로 보기 때문에 절도죄를 인정한 것이다.[705] 사자의 점유를 인정하지 않을 경우 살인죄와 점유이탈물횡령죄의 실체적 경합이 된다.

라. 강도살인죄와 현주건조물방화치사죄의 관계

재물을 강취한 후 피해자를 살해할 목적으로 현주건조물에 방화하여 사망에 이르게 한 경우 강도살인죄와 현주건조물방화치사죄의 관계에 대하여 판례는 상상적 경합으로 본다.[706]

---

705) 대법원 1993.9.28. 선고 93도2143 판결.

706) 대법원 1998.12.8. 선고 98도3416 판결.

Ⅷ. 강도강간죄

제339조 (강도강간) 강도가 사람을 강간한 때에는 무기 또는 10년 이상의 징역에 처한다.
제342조 (미수범) 제329조 내지 제341조의 미수범은 처벌한다.

1. 의의

강도강간죄는 강도가 사람을 강간함으로써 성립하는 범죄로 강도죄와 강간죄의 결합범이다.

2. 주체: 강도

주체는 모든 강도범이다. 단순강도, 특수강도, 준강도, 인질강도, 강도상해의 범인이 이에 해당하며, 기수·미수를 불문한다. 다만 해상강도의 강간에 대해서는 별도의 규정(제340조 제3항)이 있으므로 본죄의 주체에서는 제외된다.

강도강간은 강도범이 강간한 경우이다. 따라서 강간범이 강도한 경우에는 강간죄와 강도죄의 경합범이 된다.[707)]

강간범이 강간의 종료 전, 즉 실행행위의 계속 중에 강도의 행위를 할 경우에는 이때에 바로 강도의 신분을 취득하는 것이므로 이후에 그 자리에서 강간행위를 계속하는 때에는 이때 강도의 신분을 취득한 것이므로 강도강간죄가 성립한다.[708)]

3. 미수

본죄의 미수는 강간행위의 기수·미수를 기준으로 결정한다. 따라서 강간행위가 완성됨으로써 기수가 되고, 미수는 강간행위가 미수에 그친 경우이다.

707) 대법원 1977.9.28. 선고 77도1350 판결.
708) 대법원 1988.9.9. 선고 88도1240 판결.

4. 다른 죄와의 관계

강도가 사람을 강간하고 살해한 경우, 강도행위가 강도강간죄와 강도살인죄의 부분적 공통관계에 있으므로 강도강간죄와 강도살인죄의 상상적 경합이 된다는 견해, 강도강간죄와 살인죄의 실체적 경합이 된다는 견해가 대립하고 있다.

강도가 사람을 강간하여 치사상한 경우, 치사상의 결과가 강간으로 야기된 경우에는 강도강간죄와 강간치사상죄의 상상적 경합이 되지만, 치사상의 결과가 강도행위로 야기된 경우에는 강도강간죄와 강도치사상죄의 상상적 경합이 된다. 강도가 재물강취의 뜻을 재물의 부재로 이루지 못한 채 미수에 그쳤으나 그 자리에서 항거불능의 상태에 빠진 피해자를 간음할 것을 결의하고 실행에 착수했으나 역시 미수에 그쳤더라도 반항을 억압하기 위한 폭행으로 피해자에게 상해를 입힌 경우에는 강도강간미수죄와 강도치상죄가 성립되고 이는 1개의 행위가 2개의 죄명에 해당되어 상상적 경합관계가 성립된다.[709]

Ⅸ. 해상강도죄

제340조 (해상강도) ① 다중의 위력으로 해상에서 선박을 강취하거나 선박내에 침입하여 타인의 재물을 강취한 자는 무기 또는 7년 이상의 징역에 처한다.
② 제1항의 죄를 범한 자가 사람을 상해하거나 상해에 이르게 한 때에는 무기 또는 10년 이상의 징역에 처한다.
③ 제1항의 죄를 범한 자가 사람을 살해 또는 사망에 이르게 하거나 강간한 때에는 사형 또는 무기징역에 처한다.
제342조 (미수범) 제329조 내지 제341조의 미수범은 처벌한다.

1. 의의

해상강도죄는 다중의 위력으로 해상에서 선박을 강취하거나 선박 내에 침입하여 타인의 재물을 강취한 경우에 성립하는 범죄이다. 이른바 해적죄를 처벌하는 규정이다. 해상강도의 죄에는 해상강도죄, 해상강도상해죄 및 해상강도치상죄, 해상강도살인죄 및 해상강도치사죄, 해상강도강간죄가 하나의 조항 속에 포함되어 있다.

709) 대법원 1988.6.28. 선고 88도820 판결.

2. 구성요건

본죄의 '해상'에는 영해와 공해가 모두 포함된다. '선박'은 적어도 해상을 항해할 수 있는 정도는 되어야 하므로 해상을 항해할 수 없는 보트는 제외된다.

공해상에서 내국인이 범한 해적행위는 형법 제3조 속인주의 규정에 의하여, 내국 선박에서 외국인이 범한 해적행위는 제4조 기국주의 규정에 의하여, 외국선박에서 외국인이 내국인에 대하여 범한 해적행위는 제6조의 보호주의에 의하여 제340조 규정을 적용할 수 있지만, 공해상의 외국선박에서 외국인이 외국인에 대하여 범한 이른바 국제법상 해적행위는 본 규정에 의하여 처벌할 수 없다. 이에 대한 세계주의 규정이 없기 때문이다.

선장을 비롯한 일부 선원들을 살해하는 등의 방법으로 선박의 지배권을 장악하여 목적지까지 항해한 후 선박을 매도하거나 침몰시키려고 한 경우 선박에 대한 불법영득의 의사가 있으므로 해상강도살인죄가 성립한다.[710)]

판례 소말리아 해적 사건

【판결요지】 소말리아 해적인 피고인들 등이 공모하여 아라비아해 인근 공해상에서 대한민국 해운회사가 운항 중인 선박 '삼호주얼리호'를 납치하여 대한민국 국민인 선원 등에게 해상강도 등 범행을 저질렀다는 내용으로 국내법원에 기소된 사안에서, 피고인 갑이 선장 을을 살해할 의도로 을에게 총격을 가하여 미수에 그친 사실을 충분히 인정할 수 있다고 본 다음, 이 사건 해적들의 공모내용은 선박 납치, 소말리아로의 운항 강제, 석방대가 요구 등 본래 목적의 달성에 차질이 생기는 상황이 발생한 때에는 인질 등을 살상하여서라도 본래 목적을 달성하려는 것에 있을 뿐, 본래 목적 달성이 무산되고 자신들의 생존 여부도 장담할 수 없는 상황에서 보복하기 위하여 그 원인을 제공한 이를 살해하는 것까지 공모한 것으로는 볼 수 없고, 당시 피고인 갑을 제외한 나머지 해적들은 두목의 지시에 따라 무기를 조타실 밖으로 버리고 조타실 내에서 몸을 숙여 총알을 피하거나 선실로 내려가 피신함으로써 저항을 포기하였고, 이로써 해적행위에 관한 공모관계는 실질적으로 종료하였으므로, 그 이후 자신의 생존을 위하여 피신하여 있던 나머지 피고인들로서는 피고인 갑이 을에게 총격을 가하여 살해하려고 할 것이라는 점까지 예상할 수는 없었다고 본 원심판단을 수긍한 사례(대법원 2011.12.22. 선고 2011도12927 판결).

【해설】 이 사건은 소말리아 해적들이 공모하여 공해상에서 대한민국 해운회사가 운항 중인 선박을 납치하여 대한민국 국민인 선원 등에게 해상강도 등 범행을 저질렀다는 내용으로 국내법원에 기소된 사례이다. 이 사건은 형법적 쟁점뿐만 아니라 토지관할을 규정한 형사소송법 제4조 제1항에서 '현재지'의 의미와 형사소송법 제213조 현행

710) 대법원 1997.7.25. 선고 97도1142 판결.

범인 체포와 관련된 쟁점도 있다. 제213조 제1항에서 '즉시'의 의미와 사인에 의하여 현행범인이 체포된 후 검사 등에게 인도된 경우, 구속영장 청구기간인 48시간의 기산점이 언제인지에 대하여 논의되었다.

X. 상습강도죄

제341조 (상습범) 상습으로 제333조, 제334조, 제336조 또는 전조 제1항의 죄를 범한 자는 무기 또는 10년 이상의 징역에 처한다.
제342조 (미수범) 제329조 내지 제341조의 미수범은 처벌한다.

상습강도죄는 상습으로 강도죄, 특수강도죄, 인질강도죄, 해상강도죄를 범하는 경우에 성립하는 범죄이다. 행위자의 상습성 때문에 책임이 가중되는 구성요건이다. 상습이란 반복된 행위에 의하여 얻어진 행위자의 습벽으로 인하여 죄를 범하는 것을 말한다.

XI. 강도예비·음모죄

제343조 (예비, 음모) 강도할 목적으로 예비 또는 음모한 자는 7년 이하의 징역에 처한다.

강도예비·음모죄는 강도를 할 목적으로 예비·음모하는 경우에 성립하는 범죄이다. 강도예비·음모죄에서 말하는 강도는 단순강도, 특수강도, 인질강도, 해상강도를 포함한다. 강도죄의 예비·음모에 준강도가 포함되는지에 대하여 견해의 대립이 있다. 판례는 준강도를 할 목적은 강도예비·음모죄에 해당하지 않는다는 입장이다.[711)]

---

711) 대법원 2006.9.14. 선고 2004도6432 판결.

판례 강도예비와 준강도

【판결요지】 강도예비·음모죄에 관한 형법 제343조는 "강도할 목적으로 예비 또는 음모한 자는 7년 이하의 징역에 처한다."고 규정하고 있는바, 그 법정형이 단순 절도죄의 법정형을 초과하는 등 상당히 무겁게 정해져 있고, 원래 예비·음모는 법률에 특별한 규정이 있는 경우에 한하여 예외적으로 처벌의 대상이 된다는 점(형법 제28조)을 고려하면, 강도예비·음모죄로 인정되는 경우는 위 법정형에 상당한 정도의 위법성이 나타나는 유형의 행위로 한정함이 바람직하다 할 것이다.

그런데 준강도죄에 관한 형법 제335조는 "절도가 재물의 탈환을 항거하거나 체포를 면탈하거나 죄적을 인멸할 목적으로 폭행 또는 협박을 가한 때에는 전2조의 예에 의한다."라고 규정하고 있을 뿐 준강도를 항상 강도와 같이 취급할 것을 명시하고 있는 것은 아니고, 절도범이 준강도를 할 목적을 가진다고 하더라도 이는 절도범으로서는 결코 원하지 않는 극단적인 상황인 절도 범행의 발각을 전제로 한 것이라는 점에서 본질적으로 극히 예외적이고 제한적이라는 한계를 가질 수밖에 없으며, 형법은 흉기를 휴대한 절도를 특수절도라는 가중적 구성요건(형법 제331조 제2항)으로 처벌하면서도 그 예비행위에 대한 처벌조항은 마련하지 않고 있는데, 만약 준강도를 할 목적을 가진 경우까지 강도예비로 처벌할 수 있다고 본다면 흉기를 휴대한 특수절도를 준비하는 행위는 거의 모두가 강도예비로 처벌받을 수밖에 없게 되어 형법이 흉기를 휴대한 특수절도의 예비행위에 대한 처벌조항을 두지 않은 것과 배치되는 결과를 초래하게 된다는 점 및 정당한 이유 없이 흉기 기타 위험한 물건을 휴대하는 행위 자체를 처벌하는 조항을 폭력행위 등 처벌에 관한 법률 제7조에 따로 마련하고 있다는 점 등을 고려하면, 강도예비·음모죄가 성립하기 위해서는 예비·음모 행위자에게 미필적으로라도 '강도'를 할 목적이 있음이 인정되어야 하고 그에 이르지 않고 단순히 '준강도'할 목적이 있음에 그치는 경우에는 강도예비·음모죄로 처벌할 수 없다고 봄이 상당하다(대법원 2006.9.14. 선고 2004도6432 판결).

【해설】 형법 제343조는 "강도할 목적으로 예비 또는 음모한 자"를 처벌하고 있다. 그런데 준강도는 절도범이 체포 면탈, 재물 탈환, 죄적 인멸을 목적으로 폭행·협박을 가한 경우를 말한다. 문제는 준강도 목적으로 예비행위를 한 경우 형법 제343조의 '강도예비죄'로 처벌할 수 있는지이다. 준강도는 절도 범행이 발각된 이후 발생하는 극히 예외적인 상황이다. 절도 자체가 범죄의 주된 목적이고, 준강도는 예기치 못한 상황에서 부수적으로 발생하는 행위로 볼 수 있다. 예비행위자가 강도에 이를 목적이 있는 경우만 강도예비죄가 성립한다. 단순히 준강도 목적의 예비행위만으로는 강도예비죄로 처벌할 수 없다.

제4절 사기의 죄

Ⅰ. 총설

1. 의의

사기의 죄는 사람을 기망하여 재물을 편취하거나 재산상 이익을 취득하거나 제3자로 하여금 취득하게 하는 것을 내용으로 하는 범죄이다. 상대방의 하자 있는 의사에 의하여 재물이나 재산상 이익을 사취하는 편취죄에 해당한다.

2. 보호법익

가. 학설

본죄의 보호법익에 대하여 전체로서의 재산권이며, 거래상의 진실성은 제외된다는 전체 재산설,[712] 전체로서의 재산 이외에 부차적으로 거래의 진실성 또는 신의성실도 보호법익이 된다는 거래의 진실성과 신의성실 포함설,[713] 개개의 재산과 의사결정의 자유가 보호법익이라는 개별재산설[714]이 대립하고 있다. 다수설은 전체 재산설이다.

나. 판례

대법원 판례에 따르면 사기죄의 본질은 기망에 의한 재물이나 재산상 이익의 취득에 있고, 상대방에게 현실적으로 재산상 손해가 발생함을 그 요건으로 하지 아니하며,[715] 기망으로 인한 재물의 교부가 있으면, 그 자체로써 곧 사기죄는 성립하고, 상당한 대가가 지급되었다거나 피해자의 전체 재산상에 손해가 없다고 하여도 사기죄의 성립에는 영향이 없다.[716] 백화점이 신상품을 정상가격으로 판매함에도 불구하고 마치 종전의 높은 가격을 특별히 할인가격으로 판매한 이른바 '변칙세일 사건'에서 재산상 손해가 없어도 사기죄의

---

712) 김성돈, 362면; 김성천/김형준, 394면; 김일수/서보학, 416면; 손동권/김재윤, 361면; 이재상/장영민/강동범, 326면; 정성근/박광민, 364면.

713) 배종대, 449면; 임웅/이현정/박성민, 411면.

714) 오영근/노수환, 331면.

715) 대법원 2002.2.5. 선고 2001도5789 판결; 대법원 1997.9.9. 선고 97도1561 판결; 대법원 1987.12.22. 선고 87도2168 판결.

716) 대법원 1999.7.9. 선고 99도1040 판결.

성립을 인정하고 있다.[717] 이러한 판례의 표현만을 본다면 거래의 진실성만을 사기죄의 보호법익으로 이해하고 있는 것으로 오해할 수 있다. 하지만 이는 사실상 손해 발생을 요건으로 하지 않고 위험범으로 본다는 의미이지, 본죄의 보호법익에서 재산이 제외된다는 의미로 보기 어렵다. 재산상 손해가 없는 때에도 사기죄가 성립한다고 해석한다면 사기죄는 재산죄가 아니라 자유권, 즉 처분의 자유를 보호하는 죄의 성격을 가지게 된다.[718] 사기죄의 보호법익이 재산권이라는 판례도 있다.[719] 따라서 판례는 재산뿐만 아니라 거래의 진실성 또는 신의성실도 보호법익이라는 입장이다.

다. 결론

거래의 진실성과 신의성실을 사기죄의 보호법익에 포함시키면 재산상 손해가 없더라도 사기죄의 성립을 인정하게 되며, 재산상 피해자와 피기망자가 다른 경우에 피기망자도 사기죄의 피해자가 된다. 하지만 전체재산설에 따르면 기망행위에 의하여 거래의 진실성이 침해되었다고 하더라도 재산상 손해가 발생하지 않았다면 사기죄는 성립하지 않는다.

생각건대, 사기죄를 처벌함으로써 거래의 진실성 또는 신의성실이 보호되는 것은 사실이지만, 이는 사기죄의 처벌에 따른 반사적 이익에 불과하다.[720] 기망행위에 포함된 거래의 진실성 또는 신의성실을 위반하는 것을 별도의 보호법익으로 본다면 이는 사기죄의 성립 범위를 지나치게 넓힐 우려가 있으므로 형법의 보충성의 원칙에 반할 우려가 있다. 공갈죄의 보호법익으로 재산권 외에도 의사의 자유가 포함되는 것으로 보는 것은 형법이 의사의 자유를 별도로 보호할 수 있는 법익이기 때문이다. 이와 달리 거래의 진실성 또는 신의성실만을 별도의 보호법익으로 설정하는 범죄는 형법상 존재하지 않는다. 거래의 진실성은 형법이 보호할 필요가 있는 독립된 보호법익이라고 보기 어렵다.[721] 사기죄의 보호법익은 재산권이므로 기망행위가 있었다고 하더라도 재산상 손해 발생, 즉 재산권 침해가 없다면 사기죄는 성립하지 않는다고 보는 것이 타당하다. 피기망자의 신뢰를 중심에 두고 피해자의 신뢰를 훼손하였다는 것만으로도 행위자를 사기죄로 처벌할 수 있다는 것은 형법의 과잉이다. 따라서 사기죄의 보호법익은 '전체로서의 재산'으로 보는 것이 타당하다.

---

717) 대법원 1992.9.14. 선고 91도2994 판결.

718) 이재상/장영민/강동범, 332면.

719) 대법원 2008.11.27. 선고 2008도7303 판결.

720) 김성돈, 368면.

721) 이재상/장영민/강동범, 326면.

3. 보호 정도

거래의 진실성과 신의성실도 사기죄의 보호법익으로 보는 견해에 따르면 재산상 손해발생이 반드시 필요하지 않으므로 사기죄를 위험범으로 볼 가능성이 있다. 하지만 사기죄의 보호법익을 전체로서의 재산이라고 하게 되면 사기죄는 침해범으로 해석되며, 재산상 손해발생이 없는 경우 사기죄의 미수가 된다. 본죄의 보호법익은 전체로서의 재산이며, 거래의 진실성이나 신의성실은 기망행위 여부를 판단할 때 사용되는 기준에 불과하다. 거래의 진실성을 재산과 동등한 수준으로 보기는 어렵다. 따라서 보호의 정도는 침해범으로 보는 것이 타당하다.

4. 개인의 재산죄로서의 사기죄와 국가적·사회적 법익 포함 여부

사기죄는 재산죄이며, 기망행위를 한 경우에도 개인의 재산권을 침해하지 않은 경우에는 사기죄는 성립하지 않는다. 따라서 사기도박, 사기 결혼이나 혼인을 빙자하여 성관계를 가진 경우에도 사기죄는 성립하지 않는다.

사기죄는 개인적 법익에 대한 죄이므로 기망행위로 국가적·사회적 법익이 침해되었더라도 원칙적으로 사기죄는 성립하지 않는다. 따라서 공무원을 기망하여 허위기재의 여권을 교부받은 경우,[722] 공무원을 기망하여 조세를 포탈하거나 환급·공제를 받은 경우 등은 원칙적으로 사기죄는 성립하지 않는다. 기망행위에 의하여 조세를 포탈하거나 조세의 환급·공제를 받은 경우에는 조세범처벌법에서 이러한 행위를 처벌하는 규정을 별도로 두고 있을 뿐만 아니라, 조세를 강제적으로 징수하는 국가 또는 지방자치단체의 직접적인 권력작용을 사기죄의 보호법익인 재산권과 동일하게 평가할 수 없으므로 이 경우 조세범처벌법위반죄가 성립하고 형법상 사기죄는 성립하지 않는다.[723]

하지만 기망행위에 의하여 국가적 또는 공공적 법익을 침해한 경우라도 그와 동시에 형법상 사기죄의 보호법익인 재산권을 침해하는 것과 동일하게 평가할 수 있는 때에는 사기죄가 성립할 수 있다. 보조금사기나 생활보조비 부정수급사기가 이에 해당할 수 있다. 다만 이 경우에도 특별법에 처벌 규정이 있다면 특별법에 의하여 처벌되며(법조경합 중 특별관계) 특별법에 처벌 규정이 없다면 사기죄로 처벌된다.

722) 박찬걸, 447면; 손동권/김재윤, 360면; 이재상/장영민/강동범, 328면.

723) 대법원 2021.11.11. 선고 2021도7831 판결.

판례 국가적 또는 공공적 법익을 침해한 경우

【판결요지】 [1] 기망행위에 의하여 국가적 또는 공공적 법익을 침해한 경우라도 그와 동시에 형법상 사기죄의 보호법익인 재산권을 침해하는 것과 동일하게 평가할 수 있는 때에는 당해 행정법규에서 사기죄의 특별관계에 해당하는 처벌규정을 별도로 두고 있지 않는 한 사기죄가 성립할 수 있다. 그런데 기망행위에 의하여 조세를 포탈하거나 조세의 환급·공제를 받은 경우에는 조세범처벌법 제9조에서 이러한 행위를 처벌하는 규정을 별도로 두고 있을 뿐만 아니라, 조세를 강제적으로 징수하는 국가 또는 지방자치단체의 직접적인 권력작용을 사기죄의 보호법익인 재산권과 동일하게 평가할 수 없는 것이므로 조세범처벌법 위반죄가 성립함은 별론으로 하고, 형법상 사기죄는 성립하지 않는다.

[2] 주유소 운영자가 농·어민 등에게 조세특례제한법에 정한 면세유를 공급한 것처럼 위조한 면세유류공급확인서로 정유회사를 기망하여 면세유를 공급받음으로써 면세유와 정상유의 가격 차이 상당의 이득을 취득한 사안에서, 정유회사에 대하여 사기죄를 구성하는 것은 별론으로 하고, 국가 또는 지방자치단체를 기망하여 국세 및 지방세의 환급세액 상당을 편취한 것으로 볼 수 없다고 한 사례(대법원 2008.11.27. 선고 2008도7303 판결).

【해설】 기망행위에 의하여 국가적·공공적 법익을 침해한 경우 행정법규에 처벌 규정이 있다면 형법상 사기죄는 성립하지 않는다. 양자의 관계는 법조경합 중 특별관계에 해당한다. 행정법규에 처벌 규정이 없다면 형법상 사기죄는 성립할 수 있다.

5. 특별법

가. 특정경제범죄 가중처벌 등에 관한 법률

특정경제범죄 가중처벌 등에 관한 법률 제3조에 따르면 특정재산범죄에 대하여 가중처벌하고 있다. 동법에 따르면 형법 제347조(사기), 제350조(공갈), 제350조의2(특수공갈), 제351조(제347조, 제350조 및 제350조의2의 상습범만 해당한다), 제355조(횡령·배임) 또는 제356조(업무상의 횡령과 배임)의 죄를 범한 사람은 그 범죄행위로 인하여 취득하거나 제3자로 하여금 취득하게 한 재물 또는 재산상 이익의 가액이 5억원 이상일 때에는 다음 구분에 따라 가중처벌한다. 이득액이 50억원 이상일 때에는 무기 또는 5년 이상의 징역, 이득액이 5억원 이상 50억원 미만일 때에는 3년 이상의 유기징역으로 가중처벌한다. 이득액 이하에 상당하는 벌금을 병과(倂科)할 수 있다.

나. 보이스피싱 등 전기통신금융사기범죄

이른바 보이스피싱범죄에 대처하기 위하여 전기통신금융사기 피해 방지 및 피해금 환급에 관한 특별법(약칭: 통신사기피해환급법)이 제정되었다. 전기통신금융사기란 전기통신기본법 제2조제1호에 따른 전기통신을 이용하여 타인을 기망·공갈함으로써 재산상의 이익을 취하거나 제3자에게 재산상의 이익을 취하게 하는 행위로 자금을 송금·이체하도록 하는 행위 또는 개인정보를 알아내어 자금을 송금·이체하는 행위를 말한다. 다만, 재화의 공급 또는 용역의 제공 등을 가장한 행위는 제외하되, 대출의 제공·알선·중개를 가장한 행위는 포함한다.

전기통신금융사기를 목적으로 타인으로 하여금 컴퓨터 등 정보처리장치에 정보 또는 명령을 입력하게 하는 행위를 하거나 취득한 타인의 정보를 이용하여 컴퓨터 등 정보처리장치에 정보 또는 명령을 입력하는 행위를 한 자를 처벌하고 있다.

다. 보험사기방지특별법

증가하는 보험사기범죄에 대응하기 위하여 보험사기방지 특별법이 제정·시행되고 있다. 보험사기행위란 보험사고의 발생, 원인 또는 내용에 관하여 보험자를 기망하여 보험금을 청구하는 행위를 말하며, 보험사기행위로 보험금을 취득하거나 제3자에게 보험금을 취득하게 한 자를 보험사기죄로 처벌하고 있다. 보험사기행위의 조사·방지 및 보험사기행위자의 처벌에 관하여는 다른 법률에 우선하여 보험사기방지법을 적용한다.

Ⅱ. 사기죄

제347조 (사기) ① 사람을 기망하여 재물의 교부를 받거나 재산상의 이익을 취득한 자는 10년 이하의 징역 또는 2천만원 이하의 벌금에 처한다.
② 전항의 방법으로 제3자로 하여금 재물의 교부를 받게 하거나 재산상의 이익을 취득하게 한 때에도 전항의 형과 같다.
제352조 (미수범) 제347조 내지 제348조의2, 제350조와 제351조의 미수범은 처벌한다.

1. 의의

사기죄는 사람을 기망하여 재물의 교부를 받거나 재산상 이익을 취득한 경우 또는 제3자로 하여금 재물을 교부받게 하거나 재산상 이익을 취득하게 한 경우에 성립하는 범죄이다. 절도죄와 강도죄는 상대방의 의사에 반하여 재물 또는 재산상 이익을 탈취하는 범죄이지만, 사기죄는 상대방의 하자 있는 의사에 의한 처분행위를 통하여 재물 또는 재산상 이익을 편취하는 범죄이다.

2. 객체: 재물 또는 재산상의 이익

가. 재물

재물은 절도죄와 같이 타인 소유, 타인 점유의 재물을 말한다.[724] 부동산도 본죄의 객체가 될 수 있다. 금제품, 불법원인급여물의 경우 재산죄의 객체가 될 수 있는지에 대하여 견해의 대립이 있지만 사기죄의 객체가 될 수 있다고 보는 것이 타당하다.

판례에 따르면 등기공무원이 경매법에 의한 경락허가결정의 등본에 소유권이전등기를 완료하였다는 등기필의 취지를 기재하고 등기소인을 압날한 문서,[725] 주권포기각서는 주권을 포기한다는 의사표시가 담긴 처분문서로서 그 경제적 가치가 있어 재물성이 있으며,[726] 약속어음공정증서에 증서를 무효로 하는 사유가 존재한다고 하더라도 그 증서 자체에 이를 무효로 하는 사유의 기재가 없고 외형상 권리·의무를 증명함에 족한 체제를 구비하고 있는 한 그 증서는 형법상 재물로서 사기죄의 객체가 된다.[727] 하지만 보험가입사실증명원은 교통사고를 일으킨 차가 교통사고처리특례법 제4조에서 정한 취지의 보험에 가입하였음을 보험회사가 증명하는 내용의 문서일 뿐이고 거기에 재물이나 재산상 이익의 처분에 관한 사항을 포함하고 있는 것은 아니므로, 사기죄의 객체가 되지 아니한다.[728]

나. 재산상 이익

재산상 이익은 전체적으로 재산상태의 증가를 가져오는 일체의 이익 내지 가치로서 재물을 제외한 것을 말한다.[729] 재산상 이익에는 적극적 이익과 소극적 이익, 영구적 이익과 일시적 이익을 불문한다. 노동력 또는 담보를 제공받는 것, 채무면제나 감액을 받는 것, 채무이행의 연기를 받는 것 등도 포함된다.

채무자가 채권자에 대하여 소정기일까지 지급할 의사와 능력이 없음에도 종전 채무의

724) 재물에 대한 기본적 설명은 재산죄 총설을 참고.
725) 대법원 1989.3.14. 선고 88도975 판결.
726) 대법원 1996.9.10. 선고 95도2747 판결.
727) 대법원 1995.12.22. 선고 94도3013 판결.
728) 대법원 1997.3.28. 선고 96도2625 판결.
729) 재산상 이익에 대한 기본적 설명은 재산죄 총설을 참고.

변제기를 늦출 목적에서 어음을 발행·교부한 경우 사기죄가 성립하지만,[730] 법원을 기망하여 부재자의 재산관리인으로 선임된 것만으로 어떤 재산권이나 재산상 이익을 얻은 것이라고 볼 수 없으므로 사기죄가 성립하지 않는다.[731] 위조된 약속어음을 진정한 약속어음인 것처럼 속여 기왕의 물품대금채무의 변제를 위하여 채권자에게 교부하였다고 하여도 어음이 결제되지 않는 한 물품대금채무가 소멸되지 아니하므로 사기죄가 성립하지 않는다.[732]

판례가 취하는 경제적 재산설에 따르면 일반적으로 부녀와의 성행위 자체는 경제적으로 평가할 수 없지만, 금품을 받을 것을 전제로 성행위를 하는 부녀를 기망하여 성행위 대가의 지급을 면하는 경우 사기죄가 성립한다.[733] 재산상 이익이 사법상 유효할 필요가 없으며, 민법상 보호되는 경제적 이익만을 의미하는 것이 아니기 때문이다. 경제적 이익을 기대할 수 있는 자금운용의 권한 내지 지위의 획득도 그 자체로 경제적 가치가 있는 것으로 평가할 수 있다면 재산상 이익에 포함된다.[734] 피해자가 피고인의 허언에 기망되어 연대채무를 부담하였기 때문에 피고인이 의도한 대로 금원을 차용할 수 있었다는 재산상 불법의 이익을 취득한 것이 되므로 사기죄가 성립한다.[735]

3. 행위: 사기행위

가. 사기행위의 의의

사기행위는 사람을 기망하여 상대방을 착오에 빠뜨리고 상대방의 교부 또는 처분행위로 인하여 재물을 편취하거나 재산상 이익을 취득하거나 제3자로 하여금 취득하게 하여 재산상 손해를 발생시키는 행위를 말한다. 따라서 사기행위는 기망행위가 있을 것, 상대방이 착오에 빠질 것, 상대방의 교부 내지 처분행위가 있을 것, 재물 또는 재산상 이득을 취득할 것, 상대방에게 재산상 손해가 발생할 것으로 구성된다.

나. 기망행위

(1) 기망의 대상

기망행위의 대상은 기본적으로 상대방이 재산상 처분행위를 함에 있어서 판단의 기초가 되는 '사실'이다. 사실이란 객관적으로 증명가능한 과거 또는 현재의 상태 또는 관계를

730) 대법원 1983.11.8. 선고 83도1723 판결.
731) 대법원 1973.9.25. 선고 73도1080 판결.
732) 대법원 1983.4.12. 선고 82도2938 판결.
733) 대법원 2001.10.23. 선고 2001도2991 판결.
734) 대법원 2012.9.27. 선고 2011도282 판결.
735) 대법원 1982.10.26. 선고 82도2217 판결.

말한다. 따라서 미래의 사실은 원칙적으로 기망의 대상이 될 수 없지만, 미래의 사실이라도 과거·현재에 기반을 둔 것이라면 기망의 대상이 될 수 있다. 예를 들면 장래 돈을 마련할 방법이 없음에도 불구하고 며칠 안에 돈을 지급하겠다고 기망하고 물건을 가져간 경우 사기죄가 성립한다.

법률행위의 중요 부분에 대한 사실일 필요는 없으며, 재산적 처분행위를 하도록 하기 위한 판단의 기초가 되는 사실에 관한 것이면 충분하다.[736] 용도나 목적을 기망한 경우에도 사기죄의 기망이 될 수 있다. 따라서 용도를 속이고 돈을 빌린 경우, 만일 진정한 용도를 고지하였더라면 상대방이 빌려주지 않았을 것이라고 판단되는 경우에는 기망행위에 해당한다.[737] 이를 '용도사기'라고도 한다.

기망행위의 대상은 사실에 한정되는가 아니면 가치판단도 포함되는가에 대하여 견해의 대립이 있다. 생각건대, 기망행위의 대상은 원칙적으로 사실에 한정되며, 순수한 가치판단 내지 의견표시는 기망의 대상이 될 수 없다고 보는 것이 타당하다. 가치판단은 경험칙에 의하여 확정된 결론이 아니라 개인적·주관적으로 해석될 수 있는 것이기 때문이다. 판매상이 물품을 설명하면서 '상당히 좋은' 물건, '최고품질'이라고 말하는 경우, 입시학원이 '우수한' 강사진으로 구성되어 있다고 광고하는 것을 기망행위로 볼 수 없다. 어느 정도의 추상적인 '과장광고'는 사기죄가 성립하지 않는다.

사실과 가치판단이 혼재되어 있는 경우에 그것을 기망행위로 볼 수 있는지에 대한 판단은 쉽지 않다. 이 경우에는 단순히 개인적 의견진술에 그치지 않고 사실의 주장으로 연결되는 경우, 외관상 가치판단이라고 하지만 대부분 사실의 주요 내용을 포함하고 있는 경우에는 가치판단이 아니라 사실에 대한 기망행위로 보는 것이 타당하다. 그러나 이러한 범위를 넘어서 구체적으로 증명될 수 있는 사실을 들어 '허위광고'를 하는 것은 기망행위에 해당하여 사기죄가 성립할 수 있다.

(2) 명시적 기망행위와 묵시적 기망행위

(가) 명시적 기망행위

명시적 기망행위는 '언어 또는 문서에 의하여' 허위의 사실을 주장하는 경우로 기망행위의 대표적인 방법이다. 명시적 기망행위에 해당하는 것으로 매출전표를 허위로 작성하여 신용카드회사에 제출하여 금원을 교부받은 경우,[738] 정상적인 절차에 의해서는 법에

736) 대법원 2004.4.9. 선고 2003도7828 판결.

737) 대법원 2002.7.26. 선고 2002도262 판결.

738) 대법원 1999.2.12. 선고 98도3549 판결.

의한 보조금을 지급받을 수 없음에도 허위의 신청서를 제출한 경우,[739] 허위로 부풀려 기재한 매매계약서를 제출하여 대출금을 교부받은 경우[740] 등이 이에 해당한다.

(나) 묵시적 기망행위

묵시적 기망행위는 '행동에 의하여' 허위의 사실을 주장하는 경우를 말한다. 행위자의 행위가 '설명가치'를 가지는 경우이며, 구체적 내용은 사회통념에 따라 결정된다.[741] 묵시적 기망행위에 해당하는 것으로는 다음과 같은 것이 있다. 호텔에 숙박하는 경우나 음식점에서 음식을 주문하는 행위는 대금지불의사와 대금지불능력이 있음을 묵시적으로 표현한 것이다. 따라서 무전취식이나 무전숙박은 작위에 의한 묵시적 기망행위에 해당한다.

재물을 처분하는 자는 그 재물이 자기의 소유물이거나 이를 처분할 권한이 있다는 것을 묵시적으로 표현한 것이며, 재물을 담보로 제공하는 자는 그 재물이 다른 사람에게 담보로 제공된 일이 없다는 것을 묵시적으로 설명한 것이며, 물건을 매도하는 자는 그 목적물이 매수인이 원하는 성질을 구비하였음을 묵시적으로 설명한 것이다. 따라서 절취한 장물을 담보로 제공하고 금원을 차용하는 경우,[742] 압류된 사실을 고지하지 아니하고 양도담보로 제공하는 경우,[743] 매매목적물에 대하여 하자가 있음에도 불구하고 이를 숨기는 경우[744]는 묵시적 기망행위에 해당한다. 다만, 매매목적물에 하자가 있다고 할지라도 그것이 계약의 목적을 달성하는데 아무 의미를 가지지 않는다면 묵시적 기망행위는 아니다.

부동산을 매도하는 자는 그 부동산에 저당권이나 가등기가 설정되어 있지 않다는 것을 묵시적으로 설명한 것이다. 따라서 저당권이나 가등기가 설정된 부동산에 대하여 그 사실을 알리지 않고 이를 처분한 경우 묵시적 기망행위에 해당한다.

은행에서 예금을 청구하는 자는 자기가 정당한 권리자임을 묵시적으로 설명한 것이기 때문에 절취한 예금통장으로 예금을 청구하는 경우 사기죄가 성립한다.[745] 어음 또는 수표를 발행하는 사람은 지급일에 그것이 결제될 것이라고 묵시적으로 설명한 것이기 때문

---

739) 대법원 2001.1.5. 선고 99도4101 판결; 대법원 2011.6.30. 선고 2010도14257 판결; 대법원 2015.6.23. 선고 2015도5046 판결; 대법원 2020.9.24. 선고 2016도14852 판결.

740) 대법원 2019.4.3. 선고 2018도19772 판결.

741) 김혜정/박미숙/안경옥/원혜욱/이인영, 330면.

742) 대법원 1980.11.25. 선고 80도2310 판결.

743) 양도담보는 채권담보를 위하여 채무자가 목적물의 소유권을 채권자에게 이전하고, 채무자가 변제하지 않으면 채권자가 그 소유권을 확정적으로 취득하거나 우선변제를 받지만, 채무자가 채무를 이행하면 목적물을 다시 원소유자에게 반환하는 방법에 의한 비전형담보를 말한다(지원림, 민법강의, 880면).

744) 대법원 1971.7.27. 선고 71도977 판결.

745) 대법원 1974.11.26. 선고 74도2817 판결; 대법원 1990.7.10. 선고 90도1176 판결; 대법원 1991.9.10. 선고 91도1722 판결.

에 결제될 가능성이 없는 어음이나 수표를 담보로 제공하거나 할인을 받고 재물을 취득한 때에는 사기죄가 성립한다. 비의료인이 개설한 의료기관이 마치 의료법에 의하여 적법하게 개설된 요양기관인 것처럼 국민건강보험공단에 요양급여비용의 지급을 청구하는 것은 국민건강보험공단으로 하여금 요양급여비용 지급에 관한 의사결정에 착오를 일으키게 하는 것으로서 사기죄의 기망행위에 해당한다.[746)]

판례 자동차 GPS 사건

【판결요지】 피고인 등이 피해자 갑 등에게 자동차를 매도하겠다고 거짓말하고 자동차를 양도하면서 매매대금을 편취한 다음, 자동차에 미리 부착해 놓은 지피에스(GPS)로 위치를 추적하여 자동차를 절취하였다고 하여 사기 및 특수절도로 기소된 사안에서, 피고인이 갑 등에게 자동차를 인도하고 소유권이전등록에 필요한 일체의 서류를 교부함으로써 갑 등이 언제든지 자동차의 소유권이전등록을 마칠 수 있게 된 이상, 피고인이 자동차를 양도한 후 다시 절취할 의사를 가지고 있었더라도 자동차의 소유권을 이전하여 줄 의사가 없었다고 볼 수 없고, 피고인이 자동차를 매도할 당시 곧바로 다시 절취할 의사를 가지고 있으면서도 이를 숨긴 것을 기망이라고 할 수 없어, 결국 피고인이 자동차를 매도할 당시 기망행위가 없었으므로, 피고인에게 사기죄를 인정한 원심판결에 법리오해의 잘못이 있다고 한 사례(대법원 2016.3.24. 선고 2015도17452 판결).

【해설】 이 사례에서 피고인이 자동차를 인도하고 소유권이전등록에 필요한 일체의 서류를 교부한 행위는 자동차의 소유권이전에 대한 의사가 있다고 보았다. 자동차를 매도할 당시에는 자동차매도에 대한 기망행위는 없으므로 사기죄는 성립하지 않는다고 보았다. 위 사안의 경우 절도죄만 성립한다.

(3) 부작위에 의한 기망행위

묵시적 기망행위와 부작위에 의한 기망행위의 구별이 모호한 점이 있으나 묵시적 기망행위는 행위자의 행위로 인해 상대방이 착오에 빠진 경우이며, 부작위에 의한 기망행위의 경우 상대방은 행위자와 상관없이 스스로 착오에 빠져 있으며, 행위자는 상대방의 착오를 제거해야 할 보증인지위, 즉 '사실에 대한 고지의무'가 있는 경우이다.

묵시적 기망행위는 작위에 의한 기망행위이기 때문에 행위자의 작위의무나 보증인적 지위를 논할 필요는 없지만, 부작위에 의한 기망행위는 행위자에게 고지의무와 불고지(不告知)가 기망행위라고 할 수 있는 동가치성(同價値性)이 있는지를 심사해야 한다는 점에서 구별실익이 있다.

판례도 "부작위에 의한 기망은 법률상 고지의무 있는 자가 일정한 사실에 관하여 상대

746) 대법원 2015.7.9. 선고 2014도11843 판결.

방이 착오에 빠져 있음을 알면서도 이를 고지하지 아니함을 말하는 것으로서, 일반거래의 경험칙상 상대방이 그 사실을 알았더라면 당해 법률행위를 하지 않았을 것이 명백한 경우에는 신의칙에 비추어 그 사실을 고지할 법률상 의무가 인정"된다고 한다. 따라서 의사가 특정 시술을 받으면 아들을 낳을 수 있을 것이라는 착오에 빠져있는 피해자들에게 그 시술의 효과와 원리에 관하여 사실대로 고지하지 아니한 채 아들을 낳을 수 있는 시술인 것처럼 가장하여 일련의 시술과 처방을 한 경우 부작위에 의한 사기죄가 성립한다.[747] 사채업자가 대출희망자가 자동차를 구입할 의사 없음에도 불구하고 할부로 구입하는 것처럼 자동차할부금융대출을 신청하는 경우 할부금융회사로서는 사정을 알았더라면 할부금융대출을 실시하지 않았을 것이므로, 사채업자로서는 신의성실의 원칙상 사전에 할부금융회사에게 자동차를 구입하여 보유할 의사 없이 자동차할부금융대출의 방법으로 자금을 융통하려는 사정을 고지할 의무가 있다. 따라서 이를 고지하지 아니한 채 대출의뢰인들 명의로 자동차할부금융을 신청하여 그 대출금을 지급하도록 한 행위는 사기죄가 성립한다.[748]

판례 보험사기의 부작위에 의한 기망행위

【판결요지】 부작위에 의한 기망은 보험계약자가 보험자와 보험계약을 체결하면서 상법상 고지의무를 위반한 경우에도 인정될 수 있다. 다만 보험계약자가 보험자와 보험계약을 체결하더라도 우연한 사고가 발생하여야만 보험금이 지급되는 것이므로, 고지의무 위반은 보험사고가 이미 발생하였음에도 이를 묵비한 채 보험계약을 체결하거나 보험사고 발생의 개연성이 농후함을 인식하면서도 보험계약을 체결하는 경우 또는 보험사고를 임의로 조작하려는 의도를 가지고 보험계약을 체결하는 경우와 같이 '보험사고의 우연성'이라는 보험의 본질을 해할 정도에 이르러야 비로소 보험금 편취를 위한 고의의 기망행위에 해당한다. 특히 상해·질병보험계약을 체결하는 보험계약자가 보험사고 발생의 개연성이 농후함을 인식하였는지는 보험계약 체결 전 기왕에 입은 상해의 부위 및 정도, 기존 질병의 종류와 증상 및 정도, 상해나 질병으로 치료받은 전력 및 시기와 횟수, 보험계약 체결 후 보험사고 발생 시까지의 기간과 더불어 이미 가입되어 있는 보험의 유무 및 종류와 내역, 보험계약 체결의 동기 내지 경과 등을 두루 살펴 판단하여야 한다(대법원 2017.4.26. 선고 2017도1405 판결).

판례 그림 대작 사건

【사실관계】 갑은 화가 A에게 돈을 주고 자신의 기존 콜라주 작품을 회화로 그려오게 하거나, 자신이 추상적인 아이디어만 제공하고 이를 A가 임의대로 회화로 표현하게 하

747) 대법원 2000.1.28. 선고 99도2884 판결.

748) 대법원 2004.4.9. 선고 2003도7828 판결.

는 등의 작업을 지시한 다음 A로부터 완성된 그림을 건네받아 경미한 작업만 추가하고 자신의 서명을 하였음에도, 위와 같은 방법으로 그림을 완성한다는 사실을 고지하지 아니하고 사실상 A 등이 그린 그림을 마치 자신이 직접 그린 친작(親作)인 것처럼 전시하여 피해자들에게 미술작품을 판매하하였다.

【판결이유】 사기죄의 요건으로서의 기망은 널리 재산상의 거래관계에서 서로 지켜야 할 신의와 성실의 의무를 저버리는 모든 적극적 또는 소극적 행위를 말하는 것이고, 이러한 소극적 행위로서의 부작위에 의한 기망은 법률상 고지의무 있는 자가 일정한 사실에 관하여 상대방이 착오에 빠져 있음을 알면서도 이를 고지하지 않는 것을 말한다. 여기에서 법률상 고지의무는 법령, 계약, 관습, 조리 등에 의하여 인정되는 것으로서 문제가 되는 구체적인 사례에 즉응하여 거래실정과 신의성실의 원칙에 의하여 결정되어야 한다. 그리고 법률상 고지의무를 인정할 것인지는 법률문제로서 상고심의 심판대상이 되지만 그 근거가 되는 거래의 내용이나 거래관행 등 거래실정에 관한 사실을 주장·증명할 책임은 검사에게 있다. 검사는 피고인 1이 이 사건 미술작품의 창작과정, 특히 조수 등 다른 사람이 관여한 사정을 알리지 않은 것은 신의칙상 고지의무 위반으로서 사기죄에서의 기망행위에 해당하고 그 그림을 판매한 것은 판매대금의 편취행위라고 한다. 그와 같이 보려면 다음의 두 가지가 전제되어야 한다. 하나는 미술작품의 거래에서 창작과정을 알려주는 것, 특히 작가가 조수의 도움을 받았는지 등 다른 관여자가 있음을 알려주는 것이 관행이라는 것이고, 다른 하나는 이 사건 미술작품을 구매한 사람이 이러한 사정에 관한 고지를 받았더라면 그 거래에 임하지 아니하였을 것이라는 관계가 인정되어야 한다(대법원 2020.6.25. 선고 2018도13696 판결).

【해설】 부작위에 의한 기망행위가 성립하기 위해서는 최소한 신의칙상 고지의무위반이 있어야 한다. 이것이 성립하기 위해서는 ① 거래의 상대방이 일정한 사정에 관한 고지를 받았더라면 ② 당해 거래에 임하지 아니하였을 것이라는 관계가 인정되어야 한다는 것이다. '고지를 받았더라면 또는 알았더라면'이라는 조건성취를 위해서는 최소한 '알려주는 것이 관행이라는 점'이 확인되어야 하고, 그리하였다면 '거래에 임하지 아니하였을 것'이라는 관계가 확인되어야 한다. 그 근거가 되는 거래의 내용이나 거래관행 등 거래실정에 관한 사실을 주장·증명할 책임은 검사에게 있다.

판례 부작위에 의한 기망을 인정한 판례

① 부동산매매에 있어서 매매목적물에 관하여 소유권귀속에 관한 분쟁이 있어 재심소송이 계속 중에 있다면 이러한 사정들은 특별한 사정이 없는 한 매수인으로서는 매매계약의 체결여부를 결정짓는 매우 중요한 요소이므로 매도인은 거래의 신의성실의 원칙상 매수인에게 고지할 의무가 있다 할 것이고 매도인이 매수인에게 소송계속사실을 숨기고 매도하여 대금을 교부받았다면 이는 사기죄를 구성한다(대법원 1986.9.9. 선고 86도956 판결).

② 피고인이 이 사건 토지에 대하여 여객정류장시설 또는 유통업무설비시설을 설치하는 도시계획이 입안되어 있어 장차 위 토지가 정주시에 의하여 협의매수되거나 수용될 것이라는 점을 알고 있었으므로, 이러한 사정을 모르고 위 토지를 매수하려는 피해자에게 위와 같은 사정을 고지할 신의칙상 의무가 있다고 판단하고, 이러한 사정을 고지하지 아니한 피고인의 행위는 부작위에 의한 사기죄를 구성한다(대법원 1993.7.13. 선고 93도14 판결).

③ 용도를 속이고 돈을 빌린 경우에 있어서 만일 진정한 용도를 고지하였더라면 상대방이 돈을 빌려 주지 않았을 것이라는 관계에 있는 때에는 사기죄의 실행행위인 기망은 있는 것으로 보아야 한다(대법원 1996.2.27. 선고 95도2828 판결).

④ 임대인이 임대차계약을 체결하면서 임차인에게 임대목적물이 경매진행중인 사실을 알리지 아니한 경우, 임차인이 등기부를 확인 또는 열람하는 것이 가능하더라도 사기죄가 성립한다고 본 사례(대법원 1998.12.8. 선고 98도3263 판결).

⑤ 수표나 어음이 지급기일에 결제되지 않으리라는 점을 예견하였거나 지급기일에 지급될 수 있다는 확신이 없으면서도 그러한 내용을 수취인에게 고지하지 아니하고 이를 속여서 할인을 받으면 사기죄가 성립한다(대법원 1998.12.9. 선고 98도3282 판결).

⑥ 의사가 특정 시술을 받으면 아들을 낳을 수 있을 것이라는 착오에 빠져있는 피해자들에게 그 시술의 효과와 원리에 관하여 사실대로 고지하지 아니한 채 아들을 낳을 수 있는 시술인 것처럼 가장하여 일련의 시술과 처방을 한 경우(대법원 2000.1.28. 선고 99도2884 판결).

⑦ 사채업자가 대출희망자로부터 대출을 의뢰받은 다음 대출희망자가 자동차의 실제 구입자가 아니어서 자동차할부금융의 대상이 되지 아니함에도 그가 실제로 자동차를 할부로 구입하는 것처럼 그 명의의 대출신청서 등 관련 서류를 작성한 후 이를 할부금융회사에 제출하여 자동차할부금융으로 대출금을 받은 경우(대법원 2004.4.9. 선고 2003도7828 판결).

⑧ 대출자금으로 빌딩을 경락받았으나 분양이 저조하여 자금조달에 실패한 피고인들이 수분양자들과 사이에 대출금으로 충당되는 중도금을 제외한 계약금과 잔금의 지급을 유예하고 1년의 위탁기간 후 재매입하기로 하는 등의 비정상적인 이면약정을 체결하고 점포를 분양하였음에도, 금융기관에 대해서는 그러한 이면약정의 내용을 감춘 채 분양 중도금의 집단적 대출을 교섭하여 중도금 대출 명목으로 금원을 지급받은 사안에서, 대출 금융기관에 대하여 비정상적인 이면약정의 내용을 알릴 신의칙상 의무가 있다고 보아 이를 알리지 않은 것은 사기죄의 요건으로서의 부작위에 의한 기망에 해당한다고 한 사례(대법원 2006.2.23. 선고 2005도8645 판결).

⑨ 특정 질병을 앓고 있는 사람이 보험회사가 정한 약관에 그 질병에 대한 고지의무를 규정하고 있음을 알면서도 이를 고지하지 아니한 채 그 사실을 모르는 보험회사와 그 질병을 담보하는 보험계약을 체결한 다음 바로 그 질병의 발병을 사유로 하여 보험금을 청구한 경우 사기죄의 성립을 인정한 사례(대법원 2007.4.12. 선고 2007도967 판결).

판례 **부작위에 의한 기망을 부정한 판례**

① 자동차의 매도인이 이미 제3자와의 사이에 자동차매매계약이 체결된 사실을 고지하지 아니한 채 매수인과 매매계약을 체결하였다고 하더라도 제3자와의 위 자동차매매계약이 그 제3자에 대한 차용금채무를 담보하기 위하여 대물변제의 예약을 한 것이라면 매도인은 제3자 명의로 소유권이전등록이 되기까지는 언제든지 차용원리금을 변제하고 위 대물변제예약을 해제할 수 있는 것이며 이 대물변제의 예약때문에 당연히 매수인이 그 자동차를 인도받아 소유권을 취득하는데 장애가 되는 것은 아니므로 이와 같은 사실만으로는 매도인이 매수인을 기망하여 그 매매대금을 편취한 것이라고 볼 수 없다(대법원 1989.10.24. 선고 89도1397 판결).

② 중고 자동차 매매에 있어서 매도인의 할부금융회사 또는 보증보험에 대한 할부금 채무가 매수인에게 당연히 승계되는 것이 아니라는 이유로 그 할부금 채무의 존재를 매수인에게 고지하지 아니한 것이 부작위에 의한 기망에 해당하지 아니한다고 본 원심판결을 수긍한 사례(대법원 1998.4.14. 선고 98도231 판결).

③ 부동산의 명의수탁자가 부동산을 제3자에게 매도하고 매매를 원인으로 한 소유권이전등기까지 마쳐 준 경우, 명의신탁의 법리상 대외적으로 수탁자에게 그 부동산의 처분권한이 있는 것임이 분명하고, 제3자로서도 자기 명의의 소유권이전등기가 마쳐진 이상 무슨 실질적인 재산상의 손해가 있을 리 없으므로 그 명의신탁 사실과 관련하여 신의칙상 고지의무가 있다거나 기망행위가 있었다고 볼 수도 없어서 그 제3자에 대한 사기죄가 성립될 여지가 없고, 나아가 그 처분시 매도인(명의수탁자)의 소유라는 말을 하였다고 하더라도 역시 사기죄가 성립하지 않으며, 이는 자동차의 명의수탁자가 처분한 경우에도 마찬가지이다(대법원 2007.1.11. 선고 2006도4498 판결).

④ 예금주인 피고인이 제3자에게 편취당한 송금의뢰인으로부터 자신의 은행계좌에 계좌송금된 돈을 출금한 사안에서, 피고인은 예금주로서 은행에 대하여 예금반환을 청구할 수 있는 권한을 가진 자이므로, 위 은행을 피해자로 한 사기죄가 성립하지 않는다(대법원 2010.5.27. 선고 2010도3498 판결).

⑤ 부동산중개업자인 피고인이 아파트 입주권을 매도하면서 그 입주권을 2억 5,000만 원에 확보하여 2억 9,500만 원에 전매한다는 사실을 매수인에게 고지하지 않은 사안에서, 피고인이 매수인을 기망하여 차액 4,500만 원을 편취하였다고 보기 어려워 사기죄가 성립하지 않는다(대법원 2011.1.27. 선고 2010도5124 판결).

⑥ 피고인이 피해자에게 자동차를 매도하겠다고 거짓말하고 자동차를 양도하면서 매매대금을 편취한 다음, 자동차에 미리 부착해 놓은 지피에스(GPS)로 위치를 추적하여 자동차를 절취한 경우(대법원 2016.3.24. 선고 2015도17452 판결).

⑦ 피고인이 화가 갑에게 돈을 주고 자신의 기존 콜라주 작품을 회화로 그려오게 하거나, 자신이 추상적인 아이디어만 제공하고 이를 갑이 임의대로 회화로 표현하게 하는 등의 작업을 지시한 다음 갑으로부터 완성된 그림을 건네받아 경미한 작업만 추가하

고 자신의 서명을 하였음에도, 위와 같은 방법으로 그림을 완성한다는 사실을 고지하지 아니하고 사실상 갑 등이 그린 그림을 마치 자신이 직접 그린 친작(親作)인 것처럼 전시하여 피해자들에게 그림을 판매한 경우(대법원 2020.6.25. 선고 2018도13696 판결).

(4) 기망의 정도

기망행위는 경험칙상 일반인을 착오에 빠지게 할 수 있을 만큼의 비난을 받을 방법으로 이루어져야 한다. 기망이 있더라도 일반 거래의 관행과 신의칙에 비추어 시인될 수 있는 사회적으로 상당하고 용인될 수 있는 방법으로 이루어진 경우에는 기망행위에 해당하지 않는다. 기망이 되기 위해서는 불법영득의사 내지 편취의 고의를 가지고 거래에 있어서 중요한 사항에 관한 구체적 사실을 신의성실의 의무에 비추어 비난받을 정도의 방법으로 허위를 고지하여 상대방을 기망한 것이어야 한다. 자신의 능력이나 상태를 단순히 과장한 것에 불과한 경우, 누구라도 허위라는 것을 쉽게 알 수 있는 단순한 거짓말의 경우에는 기망행위에 해당하지 않는다.

판례 과장광고

【판결요지】 상품의 선전·광고에 있어 다소의 과장이나 허위가 수반되었다고 하더라도 일반 상거래의 관행과 신의칙에 비추어 시인될 수 있는 정도의 것이라면 이를 가리켜 기망하였다고는 할 수가 없고, 거래에 있어 중요한 사항에 관한 구체적 사실을 신의성실의 의무에 비추어 비난받을 정도의 방법으로 허위로 고지하여야만 비로소 과장, 허위광고의 한계를 넘어 사기죄의 기망행위에 해당한다고 할 것이다(대법원 2010.9.9. 선고 2010도7298 판결).

(5) 거스름돈 사기

이른바 거스름돈 사기는 교부자가 착오로 더 많은 거스름돈을 교부하는 것을 수령자가 그대로 수령하여 영득하는 것을 말한다. 이 경우 부작위에 의한 기망이 인정되어 사기죄가 성립되는지 문제된다.

(가) 현장에서 미리 알면서도 그대로 수령한 경우

상대방이 착오로 과다한 거스름돈을 주는 것을 행위자가 현장에서 미리 알았음에도 불구하고 그것을 그대로 수령한 경우에 사기죄가 성립할 수 있는지에 대하여 견해의 대립이 있다. 수령자에게 법률상 고지의무가 있다고 보아 부작위에 의한 사기죄가 성립한다는 견해,[749] 수령자에게 고지의무가 없다고 보아 사기죄는 성립하지 않고 점유이탈물횡령죄가 성립한다는 견해[750]가 있다. 견해 대립의 핵심은 "거스름돈을 받는 자가 상대방에게 받은 돈이 맞는지를 스스로 심사하여 착오가 있는 경우에 이를 상대방에게 고지할 의무가 있는지" 여부이다. 판례는 신의칙에 의한 고지의무를 인정하여 사기죄가 성립한다는 입장이다.[751]

(나) 교부 및 수령 후에 그 착오를 알게 된 경우

교부 및 수령 후에 그 착오를 알게 되었다면 고지의무는 있으나 교부행위가 이미 행해졌으므로, 고지의무 불이행이라는 부작위는 편취의 수단으로서 의미가 없고, 따라서 부당한 수령액을 그대로 보유하는 행위는 점유이탈물횡령죄에 해당한다는 점에 대해서는 학설과 판례가 일치한다.[752]

(다) 교부 직후 반환요구에 거짓말로 부인한 경우

교부자가 교부 직후 거스름돈을 과잉으로 교부한 사실을 알고 수령자에게 반환을 요구하였으나 수령자가 과잉수령사실을 거짓말로 부인한 경우에는 그 거짓부인이 적극적인 기망행위(작위)가 되고, 이에 따라 교부자가 그 사실을 그대로 인정하고 청구권을 포기한 경우 착오로 인한 처분행위를 인정할 수 있으므로 이는 부작위에 의한 사기죄가 아니라 작위에 의한 사기죄가 성립한다.[753]

(라) 판례

대법원 판례는 매도인이 매매잔금을 교부받기 전 또는 교부받던 중에 그 사실을 알게 되었을 경우에는 매도인으로서는 매수인에게 사실대로 고지하여 매수인의 그 착오를 제거하여야 할 신의칙상 의무를 지므로 알리지 않고 거스름돈을 받은 경우 사기죄가 성립하지만, 그 사실을 미리 알지 못하고 매매잔금을 건네주고 받는 행위를 끝마친 후에야 비로소 알게 되었을 경우에는 점유이탈물횡령죄가 성립한다고 본다.

---

749) 오영근/노수환, 339면; 임웅/이현정/박성민, 421면.

750) 김성돈, 370면; 이재상/장영민/강동범, 341면.

751) 대법원 2004.5.27. 선고 2003도4531 판결.

752) 김성돈, 370면.

753) 김성돈, 370면.

판례 **매매잔금 착오 사건**

【판결요지】 [1] 사기죄의 요건으로서의 기망은 널리 재산상의 거래관계에 있어 서로 지켜야 할 신의와 성실의 의무를 저버리는 모든 적극적 또는 소극적 행위를 말하는 것이고, 그중 소극적 행위로서의 부작위에 의한 기망은 법률상 고지의무 있는 자가 일정한 사실에 관하여 상대방이 착오에 빠져 있음을 알면서도 그 사실을 고지하지 아니함을 말하는 것으로서, 일반거래의 경험칙상 상대방이 그 사실을 알았더라면 당해 법률행위를 하지 않았을 것이 명백한 경우에는 신의칙에 비추어 그 사실을 고지할 법률상 의무가 인정된다 할 것인바, 매수인이 매도인에게 매매잔금을 지급함에 있어 착오에 빠져 지급해야 할 금액을 초과하는 돈을 교부하는 경우, 매도인이 사실대로 고지하였다면 매수인이 그와 같이 초과하여 교부하지 아니하였을 것임은 경험칙상 명백하므로, 매도인이 매매잔금을 교부받기 전 또는 교부받던 중에 그 사실을 알게 되었을 경우에는 특별한 사정이 없는 한 매도인으로서는 매수인에게 사실대로 고지하여 매수인의 그 착오를 제거하여야 할 신의칙상 의무를 지므로 그 의무를 이행하지 아니하고 매수인이 건네주는 돈을 그대로 수령한 경우에는 사기죄에 해당될 것이지만, 그 사실을 미리 알지 못하고 매매잔금을 건네주고 받는 행위를 끝마친 후에야 비로소 알게 되었을 경우에는 주고 받는 행위는 이미 종료되어 버린 후이므로 매수인의 착오 상태를 제거하기 위하여 그 사실을 고지하여야 할 법률상 의무의 불이행은 더 이상 그 초과된 금액 편취의 수단으로서의 의미는 없으므로, 교부하는 돈을 그대로 받은 그 행위는 점유이탈물횡령죄가 될 수 있음은 별론으로 하고 사기죄를 구성할 수는 없다.

[2] 매도인이 매매잔금을 교부받을 당시 매수인이 자기앞수표 1장을 착오로 보태어 함께 교부한다는 사정을 알면서도 이를 수령하였다고 인정할 만한 증거가 없다는 이유로 원심판결을 파기한 사례(대법원 2004.5.27. 선고 2003도4531 판결).

【해설】 매수인이 매매 잔금을 실수로 초과하여 지급한 경우 매도인이 지급받기 전 또는 지급 중에 그 사실을 알았음에도 알리지 않았다면 사기죄 성립이 가능하다. 그러나 지급이 모두 끝난 뒤에야 초과지급 사실을 알게 된 경우 이미 법률행위가 종료되었으므로 더 이상 고지의무 위반이 편취의 수단이 될 수 없으므로 사기죄는 성립하지 않는다. 이 경우는 점유이탈물횡령죄 성립 여부로 검토해야 한다.

(6) 허위·과장광고의 문제

(가) 과장광고

일반 상거래의 관행상 상품의 선전, 광고에 있어 다소의 과장이 수반되는 것은 일반 상거래의 관행과 신의칙에 비추어 허용될 수 있다고 볼 수 있으므로 이 경우에는 사기죄의 기망행위에 해당하지 않는다. 아파트를 분양함에 있어서 평형의 수치를 과장하여 광고한 경우 그것이 매매대금을 산정하기 위한 기준이 된 것이 아니고 단지 분양대상 아파트를 특정하고 분양을 쉽게 하기 위한 것인 경우,[754] 매수인들에게 토지매수를 권유하면서 언급한 내용이 객관적 사실에 부합하거나 확정된 것은 아닐지라도 연구용역보고서와 신문스크랩 등에 기초한 경우[755]는 기망행위에 해당하지 않는다.

(나) 허위광고

하지만 다소의 과장을 넘어서서 거래에 있어서 중요한 사항에 관하여 구체적 사실을 거래상의 신의성실의 의무에 비추어 비난받을 정도의 방법으로 허위로 고지한 경우에는 허용 한계를 넘었다고 볼 수 있으므로 사기죄의 기망행위에 해당한다. 음식점에서 한우만을 취급하는 것으로 기망하여 수입 쇠갈비를 판매한 경우,[756] 판매하다 남은 식품에 부착되어있는 바코드와 비닐랩 포장을 뜯어내고 다시 포장하면서 가공일이 당일로 기재된 바코드와 백화점 상표를 부착하여 진열대에 진열하여 마치 위 상품이 판매 당일 구입되어 가공된 신선한 것처럼 고객에게 판매한 경우,[757] 오리, 녹용 등 여러 가지 재료를 혼합하여 제조·가공한 '녹동달오리골드'라는 제품이 당뇨병, 신경통 등의 성인병 치료에 특별한 효능이 있는 좋은 약이라는 허위의 강의식 선전·광고행위를 하여 이에 속은 노인들로 하여금 고가에 구입하도록 한 경우,[758] 대형백화점의 이른바 변칙세일은 진실규명이 가능한 구체적 사실인 가격조건에 관하여 기망이 이루어진 경우로서[759] 그 사술의 정도가 사회적으로 용인될 수 있는 상술의 정도를 넘는 것으로 기망행위에 해당한다.

다. 피기망자의 착오

(1) 의의

기망행위로 인하여 피기망자가 착오에 빠져야 한다. 착오는 피기망자의 관념과 객관적 사실의 불일치를 의미한다. 기망자가 고지한 내용이 객관적 사실에 불합치함에도 불구하고 피기망자는 이를 객관적인 사실로 오인한 경우를 말한다. 기망행위가 착오의 유일한 원인일 필요는 없으므로 착오에 피해자의 과실이 경합한 경우에도 인과관계가 인정된다.

754) 대법원 1991.6.11. 선고 91도788 판결.
755) 대법원 2007.1.25. 선고 2004도45 판결.
756) 대법원 1997.9.9. 선고 97도1561 판결.
757) 대법원 1996.2.13. 선고 95도2121 판결.
758) 대법원 2004.1.15. 선고 2001도1429 판결.
759) 대법원 1992.9.14. 선고 91도2994 판결.

(2) 기계에 대한 기망

기망행위는 사람으로 하여금 착오를 일으키게 하는 것을 말하므로[760] 기계에 대한 기망은 성립할 수 없다. 기계는 주어진 사실에 따라 피동적으로 작동할 뿐이고 착오에 빠질 수 없다. 따라서 자동판매기에 동전이 아닌 금속을 넣어 기계를 작동시킴으로써 물품을 꺼내는 행위는 사기죄가 아니라 제248조의2 편의시설부정이용죄가 성립한다. 타인의 신용카드 등으로 현금자동지급기에서 현금을 인출한 경우 사기죄가 아니라 절도죄가 성립한다. 갑이 정상적으로 대출금을 반환할 의사나 능력이 없음에도 비대면 자동심사 방식의 대출을 신청하여 카드회사로부터 대출을 받은 경우 비대면 자동심사 방식의 대출 과정에서 카드회사의 직원이 대출신청을 확인하거나 대출금을 송금하는 등으로 개입하지 않았다면 사람에 대한 기망행위가 없으므로 사기죄는 성립하지 않는다.[761]

(3) 착오의 내용

착오는 사실에 대한 적극적 착오인가 소극적 부지인가를 묻지 않는다. 그러나 사실 그 자체에 관하여 아무런 관념이 없을 때, 즉 피기망자가 전혀 모르고 있는 경우에는 착오라고 할 수 없다. 예를 들면 무임승차의 경우 버스 기사가 승차한 사실을 모르고 있는 때에는 착오가 있다고 할 수 없지만, 차표 없이 승차한 사람이 있느냐고 물었는데 없다고 하거나 가만히 있었던 때에는 착오가 있다고 해야 한다.[762]

(4) 동기의 착오와 용도사기

단순한 동기의 착오는 착오로 볼 수 없다는 견해가 있지만, 착오는 반드시 법률행위의 중요부분에 대한 것임을 요하지 않으므로 단순한 동기의 착오만으로도 사기죄의 착오에 해당한다는 것이 다수설과 판례의 입장이다. 따라서 타인으로부터 금전을 차용함에 있어 그 용도나 변제자금의 마련 방법에 관하여 진실에 반하는 사실을 고지하여 금전을 교부받은 경우에도 사기죄가 성립한다.[763]

이른바 '용도사기'에서 명의상의 학원 원장에 불과한 자가 외환위기 후 신규창업 자금을 지원하기 위한 생계형 창업특별보증제도의 목적 및 대출금의 용도에 반하여 창업자금 대출금 중 일부를 개인적인 용도로 사용할 생각이었음에도 불구하고 이를 속이고 위 대출금

---

760) 대법원 1984.2.14. 선고 83도2995 판결; 대법원 2017.9.26. 선고 2017도8449 판결; 대법원 2017.2.16. 선고 2016도13362 전원합의체 판결.

761) 대법원 2025.3.27. 선고 2024도18441 판결.

762) 김성돈, 374면.

763) 대법원 2005.9.15. 선고 2003도5382 판결.

을 위 학원 운전자금 용도로 사용하겠다면서 보증을 신청한 경우,[764] 피고인이 전업농 육성 정책자금인 농지구입자금을 융자받아 농지 구입과 관련 없는 다른 채무의 변제에 사용할 생각이면서도 농지 매매대금에 충당할 것처럼 농지구입자금의 융자신청서류인 매매계약서의 내용을 허위로 작성하는 등 농지구입자금을 융자받은 경우[765] 사기죄가 성립한다.

(5) 삼각사기

피기망자와 반드시 피해자와 일치할 필요가 없다. 피기망자와 피해자가 일치하지 않는 전형적인 예로 삼각사기, 소송사기, 신용카드 관련범죄 등이 있다. 이에 대해서는 항목을 달리하여 설명한다.

라. 피기망자의 교부행위 또는 처분행위

(1) 의의

행위자의 기망행위와 피기망자의 착오의 결과로 피기망자는 처분행위를 해야 한다. 처분행위는 하자 있는 의사에 의하여 직접 재산상 손해를 초래하는 일체의 행위를 의미한다. 재물에 대한 처분행위는 점유를 이전하는 교부와 같은 작위뿐만 아니라 재물취거를 묵인·수인하는 행위와 같은 부작위로도 가능하다. '재물의 교부'는 재물에 대한 사실상의 지배를 범인에게 이전하는 것을 의미하는데, 재물의 교부가 있었다고 하기 위하여 반드시 재물의 현실의 인도가 필요한 것은 아니고 재물이 범인의 사실상의 지배 아래에 들어가 그의 자유로운 처분이 가능한 상태에 놓인 경우에도 재물의 교부가 있었다고 볼 수 있다.[766] 재산상 이익에 대한 처분행위로는 계약체결행위, 노무 제공행위, 채무면제의 의사표시,[767] 청구권의 불행사,[768] 가등기말소[769] 등이 있다.

피기망자의 착오에 의한 교부·처분행위가 없다면 사기죄는 성립하지 않는다. 예를 들면 보이스피싱범인이 피해자에게 예금을 인출하고 인출한 현금을 집에 보관하도록 거짓말을 하였다고 하더라도, 이것을 피해자들로 하여금 현금을 타인에게 교부하거나 처분하

764) 대법원 2003.12.12. 선고 2003도4450 판결.

765) 대법원 2005.5.26. 선고 2002도5566 판결.

766) 대법원 2003.5.16. 선고 2001도1825 판결; 피고인의 주문에 따라 제작된 도자기 중 실제로 배달된 것뿐만 아니라 피고인이 지정하는 장소로의 배달을 위하여 피해자가 보관중인 도자기도 피고인에게 모두 교부되었다고 판단하여 사기죄의 기수를 인정한 원심을 수긍한 사례.

767) 대법원 2009.2.12. 선고 2008도10971 판결.

768) 대법원 2007.7.12. 선고 2005도9221 판결.

769) 대법원 2008.1.24. 선고 2007도9417 판결.

는 행위를 하도록 한 것이라고 볼 수 없기 때문에 사기죄는 성립하지 않는다.[770] 이와 같이 '처분행위'는 착오에 빠진 피해자의 행위를 이용하여 재산을 취득하는 것을 본질적 특성으로 하는 사기죄와 피해자의 행위에 의하지 아니하고 행위자가 탈취의 방법으로 재물을 취득하는 절도죄를 구분하는 역할을 한다.

판례는 피고인이 점포에 대한 권리금을 지급한 것처럼 허위의 사용내역서를 작성·교부하여 동업자들을 기망하고 출자금 지급을 면제받으려 하였으나 미수에 그친 사안에서, 동업자들이 피고인에 대한 출자의무를 명시적으로 면제하지 않았더라도, 착오에 빠져 이를 면제해 주는 결과에 이를 수 있으므로 부작위에 의한 처분행위에 해당하며,[771] 출판사 경영자가 출고현황표를 조작하는 방법으로 실제 출판부수를 속여 작가에게 인세의 일부만을 지급한 사안에서, 작가가 나머지 인세에 대한 청구권의 존재 자체를 알지 못하는 착오에 빠져 이를 행사하지 아니한 것이 사기죄에 있어 부작위에 의한 처분행위에 해당한다고 하였다.[772]

판례 부작위에 의한 처분행위

【사실관계】 갑과 을은 피해자로 하여금 실제 출판부수를 오신케 할 의도로 출판부수의 1/3 정도만 기재한 출고현황표를 피해자에게 송부함으로써 피해자로 하여금 위 출고현황표에 기재된 부수가 실제 출판부수에 해당한다고 믿게 한 다음 실제 출판부수의 1/3 정도에 해당하는 인세만을 지급하고 그 차액을 지급하지 않았다.

【판결요지】 사기죄는 타인을 기망하여 착오를 일으키게 하고 그로 인한 처분행위를 유발하여 재물·재산상의 이득을 얻음으로써 성립하고, 여기서 처분행위라 함은 재산적 처분행위로서 피기망자가 자유의사로 직접 재산상 손해를 초래하는 작위에 나아가거나 또는 부작위에 이른 것을 말하므로, 피기망자가 착오에 빠진 결과 채권의 존재를 알지 못하여 채권을 행사하지 아니하였다면 그와 같은 부작위도 재산의 처분행위에 해당한다...(중략)... 비록 피해자가 이미 지급받은 인세를 초과하는 부분의 나머지 인세지급청구권을 명시적으로 포기하거나 또는 출판사의 채무를 면제하지는 아니하였다 하더라도, 피해자는 피고인 등의 기망행위에 의하여 그 청구권의 존재 자체를 알지 못하는 착오에 빠진 결과 이를 행사하지 못하는 상태에 이른 만큼 이는 부작위에 의한 처분행위에 해당한다(대법원 2007.7.12. 선고 2005도9221 판결).

【해설】 출판사는 실제보다 적은 출판 부수가 기재된 출고 현황표를 피해자에게 전달하여 피해자는 이를 사실로 믿고 실제보다 적은 인세만 청구하였다. 그 결과 나머지 인

770) 대법원 2017.4.28. 선고 2017도1544 판결.
771) 대법원 2009.3.26. 선고 2008도6641 판결.
772) 대법원 2007.7.12. 선고 2005도9221 판결.

세 지급 청구권을 전혀 행사하지 않게 되었다. 피해자는 인세를 일부만 받은 데 대해 권리를 포기하거나 면제한 건 아니지만, 기망에 의한 착오로 인세 청구권이 있다는 사실 자체를 몰랐기 때문에 권리행사를 하지 않은 부작위가 되었고, 이는 곧 처분행위로 평가된다는 것이 판례의 입장이다.

(2) 처분효과의 직접성

피해자의 처분행위로 인하여 직접 재산상 손해가 발생해야 한다. 이를 처분효과의 직접성이라고 한다. 처분행위와 재산상 손해발생 사이에 다른 행위가 개입한 경우에는 처분행위가 재산상 손해발생의 간접적 원인에 불과하기 때문에 사기죄는 성립하지 않는다 (사기와 책략절도의 한계).

처분행위가 피기망자의 직접적 행위의 결과로 행해진 때에는 사기죄가 성립하지만, 행위자가 별도의 행위에 의하여 재물을 취거한 경우에는 절도죄가 성립한다. 따라서 옷을 입어보겠다고 한 후에 그 옷을 가지고 간 경우, 귀금속을 구입할 것처럼 거짓말을 하여 진열대에 내어 놓은 것을 들고 간 경우,[773] 결혼식 예식장에서 신부측 축의금을 접수인인 것처럼 행세하면서 하객으로부터 교부받아 가로챈 경우[774]에는 교부행위 이외에도 탈취행위인 도주행위가 개입되어 있으므로 이는 사기죄가 아니라 절도죄가 성립한다.

판례 결혼식 축의금 절취 사건

【판결요지】 피해자가 결혼예식장에서 신부측 축의금 접수인인 것처럼 행세하는 피고인에게 축의금을 내어 놓자 이를 교부받아 가로챈 사안에서, 피해자의 교부행위의 취지는 신부측에 전달하는 것일 뿐 피고인에게 그 처분권을 주는 것이 아니므로, 이를 피고인에게 교부한 것이라고 볼 수 없고 단지 신부측 접수대에 교부하는 취지에 불과하므로 피고인이 그 돈을 가져간 것은 신부측 접수처의 점유를 침탈하여 범한 절취행위라고 보는 것이 정당하다(대법원 1996.12.20. 선고 96도2227 판결).

【해설】 하객이 피고인에게 축의금을 준 것은 피고인에게 처분권을 주는 처분행위가 아니라, 신부측에 전달하라고 준 것에 불과하다. 피해자의 처분행위가 없을 뿐만 아니라 탈취행위인 도주행위가 개입된 것으로 절도죄가 성립한다.

판례 매장 지갑 사건

【사실관계】 피해자 A는 드라이버를 구매하기 위해 특정 매장에 방문하였다가 지갑을 떨어뜨렸다. 10분쯤 후 피고인이 같은 매장에서 우산을 구매하고 계산을 마친 뒤, A의

773) 대법원 1994.8.12. 선고 94도1487 판결.

774) 대법원 1996.12.20. 선고 96도2227 판결.

지갑을 발견하여 습득한 매장 주인으로부터 "이 지갑이 선생님 지갑이 맞느냐?"라는 질문을 받자 "내 것이 맞다."라고 대답한 후 이를 교부받아 가지고 갔다.

【판결요지】 형법상 절취란 타인이 점유하고 있는 자기 이외의 자의 소유물을 점유자의 의사에 반하여 점유를 배제하고 자기 또는 제3자의 점유로 옮기는 것을 말한다. 이에 반해 기망의 방법으로 타인으로 하여금 처분행위를 하도록 하여 재물 또는 재산상 이익을 취득한 경우에는 절도죄가 아니라 사기죄가 성립한다.

사기죄에서 처분행위는 행위자의 기망행위에 의한 피기망자의 착오와 행위자 등의 재물 또는 재산상 이익의 취득이라는 최종적 결과를 중간에서 매개·연결하는 한편, 착오에 빠진 피해자의 행위를 이용하여 재산을 취득하는 것을 본질적 특성으로 하는 사기죄와 피해자의 행위에 의하지 아니하고 행위자가 탈취의 방법으로 재물을 취득하는 절도죄를 구분하는 역할을 한다. 처분행위가 갖는 이러한 역할과 기능을 고려하면 피기망자의 의사에 기초한 어떤 행위를 통해 행위자 등이 재물 또는 재산상의 이익을 취득하였다고 평가할 수 있는 경우라면, 사기죄에서 말하는 처분행위가 인정된다. 한편 사기죄가 성립되려면 피기망자가 착오에 빠져 어떠한 재산상의 처분행위를 하도록 유발하여 재산적 이득을 얻을 것을 요하고, 피기망자와 재산상의 피해자가 같은 사람이 아닌 경우에는 피기망자가 피해자를 위하여 그 재산을 처분할 수 있는 권능을 갖거나 그 지위에 있어야 한다(대법원 2022.12.29. 선고 2022도12494 판결).

【해설】 분실물이나 유실물의 경우 소유자가 타인의 배타적 지배범위 내에 두고 온 경우에는 관리자의 점유가 인정된다. 매장 주인은 지갑을 습득하여 이를 진정한 소유자에게 돌려주어야 하는 지위에 있으므로 피해자를 위하여 이를 처분할 수 있는 권능을 갖거나 그 지위에 있다. 매장 주인이 지갑에 대하여 점유권을 가지고 있다. 매장 주인의 처분 권능과 지위에 기초하여 피고인에게 지갑을 교부하였다. 점유자의 의사에 반하여 가지고 간 경우에는 절도죄가 되지만, 착오에 빠진 행위를 이용하여 재산을 취득하였다면 사기죄가 된다. 피기망자인 매장 주인의 의사에 기초한 행위를 통해 피고인이 재물을 취득하였다고 평가할 수 있기 때문에, 매장 주인의 행위는 사기죄의 처분행위에 해당한다. 책략절도와의 구별에 있어서 의미 있는 판례이다.

(3) 처분의사

(가) 쟁점

피기망자의 처분행위에 처분의사가 있어야 하는지, 처분의사가 필요하다면 처분의사의 구체적 내용이 무엇인지에 대하여 견해의 대립이 있다. 특히 이른바 '서명사취 사건'과 관련하여 피기망자가 그의 행위로 인하여 가져오는 결과에 대한 인식이 필요한가에 따라 사기죄의 처벌범위가 달라지므로 중요한 의미가 있다.

(나) 학설

피기망자의 처분행위에 처분의사가 있어야 하는지에 대하여 견해의 대립이 있다. 처분행위는 객관적으로 손해를 초래할 수 있는 행위이면 충분하기 때문에 처분의사는 필요하지 않다는 견해,[775] 처분행위는 자기 재산에 대한 결정의사가 필요하며, 주관적 의사가 없는 행위는 행위라고 보기 어렵기 때문에 처분의사가 필요하다는 견해,[776] 재산상 이익 취득에는 필요가 없지만 재물 교부에는 처분행위가 필요하다는 견해[777]가 대립하고 있다.

처분의사가 필요하다면 그 내용이 무엇인지에 대하여 처분의사는 처분행위에 대한 인식만 있으면 된다는 견해와 처분행위에 대한 인식뿐만 아니라 처분결과에 대한 인식도 필요하다는 견해로 나뉜다.

(다) 판례

종전 판례에 따르면 처분의사가 인정되기 위해서는 피기망자가 어떤 행위를 한다는 인식뿐만 아니라 그로 인한 처분결과를 인식하여야 한다. 그런데 2016도13362 전원합의체 판결, 이른바 '서명사취 사건'에서 종전의 견해를 변경하였다. 변경된 대법원 판례에 따르면 처분의사는 착오에 빠진 피기망자가 어떤 행위를 한다는 인식이 있으면 충분하고 그 행위가 가져오는 결과에 대한 인식까지는 필요 없다.

이른바 서명사취 사건은 피기망자가 내심의 의사인 토지거래허가신청과는 다른 처분문서인 근저당설정계약서에 서명·날인함으로써 재산상 손해를 초래한 사건이다. 이 사건의 경우 종전 판례에 따르면 피해자들은 그 소유 토지들에 근저당권 등을 설정하여 줄 의사가 없었기 때문에 피해자의 행위는 처분행위가 될 수 없으므로 사기죄 성립을 부정하게 될 것이다.

그런데 2016도13362 전원합의체 판결에 의하여 대법원은 피해자의 행위는 사기죄에서 말하는 '처분행위'에 해당하고, 피해자 등이 비록 자신들이 서명 또는 날인하는 문서의 정확한 내용과 문서의 작성행위가 어떤 결과를 초래하는지를 미처 인식하지 못하였더라도 문서에 스스로 서명 또는 날인함으로써 그 문서에 서명 또는 날인하는 행위에 관한 인식이 있었던 이상 '처분의사'도 인정된다고 하여 사기죄 성립을 인정하였다.

775) 이재상/장영민/강동범, 345면.

776) 김성돈, 375면; 배종대, 473면; 임웅/이현정/박성민, 424면; 정성근/박광민, 367면.

777) 김일수/서보학, 417면.

판례 서명사취 사건

【사실관계】 피고인 등은 토지의 소유자이자 매도인인 피해자 A에게 토지거래허가 등에 필요한 서류라고 속여서 피해자 A로 하여금 근저당권설정계약서 등에 서명·날인하게 하고, 피해자의 인감증명서를 교부받은 다음, 이를 이용하여 피해자 소유의 토지에 관하여 피고인을 채무자로 하여 채권최고액 합계 10억 5,000만 원인 근저당권을 공소외 B 등에게 설정하여 주고, 7억 원을 차용하였다.

【판결요지】 [1] [다수의견] 사기죄에서 처분행위는 행위자의 기망행위에 의한 피기망자의 착오와 행위자 등의 재물 또는 재산상 이익의 취득이라는 최종적 결과를 중간에서 매개·연결하는 한편, 착오에 빠진 피해자의 행위를 이용하여 재산을 취득하는 것을 본질적 특성으로 하는 사기죄와 피해자의 행위에 의하지 아니하고 행위자가 탈취의 방법으로 재물을 취득하는 절도죄를 구분하는 역할을 한다. 처분행위가 갖는 이러한 역할과 기능을 고려하면, 피기망자의 의사에 기초한 어떤 행위를 통해 행위자 등이 재물 또는 재산상의 이익을 취득하였다고 평가할 수 있는 경우라면 사기죄에서 말하는 처분행위가 인정된다.

사기죄에서 피기망자의 처분의사는 기망행위로 착오에 빠진 상태에서 형성된 하자 있는 의사이므로 불완전하거나 결함이 있을 수밖에 없다. 처분행위의 법적 의미나 경제적 효과 등에 대한 피기망자의 주관적 인식과 실제로 초래되는 결과가 일치하지 않는 것이 오히려 당연하고, 이 점이 사기죄의 본질적 속성이다. 따라서 처분의사는 착오에 빠진 피기망자가 어떤 행위를 한다는 인식이 있으면 충분하고, 그 행위가 가져오는 결과에 대한 인식까지 필요하다고 볼 것은 아니다.

사기죄의 성립요소로서 기망행위는 널리 거래관계에서 지켜야 할 신의칙에 반하는 행위로서 사람으로 하여금 착오를 일으키게 하는 것을 말하고, 착오는 사실과 일치하지 않는 인식을 의미하는 것으로, 사실에 관한 것이든, 법률관계에 관한 것이든, 법률효과에 관한 것이든 상관없다. 또한 사실과 일치하지 않는 하자 있는 피기망자의 인식은 처분행위의 동기, 의도, 목적에 관한 것이든, 처분행위 자체에 관한 것이든 제한이 없다. 따라서 피기망자가 기망당한 결과 자신의 작위 또는 부작위가 갖는 의미를 제대로 인식하지 못하여 그러한 행위가 초래하는 결과를 인식하지 못하였더라도 그와 같은 착오 상태에서 재산상 손해를 초래하는 행위를 하기에 이르렀다면 피기망자의 처분행위와 그에 상응하는 처분의사가 있다고 보아야 한다.

피해자의 처분행위에 처분의사가 필요하다고 보는 근거는 처분행위를 피해자가 인식하고 한 것이라는 점이 인정될 때 처분행위를 피해자가 한 행위라고 볼 수 있기 때문이다. 다시 말하여 사기죄에서 피해자의 처분의사가 갖는 기능은 피해자의 처분행위가 존재한다는 객관적 측면에 상응하여 이를 주관적 측면에서 확인하는 역할을 하는 것일 뿐이다. 따라서 처분행위라고 평가되는 어떤 행위를 피해자가 인식하고 한 것이라면 피해자의 처분의사가 있다고 할 수 있다. 결국 피해자가 처분행위로 인한 결과까지 인식할 필요가 있는 것은 아니다.
결론적으로 사기죄의 본질과 구조, 처분행위와 그 의사적 요소로서 처분의사의 기능과 역할, 기망행위와 착오의 의미 등에 비추어 보면, 비록 피기망자가 처분행위의 의미나 내용을 인식하지 못하였더라도, 피기망자의 작위 또는 부작위가 직접 재산상 손해를 초래하는 재산적 처분행위로 평가되고, 이러한 작위 또는 부작위를 피기망자가 인식하고 한 것이라면 처분행위에 상응하는 처분의사는 인정된다. 다시 말하면 피기망자가 자신의 작위 또는 부작위에 따른 결과까지 인식하여야 처분의사를 인정할 수 있는 것은 아니다.
[2] [다수의견] 이른바 '서명사취' 사기는 기망행위에 의해 유발된 착오로 인하여 피기망자가 내심의 의사와 다른 처분문서에 서명 또는 날인함으로써 재산상 손해를 초래한 경우이다. 여기서는 행위자의 기망행위 태양 자체가 피기망자가 자신의 처분행위의 의미나 내용을 제대로 인식할 수 없는 상황을 이용하거나 피기망자로 하여금 자신의 행위로 인한 결과를 인식하지 못하게 하는 것을 핵심적인 내용으로 하고, 이로 말미암아 피기망자는 착오에 빠져 처분문서에 대한 자신의 서명 또는 날인행위가 초래하는 결과를 인식하지 못하는 특수성이 있다. 피기망자의 하자 있는 처분행위를 이용하는 것이 사기죄의 본질인데, 서명사취 사안에서는 그 하자가 의사표시 자체의 성립과정에 존재한다.
이러한 서명사취 사안에서 피기망자가 처분문서의 내용을 제대로 인식하지 못하고 처분문서에 서명 또는 날인함으로써 내심의 의사와 처분문서를 통하여 객관적·외부적으로 인식되는 의사가 일치하지 않게 되었더라도, 피기망자의 행위에 의하여 행위자 등이 재물이나 재산상 이익을 취득하는 결과가 초래되었다고 할 수 있는 것은 그러한 재산의 이전을 내용으로 하는 처분문서가 피기망자에 의하여 작성되었다고 볼 수 있기 때문이다. 이처럼 피기망자가 행위자의 기망행위로 인하여 착오에 빠진 결과 내심의 의사와 다른 효과를 발생시키는 내용의 처분문서에 서명 또는 날인함으로써 처분문서의 내용에 따른 재산상 손해가 초래되었다면 그와 같은 처분문서에 서명 또는 날인을 한 피기망자의 행위는 사기죄에서 말하는 처분행위에 해당한다. 아울러 비록 피기망자가 처분결과, 즉 문서의 구체적 내용과 법적 효과를 미처 인식하지 못하였더라도, 어떤 문서에 스스로 서명 또는 날인함으로써 처분문서에 서명 또는 날인하는 행위에 관한 인식이 있었던 이상 피기망자의 처분의사 역시 인정된다(대법원 2017.2.16. 선고 2016도13362 전원합의체 판결).
【해설】 이 사건에 있어서 중요한 쟁점은 피해자들에게 처분행위를 인정할 수 있는가이다. 만약 피해자들이 자신들이 서명한 문서가 근저당설정계약서인 것을 알고 서명하였다면 처분의사가 있는 처분행위이므로 사기죄가 성립할 수 있다. 하지만 이른바 서명사취 사건은 피기망자가 내심의 의사(토지거래허가신청)와는 다른 처분문서(근저당설정계약서)에 서명·날인함으로써 재산상 손해를 초래한 것이다. 이 경우 종전 판례에 따르면 피해자들은 그 소유 토지들에 근저당권 등을 설정하여 줄 의사가 없었기 때문

에 피해자 등의 행위는 처분행위가 될 수 없으므로 사기죄 성립을 부정하였다. 대법원은 2016도13362 전원합의체 판결에 따라 종전의 견해를 변경하였다. 대법원은 피해자들은 피고인의 기망행위로 착오에 빠진 결과 토지거래허가 등에 필요한 서류로 잘못 알고 처분문서인 근저당권설정계약서 등에 서명 또는 날인함으로써 재산상 손해를 초래하는 행위를 하였으므로 피해자 등의 행위는 사기죄에서 말하는 '처분행위'에 해당하고, 피해자 등이 비록 자신들이 서명 또는 날인하는 문서의 정확한 내용과 문서의 작성행위가 어떤 결과를 초래하는지를 미처 인식하지 못하였더라도 토지거래허가 등에 관한 서류로 알고 그와 다른 근저당권설정계약에 관한 내용이 기재되어 있는 문서에 스스로 서명 또는 날인함으로써 그 문서에 서명 또는 날인하는 행위에 관한 인식이 있었던 이상 '처분의사'도 인정된다고 하여 사기죄 성립을 인정하였다. 사기죄가 성립하지 않는다는 대법원 반대의견의 주장 내용 또한 상당한 설득력이 있다고 생각한다. 반대의견 및 각 견해에 대한 보충의견을 읽어보기를 바란다.

(라) 결론

생각건대, 대법원 판례는 "처분의사는 착오에 빠진 피기망자가 어떤 행위를 한다는 인식이 있으면 충분하고, 그 행위가 가져오는 결과에 대한 인식까지 필요하다고 볼 것은 아니"라고 한다. 이러한 견해를 유지할 경우 책략절도와의 관계에서 사기죄의 성립 여부가 불분명해지고 처벌범위가 확대되는 문제점이 있다. 예를 들면 이른바 '결혼식 축의금 절취 사건의 경우 절도죄가 아닌 사기죄가 성립할 가능성도 있게 된다. 하객들이 가짜 혼주에게 돈을 주는 행위를 처분의사에 따른 처분행위로 볼 여지가 있기 때문이다. 또한 서명사취행위에 대하여 사기죄로 처벌하지 않으면 형벌권 행사의 장애 또는 처벌의 불균형이 발생할 수 있다고 하지만, 이 경우 문서의 의미를 알지 못한 피기망자인 피해자는 그 명의의 문서를 위조하는 범행에 이용당한 것이므로 피고인은 문서위조죄로 처벌할 수 있으므로 처벌의 공백 또한 발생하지 않는다. 이른바 인장사취 사건에 대하여[778] 대법원은 사기죄가 성립하지 않는다고 판시한 적이 있는데, 서명사취 사건에 대해서는 사기죄가 성립한다고 보는 것은 상호모순적이다. 따라서 처분의사가 인정되기 위해서는 피기망자가 어떤 행위를 한다는 인식뿐만 아니라 그로 인한 처분결과를 인식하여야 한다.

(4) 피기망자와 처분행위자

(가) 피기망자와 처분행위자

사기죄는 타인을 기망하여 착오에 빠뜨려 재물을 교부받거나 재산상 이익을 얻음으로

778) 대법원 1982.3.9. 선고 81도1732 판결.

써 성립하므로 기망행위의 상대방 또는 피기망자는 재물 또는 재산상 이익을 처분할 권한이 있어야 한다. 피기망자와 처분행위자는 동일인이어야 한다. 하지만 처분행위자와 피해자는 반드시 동일인일 필요 없다.

(나) 피해자가 법인이나 단체의 경우

사기죄의 피해자가 법인이나 단체인 경우에 기망행위가 있었는지는 법인이나 단체의 대표 등 최종 의사결정권자 또는 내부적인 권한 위임 등에 따라 실질적으로 법인의 의사를 결정하고 처분을 할 권한을 가지고 있는 사람을 기준으로 판단하여야 한다.[779)]

법인이나 단체의 대표자 등이 기망행위자와 동일인이거나 기망행위자와 공모하는 등 기망행위를 알고 있었다면 사기죄가 아니라 사안에 따라서 업무상횡령죄나 업무상배임죄가 성립한다. 하지만 실무자인 일반직원 등이 기망행위임을 알고 있었더라도 법인의 대표자 등이 착오에 빠져 처분행위에 이른 것이라면 법인에 대한 사기죄는 성립한다.[780)]

판례 사기죄의 피해자가 법인이나 단체인 경우

【판결요지】 사기죄는 타인을 기망하여 착오에 빠뜨리고 그로 인하여 피기망자(기망행위의 상대방)가 처분행위를 하도록 유발하여 재물 또는 재산상의 이익을 얻음으로써 성립하는 범죄이다. 따라서 사기죄가 성립하려면 행위자의 기망행위, 피기망자의 착오와 그에 따른 처분행위, 그리고 행위자 등의 재물이나 재산상 이익의 취득이 있고, 그 사이에 순차적인 인과관계가 존재하여야 한다. 그리고 사기죄의 피해자가 법인이나 단체인 경우에 기망행위로 인한 착오, 인과관계 등이 있었는지는 법인이나 단체의 대표 등 최종 의사결정권자 또는 내부적인 권한 위임 등에 따라 실질적으로 법인의 의사를 결정하고 처분을 할 권한을 가지고 있는 사람을 기준으로 판단하여야 한다.

따라서 피해자 법인이나 단체의 대표자 또는 실질적으로 의사결정을 하는 최종결재권자 등이 기망행위자와 동일인이거나 기망행위자와 공모하는 등 기망행위임을 알고 있었던 경우에는 기망행위로 인한 착오가 있다고 볼 수 없고, 재물 교부 등의 처분행위가 있었더라도 기망행위와 인과관계가 있다고 보기 어렵다. 이러한 경우에는 사안에 따라 업무상횡령죄 또는 업무상배임죄 등이 성립하는 것은 별론으로 하고 사기죄가 성립한다고 볼 수 없다.

반면에 피해자 법인이나 단체의 업무를 처리하는 실무자인 일반 직원이나 구성원 등이 기망행위임을 알고 있었더라도, 피해자 법인이나 단체의 대표자 또는 실질적으로 의사결정을 하는 최종결재권자 등이 기망행위임을 알지 못한 채 착오에 빠져 처분행위에 이

779) 대법원 2017.8.29. 선고 2016도18986 판결.
780) 대법원 2017.9.26. 선고 2017도8449 판결.

른 경우라면, 피해자 법인에 대한 사기죄의 성립에 영향이 없다(대법원 2017.9.26. 선고 2017도8449 판결).

【해설】 법인에 대한 기망행위는 법인이나 단체의 대표 등 최종의사결정권자를 기준으로 판단한다. 법인의 대표자가 기망행위자와 동일인이거나 기망행위를 알고 있는 경우 사기죄는 불성립한다(사안에 따라 업무상횡령죄 또는 업무상배임죄는 성립 가능하다). 실무자인 일반직원 등이 기망행위를 알고 있었다고 하더라도 법인의 대표자가 착오에 빠져 처분행위를 한 것이라면 법인에 대한 사기죄는 성립한다.

(다) 삼각사기의 경우

삼각사기의 경우 피해자와 처분행위자가 일치하지 않는 경우이며, 선의의 도구를 이용한 절도죄의 한계를 명백히 하기 위해서는 처분행위자에게 타인의 재물을 처분할 능력이 있어야 한다.

삼각사기의 경우 절도죄와의 구별을 위해 처분행위자와 피해자 간에 어떤 관계가 있어야 하는지에 대하여 견해의 대립이 있다. 처분행위자에게 피해자의 재산을 처분할 수 있는 법적 권한이 있을 필요는 없고 사실상 피해자의 재산을 처분할 수 있는 사실적 지위에 있으면 족하다는 것이 다수설과 판례이다(사실적 지위설, 힘의 영역설, 창고설). 판례에 따르면 "피기망자와 재산상의 피해자가 같은 사람이 아닌 경우에는 피기망자가 피해자를 위하여 그 재산을 처분할 수 있는 권능을 갖거나 그 지위에 있어야 하지만, 여기에서 피해자를 위하여 재산을 처분할 수 있는 권능이나 지위라 함은 반드시 사법상의 위임이나 대리권의 범위와 일치하여야 하는 것은 아니"다.[781]

(5) 인과관계

기망행위와 착오 사이뿐만 아니라 피기망자의 착오와 재산처분행위 사이에도 '순차적인 인과관계'가 있어야 한다.[782] 따라서 처분행위는 착오로 인한 것이어야 한다. 처분행위가 있어도 기망에 의한 착오가 아닌 다른 원인에 의하여, 연민의 정으로 재물을 교부한 때에는 사기죄의 미수에 해당한다.

마. 재물 또는 재산상 이익의 취득

(1) 의의

피기망자의 처분행위로 인하여 자기 또는 제3자가 재물을 교부받거나 재산상 이익을 취득하여야 한다. 재물의 교부로 인하여 이익이 결과적으로 누구에게 귀속하는지는 상관이

---

781) 대법원 1994.10.11. 선고 94도1575 판결.

782) 대법원 2017.12.5. 선고 2017도14423 판결; 대법원 2009.6.23. 선고 2008도1697 판결.

없다. 따라서 기망행위를 통하여 스스로 재물을 취득하지 않고 제3자에게 재물을 교부받게 한 경우에도 사기죄가 성립한다. 다만 그 제3자는 범인과 사이에 정을 모르는 도구 또는 범인의 이익을 위해 행동하는 대리인의 관계에 있거나, 그렇지 않다면 적어도 불법영득의사와의 관련상 범인에게 그 제3자로 하여금 재물을 취득하게 할 의사가 있어야 한다.[783]

(2) 재물의 취득

재물에 대한 현실적 인도까지 있을 필요는 없다. 재물이 행위자의 사실상 지배하에 있어 자유로운 처분이 가능하면 재물을 취득하였다고 볼 수 있다. 따라서 피고인의 주문에 따라 제작된 도자기 중 실제로 배달된 것뿐만 아니라 피고인이 지정하는 장소로의 배달을 위하여 피해자가 보관 중인 도자기도 피고인이 사실상 지배하였다고 볼 수 있으므로 도자기 전체에 대한 사기죄가 성립한다.[784]

(3) 재산상 이익의 취득

재산상 이익을 취득한 경우에도 사기죄는 성립한다. 채무 이행을 연기받는 경우,[785] 가압류 채권자를 기망하여 가압류를 해제한 경우[786] 등이 이에 해당한다.

재산상 이익을 얻을 수 있는 권한이나 지위를 획득한 경우도 재산상 이익을 취득한 것으로 보는 것이 판례의 입장이다. 피고인이 자신이 토지의 소유자라고 주장하여 보존등기의 말소를 구하는 소송을 하여 승소하였지만, 아직 자기 앞으로의 소유권보존등기를 신청하지 않은 경우에도 '대상 토지의 소유권에 대한 방해를 제거하고 그 소유명의를 얻을 수 있는 지위'라는 재산상 이익을 취득한 것으로 보았다.[787]

(4) 재물 또는 재산상 이익의 가액

형법상 행위자가 기망행위로 인하여 재물이나 재산상 이익을 취득하면 사기죄가 성립하고, 그 이득액은 얼마인지는 문제되지 않는다. 하지만, 특정경제범죄 가중처벌 등에 관한 법률 제3조에 따르면 사기·공갈·횡령·배임죄와 같은 특정재산범죄를 범한 사람이 그 범죄행위로 인하여 취득한 재물 또는 재산상 이익의 가액이 5억 원 이상일 경우에는 가중처벌한다. 사기죄 성립에 있어서 손해발생이 필요하다는 필요설의 입장에서는 '가액' 또

783) 대법원 2012.5.24. 선고 2011도15639 판결.
784) 대법원 2003.5.16. 선고 2001도1825 판결.
785) 대법원 1997.7.25. 선고 97도1095 판결.
786) 대법원 2007.9.20. 선고 2007도5507 판결.
787) 대법원 2006.4.7. 선고 2005도9858 전원합의체 판결.

는 '이득액'은 중요하지 않으며 '손해발생액'이 중요하다고 하지만, 불요설의 입장에서는 '손해발생액' 보다는 '이득액'이 중요하다고 한다. 판례는 불요설의 입장이다.

바. 재산상 손해

(1) 재산상 손해 발생 필요 여부

(가) 쟁점

형법은 사기죄의 성립에 있어서 재물 또는 재산상 이익의 취득을 규정하고 있을 뿐 재산상 손해의 발생에 대해서는 기술되어 있지 않다. 따라서 사기죄가 성립하기 위해서는 재산상 손해가 발생하여야 하는가에 대하여 견해의 대립이 있다. 상당한 대가를 지급하고 재물을 교부받은 경우에도 사기죄가 성립할 수 있는가의 문제이다.

(나) 학설과 판례

다수설은 피기망자의 재산처분행위로 현실적인 손해가 발생해야 사기죄가 성립한다는 필요설의 입장이다.[788] 재산상 손해가 없음에도 사기죄가 성립한다면 사기죄는 재산권을 보호법익으로 하는 재산죄가 아닌 처분의 자유를 보호하는 범죄가 된다는 점을 근거로 제시한다. 따라서 상당한 대가를 지불하고 재물을 사취한 경우에는 사기죄는 성립하지 않는다고 한다. 소수설은 재물편취와 불법이득의 모든 경우에 재물의 교부 또는 재산상 이익의 취득이 있으면 충분하고 피해자에게 손해가 발생할 필요는 없다고 한다.[789] 독일 형법과는 달리 재산상 손해 발생이 구성요건에 규정되어 있지 않다는 점을 주된 근거로 한다.

판례는 피해자에게 현실적인 손해가 발생하지 않더라도 사기죄는 성립할 수 있다고 하는 불요설의 입장이다. 재물편취를 내용으로 하는 사기죄에 있어서는 기망으로 인한 재물교부가 있으면 그 자체로써 피해자의 재산침해가 되어 이로써 곧 사기죄가 성립하는 것이고, 상당한 대가가 지급되었다거나 피해자의 전체 재산상에 손해가 없다 하여도 사기죄의 성립에는 그 영향이 없다고 한다. 따라서 상당한 담보를 제공받았더라도 이를 편취금에게서 공제할 수 없다.[790]

(다) 결론

사기죄는 재산권을 보호하기 위한 규정이므로 재산상 손해가 발생하지 않았음에도 불구하고 이를 사기죄의 기수로 인정하는 것은 타당하지 않다. 재산상 손해발생이 필요하지

---

788) 김성돈, 379면; 김일수/서보학, 436면; 배종대, 478면; 손동권/김재윤, 385면; 이재상/장영민/강동범, 347면; 임웅/이현정/박성민, 432면; 정성근/박광민, 382면.

789) 박찬걸, 468면; 신동운, 1024면; 오영근/노수환, 318면.

790) 대법원 1995.3.24. 선고 95도203 판결; 대법원 2005.4.29. 선고 2002도7262 판결.

않다고 본다면 사실상 행위자의 기망행위만 있다면 피기망자에게 오히려 이득이 발생한 경우에도 사기죄가 성립할 수 있다는 결론에 이를 수 있다. 손해발생 여부에 대한 명문의 규정이 없지만 이를 구성요건적 결과로 해석하여도 죄형법정주의 원칙에 반하지 않는다. 처벌의 범위를 축소하기 때문이다. 재산상 손해가 발생하여야 본죄가 성립한다.

(2) 손해액 또는 취득액의 산정

재산상 손해발생이 필요하다는 학설에 따르면 재산상 손해액의 산정은 피해자의 전체 재산을 처분행위가 있기 이전과 이후로 비교하여 산정하는 전체계산의 원칙에 따른다. 따라서 피해자에게 이익상실과 동시에 이익의 취득이 있는 경우에는 양자를 차감계산하여 감소한 경우에만 재산상 손해를 인정하고 그 차감액이 손해액이 된다.

그러나 판례는 재산상 손해를 사기죄의 성립 요건에 포함하지 않기 때문에 손해액이 아니라 재산상 취득이익 내지 취득액 또는 편취액을 문제 삼는다. 이에 따르면 대가를 지불하더라도 이를 공제하지 않고 편취한 재물이나 재산상 이익의 전부를 취득액으로 산정한다. 따라서 경미한 교통사고임에도 불구하고 상해를 과장하여 다액의 보험금을 받은 경우 그 보험금 전체에 대해 사기죄가 성립한다고 한다.[791]

판례 보험 청구사기

【판결요지】 [2] 기망행위를 수단으로 한 권리행사의 경우 그 권리행사에 속하는 행위와 그 수단에 속하는 기망행위를 전체적으로 관찰하여 그와 같은 기망행위가 사회통념상 권리행사의 수단으로서 용인할 수 없는 정도라면 그 권리행사에 속하는 행위는 사기죄를 구성하는데, 보험금을 지급받을 수 있는 사유가 있다 하더라도 이를 기화로 실제 지급받을 수 있는 보험금보다 다액의 보험금을 편취할 의사로 장기간의 입원 등을 통하여 과다한 보험금을 지급받는 경우에는 지급받은 보험금 전체에 대하여 사기죄가 성립한다.

[3] 환자들의 건강상태에 맞게 적정한 진료행위를 하지 않은 채 입원의 필요성이 적은 환자들에게까지 입원을 권유하고 퇴원을 만류하는 등으로 장기간의 입원을 유도하여 국민건강보험공단에 과다한 요양급여비를 청구한 행위는 사회통념상 권리행사의 수단으로 용인할 수 없는 것이어서, 비록 그중 일부 기간에 대하여 실제 입원치료가 필요하였다고 하더라도 그 부분을 포함한 당해 입원기간의 요양급여비 전체에 대하여 사기죄가 성립한다고 한 사례(대법원 2009.5.28. 선고 2008도4665 판결).

791) 대법원 2005.9.9. 선고 2005도3518 판결.

보충내용 **편취 이득액 산정**

실무적으로 사기죄에 의하여 취득한 재물 또는 재산상 이익의 가액이 5억 원 이상인 때에는 특정경제범죄 가중처벌 등에 관한 법률 제3조에 의하여 가중처벌되므로 이득액 산정은 중요하다. 이득액이란 범죄행위로 인하여 취득하게 된 불법영득의 대상이 된 재물이나 재산상 이익의 가액의 합계 또는 범죄행위로 인하여 취득한 실질적인 이득의 합산액[792]을 의미하며, 궁극적으로 그와 같은 이익이 실현되었는지, 조건이나 부담이 붙어 있는지는 상관없다. 특정경제범죄법의 이득액이란 단순일죄의 이득액, 포괄일죄의 이득액의 합산액을 말하는 것이며, 경합범으로 처벌되는 경우의 죄에 있어서 이득액의 합산액을 의미하는 것은 아니다.[793] ① 기망수단에 의하여 재물교부를 받거나 재산상 이익을 얻은 경우 그중 일부에 대하여 기망자가 정당하게 수령한 권리가 있는 때에는 이득액이 편취이득한 전액인지 그 차액인지에 대하여 문제된다. 판례는 편취한 전액에 대하여 사기죄가 성립한다. ② 기망수단으로서 대가가 제공된 경우 그 대가 상당액에 대한 사기죄가 성립하는지에 대하여 판례는 재물에 관하여 대가가 지급된 경우에도 이를 공제할 것이 아니라 교부받은 재물 전부가 편취액이 된다. ③ 부동산에 저당권 등 부담이 있는 경우 부동산의 시가 상당액에서 근저당권이 채권최고액 범위 내에서의 피담보채권액을 뺀 실제의 교환가치를 그 부동산의 가액으로 본다. ④ 공범의 경우 순차 공모하여 재산상 이익을 편취한 경우는 모든 공범자가 얻은 이익을 합산한 것이 이득액이다. ⑤ 현실로 교부받은 금액이 요구액, 액면금액 등과 일치하지 않는 경우 교부액을 이득액으로 본다.

사. 실행의 착수 시기와 기수 시기

(1) 실행의 착수 시기

본죄의 실행의 착수 시기는 편취의 의사로 기망행위를 개시한 때이다. 사기도박의 경우 상대방에게 도박에 참가할 것을 권유한 때,[794] 강제집행절차를 통한 소송사기의 경우 집행절차의 개시신청을 한 때 또는 진행 중인 집행절차에 배당신청을 한 때이며, 부동산에 관한 소유권이전등기청구권에 대한 강제집행절차에서 소송사기의 실행의 착수 시기는 허위 채권에 기한 공정증서를 집행권원으로 하여 채무자의 소유권이전등기청구권에 대하여 압류신청을 한 때이다.[795] 보조금사기의 경우 보조금을 신청한 때에 실행의 착수가 인정된다. 다만 보조금을 받기 위해 허위의 피해신고를 제출한 경우[796]나 허위의 보조금 정

792) 대법원 2001.4.10. 선고 2001도661 판결.
793) 대법원 2000.11.10. 선고 2000도3483 판결.
794) 대법원 2015.10.29. 선고 2015도10948 판결.
795) 대법원 2015.2.12. 선고 2014도10086 판결.
796) 대법원 1999.3.12. 선고 98도3443 판결.

산보고서를 제출한 경우[797] 허위의 피해신고서나 정산보고서는 참고자료에 불과하기 때문에 보조금사기의 실행의 착수가 인정되지 않는다. 이것만으로는 결과 발생을 위한 객관적 위험성을 포함하는 행위를 한 것으로 볼 수 없다고 평가한 것으로 보인다.[798]

보험금 사기의 경우 보험금을 청구한 때 실행의 착수가 인정되며, 보험계약을 체결하는 행위는 예비행위에 불과하지만, 보험사고의 우연성과 같은 보험의 본질을 해칠 정도라고 볼 수 있는 특별한 사정이 있다면 보험계약을 체결한 때에도 실행의 착수가 인정될 수 있다.[799]

(2) 기수 시기

사기죄 성립에 있어서 손해발생이 필요하다는 필요설에 따를 경우 기수 시기는 재산상 손해가 발생한 때이다. 불요설에 따를 경우 기수 시기는 피해자가 처분행위를 한 때이다.

기망에 의한 처분행위로 인하여 점유 또는 이익이 이전될 때 손해발생이 인정된다. 동산사기의 경우 재물의 인도·교부 시에 기수가 되고, 부동산사기의 경우 점유이전 시 또는 소유권이전등기경료 시가 기수 시기이다. 보험사기의 경우 기수 시기는 보험금을 지급받았을 때이다.[800] 소송사기의 경우 그 기수 시기는 소송의 판결이 확정된 때이다.[801]

판례 사기죄의 실행의 착수

① 태풍 피해복구보조금 지원절차가 행정당국에 의한 실사를 거쳐 피해자로 확인된 경우에 한하여 보조금 지원신청을 할 수 있도록 되어 있는 경우, 피해신고는 국가가 보조금의 지원 여부 및 정도를 결정함에 있어 그 직권조사를 개시하기 위한 참고자료에 불과하다는 이유로 허위의 피해신고만으로는 위 보조금 편취범행의 실행에 착수한 것이라고 볼 수 없다(대법원 1999.3.12. 선고 98도3443 판결).

② 피담보채권인 공사대금 채권을 실제와 달리 허위로 부풀려 유치권에 의한 경매를 신청한 경우, 소송사기죄의 실행의 착수에 해당한다(대법원 2012.11.15. 선고 2012도9603 판결).

③ 강제집행절차를 통한 소송사기에서 실행의 착수 시기는 집행절차의 개시신청을 한 때 또는 진행 중인 집행절차에 배당신청을 한 때이며, 부동산에 관한 소유권이전등기청구권에 대한 강제집행절차에서, 소송사기의 실행의 착수 시기는 허위 채권에 기한

797) 대법원 2003.6.13. 선고 2003도1279 판결.

798) 주거침입죄의 경우 초인종을 누른 행위만으로는 객관적 위험성을 포함하는 행위로 볼 수 없다는 판례와 유사하다고 생각한다. 2008도1464 판결을 참조하라.

799) 대법원 2013.11.14. 선고 2013도7494 판결.

800) 대법원 2019.4.3. 선고 2014도2754 판결.

801) 대법원 1983.4.26. 선고 83도188 판결.

공정증서를 집행권원으로 하여 채무자의 소유권이전등기청구권에 대하여 압류신청을 한 때이다(대법원 2015.2.12. 선고 2014도10086 판결).
④ 사기도박에서 실행의 착수 시기는 사기도박을 위한 기망행위를 개시한 때이며, 실행의 착수 후에 사기도박을 숨기기 위하여 한 정상적인 도박이 사기죄의 실행행위에 포함된다(대법원 2015.10.29. 선고 2015도10948 판결).
⑤ 타인의 사망을 보험사고로 하는 생명보험계약을 체결함에 있어 제3자가 피보험자인 것처럼 가장하여 체결하는 등으로 그 유효요건이 갖추어지지 못한 경우에도, 보험계약 체결 당시에 이미 보험사고가 발생하였음에도 이를 숨겼다거나 보험사고의 구체적 발생 가능성을 예견할 만한 사정을 인식하고 있었던 경우 또는 고의로 보험사고를 일으키려는 의도를 가지고 보험계약을 체결한 경우와 같이 보험사고의 우연성과 같은 보험의 본질을 해칠 정도라고 볼 수 있는 특별한 사정이 없는 한, 그와 같이 하자 있는 보험계약을 체결한 행위만으로는 미필적으로라도 보험금을 편취하려는 의사에 의한 기망행위의 실행에 착수한 것으로 볼 것은 아니다. 그러므로 그와 같이 기망행위의 실행의 착수로 인정할 수 없는 경우에 피보험자 본인임을 가장하는 등으로 보험계약을 체결한 행위는 단지 장차의 보험금 편취를 위한 예비행위에 지나지 않는다(대법원 2013.11.14. 선고 2013도7494 판결).

4. 주관적 구성요건

가. 고의와 불법영득의사

사기죄가 성립하기 위해서는 고의뿐만 아니라 불법영득의사가 있어야 한다. 사기죄의 성립에 있어서 피해자에게 손해를 가하려는 목적은 필요 없지만 적어도 타인의 재물 또는 이익을 침해한다는 의사와 피기망자로 하여금 어떠한 처분을 하게 한다는 의사는 있어야 한다.

나. 차용사기

대금을 지급하기 어려운 사정을 알면서 물건을 납품받는 경우,[802] 변제가능성이 전혀 없는 상태에서 돈을 차용한 경우, 연립주택을 건축하다가 자금부족으로 목적물이 모두 채무담보의 목적으로 가등기 또는 이중 분양되어 곧 양도절차를 이행하여야 할 형편이었음에도 이를 숨기고 다시 제3자와 분양계약 또는 전세임대차계약을 체결한 경우[803] 미필적 고의가 인정된다. 하지만 금원차용 당시에는 사업이 정상적으로 운영되었고, 차용금 변제의 의사와 능력이 있었으나 그 후 경제사정의 변화로 이를 변제할 수 없게 된 경우에는 단

802) 대법원 2003.1.24. 선고 2002도5265 판결.
803) 대법원 1990.11.13. 선고 90도1218 판결.

순한 민사상 채무불이행에 해당할 뿐 사기죄는 성립하지 않는다.[804] 마찬가지로 기업경영자가 파산에 의한 채무불이행의 가능성을 인식할 수 있었다고 하더라도 그러한 사태를 피할 수 있는 가능성이 있다고 믿었고, 계약이행을 위해 노력할 의사가 있었을 때에는 사기죄의 고의가 있었다고 단정하여서는 안 된다.[805]

하지만 이미 과다한 부채의 누적으로 변제의 의사와 능력이 의심스러운 상황에 처하여 이러한 사실을 숨기고 피해자들에게 큰 이익을 볼 수 있다고 속여 금원을 차용하고 이를 급박한 기존채무의 변제에 사용한 경우,[806] 특별한 자금공급 없이는 도산이 불가피한 상황에서 신용과대조작, 변태적 지급보증 및 재력과시 등의 방법으로 변제자력을 가장하여 대출, 지급보증 및 어음할인을 받은 경우,[807] 피고인이 자기 자본 없이 금융기관 대출금과 분양대금만으로 상가 및 오피스텔의 신축 및 분양 사업을 진행하다가 공사를 중단, 방치한 경우[808] 편취의 고의가 인정되어 사기죄가 성립한다.

판례 차용사기에 있어서 편취의 범의에 관한 판단기준

【판결요지】 사기죄가 성립하는지는 행위 당시를 기준으로 판단하여야 하므로, 소비대차 거래에서 차주가 돈을 빌릴 당시에는 변제할 의사와 능력을 가지고 있었다면 비록 그 후에 변제하지 않고 있더라도 이는 민사상 채무불이행에 불과하며 형사상 사기죄가 성립하지는 아니한다.

따라서 소비대차 거래에서, 대주와 차주 사이의 친척·친지와 같은 인적 관계 및 계속적인 거래 관계 등에 의하여 대주가 차주의 신용 상태를 인식하고 있어 장래의 변제 지체 또는 변제불능에 대한 위험을 예상하고 있었거나 충분히 예상할 수 있는 경우에는, 차주가 차용 당시 구체적인 변제의사, 변제능력, 차용 조건 등과 관련하여 소비대차 여부를 결정지을 수 있는 중요한 사항에 관하여 허위 사실을 말하였다는 등의 다른 사정이 없다면, 차주가 그 후 제대로 변제하지 못하였다는 사실만을 가지고 변제능력에 관하여 대주를 기망하였다거나 차주에게 편취의 범의가 있었다고 단정할 수 없다(대법원 2016.4.2. 선고 2012도14516 판결).

【해설】 금전소비대차와 같은 차용금의 경우 행위자에게 사기의 고의가 있는지는 여부는 행위 당시의 제반 사정을 고려하여 변제의사와 변제능력을 판단할 수 없다. 내심의 의사는 직접 증명이 불가능하기 때문에 각종의 정황증거인 간접증거를 통하여 내심의 의사를 추단할 수밖에 없다. 불법영득의사의 추단의 경우와 같다.

---

804) 대법원 2016.4.28. 선고 2012도14516 판결.

805) 대법원 2001.3.27. 선고 2001도202 판결; 대법원 2016.6.9. 선고 2015도18555 판결.

806) 대법원 1993.1.15. 선고 92도2588 판결.

807) 대법원 1997.2.14. 선고 96도2904 판결.

808) 대법원 1995.4.25. 선고 95도424 판결.

5. 위법성조각사유

가. 권리실현의 수단으로 기망한 경우

행위자가 정당한 권리를 실현하기 위한 수단으로 기망행위를 하여 재물을 교부받은 경우에도 사기죄가 성립할 수 있는가에 대하여 견해의 대립이 있다. 부정설은 청구권이 있는 경우에는 불법한 이익이라 할 수 없고 불법영득·이득의사를 인정할 수 없으므로 사기죄가 성립하지 않는다고 한다. 긍정설은 권리행사라 할지라도 사회통념상 허용될 수 있는 허용범위를 초과한 경우에는 권리남용으로 위법하다고 한다.

대법원 판례에 따르면 권리행사와 그의 수단에 속하는 기망행위를 전체적으로 관찰하여, 기망행위가 사회통념상 권리행사의 수단으로서 용인할 수 없는 정도일 경우에는 사기죄가 성립한다. 하지만 피해자에 의한 채권을 변제받기 위한 방편이었다 하더라도 피해자에게 환전하여 주겠다고 기망하여 약속어음을 교부받는 경우,[809] 산업재해보상 보험급여를 지급받을 수 있는 지위에 있었다고 하더라도 특정 일자에 업무상 재해를 입은 사실이 전혀 없음에도 불구하고, 허위 내용의 목격자진술서를 첨부하는 등의 부정한 방법으로 요양신청을 하여 산업재해보상 보험급여를 지급받은 경우[810] 등은 위법성을 조각할 만한 정당한 권리행사방법이라고 볼 수 없다.

판례 보험금 청구사기

【판결요지】 [2] 기망행위를 수단으로 한 권리행사의 경우 그 권리행사에 속하는 행위와 그 수단에 속하는 기망행위를 전체적으로 관찰하여 그와 같은 기망행위가 사회통념상 권리행사의 수단으로서 용인할 수 없는 정도라면 그 권리행사에 속하는 행위는 사기죄를 구성하는데, 보험금을 지급받을 수 있는 사유가 있다 하더라도 이를 기화로 실제 지급받을 수 있는 보험금보다 다액의 보험금을 편취할 의사로 장기간의 입원 등을 통하여 과다한 보험금을 지급받는 경우에는 지급받은 보험금 전체에 대하여 사기죄가 성립한다.

[3] 환자들의 건강상태에 맞게 적정한 진료행위를 하지 않은 채 입원의 필요성이 적은 환자들에게까지 입원을 권유하고 퇴원을 만류하는 등으로 장기간의 입원을 유도하여 국민건강보험공단에 과다한 요양급여비를 청구한 행위는 사회통념상 권리행사의 수단으로 용인할 수 없는 것이어서, 비록 그중 일부 기간에 대하여 실제 입원치료가 필요하였다고 하더라도 그 부분을 포함한 당해 입원기간의 요양급여비 전체에 대하여 사기죄가 성립한다고 한 사례(대법원 2009.5.28. 선고 2008도4665 판결).

809) 대법원 1982.9.14. 선고 82도1679 판결.

810) 대법원 2003.6.13. 선고 2002도6410 판결.

판례 권리행사의 수단으로 기망행위를 한 경우

① 기망행위를 수단으로 한 권리행사의 경우 그 권리행사에 속하는 행위와 그 수단에 속하는 기망행위를 전체적으로 관찰하여 그와 같은 기망행위가 사회통념상 권리행사의 수단으로서 용인할 수 없는 정도라면 그 권리행사에 속하는 행위는 사기죄를 구성한다. 자기앞수표를 갈취당한 자가 이를 분실하였다고 허위로 공시최고신청을 하여 제권판결을 선고받은 경우, 그 수표를 갈취하여 소지하고 있는 자에 대한 사기죄가 성립된다고 한 사례(대법원 2003.12.26. 선고 2003도4914 판결).

② 산업재해보상보험 요양신청서에 부상 발생경위를 허위로 기재하는 등의 부정한 방법으로 요양신청을 하여 산업재해보상 보험급여를 지급받은 경우 사기죄에 있어서의 기망행위에 해당한다고 한 사례(대법원 2007.5.10. 선고 2007도1780 판결).

③ 근저당권자의 대리인인 피고인이 채무자 겸 소유자인 피해자를 대리하여 경매개시결정 정본을 받을 권한이 없음에도, 경매개시결정 정본 등 서류의 수령을 피고인에게 위임한다는 내용의 피해자 명의의 위임장을 위조하여 법원에 제출하는 방법으로 경매개시결정 정본을 교부받은 사안에서, 위 행위는 사회통념상 도저히 용인될 수 없으므로 비록 근저당권이 유효하다고 하더라도 사기죄의 기망행위에 해당한다고 한 사례(대법원 2009.7.9. 선고 2009도295 판결).

④ 부동산 소유권이전등기절차 이행을 구하는 소를 제기하여 동시이행 조건 없이 이행을 명하는 승소확정판결을 받은 피고인이, 부동산 소유권을 이전받더라도 매매잔금을 공탁할 의사나 능력이 없음에도 피해자에게 매매잔금을 공탁해 줄 것처럼 거짓말을 하여 그러한 내용으로 합의한 후 그에 따라 부동산 소유권을 임의로 이전받은 사안에서, 피고인의 행위는 사회통념상 권리행사의 수단으로서 용인할 수 있는 범위를 벗어난 것으로 사기죄의 기망행위에 해당한다고 한 사례(대법원 2011.3.10. 선고 2010도14856 판결).

⑤ 공사의 도급 또는 하도급계약에서 공사대금을 기성고 비율에 따라 산정한 기성금으로 분할 지급하기로 약정한 경우에 수급인 또는 하수급인이 시공물량을 부풀려 기성금을 청구하고 이를 지급받는 행위가 거래관계에서 신의와 성실의 의무를 저버리는 것으로서 사회통념상 권리행사의 수단으로 용인할 수 없는 정도에 이르렀다고 볼 수 있다면 사기죄로 인정할 수 있다(대법원 2016.10.13. 선고 2015도11200 판결).

나. 종교행위

피해자에게 불행을 고지하거나 길흉화복에 관한 어떠한 결과를 약속하고 기도비 등의 명목으로 대가를 교부받은 경우에 전통적인 관습 또는 종교행위로서 허용될 수 있는 한계를 벗어났다면 사기죄에 해당한다.[811)]

---

811) 대법원 2017.11.9. 선고 2016도12460 판결.

6. 죄수

사기죄의 죄수는 원칙적으로 피해자의 수를 기준으로 한다. 다수의 피해자에 대하여 각각 기망행위를 하여 각 피해자로부터 재물을 편취한 경우 범의가 단일하고 범행방법이 동일하더라도 각 피해자의 피해법익은 독립한 것이므로 포괄일죄가 아니라 피해자별로 독립한 사기죄가 성립한다.[812] 다만 예외적으로 피해자들의 피해법익이 동일하다고 볼 수 있는 사정이 있는 경우에는 이들에 대한 사기죄를 포괄하여 일죄로 볼 수 있다.[813]

판례 피해자가 부부인 경우

【판결요지】 [1] 다수의 피해자에 대하여 각각 기망행위를 하여 각 피해자로부터 재물을 편취한 경우에는 범의가 단일하고 범행방법이 동일하더라도 각 피해자의 피해법익은 독립한 것이므로 이를 포괄일죄로 파악할 수 없고 피해자별로 독립한 사기죄가 성립된다. 다만 피해자들의 피해법익이 동일하다고 볼 수 있는 사정이 있는 경우에는 이들에 대한 사기죄를 포괄하여 일죄로 볼 수 있다.

[2] 피고인이 부부인 피해자 갑과 을에게 '토지를 매수하여 분필한 후 이를 분양해서 원금 및 수익금을 지급하겠다.'면서 기망한 후, 이에 속아 피고인에게 투자하기 위해 공동재산인 건물을 매도하여 돈을 마련한 피해자들로부터 피해자 갑 명의 예금계좌에서 1억 원, 피해자 을 명의 예금계좌에서 4억 7,500만 원, 합계 5억 7,500만 원을 송금받아 이를 편취하였다는 이유로 특정경제범죄 가중처벌 등에 관한 법률 위반(사기)죄로 기소된 사안에서, 각 피해자 명의의 예금계좌에 예치된 금전에 관한 권리는 특별한 사정이 없는 한 각 피해자에게 별도로 귀속되므로 민사상 권리 귀속관계의 면에서는 각 피해자가 피고인의 기망행위로 별도의 재산상 법익을 침해당하였다고 볼 수도 있으나, 포괄일죄를 판단하는 기준 중 하나인 피해법익의 동일성은 민사상 권리 귀속관계 외에 해당 사건에 나타난 다른 사정도 함께 고려하여 판단해야 하는데, 피고인의 피해자들에 대한 기망행위의 공통성, 기망행위에 이르게 된 경위, 재산 교부에 관한 의사결정의 공통성, 재산의 형성·유지 과정, 재산 교부의 목적 및 방법, 기망행위 이후의 정황 등 모든 사정을 고려하여 보면, 피해자들에 대한 사기죄의 피해법익이 동일하다고 평가될 수 있어 이들에 대한 사기죄가 포괄일죄를 구성한다고 한 사례(대법원 2023. 12. 21. 선고 2023도13514 판결).

【해설】 피고인이 동일한 기망행위로 피해자 부부로부터 재산을 편취한 경우 각각 별개의 사기죄가 성립하는가, 아니면 하나의 포괄일죄로 평가할 수 있는지 문제된다. 사기죄의 죄수는 원칙적으로 피해자별로 별개의 사기죄가 성립한다. 다만 예외적으로 형사법적 보호법익의 관점에서 사기죄를 포괄일죄로 평가할 수 있다.

812) 대법원 1989.6.13. 선고 89도582 판결; 대법원 2003.4.8. 선고 2003도382 판결.

813) 대법원 2015.4.23. 선고 2014도16980 판결; 대법원 2023.12.21. 선고 2023도13514 판결.

1개의 기망행위로 상대방 1인을 기망하고 그로부터 수회 재물을 편취한 경우 범의의 단일성과 계속성이 인정되면 사기죄의 포괄일죄가 된다.[814] 따라서 취직교제비 명목으로 동일 피해자로부터 재물을 여러 차례에 걸쳐 수수한 경우 사기죄의 포괄일죄가 된다. 이 경우에도 그 시간적 간격이나 방법으로 보아 범의의 단일성과 계속이 없으면 실체적 경합범이 된다.[815] 1개의 기망행위로 다수의 피해자를 기망하고 그들로부터 재물을 편취한 경우 수개의 사기죄의 상상적 경합이 된다.

수개의 기망행위로 상대방 1인으로부터 재물을 편취한 경우에 범의의 단일성과 계속성이 인정되지 않으므로 수개의 사기죄의 실체적 경합이 된다. 수개의 기망행위로 다수의 피해자로부터 재물을 편취한 경우 수개의 사기죄의 실체적 경합이 된다.

사기죄에서 피해자에게 대가가 지급된 후 피해자를 기망하여 그가 보유하고 있는 그 대가를 다시 편취하거나 피해자로부터 그 대가를 위탁받아 보관 중 횡령한 경우 새로운 법익의 침해가 발생한 경우이므로, 기존에 성립한 사기죄와는 별도의 사기죄나 횡령죄가 성립한다.[816]

판례 동일 피해자에 대한 3회의 금원편취 행위

【판결요지】 피고인이 동일한 피해자로부터 3회에 걸쳐 돈을 편취함에 있어서 그 시간적 간격이 각 2개월 이상이 되고 그 기망방법에 있어서도 처음에는 경매보증금을 마련하여 시간을 벌어주면 경매목적물을 처분하여 갚겠다고 거짓말을 하였고, 두 번째는 한번만 더 시간을 벌면 위 부동산이 처분될 수 있다고 하여 돈을 빌려주게 하고, 마지막에는 돈을 빌려주지 않으면 두번에 걸쳐 빌려준 돈도 갚을 수 없게 되었다고 거짓말을 함으로써 피해자로 하여금 부득이 그 돈을 빌려주지 않을 수 없는 상태에 놓이게 하였다면 피고인에게 범의의 단일성과 계속성이 있었다고 보여지지 아니하므로 위의 각 범행은 실체적 경합범에 해당한다(대법원 1989.11.28. 선고 89도1309 판결).

7. 다른 죄와의 관계

가. 사기죄와 횡령죄의 관계

자기가 점유하고 있는 타인의 재물을 횡령하기 위하여 기망행위를 한 경우 횡령죄만 성립하며 사기죄는 성립하지 않는다. 사기죄는 타인소유·타인점유물을 객체로 하며 피기

814) 대법원 1988.9.6. 선고 87도1166 판결.

815) 대법원 1993.6.22. 선고 93도743 판결.

816) 대법원 2009.10.29. 선고 2009도7052 판결.

망자의 처분행위에 의하여 취득한다는 점에 그 본질이 있는데, 이 경우에는 자기가 점유하는 물건이며, 피기망자의 처분행위가 없기 때문이다.[817] 따라서 명의신탁된 종중소유의 토지를 그 개인의 소유라고 거짓말하여 다른 사람에게 매도하고 대금을 받은 경우 횡령죄만 성립한다.[818]

나. 사기죄와 위조통화죄의 관계

위조통화를 사용하여 물건을 구입한 경우에 다수설은 위조통화행사죄와 사기죄의 상상적 경합으로 보는 반면에, 판례는 위조통화행사죄와 사기죄의 실체적 경합으로 본다. 통화위조죄에 관한 규정은 공공의 거래상의 신용 및 안전을 보호하는 공공적인 법익을 보호함을 목적으로 하고 있고, 사기죄는 개인의 재산법익에 대한 죄이어서 양죄는 그 보호법익을 달리하고 있다는 점을 근거로 제시하고 있다.[819]

생각건대, 보호법익이 다르다는 점은 수죄가 경합한다는 근거가 될 수 있다. 실체적 경합·상상적 경합을 구별하는 기준은 행위의 개수이므로 이 경우는 동일한 한 개의 행위로 수죄가 성립한 경우이므로 양죄는 상상적 경합으로 보는 것이 타당하다.

다. 사기죄와 배임죄의 관계

타인의 사무처리자가 본인을 기망하여 재산상 이익을 취득한 경우는 1개의 행위로 양죄 모두 성립하는 것으로 배임죄와 사기죄는 상상적 경합관계에 있다. 대법원 판례는 종전에 사기죄만 성립된다는 입장이었으나 2002도669 판결에서 태도를 변경하여 상상적 경합을 인정한다.[820]

하지만, 건물관리인이 건물주로부터 월세임대차계약 체결업무를 위임받고도 임차인들을 속여 전세임대차계약을 체결하고 그 보증금을 편취한 경우와 같이 배임행위가 본인 이외의 '제3자에 대한 사기죄'를 구성할 때에는 사기죄와 별도로 업무상배임죄가 성립하고 양죄는 실체적 경합범의 관계에 있다.[821] 보호법익뿐만 아니라 행위태양도 다르기 때문이다.

라. 사기죄와 수뢰죄의 관계

뇌물을 수수함에 있어서 공여자를 기망한 점이 있다 하여도 뇌물수수죄, 뇌물공여죄의

---

817) 대법원 1980.12.9. 선고 80도1177 판결.

818) 대법원 19070.9.29. 선고 70도1668 판결.

819) 대법원 1979.7.10. 선고 79도840 판결.

820) 대법원 2002.7.18. 선고 2002도669 전원합의체 판결.

821) 대법원 2010.11.11. 선고 2010도10690 판결.

성립에는 영향이 없고,[822] 공무원이 직무에 관하여 타인을 기망하여 재물을 교부받은 경우 사기죄와 수뢰죄의 상상적 경합이 된다.[823]

마. 사기죄와 도박죄의 관계

도박은 2인 이상의 자가 상호 간에 재물을 걸어 우연에 의하여 승패를 결정하는 것을 말하는데, 사기도박은 도박당사자의 일방이 사기의 수단으로써 승패의 수를 지배하는 경우이므로 도박에서의 우연성이 결여되어 있다. 따라서 사기도박의 경우 사기죄만 성립하고 도박죄는 성립하지 아니한다.[824]

8. 사기죄와 친족상도례

피기망자와 재산상 피해자가 다른 경우 친족상도례가 적용되기 위해서 행위자가 양자 모두에 대해 친족관계가 있어야 하는지 문제된다. 이는 사기죄의 보호법익이 무엇인지와 법리적으로 연결된다. 사기죄의 보호법익에 있어서 거래의 진실성 내지 신의성실이 포함된다고 보면 피기망자도 피해자에 포함되므로 양자 모두에 대해 친족관계가 있어야만 친족상도례가 적용될 수 있다. 하지만 사기죄의 보호법익은 재산권에 한정된다고 보면 피기망자는 피해자가 될 수 없으므로 행위자와 피기망자 사이에 친족관계가 없어도 친족상도례가 적용될 수 있다.

판례는 사기죄의 보호법익에 전체로서의 재산뿐만 아니라 거래의 진실성 내지 신의성실을 포함하고 있음에도 불구하고 친족상도례 적용에 있어서는 피기망자를 피해자에 포함시키지 않는다.[825] 손자가 할아버지의 통장을 절취하여 이를 현금자동지급기에 넣고 예금잔고를 자신의 거래은행 계좌로 이체한 경우 은행이 피해자이므로 컴퓨터사용사기죄의 범인에 대하여 친족상도례를 적용하지 않았다.[826] 소송사기의 경우 피기망자는 법원이지만, 재산상 피해자는 소송의 상대방이다. 법원을 기망하여 직계혈족 관계에 있는 제3자로부터 재물을 편취한 경우, 사기죄의 범인에 대하여 친족상도례를 적용하여 형을 면제한다.[827] 이 역시 피기망자인 법원을 피해자에 포함시키지 않는 판례이다.

---

822) 대법원 1985.2.8. 선고 84도2625 판결.

823) 대법원 2015.10.29. 선고 2015도12838 판결.

824) 대법원 2011.1.13. 선고 2010도9330 판결.

825) 대법원 1978.4.13. 선고 75도781 판결.

826) 대법원 2007.3.15. 선고 2006도2704 판결.

827) 대법원 2014.9.26. 선고 2014도8076 판결; 대법원 2018.1.25. 선고 2016도6757 판결.

생각건대, 사기죄의 보호법익은 거래상의 진실성은 제외한 전체로서의 재산권으로 보는 것이 타당하다. 따라서 피기망자는 피해자가 아니므로 행위자와 피기망자 사이에 친족관계가 없고, 재산상 피해자와 친족관계만 있으면 친족상도례가 적용될 수 있다.

Ⅲ. 사기죄 관련 문제

1. 불법원인급여와 사기죄

가. 쟁점

갑이 잘 아는 공무원에게 뇌물을 전달해 주겠다고 A를 기망하고 그로부터 금품을 교부받고 이를 사취한 경우, 마약을 구매해 주겠다고 기망하고 금품을 교부받고 이를 사취한 경우, 성매매업과 같이 법률상 금지된 사업에 투자할 것을 권유하면서 투자금을 받는 경우와 같이 사람을 기망하여 반환청구권이 없는 불법한 급여를 하게 한 경우 사기죄가 성립할 수 있는지에 대하여 문제된다.

나. 학설과 판례

부정설은 법률적 재산설 또는 법률적 경제적 재산설에 따르면 불법원인급여물은 법질서의 보호를 받을 수 없기 때문에 형법상 재물 개념에 속하지 못하며, 민법상 피해자에게 반환청구권이 없으므로 사기죄는 성립하지 않는다고 한다.[828)]

긍정설은 사람을 기망하여 불법원인급여를 하게 한 때에는 기망행위에 의하여 피해자에게 재산상 손해를 입힌 것이 명백하고, 사기죄 성립 여부는 민법상 반환청구권의 유무와는 관계없이 형법의 독자적인 관점에서 판단해야 하므로 사기죄는 성립한다고 한다.[829)]

원인제공설은 민법 제746조의 단서인 '불법원인이 수익자에게만 있는 때에는 그러하지 아니하다.'는 규정에 중점을 두어 사기죄의 경우 불법원인이 수익자에게만 있는 것으로 볼 수 있기 때문에 기망의 방법으로 불법원인급여에 해당하는 재물 또는 재산상 이익을 취득하는 행위는 사기죄를 구성한다고 한다.[830)]

판례는 수익자가 기망을 통하여 급여자로 하여금 불법원인급여에 해당하는 재물을 제공하도록 하였다면 사기죄가 성립한다고 한다.[831)]

---

828) 김일수/서보학, 352면; 배종대, 531면.

829) 김성돈, 365면; 이재상/장영민/강동범, 353면; 임웅/이현정/박성민, 430면; 정성근/박광민, 390면.

830) 손동권/김재윤, 392면; 신동운, 1032면.

831) 대법원 2006.11.23. 선고 2006도6795 판결.

다. 결론

생각건대, 불법원인급여의 경우에도 사기죄 성립을 긍정하는 것이 타당하다. 사기죄의 보호법익은 기본적으로 피해자의 재산적 법익이며, 형법상 재산은 민법과는 독립된 개념으로, 경제적 관점에서 피해자의 전체적 재산 상태가 기망행위로 인해 실질적으로 악화되었는지 여부로 판단하여야 한다. 민법 제746조가 불법원인급여의 반환을 부정하는 취지는 불법행위를 한 자에게 법적 보호를 부여하지 않는다는 공서양속적 목적을 가진 것이며, 민법상 반환청구권을 부정하는 목적이지, 기망행위자의 형사책임을 면제하거나 피해자의 형법상 재산 보호를 부인하려는 데에 있는 것은 아니다. 즉, 불법원인급여의 경우 급여자의 반환청구권이 없다고 하더라도, 그것은 민법상 효과에 불과할 뿐이며, 형법에서는 피해자의 재산이 기망행위에 의해 실질적으로 침해된 상태라는 사실이 중요하다. 따라서 민법상 반환청구권이 인정되지 않더라도 기망행위에 의해 급여자가 불법적인 원인에 의한 급여를 하게 된 경우 형법적 판단에서는 피해자가 기망행위로 인해 실질적인 재산상 손해를 입었으므로 사기죄가 성립한다고 보는 것이 타당하다.

2. 소송사기

가. 의의

소송사기(訴訟詐欺)는 소송절차에서 허위 사실 주장이나 허위 증거 제출 등을 통해 법원을 기망하여 자신에게 유리한 판결을 받고 이에 의하여 강제집행을 하여 재산을 취득하는 경우이다. 피기망자는 법원이지만 재산상 피해자는 소송의 상대방으로 피기망자와 재산상 피해자가 일치하지 않는 삼각사기의 전형적인 경우이다.

나. 소송사기의 주체

소송사기의 주체는 원고뿐만 아니라 피고도 가능하다. 피고도 원고의 주장에 맞서 허위 내용의 서류를 작성하여 이를 증거로 제출하거나 위증을 시키는 등 적극적인 방법으로 법원을 기망하여 재산상 의무이행을 면할 경우에는 사기죄의 주체가 될 수 있다.[832)]

행위자가 원고 또는 피고를 이용하는 간접정범의 형태로도 소송사기를 범할 수 있다. 자기에게 유리한 판결을 얻기 위하여 소송상의 주장이 사실과 다름이 객관적으로 명백하거나 증거가 조작되어 있다는 정을 인식하지 못하는 제3자를 이용하여 그로 하여금 소송의 당사자가 되게 하고 법원을 기망하여 소송 상대방의 재물 또는 재산상 이익을 취득하

---

832) 대법원 1987.9.22. 선고 87도1090 판결.

려 하였다면 간접정범의 형태에 의한 소송사기죄가 성립하게 된다. 예를 들면 갑이 존재하지 않는 약정이자에 관한 내용을 부가하여 위조한 A 명의 차용증을 바탕으로 A에 대한 차용금채권을 을에게 양도하고, 이러한 사정을 모르는 을로 하여금 A를 상대로 양수금 청구소송을 제기하게 한 경우, 갑의 행위는 을을 도구로 이용한 간접정범 형태의 소송사기죄가 성립한다.[833)]

다. 소송사기의 방법

기망행위로서 적극적 사술을 사용하여야 한다. 소송제기 당시 그 주장과 같은 권리가 존재하지 않는다는 것만으로 부족하고 그 주장의 권리가 존재하지 않는 사실을 잘 알고 있으면서도 허위의 주장과 입증으로 법원을 기망한다는 인식이 있어야 한다.[834)] 단순히 사실을 잘못 인식하였거나 법률적 평가를 잘못하여 존재하지 않는 권리를 존재한다고 믿고 제소하는 경우에는 사기죄가 성립하지 않는다.[835)]

기망행위가 있어야 하므로 단순히 상대방에게 유리한 증거를 제출하지 않거나 상대방에게 유리한 사실을 진술하지 않는 행위는 사기죄가 성립하지 않는다. 당사자주의를 취하고 있는 민사소송에서 상대방을 위하여 이를 현출할 의무가 있다고 보기 어렵기 때문이다.[836)]

판례 상대방에게 유리한 증거를 제출하지 않은 행위

【판결요지】 [1] 소송사기는 법원을 기망하여 자기에게 유리한 판결을 얻음으로써 상대방의 재물 또는 재산상 이익을 취득하는 것을 내용으로 하는 범죄로서, 이를 처벌하는 것은 필연적으로 누구든지 자기에게 유리한 주장을 하고 소송을 통하여 권리구제를 받을 수 있다는 민사재판제도의 위축을 가져올 수밖에 없으므로, 피고인이 그 범행을 인정한 경우 외에는 그 소송상의 주장이 사실과 다름이 객관적으로 명백하거나 피고인이 그 소송상의 주장이 명백히 허위인 것을 인식하였거나 증거를 조작하려고 한 흔적이 있는 등의 경우 외에는 이를 쉽사리 유죄로 인정하여서는 안 된다.

[2] 당사자주의 소송구조하에서는 자기에게 유리한 주장이나 증거는 각자가 자신의 책임하에 변론에 현출하여야 하는 것이고, 비록 자기가 상대방에게 유리한 증거를 가지고 있다거나 상대방에게 유리한 사실을 알고 있다고 하더라도 상대방을 위하여 이를 현출하여야 할 의무가 있다고 보기는 어려울 것이므로 상대방에게 유리한 증거를 제출하지 않거나 상대방에게 유리한 사실을 진술하지 않는 행위만으로는 소송사기에 있

833) 대법원 2007.9.6. 선고 2006도3591 판결.
834) 대법원 2009.4.9. 선고 2009도128 판결.
835) 대법원 1993.9.28. 선고 93도1941 판결.
836) 대법원 2002.6.28. 선고 2001도1610 판결.

어 기망이 된다고 할 수 없다(대법원 2002.6.28. 선고 2001도1610 판결).

라. 허위의 채권으로 지급명령을 신청한 경우

허위의 채권으로 지급명령을 신청한 경우 지급명령은 독촉절차에 지나지 아니하므로 기한이 도래하지 않은 채권을 즉시 지급받기 위한 지급명령의 신청만으로는 기망행위에 해당하지 않는다. 다만, 지급명령에 있어서 채무자가 이의신청을 하면 소(訴)를 제기한 것으로 간주되고, 이의신청이 없거나 각하된 때에는 확정판결과 같은 효과를 가지게 되어(민사소송법 제472조 제2항, 제474조), 이로 인하여 채무자는 재산상 손해를 입게 되므로 사기죄가 성립한다.

마. 판결의 처분성

피기망자인 법원의 재판은 피해자의 처분행위에 갈음하는 내용과 효력이 있어야 한다. 따라서 실재하지 않는 자에 대한 소송의 경우 판결이 선고되더라도 피해자의 처분행위에 갈음하는 내용과 효력을 인정할 수 없고,[837] 사망한 자에 대한 판단은 그 내용에 따른 효력이 발생하지 않는 무효인 판결이므로[838] 원칙적으로 소송사기가 될 수 없다.

바. 소송사기의 착수 시기

소송사기의 실행의 착수 시기는 “부실한 청구를 목적으로 법원에 소장(訴狀)을 제출한 때 또는 허위 내용의 서류를 증거로 제출하거나 그러한 주장을 담은 답변서나 준비서면을 제출한 때”이다.[839] 소장이 유효하게 송달될 필요는 없다. 제소자가 상대방의 주소를 허위로 기재함으로써 그 허위 주소로 소송서류가 송달되어 그로 인하여 상대방 아닌 다른 사람이 그 서류를 받아 소송이 진행된 경우에도 실행의 착수는 인정된다.[840]

강제집행절차를 통한 소송사기에서 실행의 착수 시기는 집행절차의 개시신청을 한 때 또는 진행 중인 집행절차에 배당신청을 한 때이며,[841] 부동산에 관한 소유권이전등기청구권에 대한 강제집행절차에서 소송사기의 실행의 착수 시기는 허위 채권에 기한 공정증서를 집행권원으로 하여 채무자의 소유권이전등기청구권에 대하여 압류신청을 한 때이다.[842] 가압류를 신청한 것만으로는 실행의 착수가 인정될 수 없다.[843] 가압류·가처분신

837) 대법원 1992.12.11. 선고 92도743 판결.

838) 대법원 2002.1.11. 선고 2000도1881 판결.

839) 대법원 1974.3.26. 선고 74도196 판결.

840) 대법원 2006.11.10. 선고 2006도5811 판결.

841) 대법원 2015.2.12. 선고 2014도10086 판결.

842) 대법원 2015.2.12. 선고 2014도10086 판결.

843) 대법원 1982.10.26. 선고 82도1529 판결.

청은 강제집행의 보전방법에 불과하고 그 기초가 되는 허위의 채권에 의하여 실제로 청구의 의사표시를 한 것으로 볼 수 없기 때문이다.

판례 **강제집행절차를 통한 소송사기 사건**

【판결요지】 강제집행절차를 통한 소송사기는 집행절차의 개시신청을 한 때 또는 진행 중인 집행절차에 배당신청을 한 때에 실행에 착수하였다고 볼 것이다. 민사집행법 제244조에서 규정하는 부동산에 관한 권리이전청구권에 대한 강제집행은 그 자체를 처분하여 대금으로 채권에 만족을 기하는 것이 아니고, 부동산에 관한 권리이전청구권을 압류하여 청구권의 내용을 실현시키고 부동산을 채무자의 책임재산으로 귀속시킨 다음 다시 부동산에 대한 경매를 실시하여 매각대금으로 채권에 만족을 기하는 것이다. 이러한 경우 소유권이전등기청구권에 대한 압류는 당해 부동산에 대한 경매의 실시를 위한 사전 단계로서의 의미를 가지나, 전체로서의 강제집행절차를 위한 일련의 시작행위라고 할 수 있으므로, 허위 채권에 기한 공정증서를 집행권원으로 하여 채무자의 소유권이전등기청구권에 대하여 압류신청을 한 시점에 소송사기의 실행에 착수하였다고 볼 것이다(대법원 2015.2.12. 선고 2014도10086 판결).

사. 소송사기의 기수

소송사기는 법원을 기망하여 승소의 확정판결을 받은 때 기수가 된다.[844] 승소판결이 확정되면 집행력이 인정되므로 이때 재물 또는 재산상 이익을 취득한 것으로 볼 수 있기 때문이다. 따라서 별도의 집행절차가 필요한 것은 아니다. 자기앞수표를 갈취당한 자가 이를 분실하였다고 허위로 공시최고신청을 하여 제권판결을 선고받았을 때,[845] 피고인 자신이 토지의 소유자라고 허위의 주장을 하면서 소유권보존등기 명의자를 상대로 보존등기의 말소를 구하는 소송을 제기한 경우 그 소송에서 위 토지가 피고인의 소유임을 인정하여 보존등기 말소를 명하는 내용의 승소확정판결이 확정된 때 사기죄의 기수가 되며, 상대방의 소유권보존등기를 말소시킨 후 자기 앞으로의 소유권보존등기를 신청하지 않았더라도 사기죄는 기수이다.

판례 **보존등기의 말소를 구하는 소송을 제기한 경우**

【판결요지】 피고인 또는 그와 공모한 자가 자신이 토지의 소유자라고 허위의 주장을 하면서 소유권보존등기 명의자를 상대로 보존등기의 말소를 구하는 소송을 제기한 경우 그 소송에서 위 토지가 피고인 또는 그와 공모한 자의 소유임을 인정하여 보존등기 말

844) 대법원 1980.4.22. 선고 80도533 판결.

845) 대법원 2003.12.26. 선고 2003도4914 판결.

소를 명하는 내용의 승소확정판결을 받는다면, 이에 터 잡아 언제든지 단독으로 상대방의 소유권보존등기를 말소시킨 후 위 판결을 부동산등기법 제130조 제2호 소정의 소유권을 증명하는 판결로 하여 자기 앞으로의 소유권보존등기를 신청하여 그 등기를 마칠 수 있게 되므로, 이는 법원을 기망하여 유리한 판결을 얻음으로써 '대상 토지의 소유권에 대한 방해를 제거하고 그 소유명의를 얻을 수 있는 지위'라는 재산상 이익을 취득한 것이고, 그 경우 기수 시기는 위 판결이 확정된 때이다(대법원 2006.4.7. 선고 2005도9858 전원합의체 판결).

【해설】 허위의 주장을 하면서 소유권보존등기 명의자를 상대로 보존등기의 말소를 구하는 소송을 제기하여 승소확정판결을 받은 경우 종래 대법원은 소송사기죄가 성립하지 않는다고 하였으나(83도1566), 2005도9858 전원합의체 판결을 통하여 이 경우 소송에서 토지가 피고인의 소유임을 인정하여 보존등기 말소를 명하는 내용의 승소확정판결을 받았을 때 기수가 된다고 하였다. 피고인이 비록 자기 앞으로 소유권보존등기를 하지는 않았지만, 승소판결에 터 잡아 언제든지 단독으로 상대방의 소유권보존등기를 말소시킨 후 위 판결을 부동산등기법 제130조 제2호 소정의 소유권을 증명하는 판결로 하여 자기 앞으로의 소유권보존등기를 신청하여 그 등기를 마칠 수 있게 되므로, 이는 법원을 기망하여 유리한 판결을 얻음으로써 '대상 토지의 소유권에 대한 방해를 제거하고 그 소유명의를 얻을 수 있는 지위'라는 재산상 이익을 취득한 것으로 보아 소송사기죄의 성립을 인정하였다.

아. 소송사기의 미수

법원을 기망하여 유리한 판결을 얻어내고 이에 터잡아 상대방으로부터 재물이나 재산상 이익을 취득하려고 소송을 제기하였다가 법원으로부터 패소판결이 확정되는 등 법원으로부터 유리한 판결을 받지 못하고 소송이 종료된 경우 사기죄는 미수이다. 소송사기 미수죄에 있어서 범죄행위의 종료시기는 소송이 종료된 때이다.[846] 또한 갑이 소송비용을 편취할 의사로 소송비용의 지급을 구하는 손해배상청구의 소를 제기한 경우, 위험성이 인정되지 않는 사기죄의 불능범에 해당한다.[847]

판례 소송사기의 불능범

【판결요지】 민사소송법상 소송비용의 청구는 소송비용액 확정절차에 의하도록 규정하고 있으므로, 위 절차에 의하지 아니하고 손해배상금 청구의 소 등으로 소송비용의 지급을 구하는 것은 소의 이익이 없는 부적법한 소로서 허용될 수 없다고 할 것이다. 따라서 소송비용을 편취할 의사로 소송비용의 지급을 구하는 손해배상청구의 소를 제기

846) 대법원 2000.2.11. 선고 99도4459 판결.
847) 대법원 2005.12.8. 선고 2005도8105 판결.

하였다고 하더라도 이는 객관적으로 소송비용의 청구방법에 관한 법률적 지식을 가진 일반인의 판단으로 보아 결과 발생의 가능성이 없어 위험성이 인정되지 않는다고 할 것이다. 따라서 소송비용을 편취할 의사로 소송비용의 지급을 구하는 손해배상청구의 소를 제기한 경우, 사기죄의 불능범에 해당한다고 한 사례(대법원 2005.12.8. 선고 2005도8105 판결).

【해설】 소송비용을 편취할 의사였다면 손해배상청구의 소가 아니라 소송비용액 확정 절차에 따라 진행되어야 한다. 이 절차에 의하지 아니하고 손해배상청구의 소를 제기하는 경우 소의 이익이 없는 부적법한 소로서 허용되지 않는다. 이에 대하여 판례는 결과 발생의 가능성이 없어 위험성이 인정되지 않기 때문에 사기죄의 불능범이 된다고 하였다.

판례 소송사기죄가 성립하는 경우

① 민사판결의 주문에 표시된 채권을 변제받거나 상계하여 그 채권이 소멸되었음에도 불구하고, 판결정본을 소지하고 있음을 기화로 이를 근거로 하여 강제집행을 하였다면 사기죄를 구성한다(대법원 1992.12.22. 선고 92도2218 판결).

② 채무자가 강제집행을 승낙한 취지의 기재가 있는 약속어음 공정증서에 있어서 그 약속어음의 원인관계가 소멸하였음에도 불구하고, 약속어음 공정증서 정본을 소지하고 있음을 기화로 이를 근거로 하여 강제집행을 하였다면 사기죄를 구성한다(대법원 1999.12.10. 선고 99도2213 판결).

③ 자기앞수표를 갈취당한 자가 이를 분실하였다고 허위로 공시최고신청을 하여 제권판결을 선고받은 경우, 그 수표를 갈취하여 소지하고 있는 자에 대한 사기죄가 성립된다고 한 사례(대법원 2003.12.26. 선고 2003도4914 판결).

④ 피고인 또는 그와 공모한 자가 자신이 토지의 소유자라고 허위의 주장을 하면서 소유권보존등기 명의자를 상대로 보존등기의 말소를 구하는 소송을 제기한 경우 그 소송에서 위 토지가 피고인 또는 그와 공모한 자의 소유임을 인정하여 보존등기 말소를 명하는 내용의 승소확정판결을 받는다면, 이에 터 잡아 언제든지 단독으로 상대방의 소유권보존등기를 말소시킨 후 위 판결을 부동산등기법 제130조 제2호 소정의 소유권을 증명하는 판결로 하여 자기 앞으로의 소유권보존등기를 신청하여 그 등기를 마칠 수 있게 되므로, 이는 법원을 기망하여 유리한 판결을 얻음으로써 '대상 토지의 소유권에 대한 방해를 제거하고 그 소유명의를 얻을 수 있는 지위'라는 재산상 이익을 취득한 것이고, 그 경우 기수 시기는 위 판결이 확정된 때이다(대법원 2006.4.7. 선고 2005도9858 전원합의체 판결).

3. 보험사기

가. 의의

보험사기(保險詐欺)는 보험금을 편취할 목적으로 고의로 보험사고를 조작하거나, 허위 또는 과장된 사실을 보험회사에 제공하여 부당한 보험금을 수령하거나 수령하려는 범죄를 말한다. 형법상 사기죄의 특수한 형태로 분류되며, 사회적으로 심각한 문제로 인식되어 엄격하게 처벌되고 있다. 보험사기는 보험계약의 신뢰성과 보험제도의 안정성을 심각하게 해치며, 보험료 상승 등으로 이어져 사회적 비용이 증가한다. 현재 보험사기가 다양한 형태로 나타나고, 조직적으로 발생하는 경우도 많다.

보험사기에 대해서는 보험사기방지특별법이 있다. 동법은 보험사기죄에 대한 처벌 규정을 두고 있지만 기본적으로 사기죄와 그 구조가 동일하다. 보험사기방지특별법에서 말하는 보험사기행위란 보험사고의 발생, 원인 또는 내용에 관하여 보험자를 기망하여 보험금을 청구하는 행위를 말한다. 보험사기행위로 보험금을 취득하거나 제3자에게 보험금을 취득하게 한 경우 형법상 사기죄가 아닌 보험사기방지특별법 제8조에 따라 처벌되며, 보험사기이득액이 5억원 이상일 경우에는 가중처벌한다.

나. 보험사기와 기망행위

보험사기도 형법상 사기죄의 성립 요건을 갖추어야 한다. 보험회사에 대해 사고 발생 사실을 조작하거나 허위로 신고하는 등 보험회사에 대한 적극적 기망행위가 있어야 한다. 보험사고 자체가 없음에도 불구하고 사고가 발생한 것처럼 허위신고하는 경우, 실제로 발생한 사고의 원인을 조작하거나 사고 내용을 과장하여 보험금을 청구하는 경우뿐만 아니라 중대한 병력을 숨기고 보험계약을 체결하여 보험금을 편취하는 경우와 같이 허위로 보험계약을 체결하는 행위도 기망행위가 될 수 있다.

다만 모든 허위 보험계약 체결이 기망행위가 되는 것은 아니다. 보험계약자가 고지의무를 위반하여 보험회사와 보험계약을 체결한다 하더라도 그 보험금은 보험계약의 체결만으로 지급되는 것이 아니라 보험계약에서 정한 우연한 사고가 발생하여야만 지급되는 것이다. 상법상 고지의무를 위반하여 보험계약을 체결하였다는 사정만으로 보험계약자에게 미필적으로나마 보험금 편취를 위한 고의의 기망행위가 있었다고 단정할 수 없다.[848)]

보험계약자가 보험계약 체결 시 보험금액이 목적물의 가액을 현저하게 초과하는 초과보험 상태를 의도적으로 유발한 후 보험사고가 발생하자 초과보험 사실을 알지 못하는 보험자에게 목적물의 가액을 묵비한 채 보험금을 청구하여 보험금을 교부받은 경우, 보험자

848) 대법원 2014.1.16. 선고 2013도9644 판결.

가 보험금액이 목적물의 가액을 현저하게 초과한다는 것을 알았더라면 같은 조건으로 보험계약을 체결하지 않았을 뿐만 아니라 협정보험가액에 따른 보험금을 그대로 지급하지 아니하였을 관계가 인정된다면, 보험계약자가 초과보험 사실을 알지 못하는 보험자에게 목적물의 가액을 묵비한 채 보험금을 청구한 행위는 사기죄의 실행행위로서의 기망행위에 해당한다.[849)]

다. 보험회사의 착오와 재산 처분행위

보험회사가 기망행위로 인해 착오에 빠져 보험금을 지급하는 등 재산적 처분행위를 하여야 한다. 보험금이 실제로 지급되지 않더라도, 보험회사가 착오에 빠져 보험금 지급 의무를 부담하는 상황이 확정되었다면 미수범이 아닌 기수로 평가될 수 있다.

라. 실행의 착수 시기와 기수 시기

보험사기의 경우 실행의 착수 시기는 보험금을 청구한 때이다. 보험계약을 체결하는 행위는 예비행위에 불과하지만, 보험사고의 우연성과 같은 보험의 본질을 해칠 정도라고 볼 수 있는 특별한 사정이 있다면 보험계약을 체결한 때에도 실행의 착수가 인정될 수 있다.[850)]

보험사기의 경우 기수 시기는 보험금을 지급받았을 때이다. '보험사고의 우연성'과 같은 보험의 본질을 해할 정도에 이르러야 비로소 보험금 편취를 위한 고의의 기망행위를 인정할 수 있다. 행위자가 이와 같은 고의의 기망행위로 보험계약을 체결하고 위 보험사고가 발생하였다는 이유로 보험회사에 보험금을 청구하여 보험금을 지급받았을 때 사기죄는 기수에 이른다.[851)]

4. 전기통신금융사기

가. 의의

'전기통신금융사기'란 전기통신기본법 제2조 제1호에 따른 전기통신을 이용하여 타인을 기망·공갈함으로써 재산상의 이익을 취하거나 제3자에게 재산상의 이익을 취하게 하는 행위로 자금을 송금·이체하도록 하는 행위 또는 개인정보를 알아내어 자금을 송금·이체하는 행위를 말한다. 다만, 재화의 공급 또는 용역의 제공 등을 가장한 행위는 제외하

849) 대법원 2015.7.23. 선고 2015도6905 판결.

850) 대법원 2013.11.14. 선고 2013도7494 판결.

851) 대법원 2019.4.3. 선고 2014도2754 판결.

되, 대출의 제공·알선·중개를 가장한 행위는 포함한다. 이를 '보이스피싱범죄'라고도 한다. 전기통신을 이용한 금융사기의 경우에도 형법상 사기죄의 성립을 인정함에 있어서 문제는 없다. 형법 이외에도 보이스피싱범죄에 대한 특별법으로 통신사기피해환급법과 전자금융거래법이 있다.

나. 전기통신금융사기에 대한 특별법

(1) 통신사기피해환급법

전기통신금융사기행위를 한 경우에는 전기통신금융사기 피해방지 및 피해금환급에 관한 특별법(통신사기피해환급법) 제15조의2에 의하여 전기통신금융사기를 목적으로 타인으로 하여금 컴퓨터 등 정보처리장치에 정보 또는 명령을 입력하게 하는 행위를 하거나 취득한 타인의 정보를 이용하여 컴퓨터 등 정보처리장치에 정보 또는 명령을 입력하는 행위를 한 자를 처벌하고 있다.

전기통신금융사기를 목적으로 하는 정보 또는 명령의 입력이란 타인에 대한 전기통신금융사기 행위에 의하여 자금을 다른 계좌인 사기이용계좌로 송금·이체하는 것을 목적으로 하는 정보 또는 명령의 입력을 의미한다.[852)]

(2) 전자금융거래법

보이스피싱 범죄에 있어서 이른바 대포통장은 중요한 범행수단이다. 대포통장은 실제 사용인과 명의인이 다른 예금통장 등 기타 접근매체를 통칭하는 것이다. 피해자의 자금이 송금·이체되는 등 사기에 이용되는 계좌는 이른바 대포통장으로 제3자에 의하여 거래되는 경우가 많다. 이에 대하여 전자금융거래법에서는 전자금융거래에 필요한 접근매체[853)]에 대하여 규제하고 있다.

전자금융거래법 제6조 제3항에 따르면 ① 접근매체를 양도하거나 양수하는 행위, ② 대가를 수수·요구 또는 약속하면서 접근매체를 대여받거나 대여하는 행위 또는 보관·전달·유통하는 행위, ③ 범죄에 이용할 목적으로 또는 범죄에 이용될 것을 알면서 접근매체를 대여받거나 대여하는 행위 또는 보관·전달·유통하는 행위, ④ 접근매체를 질권의 목적으로 하는 행위, ⑤ 이러한 행위를 알선하거나 광고하는 행위를 금지하고 이를 위반한 경우 동법 제49조 제4항에 따라 형사처벌하고 있다.

---

852) 대법원 2016.2.19. 선고 2015도15101 전원합의체 판결.

853) 접근매체라 함은 전자금융거래에 있어서 거래지시를 하거나 이용자 및 거래내용의 진실성과 정확성을 확보하기 위하여 사용되는 수단 또는 정보로 현금카드와 같은 전자식카드, 인증서, 금융회사에 등록된 이용자번호, 이용자의 생체정보, 비밀번호 등이 이에 해당한다.

다. 전기통신금융사기범죄

(1) 본범

(가) 사기

이른바 보이스피싱 범죄인 전기통신금융사기 본범이 피해자에게 금융감독원의 직원 등으로 사칭하면서 피해자를 기망하고 피해자의 자금을 사기이용계좌로 송금·이체를 받으면 사기죄는 기수에 이른다. 행위자의 기망행위로 피해자가 착오에 빠지고 착오에 기하여 재산상 처분행위인 피해금 송금행위를 하기 때문이다. 이 경우 피해자들은 돈을 범인에게 처분한다는 처분의사는 없으며, 단지 보관의 의사로 보내는 경우가 대부분이다. 이 경우 이른바 서명사취 사건에서 피기망자가 어떤 행위를 한다는 인식이 있으면 충분하고 그 행위가 가져오는 결과에 대한 인식까지는 필요 없다는 대법원 판례에 따르면 이 경우에도 처분의사를 인정할 수 있다.

(나) 현금인출행위

사기이용계좌로 송금·이체되면 전기통신금융사기 행위는 종료되고 처벌조항 위반죄는 이미 기수에 이른 것이므로, 그 후에 사기이용계좌에서 현금을 인출하거나 다시 송금하는 행위는 범인들 내부 영역에서 그들이 관리하는 계좌를 이용하여 이루어지는 행위이기 때문에 별개의 전기통신금융사기를 목적으로 하는 행위라고 할 수 없다.[854)]

계좌명의인이 사기 범죄자인 경우 그 송금·이체된 돈을 인출하더라도 이는 자신이 저지른 사기범행의 실행행위에 지나지 아니하여 새로운 법익을 침해하였다고 볼 수 없으므로 사기죄 외에 별도로 피해자에 대한 횡령죄가 성립하지 않는다.[855)] 이러한 법리는 사기범행에 이용되리라는 사정을 알고서도 자신 명의 계좌의 접근매체를 양도함으로써 사기범행을 방조한 종범이 사기이용계좌로 송금된 피해자의 돈을 임의로 인출한 경우에도 마찬가지다.

(2) 접근매체 양도자

(가) 접근매체 양도·대여행위

통장이나 현금카드 등 접근매체를 양도하거나 대가를 수수·요구 또는 약속하면서 접근매체를 대여하는 행위는 전자금융거래법위반죄가 된다. 대가란 접근매체의 대여에 대응하는 관계에 있는 경제적 이익을 말한다. 접근매체를 단순히 촬영하도록 허락해주고 곧

---

854) 대법원 2016.2.19. 선고 2015도15101 전원합의체 판결.

855) 대법원 2017.5.31. 선고 2017도3045 판결.

바로 돌려받은 경우 촬영된 사진만으로는 독자적으로 그 용법에 따라 계좌를 사용할 수 있는 상태가 아니므로 접근매체를 대여하였다고 볼 수 없다.[856] 사기범행에 이용되리라는 사정을 알면서도 자신 명의 계좌의 접근매체를 본범에게 양도 또는 대여하는 행위는 사기죄의 방조범이 된다는 것이 판례의 입장이다.[857]

(나) 피해금을 인출하는 행위

접근매체를 양도한 자가 자신의 계좌에 피해자의 돈이 입금된 것을 알고 이를 인출한 경우에는 피해자에 대한 횡령죄가 성립한다. 이는 '착오송금의 법리'가 적용되는 것으로 착오송금을 한 피해자와 착오송금을 받은 자와의 관계는 부당이득반환청구권에 따른 보관자의 지위에 있고, 위탁관계도 신의칙에 의하여 인정되기 때문이다.[858] 판례에 따르면 계좌명의인은 피해자를 위하여 사기피해금을 보관하는 지위에 있다고 보아 계좌명의인이 그 돈을 영득할 의사로 인출하면 피해자에 대하여 횡령죄가 성립한다는 입장이다.

하지만 접근매체 양도행위가 사기방조에 해당한다면 피해자와의 관계에서 횡령죄는 성립하지 않는다.[859] 이때 계좌명의인은 자신이 가담한 범행의 결과 피해금을 보관하게 된 것일 뿐이어서 피해자와 사이에 위탁관계가 없기 때문이다. 계좌명의인이 송금·이체된 돈을 인출하더라도 이는 자신이 저지른 사기범행의 실행행위에 지나지 아니하여 새로운 법익을 침해하였다고 볼 수 없으므로 사기죄 외에 별도로 피해자에 대한 횡령죄가 성립하지 않는다.[860]

은행과의 관계에서 접근매체 양도자가 자신 명의 계좌에 입금된 사실을 알고 이를 인출한 경우 은행에 대해 별도로 사기죄가 성립하는 것은 아니다.[861] 수취인과 은행 사이에는 계좌이체 금액 상당의 예금계약이 성립하고, 수취인은 은행에 대하여 예금채권을 취득하기 때문이다.

판례 보이스피싱 피해금 횡령 사건

【사실관계】 피고인들은 2017.2.12. 성명불상의 보이스피싱 조직원에게 피고인 1이 SC제일은행에 자신의 명의로 개설한 예금계좌의 예금통장과 위 계좌에 연결된 체크카드 1개, OTP카드 1개 등을 교부하여 전자금융거래에 관한 접근매체를 양도하였다. 이후

856) 대법원 2017.8.18. 선고 2016도8957 판결.
857) 대법원 2017.5.31. 선고 2017도3894 판결.
858) 대법원 2018.7.19. 선고 2017도17494 전원합의체 판결.
859) 대법원 2018.7.19. 선고 2017도17494 전원합의체 판결.
860) 대법원 2017.5.31. 선고 2017도3045 판결.
861) 대법원 2010.5.27. 선고 2010도3498 판결.

성명불상의 보이스피싱 조직원은 2017.2.13. 09:00경 피해자에게 전화하여 검사를 사칭하면서 "당신 명의로 은행 계좌가 개설되어 범죄에 이용되었다. 명의가 도용된 것 같으니 추가 피해 예방을 위해 금융기관에 있는 돈을 해약하여 금융법률 전문가인 피고인 1에게 송금하면 범죄 연관성을 확인 후 돌려주겠다."라고 거짓말을 하였다. 이에 속은 피해자는 2017.2.14. 11:20경 이 사건 계좌에 613만 원을 송금하였는데, 피고인들은 같은 날 11:50경 별도로 만들어 소지하고 있던 이 사건 계좌에 연결된 체크카드를 이용하여 그중 300만 원을 임의로 인출하였다.

【판결요지】 [다수의견] 송금의뢰인이 다른 사람의 예금계좌에 자금을 송금·이체한 경우 특별한 사정이 없는 한 송금의뢰인과 계좌명의인 사이에 그 원인이 되는 법률관계가 존재하는지 여부에 관계없이 계좌명의인(수취인)과 수취은행 사이에는 그 자금에 대하여 예금계약이 성립하고, 계좌명의인은 수취은행에 대하여 그 금액 상당의 예금채권을 취득한다. 이때 송금의뢰인과 계좌명의인 사이에 송금·이체의 원인이 된 법률관계가 존재하지 않음에도 송금·이체에 의하여 계좌명의인이 그 금액 상당의 예금채권을 취득한 경우 계좌명의인은 송금의뢰인에게 그 금액 상당의 돈을 반환하여야 한다. 이와 같이 계좌명의인이 송금·이체의 원인이 되는 법률관계가 존재하지 않음에도 계좌이체에 의하여 취득한 예금채권 상당의 돈은 송금의뢰인에게 반환하여야 할 성격의 것이므로, 계좌명의인은 그와 같이 송금·이체된 돈에 대하여 송금의뢰인을 위하여 보관하는 지위에 있다고 보아야 한다. 따라서 계좌명의인이 그와 같이 송금·이체된 돈을 그대로 보관하지 않고 영득할 의사로 인출하면 횡령죄가 성립한다.

이러한 법리는 계좌명의인이 개설한 예금계좌가 전기통신금융사기 범행에 이용되어 그 계좌에 피해자가 사기피해금을 송금·이체한 경우에도 마찬가지로 적용된다. 계좌명의인은 피해자와 사이에 아무런 법률관계 없이 송금·이체된 사기피해금 상당의 돈을 피해자에게 반환하여야 하므로, 피해자를 위하여 사기피해금을 보관하는 지위에 있다고 보아야 하고, 만약 계좌명의인이 그 돈을 영득할 의사로 인출하면 피해자에 대한 횡령죄가 성립한다. 이때 계좌명의인이 사기의 공범이라면 자신이 가담한 범행의 결과 피해금을 보관하게 된 것일 뿐이어서 피해자와 사이에 위탁관계가 없고, 그가 송금·이체된 돈을 인출하더라도 이는 자신이 저지른 사기범행의 실행행위에 지나지 아니하여 새로운 법익을 침해한다고 볼 수 없으므로 사기죄 외에 별도로 횡령죄를 구성하지 않는다.

한편 계좌명의인의 인출행위는 전기통신금융사기의 범인에 대한 관계에서는 횡령죄가 되지 않는다.

① 계좌명의인이 전기통신금융사기의 범인에게 예금계좌에 연결된 접근매체를 양도하였다 하더라도 은행에 대하여 여전히 예금계약의 당사자로서 예금반환청구권을 가지는 이상 그 계좌에 송금·이체된 돈이 그 접근매체를 교부받은 사람에게 귀속되었다고 볼 수는 없다. 접근매체를 교부받은 사람은 계좌명의인의 예금반환청구권을 자신이 사실상 행사할 수 있게 된 것일 뿐 예금 자체를 취득한 것이 아니다. 판례는 전기통

신금융사기 범행으로 피해자의 돈이 사기이용계좌로 송금·이체되었다면 이로써 편취행위는 기수에 이른다고 보고 있는데, 이는 사기범이 접근매체를 이용하여 그 돈을 인출할 수 있는 상태에 이르렀다는 의미일 뿐 사기범이 그 돈을 취득하였다는 것은 아니다.

② 또한 계좌명의인과 전기통신금융사기의 범인 사이의 관계는 횡령죄로 보호할 만한 가치가 있는 위탁관계가 아니다. 사기범이 제3자 명의 사기이용계좌로 돈을 송금·이체하게 하는 행위는 그 자체로 범죄행위에 해당한다. 그리고 사기범이 그 계좌를 이용하는 것도 전기통신금융사기 범행의 실행행위에 해당하므로 계좌명의인과 사기범 사이의 관계를 횡령죄로 보호하는 것은 그 범행으로 송금·이체된 돈을 사기범에게 귀속시키는 결과가 되어 옳지 않다(대법원 2018.7.19. 선고 2017도17494 전원합의체 판결).

【해설】 은행 송금은 예금계약에 따라 예금채권을 취득한 것이며, 송금·이체의 원인이 되는 법률관계가 존재하지 않은 착오송금된 경우 계좌명의인은 송금의뢰인을 보관하는 지위에 있으므로 이를 영득하면 횡령죄가 성립한다(착오송금과 횡령죄 성립 여부에 대한 쟁점). 이러한 법리는 보이스피싱의 경우에도 마찬가지다. 계좌명의인이 피해자의 사기피해금을 인출하면 횡령죄가 성립한다. 하지만 계좌명의인이 사기의 공범이라면 예금인출행위는 사기범행의 실행행위에 불과하므로 별도로 피해자에 대한 횡령죄가 성립하지 않는다.

한편 보이스피싱 사기범인에 대해서도 횡령죄가 성립히지 않는다. 계좌명의인과 보이스피싱 사기범인 사이의 관계가 형법상 보호할 만한 가치가 있는 위탁관계가 아니기 때문이다.

(다) 장물취득죄 성립 여부

사기죄의 방조범인 접근매체 양도자가 자신의 계좌에 입금된 피해자의 금원을 인출한 경우 장물취득죄의 성립 여부가 문제된다. 왜냐하면 본범이 사기죄로 취득한 것은 재물이 아니라 예금채권으로서 재산상 이익이므로 재물만을 객체로 하는 장물죄의 성립이 부정될 수 있기 때문이다.

이에 대하여 대법원 판례는 장물취득죄의 성립을 부정한다.[862] 판례에 따르면 사기죄의 객체인 재물과 재산상 이익은 피해자와의 관계에서 살펴보아 그것이 피해자 소유의 재물인지 아니면 피해자가 보유하는 재산상 이익인지에 따라 재물이 객체인지 아니면 재산상 이익이 객체인지 구별하여야 하는 것으로서, 피해자가 접근매체 양도자의 예금계좌로 돈을 송금한 경우 피해자의 은행에 대한 예금채권은 당초 발생하지 않는다. 다만, 장물취득죄에 있어서 '취득'이라 함은 장물의 점유를 이전받음으로써 그 장물에 대하여 사실상

862) 대법원 2010.12.9. 선고 2010도6256 판결.

처분권을 획득하는 것을 의미하는데,[863] 이 경우 본범의 사기행위는 접근매체 양도자가 예금계좌를 개설하여 본범에게 양도한 방조행위가 가공되어 본범에게 편취금이 귀속되는 과정 없이 접근매체 양도자가 피해자로부터 자신 명의의 예금계좌로 돈을 송금받아 취득함으로써 종료되는 것이고, 그 후 접근매체 양도자 자신의 예금계좌에서 위 돈을 인출하다 하더라도 이는 예금명의자로서 은행에 예금반환을 청구한 결과일 뿐[864] 본범으로부터 위 돈에 대한 점유를 이전받아 사실상 처분권을 획득한 것은 아니므로, 접근매체 양도자의 인출행위를 장물취득죄로 벌할 수는 없다.

생각건대, 장물죄의 객체를 재물로 한정하고 있고, 예금채권 등과 같은 재산상 이익을 객체로 하고 있지 않는 현행법 해석상으로는 사기죄의 방조범이 피해자의 금원을 인출한 경우 장물취득죄로 처벌하기 어렵다. 입법적으로 해결해야 할 필요가 있다.

Ⅳ. 컴퓨터 등 사용사기죄

> 제347조의2 (컴퓨터등 사용사기) 컴퓨터 등 정보처리장치에 허위의 정보 또는 부정한 명령을 입력하거나 권한 없이 정보를 입력·변경하여 정보처리를 하게 함으로써 재산상의 이익을 취득하거나 제3자로 하여금 취득하게 한 자는 10년 이하의 징역 또는 2천만원 이하의 벌금에 처한다.
> 제352조 (미수범) 제347조 내지 제348조의2, 제350조와 제351조의 미수범은 처벌한다.

1. 의의

컴퓨터 등 사용사기죄는 컴퓨터 등 정보처리장치에 허위의 정보 또는 부정한 명령을 입력하거나 권한 없이 정보를 입력·변경하여 정보처리를 하게 함으로써 재산상 이익을 취득하거나 제3자로 하여금 취득하게 한 경우에 성립하는 범죄이다.

재산변동에 관한 사무가 사람의 개입 없이 컴퓨터 등에 의하여 기계적·자동적으로 처리되는 경우가 증가함에 따라 이를 악용하여 불법적인 이익을 취하는 행위도 증가하였다.

863) 대법원 2003.5.13. 선고 2003도1366 판결.
864) 대법원 2009.3.19. 선고 2008다45828 전원합의체 판결.

컴퓨터 등을 조작하여 재산상 이득을 취득한 경우 사람에 대한 기망행위가 없고 재물의 점유이전을 수반하지 않기 때문에 사기죄로 처벌할 수 없다는 점을 고려하여 신설된 구성요건이다.

2. 객체: 재산상의 이익

가. 재산상 이익과 계좌이체

본죄의 객체는 재산상 이익이다. 계좌이체를 하게 하여 '예금채권을 취득'하는 경우가 대표적이다. 절취한 친족 소유의 예금통장을 현금자동지급기에 넣고 조작하여 예금 잔고를 다른 금융기관의 자기 계좌로 이체하는 경우,[865] 프로그램 오류를 이용하여 자신의 가상계좌로 구매요청금 상당의 금액이 입금되게 한 경우[866] 등이 이에 해당한다.

나. 재물과 현금 인출의 경우

타인의 신용카드를 이용하여 현금자동지급기에서 현금을 인출한 경우 컴퓨터사용사기죄가 성립하지 않으며 절도죄가 성립한다.[867] 따라서 현금자동지급기에서 계좌이체를 한 경우에는 컴퓨터사용사기죄가 성립하지만, 현금을 인출한 경우에는 절도죄가 성립한다.

행위유형이 유사함에도 불구하고 절도죄 또는 컴퓨터사용사기죄가 성립한다는 것은 다소 문제가 있다. 이를 해결하기 위하여 본죄의 객체에 재산상 이익뿐만 아니라 재물도 포함된다고 해석하는 소수설도 있다.[868] 재산상 이익에 재물을 포함시켜 해석하게 되면 계좌이체한 경우뿐만 아니라 현금 인출한 경우에도 컴퓨터사용사기죄가 성립한다는 이론적 통일성은 있다.

하지만 해석론으로 본죄의 객체인 재산상 이익에 재물을 포함시키는 것은 다소 무리가 있다. 형법은 재물과 재산상 이익을 엄격히 구분하고 있기 때문이다. 따라서 입법론으로 본죄의 객체에 재물을 포함시키는 것이 타당하다.

판례 신용카드로 현금을 인출한 경우

【판결요지】 [1] 피고인이 타인의 명의를 모용하여 신용카드를 발급받은 경우, 비록 카드회사가 피고인으로부터 기망을 당한 나머지 피고인에게 피모용자 명의로 발급된 신

865) 대법원 2007.3.15. 선고 2006도2704 판결.

866) 대법원 2013.11.14. 선고 2011도4440 판결.

867) 대법원 2003.5.13. 선고 2003도1178 판결.

868) 김일수/서보학, 453면; 오영근/노수환, 316면; 정성근/박광민, 398면.

용카드를 교부하고, 사실상 피고인이 지정한 비밀번호를 입력하여 현금자동지급기에 의한 현금대출(현금서비스)을 받을 수 있도록 하였다 할지라도, 카드회사의 내심의 의사는 물론 표시된 의사도 어디까지나 카드명의인인 피모용자에게 이를 허용하는 데 있을 뿐, 피고인에게 이를 허용한 것은 아니라는 점에서 피고인이 타인의 명의를 모용하여 발급받은 신용카드를 사용하여 현금자동지급기에서 현금대출을 받는 행위는 카드회사에 의하여 미리 포괄적으로 허용된 행위가 아니라, 현금자동지급기의 관리자의 의사에 반하여 그의 지배를 배제한 채 그 현금을 자기의 지배하에 옮겨 놓는 행위로서 절도죄에 해당한다고 봄이 상당하다.

[2] 형법 제347조의2에서 규정하는 컴퓨터등사용사기죄의 객체는 재물이 아닌 재산상의 이익에 한정되어 있으므로, 타인의 명의를 모용하여 발급받은 신용카드로 현금자동지급기에서 현금을 인출하는 행위를 이 법조항을 적용하여 처벌할 수는 없다(대법원 2002.7.12. 선고 2002도2134 판결).

3. 구성요건적 행위

본죄의 구성요건적 행위는 컴퓨터 등 정보처리장치에 허위의 정보 또는 부정한 명령을 입력하거나 권한 없이 정보를 입력·변경하여 정보처리를 하게 하는 행위이다.

가. 컴퓨터 등 정보처리장치

자동적으로 계산이나 데이터의 처리를 할 수 있는 정보처리기능이 있는 전자장치를 말하며, 컴퓨터가 가장 대표적이다. 여기의 정보처리장치는 시스템 자체가 자동적이고 독립적으로 정보처리능력을 갖춘 것이어야 한다. 재산죄의 성질상 정보처리장치는 재산적 이익의 득실·변경에 관련된 사무처리에 사용되는 것으로 제한된다. 은행 온라인시스템에 연결된 컴퓨터, 현금자동인출기 등이 대표적이다.

나. 허위정보나 부정한 명령의 입력

허위정보입력이란 은행 온라인시스템에서 창구단말기를 이용하여 허위의 입금데이터를 입력하거나 원장파일상의 예금잔고를 증액시키는 행위 등과 같이 진실에 반하는 내용의 정보를 입력하는 것을 말한다.

부정한 명령의 입력은 당해 사무처리시스템에 예정되어 있는 사무처리의 목적에 비추어 지시해서는 안 될 명령을 입력하는 것을 의미한다.[869] 프로그램을 변경하여 다수의 타

869) 대법원 2013.11.14. 선고 2011도4440 판결.

인에게 돌아갈 이자의 단수를 자기의 예금원장파일에 입금되도록 하거나, 예금을 인출해도 예금잔고가 감소하지 않도록 하는 경우가 이에 해당한다.

대법원 판례에 따르면 허위의 정보를 입력한 경우가 아니라고 하더라도, 당해 사무처리시스템의 프로그램을 구성하는 개개의 명령을 부정하게 변개·삭제하는 행위는 물론 프로그램 자체에서 발생하는 오류를 적극적으로 이용하여 그 사무처리의 목적에 비추어 정당하지 아니한 사무처리를 하게 하는 행위도 특별한 사정이 없는 한 위 '부정한 명령의 입력'에 해당한다고 보고 있다.

판례 전자복권구매시스템 오류이용 사건

【판결요지】 [1] 형법 제347조의2는 컴퓨터 등 정보처리장치에 허위의 정보 또는 부정한 명령을 입력하거나 권한 없이 정보를 입력·변경하여 정보처리를 하게 함으로써 재산상의 이익을 취득하거나 제3자로 하여금 취득하게 하는 행위를 처벌하고 있다. 여기서 '부정한 명령의 입력'은 당해 사무처리시스템에 예정되어 있는 사무처리의 목적에 비추어 지시해서는 안 될 명령을 입력하는 것을 의미한다. 따라서 설령 '허위의 정보'를 입력한 경우가 아니라고 하더라도, 당해 사무처리시스템의 프로그램을 구성하는 개개의 명령을 부정하게 변개·삭제하는 행위는 물론 프로그램 자체에서 발생하는 오류를 적극적으로 이용하여 그 사무처리의 목적에 비추어 정당하지 아니한 사무처리를 하게 하는 행위도 특별한 사정이 없는 한 위 '부정한 명령의 입력'에 해당한다고 보아야 한다.

[2] 피고인이 甲 주식회사에서 운영하는 전자복권구매시스템에서 은행환불명령을 입력하여 가상계좌 잔액이 1,000원 이하로 되었을 때 복권 구매명령을 입력하면 가상계좌로 복권 구매요청금과 동일한 액수의 가상현금이 입금되는 프로그램 오류를 이용하여 잔액을 1,000원 이하로 만들고 다시 복권 구매명령을 입력하는 행위를 반복함으로써 피고인의 가상계좌로 구매요청금 상당의 금액이 입금되게 한 사안에서, 피고인의 행위는 형법 제347조의2에서 정한 '허위의 정보 입력'에 해당하지는 않더라도, 프로그램 자체에서 발생하는 오류를 적극적으로 이용하여 사무처리의 목적에 비추어 정당하지 아니한 사무처리를 하게 한 행위로서 '부정한 명령의 입력'에 해당한다고 한 사례(대법원 2013.11.14. 선고 2011도4440 판결).

【해설】 피고인의 복권구매명령 입력행위는 '허위'의 정보입력에는 해당하지 않는다. 복권구매명령 자체는 진실한 정보이기 때문이다. 하지만 일정한 조건하에 복권구매명령을 입력하면 구매요청금과 동일한 가상현금이 입력되는 프로그램의 오류를 적극적으로 이용한 경우에는 '부정한' 명령의 입력에 해당한다.

다. 권한 없는 정보의 입력·변경

권한이 없는 자가 진정한 정보를 임의로 입력하거나 변경하는 행위를 말한다. 예를 들면 타인의 신용카드와 알아낸 비밀번호를 사용하여 예금액을 다른 계좌로 이체하는 행위, 타인의 홈뱅킹의 비밀내역을 알아내어 홈뱅킹에 접속한 후 그 예금액을 다른 계좌로 이체하는 행위가 이에 해당한다. 대법원 판례에 따르면 금융기관 직원이 범죄의 목적으로 전산단말기를 이용하여 다른 공범들이 지정한 특정계좌에 무자원 송금의 방식으로 거액을 입금한 경우에도 이에 해당한다. 그 직원이 평상시 금융기관의 여·수신업무를 처리할 권한이 있었다고 하여도 마찬가지이다.[870] 타인의 명의를 모용하여 발급받은 신용카드의 번호와 그 비밀번호를 이용하여 ARS 전화서비스나 인터넷 등을 통하여 신용대출을 받는 방법으로 재산상 이익을 취득하는 행위도 이에 해당한다.[871]

라. 정보처리를 하게 함

정보처리를 하게 한다는 것은 입력된 허위의 정보나 부정한 명령에 따라 계산처리과정을 실행하게 하여 진실에 반하는 기록을 만들게 하는 것을 말한다. 여기서 말하는 '정보처리'는 사기죄에서 피해자의 처분행위에 상응하므로 입력된 허위의 정보 등에 의하여 계산이나 데이터의 처리가 이루어짐으로써 직접적으로 재산처분의 결과를 초래하여야 한다.[872]

마. 재산상 이익의 취득

정보처리를 통하여 행위자가 재산상 이익을 취득하거나 제3자로 하여금 취득하게 하여야 한다. 재산상 이익 취득은 사람의 처분행위가 개재됨이 없이 컴퓨터 등에 의한 정보처리 과정에서 이루어지는 것이다.

은행의 예금원장파일에 예금채권이 있는 것처럼 만들어 예금을 인출할 수 있는 지위를 취득하는 것, 위조된 전화카드를 이용하여 전화서비스를 받거나 기계적으로 계산 및 청구가 행하여지는 요금파일의 기록을 조작하여 요금청구를 면제 받는 것을 말한다.

판례 위임받은 금액을 초과한 현금을 인출한 행위

【사실관계】 피고인은 2003. 2. 중순 일자불상 10:00경 충주시 목행동에 있는 충주농업협동조합 목행지점에서, 같은 동에 있는 피씨방에 게임을 하러 온 피해자 A로부터 그 소유의 농협현금카드로 20,000원을 인출해 오라는 부탁과 함께 현금카드를 건네받

870) 대법원 2006.1.26. 선고 2005도8507 판결.

871) 대법원 2006.7.27. 선고 2006도3126 판결.

872) 대법원 2014.3.13. 선고 2013도16099 판결.

게 되자, 위 지점에 설치되어 있는 현금자동인출기에 위 현금카드를 넣고 인출금액을 50,000원으로 입력하여 그 금액을 인출한 후 그중 20,000원만 피해자에게 건네주어 30,000원을 절취하였다.

【판결요지】 예금주인 현금카드 소유자로부터 일정한 금액의 현금을 인출해 오라는 부탁을 받으면서 이와 함께 현금카드를 건네받은 것을 기화로 그 위임을 받은 금액을 초과하여 현금을 인출하는 방법으로 그 차액 상당을 위법하게 이득할 의사로 현금자동지급기에 그 초과된 금액이 인출되도록 입력하여 그 초과된 금액의 현금을 인출한 경우에는 그 인출된 현금에 대한 점유를 취득함으로써 이 때에 그 인출한 현금 총액 중 인출을 위임받은 금액을 넘는 부분의 비율에 상당하는 재산상 이익을 취득한 것으로 볼 수 있으므로 이러한 행위는 그 차액 상당액에 관하여 형법 제347조의2(컴퓨터등사용사기)에 규정된 '컴퓨터 등 정보처리장치에 권한 없이 정보를 입력하여 정보처리를 하게 함으로써 재산상의 이익을 취득'하는 행위로서 컴퓨터 등 사용사기죄에 해당된다(대법원 2006.3.24. 선고 2005도3516 판결).

【해설】 검사는 피고인을 컴퓨터사용사기죄로 기소하였는데, 제1심법원은 피고인이 취득한 현금 3만 원이 재물이므로 컴퓨터사용사기죄에 대하여 무죄를 선고하였다. 이에 검사는 항소하면서 피고인의 죄책을 절도죄로 공소장변경허가신청을 하였다. 제2심법원은 절도죄에 대하여 무죄를 선고하였다. 주된 논거는 피고인이 피해자로부터 현금카드의 사용 권한을 부여받았으므로 현금인출이 현금자동지급기 관리자의 의사에 반하여 예금을 절취한 경우에 해당되지 않는다는 것이다. 이에 대하여 대법원은 절도죄가 아니라 컴퓨터사용사기죄가 성립한다고 판단하였다.

이 사건에 대하여 배임죄가 성립한다는 견해, 횡령죄가 성립한다는 견해, 컴퓨터사용사기죄가 성립한다는 견해 등이 대립하고 있다. 배임죄설은 카드 소유자의 현금인출 위임에 의하여 피고인에게는 대리권이 있으므로 위임범위를 초과한 현금인출은 권한 없이 정보를 입력한 경우에 해당하지 않으며 현금은 재산상 이익의 변형에 불과하므로 배임죄가 성립한다고 한다. 횡령죄설은 카드 소유자가 현금인출을 위임함으로써 인출한 현금에 대한 위탁관계가 인정되고 위임범위를 초과하여 인출한 현금은 카드 소유자의 것이므로 이에 대한 반환을 거부한 것은 횡령죄가 성립한다고 한다. 컴퓨터사용사기죄설은 위임범위를 초과한 5만 원을 입력하여 현금지급기로 하여금 처리하게 한 순간 피해자의 계좌에는 3만 원의 재산상 손해가 발생한 것이고 행위자는 3만 원만큼의 재산상 이익을 얻은 것이므로 컴퓨터사용사기죄가 성립한다는 견해이다.

대법원 판례는 2만 원 인출을 부탁받았을 뿐인데 5만 원의 인출정보를 입력한 것은 차액인 3만 원의 부분에 대해서 '권한 없이 정보를 입력한 행위'에 해당하며, 차액인 3만 원 부분의 비율에 상당하는 재산상 이익을 취득한 것으로 볼 수 있다고 하였다. 인출된 현금 자체는 재물이므로 재산상 이익을 객체로 하는 컴퓨터사용사기죄가 성립할 수 없지만, 판례는 인출한 예금 총액 중 인출을 위임받은 금액을 넘는 부분의 비율에 상당하는 재산상 이익이라는 개념을 사용하여 컴퓨터사용사기죄의 성립을 인정하였다.

바. 실행의 착수 시기와 기수 시기

본죄의 실행의 착수 시기는 정보처리장치에 허위정보 또는 부정한 명령을 입력할 때이며, 본죄의 기수 시기는 피해자에게 재산상 손해가 발생한 때이다. 판례에 따르면 예금계좌에 입금된 경우 입금절차를 완료함으로써 장차 그 계좌에서 이를 인출하여 갈 수 있는 상태가 되었다면 현실적으로 인출되지 못하였다고 하더라도 본죄의 기수를 인정한다.

판례 컴퓨터사용사기죄의 기수 시기

【판결요지】 금융기관 직원이 전산단말기를 이용하여 다른 공범이 지정한 특정계좌에 돈이 입금된 것처럼 허위의 정보를 입력하는 방법으로 위 계좌로 입금되도록 한 경우, 이러한 입금절차를 완료함으로써 장차 그 계좌에서 이를 인출하여 갈 수 있는 재산상의 이득의 취득이 있게 되었다고 할 것이므로 형법 제347조의 2에서 정하는 컴퓨터등 사용사기죄는 기수에 이르렀다고 할 것이므로, 그 후 그러한 입금이 취소되어 현실적으로 인출되지 못하였다고 하더라도 이미 성립한 컴퓨터 등 사용사기죄에 어떤 영향이 있다고 할 수는 없다(대법원 2006.9.14. 선고 2006도4127 판결).

V. 준사기죄

제348조 (준사기) ① 미성년자의 사리분별력 부족 또는 사람의 심신장애를 이용하여 재물을 교부받거나 재산상 이익을 취득한 자는 10년 이하의 징역 또는 2천만원 이하의 벌금에 처한다.
② 제1항의 방법으로 제3자로 하여금 재물을 교부받게 하거나 재산상 이익을 취득하게 한 경우에도 제1항의 형에 처한다.
제352조 (미수범) 제347조 내지 제348조의2, 제350조와 제351조의 미수범은 처벌한다.

준사기죄는 미성년자의 사리분별력 부족 또는 사람의 심신장애를 이용하여 재물을 교부받거나 재산상 이익을 취득한 경우에 성립하는 범죄이다. 본죄는 미성년자의 지적 능력의 부족이나 사람의 심신장애상태를 소극적으로 이용한다는 점에서 사기죄의 보충규정에 해당한다.

본죄의 구성요건적 행위는 미성년자의 사리분별력 부족 또는 사람의 심신장애를 이용하여 재물을 교부받거나 재산상 이익을 취득하는 행위이다. 사기죄의 기망수단을 쓰지 않더라도 이를 이용한 경우에 성립하는 범죄이다. 따라서 미성년자나 정신장애자에 대하여 처음부터 적극적으로 기망을 사용한 때에는 준사기죄가 아니라 사기죄가 성립한다.[873)]

Ⅵ. 편의시설부정이용죄

> 제348조의2 (편의시설부정이용) 부정한 방법으로 대가를 지급하지 아니하고 자동판매기, 공중전화 기타 유료자동설비를 이용하여 재물 또는 재산상의 이익을 취득한 자는 3년 이하의 징역, 500만원 이하의 벌금, 구류 또는 과료에 처한다.
> 제352조 (미수범) 제347조 내지 제348조의2, 제350조와 제351조의 미수범은 처벌한다.

1. 의의

편의시설부정이용죄는 부정한 방법으로 대가를 지급하지 아니하고 자동판매기, 공중전화 기타 유료자동설비를 이용하여 재물 또는 재산상 이익을 취득한 경우에 성립하는 범죄이다. 기계는 주어진 사실에 따라 피동적으로 작동할 뿐이고 기계에 대한 기망은 성립할 수 없는 것이 원칙이다. 본죄는 예외적으로 유료자동설비에 대한 기망을 인정한 것이다. 본죄는 개인적 법익을 침해하는 범죄이며 재산범죄의 일종이므로 본죄의 보호법익은 자동판매기 등 유료자동설비 제공자의 재산권이다. 자동설비 이용과 관련된 사회적 신뢰는 편의시설부정이용죄의 반사적 효과이다.

2. 구성요건

본죄의 구성요건적 주체는 제한이 없는 일반범이다. 본죄의 구성요건적 행위객체는 재물 또는 재산상 이익이다.

본죄의 구성요건적 행위는 부정한 방법으로 대가를 지급하지 아니하고 자동판매기, 공중전화 기타 유료자동설비를 이용하여 재물 또는 재산상 이익을 취득하는 것이다.

---

873) 김성돈, 403면; 이재상/장영민/강동범, 360면.

가. 자동판매기, 공중전화 기타 유료자동설비

'자동판매기'는 구매자의 직접 조작에 의해 화폐 또는 전자지급수단이 투입된 후, 미리 설정된 절차에 따라 사람의 개입 없이 재화 또는 용역을 자동적으로 제공하는 기계를 의미한다(식품위생법 제2조, 담배사업법 제2조 참조).

'공중전화'는 일반 공중이 자유롭게 이용할 수 있도록 공공의 접근이 용이한 장소에 설치된 유료 통신설비로서, 불특정 다수의 사람들에게 개방된 전기통신서비스를 제공하기 위해 설치·관리되는 전기통신설비를 말한다(전기통신사업법 제3조 참조). 따라서 개인이 소유하고 있는 전화를 부정이용한 경우에는 본죄가 성립하지 않는다.

'유료자동설비'는 자동판매기나 공중전화기 외에도 불특정 다수인이 대가를 지불하고 사용하는 모든 자동화된 유료시설을 포함한다. 예를 들면 지하철 자동개찰구, 고속도로 등 유료도로 통행료 지불을 위한 하이패스 시스템, 무인 주차장에 출입할 때 자동으로 요금을 정산하는 시설이나 코인세탁소, 셀프세차장, 코인노래방에서 요금을 정산하는 설비 등이 이에 해당한다.

나. 부정한 방법으로 대가를 지급하지 않고

'부정한 방법'이란 사회통념에 비추어 볼 때 올바르지 아니하거나 허용되지 않는 비정상적인 방법으로서 권한이 없거나 사용규칙·방법에 위반한 일체의 이용 방식 내지 수단을 말한다.[874] 부정한 방법의 행위태양이나 수단에 제한을 두고 있지 않으므로 유료자동설비를 권한이 없이 이용하거나 사용규칙·방법에 위반한 일체의 이용 방식 내지 수단을 말한다. 따라서 다른 사람의 경로우대 교통카드를 이용하여 지하철을 부정 승차한 경우 본죄가 성립할 수 있다.

'대가를 지급하지 아니하고'는 특정 유료자동설비의 이용을 위해 당해 유료자동설비의 제공자 내지 소유자에 대하여 지급할 것으로 정해진 통상의 요금이 지급되지 않도록 하는 일체의 방식을 말한다.[875]

판례는 타인의 케이티전화카드(한국통신의 후불식 통신카드)를 절취하여 전화통화에 이용한 경우 본죄가 성립하는지에 대하여 "통신카드서비스 이용계약을 한 피해자가 그 통신요금을 납부할 책임을 부담하게 되므로, 이러한 경우에는 피고인이 '대가를 지급하지 아니하고' 공중전화를 이용한 경우에 해당한다고 볼 수 없어 편의시설부정이용의 죄를 구성하지 않는다"라고 한다.[876] 하지만 '대가를 지급하지 아니하고'의 의미는 행위자가 대가를 지급하지

---

874) 헌법재판소 2021.10.28. 선고 2019헌바448 결정.

875) 헌법재판소 2021.10.28. 선고 2019헌바448 결정.

876) 대법원 2001.9.25. 선고 2001도3625 판결.

않은 경우를 의미하는 것이다. 따라서 행위자가 대가를 지급하지 않은 경우에는 피해자의 사후 지급 여부와 관계없이 편의시설부정이용죄가 성립하는 것으로 보는 것이 타당하다.

다. 이용

본죄에서 말하는 '이용'은 대가를 지급하지 않고 자동설비의 작동 원리를 비정상적으로 조작하여 재물 또는 재산상 이익을 취득하는 것을 말한다. 자동설비에 동전 유사물 등을 투입하여 오작동을 일으켜 물건을 가져간 경우, 지하철 승강장에 있는 유료자동설비인 자동 개찰구를 부정한 방법으로 개찰구를 통과하여 전동차에 승차한 경우가 이에 해당한다. 유료자동설비를 '이용'한 경우에 본죄가 성립하므로, 유료자동설비를 '손괴'하고 물건을 취득한 경우 편의시설부정이용죄가 아니라 손괴죄와 절도죄가 성립한다.

3. 실행의 착수 시기와 기수 시기

본죄의 실행의 착수 시기는 유료자동설비를 '이용한 때'이며, 본죄의 기수 시기는 '재물 또는 재산상 이익을 취득한 때'이다. 이용행위를 개시하였으나 재물 또는 재산상 이익을 취득하지 못한 경우에는 미수범이 성립한다.

Ⅶ. 부당이득죄

> 제349조 (부당이득) ① 사람의 곤궁하고 절박한 상태를 이용하여 현저하게 부당한 이익을 취득한 자는 3년 이하의 징역 또는 1천만원 이하의 벌금에 처한다.
> ② 제1항의 방법으로 제3자로 하여금 부당한 이익을 취득하게 한 경우에도 제1항의 형에 처한다.

1. 의의

부당이득죄는 사람의 곤궁하고 절박한 상태를 이용하여 현저하게 부당한 이익을 취득한 경우에 성립하는 범죄이다. 상대방의 곤궁하고 절박한 상태를 '궁박 상태'라고도 한다. 상대방에 대한 기망행위가 없다는 점에서 사기죄와는 다르지만, 상대방의 하자 있는 의사를 이용한다는 점에서 사기죄와 유사한 범죄유형이라고 할 수 있다. 재산죄 성격이 있지만, 상대방의 곤궁하고 절박한 상태를 이용하여 이를 착취하는 반윤리적 행위를 기반으로 하는 재산범죄이다.

2. 구성요건

본죄의 구성요건적 주체는 제한이 없는 일반범이다. 본죄의 구성요건적 행위객체는 곤궁하고 절박한 상태에 있는 자이다.

본죄의 구성요건적 행위는 사람의 곤궁하고 절박한 상태를 이용하여 현저하게 부당한 이익을 취득하는 것이다. '곤궁하고 절박한 상태'는 급박한 곤궁 상태를 말한다.[877] 파산·부도 등과 같은 경제적 궁박 상태, 건강에 대한 육체적 궁박 상태, 신용·명예 등에 대한 정신적 궁박 상태, 사회적으로 주택난 등과 같은 사회적 궁박 상태를 모두 포함한다. 궁박 상태가 객관적으로 존재할 필요 없다. 궁박 상태에 이르게 된 원인이 자신의 결함에 있든, 사회 또는 자연재해에 있든 불문하다. 따라서 궁박한 상태를 피해자 스스로 초래한 경우일지라도 행위자가 이를 이용하였다면 본죄에 해당한다.

곤궁하고 절박한 상태를 '이용한다'는 것은 상대방의 궁박 상태를 이익을 취득하기 위한 기회로 삼는 것을 말한다. 단순히 기회를 포착한 것만으로는 부족하며 그 상태를 적극적으로 이용하여 착취하는 정도에 이를 필요가 있다.

'현저히 부당한 이익'은 단순히 시가와 이익의 배율로만 판단할 것이 아니라 행위 당시의 구체적 사정을 종합하여 객관적으로 판단할 때 급부와 반대급부가 사회통념상 현저히 불균형한 경우를 말한다. 이른바 '알박기 사건'에서 부당이득죄가 문제가 되는 경우 사업부지 내의 부동산을 소유한 갑이 매도하라는 피해자의 제안을 거부하다가 수용하는 과정에서 큰 이득을 취하였다는 것만으로 본죄의 성립을 인정하는 것은 옳지 않다. 헌법상 자유시장 경제질서와 사적 계약자유의 원칙을 고려하여 범죄의 성립을 신중히 판단해야 한다.

판례 알박기 사건

【판결요지】 [1] 형법상 부당이득죄에서 궁박이라 함은 '급박한 곤궁'을 의미하고, '현저하게 부당한 이익의 취득'이라 함은 단순히 시가와 이익과의 배율로만 판단해서는 안 되고 구체적·개별적 사안에 있어서 일반인의 사회통념에 따라 결정하여야 한다. 피해자가 궁박한 상태에 있었는지 여부 및 급부와 반대급부 사이에 현저히 부당한 불균형이 존재하는지 여부는 거래당사자의 신분과 상호 간의 관계, 피해자가 처한 상황의 절

877) 대법원 2009.1.15. 선고 2008도8577 판결.

박성의 정도, 계약의 체결을 둘러싼 협상과정 및 거래를 통한 피해자의 이익, 피해자가 그 거래를 통해 추구하고자 한 목적을 달성하기 위한 다른 적절한 대안의 존재 여부, 피고인에게 피해자와 거래하여야 할 신의칙상 의무가 있는지 여부 등 여러 상황을 종합하여 구체적으로 판단하여야 한다. 특히, 우리 헌법이 규정하고 있는 자유시장경제질서와 여기에서 파생되는 사적 계약자유의 원칙을 고려하여 그 범죄의 성립을 인정함에 있어서는 신중을 요한다.

[2] 개발사업 등이 추진되는 사업부지 중 일부의 매매와 관련된 이른바 '알박기' 사건에서 부당이득죄의 성립 여부가 문제되는 경우, 그 범죄의 성립을 인정하기 위해서는 피고인이 피해자의 개발사업 등이 추진되는 상황을 미리 알고 그 사업부지 내의 부동산을 매수한 경우이거나 피해자에게 협조할 듯한 태도를 보여 사업을 추진하도록 한 후에 협조를 거부하는 경우 등과 같이, 피해자가 궁박한 상태에 빠지게 된 데에 피고인이 적극적으로 원인을 제공하였거나 상당한 책임을 부담하는 정도에 이르러야 한다. 이러한 정도에 이르지 않은 상태에서 단지 개발사업 등이 추진되기 오래 전부터 사업부지 내의 부동산을 소유하여 온 피고인이 이를 매도하라는 피해자의 제안을 거부하다가 수용하는 과정에서 큰 이득을 취하였다는 사정만으로 함부로 부당이득죄의 성립을 인정해서는 안 된다.

[3] 아파트 건축사업이 추진되기 수년 전부터 사업부지 내 일부 부동산을 소유하여 온 피고인이 사업자의 매도 제안을 거부하다가 인근 토지 시가의 40배가 넘는 대금을 받고 매도한 사안에서, 부당이득죄의 성립을 부정한 사례(대법원 2009.1.15. 선고 2008도8577 판결).

【해설】 피해자 회사는 이 사건 부동산을 비롯하여 몇 건의 부동산에 대한 계약을 체결하지 못하여 주택건설 사업계획승인신청이 지연되고 이로 인하여 월 6억 원 정도의 금융비용이 발생하고 결국 피고인이 인근의 다른 토지들에 비하여 40배가 넘는 가격으로 피해자 회사에 이 사건 부동산을 매도하였다. 판례는 피고인들은 이 사건 주택건축사업이 추진되기 오래 전부터 이 사건 부동산을 소유하여 오다가 이 사건 부동산을 매도하라는 피해자 회사의 제안을 거부하다가 수용하는 과정에서 큰 이득을 취하였을 뿐, 달리 피해자가 궁박한 상태에 빠지게 된 데에 피고인이 적극적으로 원인을 제공하였다거나 상당한 책임을 부담하는 정도에 이르렀다고 볼 증거가 없으므로, 피고인들에 대하여 부당이득죄가 성립한다고 인정하기 어렵다고 판단하였다.

3. 제3자 부당이득

제349조 제2항에 따라 제3자에게 부당이득을 귀속시키는 경우에도 본죄가 성립한다. 예를 들면, 갑이 A의 궁박함을 이용하여 A의 부동산을 B에게 현저히 낮은 가격으로 매도시킨 경우 갑에게 본죄가 성립한다. B에게 공동가공의 의사가 있다면 B는 갑과 함께 본죄 제1항의 공동정범이 성립한다.

Ⅷ. 상습사기죄

> 제351조 (상습범) 상습으로 제347조 내지 전조의 죄를 범한 자는 그 죄에 정한 형의 2분의1까지 가중한다.
> 제352조 (미수범) 제347조 내지 제348조의2, 제350조와 제351조의 미수범은 처벌한다.

상습사기죄는 상습으로 사기죄, 컴퓨터사용사기죄, 준사기, 편의시설부정이용죄, 부당이득죄, 공갈죄를 범한 경우에 성립하는 범죄이다. 상습이란 반복된 행위에 의하여 얻어진 행위자의 습벽으로 인하여 죄를 범한 경우를 말한다. 본죄는 상습성으로 인하여 책임이 가중되는 가중적 구성요건이다. 상습범은 집합범에 해당하므로 본죄에 해당하는 때에는 포괄일죄의 관계가 된다. 상습사기에 있어서의 상습성이라 함은 반복하여 사기행위를 하는 습벽으로서 행위자의 속성을 말하고, 이러한 습벽의 유무를 판단함에 있어서는 사기의 전과가 중요한 판단자료가 되나 사기의 전과가 없다고 하더라도 범행의 횟수, 수단과 방법, 동기 등 제반 사정을 참작하여 사기의 습벽이 인정되는 경우에는 상습성을 인정할 수 있다.[878)]

상습으로 사기나 컴퓨터등사용사기의 죄를 범한 자는 그 이득액이 5억원 이상인 경우에는 특정경제범죄법 제3조에 의해 가중 처벌된다.

제5절 신용카드 관련범죄

Ⅰ. 총설

1. 신용카드의 정의와 법적 성질

'신용카드'라 함은 이를 제시함으로써 반복하여 신용카드가맹점에서 물품의 구입 또는 용역의 제공을 받거나 재정경제부령이 정하는 사항을 결제할 수 있는 증표(證票)로서 신용

878) 대법원 2011.11.24. 선고 2009도980 판결.

카드업자가 발행한 것을 말한다(여신전문금융업법 제2조 제3호).

신용카드는 카드상에 표시된 자의 회원자격과 가맹점과 회원 사이의 신용거래에서 발생하는 거래대금에 대하여 카드회사가 책임진다는 것을 증명하는 사실증명에 관한 사문서에 해당하며, 재산죄의 객체인 재물에 해당한다.

신용카드가 유가증권에 해당하는가에 대하여 이를 인정하는 견해도 있으나, 신용카드 자체에 경제적 가치가 화체되어 있거나 특정의 재산권이 표창되어 있는 것이 아니기 때문에 유가증권은 아니라고 보는 것이 타당하다.[879)]

2. 신용카드의 당사자 관계

신용카드회원, 신용카드가맹점, 신용카드회사 간의 거래관계에 사용되는 3당사자 카드가 일반적인 유형이지만, 신용카드회원, 신용카드회사 간의 거래관계에 사용되는 2당사자 카드(백화점카드)도 있다. 신용카드회원이 가맹점에서 상품이나 서비스를 신용카드로 구매할 경우 가맹점은 카드회사를 통해 거래 승인 요청을 한다. 카드회사는 고객의 신용한도를 확인하고 승인 또는 거절 응답을 가맹점으로 보내며, 승인되면 가맹점은 고객에게 상품 또는 서비스를 제공한다. 이후 가맹점은 카드회사에 대금 청구를 하며 카드회사는 가맹점에 결제 대금을 지급한다. 고객은 카드사에서 받은 청구서를 결제하여 카드회사에 대금을 납부한다.

3. 신용기능과 현금인출기능

신용카드의 기능에는 신용기능과 현금인출기능이 있다. 신용기능에는 신용구매 또는 할부매매, 현금대출 등이 있으며, 현금인출기능은 회원의 신용카드와 은행계좌가 연결되어 있는 경우 은행계좌로부터 현금을 인출하는 것을 도와주는 보조기능이다. 이는 신용기능과 관련이 없다.

4. 구별개념

가. 현금카드

현금카드는 예금구좌와 예금잔고를 갖고 있는 예금주가 현금자동인출기에서 현금을 인출

---

879) 대법원 1999.7.9. 선고 99도857 판결.

하는 수단으로서의 기능인 현금인출기능만을 가지고 있는 카드를 말하며 신용기능은 없다.

나. 직불카드

직불카드는 직불카드회원과 신용카드가맹점 간에 전자적 또는 자기적 방법으로 금융거래계좌에 이체하는 등의 방법으로 결제가 이루어질 수 있도록 신용카드업자가 발행한 증표를 말한다(여신전문금융업법 제2조 제6호). 직불카드는 신용카드에 준하는 법적 규제를 받는다.

다. 선불카드

선불카드는 신용카드업자가 대금을 미리 받고 이에 해당하는 금액을 기록하여 발행한 증표로서 선불카드소지자의 제시에 따라 신용카드가맹점이 그 기록된 금액의 범위 내에서 물품 또는 용역을 제공할 수 있게 한 증표를 말한다(여신전문금융업법 제2조 제8호). 버스카드, 공중전화카드, 지하철승차권, 고속도로통행카드 등이 선불카드에 속한다.

Ⅱ. 신용카드와 관련된 범죄유형

1. 신용카드 자체에 대한 범죄

가. 신용카드에 대한 절도 등의 재산범죄

신용카드는 재산죄의 객체인 재물에 해당하므로 이를 절취, 강취, 편취, 갈취한 경우에는 해당하는 범죄, 즉 신용카드 자체에 대한 절도죄,[880] 강도죄,[881] 공갈죄[882] 등이 성립한다.

판례 카드 소유자를 협박하여 예금인출 승낙과 함께 카드를 교부받은 후 이를 사용한 경우

【판결요지】 예금주인 현금카드 소유자를 협박하여 그 카드를 갈취하였고, 하자 있는 의사표시이기는 하지만 피해자의 승낙에 의하여 현금카드를 사용할 권한을 부여받아 이를 이용하여 현금을 인출한 이상, 피해자가 그 승낙의 의사표시를 취소하기까지는 현금카드를 적법, 유효하게 사용할 수 있고, 은행의 경우에도 피해자의 지급정지 신청이 없는 한 피해자의 의사에 따라 그의 계산으로 적법하게 예금을 지급할 수밖에 없는 것이므로, 피고인이 피해자로부터 현금카드를 사용한 예금인출의 승낙을 받고 현금카드를 교부받은 행위와 이를 사용하여 현금자동지급기에서 예금을 여러 번 인출한 행위

880) 대법원 1996.7.12. 선고 96도1181 판결.
881) 대법원 1997.1.21. 선고 96도2715 판결.
882) 대법원 1996.9.20. 선고 95도1728 판결.

들은 모두 피해자의 예금을 갈취하고자 하는 피고인의 단일하고 계속된 범의 아래에서 이루어진 일련의 행위로서 포괄하여 하나의 공갈죄를 구성한다고 볼 것이지, 현금지급기에서 피해자의 예금을 취득한 행위를 현금지급기 관리자의 의사에 반하여 그가 점유하고 있는 현금을 절취한 것이라 하여 이를 현금카드 갈취행위와 분리하여 따로 절도죄로 처단할 수는 없다(대법원 1996.9.20. 선고 95도1728 판결).

【해설】 현금카드 소유자를 협박하여 그 카드를 갈취한 행위는 공갈죄가 성립한다. 이후 현금 인출행위에 대하여 판례는 이를 분리하여 절도죄로 처벌할 수 없다고 한다. 현금 인출행위는 모두 피해자의 예금을 갈취하고자 하는 피고인의 단일하고 계속된 범의 아래에서 이루어진 일련의 행위로 포괄하여 하나의 공갈죄로 본다. 판례의 주된 내용은 공갈죄 성립 이후에 이루어지는 현금인출행위에 대한 법적 평가이지만 카드 자체에 대한 공갈죄가 성립한다는 점도 포함되어 있다.

나. 절도죄 등의 불가벌적 사후행위의 문제

신용카드를 절취한 경우 신용카드 자체에 대해서는 절도죄가 성립하는 것은 분명하다. 그런데 신용카드를 절취한 후 이를 사용한 경우 절취한 신용카드를 부정사용하는 행위는 절도죄의 범인이 절취한 재물을 손괴하여도 손괴죄는 불가벌적 사후행위로 처벌되지 않는 것과 같이 절도죄의 불가벌적 사후행위로 볼 수 있는지 문제된다.

생각건대, 신용카드부정사용행위는 새로운 법익의 침해로 보아야 하고 그 법익침해가 절도범행보다 큰 것이 대부분이므로 신용카드부정사용행위는 절도범행의 불가벌적 사후행위가 아니라 별도의 범죄가 된다고 보아야 한다. 판례도 같은 입장이다.[883] 따라서 여신전문금융업법의 신용카드부정사용죄(여신전문금융업법 제70조 제1항 제4호)와 절도죄가 성립하며, 양죄는 실체적 경합관계로 보는 것이 타당하다.

다. 신용카드에 대한 사용절도의 문제

타인 명의의 신용카드를 곧 반환할 의사로 카드를 절취하여 사용하고 반환한 경우 신용카드 자체에 대한 절도죄의 성립을 부정하는 것이 통설과 판례이다. 부정설에 따르면 카드를 분실 또는 도난당한 카드명의인은 그 사실을 카드회사 또는 은행에 신고함으로써 제3자의 부정사용으로부터 발생한 금액에 대하여 원칙적으로 책임을 지지 않는다. 따라서 카드의 사용절도행위는 카드의 현금인출기능 또는 신용기능이라는 기능을 사용한 것은 사실이지만, 사용으로 인하여 기능가치가 감소한 것은 아니므로 절도죄는 성립하지 않는다고 한다.

---

883) 대법원 1996.7.12. 선고 96도1181 판결.

판례 **카드에 대한 사용절도 성립 여부**

【판결요지】 [1] 타인의 재물을 점유자의 승낙 없이 무단사용하는 경우에 있어서 그 사용으로 인하여 물건 자체가 가지는 경제적 가치가 상당한 정도로 소모되거나 또는 사용 후 그 재물을 본래 있었던 장소가 아닌 다른 곳에 버리거나 곧 반환하지 아니하고 장시간 점유하고 있는 것과 같은 때에는 그 소유권 또는 본권을 침해할 의사가 있다고 보아 불법영득의 의사를 인정할 수 있을 것이나 그렇지 아니하고 그 사용으로 인한 가치의 소모가 무시할 수 있을 정도로 경미하고 또한 사용 후 곧 반환한 것과 같은 때에는 그 소유권 또는 본권을 침해할 의사가 있다고 할 수 없어 불법영득의 의사를 인정할 수 없다.
[2] 피해자로부터 지갑을 잠시 건네받아 임의로 지갑에서 현금카드를 꺼내어 현금자동인출기에서 현금을 인출하고 곧바로 피해자에게 현금카드를 반환한 경우, 현금카드에 대한 불법영득의사가 없다고 본 사례(대법원 1998.11.10. 선고 98도2642 판결).

라. 신용카드의 위조·변조행위

신용카드에 대한 위조·변조행위는 권한 없이 신용카드의 자기띠 부분의 전자기록에 변경을 가하거나 부정입수한 타인 카드의 회원서명란에 자신의 서명을 써넣은 행위를 의미한다.

사전자기록위작·변작죄(형법 제232조의2)와 신용카드위조·변조죄(여신전문금융업법 제70조 제1항 제1호)에 해당하지만 양죄는 법조경합 중 특별관계에 해당한다. 따라서 신용카드위조·변조죄만 성립한다.

마. 신용카드 부정발급

(1) 자기 명의로 부정발급 받는 경우

(가) 쟁점

신용카드 발급 신청자가 처음부터 카드 대금을 지불할 의사나 능력이 없음에도 불구하고 자신의 신용 상태 등을 허위로 기재하여 자기 명의로 신용카드를 발급받는 행위 자체가 사기죄, 사문서위조죄 등이 성립할 수 있는지 문제된다. 발급받는 카드를 사용하지 않은 '부정발급행위' 자체만으로도 사기죄 등이 성립할 수 있는지 문제이다.

(나) 학설과 판례

긍정설은 처음부터 카드 대금을 지불할 의사나 능력이 없는 자가 자기 명의로 카드를 발급받는 행위 및 자신의 신용 상태나 인적 사항을 허위로 기재하여 자기 명의로 카드를 발급받는 행위는 사기죄에 해당한다고 본다.[884] 신용카드회사가 신용카드를 발급하고 대

884) 이에 대하여 반대하는 견해로 읽어볼만한 문헌으로는 이상돈, 신용카드체계의 위험분배와 형법정책 - 자기신용카드의 부정발급과 사용의 범죄화정책에 대한 비판, 형사정책연구 제11권 제2호, 2006, 115면 참조.

출한도 등 사용 금액 한도를 정하는 과정에서 신용카드 사용자의 신용을 판단하는 데 필요한 중요사실, 즉 고정적 수입 유무와 그 소득 수준 등을 기망하여 신용카드를 발급받았다면 사기죄의 성립이 가능하다고 본다.[885)]

카드 신청 발급단계에서 카드발급신청서를 자기의 명의로 작성·제출한 것은 사문서의 무형위조에 해당하지만[886)] 이에 대한 형법상 처벌 규정이 없으므로 문서위조죄는 성립하지 않으며, 그 이후 그 카드를 사용하더라도 자기의 신용카드를 사용한 것이므로 여신전문금융업법의 신용카드부정사용죄가 성립하지 않는다.

부정설은 신용카드 자체는 재물에 해당하기는 하지만, 가치의 경미성을 고려하여 비범죄화하자는 견해이다. 카드회사는 가맹점에 대금을 지급함으로써 비로소 손해가 발생하는데, 카드의 악의적 취득 자체를 재산상 손해 발생으로 보기 어려우며, 신용카드 부정사용과 연결시키지 않고 부정발급만을 떼어서 가벌성을 논하는 것은 실익이 없다고 한다.[887)]

판례는 대출금을 정상적으로 결제할 의사나 능력 없이 자기 명의 신용카드를 사용하여 현금서비스를 받거나 가맹점으로부터 물품을 구입한 경우 "카드사용으로 인한 카드회사의 손해는 그것이 자동지급기에 의한 인출행위이든 가맹점을 통한 물품구입행위이든 불문하고 모두가 피해자인 카드회사의 기망당한 의사표시에 따른 카드발급에 터잡아 이루어지는 사기의 포괄일죄이다."라고 본다. 이 판례를 기초로 하여 카드발급만으로도 사기죄가 성립한 것으로 평석한다. 하지만 해당 판례만으로 카드발급을 받는 행위만으로도 사기죄가 성립한 것인지, 아니면 사기미수죄가 성립한 것인지 분명하지 않다. 판례는 '카드사용으로 인한 카드회사의 손해'을 판시하고 있고 '카드발급'으로 인한 손해를 말하고 있지 않다.

(다) 결론

생각건대, 신용카드 자체는 가치가 아무리 경미하다고 하더라도 일단 형법상 재물에 해당함에는 문제가 없다. 따라서 기망행위를 통하여 카드회사의 카드를 편취한 경우에 법리상 사기죄 성립을 인정할 수 있을 것이다. 하지만 신용카드 자체는 재산적 가치가 경미하고, 카드회사가 신청자의 재력 상태에 대한 철저한 심사 없이 신용카드를 발급하였다는 점을 고려한다면 자기 명의의 신용카드를 수령한 행위에 대하여 신용카드 자체에 대한 사기죄 성립을 긍정하는 것은 다소 문제가 있다. 거래관계의 발달로 인하여 실물 카드의 발

885) 이러한 점에서 신용카드회사가 회원의 신용을 전혀 심사하지 않거나 무차별적으로 신용카드를 발급한 경우에는 사기죄의 성립이 부정될 여지가 있다.

886) 무형위조란 문서를 작성할 권한이 있는 자가 진실에 반하는 내용의 문서를 작성하는 것을 말한다.

887) 배종대, 485면.

급 없이 신용카드회사에 의하여 부여된 신용공여를 증명할 수 있는 기능이 온라인상에서 이루어진다면 사기죄를 인정할 수 있는지도 의문이다. 따라서 신용카드를 부정하게 발급받는 행위만으로 사기죄 성립을 인정하는 것은 타당하지 않다.

(2) 타인 명의로 부정발급 받는 경우

행사할 목적으로 타인 명의를 사칭하거나 타인 명의의 카드를 신청할 자격이 있는 것으로 모용하여 타인 명의의 카드발급신청서를 작성하는 경우 카드발급신청서를 타인의 이름을 모용하여 작성한 것이기 때문에 사문서의 유형위조에[888] 해당하여 사문서위조가 성립한다. 신용카드회사에 위조된 신청서를 제출한 행위는 위조사문서행사죄에 해당한다. 또한 신용카드를 수령한 경우 긍정설에 따를 경우 사기죄가 성립할 수 있다. 따라서 타인 명의의 신용카드를 부정발급받는 행위는 사문서위조 및 동 행사죄와 사기죄가 성립하며, 양죄는 보호법익이나 행위태양이 다르므로 실체적 경합관계에 있다.

2. 신용카드로 물품을 구입하거나 용역을 제공받는 행위

가. 자기 명의의 신용카드로 부정사용

(1) 쟁점

신용카드를 유효하게 정상적으로 발급받은 카드회원이 그 이후 대금결제의사나 능력이 없음에도 불구하고 가맹점에서 물품을 구입하거나 용역을 제공받는 경우 사기죄가 성립하는지에 대하여 견해의 대립이 있다.

(2) 학설과 판례

사기죄 성립을 부정하는 견해는 가맹점에서 물품을 구입하면서 카드를 제출하는 행위에 카드대금납부의 의사를 포함하는 것이 아니며, 가맹점은 카드명의인의 대금지불의사나 능력을 고려하지 않고 대금결제를 카드로 받는 것이므로 기망행위가 존재하지 않으며, 카드회사는 일정한 한도 내에서 카드 사용을 허락하여 신용을 공여하였고 회원은 그 한도 내에서 사용한 것에 불과하므로 사기죄는 성립하지 않는다고 한다.[889]

사기죄의 성립을 긍정하는 견해에 따르면 카드회사는 카드명의인의 지불의사와 지불능력을 신뢰하는 것이며, 카드를 제시하는 행위는 지불의사와 지불능력에 대한 묵시적 기

888) 유형위조란 문서를 작성할 권한이 없는 자가 타인의 명의를 사칭하여 타인 명의의 문서를 작성하는 것을 말한다.
889) 배종대, 487면.

망행위에 해당하므로, 가맹점을 매개로 하여 카드회사가 피기망자가 되며, 가맹점 또는 카드회사가 피해자가 되므로 사기죄가 성립한다고 한다. 다수설의 입장이다.

판례는 사기죄 성립을 긍정한다. 카드회원이 일시적인 자금 궁색 등의 이유로 그 채무를 일시적으로 이행하지 못하게 되는 상황이 아니라 이미 과다한 부채의 누적 등으로 신용카드 사용으로 인한 대출금채무를 변제할 의사나 능력이 없는 상황에 처하였음에도 불구하고 신용카드를 사용하였다면 사기죄에 있어서 기망행위 내지 편취의 범의를 인정하였다.[890)]

판례 자기 명의 신용카드 부정사용과 사기죄

【판결요지】 신용카드의 거래는 신용카드업자로부터 카드를 발급받은 사람(카드회원)이 신용카드를 사용하여 가맹점으로부터 물품을 구입하면 신용카드업자는 그 카드를 소지하여 사용한 사람이 신용카드업자로부터 신용카드를 발급받은 정당한 카드회원인 한 그 물품구입대금을 가맹점에 결제하는 한편, 카드회원에 대하여 물품구입대금을 대출해 준 금전채권을 가지는 것이고, 또 카드회원이 현금자동지급기를 통해서 현금서비스를 받아 가면 현금대출관계가 성립되어 신용카드업자는 카드회원에게 대출금채권을 가지는 것이므로, 궁극적으로는 카드회원이 신용카드업자에게 신용카드 거래에서 발생한 대출금채무를 변제할 의무를 부담하게 되고, 그렇다면 이와 같이 신용카드 사용으로 인한 신용카드업자의 금전채권을 발생케 하는 행위는 카드회원이 신용카드업자에 대하여 대금을 성실히 변제할 것을 전제로 하는 것이므로, 카드회원이 일시적인 자금궁색 등의 이유로 그 채무를 일시적으로 이행하지 못하게 되는 상황이 아니라 이미 과다한 부채의 누적 등으로 신용카드 사용으로 인한 대출금채무를 변제할 의사나 능력이 없는 상황에 처하였음에도 불구하고 신용카드를 사용하였다면 사기죄에 있어서 기망행위 내지 편취의 범의를 인정할 수 있다고 한 사례(대법원 2005.8.19. 선고 2004도6859 판결).

(3) 결론

생각건대, 신용카드 연체자에 대하여 사기죄로 형사처벌이 가능하도록 해석하는 것은 신중해야 한다. 신용카드를 발급할 당시 신용카드회사는 카드회원의 신용상태를 평가하면서 과거나 현재의 신용상태뿐만 아니라 지불능력 등 미래의 신용상태를 예측하여 사용금액한도 등을 정한 것이다. 적법하게 신용카드를 발급받은 사람이 카드회사가 정한 사용금액한도 내에서 사용할 때마다 자신의 경제적 상태를 카드회사 등에 고지할 의무가 있다고 보기는 어려우며, 카드회사의 신용관리는 지불불능이라는 위험을 포함한 형태의 신용관리이므로 카드회원의 연체는 허용된 위험에 속하는 것으로 볼 여지가 있다. 형사정책적

---

890) 대법원 2005.8.19. 선고 2004도6859 판결.

인 측면에서도 카드빚 연체자 등 개인 파산자들에 대하여 형사처벌하는 것보다는 개인파산이나 면책제도를 통하여 회생의 기회를 주는 방향으로 이루어지는 것이 바람직하다.

나. 타인 명의의 신용카드로 부정사용

(1) 사기죄 성립

타인 명의의 신용카드를 가지고 자신이 그 명의인인 것처럼 카드가맹점을 기망하였고, 가맹점의 착오에 의한 물품교부행위 또는 처분행위가 있으며, 재산상 손해가 발생하였으므로 사기죄가 성립한다.[891] 이 경우 실행의 착수 시기는 타인 명의의 카드를 가맹점에 제시한 때이고, 기수 시기는 매출전표에 서명·교부하여 가맹점으로부터 물품을 인수한 때이다. 이 경우 피기망자는 카드가맹점이며, 피해자는 신용카드회사이다. 신용거래는 원래 카드회사에서 대금을 지급할 것을 전제로 하는 거래이며, 신용카드회사는 신용거래로 인하여 대금 지급의 위험을 부담하게 되었기 때문이다.

(2) 사문서위조 및 동행사죄 성립 여부

타인 명의의 신용카드로 물품을 구입하면서 매출전표에 서명하고 매출전표를 교부하는 행위는 사문서위조 및 동행사죄가 성립할 수 있다. 다만 이 행위는 여신전문금융업법의 신용카드부정사용에 전형적으로 수반되는 행위이므로 신용카드부정사용죄에 흡수되어 별죄를 구성하지 않는다.[892] 따라서 여신전문금융업법의 신용카드부정사용죄만 성립한다(동법 제70조 제1항 제3호).

(3) 신용카드부정사용죄 성립

여신전문금융업법 제70조 제1항은 위조·변조, 분실·도난, 강취·횡령된 타인의 신용카드를 사용한 경우를 처벌하고 있다. 신용카드의 '사용'은 신용카드 소지인이 신용카드의 본래 용도인 대금결제를 위하여 신용카드를 제시하고 매출전표에 서명하여 이를 교부하는 일련의 행위를 말한다.[893]

신용카드를 절취한 후 이를 사용한 경우 신용카드의 부정사용행위는 새로운 법익을 침해한 것이며 그 법익침해가 절도범행보다 큰 것이 대부분이므로 이와 같은 부정사용행위

---

891) 대법원 1997.1.21. 선고 96도2715 판결.

892) 대법원 1992.6.9. 선고 92도77 판결.

893) 절취한 신용카드로 대금을 결제하기 위해 신용카드를 제시만 한 경우 본죄로 처벌할 수 없다. 신용카드를 절취한 사람이 대금을 결제하기 위하여 신용카드를 제시하고 카드회사의 승인까지 받았다고 하더라도 매출전표에 서명한 사실이 없고 도난카드임이 밝혀져 최종적으로 매출취소로 거래가 종결되었다면, 신용카드 부정사용의 미수에 불과하다(대법원 2008.2.14. 선고 2007도8767 판결; 대법원 1992.6.9. 선고 92도77 판결; 대법원 1993.11.23. 선고 93도604 판결 등 참조).

가 절도죄의 불가벌적 사후행위가 될 수 없으며, 절도죄뿐만 아니라 여신전문금융업법의 신용카드부정사용죄도 성립하며 양죄는 실체적 경합범으로 보아야 한다. 여신전문금융업법의 신용카드부정사용죄와 사기죄에 대해서도 실체적 경합관계에 있다고 보는 것이 판례의 입장이다.

판례 절취한 신용카드의 부정사용행위가 절도범행의 불가벌적 사후행위인지 여부

【판결요지】 [1] 신용카드를 절취한 후 이를 사용한 경우 신용카드의 부정사용행위는 새로운 법익의 침해로 보아야 하고 그 법익침해가 절도범행보다 큰 것이 대부분이므로 위와 같은 부정사용행위가 절도범행의 불가벌적 사후행위가 되는 것은 아니다.

[3] 피고인은 절취한 카드로 가맹점들로부터 물품을 구입하겠다는 단일한 범의를 가지고 그 범의가 계속된 가운데 동종의 범행인 신용카드 부정사용행위를 동일한 방법으로 반복하여 행하였고, 또 위 신용카드의 각 부정사용의 피해법익도 모두 위 신용카드를 사용한 거래의 안전 및 이에 대한 공중의 신뢰인 것으로 동일하므로, 피고인이 동일한 신용카드를 위와 같이 부정사용한 행위는 포괄하여 일죄에 해당하고, 신용카드를 부정사용한 결과가 사기죄의 구성요건에 해당하고 그 각 사기죄가 실체적 경합관계에 해당한다고 하여도 신용카드부정사용죄와 사기죄는 그 보호법익이나 행위의 태양이 전혀 달라 실체적 경합관계에 있으므로 신용카드 부정사용행위를 포괄일죄로 취급하는데 아무런 지장이 없다고 한 사례(대법원 1996.7.12. 선고 96도1181).

3. 신용카드로 현금대출을 받는 행위

가. 자기 명의의 신용카드로 현금대출을 받는 행위

(1) 쟁점

자기 명의의 신용카드로 현금자동지급기에서 현금대출을 받는 경우가 있다. 신용카드의 경우 신용카드업자가 제공하는 신용의 형태인 현금대출을 하기 위해 현금자동지급기에서 현금을 인출하는 경우 사기죄, 절도죄, 컴퓨터사용사기죄, 여신전문금융업법의 신용카드부정사용죄 성립 여부가 문제된다.

(2) 학설과 판례

학설과 판례의 견해 대립이 있다. 학설에 따르면 자기의 신용카드로 현금대출을 받는 경우 인출기 관리자의 의사에 반한 점유배제로 볼 수 없으므로 절취행위가 될 수 없기 때문에 절도죄가 성립하지 않는다. 뿐만 아니라 사람을 기망한 것이 아니라 기계를 기망한 경우이기 때문에 사기죄가 성립하지 않으며, 권한 없는 자의 정보입력에도 해당하지 않아서 컴퓨터사용사기죄가 성립하지 않는다. 따라서 이에 대해서는 무죄가 된다.

이에 대하여 대법원 판례는 대금결제의사와 능력을 속이고 부정하게 카드발급을 받아 현금서비스와 물품구입을 한 경우 포괄하여 사기죄가 된다고 한다. 카드사용으로 인한 카드회사의 손해는 그것이 자동지급기에 의한 인출행위이든 가맹점을 통한 물품구입행위이든 불문하고 모두가 피해자인 카드회사의 기망당한 의사표시에 따른 카드발급에 터잡아 이루어지는 사기의 포괄일죄로 본다.

판례 자기 명의의 신용카드로 현금서비스를 받는 행위

【판결요지】 [1] 신용카드의 거래는 신용카드회사로부터 카드를 발급받은 사람이 위 카드를 사용하여 카드가맹점으로부터 물품을 구입하면 그 카드를 소지하여 사용하는 사람이 카드회사로부터 카드를 발급받은 정당한 소지인인 한 카드회사가 그 대금을 가맹점에 결제하고, 카드회사는 카드사용자에 대하여 물품구입대금을 대출해 준 금전채권을 가지는 것이고, 또 카드사용자가 현금자동지급기를 통해서 현금서비스를 받아가면 현금대출관계가 성립되게 되는 것인바, 이와 같은 카드사용으로 인한 카드회사의 금전채권을 발생케 하는 카드사용 행위는 카드회사로부터 일정한 한도 내에서 신용공여가 이루어지고, 그 신용공여의 범위 내에서는 정당한 소지인에 의한 카드사용에 의한 금전대출이 카드 발급시에 미리 포괄적으로 허용되어 있는 것인바, 현금자동지급기를 통한 현금대출도 결국 카드회사로부터 그 지급이 미리 허용된 것이고, 단순히 그 지급방법만이 사람이 아닌 기계에 의해서 이루어지는 것에 불과하다. 그렇다면 피고인이 카드사용으로 인한 대금결제의 의사와 능력이 없으면서도 있는 것 같이 가장하여 카드회사를 기망하고, 카드회사는 이에 착오를 일으켜 일정 한도 내에서 카드사용을 허용해 줌으로써 피고인은 기망당한 카드회사의 신용공여라는 하자 있는 의사표시에 편승하여 자동지급기를 통한 현금대출도 받고, 가맹점을 통한 물품구입대금 대출도 받아 카드발급회사로 하여금 같은 액수 상당의 피해를 입게 함으로써, 카드사용으로 인한 일련의 편취행위가 포괄적으로 이루어지는 것이다. 따라서 카드사용으로 인한 카드회사의 손해는 그것이 자동지급기에 의한 인출행위이든 가맹점을 통한 물품구입행위이든 불문하고 모두가 피해자인 카드회사의 기망당한 의사표시에 따른 카드발급에 터잡아 이루어지는 사기의 포괄일죄이다(대법원 1996.4.9. 선고 95도2466 판결).

(3) 결론

자기 명의의 카드로 현금자동지급기를 통하여 현금대출을 받는 행위는 사기죄가 성립하지 않는 것으로 보는 것이 타당하다. 행위자가 자신이 직접 설정한 비밀번호를 입력하고 원하는 금액을 입력하는 행위를 사람에 대한 기망행위라고 보기 어렵기 때문이다. 컴퓨터사용사기죄도 성립하지 않는다. 신용카드 소지자는 권한 없는 자가 아니므로 그가 입력하는 정보는 허위의 정보 또는 부정한 명령이 아니기 때문이다. 정당한 정보를 입력함으로 인하여 현금을 인출하는 것을 현금자동지급기의 관리자의 의사에 반하는 것이 아니므로 절도죄는 성립하지 않는다. 행위자를 처벌할 수 있는 규정은 없으므로 무죄이다.

나. 타인 명의의 신용카드로 현금대출을 받는 행위

(1) 쟁점

타인 명의의 신용카드로 현금자동지급기에서 현금대출을 받는 행위에 대한 법적 평가에 대하여 견해의 대립이 있다.

(2) 절도죄 성립 여부

절도죄의 성립 여부에 대하여 견해의 대립이 있다. 부정설은 신용카드와 비밀번호를 입력하여 인출된 돈은 소유자의 의사에 의하여 양도된 것이므로 타인의 재물이 아니고, 돈의 취거에 대하여 은행의 동의가 있는 것이며, 그 동의는 절도죄의 구성요건을 배제하는 양해에 해당되어 절도죄가 성립하지 않는다고 한다.

이에 대하여 긍정설은 현금자동지급기를 설치한 은행의 의사는 비밀번호를 알아낸 카드 절취자에게 현금을 지급하겠다는 것이 아니라 정당한 권리자에게 지급하겠다는 것이며, 비밀번호를 요구하는 것은 정당한 권리자인가를 확인하기 위한 것이므로 현금자동지급기를 관리하는 은행의 의사에 반하여 현금에 대한 점유를 침해한 것이므로 절도죄가 성립한다고 한다.

판례는 절도죄의 성립을 긍정한다. 피고인이 타인의 명의를 모용하여 발급받은 신용카드를 사용하여 현금자동지급기에서 현금대출을 받는 행위는 카드회사에 의하여 미리 포괄적으로 허용된 행위가 아니라, 현금자동지급기 관리자의 의사에 반하여 그의 지배를 배제한 채 그 현금을 자기의 지배하에 옮겨 놓은 행위로서 절도죄에 해당하다고 본다.[894] 이 경우 신용카드부정사용죄와 절도죄의 실체적 경합이 된다.

생각건대, 절도죄의 성립을 긍정하는 것이 타당하다. 현금자동지급기 안에 있는 현금은 현금자동지급기 관리자의 소유와 점유에 속한다. 금원 인출과정에서 비밀번호를 요구하는 것은 정당한 카드사용자에게만 금원을 교부하려는 것으로 해석할 수밖에 없다. 현금자동지급기에서 정당한 카드와 비밀번호를 입력하는 행위가 현금자동지급기의 기능에 맞

---

894) 대법원 2006.7.27. 선고 2006도3126 판결.

는다고 하더라도 이를 절도죄의 구성요건해당성을 배제하는 양해로 보기는 어렵다.

판례 절취한 신용카드로 현금대출을 제공받으려는 일련의 행위

【사실관계】 갑은 을의 집 안방에 다락을 통하여 침입, 그 곳 장롱 서랍속에 있던 을의 딸 소유의 삼성위너스카드 1매와 현금 2만원을 가지고 나와 이를 절취하고, 현금자동인출기에서 절취한 신용카드를 사용하여 현금서비스로 금 100만원을 인출하였다.

【판결요지】 [1] 신용카드회원이 대금결제를 위하여 가맹점에 신용카드를 제시하고 매출표에 서명하는 일련의 행위뿐 아니라 신용카드를 현금인출기에 주입하고 비밀번호를 조작하여 현금서비스를 제공받는 일련의 행위도 신용카드의 본래 용도에 따라 사용하는 것으로 보아야 한다.

[2] 신용카드업법 제25조 제1항 소정의 부정사용이라 함은 도난·분실 또는 위조·변조된 신용카드를 진정한 카드로서 신용카드의 본래의 용법에 따라 사용하는 경우를 말하는 것이므로, 절취한 신용카드를 현금인출기에 주입하고 비밀번호를 조작하여 현금서비스를 제공받으려는 일련의 행위는 그 부정사용의 개념에 포함된다.

피해자 명의의 신용카드를 부정사용하여 현금자동인출기에서 현금을 인출하고 그 현금을 취득까지 한 행위는 신용카드업법 제25조 제1항의 부정사용죄에 해당할 뿐 아니라 그 현금을 취득함으로써 현금자동인출기 관리자의 의사에 반하여 그의 지배를 배제하고 그 현금을 자기의 지배하에 옮겨 놓는 것이 되므로 별도로 절도죄를 구성하고, 위 양 죄의 관계는 그 보호법익이나 행위태양이 전혀 달라 실체적 경합관계에 있는 것으로 보아야 한다(대법원 1995.7.28. 선고 95도997 판결).

(3) 컴퓨터 등 사용사기죄 성립 여부

컴퓨터 등 사용사기죄 성립 여부에 대하여 견해의 대립이 있다. 부정설은 현금자동인출기에 타인의 진정한 비밀번호를 입력하는 행위를 컴퓨터사용사기죄의 구성요건 중 '권한 없이 정보를 입력하는' 행위에 해당하는 것으로 보지만, 본죄의 구성요건 중 객체가 '재산상의 이익을 취득'한 경우라고 규정하고 있어, 순 이득죄로 되어 있으므로 타인의 신용카드로 현금자동인출기에서 현금을 인출하는 행위는 본죄에 해당하지 않는다고 한다.

이에 대하여 긍정설은 재물은 재산상 이익과 대립되는 개념인 동시에 재산상 이익의 특별규정이므로 재물에 대한 사기죄가 성립하지 않는 경우에는 재산상 이익을 취득한 경우로 해석할 수 있다고 한다. 컴퓨터사용사기죄가 성립하며, 양죄는 택일관계에 있다고 한다.

판례는 절도죄의 성립을 긍정하기 때문에 컴퓨터등사용사기죄의 성립을 부정하는 입장이다.

판례 절취한 타인의 신용카드로 현금자동지급기에서 현금을 인출한 행위

【판결요지】 우리 형법은 재산범죄의 객체가 재물인지 재산상의 이익인지에 따라 이를 재물죄와 이득죄로 명시하여 규정하고 있는데, 형법 제347조가 일반 사기죄를 재물죄 겸 이득죄로 규정한 것과 달리 형법 제347조의2는 컴퓨터등사용사기죄의 객체를 재물이 아닌 재산상의 이익으로만 한정하여 규정하고 있으므로, 절취한 타인의 신용카드로 현금자동지급기에서 현금을 인출하는 행위가 재물에 관한 범죄임이 분명한 이상 이를 위 컴퓨터등사용사기죄로 처벌할 수는 없다고 할 것이고, 입법자의 의도가 이와 달리 이를 위 죄로 처벌하고자 하는 데 있었다거나 유사한 사례와 비교하여 처벌상의 불균형이 발생할 우려가 있다는 이유만으로 그와 달리 볼 수는 없다(대법원 2003.5.13. 선고 2003도1178 판결).

(4) 신용카드부정사용죄

신용카드의 부정사용이란 도난 또는 분실된 신용카드를 진정한 카드로 '신용카드 본래의 용법'에 따라 사용하는 것이다. 여신전문금융업법 제13조에 따르면 신용카드회원에 대한 자금의 융통도 부대업무에 해당한다.

신용카드회원이 대금결제를 위하여 가맹점에 신용카드를 제시하고 매출표에 서명하는 일련의 행위뿐 아니라 신용카드를 현금인출기에 주입하고 비밀번호를 조작하여 현금대출을 제공받는 일련의 행위도 신용카드 본래의 용법에 따른 사용에 해당하므로 여신전문금융업법의 신용카드부정사용죄가 성립한다.

(5) 죄수

현금자동지급기에서 현금대출을 받는 행위에 대하여 절도죄와 신용카드부정사용죄의 성립을 인정하는 판례에 따르면 양죄는 보호법익이나 행위태양이 다르므로 여신전문금융업법의 신용카드부정사용죄와 절도죄는 실체적 경합범관계에 있다고 본다.

판례 타인 명의 신용카드 부정사용 후 현금취득

【판결요지】 [1] 신용카드회원이 대금결제를 위하여 가맹점에 신용카드를 제시하고 매출표에 서명하는 일련의 행위뿐 아니라 신용카드를 현금인출기에 주입하고 비밀번호를 조작하여 현금서비스를 제공받는 일련의 행위도 신용카드의 본래 용도에 따라 사용하는 것으로 보아야 한다.

[2] 신용카드업법 제25조 제1항 소정의 부정사용이라 함은 도난·분실 또는 위조·변조된 신용카드를 진정한 카드로서 신용카드의 본래의 용법에 따라 사용하는 경우를 말하는 것이므로, 절취한 신용카드를 현금인출기에 주입하고 비밀번호를 조작하여 현금

서비스를 제공받으려는 일련의 행위는 그 부정사용의 개념에 포함된다.

[4] 피해자 명의의 신용카드를 부정사용하여 현금자동인출기에서 현금을 인출하고 그 현금을 취득까지 한 행위는 신용카드업법 제25조 제1항의 부정사용죄에 해당할 뿐 아니라 그 현금을 취득함으로써 현금자동인출기 관리자의 의사에 반하여 그의 지배를 배제하고 그 현금을 자기의 지배하에 옮겨 놓는 것이 되므로 별도로 절도죄를 구성하고, 위 양 죄의 관계는 그 보호법익이나 행위태양이 전혀 달라 실체적 경합관계에 있는 것으로 보아야 한다(대법원 1995.7.28. 선고 95도997 판결).

Ⅲ. 현금카드와 관련된 범죄유형

1. 강취한 현금카드를 이용하여 현금자동지급기에서 현금을 인출하는 경우

현금카드 자체에 대한 강도죄와는 별개로 현금에 대한 절도죄가 성립한다. 현금자동지급기 관리자의 의사에 반하여 그의 지배를 배제하고 현금을 자기의 지배하에 옮겨 놓은 것이 되며, 예금을 인출하는 행위를 피해자의 승낙에 따른 것이라고 할 수 없으므로 현금에 대한 절도죄가 성립한다.[895] 강도죄와 절도죄의 경합범이 된다. 직불카드의 경우에도 마찬가지이다.[896] 피해자가 그 직불카드의 사용권한을 범인에게 부여하였다고 볼 수 없기 때문이다.

2. 하자 있는 의사표시에 기한 예금인출행위

예금주인 현금카드 소유자로부터 카드를 편취하거나 갈취하여 현금을 인출하는 경우가 있다. 하자 있는 의사표시라고 하더라도 카드 소유자가 승낙의 의사표시를 취소하기 전까지는 현금카드를 적법·유효하게 사용할 수 있다. 따라서 현금카드의 소유자로부터 현금카드를 사용한 예금인출의 승낙을 받고 현금카드를 교부받은 행위와 이를 사용하여 현금자동지급기에서 예금을 여러 번 인출한 행위들은 모두 현금카드 소유자의 예금을 편취하고자 하는 피고인의 단일하고 계속된 범의 아래에서 이루어진 일련의 행위로서 포괄하여 하나의 사기죄를 구성하며, 현금자동지급기에서 카드 소유자의 예금을 인출, 취득한 행위를 현금자동지급기 관리자의 의사에 반하여 그가 점유하고 있는 현금을 절취한 것이

895) 대법원 2007.5.10. 선고 2007도1375 판결.

896) 대법원 2007.4.13. 선고 2007도1377 판결.

라 하여 이를 현금카드 편취행위와 분리하여 따로 절도죄로 처단할 수는 없다.[897]

판례 편취한 현금카드와 예금인출행

【판결요지】 [1] 예금주인 현금카드 소유자로부터 그 카드를 편취하여, 비록 하자 있는 의사표시이기는 하지만 현금카드 소유자의 승낙에 의하여 사용권한을 부여받은 이상, 그 소유자가 승낙의 의사표시를 취소하기까지는 현금카드를 적법, 유효하게 사용할 수 있으며, 은행 등 금융기관은 현금카드 소유자의 지급정지 신청이 없는 한 카드 소유자의 의사에 따라 그의 계산으로 적법하게 예금을 지급할 수밖에 없는 것이므로, 피고인이 현금카드의 소유자로부터 현금카드를 사용한 예금인출의 승낙을 받고 현금카드를 교부받은 행위와 이를 사용하여 현금자동지급기에서 예금을 여러 번 인출한 행위들은 모두 현금카드 소유자의 예금을 편취하고자 하는 피고인의 단일하고 계속된 범의 아래에서 이루어진 일련의 행위로서 포괄하여 하나의 사기죄를 구성한다고 볼 것이지, 현금자동지급기에서 카드 소유자의 예금을 인출, 취득한 행위를 현금자동지급기 관리자의 의사에 반하여 그가 점유하고 있는 현금을 절취한 것이라 하여 이를 현금카드 편취행위와 분리하여 따로 절도죄로 처단할 수는 없다.

[2] 피고인이 현금카드의 소유자로부터 현금카드를 편취하여 예금인출의 승낙을 받고 현금카드를 교부받아 이를 이용하여 현금을 인출한 사안에서, 피고인의 현금 인출행위가 현금지급기 관리자의 의사에 반하여 그가 점유하고 있는 현금을 절취한 것에 해당한다거나 피고인이 인출된 현금의 보관자의 지위에 있는 것이 아니라는 이유로 절취의 주위적 공소사실과 횡령의 예비적 공소사실 모두에 대하여 무죄를 선고한 원심의 판단을 수긍한 사례(대법원 2005.9.30. 선고 2005도5869 판결).

3. 절취한 현금카드를 이용하여 계좌이체를 하는 행위

절취한 현금카드를 이용하여 현금자동지급기에서 인출하는 행위는 현금에 대한 절도죄가 성립한다. 그렇지만 절취한 현금카드를 이용하여 자신의 계좌나 제3자의 계좌로 이체하는 행위는 재산상 이익을 이전하는 행위이므로 절도죄가 아니라 형법 제347조의2 컴퓨터사용사기죄가 성립한다. 이는 현금카드뿐만 아니라 신용카드의 경우에도 동일한 법리가 적용된다.

피고인이 타인의 현금카드로 자신의 계좌로 자금을 계좌이체한 후 현금자동지급기에서 자신의 현금카드로 이체된 금액을 인출하는 행위에 대해서는 절도죄가 성립하지 않는다. 자신의 현금카드를 이용하는 것이므로 관리자의 의사에 반한다고 볼 수 없어 절취행

897) 대법원 2005.9.30. 선고 2005도5869 판결.

위에 해당하지 않기 때문이다.

판례 **계좌이체와 이체 후 현금인출행위**

【판결요지】 절취한 타인의 신용카드를 이용하여 현금지급기에서 계좌이체를 한 행위는 컴퓨터등사용사기죄에서 컴퓨터 등 정보처리장치에 권한 없이 정보를 입력하여 정보처리를 하게 한 행위에 해당함은 별론으로 하고 이를 절취행위라고 볼 수는 없고, 한편 위 계좌이체 후 현금지급기에서 현금을 인출한 행위는 자신의 신용카드나 현금카드를 이용한 것이어서 이러한 현금인출이 현금지급기 관리자의 의사에 반한다고 볼 수 없어 절취행위에 해당하지 않으므로 절도죄를 구성하지 않는다(대법원 2008.6.12. 선고 2008도2440 판결).

제6절 공갈의 죄

Ⅰ. 총설

1. 의의

공갈의 죄는 사람을 공갈하여 재물의 교부를 받거나 재산상 이익을 취득함으로써 성립하는 범죄이다. 공갈의 죄의 보호법익은 재산권과 피공갈자의 의사결정의 자유권이며, 침해범이다. 사기죄의 수단은 기망이지만, 공갈죄의 수단은 폭행·협박이다.

공갈죄는 강도죄와 유사한 구조를 가지고 있지만, 강도죄는 폭행·협박에 의하여 상대방의 의사를 억압하고 재물 또는 재산상 이익을 강취함으로써 성립하는 범죄임에 반하여, 공갈죄는 상대방의 하자 있는 의사에 의하여 스스로 재산상 손해를 야기한다는 점에서 구별된다. 공갈죄는 피해자의 처분행위를 요건으로 하는 편취죄이다.

2. 특별법

특정경제범죄 가중처벌 등에 관한 법률 제3조에 따르면 특정재산범죄에 대하여 가중처벌하고 있다. 동법에 따르면 형법 제347조(사기), 제350조(공갈), 제350조의2(특수공갈), 제351조(제347조, 제350조 및 제350조의2의 상습범만 해당한다), 제355조(횡령·배임) 또는 제356조(업무상의 횡령과 배임)의 죄를 범한 사람은 그 범죄행위로 인하여 취득하거나 제3자로 하여금 취득하게 한 재물 또는 재산상 이익의 가액이 5억원 이상일 때에는 가중처벌한다. 이득액 이하에 상당하는 벌금을 병과(倂科)할 수 있다.

Ⅱ. 공갈죄

제350조 (공갈) ① 사람을 공갈하여 재물의 교부를 받거나 재산상의 이익을 취득한 자는 10년 이하의 징역 또는 2천만원 이하의 벌금에 처한다.
② 전항의 방법으로 제3자로 하여금 재물의 교부를 받게 하거나 재산상의 이익을 취득하게 한 때에도 전항의 형과 같다.
제352조 (미수범) 제347조 내지 제348조의2, 제350조와 제351조의 미수범은 처벌한다.

1. 의의

공갈죄는 사람을 공갈하여 재물의 교부를 받거나 재산상 이익을 취득함으로써 성립하는 범죄이다. 본죄의 보호법익은 개인의 재산과 피공갈자의 의사결정의 자유이다. 보호의 정도는 침해범이다.

2. 객체: 재물 또는 재산상의 이익

본죄의 객체는 타인의 재물 또는 재산상 이익이다. 재산상 피해자인 타인에는 자연인 외에 법인도 포함된다.[898]

타인의 재물이므로 자기 소유의 재물은 공갈죄의 객체에서 제외된다. 따라서 절도 피해자가 절도범인을 협박하여 절취당한 금전을 되찾아 오는 경우 공갈죄는 성립하지 않는다. 다만 이 경우 도난당한 금전이 다른 금전과 섞거나 교환되지 않고 쇼핑백에 들어 있는 등 되찾은 돈이 절취 대상인 당해 금전이라고 구체적으로 특정할 수 있어 객관적으로 다른 재산과 구분되는 것이 명백해야 한다.[899] 타인의 재물인지 여부는 민법, 상법 등 기타 실

898) 김성돈, 410면; 김일수/서보학, 464면; 신동운, 1131면; 정성근/박광민, 401면.
899) 대법원 2012.8.30. 선고 2012도6157 판결.

체법에 의하여 결정된다.

공갈죄의 경우에는 부동산도 객체에 포함된다. 상대방의 재산적 처분행위에 기하여 등기 이전의 형태로 사실상 부동산의 점유를 이전하는 것이 가능하기 때문이다.[900]

재산상의 이익은 적극적 이익·소극적 이익뿐만 아니라 영구적 이익·일시적 이익도 포함된다. 채무이행의 연기, 소유권 이전의 의사표시, 보수계약체결 등이 이에 해당한다. 부녀와의 성관계 그 자체는 경제적으로 평가할 수 없으므로 재산상 이익은 아니지만, 그 성관계 자체가 대가를 전제로 한 경우에는 경제적으로 평가할 수 있으므로 재산상의 이익이 된다.[901]

판례 부녀와의 성교행위와 재산상 이익

【사실관계】 갑은 가짜 기자행세를 하면서 싸롱객실에서 나체쇼를 한 A를 고발할 것처럼 데리고 나와 여관으로 유인한 다음, 겁에 질려있는 그녀의 상태를 이용하여 동침하면서 1회 성교하여 그녀의 성관계에 상당하는 재산상 이익을 갈취하였다.

【판결요지】 공갈죄는 재산범으로서 그 객체인 재산상 이익은 경제적 이익이 있는 것을 말하는 것인바, 일반적으로 부녀와의 정교 그 자체는 이를 경제적으로 평가할 수 없는 것이므로 부녀를 공갈하여 정교를 맺었다고 하여도 특단의 사정이 없는 한 이로써 재산상 이익한 것이라고 볼 수는 없는 것이며, 부녀가 주점접대부라 할지라도 피고인과 매음을 전제로 정교를 맺은 것이 아닌 이상 피고인이 매음대가의 지급을 면하였다고 볼 여지가 없으니 공갈죄가 성립하지 아니한다(대법원 1983.2.8. 선고 82도2714 판결).

【해설】 부녀와의 성관계 그 자체는 경제적으로 평가할 수 없으므로 재산상의 이익이 될 수 없다. 따라서 부녀를 폭행·협박하여 성관계를 한 경우 공갈죄가 아니라 강간죄 혹은 강요죄가 성립한다. 다만 성매도자 등을 상대로 대가를 지급하기로 약속하고 성관계를 맺은 후 폭행, 협박으로 대가를 지급하지 않으면 강도죄나 공갈죄에 해당할 수 있다.

3. 행위: 공갈행위

가. 의의

공갈이란 재물을 교부받거나 재산상의 이익을 취득하기 위하여 폭행·협박으로써 상대방으로 하여금 공포심을 일으키게 하는 것을 말한다. 폭행·협박은 사람의 의사결정과 행동의 자유를 제한하는 정도로 충분하다. 만약 상대방의 반항을 억압할 정도의 폭행·협박

900) 대법원 1992.9.14. 선고 92도1506 판결.

901) 대법원 1983.2.8. 선고 82도2714 판결.

을 하였다면 공갈죄가 아니라 강도죄가 성립한다.

나. 공갈의 수단: 폭행, 협박

폭행은 사람에 대한 일체의 유형력의 행사를 의미한다. 심리적 폭력을 의미하며, 절대적 폭력은 포함되지 않는다. 절대적 폭력은 피공갈자의 의사 형성을 불가능하게 하므로 피공갈자의 하자 있는 의사표시에 의한 재산상 처분행위 자체가 있을 수 없기 때문이다.

협박은 객관적으로 사람의 의사결정의 자유를 제한하거나 의사실행의 자유를 방해할 정도로 겁을 먹게 할 만한 해악을 고지하는 것을 말한다. 협박이 상대방의 반항을 억압할 정도에 이른다면 공갈죄가 아니라 강도죄가 성립한다. 고지하는 내용이 위법하지 않은 것인 경우에도 해악이 될 수 있다.[902] 예를 들면 소비자 불매운동을 하겠다는 것도 해악에 해당할 수 있다.[903]

해악의 고지는 반드시 명시적인 방법으로 할 필요는 없으며 묵시적 방법으로 언어나 거동 등에 의하여 상대방으로 하여금 어떠한 해악을 입을 수 있을 것이라는 인식을 갖게 하는 것이면 충분하다. 행위자가 그의 직업, 지위 등에 기하여 불법한 위세를 이용하여 재물의 교부나 재산상 이익을 요구하고 상대방으로 하여금 그 요구에 응하지 아니한 때에는 부당한 불이익을 초래할 위험이 있다는 위구심을 야기하게 하는 경우에도 해악의 고지가 된다. 폭력배와 잘 알고 있다는 지위를 이용하여 불법한 위세를 보이는 행위도 해악의 고지에 해당한다.[904]

해악에는 인위적인 것뿐만 아니라 천재지변 또는 신력이나 길흉화복에 관한 것도 포함될 수 있다. 다만 천재지변 또는 신력이나 길흉화복을 해악으로 고지하는 경우에는 상대방으로 하여금 행위자 자신이 그 천재지변 또는 신력이나 길흉화복을 사실상 지배하거나 그에 영향을 미칠 수 있는 것으로 믿게 하는 명시적 또는 묵시적 행위가 있어야 공갈죄가 성립한다.[905]

행위자 자신이 아닌 제3자가 해악을 가할 것이라고 고지하는 경우도 협박에 해당한다. 이 경우 공갈행위자는 제3자에 대해 영향을 미칠 수 있는 지위에 있다는 것을 상대방에게 알리거나 상대방이 그러한 사정을 추측할 수 있는 상황이 있어야 한다. 예를 들면 신문사 사주가 보도 자제를 요청하는 건설업체 대표이사에게 자사 신문에 사과 광고를 싣지 않으면 그 건설업체의 신용을 해치는 기사가 계속 게재될 것 같다는 기자들의 분위기를 전달

902) 대법원 2019.2.14. 선고 2018도19493 판결; 대법원 1995.3.10. 선고 94도2422 판결.
903) 대법원 2013.4.11. 선고 2010도13774 판결.
904) 대법원 2003.5.13. 선고 2003도709 판결.
905) 대법원 2002.2.8. 선고 2000도3245 판결.

하는 방식으로 사과 광고를 게재토록 하면서 과다한 광고료를 받은 행위는 공갈죄의 협박에 해당한다.[906)]

판례 공갈죄의 협박을 인정한 경우

① 방송기자인 피고인이 피해자에게 피해자 경영의 건설회사가 건축한 아파트의 진입도로미비 등 공사하자에 관하여 방송으로 계속 보도할 것 같은 태도를 보임으로써 피해자가 위 방송으로 말미암아 그의 아파트 건축사업이 큰 타격을 받고 자신이 경영하는 회사의 신용에 커다란 손실을 입게될 것을 우려하여 방송을 하지 말아 달라는 취지로 돈 2,000,000원을 피고인에게 교부한 경우 공갈죄의 구성요건이 충족되고 또 인과관계도 인정된다고 할 것이다(대법원 1991.5.28. 선고 91도80 판결).

② 신문의 부실공사 관련 기사에 대한 해당 건설업체의 반박광고가 있었음에도 재차 부실공사 관련 기사가 나가는 등 그 신문사 기자들과 그 건설업체 대표이사의 감정이 악화되어 있는 상태에서, 그 신문사 사주 및 광고국장이 보도자제를 요청하는 그 건설업체 대표이사에게 자사 신문에 사과광고를 싣지 않으면 그 건설업체의 신용을 해치는 기사가 계속 게재될 것 같다는 기자들의 분위기를 전달하는 방식으로 사과광고를 게재토록 하면서 과다한 광고료를 받은 행위가 공갈죄의 구성요건에 해당한다고 본 사례(대법원 1997.2.14. 선고 96도1959 판결).

③ 피해자의 정신병원에서의 퇴원 요구를 거절해 온 피해자의 배우자가 피해자에 대하여 재산이전 요구를 한 경우, 그 배우자가 재산이전 요구에 응하지 않으면 퇴원시켜주지 않겠다고 말한 바 없더라도 이는 암묵적 의사표시로서 공갈죄의 수단인 해악의 고지에 해당하고 이러한 해악의 고지가 권리의 실현수단으로 사용되었더라도 그 수단 방법이 사회통념상 허용되는 정도나 범위를 넘는 것으로서 공갈죄를 구성한다고 한 사례(대법원 2001.2.23. 선고 2000도4415 판결).

④ 폭력배와 잘 알고 있다는 지위를 이용하여 불법한 위세를 보임으로써 해악의 고지를 하였다고 본 사례(대법원 2003.5.13. 선고 2003도709 판결).

⑤ 피해자들이 제작·투자한 영화의 소재로 삼은 폭력조직의 두목 또는 조직원이 피해자들에게 그 영화의 감독을 통해 조직폭력배의 불량한 성행, 경력 등을 이용하여 재물의 교부를 요구하고 피해자들로 하여금 그 요구에 응하지 아니할 때에는 부당한 불이익을 초래할 위험이 있을 수 있다는 위구심을 야기하게 하였고, 피해자들도 돈을 요구하는 상대방이 자신들이 영화의 소재로 삼았던 폭력조직의 두목 또는 조직원이므로 이에 응하지 않을 경우 자신들이 받을 불이익을 두려워하거나 또는 곤경에 빠진 위 영화감독을 위해서라도 돈을 지급하지 않을 수 없다고 판단하여 마지못해 돈을 준 경우, 공갈죄의 성립을 긍정한 사례(대법원 2005.7.15. 선고 2004도1565 판결).

906) 대법원 1997.2.14. 선고 96도1959 판결.

⑥ 피고인이, 갑 주식회사가 특정 신문들에 광고를 편중했다는 이유로 기자회견을 열어 갑 회사에 대하여 불매운동을 하겠다고 하면서 특정 신문들에 대한 광고를 중단할 것과 다른 신문들에 대해서도 동등하게 광고를 집행할 것을 요구하고 갑 회사 인터넷 홈페이지에 그와 같은 내용의 팝업창을 띄우게 한 사안에서, 제반 사정을 고려할 때 피고인의 행위가 강요죄나 공갈죄의 수단인 협박에 해당한다(대법원 2013.4.11. 선고 2010도13774 판결).

판례 공갈죄의 협박을 부정한 경우

① 가출자의 가족에 대하여 가출자의 소재를 알려주는 조건으로 보험가입을 요구한 피고인의 소위는 가출자를 찾으려고 하는 그 가족들의 안타까운 심정을 이용하여 보험가입을 권유 내지 요구하는 언동으로 도의상 비난할 수 있을지언정 그로 인하여 가족들에 새로운 외포심을 일으키게 되거나 외포심이 더하여 진다고는 볼 수 없어 이를 공갈죄에 있어서의 협박이라 단정할 수 없다(대법원 1976.4.27. 선고 75도2818 판결).
② 조상천도제를 지내지 아니하면 좋지 않은 일이 생긴다는 취지의 해악의 고지는 길흉화복이나 천재지변의 예고로서 행위자에 의하여 직접, 간접적으로 좌우될 수 없는 것이고 가해자가 현실적으로 특정되어 있지도 않으며 해악의 발생가능성이 합리적으로 예견될 수 있는 것이 아니므로 협박으로 평가될 수 없다고 한 사례(대법원 2002.2.8. 선고 2000도3245 판결).
③ 지역신문의 발행인이 시정에 관한 비판기사 및 사설을 보도하고 관련 공무원에게 광고의뢰 및 직보배정을 타신문사와 같은 수준으로 높게 해달라고 요청한 사실만으로 공갈죄의 수단으로서 그 상대방을 협박하였다고 볼 수 없다고 한 사례(대법원 2002.12.10. 선고 2001도7095 판결).

다. 공갈의 상대방

공갈의 상대방인 피공갈자는 재산에 대해서 처분행위를 할 수 있는 권한이 있거나 그러한 지위에 있어야 한다. 공갈의 상대방과 재산상 피해자가 동일인일 필요는 없다. 피공갈자와 재산상 피해자가 다른 경우를 '삼각공갈'이라고 한다. 삼각공갈의 경우 피공갈자는 피해자의 재산에 대해서 사실상·법률상 처분할 수 있는 권한이나 지위에 있어야 한다. 주점의 종업원에게 신체에 위해를 가할 듯한 태도를 보여 이에 겁을 먹은 위 종업원으로부터 주류를 제공받은 경우에 있어 위 종업원은 주류에 대한 사실상 처분권자이므로 공갈죄의 피해자에 해당하므로 공갈죄가 성립한다.[907]

907) 대법원 2005.9.29. 선고 2005도4738 판결.

라. 피공갈자의 처분행위

폭행·협박을 받은 피공갈자가 재물을 교부하거나 재산상 처분행위를 해야 한다. 피공갈자의 하자 있는 의사표시에 기한 재산적 처분행위가 있어야 한다는 점에 공갈죄의 특징이 있다. 피공갈자의 처분행위는 법률행위 이외에도 사실상 처분행위로도 충분하다. 따라서 매도계약의 체결, 노무의 제공과 같은 법률행위 이외에도 물건의 인도와 같은 사실상 처분행위도 가능하다.

처분행위는 반드시 적극적인 교부와 같은 작위뿐만 아니라 피공갈자가 재물 취거를 소극적으로 묵인 또는 수인하는 행위도 처분행위가 될 수 있다. 피공갈자가 외포심을 일으켜 묵인하고 있는 동안에 공갈자가 직접 재산상의 이익을 탈취한 경우에도 공갈죄가 성립할 수 있다. 하지만 폭행의 상대방이 위와 같은 의미에서의 처분행위를 한 바 없고, 단지 행위자가 법적으로 의무 있는 재산상 이익의 공여를 면하기 위하여 상대방을 폭행하고 현장에서 도주함으로써 상대방이 행위자로부터 원래라면 얻을 수 있었던 재산상 이익의 실현에 장애가 발생한 것에 불과하다면, 그 행위자에게 공갈죄의 죄책을 물을 수 없다. 판례는 피고인이 피해자가 운전하는 택시를 타고 간 후 최초의 장소에 이르러 택시요금의 지급을 면할 목적으로 다른 장소에 가자고 하였다면서 택시에서 내린 다음 택시요금 지급을 요구하는 피해자를 때리고 달아나자, 피해자가 피고인이 말한 다른 장소까지 쫓아가 기다리다 그곳에서 피고인을 발견하고 택시요금 지급을 요구하였는데 피고인이 다시 피해자의 얼굴 등을 주먹으로 때리고 달아난 경우 공갈죄의 처분행위를 인정하지 않았다.[908)]

판례에 따르면 종업원이 주인을 협박하여 그 업소에 취직을 하여 그 주인으로부터 월급 상당액을 교부받은 경우 그 종업원이 주인에게 종업원으로서 상당한 근로를 제공한 바가 없다면 공갈죄가 성립한다.[909)]

마. 재물의 교부 또는 재산상 이익의 취득

피공갈자의 처분행위로 인하여 공갈자는 재물의 교부를 받거나 재산상 이익을 취득하여야 한다. 재물의 교부는 재물의 점유를 범인 또는 그와 일정한 관계에 있는 제3자에게 이전하는 것을 말한다. 반드시 직접 건네 줄 필요는 없으며 상대방이 공포심을 빠진 것을 이용하여 범인이 스스로 재물을 취거하는 경우도 공갈죄가 성립한다.

불법원인급여물에 대하여 공갈죄가 성립할 수 있다. 따라서 공갈하여 장물이나 밀수품을 교부받는 경우에는 공갈죄가 성립할 수 있다. 여자와의 성관계 자체는 재산상 이익이 아니기 때

---

908) 대법원 2012.1.27. 선고 2011도16044 판결

909) 대법원 1991.10.11. 선고 91도1755 판결.

문에, 공갈로 여자와 성관계를 한 경우에는 공갈죄가 아니라 강간죄 또는 강요죄가 문제된다.

바. 재산상 손해발생 여부

공갈죄가 성립하기 위해서 재산상 손해발생이 있어야 되는가에 대하여 견해의 대립이 있다. 구성요건상 손해발생이 요건으로 규정하고 있지 않으므로 손해발생이 필요 없다는 견해에 따르면 상당한 대가를 지급하여 본인에게 손해가 없는 경우에도 공갈죄가 성립한다고 한다.[910] 하지만 공갈죄는 사기죄와 마찬가지로 침해범이므로 피해자에게 재산상 손해가 발생하여야 기수가 될 수 있다고 보는 것이 타당하다.[911]

판례는 피공갈자의 하자 있는 의사에 기하여 이루어지는 재물의 교부 자체가 공갈죄의 재산상 손해에 해당하므로, 반드시 피해자의 전체 재산의 감소가 요구되는 것은 아니라고 한다.[912]

4. 실행의 착수 시기와 기수 시기

본죄의 실행의 착수 시기는 폭행·협박이 개시된 때이다. 상대방이 공포심을 실제로 느꼈는지는 문제되지 않는다. 제3자를 통하여 해악고지를 전달시킨 때에는 피해자에게 전달되었을 때 실행의 착수가 인정된다.[913]

본죄의 기수 시기는 재물 취득의 경우 피해자의 재산적 처분행위로 재물 또는 재산상 이익을 취득하고 손해가 발생한 때에 기수가 된다. 동산의 경우 현실적으로 점유가 이전되어야 하며, 부동산의 경우 소유권이전등기가 경료되거나 현실의 점유이전이 있어야 한다.[914] 소유권이전의 의사표시나 소유권이전등기에 필요한 서류를 교부받은 것만으로는 기수가 되지 않는다.

판례에 따르면 피해자들을 공갈하여 피해자들로 하여금 지정한 예금구좌에 돈을 입금하게 한 이상, 위 돈은 범인이 자유로이 처분할 수 있는 상태에 놓인 것으로서 공갈죄는 이미 기수에 이르렀다.[915]

---

910) 신동운, 1138면; 오영근/노수환, 380면.

911) 김성돈, 414면; 김일수/서보학, 468면; 임웅/이현정/박성민, 477면; 정성근/박광민, 406면.

912) 대법원 2013.4.11. 선고 2010도13774 판결.

913) 대법원 1969.7.29. 선고 69도984 판결.

914) 대법원 1992.9.14. 선고 92도1506 판결.

915) 대법원 1985.9.24. 선고 85도1687 판결.

5. 권리행사의 수단으로 공갈한 경우

가. 쟁점

행위자가 정당한 권리행사의 수단으로 피해자를 공갈한 경우 공갈죄의 위법성이 조각될 수 있는지 문제된다. 예를 들면 채권자 갑이 채무자 A가 채권변제기가 도래하였음에도 불구하고 채무를 변제하지 않고 차일피일 미루자, 자신의 채권을 변제받기 위해 불량배를 대동하고 A를 찾아가 "당장 돈을 갚지 않으면 신상이 해로울 것이다"라고 협박하여 A에게 채권을 변제받은 경우 위법성이 조각될 수 있는지 견해의 대립이 있다.

나. 학설과 판례

부정설은 공갈 수단을 쓰더라도 재산에 대하여 정당한 권리가 있는 경우에는 공갈죄의 구성요건인 불법영득의사가 있다고 할 수 없기 때문에 공갈죄는 성립할 수 없고, 협박죄나 폭행죄가 성립한다고 한다.[916] 긍정설은 정당한 권리의 행사라도 그 수단이 사회통념상 용인되는 범위를 일탈하였다면 불법하게 영득한 것이므로 공갈죄가 성립한다고 한다.[917]

대법원 판례는 권리행사의 목적이라고 하더라도 선택한 수단의 불법이 큰 경우에는 전체로서 공갈행위가 위법하다고 본다. 공갈의 수단과 방법이 사회통념상 허용되는 범위를 넘은 경우에 위법성을 인정한다. 채권회수를 위한 권리행사라도 사회통념상 용인된 행위를 넘어선 경우,[918] 교통사고 피해자라도 과다한 금원을 요구하면서 이에 응하지 않으면 수사기관에 신고할 듯 태도를 보여 금품을 받은 경우,[919] 공사 수급인이 권리행사에 빙자하여 도급인측에 대하여 비리를 관계기관에 고발하겠다는 내용의 협박 내지 사무실의 장시간 무단점거 및 직원들에 대한 폭행 등의 위법 수단을 써서 기성고 공사대금[920] 명목으로 금원을 교부받은 경우[921]는 사회통념상 허용되는 범위를 넘은 경우에 해당하므로 공갈죄가 성립한다.

다. 결론

공갈죄의 수단인 협박은 고지하는 내용이 위법하지 않은 것인 경우에도 해악이 될 수 있다. 해악의 고지가 비록 정당한 권리를 실현하는 수단이라고 하더라도, 그 권리 실현의

---

916) 김일수/서보학, 470면; 임웅/이현정/박성민, 478면.

917) 김성돈, 416면; 신동운, 1135면; 정성근/박광민, 408면.

918) 대법원 1987.10.26. 선고 87도1656 판결.

919) 대법원 1990.3.27. 선고 89도2036 판결.

920) 기성고 공사대금은 공사 전체 중 실제로 완료된 부분에 해당하는 공사비를 기준으로 지급되는 대금을 말한다. 하도급거래 공정화에 관한 법률에 따르면 원사업자는 하도급 업체에게 기성고에 상응하는 대금을 정당하게 지급해야 할 의무가 있다.

921) 대법원 1991.12.13. 선고 91도2127 판결.

수단과 방법이 사회통념상 허용되는 정도나 범위를 넘는다면 위법성이 조각되지 않는다. 어떠한 행위가 구체적으로 사회통념상 허용되는 정도나 범위를 넘는지는 행위의 측면에서 추구한 목적과 선택한 수단을 전체적으로 종합하여 판단한다. 결과적 측면에서는 공갈을 통하여 보호하려는 이익과 피공갈자의 침해 이익 사이의 법익 균형도 판단기준이 되어야 한다. 정당한 권리를 가지고 있는 자라고 하더라도 그가 그 권리를 실현하는 의사 없이 단순히 권리의 실행을 빙자한 경우 공갈죄가 성립한다고 보는 것이 타당하다.

6. 죄수

공갈죄가 성립하는 경우 협박과 폭행은 공갈죄에 흡수되어 별도로 성립하지 않는다. 법조경합 중 흡수관계에 해당한다. 한 개의 공갈행위로 같은 피해자로부터 여러 번에 걸쳐 재물을 교부받은 경우 포괄일죄가 된다. 하지만 한 개의 공갈행위로 여러 명의 피해자로부터 재물을 교부받은 경우 수개의 공갈죄의 상상적 경합이 된다.

공갈죄는 상태범이므로 갈취한 재물을 처분한 경우에는 새로운 법익을 침해하지 않는 한 불가벌적 사후행위가 되어 별도의 죄가 성립하지 않는다. 따라서 타인을 공갈하여 재물을 교부하게 한 경우에는 공갈죄를 구성하는 외에 그것을 소비하고 다른 사람에게 이를 처분하였다 하더라도 횡령죄를 구성하지는 않는다.[922] 하지만 예금통장과 도장을 갈취한 후에 예금인출을 위해 사문서를 위조하고 이를 행사한 경우에는 새로운 법익을 침해한 경우에 해당하기 때문에 공갈죄 이외에도 사문서위조 및 동행사죄, 사기죄가 성립한다.

7. 다른 죄와의 관계

가. 공갈죄와 사기죄의 관계

행위자가 기망과 공갈 두 가지 수단을 모두 사용하여 상대방으로부터 재물 등을 교부받은 경우에 사기죄 또는 공갈죄가 성립 여부가 문제된다. 이는 사실관계에 따라서 기망과 공갈의 어느 요소가 피해자의 의사형성에 영향을 미쳤는가에 의하여 결론을 달리한다. 예를 들면 미성년자를 불법고용하고 있는 유흥업자에게 거짓 신문기자 행세를 하면서 돈을 주지 않으면 불법사실을 신문에 내겠다고 협박한 경우에는 협박과 기망 중에서 상대방의 의사결정에 영향을 미친 비중이 큰 쪽으로 범죄의 성립을 인정해야 할 것이며, 그 비중의 경중 판단이 모호하면 공갈죄와 사기죄의 상상적 경합이 된다.

---

922) 대법원 1986.2.11. 선고 85도2513 판결.

나. 공갈죄와 수뢰죄의 관계

공무원 갑이 직무집행의 의사 없이 직무집행을 빙자하여 A부터 재물을 교부받은 경우에는 수뢰죄가 아닌 공갈죄만이 성립하며, A는 공갈의 피해자가 될 뿐이며 A에 대하여 증뢰죄가 성립하지 않는다.[923] 또한 공무원이 직무집행의 의사로 당해 직무와 관련하여 타인을 폭행·협박하여 재물을 교부받은 경우에는 수뢰죄와 공갈죄의 상상적 경합이 된다.

Ⅲ. 특수공갈죄

> 제350조의2(특수공갈) 단체 또는 다중의 위력을 보이거나 위험한 물건을 휴대하여 전조의 죄를 범한 자는 1년 이상 15년 이하의 징역에 처한다.
> 제352조 (미수범) 제347조 내지 제348조의2, 제350조, 제350조의2, 제351조의 미수범은 처벌한다.

1. 의의

특수공갈죄는 단체 또는 다중의 위력을 보이거나 위험한 물건을 휴대하여 공갈죄를 범한 경우에 성립한다.

2. 개정이유

헌법재판소는 폭력행위 등 처벌에 관한 법률 중 특수폭행죄 가중처벌 등 일부 규정이 형법과 동일한 구성요건을 규정하면서 법정형만 상향하고 있어 헌법의 기본원리에 위배되고 평등의 원칙에 위반된다는 이유로 각각 위헌 결정을 하였다. 이에 폭력행위 등 처벌에 관한 법률 일부 규정을 정비하고 동시에 일부 범죄를 형법에 편입하여 처벌의 공백을 방지하면서 형벌체계상의 정당성과 균형을 갖추도록 하기 위하여 2016년 1월 형법을 개정하였다.[924]

---

923) 대법원 1994.12.22. 선고 94도2528 판결.

924) 이에 따라 특수상해죄(제258조의2), 특수강요죄(제324조 제2항), 특수공갈죄(제350조의2)가 신설되었다.

Ⅳ. 상습공갈죄

제351조 (상습범) 상습으로 제347조 내지 전조의 죄를 범한 자는 그 죄에 정한 형의 2분의1까지 가중한다.
제352조 (미수범) 제347조 내지 제348조의2, 제350조, 제350조의2, 제351조의 미수범은 처벌한다.

상습공갈죄는 상습으로 공갈죄를 범하는 경우에 성립하는 범죄이다. 상습이란 반복된 행위에 의하여 얻어진 행위자의 습벽으로 인하여 죄를 범하는 것을 말한다. 본죄는 상습성으로 인하여 책임이 가중되는 가중적 구성요건이다.

제7절 횡령의 죄

Ⅰ. 총설

1. 의의

횡령의 죄는 타인의 재물을 보관하는 자가 그 재물을 횡령하거나 반환을 거부하는 것을 내용으로 하는 범죄이다. 횡령죄는 타인소유, 자기점유의 재물에 대한 것이다. 이러한 점에서 타인소유, 타인점유를 영득하는 절도죄와 구별된다. 또한 횡령죄는 보관자의 영득행위로써 범죄가 성립하고 소유자의 처분행위는 필요하지 않다. 이러한 점에서 사기죄와 공갈죄와 같은 편취죄는 상대방의 하자 있는 의사에 기한 처분행위가 있어야 한다는 점에서 구별된다.

2. 배임죄와의 관계

횡령죄는 타인에 대한 신임관계의 배반이나 배신성이 있다는 점에서 배임죄와 유사하지만, 횡령죄의 객체는 재물이지만(개개의 특정된 것에 대한 위임관계), 배임죄의 객체는 재산상 이익(전체재산에 대한 위임관계)이라는 점에서 다르다. 이를 두고 배임죄는 일반법, 횡령죄는 특별법의 관계에 있다고 한다.

보충내용 절도죄와 비교

횡령죄에 의한 소유권의 침해 정도는 절도죄의 경우보다 강하다. 절도범이나 횡령범이 재물에 대하여 소유권을 취득하지 못하는 점에서는 같지만, 그 재물을 처분한 때에는 횡령죄의 처분에 대하여 선의취득이 인정되는 범위가 더 넓기 때문이다. 그럼에도 불구하고 횡령죄를 절도죄의 경우보다 가볍게 처벌하고 있다. 그 이유는 자기가 점유하는 재물을 영득하는 것은 그 방법이 평화적일 뿐만 아니라 그 동기가 유혹적이라는 점을 고려한 것이다.

3. 보호법익과 보호 정도

횡령죄의 보호법익은 민법의 점유매개관계(민법 제194조)로 나타난 소유권의 향유이다. 횡령죄에 대한 보호의 정도에 대하여 횡령죄는 민법상 소유권을 취득하지 못하므로 위험범이라는 견해와[925] 미수범 처벌 규정이 있다는 점에서 침해범으로 보는 견해의 대립이 있다.[926] 침해범으로 볼 경우 횡령죄의 기수 시기는 불법영득의사를 실현한 때이다.

판례는 위험범으로 본다.[927] 판례에 따르면 소유권 등 본권이 침해될 위험성이 있으면 그 침해의 결과가 발생되지 아니하더라도 횡령죄가 성립한다. 따라서 민법상 법률행위가 무효이거나 그 재물에 대한 소유권이 침해되는 결과가 발생 여부와 관계없이 횡령죄가 성립한다. 위험범으로 볼 경우 횡령죄의 기수 시기는 불법영득의사를 실현한 때가 아니라 불법영득의사를 표현했을 때로 본다.

생각건대, 침해범으로 보는 것이 타당하다. 횡령죄가 성립하기 위해서는 영득의사를 외부로 표현하는 행위가 필요하며, 횡령죄의 보호법익인 소유권이 현실적으로 침해되어야 본죄가 성립한다고 보는 것이 타당하다. 횡령죄는 재산범죄의 일종으로 구체적 재산 침해를 처벌하는 것이 형법의 본질에 부합하며, 현실적 재산 손실이 없는 신뢰 위반 행위를 처벌하는 것은 과잉형벌이 될 우려가 있다.

4. 횡령죄의 본질

가. 월권행위설

월권행위설에 따르면 횡령이란 행위자가 위탁물에 대하여 위탁의 취지에 반하여 권한

925) 김성천/김형준, 456면; 이재상/장영민/강동범, 388면; 임웅/이현정/박성민, 485면.
926) 김성돈, 419면; 김일수/서보학, 351면; 배종대, 524면; 오영근/노수환, 386면.
927) 대법원 2002.11.13. 선고 2002도2219 판결.

을 초월하여 불법처분을 하는 것으로 위탁에 의해 형성된 신임관계를 깨뜨리는 것이라고 한다.[928] 이 견해에 따르면 위탁을 하게 된 신임관계를 배신하는 월권행위만 있으면 되고 불법영득의사는 필요하지 않다. 따라서 손괴 또는 은닉할 고의로 점유 중인 타인의 재물을 처분하는 경우에도 횡령죄는 성립한다.

나. 영득행위설

영득행위설에 따르면 횡령이란 자기가 보관하는 타인의 재물을 횡령하거나 반환을 거부함으로써 불법영득의사를 표현하는 행위로서 불법영득의사가 횡령행위의 본질이라고 한다. 횡령죄의 보호법익은 소유권이므로 소유권을 침해하는 의사로서 불법영득의사가 필요하다는 것으로 다수설과 판례의 입장이다.[929] 따라서 이 견해에 따르면 손괴 또는 은닉할 고의로 점유 중인 타인의 재물을 처분하는 경우에는 횡령죄가 성립하지 않는다. 불법영득의사가 없기 때문이다.

판례에 따르면 횡령죄에서 불법영득의 의사는 타인의 재물을 보관하는 자가 위탁의 취지에 반하여 자기 또는 제3자의 이익을 위하여 권한 없이 재물을 자기의 소유인 것처럼 사실상 또는 법률상 처분하는 의사를 의미한다.[930]

다. 결합설

결합설에 따르면 횡령이란 위탁자의 신임관계를 저버리는 배신행위로써 타인의 물건을 불법하게 영득하는데 그 본질이 있다고 본다.[931] 불법영득의사가 수반된 배신행위라는 점에 횡령행위의 특징이 있다고 본다.

라. 결론

생각건대, 영득행위설이 타당하다. 불법영득의사가 수반된 배신행위라는 점에 횡령행위의 특징이 있다고 보는 것이 타당하다. 단순한 채무불이행의 경우에도 배신행위성이나 월권행위성을 인정할 수 있다. 월권행위설에 따르면 불법영득의사가 없이 일시사용·손괴·은닉의 목적으로 처분하는 경우에도 본죄의 성립을 인정하는데, 이는 형사처벌의 범위를 지나치게 넓힐 위험이 있으며, 채무불이행 등 민사상 문제가 형사사건이 될 가능성도 있다. 형법의 보충성의 원칙에 비추어 과잉형벌화의 문제점이 있다. 신임관계를 배신

---

928) 정성근/박광민, 423면.

929) 김성돈, 420면; 김일수/서보학, 351면; 손동권/김재윤, 422면; 신동운, 1208면; 이재상/장영민/강동범, 389면.

930) 대법원 2017.2.15. 선고 2013도14777 판결.

931) 배종대, 525면.

하는 월권행위만으로는 부족하고 타인의 재물을 자기의 소유물처럼 이용·처분하려는 불법영득의사가 있어야 한다. 월권행위설에 비하여 영득행위설이 상대적으로 처벌의 범위가 좁다. 횡령죄의 보호법익인 소유권을 침해하려는 불법영득의사가 있어야 한다.

결합설을 취하더라도 불법영득의사가 없는 배신행위만을 독립된 법익침해행위로 처벌하지 않기 때문에 사실상 결합설과 영득행위설은 실제 결론에서 차이가 없다. 따라서 판례가 영득행위설의 입장인지 결합설의 입장인지에 대한 논의 또한 중요하지 않다.

5. 구성요건의 체계

횡령의 죄에는 횡령죄, 업무상횡령죄, 점유이탈물횡령죄가 있다. 횡령죄는 횡령의 죄 중 기본적 구성요건에 해당하며, 업무상횡령죄는 신분으로 인하여 불법·책임이 가중되는 가중적 구성요건이다. 점유이탈물횡령죄는 횡령의 죄 중 독립적 구성요건에 해당한다. 점유이탈물횡령죄는 신임관계의 침해를 내용으로 하지 않는 점에서 위탁물을 횡령하는 횡령죄와는 성질을 달리하는 영득죄에 해당하기 때문이다.

6. 특별법

특정경제범죄 가중처벌 등에 관한 법률 제3조에 따르면 특정재산범죄에 대하여 가중처벌하고 있다. 동법에 따르면 형법 제347조(사기), 제350조(공갈), 제350조의2(특수공갈), 제351조(제347조, 제350조 및 제350조의2의 상습범만 해당한다), 제355조(횡령·배임) 또는 제356조(업무상의 횡령과 배임)의 죄를 범한 사람은 그 범죄행위로 인하여 취득하거나 제3자로 하여금 취득하게 한 재물 또는 재산상 이익의 가액이 5억원 이상일 때에는 가중처벌한다. 이득액 이하에 상당하는 벌금을 병과(併科)할 수 있다.

Ⅱ. 횡령죄

제355조(횡령죄) ① 타인의 재물을 보관하는 자가 그 재물을 횡령하거나 그 반환을 거부한 때에는 5년 이하의 징역 또는 1천500만원 이하의 벌금에 처한다.
제359조(미수범) 제355조 내지 제357조의 미수범은 처벌한다.
제361조 (친족간의 범행, 동력) 제328조와 제346조의 규정은 본장의 죄에 준용한다.

1. 의의

횡령죄는 자기가 점유하는 타인의 재물을 횡령하거나 반환을 거부함으로써 성립하는 범죄로서 횡령의 죄의 기본적 구성요건이다. 주체가 보관자로 제한된 진정 신분범이며, 객체는 재물인 재물죄이며 불법영득의사가 필요한 영득죄이다. 판례는 본죄를 위험범으로 보지만, 침해범으로 보는 것이 타당하다.

2. 주체: 위탁관계에 의하여 타인의 재물을 보관하는 자

가. 타인의 재물을 보관하는 자

위탁관계에 의하여 타인의 재물을 보관하는 자만이 본죄의 주체가 될 수 있는 진정 신분범이다. 재물의 타인성에 대해서는 이미 재산죄 총설에서 설명하였다. 여기에서는 횡령죄의 경우 중요한 것을 중심으로 설명한다.

나. 보관의 의의

횡령죄에서 보관이란 위탁관계에 의하여 재물을 점유하는 것이다. 민법의 점유뿐만 아니라 소지까지도 포함하는 개념으로 형법상 고유한 점유 개념으로 민법상 점유 개념과는 다르다. 따라서 소지가 없는 법률상 점유자도 보관자가 될 수 있으며, 민법상으로는 점유를 가지지 못하는 점유보조자도 보관자가 될 수 있다.[932] 횡령죄의 보관은 사실상 재물지배뿐만 아니라 법률상 재물지배도 포함하며, 신분요소로서의 성격을 갖는다. 법인의 대표자 등은 법인 소유의 자금에 대한 사실상 또는 법률상 지배·처분 권한을 가지고 있으므로 법인에 대한 관계에서 자금의 보관자 지위에 있다.[933]

다. 부동산의 보관

부동산 보관자의 지위는 부동산에 대한 점유의 유무가 아니라 그 부동산을 유효하게 처분할 수 있는 법률상·사실상 권능의 존부를 기준으로 결정하여야 한다. 부동산의 보관자는 부동산에 관하여 외견상 유효하게 처분할 수 있는 지위에 있는 자를 말한다.

원칙적으로 다수인에 의한 공동소유 유형 중 공유의 경우 각자는 자기의 지분을 자유롭게 처분할 수 있고 공유물의 분할을 청구할 수 있다. 따라서 공유자가 자신의 지분에 대해서는 처분권이 있다. 하지만 공동상속재산의 경우 민법 제264조에 의해 다른 공유자의 동의

---

932) 재산범죄의 중요 개념 중 하나인 '점유' 개념에 대해서 이미 재산죄 총설에서 설명하였다.

933) 대법원 2017.3.22. 선고 2016도17465 판결.

없이 공동상속재산을 처분하거나 변경하지 못하는 등 공유지분의 처분이 제한되어 있다.

구분소유의 경우 민법 제215조 제1항에 의하여 건물의 공용부분과 건물부속물의 공용부분은 각 구분소유자 전원의 공유로 추정되며, 각 공유자는 단독으로 분할을 청구할 수 없다(민법 제268조 제3항 참조). 구분소유자 전원의 공유에 속하는 공용부분인 지하주차장 일부를 그중 1인이 독점·임대하고 수령한 임차료를 임의로 소비한 경우, 그 공용부분을 다른 구분소유자들을 위하여 보관하는 지위에 있는 것은 아니므로 횡령죄가 성립하지 아니한다.[934)]

판례 공동상속인 중 1인의 상속지분 임의 처분

【사실관계】 갑녀는 A와 B의 계모이다. 갑녀는 A와 B와 공동으로 상속한 건물에 혼자 거주·관리하다가 이를 C에게 매도하였다.

【판결요지】 [1] 부동산에 관한 횡령죄에 있어서 타인의 재물을 보관하는 자의 지위는 동산의 경우와는 달리 부동산에 대한 점유의 여부가 아니라 부동산을 제3자에게 유효하게 처분할 수 있는 권능의 유무에 따라 결정하여야 하므로, 부동산을 공동으로 상속한 자들 중 1인이 부동산을 혼자 점유하던 중 다른 공동상속인의 상속지분을 임의로 처분하여도 그에게는 그 처분권능이 없어 횡령죄가 성립하지 아니한다(대법원 2000.4.11. 선고 2000도565 판결).

【해설】 원칙적으로 다수인에 의한 공동소유 유형 중 공유의 경우 각자 자기의 공유지분을 자유롭게 처분할 수 있고 공유물의 분할도 청구할 수 있다. 하지만 공동상속재산의 경우 민법 제264조에 의해 다른 공유자의 동의를 받아야 되는 등 공유지분의 처분이 제한되어 있다. 갑은 위 건물에 거주함으로써 부동산에 대한 점유는 인정될 수 있지만, 갑은 공동상속인이므로 다른 공유자의 동의 없이 그 부동산을 단독으로 유효하게 처분할 권능이 없다. 따라서 횡령죄는 성립하지 않는다. 다만 갑은 처분권능이 없는 자로서 처분권능이 있는 것처럼 가장하여 C에게 매도하였다면 C에 대하여 사기죄의 성립은 가능하다.

(1) 부동산의 등기명의인

부동산의 등기명의를 가지는 자는 원칙적으로 보관자에 해당한다. 등기원인이 명의신탁약정이든 부동산보관자인 명의수탁자의 지위를 상속으로 포괄승계한 경우이든 묻지 않으며, 명의신탁약정인 경우는 그 약정이 부동산실명법상 유효·무효를 불문하고 부동산 명의수탁자는 보관자가 된다. 명의수탁자가 부동산을 처분한 경우 명의신탁자에 대하여 횡령죄가 성립하는지가 문제된다. 이에 대해서는 항목을 달리하여 설명한다.

하지만 등기명의인이더라도 등기가 원인무효인 경우에는 법률상 유효하게 처분할 수

934) 대법원 2004.5.27. 2003도6988 판결.

있는 지위에 있지 않으므로 보관자가 될 수 없다.[935] 원인무효의 등기에 의해서는 부동산에 대한 처분권능이 발생하지 않기 때문이다.

(2) 부동산을 사실상 지배하는 자

반드시 등기명의인이 아니더라도 그 부동산을 법률상 권한에 의하여 사실상 지배하고 있는 자라면 보관자가 될 수 있다.[936] 따라서 미성년자의 법정대리인이나 후견인은 그 법률상 권한에 의하여 미성년자 소유의 부동산을 점유하고 있는 보관자가 된다(민법 제916조).

부동산을 사실상 처분할 권능이 있는 경우에도 보관자가 될 수 있다. 소유자의 위임에 의거해서 실제로 타인의 부동산을 관리·지배하면서 제3자에게 유효하게 처분할 수 있는 지위에 있는 자는 그 부동산에 대한 지배력을 가지고 있는 자로서 그 부동산을 보관하는 자에 해당한다. 배우자,[937] 미등기건물에 대하여는 위탁관계에 의하여 현실로 부동산을 관리·지배하는 자[938]도 보관자라고 할 수 있다.

또한 타인의 부동산에 대한 등기서류를 보관하고 있으면서 동시에 그 소유자로부터 부동산매매를 위임받고 있는 자는 그 부동산을 점유하고 있는 보관자라고 할 수 있다. 하지만, 등기서류만을 보관하고 있는 자는 그 부동산을 법률상·사실상 보관하고 있다고 할 수 없으므로 그 자가 부동산을 처분한 경우 횡령죄가 아니라 배임죄가 된다.

임차인은 해당 부동산을 사실상 관리할 권한만이 있을 뿐이고 법률상·사실상 유효하게 처분할 권한이 없으므로 횡령죄의 주체가 될 수 없고, 처분한 경우에는 사기죄가 성립한다.

라. 동산의 보관

(1) 점유보조자

점유보조자는 타인의 지시를 받아 물건에 대한 사실상의 지배를 하는 자이다. 상점의 점원 등과 같은 점유보조자의 경우 민법상 점유권은 없지만(민법 제195조), 형법상 점유 개념은 순수한 사실상 지배개념이므로 점유보조자라도 하더라도 타인을 위해 물건에 대한 사실상의 지배를 하는 자로서 위탁관계가 있으면 횡령죄의 주체가 된다.

위탁관계가 없을 경우에는 횡령죄가 아니라 절도죄가 성립한다. 퀵서비스 등 배송서비스 운영자에게 단독으로 물건을 운반하도록 위탁한 경우 그 운영자가 물건에 대하여 사실상 지배를 하고 있다면 보관자의 지위에 있다.

---

935) 대법원 1989.2.28. 선고 88도1368 판결.

936) 대법원 1993.3.9. 선고 92도2999 판결.

937) 대법원 2010.1.28. 선고 2009도1884 판결.

938) 대법원 1993.3.9. 선고 92도2999 판결.

판례 상점의 점원

【사실관계】 오토바이는 다방 주인인 A의 소유인데 그 열쇠는 언제나 그 다방의 주방장 B가 갖고 있으면서 차를 배달하는데 사용하고 있었다. 범행 당시 주방장 B가 피고인 갑에게 오토바이 열쇠를 주면서 그 오토바이를 타고 가서 수표를 현금으로 바꾸어 오라고 시키자 피고인이 이를 승낙하고 그 오토바이를 타고 가다가 마음이 변하여 그대로 타고 가버렸다.

【판결요지】 피해자가 그 소유의 오토바이를 타고 심부름을 다녀오라고 하여서 그 오토바이를 타고 가다가 마음이 변하여 이를 반환하지 아니한 채 그대로 타고 가버렸다면 횡령죄를 구성함은 별론으로 하고 적어도 절도죄를 구성하지는 아니한다(대법원 1986.8.19. 선고 86도1093 판결).

【해설】 위 사안에서 오토바이의 경우 열쇠를 B가 가지고 있고 배달하는데 사용했다면 주방장 B의 점유로 보는 것이다. 일단 B에게 보관자의 지위를 인정한 것이다. B가 다시 갑에게 열쇠를 준 것에 대하여 판례는 갑에게 점유를 이전한 것으로 보았다. 이에 갑이 오토바이를 반환하지 않은 경우 절도죄는 성립하지 않는다. 왜냐하면 위 오토바이의 경우에는 갑의 자기점유이기 때문이다. 결국 오토바이는 A의 소유, 갑의 점유이기 때문에 횡령죄의 성립가능성이 있다.

(2) 임치와 금전의 경우

금전이나 유가증권 기타 물건의 보관을 위탁하는 임치(任置)의 경우 수치인은 목적물을 인도받은 때부터 반환할 때까지 임치물을 보관하는 자이다. 창고증권 등의 유가증권의 소지인은 재물에 대한 사실상의 지배가 없어도 임치물을 자유롭게 처분할 수 있는 지위에 있으므로 보관자이다.

금전의 경우 특정물로서 임치되지 않는 한 소비임치가 된다. 소비임치의 경우[939] 원칙적으로 수치인은 보관자가 아니라 소유자이다. 다만 타인의 돈을 위탁받아 보관하는 수탁자가 '보관의 방법으로' 은행에 예금한 경우 수탁자는 보관자이다.[940] 금융실명제 실시에 따라 실명확인을 한 예금명의자만이 '법률상 지배·처분'이 가능하지만 예금명의자인 수탁자의 소유에 해당하는 것은 아니며, 위탁자가 반환요구를 할 수는 있다. 따라서 수탁자가 위탁자로부터 반환요구를 받았음에도 이를 영득할 의사로 반환을 거부하는 경우 또는 수탁자가 이를 함부로 인출하여 소비한 경우에는 횡령죄가 성립한다.[941]

---

939) 소비임치는 임치를 함에 있어서 목적물의 소유권을 수치인에게 이전하기로 하고 수치인은 그것과 동종·동질·동량의 것을 반환하기로 하는 약정을 말한다. 따라서 소비임치는 소비대차(민법 제598조)와 유사하다(송덕수, 신민법강의, 1537면).

940) 대법원 2015.2.12. 선고 2014도11244 판결; 대법원 2000.8.18. 선고 2000도1856 판결; 대법원 1983.9.13. 선고 82도75 판결 참조.

941) 대법원 1984.2.14. 선고 83도3207 판결.

판례 보관방법으로 금융기관에 예치한 경우

【판결요지】 [1] 횡령죄에 있어서 보관이라 함은 재물이 사실상 지배하에 있는 경우뿐만 아니라 법률상의 지배·처분이 가능한 상태를 모두 가리키는 것으로 타인의 금전을 위탁받아 보관하는 자는 보관방법으로 이를 은행 등의 금융기관에 예치한 경우에도 보관자의 지위를 갖는 것이다.

[2] 타인의 금전을 위탁받아 보관하는 자가 보관방법으로 금융기관에 자신의 명의로 예치한 경우, 금융실명거래및비밀보장에관한긴급재정경제명령이 시행된 이후 금융기관으로서는 특별한 사정이 없는 한 실명확인을 한 예금명의자만을 예금주로 인정할 수밖에 없으므로 수탁자 명의의 예금에 입금된 금전은 수탁자만이 법률상 지배·처분할 수 있을 뿐이고 위탁자로서는 위 예금의 예금주가 자신이라고 주장할 수는 없으나, 그렇다고 하여 보관을 위탁받은 위 금전이 수탁자 소유로 된다거나 위탁자가 위 금전의 반환을 구할 수 없는 것은 아니므로 수탁자가 이를 함부로 인출하여 소비하거나 또는 위탁자로부터 반환요구를 받았음에도 이를 영득할 의사로 반환을 거부하는 경우에는 횡령죄가 성립한다(대법원 2000.8.18. 선고 2000도1856 판결).

(3) 등록에 의한 동산과 지입차주의 경우

부동산의 경우 부동산 등기부 등 공적 기록에 의하여 권리관계가 공시되며, 동산의 경우 공적 장부가 아닌 점유 또는 인도에 의하여 권리관계가 공시된다. 다만 동산 가운데 가치가 크고 위치의 식별이 어느 정도 용이한 선박·자동차·항공기·일정한 건설기계의 경우 등기 또는 등록에 의하여 공시하는 것을 인정하고 있다.

이러한 점에서 종전의 판례는 소유권의 취득에 등록이 필요한 차량에 대한 횡령죄에서 타인의 재물을 보관하는 사람의 지위는 일반 동산의 경우와 달리 차량에 대한 점유 여부가 아니라 등록에 의하여 차량을 제3자에게 법률상 유효하게 처분할 수 있는 권능 유무에 따라 결정하여야 한다고 판단하였다. 하지만 2015도1944 전원합의체 판결에 따라 소유권의 취득에 등록이 필요한 타인 소유의 차량을 인도받아 보관하고 있는 사람이 이를 처분하면 횡령죄가 성립한다고 하여 판례를 변경하였다.

따라서 자동차와 같이 등록을 필요로 하는 동산의 경우 등록명의자가 소유자이므로 등록명의자가 이를 처분한 경우 원칙적으로 횡령죄는 성립하지 않는다. 타인 소유의 차량을 인도받아 보관하고 있는 사람은 타인의 재물을 보관하고 있는 자이므로 이를 처분한 경우 횡령죄가 성립한다.

이러한 법리는 지입의 경우에도 마찬가지로 적용된다. 지입차의 경우 지입회사에 소유권이 있으며, 지입차주는 차량에 대하여 지입회사에서 운행관리권을 위임받은 것에 불과하므로 지입차주가 보관 중인 차량을 사실상 처분한 경우 횡령죄가 성립한다.

판례 지입차주

【판결요지】 횡령죄는 타인의 재물을 보관하는 사람이 재물을 횡령하거나 반환을 거부한 때에 성립한다(형법 제355조 제1항). 횡령죄에서 재물의 보관은 재물에 대한 사실상 또는 법률상 지배력이 있는 상태를 의미하며, 횡령행위는 불법영득의사를 실현하는 일체의 행위를 말한다. 따라서 소유권의 취득에 등록이 필요한 타인 소유의 차량을 인도받아 보관하고 있는 사람이 이를 사실상 처분하면 횡령죄가 성립하며, 보관 위임자나 보관자가 차량의 등록명의자일 필요는 없다. 그리고 이와 같은 법리는 지입회사에 소유권이 있는 차량에 대하여 지입회사에서 운행관리권을 위임받은 지입차주가 지입회사의 승낙 없이 보관 중인 차량을 사실상 처분하거나 지입차주에게서 차량 보관을 위임받은 사람이 지입차주의 승낙 없이 보관 중인 차량을 사실상 처분한 경우에도 마찬가지로 적용된다(대법원 2015.6.25. 선고 2015도1944 전원합의체 판결).

(4) 약속어음 등 유가증권

객체인 재물에는 동산·부동산뿐만 아니라 유가증권도 포함한다. 따라서 약속어음의 발행인이 유통시킬 의사로 어음상에 발행인의 기명·날인까지 마쳐 어음으로서의 외관을 갖춘 경우,[942] 이와 같은 약속어음을 업무상 등의 이유로 위탁관계에 따라 보관한다면 보관자가 된다. 하지만 채권자가 그 채권의 지급을 담보하기 위하여 채무자로부터 수표를 발행·교부받아 이를 소지한 경우에는 타인의 재물을 보관하는 자의 지위에 있다고 볼 수 없다.[943] 그 수표상의 권리가 채권자에게 유효하게 귀속되고, 채권자와 채무자 사이의 수표 반환에 관한 약정은 원인관계상의 인적 항변사유에 불과하기 때문이다.

마. 위탁관계

(1) 의의

횡령죄의 재물의 보관은 위탁관계에 의한 것이어야 한다. 위탁관계의 유무에 의해 횡령죄와 점유이탈물횡령죄가 구별된다. 따라서 위탁관계 없이 우연히 타인의 재물을 점유하게 된 자가 그 재물을 불법영득한 경우에는 점유이탈물횡령죄가 성립하며, 위탁관계가 있을 경우에는 횡령죄가 성립한다.

---

942) 대법원 2006.8.25. 선고 2006도3631 판결.

943) 대법원 2000.2.11. 선고 99도4979 판결.

(2) 위탁관계의 발생 근거

위탁관계는 사용대차, 임대차, 위임, 임치, 고용 등과 같은 계약뿐만 아니라 사무관리, 후견 등과 같은 법률의 규정에 의하여 발생할 수 있으며, 심지어 신의성실의 원칙, 조리, 관습에 의해서도 발생한다는 것이 통설과 판례의 입장이다.

피해자와 공동지분이 있는 대리점 개설보증금을 동업관계에 있는 자가 회사로부터 반환받아 은행에 예금하고 있다가 이를 인출·소비한 경우,[944] 보석 가게를 운영하는 갑이 손님의 요청에 따라 다른 보석상 A로부터 물건을 수령하여 보관한 경우,[945] 채무자가 채무총액에 관한 지불각서를 써 줄 것으로 믿고, 채권자가 채무자에게 그 액면금 등을 확인할 수 있도록 가계수표들을 교부한 경우 등에는 위탁관계가 인정된다.[946]

판례 거래의 신의칙·조리에서 위탁관계가 발생하는 경우

① 임차인이 이사하면서 그가 소유하거나 타인으로부터 위탁받아 보관중이던 물건들을 임대인의 방해로 옮기지 못하고 그 임차공장 내에 그대로 둔 경우 임대인은 사무관리 또는 조리상 당연히 임차인을 위하여 위 물건들을 보관하는 지위에 있다(대법원 1985.4.9. 선고 84도300 판결).

② 다방주방장이 갑에게 열쇠를 주면서 수표를 현금으로 바꾸어 오라고 했는데 갑이 오토바이를 타고 가서 수표를 현금으로 바꾼 뒤 변심하여 도주한 경우(대법원 1986.8.19. 선고 86도1093 판결).

③ 달력의 제작납품주문을 받아오면 그 대금의 일부를 이익배당금으로 지급받기로 한 사람이 대금으로 수령한 약속어음을 임의처분한 경우(대법원 1990.5.25. 선고 90도578 판결).

④ 매각위탁받은 다이아몬드를 판매한 대금을 임의로 소비한 경우(대법원 1990.8.28. 선고 90도1019 판결).

⑤ 피고인이 지급받은 주식양도대금에 피해자의 몫도 포함된 것으로 보아 피고인이 사무관리 내지 신의칙상의 위탁관계에 기하여 피해자의 몫에 해당하는 금원을 보관하는 자의 지위에 있었다고 판단한 사례(대법원 2006.1.12. 선고 2005도7610 판결).

⑥ 공소외 1은 부득이한 사정으로 인하여 피고인에게 '○○○렌트'의 운영을 위임하면서 차량을 위탁하였고, 피고인은 피해자로부터 이 사건 차량의 보관·관리를 위탁받은 공소외 1을 통하여 이 사건 차량을 보관하는 지위에 있다(대법원 2013.12.12. 선고 2012도16315 판결).

⑦ 피고인이 갑과 함께 소주방에서 술을 마시다가 서로 몸싸움을 하는 과정에서 갑이 떨어뜨리고 간 휴대전화를 소주방 업주로부터 건네받아 보관하던 중 갑의 휴대전화를 임의로 사용하는 등 횡령하였다는 내용으로 기소된 사안에서, 피고인은 조리상 갑을 위하여 휴대전화를 보관하는 지위에 있으나, 갑의 휴대전화를 임의로 사용한 것만으로는 불법영득의사가 있었다고 단정하기 어렵다고 한 사례(대법원 2014.3.13. 선고 2012도5346 판결).

---

944) 대법원 1985.9.10. 선고 84도2644 판결.

945) 대법원 2002.3.29. 선고 2001도6550 판결.

946) 대법원 1996.5.14. 선고 96도410 판결.

(3) 사실상 위탁관계

위탁관계는 사실상의 관계이면 충분하고, 위탁자에게 유효한 처분을 할 권한이 있는지 또는 수탁자가 법률상 그 재물을 수탁할 권리가 있는지를 불문한다.[947] 따라서 위탁관계가 법률상 무효·취소된 때에도 사실상 위탁관계가 인정될 수 있다.

(4) 보호가치가 있는 위탁관계

횡령죄의 본질이 신임관계에 기초하여 위탁된 타인의 물건을 위법하게 영득하는 것에 있다는 점을 본다면 위탁관계는 횡령죄로 보호할 만한 가치 있는 신임에 의한 것이어야 한다. 재물의 위탁행위가 범죄의 실행행위나 준비행위 등과 같이 범죄 실현의 수단으로서 이루어진 경우 그 행위 자체가 처벌 대상인지와 상관없이 그러한 행위를 통해 형성된 위탁관계는 횡령죄로 보호할 만한 가치 있는 신임에 의한 것이 아니다. 따라서 금원이 의료기관을 개설할 자격이 없는 자의 의료기관 개설·운영이라는 범죄의 실현을 위해 교부된 경우 해당 금원에 관하여 피고인과 피해자 사이에 횡령죄로 보호할 만한 신임에 의한 위탁관계는 인정되지 않는다.[948]

바. 착오송금의 경우

(1) 쟁점

어떤 예금계좌에 돈이 착오로 잘못 송금되어 입금된 경우 예금주가 이를 임의로 인출하여 소비한 경우 횡령죄가 성립하는지가 문제된다. 이른바 착오송금의 경우 횡령죄 성립 여부를 검토하기 위해서는 먼저 예금계약과 착오송금의 법리를 이해할 필요가 있다.

(2) 예금계약의 법리

예금계약의 법리는 다음과 같다. 먼저 송금인(송금의뢰인)-수취은행-수취인(계좌명의인) 사이의 관계에 있어서, 송금인이 수취인의 예금계좌에 계좌이체를 한 때에는 송금인과 수취인 사이에 '계좌이체의 원인인 법률관계가 존재하는지 여부에 관계없이' 수취인은 수취은행에 대하여 계좌이체금액 상당의 예금계약이 성립하고 예금채권을 취득하게 된다. 송금인이 지급은행에 대한 예금채권을 행사하여 수취은행에 자금이 이전되고, 이에 따라 수취인은 수취은행에 대하여 새로운 예금채권을 취득하게 된다.

여기에서 계좌이체의 원인인 법률관계가 없어도 수취인이 예금채권을 취득할 수 있는

---

947) 대법원 2005.6.24. 선고 2005도2413 판결.

948) 대법원 2022.6.30. 선고 2017도21286 판결.

가에 대하여 대법원 판례는 이른바 '원인관계 불요설'을 취하여[949] 수취인과 수취은행 사이의 예금계약의 성립을 인정한다. 대량적·반복적으로 이루어지는 예금거래를 신속하고 정형적으로 처리하여야 하는 금융기관으로서도, 출연자, 즉 송금인이 누구인지 여부 및 송금인과 수취인의 내부관계가 어떠한지에 구애받음이 없이 예금계약의 당사자 확정을 둘러싼 분쟁을 방지하고 법률관계를 명확히 하기 위하여 실명확인을 통하여 계약체결 의사를 표시한 예금명의자를 계약당사자로 받아들여 예금계약을 체결한 것이라고 보는 것이다. 은행의 자금이체시스템은 공공성을 지닌 시스템으로서 고도로 거래의 안정성을 보호하여야 하므로 이체의 원인되는 법률관계가 없다고 하더라도 수취인의 계좌에 입금된 이상 예금원장을 기준으로 수취인과의 예금채권관계를 새롭게 인정하고 있는 입장이다.

심화내용 민법상 예금계약

민법상 예금계약은 전형계약인 소비임치에 해당한다. 대법원도 금전의 소비임치 계약으로 예금계좌에 입금된 금전의 소유권은 금융기관에 이전되고, 예금주는 예금반환청구권을 취득하는 것이라고 보고 있다.[950] 따라서 예금은 은행 등 법률이 정하는 금융기관을 수치인으로 하는 금전의 소비임치 계약으로서 수치인은 임치물인 금전 등을 보관하고 그 기간 중 이를 소비할 수 있고 임치인의 청구에 따라 동종 동액의 금전을 반환할 것을 약정함으로써 성립하는 것이므로 소비대차에 관한 민법의 규정이 준용된다.

(3) 착오송금의 법리

예금계좌로 돈을 착오로 잘못 송금한 경우 수취인은 수취은행과의 관계에서 예금채권을 취득하지만, 수취인은 법률상 원인 없이 부당이득을 취득한 것이므로 송금인은 수취인에 대하여 위 금액 상당의 부당이득반환청구권을 가지게 된다. 송금인이 부당이득반환청구권을 가진다면 수취인은 법률상 원인 없이 이득을 취득하였고, 민법상 부당이득반환의무를 지므로, 신의성실의 원칙에 따라 수취인은 해당 금원을 송금인을 위하여 '보관'하여야 할 신임관계에 있게 된다.

(4) 착오송금된 돈을 임의로 인출하여 소비한 경우

예금계약과 착오송금의 법리를 종합하여 보면 수취인은 금전에 대한 '보관자'의 지위에 있게 된다. 여기에서 수취인이 착오송금된 돈을 임의로 인출하여 소비한 경우 횡령죄가 성립하려면 '위탁관계에 의한' 보관자가 되어야 한다.

949) 대법원 2007.11.29. 선고 2007다51239 판결.

950) 대법원 2008.4.24. 선고 2008도1408 판결.

착오송금의 경우에도 위탁관계를 인정할 수 있는가에 대하여 대법원은 착오로 송금된 경우의 법률관계에 대해 예금주와 송금인 사이에 '신의칙상' 보관관계로서 위탁관계가 발생하며, 그러한 관계는 송금인과 임의로 소비한 자 사이에 기존 거래관계가 없다고 하더라도 동일하다는 입장이다. 따라서 착오로 우연히 자기의 예금계좌로 송금된 돈을 인출하여 사용하는 행위는 횡령죄가 성립된다고 판시하여 왔다.[951)]

생각건대, 기존의 거래관계가 있는 경우에는 신의칙에 의한 위탁관계를 인정할 수 있는 여지가 있지만, 송금인과 수취인 사이에 아무런 법률관계조차 없이 서로 생면부지의 사람인 경우에도 신의칙에 의한 위탁관계를 인정하는 것은 다소 문제가 있다. 이런 경우에도 위탁관계를 인정한다면 사실상 조리에 의한 위탁관계를 인정한 것이라고 볼 수 있다.

판례 착오송금의 경우

【사실관계】 2008. 6. 4.경 피해자 A주식회사에 근무하는 이름을 알 수 없는 직원이 착오로 별다른 거래관계가 없는 피고인 갑 명의의 홍콩상하이(HSBC)은행 계좌로 300만 홍콩달러(한화 약 3억 9,000만 원 상당)를 잘못 송금하였다. 피고인 갑은 잘못 송금된 돈을 임의로 인출하여 사용하였다.

【판결요지】 어떤 예금계좌에 돈이 착오로 잘못 송금되어 입금된 경우에는 그 예금주와 송금인 사이에 신의칙상 보관관계가 성립한다고 할 것이므로, 피고인이 송금 절차의 착오로 인하여 피고인 명의의 은행 계좌에 입금된 돈을 임의로 인출하여 소비한 행위는 횡령죄에 해당하고, 이는 송금인과 피고인 사이에 별다른 거래관계가 없다고 하더라도 마찬가지이다(대법원 2010.12.9. 선고 2010도891 판결).

【해설】 송금자의 착오로 자신의 예금계좌로 입금된 돈을 인출하여 사용하는 경우, 그 행위가 횡령죄에 해당하는지 아니면 점유이탈물횡령죄에 해당하는지에 대하여 대법원은 종래 착오로 송금된 돈을 인출하여 사용하는 행위는 횡령죄가 성립된다고 판시하여 왔다.

이 판례가 가지고 있는 쟁점은 예금주 갑에게 보관자의 지위를 인정할 수 있는지 여부와 착오로 송금된 돈이 재물인가라는 점이다. 판례는 첫 번째 쟁점에 대해서만 판단하고 있다. 이에 대하여 대법원 판례는 신의칙상 보관관계를 인정한다. 이에 대하여 학설은 송금인과 예금주 사이에 신임에 의한 위탁관계가 없기 때문에 보관관계를 인정할 수 없다는 견해, 기존의 거래관계가 존재한다면 송금인과 예금주 사이에 신의칙에 근거한 보관관계를 인정할 수 있지만 별다른 거래 관계가 없다면 신의칙에 의한 보관관계를 인정할 수 없다는 견해 등이 제시되고 있다.

---

951) 대법원 1968.7.24. 선고 1966도1705 판결; 대법원 2005.10.28. 선고 2005도5975 판결; 대법원 2006.10.12. 선고 2006도3929 판결.

판례 착오송금의 경우 횡령죄가 성립한다는 판례

① 횡령죄에 있어서 재물을 보관하게 된 원인은 반드시 당사자의 위탁행위에 기인한 것임을 필요로 하지 않는 것이므로, 원심이 그 거시의 증거에 의하여 송금절차의 착오로 인하여 본건금원이 피고인의 은행 개인구좌에 입금되었음을 기회로 피고인이 이를 임의로 인출소비한 사실을 적법히 확정한 위에 동 행위를 횡령죄로 문의하였음은 정당하다고 한 사례(대법원 1968.7.24. 선고 1966도1705 판결).

② 피고인이 소유부동산을 피해자에게 7억원(잔금 3억 2천만원)에 매도한 후 그 대금이 모두 송금되었는데, 피해자가 잔금 송금 사실을 모르고 송금담당자에게 다시 3억 2천만원을 추가 송금하도록 한 사실에 터잡아 피고인이 위와 같이 착오로 추가 송금된 돈을 다른 계좌로 이체하는 등 임의로 사용한 행위를 횡령죄로 의율한 원심을 수긍한 사례(대법원 2005.10.28. 선고 2005도5975 판결).

③ A회사 대표이사인 피고인이, A회사와 피해자 B회사 사이의 인터넷교육훈련센터 구축사업 공동시행약정에 따라 공사대금 12,531,580원을 지급하는 과정에서 업무상 착오로 공사대금 79,198,246원에 대한 전자어음이 발행되어 입금된 것을 임의소비한 사안에서 피고인이 B회사를 위하여 보관 중이던 돈을 횡령하였다고 인정한 원심 판결을 수긍한 사례(대법원 2006.10.12. 선고 2006도3929 판결).

사. 가상자산 착오이체의 경우

(1) 쟁점

가상자산 전자지갑에 들어 있는 가상자산이 권리자의 착오나 가상자산 운영 시스템의 오류 등으로 법률상 원인관계 없이 가상자산이 갑의 가상지갑에 이체된 경우 갑이 이를 반환하지 않고 자신의 또 다른 계정에 이를 이체한 경우 가상자산의 착오이체가 착오송금과 유사하게 다뤄질 수 있는지, 즉 그 법리를 유추하여 형법상 보관관계를 인정할 수 있는지가 문제된다.

(2) 판례

법률상 원인 없이 타인 소유의 비트코인을 자신의 가상지갑으로 이체받은 자는 가상자산의 권리자 등에 대한 부당이득반환의무를 부담한다. 그러나 판례는 이 경우 당사자 사이의 민사상 채무에 지나지 않고 이러한 사정만으로 가상자산을 이체받은 사람이 신임관계에 기초하여 가상자산을 보존하거나 관리하는 지위에 있다고 볼 수 없다고 한다. 또한 피고인과 피해자 사이에는 아무런 계약관계가 없고 피고인은 어떠한 경위로 이 사건 비트코인을 이체받은 것인지 불분명하여 부당이득반환청구를 할 수 있는 주체가 피해자인지 아니면 가상자산거래소인지 명확하지 않다고 한다. 따라서 횡령죄 성립을 부정하고 있다.

또한 배임죄 성립 여부와 관련하여 가상자산을 이체 받은 경우에는 피해자와 피고인 사이에 신임관계를 인정하기가 쉽지 않으며, 원인불명으로 재산상 이익인 가상자산을 이체 받은 자가 가상자산을 사용·처분한 경우 이를 형사처벌하는 명문의 규정이 없는 현재 상황에서 신의칙을 근거로 '타인의 사무를 처리하는 자'로 보아 배임죄로 처벌하는 것은 죄형법정주의에 반한다고 한다. 따라서 배임죄 성립도 부정하고 있다.[952]

(3) 결론

비트코인과 같이 블록체인 기술을 기반으로 하는 가상자산은 보관되었던 전자지갑의 주소만을 확인할 수 있을 뿐 그 주소를 사용하는 사람의 인적 사항을 알 수 없고, 거래 내역이 분산 기록되어 있어 다른 계좌로 보낼 때 당사자 이외의 다른 사람이 참여해야 하는 등 일반적인 자산과는 구별되는 특징을 가진다. 가상자산은 익명성과 분산원장을 특징으로 하며, 수취인의 인적 사항이 불명확하고 반환청구권자의 특정도 어려운 특성이 있다. 따라서 착오이체가 있더라도 전통적 금융거래에서처럼 수취인을 신의칙상 보관자로 보기는 어렵다. 가상자산이 착오이체의 경우 기본적 성격은 민사상 채무로 보는 것이 타당하며, 현행 형법이 이를 처벌하는 규정을 두고 있지 않는 이상, 이른바 착오송금의 법리를 유추적용하여 횡령죄나 배임죄로 처벌하는 것은 죄형법정주의에 반할 수 있다.

아. 불법원인급여와 횡령죄

(1) 쟁점

뇌물로 전달해달라고 의뢰받은 돈을 보관하는 자가 임의로 소비해 버린 경우와 같이 위탁관계가 불법한 불법원인급여물에 대해서도 횡령죄가 성립하는지가 문제된다. 민법상 반환청구권이 부정되는 불법원인급여의 경우에도 횡령죄의 성립 요건인 '타인의 재물 보관'이 인정될 수 있는지가 문제된다. 불법원인급여에 대한 반환청구권의 의미를 어떻게 이해하는가에 따라 견해가 나누어진다.

(2) 학설

부정설에 따르면 위탁자는 반환청구권을 상실하므로 수탁자는 법률상 그 재물을 반환할 의무가 없다. 결국 급여물의 소유권은 수급자에게 귀속된다는 의미이므로 그 재물을 자유로이 처분할 수 있다. 이와 같이 민법상 반환의무가 없는 자에게 형법이 횡령죄 성립

952) 대법원 2021.12.16. 선고 2020도9789 판결.

을 이유로 반환을 강제하는 것은 법질서의 통일을 파괴하는 것이 된다. 수탁자에게 불법원인급여물의 소유권이 귀속되므로 타인의 재물이 아니기 때문에 횡령죄가 성립하지 않는다. 불법원인급여의 기초가 되는 신임관계는 형법이 보호할 가치가 있는 신임관계로 볼 수 없다.

긍정설에 따르면 불법원인급여는 반환청구권을 상실한다는 것뿐이지 소유권을 상실한 것은 아니기 때문에 소유권은 여전히 위탁자에게 있다. 따라서 수탁자인 점유자의 입장에서는 여전히 타인의 재물로 볼 수 있기 때문에 횡령죄가 성립한다. 범죄의 성부는 형법의 독자적 목적에 비추어 판단해야 한다는 점도 그 근거로 한다. 이 경우에도 신뢰관계가 존재하기 때문에 횡령죄가 성립한다.

절충설은 불법원인급여와 불법원인위탁으로 나누어 불법원인급여의 경우에는 재물의 타인성이 결여되어 횡령죄가 성립하지 않지만, 불법원인위탁의 경우에는 법익평온상태의 교란 정도의 행위반가치와 결과반가치가 인정되므로 횡령죄의 불능미수가 성립한다.

(3) 판례

대법원 판례는 원칙적으로 불법원인급여물에 대해서는 횡령죄가 성립하지 않는다는 부정설의 입장이다. 뇌물공여 또는 배임증재의 목적으로 전달하여 달라고 교부받은 금전을 불법원인급여물로 보며, 이를 전달하지 않고 임의로 소비한 경우 횡령죄가 성립하지 않는다(뇌물착복 사건). 갑이 A로부터 수표를 현금으로 교환해 주면 대가를 주겠다는 제안을 받고 위 수표가 B 등이 사기범행을 통해 취득한 범죄수익 등이라는 사실을 잘 알면서도 교부받아 현금으로 교환한 후 교환된 현금을 임의로 사용한 사건에 대하여 갑이 A로부터 범죄수익 등의 은닉범행 등을 위해 교부받은 수표는 불법원인급여물에 해당하여 소유권이 갑에게 귀속되므로 횡령죄가 성립하지 않는다.[953]

다만 예외적으로 수익자의 불법성이 급여자의 불법성보다 현저히 크고, 급여자의 불법성은 상대적으로 미약한 경우에는 횡령죄의 성립을 인정한다. 급여자의 반환청구를 인정하지 않으면 '공평'에 어긋나고 '신의성실의 원칙'에도 어긋난다는 것이 판례의 근거이다. 이른바 포주의 윤락녀 화대 횡령 사건에서는 "포주의 불법성이 윤락녀의 불법성보다 현저히 크므로 화대의 소유권이 여전히 윤락녀에게 속한다"고 하여 이른바 '불법성비교론'을 제기하여 횡령죄를 인정하고 있다.

953) 대법원 2017.4.26. 선고 2016도18035 판결.

판례 뇌물착복 사건

【사실관계】 조합장 갑은 조합으로부터 공무원 A에게 뇌물로 전달하여 달라고 금원을 교부받은 것을 뇌물로 전달하지 않고 자신이 임의로 소비하였다.

【판결요지】 민법 제746조에 불법의 원인으로 인하여 재산을 급여하거나 노무를 제공한 때에는 그 이익의 반환을 청구하지 못한다고 규정한 뜻은 급여를 한 사람은 그 원인행위가 법률상 무효임을 내세워 상대방에게 부당이득반환청구를 할 수 없고, 또 급여한 물건의 소유권이 자기에게 있다고 하여 소유권에 기한 반환청구도 할 수 없어서 결국 급여한 물건의 소유권은 급여를 받은 상대방에게 귀속된다는 것이므로 조합장이 조합으로부터 공무원에게 뇌물로 전달하여 달라고 금원을 교부받은 것은 불법원인으로 인하여 지급 받은 것으로서 이를 뇌물로 전달하지 않고 타에 소비하였다고 해서 타인의 물을 보관 중 횡령하였다고 볼 수는 없다(대법원 1988.9.20. 선고 86도628 판결).

판례 포주의 윤락녀 화대 횡령 사건

【사실관계】 포주 갑은 다방종업원으로 일하는 을에게 자신이 운영하는 업소에서 윤락행위를 할 것을 권유하고, 을은 이에 따르기로 하였다. 갑과 을은 화대를 절반씩 분배하기로 약정한 다음, 그로부터 5개월동안 갑의 업소에서 윤락행위를 하였다. 그런데 갑은 화대로 받은 2,700만원 중 절반인 1,350만원을 을에게 반환하지 않고 임의로 소비하였다.

【판결요지】 [1] 민법 제746조에 의하면, 불법의 원인으로 인한 급여가 있고, 그 불법원인이 급여자에게 있는 경우에는 수익자에게 불법원인이 있는지 여부, 수익자의 불법원인의 정도, 그 불법성이 급여자의 그것보다 큰지 여부를 막론하고 급여자는 불법원인급여의 반환을 구할 수 없는 것이 원칙이나, 수익자의 불법성이 급여자의 그것보다 현저히 큰 데 반하여 급여자의 불법성은 미약한 경우에도 급여자의 반환청구가 허용되지 않는다면 공평에 반하고 신의성실의 원칙에도 어긋나므로, 이러한 경우에는 민법 제746조 본문의 적용이 배제되어 급여자의 반환청구는 허용된다.

[2] 포주가 윤락녀와 사이에 윤락녀가 받은 화대를 포주가 보관하였다가 절반씩 분배하기로 약정하고도 보관중인 화대를 임의로 소비한 경우, 포주와 윤락녀의 사회적 지위, 약정에 이르게 된 경위와 약정의 구체적 내용, 급여의 성격 등을 종합해 볼 때 포주의 불법성이 윤락녀의 불법성보다 현저히 크므로 화대의 소유권이 여전히 윤락녀에게 속한다는 이유로 횡령죄를 구성한다고 본 사례(대법원 1999.9.17. 선고 98도2036 판결).

【해설】 원칙적으로 윤락녀 을이 포주 갑에게 보관을 위탁한 화대는 불법원인급여물이기 때문에 갑에게 반환청구권을 행사할 수 없다. 그러나 판례는 예외적으로 포주의 불법성이 윤락녀의 불법성보다 현저히 클 경우에는 반환청구권을 행사할 수 있다고 한다(소위 불법성비교이론). 이 판례에 대하여 불법성비교이론은 내용이 다양하고 불법성의

비교·평가가 어려워 자의적 적용의 위험이 있고, 범죄의 성부에 이를 고려하는 것은 법적 안정성을 해칠 뿐 아니라 범죄의 성부에 과실상계를 허용하지 않는 형법의 기본원리에 비추어 부당하다는 비판이 있다. 하지만 불법성의 비교·평가가 어려운 것은 사실이지만 위 사례와 같이 '현저히' 큰 경우로 제한하면 자의적 적용의 위험이 거의 없고, 법적 안정성을 해칠 우려도 그만큼 줄어들기 때문에 긍정적으로 보는 견해도 있다.

3. 객체: 자기가 보관하는 타인의 재물

가. 재물

횡령죄의 객체는 재물이다. 동산·부동산을 불문하지만, 권리는 제외된다. 광업권, 바다모래채취권, 온천개발자의 지위는 횡령죄의 객체가 아니다. 따라서 광업권을 위탁받은 자가 이를 다른 곳에 임의로 처분하더라도 횡령죄는 성립하지 않는다. 또한 상법상 주식은 자본구성의 단위 또는 주주의 지위(株主權)를 의미하고, 주주권을 표창하는 유가증권인 주권(株券)과는 다르다.[954] 주권(株券)은 유가증권으로서 재물에 해당되므로 횡령죄의 객체가 될 수 있으나, 자본의 구성단위 또는 주주권을 의미하는 주식은 재물이 아니므로 횡령죄의 객체가 될 수 없다.[955] 예탁결제원에 예탁되어 계좌 간 대체 기재의 방식에 의하여 양도되는 주권은 유가증권으로서 재물에 해당되므로 횡령죄의 객체가 될 수 있다.[956]

나. 타인의 재물

소유권의 귀속은 민법에 의해서 결정된다. 형법상 독자적인 소유권 개념은 없기 때문이다. 따라서 계주가 계원들로부터 징수한 계불입금은 일단 계주에게 그 소유권이 귀속되므로 계주가 이를 소비하여도 횡령죄는 성립하지 않는다. 이른바 입사보증금은 고용계약과 관련하여 피용자가 장래 부담하게 될지도 모르는 손해배상 채무의 담보로서 제공되는 신원보증금으로서 일단 그 소유권은 사용자에게 이전되는 것이므로 사용자가 이를 소비하여도 횡령죄를 구성하지 아니한다.[957] 지입차주들이 자동차회사에 납부한 돈은 일단 회사 소유가 되므로 회사가 그 돈을 소비하여도 횡령죄는 성립하지 않는다.[958] 상법상 익명조합원이 영업을 위하여 출자한 금전 기타의 재산은 상대편인 영업자의 재산이 되므로

---

954) 주권은 주식 보유 사실을 증명하기 위해 물리적으로 발행된 종이 증서이다. 하지만 2009년부터 전자주권이 도입되어 실물 주권 대신 전자적으로 주식 소유를 등록한다. 상장회사 대부분이 전자주권을 채택하고 있다.

955) 대법원 2005.2.18. 선고 2002도2822 판결.

956) 대법원 2023.6.1. 선고 2020도2884 판결.

957) 대법원 1979.6.12. 선고 79도656 판결.

958) 대법원 1973.5.22. 선고 73도550 판결.

(상법 제79조), 그 영업자는 타인의 재물을 보관하는 자가 아니다.[959] 부동산 입찰절차에서 수인이 대금을 분담하되 그중 1인 명의로 낙찰받기로 약정하여 그에 따라 낙찰이 이루어진 경우 입찰목적부동산의 소유권은 경락대금을 실질적으로 부담한 자가 누구인가와 상관없이 그 명의인이 취득하므로 명의인이 이를 임의로 처분하더라도 횡령죄는 성립하지 않는다.[960] 주식회사의 대표이사가 적법하게 수령할 권한이 있는 보수가 압류당할 우려가 있자 이를 피하기 위하여 비록 실제 근무하지 않는 근로자의 임금 명목으로 보수를 조성하여 타인의 명의로 이를 수령하였다 하더라도 그 수령과 동시에 그 금원에 대한 소유권을 취득하였기 때문에 이를 소비한 경우 횡령죄가 성립하지 않는다.[961]

하지만 위탁판매에 있어서는 위탁품의 소유권은 위임자에게 속하고 그 판매대금은 다른 특약이나 특별한 사정이 없는 한 이를 수령함과 동시에 위탁자에 귀속한다 할 것이므로 위탁매매인이 이를 사용, 소비한 때에는 횡령죄가 성립한다.[962] 주식회사의 주식이 사실상 1인의 주주에 귀속하는 1인회사의 경우에도 회사와 주주는 별개의 인격체로서 1인회사의 재산이 곧바로 그 1인 주주의 소유라고 볼 수 없으므로, 그 회사 소유의 금원을 업무상 보관 중 임의로 소비하면 횡령죄가 성립한다.[963]

판례 사립학교 수업료 등으로 조성된 교비

【판결요지】 피고인이 갑 사립학교 경영자 을과 공모하여 학생이나 학부모가 납부한 수업료 기타 납부금을 교비회계 아닌 다른 회계에 임의로 사용하였다고 하여 구 특정경제범죄 가중처벌 등에 관한 법률 위반(횡령)으로 기소된 사안에서, 갑 학교는 私人인 을 등이 설립하여 운영하는 학교로서 수업료 등으로 조성된 교비는 특별한 사정이 없는 한 갑 학교의 설치·경영자인 을 등의 소유에 속하므로, 피고인이 을과 공모하여 이를 임의로 사용하였더라도 사립학교법 위반죄가 성립하는 것 외에 따로 횡령죄가 성립하지 않는다고 본 원심판단을 수긍한 사례(대법원 2012.5.10. 선고 2011도12408 판결).

【해설】 사립학교의 학생이나 학부모가 납부한 수업료 기타 납부금은 일단 학교법인이나 사립학교 경영자의 소유가 되고, 다만 이는 교비회계에 속하는 수입이어서 관련법령인 초중등교육법, 사립학교법 등에 따라 그 용도가 엄격히 제한된다. 따라서 위 사안의 경우 사립학교법위반죄는 성립할 수 있지만 이와 별도로 학생이나 학부모 또는 학교에 대한 횡령죄가 성립하지 않는다.

959) 대법원 1973.1.30. 선고 72도2704 판결.

960) 대법원 2000.9.8. 선고 2000도258 판결.

961) 대법원 2003.10.10. 선고 2003도3516 판결.

962) 대법원 1982.2.23. 선고 81도2619 판결.

963) 대법원 1999.7.9. 선고 99도1040 판결.

다. 공동소유

공동소유도 타인의 재물이다. 따라서 공유자 1인이 공유물의 매각대금을 임의로 소비한 경우 공유물의 매각대금은 정산하기 전까지는 각 공유자의 공유에 귀속하므로 횡령죄가 성립한다.

판례 복권당첨금 사건

【사실관계】 피고인과 피해자를 포함한 4명이 함께 복권을 구매하고, 각자 1장씩 나누어 당첨 여부를 확인하였다. 이후 당첨된 복권(1천 원)을 다시 복권 4장으로 교환하여 다시 나누었고, 그 복권 중 2장이 2천만 원에 당첨되었다. 그런데 피고인이 당첨금을 수령한 뒤, 피해자의 분배 요구를 거절하였다.

【판결요지】 피고인이 2천 원을 내어 피해자를 통하여 구입한 복권 4장을 피고인과 피해자를 포함한 4명이 한 장씩 나누어 그 당첨 여부를 확인하는 결과 피해자 등 2명이 긁어 확인한 복권 2장이 1천 원씩에 당첨되자 이를 다시 복권 4장으로 교환하여 같은 4명이 각자 한 장씩 골라잡아 그 당첨 여부를 확인한 결과 피해자 등 2명이 긁어 확인한 복권 2장이 2천만 원씩에 당첨되었으나 당첨금을 수령한 피고인이 피해자에게 그 당첨금의 반환을 거부한 경우, 피고인과 피해자를 포함한 4명 사이에는 어느 누구의 복권이 당첨되더라도 당첨금을 공평하게 나누거나 공동으로 사용하기로 하는 묵시적인 합의가 있었다고 보아야 하므로 그 당첨금 전액은 같은 4명의 공유라고 봄이 상당하여 피고인으로서는 피해자의 당첨금 반환요구에 따라 그의 몫을 반환할 의무가 있고 피고인이 이를 거부하고 있는 이상 불법영득의사가 있다는 이유로 횡령죄가 성립될 수 있다고 한 사례(대법원 2000.11.10. 선고 2000도4335 판결).

【해설】 당첨금이 누구의 소유인지, 피고인의 당첨금 독점 행위가 횡령죄에 해당하는지 문제이다. 피고인과 피해자를 포함한 4명 사이에는 당첨되면 공평하게 나누자는 묵시적 합의가 있었다고 봄이 타당하다. 따라서 당첨금은 4인의 공유물에 해당한다. 피고인은 자신의 지분을 초과한 부분을 보관하는 자의 지위에 있었으므로, 피해자의 반환요구에 응할 법적 의무가 있다. 이를 거절한 이상, 불법영득의사가 인정되므로 횡령죄가 성립한다.

라. 동업재산, 조합재산, 익명조합의 경우

동업재산은 동업자의 합유에 속하므로, 동업관계가 존속하고 있다면 동업자는 동업재산에 대한 지분을 임의로 처분할 권한이 없다. 동업자 사이에 손익분배 정산이 되지 아니하였다면 동업자 한 사람이 임의로 동업자들의 합유에 속하는 동업재산을 처분할 권한이 없다. 따라서 동업자 한 사람이 지분을 임의로 처분하거나 또는 동업재산의 처분으로 얻은 대금을 보관하던 중 임의로 소비했다면 횡령죄가 성립하며,[964] 지분비율에 관계없이 임의로 소비한 금액 전부에 대하여 횡령죄의 죄책을 진다.

이러한 법리는 조합재산의 경우에도 마찬가지로 적용된다. 조합재산은 조합원의 합유에 속하므로 조합원 중 한 사람이 조합재산 처분으로 얻은 대금을 임의로 소비하였다면 횡령죄가 성립한다. 내부적으로 조합관계에 있지만 대외적으로 조합관계가 드러나지 않는 이른바 '내적 조합'의 경우에도 마찬가지이다.[965]

그러나 조합 또는 내적 조합과 달리 상법 제78조의 익명조합은 당사자의 일방이 상대방의 영업을 위하여 출자하고 상대방은 그 영업으로 인한 이익을 분배할 것을 약정함으로써 그 효력이 생긴다. 익명조합의 경우 익명조합원이 영업을 위하여 출자한 금전 기타의 재산은 상대편인 영업자의 재산이 되므로 영업자는 타인의 재물을 보관하는 자의 지위에 있지 않다. 따라서 영업자가 영업이익금 등을 임의로 소비하였더라도 횡령죄가 성립할 수는 없다는 것이 판례의 입장이다.[966]

마. 프랜차이즈 계약

프랜차이즈 계약은 동업계약이 아니라, 본사와 가맹점주가 각각 독립된 상인으로서 체결하는 계속적 물품공급계약에 불과하다. 따라서 가맹점주가 판매한 물품대금은 가맹점주 자신의 소유이며, 이를 임의로 소비하더라도 이는 단순한 계약상 채무불이행에 해당할 뿐, 횡령죄는 성립하지 않는다.

판례 | 프랜차이즈 계약

【판결요지】 피고인이 본사와 맺은 가맹점계약은 독립된 상인 간에 일방이 타방의 상호, 상표 등의 영업표지를 이용하고 그 영업에 관하여 일정한 통제를 받으며 이에 대한 대가를 타방에 지급하기로 하는 특수한 계약 형태인 이른바 '프랜차이즈 계약'으로서 그 기본적인 성격은 각각 독립된 상인으로서의 본사 및 가맹점주 간의 계약기간 동안의 계속적인 물품공급계약이고, 본사의 경우 실제로는 가맹점의 영업활동에 관여함이 없이 경영기술지도, 상품대여의 대가로 결과적으로 매출액의 일정 비율을 보장받는 것에 지나지 아니하여 본사와 가맹점이 독립하여 공동경영하고, 그 사이에서 손익분배가 공동으로 이루어진다고 할 수 없으므로 이러한 가맹점 계약을 동업계약 관계로는 볼 수 없고, 따라서 가맹점주인 피고인이 판매하여 보관 중인 물품판매 대금은 피고인

964) 대법원 2011.6.10. 선고 2010도17684 판결.
965) 대법원 2011.11.24. 선고 2010도5014 판결.
966) 대법원 2011.11.24. 선고 2010도5014 판결.

의 소유라 할 것이어서 피고인이 이를 임의 소비한 행위는 프랜차이즈 계약상의 채무 불이행에 지나지 아니하므로, 결국 횡령죄는 성립하지 아니한다고 판단한 원심판결을 수긍한 사례(대법원 1998.4.14. 선고 98도292 판결).

바. 부동산 이중매매

물권변동에 있어서 민법은 형식주의를 취하고 있으므로 형식주의하에서는 소유권이전등기를 경료하기까지는 부동산의 소유권은 매수인에게 이전하지 않고 여전히 매도인의 소유이므로 타인의 재물이 아니다. 따라서 소유권이전등기 경료 전에 매도인이 다시 처분한 경우 횡령죄는 성립하지 않고, 배임죄가 성립한다.

사. 소유권유보부매매

할부매매의 경우 목적물을 인도받았다 하더라도 대금완납 전에는 소유권이 여전히 매도인에게 있으므로 매수인이 대금완납 전에 처분한 경우 횡령죄가 성립한다.

아. 위탁판매

일반적으로 위탁판매의 경우 위탁물의 소유권은 위탁자에게 있고, 위탁물을 판매하고 수령한 대금도 수령과 동시에 위탁자에게 귀속된다. 따라서 위탁 판매인이 임의로 이를 소비하거나 인도를 거부하면 횡령죄가 성립한다. 다만 판매 대금에서 각종 비용이나 수수료 등을 공제한 이익을 분배하기로 하는 등 대금 처분에 관하여 특별한 약정이 있다면 인도를 거부하였다고 곧바로 횡령죄가 성립한다고 할 수 없다.[967)]

자. 위탁물이 금전 등 대체물인 경우 횡령죄 성립 여부

(1) 특정물로 위탁된 경우

대체물이라도 특정물로 위탁된 경우 소유권은 위탁자에게 있으므로 수탁자가 임의로 처분할 수 없다. 따라서 수탁자가 위탁물을 임의로 소비하면 횡령죄가 성립한다. 공탁금의 경우도 동일하다.

(2) 불특정물로 위탁된 경우

불특정물로 위탁된 경우에는 용도·목적을 정해서 위탁한 경우와 용도·목적을 정하지 않고 위탁한 경우로 나누어 살펴본다.

---

967) 대법원 1990.3.27. 선고 89도813 판결.

(가) 용도·목적이 정해진 경우

일정한 용도·목적을 정해서 위탁한 금전의 경우 이를 수탁자가 임의로 처분한 경우에 대해서 견해의 대립이 있다. 배임죄설에 따르면 금전은 고도의 유통성·대체성 때문에 점유이전과 함께 소유권도 이전되므로 수탁자가 이를 임의로 소비한 경우에는 배임죄가 성립한다.[968] 횡령죄설에 따르면 정해진 용도·목적에 사용할 때까지는 소유권이 위탁자에게 유보되어 있으므로 수탁자가 이를 임의로 소비한 경우에는 횡령죄가 성립한다고 한다.[969]

판례는 타인으로부터 용도나 목적이 엄격히 제한된 자금을 위탁받아 집행하면서 그 제한된 용도 이외의 목적으로 자금을 사용한 경우 횡령죄가 성립한다는 입장이다. 예를 들면 집합건물의 관리회사가 구분소유자들로부터 특별수선충당금의 명목으로 금원을 납부받아 보관하던 중 이를 일반경비로 사용한 경우 횡령죄가 성립한다.[970]

판례 목적, 용도를 정하여 위탁한 금전

【판결요지】 목적, 용도를 정하여 위탁한 금전은 정해진 목적, 용도에 사용할 때까지는 이에 대한 소유권이 위탁자에게 유보되어 있는 것으로서, 특히 그 금전의 특정성이 요구되지 않는 경우 수탁자가 위탁의 취지에 반하지 않고 필요한 시기에 다른 금전으로 대체시킬 수 있는 상태에 있는 한 이를 일시 사용하더라도 횡령죄를 구성한다고 할 수 없고, 수탁자가 그 위탁의 취지에 반하여 다른 용도에 소비할 때 비로소 횡령죄를 구성한다(대법원 1995.10.12. 선고 94도2076 판결).

(나) 용도·목적이 정해지지 않은 경우

일정한 용도·목적을 정하지 않고 금전 등을 임치하였다면 이는 소비임치(민법 제702조)로 보는 것이 타당하다. 소비임치는 수치인이 대체물인 임치물을 소비하고, 그것과 동종·동질·동량의 물건을 반환할 의무를 부담하는 임치의 형태이다. 소비임치가 보통의 임치와 다른 점은 물건 자체가 아니라 받은 물건의 가격을 보관하는 것에 있다. 소비임치에서 '소비'는 보관의 한 수단이다. 소비임치의 목적물에 대한 소유권은 수치인에게 이전된다는 것이 민법 이론이다. 따라서 횡령죄는 성립하지 않는다.

판례 사립학교 이사장 관사 공사 사건

【사실관계】 피고인이 ○○대학 국제관 5층의 교사용 관사를 주거용으로 사용하여 오다

968) 배종대, 534면; 오영근/노수환, 394면; 이재상/장영민/강동범, 404면; 임웅/이현정/박성민, 518면.
969) 김성돈, 430면; 김일수/서보학, 363면; 손동권/김재윤, 433면; 신동운, 1161면; 정성근/박광민, 438면.
970) 대법원 2004.5.27. 선고 2003도6988 판결.

가 2008.3.경 A와 동거하게 되면서 약혼을 앞두고 베란다를 거실로 확장하는 공사와 거실·주방의 인테리어 공사를 대대적으로 한 후 그 공사대금 합계 4억 3,756만 원을 ○○대학 교비로 지급하게 하였다. ○○대학에 ○○학원 이사장 관사는 처음부터 없었고 이사장 관사를 둔다는 규정도 없었다.

【판결내용】 사립학교법 제29조 제2항의 위임에 의하여 교비회계의 세출에 관한 사항을 정하고 있는 같은 법 시행령 제13조 제2항은 교비회계의 세출을 그 각 호 소정의 경비로 한다고 하면서, 학교운영에 필요한 인건비 및 물건비(제1호), 학교교육에 직접 필요한 시설·설비를 위한 경비(제2호), 기타 학교교육에 직접 필요한 경비(제5호) 등을 들고 있으므로, 교비회계에 속하는 수입에 의한 지출이 허용되는 교비회계의 세출에 해당하는지 여부는 그 지출과 관련된 제반 사정을 종합적으로 살펴볼 때 당해 학교의 교육에 직접 필요한 것인지 여부에 따라 판단하여야 한다. 한편 타인으로부터 용도가 엄격히 제한된 자금을 위탁받아 집행하면서 그 제한된 용도 이외의 목적으로 자금을 사용하는 것은 그 사용이 개인적인 목적에서 비롯된 경우는 물론 결과적으로 자금을 위탁한 본인을 위하는 면이 있더라도 그 사용행위 자체로서 불법영득의 의사를 실현한 것이 되어 횡령죄가 성립하므로, 결국 사립학교의 교비회계에 속하는 수입을 적법한 교비회계의 세출에 포함되는 용도, 즉 당해 학교의 교육에 직접 필요한 용도가 아닌 다른 용도에 사용하였다면 그 사용행위 자체로서 불법영득의사를 실현하는 것이 되어 그로 인한 죄책을 면할 수 없다(대법원 2008.2.29. 선고 2007도9755 판결 등 참조). (중략) 위 비용 지출은 ○○대학의 교육에 직접 필요한 용도가 아닌 다른 용도에 교비회계자금을 사용한 것과 마찬가지이므로 사립학교법상 허용되는 교비회계의 세출에 포함된다고 볼 수 없다고 보아 이 부분 공소사실을 유죄로 인정하였다. 위 법리와 기록에 비추어 살펴보면 원심의 판단은 정당한 것으로 수긍이 가고, 거기에 피고인의 상고이유 주장과 같이 불법영득의사에 관한 법리를 오해하는 등의 위법이 없다(대법원 2012.5.10. 선고 2011도12408 판결).

【해설】 교비로 사적 공간을 리모델링한 것이 횡령죄에 해당하는지 문제된 사건이다. 사립학교법 제29조 제2항, 시행령 제13조 제2항에 따라 교비회계는 용도가 엄격히 제한된 자금이다. 횡령죄는 "타인의 재물을 보관하는 자"가 불법영득의사를 가지고 재물을 처분하는 경우 성립한다. 여기서 '불법영득의사'는 꼭 돈을 개인소유로 삼겠다는 의도만을 의미하지 않고, 용도 제한을 위반한 사용 자체가 불법영득의사로 평가될 수 있다. 타인의 재산을 특정한 목적에 따라 위탁받은 자가 그 목적과 다르게 사용하면 횡령죄가 성립한다. 이는 학교법인에서 많이 다투어지는 부분이다.

차. 채권양도

(1) 의의

채권양도는 채권의 동일성을 유지하면서 이전하는 계약을 말한다. 채권자가 특정되어 있는 지명채권의 경우 채권양도는 채권자와 양수인 사이의 합의만 있으면 채권양도의 효력이 발생한다. 채권양도가 되면 채권은 동일성을 유지하면서 양수인에게 이전하므로 양수인이 채권자 지위를 온전히 확보하여 채무자로부터 유효하게 채권변제를 받게 된다. 다만 양도인의 통지 또는 채무자의 승낙의 요건을 갖추지 못하면 채무자 또는 제3자에게 대항하지 못할 뿐이다(민법 제450조).

(2) 쟁점

채권양도인 갑이 채권양수인 A와 채권양도를 한 후 채무자 B에게 채권양도 통지하기 전에 채무자 B로부터 금원을 변제받은 경우 수령한 금원에 관하여 채권양도인 갑이 채권양수인 A를 위해 보관하는 자의 지위에 있는지가 문제된다. 예를 들면 건물의 임차인 갑이 임대인에 대한 임대차보증금반환채권을 A에게 양도하였는데도 임대인에게 채권양도 통지를 하지 않고 임대인으로부터 남아있던 임대차보증금을 반환받아 보관하던 중 개인적인 용도로 사용한 경우 횡령죄가 성립하는지가 문제된다.

(3) 판례

종전 대법원 판례는 채권양도인이 금원을 임의로 처분한 경우 횡령죄가 성립한다고 판시하였지만,[971] 2017도3829 전원합의체 판결에서 횡령죄가 성립하지 않는다고 견해를 변경하였다.[972]

주된 이유는 다음과 같다. ① 채권 자체와 채권의 목적물인 금전은 구별되므로, 채권이 이전되었다고 하더라도 채권의 목적물인 금전의 소유권까지 당연히 채권양수인에게 귀속되지 않으며, ② 채권양도인은 채권양수인과 사이에 채권양도계약 또는 채권양도의 원인이 된 계약에 따른 채권·채무관계에 있을 뿐이고, 채권양수인을 위하여 타인의 사무를 처리하는 자의 지위에 있다고 볼 수 없다. ③ 최근 10년 동안 대법원 판례를 보면, 대법원은 타인의 재산을 보호 또는 관리하는 것이 전형적·본질적 내용이 아닌 통상의 계약관계에서 배임죄나 횡령죄의 성립을 부정해 오고 있는데, 종전 대법원 판례가 횡령죄 성립을 인정하는 것은 최근 판례의 흐름에 부합하지 않는다.

(4) 소결

생각건대, 횡령죄 성립을 인정하는 것이 타당하다. 채권은 이전되었지만, 채권의 목적물인 금전의 소유권은 이전되지 않는다고 보기 어렵다. 채권양도는 채권양도인과 양수인

---

971) 대법원 1999.4.15. 선고 97도666 전원합의체 판결.

972) 대법원 2022.6.23. 선고 2017도3829 전원합의체 판결.

사이에 합의만 있으면 효력이 발생하며, 채권 이전 자체를 목적으로 하는 일종의 준물권 계약이다. 채권양도 당사자 간의 법률관계와 의사를 중심으로 본다면 채권뿐만 아니라 목적물인 금전도 채권양수인에게 이전했다고 보는 것이 타당하다. 따라서 채권양도인이 채무자로부터 변제받은 금전은 채권양수인을 위하여 수령한 것으로서 채권양수인의 소유에 속한다고 보는 것이 타당하며, 채권양도인은 타인의 재물을 보관하는 자에 해당한다.

만약 채권양도인이 채권양수인에게 대항요건 구비의무를 이행하지 않거나, 추심한 금전을 전달하지 않는다면 채권양수인에게 귀속된 재산권은 유지·보전될 수 없다. 신의칙을 근거로 위탁관계를 인정할 수 있다고 생각한다. 채권양도인은 실질적으로 채권양수인의 재산 보호 내지 관리를 대행하는 보관자의 지위에 있다고 보는 것이 타당하다. 따라서 수령한 금전을 채권양수인에게 교부하지 않고 채권양도인이 임의로 소비하였다면 횡령죄가 성립한다고 보는 것이 타당하다.

카. 채권 양도담보계약

채권 양도계약과 유사한 것으로 채권 양도담보계약이 있다. 통상의 채권 양도계약은 그 자체가 채권자 지위의 이전을 내용으로 하는 주된 계약이고, 그 당사자 사이의 본질적 관계는 양수인이 채권자 지위를 온전히 확보하여 채무자로부터 유효하게 채권의 변제를 받는 것이다. 그런데 채권 양도담보계약은 금전소비대차계약 등 피담보채권의 발생을 위한 계약의 종된 계약으로, 채권 양도담보계약에 따라 채무자가 부담하는 의무는 담보 목적을 달성하기 위한 것에 불과하고, 그 당사자 사이의 본질적이고 주된 관계는 피담보채권의 실현이다. 이와 같이 채권 양도담보계약의 목적이나 본질적 내용은 통상의 채권 양도계약과 다르다.

따라서 채무자가 제3채무자에게 채권양도 통지를 하지 않은 채 자신이 사용할 의도로 제3채무자로부터 변제를 받아 변제금을 수령한 경우, 이는 단순한 민사상 채무불이행에 해당할 뿐, 채무자가 채권자와의 위탁신임관계에 의하여 채권자를 위해 위 변제금을 보관하는 지위에 있다고 볼 수 없고, 채무자가 이를 임의로 소비하더라도 횡령죄는 성립하지 않는다.

판례 채권 양도담보계약

【사실관계】 피고인이 피해자로부터 사업자금 명목으로 17억 5,000만 원 상당을 차용하고, 위 차용금채무의 담보 목적으로 피해자에게 주식회사 A의 주식회사 B에 대한 22억 원 상당의 금전채권을 양도하였다. 피고인이 채권양도 사실을 통지하지 아니한 채 주식회사 B에 위 금전채권 중 11억 원의 변제를 요구하여 이를 주식회사 A 명의의 예

금계좌로 변제받아 임의로 사용하였다.

【판결요지】 채무자가 기존 금전채무를 담보하기 위하여 다른 금전채권을 채권자에게 양도하는 경우, 채무자가 채권자에 대하여 부담하는 '담보 목적 채권의 담보가치를 유지·보전할 의무'는 채권 양도담보계약에 따라 부담하게 된 채무의 한 내용에 불과하다. 또한 통상의 채권양도계약은 그 자체가 채권자 지위의 이전을 내용으로 하는 주된 계약이고, 그 당사자 사이의 본질적 관계는 양수인이 채권자 지위를 온전히 확보하여 채무자로부터 유효하게 채권의 변제를 받는 것이다. 그런데 채권 양도담보계약은 피담보채권의 발생을 위한 계약(예컨대 금전소비대차계약 등)의 종된 계약으로, 채권 양도담보계약에 따라 채무자가 부담하는 위와 같은 의무는 담보 목적을 달성하기 위한 것에 불과하고, 그 당사자 사이의 본질적이고 주된 관계는 피담보채권의 실현이다. 이처럼 채권 양도담보계약의 목적이나 본질적 내용을 통상의 채권양도계약과 같이 볼 수는 없다. 따라서 채무자가 채권 양도담보계약에 따라 담보 목적 채권의 담보가치를 유지·보전할 의무는 계약에 따른 자신의 채무에 불과하고, 채권자와 채무자 사이에 채무자가 채권자를 위하여 담보가치의 유지·보전사무를 처리함으로써 채무자의 사무처리를 통해 채권자가 담보 목적을 달성한다는 신임관계가 존재한다고 볼 수 없다. 그러므로 채무자가 제3채무자에게 채권양도 통지를 하지 않은 채 자신이 사용할 의도로 제3채무자로부터 변제를 받아 변제금을 수령한 경우, 이는 단순한 민사상 채무불이행에 해당할 뿐, 채무자가 채권자와의 위탁신임관계에 의하여 채권자를 위해 위 변제금을 보관하는 지위에 있다고 볼 수 없고, 채무자가 이를 임의로 소비하더라도 횡령죄는 성립하지 않는다(대법원 2021.2.25. 선고 2020도12927 판결).

【해설】 이 사건은 단순한 채권 양도계약이 아니라, 담보 목적의 양도담보계약이다. 양도담보는 채무자가 자신의 채무를 담보하기 위해 일정한 재산권을 채권자에게 담보로 제공하는 부수적·보조적 계약에 해당한다. 주된 관계는 '채무의 이행'이고, 채권양도는 그 담보수단일 뿐이다. 채무자가 담보 목적 채권을 제3채무자로부터 직접 회수하여 임의로 소비한 행위는 단순히 담보 제공자의 의무 불이행일 뿐이며, 채권자와의 신임관계에 기초한 보관행위로 볼 수 없다. 즉, 피고인이 '타인의 재물을 보관하는 자'로서의 지위에 있지 않으므로 횡령죄의 주체가 아니다. 피고인의 행위는 민사상 채무불이행에 불과하고, 횡령죄는 성립하지 않는다.

타. 부동산의 양도담보·매도담보

(1) 부동산 양도담보의 법리

광의의 양도담보(讓渡擔保)는 물건의 소유권을 채권자에게 이전하는 방법에 의하여 채권을 담보하는 경우를 말한다. 채권담보를 위하여 채무자가 목적물의 소유권을 채권자에게 이전하고, 채무자가 채무를 변제하지 않으면 채권자가 그 소유권을 확정적으로 취득하거나 그 목적물로부터 우선변제를 받지만, 채무자가 채무를 이행하면 목적물을 다시 원소유자에게 반환하는 방법이다. 양도담보는 담보제공자가 필요한 자금을 획득하는 방법에 따라 소비대차의 형식을 이용하는 협의의 양도담보와 매매의 형식을 이용하는 매도담보(賣渡擔保)가 있다.

(가) 협의의 양도담보와 매도담보

협의의 양도담보는 변제기까지의 담보물의 소유권은 여전히 채무자가 가지되 변제기에 채무변제가 없을 때에 비로소 소유권이 채권자에게 이전되는 형태의 양도담보를 말한다. 협의의 양도담보는 신용의 수수를 소비대차의 형식으로 당사자 사이에 채권·채무관계를 남겨 둔다.

매도담보는 담보설정 시에 이미 부동산의 소유권을 채권자에게 넘기되, 내부적으로 변제기에 채무변제가 있으면 다시 채무자에게 소유권을 되돌리는 형태의 약정을 말한다. 매도담보는 신용의 수수를 매매의 형식으로 행하고 외견상 당사자 사이에 채권·채무관계를 남기지 않는다.[973)]

(나) 가등기담보법

가등기담보법에 따르면 부동산 양도담보·매도담보를 불문하고 가등기담보법 제4조 제2항에 의하여 청산기간 경과 후 청산금을 채무자에게 지급하는 때 비로소 채권자에게 소유권이 이전된다. 양도담보에 있어서 양도담보권자인 채권자가 양도담보설정자인 채무자에게 청산금을 지급할 때까지는 소유권을 취득하지 못한다. 따라서 목적부동산의 가액에서 채권액을 공제한 금액인 청산금을 지급하기 전에는 채무자에게 소유권이 있고, 채권자는 매도담보권이라는 일종의 담보물권을 취득할 뿐이다.

(2) 채무자가 담보 부동산을 처분한 경우

양도담보권설정자인 채무자가 청산금을 지급받기 전에 처분한 경우에는 타인의 재물이 아니라 자기의 재물을 처분한 것이므로 횡령죄는 성립하지 않으며, 다만 담보물의 보관의무를 위반하였으므로 배임죄가 성립한다. 그러나 담보설정 시 담보권자인 채권자의 명의로 이전등기가 경료되기 때문에 실제로 채무자가 처분할 수 있는 경우는 없을 것이다.

---

973) 민법에서는 종래 협의의 양도담보와 매도담보를 구별하였으나 최근에는 양자를 구별하지 않는 견해도 있다. 양도담보의 목적물이 부동산인가 동산인가에 따라 부동산양도담보와 동산양도담보로 구분한다. 부동산양도담보의 경우 가등기담보법이 적용된다.

(3) 채권자가 담보 부동산을 처분한 경우

양도담보권자인 채권자는 목적물에 대하여 양도담보권이라는 일종의 담보권만을 가지고 소유권을 취득한 것은 아니다. 가등기담보법에 따라 채권자에게 소유권을 이전하는 등기를 하더라도 소유권이 채권자에게 이전되지 아니하고, 청산기간 경과 후 청산금을 채무자에게 지급하는 때 소유권이 채권자에게 이전되기 때문이다. 하지만 외형상 채권자가 소유자로 등기되어 있기 때문에 제3자에게 처분할 가능성은 존재한다.

(가) 변제기 이전에 처분한 경우

양도담보권자인 채권자가 목적물을 점유하다가 임의로 '변제기 이전에 처분한 경우'에는 채무자 소유인 타인의 부동산을 불법영득한 것이므로 횡령죄가 성립한다는 것이 학설의 입장이다. 가등기담보법 제4조는 채권자가 담보목적부동산에 관하여 이미 소유권이전등기를 마친 경우에는 청산기간이 지난 후 청산금을 채무자에게 지급한 때에 담보목적부동산의 소유권을 취득한다고 규정하고 있다. 따라서 채권자는 변제기 전에 유효하게 부동산의 소유권을 취득한 것이 아니므로 채무자에게 소유권이 여전히 남아있는 것이기 때문에 채권자가 이를 처분하는 행위는 횡령죄가 된다.

하지만 판례는 배임죄가 성립한다고 한다.[974] 판례에 따르면 "채권의 담보를 목적으로 부동산의 소유권이전등기를 경료받은 채권자는 채무자가 변제기일까지 그 채무를 변제하면 채무자에게 그 소유 명의를 환원하여 주기 위하여 그 소유권이전등기를 이행할 의무가 있으므로 그 변제기일 이전에 그 임무에 위배하여 이를 제3자에게 처분하였다면 변제기일까지 채무자의 변제가 없었다 하더라도 배임죄는 성립된다"는 입장이다. 이러한 판례의 태도는 가등기담보법을 고려하지 않은 해석의 결과이므로 바람직하지 않다.[975]

(나) 변제기 이후에 처분한 경우

채권자가 '변제기 이후에' 청산목적으로 담보물을 처분하는 것은 자신의 담보권을 실행하는 것이므로 불법영득의사가 있다고 할 수 없기 때문에 횡령죄뿐만 아니라 배임죄도 성립하지 않는 것은 당연하다.[976] 다만 변제기 이후에 채권자가 청산금을 지급하지 않는 등 정산의무를 이행하지 않는 경우에 배임죄가 성립할 수 있는지에 대하여 판례는 변제기 이후일 경우에는 담보권의 실행과 정산의무는 자신의 사무이므로 배임죄가 성립하지 않는다고 한다. 담보권자가 담보권을 실행하여 변제에 충당한 뒤 환가대금 또는 평가대금의

974) 대법원 1992.7.14. 선고 92도753 판결.
975) 김성돈, 451면; 정성근/박광민, 429면.
976) 대법원 1985.11.26. 선고 85도1493 전원합의체 판결.

나머지가 있음에도 이를 담보제공자에게 반환하지 않은 경우 정산의무는 자신의 사무처리에 해당하므로 배임죄가 성립하지 않는다고 한다.[977)]

또한 채권자가 담보목적물을 부당하게 염가로 처분하여 청산금이 없게 된 경우에도 판례는 배임죄가 성립하지 않는다고 한다.[978)] 예를 들면 시가 1억 원의 부동산을 자신의 채권액 4천만 원을 변제받기 위하여 4천만 원으로 매도하는 바람에 청산금이 0원인 경우에도 배임죄가 성립하지 않는다. 시가에 따른 적절한 처분을 해야 하는 것은 담보계약에 따른 민사책임의무이며 형법상 의무는 아니라는 것이 판례의 입장이다. 재고될 필요가 있다고 생각한다.

파. 동산의 양도담보·매도담보

(1) 동산 양도담보의 법리

동산 양도담보는 금전채무를 담보하기 위하여 채무자가 그 소유의 동산을 채권자에게 양도하되 점유개정[979)]에 의하여 채무자가 이를 계속 점유하기로 한 경우이다.

동산 양도담보의 경우 가등기담보법이 적용된다고 한다면 해당 법리는 부동산 양도담보와 동일한 결론에 이르게 된다. 채무자가 처분한 경우에는 배임죄가 성립하며, 채권자가 처분한 경우에는 학설에 따르면 횡령죄가 성립하며, 판례에 따를 경우 배임죄가 성립한다.

그러나 부동산 양도담보와는 달리 동산 양도담보의 경우 가등기담보법의 적용을 받지 않는다고 한다면,[980)] 동산 양도담보에 대해서는 종래의 민법상 이론에 따라 판단해야 한다. 따라서 양도담보는 일종의 신탁행위이고, 그에 의하여 소유권은 채권자에게 이전하되 채권자는 그 권리를 채권담보의 목적을 넘어서 행사할 수 없는 '신탁적 소유권이전관계'가 된다. 따라서 동산의 소유권은 신탁적으로 이전되고, 채권자와 채무자 간의 대내적 관계에서만 채무자는 여전히 소유권을 보유한다.

---

977) 대법원 1985.11.26. 선고 85도1493 전원합의체 판결.

978) 대법원 1989.10.26. 선고 87도126 판결.

979) 동산소유권의 양도에 있어서 인도는 물건에 대한 사실상 지배를 실제로 이전하는 현실의 인도를 말한다. 그런데 민법 제189조는 점유개정을 인도로 간주하고 있다. 점유개정은 동산에 관한 물권을 양도하는 경우에 당사자의 계약으로 양도인이 그 동산의 점유를 계속하는 때에는 양수인이 인도받은 것으로 본다. 이를 점유개정이라고 한다. 예를 들면 갑이 시계를 을에게 팔고서 을로부터 다시 빌려 쓰는 경우이다.

980) 동산양도담보는 물론이고 부동산 양도담보라도 소비대차에 기한 채권을 담보하기 위한 것이 아니거나 부동산가액이 차용액 및 이자의 합산액에 미달하는 경우에는 가등기담보법이 적용되지 않는다는 것이 판례의 입장이다(대법원 2001.1.5. 선고 2000다47682 판결).

(가) 채무자가 양도담보 동산을 처분한 경우

양도담보의 경우 채권자는 소유권을 취득하는 것이 아니라 단지 양도담보물권을 취득하는 데 지나지 않으므로 채무자가 소유자이다. 따라서 채무자가 목적물을 처분한 경우에는 채무자 자기 소유의 물건을 처분한 경우에 해당하므로 횡령죄는 성립하지 않는다.

문제는 배임죄가 성립하는가이다. 종전 판례는 보관의무를 위배하여 채권자의 담보권을 침해한 것이므로 배임죄가 성립한다는 입장이었다. 하지만 최근 2019도9756 전원합의체 판결을 통하여 입장을 변경하였다. 판례에 따르면 동산을 양도담보로 제공한 채무자가 제3자에게 담보에 제공된 동산을 처분한 경우 채무자를 타인의 사무를 처리하는 자라고 할 수 없다고 하여 배임죄의 성립을 부정하였다. 그가 담보물을 제3자에게 처분하는 등으로 담보가치를 감소 또는 상실시켜 채권자의 담보권 실행이나 이를 통한 채권실현에 위험을 초래하더라도 배임죄가 성립하지 않는다고 견해를 변경하였다. 이러한 법리는, 채무자가 동산에 관하여 양도담보설정계약을 체결하여 이를 채권자에게 양도할 의무가 있음에도 제3자에게 처분한 경우에도 적용되고, 주식에 관하여 양도담보설정계약을 체결한 채무자가 제3자에게 해당 주식을 처분한 사안에도 마찬가지로 적용된다.

판례 채무자가 담보에 제공된 동산을 제3자에게 처분한 경우 배임죄 불성립

【사실관계】 채무자 갑은 은행으로부터 대출을 받으면서 대출금을 완납할 때까지 본인 소유의 동산인 골재생산기기(크러셔)를 담보목적으로 채권자인 은행에게 양도하였다. 동산의 인도에 관한 여러 방법 가운데 점유개정의 방식을 채택하여 채무자가 현실적으로 점유를 하고 있다. 채무자는 이 동산을 제3자에게 처분하였다. 제3자가 동산에 대한 소유권을 취득하여 채권자는 더 이상 동산에 대해 아무런 권리를 행사할 수 없게 되었다.

【판결요지】 [다수의견] 배임죄는 타인의 사무를 처리하는 자가 그 임무에 위배하는 행위로써 재산상의 이익을 취득하거나 제3자로 하여금 이를 취득하게 하여 사무의 주체인 타인에게 손해를 가할 때 성립하는 것이므로 범죄의 주체는 타인의 사무를 처리하는 지위에 있어야 한다. 여기에서 '타인의 사무를 처리하는 자'라고 하려면, 타인의 재산관리에 관한 사무의 전부 또는 일부를 타인을 위하여 대행하는 경우와 같이 당사자 관계의 전형적·본질적 내용이 통상의 계약에서의 이익대립관계를 넘어서 그들 사이의 신임관계에 기초하여 타인의 재산을 보호 또는 관리하는 데에 있어야 한다. 이익대립관계에 있는 통상의 계약관계에서 채무자의 성실한 급부이행에 의해 상대방이 계약상 권리의 만족 내지 채권의 실현이라는 이익을 얻게 되는 관계에 있다거나, 계약을 이행함에 있어 상대방을 보호하거나 배려할 부수적인 의무가 있다는 것만으로는 채무자를 타인의 사무를 처리하는 자라고 할 수 없고, 위임 등과 같이 계약의 전형적·본질적인

급부의 내용이 상대방의 재산상 사무를 일정한 권한을 가지고 맡아 처리하는 경우에 해당하여야 한다.

채무자가 금전채무를 담보하기 위하여 그 소유의 동산을 채권자에게 양도담보로 제공함으로써 채권자인 양도담보권자에 대하여 담보물의 담보가치를 유지·보전할 의무 내지 담보물을 타에 처분하거나 멸실, 훼손하는 등으로 담보권 실행에 지장을 초래하는 행위를 하지 않을 의무를 부담하게 되었더라도, 이를 들어 채무자가 통상의 계약에서의 이익대립관계를 넘어서 채권자와의 신임관계에 기초하여 채권자의 사무를 맡아 처리하는 것으로 볼 수 없다. 따라서 채무자를 배임죄의 주체인 '타인의 사무를 처리하는 자'에 해당한다고 할 수 없고, 그가 담보물을 제3자에게 처분하는 등으로 담보가치를 감소 또는 상실시켜 채권자의 담보권 실행이나 이를 통한 채권실현에 위험을 초래하더라도 배임죄가 성립한다고 할 수 없다.

위와 같은 법리는, 채무자가 동산에 관하여 양도담보설정계약을 체결하여 이를 채권자에게 양도할 의무가 있음에도 제3자에게 처분한 경우에도 적용되고, 주식에 관하여 양도담보설정계약을 체결한 채무자가 제3자에게 해당 주식을 처분한 사안에도 마찬가지로 적용된다(대법원 2020.2.20. 선고 2019도9756 전원합의체 판결).

【해설】 이 사건의 쟁점은 채무자가 자신의 동산을 양도담보로 제공한 뒤, 이를 제3자에게 무단처분한 경우 배임죄가 성립하는지이다. '타인의 사무'란 단순한 계약상의 급부·반대급부 관계만으로는 부족하고 신임관계에 기초하여 타인의 재산관리사무를 실질적으로 대행하는 관계여야 한다. 양도담보는 민사상 이익대립관계를 전제로 한 담보계약이며, 채무자는 채권자의 사무를 '맡아서 처리'하는 자가 아니다. 양도담보 목적물의 담보가치를 보존할 의무는 민사상 부수적 의무일 뿐이므로 배임죄의 주체가 될 수 없다. 과거에는 양도담보권자가 사무의 주체(타인), 채무자를 사무처리자로 보아 채무자의 무단 처분을 배임죄로 처벌 가능하다고 보았다. 이번 판례는 이 입장을 명시적으로 변경하여 단순한 채무관계는 배임죄에서 말하는 '신임관계에 기초한 사무처리'로 볼 수 없다.

(나) 채권자가 양도담보 동산을 처분한 경우

점유개정의 방식으로 채무자가 동산을 점유하고 있는 경우가 대부분일 것이므로 채권자가 이를 처분할 가능성이 비교적 낮은 편이다. 경우에 따라서 채권자가 동산을 점유하고 있는 경우 그 동산의 소유권은 여전히 채무자에게 있으며, 채권자는 단지 담보물권을 취득한 것에 불과하다. 따라서 채권자가 이를 처분하는 경우 타인소유, 자기점유의 물건을 횡령한 것으로 횡령죄가 성립한다.

판례 채권자가 처분한 경우 횡령죄 성립

【판결요지】 채무자가 채무이행의 담보를 위하여 동산에 관한 양도담보계약을 체결하고 점유개정의 방법으로 여전히 그 동산을 점유하는 경우 그 계약이 채무의 담보를 위하여 양도의 형식을 취하였을 뿐이고 실질은 채무의 담보와 담보권실행의 청산절차를 주된 내용으로 하는 것이라면 별단의 사정이 없는 한 그 동산의 소유권은 여전히 채무자에게 남아 있고, 채권자는 단지 양도담보물권을 취득하는 데 지나지 않으므로 그 동산을 다른 사유에 의하여 보관하게 된 채권자는 타인 소유의 물건을 보관하는 자로서 횡령죄의 주체가 될 수 있다(대법원 1989.4.11. 선고 88도906 판결).

(2) 동산 매도담보의 법리와 처분행위

매도담보는 담보목적물을 채권자에게 매도하여 소유권을 이전시키되, 변제기에 채무변제가 있으면 다시 채무자에게 소유권을 되돌리는 형태인 일종의 환매약관부매매약정이다.

따라서 채무자가 담보목적물을 계속 점유하면서 사용하고 있는 상태에서 변제기 이전에 임의로 처분하면 타인 소유 자기점유물을 처분한 경우이므로 횡령죄가 된다.

채권자가 담보목적물을 점유하다가 변제기 이전에 임의로 처분하면 자기소유의 물건을 처분한 경우이므로 횡령죄는 성립하지 않는다.

【정리】 부동산 양도담보, 동산 양도담보 및 매도담보 정리

유형		결론
부동산 양도·매도 담보	채무자가 담보물을 처분한 경우	횡령죄 불성립, 배임죄 성립
	채권자가 변제기 이전에 담보물을 처분한 경우	학설은 횡령죄, 판례는 배임죄
	채권자가 변제기 이후에 청산목적으로 담보물을 처분한 경우	무죄 (불법영득의사 없음)
동산 양도담보	채무자가 목적물인 동산을 처분한 경우	배임죄 불성립 (판례)
	채권자가 목적물인 동산을 처분한 경우	횡령죄 성립 (판례)
동산 매도담보	채무자가 목적물인 동산을 처분한 경우	횡령죄 성립
	채권자가 목적물인 동산을 처분한 경우	횡령죄 불성립

하. 부동산의 명의신탁

(1) 부동산 명의신탁의 법리

명의신탁약정이란 부동산에 관한 소유권이나 그 밖의 물권을 보유한 자 또는 사실상

취득하거나 취득하려고 하는 자인 실권리자(實權利者)가 타인과의 사이에서 대내적으로는 실권리자가 부동산에 관한 물권을 보유하거나 보유하기로 하고 그에 관한 등기는 그 타인의 명의로 하기로 하는 약정을 말한다. 목적부동산의 대외적 소유자는 명의수탁자이지만 대내적인 실질소유자는 명의신탁자가 된다.

부동산 실권리자 명의등기에 관한 법률은 누구든지 부동산에 관한 물권을 명의신탁약정에 따라 명의수탁자의 명의로 등기하여서는 아니 되고(동법 제3조 제1항), 명의신탁약정과 그에 따른 등기로 이루어진 부동산에 관한 물권변동은 무효가 된다(동법 제4조 제1항, 제2항 본문). 다만 종중보유 부동산, 배우자, 종교단체의 경우는 예외적으로 허용하고 있다(동법 제8조). 이로 인하여 명의신탁 부동산을 등기명의인인 수탁자가 임의로 처분한 경우에 횡령죄 또는 배임죄의 성립 여부가 문제된다. 부동산실명법에서 명의수탁자가 목적물을 처분한 경우 횡령죄의 성립 여부에 대하여 명의신탁유형별로 살펴보아야 한다.

(2) 양자 간 명의신탁

(가) 쟁점

양자 간의 명의신탁은 부동산의 소유자가 그 등기명의를 타인에게 신탁하기로 하는 명의신탁약정을 맺고 그 등기명의를 수탁자에게 이전하는 형식의 명의신탁이다. 이 경우에 명의신탁약정 및 소유권이전등기는 무효이다.

(나) 학설

신탁부동산을 처분한 수탁자의 죄책에 대하여 견해의 대립이 있다. '부당이득설'은 부동산실명법에 신탁자에게 반환청구권을 인정하지 않는다는 명문규정이 없으므로 신탁자에게 소유권이 있기 때문에 소유권에 기한 부당이득반환청구권이 있고, 수탁자는 명의신탁약정 및 등기가 무효로 되는 것과 상관없이 사실상 목적물을 보관하고 있는 자이므로 횡령죄가 성립한다고 한다.[981] '불법원인급여설'은 명의신탁은 사법상 무효화되었으며, 형법상으로는 범죄화되었으므로 신탁자의 수탁자에 대한 반환청구권을 인정할 수 없고, 불법원인급여와 동일하게 횡령죄를 구성하지 않는다고 한다.[982] '불법원인위탁설'은 명의신탁의 무효화로 형법상 보호가치 있는 신뢰관계가 없으므로 기수는 될 수 없지만 행위반가치와 법익평온상태교란 정도의 결과반가치를 가지므로 횡령죄의 불능미수가 된다고 한다.[983]

981) 김성돈, 445면; 배종대, 537면; 손동권/김재윤, 438면; 임웅/이현정/박성민, 492면.

982) 오영근/노수환, 399면.

983) 김일수/서보학, 369면.

(다) 판례

종전 판례는 양자 간 명의신탁에 있어서 수탁자가 신탁부동산을 제3자에게 처분한 경우 횡령죄 성립을 인정하였지만, 2021년 2016도18761 전원합의체 판결에서 견해를 변경하였다. 양자 간 명의신탁의 경우, 계약인 명의신탁약정과 그에 부수한 위임약정, 명의신탁약정을 전제로 한 명의신탁 부동산 및 그 처분대금 반환약정은 모두 부동산실명법을 위반하여 무효이며, 사실상 위탁관계도 형법상 보호할만한 가치가 없다고 한다.

판례 양자 간 명의신탁의 경우 횡령죄 불성립

【판결요지】 부동산 실권리자명의 등기에 관한 법률(이하 '부동산실명법'이라 한다)은 부동산에 관한 소유권과 그 밖의 물권을 실체적 권리관계와 일치하도록 실권리자 명의로 등기하게 함으로써 부동산등기제도를 악용한 투기·탈세·탈법행위 등 반사회적 행위를 방지하고 부동산 거래의 정상화와 부동산 가격의 안정을 도모하여 국민경제의 건전한 발전에 이바지함을 목적으로 하고 있다(제1조). 부동산실명법에 의하면, 누구든지 부동산에 관한 물권을 명의신탁약정에 따라 명의수탁자의 명의로 등기하여서는 아니 되고(제3조 제1항), 명의신탁약정과 그에 따른 등기로 이루어진 부동산에 관한 물권변동은 무효가 되며(제4조 제1항, 제2항 본문), 명의신탁약정에 따른 명의수탁자 명의의 등기를 금지하도록 규정한 부동산실명법 제3조 제1항을 위반한 경우 명의신탁자와 명의수탁자 쌍방은 형사처벌된다(제7조).

이러한 부동산실명법의 명의신탁관계에 대한 규율 내용 및 태도 등에 비추어 보면, 부동산실명법을 위반하여 명의신탁자가 그 소유인 부동산의 등기명의를 명의수탁자에게 이전하는 이른바 양자 간 명의신탁의 경우, 계약인 명의신탁약정과 그에 부수한 위임약정, 명의신탁약정을 전제로 한 명의신탁 부동산 및 그 처분대금 반환약정은 모두 무효이다.

나아가 명의신탁자와 명의수탁자 사이에 무효인 명의신탁약정 등에 기초하여 존재한다고 주장될 수 있는 사실상의 위탁관계라는 것은 부동산실명법에 반하여 범죄를 구성하는 불법적인 관계에 지나지 아니할 뿐 이를 형법상 보호할 만한 가치 있는 신임에 의한 것이라고 할 수 없다.

명의수탁자가 명의신탁자에 대하여 소유권이전등기말소의무를 부담하게 되나, 위 소유권이전등기는 처음부터 원인무효여서 명의수탁자는 명의신탁자가 소유권에 기한 방해배제청구로 말소를 구하는 것에 대하여 상대방으로서 응할 처지에 있음에 불과하다. 명의수탁자가 제3자와 한 처분행위가 부동산실명법 제4조 제3항에 따라 유효하게 될 가능성이 있다고 하더라도 이는 거래 상대방인 제3자를 보호하기 위하여 명의신탁약정의 무효에 대한 예외를 설정한 취지일 뿐 명의신탁자와 명의수탁자 사이에 위 처분행위를 유효하게 만드는 어떠한 위탁관계가 존재함을 전제한 것이라고는 볼 수 없다. 따라서 말소등기의무의 존재나 명의수탁자에 의한 유효한 처분가능성을 들어 명의수탁자가 명의신탁자에 대한 관계에서 '타인의 재물을 보관하는 자'의 지위에 있다고 볼 수도 없다.

그러므로 부동산실명법을 위반한 양자 간 명의신탁의 경우 명의수탁자가 신탁받은 부동산을 임의로 처분하여도 명의신탁자에 대한 관계에서 횡령죄가 성립하지 아니한다. 이러한 법리는 부동산 명의신탁이 부동산실명법 시행 전에 이루어졌고 같은 법이 정한 유예기간 이내에 실명등기를 하지 아니함으로써 그 명의신탁약정 및 이에 따라 행하여진 등기에 의한 물권변동이 무효로 된 후에 처분행위가 이루어진 경우에도 마찬가지로 적용된다(대법원 2021.2.18. 선고 2016도18761 전원합의체 판결).

【해설】 부동산실명법에 따르면 부동산은 실권리자 명의로 등기해야 하며, 명의신탁약정 및 그에 따른 등기는 모두 무효이다. 이를 위반한 경우 신탁자와 수탁자 모두 형사처벌 대상이 된다. 신탁자가 자기 명의 부동산을 수탁자 명의로 이전한 양자 간 명의신탁의 경우 부동산실명법상 무효이다. 신탁자와 수탁자 사이의 관계는 불법적이고 배타적 보호가치는 없다. 따라서, "명의수탁자가 신탁자 재산을 위탁받아 보관한 것"이라는 형법상 위탁신임관계를 인정할 수 없고, 형법 제355조의 '보관자'에 해당하지 않는다. 소유권이전등기 말소의무도 형법상 위탁관계도 아니다.

(3) 3자 간 명의신탁

(가) 쟁점

신탁자와 수탁자가 명의신탁약정을 맺고 신탁자가 매매계약의 당사자가 되어 매도인과 매매계약을 체결하되 등기는 매도인으로부터 수탁자 앞으로 직접 이전하는 형식의 명의신탁을 말한다. 이른바 '중간생략등기형 명의신탁'이라고도 한다. 이 경우 명의신탁약정 및 소유권이전등기는 무효이다. 그러나 매도인과 명의신탁자인 매수인 사이의 매매계약은 유효하다.

(나) 학설

신탁부동산을 처분한 수탁자의 죄책에 대하여 견해의 대립이 있다. 횡령죄는 형식적 소유권을 보호하기 위한 범죄이므로, 이 경우 명의신탁약정은 무효이고 소유권은 여전히 매도인에게 남아있으므로 매도인에 대한 횡령죄가 성립한다는 견해,[984] 신탁자는 소유권을 취득하지 못하였기 때문에 수탁자의 부동산처분은 신탁자와의 신임관계를 위배하여 재산상 손해를 끼친 것이므로 신탁자에 대한 배임죄가 성립한다는 견해,[985] 수탁자로부터

984) 이재상/장영민/강동범, 401면.

985) 김일수/서보학, 370면.

매수한 제3자에 대하여 소유권 주장을 할 수 없는 매도인뿐만 아니라, 매도인의 소유권 주장이 불가능함으로써 역시 소유권을 주장할 수 없는 신탁자 모두에 대한 횡령죄가 성립한다는 견해[986]가 대립하고 있다.

(다) 판례

종전의 대법원 판례는 부동산을 그 소유자로부터 매수한 자가 그의 명의로 소유권이전등기를 하지 아니하고 제3자인 명의수탁자와 맺은 명의신탁약정에 따라 매도인으로부터 바로 그 제3자에게 중간생략의 소유권이전등기를 경료한 경우, 그 제3자가 그와 같은 명의신탁약정에 따라 그 명의로 신탁된 부동산을 임의로 처분하였다면 신탁자에 대한 횡령죄가 성립한다는 입장이었다.[987]

그러나 최근 2014도6992 전원합의체 판결에 의하여 명의수탁자는 명의신탁자의 재물을 보관하는 자에 해당하지 않는다고 하였다. 민사상 소유권 이론과 달리 형법적으로 명의신탁자를 신탁부동산의 소유자라고 평가할 수 없기 때문이다. 또한 명의신탁자와 명의수탁자 사이에 존재한다고 주장될 수 있는 사실상의 위탁관계도 형법상 보호할만한 가치가 있는 신임에 의한 것이라고 볼 수 없다. 따라서 명의수탁자가 신탁받은 부동산을 임의로 처분하면 명의신탁자에 대한 관계에서 횡령죄가 성립하지 않는다고 견해를 변경하였다.

판례 3자 간 명의신탁의 경우 횡령죄 불성립

【판결요지】 형법 제355조 제1항이 정한 횡령죄의 주체는 타인의 재물을 보관하는 자라야 하고, 타인의 재물인지 아닌지는 민법, 상법, 기타의 실체법에 따라 결정하여야 한다. 횡령죄에서 보관이란 위탁관계에 의하여 재물을 점유하는 것을 뜻하므로 횡령죄가 성립하기 위하여는 재물의 보관자와 재물의 소유자(또는 기타의 본권자) 사이에 법률상 또는 사실상의 위탁신임관계가 존재하여야 한다. 이러한 위탁신임관계는 사용대차·임대차·위임 등의 계약에 의하여서뿐만 아니라 사무관리·관습·조리·신의칙 등에

986) 손동권/김재윤, 439면.

987) 갑은 을과의 명의신탁약정에 따라 을이 병으로부터 매수한 밭 300평을 갑 앞으로 막바로 소유권이전등기를 하여 보관하던 중, 위 밭의 일부인 70평에 대한 토지수용보상금 1,900만원 중 500만원을 임의로 소비하여 횡령하고, 그 후 을로부터 위 밭의 소유명의를 돌려달라는 요구를 받고 이를 거부한 사례이다. 이에 대하여 대법원은 횡령죄의 성립을 인정하였다. 갑은 명의수탁자, 을은 명의신탁자인 동시에 매수인, 병은 매도인인데, 매도인 병으로부터 매수인 을 앞으로의 이전등기를 생략하고 직접 명의수탁자인 갑 앞으로 이전등기를 한 경우이다(중간생략등기형 명의신탁). 이 경우 명의신탁약정 및 소유권이전등기는 무효이기 때문에 부동산은 매도인 병의 소유로 복귀하게 된다. 이때 명의신탁자이자 매수인인 을은 매매계약에 기한 소유권이전등기청구권을 보전하기 위하여 매도인 병을 대위하여 수탁자 갑에게 무효인 그 명의의 등기말소를 구할 수 있다. 따라서 수탁자 갑은 부동산을 을의 위탁에 의하여 을을 위하여 보관하는 지위에 있다고 할 수 있다. 부동산 일부(70평)에 대한 토지수용보상금을 임의로 소비한 행위는 횡령죄에 해당한다.

의해서도 성립될 수 있으나, 횡령죄의 본질이 신임관계에 기초하여 위탁된 타인의 물건을 위법하게 영득하는 데 있음에 비추어 볼 때 위탁신임관계는 횡령죄로 보호할 만한 가치 있는 신임에 의한 것으로 한정함이 타당하다.

그런데 부동산을 매수한 명의신탁자가 자신의 명의로 소유권이전등기를 하지 아니하고 명의수탁자와 맺은 명의신탁약정에 따라 매도인에게서 바로 명의수탁자에게 중간생략의 소유권이전등기를 마친 경우, 부동산 실권리자명의 등기에 관한 법률(이하 '부동산실명법'이라 한다) 제4조 제2항 본문에 의하여 명의수탁자 명의의 소유권이전등기는 무효이고, 신탁부동산의 소유권은 매도인이 그대로 보유하게 된다. 따라서 명의신탁자로서는 매도인에 대한 소유권이전등기청구권을 가질 뿐 신탁부동산의 소유권을 가지지 아니하고, 명의수탁자 역시 명의신탁자에 대하여 직접 신탁부동산의 소유권을 이전할 의무를 부담하지는 아니하므로, 신탁부동산의 소유자도 아닌 명의신탁자에 대한 관계에서 명의수탁자가 횡령죄에서 말하는 '타인의 재물을 보관하는 자'의 지위에 있다고 볼 수는 없다. 명의신탁자가 매매계약의 당사자로서 매도인을 대위하여 신탁부동산을 이전받아 취득할 수 있는 권리 기타 법적 가능성을 가지고 있기는 하지만, 명의신탁자가 이러한 권리 등을 보유하였음을 이유로 명의신탁자를 사실상 또는 실질적 소유권자로 보아 민사상 소유권이론과 달리 횡령죄가 보호하는 신탁부동산의 소유자라고 평가할 수는 없다. 명의수탁자에 대한 관계에서 명의신탁자를 사실상 또는 실질적 소유권자라고 형법적으로 평가하는 것은 부동산실명법이 명의신탁약정을 무효로 하고 있음에도 불구하고 무효인 명의신탁약정에 따른 소유권의 상대적 귀속을 인정하는 것과 다름이 없어서 부동산실명법의 규정과 취지에 명백히 반하여 허용될 수 없다.

그리고 부동산에 관한 소유권과 그 밖의 물권을 실체적 권리관계와 일치하도록 실권리자 명의로 등기하게 함으로써 부동산등기제도를 악용한 투기·탈세·탈법행위 등 반사회적 행위를 방지하고 부동산 거래의 정상화와 부동산 가격의 안정을 도모하여 국민경제의 건전한 발전에 이바지함을 목적으로 하고 있는 부동산실명법의 입법 취지와 아울러, 명의신탁약정에 따른 명의수탁자 명의의 등기를 금지하고 이를 위반한 명의신탁자와 명의수탁자 쌍방을 형사처벌까지 하고 있는 부동산실명법의 명의신탁관계에 대한 규율 내용 및 태도 등에 비추어 볼 때, 명의신탁자와 명의수탁자 사이에 위탁신임관계를 근거 지우는 계약인 명의신탁약정 또는 이에 부수한 위임약정이 무효임에도 불구하고 횡령죄 성립을 위한 사무관리·관습·조리·신의칙에 기초한 위탁신임관계가 있다고 할 수는 없다. 또한 명의신탁자와 명의수탁자 사이에 존재한다고 주장될 수 있는 사실상의 위탁관계라는 것도 부동산실명법에 반하여 범죄를 구성하는 불법적인 관계에 지나지 아니할 뿐 이를 형법상 보호할 만한 가치 있는 신임에 의한 것이라고 할 수 없다.

그러므로 명의신탁자가 매수한 부동산에 관하여 부동산실명법을 위반하여 명의수탁자와 맺은 명의신탁약정에 따라 매도인에게서 바로 명의수탁자 명의로 소유권이전등기를 마친 이른바 중간생략등기형 명의신탁을 한 경우, 명의신탁자는 신탁부동산의 소유권을 가지지 아니하고, 명의신탁자와 명의수탁자 사이에 위탁신임관계를 인정할 수도 없다. 따라서 명의수탁자가 명의신탁자의 재물을 보관하는 자라고 할 수 없으므로, 명의수탁자가 신탁받은 부동산을 임의로 처분하여도 명의신탁자에 대한 관계에서 횡령죄가 성립하지 아니한다(대법원 2016.5.19. 선고 2014도6992 전원합의체 판결).

【해설】 중간생략등기는 부동산실명법 제4조 제2항에 따라 무효가 되며, 부동산의 실질적 소유권은 매도인에게 있다. 명의신탁자는 단지 등기청구권자일 뿐 소유자가 아니다. 따라서 명의수탁자는 명의신탁자의 재물을 보관하는 자가 아니며 횡령죄의 주체가 될 수 없다. 명의신탁계약은 무효인 계약이므로, 거기에 기초한 위탁관계는 민사상으로도 인정될 수 없다. 신의칙·조리·사무관리 등에 의한 보호가치 있는 신임관계도 부정된다. 부동산실명법 위반을 형사적 보호의 대상으로 삼을 수 없다는 판례이다.

(4) 계약명의신탁

신탁자가 수탁자에게 부동산의 매수를 위임함과 동시에 명의신탁약정을 맺고 수탁자가 직접 매매계약의 당사자가 되어 매도인과 매매계약을 체결한 후 수탁자 앞으로 이전등기하는 형식의 명의신탁을 말한다. 이 경우에 명의신탁약정은 무효이다. 그러나 소유권이전등기는 매도인이 명의신탁사실을 모르는 경우에는 유효하지만, 명의신탁사실을 아는 경우에는 무효가 된다(가등기담보법 제4조 제2항 단서).

(가) 매도인이 선의인 경우

매도인이 명의신탁임을 모르고 매매계약을 체결하고 이후 수탁자가 명의신탁된 부동산을 임의처분한 경우 사실상 신임관계는 존재하므로 배임죄가 성립한다는 견해,[988] 무죄가 된다는 견해[989]로 대립하고 있다.

대법원 판례에 따르면 명의수탁자가 매수인이고, 매도인이 신탁자와 수탁자 사이의 명의신탁약정을 알지 못한 경우에는 물권변동은 유효하게 되므로 부동산에 대한 소유권은 수탁자가 취득하게 된다. 따라서 수탁자는 자신의 부동산을 처분한 것이므로 횡령죄는 성립하지 않는다. 또한 수탁자는 타인의 사무를 처리하는 자라고 볼 수 없기 때문에 배임죄도 성립하지 않는다는 입장이다. 이런 경우 수탁자를 횡령죄나 배임죄로 처벌한다면 부동산실명법상 인정되지 않는 명의신탁약정을 사실상 인정하는 결과가 되기 때문이다. 이 경우 부동산실명법위반으로 처벌할 수 있을 뿐이다.

---

988) 김성돈, 446면; 배종대, 542면; 이재상/장영민/강동범, 402면; 임웅/이현정/박성민, 501면; 정성근/박광민, 443면.
989) 김일수/서보학, 368면; 김성천/김형준, 468면.

판례 계약명의신탁 - 매도인이 명의신탁사실을 모르는 경우

【사실관계】 갑은 을 외 9인과 함께 임야 7000평을 매수하되, 다만 편의상 갑이 단독으로 매매계약을 체결하고, 그 등기명의도 갑의 단독명의로 하여 두기로 약정한 다음, 갑이 그 소유자인 병으로부터 토지를 매수하여 매매대금을 지급하고 갑 단독 명의로 소유권이전등기를 경료하였는데, 매매계약 당시 갑은 자신이 단독으로 이 사건 토지를 매수하는 것으로 계약체결하였기 때문에 매도인 병도 갑이 단독으로 매수하는 것으로 알았다. 그 후 갑은 이 토지에 관하여 갑을 채무자로 하여 은행에 채권최고액 4억 6,000만원의 근저당을 설정하였다.

【판결요지】 횡령죄는 타인의 재물을 보관하는 자가 그 재물을 횡령하는 경우에 성립하는 범죄인바, 부동산실권리자명의등기에관한법률 제2조 제1호 및 제4조의 규정에 의하면, 신탁자와 수탁자가 명의신탁 약정을 맺고, 이에 따라 수탁자가 당사자가 되어 명의신탁 약정이 있다는 사실을 알지 못하는 소유자와 사이에서 부동산에 관한 매매계약을 체결한 후 그 매매계약에 기하여 당해 부동산의 소유권이전등기를 수탁자 명의로 경료한 경우에는, 그 소유권이전등기에 의한 당해 부동산에 관한 물권변동은 유효하고, 한편 신탁자와 수탁자 사이의 명의신탁 약정은 무효이므로, 결국 수탁자는 전소유자인 매도인뿐만 아니라 신탁자에 대한 관계에서도 유효하게 당해 부동산의 소유권을 취득한 것으로 보아야 할 것이고, 따라서 그 수탁자는 타인의 재물을 보관하는 자라고 볼 수 없다(대법원 2000.3.24. 선고 98도4347 판결).

【해설】 명의수탁자가 매수인이고, 매도인이 신탁자와 수탁자 사이의 명의신탁약정을 알지 못한 경우에는 물권변동은 유효하게 되므로 부동산에 대한 소유권은 수탁자인 갑이 취득하게 된다. 따라서 갑은 자신의 부동산을 처분한 것이므로 횡령죄는 성립하지 않는다. 또한 대법원은 수탁자는 수탁부동산 및 처분대금에 대하여 타인의 재산을 보전·관리하는 자의 지위에 있다고 볼 수 없다고 하여 배임죄의 성립도 부정한다.

판례 계약명의신탁 - 매수인이 명의신탁사실을 아는 경우

【판결요지】 명의신탁자와 명의수탁자가 이른바 계약명의신탁 약정을 맺고 명의수탁자가 당사자가 되어 명의신탁 약정이 있다는 사실을 알고 있는 소유자와 부동산에 관한 매매계약을 체결한 후 매매계약에 따라 부동산의 소유권이전등기를 명의수탁자 명의로 마친 경우에는 부동산 실권리자명의 등기에 관한 법률(이하 '부동산실명법'이라 한다) 제4조 제2항 본문에 의하여 수탁자 명의의 소유권이전등기는 무효이고 부동산의 소유권은 매도인이 그대로 보유하게 되므로, 명의수탁자는 부동산 취득을 위한 계약의 당사자도 아닌 명의신탁자에 대한 관계에서 횡령죄에서 '타인의 재물을 보관하는 자'의 지위에 있다고 볼 수 없고, 또한 명의수탁자가 명의신탁자에 대하여 매매대금 등을 부당이득으로 반환할 의무를 부담한다고 하더라도 이를 두고 배임죄에서 '타인의

사무를 처리하는 자'의 지위에 있다고 보기도 어렵다. 한편 위 경우 명의수탁자는 매도인에 대하여 소유권이전등기말소의무를 부담하게 되나, 위 소유권이전등기는 처음부터 원인무효여서 명의수탁자는 매도인이 소유권에 기한 방해배제청구로 말소를 구하는 것에 대하여 상대방으로서 응할 처지에 있음에 불과하고, 그가 제3자와 한 처분행위가 부동산실명법 제4조 제3항에 따라 유효하게 될 가능성이 있다고 하더라도 이는 거래 상대방인 제3자를 보호하기 위하여 명의신탁 약정의 무효에 대한 예외를 설정한 취지일 뿐 매도인과 명의수탁자 사이에 위 처분행위를 유효하게 만드는 어떠한 신임관계가 존재함을 전제한 것이라고는 볼 수 없으므로, 말소등기의무의 존재나 명의수탁자에 의한 유효한 처분가능성을 들어 명의수탁자가 매도인에 대한 관계에서 횡령죄에서 '타인의 재물을 보관하는 자' 또는 배임죄에서 '타인의 사무를 처리하는 자'의 지위에 있다고 볼 수도 없다(대법원 2012.11.29. 선고 2011도7361 판결).

【해설】 이른바 계약명의신탁 방식으로 명의수탁자가 당사자가 되어 명의신탁약정이 있다는 사실을 알고 있는 소유자와 부동산에 관한 매매계약을 체결하고 그 명의로 소유권이전등기를 마친 경우, 명의수탁자가 명의신탁자나 매도인에 대한 관계에서 '타인의 재물을 보관하는 자' 또는 '타인의 사무를 처리하는 자'의 지위에 있지 않기 때문에 배임죄도 성립하지 않는다.

(나) 매도인이 악의인 경우

매도인이 명의신탁사실을 아는 경우 소유권이전등기는 무효이므로 신탁부동산의 소유자는 원소유자인 매도인이므로 수탁자에게는 매도인에 대한 횡령죄가 성립한다는 견해[990]와 수탁자는 신탁자의 사무를 처리하는 자로서 사실상의 신임관계를 위배하였으므로 배임죄가 성립한다는 견해[991]가 대립하고 있다.

대법원 판례는 명의수탁자는 명의신탁자와 매도인에 대해서 타인의 재물을 보관하는 자 및 타인의 사무를 처리하는 자가 아니므로 횡령죄 및 배임죄가 성립하지 않는다는 입장이다. 결국 대법원 판례는 매도인의 선의·악의를 불문하고 명의수탁자는 무죄가 된다는 입장이다.

판례 계약명의신탁 - 매도인이 명의신탁사실을 아는 경우

【판결요지】 [1] 명의신탁자와 명의수탁자가 이른바 계약명의신탁약정을 맺고 명의수탁자가 당사자가 되어 그러한 명의신탁약정이 있다는 사실을 알고 있는 소유자로부터 부동산을 매수하는 계약을 체결한 후 그 매매계약에 따라 명의수탁자 앞으로 당해 부

990) 임웅/이현정/박성민, 502면.

991) 김일수/서보학, 371면; 배종대, 541면; 이재상/장영민/강동범, 402면.

동산의 소유권이전등기가 행하여졌다면 '부동산 실권리자명의 등기에 관한 법률' 제4조 제2항 본문에 의하여 명의수탁자 명의의 소유권이전등기는 무효이고 당해 부동산의 소유권은 매도인이 그대로 보유하게 된다. 나아가 그 경우 명의신탁자는 부동산매매계약의 당사자가 되지 아니하고 또 명의신탁약정은 위 법률 제4조 제1항에 의하여 무효이므로, 그는 다른 특별한 사정이 없는 한 부동산 자체를 매도인으로부터 이전받아 취득할 수 있는 권리 기타 법적 가능성을 가지지 못한다. 따라서 이때 명의수탁자가 명의신탁자에 대한 관계에서 횡령죄에서의 '타인의 재물을 보관하는 자'의 지위에 있다고 볼 수 없다.

[2] 피고인이 갑과 체결한 명의신탁약정에 따라 갑이 조합측으로부터 분양받은 아파트에 관하여 피고인 명의로 소유권보존등기를 마친 후 갑의 허락 없이 이를 을에게 매도하여 횡령하였다는 내용으로 기소된 사안에서, 제반 사정에 비추어 아파트 분양계약에서 매수인 명의의 대여는 갑과 피고인의 내부적인 관계에 불과하여 아파트 분양계약의 매수인 지위에 있는 것은 피고인이고 나아가 매도인인 조합측은 갑과 피고인의 명의대여관계를 알고 있었으므로 아파트 소유권은 매도인에게 있고, 아파트 분양계약의 당사자가 아닌 갑은 달리 아파트 자체를 취득할 법적 가능성이 없으므로 결국 피고인이 갑에 대한 관계에서 '아파트를 보관하는 자'의 지위에 있다고 볼 수 없는데도, 이와 달리 보아 유죄를 인정한 원심판결에 횡령죄에서 '타인의 재물을 보관하는 자' 내지 이른바 악의의 계약명의신탁에 관한 법리오해의 위법이 있다고 한 사례(대법원 2012.12.13. 선고 2010도10515 판결).

【해설】 명의신탁자가 실제 매수자였다는 내부 약정이 있더라도 매도인이 그 명의신탁관계를 인지하고 있었다면 명의수탁자가 소유권을 취득할 수 없는 것이므로 명의신탁자에게 부동산 소유권이 귀속되는 것인지, 그렇다면 명의수탁자가 이를 처분한 행위가 횡령죄에 해당하는지 문제된다. 매도인의 악의인 경우 부동산 실권리자명의 등기에 관한 법률 제4조 제2항 본문에 따라 명의수탁자 앞으로의 등기는 무효이므로 부동산 소유권은 여전히 매도인에게 있다. 이때 명의신탁자는 매매계약의 당사자가 아니고, 명의신탁약정은 실명법에 따라 무효이며, 특별한 법률상 권원 없이 매도인으로부터 이전받을 법적 가능성도 없다. 따라서 명의수탁자는 명의신탁자에 대해 횡령죄가 요구하는 "타인의 재물을 보관하는 자"에 해당하지 않는다. 즉, 형법상 보호할 만한 위탁관계가 성립하지 않는다.

【정리】 명의신탁과 횡령죄에 대한 판례

구분	의의	명의신탁부동산 처분행위
양자 간 명의신탁	부동산의 소유자가 그 등기명의를 타인에게 신탁하기로 하는 명의신탁약정을 맺고 그 등기명의를 수탁자에게 이전하는 형식의 명의신탁	횡령죄 불성립
3자 간 명의신탁 (중간생략등기형)	신탁자와 수탁자가 명의신탁약정을 맺고 신탁자가 매매계약의 당사자가 되어 매도인과 매매계약을 체결하되 등기는 매도인으로부터 수탁자 앞으로 직접 이전하는 형식의 명의신탁	횡령죄 불성립
3자 간 명의신탁 (계약명의신탁)	신탁자가 수탁자에게 부동산의 매수를 위임함과 동시에 명의신탁약정을 맺고 수탁자가 직접 매매계약의 당사자가 되어 매도인과 매매계약을 체결한 후 수탁자 앞으로 이전등기하는 형식의 명의신탁	매도인의 선의· 악의 불문하고 횡령죄 및 배임죄 모두 불성립

4. 행위: 횡령 또는 반환 거부

가. 횡령

횡령이란 타인의 재물을 보관하는 자가 그 재물에 대한 불법영득의사를 객관적으로 인식할 수 있는 방법으로 표현하는 행위이다. 횡령행위는 사실행위·법률행위를 불문한다. 사실행위로는 소비, 착복, 은닉, 점유의 부인, 공유물의 독점 등 작위, 부작위를 불문하며, 법률행위는 매매, 입질, 저당권 설정, 가등기, 증여, 대여 등을 불문한다.

예를 들면 대학교 총장이 개인적인 변호사비용을 용도가 엄격히 제한되어 있는 교비회계자금으로 지급하는 경우,[992] 수 개의 학교법인을 운영하는 자가 각 학교법인의 금원을 다른 학교법인을 위하여 사용한 경우,[993] 회사 운영자나 대표 등이 그 내부 절차를 거쳐 고문 등을 위촉하고 급여를 지급하였다고 하더라도 그와 같이 고문 등을 위촉할 필요성이나 정당성이 명백히 결여되거나 그 지급되는 급여가 합리적인 수준을 현저히 벗어나는 경우[994]가 이에 해당한다.

하지만 법인의 구성원에 대한 소송비용을 지급한 경우라도 그것이 법인의 업무수행을 위하여 필요한 비용을 지급한 것에 해당한다면 법인의 경비를 횡령한 것이라고 볼 수 없

992) 대법원 2003.5.30. 선고 2002도235 판결.
993) 대법원 2000.12.8. 선고 99도214 판결.
994) 대법원 2013.6.27. 선고 2012도4848 판결.

다. 예를 들면 법인의 이사를 상대로 한 이사직무집행정지가처분결정에 대하여 가처분에 대항하여 항쟁할 필요가 있을 경우에는 법인의 업무수행을 위하여 필요한 비용을 지급한 것이므로 횡령죄가 성립하지 않지만, 이사 자격의 부존재가 객관적으로 명백하여 항쟁의 여지가 없는 경우임에도 비용을 지급한 경우에는 횡령죄가 성립할 수 있다.[995]

판례 이사직무집행정지가처분결정을 당한 이사의 소송비용

【판결요지】 법인의 이사를 상대로 한 이사직무집행정지가처분결정이 된 경우, 당해 법인의 업무를 수행하는 이사의 직무집행이 정지당함으로써 사실상 법인의 업무수행에 지장을 받게 될 것은 명백하므로 법인으로서는 그 이사 자격의 부존재가 객관적으로 명백하여 항쟁의 여지가 없는 경우가 아닌 한 위 가처분에 대항하여 항쟁할 필요가 있다고 할 것이고, 이와 같이 필요한 한도 내에서 법인의 대표자가 법인 경비에서 당해 가처분 사건의 피신청인인 이사의 소송비용을 지급하더라도 이는 법인의 업무수행을 위하여 필요한 비용을 지급한 것에 해당하고, 법인의 경비를 횡령한 것이라고는 볼 수 없다(대법원 2003.5.30. 선고 2003도1174 판결).

【해설】 법인이 이사의 소송비용을 지급한 경우 횡령죄가 성립하는지에 대하여 경우를 나누어 보아야 한다. 본 사례와 같이 가처분에 대항하여 항쟁할 필요가 있을 경우에는 법인의 업무수행을 위하여 필요한 비용을 지급한 것이므로 횡령죄가 성립하지 않지만, 이사 자격의 부존재가 객관적으로 명백하여 항쟁의 여지가 없는 경우임에도 비용을 지급한 경우에는 횡령죄가 성립할 수 있다.

나. 반환의 거부

반환의 거부는 보관물에 대하여 소유자의 권리를 배제하는 의사표시로서 불법영득의사를 표현하는 것이다. 횡령행위의 예에 해당한다. 타인의 재물을 보관하는 사람이 단순히 반환을 거부한 사실만으로 횡령죄가 성립하는 것은 아니며, 반환거부의 이유 및 주관적인 의사 등을 종합하여 반환거부행위가 횡령행위와 같다고 볼 수 있을 정도이어야만 횡령죄가 성립할 수 있다.[996] 반환할 수 없는 사정이 존재하거나 반환을 거부할 수 있는 정당한 이유가 있는 경우에는 횡령죄가 성립하지 않는다. 반환거부와 관련된 구체적 판례를 통하여 그 내용을 확인하기 바란다.

---

995) 대법원 2003.5.30. 선고 2003도1174 판결.

996) 대법원 1992.11.27. 선고 92도2079 판결; 대법원 2006.2.10. 선고 2003도7487 판결; 대법원 2008.12.11. 선고 2008도8279 판결; 2013.8.23. 선고 2011도7637 판결.

판례 반환거부

① 피해자가 피고인으로부터 피고인 소유의 점포 1개를 임차하여 그곳에서 식품대리점을 운영하다가 경영난으로 임차기간이 만료하기 훨씬 전에 위 점포를 제3자에게 세를 놓아 달라고 부탁하고 위 점포를 비우면서 그 곳에 두고 나온 것들을 피고인이 보관하고 있던 것으로서, 피고인은 피해자가 그때까지 연체한 2개월분의 월세를 지급받기 전까지는 피해자에게 위 점포에 보관중인 이 사건 물건들을 반환할 수 없다고 거부하였다는 것이니, 피고인의 위와 같은 위 물건에 대한 반환거부의 이유 및 그 주관적인 의사 등을 종합하여 볼 때 피고인이 불법영득의 의사를 가지고 그 물건의 반환을 거부한 것이라고는 할 수 없다 할 것이다(대법원 1992.11.27. 선고 92도2079 판결).

② 보관자의 지위에 있는 등기명의자가 명의이전을 거부하면서 부동산의 진정한 소유자가 밝혀진 후에 명의이전을 하겠다는 의사를 표시하였다면 불법영득의 의사를 가지고 그 반환을 거부한 것이라고 단정할 수 없다고 한 사례(대법원 2002.9.4. 선고 2000도637 판결).

③ 여객자동차운수사업법이 정하는 터미널사업자가 운송사업자로부터 승차권 판매를 위탁받아 승차권을 판매하여 취득한 승차권 판매대금의 반환요구를 거부한 행위가 횡령죄를 구성한다고 한 사례(대법원 2004.4.9. 선고 2004도671 판결).

④ 피고인이 금전의 수수를 수반하는 건물의 매각 및 그 대금의 분배에 관한 사무의 위탁 취지에 반하여 매각대금으로 수령한 금원 중 피해자에게 반환하여야 할 돈을 자신의 피해자에 대한 채권의 변제에 충당한다는 명목으로 그 반환을 거부하면서 자기의 소유인 것 같이 이를 처분하였다면 불법영득의 의사가 인정된다고 한 사례(대법원 2005.8.19. 선고 2005도3681 판결).

⑤ 보관자의 지위에 있는 공동명의 예금채권자가 다른 채권의 집행 확보를 위하여 위 예금계좌에 초과로 입금된 돈의 반환을 거부한 사안에서 횡령죄의 성립을 부정한 사례(대법원 2008.12.11. 선고 2008도8279 판결).

⑥ 실질적으로 피해자가 단독으로 운영하여 오던 사업장이어서 그 사업장의 재산은 피해자의 단독 소유라고 할 것임에도, 익명조합관계의 영업자의 지위에 있다고 주장하면서 사업장의 재산의 반환을 거부한 사안에서, 횡령죄의 성립을 인정한 사례(대법원 2009.4.23. 선고 2007도9924 판결).

⑦ 상가의 관리업체회사의 대표이사가 상가 구분소유자인 피해자들을 대신하여 구분점포의 임대차계약을 체결하고 임차인들로부터 임대차보증금과 차임을 받아 피해자들을 위하여 업무상 보관하던 중 관리비, 특별관리비, 개발비에 충당한다는 명목으로 그 반환을 거부한 경우 제반사정을 고려할 때 횡령죄가 성립하지 않는다고 본 사례(대법원 2013.8.23. 선고 2011도7637 판결).

⑧ 주류업체 甲 주식회사의 사내이사인 피고인이 피해자를 상대로 주류대금 청구소송을 제기한 민사 분쟁 중 피해자가 착오로 피고인이 관리하는 甲 회사 명의 계좌로 금

원을 송금하여 피고인이 이를 보관하게 되었는데, 피고인은 피해자로부터 위 금원이 착오송금된 것이라는 사정을 문자메시지를 통해 고지받아 위 금원을 반환해야 할 의무가 있었음에도, 피해자와 상계 정산에 관한 합의 없이 피고인이 주장하는 주류대금 채권액을 임의로 상계 정산한 후 반환을 거부한 행위는 정당한 상계권의 행사로 볼 여지가 있으므로 횡령죄가 성립하지 않는다고 본 사례(대법원 2022.12.29. 선고 2021도2088 판결).

다. 미수와 기수 시기

(1) 쟁점

형법 제359조는 횡령죄의 미수범을 처벌하고 있다. 횡령죄는 자기가 보관하는 타인의 재물을 자기 소유인 것처럼 영득하는 것으로서, 객관적으로 점유가 이전되는 과정이 따로 존재하지 않는다. 따라서 어떤 시점을 기수 시기로 볼 것인지가 문제된다. 특히 횡령죄의 기수 시기가 명확해야 미수범의 처벌 가능성도 확정되므로, 횡령죄의 기수와 미수의 시기는 상호 연관성을 갖는다. 예를 들면 갑이 횡령의 의사로 상대방에게 매매의 의사표시를 하였지만 아직 제3자에게 인도하지 않거나 소유권이전등기를 아직 마치지 못한 경우 횡령죄가 기수가 될 것인지 아니면 미수로 볼 것인지가 달라진다.

(2) 표현설

표현설은 불법영득의사가 외부적으로 명백히 드러나는 순간 횡령죄가 기수에 이른다는 견해이다. 즉, 처분행위 자체가 외부적으로 불법영득의사를 표현하는 것이라면, 행위의 실현 여부나 현실적인 결과 발생 여부와 상관없이 기수로 본다.[997] 따라서 횡령죄의 미수를 인정하기 어렵다.[998] 횡령죄는 불법영득의사가 외부적·객관적으로 표현되기만 하면 행위 자체의 완성 여부를 묻지 않고 기수가 되므로 미수는 있을 수 없기 때문이다. 횡령죄는 타인의 신뢰를 위반하여 불법영득의사를 드러내는 행위 자체를 처벌하는 것이므로, 행위의 완성 여부를 불문하고 외부적 표현만 있으면 충분히 법익 침해 위험을 초래한다는 점을 강조한다.

(3) 실현설

실현설은 불법영득의사가 외부적으로 표현되는 것을 넘어 객관적으로 명확하게 실현된 시점을 기수 시기로 보는 견해이다. 즉, 단지 의사를 표현하는 것으로는 부족하며, 불

---

997) 김성천/김형준, 503면; 이재상/장영민/강동범, 408면; 임웅/이현정/박성민, 527면.

998) 횡령죄의 미수는 이론상 가능하지만 실제상 자기소유물이나 무주물을 타인으로 오인하여 영득한 경우와 같이 극히 예외적인 상황에서만 가능할 뿐이다.

법영득의사가 실현된 때 횡령죄는 기수가 된다는 견해이다. 실현설에 따르면 횡령죄의 미수를 인정할 수 있는 여지가 많아진다.[999] 형법 제359조에서 미수범 처벌 규정을 둔 취지를 살리기 위해서는 영득의사 표현만으로는 불충분하고, 불법영득의사가 현실적으로 실현된 때 횡령죄가 완성된다고 봐야 한다는 점을 강조한다.

(4) 판례

판례는 본죄의 기수에 대해서 불법영득의사가 외부적으로 표현된 때 또는 불법영득의사가 외부에 인식할 수 있는 객관적 행위가 있을 때[1000] 횡령죄가 성립한 것으로 본다. 이러한 판례는 본죄의 보호 정도를 위험범으로 보는 견해와 일맥상통한다. 판례는 피고인이 다른 사람에게 판매할 의사로 보관 중인 원사를 연사의 가공행위를 한 경우 불법영득의사가 표현된 것으로 보아 횡령죄의 기수를 인정하였다.[1001] 법인의 운영자가 개인적인 용도로 착복할 목적으로 법인의 자금을 빼내어 별도로 비자금을 조성한 사건에서 판례가 "그 조성행위 자체로써 불법영득의 의사가 실현된 것"이라고 본 것은 표현설의 입장이라고 평가할 수 있다.[1002]

그러나 부동산에 대해서는 건물을 자신의 명의로 소유권이전등기를 마친 때[1003]로 보는 판례도 있다. 피고인이 보관하던 수목을 제3자에게 매도하는 계약을 체결하고 계약금을 수령·소비한 사건에 대하여 횡령죄의 미수를 인정한 판례도 있다.[1004] 판례는 부동산 횡령의 경우에는 기본적으로 등기를 마쳤을 때 기수가 된다고 보고 있다.

(5) 결론

생각건대, 실현설이 타당하다. 불법영득의사가 단순히 외부로 표현되었다고 하여 횡령죄의 기수가 성립한다고 보면, 처벌의 범위가 과도하게 확대될 우려가 있으며, 형법상 보호의 정도가 과잉 확대될 가능성이 높다. 이러한 점에서 실현설에 따르면, 예컨대 매매계약의 체결이나 청약의 의사표시만으로는 횡령죄의 기수가 되는 것이 아니라, 매매계약의 체결 이후 목적물의 현실적 인도나 소유권 이전등기와 같이 불법영득의사가 현실적으로 실현된 시점에서 비로소 횡령죄의 기수가 인정된다. 만약 이러한 현실적 실현의 결과에 도달하지 못

999) 김성돈, 437면; 김일수/서보학, 377면; 오영근/노수환, 404면; 정성근/박광민, 443면.

1000) 대법원 2004.12.9. 선고 2004도5904 판결.

1001) 대법원 1981.5.26. 선고 81도673 판결.

1002) 대법원 2009.2.12. 선고 2006도6994 판결.

1003) 대법원 1993.3.9. 선고 92도2999판결.

1004) 대법원 2012.8.17. 선고 2011도9113 판결.

한 단계에서 처분행위가 중단되었다면, 이는 횡령죄의 미수로 처벌할 수 있다. 매매계약의 체결이나 청약 의사의 표시만으로는 기수가 될 수 없고 계약 체결에 따른 목적물의 이전이나 소유권이전등기가 경료된 때 기수가 되는 것으로 보는 것이 타당하다. 횡령죄의 보호 정도를 침해범으로 보는 점, 횡령죄의 미수범 처벌 규정이 있는 점 등을 고려한다면 실현설이 이론적으로 타당하다. 실현설을 따르는 경우에도 구체적 사건에서 과연 어느 시점이 불법영득의사가 현실적으로 실현되었다고 볼 수 있는지 논의를 계속할 필요 있다.

5. 고의와 불법영득의사

가. 고의

횡령죄는 고의범이므로 자기가 보관하는 타인의 재물을 횡령한다는 사실에 대한 인식과 그를 실현하려는 의사가 있어야 한다.

나. 불법영득의사

횡령죄는 영득죄이므로 불법영득의사가 있어야 한다. 불법영득의 의사는 자기 또는 제3자의 이익을 꾀할 목적으로 업무상의 임무에 위배하여 보관하고 있는 타인의 재물을 자기의 소유인 것과 같이 사실상 또는 법률상 처분하는 의사를 의미한다. 따라서 보관자가 자기 또는 제3자의 이익을 위하여 소유자의 이익에 반하여 재물을 처분한 경우에는 재물에 대한 불법영득의사를 인정할 수 있으나, 그와 달리 소유자의 이익을 위하여 재물을 처분한 경우에는 특별한 사정이 없는 한 그 재물에 대하여는 불법영득의사를 인정할 수 없다.[1005]

(1) 불법영득의사의 입증

횡령죄에서 불법영득의 의사는 내심의 의사에 속하고, 피고인이 자백하지 않는 한 그 직접증거를 확보하기 어렵다. 횡령죄에서 불법영득의사를 실현하는 행위로서의 횡령행위가 있다는 점은 검사가 입증하여야 하는 것으로서, 그 입증은 법관으로 하여금 합리적인 의심을 할 여지가 없을 정도의 확신을 생기게 하는 증명력을 가진 엄격한 증거에 의하여 입증하여야 하는 것이고, 이와 같은 증거가 없다면 설령 피고인에게 유죄의 의심이 간다 하더라도 피고인의 이익으로 판단할 수밖에 없다.[1006] 그런데 이는 내심의 의사에 속하므로 피고인이 이를 부인하는 경우 이러한 주관적 요소로 되는 사실은 사물의 성질상 그와 상당한 관련성

1005) 대법원 2016.8.30. 선고 2013도658 판결.

1006) 대법원 1994.9.9. 선고 94도998 판결 참조.

이 있는 간접사실 또는 정황사실을 증명하는 방법에 의하여 이를 입증할 수밖에 없다.

(2) 불법영득의사의 추단

목적과 용도가 특정된 위탁금전의 임의소비와 관련된 사안에서 판례는 일정한 요건이 있으면 그 불법영득의사를 추단한 경우가 있다. 일반적으로 피고인이 자금의 사용처에 관한 객관적인 자료를 제출하지 못한 경우, 인출사유와 사용처가 불분명한 경우 등에 대해서는 불법영득의사를 추단하고 있다. 따라서 사용처에 관한 주장을 구체적으로 하고 그에 부합하는 신빙성 있는 자료가 있는 경우에는 불법영득의사를 인정하지 않는다.

판례 불법영득의사의 추단을 긍정한 사례

① 회사 자금을 이사회의 결의 등 법령이나 정관에서 정한 절차를 거치지도 아니한 채 자의적으로 인출하여 계열회사 설립 또는 증자를 하면서 주식을 매입하고, 피고인 개인 명의로 다른 사람에게 대여하는 등 자금의 사용내역을 회사장부에 정상적으로 기재하지 아니한 채 개인적으로 사용하여 횡령의 범의 및 불법영득의 의사가 있었다고 추단된다고 한 원심판결을 수긍한 사례(대법원 2001.6.12. 선고 2001도1231 판결).

② 피고인이 유치원생 학부모로부터 교육비 등을 수령하여 개인용도로 임의소비하였다는 공소사실에 대하여, 구체적으로 어떠한 경비로 사용하였는지 밝히지 않으면서 이를 유치원의 필요경비로 사용하였거나 피해자에게 현금으로 건네주었다는 피고인의 주장에 대하여, 다른 돈이 필요경비에 사용되는 등 피고인의 변소를 납득하기 어렵다고 하여 불법영득의 의사로써 횡령한 것으로 추단된다고 한 원심판결을 수긍한 사례(대법원 2001.9.4. 선고 2000도1743 판결).

③ 피고인이 회사의 대표이사로서 거래처로부터 수금한 현금을 보관하다가 증빙서류 없이 개인 용도로 사용하여 횡령하였다는 공소사실에 대하여, 대표이사가 회사의 금원을 인출하여 사용하였는데 그 사용처에 관한 증빙자료를 제시하지 못하고 있고 그 인출사유와 금원의 사용처에 관하여 납득할 만한 합리적인 설명을 하지 못하고 있다면, 이러한 금원은 그가 불법영득의 의사로 회사의 금원을 인출하여 개인적 용도로 사용한 것으로 추단할 수 있다고 본 사례(대법원 2003.8.22. 선고 2003도2807 판결).

④ 피고인이 회사를 위하여 지출하였다는 변호사 선임 비용은 실질적인 사주로부터 회사를 빼앗을 목적으로 응소하기 위해 지출한 것이어서 그 지출행위가 위탁자를 위한 의사로 행하여 졌다고 할 수 없다는 등의 사정으로 개인적인 용도로 지출한 것이 아니라는 주장을 배척한 사례(대법원 2007.7.12. 선고 2007도2130 판결).

⑤ 주식회사의 대표이사인 피고인이 조성된 비자금을 임의소비하여 횡령하였다는 공소사실에 대하여, 관련자의 진술이나 서류를 신빙할 수 없고, 그 사용처에 관한 객관적인 자료가 제출된 바 없으며, 그 인출사유와 사용처에 관한 피고인의 설명을 받아들이

기 어렵다는 이유로 피고인이 비자금을 불법영득의 의사로 개인적인 용도에 사용한 것으로 추단할 수밖에 없다고 한 원심판결을 수긍한 사례(대법원 2008.8.21. 선고 2007도9318 판결).

⑥ 학교의 교비회계에 속하는 비자금을 학교 교육에 직접 필요한 용도가 아닌 다른 용도에 사용한 것은 그 위탁자인 학교법인을 위하는 면이 있다고 하더라도 그 사용행위 자체로서 불법영득의 의사를 실현하는 것이고, 그 돈으로 부동산을 구입한 데에 대한 납득할 만한 합리적인 설명을 하지 못하고 오히려 개인적인 목적으로 부동산을 구입하였다는 점에 대한 신빙성 있는 자료가 더 많다는 이유로 피고인이 위 비자금을 불법영득의사로 횡령한 것이라고 추단할 수 있다고 하여 무죄를 선고한 원심판결을 파기한 사례(대법원 2009.12.24. 선고 2008도11967 판결).

판례 불법영득의사의 추단을 부정한 사례

① 피고인이 회사의 서울사무소의 물품판매 및 자금관리업무를 전담한 관리 및 무역부장으로서 회사의 돈 1억여 원을 횡령하였다는 공소사실에 대하여, 회계감사 당시부터 그 사용처에 관한 주장을 구체적으로 하고 있고 그에 부합하는 신빙성 있는 자료도 있으므로, 위 돈 전부에 대하여 불법영득의사로 횡령하였다고 추단할 수 없다고 한 사례(대법원 2002.3.15. 선고 2001도6538 판결).

② 피고인이 회사의 예금계좌에 입금된 돈을 인출하여 개인 예금계좌 등에 입금하여 두었더라도, 피고인이 인출 금액 이상의 회사 채무를 개인 자금까지 보태어 지출하였으므로, 위 인출 금원이 가수금의 반환이나 보관방법의 변경에 불과하다고 볼 수 있어 피고인이 인출한 금액이 당시 가수금보다 많았다는 사정만으로 피고인에게 불법영득의 의사가 있었다고 단정할 수 없다고 한 사례(대법원 2005.1.28. 선고 2004도5598 판결).

③ 회사 명의로 이루어진 금지금 매매에서 인출된 돈이 매매에 사용된 것으로 보이고, 매입·판매 대금의 차액에 해당하는 이득금 역시 금지금 매입대금으로 사용되었을 가능성을 배제할 수 없으며, 피고인이 범행을 부인하거나 사용처를 모른다고 주장한다 하여 그와 같은 추단을 곤란하게 하는 사정이 있는 경우까지 보관액 전부를 횡령하였다고 추단할 수는 없다고 한 사례(대법원 2006.8.24. 선고 2006도3272 판결).

④ 피고인들이 회사의 비자금을 사용한 사실은 인정하면서도 그 비자금을 회사를 위하여 인출, 사용하였다고 주장하면서 불법영득의사의 존재를 부인하는 경우, 피고인들이 주장하는 비자금의 사용이 회사의 운영과정에서 통상적으로 발생하는 비용에 대한 지출(부담)로서 회사가 그 비용을 부담하는 것이 상당하다고 볼 수 있는지 여부, 비자금 사용의 구체적인 시기, 대상, 범위, 금액 등에 대한 결정이 객관적, 합리적으로 적정하게 이루어졌는지 여부(다만, 일반적인 비자금의 조성과정이나 비자금의 성격 등에 비추어 볼 때, 비자금 사용에 관하여 회사 내부규정이 존재하지 않거나 이사회결의

등을 거치지 않았다고 하더라도, 그러한 사정만으로 바로 피고인들의 불법영득의사의 존재가 인정된다고 할 것은 아니다) 등을 비롯하여 그 비자금을 사용하게 된 시기, 경위, 결과 등을 종합적으로 고려하여, 해당 비자금 사용의 주된 목적이 피고인들의 개인적인 용도에 사용하기 위한 것이라고 볼 수 있는지 여부 내지 불법영득의사의 존재를 인정할 수 있는지 여부에 대하여 판단하여야 할 것이라고 하여, 회사 비자금 사용행위의 주된 목적이 피고인들의 개인적인 이익을 위한 것이라는 점 내지 피고인들의 불법영득의 의사의 존재에 대하여 합리적인 의심을 할 여지가 없을 정도로 충분한 입증이 되었다고 보기 어렵다고 한 사례(대법원 2009.2.26. 선고 2007도4784 판결).

⑤ 해당 연구제안서에 기재되어 있는 참여연구원 명의의 공동관리계좌에 입금된 인건비 등을 실제 참여연구원의 인건비 등으로 지급하기 이전에 비목별 변경승인절차나 연구인력 변경절차를 거쳤다면 그 지출이 허용될 수 있었을 것으로 보이는 등 피고인에게 불법영득의 의사가 있었다고 단정할 수 없다고 한 원심판결을 수긍한 사례(대법원 2009.11.26. 선고 2007도8945 판결).

(3) 예산전용과 불법영득의사

예산을 집행할 직책에 있는 자가 예산을 전용한 경우, 위법한 목적으로 예산을 유용한 경우와 예산의 용도가 엄격하게 제한되어 있는 경우에는 불법영득의사가 인정되어 횡령죄가 성립하지만, 그 예산의 용도가 엄격하게 제한된 경우가 아니라면 그 법인을 위해 사용된 이상 이사회결의 등 절차를 거치지 않았다는 이유만으로 불법영득의사를 인정할 수는 없다.

판례 예산전용과 횡령죄

【판결요지】 [3] 예산을 집행할 직책에 있는 자가 자기 자신의 이익을 위한 것이 아니고 경비부족을 메꾸기 위하여 예산을 전용한 경우라면, 그 예산의 항목유용 자체가 위법한 목적을 가지고 있다거나 예산의 용도가 엄격하게 제한되어 있는 경우는 별론으로 하고 그것이 본래 책정되거나 영달되어 있어야 할 필요경비이기 때문에 일정한 절차를 거치면 그 지출이 허용될 수 있었던 때에는 그 간격을 메우기 위한 유용이 있었다는 것만으로 바로 그 유용자에게 불법영득의 의사가 있었다고 단정할 수는 없다.

[4] 법인의 대표자가 법인의 예비비를 전용하여 기관운영판공비, 회의비 등으로 사용한 경우 이사회에서 사전에 예비비의 전용결의가 이루어지지 아니하였다는 사정만으로 불법영득의 의사를 단정할 수 없다고 한 사례(대법원 2002.2.5. 선고 2001도5439 판결).

【해설】 용도가 엄격히 제한되어 있는 경우라면 예산전용은 불법영득의사가 인정될 여지가 있다. 하지만, 필요경비이기 때문에 일정한 절차를 거치면 지출이 허용되는 경우라면 불법영득의사가 반드시 인정된다고 볼 수 없다는 판례이다.

판례 대학 산학협력단 보조금과 횡령죄

【판결요지】 [1] 업무상횡령죄에서 '업무'는 법령, 계약에 의한 것뿐만 아니라 관례를 좇거나 사실상의 것이거나를 묻지 않고 같은 행위를 반복할 지위에 따른 사무를 가리키며, 횡령죄에서 재물 보관에 관한 위탁관계는 사실상의 관계에 있으면 충분하다.

[2] 학교법인 이사장인 피고인이, 학교법인이 설치·운영하는 대학의 교비회계자금 및 대학 산학협력단 자금을 횡령하였다는 내용으로 기소된 사안에서, 피고인이 대학과 산학협력단 운영에 직·간접적으로 영향력을 행사하였고, 대학 교비나 산학협력단 자금에 관하여 입출금을 지시하기도 하였던 점 등을 종합할 때 자금에 관하여 사실상 보관자의 지위에 있었다고 본 원심판단을 수긍한 사례.

[3] '보조금의 예산 및 관리에 관한 법률'에 의하면, 보조금은 별도 계정을 설정하고 자체 수입 및 지출을 명백히 구분하여 계리하고 관리하여야 하며(제34조 제1항), 다른 용도에 사용하는 것이 엄격히 금지되고(제22조 제1항), 이를 위반하는 경우 3년 이하의 징역 또는 200만 원 이하의 벌금형에 처하도록 할 뿐 아니라(제41조) 교부결정의 전부 또는 일부를 취소하고(제30조 제1항) 취소된 부분에 해당하는 보조금의 반환을 명하며(제31조 제1항), 반환받을 보조금에 대하여는 국세징수의 예에 따라 징수할 수 있도록(제33조 제1항) 규정되어 있는데, 이러한 제 규정의 취지를 고려하면 보조금은 용도가 엄격히 제한된 자금으로 보아야 한다.

[4] '산업교육진흥 및 산학협력촉진에 관한 법률' 제27조 제1항 제4호는 산학협력단의 업무로 '대학의 시설 및 운영의 지원'을, 제32조 제1항 제3호는 산학협력단의 지출 항목으로 '대학의 시설·운영 지원비'를 각 규정하고 있으나, 법의 입법 취지나 산학협력단의 설립목적, 산학협력단에 별도로 법인격이 부여되어 있으며(같은 법 제25조 제2항) 회계도 대학 학교회계와 분리되어 있는 점(같은 법 시행령 제30조 제1항) 등에 비추어 보면, 위 각 규정이 산학협력단이 특정사업으로 용도를 정하여 교부받은 보조금을 사업과 무관하게 대학의 일반관리비나 교직원 급여 등으로 사용하는 것을 허용하는 취지라고 볼 수 없다.

[5] 학교법인 이사장인 피고인이, 학교법인이 설치·운영하는 대학 산학협력단이 용도를 특정하여 교부받은 보조금 중 3억 원을 대학 교비계좌로 송금하여 교직원 급여 등으로 사용한 사안에서, 위 행위는 국고보조금으로 교부된 산학협력단 자금을 지정된 용도 외의 용도에 사용한 것으로서 업무상횡령죄에 해당한다고 본 원심판단을 수긍한 사례(대법원 2011.10.13. 선고 2009도13751 판결).

(4) 개인적 용도에 사용한 경우

반면 법인이나 회사의 대표자가 적법한 절차를 거치지 않은 채 회사의 자금을 인출하여 '개인적 용도'에 사용한 경우, 판례는 원칙적으로 불법영득의사가 인정된다고 보면서, 설사 가지급금 명목으로 처리하여 사용한 경우에도 그 용도가 회사를 위한 것인지, 개인을 위한 것인지, 그 금액이 거액인지, 이자나 변제기의 약정을 하거나 이사회 결의 등 회사가 규정한 절차를 거쳤는지, 자금난에 처한 회사자금을 변칙적으로 빼돌린 것으로 볼 수 있는지 여부 등의 기준으로 불법영득의사 유무를 판단하고 있다.

판례 개인적 용도와 불법영득의사

① 학교법인의 이사장이면서 위 학교법인이 경영하고 있는 학교의 교무를 총괄하여 교비회계 등 학교에 귀속된 자금을 보관, 관리하는 업무를 담당한 피고인이 위 공소외인으로부터 건축비를 차용하여 달라는 부탁을 받고 학교 교비에서 금원을 인출하여 대여한 행위는 단순히 교비를 법인회계를 위하여 일시 유용한 것이 아니라 피고인이 학교법인 이사장의 지위에서 개인의 이익을 위하여 위 각 학교의 교비를 임의 사용한 것으로서 불법영득의 의사가 넉넉히 추단된다고 할 것이며, 피고인이 개인적으로 학교법인에 대하여 채권을 가지고 있다거나, 사후에 위 각 학교의 교비를 모두 변제하였다고 하여 달리 볼 것은 아니라고 한 사례(대법원 2001.7.10. 선고 2000도5597 판결).

② 피고인이 자신이 대표이사로 있는 회사에서 이자나 변제기의 약정이 없었을 뿐만 아니라 이사회 결의 등 회사가 규정한 절차를 거치지 아니한 채 5억원을 대표이사 가지급금으로 처리하여 인출한 후 동서에게 대여한 경우, 회사의 자금을 임의로 처분하여 사적인 용도에 사용한 것으로써 횡령죄를 구성한다고 한 사례(대법원 2004.7.9. 선고 2003도5831 판결).

③ 자금난에 처한 회사의 자금을 인출하여 대표이사인 피고인 개인의 신용카드대금을 결제하는 데 사용한 경우 업무상 횡령죄가 성립하고, 회사의 회계담당자가 각 인출 당시 대표이사에 대한 가지급금으로 회계처리를 해 두었다고 하여 달리 볼 것은 아니라고 한 사례(대법원 2006.1.26. 선고 2003도7533 판결).

④ 회사의 대표이사가 회사의 약속어음을 보관하던 중 자신과 사적으로 주식 및 경영권 양도계약을 체결한 지위에 있을 뿐인 사람에게 교부한 행위는 업무상횡령에 해당한다고 한 사례(대법원 2006.8.25. 선고 2006도3631 판결).

⑤ 회사의 대표이사가 회사를 위한 지출 이외의 용도로 거액의 회사 자금을 가지급금 등의 명목으로 인출, 사용함에 있어서 이자나 변제기의 약정이 없음은 물론 이사회 승인 등 적법한 절차도 거치지 아니하는 것은 통상 용인될 수 있는 범위를 벗어나 대표이사 등의 지위를 이용하여 회사 자금을 사적인 용도로 임의로 대여, 처분하는 것과 다름없어 횡령죄를 구성한다고 볼 수 있다고 한 사례(대법원 2007.1.12. 선고 2004도8071 판결).

6. 가담 형태

가. 횡령죄와 공범

횡령죄는 보관자라는 신분을 요하는 진정 신분범이므로 형법 제33조 본문이 적용된다. 따라서 진정 신분범인 횡령죄에 비신분자가 가담한 경우 비신분자는 횡령죄의 공동정범·교사범·방조범 성립이 가능하다.

나. 업무상횡령죄와 공범

업무상횡령죄는 부진정 신분범이므로 제33조 단서가 적용된다. 부진정 신분범인 업무상횡령죄에 비신분자가 가담한 경우 비신분자는 횡령죄의 공동정범·교사범·방조범이 성립하며, 신분자는 업무상횡령죄의 공동정범·교사범·방조범이 성립한다. 다만 제33조 단서를 부진정 신분범에 한하여 과형의 문제를 규정하는 것으로 이해하는 판례에 따르면 비신분자는 업무상횡령죄의 공동정범·교사범·방조범이 성립하지만 단순횡령죄의 공동정범·교사범·방조범의 형으로 처벌한다.[1007]

7. 죄수

가. 죄수결정의 기준

횡령죄의 죄수는 위탁관계의 수를 기준으로 결정한다. 따라서 한 개의 행위로 여러 사람으로부터 위탁받은 재물을 횡령한 경우 수 개의 횡령죄의 상상적 경합이 되며, 1인으로부터 위탁받은 여러 사람 소유의 재물을 횡령한 경우에는 일죄가 된다.

1개의 위탁관계에 의하여 보관하는 재물을 수 개의 행위에 의하여 횡령한 경우 피해법익·행위태양·범의의 동일성이 인정되면 포괄일죄가 된다.

나. 불가벌적 사후행위

횡령한 재물을 처분하는 행위는 다른 사람의 새로운 법익을 침해하지 않는 한 불가벌적 사후행위가 된다. 종래 대법원은 타인의 부동산을 보관하는 자가 그 부동산에 임의로 근저당권을 설정하여 횡령죄가 성립하는 경우에는 그 이후의 새로운 근저당권 설정행위나 그 부동산의 매각행위는 불가벌적 사후행위이므로 별개의 횡령죄가 성립하지 않는다는 입장이었다.

그러나 2010도10500 전원합의체 판결에 따라 종래의 견해를 변경하였다. 새로운 근저당권 설정행위나 부동산의 매각행위도 새로운 법익침해의 위험을 추가시키거나, 법익침해의 결과를 발생시킨 경우에는 불가벌적 사후행위로 볼 수 없고 별도의 횡령죄가 성립한다고 하였다.

1007) 자세한 설명은 형법총론 제8편 제6장 공범과 신분에 대한 내용을 참조.

판례 불가벌적 사후행위에 대한 전원합의체 판결

【사실관계】 갑은 종중으로부터 종중소유의 토지를 명의신탁받아 보관하던 중 자신의 개인채무 변제에 사용하기 위한 돈을 차용하기 위하여 위 토지에 1995.11.30.에 채권최고액 1,400만원의 근저당권을, 2003.4.15. 채권최고액 750만원의 근저당권을 설정하였다. 그 후 갑은 2009.9.21.에 위 토지를 1억 9,300만원에 매도하였다.

【판결요지】 [다수의견] (가) 횡령죄는 다른 사람의 재물에 관한 소유권 등 본권을 보호법익으로 하고 법익침해의 위험이 있으면 침해의 결과가 발생되지 아니하더라도 성립하는 위험범이다. 그리고 일단 특정한 처분행위(이를 '선행 처분행위'라 한다)로 인하여 법익침해의 위험이 발생함으로써 횡령죄가 기수에 이른 후 종국적인 법익침해의 결과가 발생하기 전에 새로운 처분행위(이를 '후행 처분행위'라 한다)가 이루어졌을 때, 후행 처분행위가 선행 처분행위에 의하여 발생한 위험을 현실적인 법익침해로 완성하는 수단에 불과하거나 그 과정에서 당연히 예상될 수 있는 것으로서 새로운 위험을 추가하는 것이 아니라면 후행 처분행위에 의해 발생한 위험은 선행 처분행위에 의하여 이미 성립된 횡령죄에 의해 평가된 위험에 포함되는 것이므로 후행 처분행위는 이른바 불가벌적 사후행위에 해당한다. 그러나 후행 처분행위가 이를 넘어서서, 선행 처분행위로 예상할 수 없는 새로운 위험을 추가함으로써 법익침해에 대한 위험을 증가시키거나 선행 처분행위와는 무관한 방법으로 법익침해의 결과를 발생시키는 경우라면, 이는 선행 처분행위에 의하여 이미 성립된 횡령죄에 의해 평가된 위험의 범위를 벗어나는 것이므로 특별한 사정이 없는 한 별도로 횡령죄를 구성한다고 보아야 한다.
(나) 따라서 타인의 부동산을 보관 중인 자가 불법영득의사를 가지고 그 부동산에 근저당권설정등기를 경료함으로써 일단 횡령행위가 기수에 이르렀다 하더라도 그 후 같은 부동산에 별개의 근저당권을 설정하여 새로운 법익침해의 위험을 추가함으로써 법익침해의 위험을 증가시키거나 해당 부동산을 매각함으로써 기존의 근저당권과 관계없이 법익침해의 결과를 발생시켰다면, 이는 당초의 근저당권 실행을 위한 임의경매에 의한 매각 등 그 근저당권으로 인해 당연히 예상될 수 있는 범위를 넘어 새로운 법익침해의 위험을 추가시키거나 법익침해의 결과를 발생시킨 것이므로 특별한 사정이 없는 한 불가벌적 사후행위로 볼 수 없고, 별도로 횡령죄를 구성한다(대법원 2013.2.21. 선고 2010도10500 전원합의체 판결).

【해설】 종래 대법원 판례에 따르면 타인의 부동산을 보관하는 자가 그 부동산에 임의로 근저당권을 설정하여 횡령죄가 성립하였다면 그 이후의 새로운 근저당권 설정행위나 그 부동산의 매각행위는 불가벌적 사후행위이므로 별개의 횡령죄가 성립하지 않는다는 입장이었다. 그러나 위 전원합의체 판결에 따르면 위와 같은 행위도 새로운 법익침해의 위험을 추가시키거나(750만원의 근저당권을 설정) 법익침해의 결과를 발생시킨 경우(토지를 매도)에는 불가벌적 사후행위로 볼 수 없고 별도의 횡령죄가 성립한다고 판시하여 종래 입장을 변경하였다.

따라서 ① 부동산명의수탁자가 신탁자의 승낙없이 갑 앞으로 근저당설정등기를 경료했다가 후에 그 말소등기를 신청함과 동시에 을 앞으로 소유권이전등기를 신청함에 따라 갑 명의의 근저당권말소등기와 을 명의의 소유권이전등기가 순차로 경료된 경우(2000도310), ② 명의신탁받아 보관중이던 토지를 피해자의 승낙없이 제3자에게 근저당권설정등기를 경료해 주었다가, 그 후 또 다시 다른 사람에게 근저당권설정등기를 경료해 준 경우(96도1755)에는 변경된 전원합의체 판결에 따라 별개의 횡령죄가 성립한다.

8. 다른 죄와의 관계

자기가 점유하는 재물을 기망행위에 의하여 영득한 경우 사기죄가 아니라 횡령죄가 성립한다. 사기죄의 객체는 타인이 점유하는 재물이기 때문이다.

절도 범인으로부터 장물보관 의뢰를 받은 자가 그 정을 알면서 이를 인도받아 보관하고 있다가 임의 처분하였다 하여도 장물보관죄가 성립하는 때에는 이미 그 소유자의 소유물 추구권을 침해하였으므로 그 후의 횡령행위는 불가벌적 사후행위에 불과하여 별도로 횡령죄가 성립하지 않는다.[1008] 장물의 매각을 알선한 후 매각대금을 횡령한 경우에는 장물알선죄와 횡령죄의 실체적 경합이 된다.

매도인의 처분이 횡령이라는 것을 알면서 매수한 경우 매수인의 죄책에 대해서는 매도의 의사표시만 있으면 승낙을 기다리지 않고 횡령죄는 기수가 되므로 장물취득죄가 성립한다는 것이 판례의 입장이다.[1009] 횡령죄의 기수 시기에 대하여 표현설의 입장을 따르면 영득의사의 표현만으로 기수가 되고 그 횡령물은 이미 장물이 되었으므로 장물취득죄가 된다. 이에 대하여 횡령에 의한 재물의 영득과 장물의 취득이 시간적으로 중복이 되므로 횡령죄의 공범만이 성립한다는 견해도 있다.[1010]

Ⅲ. 업무상 횡령죄

제356조 (업무상의 횡령과 배임) 업무상의 임무에 위배하여 전조의 죄를 범한 자는 10년 이하의 징역 또는 3천만원 이하의 벌금에 처한다.
제359조(미수범) 미수범은 처벌한다.

1008) 대법원 2004.4.9. 선고 2003도8219 판결.
1009) 김일수/서보학, 384면; 배종대, 554면; 정성근/박광민, 454면; 손동권/김재윤, 452면.
1010) 이재상/장영민/강동범, 412면.

1. 의의

업무상횡령죄는 업무상의 임무에 의하여 자기가 보관하는 타인의 재물을 횡령함으로써 성립하는 범죄이다. 업무로 인하여 책임이 가중되는 가중적 신분범이며, 보관자라는 구성적 신분과 업무자라는 가감적 신분이 복합된 이중적 신분범이다.

2. 주체: 업무상 보관자

업무는 사람이 사회생활상의 지위에 기하여 계속·반복하여 행하는 사무로서 생명·신체에 대한 위험성을 수반하는 업무에 제한되지 않는다. 업무의 내용은 위탁관계에 의하여 타인의 재물을 보관하는 사무를 말하며, 공적 사무·사적 사무를 불문한다. 판례에 따르면 형법 제356조의 업무는 직업 혹은 직무라는 말과 같아 법령, 계약에 의한 것뿐만 아니라, 관례에 좇거나 사실상이거나를 묻지 않고 같은 행위를 반복할 지위에 따른 사무를 가리킨다.[1011)]

3. 객체: 자기가 보관하는 타인의 재물

본죄의 객체는 자기가 보관하는 타인의 재물이며 횡령죄의 경우와 동일하다.

4. 행위: 횡령 또는 반환 거부

본죄의 행위는 업무상의 임무에 위배하여 횡령 또는 반환을 거부하는 행위이다. 횡령죄의 경우와 동일하다.

5. 가담 형태

업무상 보관자와 단순보관자가 공범관계에 있는 경우에는 제33조 단서가 적용된다.

보관자도 업무자도 아닌 비신분자가 업무상 보관자의 횡령행위에 가공한 경우 학설에 따르면 비신분자는 단순횡령죄의 공범이 성립하고 처벌하지만, 판례에 따르면 비신분자는 업무상 횡령죄의 공범이 성립하지만, 과형은 단순횡령죄로 처벌한다.

1011) 대법원 1982.1.12. 선고 80도1970 판결.

Ⅳ. 점유이탈물횡령죄

제360조 (점유이탈물횡령) ① 유실물, 표류물 또는 타인의 점유를 이탈한 재물을 횡령한 자는 1년 이하의 징역이나 300만원 이하의 벌금 또는 과료에 처한다.
② 매장물을 횡령한 자도 전항의 형과 같다.

1. 의의

점유이탈물횡령죄는 유실물, 표류물 또는 타인의 점유를 이탈한 재물, 매장물을 횡령함으로써 성립하는 범죄이다.

점유이탈물횡령죄의 성격에 대하여 기본적 구성요건인 단순횡령죄에 대해 보관자라는 신분이 없다는 점에서 책임을 감경하는 감경적 구성요건이라는 견해도 있지만, 다수설은 본죄는 점유나 신뢰관계의 배반 또는 인격적 법익에 대한 침해를 수반하지 않고 소유권만을 침해하는 가장 단순한 재산범죄로서 횡령죄와 본질을 달리하는 별개의 범죄라고 한다. 본죄는 위탁관계와 신임 관계에 대한 배신행위가 없으므로 횡령죄와는 성격이 다른 독립된 범죄유형으로 보는 것이 타당하다.

2. 객체: 유실물, 표류물 또는 타인의 점유를 이탈한 재물, 매장물

점유이탈물횡령죄의 객체는 유실물, 표류물 또는 타인의 점유를 이탈한 재물, 매장물이다.

가. 점유이탈물

점유이탈물은 점유자의 의사에 의하지 않고 그 점유를 떠난 타인 소유의 재물을 말한다. 본래 점유자의 점유를 벗어난 것이면 충분하고, 그것이 아직 누구의 점유에도 속하지 않고 있는지 아니면 행위자의 점유에 속하게 되었든지 문제 되지 않는다. 점유자의 지배로부터 완전히 벗어난 반려동물이나 가축, 습득한 후 경찰서에 신고하려고 보관 중인 유실물도 점유이탈물이다. 점유이탈물은 타인의 소유이면 충분하고 그 소유자가 누구인지 밝혀지지 않아도 점유이탈물이다.

점유이탈물이 되려면 타인의 점유를 벗어나야 되므로 타인의 점유를 벗어났다고 볼 수 없는 물건은 점유이탈물이 아니다. 폭행 또는 강간 현장에 떨어져 있는 피해자의 물건,[1012] 노상에 일시 세워 둔 자전거, 잃어버린 물건도 점유자가 이를 다시 찾을 수 있는 상태에 있거나 새로운 점유가 개시된 때에는 점유이탈물이 아니다. 타인의 실력적 지배가 미치는 장소 내에 있는 물건은 그 장소의 관리자의 점유이며 점유이탈물이 아니다. 고속버스 운전사는 고속버스의 간수자로서 차내에 있는 승객의 물건을 점유하는 것이 아니고, 승객이 잊고 내린 유실물을 교부받을 권능을 가질 뿐이므로 다른 승객이 유실물을 발견하고 이를 가져갔다면 절도에 해당하지 아니하고, 점유이탈물횡령에 해당한다.[1013]

나. 유실물

유실물은 잃어버린 물건·분실물을 말한다. 유실물의 습득 내지 소유권의 귀속 등을 규정하고 있는 유실물법에서 말하는 유실물과 반드시 일치하지 않는다. 유실물법 제12조가 정하고 있는 준유실물로는 착오로 점유한 물건, 타인이 놓고 간 물건, 일실한 가축이 있지만, 앞에 설명한 점유이탈물에 해당한다. 유실물법 제10조에 따르면 관리자가 있는 선박, 차량이나 건축물 기타 공중의 통행을 금지한 장소에서 타인의 물건을 습득한 자는 그 물건을 관리자에게 교부하여야 한다.

다. 표류물

표류물은 점유를 이탈하여 바다 또는 하천에 떠서 흐르고 있는 물건을 말한다. 수상에서의 수색·구조 등에 관한 법률에 따르면 '표류물'이란 점유를 이탈하여 수상에 떠 있거나 떠내려가고 있는 물건을 말한다. 동법에서는 점유를 이탈하여 수상에 가라앉은 물건을 '침몰품'으로 정의하고 있다. 견해에 따라 전자만을 본죄의 표류물로 보는 견해도 있지만, 양자를 굳이 구별할 필요는 없다. 해난이나 항공기 추락사고에 의한 승무원이나 승객의 휴대품이나 화물 등은 현재 수색 중에 있는 경우라고 표류물이 된다.

라. 매장물

매장물은 토지, 해저, 분묘나 건조물 등에 포장되어서 그 소유권이나 점유가 누구에 속하는지 알 수 없는 물건을 말한다. 고분 내에 매장되어 있는 물건이 이에 해당한다. 매장물이라고 해서 모두 본죄의 객체가 되는 것은 아니다. 점유이탈물에 해당하여야 하기 때문이다. 따라서 후손들에 의하여 직접 수호·봉사되고 있는 분묘에 매장된 물건은 본죄가

1012) 대법원 1984.2.28. 선고 84도38 판결.

1013) 대법원 1993.3.16. 선고 92도3170 판결.

아니라 절도죄나 분묘발굴죄가 성립할 수 있다. 매장물은 법률에 정한 바에 의하여 공고한 후 1년 내에 그 소유자가 권리를 주장하지 아니하면 발견자가 그 소유권을 취득한다. 그러나 타인의 토지 기타 물건으로부터 발견한 매장물은 그 토지 기타 물건의 소유자와 발견자가 절반하여 취득한다(민법 제254조). 학술, 기예 또는 고고의 중요한 재료가 되는 국가유산이라면 국유로 한다(민법 제255조).

마. 무주물의 경우

쓰레기통에 버려진 물건이나 야생동물과 같은 무주물은 점유이탈물이 아니라 선점의 대상으로 소유의 의사로 점유하면 소유권을 취득하게 되므로 본죄의 객체가 아니다. 무주의 동산을 소유의 의사로 점유한 자는 그 소유권을 취득하며, 무주의 부동산은 국유로 한다(민법 제252조).

3. 행위: 횡령

점유이탈물횡령죄의 행위는 횡령이다. 횡령이란 불법영득의사를 가지고 점유이탈물을 자기의 사실상 지배에 두는 것을 말한다. 본죄의 행위는 횡령죄와 반드시 일치하지 않으며, 반환 거부라는 행위태양도 본죄의 행위태양에는 없다. 횡령은 부작위에 의해서도 가능하다. 습득물에 대하여 불법영득의사로 유실물법이 정한 신고 등의 절차를 상당 기간 내에 밟지 않은 경우에는 부작위에 의한 점유이탈물횡령죄 성립이 가능하다. 절차를 밟지 않았다고 하여 곧바로 본죄가 성립하는 것이 아니라 불법영득의사를 일으킬 때 본죄가 성립한다.

4. 기수 시기

본죄의 불법영득의사가 단순히 외부로 표현되었다고 하여 본죄가 성립한다면 처벌의 범위가 과도하게 확대될 우려가 있으므로 횡령죄의 경우와 같이 불법영득의사를 외부에 표현한 것만으로는 기수가 되지 않고 불법영득의사를 실현한 때, 즉 영득행위가 있을 때 본죄의 기수가 되는 것이 타당하다. 본죄는 불법으로 점유를 취득하면 기수가 되며, 미수는 처벌하지 않는다.

제8절 배임의 죄

Ⅰ. 총설

1. 의의

배임의 죄는 타인의 사무를 처리하는 자가 그 임무에 위배하는 행위로써 재산상 이익을 취득하거나 제3자로 하여금 이를 취득하게 하여 본인에게 손해를 가하는 것을 내용으로 하는 범죄이다.

2. 보호법익과 보호 정도

보호법익에 대하여 물권·채권을 포함한 타인의 재산권이라는 견해,[1014] 소유권 기타 본권 및 재산상 이익을 모두 포함한 전체로서의 재산권이라고 보는 견해가 있다.[1015] 배임죄 성립에 재산상 손해 발생이 필요하고, 손해 발생 여부는 배임행위 전후의 전체 재산을 비교해야 하므로 본죄의 보호법익은 전체로서의 재산권으로 보는 것이 타당하다.

보호법익의 보호 정도에 대하여 견해의 대립이 있다. 학설은 침해범으로 보지만 판례는 구체적 위험범으로 본다. 판례에 따르면 재산상 손해에는 현실적인 손해가 발생한 경우뿐만 아니라 재산상 실해 발생의 위험을 초래한 경우도 포함된다. '재산상 실해 발생의 위험'이란 본인에게 손해가 발생할 막연한 위험이 있는 것만으로는 부족하고 경제적인 관점에서 보아 본인에게 손해가 발생한 것과 같은 정도로 구체적인 위험이 있는 경우를 의미한다. 따라서 재산상 실해 발생의 위험은 구체적·현실적인 위험이 야기된 정도에 이르러야 한다고 한다. 따라서 판례는 배임죄를 구체적 위험범으로 본다.[1016]

생각건대, 배임죄의 구성요건이 '본인에게 손해를 가한 때'라고 침해범의 형식으로 규정하고 있음에도 불구하고 '손해를 가할 위험성이 있는 때'라고 해석하는 것은 피고인에게 불리한 유추해석이 될 수 있는 점, 배임죄의 본질에 대하여 배신설을 취할 경우 그 성립 범위가 지나치게 넓어 제한적으로 해석할 필요가 있다는 점을 고려한다면 침해범으로 보는 것이 타당하다.

1014) 배종대, 558면.

1015) 김성돈, 461면; 김일수/서보학, 384면; 신동운, 1149면; 오영근/노수환, 414면.

1016) 대법원 1975.12.23. 선고 74도2215 판결.

판례 배임죄에 있어서 재산상 손해의 의미

【판결요지】 [1] 업무상배임죄는 업무상 타인의 사무를 처리하는 자가 임무에 위배하는 행위를 하고 그러한 임무위배행위로 인하여 재산상의 이익을 취득하거나 제3자로 하여금 이를 취득하게 하여 본인에게 재산상의 손해를 가한 때 성립하는데, 여기서 재산상의 손해에는 현실적인 손해가 발생한 경우뿐만 아니라 재산상 실해 발생의 위험을 초래한 경우도 포함되고, 재산상 손해의 유무에 대한 판단은 법률적 판단에 의하지 않고 경제적 관점에서 파악하여야 한다. 그런데 재산상 손해가 발생하였다고 평가될 수 있는 재산상 실해 발생의 위험이란 본인에게 손해가 발생할 막연한 위험이 있는 것만으로는 부족하고 경제적인 관점에서 보아 본인에게 손해가 발생한 것과 같은 정도로 구체적인 위험이 있는 경우를 의미한다. 따라서 재산상 실해 발생의 위험은 구체적·현실적인 위험이 야기된 정도에 이르러야 하고 단지 막연한 가능성이 있다는 정도로는 부족하다(대법원 2015.9.10. 선고 2015도6745 판결).

3. 배임죄의 본질

가. 배신설

배신설은 타인의 재산을 보호할 의무 있는 자가 타인의 신뢰를 배반하여 본인에게 손해를 가하는 점에 배임죄의 본질이 있다고 한다.[1017] 대내적으로 본인에 대한 신뢰관계의 배신에 초점을 맞추기 때문에 법률행위뿐만 아니라 사실행위에 대해서도 배임죄가 성립한다. 따라서 법적 대리권이 없는 자도 배임죄의 주체가 될 수 있다. 또한 보조기관으로서 직접 또는 간접으로 그 처리에 관한 사무를 담당하는 자도 포함한다.[1018]

횡령죄와 배임죄는 배신성에서 그 본질을 같이 하지만, 행위객체에 의하여 구별된다. 재산일반에 대해서는 배임죄가 문제되며, 개개 재물에 대한 것은 횡령죄가 문제된다. 따라서 양죄는 법조경합의 특별관계에 있다. 그러므로 특별법인 횡령죄가 성립하면 일반법인 배임죄는 성립하지 않는다.

판례 배임죄의 본질 - 배신설

【판결요지】 [1] 배임죄의 주체로서 '타인의 사무를 처리하는 자'란 타인과의 대내관계에서 신의성실의 원칙에 비추어 그 사무를 처리할 신임관계가 존재한다고 인정되는

1017) 김성돈, 461면; 김일수/서보학, 385면; 배종대, 560면; 손동권/김재윤, 461면; 오영근/노수환, 414면; 이재상/장영민/강동범, 420면; 임웅/이현정/박성민, 537면; 정성근/박광민, 463면.

1018) 대법원 1982.7.27. 선고 81도203 판결.

자를 의미하고, 반드시 제3자에 대한 대외관계에서 그 사무에 관한 대리권이 존재할 것을 요하지 않으며, 나아가 업무상 배임죄에서 업무의 근거는 법령, 계약, 관습의 어느 것에 의하건 묻지 않고, 사실상의 것도 포함한다.

[2] 미성년자와 친생자관계가 없으나 호적상 친모로 등재되어 있는 자가 미성년자의 상속재산 처분에 관여한 경우, 배임죄에 있어서 타인의 사무를 처리하는 자의 지위에 있다고 한 사례(대법원 2002.6.14. 선고 2001도3534 판결).

나. 권한남용설

권한남용설은 타인의 재산을 처분할 법적 권한을 가진 자가 그 권한을 남용하여 본인에게 손해를 가하는 점에서 배임죄의 본질이 있다는 견해이다. 따라서 법적 대리권이 있는 자만이 배임죄의 주체가 될 수 있으며, 법적 권한이 없이 사실상 사무를 처리하는 자는 배임죄의 주체가 될 수 없다.

횡령죄와 배임죄는 침해 방법의 성질에 의하여 구별된다. 배임죄는 법률행위에 대해서만 인정되는 반면에 횡령죄는 사실행위에 의해서 성립하는 것으로 양자는 택일관계에 있다고 한다.

【정리】 배신설과 권한남용설의 차이

	배신설	권한남용설
대리권의 존재	불필요	필요
배임행위	법률행위, 사실행위 불문	법률행위에 제한
횡령죄와의 구별	행위의 객체에 의하여 구별 횡령죄 - 재물 배임죄 - 재산상 이익	침해방법의 성질에 의하여 구별 횡령죄 - 사실행위 배임죄 - 법률행위
횡령죄와의 관계	배임죄와 횡령죄는 특별관계	배임죄와 횡령죄는 택일관계

다. 결론

생각건대, 배신설이 타당하다. 배임죄의 본질은 타인의 신뢰를 배반하여 재산을 침해하는 점에 있다. 배임죄와 횡령죄는 신임관계를 침해한다는 배신성에서 본질을 같이 한다. 다만 횡령죄의 행위객체는 재물이며, 배임죄의 행위객체는 재산상 이익이라는 점에서 구별될 뿐이다.

배임죄는 외부관계에 있어서 권한의 남용이 아니라 내부관계에서 발생하는 타인의 재산보호의무를 위반하는 데 있다. 법률행위에 의해서 뿐만 아니라 사실행위에 의해서도 성립할 수 있다. 배신설을 취하게 되면 신임관계의 범위가 무한정하게 확대될 위험이 있어 단순한 채무불이행까지도 배임죄에 해당될 여지가 있는 것은 사실이다. 따라서 구성요건을 제한적으로 해석하여 성립 범위를 합리적으로 한정하는 것이 배임죄의 해석에 있어서 중요한 문제이다.

4. 특별법

특정경제범죄 가중처벌 등에 관한 법률 제3조에 따르면 특정재산범죄에 대하여 가중처벌하고 있다. 동법에 따르면 형법 제347조(사기), 제350조(공갈), 제350조의2(특수공갈), 제351조(제347조, 제350조 및 제350조의2의 상습범만 해당한다), 제355조(횡령·배임) 또는 제356조(업무상의 횡령과 배임)의 죄를 범한 사람은 그 범죄행위로 인하여 취득하거나 제3자로 하여금 취득하게 한 재물 또는 재산상 이익의 가액이 5억원 이상일 때에는 가중처벌한다. 따라서 재산상 이익의 가액이 5억원 미만일 경우에는 형법이 적용된다. 이득액 이하에 상당하는 벌금을 병과(倂科)할 수 있다.

Ⅱ. 배임죄

제355조 (배임) ② 타인의 사무를 처리하는 자가 그 임무에 위배하는 행위로써 재산상의 이익을 취득하거나 제3자로 하여금 이를 취득하게 하여 본인에게 손해를 가한 때에도 전항의 형과 같다.
제359조 (미수범) 제355조 내지 제357조의 미수범은 처벌한다.

1. 의의

배임죄는 타인의 사무를 처리하는 자가 그 임무에 위배하는 행위로써 재산상 이익을 취득하거나 제3자로 하여금 이를 취득하게 하여 본인에게 손해를 가한 경우에 성립하는 범죄이다. 재산상 이익만을 대상으로 하는 순수한 이득죄, 진정 신분범이다. 배임죄의 보호 정도에 대하여 학설은 침해범으로 보지만 판례는 구체적 위험범으로 본다.

2. 주체: 타인의 사무를 처리하는 자

가. 사무처리자

사무처리자란 타인과의 대내관계에서 '신임관계'에 비추어 맡겨진 사무를 신의성실의 원칙에 맞게 처리해야 할 의무 있는 자를 말한다. 타인의 사무를 처리한다고 하려면 당사자 관계의 본질적 내용이 단순한 채권·채무관계를 넘어서 그들 간의 신임관계에 기초하여 타인의 재산을 보호 또는 관리하는 데 있어야 한다. 이익대립관계에 있는 통상의 계약관계에서 채무자의 성실한 급부이행에 의해 상대방이 계약상 권리의 만족 내지 채권의 실현이라는 이익을 얻게 되는 관계에 있다거나, 계약을 이행함에 있어 상대방을 보호하거나 배려할 부수적인 의무가 있다는 것만으로는 채무자를 타인의 사무를 처리하는 자라고 할 수 없다.[1019] 위임 등과 같이 계약의 전형적·본질적인 급부의 내용이 상대방의 재산상 사무를 일정한 권한을 가지고 맡아 처리하는 경우여야 한다.[1020]

반드시 제3자에 대한 대외관계에서 그 사무에 관하여 대리권이 존재할 것을 요하지 않는다.[1021] 따라서 사무처리자가 법적 권한이 소멸되거나 그 직에서 해임되었더라도 그 업무를 인계하기 전에는 그 사무를 신의칙에 따라 처리할 사실상의 신임관계가 존속하므로 사무인계 전에 사무처리한 경우도 사무처리자에 해당한다.[1022] 배임죄의 본질에 대하여 권한남용설을 따르면 대리권이 존재하여야 한다는 것은 이미 설명하였다.

나. 사무처리의 근거

(1) 의의

사무처리의 근거가 무엇인가라는 점은 행위 주체성 인정에 직접적 영향을 미친다. 사무처리의 근거는 법령, 계약과 같은 법률행위뿐만 아니라 관습, 사무관리, 신의성실의 원칙에 의하여 신임관계가 인정될 수 있는 순수한 사실상 신임관계도 포함된다.[1023]

(2) 법령에 의한 사무

법령에 의하여 사무를 처리하는 자로는 민법상 법인의 이사(민법 제58조, 59조), 사무관리자(민법 제734조), 친권자(민법 제916조), 후견감독인(민법 제949조)이 있으며, 상법상 주식회사의 이사와 대표이사

1019) 대법원 2020.8.27. 선고 2019도14770 전원합의체 판결.

1020) 대법원 2022.12.22. 선고 2020도8682 전원합의체 판결.

1021) 대법원 2011.7.14. 선고 2010도3043 판결; 대법원 2003.1.10. 선고 2002도758 판결; 대법원 2002.6.14. 선고 2001도3534 판결; 대법원 2000.3.14. 선고 99도457 판결.

1022) 대법원 1999.6.22. 선고 99도1095 판결.

1023) 대법원 2002.6.14. 선고 2001도3534 판결.

(상법 제382조, 제389조) 등이 있으며, 금융산업의 구조개선에 관한 법률상 파산관재인(금융산업구조개선법 제15조) 등이 있다.

(3) 계약에 의한 사무

계약에 의하여 사무를 처리하는 자로는 민법상 수급인(민법 제664조), 수임인(민법 제680조, 제681조), 수치인(민법 제693조)과 상법상 위탁매매인(상법 제101조, 제112조) 등이 있다. 이 경우 계약은 유효해야 하며, 무효인 계약은 원칙적으로 신임관계를 발생시키지 않는다. 계약이 처음부터 선량한 풍속이나 사회질서에 반하는 것으로 무효이거나 법률상 금지된 것으로 위법한 경우에는 신임관계는 처음부터 발생하지 않는다. 따라서 내연의 처와 불륜관계를 지속하는 대가로 부동산을 증여하기로 한 계약은 선량한 풍속과 사회질서에 반하는 것으로 신임관계는 발생하지 않는다.[1024] 마찬가지로 국토이용관리법의 규제구역 내의 토지매매에 대하여 거래허가를 받지 아니한 상태에서 이중매도를 한 경우 매도인에게 매수인에 대한 소유권이전등기에 협력할 의무가 생겼다고 볼 수 없으므로 배임죄가 성립하지 않는다.[1025] 하지만 사무처리의 근거가 된 법률행위가 무효가 되더라도 그 무효의 원인이 선량한 풍속 기타 사회질서에 반하지 않는다면, 사실상의 신임관계가 인정되어 타인의 사무처리자가 될 수 있다.[1026]

(4) 관습 및 사실상 신임관계 여부

판례에 따르면 사무처리의 근거는 반드시 법령이나 계약과 같은 법률관계에 한정되지 않는다. 관습, 사무관리(민법 제734조), 신의성실의 원칙에 의하여 신임관계가 인정될 수 있는 사실상 신임관계도 포함한다. 미성년자와 친생자 관계가 없으나 호적상 친모로 등재되어 있는 자가 미성년자의 상속재산 처분에 관여한 경우 배임죄에 있어서 타인의 사무를 처리하는 자의 지위에 있다. 신의성실의 원칙에 따라 타인의 사무를 처리할 신임관계가 있다고 판단하였다.[1027] 마을의 물류창고 신축 회사로부터 공사에 따른 피해보상 예치금을 받아 보관하던 마을 이장이 탄핵으로 사임한 후에도 후임 이장에게 위 예치금을 인계하지 않고 계속 보관하다가 예치금 반환기간이 종료되자 마을 주민들의 동의 없이 회사에 반환한 경우 배임죄가 성립한다.[1028]

1024) 대법원 1986.9.9. 선고 86도1382 판결.

1025) 대법원 1996.8.23. 선고 96도1514 판결.

1026) 김성돈, 463면; 김일수/서보학, 485면; 이재상/장영민/강동범, 421면.

1027) 대법원 2002.6.14. 선고 2001도3534 판결.

1028) 대법원 2009.2.12. 선고 2008도10915 판결.

(5) 결론

배임죄의 처벌 범위가 과도하게 확장하는 것을 방지하기 위해 사무처리의 범위를 제한적으로 해석할 필요가 있다. 특히 신의성실의 원칙에 의하여 신임관계가 인정될 수 있는 사실상 신임관계에 대해서는 신중할 필요가 있다. 이에 관하여 판례는 사무처리의 근거로서 법령이나 계약 등 법률행위에 기초한 관계뿐 아니라, 관습·사무관리·신의성실의 원칙에 따라 형성된 사실상의 신임관계까지 포함될 수 있다고 본다.

그러나 신의성실의 원칙에 따라 인정되는 사실상 신임관계는 그 외연이 지나치게 넓고, 명확한 법적 기준 없이 형벌책임의 범위를 확장할 우려가 있다는 점에서 신중한 접근이 필요하다. 형법의 죄형법정주의 원칙은 형벌 법규 해석의 명확성을 요구하며, 지나친 확장 해석과 유추 적용은 금지된다. 특히, 사실상 신임관계는 명확한 기준 없이 사후적으로 인정되기 쉬우며, 단순한 거래관계에서 곧바로 '사무를 처리하는 자'로까지 해석될 수 있다면, 그로 인해 형벌권의 범위가 사실상 무한히 확장되는 결과를 초래할 수 있다. 따라서 신의성실 원칙에 근거한 사실상 신임관계를 근거로 배임죄의 사무처리의 근거를 인정하는 경우에는, 객관적으로 당사자 사이에 타인의 이익을 위하여 사무를 처리해야 할 신뢰관계가 존재하고, 그 신뢰가 일정한 사회규범이나 관행상 보호받을 만한 경우에 한정하여 제한적으로 해석할 필요가 있다. 사실상 신임관계는 타인의 사무처리와 관련하여 그의 재산상 이익을 보호하여야 할 보증인적 지위에 있는 경우에 한하여 인정되어야 한다는 견해도 같은 입장이다.[1029] 따라서 친인척, 친구나 지인 관계에서 일시적으로 처리해 주는 사무는 본죄의 사무처리가 될 수 없다.

판례 사무처리의 근거

① 내연의 처와의 불륜관계를 지속하는 대가로서 부동산에 관한 소유권이전등기를 경료해주기로 약정한 경우, 위 부동산 증여계약은 선량한 풍속과 사회질서에 반하는 것으로 무효이어서 위 증여로 인한 소유권이전등기 의무와 인정되지 아니하는 이상 동인이 타인의 사무를 처리하는 자에 해당한다고 볼 수 없어 비록 위 등기의무를 이행하지 않는다 하더라도 배임죄를 구성하지 않는다(대법원 1986.9.9. 선고 86도1382 판결).

② 물권변동에 관하여 형식주의를 취하고 있는 현행 민법하에 있어서는 농지매매에 관하여 소재지관서의 증명이 없는 경우에는 매매에 의한 물권변동의 효과, 즉 소유권이전의 효과를 발생할 수는 없으나 농지매매 당사자 사이에 채권계약으로서의 매매계약은 유효히 성립할 수 있는 것이므로, 농지를 이중으로 매도한 경우에 먼저의 농지매매에 관하여 소재지관서의 증명이 없다는 이유만으로는 배임죄의 성립을 부정할 수

1029) 김성돈, 464면; 김일수/서보학, 388면; 이재상/강동범/장영민, 423면; 정성근/박광민, 470면.

없다(대법원 1991.7.9. 선고 91도846 판결).

③ 국토이용관리법 제21조의2 소정의 규제구역 내에 있는 토지를 매도하였으나 같은 법 소정의 거래허가를 받은 바가 없다면, 매도인에게 매수인에 대한 소유권이전등기에 협력할 의무가 생겼다고 볼 수 없고, 따라서 매도인이 배임죄의 주체인 타인의 사무를 처리하는 자에 해당한다고 할 수 없다(대법원 1996.8.23. 선고 96도1514 판결).

④ 피고인이 학교법인의 이사 겸 학교법인이 설립한 고등학교의 교장으로서 그의 처가 위 학교법인의 이사장으로 선임되어 있으나, 사실상 학교법인의 경영을 주도하고 업무를 총괄하며 학교자금을 보관·관리하는 업무를 취급하고 있다면 업무상배임죄의 주체가 될 수 있으므로 학교재산에 관하여 시세보다 현저히 저렴한 임대차계약을 체결한 경우 업무상배임죄가 성립한다는 사례(대법원 2000.3.14. 선고 99도457 판결).

⑤ 미성년자와 친생자관계가 없으나 호적상 친모로 등재되어 있는 자가 미성년자의 상속재산 처분에 관여한 경우, 배임죄에 있어서 타인의 사무를 처리하는 자의 지위에 있다고 한 사례(대법원 2002.6.14. 선고 2001도3534 판결).

⑥ 서면에 의하지 아니한 증여계약이 행하여진 경우 당사자는 그 증여가 이행되기 전까지는 언제든지 이를 해제할 수 있으므로 증여자가 구두의 증여계약에 따라 수증자에 대하여 증여 목적물의 소유권을 이전하여 줄 의무를 부담한다고 하더라도 그 증여자는 수증자의 사무를 처리하는 자의 지위에 있다고 할 수 없다(대법원 2005.12.9. 선고 2005도5962 판결).

⑦ 망(亡) 갑은 亡 을에게, 亡 을은 병에게 각 토지에 관한 소유권이전등기절차를 순차 이행하여야 할 의무가 있고, 갑의 처인 피고인도 갑의 위와 같은 의무를 상속하였음에도 그 임무에 위배하여 위 토지를 제3자에게 처분하고 소유권이전등기를 마침으로써 위 토지의 시가 상당의 재산상 이익을 취득하고 병에게 그에 해당하는 손해를 가하였다는 내용으로 기소된 사안에서, 을과 병 사이의 토지 매매는 자경 또는 자영할 의사가 없었던 매매로서 병은 구 농지개혁법상 위 토지의 소유권을 취득할 수 없으므로, 피고인이 제3자에게 위 토지를 처분하고 소유권이전등기절차를 마쳤더라도 병에 대하여 배임죄를 구성하지 아니한다(대법원 2011.1.27. 선고 2009도10701 판결).

다. 사무처리의 내용과 재산 관련성

사무처리의 내용은 사적 사무·공적 사무를 포함한다. 공적 사무라고 하여도 그 처리자가 반드시 공무원일 필요는 없다. 반드시 법률적 사무일 필요가 없으며 사실상 사무라도 본죄의 사무처리가 된다.

배임죄의 사무는 재산상 사무이어야 하는가에 대하여 재산상 사무일 필요 없다는 견해,[1030] 반드시 재산적 사무일 필요는 없지만 적어도 재산적 이해관계는 있어야 한다는 견해, 재산상 사무에 제한된다는 견해가 대립하고 있다. 판례는 재산상 사무에 제한된다는

1030) 오영근/노수환, 418면; 임웅/이현정/박성민, 541면.

입장이다. 타인의 사무는 신임관계에 기초를 둔 타인의 재산의 보호 내지 관리의무가 본질적 내용이라고 한다.[1031]

생각건대, 배임죄는 횡령죄와 같이 재산범죄이며, 신임관계에 기초를 둔 타인의 재산을 보호 또는 관리의무가 있을 것을 본질적 내용으로 하는 것이다. 재산상 사무일 필요가 없다는 견해는 배임죄의 성립 범위를 지나치게 확대될 위험성이 있다. 재산적 이해관계가 전혀 없는 경우에도 본죄 성립을 긍정하는 것은 타당하지 않다. 따라서 타인의 사무란 타인의 재산 관리에 관한 사무에 제한되는 것으로 이해하는 것이 타당하다. 의사가 환자를 치료하는 사무나 변호인이 형사소송에 있어서 피고인을 변호하는 사무는 배임죄에 해당하는 사무로 보기 어렵다. 민사소송에서 법률대리를 맡은 변호사의 사무는 타인의 재산적 이익과 연결되므로 본죄에 해당하는 사무로 볼 수 있다.

라. 사무의 타인성

배임죄의 주체는 타인의 사무를 처리하는 자이므로 자기의 사무를 처리하는 자는 배임죄의 주체가 될 수 없다. 타인의 사무가 되기 위해서는 주된 의무로 신임관계의 전형적·본질적 내용을 이루고 있어야 한다.

(1) 계약이행에 대한 일반적 의무

계약이행에 대한 일반적 의무는 상대방의 재산보호가 본질적 내용이 아니므로 타인의 사무가 아니라 자기사무에 해당한다. 매매와 같이 당사자 일방이 재산권을 상대방에게 이전할 것을 약정하고 상대방이 그 대금을 지급할 것을 약정함으로써 효력이 생기는 계약의 경우(민법 제563조), 쌍방이 그 계약의 내용에 좇은 이행을 하여야 할 채무는 특별한 사정이 없는 한 '자기의 사무'에 해당하는 것이 원칙이다.[1032]

예를 들면 갑이 월부상환 중인 자동차를 A에게 매도하였으나 자동차등록명의는 갑의 명의로 남아있어 그 소유권이 아직 갑에게 있다면 판매회사에 대하여 할부금을 납부하는 것은 갑 자신의 사무처리에 불과하므로 타인의 사무를 처리하는 자에 해당한다고 볼 수 없다.[1033] 권리이전에 등기·등록을 필요로 하는 동산에 대한 매매계약에서도 마찬가지이다. 자동차 매도인이 매수인에게 소유권이전등록을 하지 아니하고 제3자에게 처분한 경우 배임죄가 성립하지 않는다.[1034]

1031) 대법원 1983.2.8. 선고 81도3137 판결.

1032) 대법원 2011.1.20. 선고 2008도10479 전원합의체 판결 등 참조.

1033) 대법원 1983.11.8. 선고 83도2493 판결.

1034) 대법원 2020.10.22. 선고 2020도6258 전원합의체 판결.

은행예금의 경우 은행 등 법률이 정하는 금융기관을 수치인으로 하는 금전의 소비임치 계약으로서, 그 예금계좌에 입금된 금전의 소유권은 금융기관에 이전되고, 예금주는 그 예금계좌를 통한 예금반환 채권을 취득하므로, 금융기관의 임직원은 예금주로부터 예금계좌를 통한 적법한 예금반환 청구가 있으면 이에 응할 의무가 있을 뿐 예금주와의 사이에서 그의 재산관리에 관한 사무를 처리하는 자의 지위에 있다고 할 수 없다.[1035]

금전채권채무 관계도 마찬가지이다. 금전채무의 이행은 어디까지나 채무자가 자신의 급부의무를 다하기 위해 이행하는 것이므로 채권자가 채무자에 대한 신임을 기초로 그의 재산을 보호 또는 관리하는 임무를 부여하였다고 할 수 없다. 채무자를 채권자에 대한 관계에서 '타인의 사무를 처리하는 자'에 해당한다고 할 수 없다.[1036]

(2) 동산채권담보

채무자가 금전채무를 담보하기 위하여 그 소유의 동산을 채권자에게 동산·채권 등의 담보에 관한 법률에 따른 동산담보로 제공한 경우,[1037] 자동차 등 특정동산 저당법 등에 따라 동산에 관하여 채권자에게 저당권을 설정해 주기로 약정하거나 저당권을 설정한 경우,[1038] 금전채무를 담보하기 위하여 공장 및 광업재단 저당법에 따라 저당권이 설정된 동산을 채무자가 제3자에게 임의로 처분한 경우[1039] 채권자인 동산담보권자에 대하여 담보물의 담보가치를 유지·보전할 의무 또는 담보물을 타에 처분하거나 멸실, 훼손하는 등으로 담보권 실행에 지장을 초래하는 행위를 하지 않을 의무를 부담하게 되었더라도, 채무자를 배임죄의 주체인 '타인의 사무를 처리하는 자'에 해당한다고 할 수 없다. 채무자가 양도담보설정계약에 따라 부담하는 의무, 즉 동산을 담보로 제공할 의무, 담보가치를 유지·보전하거나 담보물을 손상, 감소 또는 멸실시키지 않을 소극적 의무, 담보권 실행 시 채권자의 담보권 실행에 협조할 의무 등은 모두 양도담보설정계약에 따라 부담하게 될 채무자 자신의 급부의무이며, 타인의 사무를 처리하는 자라고 할 수 없다. 그가 담보물을 제3자에게 처분하는 등으로 담보가치를 감소 또는 상실시켜 채권자의 담보권 실행이나 이를 통한 채권실현에 위험을 초래하더라도 배임죄는 성립하지 않는다.

판례에 따르면 A 주식회사 대표이사 갑이 B 은행으로부터 대출받으면서 B 은행과 회사 소유의 레이저 가공기 2대를 포함한 기계 17대에 대하여 동산담보설정계약을 체결하

1035) 대법원 2017.8.24. 선고 2017도7489 판결; 대법원 2008.4.24. 선고 2008도1408 판결.
1036) 대법원 2022.12.22. 선고 2020도8682 전원합의체 판결; 대법원 2020.10.22. 선고 2020도6258 전원합의체 판결.
1037) 대법원 2020.8.27. 선고 2019도14770 전원합의체 판결.
1038) 대법원 2020.10.22. 선고 2020도6258 전원합의체 판결.
1039) 대법원 2020.10.22. 선고 2020도6258 전원합의체 판결.

였지만, 동산담보로 제공된 기계를 은행이 아닌 제3자에게 처분한 경우 배임죄 성립을 부정하였다.

이러한 법리는 권리이전에 등기·등록을 요하는 동산에 관한 양도담보설정계약에도 마찬가지로 적용된다. 따라서 자동차 등에 관하여 양도담보설정계약을 체결한 채무자는 채권자에 대하여 그의 사무를 처리하는 지위에 있지 아니하므로, 채무자가 채권자에게 양도담보설정계약에 따른 의무를 다하지 아니하고 이를 타에 처분하였다고 하더라도 배임죄는 성립하지 않는다.[1040]

(3) 부동산 증여계약의 경우

서면에 의하지 아니한 증여계약이 행하여진 경우 당사자는 그 증여가 이행되기 전까지는 언제든지 이를 해제할 수 있으므로 증여자가 구두의 증여계약에 따라 수증자에 대하여 증여 목적물의 소유권을 이전하여 줄 의무를 부담한다고 하더라도 그 증여자는 수증자의 사무를 처리하는 자의 지위에 있다고 할 수 없다.[1041]

그러나 서면으로 부동산 증여의 의사를 표시한 증여자는 계약이 취소되거나 해제되지 않는 한 수증자에게 목적부동산의 소유권을 이전할 의무에서 벗어날 수 없다. 따라서 증여자는 타인의 사무를 처리하는 자에 해당한다. 증여자가 수증자에게 증여계약에 따라 부동산의 소유권을 이전하지 않고 부동산을 제3자에게 처분하여 등기를 하였다면 그 행위는 수증자와의 신임 관계를 저버리는 행위로서 배임죄가 성립한다.[1042]

(4) 계주와 계원

계(契)의 경우 그 형태가 다양하기 때문에 계를 조직한 목적과 방법, 급부금품의 급여방법과 급부전후의 불입금 지급방법, 계주와 계 또는 계원과의 관계나 계원 상호 간의 관계에 따라 그 법률적 성질을 달리하기에 그에 따른 법률관계도 개별적으로 경정된다. 기본적으로 계주가 계원들로부터 계불입금을 징수하지 않은 상태에서 부담하는 계금지급의무는 단순한 채권 관계상 의무에 불과하다.

하지만 계주가 계원들로부터 계불입금을 징수하게 되면 그 계불입금은 실질적으로 계원에 대한 계금지급을 위하여 계주에게 위탁된 금원의 성격을 지니고 따라서 계주는 이를 지급받을 계원과의 사이에서 단순한 채권관계를 넘어 신의칙상 그 계금지급을 위하여 위 계불입금을 보호 내지 관리하여야 하는 신임관계에 들어서게 되므로, 이에 기초한 계주의

1040) 대법원 2022.12.22. 선고 2020도8682 전원합의체 판결.

1041) 대법원 2005.12.9. 선고 2005도5962 판결.

1042) 대법원 2018.12.13. 선고 2016도19308 판결.

계금지급의무는 배임죄에서 말하는 타인의 사무에 해당한다.[1043] 따라서 계주가 계원들로부터 월불입금을 모두 징수하였음에도 불구하고 그 임무에 위배하여 정당한 사유 없이 이를 지정된 계원에게 지급하지 아니하였다면 다른 특별한 사정이 없는 한 그 지정된 계원에 대한 관계에 있어서 배임죄를 구성한다.[1044]

계원이 계불입금을 성실히 지급하지 않음으로써 계의 기본약정을 파기하였다면 계주가 그에게 계금을 주어야 할 의무는 없고 다만 그들 사이에는 정산문제만 남게 될 뿐이므로 계주가 위 계원에 대하여 계금을 지급하지 아니하였다고 하더라도 배임죄는 성립하지 않는다.[1045]

(5) 자기사무임과 동시에 타인사무인 경우

자기의 사무임과 동시에 타인의 사무로서의 성질을 가지는 경우 타인의 재산보호가 본질적인 내용을 이루고 있다면 타인의 사무이다. 판례에 따르면 부동산매매의 경우 매도인의 등기협력의무는 자기사무인 동시에 상대방의 재산보전에 협력할 의무가 있다고 한다. 부동산 이중매매의 경우 배임죄의 성립을 인정하게 되는 기초적 법리이다.

(6) 대물변제예약의 경우

대물변제예약은 채무자가 채권자에 대하여 소비대차 등으로 인한 채무를 부담하고 이를 담보하기 위하여 장래에 부동산의 소유권을 이전하기로 하는 예약을 말한다. 예를 들면 대주와 차주가 금전소비대차계약을 체결하면서 차주가 이행기에 변제를 하지 않으면 차주 소유의 부동산을 대주에게 양도하기로 한다는 약정을 미리 해두는 경우이다.

판례에 따르면 대물변제예약의 경우 약정의 내용에 좇은 이행을 하여야 할 채무는 특별한 사정이 없는 한 자기의 사무에 해당하는 것이 원칙이라고 한다.[1046] 따라서 채권 담보를 위한 대물변제예약 사안에서 채무자가 대물로 변제하기로 한 부동산을 제3자에게 처분하였다고 하더라도 배임죄는 성립하지 않는다.

1043) 대법원 2009.8.20. 선고 2009도3143 판결.

1044) 대법원 1995.9.29. 선고 95도1176 판결.

1045) 대법원 1987.6.23. 선고 86도2343 판결.

1046) 이에 대하여 담보 목적으로 부동산에 관한 대물변제예약을 체결한 채무자가 신임관계를 위반하여 당해 부동산을 제3자에게 처분함으로써 채권자로 하여금 부동산의 소유권 취득을 불가능하게 하거나 현저히 곤란하게 하였다면 이러한 행위는 대물변제예약에서 비롯되는 본질적·전형적 신임관계를 위반한 것으로서 배임죄에 해당한다는 반대의견도 있다(2014도3363 전원합의체 판결).

판례 **대물변제예약 사건**

【사실관계】 채무자 갑은 채권자 A에게 3억원을 차용하면서 채권자 A에게 차용금을 변제하지 못할 경우 자신의 어머니 소유 부동산에 대한 유증상속분을 대물변제하기로 약정하였다. 이후 유증을 원인으로 위 부동산에 관한 소유권이전등기를 마쳤음에도 이를 제3자에게 매도하였다.

【판결요지】 [1] [다수의견] (가) 채무자가 채권자에 대하여 소비대차 등으로 인한 채무를 부담하고 이를 담보하기 위하여 장래에 부동산의 소유권을 이전하기로 하는 내용의 대물변제예약에서, 약정의 내용에 좇은 이행을 하여야 할 채무는 특별한 사정이 없는 한 '자기의 사무'에 해당하는 것이 원칙이다.

(나) 채무자가 대물변제예약에 따라 부동산에 관한 소유권을 이전해 줄 의무는 예약 당시에 확정적으로 발생하는 것이 아니라 채무자가 차용금을 제때에 반환하지 못하여 채권자가 예약완결권을 행사한 후에야 비로소 문제가 되고, 채무자는 예약완결권 행사 이후라도 얼마든지 금전채무를 변제하여 당해 부동산에 관한 소유권이전등기절차를 이행할 의무를 소멸시키고 의무에서 벗어날 수 있다. 한편 채권자는 당해 부동산을 특정물 자체보다는 담보물로서 가치를 평가하고 이로써 기존의 금전채권을 변제받는 데 주된 관심이 있으므로, 채무자의 채무불이행으로 인하여 대물변제예약에 따른 소유권등기를 이전받는 것이 불가능하게 되는 상황이 초래되어도 채권자는 채무자로부터 금전적 손해배상을 받음으로써 대물변제예약을 통해 달성하고자 한 목적을 사실상 이룰 수 있다. 이러한 점에서 대물변제예약의 궁극적 목적은 차용금반환채무의 이행 확보에 있고, 채무자가 대물변제예약에 따라 부동산에 관한 소유권이전등기절차를 이행할 의무는 궁극적 목적을 달성하기 위해 채무자에게 요구되는 부수적 내용이어서 이를 가지고 배임죄에서 말하는 신임관계에 기초하여 채권자의 재산을 보호 또는 관리하여야 하는 '타인의 사무'에 해당한다고 볼 수는 없다.

(다) 그러므로 채권 담보를 위한 대물변제예약 사안에서 채무자가 대물로 변제하기로 한 부동산을 제3자에게 처분하였다고 하더라도 형법상 배임죄가 성립하는 것은 아니다 (대법원 2014.8.21. 선고 2014도3363 전원합의체 판결).

【해설】 채무자가 대물변제예약에 따라 부동산에 관한 소유권이전등기절차를 이행할 의무는 배임죄에서 말하는 신임관계에 기초하여 채권자의 재산을 보호 또는 관리하여야 하는 타인의 사무가 아니라는 판례이다. 따라서 대물변제예약부동산을 제3자에게 처분하였다고 하더라도 배임죄가 성립하지 않는다.

(7) 공무원의 국가에 대한 배임죄

공무원이 그 임무에 위배되는 행위를 함으로써 제3자로 하여금 재산상 이익을 취득하게 하여 국가에 손해를 가한 경우 업무상배임죄가 성립한다.[1047] 대통령이 퇴임 후 사용할 사저부지와 그 경호부지를 일괄 매수하는 사무를 처리하는 공무원이 매수대금을 대통령의 아들과 국가에 배분하는 과정에서 불확실한 정보를 가지고 감정평가결과와 전혀 다르게 상대적으로 사저부지가격을 낮게 평가하고 경호부지의 가격은 높게 평가하여 국가에 손해가 발생한 경우 배임죄가 성립한다.[1048]

(8) 영업비밀

기업의 영업비밀을 유출하지 않을 것을 서약한 회사직원이 재직 중에 영업비밀 또는 영업상 주요한 자산을 경쟁업체에 유출하거나 스스로의 이익을 위하여 이용할 목적으로 무단으로 반출한 경우, 회사직원은 타인의 사무를 처리하는 자이므로 업무상배임죄가 성립한다.[1049]

회사직원이 퇴사 시에 영업비밀 등을 회사에 반환하거나 폐기할 의무가 있음에도 경쟁업체에 유출하거나 스스로의 이익을 위하여 이용할 목적으로 이를 반환하거나 폐기하지 아니한 경우도 마찬가지이다. 자료가 반드시 영업비밀에 해당할 필요까지는 없지만, 적어도 그 자료가 불특정 다수인에게 공개되어 있지 않아 보유자를 통하지 아니하고는 이를 통상 입수할 수 없고 그 보유자가 자료의 취득이나 개발을 위해 상당한 시간, 노력 및 비용을 들인 것으로서, 그 자료의 사용을 통해 경쟁상의 이익을 얻을 수 있는 정도의 '영업상 주요한 자산'에는 해당하여야 한다.[1050]

그러나 회사직원이 퇴사한 후에는 특별한 사정이 없는 한 퇴사한 회사직원은 더 이상 업무상배임죄에서 타인의 사무를 처리하는 자의 지위에 있다고 볼 수 없다. 만약 반환하거나 폐기하지 아니한 영업비밀 등을 경쟁업체에 유출하거나 스스로의 이익을 위하여 이용하더라도 이는 이미 성립한 업무상배임행위의 실행행위에 지나지 아니하므로, 별도로 업무상배임죄는 성립하지 않는다. 다만 이러한 경우 그 유출 내지 이용행위는 부정경쟁방지 및 영업비밀보호에 관한 법률의 영업비밀누설죄에 해당할 수 있다. 퇴사한 회사직원에 대하여 타인의 사무를 처리하는 자의 지위를 인정할 수 없다면 제3자가 위와 같은 유출 내지 이용행위에 공모·가담하였더라도 업무상배임죄의 공범 역시 성립할 수 없다.[1051]

1047) 대법원 2013.9.27. 선고 2013도6835 판결; 대법원 2008.6.26. 선고 2006도2222 판결.

1048) 대법원 2013.9.27. 선고 2013도6835 판결.

1049) 대법원 1999.3.12. 선고 98도4704 판결.

1050) 대법원 2022.6.30. 선고 2018도4794 판결.

1051) 대법원 2017.6.29. 선고 2017도3808 판결.

판례 타인의 사무를 부정한 판례

① 피고인이 월부상환중인 자동차를 공소외인에게 매도하였으나 자동차등록명의는 피고인의 명의로 남아있어 그 소유권이 아직 피고인에게 있다면 판매회사에 대하여 할부금을 납부하는 것은 피고인 자신의 사무처리에 불과하고, 피고인이 매매계약을 체결함에 있어 연체된 할부금을 중도금 지급기일까지 완불하여 자동차를 인도받아 사용하는 위 공소외인에게 아무런 손해를 주지 않기로 약정하였다하여도 이는 단순한 채무를 부담하는 경우에 해당할 뿐 이로 인하여 피고인이 배임죄에서 말하는 타인의 사무를 처리하는 자에 해당한다고 볼 수 없다(대법원 1983.11.8. 선고 83도2493 판결).

② 청산회사의 대표청산인이 처리하는 채무의 변제, 재산의 환가처분 등 회사의 청산의무는 청산인 자신의 사무 또는 청산회사의 업무에 속하는 것이므로, 청산인은 회사의 채권자들에 대한 관계에 있어 직접 그들의 사무를 처리하는 자가 아니다(대법원 1990.5.25. 선고 90도6 판결).

③ 음식점 임대차계약에 의한 임차인의 지위를 양도한 자는 양도사실을 임대인에게 통지하고 양수인이 갖는 임차인의 지위를 상실하지 않게 할 의무가 있다고 하여도, 이러한 임무는 임차권 양도인으로서 부담하는 채무로서 양도인 자신의 의무일 뿐이지 자기의 사무임과 동시에 양수인의 권리취득을 위한 사무의 일부를 이룬다고 볼 수 없으므로 양도인을 배임죄의 주체인 타인의 사무를 처리하는 자로 볼 수 없다(대법원 1991.12.10. 선고 91도2184 판결).

④ 국토이용관리법 제21조의2 소정의 규제지역내 토지의 매매에 대하여 같은 법 소정의 토지거래허가를 받은 바 없다면 그 매매계약은 채권적 효력도 없는 것이어서 매도인에게 그 매수인에 대한 소유권이전등기에 협력할 의무가 생겼다고 볼 수 없고 따라서 그 매도인은 배임죄의 주체인 타인의 사무를 처리하는 자에 해당하지 아니하며, 매도인이 토지거래허가를 받도록 협력할 의무가 있다 하더라도 이는 아직 타인의 사무로 볼 수 없다(대법원 1995.1.20. 선고 94도697 판결).

⑤ 담보권자가 변제기 경과 후에 담보권을 실행하기 위하여 담보목적물을 처분하는 행위는 담보계약에 따라 담보권자에게 주어진 권능이어서 자기의 사무처리에 속하는 것이지 타인인 채무자의 사무처리에 속하는 것이라고 할 수 없으므로, 담보권자가 담보권을 실행하기 위하여 담보목적물을 처분함에 있어 시가에 따른 적절한 처분을 하여야 할 의무는 담보계약상의 민사채무일 뿐 그와 같은 형법상의 의무가 있는 것은 아니므로 그에 위반한 경우 배임죄가 성립된다고 할 수 없다(대법원 1997.12.23. 선고 97도2430 판결).

⑥ 서면에 의하지 아니한 증여계약이 행하여진 경우 당사자는 그 증여가 이행되기 전까지는 언제든지 이를 해제할 수 있으므로 증여자가 구두의 증여계약에 따라 수증자에 대하여 증여 목적물의 소유권을 이전하여 줄 의무를 부담한다고 하더라도 그 증여자는 수증자의 사무를 처리하는 자의 지위에 있다고 할 수 없다(대법원 2005.12.9. 선고 2005도5962 판결).

⑦ 아파트 분양사업 시행사가 시공사와 아파트 건축공사 도급계약을 체결하면서 분양수입금을 공동명의로 개설한 예금계좌로만 수령하고 그 분양수입금으로 공사대금 등

을 지급하기로 특약하였음에도, 시행사가 이를 어기고 분양수입금을 공동명의 예금계좌에 입금하지 아니한 채 이를 자신의 기존 채무의 변제 등에 사용한 사안에서, 아파트의 분양수입금으로 시공사에 공사대금을 지급하는 사무는 시행사 자신의 사무에 속하는 것이므로, 시행사의 위 행위가 배임죄를 구성한다고 볼 수 없다고 한 사례(대법원 2008.3.13. 선고 2008도373 판결).

⑧ 이른바 보통예금은 은행 등 법률이 정하는 금융기관을 수치인으로 하는 금전의 소비임치 계약으로서, 그 예금계좌에 입금된 금전의 소유권은 금융기관에 이전되고, 예금주는 그 예금계좌를 통한 예금반환채권을 취득하는 것이므로, 금융기관의 임직원은 예금주로부터 예금계좌를 통한 적법한 예금반환 청구가 있으면 이에 응할 의무가 있을 뿐 예금주와의 사이에서 그의 재산관리에 관한 사무를 처리하는 자의 지위에 있다고 할 수 없다(대법원 2008.4.24. 선고 2008도1408 판결).

⑨ 신탁회사와 신축아파트에 대한 부동산관리처분 신탁계약을 체결하고 소유권이전등기까지 경료해 준 아파트 건축분양회사가 임의로 신탁목적물인 아파트를 제3자에게 매도하여 제3자로 하여금 아파트를 임대하고 보증금을 받게 한 사안에서, 신탁계약의 목적은 소유권이전등기의 경료로써 이미 달성되었고 신탁목적물에 대한 보존·관리 및 비용부담 등의 사무는 위탁자인 건축분양회사 자신의 사무에 해당하므로, 위탁자의 위 처분행위는 배임죄를 구성하지 않는다고 한 사례(대법원 2009.2.26. 선고 2008도11722 판결).

⑩ 낙찰계의 계주가 계원들과의 약정에 따라 부담하는 계금지급의무가 배임죄에서 말하는 '타인의 사무'에 해당하려면 그 관계의 본질적 내용이 단순한 채권관계상의 의무를 넘어서 신임관계에 기초하여 타인의 재산을 보호 내지 관리하는 데 이르러야 하는 바, 계주가 계원들로부터 계불입금을 징수하게 되면 그 계불입금은 실질적으로 낙찰계원에 대한 계금지급을 위하여 계주에게 위탁된 금원의 성격을 지니고 따라서 계주는 이를 낙찰·지급받을 계원과의 사이에서 단순한 채권관계를 넘어 신의칙상 그 계금지급을 위하여 위 계불입금을 보호 내지 관리하여야 하는 신임관계에 들어서게 되므로, 이에 기초한 계주의 계금지급의무는 배임죄에서 말하는 타인의 사무에 해당한다. 그러나 계주가 계원들로부터 계불입금을 징수하지 아니하였다면 그러한 상태에서 부담하는 계금지급의무는 위와 같은 신임관계에 이르지 아니한 단순한 채권관계상의 의무에 불과하여 타인의 사무에 속하지 아니하고, 이는 계주가 계원들과의 약정을 위반하여 계불입금을 징수하지 아니한 경우라 하여 달리 볼 수 없다(대법원 2009.8.20. 선고 2009도3143 판결).

⑪ 구 토지구획정리사업법상의 토지구획정리사업조합이 국가에 납세담보물로 제공한 '체비지'의 보관에 관하여 위 조합은 타인의 사무를 처리하는 자의 지위에 있지 아니하여 배임죄의 주체가 될 수 없다고 한 사례(대법원 2010.5.27. 선고 2007도11279 판결).

⑫ 신주발행은 주식회사의 자본조달을 목적으로 하는 것으로서, 신주발행과 관련한 대표이사의 업무는 회사의 사무일 뿐이므로 신주발행 과정에서 대표이사가 납입된 주금을 회사를 위하여 사용하도록 관리·보관하는 업무 역시 회사에 대한 선관주의의무

내지 충실의무에 기한 것으로서 회사의 사무에 속하는 것이고, 신주발행에서 대표이사가 일반 주주들에 대하여 그들의 신주인수권과 기존 주식의 가치를 보존하는 임무를 대행한다거나 주주의 재산보전 행위에 협력하는 자로서 타인의 사무를 처리하는 자의 지위에 있다고는 볼 수 없다(대법원 2010.10.14. 선고 2010도387 판결).

⑬ 갑 택시회사 노동조합 분회장이자 전국택시노동조합연맹 지역본부 교섭위원인 피고인이 사용자단체인 지역택시운송사업조합과 노사교섭을 담당하면서, 근로자인 운전기사 과반수의 동의 없이 운송사업자에 대한 부가가치세 경감세액 중 일부만을 근로자에게 직접 지급하고 나머지는 단체협약상 운송사업자가 부담할 비용에 사용할 수 있도록 합의함으로써 근로자들에게 손해를 가하였다고 하여 업무상배임죄로 기소된 사안에서, 구 조세특례제한법(2006.12.30. 법률 제8146호로 개정되기 전의 것)에 따른 부가가치세 경감세액은 납부의무자인 일반택시 운송사업자에게 귀속되고 운전기사들이 운송사업자들을 상대로 부가가치세 경감세액에 대한 직접적인 사법상 권리를 취득하는 것이 아닌 점, 위 합의는 지역본부로부터 권한을 위임받은 지역본부의 본부장 및 교섭위원들이 사용자단체인 지역택시운송사업조합과 부가가치세 경감세액 사용 방법에 관하여 체결한 것으로 단체협약의 성질을 가지는 점 등을 종합할 때, 피고인이 지역본부 교섭위원으로서 한 합의의 체결은 지역본부의 사무이고, 피고인이 소속 조합원들에 대한 관계에서 직접 그들의 사무를 처리하는 자의 지위에 있다고 할 수 없는데도, 이와 달리 보아 유죄를 인정한 원심판결에 '타인의 사무를 처리하는 자'의 지위 등에 관한 법리오해의 위법이 있다고 한 사례(대법원 2012.3.15. 선고 2010도3207 판결).

⑭ 채무자가 투자금반환채무의 변제를 위하여 담보로 제공한 임차권 등의 권리를 그대로 유지할 계약상 의무가 있다고 하더라도, 이는 기본적으로 투자금반환채무의 변제의 방법에 관한 것이고, 채권자의 재산을 보호 또는 관리하여야 하는 '타인의 사무'에 해당한다고 볼 수 없다(대법원 2015.3.26. 선고 2015도1301 판결).

⑮ 주권발행 전 주식의 양도는 양도인과 양수인의 의사표시만으로 효력이 발생한다. 그 주식 양수인은 특별한 사정이 없는 한 양도인의 협력을 받을 필요 없이 단독으로 자신이 주식을 양수한 사실을 증명함으로써 회사에 대하여 명의개서를 청구할 수 있다. 따라서 양도인이 양수인으로 하여금 회사 이외의 제3자에게 대항할 수 있도록 확정일자 있는 증서에 의한 양도통지 또는 승낙을 갖추어 주어야 할 채무를 부담한다 하더라도 이는 자기의 사무라고 보아야 하고, 이를 양수인과의 신임관계에 기초하여 양수인의 사무를 맡아 처리하는 것으로 볼 수 없다(대법원 2020.6.4. 선고 2015도6057 판결).

⑯ 채무자가 채권양도담보계약에 따라 '담보 목적 채권의 담보가치를 유지·보전할 의무'를 부담하는 경우, 채권자에 대한 관계에서 '타인의 사무를 처리하는 자에 해당하지 않는다(대법원 2021.7.15. 선고 2015도5184 판결).

판례 타인의 사무를 긍정한 판례

① 낙찰계의 계주는 계원들과의 약정에 따라 지정된 계날에 계원들로부터 월불입금을 징수하여 이를 낙찰계원에게 지급할 임무가 있다 할 것이므로 피고인인 계주가 계원들로부터 월불입금을 모두 징수하였음에도 불구하고 그 임무에 위배하여 이를 낙찰계원에게 지급하지 아니하였다면 다른 특별한 사정이 없는 한 낙찰계원에 대한 관계에 있어서 배임죄를 구성한다(대법원 1987.2.24. 선고 86도1744 판결).

② 채권의 담보를 목적으로 부동산의 소유권이전등기를 경료받은 채권자는 채무자가 변제기일까지 그 채무를 변제하면 채무자에게 그 소유 명의를 환원하여 주기 위하여 그 소유권이전등기를 이행할 의무가 있으므로 그 변제기일 이전에 그 임무에 위배하여 이를 제3자에게 처분하였다면 변제기일까지 채무자의 변제가 없었다 하더라도 배임죄는 성립된다(대법원 1992.7.14. 선고 92도753 판결).

③ 채권의 담보를 목적으로 부동산의 소유권이전등기를 마친 채권자는 채무자가 변제기일까지 그 채무를 변제하면 채무자에게 그 소유명의를 환원하여 주기 위하여 그 소유권이전등기를 이행할 의무가 있으므로, 그 변제기일 이전에 그 임무에 위배하여 제3자에게 근저당권을 경료하여 주었다면 변제기일까지 채무자의 채무변제가 없었다고 하더라도 배임죄는 성립되고, 그와 같은 법리는 채무자에게 환매권을 주는 형식을 취하였다고 하여 다를 바가 없다(대법원 1995.5.12. 선고 95도283 판결).

④ 고객과 증권회사와의 사이에 이러한 매매거래에 관한 위탁계약이 성립되기 이전에는 증권회사는 매매거래 계좌설정 계약시 고객이 입금한 예탁금을 고객의 주문이 있는 경우에 한하여 그 거래의 결제의 용도로만 사용하여야 하고, 고객의 주문이 없이 무단 매매를 행하여 고객의 계좌에 손해를 가하지 아니하여야 할 의무를 부담하는 자로서, 고객과의 신임관계에 기초를 두고 고객의 재산관리에 관한 사무를 대행하는 타인의 사무를 처리할 지위에 있다(대법원 1995.11.21. 선고 94도1598 판결).

⑤ 기업의 영업비밀을 유출하지 않을 것을 서약한 직원은 경제적 대가 등을 이유로 경쟁업체에 영업비밀을 유출하지 않아야 할 의무가 있는 타인의 사무처리자이다(대법원 1999.3.12. 선고 98도4704 판결).

⑥ 이른바 1인회사에 있어서도 행위의 주체와 그 본인인 회사는 분명히 별개의 인격이므로 1인회사의 대표자는 회사에 대한 관계에서는 타인이므로 타인의 사무를 처리하는 자에 해당한다(대법원 2006.6.16. 선고 2004도7585 판결).

⑦ 피고인의 남편이 1986. 1. 2.경 피해자에게 이 사건 토지를 매도한 후 사망하자 1990. 6. 29. 피고인과 피해자 사이에 판시와 같이 이 사건 토지에 관하여 소유권이전등기절차를 이행하기로 하는 재판상화해가 성립한 사실을 인정한 다음, 그 재판상화해의 내용이 피고인에게 피해자에 대한 등기협력의무를 발생시키는 것이라는 점에서 피고인의 등기협력의무가 소멸된다고 볼 수 없으므로 피고인으로서는 여전히 배임죄

의 주체가 된다(대법원 2007.7.26. 선고 2007도3882 판결).

⑧ 피고인이 갑으로부터 토지를 매수하여 먼저 소유권이전등기를 넘겨받은 다음 매매대금 지급을 담보하기 위해 이를 신탁회사에 처분신탁하고 신탁계약상의 수익권에 관하여 갑에게 권리질권을 설정해 주었으나, 매매대금 일부가 미지급된 상태에서 일부 토지에 관한 신탁계약을 해지하고 이를 제3자에게 처분한 사안에서, 피고인은 배임죄의 주체인 '타인의 사무를 처리하는 자'에 해당하고, 피고인의 배임행위로 갑에게 손해를 가하였다고 본 원심판단을 수긍한 사례(대법원 2010.8.26. 선고 2010도4613 판결).

⑨ 지입차주가 자신이 실질적으로 소유하거나 처분권한을 가지는 자동차에 관하여 지입회사와 지입계약을 체결함으로써 지입회사에 그 자동차의 소유권등록 명의를 신탁하고 운송사업용 자동차로서 등록 및 그 유지 관련 사무의 대행을 위임한 경우 지입회사 운영자는 지입차주와의 관계에서 '타인의 사무를 처리하는 자'의 지위에 있다(대법원 2021.6.24. 선고 2018도14365 판결).

마. 사무처리의 독립성

행위자가 일정한 범위에서 스스로 판단하고 처리할 수 있는 '사무처리의 독립성'이 인정되어야 한다. 사무처리자에게 일정한 범위에서 판단의 자유 내지 활동의 자유와 독립성과 책임이 있을 때만 그 신임관계를 위반한 것에 대하여 처벌하는 것이 정당화될 수 있기 때문이다. 따라서 본인의 지시에 따라 기계적 사무에 종사하는 자는 독립적 사무처리를 할 수 없으므로 배임죄의 주체가 될 수 없다. 이러한 해석을 통하여 배임죄의 주체가 부당하게 확장되는 것을 방지할 수 있다.

하지만 고유의 권한으로서 그 처리를 하는 자에 한정되지 않는다. 따라서 직접 업무를 담당하고 있는 자가 아니지만 그 업무 담당자의 상급기관이거나,[1052] 그 보조기관으로서 직접 또는 간접으로 그 처리에 관한 사무를 담당하는 사람도[1053] 행위자의 행위가 피해자인 본인에 대한 배임행위에 해당한다는 것을 알면서도 행위자의 배임행위를 교사하거나 또는 배임행위의 전 과정에 관여하는 등으로 배임행위에 적극 가담한 경우에는 배임죄의 주체가 된다.

3. 행위: 배임행위

가. 의의

배임죄의 행위는 그 임무에 위배하는 행위로써 재산상 이익을 취득하거나 제3자로 하

1052) 대법원 2004.7.9. 선고 2004도810 판결; 대법원 1999.7.23. 선고 99도1911 판결.

1053) 대법원 2004.6.24. 선고 2004도520 판결.

여금 이를 취득하게 하여 본인에게 손해를 가하는 행위를 말한다. 임무위배행위, 재산상 이익취득(제3자로 하여금 취득하게 하는 것 포함), 손해발생의 세 가지 요건을 모두 갖추어야 한다.

나. 임무위배행위

(1) 의의

임무위배행위는 사무의 내용, 성질 등 구체적 상황에 비추어 법률의 규정, 계약의 내용 혹은 신의칙상 당연히 할 것으로 기대되는 행위를 하지 않거나 당연히 하지 않아야 할 것으로 기대되는 행위를 함으로써 본인과의 신임관계를 파괴하는 일체의 행위를 말한다.

임무위배행위 여부를 판단함에 있어서는 먼저 행위자가 처리하여야 할 사무의 성질·내용 등 행위 당시의 구체적 사정을 고려한 후 그 행위가 신의칙에 비추어 통상의 사무집행의 범위를 일탈하였는가에 따라 개별적·구체적으로 판단할 수밖에 없다.[1054]

임무위배행위는 권한 남용, 법률상 의무위반, 법률행위·사실행위, 작위·부작위를 불문한다. 임무위배행위는 임무범위 내의 임무위배행위를 의미하므로 임무범위 밖의 행위에 대해서는 배임죄가 성립하지 않는다.

부작위에 의한 임무위배행위도 가능하다. 타인과의 신뢰관계에서 일정한 임무에 따라 사무를 처리할 법적 의무가 있는 자가 그 상황에서 당연히 할 것이 법적으로 요구되는 행위를 하지 않는 부작위에 의해서도 성립할 수 있다.[1055] 예를 들면 타인의 사무처리자가 고의로 채권을 행사하지 않음으로 인하여 소멸시효가 완성된 경우에는 부작위에 의한 배임죄가 성립할 수 있다.

(2) 금융기관의 불량·부실 대출행위

금융기관인 회사가 대출을 함에 있어 대출을 받는 자가 이미 채무변제능력을 상실하여 그에게 자금을 대여할 경우 회사에 손해가 발생하리라는 정을 충분히 알면서 이에 나아갔거나, 충분한 담보를 제공받는 등 상당하고도 합리적인 채권회수조치를 취하지 아니한 채 만연히 대여해 주었다면, 그와 같은 자금대여는 타인에게 이익을 얻게 하고 회사에 손해를 가하는 행위로서 회사에 대하여 배임행위가 된다.[1056]

은행지점장이 채무자로부터 대출금을 모두 회수할 수 있었고, 오히려 기한을 연장해 주면 채무자의 자금사정이 대출금을 회수할 수 없을 정도로 악화되리라는 사정을 알면서

1054) 김성돈, 468면; 정성근/박광민, 471면.

1055) 대법원 2021.5.27. 선고 2020도15529 판결.

1056) 대법원 2002.7.22. 선고 2002도1696 판결.

도 그 기한을 연장해 준 경우 임무위배행위가 된다.[1057]

(3) 회사의 대표이사의 임무위배행위

회사의 대표이사가 임무에 배임하는 행위를 함으로써 주주 또는 회사 채권자에게 손해가 될 행위를 하였다면 그 회사의 이사회 또는 주주총회의 결의가 있었다고 하여 그 배임행위가 정당화될 수는 없다.[1058] 따라서 주식회사의 이사가 타인 발행의 약속어음에 회사 명의로 배서할 경우 그 타인이 어음금의 지급능력이 없어 그 배서로 인하여 회사에 손해가 발생하리라는 점을 알면서 이에 나아갔다면, 이러한 약속어음의 배서행위는 타인에게 이익을 얻게 하고 회사에 손해를 가하는 행위로서 회사에 대하여 배임행위에 해당한다.[1059] 또한 회사의 대표이사 등이 임무에 위배하여 회사로 하여금 다른 사업자와 용역계약을 체결하게 하면서 적정한 용역비의 수준을 벗어나 부당하게 과다한 용역비를 정하여 지급하게 하였다면 배임행위에 해당한다.[1060]

대표이사가 다른 회사를 위하여 대출금 등 채무를 연대보증하게 하면서도 어떠한 대가나 이익을 제공받지 아니하고, 회사가 연대보증채무를 이행할 경우 구상금 채권의 확보방안도 마련하지 않는 등의 행위를 하였다면 이는 임무위배행위에 해당한다.[1061]

종업원의 자사주 매입에 회사자금을 지원한 행위의 주된 목적이 종업원의 재산형성을 통한 복리증진보다는 안정주주를 확보함으로써 경영자의 회사에 대한 경영권을 계속 유지하고자 하는 데 있다면, 그 자금지원은 경영자의 이익을 위하여 회사재산을 사용하는 것이 되어 회사의 이익에 반하므로 회사에 대한 관계에서 임무위배행위가 된다.[1062]

판례 주식회사의 대표이사의 임무에 위배하는 행위

【판결요지】 [1] 회사의 대표이사는 이사회 또는 주주총회의 결의가 있더라도 그 결의내용이 회사 채권자를 해하는 불법한 목적이 있는 경우에는 이에 맹종할 것이 아니라 회사를 위하여 성실한 직무수행을 할 의무가 있으므로 대표이사가 임무에 배임하는 행위를 함으로써 주주 또는 회사 채권자에게 손해가 될 행위를 하였다면 그 회사의 이사회 또는 주주총회의 결의가 있었다고 하여 그 배임행위가 정당화될 수는 없다.

[2] 배임죄는 재산상 이익을 객체로 하는 범죄이므로, 1인 회사의 주주가 자신의 개인

1057) 대법원 1999.7.9. 선고 99도1864 판결.

1058) 대법원 2005.10.28. 선고 2005도4915 판결.

1059) 대법원 2000.5.26. 선고 99도2781 판결.

1060) 대법원 2018.2.13. 선고 2017도17627 판결.

1061) 대법원 2015.11.26. 선고 2014도17180 판결.

1062) 대법원 1999.6.25. 선고 99도1141 판결.

채무를 담보하기 위하여 회사 소유의 부동산에 대하여 근저당권설정등기를 마쳐 주어 배임죄가 성립한 이후에 그 부동산에 대하여 새로운 담보권을 설정해 주는 행위는 선순위 근저당권의 담보가치를 공제한 나머지 담보가치 상당의 재산상 이익을 침해하는 행위로서 별도의 배임죄가 성립한다.

[3] 거래상대방의 대향적 행위의 존재를 필요로 하는 유형의 배임죄에 있어서 거래상대방으로서는 기본적으로 배임행위의 실행행위자와는 별개의 이해관계를 가지고 반대편에서 독자적으로 거래에 임한다는 점을 감안할 때, 거래상대방이 배임행위를 교사하거나 그 배임행위의 전 과정에 관여하는 등으로 배임행위에 적극가담함으로써 그 실행행위자와의 계약이 반사회적 법률행위에 해당하여 무효로 되는 경우 배임죄의 교사범 또는 공동정범이 될 수 있음은 별론으로 하고, 관여의 정도가 거기에까지 이르지 아니하여 법질서 전체적인 관점에서 살펴볼 때 사회적 상당성을 갖춘 경우에 있어서는 비록 정범의 행위가 배임행위에 해당한다는 점을 알고 거래에 임하였다는 사정이 있어 외견상 방조행위로 평가될 수 있는 행위가 있었다 할지라도 범죄를 구성할 정도의 위법성은 없다고 봄이 상당하다.

[4] 1인 회사의 주주가 개인적 거래에 수반하여 법인 소유의 부동산을 담보로 제공한다는 사정을 거래상대방이 알면서 가등기의 설정을 요구하고 그 가등기를 경료받은 사안에서, 거래상대방이 배임행위의 방조범에 해당한다고 한 원심판결을 파기한 사례(대법원 2005.10.28. 선고 2005도4915 판결).

【해설】 이 사건의 쟁점은 대표이사의 임무위배행위가 이사회·주총 결의가 있더라도 배임죄가 되는지, 1인 회사에서의 회사재산 제공행위가 배임죄가 될 수 있는지, 거래상대방이 대표이사의 배임행위를 알면서도 거래에 응하면 방조범이 되는지이다. 회사 대표이사는 회사에 대한 충실의무를 부담한다. 설령 이사회 또는 주주총회의 결의가 있더라도, 그 결의가 회사 채권자를 해치는 불법한 목적이 있다면, 이를 거부할 의무가 있다. 그러므로 결의가 있었다고 배임행위가 정당화될 수는 없다. 회사는 독립된 법인이므로, 1인 회사라도 회사재산과 주주 개인의 재산은 별개이다. 주주가 자신의 채무를 담보하기 위해 회사 명의 부동산에 근저당을 설정하는 경우, 회사에 손해를 가하고 배임죄 성립이 가능하다. 거래상대방이 대표이사의 배임행위를 적극적으로 교사하거나 전 과정에 깊이 관여하여 계약 자체가 반사회적 행위로 무효인 경우에는 공동정범이나 교사범으로 처벌가능하다. 하지만 단순한 인지나 수동적 협조만으로는 형법상 방조범으로 보기 어렵다.

판례 전환사채 발행 업무상배임 사건

【판결요지】 전환사채는 발행 당시에는 사채의 성질을 갖는 것으로서 사채권자가 전환권을 행사한 때에 비로소 주식으로 전환된다. 전환사채의 발행업무를 담당하는 사람과 전환사채 인수인이 사전 공모하여 제3자에게서 전환사채 인수대금에 해당하는 금

액을 차용하여 전환사채 인수대금을 납입하고 전환사채 발행절차를 마친 직후 인출하여 차용금채무의 변제에 사용하는 등 실질적으로 전환사채 인수대금이 납입되지 않았음에도 전환사채를 발행한 경우에, 전환사채의 발행이 주식 발행의 목적을 달성하기 위한 수단으로 이루어졌고 실제로 목적대로 곧 전환권이 행사되어 주식이 발행됨에 따라 실질적으로 신주인수대금의 납입을 가장하는 편법에 불과하다고 평가될 수 있는 등의 특별한 사정이 없는 한, 전환사채의 발행업무를 담당하는 사람은 회사에 대하여 전환사채 인수대금이 모두 납입되어 실질적으로 회사에 귀속되도록 조치할 업무상의 임무를 위반하여, 전환사채 인수인이 인수대금을 납입하지 않고서도 전환사채를 취득하게 하여 인수대금 상당의 이득을 얻게 하고, 회사가 사채상환의무를 부담하면서도 그에 상응하여 취득하여야 할 인수대금 상당의 금전을 취득하지 못하게 하여 같은 금액 상당의 손해를 입게 하였으므로, 업무상배임죄의 죄책을 진다. 그리고 그 후 전환사채의 인수인이 전환사채를 처분하여 대금 중 일부를 회사에 입금하였거나 또는 사채로 보유하는 이익과 주식으로 전환할 경우의 이익을 비교하여 전환권을 행사함으로써 전환사채를 주식으로 전환하였더라도, 이러한 사후적인 사정은 이미 성립된 업무상배임죄에 영향을 주지 못한다(대법원 2015.12.10. 선고 2012도235 판결).

【해설】 실질적으로 전환사채 인수대금이 납입되지 않았음에도 전환사채를 발행한 경우, 전환사채 발행업무를 담당하는 사람은 업무상배임죄가 성립한다. 이때 전환사채 인수인이 전환사채를 처분하여 대금 중 일부를 회사에 입금하였거나 전환사채를 주식으로 전환하였다는 사후적인 사정이 이미 성립된 업무상배임죄에 영향을 주지 않는다.

(4) 영업비밀 유출행위

기업의 영업비밀을 사외로 유출하지 않을 것을 서약한 회사의 직원이 경제적인 대가를 얻기 위하여 경쟁업체에 영업비밀을 유출하는 행위는 피해자와의 신임관계를 저버리는 임무위배행위에 해당한다.[1063]

퇴사 시에 영업비밀 등을 회사에 반환하거나 폐기할 의무가 있음에도 불구하고 경쟁업체에 유출하거나 스스로의 이익을 위하여 이용할 목적으로 이를 반환하거나 폐기하지 아니한 경우도 임무위배행위에 해당한다. 하지만 퇴사를 한 이후라면 특별한 사정이 없는 한 퇴사한 회사직원은 더 이상 업무상배임죄에서 타인의 사무를 처리하는 자가 아니므로 이러한 행위는 임무위배행위가 될 수 없다.[1064]

다만 영업비밀 유출행위에 대해서는 부정경쟁방지 및 영업비밀보호에 관한 법률에 따라 처벌될 수 있다. 동법에 따르면 '영업비밀'은 공공연히 알려져 있지 아니하고 독립된

1063) 대법원 1999.3.12. 선고 98도4704 판결.

1064) 대법원 2017.6.29. 선고 2017도3808 판결.

경제적 가치를 가지는 것으로서, 비밀로 관리된 생산방법, 판매방법, 그 밖에 영업활동에 유용한 기술상 또는 경영상의 정보를 말한다. 이러한 영업비밀을 취득·사용하거나 제3자에게 누설하는 경우 부정경쟁방지법에 따라 형사처벌된다.

판례 영업비밀 누설 행위

【판결요지】 업무상배임죄의 주체는 타인의 사무를 처리하는 지위에 있어야 한다. 따라서 회사직원이 재직 중에 영업비밀 또는 영업상 주요한 자산을 경쟁업체에 유출하거나 스스로의 이익을 위하여 이용할 목적으로 무단으로 반출하였다면 타인의 사무를 처리하는 자로서 업무상의 임무에 위배하여 유출 또는 반출한 것이어서 유출 또는 반출 시에 업무상배임죄의 기수가 된다. 또한 회사직원이 영업비밀 등을 적법하게 반출하여 반출행위가 업무상배임죄에 해당하지 않는 경우라도, 퇴사 시에 영업비밀 등을 회사에 반환하거나 폐기할 의무가 있음에도 경쟁업체에 유출하거나 스스로의 이익을 위하여 이용할 목적으로 이를 반환하거나 폐기하지 아니하였다면, 이러한 행위 역시 퇴사 시에 업무상배임죄의 기수가 된다.

그러나 회사직원이 퇴사한 후에는 특별한 사정이 없는 한 퇴사한 회사직원은 더 이상 업무상배임죄에서 타인의 사무를 처리하는 자의 지위에 있다고 볼 수 없고, 위와 같이 반환하거나 폐기하지 아니한 영업비밀 등을 경쟁업체에 유출하거나 스스로의 이익을 위하여 이용하더라도 이는 이미 성립한 업무상배임 행위의 실행행위에 지나지 아니하므로, 그 유출 내지 이용행위가 부정경쟁방지 및 영입비밀보호에 관한 법률 위반(영업비밀누설등)죄에 해당하는지는 별론으로 하더라도, 따로 업무상배임죄를 구성할 여지는 없다. 그리고 위와 같이 퇴사한 회사직원에 대하여 타인의 사무를 처리하는 자의 지위를 인정할 수 없는 이상 제3자가 위와 같은 유출 내지 이용행위에 공모·가담하였더라도 타인의 사무를 처리하는 자의 지위에 있다는 등의 사정이 없는 한 업무상배임죄의 공범 역시 성립할 수 없다(대법원 2017.6.29. 선고 2017도3808 판결).

(5) 모험거래의 경우

투자·주식매매와 같이 거래가 본인에게 이익 또는 손해가 될 것인지에 대한 전망이 명확하지 않은 '모험거래'의 경우 모험적 거래가 당사자 내부관계에서 금지되어 있는 경우에는 배임죄가 성립한다.

문제는 모험거래에 대하여 당사자 내부관계에서 명시적으로 금지하지 않는 경우이다. 이 경우 모험적 거래로 회사에 손해를 입히면 배임죄가 성립하는지는 사무의 성질이나 그 내용에 따라 달리 평가되어야 한다. 회사를 대표하는 대표이사에게는 통상적인 거래관행에 속하는 정도의 모험거래가 허용된다고 할 수 있을 것이지만, 모험거래는 본인과 행위자 사이의 내부관계에서 모험거래에 대한 본인의 동의가 존재하거나 적어도 본인의 추정적 승낙이 있다고 인정되어야 배임행위가 되지 않는다고 보는 것이 타당하다. 예를 들면 펀드 매니저나 증권회사 담당직원 등 업무처리 자체가 어느 정도 투기적 성질을 가지는 경우에는 사회통념상 통상의 업무 범위를 벗어났는지 또는 본인의 추정적 승낙이 있었다고 볼 수 있는지에 따라 배임행위가 될 수 있다.

(6) 이른바 경영판단의 원칙과 배임행위

경영판단의 원칙(Business Judgment Rule)이란 회사의 이사나 임원들이 선의로 선량한 관리자의 주의를 다하고 그 권한 내의 행위를 하였다면 그 행위로 인하여 비록 회사에 손해를 끼쳤다고 하더라도 회사에 대해 그 개인적인 책임을 부담하지 않는다는 이론을 말한다. 미국의 판례법에서 발달한 이론이다. 경영판단은 불확실하고 복잡한 장래의 경영위험에서 행해지는 전문적·정책적 판단을 하였다면 그 판단이 결과적으로 경영실패로 이어졌다고 하더라도 이에 대한 법적 책임을 묻는 것은 바람직하지 않다는 관점에서 출발한 이론이다.

대법원은 2004년 기업인의 배임죄 성립 여부를 판단하는 경우에 고의를 인정할 수 있는지와 관련하여 경영 판단의 원칙을 적용할 수 있다고 한다. 동일한 기업집단에 속하는 계열회사 사이의 지원행위가 합리적인 경영판단의 재량 범위 내에서 행하여진 것이라고 인정된다면 배임죄는 성립하지 않는다.[1065] 판례는 경영판단의 원칙을 객관적 구성요건해당성을 부정하는 것이 아니라, '배임의 고의가 인정되는지를 판단하는 기준'으로 활용하고 있다.

생각건대, 경영판단의 원칙은 형법적 의미에서 '고의 판단기준으로서 기능'을 가진다. 경영자가 일정한 재산적 처분을 하여 회사에 손해를 초래한 경우라도, 그 행위가 합리적 경영상 판단의 범위 내에서 일반적 경영 관행상 가능한 판단이고(의사결정의 합리성), 충분한 정보에 기초하여 이루어진 것이며(결정 과정의 적정성), 사익 추구가 아닌 회사의 이익을 위한 것이라면(결정 목적의 정당성) 배임의 고의를 인정하기 어렵다.

판례 경영판단의 원칙과 배임죄

【판결요지】 [1] 경영상의 판단과 관련하여 기업의 경영자에게 배임의 고의가 있었는지 여부를 판단함에 있어서도 일반적인 업무상배임죄에 있어서 고의의 입증 방법과 마찬가지의 법리가 적용되어야 함은 물론이지만, 기업의 경영에는 원천적으로 위험이 내

1065) 대법원 2017.11.9. 선고 2015도12633 판결.

재하여 있어서 경영자가 아무런 개인적인 이익을 취할 의도 없이 선의에 기하여 가능한 범위 내에서 수집된 정보를 바탕으로 기업의 이익에 합치된다는 믿음을 가지고 신중하게 결정을 내렸다 하더라도 그 예측이 빗나가 기업에 손해가 발생하는 경우가 있을 수 있는바, 이러한 경우에까지 고의에 관한 해석기준을 완화하여 업무상배임죄의 형사책임을 묻고자 한다면 이는 죄형법정주의의 원칙에 위배되는 것임은 물론이고 정책적인 차원에서 볼 때에도 영업이익의 원천인 기업가 정신을 위축시키는 결과를 낳게 되어 당해 기업뿐만 아니라 사회적으로도 큰 손실이 될 것이므로, 현행 형법상의 배임죄가 위태범이라는 법리를 부인할 수 없다 할지라도, 문제된 경영상의 판단에 이르게 된 경위와 동기, 판단대상인 사업의 내용, 기업이 처한 경제적 상황, 손실발생의 개연성과 이익획득의 개연성 등 제반 사정에 비추어 자기 또는 제3자가 재산상 이익을 취득한다는 인식과 본인에게 손해를 가한다는 인식(미필적 인식을 포함)하의 의도적 행위임이 인정되는 경우에 한하여 배임죄의 고의를 인정하는 엄격한 해석기준은 유지되어야 할 것이고, 그러한 인식이 없는데 단순히 본인에게 손해가 발생하였다는 결과만으로 책임을 묻거나 주의의무를 소홀히 한 과실이 있다는 이유로 책임을 물을 수는 없다.

[2] 보증보험회사의 경영자가 경영상의 판단에 따라 보증보험회사의 영업으로 행한 보증보험계약의 인수가 임무위배행위에 해당한다거나 배임의 고의가 있었다고 단정하기 어렵다고 한 사례(대법원 2004. 7. 22. 선고 2002도4229 판결).

(7) 공무원의 배임행위

공무원이 그 임무에 위배되는 행위를 함으로써 제3자로 하여금 재산상 이익을 취득하게 하여 국가에 손해를 가한 경우 공무원은 국가 또는 공공기관 등에 대하여 타인의 사무를 처리하는 자이므로 업무상배임죄가 성립한다.[1066] 다만 공무원의 행위가 정책 판단과 선택의 문제로서 그 방안의 시행에 의해 결과적으로 국가에 재산적 손해가 발생하였거나 제3자에게 재산적 이익이 귀속되는 측면이 있다고 하여 그러한 사정만으로 임무위배가 있다고 할 수 없다.[1067]

판례 한국외환은행 매각 사건

【판결요지】 [3] 재정경제부 금융정책국장이 한국수출입은행과 코메르츠뱅크가 보유한 주식회사 한국외환은행 구주매각에서 수출입은행에 대한 관계에서는 사무처리자의 지위에 있으나, 코메르츠뱅크에 대한 관계에서는 사무처리자의 지위에 있지 않다고 본 원심판단을 수긍한 사례.

1066) 대법원 2013.9.27. 선고 2013도6835 판결.

1067) 대법원 2008.6.26. 선고 2006도2222 판결.

[4] 주식회사 한국외환은행의 매각 관련 신주발행 업무가 위 은행 이사회의 결정 사항으로 그 대표이사 또는 이사의 사무에 속하는 점, 재정경제부 금융정책국장으로서의 업무집행은 국가나 정부, 국민을 위하여 부담하는 공무일 뿐, 달리 특별한 사정이 없는 한 위 은행에 대하여 부담하는 사무의 처리라고 볼 수는 없는 점 등에 비추어, 재정경제부 금융정책국장이 위 신주발행에서 위 은행이나 그 주주들에 대한 사무처리자의 지위에 있다고 볼 수는 없다고 한 사례.

[6] 공무원이 공공기관 등으로부터 보유하는 주식의 매각협상 등에 대한 위임을 받은 경우 그 당시의 경제적 상황과 여건, 매각의 필요성, 매각 가격의 적정성 등을 종합적으로 고려하여 그 위임사무 및 직무의 본지에 적합하다는 판단하에 이를 처리하고 그 내용이 그 위임사무 및 직무범위 내에 속하는 것으로 인정된다면, 특별한 사정이 없는 한 이는 정책 판단과 선택의 문제로서 그 방안의 시행에 의해 결과적으로 공공기관 등에 재산적 손해가 발생하거나 제3자에게 재산적 이익이 귀속되는 측면이 있다는 것만으로 임무위배가 있다 할 수 없으므로, 그 손해에 대해 행정적인 책임 기타 다른 법령상의 책임을 묻는 것은 모르되 이로 인해 그 행위가 배임죄에 해당한다고 할 수는 없다.

[7] 주식회사 한국외환은행의 매각 관련 신주발행 및 구주매각 당시 위 은행에 대규모 자본확충의 필요성이 있었는지, 미국계 사모펀드인 론스타펀드와의 협상절차가 적정하였는지, 신주발행가격 및 구주매각가격이 적정하였는지 여부 등 제반 사정에 비추어, 피고인들인 은행장 갑, 부행장 을, 재정경제부 금융정책국장 병에게 임무위배행위가 있었다거나 피해자들에게 손해 또는 그 위험이 발생하였다고 볼 수 없다는 이유로, 위 피고인들에 대한 특정경제범죄 가중처벌 등에 관한 법률 위반(배임)의 공소사실에 대하여 무죄를 선고한 원심판단을 수긍한 사례(대법원 2010.10.14. 선고 2010도387 판결).

다. 재산상 이익의 취득

배임행위로 인하여 자기 또는 제3자가 재산상 이익을 취득하여야 한다. 본인에게 손해를 가하였다고 하더라도 자기 또는 제3자의 이익취득이 없으면 배임죄는 성립하지 않는다.

갑이 피해자와 공동구입한 택시를 법정폐차 시한 전에 임의로 폐차하게 한 경우 그 폐차조치만으로써는 피해자에게 장차 얻을 수 있었을 수익금상실의 손해는 발생하였을지언정 피고인이 피해자 몫에 해당하는 이익을 취득하였다고 볼 수는 없으므로 배임죄가 성립하지 않는다.[1068] 또한 갑이 피해 회사의 승낙 없이 임의로 지정 할인율보다 더 높은 할인율을 적용하여 회사가 지정한 가격보다 낮은 가격으로 제품을 판매하는 이른바 '덤핑판매'의 경우 갑이 피해 회사가 정한 할인율 제한을 위반하였다 하더라도 시장에서 거래되는 가격에 따라 제품을 판매하였다면 거래처가 재산상 이익을 취득할 것으로 볼 수 없기

1068) 대법원 1982.2.23. 선고 81도2601 판결.

때문에 업무상배임죄는 성립하지 않는다.[1069)]

라. 재산상 손해의 발생

(1) 재산상 손해의 의미

배임행위로 인하여 본인에게 재산상 손해가 발생해야 한다. 또한 '재산상 이익 취득'과 '재산상 손해 발생'은 대등한 범죄성립요건이므로 임무위배행위로 인하여 여러 재산상 이익과 손해가 발생하더라도 재산상 이익과 손해 사이에 서로 대응하는 관계에 있는 등 일정한 관련성이 인정되어야 업무상배임죄가 성립한다.[1070)]

재산상 손해는 본인의 전체 재산 가치의 감소를 말한다. 재산상 손해 발생의 의미에 대하여 배임죄를 침해범으로 보는 견해는 재산상 손해가 현실적으로 발생하여야 본죄가 기수에 이른 것으로 보지만, 배임죄를 위험범으로 보는 견해는 본인에게 현실적 손해를 입힌 경우뿐만 아니라 재산상 손해가 발생할 위험이 있는 경우에도 본죄의 기수에 이른 것으로 본다.

판례는 본죄를 구체적 위험범으로 본다. 따라서 본인에게 현실적인 손해를 입힌 경우뿐만 아니라 재산상 실해 발생의 위험을 초래한 경우도 포함한다.[1071)] '재산상 실해 발생의 위험'이란 본인에게 손해가 발생할 막연한 위험이 있는 것만으로는 부족하고 경제적인 관점에서 보아 본인에게 손해가 발생한 것과 같은 정도로 구체적인 위험이 있는 경우를 의미한다. 따라서 재산상 실해 발생의 위험은 구체적·현실적인 위험이 야기된 정도에 이르러야 하고 단지 막연한 가능성이 있다는 정도로는 부족하다.[1072)] 또한 판례에 따르면 일단 손해의 위험성을 발생시켰다면 사후에 피해가 회복되었다고 하더라도 배임죄는 성립한다.[1073)]

(2) 경제적 재산 개념과 소극적 손해

재산상 손해의 발생 또는 위험이 있었는가에 대한 판단은 법률적 판단이 아닌 경제적 관점에서 파악해야 한다.[1074)] 따라서 법률적 판단에 의해 당해 배임행위가 무효라고 하더라도 경제적 관점에서 파악하여 손해 또는 손해발생을 초래한 경우에는 재산상 손해에 해당한다.[1075)]

1069) 대법원 2009.12.24. 선고 2007도2484 판결.
1070) 대법원 2021.11.25. 선고 2016도3452 판결.
1071) 대법원 2011.11.24. 선고 2010도11394 판결.
1072) 대법원 2015.9.10. 선고 2015도6745 판결.
1073) 대법원 2009.7.23. 선고 2009도3712 판결; 대법원 2013.6.27. 선고 2013도1526 판결.
1074) 대법원 1999.6.22. 선고 99도1095 판결.
1075) 대법원 2000.11.24. 선고 99도822 판결.

재산상 손해와 동시에 본인에게 이익을 준 경우, 예를 들면 배임행위로 인한 급우와 반대급부가 상응하고 다른 재산상 손해는 전체적 재산가치의 감소, 즉 재산상 손해가 있었다고 할 수 없다.[1076)]

재산상 손해는 기존 재산의 감소인 적극적 손해뿐만 아니라 장래 취득할 수 있는 이익의 상실인 소극적 손해도 포함한다.[1077)] 소극적 손해는 재산증가를 객관적·개연적으로 기할 수 있음에도 임무위배행위로 이러한 재산증가가 이루어지지 않은 경우를 의미하는 것이므로 임무위배 행위가 없었다면 실현되었을 재산상태와 임무위배행위로 말미암아 현실적으로 실현된 재산상태를 비교하여 그 유무 및 범위를 산정한다.[1078)]

(3) 구체적인 경우

판례에 따르면 은닉되었다가 신고된 국유재산으로서 일반 경쟁입찰에 의하여 어차피 매각하여야 하고 매각하지 아니하고 보존할 부동산이 아닌 이상 이를 일반 경쟁입찰 아닌 수의계약으로 매각하였다 하여 바로 국가가 그 부동산 자체를 상실하는 손해를 입었다고 볼 수는 없는 것이고 수의계약에 의한 매각대금이 정당한 객관적 시가가 못되고 일반 경쟁입찰의 방식으로 매각할 경우의 매각대금보다 저렴한 금액인 경우에만 국가에 손해가 발생한 것이다.[1079)]

금융기관이 거래처의 기존 대출금에 대한 원리금 및 연체이자에 충당하기 위하여 위 거래처가 신규대출을 받은 것처럼 서류상 정리하였더라도 금융기관이 실제로 위 거래처에게 대출금을 새로 교부한 것이 아니라면 그로 인하여 금융기관에게 어떤 새로운 손해가 발생하는 것은 아니라고 할 것이므로 따로 업무상배임죄가 성립된다고 볼 수 없다.[1080)]

마. 실행의 착수 시기와 기수 시기

배임죄의 실행의 착수 시기는 임무에 위배하는 행위를 개시하였을 때이다. 배임죄의 기수 시기는 임무위배행위로 인하여 본인에게 손해를 가한 때이다. 배임죄를 구체적 위험범으로 보는 판례에 따르면 현실적 손해뿐만 아니라 재산상 실해 발생의 위험이 있을 때 배임죄의 기수가 된다. 일단 손해의 위험성을 발생시켰다면 사후에 피해가 회복되었다 하여도 배임죄는 기수이다. 따라서 재단법인 불교방송의 이사장 직무대리인이 후원회 기부

1076) 대법원 2005.4.15. 선고 2004도7053 판결.
1077) 대법원 2013.4.26. 선고 2011도6798 판결.
1078) 대법원 2009.5.29. 선고 2007도4949 전원합의체 판결.
1079) 대법원 1981.6.23. 선고 80도2934 판결.
1080) 대법원 2000.6.27. 선고 2000도1155 판결.

금을 정상 회계처리하지 않고 자신과 친분관계에 있는 신도에게 확실한 담보도 제공받지 아니한 채 대여한 경우, 그 신도가 이자금을 제때에 불입하고 나중에 원금을 변제하였다 하더라도 배임죄가 성립한다.[1081)]

회사 대표이사의 대표권 남용의 경우 상대방이 대표권 남용 사실을 알았거나 알 수 있었던 경우 그 의무부담행위는 원칙적으로 회사에 대하여 효력이 없고, 경제적 관점에서 보아도 이러한 사실만으로는 회사에 현실적인 손해가 발생하였다거나 실해 발생의 위험이 초래되었다고 평가하기 어려우므로 원칙적으로 배임죄의 기수는 아니지만 대표이사가 임무위배행위를 함으로써 실행에 착수한 것이므로 배임죄의 미수범이 된다. 하지만 상대방이 대표권 남용 사실을 알지 못하였다는 등의 사정이 있어 그 의무부담행위가 회사에 대하여 유효한 경우에는 회사의 채무가 발생하고 회사는 그 채무를 이행할 의무를 부담하므로, 이러한 채무의 발생은 그 자체로 현실적인 손해 또는 재산상 실해 발생의 위험이라고 할 것이어서 그 채무가 현실적으로 이행되기 전이라도 배임죄의 기수이다.[1082)]

판례 회사 대표이사의 대표권 남용 행위와 배임죄의 기수 시기

【사실관계】 갑 주식회사 대표이사인 피고인이, 자신이 별도로 대표이사를 맡고 있던 을 주식회사의 병 은행에 대한 대출금채무를 담보하기 위해 병 은행에 갑 회사 명의로 액면금 29억 9,000만 원의 약속어음을 발행하여 줌으로써 병 은행에 재산상 이익을 취득하게 하고 갑 회사에 손해를 가하였다고 하여 특정경제범죄 가중처벌 등에 관한 법률 위반(배임)으로 기소되었다.

【판결요지】 [1] 형법 제355조 제2항은 타인의 사무를 처리하는 자가 그 임무에 위배하는 행위로써 재산상 이익을 취득하거나 제3자로 하여금 이를 취득하게 하여 본인에게 손해를 가한 때에 배임죄가 성립한다고 규정하고 있고, 형법 제359조는 그 미수범은 처벌한다고 규정하고 있다. 이와 같이 형법은 타인의 사무를 처리하는 자가 그 임무에 위배하는 행위를 할 것과 그러한 행위로 인해 행위자나 제3자가 재산상 이익을 취득하여 본인에게 손해를 가할 것을 배임죄의 객관적 구성요건으로 정하고 있으므로, 타인의 사무를 처리하는 자가 배임의 범의로, 즉 임무에 위배하는 행위를 한다는 점과 이로 인하여 자기 또는 제3자가 이익을 취득하여 본인에게 손해를 가한다는 점에 대한 인식이나 의사를 가지고 임무에 위배한 행위를 개시한 때 배임죄의 실행에 착수한 것이고, 이러한 행위로 인하여 자기 또는 제3자가 이익을 취득하여 본인에게 손해를 가한 때 기수에 이른다.

[2] [다수의견] (가) 배임죄로 기소된 형사사건의 재판실무에서 배임죄의 기수 시기를

1081) 대법원 2000.12.8. 선고 99도3338 판결.

1082) 대법원 2017.7.20. 선고 2014도1104 전원합의체 판결.

심리·판단하기란 쉽지 않다. 타인의 사무를 처리하는 자가 형식적으로는 본인을 위한 법률행위를 하는 외관을 갖추고 있지만 그러한 행위가 실질적으로는 배임죄에서의 임무위배행위에 해당하는 경우, 이러한 행위는 민사재판에서 반사회질서의 법률행위(민법 제103조 참조) 등에 해당한다는 사유로 무효로 판단될 가능성이 적지 않은데, 형사재판에서 배임죄의 성립 여부를 판단할 때에도 이러한 행위에 대한 민사법상의 평가가 경제적 관점에서 피해자의 재산 상태에 미치는 영향 등을 충분히 고려하여야 하기 때문이다. 결국 형사재판에서 배임죄의 객관적 구성요건요소인 손해 발생 또는 배임죄의 보호법익인 피해자의 재산상 이익의 침해 여부를 판단할 때에는 종래의 대법원판례를 기준으로 하되 구체적 사안별로 타인의 사무의 내용과 성질, 임무위배의 중대성 및 본인의 재산 상태에 미치는 영향 등을 종합하여 신중하게 판단하여야 한다.

(나) 주식회사의 대표이사가 대표권을 남용하는 등 그 임무에 위배하여 회사 명의로 의무를 부담하는 행위를 하더라도 일단 회사의 행위로서 유효하고, 다만 상대방이 대표이사의 진의를 알았거나 알 수 있었을 때에는 회사에 대하여 무효가 된다. 따라서 상대방이 대표권남용 사실을 알았거나 알 수 있었던 경우 그 의무부담행위는 원칙적으로 회사에 대하여 효력이 없고, 경제적 관점에서 보아도 이러한 사실만으로는 회사에 현실적인 손해가 발생하였다거나 실해 발생의 위험이 초래되었다고 평가하기 어려우므로, 달리 그 의무부담행위로 인하여 실제로 채무의 이행이 이루어졌다거나 회사가 민법상 불법행위책임을 부담하게 되었다는 등의 사정이 없는 이상 배임죄의 기수에 이른 것은 아니다. 그러나 이 경우에도 대표이사로서는 배임의 범의로 임무위배행위를 함으로써 실행에 착수한 것이므로 배임죄의 미수범이 된다.

그리고 상대방이 대표권남용 사실을 알지 못하였다는 등의 사정이 있어 그 의무부담행위가 회사에 대하여 유효한 경우에는 회사의 채무가 발생하고 회사는 그 채무를 이행할 의무를 부담하므로, 이러한 채무의 발생은 그 자체로 현실적인 손해 또는 재산상 실해 발생의 위험이라고 할 것이어서 그 채무가 현실적으로 이행되기 전이라도 배임죄의 기수에 이르렀다고 보아야 한다.

(다) 주식회사의 대표이사가 대표권을 남용하는 등 그 임무에 위배하여 약속어음 발행을 한 행위가 배임죄에 해당하는지도 원칙적으로 위에서 살펴본 의무부담행위와 마찬가지로 보아야 한다. 다만 약속어음 발행의 경우 어음법상 발행인은 종전의 소지인에 대한 인적 관계로 인한 항변으로써 소지인에게 대항하지 못하므로(어음법 제17조, 제77조), 어음발행이 무효라 하더라도 그 어음이 실제로 제3자에게 유통되었다면 회사로서는 어음채무를 부담할 위험이 구체적·현실적으로 발생하였다고 보아야 하고, 따라서 그 어음채무가 실제로 이행되기 전이라도 배임죄의 기수범이 된다. 그러나 약속어음 발행이 무효일 뿐만 아니라 그 어음이 유통되지도 않았다면 회사는 어음발행의 상대방에게 어음채무를 부담하지 않기 때문에 특별한 사정이 없는 한 회사에 현실적으로 손해가 발생하였다거나 실해 발생의 위험이 발생하였다고도 볼 수 없으므로, 이때에는 배임

죄의 기수범이 아니라 배임미수죄로 처벌하여야 한다(대법원 2017.7.20. 선고 2014도1104 전원합의체 판결).

【해설】 대표이사의 대표권 남용행위에 대하여 상대방이 이를 알았을 경우 대표이사는 임무위배행위를 함으로써 실행에 착수한 것이므로 배임죄의 미수범이 된다. 하지만 상대방이 대표권 남용사실을 알지 못한 경우에는 채무가 발생하므로 이는 현실적 손해 또는 재산상 실해 발생의 위험이라고 볼 수 있으므로 채무가 현실적으로 이행되기 전이라도 배임죄의 기수범이 된다. 이러한 대법원 다수의견의 해석은 배임죄를 구체적 위험범으로 볼 경우에 타당한 해석이다. 어음발행이 무효이더라도 제3자에게 유통되었다면 회사로서는 어음채무를 부담할 위험이 구체적·현실적으로 발생하였다고 볼 수 있으므로 배임죄는 기수가 되지만, 어음이 제3자에게 유통되지도 않았다면 실해 발생의 위험이 발생하였다고 볼 수 없으므로 배임죄는 미수가 된다. 만약 배임죄를 침해범으로 이해할 경우 별개의견이 전개하는 법리에 따라 전개된다. 다수설은 배임죄를 침해범으로 이해한다.

4. 죄수

신임관계에 기초한 임무위배의 수를 기준으로 죄수를 결정한다. 따라서 사무처리자가 수회 배임행위를 한 경우에 신임관계가 단일하고 범죄의사·태양이 동일하면 배임죄의 포괄일죄가 된다. 회사 대표이사가 자신의 채권자에게 차용금에 대한 담보로 회사 명의 정기예금에 질권을 설정하는 행위는 배임죄가 성립하며, 이후 예금인출 동의행위는 이미 배임행위로써 이루어진 질권설정행위의 사후조처에 불과하여 새로운 법익의 침해를 수반하지 않는 이른바 불가벌적 사후행위에 해당하고, 별도의 횡령죄를 구성하지 않는다.[1083)]

5. 다른 죄와의 관계

가. 배임죄와 사기죄의 관계

타인의 사무처리자가 본인을 기망하여 재산상 이익을 취득한 경우 다수설과 판례는 배임죄와 사기죄의 상상적 경합이 된다. 양죄는 구성요건을 달리하는 별개의 범죄이며, 행위태양 또한 사기행위와 임무위배행위로 다르기 때문이다. 1개의 행위로 인하여 사기죄와 배임죄를 모두 범한 경우 법조경합이 아니라 상상적 경합이 된다.[1084)]

그런데 판례는 배임행위가 본인 이외의 '제3자에 대한 사기죄'를 구성하는 경우 배임죄와 사기죄는 실체적 경합이라고 한다. 건물관리인이 건물주로부터 월세임대차계약 체결

1083) 대법원 2012.11.29. 선고 2012도10980 판결.

1084) 대법원 2002.7.18. 선고 2002도669 전원합의체 판결.

업무를 위임받고도 임차인들을 속여 전세임대차계약을 체결하고 그 보증금을 편취한 경우, 사기죄와 별도로 업무상배임죄가 성립하고 두 죄가 실체적 경합범의 관계에 있다고 판시하고 있다.[1085)]

나. 배임죄와 장물취득죄의 관계

장물취득죄와의 관계에서 배임행위에 제공된 물건을 그 정을 알면서 취득한 경우 배임죄로 영득한 재물이 아니므로 장물취득죄가 성립되지 않는다. 배임죄는 순수한 이득죄이기 때문에 배임죄에 제공된 물건은 '재산범죄로 인해 영득한 재물'이어야 하는 장물이 아니기 때문이다.

6. 부동산 이중매매의 형사책임

가. 쟁점

갑이 A에게 부동산을 매도하였으나 아직 이전등기를 해주지 않은 상태에서 이것을 다시 B에게 매도하고 B에게 소유권이전등기를 경료해 준 경우가 부동산 이중매매이다. 부동산 이중매매의 경우 부동산 물권변동에 있어서 형식주의를 따르면 소유권이전등기를 하기 전까지는 매도인 갑의 소유이므로 자기 소유의 부동산을 처분한 것이기 때문에 횡령죄는 성립하지 않는다. 이 경우 매도인 갑이 A와의 관계에서 보면 배임죄의 주체인 타인의 사무를 처리하는 자가 될 수 있는지 등 배임죄 성립 여부에 대하여 논의가 있다.

나. 매도인의 형사책임

매도인이 등기이전에 협력하지 않으면 매수인은 소유권취득이 불가능하므로 매도인의 등기협력의무는 매수인의 재산보호를 본질적 내용으로 하는 타인의 사무가 된다. 따라서 매도인은 타인의 사무를 처리하는 자로서 배임죄의 주체가 된다.[1086)]

부동산 매매대금은 통상 계약금, 중도금, 잔금으로 나뉘어 지급된다. 매도인이 계약금만 수령한 경우 매도인은 계약금을 포기하거나 그 배액을 상환함으로써 자유롭게 계약의 구속력에서 벗어날 수 있으므로 소유권이전에 대한 등기를 이행해야 할 의무가 없다. 따라서 이 단계에서 부동산을 이중매매한 경우 배임죄는 성립하지 않는다.

1085) 대법원 2010.11.11. 선고 2010도10690 판결.

1086) 대법원 2020.5.14. 선고 2019도16228 판결; 매도인이 매수인에게 순위보전의 효력이 있는 가등기를 마쳐 주었다고 하더라도 이는 향후 매수인에게 손해를 회복할 수 있는 방안을 마련하여 준 것일 뿐 그 자체로 물권변동의 효력이 있는 것은 아니기 때문에 매도인으로서는 소유권을 이전하여 줄 의무에서 벗어날 수 없다.

하지만 매도인이 중도금 또는 잔금을 수령한 경우 매도인은 일방적으로 계약을 해제할 수 없다. 당사자의 일방이 이행을 착수하기 전까지는 계약을 해제할 수 있지만, 매수인이 나머지 대금을 일부라도 지급을 하였다면 이는 계약이 본격적으로 이행하는 단계에 접어 들었으므로 상대방은 임의로 계약을 해제할 수 없기 때문이다(민법 제545조 제1항 참조). 매도인은 매수인에 대하여 매수인의 재산보전에 협력하여 재산적 이익을 보호·관리할 신임관계에 있게 된다. 따라서 매도인은 등기협력의무를 가지고 타인의 사무를 처리하는 자가 되므로 이 단계에서 부동산을 이중매매한 경우 배임죄가 성립한다.

그러나 계약이 무효·취소·해제된 경우, 중도금이 지급되었을지라도 매도인에게 해제권이 유보된 경우에는 배임죄가 성립하지 않는다.

판례 부동산 이중매매 배임죄 사건

【판결요지】 [1] [다수의견] 부동산 매매계약에서 계약금만 지급된 단계에서는 어느 당사자나 계약금을 포기하거나 그 배액을 상환함으로써 자유롭게 계약의 구속력에서 벗어날 수 있다. 그러나 중도금이 지급되는 등 계약이 본격적으로 이행되는 단계에 이른 때에는 계약이 취소되거나 해제되지 않는 한 매도인은 매수인에게 부동산의 소유권을 이전해 줄 의무에서 벗어날 수 없다. 따라서 이러한 단계에 이른 때에 매도인은 매수인에 대하여 매수인의 재산보전에 협력하여 재산적 이익을 보호·관리할 신임관계에 있게 된다. 그때부터 매도인은 배임죄에서 말하는 '타인의 사무를 처리하는 자'에 해당한다고 보아야 한다. 그러한 지위에 있는 매도인이 매수인에게 계약 내용에 따라 부동산의 소유권을 이전해 주기 전에 그 부동산을 제3자에게 처분하고 제3자 앞으로 그 처분에 따른 등기를 마쳐 준 행위는 매수인의 부동산 취득 또는 보전에 지장을 초래하는 행위이다. 이는 매수인과의 신임관계를 저버리는 행위로서 배임죄가 성립한다.

그 이유는 다음과 같다.

① 배임죄는 타인과 그 재산상 이익을 보호·관리하여야 할 신임관계에 있는 사람이 신뢰를 저버리는 행위를 함으로써 타인의 재산상 이익을 침해할 때 성립하는 범죄이다. 계약관계에 있는 당사자 사이에 어느 정도의 신뢰가 형성되었을 때 형사법에 의해 보호받는 신임관계가 발생한다고 볼 것인지, 어떠한 형태의 신뢰위반 행위를 가벌적인 임무위배행위로 인정할 것인지는 계약의 내용과 이행의 정도, 그에 따른 계약의 구속력 정도, 거래 관행, 신임관계의 유형과 내용, 신뢰위반의 정도 등을 종합적으로 고려하여 타인의 재산상 이익 보호가 신임관계의 전형적·본질적 내용이 되었는지, 해당 행위가 형사법의 개입이 정당화될 정도의 배신적인 행위인지 등에 따라 규범적으로 판단해야 한다. 이와 같이 배임죄의 성립 범위를 확정함에 있어서는 형벌법규로서의 배임죄가 본연의 기능을 다하지 못하게 되어 개인의 재산권 보호가 소홀해지지 않도록

유의해야 한다.

② 우리나라에서 부동산은 국민의 기본적 생활의 터전으로 경제활동의 근저를 이루고 있고, 국민 개개인이 보유하는 재산가치의 대부분을 부동산이 차지하는 경우도 상당하다. 이렇듯 부동산이 경제생활에서 차지하는 비중이나 이를 목적으로 한 거래의 사회경제적 의미는 여전히 크다.

③ 부동산 매매대금은 통상 계약금, 중도금, 잔금으로 나뉘어 지급된다. 매수인이 매도인에게 중도금을 지급하면 당사자가 임의로 계약을 해제할 수 없는 구속력이 발생한다(민법 제565조 참조). 그런데 매수인이 매도인에게 매매대금의 상당부분에 이르는 계약금과 중도금까지 지급하더라도 매도인의 이중매매를 방지할 보편적이고 충분한 수단은 마련되어 있지 않다. 이러한 상황에서도 매수인은 매도인이 소유권이전등기를 마쳐 줄 것으로 믿고 중도금을 지급한다. 즉 매수인은 매도인이 소유권이전등기를 마쳐 줄 것이라는 신뢰에 기초하여 중도금을 지급하고, 매도인 또한 중도금이 그러한 신뢰를 바탕으로 지급된다는 것을 인식하면서 이를 받는다. 따라서 중도금이 지급된 단계부터는 매도인이 매수인의 재산보전에 협력하는 신임관계가 당사자 관계의 전형적·본질적 내용이 된다. 이러한 신임관계에 있는 매도인은 매수인의 소유권 취득 사무를 처리하는 자로서 배임죄에서 말하는 '타인의 사무를 처리하는 자'에 해당하게 된다. 나아가 그러한 지위에 있는 매도인이 매수인에게 소유권을 이전하기 전에 고의로 제3자에게 목적부동산을 처분하는 행위는 매매계약상 혹은 신의칙상 당연히 하지 않아야 할 행위로서 배임죄에서 말하는 임무위배행위로 평가할 수 있다.

④ 대법원은 오래전부터 부동산 이중매매 사건에서, 매도인은 매수인 앞으로 소유권이전등기를 마칠 때까지 협력할 의무가 있고, 매도인이 중도금을 지급받은 이후 목적부동산을 제3자에게 이중으로 양도하면 배임죄가 성립한다고 일관되게 판결함으로써 그러한 판례를 확립하여 왔다. 이러한 판례 법리는 부동산 이중매매를 억제하고 매수인을 보호하는 역할을 충실히 수행하여 왔고, 현재 우리의 부동산 매매거래 현실에 비추어 보더라도 여전히 타당하다. 이러한 법리가 부동산 거래의 왜곡 또는 혼란을 야기하는 것도 아니고, 매도인의 계약의 자유를 과도하게 제한한다고 볼 수도 없다. 따라서 기존의 판례는 유지되어야 한다(대법원 2018.5.17. 선고 2017도4027 전원합의체 판결).

【해설】 이 사건의 쟁점은 이른바 '부동산 이중매매'를 한 매도인에게 배임죄가 성립하는지이다. 대법원은 오래전부터 부동산 이중매매 사건에서, 매도인은 매수인 앞으로 소유권이전등기를 마칠 때까지 협력할 의무가 있고, 매도인이 중도금을 지급받은 이후 목적부동산을 제3자에게 이중으로 양도하면 배임죄가 성립한다고 일관되게 판결함으로써 그러한 판례를 확립하여 왔다. 해당 판례는 기존의 판례를 유지한 것이다. 이러한 판례 법리는 부동산 이중매매를 억제하고 매수인을 보호하는 역할을 충실히 수행하여 왔고, 현재 우리의 부동산 매매거래 현실에 비추어 보더라도 여전히 타당하며, 이러한 법리가 부동산 거래의 왜곡 또는 혼란을 야기하는 것도 아니고, 매도인의 계약의

자유를 과도하게 제한한다고 볼 수도 없다는 것이 대법원 판례의 태도이다. 하지만 최근 동산 이중매매와 부동산 대물변제예약 사건에서 매도인 또는 채무자에 대하여 배임죄의 성립을 부정하고 있는 대법원 판례의 흐름과는 맞지 않다. 최근 판례의 흐름은 부동산 거래를 민사상 문제로 보고 이에 대한 형법의 개입을 축소하는 흐름이다. 부동산 이중매매에 대한 전원합의체 판결에 있는 반대의견을 읽어보기 바란다. 부동산 매매의 경우에도 매매계약에 따른 각자의 자기의 사무일 뿐 타인의 사무로 볼 수 없다는 반대의견 또한 경청할 필요가 있다.

다. 실행의 착수 시기와 기수 시기

매도인이 다시 제2매수인과 매매계약을 체결한 후 중도금을 수령한 때 배임의 고의가 확실하게 나타났으므로 이때 실행의 착수가 있다. 따라서 매도인이 제2매수인에게 부동산을 매도하기로 하고 계약금만을 지급받은 뒤 더 이상 계약의 이행에 나아가지 못한 경우 배임죄의 실행의 착수가 인정되지 않는다.[1087] 즉 부동산 이중매매에 있어서 실행의 착수 시기는 제2매수인으로부터 계약금뿐만 아니라 중도금까지 수령한 때이다.

부동산 이중매매에 있어서 배임죄의 기수 시기는 제1매수인에 대한 소유권이전등기의무는 이행불능이 되고 이로써 제1매수인에게 그 부동산의 소유권을 취득할 수 없는 손해가 발생하는 것이므로 제2매수인에게 소유권이전등기를 마친 때이다.[1088]

라. 선의의 후매수인에 대한 죄책

만약 부동산 이중매매의 상황에서 매도인이 제1매수인에게 이전등기를 경료한 경우에는 결국 자신의 의무를 이행한 것이므로 제2매수인에 대해서 배임죄는 성립하지 않는다는 것이 판례의 입장이다.[1089] 제2매수인이 중도금까지 지급한 경우라면 그 역시 '기망 당한 피해자'가 될 수 있다는 점에서 선의의 제2매수인에 대한 보호가 미흡할 수 있다는 비판이 가능하다.

이미 설명한 바와 같이 매도인이 제2매수인에게 소유권이전등기를 마쳐 준 경우에는 제1매수인에 대한 관계에서 배임죄의 성립을 인정하면서도, 제1매수인에게 소유권이전등기를 마쳐 준 경우에는 제2매수인으로부터 중도금 또는 잔금까지 받았다고 하더라도 그에 대한 관계에서는 배임죄가 성립하지 않는다고 보는 것은 모순이다.[1090]

1087) 대법원 2003.3.25. 선고 2002도7134 판결.

1088) 대법원 1984.11.27. 선고 83도1946 판결.

1089) 대법원 1992.12.24. 선고 92도1223 판결; 대법원 2009.2.26. 선고 2008도11722 판결.

1090) 대법원 2018.5.17. 선고 2017도4027 전원합의체 판결에서 반대의견의 내용이다.

판례 부동산 이중매매

【사실관계】 A주식회사는 아파트 부지를 W은행에 담보로 제공하여 W은행명의의 근저당권을 설정하고 W은행으로부터 160억원을 대출받으면서 이후 아파트 공사가 완공되어 아파트 건물에 관하여 소유권보존등기를 할 때에는 이를 이미 담보로 제공된 아파트 부지와 함께 위 피담보채무를 위한 공동담보로 제공하기로 약정하였다. 그럼에도 불구하고 A주식회사는 아파트 해당세대에 대하여 B등에게 매도하는 계약을 체결하고 이들로부터 각 매매대금을 지급받았다. B등은 분양계약체결 당시 아파트에 대하여 근저당을 설정하기 하는 약정이 있음을 몰랐다. 이후 A주식회사는 아파트가 준공되자 B에게 소유권이전등기를 경료해주면서 같은 날 W은행에게 공동담보로 근저장권설정등기를 경료하여 주었다.

【판결요지】 부동산을 이중으로 매도한 경우에 매도인이 선매수인에게 소유권이전의무를 이행하였다고 하여 후매수인에 대한 관계에서 그가 임무를 위법하게 위배한 것이라고 할 수 없다. (중략) 그렇다면 공소외 1 주식회사가 그와 같이 추가로 근저당권설정등기를 경료하여 준 것은 공소외 1 주식회사가 우리은행에 대하여 지고 있는 2004.6.29. 자 위 추가담보제공의 약정에 기한 근저당권설정등기의무를 이행한 것에 불과하다 할 것이다. 이와 같이 공소외 1 주식회사는 위 각 피해자들의 매매계약보다 앞선 위 추가담보제공의 약정에 기하여 이 사건 근저당권설정등기를 경료한 것이므로, 이를 두고 피고인이 위 각 피해자들에 대한 관계에서 타인의 사무를 처리하는 자로서 그 임무를 위법하게 위배한 것으로서 배임죄가 성립된다고 할 수 없다(대법원 2009.2.26. 선고 2008도11722 판결).

【해설】 A주식회사가 은행에게 아파트 부지에 대한 근저당권을 설정하고, 추가담보로 아파트 건물에 대하여 추가담보를 하였음에도 불구하고 이를 분양자들에게 알리지 않았다. 아파트가 완공이 된 후 A주식회사는 분양자들에게 소유권이전등기를 경료해 줌과 동시에 은행에 근저당권설정등기를 경료한 것이다. 결국 분양자들의 입장에서는 매매대금을 전부 지급하였음에도 불구하고 근저당권이 설정된 법적 제한이 있는 불완전한 소유권을 이전받게 된 것이다. 이에 대하여 원심법원은 A주식회사는 분양자인 후매수자에 대하여 배임죄가 성립한다는 판단을 하였다. 그러나 대법원은 부동산을 이중으로 매도한 경우에 매도인이 선매수인에게 소유권이전의무를 이행하였다고 하여 후매수인에 대한 관계에서 그가 임무를 위법하게 위배한 것이라고 할 수 없다고 하여 배임죄의 성립을 부정하였다.

마. 악의의 후매수인의 형사책임

매도인이 제2매수인에게 소유권이전등기를 한 경우 악의의 후매수인인 제2매수인은 부동산이 이중매매된다는 사실에 대한 단순한 악의만으로는 공범이 될 수 없으며, '적극적으로' 이중매매에 가담한 경우에 배임죄의 공동정범 또는 공범이 된다.[1091] 매도인의 배임행위에 공모 내지 협력하거나 양도사실을 알면서도 제2양도행위를 요청하거나 유도하여 계약에 이르게 하는 정도가 되어야 한다. 단순한 이중양도의 권유만으로는 성립하지 않는다.

이중매매된 부동산은 배임행위에 제공된 재물로서 재산범죄로 인하여 영득한 재물이 아니므로 장물취득죄는 성립하지 않는다.

7. 동산 이중매매의 형사책임

가. 동산의 이중매매의 법리

동산의 이중매매란 매도인이 선매수인과 동산 매매계약을 체결한 후 중도금을 수수하는 등으로 계약의 이행이 진행된 상태에서 다시 후매수인에게 그 동산을 이중으로 매도하는 경우를 말한다. 동산의 이중매매는 구체적인 양태에 따라 달라진다.

나. 현실인도의 경우

학설에 따르면 갑이 을로부터 중도금, 잔금을 수령한 후 현실인도 전에 병에게 이중매매한 경우 배임죄가 성립한다는 견해와 무죄가 된다는 견해로 대립하고 있다. 대법원 판례는 동산 매매계약에 있어서 매도인의 동산인도채무는 자기의 사무에 불과하므로 배임죄가 성립하지 않는다고 한다.

생각건대, 매도인에게 매수인의 재산의 보호 내지 관리 행위에 협력할 의무가 있다고 할 수 없다. 동산을 이중으로 매매한 경우는 채무불이행으로 보아 민사적으로 해결하는 것이 바람직하며, 형법이 개입하는 것은 바람직하지 않다. 매도인의 동산인도의무는 계약에 정한 바에 따라 이루어지는 자기사무로 보는 것이 옳다. 따라서 동산을 이중매매한 경우 배임죄는 성립하지 않는다.

판례 동산 이중양도 사건

【판결요지】 [1] [다수의견] (가) 매매와 같이 당사자 일방이 재산권을 상대방에게 이전할 것을 약정하고 상대방이 그 대금을 지급할 것을 약정함으로써 그 효력이 생기는 계약의 경우(민법 제563조), 쌍방이 그 계약의 내용에 좇은 이행을 하여야 할 채무는 특별한 사정이 없는 한 '자기의 사무'에 해당하는 것이 원칙이다.

1091) 대법원 1983.7.12. 선고 82도180 판결.

(나) 매매의 목적물이 동산일 경우, 매도인은 매수인에게 계약에 정한 바에 따라 그 목적물인 동산을 인도함으로써 계약의 이행을 완료하게 되고 그때 매수인은 매매목적물에 대한 권리를 취득하게 되는 것이므로, 매도인에게 자기의 사무인 동산인도채무 외에 별도로 매수인의 재산의 보호 내지 관리 행위에 협력할 의무가 있다고 할 수 없다. 동산매매계약에서의 매도인은 매수인에 대하여 그의 사무를 처리하는 지위에 있지 아니하므로, 매도인이 목적물을 매수인에게 인도하지 아니하고 이를 타에 처분하였다 하더라도 형법상 배임죄가 성립하는 것은 아니다.

[2] [다수의견] 피고인이 '인쇄기'를 甲에게 양도하기로 하고 계약금 및 중도금을 수령하였음에도 이를 자신의 채권자 乙에게 기존 채무 변제에 갈음하여 양도함으로써 재산상 이익을 취득하고 甲에게 동액 상당의 손해를 입혔다는 배임의 공소사실에 대하여, 피고인은 甲에 대하여 그의 사무를 처리하는 지위에 있지 않다는 이유로 무죄를 선고한 원심판단을 수긍한 사례(대법원 2011.1.20. 선고 2008도10479 전원합의체 판결).

다. 점유개정의 경우

점유개정은 매도인이 목적물을 매수인에게 매도하고 계속 그 물건을 임차하는 경우와 같이 양도인이 이후 양수인을 위하여 점유한다는 의사표시를 함으로써 인도의 효력이 생기는 간편한 인도방법(민법 제196조 제2항, 제189조)이다. 예를 들면 갑이 그의 소유물을 을에게 팔고 계속 그 물건을 갑이 임차하는 때에는 한번 양수인인 을에게 인도하였다가 다시 갑이 빌려오는 불필요한 이중절차를 생략할 수 있는 편의적 방법이다. 그 결과 직접점유자인 양도인 갑은 점유매개자가 되고, 양수인은 간접점유를 취득하게 된다. 갑이 을에게 동산을 매각하고 점유개정에 의한 인도 후 병에게 다시 매각하고 인도하였다면 갑은 자기점유·타인소유물을 처분한 것이므로 횡령죄가 성립한다.

라. 반환청구권의 양도에 의한 인도의 경우

매도인이 점유매개자인 제3자가 점유하고 있는 자신의 동산을 매수인에게 매도한 후 그 동산에 대한 반환청구권을 을에게 양도하는 방법으로 매수인에게 인도하는 경우가 있다. 이러한 경우 반환청구권을 양도받은 매수인은 목적물에 대한 소유권자가 된다. 갑이 A에게 반환청구권의 양도에 의한 인도를 하였음에도 불구하고 다시 B에게 반환청구권을 양도하였다면 자기점유·타인소유물을 처분한 것이므로 횡령죄가 성립한다. 반환청구권을 양도받은 매수인 A가 목적물에 대한 소유권자가 되기 때문이다.

【정리】 부동산·동산 이중매매 관련 형사책임

구분	핵심 쟁점	판례	주요 판례	내용
부동산의 이중매매	매도인의 배임죄 성립 여부	중도금 수령 이후 신임관계 형성 → 배임죄 성립	2018도4027 (전원합의체) 2019도16228	매수인이 중도금 이상 지급 → 매도인은 '타인의 사무를 처리하는 자'
	계약금만 수령한 경우	자유로운 해제 가능 → 신임관계 미성립 → 배임죄 불성립	2018도4027 (전원합의체)	민법 제565조 적용으로 계약의 자유 인정
	배임죄의 착수·기수 시기	착수: 제2매수인에게 중도금 수령 시 기수: 제2매수인에게 등기 시	2002도7134 (착수) 83도1946 (기수)	계약금 수령만으로는 착수 아님
	선의의 제2매수인 보호	제1매수인에 대한 이전등기 완료 시 → 배임죄 불성립	92도1223 2008도11722	선의자 보호의 형평성 문제 존재
	악의의 제2매수인 책임	단순 악의는 부족, 적극적 가담시 공범 가능	82도180	공범 요건 충족 필요 (의사연락, 유도 등)
동산의 이중매매	현실인도의 경우 배임죄 성립 여부	매도인은 자기의 사무처리 → 배임죄 불성립	2008도10479 (전원합의체)	형법 개입 축소 경향 뚜렷
	점유개정 후 이중매매	자기점유·타인소유물 처분 → 횡령죄 성립	다수 학설·판례	점유개정은 보관자 지위 발생 구조로 봄
	반환청구권 양도 후 이중매매	반환청구권 양도 = 소유권 이전 → 다시 양도하면 횡령죄 성립	판례 다수	반환청구권 양도 = 간접점유 구조 생성

8. 부동산 이중저당의 형사책임

가. 이중저당과 법리

부동산 이중저당이란 갑이 채권자 A로부터 금전을 차용하고 자신의 부동산에 1번 저당권의 설정을 약정하였으나 아직 등기가 경료되지 않았음을 이용하여 다시 B로부터 금전을 차용하고 B에게 1번 저당권을 경료한 경우를 말한다.[1092] 채무자인 저당권설정자는

1092) 저당권이란 채권자가 채무담보를 위하여 채무자 또는 제3자가 제공한 부동산 기타 목적물의 점유를 이전받지 않은 채

종전대로 목적물을 사용·수익하면서 담보에 제공할 수 있는 반면에, 채권자는 저당물을 이전받지 않고 저당목적물의 교환가치만을 가지고, 피담보채무의 변제가 없으면 목적물을 경매하여 그 대금으로부터 우선변제를 받을 수 있다는 점에 저당권의 특색이 있다. 민법상 저당권이 성립하기 위해서는 저당권설정에 관한 당사자 사이의 저당권설정계약과 설정등기가 있어야 성립한다(민법 제186조).

나. 쟁점

동일한 부동산 위에 수 개의 저당권설정등기를 할 수 있다. 각 저당권의 순위는 설정등기의 선후에 의하며, 선순위 저당권자가 변제받고 남은 잔액에 대해서만 후순위 저당권자가 우선변제권을 행사할 수 있다. 부동산 이중저당이 가지고 있는 형법적 문제점은 선순위저당권자가 되어야 할 사람이 후순위저당권자가 됨으로써 충분한 채권변제를 받지 못하는 점에 있다. 이는 채권자의 신뢰를 배반하여 손해를 가한 채무자에게 채권자의 재산을 보호할 의무가 있는 자에 해당하는지, 즉 배임죄의 주체가 될 수 있는지가 핵심이다.

다. 학설

학설에 따르면 이중저당의 경우 채무자는 채권자로부터 채무를 부담하였고, 이를 담보하기 위하여 저당권을 설정하기로 하였다면 채무자는 채권자에 대하여 저당권설정등기에 협력해야 할 신의칙상 의무를 가진다. 즉 채무자의 저당권설정계약을 이행하는 사무는 자기사무인 동시에 채권자를 위한 타인사무의 성질을 가진다. 따라서 채무자는 채권자의 저당권설정사무를 처리하는 타인의 사무를 처리하는 자에 해당하며, 채권자의 신임관계에 배반하여 제3자에게 등기해줌으로써 채권자에게 재산상 손해를 가한 것이므로 배임죄가 성립한다.[1093]

라. 판례

부동산 이중저당에 있어서 배임죄 성립 여부에 대한 종전 판례는 저당권설정등기에 협력해야 할 의무는 상대방의 재산보호를 본질적 내용으로 하는 타인의 사무이며, 선순위저당권자가 되어야 할 상대방이 후순위저당권자가 됨으로써 충분한 변제를 받지 못할 위험

그 목적물을 관념상으로만 지배하다가, 채무의 변제가 없으면 그 목적물로부터 우선변제를 받을 수 있는 담보물권을 말한다(민법 제356조). 저당권은 저당권설정계약 외에 설정등기가 있어야 성립한다. 즉 설정등기는 저당권의 성립요건이다. 따라서 형법에서 말하는 부동산 이중저당은 저당권설정등기가 2번 이상 되었다는 의미가 아니라, 저당권설정계약만을 하고 저당권설정등기를 해주지 않은 경우를 말한다.

1093) 김성돈, 486면.

이 있기 때문에 배임죄가 성립한다고 하여 학설과 같은 입장이었다.

그러나 2019도14340 전원합의체 판결을 통하여 입장을 변경하였다.[1094] 채무자가 금전채무를 담보하기 위한 저당권설정계약에 따라 채권자에게 그 소유의 부동산에 관하여 저당권을 설정할 의무를 부담하게 되었다고 하더라도, 이를 들어 채무자가 통상의 계약에서 이루어지는 이익대립관계를 넘어서 채권자와의 신임관계에 기초하여 채권자의 사무를 맡아 처리하는 것으로 볼 수 없다는 것이다. 채무자가 저당권설정계약에 따라 채권자에 대하여 부담하는 저당권을 설정할 의무는 계약에 따라 부담하게 된 채무자 자신의 의무이다. 채무자가 위와 같은 의무를 이행하는 것은 채무자 자신의 사무에 해당할 뿐이므로, 채무자를 채권자에 대한 관계에서 타인의 사무를 처리하는 자라고 할 수 없다고 본 것이다. 따라서 채무자가 제3자에게 먼저 담보물에 관한 저당권을 설정하거나 담보물을 양도하는 등으로 담보가치를 감소 또는 상실시켜 채권자의 채권실현에 위험을 초래하더라도 배임죄가 성립한다고 할 수 없다.

판례 | 부동산 이중저당권 설정과 배임죄

【사실관계】 피고인 갑이 A로부터 18억 원을 차용하면서 담보로 피고인 소유의 아파트에 A 명의의 4순위 근저당권을 설정해 주기로 약정하였다. 그러나 실제로는 제3자에게 채권최고액을 12억 원으로 하는 4순위 근저당권을 설정하여 줌으로써 12억 원 상당의 재산상 이익을 취득하였다. 이로 인해 A는 담보가치가 없는 근저당권을 가지게 되었다.

【판결요지】 배임죄는 타인의 사무를 처리하는 자가 그 임무에 위배하는 행위로써 재산상의 이익을 취득하거나 제3자로 하여금 이를 취득하게 하여 사무의 주체인 타인에게 손해를 가할 때 성립하는 것이므로, 그 범죄의 주체는 타인의 사무를 처리하는 지위에 있어야 한다. 여기에서 '타인의 사무를 처리하는 자'라고 하려면, 타인의 재산관리에 관한 사무의 전부 또는 일부를 타인을 위하여 대행하는 경우와 같이 당사자 관계의 전형적·본질적 내용이 통상의 계약에서의 이익대립관계를 넘어서 그들 사이의 신임관계에 기초하여 타인의 재산을 보호 또는 관리하는 데에 있어야 한다(대법원 2011.1.20. 선고 2008도10479 전원합의체 판결, 대법원 2014.8.21. 선고 2014도3363 전원합의체 판결 등 참조).
이익대립관계에 있는 통상의 계약관계에서 채무자의 성실한 급부이행에 의해 상대방이 계약상 권리의 만족 내지 채권의 실현이라는 이익을 얻게 되는 관계에 있다거나, 계약을 이행함에 있어 상대방을 보호하거나 배려할 부수적인 의무가 있다는 것만으로는 채무자를 타인의 사무를 처리하는 자라고 할 수 없고(대법원 2015.3.26. 선고 2015도1301 판결 등 참조), 위임 등과 같이 계약의 전형적·본질적인 급부의 내용이 상대방의 재산상 사무를 일정한 권한

1094) 대법원 2020.6.18. 선고 2019도14340 전원합의체 판결.

을 가지고 맡아 처리하는 경우에 해당하여야 한다(대법원 2020.2.20. 선고 2019도9756 전원합의체 판결 참조).

채무자가 금전채무를 담보하기 위한 저당권설정계약에 따라 채권자에게 그 소유의 부동산에 관하여 저당권을 설정할 의무를 부담하게 되었다고 하더라도, 이를 들어 채무자가 통상의 계약에서 이루어지는 이익대립관계를 넘어서 채권자와의 신임관계에 기초하여 채권자의 사무를 맡아 처리하는 것으로 볼 수 없다. 채무자가 저당권설정계약에 따라 채권자에 대하여 부담하는 저당권을 설정할 의무는 계약에 따라 부담하게 된 채무자 자신의 의무이다. 채무자가 위와 같은 의무를 이행하는 것은 채무자 자신의 사무에 해당할 뿐이므로, 채무자를 채권자에 대한 관계에서 '타인의 사무를 처리하는 자'라고 할 수 없다. 따라서 채무자가 제3자에게 먼저 담보물에 관한 저당권을 설정하거나 담보물을 양도하는 등으로 담보가치를 감소 또는 상실시켜 채권자의 채권실현에 위험을 초래하더라도 배임죄가 성립한다고 할 수 없다.

위와 같은 법리는, 채무자가 금전채무에 대한 담보로 부동산에 관하여 양도담보설정계약을 체결하고 이에 따라 채권자에게 소유권이전등기를 해 줄 의무가 있음에도 제3자에게 그 부동산을 처분한 경우에도 적용된다(대법원 2020.6.18. 선고 2019도14340 전원합의체 판결).

【해설】 채무자는 '타인의 사무를 처리하는 자'가 아니다. 채무자는 단지 자신의 채무이행의무인 저당권 설정의무만을 부담할 뿐이며, 자신의 재산을 처분하는 것일 뿐이다, 채무자는 채권자의 재산관리를 맡은 자는 아니다. 저당권 설정 계약은 전형적인 채무-채권 관계에 불과하며, 이는 법적 또는 사실상의 신임관계에 기반한 위임과는 다르다. 피고인이 제3자에게 먼저 근저당권을 설정한 행위는 A와의 약정에 위배되긴 하나 이는 채무자의 '자기 사무' 처리 과정에서의 계약 위반일 뿐 형사상 배임은 아니다. 따라서, 민사상 손해배상은 가능할 수 있으나 형사상 배임죄는 성립하지 않는다.

마. 결론

부동산 이중저당에서 채무자가 제1채권자에게 저당권 설정등기를 해주기로 약정하였으나 이를 이행하지 않고 제3자에게 저당권을 설정한 경우, 그 행위는 계약상 자기의무를 이행하지 않은 것에 불과하며, 이를 곧바로 형사상 배임죄로 의율하는 것은 타당하지 않다. 저당권 설정의무는 전형적인 채무이행의 일환으로, 채권자의 재산관리사무를 대행하는 행위와는 본질적으로 구별된다. 형법이 민사상 계약위반에 개입하는 경우는 실질적인 신임관계에 기반한 사무처리, 예를 들면 위임, 신탁 등이 전제되어야 한다. 단순한 담보제공 약정에 기한 계약위반은 이에 해당하지 않는다. 신임관계의 존재를 확대하여 인정하는 경우, 형사법의 자의적 적용 우려 및 계약 자유 침해의 가능성이 존재하게 된다.

9. 동산 이중양도담보의 형사책임

가. 동산 이중양도담보의 법리

동산의 양도담보는 물건의 소유권을 채권자에게 이전하는 방법에 의하여 채권을 담보하는 경우를 말한다. 부동산 양도담보와 법리적 구성이 같다. 현재까지 일관된 판례에 따라 신탁적 양도, 즉 채권담보를 목적으로 소유권을 이전하는 행위이며, 동산 양도담보에 대해서는 가등기담보 등에 관한 법률이 적용되지 않는다.

나. 쟁점

동산의 소유자인 채무자 갑이 그 동산을 채권자 A에게 양도담보로 제공하고 A로부터 금전을 차용하면서 그 동산의 점유를 A에게 이전하지 않고 점유개정의 방법으로 점유하고 있던 중 이를 다시 B에게 양도담보로 제공하고 역시 점유개정의 방법으로 점유를 계속한 경우 채권자 A에 대하여 갑에게 배임죄가 성립할 수 있는지가 문제된다.

다. 학설과 판례

채권자인 양도담보권자는 담보제공자를 제외한 제3자에 대한 관계에서 자신이 그 목적물의 소유자임을 주장하여 권리를 행사할 수 있다.[1095] 후순위 담보권자인 B는 A에 대하여 배타적으로 자기의 담보권을 주장할 수 없다. 따라서 채무자가 담보물을 제3자에게 처분하는 등으로 담보가치를 감소 또는 상실시켜 채권자의 담보권 실행이나 이를 통한 채권실현에 위험을 초래한더라도 배임죄가 성립한다고 볼 수 없다.

판례도 동산을 양도담보로 제공한 채무자가 제3자에게 담보에 제공된 동산을 처분한 경우 배임죄의 성립을 부정하였다.[1096] 판례에 따르면 채무자는 채권자인 양도담보권자에 대하여 담보물의 담보가치를 유지·보전할 의무 내지 담보물을 타에 처분하거나 멸실, 훼손하는 등으로 담보권 실행에 지장을 초래하는 행위를 하지 않을 의무를 부담하게 되었더라도, 이를 들어 채무자가 통상의 계약에서의 이익대립관계를 넘어서 채권자와의 신임관계에 기초하여 채권자의 사무를 맡아 처리하는 것으로 볼 수 없다고 하였다.

판례 **동산 이중양도담보와 배임죄 성립 여부**

【사실관계】 갑 주식회사를 운영하는 피고인이 을 은행으로부터 대출을 받으면서 대출금을 완납할 때까지 갑 회사 소유의 동산인 골재생산기기(크러셔)를 점유개정 방식으

1095) 지원림, 민법강의, 844면.

1096) 대법원 2020.2.20. 선고 2019도9756 전원합의체 판결.

로 양도담보로 제공하기로 하는 계약을 체결하였음에도 담보목적물인 동산을 병 등에게 매각하였다.

【판결요지】 [1] [다수의견] 배임죄는 타인의 사무를 처리하는 자가 그 임무에 위배하는 행위로써 재산상의 이익을 취득하거나 제3자로 하여금 이를 취득하게 하여 사무의 주체인 타인에게 손해를 가할 때 성립하는 것이므로 범죄의 주체는 타인의 사무를 처리하는 지위에 있어야 한다. 여기에서 '타인의 사무를 처리하는 자'라고 하려면, 타인의 재산관리에 관한 사무의 전부 또는 일부를 타인을 위하여 대행하는 경우와 같이 당사자 관계의 전형적·본질적 내용이 통상의 계약에서의 이익대립관계를 넘어서 그들 사이의 신임관계에 기초하여 타인의 재산을 보호 또는 관리하는 데에 있어야 한다. 이익대립관계에 있는 통상의 계약관계에서 채무자의 성실한 급부이행에 의해 상대방이 계약상 권리의 만족 내지 채권의 실현이라는 이익을 얻게 되는 관계에 있다거나, 계약을 이행함에 있어 상대방을 보호하거나 배려할 부수적인 의무가 있다는 것만으로는 채무자를 타인의 사무를 처리하는 자라고 할 수 없고, 위임 등과 같이 계약의 전형적·본질적인 급부의 내용이 상대방의 재산상 사무를 일정한 권한을 가지고 맡아 처리하는 경우에 해당하여야 한다.

채무자가 금전채무를 담보하기 위하여 그 소유의 동산을 채권자에게 양도담보로 제공함으로써 채권자인 양도담보권자에 대하여 담보물의 담보가치를 유지·보전할 의무 내지 담보물을 타에 처분하거나 멸실, 훼손하는 등으로 담보권 실행에 지장을 초래하는 행위를 하지 않을 의무를 부담하게 되었더라도, 이를 들어 채무자가 통상의 계약에서의 이익대립관계를 넘어서 채권자와의 신임관계에 기초하여 채권자의 사무를 맡아 처리하는 것으로 볼 수 없다. 따라서 채무자를 배임죄의 주체인 '타인의 사무를 처리하는 자'에 해당한다고 할 수 없고, 그가 담보물을 제3자에게 처분하는 등으로 담보가치를 감소 또는 상실시켜 채권자의 담보권 실행이나 이를 통한 채권실현에 위험을 초래하더라도 배임죄가 성립한다고 할 수 없다.

위와 같은 법리는, 채무자가 동산에 관하여 양도담보설정계약을 체결하여 이를 채권자에게 양도할 의무가 있음에도 제3자에게 처분한 경우에도 적용되고, 주식에 관하여 양도담보설정계약을 체결한 채무자가 제3자에게 해당 주식을 처분한 사안에도 마찬가지로 적용된다(대법원 2020.2.20. 선고 2019도9756 전원합의체 판결).

라. 결론

동산 이중양도담보의 경우, 채무자가 담보물을 다시 제3자에게 양도담보로 제공하였다 하더라도, 이는 형법상 배임죄를 구성하지 않는다. 전형적인 계약관계는 이익대립구조에 불과하며, 상대방의 재산을 보호·관리하는 신임관계에 기초한 위임관계와는 구별되어야 한다. 채무자가 담보가치를 훼손하거나 담보물을 제3자에게 처분하는 것은 계약 위반 또는 신의칙 위반의 문제이지, 곧바로 형법상 '타인의 사무'에 대한 배신행위로 볼 수는 없다. 형법은 민사상의 채무불이행이나 계약위반 전반에 대해 개입하지 않으며, 형사법은 보충성의 원칙에 따라 신중하게 적용되어야 한다. 동산 이중양도담보의 경우에도 채무자는 단순히 자신의 채권담보 목적의 급부를 이행하는 자에 불과하고, 채권자와의 관계에서 타인의 사무를 처리하는 자로 보기 어렵다.

Ⅲ. 업무상 배임죄

> 제356조 (업무상의 횡령과 배임) 업무상의 임무에 위배하여 전조의 죄를 범한 자는 10년 이하의 징역 또는 3천만원이하의 벌금에 처한다.
> 제359조 (미수범) 제355조 내지 제357조의 미수범은 처벌한다.

1. 의의

업무상배임죄는 업무상의 임무에 위배하여 재산상 이익을 취득하거나 제3자로 하여금 취득하게 하고 본인에게 손해를 입힌 경우에 성립하는 범죄이다. 본죄는 타인의 사무처리자라는 구성적 신분 이외에 업무자라는 가중적 신분을 요하는 이중적 신분범이며, 부진정 신분범이다.

2. 구성요건

타인의 사무를 처리하는 자는 배임죄의 주체와 같으며, 업무자는 업무상횡령죄의 업무자와 내용이 동일하다. 타인의 사무를 처리하는 자는 구성적 신분이며, 업무자로서의 신분은 가중적 신분으로 이중적 신분범이다.

3. 가담 형태

업무상 사무처리자와 비신분자가 공범관계에 있는 경우에는 제33조 단서가 적용된다. 타인의 사무처리자가 아닌 비신분자가 업무상 사무처리자의 임무위배행위에 가공한 경우 학설에 따르면 비신분자는 단순배임죄의 공범이 성립하고 처벌하지만, 판례에 따르면 비신분자는 업무상 배임죄의 공범이 성립하지만, 과형은 단순배임죄로 처벌한다.

Ⅳ. 배임수재죄

> 제357조 (배임수증재죄) ① 타인의 사무를 처리하는 자가 그 임무에 관하여 부정한 청탁을 받고 재물 또는 재산상의 이익을 취득하거나 제3자로 하여금 이를 취득하게 한 때에는 5년 이하의 징역 또는 1천만원 이하의 벌금에 처한다.
> ② 제1항의 재물 또는 재산상 이익을 공여한 자는 2년 이하의 징역 또는 500만원 이하의 벌금에 처한다.
> ③ 범인 또는 그 사정을 아는 제3자가 취득한 제1항의 재물은 몰수한다. 그 재물을 몰수하기 불가능하거나 재산상의 이익을 취득한 때에는 그 가액을 추징한다.
> 제359조 (미수범) 제355조 내지 제357조의 미수범은 처벌한다.

1. 의의

배임수증재죄는 공무원의 뇌물죄에 상응하는 범죄유형이다. 배임수재죄는 비공무원으로 타인의 사무를 처리하는 자가 그 임무에 관하여 부정한 청탁을 받고 재물 또는 재산상 이익을 취득하거나 제3자로 하여금 이를 취득하게 한 경우에 성립하는 범죄이다. 배임증재죄는 재물 또는 이익을 공여한 경우에 성립하는 범죄이다. 배임수재죄와 배임증재죄는 필요적 공범 중 대향범에 해당하며, 배임죄와는 달리 임무에 위배되는 행위까지 나아갈 필요가 없다.

2016년 5월 개정 이전에는 재물이나 재산상 이익을 본인이 아닌 제3자에게 제공하도록 한 경우에는 처벌할 수 있는 근거가 없었다. 이에 2016년 5월 형법을 개정하여 부패행위를 방지하고 UN 부패방지협약 등 국제적 기준에 부합하도록 본인이 직접 재물이나 재산상 이익을 취득하는 행위뿐만 아니라 제3자로 하여금 재물이나 재산상 이익을 취득하게 하는 행위도 처벌할 수 있도록 배임수재죄의 구성요건을 정비하였다. 또한 그 제3자가 배임수재의 정(情)을 알고 취득한 경우에는 그 제3자가 취득한 재물이나 재산상 이익을 몰수 또는 추징할 수 있도록 개정하였다.

2. 공무원의 뇌물죄와 차이

배임수재죄는 공무원의 수뢰죄에 상응하는 범죄유형이며, 배임증재죄는 공무원에 대한 증뢰죄에 상응하는 범죄유형이다. 뇌물죄는 요구·약속·공여의 의사표시까지 행위의 유형에 포함시켜 기수로 처벌하지만, 배임수증재죄는 취득행위와 공여행위만을 기수로 처벌하고 요구·약속·공여의 의사표시는 미수로 처벌한다는 차이가 있다.

3. 보호법익과 보호 정도

배임수증재죄의 보호법익에 대하여 사무처리의 공정성 내지 청렴성으로 보는 견해[1097]와 타인의 재산과 사무처리의 청렴성 내지 공정성으로 보는 견해[1098]가 대립하고 있다. 본죄는 재산을 보호법익으로 하지 않기 때문에 재산상 사무에 국한시킬 필요가 없으므로 본죄의 보호법익은 사무처리의 공정성 내지 청렴성으로 보는 것이 타당하다. 판례도 배임수재죄는 타인의 사무를 처리하는 자의 청렴성을 보호법익으로 하는 것이라고 한다.[1099]

본죄의 보호 정도에 대하여 침해범설과 위험범설이 대립하고 있다. 재물 또는 재산상 이익의 취득이 있어야 한다는 점에서 침해범으로 보는 견해,[1100] 사무처리의 청렴성 내지 공정성이 침해되지 않아도 부정한 청탁이 있고 재물 또는 재산상 이익의 취득이 있으면 본죄가 성립하기 때문에 위험범으로 보는 견해[1101]가 대립한다.

생각건대, 본죄의 보호법익 중 어느 것에 중점을 둘 것인가에 따라 달리 볼 수 있다. 재물 또는 재산상 이익의 취득을 중심으로 보면 침해범으로 보는 것이 자연스럽고, 거래의 청렴성을 중심으로 보면 위험범으로 보는 것이 자연스럽다. 사무처리의 청렴성을 본죄의 보호법익으로 본다면 위험범으로 보는 것이 타당하다.

4. 주체: 타인의 사무를 처리하는 자

가. 의의

본죄의 주체는 타인의 사무를 처리하는 자이다. 진정 신분범이다. 배임수재죄 주체로서 '타인의 사무를 처리하는 자'란 타인과 대내관계에서 신의성실의 원칙에 비추어 사무

1097) 김성돈, 490면; 김일수/서보학, 493면; 신동운, 1289면; 임웅/이현정/박성민, 566면.

1098) 정성근/박광민, 472면.

1099) 대법원 1987.4.28. 선고 87도414 판결.

1100) 김일수/서보학, 399면; 배종대, 586면; 임웅/이현정/박성민, 532면; 정성근/박광민, 483면.

1101) 김성돈, 490면.

를 처리할 신임관계가 존재한다고 인정되는 자를 의미하고, 반드시 제3자에 대한 대외관계에서 사무에 관한 권한이 존재할 것을 요하지 않는다. 또한 사무가 포괄적 위탁사무일 것을 요하는 것도 아니고, 사무처리의 근거, 즉 신임관계의 발생 근거는 법령의 규정, 법률행위, 관습 또는 사무관리에 의하여도 발생할 수 있다.[1102]

타인의 사무를 처리하는 자의 지위에 있지 않는 경우, 타인의 사무가 아니라 자기의 사무를 처리하는 자인 경우, 타인의 사무와 전혀 무관한 불법행위를 하여 재산상 이익을 취득한 경우, 타인의 사무를 처리하는 자의 지위를 취득하기 전에 부정한 청탁을 받은 경우는[1103] 배임수재죄로 처벌할 수 없다.

나. 재산상 사무와 비재산적 사무

본죄에서 말하는 타인의 사무는 재산상 사무이거나 재산적인 이해관계를 가지는 사무일 필요가 없다. 배임수재죄는 재산을 보호법익으로 하지 않기 때문에 반드시 재산상 사무에 국한시킬 필요는 없기 때문이다. 따라서 재건축조합장이 재건축 현장의 철거공사 수주와 관련하여 철거업체로부터 금품을 수수한 경우,[1104] 점포 등의 임대와 관리를 담당하는 자[1105]와 같이 재산상 사무뿐만 아니라 신문사의 기자 겸 지국장,[1106] 방송국 소속 가요담당 프로듀서,[1107] 대학교의 의과대학부속병원 부대시설의 임차 운영자를 선정할 권한을 가진 총장 겸 부속병원장의 직무를 보좌 또는 대행하거나 임차인을 추천할 권한 등이 있는 부총장,[1108] 대학교수[1109] 등과 같이 비재산적 사무처리자도 본죄의 주체가 될 수 있다.

5. 구성요건적 행위

가. 의의

본죄의 행위는 그 임무에 관하여 부정한 청탁을 받고 재물 또는 재산상 이익을 취득하

1102) 대법원 2011.8.25. 선고 2009도5618 판결; 대법원 2006.5.12. 선고 2004도491 판결; 대법원 1999.6.22. 선고 99도1095 판결; 대법원 2003.2.26. 선고 2002도6834 판결 등 참조.

1103) 시에서 발주한 도시형폐기물종합처리시설 건설사업의 기본설계 적격심의 및 평가위원으로서 그 임무와 관련하여 부정한 청탁을 받고 재물을 취득하였다는 공소사실에 대하여, 청탁을 받을 당시에 위 건설사업에 관한 사무를 처리하는 지위에 있었다고 인정되지 아니하는 이상 배임수재죄로 처벌할 수는 없다는 사례(대법원 2010.7.22. 선고 2009도12878 판결).

1104) 대법원 2007.6.29. 선고 2007도3096 판결.

1105) 대법원 1984.8.21. 선고 83도2447 판결.

1106) 대법원 1970.9.17. 선고 70도1355 판결.

1107) 대법원 1991.6.11. 선고 91도688 판결.

1108) 대법원 1991.12.10. 선고 91도2543 판결.

1109) 대법원 1996.12.10. 선고 95도2090 판결.

거나 제3자로 하여금 이를 취득하게 하는 것이다. 배임수재죄가 성립하기 위해서는 임무관련성이 있어야 하며, 부정한 청탁과 재물 또는 재산상 이익의 취득(제3자 취득 포함)이 있어야 한다. 재물 또는 이익을 공여하는 사람과 취득하는 사람 사이에 부정한 청탁이 개재되지 않는다면 본죄는 성립하지 않는다.

나. 임무관련성

임무관련성이 있어야 한다. 처리하는 본래의 사무뿐만 아니라, 그와 밀접한 관계에 있는 사무도 포함된다. 고등학교에서 학생의 입학업무와 전혀 무관한 연구부장이 학생의 전·입학과 관련하여 부정한 청탁을 받고 금품을 수수한 경우[1110]는 본래의 사무와 밀접한 연관성이 없기 때문에 배임수재죄가 성립하지 않는다. 하지만 학교 교사가 교장의 명령을 받아 교복이나 교재판매점을 지정하는 행위는 본래의 교육사무는 아니지만, 그와 밀접하게 관련된 임무로 볼 수 있기 때문에 부정한 청탁을 받고 재물이나 재산상 이익을 취득하면 배임수재죄가 성립한다.[1111]

다. 부정한 청탁

(1) 부정한 청탁의 의미

'부정한 청탁'은 반드시 업무상 배임의 내용이 되는 정도에 이를 필요는 없고, 사회상규 또는 신의성실의 원칙에 반하는 것을 내용으로 하면 충분하다.[1112] '광고'와 '언론 보도'는 그 내용의 공정성, 객관성 등에 대한 공공의 신뢰에 있어 확연한 차이가 있는데, 보도의 대상이 되는 자가 언론사 소속 기자에게 소위 '유료 기사' 게재를 청탁하는 행위는 사실상 '광고'를 '언론 보도'인 것처럼 가장하여 달라는 것으로서 언론 보도의 공정성 및 객관성에 대한 공공의 신뢰를 저버리는 것이므로, 배임수재죄의 부정한 청탁에 해당한다.[1113]

계약관계를 유지시켜 기존권리를 확보하기 위한 부탁행위는 부정한 청탁이라 할 수 없으므로, 계약관계를 유지시켜 달라는 부탁을 받고 사례금 명목으로 금원을 교부받은 행위는 배임수재죄에 해당하지 아니한다.[1114] 또한 청탁한 내용이 단순히 규정이 허용하는 범위 내에서 최대한의 선처를 바란다는 내용에 불과하거나 위탁받은 사무의 적법하고 정상적인 처리범위에 속하는 것이라면 이는 사회상규에 어긋난 부정한 청탁이라고 볼 수 없고

1110) 대법원 2005.11.10. 선고 2003도7970 판결.

1111) 정성근/박광민, 483면.

1112) 대법원 2015.7.23. 선고 2015도3080 판결.

1113) 대법원 2021.9.30. 선고 2019도17102 판결.

1114) 대법원 1985.10.22. 선고 85도465 판결.

이러한 청탁의 사례로 금품을 수수한 것은 배임수재에 해당하지 않는다.[1115]

(2) 부정한 청탁에 대한 판단기준

'부정한 청탁'에 해당하는지를 판단할 때에는 청탁의 내용 및 이에 관련한 대가의 액수, 형식, 보호법익인 거래의 청렴성 등을 종합적으로 고찰하여야 하고, 그 청탁이 반드시 명시적으로 이루어져야 하는 것은 아니며 묵시적으로 이루어지더라도 무방하다.

이른바 '의료 리베이트 사건'에서 종합병원 또는 대학병원 소속 의사들이 특정 의약품을 처방해줄 것을 부탁받고 선물, 골프 접대비, 회식비 등 금품을 수수하는 경우 의사는 '타인의 사무를 처리하는 자'에 해당하고, 피고인이 받은 금품은 부정한 청탁의 대가로서 단순한 사교적 의례 범위에 해당하지 않으므로 배임수재죄가 성립한다.[1116] 하지만 특정 의약품에 대한 시판 후 조사(PMS, Post Marketing Surveillance) 연구용역계약을 체결하고 연구비 명목의 돈을 수수한 부분에 대해서는 여러 사정에 비추어 연구용역계약이 정당하게 체결되었다고 보아 본죄의 성립을 부정하였다.[1117] 종합적 고찰방법을 취하고 있는 한 구체적·개별적 사정에 따라서는 본죄가 성립할 여지도 있다.

판례 부정한 청탁에 해당한다는 판례

① 섭외 및 예금담당의 은행지점차장이 지점장으로부터 중소기업시설자금 대출대상자를 물색하라는 지시를 받고 그 대출적격이 없는 자의 위장대출을 묵인선처하여 달라는 청탁을 받아 대부담당대리로 하여금 그 대출절차를 밟도록 하여 주고 그 청탁의 대가로 금원을 교부받았다면 배임수재죄가 성립한다(대법원 1982.2.9. 선고 80도2130 판결).

② 가요담당 방송프로듀서가 직무상 알고 지내던 가수매니저들로부터 많게는 100만원 적게는 20만원 정도의 금품을 28회에 걸쳐 받은 것을 가리켜 의례적이라거나 사회상규에 위반되지 아니한다고 할 수 없다(대법원 1991.6.11. 선고 91도688 판결).

③ 아파트 건축회사 협상대표(갑)가 각 세대당 금 2백만원의 보상금지급요건 문제 등에 관한 협상권한을 위임받은 아파트입주자 대표들(을)에게 보상금을 전체 금 2천만원으로 대폭 감액하여 조속히 합의하여 달라고 부탁한 것이 배임수재죄에 있어서의 부정한 청탁에 해당한다고 한 사례(대법원 1993.3.26. 선고 92도2033 판결).

④ 광고대행업무를 수행하는 주식회사의 대표이사에게 방송사 관계자에게 사례비를 지급하여서라도 특정학원 소속 강사만을 채용하고 특정회사에서 출판되는 교재를 채택하여 특정회사의 이익을 위해 수능과외방송을 하는 내용의 방송협약을 체결해 달라

1115) 대법원 2011.4.14. 선고 2010도8743 판결; 대법원 1982.9.28. 선고 82도1656 판결 등 참조.

1116) 대법원 1991.6.11. 선고 91도413 판결; 대법원 2011.8.18. 선고 2010도10290 판결.

1117) 대법원 2011.8.18. 선고 2010도10290 판결.

고 부탁하는 것은 사회상규와 신의성실의 원칙에 반하는 것으로서 부정한 청탁에 해당된다(대법원 2002.4.9. 선고 99도2165 판결).

⑤ 회원제 골프장의 예약업무 담당자가 부킹대행업자의 청탁에 따라 회원에게 제공해야 하는 주말부킹권을 부킹대행업자에게 판매하고 그 대금 명목의 금품을 받은 것이 배임수재죄에 해당한다고 한 사례(대법원 2008.12.11. 선고 2008도6987 판결).

⑥ 방송국 예능담당 프로듀서인 피고인이 연예기획사 운영자로부터 상당한 시세차익이 예상되는 주식의 매수기회를 제공받음으로써 피고인이 제작하는 예능프로그램 등에 그 소속 연예인을 출연시키거나 뮤직비디오를 방영해 달라는 청탁을 받고, 이 주식을 매수함으로써 재산상 이익을 취득한 사안에서, 배임수재죄의 성립을 인정한 사례(대법원 2010.4.15. 선고 2009도4791 판결).

⑦ 주택조합아파트 시공회사 직원인 피고인들이 조합장으로부터 조합의 이중분양에 관한 민원을 회사에 보고하지 않고 묵인하거나 이중분양에 대한 조치를 강구할 때 조합의 입장을 배려하여 달라는 청탁을 받고 위 아파트 분양권을 취득한 사안에서, 피고인들에게 배임수재죄를 인정한 원심판단을 수긍한 사례(대법원 2011.2.24. 선고 2010도11784 판결).

⑧ 대학병원 의사인 피고인이, 의약품인 조영제나 의료재료를 지속적으로 납품할 수 있도록 해달라는 부정한 청탁 또는 의약품 등을 사용해 준 대가로 제약회사 등으로부터 명절 선물이나 골프접대 등 향응을 제공받은 경우(대법원 2011.8.18. 선고 2010도10290 판결).

⑨ 울산 현장에서 시행업무를 담당하던 공소외 1이 시공사의 요구에 따라 이 사건 사업에서 배제되자 서울에서 주로 자금업무를 담당하던 시행사의 대표이사인 공소외 2가 원활한 자금지원 및 집행 등 사업시행의 성공을 위하여 시공사의 현장최고책임자인 피고인의 도움을 요청하는 취지의 부탁과 함께 피고인에게 이 사건 사업 시행사의 주식 중 49%에 해당하는 29,400주를 시세보다 낮은 액면가로 양도하게 된 사실을 인정한 다음, 피고인에 의한 위 주식의 양수행위는 배임수재죄에 해당된다(대법원 2012.3.29. 선고 2012도536 판결).

판례 부정한 청탁에 해당하지 않는다는 판례

① 청탁한 내용이 A에게 수출지원 금융을 실시함에 있어 단순히 규정이 허용하는 범위 내에서 최대한 선처를 바란다는 내용에 지나지 않는 경우(대법원 1982.9.28. 선고 82도1656 판결).

② 피고인이 유류부정처분 대금을 나누어 준 것이 단지 환심을 사두어 후일 범행이 발각되더라도 이를 누설하지 않게끔 하기 위한 것이었다고 보여지는 경우(대법원 1983.12.27. 선고 83도2472 판결).

③ 종중 사무를 총괄하는 피고인이 공동주택사업을 추진하던 건설회사 담당직원 갑으로부터 '토지매매대금 이외에 수고비를 주겠으니 종중 토지의 공유자인 등기명의인들로부터 조속히 소유권이전에 필요한 모든 서류를 하자 없이 받아달라'는 취지의 부탁을 받은 경우(대법원 2010.9.9. 선고 2010도7380 판결).

라. 재물 또는 재산상 이익의 취득

뇌물죄의 경우 취득·양도·제공·알선을 모두 기수로 처벌하지만, 배임수재죄는 현실적으로 취득하여야 하므로 단순한 약속·요구만 있으면 본죄의 미수가 된다.

돈을 직접 수령한 경우뿐만 아니라 돈이 입금된 계좌의 예금통장이나 이를 인출할 수 있는 현금카드나 신용카드를 교부받은 경우에도 취득한 것으로 볼 수 있다.[1118] 이는 언제든지 예금된 돈을 인출할 수 있어 돈을 자신이 지배하고 입금된 돈에 대한 실질적인 사용권한과 처분권한을 가지고 있는 것으로 평가할 수 있기 때문이다.

배임수재죄 및 배임증재죄에서 공여 또는 취득하는 재물 또는 재산상 이익은 부정한 청탁에 대한 대가 또는 사례여야 한다.[1119] 즉 재물 또는 재산상 이익의 취득은 청탁과 관련성이 있어야 한다.

취득 당시 관련된 임무를 현실적으로 담당하고 있을 필요는 없다.[1120] 장래에 담당할 임무에 관하여 부정한 청탁을 받고 재물 또는 재산상 이익을 취득한 후 그 임무에 현실적으로 담당하게 된 경우,[1121] 부정한 청탁을 받은 후 사직한 다음에 재물을 수수한 경우에도 본죄가 성립한다.

부정한 청탁과 재물 또는 재산상 이익 취득이 반드시 시간적 선후관계에 있어야 하는 것은 아니다. 부정한 청탁을 받고 나서 사후에 재물 또는 재산상 이익을 취득하였다고 하더라도 재물 또는 재산상 이익이 청탁의 대가인 이상 배임수재죄가 성립된다.[1122]

타인의 업무를 처리하는 사람에게 공여한 금품에 부정한 청탁의 대가로서의 성질과 그 외의 행위에 대한 사례로서의 성질이 불가분적으로 결합되어 있는 경우에는 그 전부가 불가분적으로 부정한 청탁의 대가로서의 성질을 갖는 것으로 보아야 한다.[1123]

마. 제3자로 하여금 이를 취득하게 하는 행위

개정 전 형법에서는 타인의 사무를 처리하는 자가 재물 등을 취득한 경우에 본죄가 성립한다고 규정하였다. 따라서 타인의 사무를 처리하는 자가 그 임무에 관하여 부정한 청탁을 받았다고 하더라도 자신이 아니라 그 '타인'에게 재물 또는 재산상 이익을 취득하게 한 경우 본죄는 성립하지 않았다.[1124] 이러한 처벌의 공백을 메우기 위해 대법원 판례는

1118) 대법원 2017.12.5. 선고 2017도11564 판결.
1119) 대법원 2016.10.13. 선고 2014도17211 판결.
1120) 대법원 1987.4.28. 선고 87도414 판결.
1121) 대법원 2013.10.11. 선고 2012도13719 판결.
1122) 대법원 2013.11.14. 선고 2011도11174 판결.
1123) 대법원 2021.9.30. 선고 2019도17102 판결.
1124) 대법원 2008.4.24. 선고 2006도1202 판결.

예외적으로 다만 그 다른 사람이 부정한 청탁을 받은 사람의 사자 또는 대리인으로서 재물 또는 재산상 이익을 취득한 경우나 그 밖에 평소 부정한 청탁을 받은 사람이 그 다른 사람의 생활비 등을 부담하고 있었다거나 혹은 그 다른 사람에 대하여 채무를 부담하고 있었다는 등의 사정이 있어, 그 다른 사람이 재물 또는 재산상 이익을 받음으로써 부정한 청탁을 받은 사람이 그만큼 지출을 면하게 되는 경우 등 사회통념상 그 다른 사람이 재물 또는 재산상 이익을 받은 것을 부정한 청탁을 받은 사람이 직접 받은 것과 동일하게 평가할 수 있는 관계가 있는 경우에는 본죄가 성립할 수 있다고 하였다.[1125)]

그러나 2016년 형법 개정을 통하여 재물 또는 재산상 이익을 자신이 직접 취득한 경우뿐만 아니라 제3자로 취득하게 한 경우에도 본죄가 성립하도록 개정하였다. 뇌물죄의 제3자 뇌물제공죄와 유사하게 제3자 배임수재죄가 신설되어 부정부패를 근절하기 위한 법체계가 강화되었다.[1126)]

6. 미수와 기수

본죄는 취득행위를 처벌하고 있으므로 요구·약속은 본죄의 미수가 된다. 뇌물죄에 관한 형법 제129조와 제133조는 수수와 제공뿐만 아니라 요구·약속 및 공여의 의사표시를 같이 규정하고 있기 때문에 미수를 벌하지 아니하지만, 배임수재죄는 취득행위를, 배임증재죄는 공여행위를 처벌하고 있고, 미수범의 처벌근거를 두었기 때문에 요구 또는 약속은 본죄의 미수에 해당한다.

추상적 위험범이지만 재물 또는 재산상 이익의 취득이 구성요건적 결과인 결과범이므로 이를 현실적으로 취득해야 기수가 된다. 청탁자에게 재산상 손해발생 여부는 본죄의 성립에 영향이 없다.[1127)] 재물 또는 재산상 이익을 취득한 때 기수가 되며, 배임행위까지 할 필요는 없다. 만약 취득 후 배임행위까지 한 경우에는 배임수재죄와 배임죄의 경합범이 된다.

7. 몰수, 추징

범인 또는 정(情)을 아는 제3자가 취득한 재물은 몰수하며, 몰수할 수 없거나 재산상 이익을 취득한 때에는 그 가액을 추징한다. 형법상 몰수·추징은 임의적이지만, 배임수재죄와 배임증재죄의 경우에는 뇌물죄와 같이 필요적 몰수·추징이다. 개정 전에는 범인에 대

1125) 대법원 2015.7.23. 선고 2015도3080 판결; 대법원 2009.3.12. 선고 2008도1321 판결 등 참조.

1126) 김성돈, 493면.

1127) 대법원 2008.4.24. 선고 2006도1202 판결.

해서만 몰수가 가능하였는데, 2016년 형법 개정을 통하여 정을 하는 제3자가 취득한 경우에도 몰수할 수 있도록 하였다.

판례 수재자가 받은 재물을 증재자에게 반환한 경우 몰수 또는 추징의 상대방

【판결요지】 형법(2016.5.29. 법률 제14178호로 개정되기 전의 것)은 제357조 제1항에서 배임수재죄를, 제2항에서 배임증재죄를 규정하고, 이어 제3항에서 "범인이 취득한 제1항의 재물은 몰수한다. 그 재물을 몰수하기 불능하거나 재산상의 이익을 취득한 때에는 그 가액을 추징한다."라고 규정하고 있다. 배임수재죄와 배임증재죄는 이른바 대향범으로서 위 제3항에서 필요적 몰수 또는 추징을 규정한 것은 범행에 제공된 재물과 재산상 이익을 박탈하여 부정한 이익을 보유하지 못하게 하기 위한 것이므로, 제3항에서 몰수의 대상으로 규정한 '범인이 취득한 제1항의 재물'은 배임수재죄의 범인이 취득한 목적물이자 배임증재죄의 범인이 공여한 목적물을 가리키는 것이지 배임수재죄의 목적물만을 한정하여 가리키는 것이 아니다. 그러므로 수재자가 증재자로부터 받은 재물을 그대로 가지고 있다가 증재자에게 반환하였다면 증재자로부터 이를 몰수하거나 그 가액을 추징하여야 한다(대법원 2017.4.7. 선고 2016도18104 판결).

【해설】 형법 제357조 제3항의 몰수·추징 규정은 수재자가 받은 재물뿐 아니라 증재자가 공여한 재물도 포함된다. 배임수재죄 수재자가 받은 금품을 다시 증재자에게 반환한 경우, 몰수 또는 추징은 증재자를 상대로 해야 한다는 판례이다.

V. 배임증재죄

제357조 (배임증재) ② 제1항의 재물 또는 이익을 공여한 자는 2년 이하의 징역 또는 500만원 이하의 벌금에 처한다.
제359조 (미수범) 제355조 내지 제357조의 미수범은 처벌한다.

배임증재죄는 배임수재죄와 필요적 공범관계인 대향범이다. 타인의 사무를 처리하는 자에게 그 임무에 관하여 부정한 청탁을 하고 재물 또는 재산상 이익을 공여하는 것을 구성요건으로 한다. 배임수재죄의 주체는 타인의 사무를 처리하는 자라는 신분적 요소가 있어야 되지만, 배임증재죄의 주체에는 제한이 없는 비신분범이다.

배임증재죄와 배임수재죄는 필요적 공범관계이지만, 수재죄와 증재죄가 항상 같이 처

벌되어야 하는 것은 아니다. 재물 또는 재산상 이익의 공여가 증재자에 의하여 일방적으로 행하여진 경우에는 증재죄만 성립할 수 있다.[1128] 또한 증재자에게 정당한 업무에 속하는 청탁이라도 수재자에게는 부정한 청탁이 될 수 있다.[1129]

공여는 타인의 사무를 처리하는 자뿐만 아니라 제3자에게 이루어진 경우에도 처벌할 수 있도록 2016년 형법을 개정하였다. 공여는 현실적으로 이루어져야 하며, 공여의 의사표시나 약속만으로는 본죄의 미수가 된다.

제9절 장물의 죄

Ⅰ. 총설

1. 의의

장물의 죄는 장물을 취득·양도·운반·보관·알선하는 것을 내용으로 하는 범죄이다. 장물이 발생한 원인이 되는 범죄 또는 그 범인을 본범이라고 한다. 장물의 죄는 본범을 은닉하거나 그 범죄의 증거를 인멸해주어 본범비호적 성격을 가지고 있으며, 본범의 범죄를 유발하는 그 자체의 특수한 위험성 때문에 본범조장적 성격도 가지고 있다.[1130] 형법은 장물범을 본범에 대한 방조범 내지 사후종범으로 보지 않고 별개의 독립된 재산범죄로 보고 있다.

2. 보호법익

장물죄의 보호법익이 무엇인가에 대하여 본범의 피해자가 그 물건에 대하여 가지는 '추구권'이라는 견해가 있지만, 보호법익은 피해자의 재산권이라고 보는 견해가 통설이다. 만약 추구권이라고 본다면 불법원인급여물이나 시효가 완성된 물건은 장물이 될 수 없다는 불합리한 결과가 될 뿐만 아니라 본범이 권리행사방해죄인 경우와 같이 피해자가 장물에 대하여 소유권 기타 물권을 가지지 아니한 경우에도 장물죄의 성립을 인정하는 형법의 태도와 어긋난다. 따라서 본죄의 보호법익은 피해자의 재산권이라고 보는 것이 타

1128) 대법원 1991.1.15. 선고 90도2257 판결.

1129) 대법원 2011.10.27. 선고 2010도7624 판결; 대법원 1991.1.15. 선고 90도2257 판결.

1130) 김성돈, 497면; 신동운, 1309면.

당하다. 본죄의 보호법익이 무엇인가에 대한 논의는 장물죄의 본질에 대한 논의와 연결된다.

3. 장물죄의 본질

가. 쟁점

장물죄의 본질에 대해서 다양한 학설이 전개되고 있다. 이는 학설에 따라 '장물의 성립범위'가 달라지므로 논의의 실익이 있다. 장물죄의 본질에 대해서 추구권설, 위법상태유지설, 공범설, 결합설이 있다.

나. 학설

(1) 추구권설

본범이 영득한 불법한 점유에 대해 피해자가 사법상 반환청구권을 행사할 수 없게 하거나 곤란하게 하는데 장물죄의 본질이 있다는 견해이다.[1131] '추구'란 소유권 기타 물권에 의한 반환청구권의 행사를 말한다. 따라서 불법원인급여(민법 제746조), 선의취득(민법 제249조), 채권 등의 소멸시효(민법 제162조), 계약의 취소·해제의 불가능으로 인해 사법상 추구권이 없으면 장물성을 상실한다. 추구의 대상은 장물 그 자체에 대한 것을 의미하므로 장물인 재물과 교환된 대체장물에 대해서는 반환청구권이 없으므로 장물성이 부정된다.[1132]

(2) 위법상태유지설

본범이 영득한 재물을 취득·이전함으로써 본범에 의해 조성된 위법한 재산상태를 유지·존속하게 하는 것에 장물죄의 본질이 있다는 견해이다.[1133] 사법상의 추구권을 전제로 하지 않고 위법한 재산상태를 유지·존속시킨다는 형법의 독자적인 기준에 의하여 장물을 판단한다.

물건의 현 상태의 위법 여부가 판단기준이 되므로 반환청구권이 없는 불법원인급여물도 장물성이 인정된다. 하지만 시효가 완성된 재물은 위법한 재산상태가 없어졌으므로 장물성을 상실하게 된다.[1134] 대체장물의 장물성이 인정 여부에 대해서는 유지설의 입장에서

1131) 손동권/김재윤, 496면; 신동운, 1314면; 오영근/노수환, 447면.

1132) 손동권/김재윤, 496면.

1133) 김성돈, 498면; 임웅/이현정/박성민, 577면.

1134) 뇌물죄·도박죄·통화위조죄와 같이 비재산범죄에 의해 취득한 재물에 대해서도 장물성이 인정될 수 있다.

도 견해의 대립이 있다.[1135] 대체장물의 경우 위법상태유지설에 의해도 위법상태가 해소되었으므로 장물성을 상실한다는 견해와 위법상태를 인정할 수 있다는 견해로 나누어지는데, 이는 위법상태를 어떻게 파악하느냐에 따라 결론이 달라질 수 있다.

(3) 공범설

본범이 취득한 범죄적 이익에 참여·가담하는 데 장물죄의 본질이 있다고 보는 견해이다. 장물범이 본범의 불가벌적 사후행위에 관여하여 이익을 취득하는 사후공범적 성격을 가지고 있다. 추구권의 유무와 관계없이 피해자와의 견연성이 인정되면 불법원인급여물, 대체장물, 연쇄장물 또는 본범이 소유권을 취득한 재물에 대해서도 장물성을 인정할 수 있다.

(4) 결합설

위법상태유지설을 본질로 보고 추구권설을 접목시키는 입장이다. 피해자의 반환청구권 행사를 곤란하게 하고 재산범죄로 초래된 위법상태를 유지하는 데 있다고 한다. 위법상태의 유지는 곧 피해자의 추구권 행사를 곤란하게 만든다는 점에서 양자는 표리관계에 있다고 본다. 다수설이다.[1136] 선의취득 등으로 피해자가 반환청구를 할 수 없을 때에는 장물성이 인정되지 않고, 연쇄장물은 장물죄가 본범에 해당하므로 장물성을 인정하고, 불법원인급여물과 대체장물에 대해서는 장물성을 인정하기도 하고 인정하지 않기도 한다.

다. 판례

판례에 따르면 장물인 정을 모르고 보관하던 중 장물인 정을 알게 되었고, 위 장물을 반환하는 것이 불가능하지 않음에도 불구하고 계속 보관함으로써 피해자의 정당한 반환청구권 행사를 어렵게 하여 위법한 재산상태를 유지시킨 경우 장물보관죄에 해당한다고 판단하였다.[1137]

위법상태유지설의 관점에서 보면 본범과의 합의가 없어 재물이 위법상태에 있지 않아서 장물죄의 성립을 부정해야 되지만, 판례는 유지설의 입장을 기본으로 하면서 추구권설의 관점을 통해 보충적으로 고려하는 결합설의 입장을 취하고 있기 때문에 장물보관죄를 인정하였다.

1135) 김성천/김형준, 533면; 임웅/이현정/박성민, 583면; 독일형법 제259조 제1항은 장물죄의 객체를 "타인이 절취하거나 타인의 재산에 대하여 행해진 위법행위에 의하여 취득한 물건"이라고 규정함으로써 유지설의 입장을 명문화하고 있으며, 본범도 재산범죄에 국한하지 않고 널리 '재산에 대한 위법행위'로 확장하고 있다.

1136) 김일수/서보학, 406면; 배종대, 593면; 이재상/장영민/강동범, 449면; 이형국/김혜경, 450면; 정성근/박광민, 492면.

1137) 대법원 1987.10.13. 선고 87도1633 판결.

라. 결론

결합설에 대하여 장물성의 인정 여부가 문제되는 경우에 유지설 또는 추구권설 중 어느 견해를 취할 것인지 선별적으로 적용하고 있기 때문에 그 적용 기준이 모호하다는 비판이 있다. 그로 인하여 대체장물성과 불법원인급여물에 대해서 결합설에서도 다시 견해가 나누어지는 현상이 발생한다. 그럼에도 불구하고 유지설을 기본으로 하고 추구권설을 보완하는 결합설이 타당하다. 피해자의 장물추구회복을 곤란하게 하고 이로 인하여 위법한 재산상태가 유지·존속된다는 점을 본다면 추구 곤란과 위법상태 유지는 표리의 관계이다. 장물죄의 본질에 대하여 피해자의 반환청구권 개념을 떠나서는 파악하기 어렵기 때문이다. 장물을 제3자에게 양도하는 경우 유지설에 따르면 본범과의 합의가 없어 재물이 위법상태에 있지 않아 장물죄의 성립이 부정되지만, 형법이 장물양도죄를 처벌하고 있다는 것은 피해자의 반환청구권의 행사를 곤란하게 한다는 점에서 추구권설을 잘 설명할 수 있기 때문이다. 결국 형법 규정이 추구권설을 보충하고 있다고 볼 수 있다.

Ⅱ. 장물죄

제362조 (장물의 취득, 알선등) ① 장물을 취득, 양도, 운반 또는 보관한 자는 7년 이하의 징역 또는 1천500만원 이하의 벌금에 처한다.
② 전항의 행위를 알선한 자도 전항의 형과 같다.

1. 의의

장물죄는 장물을 취득, 양도, 운반 또는 보관한 경우에 성립하는 범죄이다. 장물의 죄의 기본적 구성요건이다. 절도죄나 횡령죄에 비하여 형이 가중되어 있는 것은 범죄조장적 성격을 고려한 것이다.

2. 주체: 본범의 정범 이외의 자

본범의 정범은 주체가 될 수 없다. 장물죄는 타인(본범)이 불법하게 영득한 재물의 처분에 관여하는 범죄이기 때문이다.[1138] 자기의 범죄에 의하여 영득한 물건에 대하여는 장물

1138) 대법원 1986.9.9. 선고 86도1273 판결.

죄가 성립하지 않는다. 또한 본범의 정범이 될 수 없는 이유는 본범이 장물을 취득하는 행위는 불가벌적 사후행위로 해당하여 처벌할 수 없기 때문이다.

하지만 본범의 교사범이나 방조범과 같이 본범의 공범은 장물죄의 주체가 될 수 있다. 따라서 절도를 교사한 자가 절도범이 획득한 재물(장물)을 다시 취득한 경우에는 절도죄의 교사범과 장물취득죄의 실체적 경합범이 된다.

3. 객체: 장물

가. 장물의 개념

장물죄의 본질에 대하여 어느 학설을 취하는가에 따라 장물의 범위가 달라진다. 추구권설의 입장에서는 재산죄에 의해서 영득한 재물로서 피해자가 법률상 추구할 수 있는 물건을 장물로 본다. 따라서 절도, 강도, 사기, 공갈, 횡령, 장물죄에 의해 얻은 물건을 말한다. 이에 반해 위법상태유지설의 입장에서는 재산권을 침해하는 범죄행위로 취득한 물건이면 장물에 해당하고 피해자가 사법상 반환청구를 할 수 있는지 여부는 상관이 없다. 재산죄로 취득한 물건뿐만 아니라 수렵법위반, 어업법위반, 도박에서 얻은 물건, 뇌물로 받은 물건까지도 장물이 될 수 있다. 결합설의 입장에서는 재산범죄에 의하여 영득한 재물로서 위법한 재산상태가 유지되고 있는 한 피해자가 반드시 법률상 반환 청구할 수 있는 것일 필요는 없는 것이라고 설명한다. 이하에서는 결합설의 입장에서 설명한다.

나. 장물 자체의 요건

(1) 재물

장물은 재물이어야 한다. 재산상 이익은 장물이 아니다.[1139] 따라서 채권·지식재산권 등 권리는 장물이 될 수 없다. 하지만 권리가 화체된 증권인 유가증권, 어음, 교환물상환증은 재물이므로 장물이 될 수 있다. 배임행위로 취득하는 것은 재산상 이익으로 재물이 아니므로 장물이 될 수 없다.

관리가능한 동력이 장물이 될 수 있는가에 대하여 견해의 대립이 있다. 판례는 관리가능한 동력도 장물이 될 수 있다는 입장이다.[1140] 재물의 개념에 대한 관리가능성설의 입장에서는 관리가능한 동력도 재물인 이상 이를 장물에 당연히 포함시킨다.[1141] 장물죄에 제346조를 준용하고 있지 않는다는 점을 고려한다면 재물 개념을 유체물에 한정시켜서 해

1139) 대법원 1971.2.23. 선고 70도2589 판결.

1140) 대법원 1972.6.13. 선고 72도971 판결.

1141) 신동운, 1317면; 이재상/장영민/강동범, 447면.

석론상 관리가능한 동력은 장물에서 제외시키는 입장도 있다.[1142] 장물은 재산죄인 본범에 의하여 영득한 재물이고 본범의 영득행위의 객체인 재물 중에는 관리가능한 동력도 포함되는 이상 장물죄에 관하여 별도로 제346조의 준용 규정을 두지 않았다고 하더라도 관리가능한 동력도 장물인 재물에 포함되는 것으로 보는 것이 타당하다.

장물은 동산에 한정되지 않으며 부동산도 포함된다. 부동산도 재물 개념에 포함되며, 본범이 될 수 있는 사기, 횡령 등의 재산범죄가 부동산을 객체로 보기 때문이다. 다만 부동산의 경우 장물의 취득, 양도, 보관, 알선의 경우에는 장물죄가 성립할 수 있지만, 부동산의 성질상 장물 '운반'의 경우에는 장물죄가 성립할 수 없다.

(2) 재물의 동일성

(가) 의의

장물은 재산범죄에 의하여 영득한 재물 그 자체이거나 적어도 그것과 물질적 동일성이 인정되는 것이어야 한다. 어느 정도 원형이 변경되더라도 동일성이 유지되는 경우에는 장물성이 인정된다. 따라서 금반지를 녹여 금괴를 만드는 것과 같이 단순히 원형이 변경된 경우, 자동차 부속품을 분리하여 다른 자동차에 부착한 경우에는 장물성이 인정된다. 다만 복사물, 대체장물, 환전통화, 수표와 교환된 현금 등에 대해서는 장물성 여부가 문제된다.

(나) 복사물의 장물성

절취한 영업비밀이나 영화필름 또는 녹음테이프를 복사한 복사물·복사문서는 내용적으로 동일하지만 원래의 물질성을 상실하였기 때문에 장물이 아니다.[1143]

(다) 대체장물의 장물성

장물의 매각대금, 장물인 금전으로 구입한 물건 등과 같이 장물의 대가로서 얻은 대체장물의 경우 추구권설에 의하면 피해자의 추구권이 인정되는 것은 본범이 영득한 재물에 대해서만 가능하므로 대체장물은 장물이 아니다. 유지설에 따르면 위법한 재산상태의 유지·존속은 본범에 의해 영득된 재물에 한정되므로 대체장물은 장물이 아니라고 보는 입장이 일반적이다. 공범설에 의하면 본범의 범죄이익에 관여하는 범위 내에서 장물이 된다. 판례에 따르면 장물인 금전으로 매입한 다른 물건이나 장물의 매각대금[1144]은 장물 그 자체가 아니며, 장물과 동일성이 없으므로 장물이 될 수 없다.

1142) 김성돈, 500면; 배종대, 596면; 손동권/김재윤, 500면.

1143) 김성돈, 501면; 정성근/박광민, 500면.

1144) 대법원 1972.6.13. 선고 72도971 판결.

(라) 환전통화의 장물성

장물인 통화를 다른 종류의 통화로 환전하는 경우 또는 절취한 수표를 현금으로 교환한 현금이 장물이 되는지에 대하여 견해의 대립이 있다. 학설은 가치총액상 동일성이 유지되므로 장물이 된다는 견해, 가치의 동일성을 물건의 동일성으로 취급하는 것은 유추해석금지의 원칙에 반하므로 장물성을 인정할 수 없다는 견해, 환전통화의 경우 장물성을 인정할 수 없지만, 수표교환의 경우에는 사기죄로 취득한 현금이므로 장물성이 인정된 견해가 대립하고 있다.

판례에 따르면 금전은 고도의 대체성을 가지고 있어 다른 종류의 통화와 쉽게 교환할 수 있고, 그 금전 자체는 별다른 의미가 없고 금액에 의하여 표시되는 금전적 가치가 거래상 의미를 가지고 유통되고 있는 점에 비추어 볼 때, 장물인 현금을 금융기관에 예금의 형태로 보관하였다가 이를 반환받기 위하여 동일한 액수의 현금을 인출한 경우에 예금계약의 성질상 인출된 현금은 당초의 현금과 물리적인 동일성은 상실되었지만 액수에 의하여 표시되는 금전적 가치에는 아무런 변동이 없으므로 장물로서의 성질은 그대로 유지된다고 한다. 수표와 교환된 현금도 장물성이 유지된다. 거래상 수표는 그 액면금을 즉시 지급받을 수 있는 등 현금과 동일하고, 거래상 현금과 동일하게 취급되고 있는 등 통화처럼 고도의 대체성이 있으므로 수표와 교환된 현금도 장물이 된다고 한다.[1145]

다. 본범과 관련된 요건

(1) 본범은 재산범죄이어야 한다.

장물은 재산범죄에 의하여 영득한 재물이어야 하므로 본범은 재산범죄이어야 한다.[1146] 장물죄의 본범이 될 수 있는 재산죄는 절도, 강도, 사기, 공갈, 횡령, 배임수재죄 등과 같이 형법상 재산범죄뿐만 아니라 특정범죄가중법의 상습절도나 폭력행위처벌법의 공갈죄 등과 같이 특별법의 재산범죄도 포함된다. 장물죄도 재산죄이므로 장물죄의 본범이 될 수 있다. 이를 연쇄장물이라고 한다. 하지만 손괴죄는 불법영득의사가 없는 훼기죄로 재물의 영득이 없으므로 장물죄의 본범이 될 수 없다.

형법 제323조 권리행사방해죄와 제325조 점유강취죄의 경우 본범에 있어 '자기의 물건'인 경우에도 장물죄가 될 수 있는가에 대해 견해의 대립이 있다. 재산죄는 자기의 물건에 대해서도 성립할 수 있고 반드시 타인의 재물이어야 할 필요는 없으므로 장물죄가 성립할 수 있다고 보는 것이 타당하다.

1145) 대법원 2000.3.10. 선고 98도2579 판결.

1146) 대법원 2000.3.24. 선고 99도5275 판결.

본범이 비재산범인 경우 비재산죄로 인하여 취득한 재물은 장물이 아니다. 수뢰죄에 의하여 수수한 뇌물, 도박자금이나 도박에 의하여 취득한 재물, 통화위조죄에 따른 위조된 통화, 문서위조죄에 의해 작성된 위조문서, 탈세로 취득한 재물 등은 장물이 아니다.

배임죄와 컴퓨터사용사기죄는 객체가 재물이 아닌 재산상 이익인 이득죄이므로 장물죄의 본범이 될 수 없다. 컴퓨터등사용사기죄의 범행으로 예금채권을 취득한 다음 자기의 현금카드를 사용하여 현금자동지급기에서 현금을 인출한 경우 그 인출된 현금은 재산범죄에 의하여 취득한 재물이 아니므로 장물이 될 수 없다. 현금카드 사용권한 있는 자의 정당한 사용에 의한 것으로서 현금자동지급기 관리자의 의사에 반하거나 기망행위 및 그에 따른 처분행위도 없었으므로 절도죄나 사기죄가 성립하지 않기 때문이다.[1147] 따라서 갑이 권한 없이 인터넷뱅킹으로 타인의 예금계좌에서 자신의 예금계좌로 돈을 이체한 후 그 중 일부를 인출하여 그 정을 아는 을에게 교부한 경우, 갑이 컴퓨터등사용사기죄에 의하여 취득한 예금채권은 재물이 아니라 재산상 이익이므로 을에게 장물취득죄가 성립하지 않는다. 하지만 피해자가 본범의 기망행위에 속아 현금을 피고인 명의의 은행 예금계좌로 송금하였다면 이는 재물에 해당하므로 그 계좌에서 인출한 돈은 장물이 된다. 예금채권은 발생하지 않는다.[1148]

판례 사기방조와 장물 취득

【판결요지】 [1] 사기죄의 객체는 타인이 점유하는 '타인의' 재물 또는 재산상의 이익이므로, 피해자와의 관계에서 살펴보아 그것이 피해자 소유의 재물인지 아니면 피해자가 보유하는 재산상의 이익인지에 따라 '재물'이 객체인지 아니면 '재산상의 이익'이 객체인지 구별하여야 하는 것으로서, 이 사건과 같이 피해자가 본범의 기망행위에 속아 현금을 피고인 명의의 은행 예금계좌로 송금하였다면, 이는 재물에 해당하는 현금을 교부하는 방법이 예금계좌로 송금하는 형식으로 이루어진 것에 불과하여, 피해자의 은행에 대한 예금채권은 당초 발생하지 않는다.

[2] 장물취득죄에서 '취득'이라 함은 장물의 점유를 이전받음으로써 그 장물에 대하여 사실상 처분권을 획득하는 것을 의미하는데, 이 사건의 경우 본범의 사기행위는 피고인이 예금계좌를 개설하여 본범에게 양도한 방조행위가 가공되어 본범에게 편취금이 귀속되는 과정 없이 피고인이 피해자로부터 피고인의 예금계좌로 돈을 송금받아 취득함으로써 종료되는 것이고, 그 후 피고인이 자신의 예금계좌에서 위 돈을 인출하였다 하더라도 이는 예금명의자로서 은행에 예금반환을 청구한 결과일 뿐 본범으로부터 위 돈에 대한 점유를 이전받아 사실상 처분권을 획득한 것은 아니므로, 피고인의 위와 같

1147) 대법원 2004.4.16. 선고 2004도353 판결.

1148) 대법원 2010.12.9. 선고 2010도6256 판결.

은 인출행위를 장물취득죄로 벌할 수는 없다.

[3] 사기 범행에 이용되리라는 사정을 알고서도 자신의 명의로 새마을금고 예금계좌를 개설하여 갑에게 이를 양도함으로써 갑이 을을 속여 을로 하여금 1,000만 원을 위 계좌로 송금하게 한 사기 범행을 방조한 피고인이 위 계좌로 송금된 돈 중 140만 원을 인출하여 갑이 편취한 장물을 취득하였다는 공소사실에 대하여, 갑이 사기 범행으로 취득한 것은 재산상 이익이어서 장물에 해당하지 않는다는 원심판단은 적절하지 아니하지만, 피고인의 위와 같은 인출행위를 장물취득죄로 벌할 수는 없으므로, 위 '장물취득' 부분을 무죄로 선고한 원심의 결론을 정당하다고 한 사례(대법원 2010.12.9. 선고 2010도6256 판결).

【해설】 피해자가 현금을 사기죄의 방조범인 피고인의 계좌에 송금한 경우 사기방조범은 예금계좌의 명의인에 불과하고, 사기의 실행자인 본범으로부터 점유를 이전받은 것은 아니므로 장물을 취득한 것으로 볼 수 없다. 피고인이 명의 계좌를 제공하고 사기 범행을 알면서도 이를 방조한 경우, 사기 방조죄는 성립 가능하지만, 그 계좌에서 인출한 행위는 장물취득죄에는 해당하지 않는다. 따라서 장물취득 부분은 무죄다.

(2) 재산범죄로 영득한 재물

장물은 재산범죄로 영득한 재물이어야 한다. 따라서 범죄에 의하여 작성된 물건, 재산범죄의 수단으로 제공된 물건은 장물이 아니다. 위조통화나 위조문서는 재산죄에 의하여 영득한 재물이 아니라 위조범죄에 의하여 작성된 물건이므로 장물이 아니다. 배임죄의 경우 이중매매된 부동산,[1149] 양도담보로 제공된 부동산은[1150] 배임죄로 인하여 영득한 것이 아니라 배임행위에 제공된 것에 불과하기 때문에 장물이 아니다.[1151]

하지만 처음부터 재산범죄와 무관한 재물이라도 그것이 재산범죄의 객체가 되면 장물이 될 수 있다. 따라서 위조된 유가증권인 위조탑승권을 발매기에서 뜯어감으로써 절도죄를 구성하면 그 유가증권은 절도죄에 의해 영득된 재물이기 때문에 그 정을 알면서 취득하면 장물취득죄가 된다.[1152]

(3) 본범의 실현 정도

본범의 행위가 반드시 책임까지 인정될 필요는 없다. 구성요건에 해당하고 위법하면 가능하다. 따라서 본범의 재산취득행위가 위법성이 조각되면 그로 인해 취득한 재물은 장

1149) 대법원 1975.12.9. 선고 74도2804 판결.

1150) 대법원 1983.11.8. 선고 82도2119 판결.

1151) 부동산 이중매매의 경우 배임죄를 인정하였지만, 부동산을 양도담보로 제공한 채무자가 해당 부동산을 제3자에게 처분한 행위에 대해서 2019도9756 전원합의체 판결에서 배임죄가 성립하지 않는다고 판결하였다. 따라서 양도담보로 제공된 부동산은 배임죄가 성립하지 않기 때문에 '당연히' 장물도 되지 않는다.

1152) 대법원 1998.11.24. 선고 98도2967 판결.

물성을 상실한다. 본범이 책임무능력자이거나 정당한 이유가 있는 금지착오에 해당하여 책임이 조각되더라도 그로 인해 취득한 재물은 장물이 된다.

본범의 행위가 유책성을 갖출 필요가 없으므로 당연히 처벌조건이나 소송조건까지 갖출 필요도 없다. 본범의 행위가 친족상도례에 의하여 형이 면제되는 경우, 친고죄의 경우에 고소가 없는 경우, 공소시효가 완성되어 소추할 수 없게 된 경우에도 그로 인하여 취득한 재물은 장물이 된다.

(4) 본범에 대하여 형법이 적용되지 않는 경우

본범에 대하여 우리나라 형법이 적용되지 않는 경우, 즉 재판권이 미치지 않는 외교관이나 형법의 효력이 미치지 않는 외국에서 외국인에 의하여 범행이 이루어진 경우에 있어서도 형법상 불법이 인정되면 장물성이 인정된다. 본범의 행위에 대하여 우리 형법상 구성요건에 해당하는 위법한 행위로 인정되면 충분하다. 판례는 대한민국 국민 또는 외국인이 미국 캘리포니아주에서 미국 리스회사와 미국 캘리포니아주의 법에 따라 차량 이용에 관한 리스계약을 체결하였는데, 이후 자동차수입업자인 피고인이 리스기간 중 위 리스이용자들이 임의로 처분한 위 차량들을 수입한 경우, 피고인에게 장물취득죄를 인정하였다.[1153)]

(5) 본범의 시간적 실현 단계

장물죄가 성립하기 위해서는 본범의 행위가 시간적으로 범죄 실현의 어느 단계에까지 이르러야 하는지에 대하여 견해의 대립이 있다. 이에 대하여 본범이 기수에 이르러야 한다는 견해[1154)]와 본범의 기수와 상관없이 재물의 영득사실이 발생하면 장물죄가 성립한다는 견해[1155)]가 대립하고 있다.

생각건대, 본범이 미수상태에 있을 때에는 본범의 공범이 될 뿐이므로 본범은 기수에 이르러야 한다는 견해가 타당하다. 본범이 아직 기수에 이르지 않았다면 피해자에게 재물에 대한 추구권이 발생하지 않았기 때문이다. 예를 들면 본범이 절도죄의 실행 단계에 있을 때 절취하려는 재물에 대하여 갑이 매각 알선을 한 경우 절도죄의 방조가 될 수 있을 뿐 장물알선죄는 성립하지 않는다.

다만 예외적으로 제338조 강도살인죄의 경우 피해자가 사망하지 않아 미수에 그친 경우라도 재물영득이 앞서는 경우에는 영득 부분은 기수에 이르렀기 때문에 장물성이 인정된다고 보는 것이 타당하다.

1153) 대법원 2011.4.28. 선고 2010도15350 판결.
1154) 김성돈, 504면; 김일수/서보학, 512면; 배종대, 598면; 손동권/김재윤, 499면; 신동운, 1321면; 정성근/박광민, 497면.
1155) 오영근/노수환, 453면; 이재상/장영민/강동범, 449면; 임웅/이현정/박성민, 581면.

(6) 본범이 횡령죄인 경우 악의의 매수자

본범의 시간적 실현 단계와 관련하여 문제되는 경우는 본범이 횡령죄인 경우 매수자가 악의인 경우이다. 타인의 재물을 보관하는 자가 그 보관물을 횡령하는 것을 알면서도 매수한 악의의 매수자에 대해 장물취득죄가 보관하는지가 문제된다. 장물취득죄가 되려면 본범은 기수에 이르러야 하는데 이는 횡령죄의 기수 시기와 관련하여 표현설을 취하느냐 실현설을 취하느냐에 따라 달라진다.[1156] 표현설을 취하면 횡령의 의사를 외부에 표시함으로써 기수가 되므로 그 재물은 이미 장물이 되고, 이를 취득한 악의의 매수자는 장물취득죄가 된다. 실현설을 취하면 본범의 재물영득이 현실화되지 않은 단계이므로 횡령죄의 공범이 성립한다. 실현설이 타당하므로 악의의 매수자가 적극 가담하여 횡령물을 취득하면 횡령죄의 공범으로 보는 것이 타당하다.

(7) 불가벌적 사후행위인 경우

재산범죄를 저지른 이후에 별도의 재산범죄의 구성요건에 해당하는 사후행위가 있었다면 비록 그 행위가 불가벌적 사후행위로서 처벌의 대상이 되지 않는다 할지라도 그 사후행위로 인하여 취득한 물건은 재산범죄로 인하여 취득한 물건으로서 장물이 될 수 있다.

컴퓨터사용사기죄를 범하여 타인의 예금계좌에서 자신의 예금계좌로 돈을 이체한 후 그중 일부를 인출하여 그 정을 아는 제3자에게 교부한 경우, 인출한 현금은 불가벌적 사후행위에 의해 취득한 재물이므로 장물이 될 수 있다는 견해가 있지만,[1157] 판례는 인출된 현금의 장물성을 인정하지 않는다. 컴퓨터등사용사기죄의 범행을 저지른 다음 자신의 현금카드를 사용하여 현금자동지급기에서 현금을 인출한 경우에는 그것이 비록 컴퓨터등사용사기죄의 범행으로 취득한 예금채권을 인출한 것이라 할지라도 현금카드 사용권한 있는 자의 정당한 사용에 의한 것으로서 현금자동지급기 관리자의 의사에 반하거나 기망행위 및 그에 따른 처분행위도 없었으므로, 별도로 절도죄나 사기죄의 구성요건에 해당하지 않는다 할 것이고, 그 결과 그 인출된 현금은 재산범죄에 의하여 취득한 재물이 아니므로 장물이 될 수 없다는 입장이다.

판례 컴퓨터사용사기죄와 장물 취득

【사실관계】 갑은 권한 없이 회사의 아이디와 패스워드를 입력하여 인터넷뱅킹에 접속한 다음 회사의 예금계좌로부터 자신의 예금계좌로 돈을 이체하여 자신의 예금액을 증액시킨 후 그중 일부를 인출하였다. 이후 갑은 이러한 사정을 알고 있는 을에게 인

1156) 김성돈, 504면; 정성근/박광민, 498면.
1157) 김성돈, 504면.

출한 금액의 일부를 을에게 교부하였다. 을에게 장물취득죄가 성립하는가?

【판결요지】 [1] 형법 제41장의 장물에 관한 죄에 있어서의 '장물'이라 함은 재산범죄로 인하여 취득한 물건 그 자체를 말하므로, 재산범죄를 저지른 이후에 별도의 재산범죄의 구성요건에 해당하는 사후행위가 있었다면 비록 그 행위가 불가벌적 사후행위로서 처벌의 대상이 되지 않는다 할지라도 그 사후행위로 인하여 취득한 물건은 재산범죄로 인하여 취득한 물건으로서 장물이 될 수 있다.

[2] 컴퓨터등사용사기죄의 범행으로 예금채권을 취득한 다음 자기의 현금카드를 사용하여 현금자동지급기에서 현금을 인출한 경우, 현금카드 사용권한 있는 자의 정당한 사용에 의한 것으로서 현금자동지급기 관리자의 의사에 반하거나 기망행위 및 그에 따른 처분행위도 없었으므로, 별도로 절도죄나 사기죄의 구성요건에 해당하지 않는다 할 것이고, 그 결과 그 인출된 현금은 재산범죄에 의하여 취득한 재물이 아니므로 장물이 될 수 없다고 한 사례.

[3] 장물인 현금 또는 수표를 금융기관에 예금의 형태로 보관하였다가 이를 반환받기 위하여 동일한 액수의 현금 또는 수표를 인출한 경우에 예금계약의 성질상 그 인출된 현금 또는 수표는 당초의 현금 또는 수표와 물리적인 동일성은 상실되었지만 액수에 의하여 표시되는 금전적 가치에는 아무런 변동이 없으므로, 장물로서의 성질은 그대로 유지된다.

[4] 甲이 권한 없이 인터넷뱅킹으로 타인의 예금계좌에서 자신의 예금계좌로 돈을 이체한 후 그중 일부를 인출하여 그 정을 아는 乙에게 교부한 경우, 甲이 컴퓨터등사용사기죄에 의하여 취득한 예금채권은 재물이 아니라 재산상 이익이므로, 그가 자신의 예금계좌에서 돈을 인출하였더라도 장물을 금융기관에 예치하였다가 인출한 것으로 볼 수 없다는 이유로 乙의 장물취득죄의 성립을 부정한 사례(대법원 2004.4.16. 선고 2004도353 판결).

【해설】 갑이 권한 없이 인터넷뱅킹으로 타인의 예금계좌에서 자신의 예금계좌로 돈을 이체하여 자신의 예금을 증액시킨 행위는 은행에 대한 예금채권이라는 재산상 이익을 취득한 것으로 컴퓨터사용사기죄에 해당한다. 한편 컴퓨터사용사기죄로 취득한 예금채권을 자기의 현금카드로 인출한 행위는 자기의 현금카드를 사용할 권한이 있으므로 절도죄나 사기죄의 구성요건에 해당하지 않는다. 따라서 인출된 현금은 장물이 아니다. 따라서 그 정을 알고 취득한 을에게는 장물취득죄가 성립하지 않는다.

라. 위법상태의 유지

(1) 위법상태의 유지

장물은 본범에 의해서 이루어진 위법한 재산상태가 계속 유지되는 경우에만 인정된다. 추구권설은 피해자가 법률상 반환청구할 수 있는 재물만이 장물이 되며, 유지설은 위법상 재산상태가 유지·존속되는 경우에만 장물이 된다. 따라서 두 견해 모두 본범 또는 제3자가 그 재물에 대하여 하자 없이 소유권을 취득한 때에는 장물성을 상실한다.

(2) 선의취득·시효취득의 경우

민법 제249조에 의하여 제3자가 동산을 선의취득한 경우 그 재물의 장물성은 상실된다. 따라서 그 후에 그 정을 알고 있는 자가 이를 매수하더라도 장물취득죄는 성립하지 않는다. 추구권설의 입장에서 보면 피해자가 법률상 재물에 대한 회복추구권을 상실한 이상 장물성이 소멸된다고 보는 것이 당연하다. 위법상태유지설의 입장에서도 선의취득의 경우에도 재물을 적법한 방법에 의하여 제3자가 취득함으로써 위법이 소멸되었다고 하여 동일한 결론이다. 취득시효의 완성에 의하여 제3자가 장물의 소유권을 취득한 경우에도 장물성이 상실된다. 다만 그 기간이 5년 이상 장기간의 점유를 요하므로 실제로 사례가 있을지는 의문이다.

(3) 민법상 첨부에 의한 소유권 취득의 경우

부합(민법 제256조, 제257조), 혼화(민법 제258조), 가공(민법 제259조)을 전부 '첨부'라고 한다. 첨부가 있으면 동산의 소유권은 소멸한다(민법 제260조). 이 경우 추구권설에 따르면 피해자의 법률상 추구권은 소멸하므로 장물성도 상실된다. 위법상태유지설도 범죄에 의하여 위법하게 취득한 물건이 다시 적법한 방법에 의하여 취득됨으로써 위법상태가 해소된 것으로 보아 장물성은 상실된다.

(4) 민법상 취소할 수 있는 경우

본범이 사기 또는 공갈로 재물을 취득하여 피해자가 민법상 취소할 수 있는 것과 같이 본범의 영득행위가 무효가 아니라 단지 취소할 수 있음에 불과한 법률행위인 경우 추구권설에 따르면 취소하기 전까지는 추구권이 존재하지 않기 때문에 장물성이 상실된다. 유지설에 따르면 취소할 수 있는 재물의 점유도 위법한 재산상태가 되므로 장물성이 인정된다.

생각건대, 취소할 수 있는 행위라도 취소하기 전까지는 유효한 법률행위로서 효과가 발생하는 것이므로 그 물건은 일단 적법하게 이전된 것이다. 향후 하자 있는 의사표시를 취소하고 그 반환을 구할 수 있다는 점에서 피해자는 장래 특정 시점에 회복추구권을 가지고 있다고 볼 수 있다. 취소하기 전이라면 추구권은 존재하지 않기 때문에 장물성이 상실되는 것으로 보는 것이 옳다. 취소권이 소멸되었다면 장물성은 상실한다.

(5) 불법원인급여물의 경우

(가) 쟁점

불법원인급여의 경우에도 장물성이 인정될 수 있는지 문제될 수 있다. 갑이 을에게 불법원인에 따라 재산을 급여했는데, 그 급여된 재산이 다시 을에게 이전된 경우 이 재산에 대하여 을이 장물로서 취득했는지 문제될 수 있다. 예를 들면 인터넷 투자사기를 통해 수익을 얻고 있었는데, 을이 이를 알면서도 자금 지원 명목으로 2천만 원을 투자한 경우 을의 2천만 원은 민법상 불법원인급여에 해당하므로 반환청구할 수 없다. 이후 사기 범행을 통해 갑이 큰 이익을 얻자, 을에게 2천만 원을 준 경우 갑이 범죄로 얻은 수익 중 일부를 을이 받는 것이므로 을에게 장물취득죄가 성립할 수 있는지 문제될 수 있다.[1158)]

(나) 학설

불법원인급여물의 경우 추구권설의 입장에서도 반환청구권이 없다는 이유로 장물성을 부정하는 견해도 있지만,[1159)] 본범이 타인에게 불법원인으로 제공한 경우에는 그 급부 재물에 대하여 피해자의 추구권이 여전히 인정되므로 장물성을 긍정하는 견해도 있다. 위법상태유지설에 따르면 장물성의 상실은 민법상 반환청구권의 유무 문제가 아니라 위법성의 유무에 의하여 결정되므로 본범에 의하여 조성된 상태가 위법한 이상 불법원인급여의 경우에도 위법상태가 유지되므로 장물성이 인정된다.[1160)] 결합설의 경우 장물성 인정 여부에 대해서는 다양한 결론을 제시하고 있다. 장물성을 인정하는 견해,[1161)] 본범이 사기죄, 공갈죄인 경우에는 장물성을 인정하지만, 횡령죄의 경우에는 장물성을 부정하는 견해 등이 있다.[1162)]

(다) 판례

불법원인급여와 장물성에 대한 직접적 판례는 없다. 다만 뇌물죄나 횡령죄와 관련된 판례들에서 유추를 해본다면 불법원인급여의 대상이 된 물건에 관하여 장물죄가 성립하지 않는다고 보는 것 같다. 피해자가 본범에게 불법원인급여를 한 경우 반환청구권이 상실될 것이므로 피해자에게 장물에 대한 추급권이 없다고 본다.[1163)]

(라) 결론

장물죄가 재산범죄에 대한 조장적·유발적 성격이 있다는 점을 강조한다면 불법원인급여물의 장물성을 긍정하는 것이 타당하다. 재물의 급여에 불법원인이 있기에 반환청구권을 행사할 수 없다고 하여도 이는 민사상 반환청구권의 존부에 대한 문제이며, 형법적으

1158) 불법원인급여와 장물죄가 문제되는 상황은 다양할 수 있다. 국내 형법각론 연구서에서 불법원인급여와 장물죄의 이론적 설명만이 있고, 이를 적용할 수 있는 사례는 구체적이지 않다.

1159) 오영근/노수환, 456면.

1160) 임웅/이현정/박성민, 551면.

1161) 배종대, 600면; 이재상/장영민/강동범, 452면; 이형국/김혜경, 453면; 정성근/박광민, 500면.

1162) 김성돈, 506면.

1163) 대법원 2002.4.12. 선고 2002도53 판결.

로 독자적 판단을 할 수 있다고 생각한다.

4. 행위: 취득·양도·운반·보관·알선행위

가. 취득

'취득'은 장물에 대한 사실상 처분권을 인수하는 것이다. 물건에 대한 현실적 취득이 있을 때 기수가 되며 계약 또는 합의만으로는 취득하였다고 볼 수 없다. 취득 미수에 대한 처벌 규정 또한 존재하지 않는다. 행위자는 물건을 취득할 때 장물이라는 인식이 있어야 한다. 계약할 때는 장물인 정을 몰랐으나 물건을 인도받을 때 알았다면 장물취득죄가 성립한다. 인도를 받은 후에 비로소 장물이 아닌가 하는 의구심을 가진 경우에는 장물취득죄가 성립하지 않는다.[1164] 단순히 보수를 받고 본범을 위하여 장물을 일시 사용하거나 그와 같이 사용할 목적으로 장물을 건네받은 것만으로는 장물을 취득한 것으로 볼 수 없다.[1165]

나. 양도

'양도'는 장물인 정을 알지 못하고 취득한 후 그 정을 알면서 제3자에게 수여한 경우를 말한다. 처음부터 장물인 정을 알았다면 '취득'에 해당되기 때문이다. 양도인만 장물인 정을 알고 있으면 되고 양도의 상대방(양수인)이 장물인 정을 알 필요는 없다. 만약 양수인이 장물인 정을 알았다면 양수인에게는 장물취득죄가 성립한다.

다. 운반

'운반'은 장물의 소재를 장소적으로 이전하는 것을 말한다. 갑이 본범인 절도범 을과 공동하여 장물을 운반한 경우에 갑에게 장물운반죄가 성립한다. 갑이 장물인 정을 모르는 제3자로 하여금 운반하게 한 경우에는 본죄의 간접정범이 된다. 타인이 절취, 운전하는 승용차의 뒷좌석에 편승한 것만으로는 장물을 운반하였다고 볼 수 없지만,[1166] 본범이 절취한 차량이라는 것을 알면서 그 차량을 운전해 준 경우에는 장물을 운반한 것으로 볼 수 있다.[1167]

라. 보관

'보관'은 위탁을 받고 자기의 점유하에 두는 것을 말한다. 보관은 장물에 대한 점유취득

1164) 대법원 1971.4.20. 선고 71도468 판결.

1165) 대법원 2003.5.13. 선고 2003도1366 판결.

1166) 대법원 1983.9.13. 선고 83도1146 판결.

1167) 대법원 1999.3.26. 선고 98도3030 판결.

은 있지만 장물에 대한 사실상의 처분권이 없다는 점에서 장물취득과 구별된다.

장물인 정을 알고 보관해야 하므로 처음에는 장물인 정을 모르고 보관하였다가 후에 그 정을 알고 보관을 계속하면 그때부터 장물보관죄가 된다.[1168] 다만 이 경우에도 중도에서 반환이 불가능하거나 채권의 담보로 교부받았거나 선의취득의 효력이 생기는 등 보관자가 점유할 권한을 가진 때에는 장물보관죄는 성립하지 않는다.[1169]

마. 알선

(1) 의의

'알선'은 장물의 취득·양도·운반·보관하려는 당사자 사이에 서서 이를 중개하거나 편의를 도모하는 것을 말한다.[1170] 본범 또는 장물취득자와의 합의 또는 적어도 그들의 추정적 승낙하에서 행하여진 알선만이 본죄의 알선행위에 해당한다. 알선행위는 직접적·간접적이든 불문한다. 자신이 직접 매수인과 교섭하건, 타인을 개입시켜 간접적으로 하건 상관없다. 예를 들면 장물 매각의 의뢰를 받은 갑이 이를 다시 을에게 의뢰하고 을이 다시 병에 대하여 매매의 교섭을 하였을 때에도 갑의 행위는 장물알선죄에 해당한다. 알선행위만 있으면 충분하고 장물의 점유가 현실적으로 이전되지 않아도 된다. 알선행위 자체는 유상·무상을 불문하며 반드시 알선행위에 이익을 수반할 필요가 없다.

(2) 알선죄의 기수 시기

매매 등을 주선한 사실만 있으면 그 주선한 매매계약이 성립하지 않더라도 알선행위가 기수로 되는가에 대하여 견해의 대립이 있다. 이는 장물알선죄의 기수 시기와 관련되어 있다.

제1설은 주선행위만 있으면 장물알선죄는 기수가 되고 그 주선행위에 의하여 매매 등이 성립할 필요는 없다고 한다(알선행위시설).[1171] 제2설은 취득죄 등에서 현실의 인도를 요한다고 하면서 알선에 한하여 주선행위만 있으면 족하다고 해석하는 것은 피해자의 반환청구권행사를 곤란하게 한다는 점에 비추어 균형이 맞지 않다는 점에서 주선·매매에 기하여 취득·양도·운반·보관하기로 하는 계약의 성립이 있을 때 알선죄는 기수가 된다고 한다(계약성립시설).[1172] 제3설은 장물에 대한 위법상태의 유지 또는 반환청구권에 대한 위험은 점유의 이전에 의하여 비로소 실현되는 것이기 때문에, 알선과 취득 등의 경우에 균

1168) 대법원 2006.10.13. 선고 2004도6084 판결.

1169) 대법원 1986.1.21. 선고 85도2472 판결.

1170) 대법원 2009.4.23. 선고 2009도1203 판결.

1171) 김일수/서보학, 521면.

1172) 이형국/김혜경, 457면; 임웅/이현정/박성민, 589면; 정성근/박광민, 506면.

형을 유지하기 위하여 제3자에게 점유를 이전하여야 본죄가 성립한다고 보아야 한다는 점에서, 주선·매매에 기한 계약의 성립뿐만 아니라 점유의 이전도 있어야 알선죄는 기수가 된다고 한다(점유이전시설).[1173]

판례는 장물인 정을 알면서, 장물을 취득·양도·운반·보관하려는 당사자 사이에 서서 서로를 연결하여 장물의 취득·양도·운반·보관행위를 중개하거나 편의를 도모한다면, 그 알선에 의하여 당사자 사이에 실제로 장물의 취득·양도·운반·보관에 관한 계약이 성립하지 아니하거나 장물의 점유가 현실적으로 이전되지 아니한 경우라도 장물알선죄가 성립한다는 입장이다.[1174] 주선행위만 있으면 된다는 입장이다. 장물인 귀금속의 매도를 부탁받은 피고인이 귀금속을 장물임을 알면서도 매매를 중개하고 매수인에게 이를 전달하려다가 매수인을 만나기도 전에 체포된 경우 장물알선죄의 성립을 인정하였다.

생각건대, 장물취득·양도·운반·보관의 경우 모두 현실적인 점유가 있어야 기수가 된다고 해석하는 것처럼 균형상 알선죄의 경우에도 점유의 이전이 있어야 기수가 되는 것으로 보는 것이 타당하다. 특히 알선행위자가 장물을 자신의 지배하에 두지 않은 상태에서도 본죄의 성립을 인정하는 것은 타당하지 않다. 소유자의 추구권이 곤란해졌다고 보기 어렵고 구체적 위험성도 없기 때문이다. 알선에 있어서도 현실적인 점유의 이전이 필요하다.

5. 주관적 구성요건

가. 고의

장물을 취득·양도·운반·보관·알선한다는 사실에 대한 인식과 의사가 있어야 한다. 장물인 정을 알고 있어야 하는 점은 확정적 인식일 필요는 없고 장물일지도 모른다는 인식, 즉 미필적 고의만으로도 충분하다.[1175] 본범의 범행을 구체적으로 알 필요도 없다.[1176] 물건이 누군가의 재산범죄에 의하여 영득한 것이라는 인식만 있으면 충분하고 본범의 구체적 범죄사실에 대하여 인식할 필요는 없다. 본범의 범행연월일, 피해품목 등도 상세히 알 필요가 없다.[1177]

장물에 대한 인식은 행위 시에 존재하여야 함은 당연하다. 장물취득죄의 경우 취득 당시 장물인 정을 알면서 재물을 취득하여야 성립하는 것이므로 피고인이 재물을 인도받은

1173) 김성돈, 510면; 배종대, 606면; 손동권/김재윤, 506면; 오영근/노수환, 460면; 이재상/장영민/강동범, 455면.
1174) 대법원 2009.4.23. 선고 2009도1203 판결.
1175) 대법원 1995.1.20. 선고 94도1968 판결.
1176) 대법원 1969.1.21. 선고 68도1474 판결.
1177) 대법원 2000.3.24. 선고 99도5275 판결.

후에 비로소 장물이 아닌가 하는 의구심을 가졌다고 하여 그 재물수수행위가 장물취득죄를 구성한다고 할 수 없다.[1178]

나. 불법영득의사

장물죄의 경우 불법영득의 의사가 필요한지에 대하여 견해의 대립이 있다. 생각건대, 장물죄의 본질을 추구권행사의 곤란과 위법상태유지 모두 포함하는 것으로 본다면 불법영득의사가 필요하지 않다. 장물을 일시적으로 보관하는 경우나 장물을 운반하는 경우에도 장물죄가 성립한다는 점을 고려한다면 불법영득의사가 필요하지 않다고 보는 것이 타당하다. 장물양도나 장물알선의 경우 행위자에게 소유자의 지위를 적극적으로 향유하겠다는 의사를 인정하기 어렵다. 장물죄의 경우 불법영득의사는 필요하지 않다고 보는 것이 타당하다.

6. 죄수

가. 불가벌적 사전행위

장물을 보관하다가 취득한 경우 보관은 취득에 대해서 보충관계에 있으므로 장물취득죄만 성립한다. 장물알선을 위해 운반·보관한 후 알선한 경우 운반, 보관은 알선의 목적 달성을 위한 불가벌적 사전행위이므로 장물알선죄만 성립한다.

나. 불가벌적 사후행위

장물을 운반한 후 보관한 경우에 보관은 불가벌적 사후행위이므로 장물운반죄만 성립한다. 장물을 취득한 후 양도, 운반, 보관한 경우에 양도, 운반, 보관은 불가벌적 사후행위이므로 장물취득죄만 성립한다. 장물을 보관한 자가 장물을 횡령한 경우에는 장물보관죄만 성립하고, 횡령죄는 불가벌적 사후행위가 된다.[1179] 장물보관죄가 성립하는 때에는 이미 그 소유자의 소유물 추구권을 침해하였기 때문이다.

7. 다른 죄와의 관계

가. 본범과의 관계

장물죄는 타인이 불법하게 영득한 장물에 대하여 성립하는 것이므로, 본범 이외의 자

1178) 대법원 2006.10.13. 선고 2004도6084 판결.
1179) 대법원 2004.4.9. 선고 2003도8219 판결.

가 행하여야 한다. 따라서 자기의 범죄에 의하여 영득한 재물에 대해서 장물죄가 성립하지 않는다. 본범의 정범(단독정범, 합동범, 공동정범, 간접정범)은 장물죄의 주체가 될 수 없으므로, 본범의 정범이 장물을 양도·운반·보관하더라도 별도의 장물죄를 구성하지 않는다. 그러나 본범의 공범(교사범, 방조범)은 장물죄의 주체가 될 수 있으므로, 절도를 교사한 후 절취한 재물을 매수한 자는 절도죄의 교사범과 장물취득죄의 실체적 경합범이 된다.[1180)]

나. 장물죄와 절도죄의 관계

절도를 교사한 자가 피교사자로부터 절취품을 취득한 때에는 절도교사죄와 장물취득죄의 경합범이 된다. 절취한 장물을 보관한 경우, 장물을 알선한 경우도 마찬가지다.

절도를 공모한 절도죄의 공동정범이 현장에서 장물을 운반하는 경우 장물죄가 성립하지 않는다. 기수 후의 절도범인과 공동하여 장물을 운반한 경우 본범은 장물죄가 성립하지 않지만, 본범 외의 자에게는 장물죄가 성립한다.

절도죄의 실행을 결의한 자로부터 의뢰를 받아 동인이 장차 절취할 물건의 매각을 주선하더라도 장물죄는 항상 본범이 기수가 된 후에 성립하는 것이므로 주선행위는 절도죄의 방조가 성립할 수 있어도 장물알선죄는 성립하지 않는다.

다. 장물죄와 횡령죄의 관계

장물범이 장물을 보관하다가 횡령한 경우 이미 소유자의 소유권 추구권을 침해하였으므로 그 이후의 횡령행위는 불가벌적 사후행위에 불과하여 별도죄 횡령죄는 성립하지 않고 장물보관죄만 성립한다.[1181)]

라. 장물죄와 증거인멸죄, 수뢰죄의 관계

타인의 죄증을 인멸하기 위하여 장물을 은닉한 경우 증거인멸죄와 장물보관죄의 상상적 경합이 된다. 장물인 정을 알면서 공무원이 이를 뇌물로 받은 경우에는 장물취득죄와 수뢰죄의 상상적 경합이 된다.

마. 장물에 대한 재산범죄와의 관계

장물인 정을 알고 이를 본범으로부터 절취 또는 강취한 경우 장물죄는 성립하지 않고 절도죄 또는 강도죄만 성립한다. 추구권설에 따르면 이 경우에도 피해자에게 추구권이 있

1180) 임웅/이현정/박성민, 591면.

1181) 대법원 2004.4.9. 선고 2003도8219 판결; 대법원 1976.11.23. 선고 76도3067 판결.

으므로 장물죄와 절도·강도죄의 상상적 경합이 될 수 있지만, 장물죄가 성립하기 위해서는 장물범과 본범 간에 의사의 합의가 있어야 하는데, 절취 또는 강취한 경우는 본범의 의사에 반함이 분명하기 때문에 장물죄가 성립하지 않는다고 보는 것이 타당하다.

바. 장물죄와 사기죄·공갈죄의 관계

장물인 정을 알고 본범으로부터 편취한 경우 사기죄만 성립하고 장물죄는 성립하지 않는다. 본범으로부터 갈취한 경우에도 공갈죄만 성립하고 장물되는 성립하지 않는다.

절도범이 절취한 장물을 자기의 것인 양 제3자를 기망하여 담보로 제공하고 금원을 편취한 경우에는 제3자에 대한 관계에 있어서 새로운 법익의 침해가 있으므로 별도의 사기죄가 성립한다.[1182] 하지만 장물인 정을 알고 취득한 장물을 양도 또는 알선하면서 장물인 정을 숨기고 금품을 수수한 경우, 양도 또는 알선행위는 불가벌적 사후행위에 해당하여 별도의 사기죄가 성립하지 않는다.[1183]

장물인 정을 모르고 취득하였다가 후에 장물인 정을 알고 난 후 그 장물을 양도 또는 알선하면서 양수인 또는 매수인에게 장물인 사실을 숨기고 대금을 수취한 경우 장물양도죄 또는 장물알선죄와 사기죄의 상상적 경합이 된다.

8. 친족상도례

> 제365조 (친족간의 범행) ① 전3조의 죄를 범한 자와 피해자간에 제328조 제1항, 제2항의 신분관계가 있는 때에는 동조의 규정을 준용한다.
> ② 전3조의 죄를 범한 자와 본범간에 제328조 제1항의 신분관계가 있는 때에는 그 형을 감경 또는 면제한다. 단 신분관계가 없는 공범에 대하여는 예외로 한다.

가. 장물범과 본범의 피해자 사이

장물범과 피해자 간에 제328조 제1항의 신분관계(직계혈족, 배우자, 동거친족, 동거가족 또는 그 배우자 간인 경우)가 있는 경우 형을 면제하고, 그 이외의 제2항의 신분관계가 있는 경우 친고죄가 된다.

장물범과 본범의 피해자 사이에 제3자인 본범이 개입되어 있는 형태이므로 순순한 친

1182) 대법원 1980.11.25. 선고 80도2310 판결.

1183) 대법원 1993.11.23. 선고 93도213 판결.

족 간의 범행이라고 보기는 어렵다. 하지만 본범의 개입은 장물 성립 시의 요건이며, 일단 장물이 성립한 뒤에 있어서 이에 대한 장물죄의 범행은 직접 피해자의 추구권을 침해하는 것이며, 중간에 개입된 본범을 통하여 침해한다고 볼 것은 아니다. 따라서 피해자의 추구권침해라는 측면에서 본다면 피해자와 장물범 사이에 본범자가 개입되어 있다고 해석할 필요는 없다.

나. 장물범과 본범 사이

장물범과 본범 간에 제328조 제1항의 신분관계가 있는 경우 그 형을 감경 또는 면제하지만, 제328조 제2항의 신분관계가 있는 경우에는 제328조 제2항이 적용되지 않는다.

장물범과 본범 사이에 친족관계가 있을 때에는 그 형을 감경 또는 면제한다. 장물범과 피해자 사이의 친족관계는 우연적이며 친족상도와 같은 유형성을 가지지 못하지만, 장물범과 본범 사이의 친족관계는 범인비호적이며, 이익의 분배 또는 장물처분의 관여라는 의미에서 유형성을 가진다. 소비공동체로서 친족의 경우 장물이라고 할지라도 소비를 공동으로 하는 것을 저지하기는 어렵다. 범인의 이익을 확보하게 한다는 비호적 의미를 가지는 것으로 볼 수 있다. 형의 감면은 범죄의 성립을 전제로 한 인적 처벌조각사유 또는 감경사유이다.

Ⅲ. 상습장물죄

> 제363조 (상습범) ① 상습으로 전조의 죄를 범한 자는 1년 이상 10년 이하의 징역에 처한다.
> ② 제1항의 경우에는 10년 이하의 자격정지 또는 1천500만원 이하의 벌금을 병과할 수 있다.

상습장물죄는 상습으로 장물을 취득·양도·운반·보관·알선하는 경우에 성립하는 범죄이다. 상습성으로 인하여 형이 가중되는 가중적 구성요건이다. 자격정지형이나 벌금형을 병과하는 것도 가능하다.

특정범죄 가중처벌 등에 관한 법률 제5조의4 제4항에서 형을 가중하고 있었다. 특정범죄가중법 제5조의4 제4항 중 형법 제363조 가운데 형법 제362조 제1항의 '취득'에 관한 부분은 형법 제363조의 죄를 범한 사람은 무기 또는 3년 이상의 징역에 처한다고 규정하여, 형법 조항과 똑같은 구성요건을 규정하면서 법정형의 상한에 '무기징역'을 추가하고, 하한을 1년에서 3년으로 올려놓았다. 따라서 심판대상조항이 형법 조항과의 관계에서 형벌체계상의 균형을 잃어 평등원칙에 위반되는지 여부가 문제된다.

이에 대하여 헌법재판소는 특정범죄가중법 제5조의4 제4항 중 형법 제363조 가운데 형법 제362조 제1항의 '취득'에 관한 부분으로 기소된 피고인은 특별한 사정이 없는 한 징역 3년 이상의 형을 선고받게 되고, 비록 법정형을 감경하더라도 징역 1년 6월 이상의 선고가 불가피한 반면, 형법 조항으로 기소된 피고인은 징역 1년 이상의 형을 선고받거나 한 차례의 법률상 감경이나 작량감경 등의 사유가 있을 경우에는 징역 6월 이상의 형을 선고받을 수 있어 선고유예도 가능하게 된다. 이와 같이 어느 법률조항이 적용되는지에 따라 3배에 이르는 형의 불균형이 초래되고, 유기징역형만 규정된 형법 조항과는 달리 위 조항에는 선택형으로 '무기징역'까지 함께 규정되어 있어 심각한 형의 불균형이 발생한다고 하여 위헌으로 결정하였다.[1184] 이에 동 조항은 2016년 삭제되었다.

Ⅳ. 업무상 과실·중과실 장물죄

> 제364조 (업무상 과실, 중과실) 업무상 과실 또는 중대한 과실로 인하여 제362조의 죄를 범한 자는 1년 이하의 금고 또는 500만원 이하의 벌금에 처한다.

1. 의의

업무상 과실·중과실 장물죄는 업무상 과실 또는 중대한 과실로 인하여 장물을 취득·양도·운반·보관·알선하는 경우에 성립하는 범죄이다. 재산범죄 중 유일하게 과실범을 처벌하는 범죄 구성요건이다.

2. 성격

업무상과실 장물죄는 업무자만이 본죄의 주체가 될 수 있으므로 진정 신분범이다. 중

1184) 헌법재판소 2015.2.26. 선고 2014헌가16 결정 등.

고물품을 취급하는 업무종사자들이 장물을 취급하기 쉽다는 점을 고려하여 업무상 주의의무를 강화한 구성요건이다.

중과실 장물죄는 일반인에 대해 장물의 의심이 강한 재물에 대해 중과실을 피할 것을 요구하는 취지에서 마련된 구성요건이다. 범행주체에 제한이 없는 일반범이며 신분범이 아니다. 단순과실에 의한 장물죄는 처벌하지 않는다.

판례 금은방 운영자와 업무상과실 장물죄

【판결요지】 [1] 금은방을 운영하는 자가 귀금속류를 매수함에 있어 매도자의 신원확인 절차를 거쳤다고 하여도 장물인지의 여부를 의심할 만한 특별한 사정이 있거나, 매수 물품의 성질과 종류 및 매도자의 신원 등에 좀 더 세심한 주의를 기울였다면 그 물건이 장물임을 알 수 있었음에도 불구하고 이를 게을리하여 장물인 정을 모르고 매수하여 취득한 경우에는 업무상과실장물취득죄가 성립한다고 할 것이고, 물건이 장물인지의 여부를 의심할 만한 특별한 사정이 있는지 여부나 그 물건이 장물임을 알 수 있었는지 여부는 매도자의 인적사항과 신분, 물건의 성질과 종류 및 가격, 매도자와 그 물건의 객관적 관련성, 매도자의 언동 등 일체의 사정을 참작하여 판단하여야 한다.
[2] 금은방 운영자가 반지를 매수함에 있어 장물인 정을 알 수 있었거나 장물인지의 여부를 의심할 만한 특별한 사정이 있었다면 매도인의 신원확인 외에 반지의 출처 및 소지경위 등에 대하여도 확인할 업무상 주의의무가 있다고 할 것임에도 그러한 업무상 주의의무가 없다고 보아 무죄를 선고한 원심판결을 파기한 사례(대법원 2003.4.25. 선고 2003도348 판결).

제10절 손괴의 죄

Ⅰ. 총설

1. 의의

손괴의 죄는 타인의 재물, 문서 또는 전자기록 등 특수매체기록을 손괴 또는 은닉 기타 방법으로 그 효용을 해하는 것을 내용으로 하는 범죄이다. 공익건조물을 파괴하거나 토지의 경계표를 손괴·제거 또는 경계를 인식불가능하게 하는 것도 포함하고 있다.

행위의 성질상 재물을 대상으로 하는 순수한 재물죄이며, 재물을 취득하는 것이 아니라 재물의 효용가치를 침해하는 것에 본질이 있기 때문에 영득죄가 아니라 훼기죄에 해당한다. 행위자에게 다른 사람의 재물을 자기 소유물처럼 그 경제적 용법에 따라 이용·처분할 의사, 즉 불법영득의사가 없다. 절도, 강도, 사기, 공갈, 횡령 등 영득죄와 구별된다.

2. 보호법익과 보호 정도

손괴의 죄는 서로 객체를 달리하는 재물손괴죄, 공익건조물파괴죄, 경계침범죄라는 세 가지 독립범죄로 구별되어 있기 때문에 각 개별범죄에 따라 보호법익도 차이가 있다.

재물손괴죄는 소유권 자체를 취득하는 범죄가 아니라 영득의사 없이 소유권을 침해하는 범죄이므로 본죄의 보호법익은 '소유권의 이용가치'이다. 중손괴죄는 재물 등의 효용 외에도 생명·신체도 보호법익이 된다. 공익건조물파괴죄는 소유권침해 범죄가 아니라 재물의 기능 자체를 보호하는 죄이므로 보호법익은 '공익건조물의 유지에 대한 공공의 이익'이다. 따라서 자기 소유물에 대해서도 본죄가 성립할 수 있다. 경계침범죄의 보호법익은 '토지 경계의 명확성'이다.

재물손괴죄의 보호 정도는 침해범이며, 중손괴죄는 제368조 제1항 사람의 생명 또는 신체에 대하여 위험을 발생하게 한 경우에는 구체적 위험범이며, 제328조 제2항 사람을 상해·사망에 이르게 한 경우에는 침해범이다. 공익건조물파괴죄는 침해범이며, 경계침범죄는 침해범이다.

3. 특징

재물손괴죄에 있어서 친족상도례를 준용하는 규정은 없다. 입법론상 재고가 필요하다. 재물손괴죄에 대한 특별법으로 도로교통법 제151조에는 자동차운전자의 업무상과실손괴죄를 규정하고 있고, 폭력행위처벌법 제2조와 제3조에는 상습적으로 또는 2인 이상이 공동하여, 단체나 다중의 위력으로써 또는 단체나 집단을 가장하여 위력을 보임으로써 본죄를 범한 자를 가중처벌하고 있다.

4. 구성요건 체계

손괴의 죄의 기본적 구성요건은 재물손괴죄와 공익건조물파괴죄이다. 가중적 구성요건으로 중손괴죄와 손괴치사상죄, 특수손괴죄가 있다. 경계침범죄는 독립된 구성요건이다.

Ⅱ. 재물손괴죄

> 第366조 (재물손괴등) 타인의 재물, 문서 또는 전자기록 등 특수매체기록을 손괴 또는 은닉 기타 방법으로 그 효용을 해한 자는 3년 이하의 징역 또는 700만원 이하의 벌금에 처한다.
> 第371조 (미수범) 第366조, 第367조와 第369조의 미수범은 처벌한다.

1. 의의

재물손괴죄는 타인의 재물, 문서 또는 전자기록 등 특수매체기록을 손괴 또는 은닉 기타 방법으로 그 효용을 해하는 경우에 성립하는 범죄이다. 재물죄이며 훼기죄에 해당한다. 본죄의 보호법익이 보호받는 정도는 침해범이다.

2. 객체: 타인의 재물, 문서 또는 전자기록 등 특수매체기록

가. 재물

재물은 재산죄 총설에서 이미 설명하였다. 본죄의 성립에 있어서 의미 있는 부분만 설명한다. 재물은 유체물을 의미하지만, 제372조의 준용규정에 의하여 물리적으로 관리가능한 동력도 재물로 간주한다. 재물에는 동산·부동산을 불문한다. 반드시 경제적 교환가치까지 있을 필요는 없지만, 최소한 이용가치 또는 주관적 가치는 있어야 한다. 따라서 이용가치나 효용성이 전혀 없거나 소유자가 주관적 가치도 부여하지 않은 물건은 본죄의 객체가 아니다. 식초의 제조 등 다른 용도에 사용할 수 있는 포도주 원액과 같이 재물 본래의 효용가치는 상실되었어도 다른 용도로 사용할 수 있는 경우에는 이용가치가 있으므로 본죄의 객체가 된다.[1185)]

공무소에서 사용하는 건조물, 선박, 기차 또는 항공기와 같은 '공용물'을 '파괴'한 경우에는 본죄가 아니라 형법 제141조 제2항 공용물파괴죄가 성립하므로 손괴죄의 객체가 아니다. 공용물에 대한 손괴가 파괴의 정도에 이르지 않고 손괴에 그친 경우에는 본죄가 아니라 공용물파괴죄의 미수가 성립하는 것으로 보아야 한다.

재건축사업으로 철거예정이고 그 입주자들이 모두 이사하여 아무도 거주하지 않은 채

1185) 대법원 1979.7.24. 선고 78도2138 판결.

비어 있는 아파트라 하더라도, 그 객관적 성상이 본래 사용목적인 주거용으로 쓰일 수 없는 상태라거나 재물로서의 이용가치나 효용이 없는 물건이라고도 할 수 없다면 재물손괴죄의 객체가 된다.[1186)]

나. 문서

공용서류에 해당하지 않는 모든 서류를 말한다. 공무소에서 사용하는 서류 기타 물건 또는 전자기록등 특수매체기록와 같은 '공용서류'에 대해서는 형법 제141조 제1항 공용서류등무효죄가 성립하기 때문이다. 다만 공문서라고 하더라도 공무소에서 사용하는 공용서류가 아니면 본죄의 객체가 된다.

사문서는 반드시 권리·의무나 사실증명에 관한 것임을 요하지 않지만, 거기에 표시된 내용이 적어도 법률상 또는 사회생활상 중요한 사항에 관한 것이어야 하며, 재산적 이용가치 내지 효용성이 있어야 한다. 경리 장부를 이기하는 과정에서 잘못 기재되어 찢어버린 부분은 재산적 이용가치 내지 효용이 있는 재물이라고 보기 어렵다.[1187)] 비록 자기 명의의 문서라 할지라도 이미 타인이나 타기관에 접수되어 있는 문서에 대하여 함부로 이를 무효화시켜 그 용도에 사용하지 못하게 하였다면 문서손괴죄가 성립한다.[1188)]

다. 전자기록 등 특수매체기록

컴퓨터 등 정보처리장치의 정보처리에 의해 작성된 '기록'을 의미한다. 따라서 전자기록을 포함한 특수매체기록 그 자체를 말하며, 그 기록을 담고 있는 매체물은 이에 해당하지 않는다. 따라서 매체물을 손괴하거나 컴퓨터 하드웨어를 파손한 때에는 특수매체기록의 손괴가 아니라 재물손괴에 해당한다.

라. 타인의 소유

타인에는 자연인뿐만 아니라 국가·법인·법인격 없는 단체도 포함된다. 실재하지 않는 단체나 허무인은 소유권을 향유할 수 없으므로 타인에 해당하지 않는다. 어느 누구의 소유에 속하지 않는 무주물도 마찬가지다.

타인의 소유이어야 하므로 자기소유물은 제외된다. 타인의 권리 또는 점유의 목적이 된 자기의 소유물을 손괴한 때에는 형법 제323조 권리행사방해죄나 제142조 공무상보관물무효죄가 성립할 뿐이다.

1186) 대법원 2007.9.20. 선고 2007도5207 판결.

1187) 대법원 1989.10.24. 선고 88도1296 판결.

1188) 대법원 1987.4.14. 선고 87도177 판결.

타인의 소유이면 충분하며, 점유는 자기가 점유하든 타인이 점유하든 본죄의 성립에 영향이 없다.[1189] 피고인 자신의 점유하에 있는 문서라 할지라도 타인소유인 이상 이를 손괴하는 행위는 문서손괴죄에 해당한다.

자기가 소유하는 부동산에 부합된 물건이라도 타인의 권원에 의하여 부속된 것은 타인의 소유에 속하므로(민법 제256조) 본죄의 객체가 된다. 적법한 행정관청의 허가를 얻지 아니한 무허가건물의 경우에도 법률이나 고시에 의해 잠정적으로 사실상 소유권이 인정되므로 본죄의 객체가 될 수 있다. 따라서 구 도시재개발법에 의한 관리처분계획의 인가·고시 이후 분양처분의 고시 이전에 재개발구역 안의 무허가 건물을 제3자가 임의로 손괴하는 경우 재물손괴죄가 성립한다.[1190]

판례에 따르면 수확되지 않은 농작물에 대해서는 명인방법을 실시함으로써 소유권을 취득하며,[1191] 타인 소유의 토지에 사용수익의 권한 없이 농작물을 경작한 경우에 그 농작물의 소유권은 경작한 사람에게 귀속되기 때문에 토지소유자가 이를 손괴한 경우 재물손괴죄가 성립한다.[1192]

채무자가 약속어음금의 일부를 변제하였다 할지라도 어음금 전액을 변제하지 않는 한 이 약속어음은 채권자가 그 정당한 소지인이라 할 것이므로 채권자의 의사에 반하여 이를 찢어버렸다면 채무자는 어음손괴죄가 성립한다.[1193] 약속어음의 수취인이 차용금의 지급담보를 위하여 은행에 보관시킨 약속어음을 은행지점장이 발행인의 부탁을 받고 그 지급기일란의 일자를 지움으로써 그 효용을 해한 경우에도 문서손괴죄가 성립한다.[1194]

3. 행위: 손괴·은닉, 기타 방법으로 효용을 해하는 행위

가. 손괴

손괴는 재물 등에 직접 유형력을 행사하여 물질적 내지 물리적으로 훼손함으로써 그 원래의 효용을 멸실시키거나 감소시키는 것으로 소유자의 이익에 반하는 일체의 행위를 말한다.

물건 자체 또는 중요 부분까지 훼손될 필요까지는 없으며, 간단히 수리할 수 있을 정도

1189) 문서손괴죄의 객체는 타인소유의 문서이며 피고인 자신의 점유하에 있는 문서라 할지라도 타인소유인 이상 이를 손괴하는 행위는 문서손괴죄에 해당한다(대법원 1984.12.26. 선고 84도2290 판결).

1190) 대법원 2004.5.28. 선고 2004도434 판결.

1191) 대법원 1996.2.23. 선고 95도2754 판결.

1192) 대법원 1970.3.10. 선고 70도82 판결.

1193) 대법원 1977.2.22. 선고 76도4396 판결.

1194) 대법원 1982.7.27. 선고 82도223 판결.

의 경미한 것이라도 손괴에 해당할 수 있다. 타인 소유의 광고용 간판을 백색페인트로 도색하여 광고문안을 지워 버린 행위는 손괴행위에 해당한다.[1195]

재물 자체의 상태변화가 없지만 원래 목적에 맞는 이용가능성을 훼손하는 것은 손괴가 아니라 효용을 해하는 행위이지만 손괴죄가 성립하는 것에는 문제가 없다. 효용을 해하는 행위도 재물손괴죄의 구성요건적 행위이기 때문이다. 문서의 경우 이를 파손·소각하는 것이 통상적인 손괴 방법이지만, 문서 내용의 일부를 말소함으로써 그 문서의 효용을 침해하는 경우 손괴가 아니라 기타 방법으로 효용을 해하는 행위로 볼 수 있다.

나. 은닉

은닉은 재물 등의 소재를 불명하게 하여 그 발견을 곤란·불가능하게 함으로써 그 효용을 해하는 것을 말한다. 은닉의 경우 재물에 대한 점유의 이전이 있을 필요는 없다. 피해자가 점유하는 장소에 재물을 숨겨두고 발견하기 곤란하게 하는 경우도 은닉에 해당한다. 범인이 재물 등을 자기 점유로 이전하여 은닉한 경우 피해자가 그 사실을 알고 있다고 하더라도 구체적인 소재 발견이 곤란하였다면 은닉에 해당한다.

다. 기타 방법으로 효용을 해하는 행위

손괴·은닉 이외의 방법으로 사실상·감정상 그 물건을 본래의 용법에 따라 사용할 수 없게 하는 경우뿐만 아니라 일시적으로 이용할 수 없는 상태로 만드는 것도 효용을 해하는 행위에 해당한다. 새장문을 열어 새장 안의 새가 날아가도록 한 '사실상 효용상실'뿐만 아니라 식기에 방뇨하여 기분상 다시 사용할 수 없게 하는 '감정상 효용상실'도 기타 효용을 해하는 행위에 해당한다. 뿐만 아니라 컴퓨터에 바이러스를 감염시켜 특수매체기록을 일시적으로 사용하지 못하도록 한 경우에도 효용을 해하는 행위에 해당한다.

따라서 우물에 연결하고 땅속에 묻어서 수도관적 역할을 하고 있는 고무호오스 중 약 1.5미터를 발굴하여 우물가에 제쳐놓으므로써 물이 통하지 못하게 한 경우,[1196] 명도받은 토지의 경계에 설치해 놓은 철조망 경고판을 치워버린 경우,[1197] 자동문을 자동으로 작동하지 않고 수동으로만 개폐가 가능하게 하여 자동잠금장치로서 역할을 할 수 없도록 한 경우에도 재물손괴죄가 성립한다.[1198]

다른 사람의 소유물을 본래의 용법에 따라 무단으로 사용·수익하는 행위는 소유자를

1195) 대법원 1991.10.22. 선고 91도2090 판결.
1196) 대법원 1971.1.26. 선고 70도2378 판결.
1197) 대법원 1982.7.13. 선고 82도1057 판결.
1198) 대법원 2016.11.25. 선고 2016도9219 판결.

배제한 채 물건의 이용가치를 영득하는 것이고, 그 때문에 소유자가 물건의 효용을 누리지 못하게 되었더라도 효용 자체가 침해된 것이 아니므로 재물손괴죄에 해당하지 않는다. 따라서 행위자가 타인 소유 토지에 권원 없이 건물을 신축한 경우 그 소유자로 하여금 효용을 누리지 못하게 한 것일 뿐 토지의 효용을 해하지 않았으므로 재물손괴죄는 성립하지 않는다.[1199]

라. 건조물 낙서의 경우

건조물의 벽면에 그림을 그리거나 글자를 남기는 그래피티(graffiti), 게시물을 부착하는 행위 또는 오물을 투척하는 행위 등은 재물손괴죄에 해당할 수 있다. 다만 그 건조물의 효용을 해하는 것에 해당하는지 여부는, 당해 건조물의 용도와 기능, 그 행위가 건조물의 채광·통풍·조망 등에 미치는 영향과 건조물의 미관을 해치는 정도, 건조물 이용자들이 느끼는 불쾌감이나 저항감, 원상회복의 난이도와 거기에 드는 비용, 그 행위의 목적과 시간적 계속성, 행위 당시의 상황 등 제반 사정을 종합하여 사회통념에 따라 판단하여야 한다.[1200]

해고노동자 등이 복직을 요구하는 집회를 개최하던 중 래커 스프레이를 이용하여 회사 건물 외벽과 1층 벽면 등에 낙서한 행위는 건물의 효용을 해한 것으로 볼 수 있으나, 이와 별도로 계란 30여 개를 건물에 투척한 행위는 건물의 효용을 해하는 정도의 것에 해당하지 않는다.[1201]

마. 문서손괴죄와 문서변조죄와 구별

문서손괴는 문서의 효용의 일부 또는 전부를 단순히 없애는 것이며, 문서변조는 문서의 효력과 내용을 부분적으로 변경하는 것이다. 문서 일부를 말소한 후 새로운 사항을 기입하는 것은 그 효용의 내용을 부분적으로 변경하는 것으로 변조 또는 위조에 해당한다. 문서손괴의 경우 작성명의가 자기명의이든 타인명의이든 상관없으나 타인소유의 문서이어야 한다.

문서 작성권자라고 하더라도 타인 소유의 문서 내용을 정정하거나, 작성권자의 동의를 받아 같은 문서에 새로운 사실을 기입할 때에는 문서손괴죄만 성립하고,[1202] 문서변조죄는 성립하지 않는다. 형법은 사문서의 경우 작성권자가 행하는 무형위조에 대해서는 원칙적으로 처벌하지 않기 때문이다.

1199) 대법원 2022.11.30. 선고 2022도1410 판결.

1200) 대법원 2017.12.13. 선고 2017도10474 판결; 대법원 2007.6.28. 선고 2007도2590 판결.

1201) 대법원 2007.6.28. 선고 2007도2590 판결.

1202) 대법원 1987.4.14. 선고 87도177 판결.

판례 아파트 벽보 제거 사건

【사실관계】 피고인 갑은 아파트 입주자로서 ○○신도시 쓰레기 자동집하시설 건립 반대를 위한 비상대책위원회 위원장이다. 갑은 2012.8.1. 20:38경 이 사건 아파트 관리사무소장이 이 사건 아파트 303동 3·4호 라인 엘리베이터 벽면에 게시한 "○○시청 ○○신도시 생활쓰레기 자동집하시설 공사 반대 탄원에 따른 회신 문서" 1부를 임의로 제거하였다.

【판결요지】 문서손괴죄는 타인 소유의 문서를 손괴 또는 은닉 기타 방법으로 효용을 해함으로써 성립하고, 문서의 효용을 해한다는 것은 문서를 본래의 사용목적에 제공할 수 없게 하는 상태로 만드는 것은 물론 일시적으로 그것을 이용할 수 없는 상태로 만드는 것도 포함한다. 따라서 소유자의 의사에 따라 어느 장소에 게시 중인 문서를 소유자의 의사에 반하여 떼어내는 것과 같이 소유자의 의사에 따라 형성된 종래의 이용상태를 변경시켜 종래의 상태에 따른 이용을 일시적으로 불가능하게 하는 경우에도 문서손괴죄가 성립할 수 있다. 그러나 문서손괴죄는 문서의 소유자가 문서를 소유하면서 사용하는 것을 보호하려는 것이므로, 어느 문서에 대한 종래의 사용상태가 문서 소유자의 의사에 반하여 또는 문서 소유자의 의사와 무관하게 이루어진 경우에 단순히 종래의 사용상태를 제거하거나 변경시키는 것에 불과하고 손괴, 은닉하는 등으로 새로이 문서 소유자의 문서 사용에 지장을 초래하지 않는 경우에는 문서의 효용, 즉 문서 소유자의 문서에 대한 사용가치를 일시적으로도 해하였다고 할 수 없어서 문서손괴죄가 성립하지 아니한다(대법원 2015.11.27. 선고 2014도13083 판결).

【해설】 갑이 회신 문서를 위 엘리베이터 벽면에서 떼어낸 행위에 대하여 문서손괴죄가 성립하려면 회신 문서를 엘리베이터 벽면에 게시한 것이 회신 문서 소유자의 의사에 따른 것이어야 하고, 만일 이 사건 회신 문서가 그 소유자의 의사에 반하여 또는 소유자의 의사와 무관하게 위 엘리베이터 벽면에 게시된 것이라면 피고인이 이를 떼어낸 행위만으로 이 사건 회신 문서의 효용을 해하였다고 할 수 없다. 판례에 따르면 그 회신문서는 피고인 갑을 포함한 아파트 입주자들의 공유이며, 아파트의 관리사무소장이 회신 문서를 엘리베이터 벽면에 게시한 것은 그 소유자의 의사나 추정적 의사에 따른 것이 아니라 그 소유자인 민원 제기 입주자들의 의사에 반하는 것으로 보았다. 따라서 피고인 갑이 문서를 임의로 제거한 것은 문서손괴죄에 해당하지 않는다.

4. 고의

본죄는 고의범이며, 형법상 과실범 처벌 규정은 없다.[1203] 타인의 재물, 문서 또는 전자

1203) 형법에는 재물손괴에 대한 과실범 처벌 규정은 없으나, 도로교통법에는 있다. 도로교통법 제151조는 차 또는 노면전차의 운전자가 업무상 필요한 주의를 게을리하거나 중대한 과실로 다른 사람의 건조물이나 그 밖의 재물을 손괴한 경우 형사처벌하고 있다.

기록 등 특수매체기록을 손괴 또는 은닉 기타 방법으로 그 효용을 해한다는 인식과 의사가 있어야 한다.

본죄는 불법영득의사가 필요 없는 훼기죄이다. 재물을 은닉하는 경우 불법영득의사가 있다면 절도죄가 성립할 수 있다.

5. 죄수 및 다른 죄와의 관계

가. 죄수

동일한 손괴행위로 다수인의 재물을 훼손한 경우 손괴된 재물의 다수는 불법의 단순한 양적 증가에 불과한 것으로 볼 수 있기 때문에 일죄가 된다. 수개의 손괴행위가 있어도 포괄일죄의 요건을 갖추었다면 일죄가 된다.

나. 다른 죄와의 관계

문서변조죄와의 관계에서 타인이 소유한 자기 명의의 문서의 효력의 일부분 또는 전부를 변경하면 문서손괴죄가 되지만, 타인이 소유한 타인 명의의 문서의 효력의 일부분 또는 전부를 변경하면 문서손괴죄와 특별관계에 있는 문서변조죄만 성립한다.

살인행위에 수반되는 의복 등의 손괴는 불가벌적 수반행위로서 손괴죄는 살인죄에 흡수된다. 증거인멸이 동시에 재물손괴가 되는 경우에는 양죄의 상상적 경합이 된다.

전면파업이 업무방해죄를 구성할 경우 파업기간과 각종 시설물파괴와 장비손괴가 행해지는 기간이 중첩되지 않는 한 업무방해죄와 손괴죄는 실체적 경합이 되고, 업무방해의 포괄일죄나 양죄의 상상적 경합이 되는 것은 아니다.[1204)]

음주 또는 약물의 영향으로 정상적인 운전이 곤란한 상태에서 자동차를 운전하여 사람을 상해에 이르게 함과 동시에 다른 사람의 재물을 손괴한 때에는 특정범죄가중처벌 등에 관한 법률 위반(위험운전치사상)죄 외에 업무상과실 재물손괴로 인한 도로교통법 위반죄가 성립하고, 위 두 죄는 1개의 운전행위로 인한 것으로서 상상적 경합관계에 있다.[1205)]

1204) 대법원 2003.12.26. 선고 2001도3380 판결.

1205) 대법원 2010.1.14. 선고 2009도10845 판결.

Ⅲ. 공익건조물 파괴죄

> 第367조 (공익건조물파괴) 공익에 공하는 건조물을 파괴한 자는 10년 이하의 징역 또는 2천만원 이하의 벌금에 처한다.
> 第371조 (미수범) 제366조, 제367조와 제369조의 미수범은 처벌한다.

1. 의의

공익건조물파괴죄는 공익에 공하는 건조물을 파괴한 경우에 성립하는 범죄이다. 공익건조물 이외에 '공용'의 건조물·선박·기차 또는 항공기의 파괴에 대해서는 국가의 기능에 대한 죄의 일종인 공용물파괴죄(제141조)에 별도로 규정되어 있다.

2. 객체: 공익에 공하는 건조물

건조물은 가옥 기타 이와 유사한 건축물을 말한다. 벽 또는 기둥과 지붕 또는 천정으로 구성된 구조물로서 사람이 기거하거나 출입할 수 있는 것이어야 한다.

공익건조물은 공공의 이익을 위한다는 사용 목적과 일반인의 접근용이성이 인정되어야 한다. 공공박물관, 고속도로 휴게소, 기차역 대합실 등은 본죄의 객체에 해당한다. 영화관이나 실내 수영장과 같이 원칙적으로 누구나 이용할 수 있는 것이면 출입이 입장권 소지자에게 제한되어 있어도 공익건조물에 해당한다. 공익에 사용된다면 국가·공공단체의 소유이거나 사인의 소유를 불문한다.

하지만, 일정한 범위의 사람에게 이용이 제한되어 있는 대학도서관이나 공공기관의 구내식당은 공익건조물이 아니라 형법 제141조의 공용물에 해당한다. 공무소에서 사용하는 건조물은 형법 제141조에 별도의 규정이 있으므로 이는 제외된다.

3. 행위: 파괴하는 것

파괴는 건조물의 중요 구성부분을 훼손하여 용도에 따라 사용할 수 없게 하거나 간단히 수리할 수 없을 정도로 사용불가능하게 하는 것을 말한다. 재물손괴죄와 달리 파괴라고 규정하고 있는 점에서 손괴보다 훼손의 정도가 큰 것을 의미한다고 해석하는 것이 바람직하다.

공익건조물이 파괴의 정도에 이르지 않고 손괴에 그친 경우 타인의 건조물인 이상 재물손괴죄에 해당한다는 견해가 있지만, 공익건조물을 파괴할 의사로 행위를 하였으나 파괴에 이르지 못하고 손괴에 그친 경우는 본죄의 미수가 되는 것으로 보는 것이 타당하다.

불을 놓아 파괴한 경우에는 형법 제165조 공익건조물방화죄가 성립하며, 물을 넘겨 파괴하는 경우에는 형법 제178조 공익건조물일수죄가 성립한다. 법조경합 중 특별관계에 있다.

Ⅳ. 중손괴죄·손괴치사상죄

제368조 (중손괴) ① 전2조의 죄를 범하여 사람의 생명 또는 신체에 대하여 위험을 발생하게 한 때에는 1년 이상 10년 이하의 징역에 처한다.
② 제366조 또는 제367조의 죄를 범하여 사람을 상해에 이르게 한 때에는 1년 이상의 유기징역에 처한다. 사망에 이르게 한 때에는 3년 이상의 유기징역에 처한다.

중손괴죄는 재물손괴죄와 공익건조물파괴죄를 범하여 사람의 생명 또는 신체에 위험을 발생하게 하는 경우에 성립하는 범죄이며, 손괴치상죄는 사람을 상해 또는 사망에 이르게 한 경우에 성립하는 범죄이다.

중손괴죄는 부진정 결과적 가중범이며, 손괴치사상죄는 진정 결과적 가중범이다. 따라서 중손괴죄는 중한 결과인 사람의 생명이나 신체에 대한 위험발생에 대하여 고의가 있는 경우에도 성립하며, 손괴치사상죄는 중한 결과인 상해와 사망에 대하여 과실이 있는 경우에 성립한다.

Ⅴ. 특수손괴죄

제369조 (특수손괴) ① 단체 또는 다중의 위력을 보이거나 위험한 물건을 휴대하여 제366조의 죄를 범한 때에는 5년 이하의 징역 또는 1천만원 이하의 벌금에

처한다.
② 제1항의 방법으로 제367조의 죄를 범한 때에는 1년 이상의 유기징역 또는 2천만원 이하의 벌금에 처한다.
제371조 (미수범) 제366조, 제367조와 제369조의 미수범은 처벌한다.

특수손괴죄는 단체 또는 다중의 위력을 보이거나 위험한 물건을 휴대하여 재물손괴죄를 범하거나 공익건조물을 파괴한 경우에 성립하는 범죄이다. 행위방법의 위험성 때문에 재물손괴죄와 공익건조물파괴죄에 대하여 형이 가중된 구성요건이다. 단체 또는 다중의 위력을 보이거나 위험한 물건을 휴대의 의미는 특수상해죄의 경우와 동일하다.

VI. 경계침범죄

제370조 (경계침범) 경계표를 손괴, 이동 또는 제거하거나 기타 방법으로 토지의 경계를 인식 불능하게 한 자는 3년 이하의 징역 또는 500만원 이하의 벌금에 처한다.

1. 의의

경계침범죄는 경계표를 손괴, 이동 또는 제거하거나 기타 방법으로 토지의 경계를 인식불능하게 한 경우에 성립하는 범죄이다. 재물손괴죄와는 별개의 독립적 구성요건이다.

2. 객체: 토지의 경계

경계란 소유권 등의 권리의 장소적 한계를 나타내는 지표를 말한다. 경계는 법률상 정당한 경계가 아니라 사실상 현존하는 경계를 의미한다. 따라서 경계가 실체법상 권리관계와 반드시 일치할 필요는 없다. 예를 들면 타인에 의하여 수년간 용인되어 온 경계, 이해관계인의 명시적 또는 묵시적 합의에 의한 경계, 권한 있는 공무소의 유효한 행위에 의하여 정해진 경계 등이 법률상 정당한 경계와 일치하지 아니한 경우에도 보호대상이 된다. 기존 경계가 진실한 권리 상태와 맞지 않는다는 이유로 당사자의 어느 한쪽이 기존 경계를 무시하고 일방적으로 경계측량을 하여 이를 실체권리관계에 맞는 경계라고 주장하면서 그 위에 계표를 설치하더라도 이와 같은 경계표는 위 법조에서 말하는 계표에 해당되

지 않는다.[1206)]

관습상 일반적으로 승인되어 왔던 경계도 본죄의 객체가 된다. 경계는 이해관계인들의 명시적 또는 묵시적 합의에 의하여 정하여진 것이어야 하므로, 주관적으로 경계라고 생각한 것이나 일방적으로 설정한 경계는 본죄의 경계가 아니다. 따라서 자기가 정당하다고 믿고 있는 경계를 설치하기 위하여 사실상 현존하는 경계를 불분명하게 만드는 경우 본죄가 성립한다.

3. 행위

본죄의 구성요건적 행위는 경계표를 손괴·이동 또는 제거하거나 기타 방법으로 경계를 인식 불능하게 하는 것이다.

가. 경계표

경계표는 권리자를 달리하는 토지의 경계를 표시하기 위하여 토지에 설치된 공작물·입목 등의 표지를 말한다. 토지에 현출된 것이든 땅속에 매몰된 것이든 상관 없다. 사실상 경계를 표시하는 것이면 경계표가 될 수 있다. 처음부터 경계표로 설치된 물건뿐만 아니라 종래부터 자연으로 존재하던 자연목, 바위, 유수 등 자연물과 같은 것도 토지에 정착하여 그 위치로서 경계를 표시할 수 있는 경계표로 승인되었다면 본죄의 경계표에 해당한다. 따라서 토지의 경계에 관하여 다툼이 있던 중 경계선 부근의 조형소나무 등을 뽑아내고 그 부근을 굴착하여 경계를 불분명하게 한 경우 본죄가 성립한다.[1207)]

경계표는 그것이 어느 정도 객관적으로 통용되는 사실상 경계를 표시하는 것이라면 영속적인 것이 아니고 일시적인 것이라도 이 죄의 객체에 해당한다.[1208)]

나. 손괴·이동·제거

손괴는 경계표를 물질적으로 훼손하는 것을 말하며, 이동은 원래의 위치로부터 다른 장소로 옮기는 것을 말한다. 제거는 원래의 설치된 장소로부터 취거해 버리는 것을 말한다. 기타 방법은 손괴·이동·제거 이외에 이에 준하는 방법을 말한다.

경계선을 표시하는 언덕 위의 나무를 뽑아버리고 인접한 토지를 깍아내려 석축을 쌓은

1206) 대법원 1986.12.9. 선고 86도1492 판결.

1207) 대법원 2007.12.28. 선고 2007도9181 판결.

1208) 대법원 1999.4.9. 선고 99도480 판결.

경우,[1209] 경계선 부근의 조형 소나무 등을 뽑아내고 그 부근을 굴착하여 경계를 불분명하게 한 경우[1210] 경계를 침범하는 행위에 해당한다.

다. 인식 불가능

토지의 경계를 인식 불가능하게 하여야 한다. 따라서 경계를 침범하고자 하는 행위가 있었다 하더라도 그 행위로 인하여 토지 경계 인식 불능의 결과가 발생하지 않았다면 경계침범죄가 성립하지 않는다.[1211] 피해자 소유의 인접한 토지를 침범하여 나무를 심고 도랑을 파내는 등 정당한 경계를 침범하는 행위가 있더라도 피고인과 피해자 소유의 토지는 이전부터 경계구분이 되어 있지 않았고, 피고인의 행위로 새삼스럽게 토지 경계에 대한 인식 불능의 결과를 초래하였다고 볼 수 없다면 본죄는 성립하지 않는다.[1212]

토지의 경계를 인식 불가능하게 한다는 것은 종래 사실상 경계에 대한 것이므로, 지적도의 열람이나 측량 등의 방법으로 정확한 경계가 인식 가능하다고 할지라도 본죄의 성립에는 지장 없다.

미수범 처벌 규정이 없으므로 경계표 손괴 등의 행위를 하였더라도 토지의 경계에 대한 인식 불능의 결과가 발생하지 않았다면 경계침범죄는 성립하지 않는다.

4. 고의

본죄의 고의는 경계표의 손괴, 이동, 제거 기타의 방법으로 토지의 경계를 인식 불능하게 한다는 인식과 의사이다. 경계는 반드시 법률상 정당한 경계만을 의미하는 것은 아니며, 실체법상 권리관계와 반드시 일치할 필요는 없으므로, 행위자가 정당한 경계가 아니라고 믿고 침범한 경우라도 본죄의 고의는 인정된다. 토지의 경계를 인식 불능하게 한다는 인식이 없이 손괴의 의사만이 있는 경우에는 재물손괴죄가 성립한다.

5. 죄수 및 다른 죄와의 관계

본죄의 죄수는 경계의 수를 기준으로 결정한다. 경계가 1개이면 수개의 경계표를 손괴, 이동, 제거하여도 일죄가 되며, 경계가 수개이면 1개의 경계표를 움직이더라고 수죄

1209) 대법원 1980.10.27. 선고 80도225 판결.

1210) 대법원 2007.12.28. 선고 2007도9181 판결.

1211) 대법원 1992.12.8. 선고 92도1682 판결.

1212) 대법원 2010.9.9. 선고 2008도8973 판결.

가 된다. 경계의 수를 정할 때에는 인접하는 토지 경계의 한쪽 끝으로부터 다른 쪽 끝까지를 1개의 경계로 보아야 한다.

타인의 소유에 속하는 경계표를 손괴한 경우 재물손괴죄는 본죄에 흡수된다는 견해가 있지만,[1213)] 본죄의 보호법익은 다르므로 재물손괴죄와 경계침범죄의 상상적 경합으로 보는 것이 타당하다.[1214)]

제11절 권리행사를 방해하는 죄

Ⅰ. 총설

1. 의의

권리행사를 방해하는 죄란 타인의 점유 또는 권리의 목적이 된 자기의 물건에 대한 타인의 권리행사를 방해하거나, 강제집행을 면할 목적으로 채권자를 해하는 것을 내용으로 하는 범죄이다. 형법각칙 제37장 '권리행사를 방해하는 죄'에는 제323조, 제325조, 제326조의 좁은 의미의 권리행사방해죄, 제324조 내지 제324조의6, 제326조의 강요죄, 제327조의 강제집행면탈죄라는 3가지 범죄유형을 하나의 장에 같이 규정되어 있다. 하지만 강요죄는 재산범죄와 관계없이 주로 개인의 자유와 관련된다는 점에서 각칙 제30장 협박죄와 유사하며, 권리행사방해죄와 강제집행면탈죄는 재산범죄와 유사하다. 강요죄는 개인의 자유를 침해하는 범죄로 이미 설명하였으므로 본 장에서는 권리행사방해죄와 강제집행면탈죄에 대해서는 설명한다.

2. 보호법익과 보호 정도

권리행사방해죄의 보호법익은 용익물권·담보물권 등의 제한물권과 채권이다. 점유강취죄의 보호법익은 제한물권과 자유권이다. 강제집행면탈죄의 보호법익은 강제집행권이 발동될 단계에 있는 채권자의 채권이다.

1213) 정성근/박광민, 525면.

1214) 김성돈, 529면; 김일수/서보학, 335면; 이형국/김혜경, 474면; 임웅/이현정/박광민, 573면.

보호법익이 보호받는 정도에 있어서 권리행사방해죄에 대하여 추상적 위험범설과 침해범설이 대립하고 있다. 판례는 추상적 위험범으로 본다.[1215] 점유강취죄는 침해범이며, 강제집행면탈죄는 추상적 위험범이다.

3. 형법전의 편제

제37장 권리행사를 방해하는 죄에는 법적 성격이 다른 권리행사방해죄(제323조, 제324조, 제326조), 강요죄(제324조 내지 324조의6), 강제집행면탈죄(제327조)가 함께 규정되어 있다. 개인적 법익이라는 공통점 외에는 서로 법적 성격이 다르다. 강요의 죄는 형법전의 편제상 재산적 법익에 대한 제37장 권리행사를 방해하는 죄와 같은 장에서 규정되어 있지만, 협박죄와 같이 의사결정의 자유나 활동의 자유를 침해하는 것으로 자유에 대한 죄로 보는 것이 바람직하다. 제37장 권리행사를 방해하는 죄에서 제324조 강요죄 등을 분리하여 별도의 편장으로 구성하고, 제37장에서는 재산범죄에 해당하는 권리행사를 방해한 죄만으로 구성하고 제43장 손괴의 죄 다음에 위치시키는 것이 바람직하다.

Ⅱ. 권리행사방해죄

> 제323조 (권리행사방해) 타인의 점유 또는 권리의 목적이 된 자기의 물건 또는 전자기록등 특수매체기록을 취거, 은닉 또는 손괴하여 타인의 권리행사를 방해한 자는 5년 이하의 징역 또는 700만원 이하의 벌금에 처한다.

1. 의의

권리행사방해죄는 타인의 점유 또는 권리의 목적이 된 자기의 물건 또는 전자기록 등 특수매체기록을 취거, 은닉 또는 손괴하여 타인의 권리행사를 방해함으로써 성립하는 범죄이다. 본죄의 보호법익은 용익물권·담보물권 등 제한물권 또는 채권이다. 진정신분범이며, 판례는 추상적 위험범으로 보지만, 침해범으로 보는 것이 타당하다.

1215) 대법원 2017.5.17. 선고 2017도2230 판결.

2. 구성요건

가. 주체: 자기의 물건을 타인의 점유 또는 권리의 목적으로 제공한 소유자

본죄의 주체는 자기의 물건을 타인의 점유 또는 권리의 목적으로 제공한 소유자이다. 따라서 진정신분범이다. 소유자가 아닌 제3자는 본죄의 주체가 될 수 없다. 형법이 '자기'의 물건이라고 규정하고 있기 때문이다. 따라서 소유자가 아닌 제3자는 본죄의 주체가 될 수 없으며, 물건의 소유자가 아닌 사람은 형법 제33조 본문에 따라 소유자의 권리행사방해 범행에 가담한 경우에 한하여 그의 공범이 될 수 있을 뿐이다.[1216)]

나. 객체: 타인의 점유 또는 권리의 목적이 된 자기의 물건 또는 전자기록 등 특수매체기록

본죄의 객체는 타인의 점유 또는 권리의 목적이 된 자기의 물건 또는 전자기록 등 특수매체기록이다.

(1) 자기의 물건 또는 전자기록 등 특수매체기록

'자기의 물건'이란 자기의 소유물을 말한다. 취거, 은닉 또는 손괴한 물건이 자기의 물건이 아니라면 권리행사방해죄가 성립할 수 없다.[1217)] 자동차의 경우 등록에 의하여 소유권이 결정되므로 자신이 자동차를 점유·사용하고 있다 하더라도 아직 자기 명의로 등록하지 않았다면 자기의 물건에 해당하지 않는다.[1218)]

자기와 타인의 공동소유물은 타인의 물건이므로 본죄의 객체가 되지 않는다. 자기와 타인이 공동점유하는 자기 소유물과 공범자와 공동소유하는 물건은 자기 물건이 되므로 본죄의 객체가 된다. 렌터카 회사가 대여 차량을 강제로 회수한 때, 회사 대표이사가 대표이사 지위에서 직무집행으로 타인이 점유하는 회사 물건을 취거한 경우[1219)] 본죄가 성립한다.

하지만 공범자가 아닌 타인과 공동으로 소유하고 있는 물건은 타인 물건이므로 본죄의 객체가 되지 않는다. 따라서 피고인이 본인 소유의 특약 없이 택시회사에 지입한 자동차는 등록명의자인 택시회사의 소유이므로 피고인이 이를 가져간 경우 권리행사방해죄는 성립하지 않는다.[1220)]

1216) 대법원 2017.5.30. 선고 2017도4578 판결.

1217) 대법원 2022.9.15. 선고 2022도5827 판결; 대법원 2003.5.30. 선고 2000도5767 판결; 대법원 2005.11.10. 선고 2005도6604 판결.

1218) 대법원 2005.11.10. 선고 2005도6604 판결.

1219) 대법원 1992.1.21. 선고 91도1170 판결.

1220) 대법원 2003.5.30. 선고 2000도5767 판결.

'전자기록 등 특수매체기록'도 자기 소유의 것이어야 한다. 특수매체기록은 일정한 저장매체에 전자 방식이나 자기 방식에 의하여 저장된 기록을 의미한다. 전자기록은 정보처리능력을 가진 장치에 의하여 전자적 방식과 자기적 방식에 의하여 수록·보존되어 있는 기록 그 자체를 말한다. 전자적 방식이란 전자의 작용을 이용한 기록으로 반도체기억집적회로(IC 메모리)가 대표적인 예이다.

(2) 타인의 점유 또는 권리의 목적

(가) 타인의 점유의 목적

타인의 점유는 보호법익으로서의 점유이기 때문에 적법한 권원에 기초한 점유, 즉 정당한 원인에 기하여 그 물건을 점유하는 권리 있는 자의 점유를 의미한다. 따라서 절도 범인의 점유와 같이 점유할 권리가 없는 자의 점유임이 외관상 명백한 경우는 본죄에 의하여 보호할 가치가 있는 점유가 아니다.[1221)]

일단 적법한 권원에 의하여 점유를 개시하였다면 이후에 점유권원을 상실하여 소유자에게 반환할 사정이 생겼다 하더라도 반환할 때까지의 점유, 점유 권원의 존부가 외관상 명백하지 아니하여 법정절차를 통하여 권원의 존부가 밝혀질 때까지의 점유, 권원에 기하여 점유를 개시한 것은 아니나 동시이행항변권 등으로 대항할 수 있는 점유 등과 같이 법정절차를 통한 분쟁 해결 시까지 잠정적으로 보호할 가치 있는 점유는 모두 포함된다. 렌트카 회사의 공동대표이사 중 1인이 회사 보유 차량을 자신의 개인적인 채무 담보 명목으로 피해자에게 넘겨주었는데 다른 공동대표이사인 피고인이 위 차량을 몰래 회수하도록 한 경우, 위 피해자의 점유는 권리행사방해죄의 보호대상인 점유에 해당한다.[1222)]

판례 무효인 경매절차에 의하여 부동산을 낙찰받아 점유하게 된 자의 점유

【판결요지】 형법 제323조의 권리행사방해죄에 있어서의 타인의 점유라 함은 권원으로 인한 점유, 즉 정당한 원인에 기하여 그 물건을 점유하는 권리있는 점유를 의미하는 것으로서 본권을 갖지 아니한 절도범인의 점유는 여기에 해당하지 아니하나, 반드시 본권에 의한 점유만에 한하지 아니하고 동시이행항변권 등에 기한 점유와 같은 적법한 점유도 여기에 해당한다고 할 것이고, 한편, 쌍무계약이 무효로 되어 각 당사자가 서로 취득한 것을 반환하여야 할 경우, 어느 일방의 당사자에게만 먼저 그 반환의무의 이행이 강제된다면 공평과 신의칙에 위배되는 결과가 되므로 각 당사자의 반환의무는 동시이행 관계에 있다고 보아 민법 제536조를 준용함이 옳다고 해석되고, 이러한 법

1221) 대법원 1994.11.11. 선고 94도343 판결.

1222) 대법원 2006.3.23. 선고 2005도4455 판결.

리는 경매절차가 무효로 된 경우에도 마찬가지라고 할 것이므로, 무효인 경매절차에서 경매목적물을 경락받아 이를 점유하고 있는 낙찰자의 점유는 적법한 점유로서 그 점유자는 권리행사방해죄에 있어서의 타인의 물건을 점유하고 있는 자라고 할 것이다(대법원 2003.11.28. 선고 2003도4257 판결).

【해설】 경매절차가 적법·유효하게 종료되었다면 낙찰자의 경매목적물에 대한 점유는 소유권에 기한 것으로서 정당한 것이다. 이때 전소유자가 경매목적물에 대한 낙찰자의 점유를 침해하였다면 타인소유·타인점유물을 침해하였으므로 절도죄가 성립하며, 권리행사방해죄는 성립하지 않는다. 이 경우 경매절차가 무효가 된 경우에는 낙찰자는 경매목적물에 대하여 본권인 소유권을 취득하지 못하나 쌍무계약에 적용되는 민법 제536조가 준용되어 낙찰자는 그 점유를 정당화할 권리를 가진다. 이때 전소유자가 경매목적물에 대한 낙찰자의 점유를 침해하였다면 자기소유·타인점유물을 침해하였으므로 권리행사방해죄가 성립한다.

(나) 타인의 권리의 목적

권리의 목적이란 자기의 소유물이 타인의 용익물권이나 담보물권과 같은 제한물권이나 임대차와 같은 채권의 목적이 되어 있는 것을 말한다. 예를 들면 가압류된 물건, 양도담보로 제공된 물건으로서 채무자가 소유하면서도 점유도 계속하고 있는 경우를 말한다. 권리행사방해죄의 구성요건 중 타인의 '권리'란 반드시 제한물권만을 의미하는 것이 아니라 물건에 대하여 점유를 수반하지 아니하는 채권도 이에 포함된다.[1223]

판례 | 타인의 '권리'에 점유를 수반하지 아니하는 채권도 포함되는지 여부

【판결요지】 [1] 피고인과 갑 간에 '갑이 임야의 입목을 벌채하는 등의 공사를 완료하면 피고인은 갑에게 그 벌채한 원목을 인도한다'는 계약이 성립되고 갑이 위 계약상 의무를 모두 이행하였더라도 그것만으로 위 원목의 소유권이 바로 갑에게 귀속되는 것이 아니라 별도로 그 소유자인 피고인이 갑에게 위 원목에 관한 소유권이전의 의사표시를 하고 이를 인도함으로써 비로소 그 소유권이전의 효력이 생기는 것이므로, 아직 피고인이 갑에게 위 원목에 관한 소유권이전의 의사표시를 하고 이를 인도하지 아니한 채 이를 타인에게 매도한 행위는 자기 소유 물건의 처분행위에 불과하여 절도죄를 구성하지 아니한다고 본 사례.

[2] 권리행사방해죄의 구성요건 중 타인의 '권리'란 반드시 제한물권만을 의미하는 것이 아니라 물건에 대하여 점유를 수반하지 아니하는 채권도 이에 포함된다(대법원 1991.4.26. 선고 90도1958 판결).

【해설】 피해자와 피고인 사이에, 피해자가 피고인 소유의 입목을 벌채하는 등의 공사

1223) 대법원 1991.4.26. 선고 90도1958 판결.

를 완료하면 피고인은 피해자에게 대금지급에 갈음하여 그 벌채된 원목을 인도한다는 내용의 계약에 따라 피해자가 위 계약상의 의무를 이행하였지만, 피고인은 위 계약을 이행하지 아니한 채 피해자의 의사에 반하여 벌채된 원목을 타인에게 매도하고 반출하였다면 권리행사방해죄를 구성한다.

다. 행위: 취거·은닉 또는 손괴하여 타인의 권리행사를 방해

(1) 취거·은닉 또는 손괴

'취거'는 점유자의 의사에 반하여 점유자의 지배를 배제하고 자기 또는 제3자의 지배로 옮기는 것을 말한다. 불법영득의사 없이 점유침해만이 있는 경우이다. 점유자의 의사에 반해야 하므로 점유자의 하자 있는 의사에 의한 교부는 본죄의 취거에 해당하지 않는다.[1224] '은닉'은 물건 소재의 발견을 불가능하게 하거나 현저히 곤란하게 하는 행위를 말하며, '손괴'는 물건의 전부 또는 일부에 대하여 물질적으로 훼손하거나 그 이용가치를 해하는 것을 말한다.

(2) 권리행사를 방해

권리행사방해죄가 성립하기 위하여 현실로 권리행사가 방해되었을 것이 필요한지에 대하여 견해의 대립이 있다. 판례는 추상적 위험범으로 본다. 판례에 따르면 '권리행사를 방해'한다는 것은 타인의 권리행사가 방해될 우려가 있는 상태에 이른 것을 말한다. 현실적으로 권리행사가 방해될 필요는 없다.[1225] 공장 근저당권이 설정된 선반기계 등을 이중담보로 제공하기 위하여 이를 다른 장소로 옮긴 경우, 이는 공장 저당권의 행사가 방해될 우려가 있는 행위로서 권리행사방해죄에 해당한다.[1226]

생각건대, 권리행사방해의 결과 발생이 필요한 침해범으로 보는 것이 타당하다.[1227] 채권자가 압류한 물건을 채무자가 몰래 가져가 은닉하여 실제로 강제집행이 불가능해진 경우에는 본죄가 성립할 수 있지만, 단순히 물건을 다른 장소로 옮겼지만 즉시 반환되어 권리행사에 지장이 없었다면 본죄가 성립한다고 보기 어렵다. 이렇게 하면 형법 제324조 강요죄와 제123조 직권남용권리행사방해죄의 경우 현실적으로 권리행사 방해 결과가 필요하다는 해석과 통일적인 결과를 도출할 수 있다.

1224) 대법원 1988.2.23. 선고 87도1952 판결.

1225) 대법원 2017.5.17. 선고 2017도2230 판결.

1226) 대법원 1994.9.27. 선고 94도1439 판결.

1227) 김성돈, 542면; 오영근/노수환, 484면.

판례 자동차 렌터카 회사 등록말소 사건

【판결요지】 피고인들이 공모하여 렌트카 회사인 갑 주식회사를 설립한 다음 을 주식회사 등의 명의로 저당권등록이 되어 있는 다수의 차량들을 사들여 갑 회사 소유의 영업용 차량으로 등록한 후 자동차대여사업자등록 취소처분을 받아 차량등록을 직권말소시켜 저당권 등이 소멸되게 함으로써 을 회사 등의 저당권의 목적인 차량들을 은닉하는 방법으로 권리행사를 방해하였다는 내용으로 기소된 사안에서, 피고인들은 처음부터 자동차대여사업자에 대한 등록취소 및 자동차등록 직권말소절차의 허점을 이용하여 권리행사를 방해할 목적으로 범행을 모의한 다음 렌트카 사업자등록만 하였을 뿐 실제로는 영업을 하지 아니함에도 차량 구입자들 또는 지입차주들로 하여금 차량을 관리·처분하도록 함으로써 차량들의 소재를 파악할 수 없게 하였고, 나아가 자동차대여사업자등록이 취소되어 차량들에 대한 저당권등록마저 직권말소되도록 하였으므로, 이러한 행위는 그 자체로 저당권자인 을 회사 등으로 하여금 자동차등록원부에 기초하여 저당권의 목적이 된 자동차의 소재를 파악하는 것을 현저하게 곤란하게 하거나 불가능하게 하는 행위에 해당함에도, 이와 달리 피고인들이 차량들을 은닉하였다고 단정할 수 없다는 이유로 무죄로 판단한 원심판결에 권리행사방해죄에 관한 법리오해의 잘못이 있다고 한 사례(대법원 2017.5.17. 선고 2017도2230 판결).

3. 가담 형태

권리행사방해죄는 타인의 점유 또는 권리의 목적이 된 자기의 물건을 취거, 은닉 또는 손괴하여 타인의 권리행사를 방해함으로써 성립하므로 취거, 은닉 또는 손괴한 물건이 자기의 물건이 아니라면 권리행사방해죄가 성립할 수 없다. 물건의 소유자가 아닌 사람은 형법 제33조 본문에 따라 소유자의 권리행사방해 범행에 가담한 경우에 한하여 그의 공범이 될 수 있을 뿐이다.

판례에 따르면 갑이 임시로 거주하고 있는 A가 돈을 입금하지 않자, A의 가족을 내쫓을 목적으로 아들인 을에게 건물 5층 현관문에 설치된 디지털 도어락의 비밀번호를 변경할 것을 지시하고, 아들 을이 갑의 지시에 따라 비밀번호를 변경한 경우, 을은 자기의 물건이 아닌 도어락의 비밀번호를 변경하였다고 하더라도 권리행사방해죄가 성립할 수 없고, 정범인 을에게 권리행사방해죄가 성립하지 않는다면 교사자인 갑에 대하여 권리행사방해교사죄도 성립하지 않는다.[1228] 도어락은 갑의 소유이며, 정범인 피고인의 아들 을의 소유가 아니므로 을은 정범이 될 수 없다. 공범종속성의 원칙에 따라 정범이 성립해야 교사범이 성립할 수 있는데, 을은 정범이 될 수 없으므로 갑에 대해서도 교사범이 성립할 수 없다.

1228) 대법원 2022.9.15. 선고 2022도5827 판결.

4. 죄수

여러 사람의 권리의 목적이 된 자기의 물건을 취거, 은닉 또는 손괴함으로써 그 여러 사람의 권리행사를 방해하였다면 권리자별로 각각 권리행사방해죄가 성립하고 각 죄는 서로 상상적 경합범의 관계에 있다.[1229]

Ⅲ. 점유강취·준점유강취죄

> 제325조 (점유강취) ① 폭행 또는 협박으로 타인의 점유에 속하는 자기의 물건을 강취(强取)한 자는 7년 이하의 징역 또는 10년 이하의 자격정지에 처한다.
> ② 타인의 점유에 속하는 자기의 물건을 취거(取去)하는 과정에서 그 물건의 탈환에 항거하거나 체포를 면탈하거나 범죄의 흔적을 인멸할 목적으로 폭행 또는 협박한 때에도 제1항의 형에 처한다.
> ③ 제1항과 제2항의 미수범은 처벌한다.

1. 점유강취죄

점유강취죄는 폭행 또는 협박으로 타인의 점유에 속하는 자기의 물건을 강취한 경우에 성립하는 범죄이다. 폭행 또는 협박을 수단으로 한다는 점에서 신체의 안전 또는 의사결정의 자유를 침해할 뿐만 아니라 타인의 제한물권을 침해하는 재산죄의 성격을 동시에 가지고 있다. 따라서 본죄의 보호법익은 신체의 안전 또는 의사결정의 자유뿐만 아니라 제한물권이다. 행위객체는 타인의 점유에 속하는 자기소유의 물건이라는 점, 불법영득의사가 필요 없다는 점을 제외하고는 강도죄의 구조와 동일하다.

2. 준점유강취죄

자기 소유물에 대한 준강도라고 할 수 있다. 행위객체는 타인의 점유에 속하는 자기 소유의 물건이라는 점, 불법영득의사가 필요 없다는 점을 제외하고는 준강도죄의 구조와 동일하다. 준강도죄와 마찬가지로 목적범이다.

1229) 대법원 2022.5.12. 선고 2021도16876 판결.

Ⅳ. 중권리행사방해죄

> 第326조 (중권리행사방해) 제324조 또는 제325조의 죄를 범하여 사람의 생명에 대한 위험을 발생하게 한 자는 10년 이하의 징역에 처한다.

중권리행사방해죄는 점유강취죄 또는 준점유강취죄를 범하여 사람의 생명에 대한 위험을 발생하게 한 경우에 성립하는 범죄이다. 사람의 생명에 대한 구체적 위험이 발생해야 성립하는 구체적 위험범이며, 점유강취죄·준점유강취죄의 부진정 결과적 가중범이다. 점유강취로 인하여 사상의 결과가 발생한 경우인 점유강취치사상죄에 대한 처벌 규정이 없으므로, 이 경우 점유강취죄와 폭행치사상죄의 상상적 경합범으로 처벌될 수 있다.[1230]

Ⅴ. 강제집행면탈죄

> 第327조 (강제집행면탈) 강제집행을 면할 목적으로 재산을 은닉, 손괴, 허위양도 또는 허위의 채무를 부담하여 채권자를 해한 자는 3년 이하의 징역 또는 1천만 원이하의 벌금에 처한다.

1. 의의

강제집행면탈죄는 강제집행을 면할 목적으로 재산을 은닉, 손괴, 허위양도 또는 허위의 채무를 부담하여 채권자를 해하는 죄이다. 본죄의 보호법익은 채권이며, 보호의 정도는 추상적 위험범이다. 판례에 따르면 강제집행면탈죄는 이른바 위태범으로서 강제집행을 당할 구체적인 위험이 있는 상태에서 재산을 은닉, 손괴, 허위양도 또는 허위의 채무를 부담하면 바로 성립한다. 따라서 반드시 채권자를 해하는 결과가 야기되거나 이로 인하여 행위자가 어떤 이득을 취하여야 범죄가 성립하는 것은 아니다.

1230) 김성돈, 537면.

2. 주체

본죄의 주체는 원칙적으로 채무자이다. 채무자 이외의 제3자도 본죄의 주체가 가능한가에 대하여 견해의 대립이 있다. 이에 대하여 긍정설은 본죄의 주체를 채무자로 제한하고 있지 아니한 형법의 해석상 제3자도 본죄의 주체가 될 수 있다고 한다.[1231] 이에 대하여 부정설은 본죄는 강제집행면탈목적을 요하는 목적범으로서 강제집행의 위기에 처한 채무자를 행위주체로 상정하고 있기 때문에 제3자는 본죄의 주체가 될 수 없다고 한다.[1232] 진정 신분범으로 보는 입장이다.

생각건대, 본죄의 주체에 채무자뿐만 아니라 제3자도 포함되는 것으로 해석하는 것이 타당하다. 법규정이 본죄의 주체를 채무자에 한정하고 있지 않을 뿐만 아니라 본죄의 객체도 '자기의 재산'이라고 한정하고 있지 않기 때문이다. 또한 본죄의 주체를 채무자에 한하는 신분범으로 보고 제3자를 제외시키더라도 문제는 없다. 형법 제33조 규정을 적용하여 비신분자인 제3자에 대해서도 본죄의 주체를 인정할 수 있기 때문이다. 따라서 채무자의 법정대리인이나 가족, 채무자인 법인의 기관이나 대리인 등 채무와 관련된 제3자도 본죄의 주체가 될 수 있다.

3. 객체: 재산

가. 재물 및 권리

재산으로 재물뿐만 아니라 권리도 포함된다. 재산은 민사소송법상 강제집행 또는 보전처분의 대상이 될 수 있어야 한다. 재물은 동산·부동산을 불문하고, 권리는 채권·기대권·특허 내지 실용신안권도 포함된다.[1233] 재물이나 권리라고 하더라도 강제집행이나 보전처분의 대상이 될 수 없으면 강제집행면탈죄의 객체가 될 수 없다.[1234] 계약명의신탁의 경우 명의신탁자는 그 매매계약에 의해서는 당해 부동산의 소유권을 취득하지 못하므로, 그 부동산은 명의신탁자에 대한 강제집행이나 보전처분의 대상이 될 수 없다. 의료법을 위반하여 개설한 불법 의료기관의 요양급여비용 채권은 강제집행면탈죄의 객체가 되지 않는다.[1235]

1231) 김성돈, 538면; 이재상/장영민/강동범, 482면.

1232) 김성천/김형준, 760면; 김일수/서보학, 532면; 임웅/이현정/박성민, 612면.

1233) 대법원 2001.11.27. 선고 2001도4759 판결.

1234) 대법원 2011.12.8. 선고 2010도4129 판결.

1235) 대법원 2017.4.26. 선고 2016도19982 판결.

판례 계약명의신탁의 경우

【판결요지】 [1] 명의신탁자와 명의수탁자가 이른바 계약명의신탁 약정을 맺고 명의수탁자가 당사자가 되어 명의신탁 약정이 있다는 사실을 알지 못하는 소유자와 부동산에 관한 매매계약을 체결한 후 그 매매계약에 따라 당해 부동산의 소유권이전등기를 명의수탁자 명의로 마친 경우에는, 명의신탁자와 명의수탁자의 명의신탁 약정이 무효임에도 불구하고 부동산 실권리자명의 등기에 관한 법률 제4조 제2항 단서에 의하여 명의수탁자가 당해 부동산의 완전한 소유권을 취득한다. 반면에 소유자가 계약명의신탁 약정이 있다는 사실을 안 경우에는 수탁자 명의의 소유권이전등기는 무효이고 당해 부동산의 소유권은 매도인이 그대로 보유하게 된다. 어느 경우든지 명의신탁자는 그 매매계약에 의해서는 당해 부동산의 소유권을 취득하지 못하게 되어, 결국 그 부동산은 명의신탁자에 대한 강제집행이나 보전처분의 대상이 될 수 없다.

[2] 명의신탁 부동산의 실질적 소유자인 피고인이 강제집행을 면탈할 목적으로 부동산을 허위양도하여 채권자들을 해하였다고 하며 강제집행면탈죄로 기소된 사안에서, 위 부동산 중 대지는 피고인이 매입하여 갑 명의로 명의신탁해 두었다가 임의경매절차를 통하여 을에게 매각되자 다시 병 주식회사의 명의로 매수하여 병 회사 명의로 소유권이전등기를 마친 것인데, 이는 신탁자인 피고인과 명의수탁자인 병 회사의 계약명의신탁 약정에 의한 것이므로 소유자 을이 그러한 약정이 있다는 사실을 알았는지에 관계없이 명의신탁자인 피고인은 대지의 소유권을 취득할 수 없고, 이후로도 위 대지에 관하여 피고인 이름으로 소유권이전등기를 마친 적이 없다면 피고인에 대한 강제집행이나 보전처분의 대상이 될 수 없어 피고인에 대한 강제집행면탈죄의 객체가 될 수 없다고 한 사례(대법원 2011.12.8. 선고 2010도4129 판결).

나. 채무자의 재산

본죄의 재산은 원칙적으로 채무자의 재산이다.[1236] 본죄의 재산이 채무자의 재산에 한정되는지 제3자의 재산 또한 포함되는지 문제될 수 있다. 채권자의 보호를 위하여는 채무자 명의의 재산뿐만 아니라 가족의 재산이나 물상보증인의 재산도 포함시킬 수 있을 것이다. 그러나 개인책임의 원칙에 따르면 가족재산 등의 재산은 채무의 내용에 포함되는 것을 보기 어렵기 때문에 채무자의 재산에 한정되는 것으로 보는 것이 타당하다. 판례도 같은 입장이다.[1237]

1236) 김성돈, 539면; 이재상/장영민/강동범, 483면; 임웅/이현정/박성민, 613면.

1237) 대법원 2008.9.11. 선고 2006도8721 판결.

4. 구성요건적 행위 상황

가. 강제집행을 받을 위험이 있는 객관적 상태

본죄가 성립하기 위해서는 '강제집행을 받을 위험이 있는 객관적 상태'가 존재해야 한다. 본죄는 강제집행을 면할 목적으로 하는 것이므로 강제집행의 대상이 될 수 있는 채권자의 채권이 존재해야 한다. 따라서 채권의 존재가 인정되지 않을 때에는 강제집행면탈죄는 성립하지 않는다.[1238] 강제집행면탈죄를 유죄로 인정하기 위해서는 먼저 채권이 존재하는지에 관하여 심리·판단하여야 하고, 민사절차에서 이미 채권이 존재하지 않는 것으로 판명되었다면 이와 모순·저촉되는 판단을 할 수 없다.

또한 이 채권에 대한 강제집행을 받을 객관적인 상태가 존재해야 한다. 판례도 본죄가 성립하기 위해서는 강제집행을 받을 위험이 있는 구체적 위험이 있는 상태에 있어야 한다는 입장이다.[1239]

채권자와 거래관계에 있는 채무자의 모든 행위가 강제집행면탈죄의 대상이 된다고 한다면 이는 거래의 안정을 해치고 행위자의 재산처분권을 과도하게 제한하는 것이므로 채권자로부터 강제집행을 받을 위험이 있는 상태에서 행한 채무자의 행위에 대해서만 본죄가 성립한다고 보는 것이 타당하기 때문이다. 따라서 이러한 상태가 존재하지 않는 경우에는 비록 강제집행을 면할 목적으로 허위양도 등을 하더라도 본죄가 성립하지 않는다.

나. 강제집행의 의미

판례에 따르면 형법 제327조의 강제집행면탈죄가 적용되는 강제집행은 민사집행법 제2편의 적용 대상인 '강제집행' 또는 '가압류·가처분 등의 집행'을 가리키는 것이고, 민사집행법 제3편의 적용 대상인 '담보권 실행 등을 위한 경매(임의경매)'를 면탈할 목적으로 재산을 은닉하는 등의 행위는 본죄의 규율 대상에 포함되지 않는다고 한다.[1240] 따라서 할부금을 미납한 갑이 차량에 대하여 저당권 등 담보권실행을 위한 임의경매를 면하기 위하여 차량을 은닉하는 경우에는 강제집행면탈죄가 성립하지 않는다. 다만 이 경우에도 제323조의 권리행사방해죄가 성립할 가능성은 있다.

강제집행은 민사소송에 의한 강제집행 등을 의미하기 때문에 벌금·과료·몰수 등의 형사재판의 집행, 행정재판에 의한 강제집행, 국세징수법에 의한 체납처분[1241]은 본죄의 강

1238) 대법원 2012.8.30. 선고 2011도2252 판결.
1239) 대법원 1998.9.8. 선고 98도1949 판결.
1240) 대법원 2015.3.26. 선고 2014도14909 판결.
1241) 대법원 2012.4.26. 선고 2010도5693 판결.

제집행에 포함되지 않는다.

다. 객관적 상태의 의미

'강제집행을 받을 위험이 있는 객관적 상태'는 민사소송에 의한 강제집행·가압류·가처분 등의 집행을 받을 구체적 염려가 있는 상태를 말한다. 강제집행이 사실상 진행되고 있을 필요가 없으며, 채권자가 이행청구의 소 또는 그 보전을 위한 가압류, 가처분신청을 제기하거나 제기할 기세를 보인 경우도 이에 해당한다.[1242]

즉 채권자가 민사소송의 제기나 지급명령의 신청을 하거나 가압류·가처분의 보전소송을 신청한 경우뿐만 아니라 구두 혹은 내용증명 등의 방법으로 채무변제의 독촉을 하면서 소송제기 등의 기세를 보이고 있는 등 채무자가 현실적으로 강제집행을 받을 염려가 있는 객관적인 상태를 의미한다.[1243]

5. 행위: 은닉, 손괴, 허위양도, 허위의 채무부담하여 채권자를 해하는 행위

가. 은닉

'은닉'은 강제집행권자에 대해서 재산의 발견을 불가능 또는 곤란하게 만드는 것을 말한다. 재산의 소재를 불명하게 하는 경우뿐만 아니라 소재의 변경은 없더라도 재산의 소유관계를 불명하게 하는 경우도 포함한다.

판례에 따르면 회사의 어음 채권자들의 가압류 등을 피하기 위하여 회사의 예금계좌에 입금된 회사 자금을 인출하여 제3자 명의의 다른 계좌로 송금한 경우,[1244] 사업자 등록의 사업자 명의를 변경함이 없이 사업장에서 사용하는 금전등록기의 사업자 이름만을 변경한 경우 강제집행면탈죄에 있어서 재산의 '은닉'에 해당한다고 판시하였다.[1245] 하지만 채무자가 제3자 명의로 되어 있던 사업자등록을 또 다른 제3자 명의로 변경하였다는 사정만으로는 그 변경이 채권자의 입장에서 볼 때 사업장 내 유체동산에 관한 소유관계를 종전보다 더 불명하게 하여 채권자에게 손해를 입게 할 위험성을 야기한다고 단정할 수 없다고 한다.[1246]

1242) 대법원 1986.10.28. 선고 86도1553 판결.

1243) 대법원 1996.1.26. 선고 95도2526 판결.

1244) 대법원 2005.10.13. 선고 2005도4522 판결.

1245) 대법원 2003.10.9. 선고 2003도3387 판결.

1246) 대법원 2014.6.12. 선고 2012도2732 판결.

판례 사업장의 금전등록기 사업자 이름 변경

【사실관계】 피고인 갑은 주식회사 L의 명의로 슈퍼를 경영하다가 점포 내에 있는 물건들에 관한 소유관계를 불명하게 하여 강제집행을 저지하려는 의도로 위 점포에서 사용하는 금전등록기의 사업자이름을 위 회사 대표이사 A에서 피고인의 형 B로 변경하였다. 위 회사에 대한 집행력 있는 공정증서정본의 소지자인 피해자가 유체동산가압류 집행을 하려 하였으나 집행위임을 받은 집행관이 금전등록기의 사업자 이름이 집행채무자의 이름과 다르다는 이유로 그 집행을 거부함으로써 결국 가압류 집행이 이루어지지 않았다.

【판결요지】 [1] 형법 제327조에 규정된 강제집행면탈죄에 있어서의 재산의 '은닉'이라 함은 강제집행을 실시하는 자에 대하여 재산의 발견을 불능 또는 곤란케 하는 것을 말하는 것으로서, 재산의 소재를 불명케 하는 경우는 물론 그 소유관계를 불명하게 하는 경우도 포함하나, 재산의 소유관계를 불명하게 하는 데 반드시 공부상의 소유자 명의를 변경하거나 폐업 신고 후 다른 사람 명의로 새로 사업자 등록을 할 것까지 요하는 것은 아니고, 강제집행면탈죄의 성립에 있어서는 채권자가 현실적으로 실제로 손해를 입을 것을 요하는 것이 아니라 채권자가 손해를 입을 위험성만 있으면 족하다.

[2] 사업장의 유체동산에 대한 강제집행을 면탈할 목적으로 사업자 등록의 사업자 명의를 변경함이 없이 사업장에서 사용하는 금전등록기의 사업자 이름만을 변경한 경우, 강제집행면탈죄에 있어서 재산의 '은닉'에 해당한다고 한 사례(대법원 2003.10.9. 선고 2003도3387 판결).

【해설】 피고인이 사업자등록의 사업자명의는 실제로 변경하지 않았지만, 금전등록기의 사업자 명의를 변경함으로 인하여 점포 내의 물건들에 관한 소유관계가 불명하게 되었다. 이에 대하여 법원은 피고인의 위와 같은 행위로 인해 피해자가 손해를 입을 위험이 야기되었다고 판단하여 본죄의 성립을 긍정하였다.

나. 손괴, 허위양도

'손괴'는 재물을 물질적으로 훼손하거나 그 가치를 감소시키는 행위를 말한다. '허위양도'는 실제로 재산 양도가 없음에도 불구하고 재산을 양도한 것으로 가장하여 재산의 명의를 변경하는 것을 말한다. 따라서 진실한 양도인 경우에는 비록 강제집행면탈의 목적이 있고 채권자에게 불이익한 결과를 초래한다고 하더라도 강제집행면탈죄가 성립하지 않는다.[1247]

다. 허위의 채무부담

'허위의 채무부담'은 채무가 없음에도 불구하고 제3자에게 채무를 부담한 것처럼 가장하는 것을 말한다. 가등기는 원래 순위보전의 효력밖에 없는 것이므로 가등기를 경료한

1247) 대법원 2000.9.8. 선고 2000도1447 판결; 대법원 1998.9.8. 선고 98도1949 판결.

사실만으로는 강제집행을 면탈한 목적으로 허위채무를 부담하여 채권자를 해한 것이라고 할 수 없다.[1248] 재단법인 이사장 갑이 강제집행을 면탈할 목적으로 재단법인에 대하여 채권을 가지는 양 가장하여 이를 공동피고인 을에게 양도함으로써 재단법인으로 하여금 허위의 채무를 부담하게 하고 이를 담보한다는 구실하에 재단법인소유 토지를 공동피고인 을 명의로 가등기 및 본등기를 경료하게 하였다면 강제집행면탈죄를 구성한다.[1249]

라. 채권자를 해할 것

채권자를 해할 위험성이 있으면 충분하고, 현실적으로 채권자를 해한 결과 발생은 필요 없다.[1250] 추상적 위험범이기 때문이다. 따라서 피고인에게 약간의 다른 재산이 있는 경우에도 본죄가 성립하며,[1251] 반드시 채권자를 해하는 결과가 발생할 필요가 없다. 마찬가지로 피고인이 어떤 이득을 취하여야 본죄가 성립하는 것은 아니다. 하지만 채무자에게 채권자의 집행을 확보하기에 충분한 다른 재산이 있었다면 채권자를 해하였거나 해할 우려가 있다고 단정할 수 없다.[1252]

6. 주관적 구성요건

본죄의 고의는 강제집행이 임박한 상태에서 재산을 은닉, 손괴, 허위양도 또는 허위의 채무를 부담하여 채권자를 해한다는 인식과 의사를 말한다.

본죄는 강제집행을 면한 목적이 필요한 목적범이다. 강제집행의 실효를 거둘 수 없게 하려는 목적을 말하며, 목적이 실제로 달성될 필요는 없고 목적만 있으면 충분하다.

1248) 대법원 1987.8.18. 선고 87도1260 판결.
1249) 대법원 1982.12.14. 선고 80도2403 판결.
1250) 대법원 2009.5.28. 선고 2009도875 판결.
1251) 대법원 1990.3.23. 선고 89도2506 판결.
1252) 대법원 2011.9.8. 선고 2011도5165 판결.

PART 02

사회적 법익

- Chapter 01 공공의 안전과 평온에 대한 죄
- Chapter 02 공중의 건강에 대한 죄
- Chapter 03 공공신용에 대한 죄
- Chapter 04 사회의 도덕에 대한 죄

CHAPTER 01

공공의 안전과 평온에 대한 죄

제1절 공안을 해하는 죄

Ⅰ. 총설

1. 의의

공안을 해하는 죄는 사회공공의 안전과 평온을 해하는 것을 내용으로 하는 범죄이다. 개인이 사회 내에서 안전한 사회생활을 유지하기 위한 전제조건을 마련하기 위해 형법은 제114조 범죄단체조직죄, 제115조 소요죄, 제116조 다중불해산죄, 제116조의2 공중협박죄, 제116조의3 공공장소 흉기소지죄를 규정하고 있다.

제5장 공안을 해하는 죄에는 제117조 전시공수계약불이행죄, 제118조 공무원자격사칭죄도 규정하고 있지만, 이는 공공의 안전과는 상관이 없으며, 오히려 국가의 기능을 보호하려는 목적을 가진 규정으로 국가적 법익으로 분류하는 것이 옳다. 더불어 전시 상태를 전제로 하는 전시공수계약불이행죄는 폐지하는 것이 타당하다.

2. 공중협박죄 등 신설

공공장소에서 무차별적으로 사람을 살해하는 범죄와 이를 모방한 온라인 살인 예고 게시물 등으로 인해 사회적 불안이 증대되고 있다. 기존의 협박죄나 살인예비·음모죄만으로는 이러한 행위를 효과적으로 대응하기 어려웠다. 공공장소에서 사람의 생명, 신체에 위해를 가할 수 있는 흉기를 소지하는 것은 사회 일반의 공포심을 야기하고 중대한 범죄로 이어질 수 있음에도 이를 처벌하는 규정이 없어 그 대응에 어려움이 있었다. 이에 2025년 2월 형법 개정안을 통과시켜 새로운 범죄유형인 공중협박죄 등을 신설하였다. 정당한 이유 없이 도로·공원 등 불특정 또는 다수의 사람이 이용하거나 통행할 수 있는 공공장소에서 사람의 생명, 신체에 위해를 가할 수 있는 흉기를 소지하고 이를 드러내어 공중에게 불안감 또는 공포심을 일으킨 경우 처벌할 수 있는 규정을 신설하였다.

3. 보호법익과 보호 정도

범죄단체조직죄, 소요죄, 다중불해산죄의 보호법익은 사회공공의 안전과 평온이다. 신설된 공중협박죄의 경우 공공의 안전과 평온뿐만 아니라 개인의 의사결정의 자유도 보호법익이 될 수 있다. 공공장소 흉기소지죄는 신체에 대한 안전도 보호법익이 될 수 있다.

보호 정도는 추상적 위험범으로 보는 것이 타당하다. 사회공공의 안전과 평온을 해할 위험성이 있는 것이며, 공공의 위험 발생을 구성요건요소로 규정하고 있지 않기 때문이다.

Ⅱ. 범죄단체·집단조직죄

> **第114조(범죄단체 등의 조직) 사형, 무기 또는 장기 4년 이상의 징역에 해당하는 범죄를 목적으로 하는 단체 또는 집단을 조직하거나 이에 가입 또는 그 구성원으로 활동한 사람은 그 목적한 죄에 정한 형으로 처벌한다. 다만, 형을 감경할 수 있다.**

1. 의의

범죄단체등조직죄는 사형, 무기 또는 장기 4년 이상의 징역에 해당하는 범죄를 목적으로 하는 단체 또는 집단을 조직하거나 이에 가입 또는 그 구성원으로 활동함으로써 성립하는 범죄이다. 이른바 조직범죄통제를 위한 것으로 구체적인 범죄행위의 실행 여부를 불문하고 범죄행위에 대한 예비·음모의 성격이 있는 범죄단체의 생성 및 존속 자체를 막으려는데 입법 취지가 있다.[1] 다수의 행위자가 같은 목표를 향하여 같은 방향으로 공동작용을 하는 필요적 공범 중 집합범이다.[2]

---

1) 대법원 2015.9.10. 선고 2015도7081 판결.

2) 김성돈, 549면; 정성근/박광민, 547면.

2. 2013년 형법 개정

종전 범죄단체조직죄는 법정형의 제한 없이 범죄를 목적으로 단체를 조직하기만 하면 구성요건에 해당하게 되어 그 처벌의 범위가 너무 넓다는 비판이 제기되어 왔으며, '국제연합 국제조직범죄 방지협약'도 법정형이 장기 4년 이상인 범죄를 목적으로 하는 단체를 조직하는 행위 등을 범죄화하도록 규정하여 범위를 제한하고 있다. 또한 종전의 형법은 범죄단체에는 이르지 못하였으나 그 위험성이 큰 범죄집단을 조직한 경우에 대해서는 처벌하지 못하는 문제점이 있었다.

이에 2013년 3월 형법을 개정하여 사형, 무기 또는 장기 4년 이상의 징역에 해당하는 범죄를 목적으로 하는 단체의 조직행위를 처벌하도록 하여 그 범위를 제한함으로써 '국제연합 국제조직범죄 방지협약'의 내용과 조화를 이루게 하는 한편, 범죄단체뿐만 아니라 이에 이르지 못한 범죄집단을 조직한 경우에도 처벌하도록 하였다.

심화내용 개정취지

오늘날 인류는 급격한 변화를 겪고 있으며 교통통신 및 정보교환시스템의 비약적인 발전에 힘입어 화폐·정보·서비스 등 물적·인적 자원의 탈 국경화, 전지구화 추세가 두드러지고 있다. 이러한 세계적 흐름의 변화로 국내외의 정치·경제·사회·문화 등 모든 영역에서 구조적인 변동이 야기되고 있는 한편 각종 국제조직범죄가 국경을 넘어 대규모로 조직화·지능화·국제화되고 있다.

이로 인해 종래에는 예견할 수 없었던 새로운 위기에 직면하고 있으며, 특히 9·11 사태 이후로는 테러리스트, 게릴라집단, 마약거래자, 무기밀매자 등의 구별이 이전보다 훨씬 더 곤란해졌다는 점에서 국제조직범죄에의 대처는 인류의 안전보장에 있어 매우 중요한 문제로 대두되고 있다.

이러한 국제조직범죄에 대처하기 위해서는 각국의 형사사법제도를 강화함은 물론 국제적인 법집행에 적극 협력할 필요가 있다. 그동안 국제조직범죄에 대한 국제적 수준에서의 협력은 특히 국제연합을 중심으로 꾸준히 행해져왔고, 보다 효과적으로 국제적인 조직범죄를 방지하고 이에 대항하기 위하여 유엔총회에서는 유엔국제조직범죄 방지협약 및 세 개의 추가의정서(인신매매방지의정서·밀입국방지의정서·총기등불법제조거래방지의정서)를 채택하게 되었다.[3)]

3) 유엔국제조직범죄방지협약은 2003년 9월 29일, 인신매매방지의정서는 2003년 12월 25일, 밀입국방지의정서는 2004년 1월 28일, 총기등불법제조거래방지의정서는 2005년 7월 3일에 각각 발효되었다.

3. 구성요건적 행위

가. 의의

본죄의 구성요건적 행위는 범죄를 목적으로 하는 단체 또는 집단을 조직하거나, 이에 가입하거나 그 구성원으로 활동하는 것이다. '범죄를 목적으로 하는 단체'란 특정 다수인이 일정한 범죄를 수행한다는 공동목적 아래 구성한 계속적인 결합체로서 그 단체를 주도하거나 내부의 질서를 유지하는 최소한의 통솔체계를 갖춘 것을 의미한다.[4)]

나. 범죄 목적

범죄는 형법전에 규정된 범죄뿐만 아니라 특별법에 규정된 범죄도 포함되지만, 법정형이 사형, 무기 또는 장기 4년 이상의 징역에 해당되는 범죄로 제한된다.

단체 또는 집단의 목적이 '주로' 범죄의 목적인 경우로 한정적으로 해석하는 것이 타당하다. 따라서 어떤 단체나 조직이 합법적 활동을 하는 과정에서 부수적으로 범죄를 행한 경우에 불과한 경우에는 범죄단체등조직죄가 성립한다고 볼 수 없다.

다. 범죄단체 또는 집단

(1) 단체

'단체'는 최소한의 통솔체계를 갖춘 조직성과 어느 정도의 시간적 계속성을 갖추어야 한다. 판례에 따르면 범죄를 목적으로 하는 단체라 함은 특정다수인이 일정한 범죄를 수행한다는 공동목적 아래 이루어진 계속적인 결합체로서 그 단체를 주도하는 '최소한의 통솔체제'를 갖추고 있어야 한다.[5)] 따라서 단순히 범죄를 목적으로 실행행위를 분담하는 등 실행을 공모하였다는 것만으로는 단체가 될 수 없다.[6)] 범죄단체는 합법적인 단체와는 달리 그 특성상 단체로서의 계속적인 결집성이 다소 불안정하고 그 통솔체제가 대내외적으로 반드시 명확하지 않은 것처럼 보이더라도 구성원들 간의 관계가 선·후배, 형·아우로 뭉쳐 그들 특유의 규율에 따른 통솔이 이루어진 경우라면 단체가 될 수 있다.[7)] 단체에 해당하지 않더라도 집단에 해당하면 본죄에 해당할 수 있기 때문에 단체와 집단을 엄격히 구별할 실익은 없다.

'보이스피싱 조직'은 보이스피싱이라는 사기범죄를 목적으로 구성된 다수인의 계속적

---

4) 대법원 2016.5.12. 선고 2016도1221 판결.

5) 대법원 1977.12.27. 선고 77도3463 판결.

6) 대법원 1981.11.24. 선고 81도2608 판결.

7) 대법원 1997.10.10. 선고 97도1829 판결; 대법원 1991.1.15. 선고 90도2301 판결.

인 결합체로서 총책을 중심으로 간부급 조직원들과 상담원들, 현금인출책 등으로 구성되어 내부의 위계질서가 유지되고 조직원의 역할 분담이 이루어지는 최소한의 통솔체계를 갖춘 형법상 범죄단체에 해당한다.[8)]

(2) 집단

형법 개정에 의하여 단체 또는 집단이라고 하였기에 단체성이 인정되지 않는 경우에도 '집단성'을 인정할 수 있으면 본죄가 성립한다. '집단'은 단체에는 이르지 못했지만, 범죄단체와 마찬가지로 일정한 계층적 구조에 따른 역할분담이 가능한 인적 결합체를 말한다. 범죄단체에서 요구되는 '최소한의 통솔체계'를 갖출 필요는 없지만, 범죄의 계획과 실행을 용이하게 할 정도의 조직적 구조를 갖추어야 한다.[9)] 무등록 중고차 매매상사를 운영하면서 피해자들을 기망하여 중고차량을 불법으로 판매해 금원을 편취할 목적으로 범죄집단을 조직·활동한 경우 회사 조직과 유사하게 대표, 팀장, 팀원(출동조, 전화상담원)으로 직책이나 역할이 분담되어 있는 등 사기범행을 수행한다는 공동목적 아래 정해진 역할을 수행했다면 범죄집단에 해당한다.[10)]

라. 조직, 가입, 활동

(1) 조직, 가입

'조직'이란 특정한 다수인이 의사 연락에 의하여 집합체를 형성하는 것을 말하며, '가입'이란 이미 조직된 단체나 집단의 취지에 동조하여 구성원으로 참가하는 것을 말한다. 조직과 가입의 방법에는 제한이 없으며, 일정한 형식을 필요로 하지 않는다.[11)]

(2) 활동

'활동'이란 범죄단체 또는 집단의 내부규율 및 통솔체계에 따른 조직적, 집단적 의사결정에 의하여 행하는 범죄단체 또는 집단의 존속·유지를 지향하는 적극적 행위를 말한다. '활동'은 다소 추상적이고 포괄적인 의미를 가지고 있기 때문에 죄형법정주의의 명확성의 원칙에 반할 우려가 있다. 따라서 헌법합치적인 해석을 위해서 제한적 해석이 필요하다. 특정한 행위가 범죄단체 또는 집단의 구성원으로서의 '활동'에 해당하는지 여부는 당해 행위가 행해진 일시, 장소 및 그 내용, 그 행위가 이루어지게 된 동기 및 경위, 목적, 의

8) 대법원 2017.10.26. 선고 2017도8600 판결.

9) 대법원 2020.8.20. 선고 2019도16263 판결.

10) 대법원 2020.8.20. 선고 2019도16263 판결.

11) 대법원 2024.7.25. 선고 2024도6909 판결.

사 결정자와 실행 행위자 사이의 관계 및 그 의사의 전달 과정 등의 구체적인 사정을 종합하여 실질적으로 판단하여야 한다. 따라서 다수의 구성원이 관여되었다고 하더라도 범죄단체 또는 집단의 존속·유지를 목적으로 하는 조직적, 집단적 의사결정에 의한 것이 아니거나, 범죄단체 또는 집단의 수괴나 간부 등 상위 구성원으로부터 모임에 참가하라는 등의 지시나 명령을 소극적으로 받고 이에 단순히 응하는데 그친 경우, 구성원 사이의 사적이고 의례적인 회식이나 경조사 모임 등을 개최하거나 참석하는 경우 등은 '활동'에 해당한다고 볼 수 없다.[12)]

4. 실행의 착수 시기와 기수 시기

범죄를 목적으로 하는 단체를 조직하는 행위 또는 이에 가입하는 행위를 개시함으로써 실행의 착수가 됨과 동시에 기수가 된다. 범죄를 목적으로 한 단체 또는 집단을 구성함으로써 즉시 성립하는 것이므로 목적한 범죄를 실행하였는지 여부는 본죄의 성립에 영향이 없다.[13)] 이 죄는 추상적 위험범·단순거동범이기 때문이다. 목적한 범죄를 실행하였다면 본죄와 실체적 경합관계에 있게 된다.

5. 계속범 또는 즉시범인지 여부

범죄단체등조직죄는 계속범인지 즉시범인지에 대하여 견해의 대립이 있다. 이에 대하여 학설은 계속범으로 본다.[14)] 따라서 범죄단체의 조직 또는 가입과 동시에 범행은 기수에 이르지만, 위법상태는 행위자가 활동하는 시점, 즉 단체의 해산이나 단체로부터의 탈퇴 시까지 계속된다고 본다. 즉 공소시효의 기산점은 위법상태의 종료시점인 조직의 해산이나 탈퇴시점부터이다. 그러나 소수설[15)]과 판례는 즉시범으로 본다. 따라서 범죄단체를 조직함과 동시에 공소시효가 진행된다고 한다.

생각건대, 본죄를 즉시범으로 보게 되면 범죄단체조직원으로 계속 활동하고 있는 자임에도 불구하고 공소시효의 완성을 이유로 처벌할 수 없게 되고, 범죄단체에 대한 배후비호세력의 지원행위를 본죄의 방조행위로 처벌할 수도 없다는 형사정책적 문제점이 있

12) 대법원 2009.9.10. 선고 2008도10177 판결.

13) 대법원 1975.9.23. 선고 75도2321 판결.

14) 김성돈, 550면; 배종대, 640면; 임웅/이현정/박성민, 634면; 정성근/박광민, 549면.

15) 김성천/김형준, 585면; 오영근/노수환, 500면.

다.[16] 따라서 계속범으로 보는 것이 타당하다. 범죄단체조직죄는 즉시범이며, 범죄단체 가입죄나 활동죄는 계속범으로 볼 수 있다는 해석이 가능하지만, 범죄단체를 조직만 하고 이후 활동하지 않은 경우 공소시효 완성 등을 이유로 조직한 자를 처벌할 수 없다는 것은 여전히 부당하다. 범죄단체조직·가입·활동죄 모두 계속범으로 보아야 한다.

판례 범죄단체조직죄는 즉시범

【판결요지】 [2] 피고인 등이 연주파라는 단체를 결성하기로 하면서 행동강령을 정하여 두목격 수괴, 두목격 고문, 부두목격 간부, 참모, 행동대장격 간부, 행동대원으로 그들 사이의 각 임무분담을 정함과 아울러 단체구성원들 간의 위계질서를 대체로 나이 순서에 따른 서열로 확립하고, 또한 합숙소를 마련하여 단체생활을 함에 있어 합숙소 장롱 안에 쇠파이프 등 흉기를 보관하면서 조직에서 관리하는 유흥업소나 도박장 등지에서 싸움이 붙거나 문제가 발생하면 즉시 현장에 가서 위력을 과시하거나 폭력을 행사하는 소위 '기동타격대'의 역할을 할 수 있도록 하며, 조직원 양성을 위한 훈련을 실시하고 조직에서 이탈하려는 자들에 대하여는 보복을 감행하는 등으로 조직의 와해를 방지하고, 조직운영비 등 활동자금은 조직원들을 유흥업소의 영업부장 등의 직책으로 취직시켜 보호비를 징수하거나 아파트새시공사 등을 통하여 조달한 금품 등으로 충당하며, 또 위 연주파에서 이탈한 조직원들에 의하여 구성된 단체를 제압하기 위하여 2회에 걸쳐 회칼, 쇠파이프 등 흉기를 사용하여 폭력을 행사하였다면, 위 연주파는 폭력범죄 등을 목적으로 하는 계속적이고 조직 내의 통솔체계를 갖춘 결합체로서 폭력행위등처벌에관한법률 제4조 소정의 범죄단체에 해당한다고 본 사례.
[3] 폭력행위등처벌에관한법률 제4조 소정의 단체 등의 조직죄는 같은 법에 규정된 범죄를 목적으로 한 단체 또는 집단을 구성하거나 가입함으로써 즉시 성립하고 그와 동시에 완성되는 즉시범이라 할 것이므로, 피고인이 범죄단체인 연주파에 가입한 이후 별개의 범죄단체에 가입하였다는 이유로 추가 기소가 되었다고하여 이를 이중처벌이라고 할 수는 없다(대법원 1997.10.10. 선고 97도1829 판결).

6. 죄수

가. 일죄

기존의 범죄단체나 집단의 수괴가 바뀌고 활동영역이 바뀐다고 하더라도 기존의 단체 또는 집단과 동일성이 유지된다면 별개의 범죄단체등조직죄가 성립하지 않고 단순일죄가 된다.[17]

16) 조영수, 범죄단체조직죄의 성격, 형사판례연구 제2권, 1994, 222면 참조.
17) 대법원 2000.3.24. 선고 2000도102 판결.

범죄단체의 '구성'이나 '가입'은 범죄행위의 실행 여부와 관계없이 범죄단체 구성원으로서의 활동을 예정하는 것이고, 범죄단체 구성원으로서의 '활동'은 범죄단체의 구성이나 가입을 당연히 전제로 하는 것이다. 양자는 모두 범죄단체의 생성 및 존속·유지를 도모하는, 범죄행위에 대한 일련의 예비·음모 과정에 해당한다는 점에서 범의의 단일성과 계속성을 인정할 수 있을 뿐만 아니라 피해법익도 다르지 않다. 따라서 범죄단체를 구성하거나 이에 가입한 자가 더 나아가 구성원으로 활동하는 경우 포괄일죄의 관계에 있다.[18]

나. 수죄

범죄단체 등을 조직 또는 가입한 후 목적한 범죄를 실행한 경우 실행한 범죄만 성립하고 범죄단체등조직죄는 흡수된다고 보는 견해가 있지만,[19] 범죄단체등조직죄의 성격상 실행한 범죄와 보호법익이 다르므로 범죄단체등조직죄와 실행한 범죄의 실체적 경합이 된다고 보는 것이 타당하다.[20] 예를 들면 갑이 보이스피싱 사기 범죄단체에 가입한 후 사기범죄의 피해자들로부터 돈을 편취하는 등 그 구성원으로서 활동한 경우 범죄단체가입행위 또는 범죄단체 구성원으로서 활동하는 행위와 사기행위는 각각 별개의 범죄구성요건을 충족하는 독립된 행위이다.[21] 범죄집단활동죄와 개별 마약류 관리에 관한 법률 위반죄는 그 구성요건, 보호법익 및 입법 취지가 다르므로 두 죄는 실체적 경합관계에 있다.[22] 범죄단체 구성원으로서 활동하는 행위와 집단감금 또는 집단상해행위는 각각 별개의 범죄구성요건을 충족하는 독립된 행위이며 법조경합 중 흡수관계가 아니다.[23]

7. 특별법

범죄단체등조직죄는 폭력행위 등 처벌에 관한 법률 제4조(단체 등의 구성·활동), 국가보안법 제3조 (반국가단체의 구성등), 성매매알선 등 행위의 처벌에 관한 법률 제22조(범죄단체의 가중처벌), 국민보호와 공공안전을 위한 테러방지법 제17조(테러단체 구성죄등)에 의하여 가중처벌된다.

폭력행위 등 처벌에 관한 법률에 따르면 동법에 규정된 범죄를 목적으로 하는 단체 또

18) 대법원 2015.9.10. 선고 2015도7081 판결.
19) 임웅/이현정/박성민, 634면.
20) 김성돈, 552면.
21) 대법원 2017.10.26. 선고 2017도8600 판결.
22) 대법원 2024.7.25. 선고 2024도6909 판결.
23) 대법원 2008.5.29. 선고 2008도1857 판결.

는 집단을 구성하거나 그러한 단체 또는 집단에 가입하거나 그 구성원으로 활동한 사람으로 수괴(首魁)의 경우는 사형, 무기 또는 10년 이상의 징역, 간부의 경우는 무기 또는 7년 이상의 징역, 수괴·간부 외의 사람의 경우에는 2년 이상의 유기징역으로 처벌한다. 타인에게 단체 또는 집단에 가입할 것을 강요하거나 권유한 사람도 2년 이상의 유기징역에 처한다.

국가보안법의 '반국가단체'라 함은 정부를 참칭하거나 국가를 변란할 것을 목적으로 하는 국내외의 결사 또는 집단으로서 지휘통솔체제를 갖춘 단체를 말한다. 반국가단체를 구성하거나 가입한 경우에는 국가보안법 제3조에 의하여, 그 목적수행을 위한 행위를 한 경우에는 국가보안법 제4조에 의하여 처벌한다.

성매매알선 등 행위의 처벌에 관한 법률 제22조에 따르면 동법 제18조 또는 제19조에 규정된 범죄를 목적으로 단체 또는 집단을 구성하거나 그러한 단체 또는 집단에 가입한 사람은 폭력행위 등 처벌에 관한 법률 제4조의 예에 따라 처벌한다.

국민보호와 공공안전을 위한 테러방지법 제17조에 따르면 테러단체를 구성하거나 구성원으로 가입한 사람은 수괴 등의 구분에 따라 처벌한다.

Ⅲ. 소요죄

> 제115조 (소요) 다중이 집합하여 폭행, 협박 또는 손괴의 행위를 한 자는 1년 이상 10년 이하의 징역이나 금고 또는 1천500만원 이하의 벌금에 처한다.

1. 의의

소요죄는 다중이 집합하여 폭행, 협박 또는 손괴의 행위를 한 경우에 성립하는 범죄이다. 필요적 공범 중 집합범에 해당한다. 계속범, 추상적 위험범, 거동범에 해당한다. 다중이 집합한 경우 이른바 군중심리에 의하여 개인의 이성적 사고 작용은 후퇴 내지 저하되고 군집된 다중이 각자가 단독으로 있을 때와는 달리 비합리적이고 파괴적 행동으로 나오는 경향이 있으므로 형법이 다중의 힘이 집결폭발되어 예측할 수 없는 결과를 방지하기 위한 규정이다.

2. 구성요건

가. 주체

본죄의 주체는 집합한 다중의 구성원인 개인이다. 본죄의 성립에 다중의 집합이 필요한 것은 옳으나 다중의 집합은 행위의 태양에 불과하기 때문에 집합한 다중이 본죄의 주체가 될 수 없다.[24] 본죄의 주체는 집합한 다중이 아니라 다중의 구성원인 개인으로 보는 것이 타당하다.

나. 행위: 다중이 집합하여 폭행·협박 또는 손괴하는 것

다중(多衆)이 집합하여야 한다. 어느 정도의 다수인이 다중이 될 수 있는지는 일률적으로 정할 수 없다. 따라서 본죄의 본질과 보호법익을 고려하여, 규범적 기준에 의하여 다중은 인원수, 구성원의 성질, 집단의 목적, 시기, 장소, 흉기 소지 여부 등 모든 사정을 종합적으로 고려하여 한 지방의 평온·안전을 해할 수 있을 정도의 폭행·협박·손괴함에 적당한 상당히 많은 다수인이어야 한다. 따라서 수십 명의 군중과 함께 정치적 구호를 외치면서 거리를 진행하는 경우에도 소요죄가 성립한다는 판례[25]는 타당하지 않다.

'집합'이란 다수인이 일정한 장소에 모여 집단을 형성하는 것을 말한다. 장소적 결합이 필요하지만, 주모자 등이 있어서 반드시 통솔체계를 갖추어야 할 필요는 없다. 공동 목적의 유무나 집합의 동기나 목적도 불문한다. 처음부터 폭행·협박·손괴를 할 목적으로 집합할 필요도 없다.

'폭행'은 사람 또는 물건에 대한 일체의 유형력의 행사인 최광의의 폭행을 의미하며, '협박'은 일반적으로 공포심을 생기게 할 만한 해악을 고지하는 광의의 협박을 의미한다. '손괴'는 타인의 재물에 대한 물질적 훼손 또는 효용가치를 해하는 일체의 행위이다.

폭행·협박·손괴는 한 지방의 평온을 해할 정도가 되어야 한다. 따라서 단순한 소극적 저항이나 연좌농성, 바리케이트 설치하는 정도는 본죄의 폭행·협박에 해당하지 않는다.

폭행·협박·손괴는 집합한 다중의 '합동력'에 의해 이루어져야 한다.[26] 따라서 다중 속에 있어도 개인의 독립된 행위는 본죄에 해당하지 않으면 개별범죄에 불과하다. 개인의 행위가 합동력을 이용한 것이 아니라 각자 독립하여 폭행·협박·손괴행위를 하면 본죄는 성립하지 않는다.

---

24) 김성돈, 553면; 김성천/김형준, 590면; 배종대, 643면; 손동권/김재윤, 548면; 이재상/장영민/강동범, 494면; 임웅/이현정/박성민, 637면; 정성근/박광민, 551면.

25) 대법원 1983.6.14. 선고 83도424 판결.

26) 김성돈, 553면.

3. 기수 시기

한 지방의 평온을 해할 정도의 폭행·협박·손괴가 있으면 기수가 되며, 현실적 결과 발생이 필요하지 않다. 추상적 위험범이다.

4. 공범 규정의 적용 문제

본죄는 필요적 공범이므로 다중의 구성원의 경우 총칙의 공범 규정은 적용되지 않으며, 가담 정도를 불문하고 모두 본죄의 정범이 된다.

소요죄의 다중에 대하여 외부관여자가 있는 경우 그에 대해서는 총칙의 공동정범 규정은 적용되지 않으며, 교사 또는 방조에 관한 규정만 적용된다. 따라서 집단 외에서 자금이나 정보를 제공하거나 다른 사람의 가담을 권유한 자가 있을 경우 그 가담유형에 따라 본죄의 교사범 또는 방조범이 된다.[27)]

Ⅳ. 다중불해산죄

> 제116조 (다중불해산) 폭행, 협박 또는 손괴의 행위를 할 목적으로 다중이 집합하여 그를 단속할 권한이 있는 공무원으로부터 3회 이상의 해산명령을 받고 해산하지 아니한 자는 2년 이하의 징역이나 금고 또는 300만원 이하의 벌금에 처한다.

1. 의의

다중불해산죄는 폭행, 협박 또는 손괴의 행위를 할 목적으로 다중이 집합하여 그를 단속할 권한이 있는 공무원으로부터 3회 이상의 해산명령을 받고 해산하지 아니한 경우에 성립하는 범죄이다. 소요죄의 예비단계인 행위를 독립된 구성요건을 규정한 것이다. 진정부작위범이다.

본죄의 입법 취지는 다중이 폭행·협박·손괴행위를 할 목적으로 집합했지만, 아직 이러한 실행행위로 나아가기 전 단계, 즉 소요죄의 예비단계를 보호법익의 중대성에 비추어

27) 김성돈, 554면; 김성천/김형준, 592면; 배종대, 644면; 이재상/장영민/강동범, 498면; 임웅/이현정/박성민, 639면; 정성근/박광민, 554면.

독립한 범죄로 처벌하고자 함에 있다.[28)]

2. 구성요건

본죄의 실행행위는 단속할 권한이 있는 공무원으로부터 3회 이상의 해산명령을 받고 해산하지 아니하는 것이다. 단속할 권한이 있다는 것은 법령에 의하여 해산명령권이 있는 것을 말한다. 해산명령은 집합한 다중에 대하여 발하여야 하며, 다중의 구성원들이 인식할 수 있는 상황에서 전달되어야 한다.

해산하지 않는 경우에 본죄가 성립하므로 해산한 경우에는 본죄가 성립되지 않는다. 여기서 해산이란 다중의 임의적 분산을 말한다. 따라서 단순히 집합상태를 유지하면서 장소의 이동 또는 퇴거는 해산이 되지 않는다. 또한 임의적 해산을 의미하므로 본죄가 성립한 후 체포를 면하기 위해 도주하는 경우에는 해산이 아니다.[29)]

본죄의 기수 시기는 3회 이상의 해산명령을 받고 해산하지 아니함으로써 기수가 된다. 해산명령은 각 회마다 해산에 필요한 시간적 간격을 두어야 하며, 해산명령을 시간적 간격 없이 3회 연속적으로 내리더라도 그것은 1회의 해산명령에 불과하다.

본죄는 목적범이므로 집합한 다중이 권한 있는 공무원의 해산명령을 3회 이상 받고도 해산하지 않는다는 고의 이외에 폭행·협박·손괴행위를 할 목적이 있어야 한다.

V. 공중협박죄

제116조의2(공중협박) ① 불특정 또는 다수의 사람의 생명, 신체에 위해를 가할 것을 내용으로 공연히 공중을 협박한 사람은 5년 이하의 징역 또는 2천만원 이하의 벌금에 처한다.
② 상습으로 제1항의 죄를 범한 때에는 그 죄에 정한 형의 2분의 1까지 가중한다.
③ 제1항 및 제2항의 미수범은 처벌한다.

28) 임웅/이현정/박성민, 640면.

29) 김성돈, 555면.

1. 의의

공중협박죄는 불특정 또는 다수의 사람의 생명, 신체에 위해를 가할 것을 내용으로 공연히 공중을 협박한 경우에 성립하는 범죄이다. 본죄의 보호법익은 공공의 안전과 평온이며, 개인의 의사결정의 자유도 부차적 보호법익이 된다.

2. 입법 취지

공중협박죄의 신설은 최근 온라인상에서 불특정 다수를 대상으로 한 살인 예고 등 협박 범죄가 빈발함에 따라 국민들의 불안감이 증대되었고, 기존 법률로는 이러한 행위를 효과적으로 처벌하기 어려웠기 때문에 이루어졌다. 특히, 피해자가 특정되지 않은 경우 기존 협박죄 적용에 있어 해석이 엇갈리는 등 법적 공백이 존재하였다. 이에 따라 공중의 생명과 신체에 대한 안전을 위협하는 행위로부터 국민을 보호하고자 공중협박죄를 신설하였다. 이상동기 범죄와 그 모방범죄를 사전에 차단하고자 하는 정책적 목적도 있다.

3. 외국 입법례

미국 뉴욕주, 버지니아주, 일리노이주, 텍사스주, 펜실베이니아주 등의 형법에 일반 공중을 대상으로 하는 협박을 처벌하는 규정이 있으며, 독일 형법은 제18장 개인의 자유에 관한 죄의 일반협박죄 외에 제7장 공공질서에 대한 죄에 '범죄위협에 의한 공공평온교란죄'를 두고 있다. 공공의 평온을 교란하기에 상당한 방법으로 소요·강간·살인·상해 등의 범죄행위를 범할 것이라고 위협하는 행위 등을 처벌하고 있다. 오스트리아 형법은 제20장 공공의 평온에 관한 죄에 '대중협박죄'를 규정하여 생명, 신체, 재산 등의 침해에 대한 협박으로 국민 또는 다수의 사람을 공포와 불안에 빠뜨리는 행위를 처벌하고 있다. 스위스 형법 제12편 공공의 질서에 대한 죄에서 '일반 대중에 대한 공포심 또는 불안감 조성'을 규정하여 생명, 신체, 재산에 대한 위험을 위협하거나 가장하여 대중을 협박하는 행위를 처벌한다.

4. 구성요건

가. 공연히

'공연히'는 불특정 또는 다수인이 인식할 수 있는 상태를 의미한다. 따라서 불특정한 다수인뿐만 아니라 불특정한 1인, 특정한 다수인의 경우에도 공연성은 인정된다. 공중협박죄의 처벌 범위가 지나치게 넓어지는 것을 방지하기 위하여 위해의 내용을 공연히 밝힌다는 것이 필요하다. 불특정·다수인이 열람할 수 있는 인터넷 사이트에서 협박 글을 게시한 경우 또는 인터넷 방송에서 협박에 해당하는 내용을 말한 경우가 이에 해당한다. 특정한 1인의 경우에는 공연성을 인정할 수 없다. 명예훼손죄의 경우에는 전파성이론에 따라 공연성을 인정하지만, 본죄는 공중을 협박한 경우이어야 하므로 특정한 1인의 경우에는 본죄가 성립하지 않는다.

나. 공중

공중(公衆)을 협박한 경우에 성립한다. 공중 개념은 형법에는 없다. 이는 공중 등 협박 목적 및 대량살상무기확산을 위한 자금조달행위의 금지에 관한 법률, 공중화장실 등에 관한 법률 등 다양한 법령에서 사용되며, 각 법령의 목적에 따라 구체적인 의미가 조금씩 달라질 수 있다. 공중은 일반적으로 특정 개인이 아닌 불특정 또는 다수인을 말한다. 특정한 다수인도 공중에 해당한다.

다. 협박

협박은 불특정 또는 다수의 사람의 생명, 신체에 위해를 가할 것을 내용으로 한다.

협박의 내용, 즉 위해의 대상은 불특정 또는 다수의 사람이어야 한다. 따라서 특정한 1인에 대한 위해를 공중에게 고지한 경우에는 공중협박죄가 아니라 협박죄가 성립할 수 있다. 피해자가 특정될 수 있기 때문이다.

불특정 또는 다수의 사람에게 하는 위해의 내용은 생명, 신체에 대한 것이어야 한다. 지하철역 등에서 칼부림을 하겠다, 죽이겠다고 한 경우가 이에 해당한다. 하지만 불특정 또는 다수인에게 재물손괴 등 재산 침해에 대하여 위해를 가할 것을 고지한 경우에는 본죄가 성립하지 않는다.

Ⅵ. 공공장소 흉기소지죄

> 제116조의3(공공장소 흉기소지) 정당한 이유 없이 도로·공원 등 불특정 또는 다수의 사람이 이용하거나 통행할 수 있는 공공장소에서 사람의 생명, 신체에 위해를 가할 수 있는 흉기를 소지하고 이를 드러내어 공중에게 불안감 또는 공포심을 일으킨 사람은 3년 이하의 징역 또는 1천만원 이하의 벌금에 처한다.

1. 의의

공공장소 흉기소지죄는 정당한 이유 없이 도로·공원 등 불특정 또는 다수의 사람이 이용하거나 통행할 수 있는 공공장소에서 사람의 생명, 신체에 위해를 가할 수 있는 흉기를 소지하고 이를 드러내어 공중에게 불안감 또는 공포심을 일으킨 경우에 성립하는 범죄이다.

2. 입법 취지

현행 폭력행위처벌법이나 총포화약법은 구성요건상 이러한 행위를 처벌할 수 없는 공백이 있었다. 폭력행위처벌법에 따르면 공동폭력범죄, 범죄단체 구성·활동·지원 등 같은 법에 규정된 범죄만을 전제범죄로 하고 있어 살인, 특수상해 등에 이용될 우려가 있는 흉기 소지는 처벌이 불가능하다. 총포화약법의 경우에도 적용대상이 도검·분사기·전자충격기·석궁으로 제한되어 있고, 도검 등의 소지를 허가받은 경우에는 처벌에 한계가 있다. 위험한 흉기를 소지하고 이를 드러내는 행위가 공중에게 공포감을 주고 중대 범죄로 이어질 수 있다는 점에서 형사적 대응을 하기 위해 신설한 규정이다. 공중의 생명·신체 위협 행위에 대한 처벌을 통해 국민의 안전을 보호하려는 입법취지, 폭력행위처벌법 등을 통한 처벌의 한계, 보호법익의 중요성과 범죄 예방의 필요성에 의해 입법 필요성이 인정된다.

3. 외국 입법례

영국 1988년 형사법(Criminal Justice Act 1988)에서 합리적 사유나 법적 권한 없이 칼날 끝이 뾰족한 물건을 공공장소에서 소지하는 자를 처벌하고 있다. 독일 무기법(WaffG)에서 칼날의 길이가 12cm 이상인 도검의 휴대를 금지하고 이를 위반한 경우 벌금형에 처하며, 공공행사에서의 무기 휴대를 금지하고 이를 위반한 경우 처벌한다. 일본 총포도검류 소지등 단속법에서 업무 기타 정당한 이유가 있는 경우를 제외하고 칼날의 길이가 6cm를 초과하는 칼을 휴대하는 행위에 대하여 처벌하고 있다.

4. 구성요건

가. 정당한 이유 없이

정당한 이유는 구성요건해당성을 배제하는 사유이다. 정당한 이유는 흉기 소지와 관련된 요건이다. 흉기 소지에 대하여 정당한 이유가 있다면 본죄가 성립하지 않는다. 폭력행위 등 처벌에 관한 법률 제7조에 따르면 "정당한 이유 없이 이 법에 규정된 범죄에 공용될 우려가 있는 흉기나 그 밖의 위험한 물건을 휴대하거나 제공 또는 알선한" 경우 형사 처벌한다.

나. 공공장소

공공장소는 도로·공원 등 불특정 또는 다수의 사람이 이용하거나 통행할 수 있는 장소를 말한다. 현행법상 공공장소를 정의하는 규정은 없다. 일반적으로 공공장소는 도로, 공원, 광장 등 불특정 다수가 자유롭게 이용하는 공간과 그에 부속된 시설물을 의미한다.

다. 흉기를 소지하고 이를 드러내어

(1) 흉기

흉기(凶器)는 특수절도죄와 특수강도죄에서 사용하는 개념이다. 형법은 흉기와 위험한 물건을 분명하게 구분하여 규정하고 있다.[30] 흉기는 위험한 물건과는 구별되는 개념이다. 위험한 물건은 일반개념이고, 흉기는 특수개념이므로 흉기는 위험한 물건의 일종으로 보는 것이 논리적이다. 위험한 물건은 본래의 용도나 제조 목적을 불문하고 '객관적 성질이나 사용방법'에 따라서 사람의 생명·신체에 해를 줄 수 있는 물건을 말한다. 위험한 물건에 해당하는지는 물건의 사용 방법을 고려하여 판단하므로 구체적 사건에 따라 달리 판단될 수 있다.

본죄의 경우에는 위험한 물건은 포함되지 않고 '흉기'의 경우에만 성립한다고 보는 것이 타당하다. 흉기는 무기와 같이 제조 목적이 처음부터 사람을 살상하려고 만들어진 물건이거나 이에 준할 정도의 위험성을 가진 물건을 의미한다. 그러한 위험성을 가진 물건에 해당하는지 여부는 그 물건의 본래의 용도, 크기와 모양, 개조 여부, 구체적 범행 과정에서 그 물건을 사용한 방법 등 제반 사정에 비추어 사회통념에 따라 객관적으로 판단해야 한다.[31] 사용 용법에 따라 위해를 가할 수 있는 위험한 물건은 이에 해당하지 않는다.

(2) 소지하고 이를 드러내어

흉기를 소지할 뿐만 아니라 이를 드러내어야 한다. 소지는 범행 현장에서 '사용하려는 의도' 아래 위험한 물건을 몸에 지는 경우를 말하며, 그 범행과는 전혀 무관하게 우연히 이를 소지하게 된 경우는 포함되지 않는다.

---

30) 대법원 2012.6.14. 선고 2012도4175 판결.

31) 대법원 2012.6.14. 선고 2012도4175 판결.

단순히 소지한 경우에는 본죄가 성립하지 않는다고 보는 것이 타당하다. 문언상 '소지하고 이를 드러내어'라고 규정하고 있고, 흉기를 소지했다는 이유만으로 처벌할 경우 처벌 범위가 지나치게 확장되기 때문이다. 행위자가 흉기를 소지하였다고 하더라도 이를 드러내지 않았다면 공중에게 불안감 또는 공포심이 발생할 수 없으므로 이 경우에는 본죄가 성립하지 않는다.

라. 공중에게 불안감 또는 공포심

공중에게 불안감이나 공포감을 주는 행위로 한정해야 한다. 협박죄의 경우 해학의 고지로 인하여 상대방이 '공포심'을 일으켜야 되지만, 본죄의 경우에는 공포심뿐만 아니라 불안감도 포함하고 있다. 협박죄의 경우 사람을 곤혹시키는 정도이거나 단순한 불쾌감이나 불안감을 느끼는 정도에 그치는 경우에는 해악의 고지라고 보기 어렵지만, 본죄의 경우에는 명시적으로 불안감도 규정하고 있기 때문에 공포심 이전에 공중이 불안감을 느낀 경우에는 본죄가 성립할 수 있다. 불안감은 스토킹범죄의 처벌 등에 관한 법률과 정보통신망 이용촉진 및 정보보호 등에 관한 법률에 규정되어 있지만 그 법률적 의미가 정해진 것은 아니다.

공포심은 현실적으로 인식된 구체적이고 명확한 위협이나 위험에 대한 두려움을 의미하지만, 불안감은 불확실한 상황에 대한 걱정, 긴장, 초조함 등의 감정을 의미한다. 불안감은 사람마다 느끼는 정도나 기준이 달라서 객관화하기 어렵다. 공중과 불안감이라는 불명확한 개념이 결합되어 명확성의 원칙에 반할 우려가 있다. 죄형법정주의 원칙을 준수하기 위해 보충적 법해석을 통하여 이 규정의 의미를 분명히 할 필요가 있다.

Ⅶ. 전시공수계약불이행죄

제117조 (전시공수계약불이행) ① 전쟁, 천재 기타 사변에 있어서 국가 또는 공공단체와 체결한 식량 기타 생활필수품의 공급계약을 정당한 이유 없이 이행하지 아니한 자는 3년 이하의 징역 또는 500만원 이하의 벌금에 처한다.
② 전항의 계약이행을 방해한 자도 전항의 형과 같다.
③ 전2항의 경우에는 그 소정의 벌금을 병과할 수 있다.

1. 의의

전시공수계약불이행죄는 전쟁, 천재 기타 사변에 있어서 국가 또는 공공단체와 체결한 식량 기타 생활필수품의 공급계약을 정당한 이유 없이 이행하지 아니한 경우와 계약이행을 방해한 경우에 성립하는 범죄이다. 추상적 위험범이며 거동범이다.

본죄는 형법 제5장 공안을 해하는 죄에 규정되어 있지만, 앞서 이야기한 바와 같이 국가의 기능을 보호하는 범죄로 보는 것이 타당하다. 하지만 본죄는 전시형법적 성격이 강한 규정이며, 일종의 채무불이행을 범죄로 규정한 것이다. 삭제하는 것이 타당하다.

2. 구성요건

제1항의 범죄는 국가 또는 공공단체와 식량 기타 생활필수품의 공급계약을 체결한 자이므로 진정 신분범이다. 정당한 이유 없이 이행하지 않는 경우에 성립하므로 진정 부작위범이다. 여기에서 정당한 이유는 구성요건해당성을 배제하는 사유이다.

제2항의 범죄는 계약의 이행을 방해하는 것이다. 계약이행방해의 주체에 대해서는 별다른 제한이 없으므로 신분범이 아니다. 계약이행을 방해하는 행위는 작위이다.

Ⅷ. 공무원자격사칭죄

> 제118조 (공무원자격의 사칭) 공무원의 자격을 사칭하여 그 직권을 행사한 자는 3년 이하의 징역 또는 700만원 이하의 벌금에 처한다.

1. 의의

공무원자격사칭죄는 공무원의 자격을 사칭하여 그 직권을 행사한 경우에 성립하는 범죄이다. 공무원자격을 사칭하는 행위와 불법한 직권행사가 결합되어 있는 결합범이다. 공직으로 수행되는 국가기능의 진정성에 대한 신뢰를 보호법익으로 하고 있기 때문에, 국가의 기능을 보호하는 죄로 보는 것이 타당하다.

2. 행위: 공무원의 자격을 사칭하여 그 직권을 행사하는 행위

자격사칭이란 자격 없는 자가 공무원의 자격을 가진 것처럼 오신하게 하는 일체의 행위를 말한다. 비공무원이 자신을 공무원이라고 사칭하는 것뿐만 아니라 공무원이 다른 공무원의 자격을 사칭하는 경우도 포함한다. 자격사칭의 방법에는 제한이 없다.

본죄가 성립하기 위해서는 사칭한 공무원의 직무에 관한 권한을 행사해야 한다. 따라서 직권행사가 사칭한 그 공무원의 직권에 속하지 않은 경우에는 본죄가 성립하지 않는다. 단순한 사칭에 그치고 직권행사가 없는 경우에는 경범죄(경범죄처벌법 제3조 제7호)에 해당한다.

피고인들이 그들이 위임받은 채권을 용이하게 추심하는 방편으로 합동수사반원임을 사칭하고 협박한 사실이 있다고 하여도 위 채권의 추심행위는 개인적인 업무이지 합동수사반의 수사업무의 범위에는 속한다고 볼 수 없으므로 본죄가 성립하지 않으며,[32] 중앙정보부 직원을 사칭하고 사무실에 대통령 사진의 액자가 파손된 채 방치되었다는 사실을 보고 받고 나왔으니, 자인서를 작성 제출하라고 말한 행위는 중앙정보부 직원의 직권 행사에 해당되지 않는다.[33]

제2절 폭발물에 관한 죄

Ⅰ. 총설

1. 의의

폭발물에 관한 죄는 폭발물을 사용하여 사람의 생명, 신체 또는 재산을 해하거나 공공의 안전을 문란하게 하는 것을 내용으로 하는 범죄이다. 제6장 폭발물에 관한 죄는 편장의 위치상 국가적 법익에 대한 죄로 볼 수 있으나 사회 공공생활의 안전과 질서를 해하는 전형적인 공공위험범으로 사회적 법익에 속한다. 형법상 공공위험범으로는 폭발물에 관한 죄 외에도 제13장 방화와 실화의 죄, 제14장 일수와 수리에 관한 죄, 제15장 교통방해의 죄, 제16장 먹는 물에 관한 죄 등이 있다.

---

32) 대법원 1981.9.8. 선고 81도1955 판결.

33) 대법원 1977.12.13. 선고 77도2750 판결.

2. 보호법익과 보호 정도

폭발물에 관한 죄는 공공위험범이므로 사회 공공의 안전과 평온 외에 불특정 또는 다수인의 생명·신체 또는 재산의 안전도 본죄의 보호법익이 된다.

본죄의 보호 정도에 대하여 구체적 위험범으로 보는 견해[34]와 침해범으로 보는 견해가 대립하고 있다. 판례는 폭발물사용죄에 대하여 공공위험범죄로 본다.[35] 본죄의 규정을 보면 폭발물을 '사용'하는 행위만으로는 부족하고 사람의 생명 등을 '해하거나' 공공의 안전을 '문란'하게 한다고 규정하고 있는 것을 본다면 구체적 위험범으로 보는 것이 타당하다.

Ⅱ. 폭발물 사용죄

> 제119조 (폭발물 사용) ① 폭발물을 사용하여 사람의 생명, 신체 또는 재산을 해하거나 그 밖에 공공의 안전을 문란하게 한 자는 사형, 무기 또는 7년 이상의 징역에 처한다.
> ③ 제1항과 제2항의 미수범은 처벌한다.

1. 의의

폭발물 사용죄는 폭발물을 사용하여 사람의 생명, 신체 또는 재산을 해하거나 그밖에 공공의 안전을 문란하게 한 경우에 성립하는 범죄이다. 공공위험범죄로서 개인의 생명, 신체 등과 아울러 공공의 안전과 평온을 보호법익으로 하고 있다.

2. 구성요건

가. 폭발물의 사용

'폭발물'이란 폭발작용의 위력이나 파편의 비산 등으로 사람의 생명, 신체, 재산 및 공공의 안전이나 평온에 직접적이고 구체적인 위험을 초래할 수 있는 정도의 강한 파괴력을

34) 김성돈, 560면; 임웅/이현정/박성민, 559면.

35) 대법원 2012.4.26. 선고 2011도17254 판결.

가지는 물건을 의미한다.[36] 따라서 오락용 폭약이나 화염병은 화학적 개념에 따르면 폭발물이지만 파괴력이 공공의 안전이나 평온에 직접적이고 구체적인 위험을 초래할 수 있는 정도가 아니므로 본죄의 폭발물에 해당하지 않는다. 어떠한 물건이 형법 제119조에 규정된 폭발물에 해당하는지는 폭발작용 자체의 위력이 공안을 문란하게 할 수 있는 정도로 고도의 폭발성능을 가지고 있는지에 따라 엄격하게 판단하여야 한다.

제조목적이나 용도가 폭발에 있지 않는 '폭발성 있는 물건'과는 구별되어야 한다. 따라서 본죄의 폭발물이 아닌 폭발성 있는 물건에 불과한 경우 형법 제172조의 폭발성물건파열죄가 성립한다.

폭발물의 사용은 폭발물을 그 사용용법에 따라 폭발시키거나 폭발될 수 있는 상태에 두는 것을 말한다. 따라서 폭발물이라고 하더라도 그것을 협박의 수단으로 사용한 경우에는 폭발물사용이라고 볼 수 없다.

판례 강남고속터미널의 물품 보관함 폭발 사건

【판결요지】 [1] 형법 제119조 제1항에서 규정한 폭발물사용죄는 폭발물을 사용하여 공안을 문란하게 함으로써 성립하는 공공위험범죄로서 개인의 생명, 신체 등과 아울러 공공의 안전과 평온을 보호법익으로 하는 것이고, 법정형이 사형, 무기 또는 7년 이상의 징역으로 범죄의 행위 태양에 해당하는 생명, 신체 또는 재산을 해하는 경우에 성립하는 살인죄, 상해죄, 재물손괴죄 등의 범죄를 비롯한 유사한 다른 범죄에 비하여 매우 무겁게 설정되어 있을 뿐 아니라, 형법은 제172조에서 '폭발성 있는 물건을 파열시켜 사람의 생명, 신체 또는 재산에 대하여 위험을 발생시킨 자'를 처벌하는 폭발성물건파열죄를 별도로 규정하고 있는데 그 법정형은 1년 이상의 유기징역으로 되어 있다. 이와 같은 여러 사정을 종합해 보면, 폭발물사용죄에서 말하는 폭발물이란 폭발작용의 위력이나 파편의 비산 등으로 사람의 생명, 신체, 재산 및 공공의 안전이나 평온에 직접적이고 구체적인 위험을 초래할 수 있는 정도의 강한 파괴력을 가지는 물건을 의미한다. 따라서 어떠한 물건이 형법 제119조에 규정된 폭발물에 해당하는지는 폭발작용 자체의 위력이 공안을 문란하게 할 수 있는 정도로 고도의 폭발성능을 가지고 있는지에 따라 엄격하게 판단하여야 한다.
[2] 피고인이 자신이 제작한 폭발물을 배낭에 담아 고속버스터미널 등의 물품보관함 안에 넣어 두고 폭발하게 함으로써 공안을 문란하게 하였다고 하여 폭발물사용으로 기소된 사안에서, 피고인이 제작한 물건의 구조, 그것이 설치된 장소 및 폭발 당시의 상황 등에 비추어, 위 물건은 폭발작용 자체에 의하여 공공의 안전을 문란하게 하거나 사람의 생명, 신체 또는 재산을 해할 정도의 성능이 없거나, 사람의 신체 또는 재산을

36) 대법원 2012.4.26. 선고 2011도17254 판결.

경미하게 손상시킬 수 있는 정도에 그쳐 사회의 안전과 평온에 직접적이고 구체적인 위험을 초래하여 공공의 안전을 문란하게 하기에는 현저히 부족한 정도의 파괴력과 위험성만을 가진 물건이므로 형법 제172조 제1항에 규정된 '폭발성 있는 물건'에는 해당될 여지가 있으나 이를 형법 제119조 제1항에 규정된 '폭발물'에 해당한다고 볼 수는 없는데도, 위 제작물이 폭발물에 해당한다고 보아 폭발물사용죄가 성립한다고 한 원심판결에 법리오해의 위법이 있다고 한 사례(대법원 2012.4.26. 선고 2011도17254 판결).

나. 공공의 안전을 문란

'공공의 안전을 문란'하게 한다는 것은 폭발물을 사용하여 한 지방의 법질서를 교란하게 할 정도에 이른 것을 말한다. 사람의 생명·신체·재산을 해하는 것은 공안의 문란에 대한 하나의 예시이다. 따라서 사람의 신체 또는 재산을 경미하게 손상시킬 수 있는 정도에 그치는 경우에는 본죄가 성립하지 않는다.

3. 기수 시기와 미수

폭발물을 폭발시켜 사람의 생명·신체를 해하였거나 공공의 안전을 문란하게 한 때 본죄의 기수가 된다. 폭발물을 사용하였으나 폭발되지 않은 경우, 폭발되었어도 사람의 생명 등을 해하지 못하였거나 공공의 안전을 문란하게 하지 못한 경우 본죄의 미수범이 된다.

Ⅲ. 전시 폭발물 사용죄

제119조 (폭발물 사용) ② 전쟁, 천재지변 그 밖의 사변에 있어서 제1항의 죄를 지은 자는 사형이나 무기징역에 처한다.
③ 제1항과 제2항의 미수범은 처벌한다.

전시 폭발물 사용죄는 전쟁, 천재 기타 사변에 있어서 폭발물사용죄를 범함으로써 성립하는 범죄이다. '전쟁, 천재 기타 사변에 있어서'라는 행위상황으로 인하여 형이 가중되는 가중적 구성요건이다.

Ⅳ. 폭발물 사용 예비·음모·선동죄

제120조 (예비, 음모, 선동) ① 전조 제1항, 제2항의 죄를 범할 목적으로 예비 또는 음모한 자는 2년 이상의 유기징역에 처한다. 단 그 목적한 죄의 실행에 이르기 전에 자수한 때에는 그 형을 감경 또는 면제한다.
② 전조 제1항, 제2항의 죄를 범할 것을 선동한 자도 전항의 형과 같다.

폭발물 사용 예비·음모·선동죄는 폭발물사용죄와 전시폭발물사용죄를 범할 목적으로 예비 또는 음모하거나(제1항), 선동하는 경우(제2항)에 성립하는 범죄이다. 예비·음모를 한 후 목적한 죄의 실행에 이르기 전에 자수한 경우 통상의 죄의 자수가 임의적 감면사유가 되어 있는 것과는 달리 필요적 감면사유로 되어 있다.

Ⅴ. 전시폭발물 제조·수입·수출·수수·소지죄

제121조 (전시폭발물제조등) 전쟁 또는 사변에 있어서 정당한 이유없이 폭발물을 제조, 수입, 수출, 수수 또는 소지한 자는 10년 이하의 징역에 처한다.

전시폭발물 제조·수입·수출·수수·소지죄는 전쟁 또는 사변에 있어서 정당한 이유 없이 폭발물을 제조, 수입, 수출, 수수 또는 소지한 경우에 성립하는 범죄이다. 전시폭발물사용죄의 예비에 해당하는 행위들을 독립된 구성요건으로 만든 것이다. '정당한 이유 없이'란 법률의 규정에 의하지 아니하거나 국가기관의 허가가 없음을 의미한다.

제3절 방화와 실화의 죄

Ⅰ. 총설

1. 의의

방화와 실화의 죄는 고의 또는 과실로 불을 놓아 건물 또는 물건을 불태운 경우에 성립하는 범죄를 말한다. 2020년 형법 개정에서 종래 '소훼(燒燬)'를 '불태우다'로 용어를 변경하였다. '소훼'는 불에 타는 것만을 의미하는 것이 아니라, 불에 타서 '없어짐' 또는 불에 태워 '없앤다'는 의미도 있다. '소훼'라는 한자가 다소 어려울 수 있지만, 개정된 규정에서 '없앤다'는 의미가 빠진 '불태운'으로 개정한 것이 적절한 개정인지는 의문이다. 형법에 사용된 일본식 표현이나 어려운 한자어 등 개정이 시급한 대표적인 법률 용어를 국민의 눈높이에 맞추어 알기 쉬운 우리말로 변경하는 것은 의미 있고 필요한 작업이지만, 법령의 해석을 달리할 여지가 있는 개정에 대해서는 신중할 필요가 있다. 본서에서는 없어진다는 의미를 가지는 '소훼'라는 용어와 '불태움'을 같은 의미로 이해하고 설명한다.

방화와 실화의 죄는 고의로 불태운 경우인 방화죄와 과실로 불태운 경우인 실화죄가 있지만, 형법 제13장에는 방화죄와 실화죄 이외에도 진화방해죄, 폭발성물건파열죄, 가스·전기 등 방류죄와 같은 준방화죄도 포함되어 있다.[37]

2. 보호법익

방화와 실화에 대한 죄의 보호법익이 무엇인가에 대하여 학설의 대립이 있다. 공공의 안전 이외에도 재산죄와 관련이 있는지에 대하여 논의가 있다.

공공위험죄설은 방화죄의 보호법익은 공공의 안전과 평온이라는 사회적 법익이며 재산죄와는 관계없다는 견해이다.[38] 형법상 자기 소유물에 대한 방화도 처벌되고 방화죄의 기수 시기는 손괴죄의 기수 시기와 달리 보아야 한다는 것을 그 근거로 한다.

이원설은 공공의 안전을 보호법익으로 하는 공공위험죄이지만 타인 소유의 건조물 또는 물건에 대한 방화죄는 손괴죄에 대한 가중적 구성요건이라고 해석하는 견해이다.

---

37) 준방화죄를 포함하는 넓은 의미의 방화와 실화의 죄는 공공의 위험범의 일종으로서 형법에 규정되어 있지만, 미국의 모범형법전(제220조)과 프랑스형법(제435조)은 방화죄를 재산범죄, 특히 손괴죄의 일종으로 규정하고 있다(손동권/김재윤, 557면).

38) 김성천/김형준, 604면; 이재상/장영민/강동범, 510면.

이중성격설은 방화죄가 공공의 안전이라는 사회 전체의 이익을 보호하기 위한 범죄이지만 부차적으로 개인의 재산권도 보호법익이 되기 때문에 공공위험죄와 재산죄의 이중적 성격을 가진다는 견해이다. 통설과 판례의 입장이다.[39]

생각건대, 형법이 타인 소유물과 자기 소유물을 구분한 뒤 법정형에 차이를 두고 있고, 방화죄의 성립에 재산의 '소훼', 즉 '불태움'이라는 재산 침해의 결과가 필요하다는 점을 고려한다면 본죄의 보호법익은 공공의 안전과 재산죄 성격이 모두 가지고 있다고 보는 이중성격설이 타당하다.

3. 보호 정도

구체적 위험범은 구성요건적 행위 이외에 일정한 구체적 위험성이 구성요건요소로 기술되어 있다. 방화죄와 관련해서는 자기소유일반건조물방화죄(제166조 제2항), 일반물건방화죄(제167조)가 구체적 위험범에 해당하는데, 양죄의 구성요건에 '공공의 위험을 발생하게 하는' 결과를 요구하고 있기 때문이다.

이에 대하여 추상적 위험범은 구성요건적 행위만이 구성요건에 기술되어 있고, 그 구성요건적 행위를 종료하기만 하면 추상적 위험성이 일반적으로 인정되는 경우를 말한다. 방화죄와 관련해서는 현주건조물방화죄(제164조), 공용건조물등방화죄(제165조), 타인소유의 일반건조물등방화죄(제166조 제1항)가 추상적 위험범에 해당한다.

4. 구성요건의 체계

방화의 죄의 기본적 구성요건은 일반물건방화죄이다. 이에 대한 가중적 구성요건으로 현주건조물방화죄, 공용건조물방화죄, 일반건조물방화죄가 있다. 감경적 구성요건으로는 자기소유일반물건방화죄, 자기소유일반건조물방화죄가 있다. 그리고 이에 대한 결과적 가중범으로 연소죄가 있다. 실화의 죄의 기본적 구성요건은 실화죄이다. 이에 대한 가중적 구성요건으로 업무상실화·중실화죄가 있다. 이외에도 방화의 죄에 준하여 처벌하는 준방화죄와 실화의 죄에 준하여 처벌하는 준실화죄가 있다. 준방화죄의 기본적 구성요건은 진화방해죄이며, 준실화죄의 기본적 구성요건은 과실폭발성물건파열죄이다.

---

39) 김성돈, 565면; 김일수/서보학, 576면; 배종대, 653면; 손동권/김재윤, 558면; 신동운, 286면; 오영근/노수환, 514면; 임웅/이현정/박성민, 655면; 정성근/박광민, 567면.

【참고】 목적물과 위험 발생 유무에 따른 방화 및 실화죄의 구성

목적물	위험발생	방화죄	실화죄
현주건조물	추상적 위험	제164조	제170조 제1항
공용건조물	추상적 위험	제165조	
타인소유 일반건조물	추상적 위험	제166조 제1항	
자기소유 일반건조물	공공의 위험발생	제166조 제2항	제170조 제2항 (판례)
타인소유 일반물건	공공의 위험발생	제167조 제1항	
자기소유 일반물건	공공의 위험발생	제167조 제2항	

Ⅱ. 현주건조물등 방화죄

제164조(현주건조물 등 방화) ① 불을 놓아 사람이 주거로 사용하거나 사람이 현존하는 건조물, 기차, 전차, 자동차, 선박, 항공기 또는 지하채굴시설을 불태운 자는 무기 또는 3년 이상의 징역에 처한다.
제174조 (미수범) 제164조 제1항, 제165조, 제166조 제1항, 제172조 제1항, 제172조의2 제1항, 제173조 제1항과 제2항의 미수범은 처벌한다.

1. 의의

현주건조물등방화죄는 불을 놓아 사람이 주거로 사용하거나 사람이 현존하는 건조물, 기차, 전차, 자동차, 선박, 항공기 또는 지하채굴시설을 불태운 경우에 성립하는 범죄이며, 본죄의 보호 정도는 추상적 위험범이지만, 구성요건적 결과 발생이 필요한 결과범이다.

2. 객관적 구성요건

가. 객체: 사람이 주거로 사용하거나 사람이 현존하는 건조물, 기차, 전차, 자동차, 선박, 항공기, 지하채굴시설

(1) 사람이 주거로 사용

사람이란 범인 이외의 사람을 말한다. 따라서 범인이 혼자서 살고 있는 집에 방화한 때에는 본죄에 해당하지 않는다. '주거'는 사람이 일상생활을 영위하기 위하여 점거하는 장

소이면 족하고 반드시 눕고 잠을 자고 밥을 먹는 장소일 필요 없다.[40] 주거는 반드시 주택으로 사용될 목적으로만 건조될 필요는 없다. 차량도 어느 정도의 주거로서의 설비가 있다면 주거에 해당할 수 있다. 주거는 사람이 사용하고 있으면 되며, 반드시 사람이 현존할 필요는 없다.

(2) 사람이 현존하는 건조물 등

주거와는 달리 건조물·기차·전차·자동차·선박·항공기·지하채굴시설은 사람이 현존하고 있어야 한다.

(3) 건조물 등

건조물은 가옥 기타 이에 유사한 공작물로서 지붕이 있고, 담벼락 또는 기둥으로 지지되어 사람이 그 내부에 출입할 수 있는 구조를 말한다. 따라서 지붕과 문짝, 창문이 없고 담장과 일부 벽체가 붕괴된 철거 대상 건물로서 사실상 기거·취침에 사용할 수 없는 상태에 있는 폐가는 형법 제166조의 건조물이 아닌 형법 제167조의 물건에 해당한다.[41]

건조물은 어느 정도 지속성을 가지고 토지에 정착된 것이어야 한다. 건축공사사무실, 관광지의 방갈로, 천막집도 건조물에 해당하지만, 레저용 텐트, 동물사육용 우리, 쓰레기 헛간, 공중전화 박스는 본죄의 건조물이 아니라 제166조 제1항의 일반건조물에 해당한다.[42]

'기차'는 증기기관을 동력으로 궤도 위를 운행하는 차량을 말하며, '전차'는 전기를 동력으로 궤도 위를 진행하는 차량을 말한다. 철도의 동력이 디젤기관차나 전기기관차로 발전된 현 시점에서 '기차'는 존재하지 않는 객체이다. 형법이 낡았다는 증거다.

'자동차'는 철길이나 가설된 선을 이용하지 아니하고 원동기를 사용하여 운전되는 차를 말한다(도로교통법 제2조 제18호 참조). 건설기계가 포함될 수 있는지 해석상 쟁점이 발생할 수 있지만, 법체계의 통일성을 고려한다면 포함하는 것으로 보아도 무방하다고 생각한다. 하지만, 원동기장치자전거, 자전거, 사람 또는 가축의 힘이나 그 밖의 동력으로 도로에서 운전되는 것은 자동차에 해당하지 않는다고 보는 것이 타당하다.

'선박'은 수상 또는 수중에서 항행용으로 사용하거나 사용할 수 있는 배를 의미한다(선박법 제1조의2 참조). 선박의 크기나 선박톤수는 불문한다.

'항공기'는 공기의 반작용으로 뜰 수 있는 기기로서 비행기, 헬리콥터, 비행선, 활공기

40) 김성돈, 568면; 김성천/김형준, 606면; 김일수/서보학, 577면; 배종대, 656면; 이재상/장영민/강동범, 516면; 임웅/이현정/박성민, 658면.

41) 대법원 2013.12.12. 선고 2013도3950 판결.

42) 정성근/박광민, 571면.

를 의미한다(항공안전법 제2조 참조).

'지하채굴시설' 용어는 현행 법령에서 명시적으로 정의되어 있지는 않지만, 종전 규정인 '광갱'을 '지하채굴시설'로 개정한 것을 고려한다면 지하자원을 탐사하거나 시추하기 위한 시설을 의미하는 것은 해석하는 것이 타당하다.

나. 행위: 불을 놓아 목적물을 불태우는 것

본죄의 구성요건적 행위는 불을 놓는 행위, 즉 방화행위를 하여 주거 등 목적물을 불태우는 행위이다. 즉 방화행위와 목적물을 불태우는 행위이다.

불을 놓는 행위, 즉 방화(放火)란 화력을 이용하여 일정한 목적물을 불태우기 위한 원인을 주는 행위를 말한다. 방화의 방법에는 제한이 없다. 목적물에 직접 점화한 경우뿐만 아니라 매개물을 이용하여 발화한 경우도 포함한다.

부작위에 의한 방화도 가능하다. 법률, 계약, 선행행위 등으로 보증인 의무가 발생한 경우 행위자는 소화할 의무가 있다. 소화의무 이외에도 소화의 가능성과 용이성이 있어야 한다. 소화할 의무 있는 자가 쉽게 소화할 수 있음에도 불구하고 소화기를 이용하기 위하여 소화하지 않는 경우에는 부작위에 의한 방화가 될 수 있다.[43] 다만 보증인의 부작위 이외에도 행위정형의 동가치성이 인정되어야 한다. 따라서 단순히 소화협력의무를 위반한 경우에는 경범죄처벌법위반이 될 수 있어도 부작위에 의한 방화는 되지 않는다.[44]

판례 모텔 객실 담뱃불 화재 사건

【사실관계】 피고인은 모텔 객실에 투숙하여 담배를 피우고, 담뱃불이 완전히 꺼졌는지 확인하지 않은 채 불이 붙기 쉬운 휴지를 재떨이에 버린 후 잠들었다. 이후 담뱃불이 휴지와 침대시트에 옮겨붙으며 화재가 발생했다. 피고인은 화재 사실을 알고 모텔을 빠져나가면서도 주인이나 다른 투숙객에게 알리지 않았다.

【판결요지】 모텔 방에 투숙하여 담배를 피운 후 재떨이에 담배를 끄게 되었으나 담뱃불이 완전히 꺼졌는지 여부를 확인하지 않은 채 불이 붙기 쉬운 휴지를 재떨이에 버리고 잠을 잔 과실로 담뱃불이 휴지와 침대시트에 옮겨 붙게 함으로써 화재가 발생한 사안에서, 위 화재가 중대한 과실 있는 선행행위로 발생한 이상 화재를 소화할 법률상 의무는 있다 할 것이나, 화재 발생 사실을 안 상태에서 모텔을 빠져나오면서도 모텔 주인이나 다른 투숙객들에게 이를 알리지 아니하였다는 사정만으로는 화재를 용이하게 소화할 수 있었다고 보기 어렵다는 이유로, 부작위에 의한 현주건조물방화치사상죄의

43) 대법원 2010.1.14. 선고 2009도12109, 2009감도38 판결.

44) 이재상/장영민/강동범, 517면; 정성근/박광민, 572면.

공소사실에 대해 무죄를 선고한 원심의 판단을 수긍한 사례(대법원 2010.1.14. 선고 2009도12109, 2009감도38 판결).

【해설】 피고인의 과실로 화재가 발생한 경우, 제18조에 따라 선행행위로 인하여 화재를 소화할 법률상 의무가 있다. 그러나 피고인이 화재를 용이하게 소화할 수 있었는지, 또는 그로 인해 사망이나 상해를 방지할 수 있었는지는 불확실하다. 단지 화재 사실을 알리고 도주한 점만으로는, 방화치사상죄와 같은 부작위범이 성립하기 어렵다. 선행 과실이 있더라도, 결과 발생 방지 가능성과 용이성이 없으면 부작위범이 성립하지 않는다.

다. 실행의 착수 시기

본죄의 실행의 착수 시기는 불을 놓은 때, 즉 방화행위를 개시했을 때이다. 방화죄의 실행의 착수를 인정하기 위해서는 매개물 또는 목적물에 발화 또는 점화가 있어야 한다. 목적물에 발화 또는 점화가 있으면 당연히 본죄의 실행의 착수가 인정된다. 판례에 따르면 매개물에 발화되어 연소 작용이 계속될 수 있는 상태에 이르렀다면 방화목적물에 불이 옮겨붙지 않은 때에도 실행의 착수는 인정된다.[45]

라. 기수 시기

(1) 쟁점

방화죄의 기수 시기는 방화죄의 본질과 '불태움', 즉 '소훼' 개념과 소훼의 시기를 어떻게 해석해야 할 것인가와 깊은 관련이 있다. 방화죄의 본질에 대하여 공공위험죄의 성격을 강조하는 견해는 구체적 결과 발생이 필요하지 않는 독립연소 또는 중요부분 연소개시설을 기수로 본다. 반면에 재산죄의 성격을 강조하는 견해는 구체적 결과 발생이 필요한 일부손괴 또는 효용상실을 기수로 본다.

(2) 학설

'독립연소설'은 불이 방화의 매개물을 떠나서 목적물에 옮겨붙어 독립하여 연소를 계속할 수 있는 상태에 있으면 기수가 된다는 견해이다.[46] 방화죄의 본질이 공공위험죄인 점에 비추어 기수 시기도 공공의 위험을 야기한 때를 기준으로 결정해야 한다는 점을 근거로 한다. 다만 방화죄가 성립하기 위해서는 목적물 자체에 불이 붙어야 한다. 건조물방화의 경우 건물의 지붕·천정·벽·마루·문기둥·창틀에 불이 붙은 때에는 기수가 되지만, 가구·서가·카페트 등에 불이 붙은 데 지나지 않는 경우에는 비록 건물과 접착되었다고 해

---

45) 대법원 2002.3.26. 선고 2001도6641 판결.

46) 김성천/김형준, 608면; 손동권/김재윤, 565면; 신동운, 291면; 이재상/장영민/강동범, 518면.

도 독립연소라고 할 수 없다. 다수설과 판례의 입장이다.[47)]

'중요부분 연소개시설'은 목적물의 중요부분에 연소가 개시되었을 때 방화죄는 기수가 된다는 견해이다. 독립연소설을 기초로 하지만 독립연소설에 의하면 기수의 범위가 지나치게 넓어진다는 이유로 독립연소의 가능성으로는 족하지 않고 목적물의 중요부분에 연소가 개시되어 공공의 위험이 인정될 수 있는 경우에 기수가 된다.

'일부손괴설'은 손괴죄에 있어서 손괴의 정도, 즉 목적물 일부분의 손괴가 있을 때에 기수가 된다는 견해이다.[48)] 방화죄에 있어서 '소훼'라는 개념을 해석함에 있어서 일상적 문언해석에 따라 물리적 훼손이라는 결과의 야기가 필요하다는 입장이다.

'효용상실설'은 독립연소로는 부족하고 목적물의 중요부분이 소실되어 그 본래의 효용을 상실한 때 소훼되어 기수가 되었다고 해석하는 견해이다. 이 견해는 방화죄가 공공위험죄일 뿐만 아니라 재산죄의 성질도 가지고 있는데 재산죄의 성격을 중시한다.

'이분설'은 추상적 위험범인 현주건조물방화죄의 경우에는 독립연소설로 파악하고 구체적 위험범인 자기소유 일반건조물방화의 경우에는 중요부분연소개시설로 파악하는 견해이다. 행위태양으로서 소훼가 있는지는 추상적 위험범인가 또는 구체적 위험범인가라는 위험범의 유형에 따라 달리 평가해야 한다는 입장이다.[49)]

(3) 판례

대법원 판례는 독립연소설의 입장이다. 판례에 따르면 공공에 대한 위험은 구체적으로 그 결과가 발생됨을 요하지 아니하고 현주건조물에 대한 점화가 독립연소의 정도에 이르면 본죄는 기수에 이른다고 한다. 판례에 따르면 "화력이 매개물을 떠나 스스로 연소할 수 있는 상태에 이르렀을 때",[50)] "이미 현주건조물에의 점화가 독립연소의 정도에 이르면 동 죄는 기수에 이르러 완료되는 것"[51)]이라고 판시하여 독립연소설을 취하고 있다.

판례 은봉암 방화 사건

【사실관계】 갑은 그의 가족이 안정사의 주지인 피해자 A때문에 갑과 그의 가족이 거주하여 오던 은봉암에서 쫓겨난 것에 대하여 원한을 품고 동인을 살해하기로 결의하고, 1982.3.31 소속대로부터 외박허가를 얻고 외출하여 동년 4.1.00:30 경 안면에 마

47) 대법원 1970.3.24 선고 70도330 판결; 대법원 1983.1.18 선고 82도2341 판결.
48) 김성돈, 569면; 오영근/노수환, 518면; 임웅/이현정/박성민, 661면; 정성근/박광민, 575면.
49) 김일수/서보학, 581면; 배종대, 659면.
50) 대법원 1970.3.24 선고 70도330 판결.
51) 대법원 1983.1.18. 선고 82도2341 판결.

스크를 하고 위 피해자 A의 집에 침입하여 그 집 부엌의 석유곤로 석유를 프라스틱 바가지에 딸아 마루에 놓아두고 큰 방에 들어가자 위 A는 없고 동인의 처 B와 딸 C(19세), D(11세), F(8세) 등이 깨어 딸 C가 갑을 알아보기 때문에 마당에 있던 절구방망이를 가져와 위 B와 C의 머리를 각 2회씩 강타하여 실신시킨 후 이불로 뒤집어 씌우고 위 바가지의 석유를 뿌리고 성냥불을 켜 대어 위 A 및 동인가족들이 현존하는 집을 전소케 하고 불이 붙은 동가에서 빠져 나오려는 위 D와 F가 탈출하지 못하도록 방문앞에 버티어 서서 지킨 결과 실신하였던 위 B와 탈출하지 못한 D와 F를 현장에서 소사케 하고, 탈출한 위 C는 3도 화상을 입고 입원가료중 동년 4.10사망에 이르게 하여 동인들을 살해하고, 위 범행 후 자살을 기도하다가 귀대일시인 동년 4.1.17:00에 귀대치 아니하고 이튿날인 4.2.03:00경 검거됨으로써 10시간 동안 부대를 이탈하였다.

【판결요지】 [1] 형법 제164조 전단의 현주건조물방화죄는 공중의 생명 신체 재산등에 대한 위험을 예방하기 위하여 공중의 안전을 그 제1차적인 보호법익으로 하고 제2차적으로는 개인의 재산권을 보호법익으로 하고 제2차적으로는 개인의 재산권을 보호하는 것이라고 할 것이나 여기서 공공에 대한 위험은 구체적으로 그 결과가 발생됨을 요하지 아니하는 것이고 이미 현주건조물에의 점화가 독립연소의 정도에 이르면 동죄는 기수에 이르게 된다.

[2] 형법 제164조 후단이 규정하는 현주건조물방화치사상죄는 그 전단에 규정하는 죄에 대한 일종의 가중처벌규정으로서 불을 놓아 사람의 주거에 사용하거나 사람이 현존하는 건조물 등을 소훼함으로 인하여 사람을 사상에 이르게 한 때에 성립되며 동조항이 사형 무기 또는 7년 이상의 징역이라는 무거운 법정형을 정하고 있는 취의에 비추어 보면 사상에 대하여 과실의 경우 뿐 아니라 고의가 있는 경우도 포함된다.

[3] 가옥에 불을 놓아 그 속에 현존하던 사람을 소사케 한 경우에는 형법 제164조 전단의 죄와 살인죄의 상상적 경합범으로 의율할 것이 아니라 단순히 형법 제164조 후단의 죄로 처단하여야 한다.

[4] 현주건조물에 방화하여 기수에 이른 후 동 건조물로부터 탈출하려는 피해자들을 가로막아 소사케 한 피고인의 소위는 형법 제164조 전단의 죄와 살인죄의 경합범으로 처단되어야 한다(대법원 1983.1.18. 선고 82도2341 판결).

(4) 결론

실행의 착수 시기는 불을 놓은 때, 즉 방화행위를 개시했을 때임은 이미 설명하였다. 문제는 언제를 본죄의 기수 시기로 볼 수 있는지이다. 2020년 형법 개정 전에는 '소훼(燒燬)'라고 규정하고 있었다. 따라서 '소훼'의 의미는 '불태워 없앤다'는 의미까지 있으므로 문리적 해석상 언제 '훼(燬)', 즉 없어졌다고 볼 수 있는지가 논의될 수밖에 없다. 이는 본죄의 본질을 공공위험범 성격 외에도 재산범죄 성격이 있는지와 연결되어 있었다. 그런데 2020년

12월 이를 전면 개정하여 '불태운'으로 변경하였다. 어려운 법률 용어를 쉬운 한글로 변경하려는 목적이었지만, 의도치 않게 방화죄의 기수 시기에 대한 논의로 연결될 수밖에 없다.

본죄의 본질이 공공위험범 성격이 강하다면 목적물에서 독립하여 연소하였다면 비록 소화기로 즉시 화재가 진압되었다고 하더라도 본죄의 기수 시기로 볼 것이다. 공공안전에 대한 위험만 있으면 되고 공공안전에 대한 현실적 침해까지 있을 필요는 없기 때문이다. 하지만 본죄의 본질로 재산범죄 성격이 있는 것을 고려한다면 재산적 침해에 대한 위험이 발생할 때 본죄의 기수로 보는 것이 타당하다. 그렇다면 목적물의 일부분이 불로 인하여 소실되어 그 본래의 효용이 상실했다면 소훼, 즉 불태웠다고 평가할 수 있을 것이다. 일부손괴설이 타당하다.[52)]

3. 고의

주거에 사용하거나 사람이 현존하는 건조물 등 목적물을 불태운다는 점에 대한 고의만 있으면 된다. 추상적 위험범이므로 공공의 위험에 대한 인식과 건조물의 소유자가 누구인가에 대한 인식은 필요 없다. 사람이 현존함에도 불구하고 사람이 현존하지 않는 것으로 오인한 경우 또는 사람의 주거로 사용됨에도 불구하고 주거에 사용되지 않는 것으로 오인한 경우는 특별히 무거운 죄가 되는 사실을 인식하지 못한 것이므로 형법 제15조 제1항에 의하여 제166조 일반건조물방화죄가 성립한다.

4. 피해자의 승낙

방화죄는 공공위험범이기 때문에 피해자의 승낙이 있더라도 위법성이 조각될 수 없다. 만약 피해자의 승낙이 있다면 다른 구성요건에 해당할 수 있다. 예를 들면 타인의 일반건조물 또는 물건에 방화하였으나 피해자인 소유자가 승낙하였다면 이는 행위자에게 소유권을 이전한 것으로 볼 수 있기 때문에, 본죄가 아니라 제166조 제2항 자기소유 일반건조물방화죄 또는 제167조 자기소유 일반물건방화죄가 성립할 수 있다. 이 경우 건조물이나 물건을 불태워 공공의 위험을 발생하게 하여야 한다.

---

52) 종전 규정인 '소훼'의 의미를 단순히 '불태운'으로 한글로 순화한 것에 불과하다면, 그것이 입법 취지라면 이러한 해석은 여전히 유효할 수 있다. 하지만 숨겨진 입법 의도가 있다면 해석의 변경이 가능할 수 있다. 주관적 법해석을 통해 입법자의 의사도 중요한 해석방법이기 때문이다. 문리적 해석을 중시한다면 독립연소가 중요부분 연소개시설이 타당할 수 있다. 하지만 논리적 해석이나 보호법익이나 범죄의 본질과 연결된 해석을 한다면 일부손괴설도 가능한 해석이다. 해석학적 논쟁이 필요한 주제이다.

5. 죄수

공공위험죄의 죄수는 행위객체의 수가 아니라 공공의 안전이라는 보호법익에 따라서 결정된다. 따라서 1개의 방화행위로 수개의 현주건조물을 소훼한 경우에도 1개의 현주건조물방화죄가 성립한다. 같은 구역 내에 있는 수 개의 건조물을 동일한 기회에 차례로 방화한 경우에도 1개의 방화죄만 성립한다.[53)]

6. 다른 죄와의 관계

가. 공무집행방해죄와의 관계

공무원의 직무집행을 방해할 목적으로 방화하는 경우 직무집행을 방해하는 행위와 방화행위는 별개의 행위이며, 보호법익 또한 다르므로 양죄는 실체적 경합관계에 있다. 하지만 경찰관이 근무하는 경찰관서에 화염병을 투축하는 행위는 방화행위가 동시에 폭행·협박행위로 행위의 동일성이 인정될 수 있으므로 양죄는 상상적 경합관계에 있다.

나. 손괴죄와의 관계

불을 놓아 목적물을 소훼하는 것을 넘어서서 손괴에 이른 경우 손괴는 방화의 불가벌적 사후행위로 법조경합 중 흡수관계에 해당한다.

다. 사기죄와의 관계

보험금을 편취할 목적으로 방화한 경우 방화죄 외에도 보험사기죄가 성립한다. 이 경우 보험사기는 보험금을 청구했을 때 실행의 착수가 인정되며, 보험금을 수령했을 때 기수가 된다. 따라서 보험금을 편취할 목적으로 방화한 후 보험금을 청구·수령하였다면 현주건조물방화죄와 사기죄의 실체적 경합이 된다. 일반적으로 보험계약을 체결하는 행위는 예비행위에 불과하지만, 보험사고의 우연성과 같은 보험의 본질을 해칠 정도라고 볼 수 있는 특별한 사정이 있다면 보험계약을 체결한 때에도 실행의 착수가 인정될 수 있다.[54)]

라. 살인죄와의 관계

사람이 사는 집에 방화한 후 피해자가 집 밖으로 빠져나오려 하자 탈출하지 못하도록 방문 앞에 버티어 서서 사망하게 한 경우 방화행위와 살해행위가 별개의 고의로 별개의

53) 김성돈, 572면; 김일수/서보학, 582면; 배종대, 661면; 임웅/이현정/박성민, 664면; 정성근/박광민, 577면.

54) 대법원 2013.11.14. 선고 2013도7494 판결.

행위로 이루어진 것이므로 현주건조물방화죄와 살인죄의 실체적 경합이 된다.

주거 내에서 사람을 살해한 후 범행을 은폐하기 위하여 방화한 경우, 보호법익이 다르므로 현주건조물방화죄와 시체손괴죄의 상상적 경합이 되고, 이와 별도로 살인죄는 실체적 경합관계에 있다는 견해가 있다.[55] 살인죄, 현주건조물방화죄, 시체손괴죄의 실체적 경합으로 보는 것이 타당하다. 각자의 행위태양도 다르고, 보호법익이 다르며, 행위자의 고의 또한 각각 다르다고 평가할 수 있기 때문이다.

사람을 살해하기 위하여 현주건조물에 방화하여 살해한 경우 이론상 살인죄와 현주건조물방해죄의 상상적 경합 또는 현주건조물방화살인죄가 가능할 수 있지만, 전자의 경우 양형상 불균형이 생기는 문제점이 있고, 후자인 현주건조물방화살인죄라는 처벌 규정은 없으므로 이 경우에는 부진정 결과적 가중범인 현주건조물방화치사죄가 성립한다.

Ⅲ. 현주건조물등 방화치사상죄

제164조(현주건조물 등 방화) ② 제1항의 죄를 지어 사람을 상해에 이르게 한 경우에는 무기 또는 5년 이상의 징역에 처한다. 사망에 이르게 한 경우에는 사형, 무기 또는 7년 이상의 징역에 처한다.

1. 의의

현주건조물등 방화치사상죄는 현주건조물에 방화하여 사람을 상해에 이르게 하거나 사망에 이르게 한 경우에 성립하는 범죄이다. 본죄는 고의와 과실의 결합형식뿐만 아니라 고의와 고의의 결합형식인 부진정 결과적 가중범으로 보는 것이 통설과 판례이다. 따라서 현주건조물에 방화한다는 점에서는 고의가 필요하며, 사람을 상해 또는 사망에 대해서는 과실뿐만 아니라 고의가 있는 경우에도 본죄가 성립한다.

2. 구성요건

본죄는 부진정 결과적 가중범이다. 먼저 결과적 가중범에 대한 성립 요건을 갖추어야

55) 김성돈, 572면.

한다.[56] 기본범죄인 현주건조물방화죄가 성립하여야 한다. 기본범죄로 인하여 중한 결과인 사상의 결과가 발생하여야 한다. 기본범죄인 현주건조물방화죄와 중한 결과인 사람의 사상 사이에는 인과관계가 있어야 한다.

부진정 결과적 가중범이므로 중한 결과의 발생에 대하여 과실뿐만 아니라 고의가 있는 경우에도 본죄가 성립한다.[57] 사상의 결과에 대한 예견가능성이 있는 경우뿐만 아니라 사상에 대하여 고의가 있는 경우도 포함한다.

사람이 불에 타 죽은 경우뿐만 아니라 연기나 가스에 의하여 질식사하거나, 무너지는 건조물 등에 압사한 경우, 불을 피하기 위해 뛰어내리다가 사상한 경우, 불에 대한 쇼크로 사상한 경우에도 포함된다. 피해자가 진화작업에 열중하다가 화상을 입은 경우에는 예견된 결과라고 할 수 없지만, 피해자의 진화작업이나 구조행위가 법적으로 의무지워진 경우에는 이로 인하여 발생한 사상의 결과를 행위자에게 귀속시킬 수 있다.

3. 부진정 결과적 가중범

가. 부진정 결과적 가중범 인정 여부

기본범죄뿐만 아니라 중한 결과에 대하여도 고의가 있는 경우에는 기본범죄에 대한 고의범과 중한 결과에 대한 고의범으로 2개의 범죄가 성립한다고 보는 것이 원칙적인 해결방법이다. 예를 들면 사람을 폭행하면서 사망에 대하여 고의가 있는 경우에 폭행죄와 살인죄가 성립하며 다만 죄수관계에 있어서 폭행죄는 살인죄에 흡수될 뿐이다.

그러나 다수설과 판례는 일부 범죄유형에 있어서 중한 결과에 대하여 2개의 고의범으로 처리하는 원칙적 해결방법을 적용할 경우 양형에 모순이 생긴다고 한다. 따라서 처벌의 균형을 위하여 부진정 결과적 가중범을 인정할 필요가 있다고 한다. 양형상의 모순이 발생하는 범죄 중 하나가 현주건조물방화치사상죄이다.[58]

나. 부진정 결과적 가중범으로서 현주건조물방화치사상죄

현주건조물에 대한 방화에 대하여 고의가 있을 뿐만 아니라 사망의 결과에 대하여도

---

56) 결과적 가중범에 대한 자세한 설명은 형법총론 결과적 가중범을 참고하라.

57) 현주건조물방화치사상죄가 진정 결과적 가중범이라고 한다면 사상의 결과에 대하여 고의가 있는 경우 현주건조물방화죄와 상해죄 또는 살인죄의 경합범이 된다.

58) '현주건조물방화치사죄'의 법정형은 사형, 무기 또는 7년 이상의 징역이며, 살인죄의 법정형은 사형, 무기, 5년 이상의 징역으로 고의범인 살인죄의 법정형이 낮다. '현주건조물방화치상죄'의 법정형은 무기 또는 5년 이상의 징역이며, 상해죄의 법정형은 7년 이하의 징역, 10년 이하의 자격정지 또는 1,000만 원 이하의 벌금으로 고의범인 상해죄의 법정형이 낮다.

고의가 있다면 이는 원칙적으로 현주건조물방화죄와 살인죄의 상상적 경합이 된다. 하지만 이와 같이 처리하게 되면 사망의 결과에 대하여 과실이 있는 현주건조물방화치사죄보다 낮은 형이 선고되는 양형상 모순이 발생한다. 따라서 본죄는 중한 결과에 대하여 과실뿐만 아니라 고의가 있는 경우에도 성립하는 부진정 결과적 가중범으로 본다.

참고 현주건조물방화치사죄와 양형상 모순

현주건조물방화치사죄를 진정 결과적 가중범으로 해석하게 되면 다음과 같은 양형상 모순이 발생한다. 행위자가 A를 살해하기 위하여 현주건조물에 방화한 경우 현주건조물방화죄(무기 또는 3년 이상의 징역)와 살인죄(사형, 무기, 5년 이상의 징역)의 상상적 경합이 되는데, 중한 죄인 살인죄를 적용하여 형의 하한은 5년 이상의 징역이 된다. 그런데 행위자가 살인의 고의 없이 방화하여 과실로 A를 사망하게 하였다고 하면, 현주건조물방화치사죄(사형, 무기, 7년 이상의 징역)가 성립하고, 이 경우 형의 하한은 7년 이상의 징역이 된다.

따라서 사망에 대하여 과실이 있는 경우에는 형의 하한이 7년 이상의 징역이 되고, 고의가 있는 경우에는 5년 이상의 징역이 되어 과실을 고의가 있는 경우보다 중하게 처벌되는 양형상 모순이 발생한다. 결국 이러한 형의 불균형이 발생하는 범위에서는 예외적으로 해석상 중한 결과가 과실에 의한 경우뿐만 아니라 고의에 의한 경우, 즉 부진정 결과적 가중범을 인정하게 된다.

4. 부진정 결과적 가중범과 고의범의 죄수 문제

가. 쟁점

현주건조물방화치사죄와 같은 부진정 결과적 가중범은 사망이라는 중한 결과에 대하여 고의가 있는 경우이므로 부진정 결과적 가중범이 된다. 문제는 부진정 결과적 가중범 이외에도 중한 결과에 대한 고의범의 성립을 인정할 수 있는지이다. 예를 들면 사람을 살해하기 위하여 현주건조물에 방화하여 살해한 경우 현주건조물방화치사죄 이외에도 살인죄를 인정할 수 있는지가 문제된다.

나. 학설

부진정 결과적 가중범만 성립하는지 아니면 부진정 결과적 가중범 이외에도 고의범이 별도로 성립하는지에 대하여 중한 결과에 대하여 고의가 있는 경우 결과적 가중범과 중한 결과에 대한 고의범의 상상적 경합을 인정하는 견해와 이중평가를 막기 위하여 결과적 가

중범만 성립한다는 견해의 대립이 있다.[59)]

다. 판례

판례는 부진정 결과적 가중범의 죄수 문제에 대하여 2가지 경우로 나누어서 설명한다.[60)] 즉 고의범에 대하여 결과적 가중범에서 정한 형보다 더 무겁게 처벌하는 규정이 있는 경우와 고의범에 대하여 더 무겁게 처벌하는 규정이 없는 경우로 나누어서 죄수 판단을 한다.

'고의범에 대하여 더 무겁게 처벌하는 규정이 있는 경우'에는 고의범과 결과적 가중범의 상상적 경합관계에 있다고 한다. 따라서 갑이 피해자의 재물을 강취한 후 그를 살해할 목적으로 현주건조물에 방화하여 사망에 이르게 한 경우, 갑의 행위는 강도살인죄와 현주건조물방화치사죄에 모두 해당하고 그 두 죄는 상상적 경합범관계에 있다.[61)] 부진정 결과적 가중범인 현주건조물방화치사죄보다 고의범인 강도살인죄와 상해죄에 대하여 더 무겁게 처벌하고 있기 때문이다.

'고의범에 대하여 더 무겁게 처벌하는 규정이 없는 경우'에는 결과적 가중범만 성립한다고 한다. 이 경우 결과적 가중범은 고의범에 대하여 특별관계에 있다고 한다. 결과적 가중범인 현주건조물방화치사죄가 고의범인 살인죄에 대하여 특별관계에 있으므로 결과적 가중범인 현주건조물방화치사죄만 성립하고 고의범인 살인죄는 구성하지 않는다. 따라서 사람을 살해하기 위하여 현주건조물에 방화한 경우 현주건조물방화치사죄만 성립한다.

판례 | 존속살해죄와 현주건조물방화치사죄는 상상적 경합

【사실관계】 갑은 1995.8.7. 03:15경 갑의 집 안방에서 잠을 자고 있는 피해자 아버지와 동생을 살해하기 위하여 그 곳에 있던 두루마리 화장지를 말아 장롱 뒷면에 나 있는 구멍을 통하여 장롱 안으로 집어 넣은 다음, 평소 소지하고 다니던 1회용 라이터로 화장지에 불을 붙여 장롱으로 불이 번지자 그 곳을 빠져 나옴으로써 직계존속인 아버지와 동생을 연기로 인하여 질식사하도록 하여 이들을 살해하고, 위 피해자들이 현존하는 건조물을 소훼하여 사망에 이르게 하였다.

【판결요지】 형법 제164조 후단이 규정하는 현주건조물방화치사상죄는 그 전단이 규정하는 죄에 대한 일종의 가중처벌 규정으로서 과실이 있는 경우뿐만 아니라, 고의가 있는 경우에도 포함된다고 볼 것이므로 사람을 살해할 목적으로 현주건조물에 방화하여

59) 이에 대한 자세한 설명은 형법총론을 참조하라.
60) 대법원 2008.11.27. 선고 2008도7311 판결.
61) 대법원 1998.12.8. 선고 98도3416 판결.

사망에 이르게 한 경우에는 현주건조물방화치사죄로 의율하여야 하고 이와 더불어 살인죄와의 상상적 경합범으로 의율할 것은 아니며, 다만 존속살인죄와 현주건조물방화치사죄는 상상적 경합범 관계에 있으므로, 법정형이 중한 존속살인죄로 의율함이 타당하다(대법원 1996.4.26. 선고 96도485 판결).

【해설】 동생에 대해서는 현주건조물방화치사죄가 성립하며, 살인죄는 성립하지 않는다. 판례에 따르면 고의범인 살인죄에 대하여 더 무겁게 처벌하는 규정이 없는 경우에는 결과적가중범인 현주건조물방화치사죄가 고의범인 살인죄에 대하여 특별관계에 있으므로 결과적가중범이 성립하고 고의범은 별도로 죄를 구성하지 않는다는 입장이다. 아버지에 대해서는 존속살해죄와 현주건조물방화치사죄의 상상적 경합이 인정된다. 상상적 경합을 인정하는 이유는 고의로 중한 결과를 발생하게 한 행위가 별도의 구성요건에 해당하고(존속살해의 고의) 그 고의범에 대하여 결과적 가중범에 정한 형보다 더 무겁게 처벌하는 규정이 있는 경우에는 고의범과 결과적 가중범의 상상적 경합관계에 있게 된다. 즉 구 형법상 존속살해죄의 법정형(사형 또는 무기징역)이 현주건조물방화치사죄의 법정형(사형, 무기 또는 7년 이상의 징역)보다 무겁기 때문에 현주건조물방화치사죄의 단순일죄를 인정할 경우 일반 존속살해죄에 비해 더 가볍게 처벌되는 결과를 가져오는 양형상의 모순이 발생하기 때문이다. 그런데 법개정으로 현재 양죄는 모두 사형, 무기 또는 7년 이상의 징역으로 법정형이 동일하게 되었으므로 본 사건의 경우 앞으로 대법원의 견해가 변경될 가능성이 있다.

라. 결론

결과적 가중범만 성립한다고 보는 것이 타당하다. 부진정 결과적 가중범인 현주건조물방화치사죄는 피해자의 사망이라는 중한 결과에 대한 고의범을 이미 포함하고 있다. 행위자의 고의에 대해서는 이미 현주건조물방화치사죄에 대하여 평가하였다. 그런데, 중한 결과에 대한 고의를 별도로 인정하여 살인죄의 성립을 인정하는 것은 하나의 살해행위를 이중평가하는 것이다. 이중평가를 막기 위하여 결과적 가중범만 성립한다고 보는 것이 타당하다.

Ⅳ. 공용건조물등 방화죄

제165조(공용건조물 등 방화) 불을 놓아 공용(公用)으로 사용하거나 공익을 위해 사용하는 건조물, 기차, 전차, 자동차, 선박, 항공기 또는 지하채굴시설을 불태운 자는 무기 또는 3년 이상의 징역에 처한다.

제174조 (미수범) 제164조 제1항, 제165조, 제166조 제1항, 제172조 제1항, 제172조의2 제1항, 제173조 제1항과 제2항의 미수범은 처벌한다.

공용건조물등 방화죄는 불을 놓아 공용(公用)으로 사용하거나 공익을 위해 사용하는 건조물, 기차, 전차, 자동차, 선박, 항공기 또는 지하채굴시설을 불태운 경우에 성립하는 범죄이다.

공용으로 사용한다는 것은 국가 또는 공공단체가 그 이익을 위하여 사용한다는 의미이며, 공익을 위해 사용한다는 것은 불특정 또는 다수인의 이익을 위하여 사용한다는 의미이다.

본죄의 건조물 등에는 사람이 현존하지 않는 경우이다. 따라서 사람이 현존하는 경우에는 본죄가 아니라 현주건조물방화죄가 성립한다.

V. 일반건조물등 방화죄

제166조(일반건조물 등 방화) ① 불을 놓아 제164조와 제165조에 기재한 외의 건조물, 기차, 전차, 자동차, 선박, 항공기 또는 지하채굴시설을 불태운 자는 2년 이상의 유기징역에 처한다.
② 자기 소유인 제1항의 물건을 불태워 공공의 위험을 발생하게 한 자는 7년 이하의 징역 또는 1천만원 이하의 벌금에 처한다.
제174조 (미수범) 제164조 제1항, 제165조, 제166조 제1항, 제172조 제1항, 제172조의2 제1항, 제173조 제1항과 제2항의 미수범은 처벌한다.
제176조 (타인의 권리대상이 된 자기의 물건) 자기의 소유에 속하는 물건이라도 압류 기타 강제처분을 받거나 타인의 권리 또는 보험의 목적물이 된 때에는 본장의 규정의 적용에 있어서 타인의 물건으로 간주한다.

1. 의의

현주건조물과 공용건조물을 제외한 일반건조물에 대한 방화죄에 대한 규정이다. 일반건조물방화죄는 소유관계에 따라 타인 소유 일반건조물방화죄와 자기 소유 일반건조물방화죄로 나누어 처벌하고 있다.

제166조 제1항의 타인 소유 일반건조물방화죄의 경우 추상적 위험범이지만, 제166조 제2항의 자기 소유 일반건조물방화죄는 구체적 위험범이다. 이는 자기의 소유물을 손괴하는 것은 범죄가 되지 않는 점을 고려하여 자기 소유 일반건조물인 경우에 구체적인 공공의 위험이 발생한 경우에 한하여 처벌하는 것이다.

2. 타인 소유 일반건조물방화죄

제166조 제1항의 일반건조물방화죄의 객체는 현주건조물, 공용건조물을 제외한 타인 소유 일반건조물이다. 본죄는 공공의 위험이 구성요건적 결과로 규정되어 있지 않기 때문에 추상적 위험범이다. 다만 본죄가 성립하기 위해서는 '불태움', 즉 소훼라는 결과가 필요하다. 소훼의 개념은 현주건조물방화죄에서 설명한 내용과 같다.

3. 자기 소유 일반건조물방화죄

제166조 제2항의 일반건조물방화죄의 객체는 현주건조물, 공용건조물을 제외한 자기 소유 일반건조물이다. 자기 소유 일반건조물방화죄가 성립하기 위해서는 자기 소유의 물건을 불태워 공공의 위험이 발생하여야 한다. 따라서 본죄는 구체적 위험범이다. 공공의 위험은 불특정 또는 다수인의 생명·신체·재산 등에 대한 위험을 말한다.

'자기 소유에 속한다'함은 원래 범인의 소유에 속하는 것을 의미하지만, 당해 건조물 등의 소유자가 방화에 동의하거나 또는 그 목적물이 무주물인 때에도 자기 소유 일반건조물에 해당한다.

자기의 소유에 속하는 물건이라도 압류 기타 강제처분을 받거나 타인의 권리 또는 보험의 목적물이 된 때에는 타인의 물건으로 간주한다(제176조). 따라서 자기 소유의 창고가 국세징수법에 의한 체납처분에 의해 압류되자 홧김에 불태웠지만 공공의 위험을 발생하게 하지 못한 경우에도 타인 소유 일반건조물방화죄가 성립한다.

Ⅵ. 일반물건 방화죄

> 제167조(일반물건 방화) ① 불을 놓아 제164조부터 제166조까지에 기재한 외의 물건을 불태워 공공의 위험을 발생하게 한 자는 1년 이상 10년 이하의 징역에 처한다.
> ② 제1항의 물건이 자기 소유인 경우에는 3년 이하의 징역 또는 700만원 이하의 벌금에 처한다.
> 제176조 (타인의 권리대상이 된 자기의 물건) 자기의 소유에 속하는 물건이라도 압류 기타 강제처분을 받거나 타인의 권리 또는 보험의 목적물이 된 때에는 본장의 규정의 적용에 있어서 타인의 물건으로 간주한다.

1. 의의

일반물건방화죄는 건조물이 아닌 '일반물건'을 불태워 공공의 위험을 발생한 경우에 성립하는 범죄이다. 본죄의 객체는 제167조 제1항의 경우 타인 소유 일반물건이며, 제167조 제2항의 경우 자기 소유 일반물건이다. 타인 소유인 경우나 자기 소유인 경우 모두 공공의 위험을 발생하게 하여야 한다.

본죄는 구체적 위험범이며 본죄의 구성요건적 행위는 불을 놓아 불태움으로써 공공의 위험을 발생하게 하는 것이다. 따라서 목적물을 불태웠더라도 공공의 위험을 발생하지 않은 경우 미수범 처벌 규정이 없으므로 본죄는 성립하지 않는다. 다만 타인 소유물인 경우에 한해 손괴죄가 성립한다.

자기의 소유에 속하는 물건이라도 압류 기타 강제처분을 받거나 타인의 권리 또는 보험의 목적물이 된 때에는 타인의 물건으로 간주한다(제176조).

2. 무주물의 경우

무주물인 경우 선점에 의하여 소유권이 취득된다. 현재 소유자가 없는 물건인 무주물에 방화하는 경우에 타인의 재산권을 침해하지 않는 점은 자기의 소유에 속한 물건을 방화하는 경우와 마찬가지다. 무주의 동산을 소유의 의사로 점유하는 경우에 소유권을 취득하는 것에 비추어(민법 제252조) 무주물에 방화하는 행위는 그 무주물을 소유의 의사로 점유하는 것이라고 볼 여지가 있다. 따라서 불을 놓아 무주물을 소훼하여 공공의 위험을 발생하게 한 경우에는 '무주물'을 '자기 소유의 물건'에 준하는 것으로 볼 수 있다.[62] 노상에서 전봇대 주변에 놓인 재활용품과 쓰레기 등에 불을 놓아 소훼한 경우 바람에 의하여 다른 곳으로 불이 옮아 붙을 수 있는 공공의 위험을 발생하게 하였다면, 무주물을 자기 소유의 물건에 준하는 것으로 보아 제167조 제2항의 자기소유 일반물건방화죄가 성립한다.[63]

Ⅶ. 연소죄

제168조 (연소) ① 제166조 제2항 또는 전조 제2항의 죄를 범하여 제164조, 제165조 또는 제166조 제1항에 기재한 물건에 연소한 때에는 1년 이상 10년 이하의 징역에 처한다.
② 전조 제2항의 죄를 범하여 전조 제1항에 기재한 물건에 연소한 때에는 5년 이하의 징역에 처한다.

제168조 제1항의 연소죄는 자기 소유 일반건조물방화죄(제166조 제2항) 또는 자기 소유 일반물건방화죄(제167조 제2항)를 범하여 현주건조물(제164조), 공용건조물(제165조), 타인 소유 건조물(제166조 제1항)에 연소하는 경우에 성립하는 범죄이다.

제168조 제2항의 연소죄는 자기 소유 일반물건방화죄(제167조 제2항)를 범하여 타인 소유 일반물건(제167조 제1항)에 연소하는 경우에 성립하는 범죄이다.

자기 소유 건조물 또는 물건에 대한 방화가 확대되어 타인 소유물에 연소한 경우를 처벌하기 위한 규정으로 자기 소유물에 대한 방화죄의 결과적 가중범이다. '연소'는 행위자가 의도하지 않은 물체에 불이 옮겨붙어서 이를 소훼하는 것을 말한다. 연소죄의 구성요건에는 공공의 위험발생을 규정하고 있지 않지만, 연소죄의 기본범죄인 자기 소유 건조물방화죄나 자기 소유 물건방화죄에서 공공의 위험발생을 규정하고 있기 때문에 본죄가 성립하기 위해서는 공공의 위험발생이 필요한 구체적 위험범이다.

62) 대법원 2009.10.15. 선고 2009도7421 판결.

63) 대법원 2009.10.15. 선고 2009도7421 판결.

Ⅷ. 진화방해죄

> 제169조 (진화방해) 화재에 있어서 진화용의 시설 또는 물건을 은닉 또는 손괴하거나 기타 방법으로 진화를 방해한 자는 10년 이하의 징역에 처한다.

1. 의의

진화방해죄는 화재에 있어서 진화용의 시설 또는 물건을 은닉 또는 손괴하거나 기타 방법으로 진화를 방해한 경우에 성립하는 범죄이다. 방화행위는 없지만 진화를 방해하는 행위가 방화행위에 준하기 때문에 준방화죄라고 한다. 추상적 위험범이며 거동범이다.

2. 객체: 진화용의 시설 또는 물건

진화활동에 쓰이는 기구로 원래 소방용으로 제작된 물건에 한한다. 즉 화재경보기와 같은 소방용 통신시설, 소화전, 소방자동차 등을 말하며, 일반통신시설, 상수도시설 등 일시적으로 소방용에 제공된 시설·물건은 제외된다.

3. 행위: 화재에 있어서 은닉 또는 손괴하거나 기타 방법으로 진화를 방해

본죄는 '화재에 있어서'라는 행위상황이 있는 경우에만 성립한다. '화재에 있어서'란 공공의 위험이 발생하였거나 그 위험이 발생할 정도의 연소상태가 있는 것을 말한다.

행위는 은닉 또는 손괴하거나 기타 방법으로 진화를 방해하는 행위이다. 은닉은 진화용 시설이나 물건의 발견을 불가능하게 하거나 곤란하게 하는 행위를 말하며, 손괴는 물질적 훼손에 의하여 효용을 해하는 일체의 행위를 말한다. 기타 방법은 은닉, 손괴 이외의 방법으로 진화활동을 방해하는 행위를 말한다. 소방관을 폭행하는 행위, 소방차의 진입을 방해하는 행위 등이 이에 해당한다.

본죄의 행위는 작위뿐만 아니라 부작위도 가능하다. 따라서 소방관, 경찰관 등 법률상 진화의무가 있는 자가 화재보고를 하지 아니하며 진화를 방해한 경우가 이에 해당한다.

공무원의 진화협력요구에 불응한 경우에는 단순히 경범죄처벌법 위반에 불과하다(동법 제1조 36호).

본죄는 추상적 위험범이며 거동범이므로 진화를 방해하는 행위를 했을 때 기수가 되며, 현실로 진화방해의 결과가 발생할 필요는 없다.

Ⅸ. 폭발성물건파열죄

> 제172조 (폭발성물건파열) ① 보일러, 고압가스 기타 폭발성 있는 물건을 파열시켜 사람의 생명, 신체 또는 재산에 대하여 위험을 발생시킨 자는 1년 이상의 유기징역에 처한다.
> ② 제1항의 죄를 범하여 사람을 상해에 이르게 한 때에는 무기 또는 3년 이상의 징역에 처한다. 사망에 이르게 한 때에는 무기 또는 5년 이상의 징역에 처한다.
> 제174조 (미수범) 제164조 제1항, 제165조, 제166조 제1항, 제172조 제1항, 제172조의2 제1항, 제173조 제1항과 제2항의 미수범은 처벌한다.

1. 의의

폭발성물건파열죄는 보일러, 고압가스 기타 폭발성 있는 물건을 파열시켜 사람의 생명, 신체 또는 재산에 대하여 위험을 발생시킨 경우(제1항), 폭발성물건파열죄를 범하여 사람을 상해에 이르게 하거나 사망에 이르게 한 경우(제2항)에 성립하는 범죄이다. 폭발성물건파열죄의 경우는 미수가 처벌되지만, 폭발성물건파열치사상죄의 경우는 미수가 처벌되지 않는다.

2. 폭발성물건파열죄

본죄의 객체는 보일러, 고압가스 기타 폭발성 있는 물건이다. 폭발성 있는 물건이므로 '폭발물'의 경우에는 제119조의 폭발물사용죄가 되며 본죄의 객체에는 해당하지 않는다. 본죄의 행위인 '파열'은 물체의 급격한 팽창력을 이용하여 폭발에 이르게 하는 것을 말한다. 파열행위로 인하여 사람의 생명·신체 또는 재산에 대한 위험을 발생한 때 기수가 된다. 파열은 되었으나 사람의 생명 등에 대한 위험을 발생시키지 못한 경우에는 본죄의 미수가 된다.

3. 폭발성물건파열치사상죄

폭발성물건파열죄를 범하여 사람을 상해에 이르게 한 폭발성물건파열치상죄는 상해죄에 비해 법정형이 높기 때문에 부진정 결과적 가중범에 해당한다. 그러나 폭발성물건파열죄를 범하여 사람을 사망에 이르게 한 폭발성물건파열치사죄는 살인죄에 비해 법정형이 낮기 때문에 진정 결과적 가중범에 해당한다.

X. 가스·전기 등 방류죄·치사상죄

> 제172조의2 (가스·전기등 방류) ① 가스, 전기, 증기 또는 방사선이나 방사성 물질을 방출, 유출 또는 살포시켜 사람의 생명, 신체 또는 재산에 대하여 위험을 발생시킨 자는 1년 이상 10년 이하의 징역에 처한다.
> ② 제1항의 죄를 범하여 사람을 상해에 이르게 한 때에는 무기 또는 3년 이상의 징역에 처한다. 사망에 이르게 한 때에는 무기 또는 5년 이상의 징역에 처한다.
> 제174조 (미수범) 제164조 제1항, 제165조, 제166조 제1항, 제172조 제1항, 제172조의2 제1항, 제173조 제1항과 제2항의 미수범은 처벌한다.

1. 의의

가스·전기 등 방류죄·치사상죄는 가스, 전기, 증기 또는 방사선이나 방사성 물질을 방출, 유출 또는 살포시켜 사람의 생명, 신체 또는 재산에 대하여 위험을 발생시킨 경우(제1항), 가스방류죄를 범하여 사람을 상해에 이르게 하거나 사망에 이르게 한 경우(제2항)에 성립하는 범죄이다.

2. 가스·전기방류죄

본죄의 객체는 가스, 전기, 증기 또는 방사선이나 방사성 물질이다. 본죄의 행위는 방출, 유출 또는 살포하는 것이다. 본죄는 구체적 위험범이기 때문에 사람의 생명·신체 또는 재산에 대한 위험을 발생하여야 기수가 된다. 방출·유출 등의 행위를 하였으나 사람의 생명·신체 또는 재산에 대한 위험을 발생시키지 못한 경우 본죄의 미수가 된다.

3. 가스·전기방류치사상죄

가스·전기방류치상죄는 부진정 결과적 가중범이며, 가스·전기방류치사죄는 진정 결과적 가중범이다.

XI. 가스·전기 등 공급방해죄·치사상죄

> 제173조 (가스·전기등 공급방해) ① 가스, 전기 또는 증기의 공작물을 손괴 또는 제거하거나 기타 방법으로 가스, 전기 또는 증기의 공급이나 사용을 방해하여 공공의 위험을 발생하게 한 자는 1년 이상 10년 이하의 징역에 처한다.
> ② 공공용의 가스, 전기 또는 증기의 공작물을 손괴 또는 제거하거나 기타 방법으로 가스, 전기 또는 증기의 공급이나 사용을 방해한 자도 전항의 형과 같다.
> ③ 제1항 또는 제2항의 죄를 범하여 사람을 상해에 이르게 한 때에는 2년 이상의 유기징역에 처한다. 사망에 이르게 한 때에는 무기 또는 3년 이상의 징역에 처한다.
> 제174조 (미수범) 제164조 제1항, 제165조, 제166조 제1항, 제172조 제1항, 제172조의2 제1항, 제173조 제1항과 제2항의 미수범은 처벌한다.

가스·전기 등 공급방해죄·치사상죄는 가스, 전기 또는 증기의 공작물을 손괴 또는 제거하거나 기타 방법으로 가스, 전기 또는 증기의 공급이나 사용을 방해하여 공공의 위험을 발생하게 한 경우(제1항), 공공용의 가스, 전기 또는 증기의 공작물을 손괴 또는 제거하거나 기타 방법으로 가스, 전기 또는 증기의 공급이나 사용을 방해한 경우(제2항), 가스공급방해죄 또는 공공용가스등공급방해죄를 범하여 사람을 상해 또는 사망에 이르게 한 경우(제3항) 성립하는 범죄이다.

XII. 방화 등 예비·음모죄

> 제175조 (예비, 음모) 제164조 제1항, 제165조, 제166조 제1항, 제172조 제1항, 제172조의2 제1항, 제173조 제1항과 제2항의 죄를 범할 목적으로 예비 또는

음모한 자는 5년 이하의 징역에 처한다. 단 그 목적한 죄의 실행에 이르기 전에 자수한 때에는 형을 감경 또는 면제한다.

방화 등 예비·음모죄는 현주건조물방화죄(제164조 제1항), 공용건조물방화죄(제165조), 타인 소유 일반건조물방화죄(제166조 제1항), 폭발성물건파열죄(제172조 제1항), 가스·전기방류죄(제172조의2 제1항), 가스·전기등공급방해죄(제173조 제1항과 제2항)를 범할 목적으로 예비 또는 음모한 경우에 성립하는 범죄이다. 그 목적한 죄의 실행에 이르기 전에 자수한 때에는 필요적으로 형을 감경 또는 면제한다.

XIII. 실화죄

제170조 (실화) ① 과실로 제164조 또는 제165조에 기재한 물건 또는 타인 소유인 제166조에 기재한 물건을 불태운 자는 1천500만원 이하의 벌금에 처한다.
② 과실로 자기 소유인 제166조의 물건 또는 제167조에 기재한 물건을 불태워 공공의 위험을 발생하게 한 자도 제1항의 형에 처한다.

1. 의의

실화죄는 과실로 인하여 현주건조물(제164조), 공용건조물(제165조) 또는 타인 소유에 속하는 일반건조물(제166조 제1항)을 불태우거나(제170조 제1항), 자기 소유에 속하는 일반건조물 또는 일반물건을 불태워 공공의 위험을 발생한 경우(제170조 제2항)에 성립하는 범죄이다. 제1항의 실화죄는 추상적 위험범이며 제2항의 실화죄는 구체적 위험범이다.

2. 제1항의 실화죄

제1항의 객체는 현주건조물(제164조), 공용건조물(제165조) 또는 타인 소유에 속하는 일반건조물(제166조)이다. 추상적 위험범이지만 예외적으로 목적물을 소훼하는 결과 발생이 필요한 결과범이다.

3. 제2항의 실화죄

제2항의 객체에 자기 소유에 속하는 일반건조물이(제166조) 포함되는 것은 분명하다.

그런데 본죄의 객체 중 '일반물건'에 자기 소유에 속하는 일반물건 이외에 타인 소유에 속하는 일반물건의 경우에도 포함되는지 논의가 있다. 본죄의 구성요건이 '자기의 소유에 속하는 제166조 또는 제167조에 기재한 물건'이라고 규정하고 있는데, '자기의 소유에 속하는' 부분이 '제166조 또는 제167조' 전체를 수식하는 것인지, 아니면 '자기의 소유에 속하는' 부분은 '제166조'까지만 수식하고 '제167조' 부분은 수식하지 않는 것인지에 대하여 견해의 대립이 있다.

이에 대하여 대법원 판례는 '자기의 소유에 속하는 제166조 또는 제167조에 기재한 물건'이라 함은 '자기의 소유에 속하는 제166조에 기재한 물건 또는 자기의 소유에 속하든, 타인의 소유에 속하든 불문하고 제167조에 기재한 물건'을 의미하는 것이라고 해석하는 것이 관련 조문을 전체적 종합적으로 해석하는 방법이라고 한다.

판례 과수원 실화 사건

【사실관계】 갑은 1993.3.23. 16:00경 피해자 A의 소유인 사과나무 밭에서 바람이 세게 불어 그냥 담뱃불을 붙이기가 어렵자 마른 풀을 모아놓고 성냥불을 켜 담배불을 붙인 뒤, 그 불이 완전히 소화되었는지 여부를 확인하지 아니한 채 자리를 이탈한 과실로, 남은 불씨가 주변에 있는 마른 풀과 잔디에 옮겨 붙고, 계속하여 피해자들 소유의 사과나무에 옮겨 붙어 사과나무 217주 등 시가 671만원 상당을 소훼하였다. 이에 검사는 형법 제170조 제2항, 제167조를 적용법조로 하여 공소를 제기하였다.

【1심법원과 원심법원】 그러나 제1심 법원은 형법 제170조 제2항은 타인의 소유에 속하는 제167조에 기재한 물건(일반물건)을 소훼한 경우에는 적용될 수 없고, 형법상 그러한 물건을 과실로 소훼한 경우에 처벌하도록 하고 있는 규정이 없으므로 공소기각의 결정을 하였고, 위 결정에 대하여 검사가 즉시항고하자, 원심법원은 형법 제170조 제2항의 '자기의 소유에 속하는 제166조 또는 제167조에 기재한 물건'을 '자기의 소유에 속하는 제166조에 기재한 물건 또는 자기나 타인의 소유에 속하는 제167조에 기재한 물건'으로 해석하는 것은 죄형법정주의의 원칙, 특히 유추해석금지 또는 확장해석금지의 원칙에 반한다는 이유로 즉시항고를 기각하여 제1심결정을 유지하고 있다.

【결정 이유】 형법 제170조 제2항의 '자기의 소유에 속하는 제166조 또는 제167조에 기재한 물건을 소훼하여 공공의 위험을 발생하게 한 자'를 '자기의 소유에 속하는 제166조에 기재한 물건 또는 자기의 소유에 속하는 제167조에 기재한 물건을 소훼하여 공공의 위험을 발생하게 한 자'로 해석하여 '타인의 소유에 속하는 제167조에 기재한 물

건을 소훼하여 공공의 위험을 발생하게 한 자'를 제외함으로써 타인의 물건을 과실로 소훼하여 공공의 위험을 발생하게 한 경우에는 처벌하지 아니한다면, 우리 형법이 제166조에서 타인의 소유에 속하는 일반건조물 등을 방화한 경우(이 경우 공공의 위험을 발생하게 함을 요건으로 하고 있다)보다 더 무겁게 처벌하고 있고, 제167조에서 타인의 소유에 속하는 일반물건을 소훼하여 공공의 위험을 발생하게 한 경우를 자기의 소유에 속하는 물건에 대한 경우보다 더 무겁게 처벌하고 있으며, 제170조에서 과실로 인하여 타인의 소유에 속하는 제166조에 기재한 물건(일반건조물 등)을 소훼한 경우에는 공공의 위험발생을 그 요건으로 하지 아니하고 있음에 반하여 자기의 소유에 속하는 제166조에 기재한 물건을 소훼한 경우에는 공공의 위험발생을 그 요건으로 하고 있음에 비추어, 명백히 불합리하다고 하지 아니할 수 없다.
따라서, 형법 제170조 제2항에서 말하는 '자기의 소유에 속하는 제166조 또는 제167조에 기재한 물건'이라 함은 '자기의 소유에 속하는 제166조에 기재한 물건 또는 자기의 소유에 속하든, 타인의 소유에 속하든 불문하고 제167조에 기재한 물건'을 의미하는 것이라고 해석하여야 할 것이며, 제170조 제1항과 제2항의 관계로 보아서도 제166조에 기재한 물건(일반건조물 등) 중 타인의 소유에 속하는 것에 관하여는 제1항에서 이미 규정하고 있기 때문에 제2항에서는 그중 자기의 소유에 속하는 것에 관하여 규정하고, 제167조에 기재한 물건에 관하여는 소유의 귀속을 불문하고 그 대상으로 삼아 규정하고 있는 것이라고 봄이 관련조문을 전체적, 종합적으로 해석하는 방법일 것이다. 이렇게 해석한다고 하더라도 그것이 법규정의 가능한 의미를 벗어나 법형성이나 법창조 행위에 이른 것이라고는 할 수 없어 죄형법정주의의 원칙상 금지되는 유추해석이나 확장해석에 해당한다고 볼 수는 없을 것이다(대법원 1994.12.20 선고 94모32 전원합의체 결정).

【해설】 피고인의 과실로 타인 소유인 사과나무를 불태운 것에 대하여 1심과 원심은 '타인의 일반물건'을 과실로 소훼한 경우는 처벌 규정이 없다며 공소를 기각하였다. 대법원은 다음과 같은 이유로 원심 판단을 부정하였다. 형법 제167조는 타인의 일반물건을 방화하여 공공의 위험을 발생시킨 경우를 무겁게 처벌한다. 형법 제170조 제1항은 타인의 건조물을 과실로 소훼한 경우, 공공의 위험이 없더라도 처벌한다. 반면 제170조 제2항은 자기의 물건을 과실로 태운 경우, 공공의 위험이 있어야만 처벌한다. 이 규정들의 전체 체계를 보면, 과실로 타인의 일반물건을 불태워 공공의 위험을 발생시킨 경우 역시 처벌 의도가 있었던 것으로 해석할 수 있다는 것이다. 과실로 타인의 일반물건을 불태워 공공의 위험을 초래한 경우 형법 제170조 제2항에 따라 처벌할 수 있다.

XⅣ. 업무상 실화·중실화죄

제171조 (업무상실화, 중실화) 업무상과실 또는 중대한 과실로 인하여 제170조의 죄를 범한 자는 3년 이하의 금고 또는 2천만원 이하의 벌금에 처한다.

1. 의의

업무상실화·중실화죄는 업무상과실 또는 중대한 과실로 인하여 실화죄를 범한 경우에 성립하는 범죄이다. 업무자의 신분 또는 중대한 과실로 인하여 실화한 경우 단순실화죄에 비하여 형을 가중하는 가중적 구성요건이다.

2. 구성요건

업무상실화죄의 업무는 본죄의 성질상 화재의 위험이 수반되는 업무를 말한다. 따라서 주유소와 같이 화재의 위험이 많은 업무뿐만 아니라 화재의 발견 또는 방지 자체를 업무 내용으로 하는 업무도 포함된다.[64] 하지만 자동차 운전 업무에 종사하는 자는 자동차 충돌로 인한 사고 발생을 미리 방지하여야 할 의무가 있다고 하는 것은 몰라도, 일반적으로 그 자동차 운전 중 충돌로 인한 기름탱크의 파열로 발생할지 모를 화재를 미리 방지하여야 할 업무상 주의의무는 없다.[65]

중실화죄의 중대한 과실은 조금만 주의를 하였다면 결과 발생을 예견할 수 있었음에도 불구하고 부주의로 이를 예견하지 못한 경우를 말한다. 중과실과 경과실의 구별은 구체적인 경우에 사회통념을 고려하여 판단할 수밖에 없다. 성냥불이 꺼진 것을 확인하지 아니한 채 휴지가 들어 있는 플라스틱 휴지통에 던진 것이 중대한 과실에 해당한다.[66] 행위자의 중대한 과실과 화재 발생 간에는 인과관계가 인정되어야 한다.[67]

---

64) 대법원 1983.5.10. 선고 82도2279 판결.

65) 대법원 1972.2.22. 선고 71도2231 판결.

66) 대법원 1993.7.27. 선고 93도135 판결.

67) 대법원 1994.3.11. 선고 93도3001 판결; 대법원 1992.12.22. 선고 92도2058 판결; 대법원 1989.1.17. 선고 88도643 판결.

XV. 과실 폭발성물건파열 등 죄

제173조의2 (과실폭발성물건파열등) ① 과실로 제172조 제1항, 제172조의2 제1항, 제173조 제1항과 제2항의 죄를 범한 자는 5년 이하의 금고 또는 1천500만원 이하의 벌금에 처한다.
② 업무상 과실 또는 중대한 과실로 제1항의 죄를 범한 자는 7년 이하의 금고 또는 2천만원 이하의 벌금에 처한다.

과실 폭발성물건파열죄는 과실, 업무상 과실, 중대한 과실로 폭발성물건파열죄(제172조 제1항), 가스등방류죄(제172조의2 제1항), 가스공급방해죄(제173조 제1항)과 공공용가스공급방해죄(제173조 제2항)를 범한 경우에 성립하는 범죄이다.

제4절 일수와 수리에 관한 죄

Ⅰ. 총설

1. 의의

일수(溢水)의 죄는 고의 또는 과실로 수해를 일으켜 공공의 안전을 위협하는 것을 내용으로 하는 범죄이며, 수리(水利)의 죄는 수리권(水利權)을 방해하는 것을 내용으로 하는 범죄이다. 수리권은 관개용·목축용·발전이나 수차 등의 동력용·상수도의 원천용 등 널리 물이라는 천연자원을 사람의 생활에 유익하게 '사용'하는 권리를 말한다.[68] 일수의 죄는 방화의 죄와 같이 공공의 위험과 관련된 범죄이다. 하지만 수리의 죄는 타인의 수리권을 방해하는 것에 중점을 두고 있기 때문에 공공의 위험죄는 아니다.

일수의 죄는 공공의 안전을 주된 보호법익으로 하고, 개인의 재산 또한 부차적 보호법익으로 한다. 수리의 죄는 수리권을 보호법익으로 한다.

68) 대법원 2001.6.26. 선고 2001도404 판결.

2. 물과 수리권

물은 공공재적 성격이 있다. 일반적으로 수자원의 사유재산권을 인정하는 국가는 없으며 우리나라에서도 하천법 제4조 등을 통해 수자원의 소유권은 원칙적으로 국가에 있음을 명시하고 있다. 다만, 수자원 관리의 적정성과 공공복리 증진에 이바지함을 목적으로 수자원 관리 이용 권한을 개별 법규에 의거 일부 공기업이나 개인에게 인정하고는 있으며, 지하수 이용권은 대부분 개발자에게 귀속하고 있다. 수리권은 일정 조건으로 물을 배타적으로 이용하고, 물로부터 이익이나 혜택을 취할 수 있는 물의 사용권을 의미한다.

현행법상 물 이용에 대한 권리를 의미하는 수리권에는 민법의 공유하천용수권(公有河川用水權), 하천법의 허가수리권,[69] 댐건설·관리 및 주변지역지원 등에 관한 법률의 댐 사용권과 댐용수 사용권 등이 병존하고 있는데, 다양한 수리권 상호 간 충돌이 발생하고 있다. 수리권에 대해서는 여러 법률에서 규정하고 있으며, 그 적용 범위가 중복되거나 권리 간의 상호 관계가 명확하지 않은 측면이 있다.

Ⅱ. 현주건조물 등 일수죄·일수치사상죄

> 제177조 (현주건조물등에의 일수) ① 물을 넘겨 사람이 주거에 사용하거나 사람이 현존하는 건조물, 기차, 전차, 자동차, 선박, 항공기 또는 광갱을 침해한 자는 무기 또는 3년 이상의 징역에 처한다.
> ② 제1항의 죄를 범하여 사람을 상해에 이르게 한 때에는 무기 또는 5년 이상의 징역에 처한다. 사망에 이르게 한 때에는 무기 또는 7년 이상의 징역에 처한다.
> 제182조 (미수범) 제177조 내지 제179조 제1항의 미수범은 처벌한다.

1. 현주건조물일수죄

현주건조물일수죄는 물을 넘겨 사람이 주거에 사용하거나 사람이 현존하는 건조물, 기차, 전차, 자동차, 선박, 항공기 또는 광갱[70]을 침해한 경우에 성립하는 범죄이다. 일반건

69) 공유하천용수권은 지역 사회의 관행에 따라 이해관계자 사이의 분쟁과 협의·조정 등을 거쳐 확립된 관행수리권이라고 한다. 이에 대하여 하천법 제33조에 따라 정부에서 허가를 내주어서 생기는 수리권을 허가수리권이라고 한다.

70) 현주건조물방화죄에서는 종전 '광갱'을 '지하채굴시설'로 개정하였다. 쉬운 법률 용어로 바꾸자는 입법 의도로 보인다. 하지만 현주건조물일수죄에서 '광갱'은 바꾸지 못했다. 입법의 정밀성이 아쉽다.

조물등일수죄에 대한 가중적 구성요건으로 추상적 위험범이다.

'물을 넘겨', 즉 일수(溢水)는 물을 그 경계 밖으로 범람하게 하는 것을 말한다. 물을 넘기는 수단과 방법에는 제한이 없다. 제방을 무너지게 하거나 수문을 파괴하는 것이 이에 해당한다.

사람의 주거 등을 '침해'한다는 의미는 목적물의 전부 또는 일부에 대한 효용의 상실 또는 감소를 의미한다. 반드시 전부가 손괴되거나, 중요 부분의 효용이 상실될 필요는 없다. 주거 등이 물에 의하여 유실될 필요도 없다.

본죄의 실행의 착수 시기는 물을 넘기는 때이며, 본죄의 기수 시기는 주거 등 목적물이 물에 잠기어 그 효용이 침해되었을 때이다.

2. 현주건조물일수치상죄

현주건조물일수치상죄의 법정형은 무기 또는 5년 이상의 징역이며, 상해죄의 법정형은 7년 이하의 징역 등이므로, 본죄의 법정형이 상해죄의 법정형보다 높다. 따라서 본죄는 부진정 결과적 가중범이므로 상해에 대해 고의가 있는 경우 현주건조물일수치상죄가 성립한다.

3. 현주건조물일수치사죄

현주건조물일수치사죄의 법정형과 살인죄의 법정형을 비교하면, 현주건조물일수치사죄에 사형은 없지만 하한은 7년 이상의 징역으로 오히려 살인죄에 비해 높게 규정되어 있어 진정 결과적 가중범으로 볼 것인지 아니면 부진정 결과적 가중범으로 볼 것인지 문제될 수 있다. 하지만 상한을 기준으로 볼 때 사형이 없으므로 진정 결과적 가중범으로 보는 것이 타당하다. 따라서 물을 넘기면서 현주건조물에 있는 사람의 사망에 대하여 과실이 있는 경우 현주건조물일수치사죄가 성립하지만, 사망에 대하여 고의가 있는 경우 현주건조물일수죄와 살인죄의 상상적 경합이 된다.

Ⅲ. 공용건조물 등 일수죄

> 第178조 (공용건조물등에의 일수) 물을 넘겨 공용 또는 공익에 공하는 건조물, 기차, 전차, 자동차, 선박, 항공기 또는 광갱을 침해한 자는 무기 또는 2년 이상의 징역에 처한다.
> 第182조 (미수범) 제177조 내지 제179조 제1항의 미수범은 처벌한다.

공용건조물등일수죄는 물을 넘겨 공용 또는 공익에 공하는 건조물, 기차, 전차, 자동차, 선박, 항공기 또는 광갱을 침해한 경우에 성립하는 범죄이다. 공용건조물방화죄에 대응하는 일수죄이며 현주건조물일수죄와 객체만 다르고 다른 구성요건은 동일하다.

Ⅳ. 일반건조물 등 일수죄

> 第179조 (일반건조물등에의 일수) ① 물을 넘겨 전2조에 기재한 이외의 건조물, 기차, 전차, 자동차, 선박, 항공기 또는 광갱 기타 타인의 재산을 침해한 자는 1년 이상 10년 이하의 징역에 처한다.
> ② 자기의 소유에 속하는 전항의 물건을 침해하여 공공의 위험을 발생하게 한 때에는 3년 이하의 징역 또는 700만원 이하의 벌금에 처한다.
> ③ 제176조의 규정은 본조의 경우에 준용한다.
> 第182조 (미수범) 제177조 내지 제179조 제1항의 미수범은 처벌한다.

타인 소유 일반건조물일수죄는 물을 넘겨 현주건조물등일수죄와 공용건조물등일수죄에 기재한 이외의 건조물, 기차, 전차, 자동차, 선박, 항공기 또는 광갱 기타 타인의 재산을 침해한 경우에 성립하는 범죄이다. 자기 소유에 속하는 제1항의 물건을 침해하여 공공의 위험을 발생하게 한 경우에 성립하는 범죄이다. 제1항의 죄는 추상적 위험범이며, 제2항의 죄는 구체적 위험범이다.

V. 방수 방해죄

> 제180조 (방수방해) 수재에 있어서 방수용의 시설 또는 물건을 손괴 또는 은닉하거나 기타 방법으로 방수를 방해한 자는 10년 이하의 징역에 처한다.

방수방해죄는 수재(水災)에 있어서 방수용의 시설 또는 물건을 손괴 또는 은닉하거나 기타 방법으로 방수를 방해한 경우에 성립하는 범죄이다. 준방화죄인 진화방해죄에 대응하는 범죄로서 준일수죄라고 할 수 있고 추상적 위험범이며 거동범이다.

Ⅵ. 과실일수죄

> 제181조 (과실일수) 과실로 인하여 제177조 또는 제178조에 기재한 물건을 침해한 자 또는 제179조에 기재한 물건을 침해하여 공공의 위험을 발생하게 한 자는 1천만원 이하의 벌금에 처한다.

과실일수죄는 과실로 인하여 현주건조물 또는 공용건조물의 일수죄에 기재된 물건을 침해하거나, 일반건조물일수죄에 기재한 물건을 침해하여 공공의 위험을 발생하게 한 경우에 성립하는 범죄이다.

Ⅶ. 일수예비·음모죄

> 제183조 (예비, 음모) 제177조 내지 제179조 제1항의 죄를 범할 목적으로 예비 또는 음모한 자는 3년 이하의 징역에 처한다.

일수예비·음모죄는 현주건조물일수죄, 공용건조물일수죄, 타인 소유 일반건조물일수죄를 범할 목적으로 예비 또는 음모한 경우에 성립하는 범죄이다. 방화죄의 예비·음모와는 달리 자수자에 대한 필요적 감면 규정이 없다.

Ⅷ. 수리방해죄

> 제184조 (수리방해) 둑을 무너뜨리거나 수문을 파괴하거나 그 밖의 방법으로 수리(水利)를 방해한 자는 5년 이하의 징역 또는 700만원 이하의 벌금에 처한다.

1. 의의

수리방해죄는 둑을 무너뜨리거나 수문을 파괴하거나 기타 방법으로 수리를 방해한 경우에 성립하는 범죄이다. 이는 수리권(水利權)을 직접 보호법익으로 하는 독립된 구성요건이며 추상적 위험범이며 거동범이다.

2. 구성요건

'수리'란 관개용·목축용·발전이나 수차 등의 동력용·상수도의 원천용 등 널리 물이라는 천연자원을 사람의 생활에 유익하게 사용하는 것을 말한다. 본죄의 보호법익은 수리권이기 때문에 본죄가 성립하기 위해서는 현존하는 수리의 이익이 있어야 한다. 수리방해죄가 성립하기 위하여는 법령, 계약 또는 관습 등에 의하여 타인의 권리에 속한다고 인정될 수 있는 물의 이용을 방해하는 것이어야 한다. 따라서 하수나 폐수 등 이용이 끝난 물을 배수로를 통하여 내려 보내는 것은 본죄의 수리에 해당하지 않는다. 농촌주택에서 배출되는 생활하수의 배수관(소형 PVC관)을 토사로 막아 하수가 내려가지 못하게 한 경우, 수리방해죄에 해당하지 아니한다.[71)]

'수리를 방해한다'는 것은 둑을 무너뜨리거나 수문을 파괴하는 행위 등을 포함하여 저수시설, 유수로나 송·인수시설 또는 이들에 부설된 여러 수리용 장치를 손괴·변경하거나 효용을 해침으로써 수리에 지장을 일으키는 행위를 말한다. 그러나 삽으로 흙을 떠올려 유수의 물줄기를 막는 경우, 농촌주택에서 배출되는 생활하수의 배수관을 토사로 막아 하수가 내려가지 못하게 한 경우에는 수리를 방해하였다고 볼 수 없다.

71) 대법원 2001.6.26. 선고 2001도404 판결.

제5절 교통방해의 죄

Ⅰ. 총설

1. 의의

교통방해의 죄는 교통로 또는 교통기관 등 교통설비를 손괴 또는 불통하게 하여 교통을 방해하는 것을 내용으로 하는 범죄이다. 교통의 안전은 사회생활 유지·발전의 기본적인 조건이며, 경제·산업발전의 중대한 요소이다. 교통의 안전을 위태롭게 하는 행위는 교통기관이 대형화, 고속화됨에 따라 종전보다 더욱 불특정·다수인의 생명·신체·재산에 대한 중대한 위험을 증가시킨다. 교통방해의 죄는 공공의 안전을 보호하기 위한 범죄이다.

2. 보호법익과 보호 정도

교통방해의 죄는 공공의 교통안전을 주된 보호법익으로 하지만,[72] 부차적으로 공중의 생명, 신체, 재산의 안전도 보호법익이 된다. 본죄의 보호 정도는 추상적 위험범이다. 교통이 불가능하거나 또는 현저히 곤란한 상태가 발생하면 바로 기수가 되고 교통방해의 결과가 현실적으로 발생하여야 하는 것은 아니다.[73]

본죄는 공공의 교통안전을 해할 뿐만 아니라 이로 인하여 불특정 또는 다수인의 생명·신체 또는 재산에 위험까지 야기시키는 이중의 위험을 야기하는 공공의 위험범에 해당한다.

Ⅱ. 일반교통방해죄

제185조 (일반교통방해) 육로, 수로 또는 교량을 손괴 또는 불통하게 하거나 기타 방법으로 교통을 방해한 자는 10년 이하의 징역 또는 1천500만원 이하의 벌금에 처한다.

---

72) 대법원 2018.1.24. 선고 2017도11408 판결.

73) 대법원 2018.1.24. 선고 2017도11408 판결.

1. 의의

일반교통방해죄는 육로, 수로, 교량을 손괴 또는 불통하게 하거나 기타 방법으로 교통을 방해하는 경우에 성립하는 범죄이다. 교통을 방해하여 통행을 불가능하게 하거나 현저히 곤란하게 하는 일체의 행위를 처벌하는 것을 그 목적으로 하고 있다. 일반 공중의 교통안전을 그 보호법익으로 하고 있다.

특히 일반교통방해죄는 집회와 시위에 관련된 상황에서 자주 문제된다. 집회와 시위의 자유는 헌법상 보장된 국민의 기본권이므로 형법상 일반교통방해죄를 집회와 시위의 참석자에게 적용할 경우에는 집회와 시위의 자유를 부당하게 제한하는 결과가 발생할 우려가 있다. 더구나 일반교통방해죄에서 교통을 방해하는 방법을 포괄적으로 정하고 있다. 따라서 본죄를 해석하는 경우 기본권의 침해가 발생하지 않도록 엄격하게 해석할 필요가 있다.[74]

일반교통방해죄에서 교통방해 행위는 계속범의 성질을 가지는 것이어서 교통방해의 상태가 계속되는 한 위법상태는 계속 존재한다.[75] 일반교통방해죄는 추상적 위험범으로 보는 것이 판례이다. 따라서 교통이 불가능하거나 또는 현저히 곤란한 상태가 발생하면 바로 기수가 되고 교통방해의 결과가 현실적으로 발생하여야 하는 것은 아니다.[76] 하지만 집회와 시위의 자유는 국민의 기본권이라는 점, 추상적 위험범이라고 이해할 경우 교통방해행위만 있으면 본죄의 성립을 긍정해야 하지만, 본죄가 성립하기 위해서는 통행이 불가능하거나 현저하게 곤란할 정도에 이르러야 한다는 점에서 본죄를 침해범으로 이해하거나 구체적 위험범으로 입법할 필요가 있다.

판례 일반교통방해죄와 집회와 시위의 자유

【판결요지】 [1] 형법 제185조는 일반교통방해죄에 관하여 "육로, 수로 또는 교량을 손괴 또는 불통하게 하거나 기타 방법으로 교통을 방해한 자는 10년 이하의 징역 또는 1천 500만 원 이하의 벌금에 처한다."라고 정하고 있다. 일반교통방해죄는 일반 공중의 교통안전을 보호법익으로 하는 범죄로서 육로 등을 손괴 또는 불통하게 하는 경우뿐만 아니라 그 밖의 방법으로 교통을 방해하여 통행을 불가능하게 하거나 현저하게 곤란하게 하는 일체의 행위를 처벌하는 것을 목적으로 한다.
집회와 시위의 자유는 헌법상 보장된 국민의 기본권이므로 형법상의 일반교통방해죄를 집회와 시위의 참석자에게 적용할 경우에는 집회와 시위의 자유를 부당하게 제한하는 결과가 발생할 우려가 있다. 그러나 일반교통방해죄에서 교통을 방해하는 방법

74) 대법원 2018.1.24. 선고 2017도11408 판결.
75) 대법원 2018.5.11. 선고 2017도9146 판결.
76) 대법원 2005.10.28. 선고 2004도7545 판결.

을 위와 같이 포괄적으로 정하고 있는 데다가 도로에서 집회와 시위를 하는 경우 일반 공중의 교통안전을 직접적으로 침해할 위험이 있는 점을 고려하면, 집회나 시위로 교통 방해 행위를 수반할 경우에 특별한 사정이 없는 한 일반교통방해죄가 성립할 수 있다.
[2] 집회 및 시위에 관한 법률(이하 '집시법'이라 한다)에 따라 적법한 신고를 마친 집회 또는 시위라고 하더라도 당초에 신고한 범위를 현저히 벗어나거나 집시법 제12조에 따른 조건을 중대하게 위반하여 도로 교통을 방해함으로써 통행을 불가능하게 하거나 현저하게 곤란하게 하는 경우에는 형법 제185조의 일반교통방해죄가 성립한다. 그러나 이때에도 참가자 모두에게 당연히 일반교통방해죄가 성립하는 것은 아니고, 실제로 참가자가 위와 같이 신고 범위를 현저하게 벗어나거나 조건을 중대하게 위반하는 데 가담하여 교통방해를 유발하는 직접적인 행위를 하였거나, 참가자의 참가 경위나 관여 정도 등에 비추어 그 참가자에게 공모공동정범의 죄책을 물을 수 있는 경우라야 일반교통방해죄가 성립한다.
[3] 일반교통방해죄는 이른바 추상적 위험범으로서 교통이 불가능하거나 또는 현저히 곤란한 상태가 발생하면 바로 기수가 되고 교통방해의 결과가 현실적으로 발생하여야 하는 것은 아니다. 또한 일반교통방해죄에서 교통방해 행위는 계속범의 성질을 가지는 것이어서 교통방해의 상태가 계속되는 한 가벌적인 위법상태는 계속 존재한다. 따라서 신고 범위를 현저히 벗어나거나 집회 및 시위에 관한 법률 제12조에 따른 조건을 중대하게 위반함으로써 교통방해를 유발한 집회에 참가한 경우, 참가 당시 이미 다른 참가자들에 의해 교통의 흐름이 차단된 상태였더라도 교통방해를 유발한 다른 참가자들과 암묵적·순차적으로 공모하여 교통방해의 위법상태를 지속시켰다고 평가할 수 있다면 일반교통방해죄가 성립한다(대법원 2018.1.24. 선고 2017도11408 판결).

2. 객체: 육로, 수로, 교량

본죄의 객체는 육로, 수로, 교량이다. '육로'는 반드시 도로법의 적용을 받는 도로일 필요는 없고, 사실상 공중이나 차량이 자유롭게 통행할 수 있는 공공성을 지닌 도로이면 족하다. 그 부지의 소유관계나 통행권리관계 또는 통행인의 많고 적음 등을 가리지 않는다.

도로가 농가의 영농을 위한 경운기나 리어카 등의 통행을 위한 농로로 개설되었다 하더라도 그 도로가 사실상 일반 공중의 왕래에 공용되는 도로가 되었다면 본죄의 객체가 된다.[77] 불특정 다수인의 통행로로 이용되어 오던 도로의 토지 일부의 소유자라 하더라도 그 도로의 중간에 바위를 놓아두거나 이를 파헤침으로써 차량의 통행을 못하게 한 행위는 교통방해죄가 성립한다.[78]

---

77) 대법원 1995.9.15. 선고 95도1475 판결.

78) 대법원 2002.4.26. 선고 2001도6903 판결.

하지만 토지의 소유자가 자신의 토지의 한쪽 부분을 일시 공터로 두었을 때 인근 주민들이 위 토지의 동서쪽에 있는 도로에 이르는 지름길로 일시 이용한 적이 있다 하여도 이를 일반 공중의 왕래에 공용되는 도로라고 할 수 없으며,[79] '피고인 소유의 임야 내 타인의 음식점으로 통하는 진입도로'는 일반교통방해죄에서 정한 불특정 다수인을 위한 공공성을 가진 도로라고 보기 어렵다.[80]

'수로'는 선박의 항해에 사용되고 있는 하천·운하·해협·호수와 늪의 항로를 말한다. 선박의 운항에서 해양수산부장관이 영해 및 내수에 설정하는 각종 항로가 이에 해당한다(해사안전기본법 제3조 참조). 자연적으로 형성되었거나 인공적으로 설정된 항행 가능한 수역으로, 선박의 항행을 위해 지정된 공간을 말한다.

'교량'은 하천이나 계곡 등 자연적 장애물을 사람이나 차량이 안전하게 건널 수 있게 만든 구조물 말한다. 도로법에서는 도로의 부속물로서 교량을 포함하고 있다.

3. 행위: 손괴 또는 불통하게 하거나 기타 방법으로 교통을 방해하는 행위

본죄는 육로 등을 손괴 또는 불통하게 하거나 기타의 방법으로 교통을 방해하여 통행을 불가능하게 하거나 현저하게 곤란하게 하는 일체의 행위를 처벌하는 것을 그 목적으로 한다. 따라서 단순히 주차금지구역에 주차하였다는 사실 또는 다소의 불편이 있었다는 것만으로 일반교통방해가 되었다고 보기 어려우며 통행이 불가능하거나 현저하게 곤란할 정도에 이르러야 한다.[81] 따라서 도로에 트랙터를 세워두거나 철책 펜스를 설치하여 차량의 통행을 불가능하게 한 경우에는 본죄가 성립하지만, 도로를 가로막고 앉아서 차량통행을 일시적으로 방해한 행위는 본죄에 해당하지 않는다.[82] 다른 차량이 출발할 때 후진해야 하는 등 다소 불편할 수 있어도 주차한 장소의 옆 차로를 통하여 다른 차량들이 충분히 통행할 수 있었을 것으로 볼 수 있다면 통행이 불가능하거나 현저하게 곤란하지는 않았으므로 본죄는 성립하지 않는다.[83]

---

79) 대법원 1984.11.13. 선고 84도2192 판결.

80) 대법원 2010.2.25. 선고 2009도13376 판결.

81) 대법원 2009.7.9. 선고 2009도4266 판결.

82) 대법원 2009.1.30. 선고 2008도10560 판결.

83) 대법원 2009.7.9. 선고 2009도4266 판결.

판례 일반교통방해죄에 대한 판례

① 주민들이 농기계 등으로 그 주변의 농경지나 임야에 통행하기 위해 이용하는 자신 소유의 도로에 깊이 1m 정도의 구덩이를 판 행위가 일반교통방해죄에 해당하고 자구행위나 정당행위에 해당하지 않는다고 한 사례(대법원 2007.3.15. 선고 2006도9418 판결).

② 목장 소유자가 목장운영을 위해 목장용지 내에 임도를 개설하고 차량 출입을 통제하면서 인근 주민들의 일부 통행을 부수적으로 묵인한 경우, 위 임도는 공공성을 지닌 장소가 아니어서 일반교통방해죄의 '육로'에 해당하지 않는다고 한 사례(대법원 2007.10.11. 선고 2005도7573 판결).

③ 서울 중구 소공동의 왕복 4차로의 도로 중 편도 3개 차로 쪽에 차량 2, 3대와 간이테이블 수십개를 이용하여 길가쪽 2개 차로를 차지하는 포장마차를 설치하고 영업행위를 한 것은, 비록 행위가 교통량이 상대적으로 적은 야간에 이루어졌다 하더라도 형법 제185조의 일반교통방해죄를 구성한다고 한 사례(대법원 2007.12.14. 선고 2006도4662 판결).

④ 인근 상가의 통행로로 이용되고 있는 토지의 사실상 지배권자가 위 토지에 철주와 철망을 설치하고 포장된 아스팔트를 걷어냄으로써 통행로로 이용하지 못하게 한 경우, 이는 일반교통방해죄를 구성하고 자구행위에 해당하지 않는다고 한 사례(대법원 2007.12.28. 선고 2007도7717 판결).

⑤ 전국민주노동조합총연맹 준비위원회가 주관한 도로행진시위가 사전에 구 집회 및 시위에 관한 법률에 따라 옥외집회신고를 마쳤어도, 신고의 범위와 위 법률 제12조에 따른 제한을 현저히 일탈하여 주요도로 전차선을 점거하여 행진 등을 함으로써 교통소통에 현저한 장해를 일으켰다면, 일반교통방해죄를 구성한다고 한 사례(대법원 2008.11.13. 선고 2006도755 판결).

⑥ 피고인의 가옥 앞 도로가 폐기물 운반 차량의 통행로로 이용되어 가옥 일부에 균열 등이 발생하자 피고인이 위 도로에 트랙터를 세워두거나 철책 펜스를 설치함으로써 위 차량의 통행을 불가능하게 하거나 위 차량들의 앞을 가로막고 앉아서 통행을 일시적으로 방해한 경우, 전자의 경우에만 일반교통방해죄를 구성한다고 한 사례(대법원 2009.1.30. 선고 2008도10560 판결).

⑦ 공항 여객터미널 버스정류장 앞 도로 중 공항리무진 버스 외의 다른 차의 주차가 금지된 구역에서 밴 차량을 40분간 불법주차하고 호객행위를 한 것이, 다른 차량들의 통행을 불가능하거나 현저히 곤란하게 한 것으로 볼 수 없어 형법 제185조의 일반교통방해죄를 구성하지 않는다고 한 사례(대법원 2009.7.9. 선고 2009도4266 판결).

⑧ '피고인 소유의 임야 내 타인의 음식점으로 통하는 진입도로'가 일반교통방해죄에서 정한 불특정 다수인을 위한 공공성을 가진 도로라고 보기 어렵다고 한 사례(대법원 2010.2.25. 선고 2009도13376 판결).

4. 기수 시기와 종료시기

본죄는 추상적 위험범이므로 교통이 불가능하거나 또는 현저히 곤란한 상태가 발생하면 바로 기수가 된다. 교통방해의 결과가 현실적으로 발생할 필요는 없다.

본죄는 계속범이다. 교통방해의 상태가 계속되는 한 위법상태는 계속 존재한다. 계속범의 경우 기수 이후라도 종료 이전까지라면 공범 또는 공동정범이 성립할 수 있다. 다만 참가자 모두에게 당연히 일반교통방해죄가 성립하는 것은 아니다. 실제로 참가자가 집회·시위에 가담하여 교통방해를 유발하는 직접적인 행위를 하였거나, 참가자의 참가 경위나 관여 정도 등에 비추어 참가자에게 공모공동정범의 죄책을 물을 수 있는 경우라야 일반교통방해죄가 성립한다.

교통방해를 유발한 집회에 참가한 경우 참가 당시 이미 다른 참가자들에 의해 교통의 흐름이 차단된 상태였더라도 교통방해를 유발한 다른 참가자들과 암묵적·순차적으로 공모하여 교통방해의 위법상태를 지속시켰다고 평가할 수 있다면 일반교통방해죄가 성립한다.[84)]

Ⅲ. 기차·선박 등 교통방해죄

> 제186조 (기차, 선박 등의 교통방해) **궤도, 등대 또는 표지를 손괴하거나 기타 방법으로 기차, 전차, 자동차, 선박 또는 항공기의 교통을 방해한 자는 1년 이상의 유기징역에 처한다.**

기차·선박 등 교통방해죄는 궤도, 등대 또는 표지를 손괴하거나 기타 방법으로 기차, 전차, 자동차, 선박 또는 항공기의 교통을 방해한 경우에 성립하는 범죄이다. 현대에서 기차, 전차, 선박 등은 불특정·다수인이 이용하는 주요교통기관이므로 일반교통방해죄에 비하여 가중적 구성요건이다.

본죄의 객체는 궤도, 등대 또는 표지이며, 본죄의 구성요건적 행위는 손괴하거나 기타의 방법으로 교통을 방해하는 행위이다.

'궤도'는 기차나 전차의 바퀴가 굴러가도록 레일을 깔아 놓은 길을 말한다. 궤도운송법에 따르면 궤도란 사람이나 화물을 운송하는 데에 필요한 궤도시설과 궤도차량 및 이와 관련된 운영·지원 체계가 유기적으로 구성된 케이블철도, 노면전차, 모노레일 및 자기부

84) 대법원 2018.5.11. 선고 2017도9146 판결.

상열차 등 국토교통부령으로 정하는 운송 체계를 말하며, 삭도(索道)를 포함한다.

'등대'는 항로표지 중 하나로 선박에 대하여 등광(燈光)·형상(形象)·색채·음향·전파 등을 수단으로 선박의 위치·방향 및 장애물의 위치 등을 알려 주는 항행보조시설을 말한다.

'표지'는 교통의 신호 등 교통안전에 필요한 주의나 지시 등을 표시하는 표지를 말하며, 도로교통법의 안전표지, 항로표지법의 항로표지, 공항시설법의 항공장애표시등이 이에 해당한다.

이외의 내용은 일반교통방해죄의 내용과 동일하다.

Ⅳ. 기차 등 전복죄

> 제187조 (기차 등의 전복등) 사람의 현존하는 기차, 전차, 자동차, 선박 또는 항공기를 전복, 매몰, 추락 또는 파괴한 자는 무기 또는 3년 이상의 징역에 처한다.

1. 의의

기차 등 전복죄는 사람이 현존하는 기차, 전차, 자동차, 선박 또는 항공기를 전복, 매몰, 추락 또는 파괴한 경우에 성립하는 범죄이다. 기차교통방해죄의 가중적 구성요건이다.

2. 구성요건적 행위

'전복'은 기차 등의 전부 또는 일부를 뒤집혀 엎어지게 하는 것이다. '전복'이 되어야 하므로 단순히 궤도를 탈선시킨 것만으로는 부족하다. 하지만 반드시 전부가 전복될 필요는 없다.

'매몰'은 기차 등을 땅속에 묻거나 선박을 침몰시키는 것을 말한다. 선박이 좌초한 경우에는 매몰이라고 보기 어렵다. 선박의 전부가 수중에 매몰될 필요는 없고, 선박의 대부분이 침몰하여 선박의 기능이 상실되었다고 볼 수 있으면 매몰이라고 볼 수 있다. 매몰의 고의로 실행의 착수를 하였지만 선박이 좌초한 결과만이 발생한 경우에는 본죄의 미수범이 성립한다. 선박이 좌초하여 파괴되었다면 선박매몰죄가 아니라 선박파괴죄가 성립한다.

'추락'은 항공기를 염두에 두고 입법한 구성요건적 행위로 보인다. 항공기의 '추락'이라 함은 공중에 떠 있는 항공기를 정상시 또는 긴급시의 정해진 항법에 따라 지표 또는 수면에 착륙 또는 착수시키지 못하고, 그 이외의 상태로 지표 또는 수면에 낙하시키는 것을 말한다.[85)]

'파괴'는 기차 등의 교통기관의 중요 부분이 그 용법의 전부 또는 일부를 불가능하게 할 정도로 물질적 파손이 된 경우를 말한다. 그 정도에 이르지 아니하는 단순한 손괴는 포함되지 않는다. 차체 내부의 철판을 찌그러지게 하거나 자동차의 창문에 돌을 던져 깨뜨리는 정도는 본죄의 파괴에 해당하지 않는다.

판례에 따르면 교통방해의 죄 중 하나로서 그 법정형을 높게 정하는 한편 미수, 예비·음모까지도 처벌 대상으로 삼고 있는 사정에 덧붙여 '파괴' 외에 다른 구성요건 행위인 전복, 매몰, 추락 행위가 일반적으로 상당한 정도의 손괴를 수반할 것이 당연히 예상되는 사정 등을 고려해 볼 때, 형법 제187조에서 정한 '파괴'란 다른 구성요건 행위인 전복, 매몰, 추락 등과 같은 수준으로 인정할 수 있을 만큼 교통기관으로서의 기능·용법의 전부나 일부를 불가능하게 할 정도의 파손을 의미하고, 그 정도에 이르지 아니하는 단순한 손괴는 포함되지 않는다.[86)]

3. 고의

본죄의 고의는 행위 시에 사람이 현존한다는 인식과 기차 등을 전복·매몰·추락·파괴한다는 결과 발생에 대한 인식이 필요하다. 공공의 위험에 대한 인식까지는 필요하지 않다.[87)]

V. 교통방해치사상죄

제188조 (교통방해치사상) 제185조 내지 제187조의 죄를 범하여 사람을 상해에 이르게 한 때에는 무기 또는 3년 이상의 징역에 처한다. 사망에 이르게 한 때에는 무기 또는 5년 이상의 징역에 처한다.

85) 대법원 1990.9.11. 선고 90도1486 판결.

86) 대법원 2009.4.23. 선고 2008도11921 판결.

87) 대법원 2000.6.23. 선고 99도4688 판결.

1. 의의

교통방해치사상죄는 일반교통방해죄(제185조), 기차교통방해죄(제186조), 기차전복죄(제187조)를 범하여 사람을 상해 또는 사망에 이르게 함으로써 성립하는 범죄이다. 치상의 경우에는 상해죄의 법정형보다 높기 때문에 부진정 결과적 가중범이며, 치사의 경우에는 살인죄의 법정형보다 높지 않기 때문에 진정 결과적 가중범이다. 따라서 고의로 상해를 한 경우 교통방해치상죄와 상해죄의 상상적 경합이 되며, 고의로 살해한 경우 본죄가 아니라 살인죄와 교통방해죄의 상상적 경합이 된다.

2. 구성요건

교통방해치상죄와 교통방해치사죄는 각각 부진정 결과적 가중범과 진정 결과적 가중범이므로 이에 대한 설명은 결과적 가중범의 성립요건에 관한 일반론이 그대로 적용된다.

Ⅵ. 과실교통방해죄

제189조 (과실, 업무상과실, 중과실) ① 과실로 인하여 제185조 내지 제187조의 죄를 범한 자는 1천만원 이하의 벌금에 처한다.
② 업무상과실 또는 중대한 과실로 인하여 제185조 내지 제187조의 죄를 범한 자는 3년 이하의 금고 또는 2천만원 이하의 벌금에 처한다.

과실교통방해죄는 과실로 인하여 일반교통방해죄(제185조), 기차교통방해죄(제186조), 기차전복죄(제187조)를 범한 경우(제1항)이거나 업무상과실 또는 중과실로 인하여 위 죄를 범한 경우(제2항)에 성립하는 과실범이다.

과실교통방해의 경우 일반과실범의 성립 요건과 같다. 다만 업무상과실교통방해죄의 경우 업무는 직접 기차·전차·자동차 등과 같은 교통에 종사하는 자의 업무뿐만 아니라 교량을 제작·시공을 담당하는 경우와 같이 간접적으로 관련이 있는 자도 해당된다는 것이 판례의 입장이다.

업무상 과실로 인하여 교량을 손괴하여 자동차의 교통을 방해하고 그 결과 자동차를 추락시킨 경우에는 업무상과실일반교통방해죄와 업무상과실자동차추락죄는 상상적 경합관계에 있다.

판례 성수대교 붕괴 사건

【판결요지】 [1] 성수대교 붕괴사고에서 교량 건설회사의 트러스 제작 책임자, 교량공사 현장감독, 발주 관청의 공사감독 공무원 등에게 업무상과실치사상, 업무상과실일반교통방해, 업무상과실자동차추락죄 등의 유죄를 인정한 사례.

[2] 구 형법(1995. 12. 29. 법률 제5057호로 개정되기 전의 것) 제189조 제2항, 제185조에서 업무상과실일반교통방해의 한 행위태양으로 규정한 '손괴'라고 함은 물리적으로 파괴하여 그 효용을 상실하게 하는 것을 말하므로, 이 사건 성수대교의 건설 당시의 부실제작 및 부실시공행위 등에 의하여 트러스가 붕괴되는 것도 위 '손괴'의 개념에 포함된다.

[3] 구 형법(1995. 12. 29. 법률 제5057호로 개정되기 전의 것) 제189조 제2항에서 말하는 '업무상과실'의 주체는 기차, 전차, 자동차, 선박, 항공기나 기타 일반의 교통왕래에 관여하는 사무에 직접·간접으로 종사하는 자이어야 할 것인바, 성수대교는 차량 등의 통행을 주된 목적으로 하여 건설된 교량이므로, 그 건설 당시 제작, 시공을 담당한 자도 교통왕래에 관여하는 사무에 간접적으로 관련이 있는 자에 해당한다고 본 사례.

[4] 업무상과실로 인하여 교량을 손괴하여 자동차의 교통을 방해하고 그 결과 자동차를 추락시킨 경우에는 구 형법(1995.12.29. 법률 제5057호로 개정되기 전의 것) 제189조 제2항, 제185조 소정의 업무상과실일반교통방해죄와 같은 법 제189조 제2항, 제187조 소정의 업무상과실자동차추락죄가 성립하고, 위 각 죄는 형법 제40조 소정의 상상적 경합관계에 있다(대법원 1997.11.28. 선고 97도1740 판결).

CHAPTER 02

공중의 건강에 대한 죄

제1절 먹는 물에 관한 죄

Ⅰ. 총설

1. 의의

먹는 물에 관한 죄는 일상생활에서 먹는 물로 사용되는 물 또는 그 수원에 오물·독물 등 건강을 해하는 물질을 넣거나, 공중이 먹는 물을 공급하는 수도 그 밖의 시설을 손괴하거나 그 밖의 방법으로 불통(不通)하게 한 경우에 성립하는 범죄이다. 공공위험범이다.

2. 보호법익과 보호 정도

먹는 물에 관한 죄의 보호법익은 일반 공중의 건강이며, 보호 정도는 추상적 위험범이다. 다만 음용수혼독치사상죄은 사람의 생명이나 신체에 대한 결과 발생이 필요한 결과적 가중범으로 결과범이다.

3. 특별법

먹는 물에 대한 법적 규제는 특별법인 '먹는물관리법', '수질환경보전법', '수도법' 등이 주로 규율하고 있으며, 먹는 물 등 환경과 관련된 형사특별법으로는 먹는물관리법, 보건범죄단속에 관한 특별조치법, 환경범죄의 단속에 관한 특별조치법, 식품위생법, 대기환경보전법, 소음·진동규제법, 오수·분뇨 및 축산폐수의 처리에 관한 법률 등 다양한 법률이 있다. 따라서 형법의 먹는 물에 관한 죄는 이러한 특별법으로 인하여 그 적용 가능성은 제한적이다.

Ⅱ. 먹는 물의 사용방해죄

제192조(먹는 물의 사용방해) ① 일상생활에서 먹는 물로 사용되는 물에 오물을 넣어 먹는 물로 쓰지 못하게 한 자는 1년 이하의 징역 또는 500만원 이하의 벌금에 처한다.
② 제1항의 먹는 물에 독물(毒物)이나 그 밖에 건강을 해하는 물질을 넣은 사람은 10년 이하의 징역에 처한다.

1. 의의

먹는 물의 사용방해죄는 일상생활에서 먹는 물로 사용되는 물에 오물을 넣어 먹는 물로 쓰지 못하게 한 경우에 성립하는 범죄이다. 먹는 물에 관한 죄의 기본적 구성요건이다.

2. 구성요건

본죄의 객체는 '일상생활에서 먹는 물로 사용되는 물'이다. 불특정 또는 다수인이 계속 반복하여 음용에 사용하기에 적합할 정도의 청결한 물을 말한다.

본죄의 행위는 오물을 넣어 먹는 물로 쓰지 못하게 한 경우이다. 대소변이나 쓰레기 등을 섞어 넣어 먹는 물로 쓰지 못하게 하는 경우가 이에 해당한다. 먹는 물로 쓰지 못하게 된 이유는 불문하다. 따라서 감정적으로 심리적으로 불결한 느낌을 갖게 한 경우에도 본죄에 해당할 수 있다. 먹는 물로 쓰지 못하게 하여야 하므로 오물을 혼입하였으나 음용할 수 없는 정도에 이르지 못한 경우에는 본죄가 아니라 경범죄처벌법위반죄에 해당한다.

Ⅲ. 먹는 물 유해물 혼입죄

제192조(먹는 물의 사용방해) ② 제1항의 먹는 물에 독물(毒物)이나 그 밖에 건강을 해하는 물질을 넣은 사람은 10년 이하의 징역에 처한다.

먹는 물 유해물 혼입죄는 일상생활에서 먹는 물로 사용되는 물에 독물 기타 건강을 해하는 물질을 넣은 경우에 성립하는 범죄이다. 독물 등 유해물을 혼입한다는 행위방법의 위험성 때문에 형이 가중되는 가중적 구성요건이다.

Ⅳ. 수돗물의 사용방해죄

제193조(수돗물의 사용방해) ① 수도(水道)를 통해 공중이 먹는 물로 사용하는 물 또는 그 수원(水原)에 오물을 넣어 먹는 물로 쓰지 못하게 한 자는 1년 이상 10년 이하의 징역에 처한다.

수돗물의 사용방해죄는 수도(水道)를 통해 공중이 먹는 물로 사용하는 물 또는 그 수원(水原)에 오물을 넣어 먹는 물로 쓰지 못하게 한 경우에 성립하는 범죄이다. '수도'는 공중이 먹는 물을 공급하기 위한 인공적 설비를 말한다. '공중이 먹는 물'은 인공설비에 의하여 불특정 또는 다수인이 이용할 수 있도록 현재 공급 중에 있는 먹는 물을 말한다. '수원'은 수도에 유입되기 이전의 수류 또는 저수지·정수지의 물을 말한다. 취수장으로부터 저수지·정수장에 이르는 수로의 물이 수원에 해당한다.

Ⅴ. 수돗물 유해물 혼입죄

제193조(수돗물의 사용방해) ② 제1항의 먹는 물 또는 수원에 독물 그 밖에 건강을 해하는 물질을 넣은 자는 2년 이상의 유기징역에 처한다.

수돗물 유해물 혼입죄는 수도에 의하여 공중이 먹는 물로 사용하는 물 또는 수원에 독물 기타 건강을 해하는 물질을 넣은 경우에 성립하는 범죄이다. 먹는 물의 사용방해죄에 비해 행위객체의 위험성이 크다는 점과 수돗물의 사용방해죄에 비해 행위수단이 위험하다는 점에서 형이 가중되어 있는 가중적 구성요건이다.

Ⅵ. 먹는 물 혼독치사상죄

제194조(먹는 물 혼독치사상) 제192조제2항 또는 제193조제2항의 죄를 지어 사람을 상해에 이르게 한 경우에는 무기 또는 3년 이상의 징역에 처한다. 사망에 이르게 한 경우에는 무기 또는 5년 이상의 징역에 처한다.

먹는 물 혼독치상죄는 먹는 물 유해물혼입죄(제192조 제2항) 또는 수돗물 유해물혼입죄(제193조 제2항)를 범하여 사람을 상해 또는 사망에 이르게 한 경우에 성립하는 범죄이다. 먹는 물 혼독치상죄는 부진정 결과적 가중범이며, 먹는 물 혼독치사죄는 진정 결과적 가중범이다.

Ⅶ. 수도불통죄

제195조 (수도불통) 공중이 먹는 물을 공급하는 수도 그 밖의 시설을 손괴하거나 그 밖의 방법으로 불통(不通)하게 한 자는 1년 이상 10년 이하의 징역에 처한다.

수도불통죄는 공중이 먹는 물을 공급하는 수도 그 밖의 시설을 손괴하거나 그 밖의 방법으로 불통(不通)하게 한 경우에 성립하는 범죄이다. 객체가 수도 기타 시설이라는 점, 행위태양이 손괴 기타 방법으로 불통하게 한다는 점에서 형이 가중된 가중적 구성요건이다.

제2절 아편에 관한 죄

Ⅰ. 총설

1. 의의

아편에 관한 죄는 아편(opium)을 흡식하거나 아편 또는 아편흡식기구를 제조·수입·판매 또는 소지하는 등의 행위를 내용으로 하는 범죄이다. 형법상 아편에 관한 죄는 1953

년 형법 제정 당시부터 규정된 조항으로, 당시 사회적으로 크게 문제가 되었던 약물 범죄였던 '아편'을 강력하게 규제하고자 한 것이 목적이었다. 1950년대 이후 현대 한국에서 아편은 거의 사용되지 않고 있으며, 사실상 아편 관련 범죄는 발생 빈도가 극히 낮다. 현대 마약범죄는 주로 필로폰, 코카인, 향정신성 의약품과 같은 합성마약이 중심인데도, 형법은 아직 '아편'만을 별도의 장으로 규정하고 있다. 형법상 아편에 관한 죄 규정은 시대적 요구에 맞지 않는 낡고 비현실적인 규정으로 평가할 수 있다. 형법상 아편에 관한 죄 규정을 삭제하거나 마약류 관리에 관한 법률과 형법을 조정하여 처벌 체계를 통합해야 하는 등 개정이 필요하다.

2. 특별법

아편에 관한 죄에 대하여 특별법인 마약류관리에 관한 법률이 적용된다. 마약류관리에 관한 법률은 마약·향정신성 의약품 및 대마 및 원료물질의 취급·관리를 적정하게 하고, 마약류 중독에 대한 치료·예방 등을 위하여 필요한 사항을 규정함으로써 그 오용 또는 남용으로 인한 보건상의 위해를 방지하여 국민보건 향상과 건강한 사회 조성에 이바지함을 목적으로 제정된 법률이다. 이로 인하여 종래 마약법, 향정신성의약품관리법, 대마관리법은 폐지되었다.

마약류관리에 관한 법률에 따르면 마약류는 마약·향정신성의약품·대마를 말한다(동법 제2조). '마약'은 양귀비, 아편, 코카 잎, 이들에서 추출되는 모든 알카로이드 및 그와 동일한 화학적 합성품, 남용되거나 해독(害毒) 작용을 일으킬 우려가 있는 화학적 합성품 등을 말하며, '향정신성의약품'이란 인간의 중추신경계에 작용하는 것으로서 이를 오용하거나 남용할 경우 인체에 심각한 위해가 있다고 인정되는 것을 말한다. '대마'는 대마초와 그 수지(樹脂) 또는 대마초 또는 그 수지를 원료로 하여 제조된 모든 제품 등을 말한다.

동법에 따르면 마약을 수출입·제조·매매하거나 매매를 유인·권유·알선한 자 또는 그러할 목적으로 소지·소유한 자, 마약 또는 향정신성의약품을 제조할 목적으로 그 원료가 되는 물질을 제조·수출입하거나 그러할 목적으로 소지·소유한 자, 마약의 성분을 함유하는 원료·종자·종묘를 관리·수수하거나 그 성분을 추출하는 행위를 한 자, 마약 또는 향정신성의약품을 제조할 목적으로 그 원료가 되는 물질을 매매하거나 매매를 유인·권유·알선하거나 수수한 자 또는 그러할 목적으로 소지·소유 또는 사용한 자, 향정신성의약품의 원료가 되는 식물 또는 버섯류를 매매하거나 매매를 유인·권유·알선하거나 수수한 자 또는 그러할 목적으로 소지·소유한 자 등의 마약류관리법의 위반 행위에 대하여 벌칙 규정을 두고 있다.

Ⅱ. 아편흡식죄·장소제공죄

제201조 (아편흡식등, 동장소제공) ① 아편을 흡식하거나 몰핀을 주사한 자는 5년 이하의 징역에 처한다.
② 아편흡식 또는 몰핀 주사의 장소를 제공하여 이익을 취한 자도 전항의 형과 같다.
제202조 (미수범) 전4조의 미수범은 처벌한다.
제203조 (상습범) 상습으로 전5조의 죄를 범한 때에는 각조에 정한 형의 2분의 1까지 가중한다.
제206조 (몰수, 추징) 본장의 죄에 제공한 아편, 몰핀이나 그 화합물 또는 아편흡식기구는 몰수한다. 그를 몰수하기 불능한 때에는 그 가액을 추징한다.

1. 아편흡식죄

아편흡식죄는 아편을 흡식하거나 몰핀을 주사한 경우에 성립하는 범죄이다. 아편에 관한 죄의 기본적 구성요건이다.

본죄의 객체는 아편과 몰핀이다. 아편은 양귀비의 액즙이 응결된 것과 흡식할 수 있도록 가공된 제조아편과 그 원료인 생아편을 포함하는 것으로 의약품 이외의 것을 말한다. 몰핀은 양귀비·아편 또는 코카 잎에서 추출되는 알칼로이드 계통의 합성물을 말한다.

본죄의 행위는 흡식과 주사이다. 흡식은 아편을 호흡기 또는 소화기를 통하여 신체 내에서 소비하는 것을 말하며, 주사는 주사기에 의하여 신체에 주입하는 것을 말한다.

흡식이나 주사의 목적으로 아편이나 몰핀을 소지하고 있다가 이를 흡식 또는 주사한 경우 아편흡식죄만 성립하고 불가벌적 수반행위이기 때문에 소지죄는 이에 흡수된다.

2. 아편흡식장소제공죄

아편흡식장소제공죄는 아편흡식 또는 몰핀주사의 장소를 제공하여 이익을 취득하는 경우에 성립하는 범죄이다. 아편흡식죄의 방조에 해당하는 행위를 독립범죄로 규정한 것이다.

Ⅲ. 아편 등 제조·수입·판매·판매목적 소지죄

> 제198조 (아편 등의 제조등) 아편, 몰핀 또는 그 화합물을 제조, 수입 또는 판매하거나 판매할 목적으로 소지한 자는 10년 이하의 징역에 처한다.
> 제202조 (미수범) 전4조의 미수범은 처벌한다.
> 제203조 (상습범) 상습으로 전5조의 죄를 범한 때에는 각조에 정한 형의 2분의 1까지 가중한다.

아편 등 제조·수입·판매·판매목적 소지죄는 아편, 몰핀 또는 그 화합물을 제조, 수입 또는 판매하거나 판매할 목적으로 소지한 경우에 성립하는 범죄이다. 아편흡식죄에 대한 가중적 구성요건이다. 본죄의 객체는 아편·몰핀 또는 그 화합물이다. 화합물은 화학적 합성물인 마약류를 말한다. 본죄의 행위는 제조, 수입 또는 판매, 판매할 목적으로 소지하는 행위이다. 본죄의 소지는 판매목적이 있어야 하므로 판매할 목적이 없는 경우에는 단순소지죄가 된다.

Ⅳ. 아편흡식기 제조·수입·판매·판매목적 소지죄

> 제199조 (아편흡식기의 제조등) 아편을 흡식하는 기구를 제조, 수입 또는 판매하거나 판매할 목적으로 소지한 자는 5년 이하의 징역에 처한다.
> 제202조 (미수범) 전4조의 미수범은 처벌한다.
> 제203조 (상습범) 상습으로 전5조의 죄를 범한 때에는 각조에 정한 형의 2분의 1까지 가중한다.
> 제206조 (몰수, 추징) 본장의 죄에 제공한 아편, 몰핀이나 그 화합물 또는 아편흡식기구는 몰수한다. 그를 몰수하기 불능한 때에는 그 가액을 추징한다.

아편흡식기 제조·수입·판매·판매목적 소지죄는 아편을 흡식하는 기구를 제조, 수입 또는 판매하거나 판매할 목적으로 소지한 경우에 성립하는 범죄이다. 아편흡식을 조장하는 방조행위에 대해 형을 가중하는 가중적 구성요건이다. 본죄의 객체는 아편을 흡식하는 기구이다. 특별히 아편흡식에 사용하기 위하여 제조된 기구를 말한다.

V. 세관공무원의 아편등 수입·수입허용죄

제200조 (세관공무원의 아편 등의 수입) 세관의 공무원이 아편, 몰핀이나 그 화합물을 또는 아편흡식기구를 수입하거나 그 수입을 허용한 때에는 1년 이상의 유기징역에 처한다.
제202조 (미수범) 전4조의 미수범은 처벌한다.
제203조 (상습범) 상습으로 전5조의 죄를 범한 때에는 각조에 정한 형의 2분의 1까지 가중한다.
제206조 (몰수, 추징) 본장의 죄에 제공한 아편, 몰핀이나 그 화합물 또는 아편흡식기구는 몰수한다. 그를 몰수하기 불능한 때에는 그 가액을 추징한다.

세관공무원의 아편등 수입·수입허용죄는 세관의 공무원이 아편, 몰핀이나 그 화합물을 또는 아편흡식기구를 수입하거나 그 수입을 허용한 경우에 성립하는 범죄이다. 세관공무원이라는 신분으로 일반인의 수입죄에 비해 형이 가중되는 가중적 구성요건이며 부진정 신분범이다. 본죄의 행위 중 수입을 허용한다는 것은 명시적 또는 묵시적으로 수입을 허가·승인·묵인하는 것을 말한다.

VI. 상습아편흡식, 아편등 제조·수입·판매등죄

제203조 (상습범) 상습으로 전5조의 죄를 범한 때에는 각조에 정한 형의 2분의 1까지 가중한다.

상습아편흡식, 아편등 제조·수입·판매등죄는 상습으로 모든 아편에 관한 죄와 미수범을 범한 경우에 성립하는 범죄로 각조에 정한 형의 2분의1까지 가중하는 가중적 구성요건이다.

Ⅶ. 아편등 소지죄

제205조 (아편 등의 소지) 아편, 몰핀이나 그 화합물 또는 아편흡식기구를 소지한 자는 1년 이하의 징역 또는 500만원 이하의 벌금에 처한다.
제206조 (몰수, 추징) 본장의 죄에 제공한 아편, 몰핀이나 그 화합물 또는 아편흡식기구는 몰수한다. 그를 몰수하기 불능한 때에는 그 가액을 추징한다.

아편소지죄는 아편, 몰핀이나 그 화합물 또는 아편흡식기구를 소지한 경우에 성립하는 범죄이다. 판매의 목적 없이 소지한 경우에 본죄가 성립하며, 판매의 목적으로 소지한 경우에는 제189조의 아편판매목적소지죄 또는 아편흡식기판매목적소지가 성립한다.

CHAPTER 03 공공신용에 대한 죄

제1절 통화에 관한 죄

Ⅰ. 총설

1. 의의

통화에 관한 죄는 행사할 목적으로 통화를 위조·변조하거나, 위조·변조한 통화를 행사·수입·수출 또는 취득하거나, 통화유사물을 제조함으로써 성립하는 범죄이다.

자본주의 사회는 시장경제 원리에 따라 재화와 서비스의 자유로운 거래가 이루어지는 체제이다. 자본주의 사회에서 통화는 경제의 핵심적 요소이다. 통화는 단순한 지불수단이나 가치 저장 수단을 넘어 재산권, 계약, 국가 권력, 법질서와 밀접하게 연결되어 있기 때문이다.

형법 제5조에 따르면 외국에서 외국인이 통화에 관한 죄를 범한 경우에는 우리 형법을 적용하여 처벌할 수 있다. 따라서 행위자의 국적이나 거주지는 본죄의 성립과 처벌에 영향이 없다. 이를 '사실상' 세계주의를 규정한 것이라는 견해가 있다. 하지만 형법의 장소적 적용 범위와 관련하여 제5조는 세계주의 규정이 아니라 '보호주의'를 규정한 것이다. 통화에 관한 죄는 보호주의의 적용을 받아 형법이 적용된다.

2. 보호법익

통화에 관한 죄의 보호법익이 무엇인가에 대하여 견해의 대립이 있다. 본죄의 보호법익은 통화에 대한 거래상의 신용과 안전이라고 하는 견해,[88] 국가의 화폐 주권이라는 국가적 법익과 통화의 진정에 대한 공공의 신용이라는 사회적 법익도 포함된다는 견해가 있

88) 김성돈, 618면; 김일수/서보학, 533면; 배종대, 685면; 오영근/노수환, 576면; 이형국/김혜경, 560면; 임웅/이현정/박성민, 674면.

다.[89] 판례는 공공의 거래상의 신용 및 안전을 보호하는 공공적인 법익으로 본다.[90]

생각건대, 통화는 경제에서 지급 수단, 교환의 매개 수단, 가치 저장 수단이다. 모든 재화의 가치를 수치로 표시할 수 있는 가치 단위이기도 하다. 중앙은행이 경제활동에 필요한 화폐를 발행하여 경제에 현금을 공급하고, 경제활동을 지원하는 역할을 한다. 화폐의 발행권은 한국은행만이 가진다(한국은행법 제47조). 통화는 국민의 재산권 보장과 연결되며, 공공의 신용과 안전이라는 기능을 수행한다는 점, 화폐발행권은 행정부 등 국가기관이 아니라 중앙은행인 한국은행이 가진다는 점, 국가의 화폐 주권이 본죄의 보호법익이라고 본다면 국내에서 유통되고 있는 외국통화와 외국통용 외국통화에 대한 처벌 규정이 있다는 것을 이해하기 어렵다. 따라서 화폐 주권은 본죄의 보호법익에 포함되지 않고, 본죄의 보호법익은 통화에 대한 거래상의 신용과 안전이라고 보는 것이 타당하다.

Ⅱ. 내국통화 위조·변조죄

> 제207조 (통화의 위조등) ① 행사할 목적으로 통용하는 대한민국의 화폐, 지폐 또는 은행권을 위조 또는 변조한 자는 무기 또는 2년 이상의 징역에 처한다.
> 제212조 (미수범) 제207조, 제208조와 전조의 미수범은 처벌한다.

1. 의의

내국통화 위조·변조죄는 행사할 목적으로 통용하는 대한민국의 화폐, 지폐 또는 은행권을 위조 또는 변조한 경우에 성립하는 범죄이다. 초과 주관적 구성요건요소로 '행사할 목적'이 필요한 목적범이다.

2. 객체: 통용하는 대한민국의 통화

가. 통화

'통화'는 국가 또는 국가에 의하여 발행 권한이 부여된 기관에 의해 발행된 것으로, 금액이 표시된 지불수단으로서 강제통용력이 인정된 것을 말한다. 형법 제207조는 통화를

---

89) 이재상/장영민/강동범, 548면.

90) 대법원 1979.7.10. 선고 79도840 판결.

화폐, 지폐, 은행권으로 구별하고 있다. '화폐'는 금속화폐인 경화(硬貨)를 말하며, 화폐에는 금화, 은화, 백동화, 은동화, 니켈화가 있지만 한국에는 주화(鑄貨)만 있다. '지폐'는 정부 기타 발행권자에 의하여 발행된 화폐 대용의 증권을 말한다. '은행권'이란 정부의 인허를 받은 특정 은행이 발행하여 화폐 대용의 증권을 말한다. 우리나라는 한국은행만이 은행권을 발행할 수 있으므로 현재 대한민국의 통화에는 '한국은행권'과 '주화'밖에 없다. 한국은행이 발행한 한국은행권과 주화는 법화(法貨)로서 모든 거래에 무제한 통용된다(한국은행법 제48조, 제53조).

나. 통용하는

'통용'은 법률에 의하여 강제통용력이 인정되는 것을 말한다. 강제통용력이란 국가가 법률로 지정한 통화를 모든 금전거래에 있어서 '정당한 지급수단'으로 강제하는 효력을 말한다. 즉, 법정통화는 민간의 계약 관계든, 공적 납부든 상대방이 이를 거부할 수 없는 효력을 가진다는 것이다. 예를 들면 비트코인은 강제통용력이 없으므로 가게에서 비트코인으로 결제하려고 할 때 업주는 거절할 수 있지만, 한국은행이 발행하는 지폐로 결제하려고 하면 업주는 거절할 수 없다. 한국은행법 제48조에 따라 법정통화로서 모든 거래에 무제한 통용되기 때문이다.

기념주화의 경우 강제통용력이 인정되는 것이면 통화에 해당하지만, 단순히 판매용으로만 제작된 경우에는 통화에 해당하지 않는다. 통용기간이 경과하였으나, 교환 중인 구화(舊貨)의 경우 강제통용력이 인정되지 않으므로 통화가 아니다.

보충내용 통용과 유통의 구별

통용(通用)은 법률에 의하여 강제통용력이 인정되는 것을 말하며, 유통(流通)은 강제통용력이 없이 사실상 거래 대가의 지급수단으로 사용되는 것을 말한다. 형법은 내국통화에 대해서는 통용(제207조 제1항), 외국통화에 대해서는 유통(제207조 제2항)으로 구별해서 쓰고 있다. 따라서 대한민국에서 유통되는 외국의 통화는 있지만, 대한민국에서 통용되는 외국의 통화는 없다.

3. 행위: 위조 또는 변조

가. 위조

위조는 통화의 발행권자 아닌 자가 통화의 외관을 가지는 물건을 작성하는 것을 말한다. 통화의 발행권은 한국은행만이 가지며, 통화의 제조업무는 한국조폐공사가 담당하므로 이와 같은 방법이 아닌 다른 방법으로 이미 존재하는 통화와 유사한 물건을 제작하는 것을 위조라고 할 수 있다.

위조의 방법은 제한이 없다. 통화의 발행이 예정되어 있는 경우에는 진화(眞貨)가 존재하지 않는 경우이지만 진화로 오인할 우려가 있다면 진화가 없더라도 위조가 성립할 수 있다.

위조의 정도는 반드시 진정통화와 식별 불가능할 정도로 정교하게 만들어질 필요는 없다. 일반인이 진정한 통화로 오인할 정도의 외관을 갖추고 있으면 충분하다. 따라서 일반인이 진화라고 오신할 정도에 이르지 못한 경우에는 위조라고 할 수 없다.[91] 따라서 한국은행 발행 일만원권 지폐의 앞, 뒷면을 전자복사기로 복사하여 비슷한 크기로 자른 정도의 것은 객관적으로 진정한 통화로 오인할 정도에 이르지 못하여 통화위조죄 및 위조통화행사죄의 객체가 될 수 없다.[92]

나. 변조

변조는 진정한 통화에 가공하여 그 가치를 변경하는 것을 말한다. 변조는 진정한 통화를 전제로 하므로 가공으로 인하여 진화의 외관 내지 진화의 동일성이 상실되지 않을 것을 요한다. 동일성이 상실되면 위조에 해당한다.

변조의 방법에는 통화의 모양이나 문양을 고쳐 가액을 변경하는 명가변경, 금화를 감량하는 것과 같이 진화를 손괴하여 그 실가를 감소하게 하는 방법 등이 있다.

변조의 정도는 일반인이 진정한 통화로 오인할 정도의 외관을 갖추어야 한다. 따라서 한국은행 발행 500원짜리 주화의 표면 일부를 깎아내어 손상을 가하였지만, 그 크기와 모양 및 대부분의 문양이 그대로 남아 있다면 이로써 기존의 500원짜리 주화의 명목가치나 실질가치가 변경되었다거나, 객관적으로 보아 일반인으로 하여금 일본국의 500￥짜리 주화로 오신케 할 정도의 새로운 화폐를 만들어 낸 것이라고 볼 수 없다.[93]

4. 실행의 착수 시기와 기수 시기

본죄의 실행의 착수 시기는 위조·변조행위를 개시한 때이다. 위·변조행위를 개시하였지만 위·변조행위 자체를 다 하지 못한 경우 또는 위·변조방법이 조악하여 일반인이 진정한 통화로 오신할 만한 통화로 만들지 못한 경우에는 본죄의 미수가 된다.

본죄의 기수 시기는 진정한 통화로 오신할 만한 위조통화가 만들어진 때 기수가 된다. 실제 거래관계에서 반드시 유통시켜야 하는 것은 아니다.

---

91) 대법원 2012.3.29. 선고 2011도7704 판결.

92) 대법원 1986.3.25. 선고 86도255 판결.

93) 대법원 2002.1.11. 선고 2000도3950 판결.

5. 고의 및 행사할 목적

본죄가 성립하기 위해서는 통용하는 대한민국의 화폐, 지폐 또는 은행권을 위조 또는 변조한다는 고의 외에도 행사의 목적이 필요한 목적범이다. 행사할 목적은 위조·변조된 통화를 진정한 통화로 유통하게 하려는 목적을 말한다. 타인으로 하여금 진정한 통화로 유통하게 할 목적인 경우도 포함된다.

자신의 신용력을 증명하기 위하여 타인에게 보일 목적으로 통화를 위조한 경우에는 행사할 목적이 있다고 할 수 없다.[94)]

Ⅲ. 내국유통 외국통화 위조·변조죄

> 제207조 (통화의 위조등) ② 행사할 목적으로 내국에서 유통하는 외국의 화폐, 지폐 또는 은행권을 위조 또는 변조한 자는 1년 이상의 유기징역에 처한다.
> 제212조 (미수범) 제207조, 제208조와 전조의 미수범은 처벌한다.

1. 의의

내국유통 외국통화 위조·변조죄는 행사할 목적으로 내국에서 유통하는 외국의 화폐, 지폐 또는 은행권을 위조 또는 변조한 경우에 성립하는 범죄이다.

2. 객체: 내국에서 유통하는 외국의 통화

본죄의 객체는 내국에서 유통하는 외국의 통화이다. 유통(流通)은 강제통용력이 없이 사실상 거래 대가의 지급수단으로 사용되는 것을 말한다. 사실상 유통이 되면 충분하고 국내에서 그 사용이 금지되어 있는가는 문제되지 않는다. 대한민국 내 유통되는 대표적인 외국 통화에는 미국 달러(USD), 일본 엔화(JPY), 중국 위안화(CNY), 유로화(EUR) 등이 있다.

강제통용력이 없는 외국의 기념주화도 국내에서 유통되면 본죄의 객체가 될 수 있다. 하지만 국내은행에서 환전도 가능하고 국내 일부 지역에서 상품지급수단으로도 사용되는

---

94) 대법원 2012.3.29. 선고 2011도7704 판결.

외국화폐라도 지급수단이 아닌 외국환매매거래의 대상으로서 상품과 유사한 것에 불과한 경우에는 외국의 화폐에 해당하지 않는다.

판례 스위스 화폐

【사실관계】 피고인들이 행사하거나 취득하였다는 스위스 화폐의 진폐는 스위스 국내에서 1998년까지 일반 상거래를 할 수 있었고 현재 통용되지 않고 있으며 다만 스위스 은행에서 2020.4.30.까지 신권과의 교환이 가능하고, 한편 국내은행에서도 신권과 마찬가지로 환전이 되고 따라서 이태원 등 일부 지역에서 외국인 특히 관광객이 이를 상품에 대한 지급수단으로 사용할 여지는 있다. 다만 이 사건 스위스 화폐의 진폐가 국내은행에서 환전할 수 있다 하더라도 이는 지급수단이 아니라 은행이 매도가격과 매수가격의 차액 상당의 이득을 얻기 위하여 하는 외국환매매거래의 대상으로서 상품과 유사한 것에 불과하다.

【판결요지】 [1] 형법 제207조 제2항 소정의 내국에서 '유통하는'이란, 같은 조 제1항, 제3항 소정의 '통용하는'과 달리, 강제통용력이 없이 사실상 거래 대가의 지급수단이 되고 있는 상태를 가리킨다.

[2] 스위스 화폐로서 1998년까지 통용되었으나 현재는 통용되지 않고 다만 스위스 은행에서 신권과의 교환이 가능한 진폐(眞幣)가 형법 제207조 제2항 소정의 내국에서 '유통하는' 외국의 화폐에 해당하지 아니한다고 한 사례.

[3] 위조통화임을 알고 있는 자에게 그 위조통화를 교부한 경우에 피교부자가 이를 유통시키리라는 것을 예상 내지 인식하면서 교부하였다면, 그 교부행위 자체가 통화에 대한 공공의 신용 또는 거래의 안전을 해할 위험이 있으므로 위조통화행사죄가 성립한다(대법원 2003.1.10. 선고 2002도3340 판결).

【해설】 피고인들이 행사 또는 취득한 스위스 화폐는 1998년까지 스위스 내에서 통용되었지만, 현재는 스위스 국내에서도 통용되지 않고 있으며, 다만 스위스 중앙은행에서는 2020.4.30.까지 신권으로 교환이 가능한 상태였다. 국내에서도 일부 관광지에서 지급수단으로 사용될 가능성은 있으나, 이는 사실상 외환매매거래의 상품에 불과하다. 국내은행에서 환전도 가능하고 국내 일부 지역에서 상품지급수단으로도 사용되는 외국화폐라도 지급수단이 아닌 외국환매매거래의 대상으로서 상품과 유사한 것에 불과한 경우에는 외국의 화폐에 해당하지 않는다.

Ⅳ. 외국통용 외국통화 위조·변조죄

제207조 (통화의 위조등) ③ 행사할 목적으로 외국에서 통용하는 외국의 화폐, 지폐 또는 은행권을 위조 또는 변조한 자는 10년 이하의 징역에 처한다.
제212조 (미수범) 제207조, 제208조와 전조의 미수범은 처벌한다.

1. 의의

외국통용 외국통화 위조·변조죄는 행사할 목적으로 외국에서 통용하는 외국의 화폐, 지폐 또는 은행권을 위조 또는 변조한 경우에 성립하는 범죄이다.

2. 객체: 외국에서 통용하는 외국의 통화

본죄의 객체는 외국에서 통용하는 외국의 통화이다. 외국에서 통용한다는 것은 외국에서 강제통용력을 가진다는 것을 의미한다. 따라서 외국통화가 본국에서 강제통용력을 잃었을 때에는 본죄의 객체가 될 수 없다.

판례 100만 달러 지폐와 10만 달러 지폐 사건

【사실관계】 갑은 행사할 목적으로 미합중국 100만 달러 지폐와 10만 달러 지폐를 위조지폐라는 정을 알면서도 을로부터 교부받아 이를 취득하였다. 100만 달러 지폐는 미국에서 발행된 적이 없고 다만 관광용 기념상품으로 제조, 판매되고 있었고, 10만 달러 지폐는 1934년까지 미국에서 발행되어 유통되다가 그 이후에는 발행되지 않고 있으나 화폐수집가나 재벌들이 이를 보유하고 있을 뿐이었다.
【판결요지】 [1] 형법 제207조 제3항은 "행사할 목적으로 외국에서 통용하는 외국의 화폐, 지폐 또는 은행권을 위조 또는 변조한 자는 10년 이하의 징역에 처한다."고 규정하고 있는바, 여기에서 외국에서 통용한다고 함은 그 외국에서 강제통용력을 가지는 것을 의미하는 것이므로 외국에서 통용하지 아니하는, 즉 강제통용력을 가지지 아니하는 지폐는 그것이 비록 일반인의 관점에서 통용할 것이라고 오인할 가능성이 있다고 하더라도 위 형법 제207조 제3항에서 정한 외국에서 통용하는 외국의 지폐에 해당한다고 할 수 없고, 만일 그와 달리 위 형법 제207조 제3항의 외국에서 통용하는 지폐에 일반인의 관점에서 통용할 것이라고 오인할 가능성이 있는 지폐까지 포함시키면 이는

위 처벌조항을 문언상의 가능한 의미의 범위를 넘어서까지 유추해석 내지 확장해석하여 적용하는 것이 되어 죄형법정주의의 원칙에 어긋나는 것으로 허용되지 않는다.
[2] 미국에서 발행된 적이 없이 단지 여러 종류의 관광용 기념상품으로 제조, 판매되고 있는 미합중국 100만 달러 지폐와 과거에 발행되어 은행 사이에서 유통되다가 현재는 발행되지 않고 있으나 화폐수집가나 재벌들이 이를 보유하여 오고 있는 미합중국 10만 달러 지폐가 막연히 일반인의 관점에서 미합중국에서 강제통용력을 가졌다고 오인할 수 있다는 이유로 형법 제207조 제3항의 외국에서 통용하는 지폐에 포함된다고 판단한 원심판결을 파기한 사례(대법원 2004.5.14. 선고 2003도3487 판결).

V. 위조·변조통화 행사등 죄

> 제207조 (통화의 위조등) ④ 위조 또는 변조한 전3항 기재의 통화를 행사하거나 행사할 목적으로 수입 또는 수출한 자는 그 위조 또는 변조의 각죄에 정한 형에 처한다.
> 제212조 (미수범) 제207조, 제208조와 전조의 미수범은 처벌한다.

1. 의의

위조·변조통화 행사죄는 위조 또는 변조한 통화를 행사하거나 행사할 목적으로 수입 또는 수출한 경우에 성립하는 범죄이다.

2. 행위: 행사·수입·수출

가. 행사

'행사'는 물품 대금으로 지급하거나 채무 변제를 하는 것과 같이 위조 또는 변조된 통화의 점유 또는 처분권을 타인에게 이전하여 진정한 통화처럼 유통될 수 있게 하는 것을 말한다. 유상인지 무상인지는 묻지 않는다.[95] 물품을 구매하면서 지급수단으로 주는 행위, 다른 사람에게 증여하는 행위,[96] 진정한 다른 화폐와 교환하는 행위, 도박자금으로 사용

95) 대법원 1979.7.10. 선고 79도840 판결.
96) 대법원 1979.7.10. 선고 79도840 판결.

하는 행위는 본죄의 행사에 해당한다.

통화로 유통될 수 있게 하면 족하므로 위조문서행사죄의 경우와 달리 위조통화임을 알고 있는 자에게 그 위조통화를 교부한 경우에도 피교부자가 이를 유통시키리라는 것을 예상 내지 인식하면서 교부하였다면 위조통화행사죄가 성립한다.[97]

위조통화를 진정한 통화로 유통시킬 것이 필요하므로, 위조통화를 진열장에 두고 전시하는 경우나 단순히 자기의 신용력을 보이기 위하여 위조통화를 '제시'하는 것만으로는 위조통화행사죄의 행사에 해당하지 않는다.[98] 위조유가증권과 위조문서행사죄의 경우에는 '제시'도 '행사'로 보는 것과 구별된다.

진화로 유통할 것을 요하므로 위조화폐를 명가 이하의 상품으로 매매하는 것은 행사라고 할 수 없다. 그러나 위조화폐를 진정한 화폐로 화폐수집상에 판매하는 것은 행사에 해당한다. 수집상이 유통시킬 가능성이 있기 때문이다.

나. 수입·수출

수입은 외국에서 국내로 반입하는 것이다. 육로(陸路)의 경우 국경선을 넘어 우리나라 영토에 들어올 때 수입이 기수가 되며, 해로(海路)의 경우 육지로 양륙된 때, 항공기의 경우 항공기로부터 지상에 반출된 때 기수가 된다.

수출은 국내에서 외국으로 반출하는 것이다. 육로의 경우 국경선을 넘었을 때, 해로의 경우 육지로부터 이탈한 때, 항공기의 경우 이륙하였을 때 기수가 된다.

3. 주관적 구성요건

위조·변조통화행사죄의 경우에는 행사의 목적이 필요 없으나, 수입과 수출에 있어서는 행사의 목적이 있어야 한다.

4. 다른 죄와의 관계

가. 위조통화행사죄와 통화위조의 관계

통화위조·변조죄와 위조통화행사죄의 관계는 실체적 경합관계에 있다. 위조·변조행위만으로도 통화위조·변조죄가 성립하며, 위·변조된 통화를 실제 거래관계에 유통시키는 행위는 별개의 행위이므로 실체적 경합으로 보는 것이 타당하다.

---

97) 대법원 2003.1.10. 선고 2002도3340 판결.

98) 대법원 2012.3.29. 선고 2011도7704 판결.

나. 위조통화행사죄와 사기죄의 관계

위조 또는 변조통화를 행사하여 재물을 취득한 경우 본죄 이외에도 사기죄가 성립한다. 이 경우에 양죄의 관계에 대하여 견해의 대립이 있다. 양자는 보호법익을 달리하므로 반드시 사기행위가 포함된다고 볼 수 없는 경우도 있으므로 상상적 경합이 성립한다는 견해,[99] 양죄는 보호법익이 다르고 사기행위를 포함하지 않는 위화의 사용도 행사이므로 위화의 행사에 기망행위가 수반되면 실체적 경합관계이라는 견해, 원칙적으로 양죄의 상상적 경합을 인정하면서도 제210조 위조통화 취득후 지정행사죄의 경우만 사기죄가 행사죄에 흡수된다는 견해도 있다. 이는 제210조의 법정형은 2년 이하로 그 형이 특히 경하게 규정되어 있으므로 그 취지를 살려 항상 중한 형으로 처벌되는 불합리를 제거해야 한다고 한다. 대법원 판례에 따르면 양죄는 그 보호법익을 달리하고 있으므로 위조통화를 행사하여 재물을 불법영득한 때에는 위조통화행사죄와 사기죄는 실체적 경합관계에 있다고 한다.[100]

생각건대, 위조통화를 행사하는 행위는 거래관계에 진정한 통화로 유통시키는 것이며, 이는 반드시 재산적 거래행위에만 제한되는 것은 아니다. 통화위조에 관한 규정은 공공의 거래상의 신용 및 안전을 보호하는 공공적 법익이 보호대상이고, 사기죄는 개인의 재산적 법익을 보호하는 것이므로 양죄의 보호법익이 다르다. 따라서 위조통화행사죄와 사기는 실체적 경합관계로 보는 것이 타당하다.

Ⅵ. 위조·변조통화 취득죄

> 제208조 (위조통화의 취득) 행사할 목적으로 위조 또는 변조한 제207조 기재의 통화를 취득한 자는 5년 이하의 징역 또는 1천500만원 이하의 벌금에 처한다.
> 제212조 (미수범) 제207조, 제208조와 전조의 미수범은 처벌한다.

1. 의의

위조·변조통화 취득죄는 행사할 목적으로 위조 또는 변조한 통화를 취득한 경우에 성립하는 범죄이다. 통화위조·변조죄의 수정적 구성요건이다. 행사할 목적이 필요한 목적범이다.

---

99) 김성천/김형준, 647면; 김일수/서보학, 689면; 배종대, 689면; 이재상/장영민/강동범, 553면; 임웅/이현정/박성민, 711면; 정성근/박광민, 683면.

100) 대법원 1979.7.10. 선고 79도840 판결.

2. 구성요건

본죄의 객체는 제207조에 해당하는 대한민국 또는 외국의 화폐·지폐·은행권, 즉 통용하는 대한민국 통화, 내국유통 외국통화, 외국통용 외국통화를 위조·변조한 물건이다.

본죄의 행위는 취득(取得)이다. 취득은 자기의 점유로 옮기는 일체의 행위를 의미한다. 취득의 원인과 방법도 불문한다. 따라서 대금을 지불하고 구입하거나 교환한 경우뿐만 아니라 증여를 받는 경우, 절취·편취 등 범죄행위로 인하여 취득한 경우도 포함한다. 점유이탈물횡령에 의하여도 취득이 가능하지만, 점유이전이 수반되지 않는 일반 횡령에 의해서는 본죄의 취득은 불가능하다. 취득은 자신이 처분할 수 있는 상태를 만드는 것이므로 단순한 분배보조자로서 타인을 위하여 소지하는 것에 불과한 경우에는 본죄의 취득에 해당하지 않는다. 통화위조·변조죄의 공범자 사이에 위조·변조한 통화를 수수하는 행위는 본죄의 취득에 해당하지 않는다.

3. 고의와 목적

본죄의 고의는 취득하는 물건이 위조·변조된 통화는 점을 알고 있어야 한다. 미필적 고의도 가능하다. 고의는 행위 시에 있어야 하므로 취득 시에 위조·변조된 통화라는 사실을 모르고 취득한 경우에는 본죄가 성립하지 않는다. 다만 이후 행사를 하였다면 제210조 위조통화 취득후 지정행사죄가 성립할 수 있다. 초과 주관적 구성요건요소로 행사할 목적이 있어야 한다.

4. 죄수

동일 기회에 수 개의 통화를 취득한 경우 전체로서 1개의 취득죄가 성립한다. 위조통화임을 알면서 취득한 후 이를 행사한 경우 법조경합의 보충관계로 위조통화행사죄만 성립한다는 견해와 취득죄와 행사죄의 실체적 경합이 된다는 견해가 있다. 취득하는 행위와 행사하는 행위는 별개의 행위로 보는 것이 타당하므로 실체적 경합으로 보는 것이 타당하다. 행위자가 취득 시에는 위조통화인 줄을 모르고 취득하였다가 나중에 그 정을 알고 행사한 경우에는 제210조 위조통화 취득후 지정행사죄가 된다.

Ⅶ. 위조통화 취득후 지정행사죄

제210조(위조통화 취득 후의 지정행사) 제207조에 기재한 통화를 취득한 후 그 사정을 알고 행사한 자는 2년 이하의 징역 또는 500만원 이하의 벌금에 처한다.

1. 의의

위조통화 취득후 지정행사죄는 위조 또는 변조한 통화임을 모르고 취득한 후에 그 정을 알고 행사한 때에 성립하는 범죄이다. 범죄동기에 있어서 유혹적이고 기대가능성이 적다는 고려하여 취득죄에 비하여 가볍게 처벌한다.

2. 행위

본죄의 행위는 정을 모르고 취득한 후 행사하는 것이다. 본죄의 취득은 적법·불법을 불문한다. 취득한 당시에는 위조·변조된 통화라는 사정을 몰라야 한다. '그 사정을 알고'는 취득한 후 통화가 위조·변조되었다는 사실을 안 경우를 말한다. '행사'는 진정한 통화로 유통하게 하는 것을 말한다.

위조된 통화인 정을 알고 취득한 후에 이를 행사한 경우에는 위조통화취득죄와 위조통화행사죄의 두 죄가 성립한다.

Ⅷ. 통화유사물 제조등 죄

제211조 (통화유사물의 제조등) ① 판매할 목적으로 내국 또는 외국에서 통용하거나 유통하는 화폐, 지폐 또는 은행권에 유사한 물건을 제조, 수입 또는 수출한 자는 3년 이하의 징역 또는 700만원 이하의 벌금에 처한다.
② 전항의 물건을 판매한 자도 전항의 형과 같다.
제212조 (미수범) 제207조, 제208조와 전조의 미수범은 처벌한다.

1. 의의

통화유사물 제조죄는 판매할 목적으로 내국 또는 외국에서 통용하거나 유통하는 화폐, 지폐 또는 은행권에 유사한 물건을 제조, 수입 또는 수출한 경우에 성립하는 범죄이다. 목적범이다.

2. 구성요건

본죄의 객체는 '통화유사물'이다. 통화유사물은 통화와 유사한 외관을 갖추었으나 위조 또는 변조의 정도에 이르지 않는 것, 즉 일반인으로 하여금 진화로 오인할 정도에 이르지 않는 모조품을 말한다. 따라서 어린이 교육용이나 장난감으로 만들어진 것은 통화유사물에도 해당하지 않는다.

본죄의 행위는 제조, 수입, 수출 또는 판매하는 것이다. 제조는 위조의 정도에 이르지 않는 통화유사물을 만드는 행위이다. 수출은 국외로 반출하는 것이며, 수입은 국내로 반입하는 것을 말한다. 판매는 통화유사물을 유상으로 양도하는 것을 말한다. 매매·교환 등에 한정되지 않지만, 무상증여는 이에 해당하지 않는다. 판매로 인하여 수익이 반드시 발생할 필요는 없다. 본죄의 행위가 매매가 아니라 판매라는 점에서 본죄의 판매는 그 상대방이 불특정 또는 다수인이어야 한다는 견해가 있다. 하지만, 판매와 매매가 엄격하게 구별되는 개념이라고 보기 어렵고, 양자의 용어를 혼용한다는 점을 생각한다. 특정한 1인에게 매매한 경우에도 본죄의 판매에 해당한다고 생각한다.

Ⅸ. 통화위조·변조 예비·음모죄

> **제213조 (예비, 음모) 제207조 제1항 내지 제3항의 죄를 범할 목적으로 예비 또는 음모한 자는 5년 이하의 징역에 처한다. 단 그 목적한 죄의 실행에 이르기 전에 자수한 때에는 그 형을 감경 또는 면제한다.**

통화위조·변조 예비·음모죄는 통화위조·변조죄를 범할 목적으로 예비·음모를 하는 경우에 성립하는 범죄이다. 예비·음모한 자가 실행의 착수에 이르기 전에 자수한 경우 위조·변조된 통화의 유통을 사전에 방지하기 위한 형사정책적 고려에서 형을 필요적으로 감경 또는 면제하도록 규정하고 있다.

제2절 유가증권, 우표와 인지에 관한 죄

Ⅰ. 총설

1. 의의

유가증권에 관한 죄는 행사할 목적을 유가증권을 위조·변조 또는 허위작성하거나 위조·변조·허위작성한 유가증권을 행사·수입·수출하는 것을 내용으로 하는 범죄이다. 우표와 인지에 관한 죄는 유가증권의 일종인 우표와 인지를 위조·변조하거나 위조·변조한 우표 또는 인지를 행사하는 것을 내용으로 하는 범죄이다.

유가증권은 재산적 권리·의무에 관한 문서의 일종이지만, 거래관계에서 중요한 교환·지급 수단으로 사용되고 강한 유통성으로 인하여 문서보다는 통화에 유사한 기능을 가지고 있다. 우리 형법은 유가증권에 관한 죄를 문서에 관한 죄와 구별하여 독립된 별개의 장으로 규정하면서 그 특수성을 고려하여 통화에 관한 죄의 다음에 규정하고 있다.

유가증권에 관한 죄의 보호법익은 유가증권에 관한 법적 거래의 신용과 안전이며, 보호의 정도는 추상적 위험범이다.

2. 유가증권의 의의

가. 의의

유가증권이란 권리가 화체된 증권으로서 증권상에 표시된 재산상 권리의 행사와 처분에 그 증권의 점유를 필요로 하는 것을 말한다.

나. 요건

(1) 재산권이 화체된 증권

재산권이 증권에 화체되어 있어야 한다. 따라서 어음·수표, 회사채, 화물상환증, 선하증권, 창고증권, 각종 국·공채, 상품권, 식권, 영화관람권, 공연장 입장권, 공중전화카드,[101] 스키장의 리프트탑승권[102]이나 할부구매전표,[103] 일본국 대장대신이 발행한 잔고

101) 대법원 1998.2.27. 선고 97도2483 판결.

102) 대법원 1998.11.24. 선고 98도2967 판결.

103) 대법원 1995.3.14. 선고 95도20 판결.

확인증[104]은 유가증권에 해당한다.

'증거증권', '면책증권', '자격증서', '신용카드'는 유가증권이 아니다. 법률관계의 존부·내용을 증명하는데 불과하고, 재산권이 화체되어 있다고 할 수 없는 '증거증권'은 유가증권이 아니다. 따라서 보험증권, 매매계약서, 물품구입증, 영수증, 차용증서, 운송장은 유가증권이 아니다.

'면책증권'은 채무자가 해당 증권의 소지인에게 변제를 하면 소지인이 정당한 권리자가 아닌 경우라도 채무자가 악의나 중대한 과실이 없는 한 책임을 면하게 되는 증권을 말한다. 철도수화물상환증, 물품보관증, 예금통장,[105] 정기예탁금증서[106]는 유가증권이 아니다.

경로우대증이나 영업허가장과 같이 권리가 아닌 공법상 지위나 권한을 표시하는 '자격증서' 또한 유가증권이 아니다. 신용카드업자가 발행한 신용카드는 이를 소지함으로써 신용구매가 가능하고 금융의 편의를 받을 수 있다는 점에서 경제적 가치가 있다 하더라도, 그 자체에 경제적 가치가 화체되어 있거나 특정의 재산권을 표창하는 유가증권이라고 볼 수 없다.[107] 단지 신용카드회원이라는 사실을 증명하거나 신용거래를 할 수 있는 증표로서의 가치를 가질 뿐이다.

(2) 증권의 점유

권리의 행사와 처분에 증권의 점유가 필요하다. 앞에 설명한 면책증권은 권리행사에 증서의 점유가 필요하지 않다는 점에서 유가증권이 아니다. 다만 은행이 정기예금에 대하여 발행하는 무기명 예금증서는 그 권리가 증권에 화체되어 있고, 이를 금융시장에서 자유로이 매매할 수 있기 때문에 유가증권에 해당한다.

공중전화카드는 그 표면에 전체 통화가능 금액과 발행인이 문자로 기재되어 있고, 자기(磁氣)기록 부분에는 당해 카드의 진정성에 관한 정보와 잔여 통화가능 금액에 관한 정보가 전자적 방법으로 기록되어 있다. 공중전화카드는 문자로 기재된 부분과 자기기록 부분이 일체로써 공중전화 서비스를 제공받을 수 있는 재산상의 권리를 화체하고 있고, 이를 카드식 공중전화기의 카드 투입구에 투입함으로써 그 권리를 행사하는 것으로 볼 수 있으므로, 공중전화카드는 형법 제214조의 유가증권에 해당한다.[108]

---

104) 대법원 2007.7.13. 선고 2007도3394 판결.
105) 대법원 2010.5.27. 선고 2009도9008 판결.
106) 대법원 1984.11.27. 선고 84도2147 판결.
107) 대법원 1999.7.9. 선고 99도857 판결.
108) 대법원 1998.2.27. 선고 97도2483 판결.

다. 종류

유가증권에는 법률상 일정한 형식이 필요한 '법률상 유가증권'과 법률상 일정한 형식이 필요 없는 '사실상 유가증권'이 있다. 법률상 유가증권에는 어음, 수표,[109] 화물상환증, 선하증권, 창고증권 등이 있으며, 사실상 유가증권에는 승차권, 상품권, 공중전화카드 등이 있다.

라. 사법상 유효성과 유통성 여부

유가증권은 사법상 유효할 필요가 없다. 따라서 발행일자의 기재가 없는 수표[110] 또는 대표자의 날인이 없는 증권과 같이[111] 필요적 기재사항을 결하여 상법상 무효인 증권도 일반인으로 하여금 일견 유효한 주권으로 오신시킬 정도의 외관을 갖추었다면 유가증권에 포함한다. 위조한 유가증권도 본죄의 유가증권에 포함된다.

유통성은 유가증권의 요건이 아니므로, 유통성이 없는 경우라도 유가증권이 될 수 있다, 따라서 승차권, 승마투표권도 유가증권에 해당한다.

마. 명의인 실재성 여부

유가증권에 있어서 명의인이 실제로 존재하여야 하는가에 대하여 통설과 판례는 행사할 목적으로 외형상 일반인으로 하여금 진정하게 작성된 유가증권이라고 오신하게 할 정도로 작성된 것이라면 명의인이 허무인이거나 이미 사망한 자이더라도 유가증권위조죄가 성립한다.[112] 이는 유가증권 자체의 진실성을 보호하기 위한 것이 아니라 증권거래에 있어서 공공의 신용을 그 보호법익으로 하기 때문이다.

유가증권은 일반인이 진정한 것으로 오신할 정도의 형식과 외관을 갖추고 있으면 된다. 증권이 비록 문방구 약속어음 용지를 이용하여 작성되었다고 하더라도 그 전체적인 형식·내용에 비추어 일반인이 진정한 것으로 오신할 정도의 약속어음 요건을 갖추고 있다면 형법상 유가증권에 해당한다.[113] 위조한 약속어음이 발행인의 날인이 없고, 발행인 아닌 피고인이 임의로 날인한 무인만이 있으며, 그 작성방식에 비추어 보아도 일반인이 진정하고 유효한 약속어음으로 오신할 정도의 형식과 외관을 갖추지 못했다면 유가증권이라고 보기 어렵다.[114]

---

109) 유가증권 가운데 유통증권인 수표의 기능을 보장하기 위하여 부정수표의 발행을 단속·처벌하는 특별법으로 부정수표단속법이 있다. 본죄에 대한 형법규정의 특별법이다. 따라서 수표에 대해서는 특별법이 적용되고, 형법은 적용되지 않는다.

110) 대법원 1973.6.12. 선고 72도1796 판결.

111) 대법원 1974.12.24. 선고 74도294 판결.

112) 대법원 1979.9.25. 선고 79도1980 판결.

113) 대법원 2001.8.24. 선고 2001도2832 판결.

114) 대법원 1992.6.23. 선고 92도976 판결.

Ⅱ. 유가증권 위조·변조죄

제214조 (유가증권의 위조등) ① 행사할 목적으로 대한민국 또는 외국의 공채증서 기타 유가증권을 위조 또는 변조한 자는 10년 이하의 징역에 처한다.
제223조 (미수범) 제214조 내지 제219조와 전조의 미수범은 처벌한다.

1. 의의

유가증권 위조·변조죄는 행사할 목적으로 대한민국 또는 외국의 공채증서 기타 유가증권을 위조 또는 변조한 경우에 성립하는 범죄이다.

2. 객체: 대한민국 또는 외국의 공채증서 기타 유가증권

본죄의 객체는 공채증서 기타 유가증권이다. 공채증서는 국가 또는 지방자치단체에서 발행하는 국채 또는 지방채의 증권을 말한다. 유가증권의 한 예에 해당한다. 대한민국의 공채증서뿐만 아니라 외국의 공채증서도 포함된다.

3. 행위: 위조 또는 변조

가. 위조

(1) 의의

위조란 유가증권을 '작성권한 없는 자'가 타인 명의를 모용하여 유가증권의 외관을 가진 증권을 작성하는 것을 말한다.

(2) 타인 명의

위조는 행위자가 타인의 명의를 모용하여야 한다. 예를 들면 갑이 A의 명의를 모용하여 '작성자 A'라고 한 경우이다. '명의를 모용'한 것이 아니라 대표 또는 대리권의 '자격을 사칭'(자격모용)하여 유가증권을 작성하는 경우에는 본죄가 아니라 제215조 자격모용에 의한 유가증권작성죄가 성립한다. 갑이 A주식회사 대표이사가 아님에도 불구하고 "A주식회사 대표이사 갑"이라고 한 경우 본죄가 아니라 자격모용에 의한 유가증권작성죄가 성립한다.

어음에 기재되어야 할 어음행위자의 명칭은 반드시 어음행위자의 본명에 한하지 않고 상호, 별명 그 밖의 거래상 본인을 가리키는 것으로 인식되는 호칭이라면 어느 것이나 모두 가능하다.[115)]

(3) 작성권한 없는 자

작성권한이 없는 자가 작성하여야 한다. 따라서 타인 명의로 작성하더라도 작성권한이 있는 경우에는 위조가 아니다. 따라서 작성권한을 위임받은 자가 위임자 명의로 어음을 발행하는 것은 위조가 아니다. 하지만 사망자의 상속인인 처에게서 사망자의 인장을 교부받아 사망자 생존 시를 발행일자로 한 사자 명의 유가증권을 위조한 경우 발행명의인의 승낙이 있었다고 볼 수 없다.[116)]

대리인이 대리권의 범위를 벗어나서 본인 명의의 유가증권을 작성하는 것도 위조에 해당한다. 대리권·대표권의 범위 안에서 위임의 취지에 위배되는 유가증권을 작성하는 경우 본죄의 위조가 되지 않는다. 다만 권리남용으로 배임죄 또는 허위유가증권작성죄가 성립할 수 있다.

(4) 위조의 정도와 방법

위조의 정도는 외형상 일반인에게 진정한 유가증권으로 오인될 정도이어야 한다. 사법상 유효성, 명의인의 실재를 요구하지 않고, 본명을 쓰지 않아도 된다.

위조의 방법에는 제한이 없다. 따라서 약속어음액면란에 보충권의 범위를 초월하는 금액을 기입하는 경우,[117)] 세 조각으로 찢어서 폐지로 된 약속어음을 짜맞추는 경우,[118)] 타인이 위조한 백지어음을 구입하여 위조어음의 액면란에 금액을 기입하여 완성하는 경우,[119)] 위조의 백지어음완성의 경우가 위조에 해당한다.

간접정범이나 기망에 의한 위조도 가능하다. 기망수단에 의하여 타인으로 하여금 약속어음용지에 발행인으로 서명·날인하게 한 후에 마음대로 어음요건을 기재하여 어음을 발행한 때에도 위조에 해당한다. 그러나 발행권자를 기망하여 이미 기재한 수표용지에 날인하게 하는 것은 위조가 아니라 사기에 해당한다.

---

115) 대법원 1982.9.28. 선고 82도296 판결.
116) 대법원 2011.7.14. 선고 2010도1025 판결.
117) 대법원 1972.6.13. 선고 72도897 판결.
118) 대법원 1976.1.27. 선고 74도3442 판결.
119) 대법원 1982.6.22. 선고 82도677 판결.

나. 변조

(1) 의의

변조란 진정하게 성립된 유가증권의 내용을 작성권한 없는 자가 '동일성을 침해하지 않는 범위 안에서' 변경하는 것을 말한다. 어음의 액면금액이나 발행일자 등을 고쳐 쓰는 것이 전형적인 예이다.

(2) 진정하게 성립된 유가증권

변조는 이미 진정하게 성립된 유가증권을 전제로 한다. 이미 진정하게 성립된 유가증권의 발행일자, 액면금액,[120] 지급인, 주소 등을 권한 없이 임의로 변경하는 것을 말한다. 변경 내용의 진실 여부는 묻지 않는다.

이미 위조된 유가증권은 변조의 대상이 될 수 없다. 권한 없는 자에 의해 변조된 부분은 진정하게 성립된 부분이라 할 수 없다. 따라서 유가증권의 내용 중 권한 없는 자에 의하여 이미 변조된 부분을 다시 권한 없이 변경하였다고 하더라도 유가증권변조죄는 성립하지 않는다.[121]

(3) 타인 명의의 유가증권

변조는 타인 명의의 유가증권의 내용을 권한 없이 변경하는 것이다. 자기 명의의 유가증권의 내용을 변경하는 경우 본죄가 성립하지 않는다. 회사의 대표이사가 대표권을 남용하여 주권기재사항을 변경하는 경우 타인 소유의 자기 명의의 유가증권을 변경하는 것이므로 변조가 아니라 허위유가증권작성죄나 문서손괴죄가 된다.[122]

(4) 동일성의 유지

변조는 유가증권의 동일성을 유지하면서 변경되는 것을 말한다. 따라서 실효된 유가증권을 가공하여 새로운 유가증권을 작성하는 것은 변조가 아니라 위조이다. 또한 유가증권의 용지에 필요적 기재사항을 임의로 기재한 경우 새로운 유가증권을 만드는 것이므로 변조가 아니라 위조이다.

---

120) 대법원 2006.1.26. 선고 2005도4764 판결.

121) 대법원 2012.9.27. 선고 2010도15206 판결; 대법원 2008.12.24. 선고 2008도9494 판결.

122) 대법원 1980.4.22. 선고 79도3034 판결.

판례 유가증권 위조변조죄

① 회사의 대표이사로서 주권작성에 관한 일반적인 권한을 가지고 있는 자가 대표권을 남용하여 자기 또는 제3자의 이익을 도모할 목적으로 그들 명의의 주권의 기재사항에 변경을 가한 행위는 유가증권변조죄를 구성하지 아니한다(대법원 1980.4.22. 선고 79도3034 판결).

② 유가증권의 변조죄에 있어서 변조라 함은 진정으로 성립된 유가증권의 내용에 권한없는 자가 그 유가증권의 동일성을 해하지 않는 한도에서 변경을 가하는 것을 말하고 설사 진실에 합치하도록 변경한 것이라 하더라도 권한없이 변경한 경우에는 변조로 되는 것이고 정을 모르는 제3자를 통하여 간접정범의 형태로도 범할 수 있는 것인바, 유가증권에 해당하는 이 사건 신용카드를 제시받은 상점점원이 거래된 물품의 금액대로 카드의 금액란을 정정기재하였다 하더라도 그것이 카드소지인이 그 점원에게 자신이 위 금액을 정정기재 할 수 있는 권리가 있는 양 기망하여 이루어진 경우에는 간접정범에 의한 유가증권변조죄가 성립한다고 봄이 상당하다(대법원 1984.11.27. 선고 84도1862 판결).

③ 배서인의 주소기재는 배서의 요건이 아니므로 약속어음 배서인의 주소를 허위로 기재하였다고 하더라도 그것이 배서인의 인적 동일성을 해하여 배서인이 누구인지를 알 수 없는 경우가 아닌 한 계약어음상의 권리관계에 아무런 영향을 미치지 않는다 할 것이고 이러한 약속어음상의 권리에 아무런 영향을 미치지 않는 사항은 그것을 허위로 기재하더라도 형법 제216조 소정의 허위유가증권작성죄에 해당되지 아니한다(대법원 1986.6.24. 선고 84도547 판결).

④ 백지어음에 대하여 취득자가 발행자와의 합의에 의하여 정하여진 보충권의 한도를 넘어 보충을 한 경우에는 발행인의 서명날인 있는 기존의 약속 어음용지를 이용하여 새로운 약속어음을 발행하는 것에 해당하므로 위와 같은 보충권의 남용행위는 유가증권위조죄를 구성하는 것이나, 그 보충권의 한도자체가 처음부터 일정한 금액 등으로 특정되어 있지 아니하고 그 행사방법에 대하여도 특별한 정함이 없어서 다툼이 있는 경우에는 결과적으로 보충권의 행사가 그 범위를 일탈하게 되었다 하더라도 그 점만 가지고 바로 백지보충권의 남용 또는 그에 대한 범의가 있다고 단정할 수는 없다 할 것이고 그 보충권일탈의 정도, 보충권행사의 원인 및 경위 등에 관한 심리를 통하여 신중히 이를 인정하여야 한다(대법원 1989.12.12. 선고 89도1264 판결).

⑤ 약속어음의 발행인으로부터 어음금액이 백지인 약속어음의 할인을 위임받은 자가 위임 범위 내에서 어음금액을 기재한 후 어음할인을 받으려고 하다가 그 목적을 이루지 못하자 유통되지 아니한 당해 약속어음을 원상태대로 발행인에게 반환하기 위하여 어음금액의 기재를 삭제하는 것은 그 권한 범위 내에 속한다고 할 것이므로, 이를 유가증권변조라고 볼 수 없다고 한 사례(대법원 2006.1.13. 선고 2005도6267 판결).

4. 죄수

유가증권 위·변조죄의 죄수는 유가증권의 수를 기준으로 결정한다.[123] 따라서 한 통의 유가증권에 수 개의 위조 또는 변조가 있는 경우에는 포괄일죄가 되며, 동일한 장소·일시에 수 개의 유가증권을 위조한 경우에는 상상적 경합이 된다.

5. 다른 범죄와의 관계

유가증권을 위조하는 방법으로 인장을 위조한 때에는 법조경합 중 흡수관계이므로 인장위조는 본죄에 흡수된다.

절취 또는 횡령한 유가증권용지를 이용하여 이를 위조·변조한 경우에는 절도죄 또는 횡령죄와 유가증권위조죄의 실체적 경합이 된다.

Ⅲ. 기재의 위조·변조죄

> 제214조 (유가증권의 위조등) ② 행사할 목적으로 유가증권의 권리의무에 관한 기재를 위조 또는 변조한 자도 전항의 형과 같다.

1. 의의

기재의 위조·변조죄는 행사할 목적으로 유가증권의 권리·의무에 관한 기재를 위조 또는 변조한 경우에 성립하는 범죄이다. 본죄는 기본적 증권행위가 진정하게 성립된 후에 부수적 증권행위에 대한 위조·변조행위를 처벌하는 것이다.

2. 객체: 유가증권의 권리·의무에 관한 기재

본죄의 객체는 유가증권의 권리·의무에 관한 기재이며, 이에는 배서, 인수, 보증과 같은 부수적 증권행위의 기재사항이 있다.

---

123) 대법원 1983.4.12. 선고 82도2938 판결.

자기가 발행한 수표에 대하여 배서를 위조한 경우, 진정하게 작성된 어음에 타인 명의를 모용하여 배서한 경우에 성립하는 범죄이다.

Ⅳ. 자격모용에 의한 유가증권 작성죄

> 제215조 (자격모용에 의한 유가증권의 작성) 행사할 목적으로 타인의 자격을 모용하여 유가증권을 작성하거나 유가증권의 권리 또는 의무에 관한 사항을 기재한 자는 10년 이하의 징역에 처한다.
> 제223조 (미수범) 제214조 내지 제219조와 전조의 미수범은 처벌한다.

1. 의의

자격모용에 의한 유가증권작성죄는 행사할 목적으로 타인의 자격을 모용하여 유가증권을 작성하거나 유가증권의 권리 또는 의무에 관한 사항을 기재한 경우에 성립하는 범죄이다. 유가증권위조의 한 형태로서 독립된 변형 구성요건이다.

2. 행위

본죄의 구성요건적 행위는 타인의 자격을 모용하여 유가증권을 작성하거나 유가증권의 권리 또는 의무에 관한 사항을 기재하는 것이다.

'타인의 자격을 모용'한다는 것은 대리권 또는 대표권 없는 자가 타인의 대리인·대표자로서의 자격을 사칭하여 유가증권을 작성하는 것을 말한다. 본죄는 권한이 없는 경우에 한하여 성립한다. 주식회사 대표이사로 재직하던 피고인이 대표이사가 타인으로 변경되었음에도 불구하고 이전부터 사용하여 오던 피고인 명의로 된 위 회사 대표이사의 명판을 이용하여 여전히 피고인을 위 회사의 대표이사로 표시하여 약속어음을 발행, 행사한 경우 본죄가 성립한다.[124)]

대리권 또는 대표권이 있는 자라고 할지라도 그 권한범위 외의 사항 또는 명백히 권한을 초월한 사항에 관하여 본인 또는 회사명의의 유가증권을 발행한 때에는 권한 없는 자

---

124) 대법원 1991.2.26. 선고 90도577 판결.

의 경우와 마찬가지로 본죄가 성립한다. 대표이사 직무집행정지 가처분결정은 대표이사의 직무집행만을 정지시킬 뿐 대표이사의 자격까지 박탈하는 것은 아니나 가처분결정이 송달되어 일체의 직무집행이 정지됨으로써 직무집행의 권한이 없게 된 대표이사가 그 권한 밖의 일인 대표이사 명의의 유가증권을 작성 행사하는 행위는 자격모용유가증권작성 및 동 행사죄에 해당한다.[125]

판례 대표이사의 권한을 실질적으로 행사하는 자인 주식회사의 전임 대표이사

【판결요지】 주식회사 대표이사로 재직하던 피고인이 대표이사가 타인으로 변경되었음에도 불구하고 이전부터 사용하여 오던 피고인 명의로 된 위 회사 대표이사의 명판을 이용하여 여전히 피고인을 위 회사의 대표이사로 표시하여 약속어음을 발행, 행사하였다면, 설사 약속어음을 작성, 행사함에 있어 후임 대표이사의 승낙을 얻었다거나 위 회사의 실질적인 대표이사로서의 권한을 행사하는 피고인이 은행과의 당좌계약을 변경하는데에 시일이 걸려 잠정적으로 전임 대표이사인 그의 명판을 사용한 것이라 하더라도 이는 합법적인 대표이사로서의 권한행사라 할 수 없어 자격모용유가증권작성 및 동행사죄에 해당한다(대법원 1991.2.26. 선고 90도577 판결).

【해설】 만일 갑이 을의 승낙을 얻어 을 명의로 약속어음을 발행하였다면 어음발행권한을 인정할 수 있으므로 죄가 되지 않을 것임은 분명하다. 자격모용에 대하여 을의 승낙을 얻은 경우는 어떻게 볼 것인가? 본죄의 경우에도 '피해자의 승낙'으로 위법성이 조각될 수 있는가? 형식상으로는 대표이사가 아니지만 실질적으로 대표이사의 권한을 행사한 경우에도 자격모용이라고 볼 수 있는가? 판례는 대표이사가 아닌 갑이 대표이사의 자격을 표시하여 유가증권을 발행·행사하였으므로 자격모용에 의한 유가증권작성죄와 동행사죄가 성립한다.

V. 허위유가증권 작성죄

제216조 (허위유가증권의 작성등) 행사할 목적으로 허위의 유가증권을 작성하거나 유가증권에 허위사항을 기재한 자는 7년 이하의 징역 또는 3천만원 이하의 벌금에 처한다.
제223조 (미수범) 제214조 내지 제219조와 전조의 미수범은 처벌한다.

---

125) 대법원 1987.8.18. 선고 87도145 판결.

1. 의의

허위유가증권작성죄는 행사할 목적으로 허위의 유가증권을 작성하거나 유가증권에 허위사항을 기재한 경우에 성립하는 범죄이다. 타인의 작성명의를 무단으로 사용하지 않는다는 점에서 위조와 다르며, 작성권한이 있는 자가 한다는 점에서 위조·변조와 다르다.

2. 구성요건

본죄의 행위는 유가증권을 작성·기재할 권한이 있는 자가 허위의 유가증권을 작성하거나 유가증권에 허위사항을 기재하는 것이다. 허위의 유가증권을 작성한다는 것은 '작성권한 있는 자'가 작성명의를 모용하지 않고 단순히 유가증권에 허위의 내용을 기재하는 것을 말한다. 작성권한 없는 자가 타인의 작성명의를 모용한 경우에는 유가증권위조죄가 성립한다.

주식회사의 대표이사가 대표 자격을 표시하는 방식으로 작성한 문서에 표현된 의사 또는 관념이 귀속되는 주체는 대표이사 개인이 아닌 주식회사이므로 그 문서의 명의자는 주식회사이다.[126] 주식회사의 대표이사는 회사의 영업에 관하여 재판상 또는 재판외의 모든 행위를 할 권한이 있으므로(상법 제389조 제3항, 제209조), 대표이사가 직접 주식회사 명의의 문서 또는 유가증권을 작성하는 행위는 자격모용작성죄 또는 위조에 해당하지 않지만,[127] 대표이사는 작성권한이 있는 자이므로 허위유가증권작성죄는 성립할 수 있다.

유가증권에 허위를 기재하는 사항은 기본적 증권행위에 속하는가 또는 부수적 증권행위에 속하는가를 불문하고, 기존의 유가증권에 허위의 기재를 하는 경우뿐만 아니라 자기명의로 새로 유가증권을 작성하면서 허위의 기재를 하는 경우도 포함한다.

판례 허위유가증권작성죄가 성립하는 경우

① 비록 주권발행의 권한을 위임받았다고 하더라도 행사의 목적으로 발행일자를 소급기재하여 그 기재일자에 발행된것처럼 허위내용을 기재한 때는 허위유가증권작성죄를 구성한다(대법원 1974.1.15. 선고 73도2041 판결).
② 약속어음 작성권자의 승낙 내지 위임을 받아 약속어음을 작성함에 있어서 발행인 명의 아래 진실에 반하는 내용인 피고인의 인장을 날인하여 일견 유효한 듯한 약속어음의 발행한 경우(대법원 1975.6.10. 선고 74도2594 판결).

---

126) 대법원 2008.12.24. 선고 2008도7836 판결.
127) 대법원 2015.11.27. 선고 2014도17894 판결.

③ 선하증권 기재의 화물을 인수하거나 확인하지도 아니하고 또한 선적할 선편조차 예약하거나 확보하지도 않은 상태에서 수출면장만을 확인한 채 실제로 선적한 사실이 없는 화물을 선적하였다는 내용의 선하증권을 발행한 경우(대법원 1995.9.29. 선고 95도803 판결).

판례 허위유가증권작성죄가 성립하지 않는 경우

① 주권발행전에 주식을 양도받은 자에게 주권을 발행한 때(대법원 1982.6.22 선고 81도1935 판결).

② 배서인의 주소기재는 배서의 요건이 아니므로 약속어음 배서인의 주소를 허위로 기재하였다고 하더라도 그것이 배서인의 인적 동일성을 해하여 배서인이 누구인지를 알 수 없는 경우가 아닌 한 약속어음상의 권리관계에 아무런 영향을 미치지 않는다 할 것이고, 따라서 약속어음상의 권리에 아무런 영향을 미치지 않는 사항은 그것을 허위로 기재하더라도 형법 제216조 소정의 허위유가증권작성죄에 해당되지 않는다(대법원 1986.6.24. 선고 84도547 판결).

③ 은행을 통하여 지급이 이루어지는 약속어음의 발행인이 그 발행을 위하여 은행에 신고된 것이 아닌 발행인의 다른 인장을 날인한 경우 그것이 발행인의 인장인 이상 어음의 효력에는 아무런 영향이 없으므로 허위유가증권작성죄가 성립하지 않는다(대법원 2000.5.30 선고 2000도883 판결).

④ 자기앞수표의 발행인이 수표의뢰인으로부터 수표자금을 입금받지 아니한 채 자기앞수표를 발행한 경우 그 수표의 효력에는 아무런 영향이 없으므로 허위유가증권작성죄가 성립하지 않는다(대법원 2005.10.27 선고 2005도4528 판결).

VI. 위조 등 유가증권행사등 죄

제217조 (위조유가증권 등의 행사등) 위조, 변조, 작성 또는 허위기재한 전3조 기재의 유가증권을 행사하거나 행사할 목적으로 수입 또는 수출한 자는 10년 이하의 징역에 처한다.

제223조 (미수범) 제214조 내지 제219조와 전조의 미수범은 처벌한다.

1. 의의

위조유가증권행사죄는 위조, 변조, 작성 또는 허위기재한 전3조 기재의 유가증권을 행사하거나 행사할 목적으로 수입 또는 수출한 경우에 성립하는 범죄이다.

2. 객체: 위조·변조·작성 또는 허위기재된 유가증권

행위의 객체는 위조·변조·작성 또는 허위기재된 유가증권이다. 여기서 유가증권이란 위조 또는 변조된 유가증권의 원본을 말하며, 전자복사기 등을 사용하여 기계적으로 복사한 사본은 이에 해당하지 않는다.[128)]

3. 행위: 행사, 수입, 수출

행사란 위조·변조·작성 또는 허위기재된 유가증권을 진정하게 작성된 진실한 내용의 유가증권으로 사용하는 것을 말한다. 유가증권을 할인하기 위하여 제시하는 경우뿐만 아니라 신용을 얻기 위하여 타인에게 보이는 경우, 행사할 의사가 분명한 타인에게 교부하는 것도 행사에 해당한다.

본죄의 처벌 목적은 유가증권의 유통질서를 보호하는 데 있는 만큼 단순히 문서의 신용성을 보호하고자 하는 위조공·사문서행사죄의 경우와는 달리 교부자가 진정 또는 진실한 유가증권인 것처럼 위조유가증권을 행사하였을 때뿐만 아니라 위조유가증권임을 알고 있는 자에게 교부하더라도 피교부자가 이를 유통시킬 것임을 인식하고 교부하다면, 그 교부행위 그 자체가 유가증권의 유통질서를 해할 우려가 있어 처벌의 이유와 필요성이 충분히 있으므로 위조유가증권행사죄가 성립한다. 다만 위조유가증권의 교부자와 피교부자가 서로 유가증권위조를 공모하거나 위조유가증권을 타에 행사하여 그 이익을 나누어 가질 것을 공모한 공범의 관계에 있다면, 그들 사이의 위조유가증권 교부행위는 그들 이외의 자에게 행사함으로써 범죄를 실현하기 위한 전단계의 행위에 불과한 것으로서 위조유가증권은 아직 범인들의 수중에 있다고 볼 것이므로 위조유가증권이 행사되었다고 볼 수 없다.[129)]

128) 대법원 1998.2.13. 선고 97도2922 판결.

129) 대법원 2010.12.9. 선고 2010도12553 판결.

Ⅶ. 인지·우표 위조·변조죄

제218조 (인지·우표의 위조등) ① 행사할 목적으로 대한민국 또는 외국의 인지, 우표 기타 우편요금을 표시하는 증표를 위조 또는 변조한 자는 10년 이하의 징역에 처한다.
제223조 (미수범) 제214조 내지 제219조와 전조의 미수범은 처벌한다.

인지·우표 위조·변조죄는 행사할 목적으로 대한민국 또는 외국의 인지, 우표 기타 우편요금을 표시하는 증표를 위조 또는 변조한 경우에 성립하는 범죄이다. 우표나 인지도 유가증권의 일종이지만 유가증권보다는 통화에 가깝다는 특수성을 고려하여 별도의 규정을 두었다.

Ⅷ. 위조·변조 인지·우표 행사죄

제218조 (인지·우표의 위조등) ② 위조 또는 변조된 대한민국 또는 외국의 인지, 우표 기타 우편요금을 표시하는 증표를 행사하거나 행사할 목적으로 수입 또는 수출한 자도 제1항의 형과 같다.
제223조 (미수범) 제214조 내지 제219조와 전조의 미수범은 처벌한다.

위조·변조 인지·우표 행사죄는 위조 또는 변조된 대한민국 또는 외국의 인지, 우표 기타 우편요금을 표시하는 증표를 행사하거나 행사할 목적으로 수입 또는 수출하는 경우에 성립하는 범죄이다. 위조·변조유가증권행사죄에 상응하는 범죄구성요건이다. 수입과 수출의 경우에는 목적범이다.

본죄의 행사는 위조 또는 변조된 대한민국 또는 외국의 우표를 진정한 우표로 사용하는 것을 말한다. 반드시 우편요금의 납부용으로 사용하는 것에 한정되지 않고 우표수집의 대상으로서 매매하는 경우도 포함된다.[130)]

---

130) 대법원 1989.4.11. 선고 88도1105 판결.

Ⅸ. 위조·변조 인지·우표 취득죄

제219조 (위조인지·우표 등의 취득) 행사할 목적으로 위조 또는 변조한 대한민국 또는 외국의 인지, 우표 기타 우편요금을 표시하는 증표를 취득한 자는 3년 이하의 징역 또는 1천만원 이하의 벌금에 처한다.
제223조 (미수범) 제214조 내지 제219조와 전조의 미수범은 처벌한다.

위조·변조 인지·우표 취득죄는 위조·변조 인지·우표 취득죄는 행사할 목적으로 위조 또는 변조한 대한민국 또는 외국의 인지, 우표 기타 우편요금을 표시하는 증표를 취득하는 경우에 성립하는 범죄이다. 위조·변조된 유가증권의 취득행위는 처벌되지 않지만 위조·변조된 통화취득죄에 상응하는 범죄구성요건이다.

Ⅹ. 소인말소죄

제221조 (소인말소) 행사할 목적으로 대한민국 또는 외국의 인지, 우표 기타 우편요금을 표시하는 증표의 소인 기타 사용의 표지를 말소한 자는 1년 이하의 징역 또는 300만원 이하의 벌금에 처한다.

소인말소죄는 행사할 목적으로 대한민국 또는 외국의 인지, 우표 기타 우편요금을 표시하는 증표의 소인 기타 사용의 표지를 말소하는 경우에 성립하는 범죄이다. 소인을 말소한다는 것은 인지, 우표 등에 진정하게 날인된 소인의 흔적을 소멸시켜 그 인지나 우표 등을 다시 진정한 것으로 사용할 수 있게 하는 행위를 말한다.

XI. 인지·우표 등 유사물 제조 등 죄

제222조 (인지·우표유사물의 제조등) ① 판매할 목적으로 대한민국 또는 외국의 공채증서, 인지, 우표 기타 우편요금을 표시하는 증표와 유사한 물건을 제조, 수입

> 또는 수출한 자는 2년 이하의 징역 또는 500만원 이하의 벌금에 처한다.
> ② 전항의 물건을 판매한 자도 전항의 형과 같다.

인지·우표 등 유사물 제조 등 죄는 판매할 목적으로 대한민국 또는 외국의 공채증서, 인지, 우표 기타 우편요금을 표시하는 증표와 유사한 물건을 제조, 수입 또는 수출한 경우에 성립하는 범죄이다. 유사한 물건이란 일반인으로 하여금 진정한 것이라고 오신하게 할 정도의 외관을 구비하지 못한 모조품을 말한다.

XII. 예비·음모죄

> 제224조 (예비, 음모) 제214조, 제215조와 제218조 제1항의 죄를 범할 목적으로 예비 또는 음모한 자는 2년 이하의 징역에 처한다.

유가증권위조·변조죄와 기재사항위조·변조죄(제214조), 자격모용에 의한 유가증권작성죄(제215조)와 인지·우표위조·변조죄(제218조 제1항)를 범할 목적으로 예비 또는 음모한 경우에 성립하는 범죄이다. 유가증권에 관한 죄 중에서 '유형위조'에 해당하는 죄에 대해서만 예비·음모죄로 처벌하고 있다.

제3절 문서에 관한 죄

Ⅰ. 총설

1. 의의

문서의 죄는 행사할 목적으로 문서를 위조 또는 변조하거나, 허위의 문서를 작성하거나, 위조·변조·허위작성된 문서를 행사하거나, 문서를 부정행사함으로써 성립하는 범죄이다. 문서의 죄의 보호법익은 문서에 대한 거래의 안전과 신용이며, 보호의 정도는 추상적 위험범이다. 다른 공공신용에 대한 죄와 같이 피해자가 현실적으로 손해를 입었거나 구체적 위험이 발생할 필요는 없다.

2. 체계

가. 사문서와 공문서

문서에 관한 죄는 사문서와 공문서로 구분한다. 사문서를 객체로 하는 범죄가 기본적 구성요건이며, 공문서를 객체로 하는 범죄가 가중적 구성요건이다. 전자기록 등 특수매체 기록에 대해서는 사전자기록과 공전자기록으로 특별한 보호를 하고 있다.

문서에 관한 죄의 행위태양은 문서위조, 문서변조, 허위문서작성, 위조등문서행사, 문서부정행사로 나누고 있다. 사문서위조·변조죄가 기본적 구성요건이며, 공문서위조·변조죄는 가중적 구성요건이다. 허위문서작성의 경우 공문서에 대해서는 처벌 규정을 두고 있으나, 사문서에 대해서는 허위진단서 외에는 처벌 규정을 두고 있지 않다.

나. 유형위조와 무형위조

문서위조는 유형위조와 무형위조가 있다. '유형위조'는 문서를 작성권한이 없는 자가 타인 명의를 사칭하여 타인 명의의 문서를 작성하는 것을 말하며, '무형위조'는 작성권한이 있는 자가 진실에 반하는 내용의 문서를 작성하는 것을 말한다.

형법은 유형위조를 '위조', 무형위조는 '작성'이라고 표시하여 양자를 구별하고 있으며, 유형위조의 경우 공문서·사문서 불문하고 모두 처벌하고 있지만, 무형위조의 경우 공문서는 처벌하지만, 사문서는 원칙적으로 처벌하지 않고 예외적으로 허위진단서작성죄의 경우에만 처벌한다.

【정리】 문서의 죄 체계

권한이 없는 자 (유형위조) - 위조·변조	권한이 있는 자 (무형위조) - 작성
○ 명의사칭 → 위조 (공문서·사문서) ○ 내용변경 → 변조 (공문서·사문서) ※ 내용변경 전후의 동일성이 상실되면 → 위조 ○ 자격사칭 → 자격모용 (공문서·사문서) ※ 대리인 자격사칭	○ 공문서 → 허위공문서작성죄 ○ 사문서 → 허위사문서작성죄: 처벌 ×(원칙) 허위진단서작성죄(예외)

3. 문서에 관한 죄의 본질

가. 형식주의

형식주의는 문서에 관한 죄가 '문서성립의 진정'을 보호한다고 해석한다. 따라서 문서성립이 진정하지 않으면 내용이 진실하더라도 본죄가 성립한다. 반대로 성립의 진정이 인정되면 내용과 상관없이 본죄는 성립하지 않는다. 문서명의인과 문서작성자가 일치하지 않은 부진정문서만을 문서에 관한 죄로 인정하는 입법형식을 말한다. 독일 형법이 이에 해당한다.

나. 실질주의

실질주의는 문서에 관한 죄가 문서에 표시된 '내용의 진실'을 보호하는 것으로 본다. 따라서 문서에 표시된 사실이 객관적 진실과 일치하면 작성명의가 허위일지라도 본죄는 성립하지 않는다. 프랑스 형법이 이에 해당한다.

다. 우리나라 형법의 태도

우리 형법은 형식주의를 원칙으로 하면서 예외적으로 실질주의를 인정하고 있다고 보는 것이 다수설과 판례의 입장이다. 우리 형법은 작성명의에 허위가 있는 경우에는 공문서와 사문서를 묻지 않고 모두 처벌한다(제225조, 제231조). 그러나 작성명의에는 허위가 없으나 내용이 허위인 경우에는 공문서에 한하여 처벌하고 있다(제227조). 사문서에 대해서는 예외적으로 허위진단서작성죄(제233조)만을 처벌하고 있기 때문이다.

판례도 사문서를 위조 또는 변조한 때에는 문서 내용의 진실 여부는 문제되지 않는다고 판시하고 있다.

Ⅱ. 문서

제237조의2 (복사문서등) 이 장의 죄에 있어서 전자복사기, 모사전송기 기타 이와 유사한 기기를 사용하여 복사한 문서 또는 도화의 사본도 문서 또는 도화로 본다.

1. 의의

문서는 문자 또는 이에 대신할 수 있는 가독적 부호로 계속적으로 물체상에 기재된 의사 또는 관념의 표시인 원본 또는 이와 사회적 기능, 신용성 등을 동일시할 수 있는 기계적 방법에 의한 복사본으로서 그 내용이 법률상, 사회생활상 주요 사항에 관한 증거로 될 수 있는 것을 말한다.[131] 문자 또는 이를 대신하는 부호에 의해 사상이나 관념을 표시하는 물체로서, 광의의 문서에는 문자로 표시된 문서 외에 도화가 포함된다. 문서의 개념 요소로 계속적 기능, 증명적 기능, 보장적 기능이 필요하다.

2. 계속적 기능

문서는 사람의 의사가 표시된 것으로서 계속성이 있어야 한다. 또는 영속적 기능이라고도 한다.

가. 의사표시의 내용

문서는 의사표시이다. 의사표시는 사상 또는 관념의 표시를 말한다. 문서는 사상의 표시이므로 물건의 형상이나 존재가 증명의 대상이 되고 의사표시라고 할 수 없는 검증목적물이나 표지, 단순한 증거기록물, 인물이나 사물의 동일성을 표시하는 명찰, 제조상품의 바코드, 상품포장에 찍힌 회사표시 등은 문서가 아니다.

기계적 기록, 기계에 의한 사진복사와 같은 복사문서가 문서에 해당할 수 있는지에 대하여 종래 학설과 판례의 대립이 있었다. 판례는 87도506판결에 의하여 문서성을 인정하였으며,[132] 형법 제237조의2가 복사문서를 문서로 본다는 규정을 신설하여 이를 입법적으로 해결하였다.

복사한 문서의 사본도 문서원본과 동일한 의미를 가지는 문서로서 이를 다시 복사한 문서의 재사본도 문서위조죄 및 동 행사죄의 객체인 문서에 해당한다.[133] 본죄의 보호법익이 문서 자체가 아니라 문서에 대한 공공의 신용이므로 문서를 반드시 원본으로 한정하여 해석할 이유가 없기 때문이다. 문서의 사본이라도 원본과 동일한 내용을 가지고 있고 원본과 같은 사회적 기능과 신용을 가지는 것이라면 문서에 해당된다. 마찬가지로 문서 원

131) 대법원 2008.4.10. 선고 2008도1013 판결.

132) 대법원 1989.9.12 선고 87도506 전원합의체 판결.

133) 대법원 2000.9.5. 선고 2000도2855 판결.

본을 그대로 컬러복사기로 복사한 경우에도 문서에 해당한다.[134] 원본을 다른 조작을 가함이 없이 그대로 복사한 경우 위조행위에 해당되며, 이를 고소장에 첨부하여 수사관서에 제출하는 행위는 행사죄에 해당한다.

나. 의사표시의 방법

의사표시의 방법은 문자와 부호를 포함하며, 외국문자도 무방하다. 문장의 형식을 갖추지 않아도 된다. 부호에 의한 경우로는 속기용의 부호, 전신부호, 시각장애인의 점자에 의한 경우가 있다.

약식문서도 일반적으로 의사의 해독이 가능하면 문서로 인정된다. 고대문자라 하더라도 읽을 수 있다면 문서에 해당한다. 다만, 본인 또는 특정한 당사자만이 해독할 수 있는 암호를 사용한 물체는 문서가 아니다.

부호는 문자를 대신하는 읽을 수 있는 것이면 되고, 발음부호가 아니라도 상관없다. 따라서 접수일부인(接受日附印)의 날인도 문서에 해당한다.

의사표시의 정도는 구체적이어야 한다. 추상적 사상을 표시한 시나 소설과 같은 예술작품, 저작물은 문서가 아니며 저작권법의 보호대상이 될 뿐이다.

예술작품에 예술가가 한 서명과 낙관은 문서가 아니므로 인장에 관한 죄가 성립한다는 것이 통설이다. 서명과 낙관이 그 자체로 관념을 표시하며 그것이 법률상 중요성을 갖는 사실을 증명하는 것이 아니라면 사실증명에 관한 문서라고 할 수 없다.

다. 의사표시의 계속성

문서는 의사표시가 물체에 고정되어 있어 일정한 계속성을 가져야 하며, 시각적 방법으로 인식할 수 있어야 한다. 반드시 영구적일 필요는 없으며, 어느 정도 계속적이면 된다. 따라서 모래나 눈 위에 쓴 글이나 칠판에 분필로 쓴 글은 문서가 아니다.

문서는 표시된 의사의 내용을 시각적으로 이해할 수 있어야 한다. 따라서 음반이나 녹음테이프와 같이 시각에 의하여 내용을 파악할 수 없는 것은 문서가 아니다.

라. 컴퓨터 이미지 파일

특수매체기록은 일정한 저장매체에 전자방식이나 자기방식에 의하여 저장된 기록을 의미한다. 전자기록은 정보처리능력을 가진 장치에 의하여 전자적 방식과 자기적 방식에 의하여 수록·보존되어 있는 기록 그 자체를 말한다. 문서는 물체에 고정되어 있으며 하

134) 대법원 2016.7.14. 선고 2016도2081 판결.

며, 시각적 방법으로 인식할 수 있어야 하는데, 특수매체기록은 이러한 성질을 인정하기 어려워 현행법상 문서로 보기 어렵다.

컴퓨터 모니터 화면에 나타나는 이미지는 이미지 파일을 보기 위한 프로그램을 실행할 경우에 그때마다 전자적 반응을 일으켜 화면에 나타나는 것이므로 문서가 아니라는 것이 판례의 입장이다.[135] 하지만 그 이미지 파일을 프린터로 출력하면 문서가 된다.[136] '종이'에 고정되었기 때문이다.

생각건대, 실제 거래관계에서는 원본을 스캔한 컴퓨터 이미지 파일을 각종 거래의 증명 방법으로 빈번하게 사용하고 있는 점을 고려한다면 컴퓨터 이미지 파일에 대한 문서성을 인정할 필요가 있다. 거래상대방이 주민등록증과 같은 신분증이나 예금통장의 사본을 요청한 경우 미리 스캔한 이미지 파일을 이메일로 첨부하여 보내주기도 하며, 영수증 등 문서를 카메라로 촬영하여 이메일에 첨부하는 것이 일반적 거래 관행이라고 생각한다. 이미지 파일을 컴퓨터 프로그램을 이용하여 시각적으로 확인할 수 있다면 가독성이 있다고 볼 수 있으며, 이미지 파일은 만질 수 있는 실체감이 없고, 컴퓨터와 같은 전기장치나 도구가 필요하며, 타인에 의한 변경이 용이하다는 점에서 종이보다는 변경 가능성이 높을 뿐이지 고정성이나 계속성이 없는 것은 아니다. 위·변조를 방지하기 위한 전자적 장치를 하여 무결성, 가독성, 신뢰성을 확보할 수 있다면 일정한 이미지 파일의 경우에도 고정성 또는 계속성을 인정할 수 있다고 생각한다.

판례 컴퓨터 이미지 파일과 문서

【사실관계】 피고인은, ① 2005.10.20.경 자신의 집에서, 사귀고 있던 공소외인에게 피고인의 나이와 성명을 속이는 용도로 행사할 목적으로 권한 없이, 컴퓨터로 '미애', '701226'을 작성하여 출력한 다음, 피고인의 주민등록증 성명란 '길자'라는 글자 위에 위와 같이 출력한 '미애'라는 글자를, 주민등록번호란 '640209'라는 글자 위에 위와 같이 출력한 '701226'이라는 글자를 각 오려붙인 다음, 이를 컴퓨터 스캔 장치를 이용하여 스캔함으로써 이미지 파일을 생성하는 방법으로 복사하여 컴퓨터 모니터로 출력함으로써 화면에 이미지가 나타나도록 하는 방법으로 공문서인 강남구청장 발행의 주민등록증 1장을 위조하고, ② 같은 일시, 장소에서, 위와 같이 위조한 주민등록증 이미지가 저장되어 있는 파일을 공소외인에게 보내는 이메일에 마치 진정하게 성립한 것처럼 첨부, 전송하여 그 무렵 그 정을 모르는 공소외인으로 하여금 첨부파일을 열람하

135) 대법원 2007.11.29. 선고 2007도7480 판결; 대법원 2008.4.10. 선고 2008도1013 판결; 대법원 2020.12.24. 선고 2019도8443 판결.

136) 대법원 2011.11.10. 선고 2011도10468 판결; 최호진, 정보통신기술발전에 따른 형법상 문서개념 변화의 필요성, 형사법연구 제25권 제1호, 2013년, 209면 참조.

도록 함으로써 공소외인이 사용하는 컴퓨터 모니터에 위와 같이 위조한 주민등록증의 이미지가 나타나도록 함으로써 이를 행사하였다.

【판결요지】 자신의 이름과 나이를 속이는 용도로 사용할 목적으로 주민등록증의 이름·주민등록번호란에 글자를 오려붙인 후 이를 컴퓨터 스캔 장치를 이용하여 이미지 파일로 만들어 컴퓨터 모니터로 출력하는 한편 타인에게 이메일로 전송한 사안에서, 컴퓨터 모니터 화면에 나타나는 이미지는 형법상 문서에 관한 죄의 문서에 해당하지 않으므로 공문서위조 및 위조공문서행사죄를 구성하지 않는다고 한 사례(대법원 2007.11.29. 선고 2007도7480 판결).

【해설】 컴퓨터 모니터에 나타난 컴퓨터 이미지는 계속적으로 화면에 고정된 것으로 볼 수 없기 때문에 형법상 문서에 해당하지 않는다는 판례이다. 컴퓨터 스캔작업을 통하여 만들어낸 공인중개사 자격증의 이미지파일(2008도1013), 국립대학교 교무처장 명의의 '졸업증명서 파일'(2010도6068) 또한 같은 이유로 형법상 문서로 보지 않는다.

판례 컴퓨터 이미지 파일과 문서

【사실관계】 갑은 2010.6.30. 06:00~07:00경 사무실에서 행사할 목적으로 권한 없이 외환은행 명의인 2007.1.10.자 "예금/신탁잔액증명서" 원본을 스캐너로 복사하여 컴퓨터 화면에 띄운 후 포토샵을 이용하여 발급날짜 "2007.1.10."을 "2010.6.25."로 변경하였다(공소사실 1).

갑은 사무실 전세계약서 원본을 스캐너로 복사하여 컴퓨터 화면에 띄운 후 그 보증금액란을 공란으로 만든 다음 이를 프린터로 출력하여 검정색 볼펜으로 보증금액을 '삼천만 원(30,000,000원)'으로 기재하였다. 이후 사무실 전세계약서를 팩스로 송부하였다(공소사실 2).

【판결내용】 형법상 문서에 관한 죄에 있어서 문서라 함은, 문자 또는 이에 대신할 수 있는 가독적 부호로 계속적으로 물체상에 기재된 의사 또는 관념의 표시인 원본 또는 이와 사회적 기능, 신용성 등을 같게 볼 수 있는 기계적 방법에 의한 복사본으로서 그 내용이 법률상, 사회생활상 주요 사항에 관한 증거로 될 수 있는 것을 말하므로(대법원 2006. 1. 26. 선고 2004도788 판결 등 참조), 원심이 컴퓨터 모니터 화면에 나타나는 이미지는 이미지 파일을 보기 위한 프로그램을 실행할 경우에 그때마다 전자적 반응을 일으켜 화면에 나타나는 것에 지나지 아니하여 형법상 문서에 관한 죄에 있어서의 '문서'에 해당하지 않는다고 본 것은 정당하다(대법원 2007.11.29. 선고 2007도7480 판결 등 참조). 그러나 앞서 본 바와 같이 이 사건 제1사문서변조 및 행사의 점에 관한 공소사실은 "피고인이 사무실전세계약서 원본을 스캐너로 복사하여 컴퓨터 화면에 띄운 후 그 보증금액란을 공란으로 만든 다음 이를 프린터로 출력하여 검정색 볼펜으로 보증금액을 '삼천만 원(30,000,000원)'으로 변조하고, 이와 같이 변조된 사무실전세계약서를 팩스로 송부하여 행사하였다."는 것이므로, 이 부분 공소사실에서 적시된 범죄사실은 '컴퓨터 모니터 화면상의 이미지'를 변조하고 이를 행사한 행위가 아니라 '프린터로 출력된 문서'인 사무실전세계약서를 변조하고

이를 행사한 행위임을 알 수 있다. 그럼에도 원심은, 검사가 기소하지 아니한 공소사실, 즉 컴퓨터 모니터 화면상의 이미지 파일에 대한 변조 및 그 행사의 점이 이 부분 공소사실인 것처럼 보아 이를 무죄로 판단하고 말았으니, 이러한 원심의 판단에는 심판대상의 범위에 관한 법리를 오해하여 판결에 영향을 미친 위법이 있어 그대로 유지될 수 없다(대법원 2011.11.10. 선고 2011도10468 판결).

【해설】 공소사실 1과 같이 컴퓨터 모니터 화면에 나타나는 이미지는 이미지 파일을 보기 위한 프로그램을 실행할 경우에 그때마다 전자적 반응을 일으켜 화면에 나타나는 것에 지나지 아니하여 형법상 문서에 관한 죄에 있어서의 '문서'에 해당하지 않는다는 것이 판례의 입장이다. 따라서 이를 변조한 것은 문서변조죄에 해당하지 않는다.

하지만, 공소사실 2에서 문제삼는 범죄사실은 '컴퓨터 모니터 화면상의 이미지'를 변조하고 이를 행사한 행위가 아니라 '프린터로 출력된 문서'인 사무실 전세계약서를 변조한 것이다. 이에 대해서는 문서변조죄가 성립하며, 변조된 문서를 팩스로 송부한 것은 행사죄에 해당한다. 따라서 공소사실2에 대해서는 문서변조죄와 동행사죄가 성립한다.

3. 증명적 기능

가. 증명능력

문서의 내용은 법적으로 중요한 사실, 즉 '법률관계'와 '사회생활상의 중요사항'을 증명할 수 있는 것이어야 한다. 법률관계는 권리·의무의 발생·변경·소멸과 관련된 사실로 공·사법관계를 불문한다. 법률관계를 증명하는 문서로 매매계약서, 각종 신청서, 청구서, 위임장, 고소장 등이 있다. 사회생활의 중요사항은 권리·의무 이외의 사항으로서 거래상 중요한 사실증명에 사용될 수 있는 것을 말한다. 사회생활상의 중요사항을 증명하는 문서로 신분증명서, 주민등록표, 추천서, 이력서, 각종 회의록 등이 있다.

문서의 증명능력은 진정문서를 전제로 하기 때문에 부진정문서의 작성은 문서에 관한 죄를 구성하지만, 부진정문서 자체는 문서위조의 객체가 될 수 없다. 허위작성된 공문서는 공문서변조죄의 객체가 되지 않는다.[137]

나. 증명의사

문서는 법률관계와 사회생활상의 중요한 사실관계를 증명하기 위한 증명의사가 있어야 한다. 증명의사는 확정적 의사여야 하기 때문에 확정적 증명의사가 없는 초안이나 초고는 문서가 아니지만, 가계약서, 가영수증은 시한부로 작성된 것이라도 확정의사를 가지

137) 대법원 1986.11.11. 선고 86도1984 판결.

고 있기 때문에 문서에 해당한다.

증명의사의 발생 시기에 따라 목적문서와 우연문서로 구별된다. 목적문서는 처음부터 증명의사를 가지고 작성된 문서를 말한다. 공문서는 항상 목적문서이다. 우연문서는 증명의사가 사후에 발생한 문서를 말한다. 개인의 비망록을 제3자가 증명을 위해 증거로 사용하거나 법원에 제출한 경우가 이에 해당한다.

4. 보증적 기능

가. 작성명의인

문서에는 의사표시의 내용을 보증할 수 있는 의사표시의 주체인 작성명의인이 있어야 한다. 법적 거래는 관념 또는 의사가 누군가에 의해서 표시되고, 그 의사를 표시한 자에 의해서 의사내용이 보증된다는 점에 대한 신뢰를 바탕으로 행해진다. 법적 거래를 신뢰할 수 있는 대상물이 바로 문서이기 때문에 의사표시의 내용을 보증할 수 있는 명의인이 존재하는 경우에만 법적 거래에서 문서로서의 증명가치가 인정된다. 따라서 익명의 사상표현은 문서가 아니다.

문서의 진정한 작성명의자가 누구인지는 문서의 표제나 명칭만으로 판단하여서는 아니 되고, 문서의 형식과 외관은 물론 문서의 종류, 내용, 일반 거래에서 그 문서가 가지는 기능 등 제반 사정을 종합적으로 참작하여 판단하여야 한다.[138]

나. 명의인 특정

명의인은 자연인·법인·법인격 없는 단체를 불문한다. 명의인이 특정되어 있으면 반드시 그 성명이 표시될 필요는 없다. 문서내용·형식·외관 등으로 명의인을 알 수 있으면 되고 서명날인은 필요 없다.

다. 사망자와 허무인 명의

사망자와 허무인 명의의 문서와 관련하여 명의인이 실재해야 하는가? 통설은 명의인이 실재할 필요가 없다고 한다. 사망자와 허무인 명의의 문서라도 공문서·사문서 구별 없이 일반인에게 진정한 문서로 오신 될 염려가 있으면 문서죄의 객체성을 인정한다. 사망자와 허무인의 문서라고 하더라도 문서의 진정에 대한 공공의 신용이 저해될 수 있기 때문이다.

138) 대법원 2016.10.13. 선고 2015도17777 판결; 대법원 2011.12.22. 선고 2011도11777 판결; 대법원 1996.2.9. 선고 94도1858 판결.

종전의 대법원 판례는 공문서는 명의인이 실재할 필요는 없지만, 사문서는 명의인이 실재해야 한다고 하였다. 그러나 2002도18 전원합의체 판결에서 허무인·사망자 명의의 사문서를 위조한 경우 사문서위조죄의 성립을 인정하는 것으로 종전의 판례를 변경하였다.

생각건대, 사망자 명의로 된 문서라고 할지라도 그 문서의 작성일자가 명의자의 생존 중의 날짜로 된 경우 일반인으로 하여금 사망자가 생존 중에 작성한 것으로 오신될 우려가 있으면 문서에 대한 공공의 신용을 훼손할 우려가 있으므로 사망자의 명의도 본죄의 객체가 된다고 보는 것이 타당하다. 허무인의 명의도 마찬가지다.

판례 허무인·사망자 명의의 사문서를 위조한 경우

【사실관계】 갑은 중국 중의사 및 침구사 시험에 응시할 사람을 모집한 후 그들을 중국에 데려가 응시원서의 제출을 대행하면서 응시생의 임상경력증명서가 필요하게 되었다. 이에 중국 현지에서 교부받은 임상경력증명서의 양식에 응시생의 이름과 생년월일 및 학습기간 등을 기재한 다음 의원직인란에 강남한의원이라고 기재하고 그 옆에 임의로 새긴 강남한의원의 직인을 날인하여 강남한의원 명의의 임상경력증명서를 만들었다. 임상경력증명서의 명의인인 한의원은 실재하지 않았다.

【판결요지】 문서위조죄는 문서의 진정에 대한 공공의 신용을 그 보호법익으로 하는 것이므로 행사할 목적으로 작성된 문서가 일반인으로 하여금 당해 명의인의 권한 내에서 작성된 문서라고 믿게 할 수 있는 정도의 형식과 외관을 갖추고 있으면 문서위조죄가 성립하는 것이고, 위와 같은 요건을 구비한 이상 그 명의인이 실재하지 않는 허무인이거나 또는 문서의 작성일자 전에 이미 사망하였다고 하더라도 그러한 문서 역시 공공의 신용을 해할 위험성이 있으므로 문서위조죄가 성립한다고 봄이 상당하며, 이는 공문서뿐만 아니라 사문서의 경우에도 마찬가지라고 보아야 한다(대법원 2005.2.24. 선고 2002도18 전원합의체 판결).

【해설】 종래 대법원 1993.9.28. 선고 93도2143 판결은 사망자 명의로 된 문서라고 할지라도 그 문서의 작성일자가 명의자의 생존 중의 날짜로 된 경우 일반인으로 하여금 사망자가 생존 중에 작성한 것으로 오신케 할 우려가 있으므로, 비록 시간적으로 피해자의 사망 이후에 피해자 명의의 문서를 위조하고 이를 행사한 것이라 하더라도 사문서위조죄와 동행사죄가 성립한다고 하여, 사자 명의의 문서일지라도 그 사자의 생존 중의 날짜로 작성된 것만 예외적으로 문서가 된다는 입장이었으나, 2002도18 전원합의체 판결에서 이러한 제한을 없앴다. 따라서 사자와 허무인 명의의 문서라도 공문서·사문서 구별 없이 일반인에게 진정한 문서로 오신될 염려가 있으면 문서죄의 객체성을 인정한다.

라. 복본·등본·사본

복본(複本)은 명의인이 일정한 증명을 위하여 처음부터 수통의 문서를 작성한 것이므로 의사표시 자체로서의 기능이 있는 한 문서에 해당한다. 예를 들면 계약서를 두 장 만들어서 각각 계약 당사자가 한 부씩 갖는 경우이다.

문서는 명의인의 관념이나 의사를 표시하는 물체 그 자체이어야 하며 원본이어야 하기 때문에 사본(寫本), 등본(謄本), 초본(抄本)은[139] 사본·등본·초본이라는 취지의 인증문이 없는 한 문서라고 할 수 없다는 것이 종래 통설이었다. 하지만 형법 제237조의2 복사문서의 문서성을 인정하는 입법으로 인하여 사본, 등본, 초본의 경우에도 문서죄의 객체가 된다.

5. 문서의 종류

가. 공문서와 사문서

공문서는 공무원 또는 공무소가 직무와 관련하여 작성한 문서로서 공무원 또는 공무소가 작성명의인으로 되어 있는 문서를 말한다. 공문서는 사회 일반인으로 하여금 공무원 또는 공무소의 권한 내에서 작성된 것이라고 오신할 말한 형식과 외관을 구비하면 충분하고, 공무소·공무원의 직인이 없더라도 공문서가 될 수 있다. 공무원 또는 공무소는 대한민국의 공무원 또는 공무소이므로 외국의 공무원 또는 공무소가 작성명의인인 문서는 공문서가 아니라 사문서이다.

사문서는 사인 명의로 작성된 문서를 말한다. 사문서의 명의인은 내국인·외국인을 불문한다. 지방세 수납업무 일부를 담당하는 시중은행 작성의 세금수납영수증,[140] 홍콩경찰청 발행의 국제운전면허증,[141] 미국대사관 발행의 여권, 일본문부성이나 국립동경대학교 명의의 졸업증명서 또는 학위증명서[142]는 공문서가 아니라 사문서에 해당한다.[143]

나. 전체문서와 결합문서

전체문서는 예금통장, 상업장부, 소송기록과 같이 다수의 독립된 개별의사표시문서가

---

139) 등본은 원본의 전체 내용을 옮겨 적은 문서이다. 등기부등본, 가족관계등록부 등본과 같이 공적으로 작성되거나 인증된 경우가 많다. 초본은 원본의 전체가 아니라 필요한 일부 내용만 발췌해서 옮긴 문서를 말한다. 예를 들면 주민등록초본은 주민등록부 전체 기록이 아니라 주소 변동 사항 등 특정 정보만 기재된다.

140) 대법원 1996.3.26. 선고 95도3073 판결.

141) 대법원 1998.4.10. 선고 98도164 판결.

142) 대법원 2003.9.26. 선고 2003도3729 판결.

143) 미국 발급의 국제운전면허증과 같이 국제협약이나 조약에 의해 국내에서도 동일한 효력을 갖는 외국공문서도 우리나라에서 발급한 운전면허증과 같이 공문서로 취급해야 한다는 견해로 김성돈, 656면.

계속적으로 결합하여 전체가 하나의 독자적 의사표시내용을 가지게 되는 문서를 말하며, 결합문서는 사진을 첨부한 상해진단서와 같이 문서가 검증목적물과 결합하여 통일된 증명내용을 가지는 문서를 말한다. 결합문서도 결합된 범위 내에서 그 전체가 하나의 문서이다.

다. 복합문서

복합문서란 1통의 용지에 두 종류 이상의 서로 다른 문서가 병존하고 있는 경우를 말한다. 확정일자인이 찍힌 전세계약서 또는 내용증명우편과 같이 공문서와 사문서가 병존해 있는 경우가 예이다.

6. 도화

도화란 문자 이외의 상형적 부호에 의하여 기재자의 관념 내지 의사가 물체에 화체되어 표현된 것을 말한다. 예를 들면 지적도나 상해의 부위를 명백히 하기 위한 인체도가 이에 해당한다. 도화도 광의의 문서에 속하므로 협의의 문서와 같이 계속적 기능·증명적 기능·보장적 기능이 있어야 한다.

Ⅲ. 사문서위조·변조죄

제231조 (사문서 등의 위조·변조) **행사할 목적으로 권리·의무 또는 사실증명에 관한 타인의 문서 또는 도화를 위조 또는 변조한 자는 5년 이하의 징역 또는 1천만원 이하의 벌금에 처한다.**

1. 의의

행사할 목적으로 권리·의무 또는 사실증명에 관한 타인의 문서 또는 도화를 위조 또는 변조함으로써 성립하는 범죄이다. 보호법익은 '문서에 대한 공공의 신용'이며, 보호의 정도는 추상적 위험범이다.

2. 객체: 권리·의무 또는 사실증명에 관한 타인의 문서 또는 도화

가. 권리·의무에 관한 타인의 문서 또는 도화

권리·의무에 관한 문서 또는 도화는 공법상·사법상 권리·의무의 발생·유지·변경·소멸에 관한 사항을 내용으로 하는 문서를 말한다. 그 구체적인 예로 위임장, 매매계약서, 임대차계약서, 신탁증서, 예금청구서, 대출금청구서, 차용금증서, 영수증, 주민등록증발급신청서, 인감증명교부서, 유언서 등이 있다.

나. 사실증명에 관한 타인의 문서 또는 도화

사실증명에 관한 문서 또는 도화는 권리·의무 이외에 사회생활상 중요사항을 증명하는 문서를 말한다. 그 구체적인 예로 교수의 추천장, 인사장, 안내서, 이력서, 단체의 신분증, 신용장에 날인된 은행의 접수일부인 등이 있다.

판례 사서증서 인증서 중 사서증서의 기재 내용을 일부 변조한 경우의 죄책

【판결요지】 [1] 공증인이 공증인법 제57조 제1항의 규정에 의하여 사서증서에 대하여 하는 인증은 당해 사서증서에 나타난 서명 또는 날인이 작성명의인에 의하여 정당하게 성립하였음을 인증하는 것일 뿐 그 사서증서의 기재 내용을 인증하는 것은 아닌바, 사서증서 인증서 중 인증기재 부분은 공문서에 해당한다고 하겠으나, 위와 같은 내용의 인증이 있었다고 하여 사서증서의 기재 내용이 공문서인 인증기재 부분의 내용을 구성하는 것은 아니라고 할 것이므로, 사서증서의 기재 내용을 일부 변조한 행위는 공문서변조죄가 아니라 사문서변조죄에 해당한다.

[2] 피고인이 피해자와 사이에 온천의 시공에 필요한 비용을 포함한 일체의 비용을 자신이 부담하기로 약정하였음에도 피해자를 상대로 공사대금청구의 소를 제기하면서 시공 외의 비용은 모두 피해자가 부담한다는 내용으로 변조한 인증합의서를 소장에 첨부하여 제출한 경우, 소송사기의 실행에 착수하였다고 한 사례(대법원 2005.3.24. 선고 2003도2144 판결).

【해설】 공증인법에 따라 사인 간의 계약서 등에 대해 공증인이 사서증서 인증을 하는 경우가 있다. 사서증서란 당사자의 서명 또는 날인이 들어 있는 증거를 말한다. 사서증서의 인증에서 공증인이 하는 '인증'은 당해 사서증서에 나타난 서명 또는 날인이 작성명의인에 의하여 정당하게 성립하였음을 인증하는 것일 뿐이며, 그 증서의 기재내용을 인증하는 것은 아니다. 사서증서 인증서 중 인증기재 부분은 공문서에 해당하지만, 공증인의 인증이 있었다고 하여 사서증서의 기재내용이 공문서인 인증기재 부분의 내용을 구성하지 않는다. 따라서 사서증서의 기재내용은 사문서에 해당하므로 이를 변조한 경우 사문서변조죄가 성립한다.

3. 행위: 위조·변조

【정리】 문서죄의 행위태양

• 위조 : 작성권한 없는 자가 타인 명의를 모용하여 문서를 작성하는 것(유형위조)
• 변조 : 작성권한 없는 자가 이미 진정하게 성립된 타인 명의의 문서내용에 그 동일성이 상실되지 않을 정도로 변경을 가하는 것(유형위조)
• 작성 : 작성권한 있는 자가 문서에 진실에 반하는 허위내용을 기재하는 것(무형위조).
• 변개 : 작성권한 있는 공무원이 기존문서를 허위로 고치는 것. 기존문서를 전제하는 점에서 변조와 유사하나 작성권한 있는 자의 행위여야 하는 점에서 양자는 구별된다.
• 행사 : 위조 또는 변조된 문서를 진정한 문서로 사용하는 것, 즉 문서를 인식할 수 있는 상태에 두는 것

가. 위조

(1) 의의

위조는 문서를 작성할 권한 없는 자가 타인 명의를 모용하여 새로운 문서를 작성하는 것을 말한다. 유형위조라고도 하며, 유형위조로 인하여 작성된 문서를 부진정문서라고 한다.

(2) 권한 없는 자

위조는 권한 없는 자가 작성한 경우이다. 권한은 문서를 작성할 수 있는 정당한 권한을 말하며, 권한의 유무는 법규·계약·관례에 따라서 개별적으로 판단한다. 작성자와 명의인이 불일치하는 부진정문서를 작성하는 행위를 말하며, 이를 '유형위조'라고 한다. 작성권한 있는 자가 문서에 허위내용을 기재하는 것을 '무형위조'라고 한다.

(3) 명의인의 사전승낙이나 위임이 있는 경우

사전에 명의인의 명시적 또는 묵시적 승낙을 받았다면 작성권한이 있다. 따라서 이러한 경우에는 위조가 되지 않는다. 명의인의 위임이 있고 그 위임의 범위 내에서 문서를 작성한 경우에는 위조가 되지 않는다. 하지만 명의인의 승낙이나 위임은 문서작성 이전에 있어야 한다. 따라서 위임자 명의로 문서를 완성한 후에 명의인의 사후동의 또는 추인한 경우에는 위조가 된다.[144] 문서명의인의 추정적 승낙이 예상되는 경우에는 사문서위·변조죄는 성립하지 않는다.[145]

하지만, 문서작성을 위임받은 경우에도 그 위임된 권한을 초월하여 위임자 명의의 문

144) 대법원 1999.5.14. 선고 99도202 판결.
145) 대법원 2003.5.30. 선고 2002도235 판결.

서를 작성하거나 위임취지에 위배하여 위임자 명의의 문서를 작성한 경우는 위조에 해당한다.[146]

(4) 포괄적 위임의 경우

문서작성에 대하여 위임자의 포괄적 위임이 있다면 문서를 작성할 권한이 있다. 따라서 포괄적이라고 하더라도 '위임의 취지에 따라' 위임자 명의의 문서를 작성하였다면 위조가 되지 않는다. 예를 들면 채권의 변제책임을 부담하는 대신으로 가등기담보권을 양수한 자가 가등기말소신청서를 작성한 경우,[147] 대금수령을 위임받은 자가 예금청구서와 차용증서를 작성한 경우,[148] 보관시켜 둔 인장으로 이사회 회의록을 작성한 경우,[149] 매수인으로부터 매도인과의 토지매매계약체결에 관하여 포괄적 권한을 위임받은 자가 실제 매수가격보다 높은 가격을 매매대금으로 기재하여 매수인 명의의 매매계약서를 작성한 경우[150]에는 위조가 되지 않는다.

그러나 문서작성을 위임받았으나 그 위임된 권한을 초월하여 문서를 작성하면 작성권한을 일탈한 것으로 위조에 해당한다.[151] 주로 백지 문서에 날인한 자의 의사에 반한 문서작성의 경우에 주로 문제된다.[152] 예를 들면 7천 5백만 원의 차용을 위탁받고 위탁자의 인장이 날인된 백지의 대출신청서 및 영수증을 교부받은 자가 1억 5천만 원에 대한 위탁자 명의의 대출신청서 및 영수증을 작성한 경우,[153] 공동대표이사로 법인등기를 하기로 하고 등기절차를 위해 이사회 회의록 작성 등 권한을 위임받은 자가 자신을 단독대표이사로 선임한 이사회 회의록을 작성한 경우[154]는 위임의 취지를 벗어난 것이므로 위조가 된다.

(5) 대리권 또는 대표권

대리권 또는 대표권 있는 자가 권한범위 안에서 단순히 권한을 남용하여 문서를 작성하는 경우는 위조가 되지 않을 뿐만 아니라 자격모용에 의한 문서작성죄도 성립하지 않는다. 사안에 따라 배임죄나 허위공문서작성죄가 문제될 수는 있다.

---

146) 대법원 1997.3.28. 선고 96도3191 판결.
147) 대법원 1984.2.14. 선고 83도2650 판결.
148) 대법원 1984.3.27. 선고 84도115 판결.
149) 대법원 1985.10.22. 선고 85도1732 판결.
150) 대법원 1984.7.10. 선고 84도1146 판결.
151) 대법원 1997.3.28. 선고 96도3191 판결.
152) 대법원 1992.3.31. 선고 91도2815 판결.
153) 대법원 1982.10.12. 선고 82도2023 판결.
154) 대법원 1994.7.29. 선고 93도1091 판결.

대리권 또는 대표권 있는 자가 권한을 초월하여 권한 이외의 사항에 대하여 문서를 작성하는 경우(월권대리)는 자격모용에 의한 문서작성죄가 성립한다는 견해가 있지만 문서위조죄가 성립한다고 보는 것이 타당하다. 권한을 초월했다는 것은 작성권한을 일탈한 것이기 때문이다. 판례 또한 문서위조죄가 성립한다는 입장이다. 판례에 따르면 문서 작성권한의 위임이 있는 경우라고 하더라도 그 위임을 받은 자가 그 위임받은 권한을 초월하여 문서를 작성한 경우는 사문서위조죄가 성립하고, 단지 위임받은 권한의 범위 내에서 이를 남용하여 문서를 작성한 것에 불과하다면 사문서위조죄가 성립하지 아니한다.[155)]

대리권 또는 대표권이 없는 자가 타인을 대리 또는 대표하여 '타인(본인) 명의'의 문서를 작성한 경우 자격모용에 의한 사문서작성죄가 성립한다는 견해와 사문서위조죄가 성립한다는 견해[156)]가 대립하고 있다. 대리권 또는 대표권이 없다면 작성권한이 없기 때문에 문서위조죄가 성립한다고 보는 것이 타당하다.

(6) 타인 명의의 모용

타인 명의의 모용은 타인을 사칭하여 그 의사표시가 타인이 한 것처럼 허위로 꾸미고, 그에 대한 착오를 야기하는 행위를 말한다. 타인 명의의 사칭으로 충분하고, 문서의 기재내용이 진실인가는 문제되지 않는다. 따라서 문서의 기재내용이 진실하다고 하더라도 위조가 성립한다. 모용된 타인이 실재할 필요도 없다. 일반인에게 진정문서로 오신하게 할 염려가 있다면 사자·허무인 명의의 문서도 문서위조가 된다. 타인 명의를 모용한다는 것은 문서의 실제 작성자가 작성명의인인 것처럼 기망함으로써, 작성자와 명의인이 불일치하는 부진정문서를 만들어 내는 행위이다.

(7) 문서의 작성

새로운 문서를 작성하는 경우뿐만 아니라 이미 작성되어 있는 기존문서도 이용가능하다. 위임인 명의의 백지문서에 위임의 취지에 반하여 백지를 보충하는 이른바 백지위조의 경우와 같이 기존의 미완성문서를 가공하여 명의인의 의사에 반하는 문서로 완성시키는 경우, 증명서의 성명을 바꿔 쓰는 것처럼 기존의 진정문서의 중요부분을 고치는 경우, 유효기간이 경과한 문서의 발행일자를 정정하는 것처럼 무효가 된 문서를 가공하여 새로운 문서를 작성한 경우에는 위조에 해당한다. 유효기간이 경과한 국제운전면허증에 첨부된

---

155) 대법원 1997.3.28. 선고 96도3191 판결; 대법원 2005.10.28. 선고 2005도6088 판결; 대법원 2012.6.28. 선고 2010도690 판결.

156) 김성돈, 662면; 김일수/서보학, 733면; 본죄는 사문서위조죄의 보충적 규정이므로 자격만을 사칭한 경우에만 자격모용에 의한 작성죄가 성립하고 명의까지 모용한 경우에는 위조죄가 성립한다고 한다.

사진을 바꾸어 붙인 행위에 대하여 판례는 국제운전면허증이 그 유효기간을 경과하여 본래의 용법에 따라 사용할 수는 없게 되었다고 하더라도, 이를 행사하는 경우 그 상대방이 유효기간을 쉽게 알 수 없도록 되어 있거나 위 문서 자체가 진정하게 작성된 것으로서 피고인이 명의자로부터 국제운전면허를 받은 것으로 오신하기에 충분한 정도의 형식과 외관을 갖추고 있다면 피고인의 행위는 문서위조죄에 해당한다고 하였다.

명의인이 내용을 오신하고 있음을 이용하여 그의 의사와 다른 내용의 문서를 작성하게 한 경우 간접정범에 의한 위조도 가능하다. 명의인을 기망하여 문서를 작성하게 하는 경우는 서명, 날인이 정당히 성립된 경우에도 기망자는 명의인을 이용하여 서명 날인자의 의사에 반하는 문서를 작성하게 하는 것이므로 사문서위조죄의 간접정범이 성립한다.[157)]

위조의 정도는 일반인이 진정한 문서로 오인할 수 있는 정도의 형식·외관을 갖추고 있으면 충분하다.[158)] 명의인에게 손해가 발생할 필요 없다.

나. 변조

(1) 의의

변조는 정당한 권한 없이 타인 명의의 진정문서를 동일성이 침해되지 않는 범위 안에서 내용을 변경하는 것을 말한다.

(2) 권한 없이 문서의 내용을 변경

권한 없이 문서의 내용을 변경해야 하므로 명의자의 승낙이나 위임을 받고 내용을 변경한 경우에는 변조가 되지 않는다. 권한 있는 자가 위임범위를 넘어 임의적으로 변경하는 것도 변조에 해당한다. 변조 당시 명의인의 명시적·묵시적 승낙 없이 한 것이라면 변조된 문서가 명의인에게 유리하여 결과적으로 그 의사에 합치한다고 하더라도 변조에 해당한다.[159)]

(3) 변조의 대상

변조의 대상은 '진정하게 성립된 타인 명의의 문서'이다. 이미 진정하게 성립된 타인 명의의 문서가 존재하지 않는다면 사문서변조죄는 성립할 수 없다.[160)] 따라서 위조되거나 허위작성된 문서는 변조의 객체가 아니다. 또한 타인 명의의 문서이므로 자기 명의의 문

---

157) 대법원 2000.6.13. 선고 2000도778 판결.
158) 대법원 1997.12.26. 선고 95도2221 판결.
159) 대법원 1985.1.22. 선고 84도2422 판결.
160) 대법원 2017.12.5. 선고 2014도14924 판결.

서를 변경하는 것은 문제되지 않는다. 다만 타인의 소유에 속하는 자기 명의의 문서를 변경하는 경우 문서손괴죄에 해당한다.

변조대상이 되는 문서내용은 반드시 진실하지 않아도 되고, 그 내용이 무효인 경우에도 변조의 대상이 된다. 문서내용에 영향을 주지 않는 단순한 자구수정인 경우나 문서내용에 영향을 미치지 않는 사실기재는 변조가 아니다.

(4) 동일성 유지와 변조의 정도

변조는 '문서의 동일성이 유지되는 범위에서' 변경을 가하는 것이다. 따라서 문서의 중요부분을 변경하거나 새로운 문서를 작성하였다고 인정될 경우에는 변조가 아니라 위조가 된다. 예를 들면 타인의 신분증의 사진을 자신의 사진으로 바꾼 경우,[161] 유효기간이 경과하여 무효가 된 문서를 유효하도록 일자를 변경하는 경우에는 변조가 아닌 위조가 된다.

변조의 정도는 문서의 증명력에 대한 확실성과 신용성이 침해될 정도의 위험이 있으면 충분하고 손해의 발생은 요하지 않는다.

4. 고의 및 행사할 목적

본죄는 고의범인 동시에 행사할 목적이 필요한 목적범이다. 따라서 본죄가 성립하기 위해서는 타인 명의의 문서, 권리·의무 또는 사실증명에 관한 문서를 위조·변조하는 것에 대한 인식과 실현의사인 고의뿐만 아니라 행사할 목적이 필요하다.

행사할 목적은 위조·변조된 문서를 진정문서로 사용할 목적을 말한다. 행사목적은 위조문서의 행사와 같은 의미는 아니므로 행사가 아닌 경우에도 행사목적은 인정될 수 있다.

5. 위법성조각사유: 피해자의 승낙

피해자의 승낙의 대상이 될 수 있는 법익은 원칙적으로 자유처분권이 인정될 수 있는 개인적 법익에 국한된다. 국가적·사회적 법익은 승낙의 대상이 아니다. 그런데 판례는 사회적 법익에 관한 죄인 사문서위조 및 행사죄에서도 추정적 승낙을 인정할 여지가 있다고 한다. 종친회 결의서의 피위조명의자 중 피고인의 형제 2명이 승낙한 사안에서 피고인의 아들들이나 위 형제들의 아들들에 대하여 추정적 승낙을 인정할 여지가 있다고 한 사례[162]가 있는 반면에, 피고인이 자신의 아버지 갑에게서 갑 소유 부동산의 매매에 관한 권

161) 대법원 1991.9.10. 선고 91도1610 판결.

162) 대법원 1993.3.9. 선고 92도3101 판결.

한 일체를 위임받아 이를 매도하였는데, 그 후 갑이 갑자기 사망하자 부동산 소유권 이전에 사용할 목적으로 갑이 자신에게 인감증명서 발급을 위임한다는 취지의 인감증명 위임장을 작성한 후 주민센터 담당직원에게 이를 제출한 사안에서는 추정적 승낙을 인정하지 않았다.[163)]

생각건대, 문서의 위조는 작성권한이 없는 자가 타인의 명의를 모용하여 문서를 작성하는 것을 말하므로 명의자의 승낙이 있는 경우에는 이를 위조라고 볼 수 없다. 이는 위법성조각의 문제가 아닌 구성요건해당성 여부를 판단하는 문제이다. 따라서 피해자의 승낙의 법리에 따라 설명하는 것은 체계상 적절하지 않다.

6. 죄수 및 다른 죄와의 관계

가. 죄수

죄수결정기준에 대하여 견해의 대립이 있다. 보호법익기준설은 보호법익을 기준으로 하면서 행위와 범죄의사도 함께 고려하여 결정해야 한다는 견해로서, 하나의 행위로 수인 명의의 사문서를 위조한 경우, 공문서위조와 사문서위조가 동시에 행해진 경우, 사문서위조와 변조가 동시에 행해진 경우는 모두 1죄만 성립한다고 한다. 문서기준설은 행위 문서의 수를 기준으로 행위, 법익, 범죄의사, 구성요건의 충족횟수를 함께 고려하여 결정하자는 견해이다. 명의인기준설은 문서에 기재된 명의인의 수를 기준으로 하자는 견해로서 판례의 태도이다. 2인 이상 수인의 연명문서를 위조하는 행위는 하나의 행위가 되므로 수인에 대한 문서위조는 상상적 경합이 된다고 한다.[164)]

생각건대, 문서에 관한 죄는 일신전속적 법익이 아니므로 명의인의 수만을 기준으로 하는 것은 무리이다. 한 명의 명의인이라도 관여하는 거래관계가 다양할 수 있으며, 문서의 상대방이 다양하게 있는 경우에는 그 문서의 내용 등에 따라 달리 평가할 여지가 있기 때문이다. 기본적으로 문서의 기능을 보호하기 위한 것으로 문서를 기준으로 하는 것이 타당하다. 행위 문서의 수를 기준으로 행위, 법익, 범죄의사, 구성요건 충족 여부를 함께 종합적으로 고려하는 것이 타당하다.

나. 문서위조죄와 위조문서행사죄의 관계

행사의 목적으로 문서를 위조한 범인이 문서위조 후 위조문서를 행사까지 한 경우에

---

163) 대법원 2011.9.29. 선고 2011도6223 판결.

164) 대법원 1987.7.21. 선고 87도564 판결.

문서위조죄와 위조문서행사죄의 실체적 경합범이 성립한다는 견해, 양 죄의 상상적 경합이 성립한다는 견해, 문서위조죄는 위조문서행사죄에 대하여 법조경합 중 보충관계에 있다고 보아 위조문서행사죄만이 성립한다는 견해가 있다. 판례는 실체적 경합관계에 있다고 한다.[165] 본죄의 행위태양이 다르기 때문에 실체적 경합범으로 보는 것이 타당하다.

다. 문서위조죄의 간접정범과 사기죄의 관계

명의인이 문맹인임을 이용하여 이미 작성된 문서내용에 반하는 내용으로 구두·고지함으로써 내용을 오신한 명의인으로 하여금 문서에 서명하도록 한 경우에는 사문서위조죄의 간접정범이 성립한다.

문서내용을 진실한 것으로 오신시켜 그 내용을 아는 가운데 작성하게 하여 이를 취득한 경우는 사기죄가 된다. 예를 들면 임대계약서를 작성하면서 임대용으로 기재된 상가면적 70평이 공유면적이 포함된 분양면적이 아니라 실평수라고 기망함으로써 임차인의 서명·날인을 받아낸 경우에는 사기죄가 성립한다.

라. 문서위조죄와 손괴죄의 관계

자기 명의문서에 대해서는 이 죄가 성립할 수 없으므로 타인이 소유하고 있는 자기 명의의 문서내용을 임의로 변경하면 문서손괴죄만 성립한다.

마. 문서위조죄와 무고죄의 관계

타인 명의문서나 타인성명을 모용한 위조문서를 만들어 수사기관에 무고하면 본죄와 무고죄의 상상적 경합이 된다는 견해와 문서위조죄와 무고죄는 실체적 경합이고, 위조문서행사죄와 무고죄는 상상적 경합이라는 견해가 있다. 문서위조죄와 무고죄는 각각 보호법익이 다르므로 양죄를 실체적 경합으로 볼 수 있지만, 피해자를 무고하려는 하나의 범의에서 문서를 위조하고 행사하여 이를 실현하려는 행위는 단일한 범의에서 행위 동일성을 인정할 수 있으며, 행사하는 행위가 무고행위이므로 상상적 경합으로 보는 것이 타당하다.

7. 몰수

위조문서는 임의적 몰수의 대상이다(제48조 제1항). 위조문서라 하더라도 선의의 제3자를 보호하기 위해 그 효력을 인정할 필요가 있을 때는 몰수할 수 없다. 문서의 일부만 위조·변조

---

165) 대법원 1991.9.10. 선고 91도1722 판결.

된 경우는 그 전부를 몰수할 수 없다.

문서 또는 도화의 일부가 몰수에 해당하는 경우에는 그 부분을 폐기한다(제48조 제3항). 문서의 주된 부분이 위조된 경우, 진정부분이 독립하여 효력을 갖지 못할 때에는 그 전부를 몰수할 수 있다.

Ⅳ. 공문서위조·변조죄

제225조 (공문서 등의 위조·변조) **행사할 목적으로 공무원 또는 공무소의 문서 또는 도화를 위조 또는 변조한 자는 10년 이하의 징역에 처한다.**

1. 의의

공문서위조·변조죄는 행사할 목적으로 공무원 또는 공무소의 문서 또는 도화를 위조 또는 변조한 경우에 성립하는 범죄이다. 공문서이므로 형이 가중된 가중적 구성요건이다.

2. 주체

행위의 주체에는 제한이 없다. 공무원이 아닌 자가 공무원의 명의를 모용하여 공문서를 작성한 경우 본죄가 성립한다. 비공무원뿐만 아니라 공무원도 본죄의 주체가 될 수 있다.

공문서의 작성권한은 명의인인 공무원이므로, 작성을 보조하는 공무원이나 보충기재의 권한만 위임받은 공무원은 작성권한이 없다. 따라서 공문서 작성을 보조하는 기안담당 공무원[166] 또는 보충기재의 권한만 위임받은 공무원이[167] '작성권자의 결재를 거치지 않고' 임의로 작성권자 명의의 공문서를 완성한 경우에는 허위공문서작성죄가 아니라 공문서위조죄가 성립한다.[168] 보조공무원이 '작성권자의 결재를 받아' 공문서를 완성했다면 공문서위조죄가 성립하지 않는 것은 당연하다.

그런데, 보조공무원이 허위공문서를 기안하여 허위임을 모르는 작성권자의 결재를 받아 공문서를 완성한 경우가 문제된다. 이 경우 작성권자는 허위로 공문서를 작성한다는 고의

166) 대법원 1981.7.28. 선고 81도898 판결.

167) 대법원 1984.9.11. 선고 84도368 판결.

168) 대법원 1981.7.28. 선고 81도898 판결.

가 없으므로 허위공문서작성죄는 성립하지 않는다. 이때 보조공무원은 처벌되지 않는 자를 이용한 허위공문서작성죄의 간접정범이 될 수 있는가에 대하여 학설의 대립이 있으나 판례는 이를 긍정하는 입장이다.[169] 이에 대해서는 허위공문서작성에서 자세히 설명한다.

판례 보조공무원의 공문서위조

【판결요지】 허위공문서작성죄의 주체는 문서를 작성할 권한이 있는 명의인인 공무원에 한하고 그 공무원의 문서작성을 보조하는 직무에 종사하는 공무원은 허위공문서작성죄의 주체가 될 수 없다. 따라서 보조 직무에 종사하는 공무원이 허위공문서를 기안하여 허위임을 모르는 작성권자의 결재를 받아 공문서를 완성한 때에는 허위공문서작성죄의 간접정범이 될 것이지만, 이러한 결재를 거치지 않고 임의로 작성권자의 직인 등을 부정 사용함으로써 공문서를 완성한 때에는 공문서위조죄가 성립한다. 이는 공문서의 작성권한 없는 사람이 허위공문서를 기안하여 작성권자의 결재를 받지 않고 공문서를 완성한 경우에도 마찬가지이다.

나아가 작성권자의 직인 등을 보관하는 담당자는 일반적으로 작성권자의 결재가 있는 때에 한하여 보관 중인 직인 등을 날인할 수 있을 뿐이다. 이러한 경우 다른 공무원 등이 작성권자의 결재를 받지 않고 직인 등을 보관하는 담당자를 기망하여 작성권자의 직인을 날인하도록 하여 공문서를 완성한 때에도 공문서위조죄가 성립한다(대법원 2017.5.17. 선고 2016도13912 판결).

3. 객체: 공무원 또는 공무소의 문서 또는 도화

공문서는 공무원 또는 공무소가 자기 명의로 직무에 관하여 작성한 문서를 말한다. 외국의 공무원 또는 공무소의 문서 또는 도화는 공문서가 아니라 사문서이다. 따라서 홍콩에서 발행된 국제운전면허증은 사문서이다.

위조된 문서가 일반인으로 하여금 공무소 또는 공무원의 직무권한 내에서 작성된 것으로 믿을만한 형식과 외관을 가지고 있으면, 그러한 공무소 또는 공무원이 실존하지 않거나, 위조된 공문서와 같은 형태의 공무소가 실재하지 않더라도 본죄가 성립한다.[170] 따라서 평균 수준의 사리분별력을 갖는 사람이 조금만 주의를 기울여 살펴보면 공무원 또는 공무소의 권한 내에서 작성된 것이 아님을 쉽게 알아볼 수 있을 정도로 공문서로서의 형식과 외관을 갖추지 못한 경우에는 공문서위조죄가 성립하지 않는다.[171] 위조 여부, 즉 공문서의 형식과 외관을 갖추었는지는 피고인이 만든 문서를 기준으로, 그리고 평균 수준의

169) 이에 대해서 허위공문서작성죄에서 설명한다.
170) 대법원 1964.8.31. 선고 64도308 판결.
171) 대법원 2020.12.24. 선고 2019도8443 판결.

사리분별력을 갖는 일반인을 기준으로 판단하여야 하고, 피고인이 행사의 상대방으로 구체적으로 예정한 사람을 판단의 기준으로 삼을 수 없다. 피고인이 만든 문서 자체를 평균 수준의 사리분별력을 갖춘 일반인이 보았을 때 진정한 문서로 오신할 만한 공문서의 외관과 형식을 갖추었다고 볼 수 있는지를 판단해야 한다.

여권, 주민등록증, 운전면허증, 토지대장, 부동산등기부와 같은 각종 공부(公簿), 지방자치단체장의 명의로 발급된 영수증 또는 허가서, 국·공립학교의 졸업증명서 또는 성적증명서, 수사기관이 작성한 십지지문 지문대조표,[172] 주민등록표등본,[173] 인감증명서,[174] 사서증서인증서,[175] 국립경찰병원장 명의의 진단서[176] 등이 이에 해당한다.

공문서는 공무원 또는 공무소가 그 직무에 관하여 작성하는 문서이므로 계약 등에 의하여 공무와 관련된 업무를 일부 대행하는 자가 작성한 문서는 본죄의 객체가 될 수 없다.[177]

4. 행위: 위조·변조

가. 위조

위조는 작성권한 없이 타인 명의를 모용하여 타인 명의의 문서를 작성하는 것을 말한다. 위조가 되기 위해서는 작성명의를 모용해야 하므로 작성명의의 모용이 없는 경우에는 위조가 될 수 없다. 예를 들면 공무원이 아닌 자가 관공서에 허위내용의 증명원을 제출하여 그 내용이 허위인 정을 모르는 담당공무원이 공문서를 작성하게 한 후 증명서를 발급받은 경우 공문서위조죄의 간접정범이 될 수 없다. 해당 문서는 작성권한이 있는 담당공무원이 자기 명의로 작성한 이상 진정하게 성립되어 작성명의가 모용되지 않았기 때문이다.[178] 뿐만 아니라 공무원에 대하여 허위공문서작성죄도 성립하지 않는다. 공무원에게 허위에 대한 고의가 없기 때문이다. 다만 공무원이 아닌 자에 대해서는 허위공문서작성죄의 간접정범이 성립할 수 있는지 문제될 수 있다.

위조가 되기 위해서는 권한 없이 작성해야 하므로 권한 있는 자가 허위의 문서를 작성한 경우에는 본죄가 아니라 허위공문서작성죄가 성립한다.[179]

---

172) 대법원 2000.8.22. 선고 2000도2393 판결.
173) 대법원 1999.5.14. 선고 99도206 판결.
174) 대법원 1997.7.11. 선고 97도1082 판결.
175) 대법원 1992.10.13. 선고 92도1064 판결.
176) 대법원 1987.9.22. 선고 87도1443 판결.
177) 대법원 2008.1.17. 선고 2007도6987 판결; 대법원 1996.3.26. 선고 95도3073 판결.
178) 대법원 2001.3.9. 선고 2000도938 판결.
179) 대법원 1997.7.11. 선고 97도1082 판결.

판례 권한 없는 자가 임의로 인감증명서의 사용용도란의 기재를 고쳐 쓴 경우

【판결요지】 인감증명법 제12조 제1항, 동법시행령(2002. 12. 31. 대통령령 제17867호로 개정되기 전의 것) 제13조 등 인감증명의 신청과 인감증명서의 발급에 관한 법령의 규정에 의하면, 인감의 증명을 신청함에 있어서 그 용도가 부동산매도용일 경우에는 부동산매수자란에 매수자의 성명(법인인 경우에는 법인명), 주소 및 주민등록번호를 기재하여 신청하여야 하지만 그 이외의 경우에는 신청 당시 사용용도란을 기재하여야 하는 것은 아니고, 필요한 경우에 신청인이 직접 기재하여 사용하도록 되어 있으며, 사용용도에 따른 인감증명서의 유효기간에 관한 종전의 규정도 삭제되어 유효기간의 차이도 없으므로 인감증명서의 사용용도란의 기재는 증명청인 동장이 작성한 증명문구에 의하여 증명되는 부분과는 아무런 관계가 없다고 할 것이므로, 권한 없는 자가 임의로 인감증명서의 사용용도란의 기재를 고쳐 썼다고 하더라도 공무원 또는 공무소의 문서 내용에 대하여 변경을 가하여 새로운 증명력을 작출한 경우라고 볼 수 없으므로 공문서변조죄나 이를 전제로 하는 변조공문서행사죄가 성립되지는 않는다(대법원 2004.8.20. 선고 2004도2767 판결).

나. 변조

변조는 작성권한 없는 자가 타인 명의의 문서의 동일성을 해하지 않는 범위 내에서 내용상의 변경을 가하는 것을 말한다. 판례에 따르면 변조라 함은 권한 없는 자가 공무소 또는 공무원의 도화 내용에 동일성을 해하지 않을 정도로 변경을 가하여 새로운 증명력을 작출하게 함으로써 공문서 또는 공도화에 대한 공공적 신용을 해할 위험성이 있는 행위를 말한다.

따라서 타인의 주민등록증에 붙어 있는 사진을 떼어내고 그 자리에 자신의 사진을 붙인 것은 기존 공문서의 본질적 또는 중요부분에 변경을 가하여 새로운 증명력을 가지는 별개의 공문서를 작성한 경우에 해당하므로 공문서변조죄가 아니라 공문서위조죄가 성립한다고 본다.[180)]

이 경우 일반인으로 하여금 공무원 또는 공무소의 권한 내에서 작성된 문서라고 믿을 수 있는 형식과 외관을 구비한 문서이어야 한다. 자신의 주민등록증 비닐커버 위에 검은색 볼펜을 사용하여 주민등록번호 전부를 덧기재하고 투명 테이프를 붙이는 방법으로 주민등록번호 중 출생연도를 나타내는 “71”을 “70”으로 고친 사안에서, 변조행위가 공문서 자체에 변경을 가한 것이 아니며 그 변조방법이 조잡하여 공문서에 대한 공공의 위험을

180) 대법원 2000.9.5. 선고 2000도2855 판결.

초래할 정도에 이르지 못하였다는 이유로 공문서변조죄를 인정하지 않았으며,[181] 법원이 이혼의사확인서등본 뒤에 이혼신고서를 첨부하고 간인하여 교부하였는데 당사자가 이를 떼어내고 다른 내용의 이혼신고서를 붙여 호적관서에 제출한 경우에도 공문서변조죄를 인정하지 않았다.[182]

변조의 대상은 '진정하게 성립된 공문서'이다. 따라서 위조되거나 허위작성된 공문서는 변조의 객체가 아니다.[183]

판례 주민등록 복사

【사실관계】 갑은 타인의 주민등록증을 이용하여 주민등록증상 이름과 사진을 하얀 종이로 가린 후 복사기로 복사를 하고, 다시 컴퓨터를 이용하여 위조하고자 하는 당사자의 인적사항과 주소, 발급일자를 기재한 후 덮어쓰기를 하여 이를 다시 복사하는 방식으로 전혀 별개의 주민등록증사본을 창출하였다.

【판결내용】 형법 제237조의2에 따라 전자복사기, 모사전송기 기타 이와 유사한 기기를 사용하여 복사한 문서의 사본도 문서원본과 동일한 의미를 가지는 문서로서 이를 다시 복사한 문서의 재사본도 문서위조죄 및 동 행사죄의 객체인 문서에 해당한다 할 것이고, 진정한 문서의 사본을 전자복사기를 이용하여 복사하면서 일부 조작을 가하여 그 사본 내용과 전혀 다르게 만드는 행위는 공공의 신용을 해할 우려가 있는 별개의 문서사본을 창출하는 행위로서 문서위조 행위에 해당한다(대법원 2000.9.5. 선고 2000도2855 판결).

5. 고의 및 행사할 목적

본죄는 고의범인 동시에 행사할 목적을 필요로 하는 목적범이다. 따라서 본죄가 성립하기 위해서는 공문서 또는 공도화를 위조·변조하는 것에 대한 고의뿐만 아니라 행사할 목적이 필요하다. 행사할 목적이란 타인으로 하여금 위조·변조된 문서를 진정한 문서인 것처럼 오신하게 할 목적을 말한다.

181) 대법원 1997.3.28. 선고 97도30 판결.

182) 대법원 2009.1.30. 선고 2006도7777 판결.

183) 대법원 1986.11.11. 선고 86도1984 판결.

V. 자격모용에 의한 사문서작성죄

제232조 (자격모용에 의한 사문서의 작성) 행사할 목적으로 타인의 자격을 모용하여 권리·의무 또는 사실증명에 관한 문서 또는 도화를 작성한 자는 5년 이하의 징역 또는 1천만원 이하의 벌금에 처한다.

1. 의의

자격모용에 의한 사문서작성죄는 대리권 또는 대표권을 가지지 아니한 자가 타인의 대리자격 또는 대표자격이 있는 것으로 가장하여 자기 명의의 문서를 작성하는 경우를 처벌하기 위한 것으로 문서위조의 특수한 경우를 규정한 것이다. 문서위조의 경우와 마찬가지로 문서의 진정에 대한 공공의 신용을 보호법익으로 한다.

2. 타인의 자격모용과 자기 명의로 작성

가. 타인의 자격모용

타인의 자격을 모용한다는 것은 대리권 또는 대표권 없는 자가 대리 또는 대표의 자격을 사칭하여 자기 명의의 문서 또는 도화를 작성하는 것을 말한다. 예를 들면 대리권이 없는 갑이 A의 대리인으로 'A 대리인 갑'으로 문서를 작성한 경우 또는 A회사의 대표이사자격이 없는 갑이 'A회사 대표이사 갑'으로 문서를 작성한 경우이다.

자격모용에 의한 사문서작성죄에서의 '타인'에는 자연인뿐만 아니라 법인, 법인격 없는 단체를 비롯하여 거래관계에서 독립한 사회적 지위를 갖고 활동하고 있는 존재로 취급될 수 있으면 여기에 해당된다.[184] 예를 들면 부동산중개사무소를 대표하거나 대리할 권한이 없는 사람이 부동산매매계약서의 공인중개사란에 '○○부동산 대표 △△△(피고인의 이름)'라고 기재한 경우, '○○부동산'이라는 표기는 단순히 상호를 가리키는 것이 아니라 독립한 사회적 지위를 가지고 활동하는 존재로 취급될 수 있으므로 자격모용사문서작성죄의 '명의인'에 해당한다.[185]

대리인으로서의 자격모용에는 무권대리(민법 제130조), 대리권소멸 후의 표현대리(민법 제129조), 권한을 넘은 표현대리(월권대리: 민법 제126조)가 있다.

---

184) 대법원 2008.2.14. 선고 2007도9606 판결.

185) 대법원 2008.2.14. 선고 2007도9606 판결.

나. 무권대리·대리권소멸 후 표현대리의 경우

대리권 또는 대표권이 처음부터 없는 '무권대리'인 경우 또는 대리권이 있었지만 추후에 소멸되었음에도 불구하고 대리권 또는 대표자가 타인을 대리 또는 대표하여 '자기 명의'의 문서를 작성한 '대리권소멸 후 표현대리'의 경우 자격모용에 의한 사문서작성죄가 성립한다.

예를 들면 공동주택건설사업을 추진하는 단체로부터 공사대행업자 선정권한을 위임받은 변호사 갑이 위 단체로부터 위임계약을 해지한다는 취지의 내용증명우편을 수령하고도 제3자와 위 단체 명의로 공동주택단지 개발사업 공동추진계약을 체결하면서 자신을 위 단체의 대리인으로 기재한 계약서를 작성한 경우 자격모용에 의한 사문서작성죄가 성립한다.[186] 또한 종중의 신임 대표자 등이 선임되고 전임 대표자 갑에 대한 직무집행정지가처분결정이 있은 후 위 가처분결정이 취소된 경우, 전임 대표자 갑이 위 가처분결정을 알면서 가처분결정시부터 취소시 사이에 대표자 자격으로 작성한 이사회 의사록 등은 자격을 모용하여 작성한 문서이다.[187] 가처분결정이 있다면 그 가처분결정이 취소되지 않은 상태에서 갑이 회장의 자격으로 이사회 의사록과 위임장을 작성할 권한이 없기 때문이다. 하지만 가처분결정에 의하여 직무집행이 정지될 때까지는 직무를 수행할 권한이 있으므로 가처분결정 이전에 작성한 이사회 의사록은 자격을 모용하여 작성한 문서는 아니다.[188]

다. 월권대리의 경우

대리권 또는 대표권이 있다고 하더라도 '그 권한 이외의 사항'에 관하여 대리권자 또는 대표자 자기 명의의 문서를 작성하는 '권한을 넘은 표현대리'인 월권대리의 경우 자격모용에 의한 사문서작성죄가 성립한다는 견해와 사문서위조죄가 성립한다는 견해로 대립하고 있다.[189] 문서에 표시된 자격은 외부적으로는 유효한 것으로 보이지만, 그 작성권한을 초월한 것이므로 이 경우에도 사문서위조가 성립한다고 보는 것이 타당하다.

---

186) 대법원 2005.4.15. 선고 2004도6404 판결.

187) 대법원 2007.7.26. 선고 2005도4072 판결.

188) 민법상 법인의 이사 전원 또는 그 일부의 임기가 만료되었다고 하더라도 후임 이사의 선임이 없거나 또는 후임 이사의 선임이 있었다고 하더라도 그 선임결의가 무효이고 임기가 만료되지 아니한 다른 이사만으로는 정상적인 법인의 활동을 할 수 없는 경우에는, 임기가 만료된 구 이사로 하여금 법인의 업무를 수행케 함이 부적당하다고 인정할 만한 특별한 사정이 없는 한, 구 이사는 후임 이사가 선임될 때까지 종전의 직무를 수행할 수 있다(대법원 2006.4.27. 선고 2005도8875 판결 등 참조).

189) 손동권/김재윤, 678면; 이재상/장영민/강동범, 589면; 임웅/이현정/박성민, 759면; 정성근/박광민, 638면.

라. 권한남용의 경우

대리권자 또는 대표권자가 그 권한의 범위 내에서 단순히 권한을 남용하여 자기 명의의 문서 또는 본인 명의의 문서를 작성한 경우에는 사문서의 무형위조이므로 자격모용에 의한 사문서작성죄뿐만 아니라 사문서위조죄도 성립하지 않는다. 대리권자 또는 대표권자가 권한을 남용하여 위임의 본지에 반해 문서를 작성함으로써 본인에게 손해를 끼친 경우에는 배임죄가 성립할 수 있다.

판례 허위 부동산매매계약서 사건

【사실관계】 갑은 매수인으로부터 토지를 3억 5,000만 원에 매수할 대리권을 수여받았다. 이에 따라 갑은 을의 중개하에 매수인을 대리하여 토지소유자인 문중 등과 사이에 토지를 3억 5,000만 원에 매수하기로 하는 내용의 매매계약을 체결하였다. 다만, 실제로는 3억 원만 매도인에게 지급하고 나머지 5,000만 원은 갑이 중간에서 착복하기로 하였다. 그 과정에서 위 문중의 대표자인 병도 매매대금 중 일부를 착복할 목적으로 매매대금을 2억 5,000만 원으로 기재한 별도의 매매계약서 작성을 요청하자 갑은 매수인을 대리하여 이 사건 토지의 매매대금을 2억 5,000만 원으로 기재한 이 사건 매매계약서를 작성하였다.

【판결이유】 자격모용 사문서작성죄를 구성하는지 여부는 그 문서를 작성함에 있어 타인의 자격을 모용하였는지 아닌지의 형식에 의하여 결정할 것으로서 그 문서의 내용이 진실한지 아닌지는 위 죄의 성립 여부에 아무런 영향을 미칠 수 없다고 할 것이므로, 타인의 대표자 또는 대리자가 그 대표명의 또는 대리명의를 써서 문서를 작성할 권한을 가지는 경우에 그 지위를 남용하여 단순히 자기 또는 제3자의 이익을 도모할 목적으로 문서를 작성하였다 하더라도 자격모용 사문서작성죄는 성립하지 아니한다(대법원 1983.4.12. 선고 83도332 판결 등 참조).

부동산을 매수할 권한을 위임받은 대리인에게는 대리명의 또는 직접 본인명의로 부동산 매매계약서를 작성할 권한이 있고, 한편 매수인이 그 대리인에게 특정 금액에 부동산을 매수할 권한을 위임한 경우 특별한 사정이 없는 한 그 특정 금액은 물론, 그보다 낮은 금액에 부동산을 매수할 권한까지 대리인에게 위임한 것이라고 봄이 매수인의 추정적 의사에 부합한다고 할 것이므로, 갑이 자기 또는 제3자의 이익을 도모할 목적으로 위임받은 매매금액 범위 내에서 매매대금을 허위로 기재한 이 사건 매매계약서를 작성한 행위는 그 작성 권한을 남용한 경우로 볼 수 있을 뿐 자격모용 사문서작성죄를 구성한다고 볼 수는 없다(대법원 2007.10.11. 선고 2007도5838 판결).

Ⅵ. 자격모용에 의한 공문서작성죄

제226조 (자격모용에 의한 공문서 등의 작성) 행사할 목적으로 공무원 또는 공무소의 자격을 모용하여 문서 또는 도화를 작성한 자는 10년 이하의 징역에 처한다.

자격모용에 의한 공문서작성죄는 행사할 목적으로 공무원 또는 공무소의 자격을 모용한 경우에 성립하는 범죄이다. 통설에 의하면 타인의 자격뿐만 아니라 명의까지 모용한 경우에는 공문서위조죄가 성립한다.

공무원 또는 공무원 아닌 자가 작성권한이 없는 사항에 대해 자기 명의로 문서를 작성하는 경우이다. A구청의 하급공무원 갑이 'A구청장 갑'이라고 기재하여 건축허가서를 작성하는 경우이다.

자격모용에는 처음부터 자격이 없는 자가 자격이 있는 것처럼 문서를 작성하는 경우와 자격이 상실되었음에도 불구하고 자격이 있는 것처럼 문서를 작성하는 경우가 있다.

Ⅶ. 사전자기록위작·변작죄

제232조의2 (사전자기록위작·변작) 사무처리를 그르치게 할 목적으로 권리·의무 또는 사실증명에 관한 타인의 전자기록등 특수매체기록을 위작 또는 변작한 자는 5년 이하의 징역 또는 1천만원 이하의 벌금에 처한다.

1. 의의

사전자기록위작·변작죄는 사무처리를 그르치게 할 목적으로 권리·의무 또는 사실증명에 관한 타인의 전자기록 등 특수매체기록을 위작 또는 변작한 경우에 성립하는 범죄이다. 컴퓨터등 정보처리장치의 일상적 사용으로 인하여 공무소 뿐만 아니라 기업체의 각종 파일 등 전자기록은 종이장부나 원장류를 대신하여 정보를 기록하는 수단으로 사무처리에 널리 이용되고 있기 때문에 중요한 사회적 기능을 담당하고 있다. 매체에 기록되어 있기는 하지만 이를 출력하기 이전 상태인 '전자기록'에 대해서는 문서의 요건인 가시성과 가독성을 인정하기 어렵기 때문에 문서로 보기 어렵다. 이를 보완하기 위하여 1995년에 형법 개정하면서 신설된 규정이다.

2. 객체: 권리·의무 또는 사실증명에 관한 타인의 전자기록등 특수매체기록

가. 타인의 범위

본죄의 객체인 전자기록은 타인의 전자기록이다. 따라서 자기의 전자기록에 대해서는 본죄가 성립하지 않는다. 타인의 범위에 대하여 사문서위조죄 등과 같이 기록의 작성명의인을 의미한다는 견해[190]와 작성명의인 이외에도 소유자·소지인을 포함한다는 견해[191]가 있다. 예를 들면 기록을 작성한 A가 그 기록을 갑에게 넘겨준 후 갑이 기록을 무단으로 변경한 경우 전자의 견해에 따르면 본죄가 성립하지만, 후자의 견해에 따르면 본죄는 성립하지 않는다.

생각건대, 종이문서와 달리 본죄의 객체에 해당하는 전자기록 등 특수매체기록은 그 특성상 명의인이 없거나 불분명한 경우가 많으며, 전자기록을 다수인이 소유·소지하는 경우가 많다. 본인이 작성하였더라도 전자기록이 타인에게로 이전한 후에는 그 내용이 변경될 가능성은 언제든지 열려 있다. 따라서 타인의 범위는 작성명의인 이외에도 소유자·소지인도 포함하는 것으로 해석하는 것이 타당하다.

법인이 컴퓨터 등 정보처리장치를 이용하여 전자적 방식에 의한 정보의 생성·처리·저장·출력을 목적으로 전산망 시스템을 구축하여 설치·운영하는 경우 위 시스템을 설치·운영하는 주체는 법인이고, 법인의 임직원은 법인으로부터 정보의 생성·처리·저장·출력의 권한을 위임받아 그 업무를 실행하는 사람에 불과하다. 따라서 법인이 설치·운영하는 전산망 시스템에 제공되어 정보의 생성·처리·저장·출력이 이루어지는 전자기록 등 특수매체기록은 그 법인의 임직원과의 관계에서 '타인'의 전자기록 등 특수매체기록에 해당한다.[192]

나. 전자기록 등 특수매체기록

전자기록은 전자적 방식과 자기적 방식에 의하여 수록·보존되어 있는 기록 그 자체를 말한다. 전자적 방식이란 전자의 작용을 이용한 기록으로 반도체기억집적회로(IC 메모리), RAM, ROM이 대표적인 예이다. 자기적 방식에는 자기디스크 등이 있다. 특수매체기록은

190) 박상기/전지연, 792면.

191) 김성돈, 674면; 임웅/이현정/박성민, 761면.

192) 대법원 2020.8.27. 선고 2019도11294 전원합의체 판결.

전자기록을 제외한 광학적 기록을 말한다.

'기록'은 전자적 방식 등에 의해 표현된 '의사표시'이므로 컴퓨터에 대한 작업명령을 내용으로 하는 컴퓨터프로그램은 원칙적으로 본죄의 '기록'에 해당하지 않는다.[193] 또한 '기록'은 일정한 매체에 정보 또는 데이터가 수록·보존되어 있어야 한다. 따라서 어느 정도 영속성이 있어야 하므로 회선상 흘러가는 통신 중의 데이터나 중앙처리장치에서 처리 중인 데이터는 본죄의 '기록'에 해당하지 않는다. 하지만 컴퓨터의 기억장치 중 하나인 'RAM에 올려진 전자기록'은 전자기록 등 특수매체기록에 해당한다는 것이 판례이다. 문자의 축소나 기계적 확대에 의한 재생에 불과한 마이크로필름의 경우 본죄의 객체가 되지 않는다.

판례 컴퓨터의 기억장치 중 하나인 램(RAM)에 올려진 전자기록

【판결요지】 [3] 형법 제232조의2의 사전자기록위작·변작죄에서 말하는 권리의무 또는 사실증명에 관한 타인의 전자기록 등 특수매체기록이라 함은 일정한 저장매체에 전자방식이나 자기방식에 의하여 저장된 기록을 의미한다고 할 것인데, 비록 컴퓨터의 기억장치 중 하나인 램(RAM, Random Access Memory)이 임시기억장치 또는 임시저장매체이기는 하지만, 형법이 전자기록위·변작죄를 문서위·변조죄와 따로 처벌하고자 한 입법취지, 저장매체에 따라 생기는 그 매체와 저장된 전자기록 사이의 결합강도와 각 매체별 전자기록의 지속성의 상대적 차이, 전자기록의 계속성과 증명적 기능과의 관계, 본죄의 보호법익과 그 침해행위의 태양 및 가벌성 등에 비추어 볼 때, 위 램에 올려진 전자기록 역시 사전자기록위작·변작죄에서 말하는 전자기록 등 특수매체기록에 해당한다.

[4] 램에 올려진 전자기록은 원본파일과 불가분적인 것으로 원본파일의 개념적 연장선상에 있는 것이므로, 비록 원본파일의 변경까지 초래하지는 아니하였더라도 이러한 전자기록에 허구의 내용을 권한 없이 수정입력한 것은 그 자체로 그러한 사전자기록을 변작한 행위의 구성요건에 해당된다고 보아야 할 것이며 그러한 수정입력의 시점에서 사전자기록변작죄의 기수에 이르렀다고 한 사례(대법원 2003.10.9. 선고 2000도4993 판결).

【해설】 컴퓨터의 기억장치 중 하나인 램(RAM, Random Access Memory)에 올려진 전자기록은 사전 자기록위작·변작죄에서 말하는 전자기록 등 특수매체기록에 해당하며, 이에 허구의 내용을 권한 없이 수정입력한 것은 그 자체로 사전자기록을 변작한 행위의 구성요건에 해당된다는 판례이다.

193) 손동권/김재윤, 679면; 이재상/장영민/강동범, 612면.

3. 행위: 위작·변작

가. 쟁점

문서위조의 경우에는 위조·변조 개념을 사용하고 있음에 반하여 전자기록의 경우에는 위작·변작의 개념을 사용하고 있다.

작성권한이 없는 자가 타인 명의를 모용하여 타인 명의의 전자기록을 작성하는 경우는 본죄의 위작(僞作)에 해당한다. 또한 작성권한이나 변경권한이 없음에도 불구하고 타인의 전자기록의 내용을 변경하는 경우는 본죄의 변작(變作)에 해당하는 것은 분명하다.

문제는 작성권한 있는 자가 진실에 반하는 허위내용의 전자기록을 작성하는 경우이다. 위작·변작의 개념에 대한 학설의 차이는 작성권한 있는 자가 허위내용의 사전자기록을 만드는 경우 본죄에 따라 처벌할 수 있는가에 있다.

나. 학설

본죄의 위작·변작의 의미에 대해서는 견해의 대립이 있다. 제1설은 위작·변작의 개념을 사문서의 위조·변조에 대응하는 개념으로 이해한다.[194] 이에 따르면 위작은 작성권한이 없는 자가 타인 명의를 모용하여 타인 명의의 문서를 작성하는 것을 말하며, 변작은 작성권한 없는 자가 타인 명의의 문서의 동일성을 해하지 않을 정도로 내용의 변경을 가하는 것을 말한다. 따라서 위작은 유형위조만을 의미하며 무형위조는 포함하지 않는다고 본다. 제2설은 사문서위조·변조와는 달리 유형위조 이외에 무형위조도 포함하는 것으로 이해한다.[195] 이에 따르면 작성권한이 없는 자가 타인 명의의 문서를 작성하는 유형위조뿐만 아니라, 작성권한이 있는 자라도 진실에 반하는 허위내용의 문서를 작성하는 무형위조도 위작에 해당한다고 본다.

작성권한이 있는 자가 허위내용의 전자기록을 작성한 경우 제1설에 따르면 본죄의 성립이 불가능하지만, 제2설에 따르면 가능하다.

다. 판례

대법원 판례에 따르면 작성권한이 없는 사람이 전자기록을 작출하는 경우뿐만 아니라 입력 권한을 부여받은 사람이라도 그 권한을 남용하여 허위의 정보를 입력하는 경우에도 위작에 포함된다는 입장이다. 제2설과 같은 입장이다. 사전자기록위작죄의 보호법익과 전자기록의 특성, 사전자기록위작죄를 신설할 당시 입법자의 의사, 사회의 변화에 따른

194) 손동권/김재윤, 679면; 이재상/장영민/강동범, 612면; 정성근/박광민, 640면.

195) 김성돈, 674면; 김일수/서보학, 747면; 배종대, 601면; 신동운, 492면; 임웅/이현정/박성민, 762면.

현실적 처벌 필요성 등을 고려하여 판단하였다.[196]

판례 가상화폐 거래소 사건

【판결요지】 [다수의견] 형법 제227조의2의 공전자기록등위작죄는 사무처리를 그르치게 할 목적으로 공무원 또는 공무소의 전자기록 등 특수매체기록을 위작 또는 변작한 경우에 성립한다. 대법원은, 형법 제227조의2에서 위작의 객체로 규정한 전자기록은 그 자체로는 물적 실체를 가진 것이 아니어서 별도의 표시·출력장치를 통하지 아니하고는 보거나 읽을 수 없고, 그 생성 과정에 여러 사람의 의사나 행위가 개재됨은 물론 추가 입력한 정보가 프로그램에 의하여 자동으로 기존의 정보와 결합하여 새로운 전자기록을 작출하는 경우도 적지 않으며, 그 이용 과정을 보아도 그 자체로서 객관적·고정적 의미를 가지면서 독립적으로 쓰이는 것이 아니라 개인 또는 법인이 전자적 방식에 의한 정보의 생성·처리·저장·출력을 목적으로 구축하여 설치·운영하는 시스템에서 쓰임으로써 예정된 증명적 기능을 수행하는 것이므로, 위와 같은 시스템을 설치·운영하는 주체와의 관계에서 전자기록의 생성에 관여할 권한이 없는 사람이 전자기록을 작출하거나 전자기록의 생성에 필요한 단위정보의 입력을 하는 경우는 물론 시스템의 설치·운영 주체로부터 각자의 직무 범위에서 개개의 단위정보의 입력 권한을 부여받은 사람이 그 권한을 남용하여 허위의 정보를 입력함으로써 시스템 설치·운영 주체의 의사에 반하는 전자기록을 생성하는 경우도 형법 제227조의2에서 말하는 전자기록의 '위작'에 포함된다고 판시하였다. 위 법리는 형법 제232조의2의 사전자기록등위작죄에서 행위의 태양으로 규정한 '위작'에 대해서도 마찬가지로 적용된다(대법원 2020.8.27. 선고 2019도11294 전원합의체 판결).

【해설】 대법원은 '위작'의 개념에 대하여 ① 권한이 없는 사람이 전자기록을 작출하거나 전자기록의 생성에 필요한 단위정보의 입력을 하는 경우뿐만 아니라 ② 단위정보의 입력 권한이 있는 자라도 '그 권한을 남용하여 허위의 정보를 입력하여 전자기록을 생성'하는 경우도 포함된다고 보았다. 공문서의 경우 모든 무형위조를 처벌하는 허위공문서작성죄를 두고 있는 반면에 사문서의 경우에는 예외적으로 의사 등 일정한 자격을 지닌 자의 허위작성죄만을 처벌하고 있다. 이러한 문서죄의 체계와는 달리, 판례는 전자기록에 있어서는 공문서와 사문서를 불문하고 허위작성죄가 처벌대상이 된다고 본다.

라. 결론

생각건대, 권한 있는 자가 허위내용의 사문서를 작성한 경우 형법은 원칙적으로 사문서의 무형위조인 허위사문서작성죄를 처벌하지 않으며 예외적으로 허위진단서작성죄만

196) 대법원 2020.8.27. 선고 2019도11294 전원합의체 판결.

을 처벌하고 있다. 의사와 같은 전문직 종사자가 허위내용의 사문서를 작성한 경우에는 통상의 사문서에 비해 증명내용이 중요하고 사회적 신용성이 클 뿐만 아니라 다른 법률관계와 연관성도 중요하기 때문에 예외적으로 처벌한다. 제227조 허위공문서작성죄는 사문서에 비하여 사회적 신용성과 증명력이 크기 때문에 무형위조라도 처벌하고 있다. 즉 무형위조의 경우 공문서는 처벌하지만, 사문서는 원칙적으로 처벌 규정을 두고 있지 않다는 점을 고려할 필요가 있다. 사문서의 경우에는 유형위조만을 처벌하는 형법의 입법 태도를 보면 사전자기록의 경우에도 유형위조에 국한하여 처벌할 수 있다고 보는 것이 타당하다. 따라서 제1설이 타당하다.

만약 본죄의 위작·변작개념에 무형위조도 포함되는 것으로 해석하게 되면 처벌의 범위를 확장하는 유추해석이 될 수 있다. 사문서의 무형위조는 예외적으로 처벌함에도 불구하고, 사전자기록의 무형위조는 모두 처벌된다고 해석할 수 없다. 사문서의 무형위조의 경우 행위주체는 의사 등 진정신분범으로 하고, 행위객체는 진단서 등으로 한정하고 있다는 점을 고려한다면, 모든 사전자기록을 이와 동일한 정도로 보호할 필요가 있다고 보기는 어렵다. 사전자기록의 무형위조도 처벌할 필요성이 있다면 허위사전자기록작성행위를 처벌하는 규정을 신설하는 것이 바람직하다. 잘못된 입법은 새로운 입법을 통하여 해결하는 것이 바람직하다.

따라서 위작은 권한 없는 자가 전자기록을 만드는 유형위조를 의미하며, 변작은 권한 없는 자가 전자기록을 허위내용으로 변경하는 것을 의미한다. 기록매체 자체를 파손하는 것은 변작이 아니라 재물손괴에 해당한다.

4. 고의 및 사무처리를 그르치게 할 목적

본죄가 성립하기 위해서는 고의 이외에 사무처리를 그르치게 할 목적이 있어야 한다. '사무처리를 그르치게 할 목적'이란 위작 또는 변작된 전자기록이 사용됨으로써 전자적 방식에 의한 정보의 생성·처리·저장·출력을 목적으로 구축하여 설치·운영하는 시스템을 설치·운영하는 주체의 사무처리를 잘못되게 하는 것을 말한다.

판례 사무처리를 그르치게 할 목적

【판결요지】 [1] 형법 제232조의2에 정한 전자기록은 그 자체로서 객관적·고정적 의미를 가지면서 독립적으로 쓰이는 것이 아니라 개인 또는 법인이 전자적 방식에 의한 정보의 생성·처리·저장·출력을 목적으로 구축하여 설치·운영하는 시스템에서 쓰임으로써 예정된 증명적 기능을 수행하는 것이므로, '사무처리를 그르치게 할 목적'이란 위작

또는 변작된 전자기록이 사용됨으로써 위와 같은 시스템을 설치·운영하는 주체의 사무처리를 잘못되게 하는 것을 말한다.

[2] 새마을금고의 예금 및 입·출금 업무를 총괄하는 직원이 전 이사장 명의 예금계좌로 상조금이 입금되자 전 이사장에 대한 금고의 채권확보를 위해 내부 결재를 받아 금고의 예금 관련 컴퓨터 프로그램에 접속하여 전 이사장 명의 예금계좌의 비밀번호를 동의 없이 입력한 후 위 금원을 위 금고의 가수금계정으로 이체한 사안에서, 위 금고의 내부규정이나 여신거래기본약관의 규정에 비추어 이는 위 금고의 업무에 부합하는 행위로서 피해자의 비밀번호를 임의로 사용한 잘못이 있다고 하더라도 사전자기록위작·변작죄의 '사무처리를 그르치게 할 목적'을 인정할 수 없다고 한 사례(대법원 2008.6.12. 선고 2008도938 판결).

Ⅷ. 공전자기록위작·변작죄

제227조의2 (공전자기록위작·변작) 사무처리를 그르치게 할 목적으로 공무원 또는 공무소의 전자기록등 특수매체기록을 위작 또는 변작한 자는 10년 이하의 징역에 처한다.

1. 의의

공전자기록위작·변작죄는 사무처리를 그르치게 할 목적으로 공무원 또는 공무소의 전자기록등 특수매체기록을 위작 또는 변작한 경우에 성립하는 범죄이다.

2. 객체: 공무원 또는 공무소의 전자기록등 특수매체기록

본죄의 객체는 공무에 쓰이는 전자기록 등 특수매체기록이다. 공무처리용 컴퓨터 등 정보처리기기의 데이터를 말하며 공무소의 컴퓨터 안에 있는 주민등록, 등기부등본, 토지대장 등이 이에 해당한다.

3. 행위: 위작·변작

본죄의 구성요건적 행위는 위작·변작행위이다. 사문서와 달리 공문서의 경우에는 유형위조뿐만 아니라 무형위조를 모두 처벌하므로 공전자기록의 경우 유형위조 이외에 무형위조도 포함되는 것으로 보는 것이 판례의 입장이다.[197] 사문서는 무형위조를 예외적으로 처벌한다는 점, 특정한 사문서만을 대상으로 하고 있는 허위진단서작성과 모든 사전자기록을 동일하게 평가할 수 없다는 점에서 사전자기록의 경우에는 유형위조만 포함되는 것으로 해석하는 것이 타당하다는 것은 앞에서 설명하였다. 그런데 공문서의 경우에는 유형위조뿐만 아니라 무형위조도 처벌하고 있다. 권한 있는 공무원이 허위의 기록을 만든 경우는 실질적으로 권한의 범위를 일탈하였다고 볼 수 있기 때문이다. 공전자기록의 경우 위작에는 유형위조뿐만 아니라 무형위조도 포함된다고 해석하는 것이 타당하다.

판례에 따르면 전자기록의 생성에 관여한 권한이 없는 사람뿐만 아니라 시스템의 설치·운영주체로부터 각자의 직무범위에서 입력권한을 부여받은 사람이라도 그 권한을 남용하여 허위의 정보를 입력한 경우에도 본죄가 성립한다.

판례 공전자기록위작죄에서의 '위작'의 의미

【판결요지】 [1] 형법 제227조의2에서 위작의 객체로 규정한 전자기록은, 그 자체로는 물적 실체를 가진 것이 아니어서 별도의 표시·출력장치를 통하지 아니하고는 보거나 읽을 수 없고, 그 생성 과정에 여러 사람의 의사나 행위가 개재됨은 물론 추가 입력한 정보가 프로그램에 의하여 자동으로 기존의 정보와 결합하여 새로운 전자기록을 작출하는 경우도 적지 않으며, 그 이용 과정을 보아도 그 자체로서 객관적·고정적 의미를 가지면서 독립적으로 쓰이는 것이 아니라 개인 또는 법인이 전자적 방식에 의한 정보의 생성·처리·저장·출력을 목적으로 구축하여 설치·운영하는 시스템에서 쓰임으로써 예정된 증명적 기능을 수행하는 것이므로, 위와 같은 시스템을 설치·운영하는 주체와의 관계에서 전자기록의 생성에 관여할 권한이 없는 사람이 전자기록을 작출하거나 전자기록의 생성에 필요한 단위 정보의 입력을 하는 경우는 물론 시스템의 설치·운영 주체로부터 각자의 직무 범위에서 개개의 단위정보의 입력 권한을 부여받은 사람이 그 권한을 남용하여 허위의 정보를 입력함으로써 시스템 설치·운영 주체의 의사에 반하는 전자기록을 생성하는 경우도 형법 제227조의2에서 말하는 전자기록의 '위작'에 포함된다.

[2] 경찰관이 고소사건을 처리하지 아니하였음에도 경찰범죄정보시스템에 그 사건을 검찰에 송치한 것으로 허위사실을 입력한 행위가 공전자기록위작죄에서 말하는 위작에 해당한다고 한 사례(대법원 2005.6.9. 선고 2004도6132 판결).

197) 대법원 2011.5.13. 선고 2011도1415 판결.

IX. 허위공문서작성죄

> 제227조 (허위공문서작성등) 공무원이 행사할 목적으로 그 직무에 관하여 문서 또는 도화를 허위로 작성하거나 변개한 때에는 7년 이하의 징역 또는 2천만원 이하의 벌금에 처한다.

1. 의의

허위공문서작성죄는 공무원이 행사할 목적으로 그 직무에 관하여 문서 또는 도화를 허위로 작성하거나 변개한 경우에 처벌하는 범죄로 공문서의 특수한 신용력을 고려하여 문서의 무형위조를 예외적으로 처벌하는 규정이다. 진정 신분범이다.

2. 주체: 직무에 관하여 문서 또는 도화를 작성할 권한이 있는 공무원

본죄의 주체는 직무에 관하여 문서 또는 도화를 작성할 권한이 있는 공무원이다. 따라서 공무원이라도 작성권한이 없으면 본죄의 주체가 아니라 공문서위조죄가 성립한다. 여기서 공무원은 문서를 사실상 작성할 권한이 있는 공무원이 아니라, 자신의 명의로 문서를 작성할 권한이 있는 공무원을 의미한다. 따라서 사법경찰리의 권한이 없는 행정서기보가 피의자신문조서를 작성하는 경우, 동사무소 임시직원이 소재증명서를 작성하는 경우에는 본죄가 성립하지 않는다. 그들에게는 작성권한이 없기 때문이다.

명의인이 아니라 할지라도 전결권(專決權)이 위임되어 있는 자의 경우에도 본죄의 주체가 될 수 있다. 문서를 보충기재할 권한을 위임받은 자는 본죄의 주체가 아니므로 이 경우 공문서위조죄가 성립한다.[198]

공문서가 작성되는 과정에서 사실상 공문서를 기안하는 하급공무원 A와 이 공문서를 중간결재하는 B가 있으며 최종결재권자 C이며 실제 C의 명의로 작성되는 경우 C만이 작성권한이 있는 공무원으로서 본죄의 정범정격을 가진다. 만약 중간결재자 B에게 전결권이 있다면 그 또한 본죄의 정범이 될 수 있다.

198) 대법원 1984.9.11. 선고 84도368 판결.

3. 객체: 공문서

본죄의 객체는 공문서이다. 공문서는 공무소 또는 공무원이 직무에 관하여 작성한 문서를 말하며, 직무에 관한 문서는 공무원이 직무권한 내에서 작성한 문서를 말한다. 직무권한은 반드시 법률에 근거를 가질 필요는 없다. 따라서 명령·내규 또는 관례에 의한 직무집행으로 작성되는 경우도 포함한다.

허위공문서작성죄의 객체가 되는 문서는 문서상 작성명의인이 명시된 경우뿐 아니라 작성명의인이 명시되어 있지 않더라도 문서의 형식, 내용 등 그 문서 자체에 의하여 누가 작성하였는지를 추지(推知)할 수 있을 정도의 것이면 된다.[199)]

판례는 합동법률사무소명의로 작성된 공증에 관한 문서, 사법경찰리가 작성한 피의자신문조서, 건축사무기술검사원으로 위촉된 건축사가 작성한 준공검사서도 공문서로 본다.

4. 행위: 문서·도화를 허위로 작성하거나 변개하는 것

가. 허위작성

허위로 작성한다는 것은 공무원이 작성권한의 범위 내에서 공문서를 작성하였지만, 그 내용을 진실에 반하는 허위로 기재하는 것을 말한다. 사실에 관한 것뿐만 아니라 판단에 관한 것도 포함된다.

고의로 법령을 잘못 적용하여 공문서를 작성하였다고 하더라도 그 법령적용의 전제가 된 사실관계에 대한 내용에 거짓이 없다면 허위공문서작성죄가 성립하지 않는다. 예를 들면 당사자로부터 뇌물을 받고 고의로 적용하여서는 안 될 조항을 적용하여 과세표준을 결정하고 그 과세표준에 기하여 세액을 산출한 경우 허위공문서작성죄가 성립하지 않는다. 그 세액계산서 자체에는 허위내용의 기재가 없기 때문이다.[200)]

판례 공문서허위작성에 해당하는 경우

① 가옥대장기재와 다른 내용을 기재하여 가옥증명서를 발행한 이상 허위공문서작성죄가 성립한다(대법원 1973.10.23. 선고 73도395 판결).
② 수사처리의 관례상 일부 상치된 내용을 일치시키기 위하여 적법하게 작성된 참고인진술조서를 찢어버리고 진술인의 진술도 듣지 아니라고 그 내용을 일치시킨 새로운 진술조서를 작성한 경우(대법원 1978.6.27. 선고 76도2196 판결).

199) 대법원 2019.3.14. 선고 2018도18646 판결; 대법원 1995.11.10. 선고 95도2088 판결.
200) 대법원 1996.5.14. 선고 96도554 판결.

③ 공무원이 실제로 원본과 대조하지 않고 원본대조필이라고 기재한 경우(대법원 1981.9.22. 선고 80도3180 판결).

④ 준공검사를 하지 않고 준공검사조서에 준공검사를 하였다고 기재한 경우(대법원 1983.12.27. 선고 82도3063 판결).

⑤ 지방행정서기가 무허가건물을 허가받은 건물로 가옥대장에 기재하는 경우(대법원 1983.12.13. 선고 83도1458 판결).

⑥ 공무원이 부탁을 받고 세대주가 아닌 자를 세대주인 것으로 해서 주민등록표를 작성한 경우(대법원 1990.10.16. 선고 90도1199 판결).

⑦ 군직원이 농지전용허가를 하여 주어서는 안 됨을 알면서도 허가하여 줌이 타당하다는 취지의 현장출장복명서 및 심사의견서를 작성하여 결재권자에게 제출한 경우(대법원 1993.12.24. 선고 92도3334 판결).

⑧ 단속 경찰관이 고유번호가 가짜인 음주운전자 적발보고서를 작성하여 담당 경찰관으로 하여금 음주측정처리부에 기재토록 한 경우(대법원 1996.10.11. 선고 95도1706 판결).

⑨ 토지 및 하천 등의 경계나 면적을 측량하지도 아니한 채 지적도상의 토지 및 하천 등의 경계를 정정한 경우(대법원 1997.12.26. 선고 96도3057 판결).

⑩ 인감증명서를 발행하면서 대리인에 의한 것을 본인의 신청에 의한 것으로 기재한 경우(대법원 1997.6.27. 선고 97도1085 판결).

⑪ 폐기물처리사업계획이 관계 법령의 규정에 적합하지 아니함을 알면서 적합하다는 내용으로 통보서를 작성한 경우(대법원 2003.2.11. 선고 2002도4293 판결).

⑫ 공증인이 사서증서 인증서를 작성함에 있어, 당사자가 공증인의 면전에서 사서증서에 서명 또는 날인을 하거나 당사자 본인이나 그 대리인으로 하여금 사서증서의 서명 또는 날인이 본인의 것임을 확인하게 한 바가 없음에도 불구하고 마치 그렇게 한 것처럼 인증서에 기재한 경우(대법원 2007.1.25. 선고 2006도3844 판결).

⑬ 농지취득자격증명의 신청인에게 농업경영능력이나 영농의사가 없음을 알거나 이를 제대로 알지 못하면서도 농지취득자격증명통보서를 작성한 경우(대법원 2007.1.25. 선고 2006도3996 판결).

⑭ 경찰관들이 피의자들을 현행범으로 체포하거나 현행범인체포서를 작성할 때 체포사유 및 변호인선임권을 고지하였다는 내용의 허위의 현행범인체포서와 확인서를 작성한 경우(대법원 2010.6.24. 선고 2008도11226 판결).

⑮ 사법경찰관인 피고인이 검사로부터 '교통사고 피해자들로부터 사고 경위에 대해 구체적인 진술을 청취하여 운전자 甲의 도주 여부에 대해 재수사할 것'을 요청받고, 재수사 결과서의 '재수사 결과'란에 피해자들로부터 진술을 청취하지 않았음에도 진술을 듣고 그 진술내용을 적은 것처럼 기재한 경우(대법원 2023.3.30. 선고 2022도6886 판결).

판례 공문서허위작성이 아닌 경우

① 고의로 법령을 잘못 적용하여 공문서를 작성하였다고 하더라도 그 법령적용의 전제가 된 사실관계에 대한 내용에 거짓이 없다면 허위공문서작성죄가 성립될 수 없는 바 당사자로부터 뇌물을 받고 고의로 적용하여서는 안 될 조항을 적용하여 과세표준을 결정하고 그 과세표준에 기하여 세액을 산출하였다고 하더라도, 그 세액계산서에 허위내용의 기재가 없다면 허위공문서작성죄에는 해당하지 않는다(대법원 1996.5.14. 선고 96도554 판결).

② 건축 담당 공무원이 건축허가신청서를 접수·처리함에 있어 건축법상의 요건을 갖추지 못하고 설계된 사실을 알면서도 기안서인 건축허가통보서를 작성하여 건축허가서의 작성명의인인 군수의 결재를 받아 건축허가서를 작성한 경우, 건축허가서는 그 작성명의인인 군수가 건축허가신청에 대하여 이를 관계 법령에 따라 허가한다는 내용에 불과하고 위 건축허가신청서와 그 첨부서류에 기재된 내용(건축물의 건축계획)이 건축법의 규정에 적합하다는 사실을 확인하거나 증명하는 것은 아니라 할 것이므로 군수가 위 건축허가통보서에 결재하여 위 건축허가신청을 허가하였다면 위 건축허가서에 표현된 허가의 의사표시 내용 자체에 어떠한 허위가 있다고 볼 수는 없다 할 것이어서, 이러한 건축허가에 그 요건을 구비하지 못한 잘못이 있고 이에 담당 공무원의 위법행위가 개입되었다 하더라도 그 위법행위에 대한 책임을 추궁하는 것은 별론으로 하고 위 건축허가서를 작성한 행위를 허위공문서작성죄로 처벌할 수는 없다(대법원 2000.6.27. 선고 2000도1858 판결).

나. 부작위에 의한 허위작성

허위작성은 부작위에 의해서도 가능하다. 따라서 출납부에 수입사실을 기재하지 않는 경우, 사법경찰관이 피의자신문조서를 작성함에 있어서 피의자의 자백사실을 고의로 누락한 경우에 부작위에 의한 허위공문서작성죄가 성립한다.

다. 신고에 의한 허위작성의 경우

토지대장이나 가옥대장의 작성의 경우와 같이 작성공무원이 신고내용에 대하여 실질적 심사권이 있는 경우 허위의 신고임을 알면서도 이를 기재하였다면 당연히 허위공문서작성죄가 성립한다.

그런데, 등기부나 가족관계등록부의 작성의 경우와 같이 공무원이 형식적 심사권만 있는 경우 허위공문서작성죄의 성립 여부에 대하여 견해의 대립이 있다. 판례는 허위공문서작성죄의 성립을 인정한다. 판례에 따르면 신고사항이 허위인 것이 명백한 경우에는 공무원은 그 기재를 거부할 수 있다고 해석할 것이므로 허위임을 알고 있으면서 이를 공문서

에 기재하였다면 허위공문서작성죄가 성립한다.[201)]

생각건대, 신고사실이 명백히 허위임을 알면서도 문서를 작성한다는 것은 공문서에 대한 공공의 신용을 침해한 것이며, 공무원은 그 기재를 거부할 수 있다고 해야 하므로 본죄의 성립을 인정하는 것이 타당하다. 하지만 허위인 점이 명백하지 않을 경우에는 형식적 심사권만을 갖는 공무원은 신고를 받아들여야 하므로 이 경우에는 본죄의 성립을 부정하는 것이 타당하다.

라. 변개

변개(變改)란 기존문서를 전제로 한다는 점에서는 변조와 유사하나, 변개는 작성권한이 있는 공무원이 이미 진정하게 성립한 기존문서의 내용을 허위로 고치는 것을 말한다. 작성권한이 있는 공무원의 행위이지만 기존문서의 내용의 동일성을 해하지 않는 범위 내에서 허위변경하는 것을 말한다. 동일성이 변경되었다면 변개가 아니라 허위작성에 해당한다.

마. 기수 시기

본죄는 공문서에 허위의 내용을 기재하고 명의인의 표시행위를 함으로써 기수가 된다. 문서로서의 외관과 형식을 갖춘 이상 명의인의 날인은 필요 없다. 하나의 공문서에 작성자가 2인 이상인 때에는 1인의 작성행위가 완료되면 나머지 다른 사람의 서명날인이 없다고 하여도 본죄는 기수가 된다.[202)]

5. 고의 및 행사할 목적

본죄가 성립하기 위해서는 공문서의 내용이 허위라는 점, 직무에 관한 것이라는 점에 대한 고의가 있어야 한다. 또한 고의 이외에 행사할 목적이 있어야 한다.

작성공무원이 허위의 사실을 인식하였다면 상사 또는 상급관청의 양해나 지시가 있었다고 해도 고의가 인정된다.[203)] 단순한 오기나 부주의로 인한 기재누락인 경우, 선례나 업무상의 관행에 따라서 기재한 경우, 오기가 통상 있을 수 있는 사소한 차이에 불과한 경우에는 고의가 인정되지 않는다.

---

201) 대법원 1977.12.27. 선고 77도2155 판결.

202) 대법원 1973.6.26. 선고 73도733 판결.

203) 대법원 1971.11.9. 선고 71도177 판결.

6. 허위공문서작성죄의 간접정범

가. 작성권자가 타인을 이용하는 경우

작성권한 있는 신분자인 공무원 갑이 작성권한 없는 비신분자 을을 이용하여 허위공문서를 작성한 경우 처벌되지 않는 을을 이용하여 자신의 범죄를 저지른 경우이므로 허위공문서작성죄의 간접정범이 된다. 또한 작성권한 있는 공무원 갑이 작성권한이 있지만 허위라는 사실을 모르는 다른 공무원 을을 이용하여 허위공문서를 작성한 때에는 허위공문서작성죄의 간접정범이 된다.

나. 사인이 작성권자를 이용하는 경우

공무원 아닌 사인이 작성권한이 있는 공무원으로 하여금 허위의 내용을 진실로 믿게 하여 허위공문서를 작성하게 한 경우에 비공무원인 사인은 허위공문서작성죄의 간접정범이 성립하지 않는다. 판례도 같은 입장이다.[204]

하지만 그 구체적 근거에는 다소 차이가 있다. 형법은 본죄의 간접정범 형태로 공정증서원본부실기재죄(제228조)를 별도로 규정하고 있다는 점에 비추어 본다면 허위공문서작성죄의 간접정범이 있을 수 없다는 입장,[205] 공무원 아닌 자가 정을 모르는 공무원에게 부실의 사실을 기재하게 하는 것은 허위공문서작성죄의 구성요건 또는 실행행위의 정형성을 구비하지 못하였기 때문이며, 본죄의 간접정범이 될 수 없는 것은 공무원 아닌 자가 본죄의 정범이 될 수 있는 자격, 즉 정범적격이 없기 때문이라는 근거[206] 등을 제시하고 있다.

생각건대, 허위공문서작성죄는 진정 신분범이므로 신분이 없는 사인은 신분이라는 정범적격이 없기 때문에 본죄의 정범이 될 수 없다고 보는 것이 타당하다. 따라서 공무원 아닌 자가 작성권자를 이용하는 경우 간접정범은 성립할 수 없다. 하지만 허위공문서작성죄의 공동정범이나 교사범이나 방조범은 가능하다. 공무원이 아닌 자인 비신분자도 형법 제33조 공범과 신분규정에 따라 신분자인 작성권자의 허위공문서작성죄에 가담한 경우 공동정범 또는 공범이 성립할 수 있다.

다. 작성권한 없는 공무원이 작성권한 있는 다른 공무원을 이용하는 경우

(1) 쟁점

문서작성과 관계없는 공무원이 작성권한이 있는 다른 공무원으로 하여금 허위의 내용

204) 대법원 2006.5.11. 선고 2006도1663 판결.

205) 정성근/박광민, 655면.

206) 이재상/장영민/강동범, 598면.

을 진실로 믿게 하여 허위공문서를 작성하게 한 경우와 문서의 작성권한은 없지만 당해 사무를 담당하는 공무원이 상사에게 허위보고를 하여 그 사정을 모르는 상사가 허위공문서를 작성한 경우 작성권한이 있는 공무원은 고의가 없으므로 처벌되지 않는다. 이 경우에 작성권한 없는 공무원을 허위공문서작성죄의 간접정범이 성립할 수 있는지가 문제된다.

(2) 학설

허위공문서작성죄의 간접정범 성립을 부정하는 견해에 따르면[207] 본죄의 주체는 작성권한 있는 공무원에 엄격히 제한되는 진정 신분범이므로 행위주체는 작성권한 있는 공무원에 국한되고, 신분 없는 자가 신분 있는 자를 이용한 간접정범은 성립할 수 없다고 한다. 이로 인하여 발생하는 처벌의 흠결은 입법에 의해서 보완되어야 하지 해석에 의해서 해결하는 것은 곤란하다고 한다.

허위공문서작성죄의 간접정범 성립을 긍정하는 견해는 기안을 담당하는 보조공무원이 문서의 작성명의인은 아니지만 사실상 또는 실질적으로 작성권한을 가지고 있으므로 간접정범이 가능하다는 견해이다.[208]

(3) 판례

판례는 허위공문서작성죄의 간접정범의 성립을 긍정한다. 공문서의 작성권한이 있는 공무원의 직무를 보좌하는 자가 그 직위를 이용하여 행사할 목적으로 허위의 내용이 기재된 문서 초안을 그 정을 모르는 상사에게 제출하여 결재하도록 하는 등의 방법으로 작성권한이 있는 공무원으로 하여금 허위의 공문서를 작성하게 한 경우에는 간접정범이 성립한다.[209]

(4) 결론

이 경우도 사인이 작성권자를 이용한 경우와 마찬가지다. 허위공문서작성죄는 진정 신분범이므로 작성권한이 없는 공무원과 같이 신분이라는 정범 적격이 없는 자는 본죄의 정범이 될 수 없다. 비신분자가 신분범의 범죄에 가담한 경우 형법총칙상 공범과 신분에 따르면 제33조 본문이 적용될 수 있지만, 이 경우에도 공동정범, 교사범, 방조범만이 성립 가능하다. 따라서 작성권한 있는 공무원 이외의 비신분자에 대해서는 본죄의 간접정범은 성립할 수 없다. 개별 구체적 사정에 따라 위계에 의한 공무집행방해죄의 성립을 인정하거나 새로운 입법을 통해서 해결할 수밖에 없다.

---

207) 김성돈, 685면; 김일수/서보학, 768면; 이재상/장영민/강동범, 557면; 임웅/이현정/박성민, 773면.

208) 배종대, 731면; 정성근/박광민, 598면.

209) 대법원 1992.1.17. 선고 91도2837 판결; 대법원 1990.2.27. 선고 89도1816 판결.

7. 다른 범죄와의 관계

공무원이 일정한 위법사실을 단속하고도 이를 은폐하기 위하여 허위공문서를 작성한 경우 직무유기죄는 성립하지 않고 허위공문서작성죄만이 성립한다.[210] 허위공문서작성이 기존의 직무유기를 은폐하기 위한 것으로 본죄와 직무유기죄는 법조경합관계 중 흡수관계이기 때문이다. 위법상태를 은폐하기 위하여 허위공문서를 작성한 것이 아니라 그와 관련된 다른 이익을 위하는 등 새로운 위법상태를 창출한 경우라면 허위공문서작성죄와 직무유기죄는 실체적 경합이 된다.[211] 예를 들면 허위공문서를 작성한 것이 농지불법전용사실을 은폐하기 위한 것이 아니라 농지일시전용허가를 신청하자 이를 허가하여 주기 위하여 한 것이라면 실체적 경합이 된다.

공무원인 의사가 공무소의 명의로 허위진단서를 작성한 경우 학설은 허위진단서작성죄와 허위공문서작성죄의 상상적 경합관계로 보지만, 판례는 허위공문서작성죄만이 성립한다고 한다.[212]

판례 공무원인 의사가 공무소의 명의로 허위진단서를 작성한 경우의 죄책

【판결요지】 [1] 형법이 제225조 내지 제230조에서 공문서에 관한 범죄를 규정하고, 이어 제231조 내지 제236조에서 사문서에 관한 범죄를 규정하고 있는 점 등에 비추어 볼 때 형법 제233조 소정의 허위진단서작성죄의 대상은 공무원이 아닌 의사가 사문서로서 진단서를 작성한 경우에 한정되고, 공무원인 의사가 공무소의 명의로 허위진단서를 작성한 경우에는 허위공문서작성죄만이 성립하고 허위진단서작성죄는 별도로 성립하지 않는다(대법원 2004.4.9. 선고 2003도7762 판결).

X. 공정증서원본 등의 부실기재죄

제228조 (공정증서원본 등의 불실기재) ① 공무원에 대하여 허위신고를 하여 공정증서원본 또는 이와 동일한 전자기록등 특수매체기록에 부실의 사실을 기재 또는 기록하게 한 자는 5년 이하의 징역 또는 1천만원 이하의 벌금에 처한다.

210) 대법원 1993.12.24. 선고 92도3334 판결; 대법원 1982.12.28. 선고 82도2210 판결.

211) 대법원 1993.12.24. 선고 92도3334 판결.

212) 대법원 2004.4.9. 선고 2003도7762 판결.

② 공무원에 대하여 허위신고를 하여 면허증, 허가증, 등록증 또는 여권에 부실의 사실을 기재하게 한 자는 3년 이하의 징역 또는 700만원 이하의 벌금에 처한다.

1. 의의

공정증서등원본 부실기재죄는 공무원에게 허위신고를 하여 공정증서원본 또는 이와 동일한 전자기록 등 특수매체기록 또는 그와 유사한 공문서인 면허증·허가증·등록증·여권 등에 부실(不實)의 사실을 기재 또는 기록하게 하는 내용의 범죄이다. 본죄의 보호법익은 공정증서원본·특수매체기록, 면허증, 허가증 등에 대한 공공의 신용이다.

공정증서등원본 부실기재죄는 허위공문서작성죄의 간접정범 형태이다. 행위자의 허위신고인 정을 모르는 공무원은 고의가 없으므로 허위공문서작성죄는 성립하지 않으므로, 행위자는 처벌되지 않는 자를 이용한 간접정범이기 때문이다. 본죄는 공무원을 이용한 허위공문서작성행위(간접적 무형위조)를 처벌하기 위한 규정이다. 허위공문서작성죄의 간접정범 중 신빙력이 높은 공문서에 대한 경우만을 특별히 처벌하고자 하는 범죄라고 보는 견해도 있다.[213]

2. 객체: 공정증서원본 또는 이와 동일한 전자기록 등 특수매체기록

가. 공정증서원본

공정증서원본은 공무원이 작성하는 문서로서 권리·의무에 관한 사실을 공적으로 증명하는 공문서만을 말하며, 단순한 사실증명에 관한 것은 포함되지 않는 것으로 축소해석하는 것이 다수설과 판례의 입장이다.

권리·의무의 근거는 공·사법을 불문하고, 사법은 재산상, 신분상의 권리·의무를 모두 포괄한다. 가족관계등록부, 부동산등기부, 자동차등록부, 선박등기부, 상업등기부, 화해조서, 합동법률사무소 명의의 공정증서[214] 등이 이에 해당한다. 그러나 권리·의무의 변동에 영향을 주지 않는 인감대장,[215] 주민등록부,[216] 가옥대장,[217] 토지대장[218]은 권리·의무

213) 임웅/이현정/박성민, 778면.

214) 대법원 1977.8.23. 선고 74도2715 전원합의체 판결.

215) 대법원 1968.11.19. 선고 68도1231 판결.

216) 대법원 1969.3.25. 선고 69도163 판결.

217) 대법원 1971.7.27. 선고 71도905 판결.

218) 대법원 1988.5.24. 선고 87도2696 판결.

관계를 증명하는 공문서가 아니므로 공정증서에 속하지 않는다.

신고에 의해 작성된 것이 아닌 피의자신문조서, 검증조서, 감정조서 등 소송상의 각종 조서는 본죄의 객체가 아니다. 판결원본, 지급명령원본은 공정증서이지만 증명을 직접적 목적으로 하지 않고 주로 처분문서의 성격을 갖는다는 점에서 본죄의 객체가 아니다. 그러나 화해조서는 처분문서이지만 증명문서의 성격도 강하므로 본죄의 객체가 된다.

본죄의 객체인 공정증서는 원본이어야 한다. 따라서 정본, 등본, 사본, 초본은 이에 해당되지 않는다. 원본이 아닌 불실의 사실이 기재된 공정증서의 정본을 그 정을 모르는 법원 직원에게 교부한 행위는 형법 제229조의 불실기재공정증서원본행사죄에 해당하지 아니한다.[219)]

나. 전자기록 등 특수매체기록

공정증서원본과 동일한 전자기록 등 특수매체기록이어야 한다. 전산자료화된 부동산등기파일, 자동차등록파일, 특허원부, 가족관계등록부 시스템 등이 이에 해당한다.

다. 면허증

면허증은 특정인에게 특정기능을 부여하기 위하여 공무원이 작성한 증서로서 의사면허증, 자동차운전면허증, 수렵면허증 등이 있다. 그러나 단순히 일정한 자격을 표시한 것에 불과한 시험합격증이나 자격증은 면허증에 포함되지 않는다.

라. 허가증

허가증은 일정한 업소의 영업·업무에 대한 공무소의 허락을 나타내는 것으로 고물상·주류판매영업허가증 등이 있다.

마. 등록증

등록증은 공무원이 작성한 모든 등록증을 말하는 것이 아니라, 일정한 자격이나 요건을 갖춘 자에게 그 자격이나 요건에 상응한 활동을 할 수 있는 권능 등을 인정하기 위하여 공무원이 작성한 증서를 말한다. 일정한 권리관계나 신분관계를 공부에 기록하는 것으로 자동차등록증, 선박등록증, 변호사등록증, 변리사등록증 등이 있다.

사업자등록증은 본죄의 등록증에 해당하지 않는다. 사업자등록증은 단순한 사업사실의 등록을 증명하는 증서에 불과하고 그에 의하여 사업을 할 수 있는 자격이나 요건을 갖추었음을 인정하는 것은 아니기 때문이다.[220)]

---

219) 대법원 2002.3.26. 선고 2001도6503 판결.

220) 대법원 2005.7.15. 선고 2003도6934 판결.

바. 여권

여권은 공무소가 여행자에게 발행하는 허가증으로 외국여행자에게 교부하는 여권, 가석방자에 대한 여행허가증이 있다. 허위의 여권신청서로 여권발급을 받은 경우 이 죄와 여권법위반죄의 상상적 경합이 된다.

3. 행위: 허위신고에 의한 부실기재·기록

가. 허위신고

허위신고는 일정한 사실에 대해 객관적 진실에 반하는 신고를 하는 것을 말한다. 존재하지 않는 사실을 존재하는 것처럼 신고하는 경우, 실질적인 부부관계를 형성할 의사가 없으면서 국적을 취득하기 위하여 혼인을 하고 이를 신고한 경우가 이에 해당한다.

내용이 허위인 경우인 경우뿐만 아니라 신고인 자격을 사칭한 경우도 포함한다. 신고 또는 기재사항이 반드시 불법한 것일 필요는 없다. 사자명의로 소유권보존등기를 신청하는 경우, 주금을 가장납입하여 증가등기를 신청하는 경우, 허위의 매매를 원인으로 소유권이전등기를 신청하는 경우가 이에 해당한다.

공무원이 허위사실임을 안 경우에는 허위공문서작성죄가 성립하고, 신고자는 허위공문서작성죄의 공동정범이나 교사·방조범이 된다.

판례 허위신고에 해당하는 경우

① 이미 사망한 사람의 문서를 함부로 작성하여 등기공무원에게 제출하여 그로 하여금 부동산등기부에 사망한 사람 명의로 소유권보존등기의 사유를 기재케 한 경우(대법원 1969.1.28. 선고 68도1596 판결).

② 주금의 납입이 없는 가장납입으로서 이를 숨기고 마치 주식인수인에 의한 납입이 완료된 것처럼 등기공무원에 대하여 상업등기부원본에 증자등기를 신청한 경우(대법원 1987.11.10. 선고 87도2072 판결).

③ 공동대표이사로 법인등기를 하기로 하여 이사회회의록 작성 등 그 등기절차를 위임받았음에도 불구하고 단독대표이사로 법인등기한 경우(대법원 1994.7.29. 선고 93도1091 판결).

④ 피고인들이 중국 국적의 조선족 여자들과 참다운 부부관계를 설정할 의사없이 단지 그들의 국내취업을 위한 입국을 가능하게 할 목적으로 형식상 혼인하기로 하고 혼인신고를 한 경우(대법원 1996. 11. 22. 선고 96도2049 판결).

⑤ 실제로는 채권·채무관계가 존재하지 아니함에도 공증인에게 허위신고를 하여 가장된 금전채권에 대하여 집행력이 있는 공정증서원본을 작성하고 이를 비치하게 한 경우(대법원 2008.12.24. 선고 2008도7836 판결).

나. 부실기재·기록

(1) 의의

부실(不實)기재·기록은 권리·의무관계에 중요한 의미를 갖는 사항, 즉 중요한 부분에 대하여 진실에 반하는 사실을 기재하는 것을 말한다.

(2) 신고사실이 존재하지 않는 경우

실제로는 채권·채무관계가 존재하지 않음에도 불구하고 허위의 채무를 가장하고 이를 담보한다는 명목으로 허위의 근저당권설정등기를 마친 경우,[221] 종중 소유의 부동산 등기에 있어서 종중 대표자의 기재는 당해 부동산의 처분권한과 관련된 중요부분의 기재이므로 이를 허위로 등재한 경우 부실기재에 해당한다.[222] 하지만 부동산 거래가액을 허위로 부동산등기부에 등재되도록 한 경우 부동산 거래가액은 부동산의 권리·의무관계에 중요한 부분이 아니므로 본죄가 성립하지 않는다는 것이 판례의 입장이다.[223]

판례 부동산 거래가액 허위 등재

【판결요지】 부동산등기법이 2005.12.29. 법률 제7764호로 개정되면서 매매를 원인으로 하는 소유권이전등기를 신청하는 경우에는 등기신청서에 거래신고필증에 기재된 거래가액을 기재하고, 신청서에 기재된 거래가액을 부동산등기부 갑구의 권리자 및 기타사항란에 기재하도록 하였는데, 이는 부동산거래 시 거래당사자나 중개업자가 실제 거래가액을 시장, 군수 또는 구청장에게 신고하여 신고필증을 받도록 의무화하면서 거짓 신고 등을 한 경우에는 과태료를 부과하기로 하여 2005.7.29. 법률 제7638호로 전부 개정된 '공인중개사의 업무 및 부동산 거래신고에 관한 법률'과 아울러 부동산 종합대책의 일환으로 실시된 것으로서, 그 개정 취지는 부동산거래의 투명성을 확보하기 위한 데에 있을 뿐이므로, 부동산등기부에 기재되는 거래가액은 당해 부동산의 권리의무관계에 중요한 의미를 갖는 사항에 해당한다고 볼 수 없다. 따라서 부동산의 거래당사자가 거래가액을 시장 등에게 거짓으로 신고하여 신고필증을 받은 뒤 이를 기초로 사실과 다른 내용의 거래가액이 부동산등기부에 등재되도록 하였다면, '공인중개사의 업무 및 부동산 거래신고에 관한 법률'에 따른 과태료의 제재를 받게 됨은 별론으로 하고, 형법상의 공전자기록등불실기재죄 및 불실기재공전자기록등행사죄가 성립하지는 아니한다(대법원 2013.1.24. 선고 2012도12363 판결).

221) 대법원 2017.2.15. 선고 2014도2415 판결.

222) 대법원 2006.1.13. 선고 2005도4790 판결.

223) 대법원 2013.1.24. 선고 2012도12363 판결.

(3) 신고사실이 하자가 있어서 무효인 경우와 취소사유가 있는 경우

신고사실은 존재하지만 그 사실에 무효의 원인이 있어서 효력이 없는 경우 공정증서원본에 기재된 사항이 외관상 존재한다고 하더라도 무효에 해당되는 하자가 있는 경우 그 기재는 부실기재에 해당한다. 예를 들면 정관에 따른 이사회의 정당한 소집권자인 대표이사가 소집하지도 않았을 뿐만 아니라 적법한 소집절차를 거치지도 아니한 이사회에서 이루어진 종전 대표이사 해임 및 신임 대표이사 선임 결의는 부적법한 결의로서 효력이 없다고 할 것이므로, 이사회 결의에 따른 대표이사 변경등기 부분은 존재하지 아니하거나 외관상 존재한다고 하더라도 무효에 해당되는 하자가 있다고 할 것이므로 그 기재는 불실의 기재에 해당한다.[224)]

하지만 기재된 사항이나 그 원인된 법률행위가 객관적으로 존재하고 다만 거기에 취소사유인 하자가 있을 뿐인 경우 취소되기 전에 공정증서원본에 기재된 이상 부실기재에 해당하지 않는다.[225)] 따라서 주주총회의 소집절차 등에 관한 하자가 주주총회결의의 취소사유에 불과하여 그 취소 전에 주주총회의 결의에 따른 감사변경등기를 한 것이 공정증서원본불실기재죄를 구성하지 않으며,[226)] 기망에 의하여 체결된 증여계약에 기하여 소유권이전등기를 경료한 경우 증여계약이 취소되지 않는 한 공정증서원본불실기재죄가 성립하지 않는다.[227)]

판례 법무사를 기망하여 매수인 명의의 소유권이전등기를 신청

【판결요지】 [1] 형법 제228조 제1항이 규정하는 공정증서원본불실기재죄는 특별한 신빙성이 인정되는 공문서에 대한 공공의 신용을 보장함을 보호법익으로 하는 범죄로서 공무원에 대하여 진실에 반하는 허위신고를 하여 공정증서원본 또는 이와 동일한 전자기록 등 특수매체기록에 실체관계에 부합하지 아니하는 불실의 사실을 기재 또는 등록하게 함으로써 성립하는 것이므로, 공정증서원본 등에 기재된 사항이 존재하지 아니하거나 외관상 존재한다고 하더라도 무효에 해당하는 하자가 있다면 그 기재는 불실기재에 해당한다.

[2] 부동산 매수인이 매도인과 사이에 부동산의 소유권이전에 관한 물권적 합의가 없는 상태에서, 소유권이전등기신청에 관한 대리권이 없이 단지 소유권이전등기에 필요한 서류를 보관하고 있을 뿐인 법무사를 기망하여 매수인 명의의 소유권이전등기를 신청하게 한 경우, 이는 단지 소유권이전등기신청절차에 하자가 있는 것에 불과한 것이 아니라 허위의 사실을 신고한 것이라고 보아야 하고, 위 소유권이전등기는 원인무

224) 대법원 2007.10.25. 선고 2006도5719 판결.
225) 대법원 2004.9.24. 선고 2004도4012 판결.
226) 대법원 2009.2.12. 선고 2008도10248 판결.
227) 대법원 2004.9.24. 선고 2004도4012 판결.

효의 등기로서 불실기재에 해당한다는 이유로, 공정증서원본불실기재죄가 성립한다고 한 사례(대법원 2006.3.10. 선고 2005도9402 판결).

(4) 하자가 있어도 기재내용이 당사자의 의사나 실체권리관계와 일치하는 경우

기재절차에 하자가 있더라도 기재내용이 당사자의 의사나 실체권리관계와 일치하는 경우에는 부실기재가 아니다. 따라서 매매를 가장하거나 잔금을 지급하지 않고 소유권이전등기를 했다 하더라도 그것이 당사자의 의사에 합치한 경우, 피고인이 부동산에 관하여 가장매매를 원인으로 소유권이전등기를 경료하였더라도 그 당사자 사이에 소유권이전등기를 경료시킬 의사가 있는 경우,[228] 당사자의 합의에 의하여 진정한 채무자가 아닌 제3자를 채무자로 기재한 근저당설정등기를 한 경우,[229] 사망자를 상대로 승소판결을 받아 소유권이전등기를 한 절차상의 흠이 있어도 기재내용이 실체법률관계와 일치하는 경우에는 부실기재가 아니다.

하지만 토지거래 허가구역 안의 토지에 관하여 실제로는 매매계약을 체결하고서도 처음부터 토지거래허가를 잠탈하려는 목적으로 등기원인을 '증여'로 하여 소유권이전등기를 경료한 경우[230]에는 소유권이전등기를 경료할 의사의 합치가 있었다고 하더라도 부실기재에 해당한다.

실체관계에 부합하는지는 소유권이전등기 경료시를 기준으로 판단한다. 따라서 본죄가 성립한 후에 사후에 등기가 실체적 권리관계에 부합되었다고 하더라도 본죄의 성립에는 아무런 영향이 없다.[231]

다. 중간생략등기의 경우

중간생략등기는 부동산 등을 전매한 경우 제1매수인이 자신의 이름으로 이전등기를 한 후 제2매수인에게 이전등기를 하지 않고 바로 매도인으로부터 제2매수인으로 이전등기를 하는 것을 말한다. 중간생략등기는 부동산등기특별조치법에 의해 금지되고 있다.

중간생략등기를 한 경우 공정증서원본부실기재죄가 성립하는가에 대하여 견해의 대립이 있다. 중간생략등기는 공정증서원본불실기재죄에 해당하지 않는다는 부정설은 민사상 등기 자체는 유효하다고 인정되고 있으며, 등기부의 기재내용은 당사자의 의사 또는 실체법률관계와 일치되므로 그 기재가 중요한 점에 있어서 객관적 진실에 반하지 않기 때문에 부동산등기 특별조치법 위반죄가 성립하는 것은 별론으로 하고 공정증서원본불실기재

228) 대법원 1991.9.24. 선고 91도1164 판결.

229) 대법원 1985.10.8. 선고 84도2461 판결.

230) 대법원 2007.11.30. 선고 2005도9922 판결.

231) 대법원 2001.11.9. 선고 2001도3959 판결.

죄는 성립하지 않는다고 한다.[232] 이에 대하여 긍정설은 중간생략등기가 종래 일반적으로 이용되는 소유권이전등기방법으로 당사자의 의사에는 합치될지 몰라도 실체관계를 정확하게 반영하고 있는 것은 아니어서 허위기재라고 보아야 하며, 부동산투기가 아직도 심각한 상황이므로 이러한 행위들을 엄벌할 형사정책적 필요가 있다고 한다.

판례는 본죄의 성립을 부정하는 입장이다. 등기부의 기재내용이 당사자의 의사와 실체법률관계에 일치하기 때문이다.[233]

4. 실행의 착수 시기와 기수 시기

본죄의 실행의 착수 시기는 공무원에게 허위신고를 한 때이며, 기수 시기는 허위신고로 공정증서원본등에 부실기재가 되는 때이다. 부실기재 후 기재내용이 객관적 권리관계와 일치하였지는 본죄의 성립에 영향이 없다.[234]

5. 다른 죄와의 관계

법원을 기망하여 승소판결을 받고, 그 판결에 따라서 허위신고를 하여 소유권이전등기를 경료한 경우는 사기죄와 본죄의 경합범이 된다.[235]

주민등록에 관하여 허위의 사실을 신고함으로써 공무원으로 하여금 주민등록부에 부실의 사실을 기재하게 한 경우에는 주민등록부가 본죄의 공정증서원본에 해당하지 않으므로 본죄는 성립하지 않고, 주민등록법 위반으로 처벌된다.

XI. 허위진단서등 작성죄

第233조 (허위진단서 등의 작성) 의사, 한의사, 치과의사 또는 조산사가 진단서, 검안서 또는 생사에 관한 증명서를 허위로 작성한 때에는 3년 이하의 징역이나 금고, 7년 이하의 자격정지 또는 3천만원 이하의 벌금에 처한다.

---

232) 김일수/서보학, 777면; 배종대, 541면; 이재상/장영민/강동범, 606면; 이형국/김혜경, 682면; 정성근/박광민, 665면.

233) 대법원 1967.11.28. 선고 66도1682 판결.

234) 대법원 2007.6.28. 선고 2007도2714 판결.

235) 대법원 1983.4.26. 선고 83도188 판결.

1. 의의

허위진단서작성죄는 의사, 한의사, 치과의사 또는 조산사가 진단서, 검안서 또는 생사에 관한 증명서를 허위로 작성한 경우에 성립하는 범죄이다.

형법은 원칙적으로 사문서의 무형위조를 처벌하지 않으나, 본죄에 한하여 예외적으로 처벌하고 있다. 작성권한이 있는 자라고 하더라도 전문직 종사자가 작성하는 진단서 등은 전문지식과 경험을 기반으로 작성되는 것이며, 통상의 사문서에 비하여 증명력이 높을 뿐만 아니라 다른 법률관계와 연관성도 중요하기 때문에 이들이 객관적 진실에 반하는 내용의 문서를 작성하는 경우 처벌할 사회적 필요성이 있기 때문이다. 진정 신분범이다.

2. 주체: 의사, 한의사, 치과의사, 조산사

본죄의 행위주체는 의사, 한의사, 치과의사, 조산사이며, 진정 신분범이다.

행위의 주체가 공무원이면서 의사인 경우에는 본죄와 허위공문서작성죄의 상상적 경합이 된다고 보는 것이 다수설이다. 판례는 허위진단서작성죄는 성립하지 않고 허위공문서작성죄만이 성립한다고 한다.[236]

3. 객체: 진단서, 검안서, 생사에 관한 증명서

진단서는 의사, 한의사 등이 진찰의 결과에 대한 판단을 표시하여 사람의 건강상태를 증명하기 위하여 작성하는 문서이다. 검안서는 의사가 시체에 대해서 사망을 의학적으로 확인한 결과를 기재한 문서이다. 시체를 부검한 의사가 작성한 사인 등에 관한 감정서 또는 변사체의 검시에 참여한 의사가 작성한 시체검안서가 이에 해당한다. 생사에 관한 증명서는 사람의 출생 또는 사망에 관한 사실 또는 사망의 원인을 증명하는 일종의 진단서를 말한다. 출생확인서, 사망확인서가 이에 해당한다. 그러나 환자의 인적 사항, 병명, 입원 기간 등이 기재된 입·퇴원확인서는 진단서로 보기 어렵다.[237]

4. 행위: 허위로 작성

'허위'는 객관적으로 진실에 반하는 것을 말한다. 주관적으로 허위라고 생각했어도 객

236) 대법원 2004.4.9. 선고 2003도7762 판결.

237) 대법원 2013.12.12. 선고 2012도3173 판결.

관적으로 진실한 내용인 경우에는 허위가 아니다. 허위작성은 사실에 관한 것이건 판단에 관한 것이건 상관없이 진실에 반하는 내용을 기재하는 것을 말한다.

5. 고의

본죄가 성립하기 위해서는 의사 등은 허위내용을 기재한다는 점에 대한 고의가 있어야 한다. 의사가 진찰을 소홀히 하거나 오진하여 진실에 반하는 기재를 한 때에는 본죄의 고의를 인정할 수 없다.[238)] 과실에 불과하기 때문이다.

XII. 위조·변조·작성 사문서행사죄

제234조 (위조사문서 등의 행사) 제231조 내지 제233조의 죄에 의하여 만들어진 문서, 도화 또는 전자기록 등 특수매체기록을 행사한 자는 그 각 죄에 정한 형에 처한다.

1. 의의

위조·변조·작성 사문서행사죄는 사문서위조·변조죄에 의해 위조·변조되거나, 사전자기록이 위작·변작되거나, 자격모용에 의한 사문서작성죄로 작성된 사문서 또는 의사 등에 의해 작성된 허위진단서 등을 행사함으로써 성립하는 범죄이다.

2. 행위: 행사

가. 의의

본죄의 행사는 위조·변조·작성된 문서 또는 기록을 진정 또는 내용이 진실한 문서나 전자기록 등으로 사용하는 것을 말한다.

238) 대법원 2006.3.23. 선고 2004도3360 판결.

나. 행사의 방법

행사 방법에는 제한이 없다. 위조문서 등을 제시, 제출, 교부, 송부, 모사전송(FAX), 비치하는 등 상대방이 그 내용을 인식할 수 있는 상태에 두는 것이면 행사라고 할 수 있다. 위조문서를 단순히 휴대 또는 소지한 것만으로는 행사라고 볼 수 없지만 이를 비치하는 것은 본죄의 행사에 해당한다. 위조된 문서를 스캐너 등을 통해 이미지화한 다음 이를 전송하여 컴퓨터 화면상에서 보게 하는 경우도 행사에 해당한다.[239)]

기계적 방법으로 복사된 사본을 제시하는 것도 행사라고 할 수 있는가에 대하여 종전에 긍정설과 부정설이 대립하고 있었으며, 판례는 긍정설의 입장이었지만, 형법 제237조의 2에 의해 복사된 사본의 경우에도 문서로 봄에 따라 입법적으로 해결되었다.

판례 스캔한 이미지 파일 메일전송 사건

【판결요지】 [1] 위조문서행사죄에 있어서 행사라 함은 위조된 문서를 진정한 문서인 것처럼 그 문서의 효용방법에 따라 이를 사용하는 것을 말하고, 위조된 문서를 제시 또는 교부하거나 비치하여 열람할 수 있게 두거나 우편물로 발송하여 도달하게 하는 등 위조된 문서를 진정한 문서인 것처럼 사용하는 한 그 행사의 방법에 제한이 없다. 또한, 위조된 문서 그 자체를 직접 상대방에게 제시하거나 이를 기계적인 방법으로 복사하여 그 복사본을 제시하는 경우는 물론, 이를 모사전송의 방법으로 제시하거나 컴퓨터에 연결된 스캐너(scanner)로 읽어 들여 이미지화한 다음 이를 전송하여 컴퓨터 화면상에서 보게 하는 경우도 행사에 해당하여 위조문서행사죄가 성립한다.

[2] 휴대전화 신규 가입신청서를 위조한 후 이를 스캔한 이미지 파일을 제3자에게 이메일로 전송한 사안에서, 이미지 파일 자체는 문서에 관한 죄의 '문서'에 해당하지 않으나, 이를 전송하여 컴퓨터 화면상으로 보게 한 행위는 이미 위조한 가입신청서를 행사한 것에 해당하므로 위조사문서행사죄가 성립한다고 한 사례(대법원 2008.10.23. 선고 2008도5200 판결).

【해설】 위조문서행사죄에서 행사란 위조된 문서를 진정한 문서인 것처럼 그 문서의 효용방법에 따라 이를 사용하는 것을 말하고, 위조된 문서를 진정한 문서인 것처럼 사용하는 한 행사의 방법에 제한이 없으므로 위조된 문서를 스캐너 등을 통해 이미지화한 다음 이를 전송하여 컴퓨터 화면상에서 보게 하는 경우도 행사에 해당한다. 하지만, 이는 문서의 형태로 위조가 완성된 것을 전제로 하는 것이므로, 문서위조죄가 성립하지 않는 경우에는 위조문서행사죄도 성립하지 않는다. 휴대전화 신규가입신청서를 위조한 것이며, 이를 스캔해서 보낸 것은 위조사문서행사죄가 성립한다는 판례이다.

239) 대법원 2020.12.24. 선고 2019도8443 판결.

다. 행사의 상대방

행사의 상대방도 제한이 없다. 다만 행사의 상대방은 위조 내지 변조된 문서라는 점을 알지 못하는 자이어야 한다. 따라서 위조문서라는 사정을 아는 공범자에게 제시·교부하는 것은 행사가 아니다. 판례에 따르면 위조된 문서의 작성명의인이라도 위조사문서행사죄의 상대방이 될 수 있다고 한다.[240)]

3. 기수 시기

위조사문서의 행사는 상대방으로 하여금 위조된 문서를 인식할 수 있는 상태에 둠으로써 기수가 되고 상대방이 실제로 그 내용을 인식하여야 하는 것은 아니다. 위조된 문서를 우송한 경우에는 그 문서가 상대방에게 도달한 때에 기수가 되고 상대방이 실제로 그 문서를 보아야 하는 것은 아니다.[241)]

XIII. 위조·변조 등 공문서행사죄

제229조 (위조등 공문서의 행사) 제225조 내지 제228조의 죄에 의하여 만들어진 문서, 도화, 전자기록 등 특수매체기록, 공정증서원본, 면허증, 허가증, 등록증 또는 여권을 행사한 자는 그 각 죄에 정한 형에 처한다.

1. 의의

위조·변조 등 공문서행사죄는 위조·변조·자격모용에 의해 작성한 공문서·허위작성한 공문서 또는 부실기재한 공정증서원본·전자기록 등 특수매체기록 등을 행사함으로써 성립하는 범죄이다.

2. 행위: 행사

본죄의 행사는 위조·변조·작성된 문서 또는 기록을 진정 또는 내용이 진실한 문서나

240) 대법원 2005.1.28. 선고 2004도4663 판결.

241) 대법원 2005.1.28. 선고 2004도4663 판결.

전자기록 등으로 사용하는 것을 말한다. 행사의 의미는 위조변조사문서행사죄의 행사와 그 의미가 같다.

XIV. 사문서부정행사죄

제236조 (사문서의 부정행사) 권리·의무 또는 사실증명에 관한 타인의 문서 또는 도화를 부정행사한 자는 1년 이하의 징역이나 금고 또는 300만원 이하의 벌금에 처한다.

1. 의의

사문서부정행사죄는 권리·의무 또는 사실증명에 관한 타인의 문서 또는 도화를 부정행사함으로써 성립하는 범죄이다. 진정하게 성립된 타인의 문서이지만, 이를 사용할 권한이 없는 자가 문서명의자로 가장하는 등 그 행사방법이 부정한 경우를 처벌하는 것이다.

2. 객체: 진정하게 성립된 사문서

부정행사의 대상은 진정하게 성립된 사문서이다. 위조·변조된 사문서나 자격모용에 의해 작성된 사문서, 허위진단서 등은 본죄의 객체가 아니며, 위조사문서등행사죄(제234조)가 성립한다.

3. 행위: 부정행사

가. 의의

부정행사는 진정하게 성립한 타인의 사문서를 사용권한 없는 자가 문서명의자로 가장하여 사용하는 경우를 말한다. 타인의 학생증을 도서관 출입이나 도서대출용으로 사용하는 경우가 이에 해당한다. 사용권한자는 특정되어 있어야 한다. 따라서 사용권한자가 특정되어 있지 않은 경우 본죄는 성립하지 않는다. '차용증 및 이행각서'는 그 작성명의인들이 자유의사로 작성한 문서로 그 사용권한자가 특정되어 있다고 할 수 없고 또 그 용도도 다양하므로, 이를 법원에 제출하였다고 하더라도 사문서부정행사죄에 해당한다고 할 수 없다.[242) 또한 절취한 후불식 전화카드를 사용하여 공중전화를 건 행위는 권리·의무에 관한 타인의 사문서를 부정행사한 경우에 해당한다.[243) 현금보관증이 자기 수중에 있다는 사실 자체를 증명키 위하여 증거로서 법원에 제출하는 행위는 사문서의 부정행사에 해당되지 아니한다.[244)

판례 절취한 후불식 전화카드를 사용하여 공중전화를 건 행위

【판결요지】 사용자에 관한 각종 정보가 전자기록되어 있는 자기띠가 카드번호와 카드 발행자 등이 문자로 인쇄된 플라스틱 카드에 부착되어 있는 전화카드의 경우 그 자기띠 부분은 카드의 나머지 부분과 불가분적으로 결합되어 전체가 하나의 문서를 구성하므로, 전화카드를 공중전화기에 넣어 사용하는 경우 비록 전화기가 전화카드로부터 판독할 수 있는 부분은 자기띠 부분에 수록된 전자기록에 한정된다고 할지라도, 전화카드 전체가 하나의 문서로서 사용된 것으로 보아야 하고 그 자기띠 부분만 사용된 것으로 볼 수는 없으므로 절취한 전화카드를 공중전화기에 넣어 사용한 것은 권리의무에 관한 타인의 사문서를 부정행사한 경우에 해당한다(대법원 2002.6.25. 선고 2002도461 판결).

【해설】 이 사건은 최초 편의시설부정이용죄로 기소되어 원심법원에서 유죄판결을 받았으나, 대법원이 편의시설부정이용죄의 성립을 부정하면서 이를 파기환송하였다. 이에 검사는 공소장변경을 통하여 같은 사안을 사문서부정행사죄로 의율하자, 원심법원은 무죄로 판결하였다. 이후 대법원은 부정사용의 객체를 자기띠에 수록된 전자기록에 한정하지 않고 카드 전체를 하나의 사문서로 파악함으로써 다시 원심판결을 파기하고 사문서부정행사죄의 성립을 긍정하였다.

나. 사용권한 있는 자의 용도 외 사용

사용할 권한이 있는 자가 본래의 용도 외의 다른 목적으로 사용하는 경우에도 부정행사에 해당하는지에 대하여 견해의 대립이 있다. 다수설은 이 경우에는 부정행사가 아니라고 한다.[245) '부정'행사라는 것은 문서를 사용할 권한이 없이 이용하는 것을 의미하므로 사용권한이 있는 경우에는 부정행사가 될 수 없다. 하지만 판례는 권한 있는 자라도 본래의 작성목적 이외의 다른 사실을 직접 증명하는 용도로 사용한 것도 부정하게 행사하는 경우라고 본다.[246)

242) 대법원 2007.3.30. 선고 2007도629 판결.

243) 대법원 2002.6.25. 선고 2002도461 판결.

244) 대법원 1985.5.28. 선고 84도2999 판결.

245) 김성돈, 696면; 김일수/서보학, 774면; 임웅/이현정/박성민, 791면.

246) 대법원 2007.3.30. 선고 2007도629 판결.

XV. 공문서등 부정행사죄

> 제230조 (공문서 등의 부정행사) 공무원 또는 공무소의 문서 또는 도화를 부정행사한 자는 2년 이하의 징역이나 금고 또는 500만원 이하의 벌금에 처한다.

1. 의의

공문서부정행사죄는 공무원 또는 공무소의 문서 또는 도화를 부정행사함으로써 성립하는 범죄로 권한 없는 자가 진정한 공문서를 권한자처럼 사용하거나 또는 권한자라도 본래의 용도를 벗어나서 사용하는 내용의 범죄이다. 본죄는 진정하게 성립된 문서이지만 그 행사방법이 부정한 경우를 처벌하는 것이다.

2. 객체: 진정하게 성립된 공문서

진정하게 성립된 공무원 또는 공무소의 문서·도화이다. 따라서 이미 위조된 공문서는 본죄의 객체가 아니다. 이 경우 위조공문서등행사죄(제229조)가 성립한다.

공문서 중에서도 사용권한자와 용도가 특정된 공문서이다. 따라서 주민등록표등본,[247] 신원증명서,[248] 인감증명서나 등기필증,[249] 화해조서경정신청에 대한 기각결정문[250] 등과 같이 사용권한자가 특정되어 있지 않고 그 용도 또한 다양한 공문서를 권한없이 행사하더라도 공문서부정행사죄가 성립하지 않는다.[251]

자신의 사진과 지문이 찍힌 타인 명의의 주민등록증을 발급받아 소지하다가 검문경찰에게 제시한 경우 제229조의 위조공문서행사죄가 성립한다는 견해와 문제된 주민등록증이 허위작성공문서가 아니며, 제228조의 부실기재공정증서원본도 아니므로 본죄가 성립한다는 견해가 대립된다. 대법원 판례는 공문서부정행사죄가 성립한다고 한다.

247) 대법원 1999.5.14. 선고 99도206 판결.
248) 대법원 1993.5.11. 선고 93도127 판결.
249) 대법원 1983.6.28. 선고 82도1985 판결.
250) 대법원 1984.2.28. 선고 82도2851 판결.
251) 대법원 1999.5.14. 선고 99도206 판결.

판례 주민등록증

【판결요지】 공문서부정행사죄는 그 사용권한자와 용도가 특정되어 작성된 공문서 또는 공도화를 사용권한 없는 자가 그 사용권한 있는 것처럼 가장하여 부정한 목적으로 행사한 때 또는 형식상 그 사용권한이 있는 자라도 그 정당한 용법에 반하여 부정하게 행사한 때에 성립한다고 해석할 것인바, 피고인이 공소외 (갑)인 양 허위신고하여 피고인의 사진과 지문이 찍힌 공소외(갑)명의의 주민등록증을 발급받은 이상 주민등록증의 발행목적상 피고인에게 위 주민등록증에 부착된 사진의 인물이 공소외 (갑)의 신원 상황을 가진 사람이라는 허위사실을 증명하는 용도로 이를 사용할 수 있는 권한이 없다는 사실을 인식하고 있었다고도 할 것이므로 이를 검문경찰관에게 제시하여 이러한 허위사실을 증명하는 용도로 사용한 것은 공문서 부정행사죄를 구성한다(대법원 1982.9.28. 선고 82도1297 판결).

3. 행위: 부정행사

가. 사용권한 없는 자의 공문서 본래의 용도에 따른 사용

사용권한 없는 자가 공문서 본래의 용도에 따른 사용을 한 경우 부정행사가 된다는 것이 통설과 판례의 입장이다. 경찰관의 운전면허증 제시요구에 대하여 타인의 운전면허증을 자신의 것으로 제시하는 행위, 신원확인을 위해 타인의 주민등록증을 자신의 것으로 제시하는 행위, 외국여행시 타인의 여권을 제시하는 행위, 자동차를 임차하면서 타인의 운전면허증을 자동차 대여업체 직원에게 제시한 경우[252] 등이 이에 속한다.

타인의 운전면허증을 신분확인용으로 제시한 행위에 대하여 종래 대법원은 신분확인이 운전면허증의 본래의 용도가 아니라는 점에서 공문서부정행사죄의 성립을 부정해왔으나, 현실적으로 운전면허증은 주민등록증과 대등한 신분증명서로 널리 사용되고 있는 점을 반영하여 2000도1985 전원합의체 판결에 의해 타인의 운전면허증을 신분증명용으로 제시하는 행위도 공문서부정행사죄의 성립을 긍정하는 입장으로 바꾸었다.

하지만 타인의 자동차운전면허증을 촬영한 이미지파일을 휴대전화 화면을 통하여 보여주는 행위에 대해서는 공문서부정행사죄가 성립하지 않는다는 것이 판례이다. 도로교통법이 제시의 객체로 규정한 운전면허증은 운전면허증 그 자체를 가리키는 것으로 이미지파일은 이에 해당하지 않으며, 이미지파일을 제시하는 것은 적법한 운전면허증의 제시로 보지 않는다. 경찰공무원에게 다른 사람의 운전면허증 자체가 아니라 이를 촬영한 이

252) 대법원 1998.8.21. 선고 98도1701 판결.

미지파일을 휴대전화 화면 등을 통하여 보여주는 행위는 운전면허증의 특정된 용법에 따른 행사라고 볼 수 없기 때문에 공문서부정행사죄가 성립하지 않는다.[253)]

판례 신분확인을 위하여 다른 사람의 운전면허증을 제시한 경우

【판결요지】 [다수의견] 운전면허증은 운전면허를 받은 사람이 운전면허시험에 합격하여 자동차의 운전이 허락된 사람임을 증명하는 공문서로서, 운전면허증에 표시된 사람이 운전면허시험에 합격한 사람이라는 '자격증명'과 이를 지니고 있으면서 내보이는 사람이 바로 그 사람이라는 '동일인증명'의 기능을 동시에 가지고 있다. 운전면허증의 앞면에는 운전면허를 받은 사람의 성명·주민등록번호·주소가 기재되고 사진이 첨부되며 뒷면에는 기재사항의 변경내용이 기재될 뿐만 아니라, 정기적으로 반드시 갱신교부되도록 하고 있어, 운전면허증은 운전면허를 받은 사람의 동일성 및 신분을 증명하기에 충분하고 그 기재 내용의 진실성도 담보되어 있다. 그럼에도 불구하고 운전면허증을 제시한 행위에 있어 동일인증명의 측면은 도외시하고, 그 사용목적이 자격증명으로만 한정되어 있다고 해석하는 것은 합리성이 없다. 인감증명법상 인감신고인 본인 확인, 공직선거및선거부정방지법상 선거인 본인 확인, 부동산등기법상 등기의무자 본인 확인 등 여러 법령에 의한 신분 확인절차에서도 운전면허증은 신분증명서의 하나로 인정되고 있다. 또한 주민등록법 자체도 주민등록증이 원칙적인 신분증명서이지만, 주민등록증을 제시하지 아니한 사람에 대하여 신원을 증명하는 증표나 기타 방법에 의하여 신분을 확인하도록 규정하는 등으로 다른 문서의 신분증명서로서의 기능을 예상하고 있다. 한편 우리 사회에서 운전면허증을 발급받을 수 있는 연령의 사람들 중 절반 이상이 운전면허증을 가지고 있고, 특히 경제활동에 종사하는 사람들의 경우에는 그 비율이 훨씬 더 이를 앞지르고 있으며, 금융기관과의 거래에 있어서도 운전면허증에 의한 실명확인이 인정되고 있는 등 현실적으로 운전면허증은 주민등록증과 대등한 신분증명서로 널리 사용되고 있다. 따라서, 제3자로부터 신분확인을 위하여 신분증명서의 제시를 요구받고 다른 사람의 운전면허증을 제시한 행위는 그 사용목적에 따른 행사로서 공문서부정행사죄에 해당한다고 보는 것이 옳다(대법원 2001.4.19. 선고 2000도1985 전원합의체 판결).

판례 다른 사람의 운전면허증을 촬영한 이미지파일

【판결요지】 도로교통법에 의하면, 운전면허증을 발급받은 사람은 자동차 등을 운전할 때 운전면허증 등을 지니고 있어야 하고(제92조 제1항), 운전자는 운전 중에 교통안전이나 교통질서 유지를 위하여 경찰공무원이 운전면허증 등을 제시할 것을 요구할 때에는 이에 응하여야 한다(제92조 제2항). 도로교통법이 자동차 등의 운전자에 대하여 위와 같은 의무

253) 대법원 2019.12.12. 선고 2018도2560 판결.

를 부과하는 취지는 경찰공무원으로 하여금 교통안전 등을 위하여 현장에서 운전자의 신원과 면허조건 등을 법령에 따라 발급된 운전면허증의 외관만으로 신속하게 확인할 수 있도록 하고자 하는 데 있다. 만일 경찰공무원이 자동차 등의 운전자로부터 운전면허증의 이미지파일 형태를 제시받는 경우에는 그 입수 경위 등을 추가로 조사·확인하지 않는 한 이러한 목적을 달성할 수 없을 뿐만 아니라, 그 이미지파일을 신용하여 적법한 운전면허증의 제시가 있었던 것으로 취급할 수도 없다. 따라서 도로교통법 제92조 제2항에서 제시의 객체로 규정한 운전면허증은 적법한 운전면허의 존재를 추단 내지 증명할 수 있는 운전면허증 그 자체를 가리키는 것이지, 그 이미지파일 형태는 여기에 해당하지 않는다.

이와 같은 공문서부정행사죄의 구성요건과 입법 취지, 도로교통법 제92조의 규정 내용과 입법 취지 등에 비추어 보면, 자동차 등의 운전자가 운전 중에 도로교통법 제92조 제2항에 따라 경찰공무원으로부터 운전면허증의 제시를 요구받은 경우 운전면허증의 특정된 용법에 따른 행사는 도로교통법 관계 법령에 따라 발급된 운전면허증 자체를 제시하는 것이라고 보아야 한다. 이 경우 자동차 등의 운전자가 경찰공무원에게 다른 사람의 운전면허증 자체가 아니라 이를 촬영한 이미지파일을 휴대전화 화면 등을 통하여 보여주는 행위는 운전면허증의 특정된 용법에 따른 행사라고 볼 수 없는 것이어서 그로 인하여 경찰공무원이 그릇된 신용을 형성할 위험이 있다고 할 수 없으므로, 이러한 행위는 결국 공문서부정행사죄를 구성하지 아니한다(대법원 2019.12.12. 선고 2018도2560 판결).

【해설】 타인의 운전면허증 자체를 보여주는 경우에는 공문서부정행사죄가 성립하지만, 타인의 운전면허증의 이미지파일을 보여주는 경우에는 공문서부정행사죄가 성립하지 않는다. 이미지파일에 대해서는 문서성을 인정하지 않는 대법원 판례의 태도와 연결되어 있는 판례이다. 이미지파일을 통해서도 신분증명이나 자격증명이 이루어지고 있는 실제 생활과는 차이가 있다.

나. 사용권한 없는 자의 용도 외 사용

부정행사는 '용도에 따른 사용'이어야 하므로 본래의 용도가 아닌 '용도 외 사용'일 경우에는 본죄가 성립하지 않는다. 판례는 사문서의 경우에는 사용권한 없는 자의 용도 외 사용의 경우에도 부정행사라고 하지만, 공문서의 경우에는 용도 외 사용의 경우에는 부정행사라고 보지 않는다. 예를 들면 기왕에 습득한 타인의 주민등록증을 가족의 것이라고 제시하면서 이동전화가입신청을 한 경우 본래 용도인 신분확인용이 아닌 용도 외 사용이므로 본죄가 성립하지 않으며,[254] 장애인사용자동차표지를 사용할 권한이 없는 사람이 장애인전용주차구역에 주차한 것이 아니라 이외의 장소에서 단순히 이를 자동차에 비치한

254) 대법원 2003.2.26. 선고 2002도4935 판결.

경우 본죄는 성립하지 않는다.[255)]

다. 사용권한 있는 자의 용도 외 사용의 경우

사용권한이 있는 자가 공문서를 용도 외 사용한 경우에도 본죄의 부정행사에 해당하는지에 대하여 견해의 대립이 있다. 부정설은 사용권한 없는 자가 용도 외 사용한 경우 부정사용에 해당하지 않는데, 권한 있는 자가 용도 외 사용한 경우 본죄에 해당한다고 해석하는 것은 균형이 맞지 않다는 이유에서 본죄성립을 부정한다.[256)] 긍정설에 따르면 공문서는 사문서와 달리 그 사용용도가 사회일반인에게 주지되어 있으므로 공문서의 용법에 대한 공공의 신용을 보호할 필요가 있고, 사용권한 있는 자가 공문서를 용도 외의 용법으로 악용하는 행위까지도 부정행사죄로 처벌할 필요성이 있다고 한다.

판례는 긍정설의 입장이다. 판례에 따르면 공문서부정행사죄는 사용권한 없는 자가 사용권한이 있는 것처럼 가장하여 부정한 목적으로 행사한 경우뿐만 아니라 권한 있는 자라도 정당한 용법에 반하여 부정하게 행사하는 경우에 성립한다고 한다.

제4절 **인장에 관한 죄**

Ⅰ. 총설

인장(印章)에 관한 죄는 행사할 목적으로 인장·서명·기명 또는 기호를 위조 또는 부정사용하거나, 위조 또는 부정사용한 인장·서명 등을 행사하는 것을 내용으로 하는 범죄이다. 인장과 서명은 특정인의 인격을 상징하고 문서와 특정인 사이에 연결을 맺어주어 그 동일성을 증명하는 데 중요한 사회적 기능을 한다. 따라서 인장의 진정성을 해하는 것은 사회경제활동의 기초를 해할 뿐만 아니라 문서에 대한 신뢰성을 해할 수 있는 것이다.

인장에 관한 죄는 문서나 유가증권을 위조하는 수단으로 인장·서명 등을 위조 또는 부정사용하는 경우가 많기 때문에 문서 및 유가증권에 관한 죄와 밀접한 관련이 있다. 따라서 문서위조죄나 유가증권위조죄가 성립하는 경우에는 인장에 관한 죄는 문서위조죄나

255) 대법원 2022.9.29. 선고 2021도14514 판결.

256) 김성돈, 699면; 김일수/서보학, 784면; 손동권/김재윤, 667면; 이재상/장영민/강동범, 610면.

유가증권위조죄에 흡수되어 본죄가 성립하지는 않는다. 하지만 인장에 관한 죄는 문서와 관계없이 독자적 의미를 가지고 있는 경우에 독립하여 성립할 수 있다.

Ⅱ. 사인위조·부정사용죄

> 第239조 (사인 등의 위조, 부정사용) ① 행사할 목적으로 타인의 인장, 서명, 기명 또는 기호를 위조 또는 부정사용한 자는 3년 이하의 징역에 처한다.
> 第240조 (미수범) 본장의 미수범은 처벌한다.

1. 의의

사인위조·부정사용죄는 행사할 목적으로 타인의 인장·서명·기명·기호를 위조 또는 부정사용함으로써 성립하는 범죄이다. 보호법익은 인장·서명 등의 진정에 대한 공공의 신용, 즉 법적 거래의 신용·안전이다.

2. 객체: 타인의 인장, 서명, 기명 또는 기호

가. 타인

타인이란 공무원·공무소 이외의 사인(私印)을 의미하며 자연인뿐만 아니라 법인도 포함된다. 또한 사자·허무인도 포함된다. 즉 일반인으로 하여금 진정한 인장으로 오신하게 할 정도로 유사한 인장을 사용한 때에는 인장에 대한 공공의 신용을 해할 수 있으므로 명의인이 실재할 필요는 없다.

나. 인장

인장(印章)은 특정인의 인격 및 그 동일성을 증명하기 위해 사용되는 일정한 상형(象形)을 말한다.[257] 보통 문자 또는 성명을 사용하지만, 반드시 그럴 필요는 없으며 별명·약칭·도형을 사용해도 무방하다. 지장(指章) 또는 무인(拇印)도 인장에 해당한다. 서화에 표시된 예술가의 낙관도 인장이다.

---

257) 대법원 2024.1.4. 선고 2023도11313 판결.

인영(印影)은 일정한 사항을 증명하기 위해 물체에 현출시킨 문자 기타 부호의 영적(影迹)을 말하며, 인과(印顆)란 인영을 현출시키는데 필요한 문자 기타 부호를 조각한 물체를 말한다. 인장은 인영과 인과를 포함한다. 따라서 위조의 인과를 제작한 때에도 본죄의 기수가 된다.

물체에 찍힌 인장이 인격의 동일성 이외에 다른 사항까지 증명할 수 있으면 이것은 인장이 아니라 '생략문서'이다. 우편물에 찍힌 우체국 일부인(日附印)은 인장이 아니라 문서이다. 우체국의 일부인은 일정한 년·월·일에 우편물을 인수하였음을 증명하는 것이고, 동시에 우편물에 부착된 우표의 효력을 무효화시키는 의사표시이므로 우체국의 서명이 있는 공문서에 해당한다. 구청 세무계장 명의의 소인을 세금 영수필 통지서에 날인하는 의미가 은행 등 수납기관으로부터 그 수납기관에 세금이 정상적으로 입금되었다는 취지의 영수필 통지서가 송부되어 와서 이에 기하여 수납부 정리까지 마쳤으므로 이제 그 영수필 통지서는 보관하면 된다는 점을 확인함에 있다면 인장이 아니라 생략문서의 일종으로 본다.[258] 신용장에 날인된 은행의 접수일부인, 임대차 확정일자인도 인장이 아니라 문서이다.

다. 서명과 기명

서명(書名)은 특정인이 자기를 표시하기 위해 성명 기타의 호칭을 문자로 표기한 것이다. 형법은 서명과 기명을 구별하고 있기 때문에 서명은 자필서명(自署)에 한한다. 성명을 표기하는 것이 일반적이지만, 단지 성이나 이름만을 표기하는 경우, 상호 또는 거래상 사용되는 약호·옥호·아호 기타 부호문자를 사용하여 본명과 동일한 지칭을 한 것이면 서명에 해당한다.

기명(記名)은 특정인이 자기를 표시하기 위한 문자로 자서(自署)가 아닌 것을 말한다. 인쇄 등에 의하여 특정인의 성명이나 호칭을 표시한 것은 기명에 해당한다. 서명은 법률상·거래상 의미 있는 것이어야 하므로 영화배우의 사인(sign)은 본죄의 서명에 해당하지 않는다.

라. 기호

기호(記號)는 문서에 압날하여 사람의 인격상 동일성 이외의 일정한 사항을 증명하는 부호를 의미하며 넓은 의미에서 인장의 일종이다. 인장과 기호의 구별 기준에 대하여 물체표준설과 목적표준설 등 견해의 대립이 있지만, 형법은 인장과 기호의 위조를 동일한 규정으로 처벌하고 있기 때문에 양자를 구별해야 할 논의의 실익은 없다.

258) 대법원 1995.9.5. 선고 95도1269 판결.

3. 행위: 위조·부정행사

가. 위조

위조는 권한 없이 타인의 인장·서명·기명·기호를 작성하거나 기재하는 것을 말한다. 권한 없는 경우와 권한 밖의 무권대리로 서명·날인한 경우도 포함한다. 위조의 정도는 일반인이 진정한 것으로 오인할 정도면 충분하다.

위조의 방법은 무제한이며 타인의 인과 제조, 묘사에 의한 인영 작출 또는 기존 인영을 소재로 한 새로운 인영 현출 등을 포함한다. 변조는 처벌 대상이 아니다.

나. 부정행사

부정행사는 진정한 인장·서명 등을 권한 없는 자가 사용하거나(무권행위), 권한 있는 자가 그 권한을 남용하여(월권행위) 부당하게 사용하는 것을 말한다.

4. 다른 죄와의 관계

인장·서명의 위조 또는 부정사용이 유가증권위조 또는 문서위조의 수단으로 행해진 때에는 법조경합 중 흡수관계로 유가증권위조 또는 문서위조에 흡수된다. 그러나 문서위조죄가 성립하지 않는 때에는 인장위조죄는 성립한다.

Ⅲ. 위조사인 등 행사죄

> 제239조 (사인 등의 위조, 부정사용) ② 위조 또는 부정사용한 타인의 인장, 서명, 기명 또는 기호를 행사한 때에도 전항의 형과 같다.
> 제240조 (미수범) 본장의 미수범은 처벌한다.

위조사인행사죄는 위조 또는 부정사용한 타인의 인장, 서명, 기명 또는 기호를 행사한 경우에 성립하는 범죄이다. 본죄의 '행사'는 진정한 것처럼 또는 권한이 있는 자가 정당하게 사용하는 것처럼 그 용법에 따라 사용하는 것을 말한다.

Ⅳ. 공인등 위조·부정사용죄

제238조 (공인 등의 위조, 부정사용) ① 행사할 목적으로 공무원 또는 공무소의 인장, 서명, 기명 또는 기호를 위조 또는 부정사용한 자는 5년 이하의 징역에 처한다.
③ 전2항의 경우에는 7년 이하의 자격정지를 병과할 수 있다.

공인위조·부정사용죄는 행사할 목적으로 공무원 또는 공무소의 인장, 서명, 기명 또는 기호를 위조 또는 부정사용함으로써 성립하는 범죄이다. 행위객체가 공인이라는 점에서 사인위조죄에 대하여 불법이 가중된 구성요건이다.

공무원의 인장은 공무원이 공무상 사용하는 인장을 말한다. 공무원이 공무상 사용하는 것이라면 인장이 사인이든 공인이든 불문한다. 공무소의 인장은 공무소가 그 사무와 관련하여 문서에 사용하는 인장을 말한다. 청인(廳印), 서인(署印), 직인(職印), 계인(契印) 등이 이에 해당한다.

공기호는 해당 부호를 공무원 또는 공무소가 사용하는 것만으로는 부족하고, 그 부호를 통하여 증명을 하는 사항이 구체적으로 특정되어 있고 해당 사항은 그 부호에 의하여 증명이 이루어질 것이 요구된다.[259] 자동차의 등록번호판,[260] 택시미터기의 검정납봉의 봉인[261] 등이 공기호에 해당한다. 하지만 검찰 업무표장은 검찰수사, 공판, 형의 집행부터 대외 홍보 등 검찰청의 업무 전반 또는 검찰청 업무와의 관련성을 나타내기 위한 것으로 보일 뿐 이것이 부착된 차량은 '검찰 공무수행 차량'이라는 것을 증명하는 기능을 갖추지 못했기 때문에 공기호라고 볼 수 없다.[262]

Ⅴ. 위조공인등 행사죄

제238조 (공인 등의 위조, 부정사용) ② 위조 또는 부정사용한 공무원 또는 공무소의 인장, 서명, 기명 또는 기호를 행사한 자도 전항의 형과 같다.

259) 대법원 2024.1.4. 선고 2023도11313 판결.

260) 대법원 2016.4.29. 선고 2015도1413 판결; 대법원 1997.7.8 선고 96도3319 판결.

261) 대법원 1982.6.8 선고 82도138 판결.

262) 대법원 2024.1.4. 선고 2023도11313 판결.

③ 전2항의 경우에는 7년 이하의 자격정지를 병과할 수 있다.

위조공인행사죄는 위조 또는 부정사용한 공무원 또는 공무소의 인장, 서명, 기명 또는 기호를 행사한 경우에 성립하는 범죄이다. 본죄의 '행사'는 진정한 것처럼 또는 권한이 있는 자가 정당하게 사용하는 것처럼 그 용법에 따라 사용하는 것을 말한다.

부정사용된 인장이나 공기호 등을 타인에게 보이는 외부적 행위만으로 본죄의 행사에 해당한다. 따라서 절취한 타인의 차량등록번호판을 렌트카에 부착하고 운행하면 공기호부정사용죄와 부정사용공기호행사죄가 성립한다.[263)]

263) 대법원 1997.7.8. 선고 96도3319 판결.

CHAPTER 04

사회의 도덕에 대한 죄

제1절 성풍속에 관한 죄

Ⅰ. 총설

1. 의의

성풍속에 관한 죄는 성도덕 내지 건전한 성풍속을 보호하기 위한 성생활에 관계된 범죄를 말한다. 우리 형법은 성범죄를 강간과 추행의 죄와 성풍속에 관한 죄로 나누어 전자에는 개인의 성적 자기결정권을 침해하는 범죄를 규정하고 있고, 후자에는 사회의 성질서를 보호하기 위한 범죄를 규정하고 있다.

2. 간통죄 폐지

가. 간통죄 존폐 논쟁

우리나라는 역사상 가정을 인륜의 기초단위로서 가장 중요시하는 유교관에 따라 간통죄를 엄격히 처벌하였다. 이러한 전통적 윤리관으로 인해서 간통에 대한 우리 국민의 법감정은 매우 부정적이어서 여론조사 결과 다수가 간통죄 처벌 규정을 폐지하는 것에 대하여 반대하는 것으로 나타나고 있다. 그러나 건전한 성도덕이나 배우자 간의 성적 성실의무는 원래 도덕규범에 속하는 것으로 형법이 개입할 문제는 아니다. 형법의 탈도덕화와 비범죄화의 관점에서 간통죄는 폐지되어야 한다는 주장이 강했다. 더욱이 간통죄의 처벌은 이혼소송을 제기한 후에야 가능하도록 해놓고 있는 마지막 수단이기 때문에, 혼인의 보호가 아니라 혼인의 파탄을 당연히 수반하는 간통죄는 자가당착적인 법익보호를 도모하려는 규정이라는 비판이 있었다.[264)]

264) 임웅, 비범죄화이론, 78면.

나. 간통죄에 대한 위헌 심사

간통죄에 대한 위헌 여부에 대하여 헌법재판소는 4차례에 걸쳐 헌법에 위반되지 않는다는 결정을 선고한 적이 있다(89헌마82 결정, 90헌가70 결정, 2000헌바60 결정, 2007헌가17등 결정). 특히 지난 2008년 헌법재판관 9인 중 5인이 위헌의견을 냈지만 위헌정족수미달로 합헌이 되었다. 그러던 중 2015년 2월 26일, 헌법재판소가 간통죄 처벌을 규정한 형법 제241조 제1항을 헌법재판관 9명 중 7명이 위헌이라고 결정하면서 법이 제정된 지 62년 만에 간통죄가 사라졌다. 간통 및 상간행위의 처벌 자체가 헌법에 위반된다는 의견 5인(재판관 박한철, 재판관 이진성, 재판관 김창종, 재판관 서기석, 재판관 조용호), 성적 성실 의무를 부담하지 않는 간통행위자 등까지 처벌하도록 규정한 것이 국가형벌권의 과잉행사로서 헌법에 위반된다는 의견 1인(재판관 김이수), 간통죄의 소극적 소추조건인 간통 종용이나 유서의 개념이 불명확하여 명확성 원칙에 위배되고, 죄질이 서로 다른 간통행위에 일률적으로 징역형만 부과하도록 규정한 것이 책임과 형벌 사이의 비례원칙에 위반된다는 의견 1인(재판관 강일원)으로 위헌 정족수를 충족하여 심판대상조항에 대하여 위헌 결정을 선고하였다.

다. 간통죄에 대한 위헌결정에 따른 후속 조치

형벌조항에 대한 위헌결정이 있을 경우 소급하여 그 효력을 상실하는 것이 원칙이다. 따라서 법률이 제정된 당시까지 소급하여 무효가 되는 것이 원칙이다. 하지만 헌법재판소법 제47조 제3항 단서에 따르면 종전에 합헌으로 결정한 사건이 있는 경우 그 결정이 있는 날의 다음 날로 소급하여 효력이 상실된다. 이에 따라 가장 최근 헌재의 간통죄 합헌 결정이 있었던 2008년 10월 30일 이후 간통행위를 한 사람은 처벌이 불가능하다.

간통죄로 수사 중인 사건은 혐의없음으로 수사를 종결하고 1심 재판이 계속 중인 사건에 대해서는 공소 취소를 한다. 1,2심 판결이 이미 선고된 사건에 대해서는 피고인이 대법원에서 무죄 판결을 받을 수 있도록 상소를 제기하고 이미 유죄 확정 판결을 받았어도 재심을 통해 무죄 판결을 받을 수 있다. 만약 형이 집행 중인 경우에는 형집행이 면제된다.

Ⅱ. 음행매개죄

> 제242조 (음행매개) 영리의 목적으로 사람을 매개하여 간음하게 한 자는 3년 이하의 징역 또는 1천500만원 이하의 벌금에 처한다.

1. 의의

음행매개죄는 영리의 목적으로 사람을 매개하여 간음하게 함으로써 성립하는 범죄이다. 침해범이다. 주된 보호법익은 사회의 성도덕 내지 성풍속이지만, 부가적인 보호법익은 개인의 성적 자유가 있다.

만 18세 미만의 아동에게 음행을 시키거나 음행을 매개시킨 때에는 아동복지법에 해당하며, 성매매를 강요하거나 알선한 자는 성매매알선 등 행위의 처벌에 관한 법률에 의하여 처벌되고, 만 19세 미만의 청소년에게 성매매를 강요하거나 알선한 자는 아동·청소년의 성보호에 관한 법률에 따라 처벌된다.

2. 주체

본죄의 주체에는 제한이 없다. 다만 형법은 매개자만 처벌한다. 따라서 매개되어 간음행위를 행한 사람과 그 상대방은 본죄의 주체가 될 수 없다. 일종의 필요적 공범이지만 형법이 매개자만 처벌하고 있기 때문에 총칙의 공범규정이 적용되지 않는다.

3. 객체: 사람

본죄의 객체는 사람이다. 13세 미만인 사람의 경우에는 미성년자에 대한 간음죄(제305조)가 성립하기 때문에 본죄의 객체는 13세 이상인 사람을 의미한다고 해석하는 견해가 있다. 하지만 본죄는 간음행위자를 처벌하는 것이 아니라 매개자를 처벌하는 것이므로 본죄의 객체에 대한 연령제한은 없다고 보는 것이 타당하다. 다만 특별법으로 18세 미만의 아동에 대해 적용되는 아동복지법과의 관계에서 본죄는 18세 이상으로 보는 것이 타당하다.

4. 행위: 사람을 매개하여 간음하게 하는 것

매개란 사람을 간음에 이르게 알선하는 것을 의미한다. 간음이란 부부 사이 이외의 성교로서 간음하게 하는 것이 필요하므로 간음이란 결과가 일어나야 한다. 따라서 간음을 매개하였지만 상대방이 이에 응하지 않거나, 간음을 결의하였으나 실행에 이르지 않은 때에는 본죄는 성립하지 않는다.

5. 고의 및 영리의 목적

본죄는 목적범이므로 고의 이외에도 영리의 목적이 있어야 한다. 영리의 목적은 재산적 이익을 취득할 목적을 말하며 일시적 이익이건 영구적 이익이건 불문한다.

Ⅲ. 음화등 반포·판매·임대·공연전시죄

> 제243조 (음화반포등) 음란한 문서, 도화, 필름 기타 물건을 반포, 판매 또는 임대하거나 공연히 전시 또는 상영한 자는 1년 이하의 징역 또는 500만원 이하의 벌금에 처한다.

1. 의의

음화물반포죄는 음란한 문서, 도화, 필름 기타 물건을 반포, 판매 또는 임대하거나 공연히 전시 또는 상영함으로써 성립하는 범죄이다. 선량한 성풍속을 보호하기 위한 추상적 위험범이다.

표현의 자유, 학문의 자유, 사상의 자유를 존중해야 한다는 의미에서 음란성 개념에 대한 신중한 논의가 필요하다. 형사법이 도덕이나 윤리 문제에 함부로 관여하는 것은 바람직하지 않고, 특히 개인의 사생활 영역에 속하는 내밀한 성적 문제에 개입하는 것은 필요 최소한의 범위 내로 제한함으로써 개인의 성적 자기결정권 또는 행복추구권이 부당하게 제한되지 않도록 해야 한다. 그럼에도 불구하고 음란물에 대하여 규제할 필요성은 여전히 존재한다. 개인의 다양한 개성과 독창적인 가치 실현을 존중하는 오늘날 우리 사회에서 음란물에 대한 규제 필요성은 사회의 성윤리나 성도덕의 보호라는 측면을 넘어서 미성년자 보호 또는 성인의 원하지 않는 음란물에 접하지 않을 자유의 측면을 더욱 중점적으로 고려하여야 한다. 음란물에 대한 성표현의 자유화·비범죄화 경향과 관련하여 음란성의 개념과 처벌의 범위를 명백히 할 필요가 있다.

2. 객체: 음란한 문서·도화·필름 기타 물건

가. 음란성의 의의

'음란'이라 함은 사회통념상 일반 보통인의 성욕을 자극하여 성적 흥분을 유발하고 정상적인 성적 수치심을 해하여 성적 도의관념에 반하는 것을 말한다. 음란개념은 규범적 구성요건요소이며, 다소 추상적인 용어라고 할지라도 죄형법정주의의 명확성의 원칙에 반하는 것은 아니다.

음란하다는 것은 표현물을 전체적으로 관찰·평가해 볼 때 단순히 저속하다거나 문란한 느낌을 준다는 정도를 넘어서서 존중·보호되어야 할 인격을 갖춘 존재인 사람의 존엄성과 가치를 심각하게 훼손·왜곡하고, 사회적으로 유해한 영향을 끼칠 위험성이 있다고 평가할 수 있을 정도로, 노골적인 방법에 의하여 성적 부위나 행위를 적나라하게 표현 또는 묘사한 것으로서, 사회통념에 비추어 전적으로 또는 지배적으로 성적 흥미에만 호소하고 하등의 문학적·예술적·사상적·과학적·의학적·교육적 가치를 지니지 아니하는 것이다.

표현물의 음란 여부를 판단함에 있어서는 제작자의 주관적 의도가 아니라 그 사회의 평균인의 입장에서 그 시대의 건전한 사회통념에 따라 객관적·규범적으로 평가하여야 한다.[265] 음란성은 규범적 개념이며 음란개념이 사회와 시대적 변화에 따라 변동하는 상대적·유동적 개념이므로 그 시대의 가치관이나 문화관에 따라 달리 판단될 수 있다.

성욕을 자극 또는 흥분시킨다는 행위자의 주관적인 목적은 고려하지 않으며, 표현의 객관적인 경향만을 가지고 판단한다.

나. 음란성의 판단기준

음란성의 판단은 보통인, 즉 통상의 성인이 기준이 되며, 음란성의 판단대상은 문서 전체가 되어야 한다. 대법원은 소설 반노 사건의 판결에서[266] 소설에 내포된 전체적 사상의 흐름이 음란할 것을 요한다고 하여 작품 전체를 평가하는 전체적 고찰방법을 취하고 있다.

당해 문서 또는 도화의 성에 관한 노골적이고 상세한 묘사 서술의 정도와 그 수법, 묘사 서술이 문서 전체에서 차지하는 비중, 문서에 표현된 사상 등과 묘사 서술과의 관련성, 문서의 구성이나 전개 또는 예술성, 사상성 등에 의한 성적 자극의 완화의 정도, 이들의 관점으로부터 당해 문서를 전체로서 보았을 때 주로 독자의 호색적 흥미를 돋우는 것으로 인정되느냐에 여부에 따라 건전한 사회통념에 비추어 판단되어야 한다.[267]

---

265) 대법원 1991.9.10. 선고 91도1550 판결.

266) 대법원 1975.12.9. 선고 74도976 판결.

267) 대법원 1995.6.16. 선고 94도2413 판결.

다. 과학서·예술작품과 음란성

예술서·예술작품·과학작품이 음란성의 평가대상이 되는가에 대하여 견해의 대립이 있다. 다수설은 과학성, 예술성과 음란성은 차원을 달리하는 관념이므로 과학·예술작품도 음란성을 가질 수 있다는 입장이다. 소수설은 과학성과 예술성이 음란성을 제거하므로 순수한 과학·예술작품의 음란성은 부정된다고 한다.[268)]

판례는 미술교사가 자신의 인터넷 홈페이지에 게시한 자신의 미술작품, 사진에 대한 음란성 인정 여부에 대하여 예술성과 음란성은 차원을 달리하는 관념이고 어느 예술작품에 예술성이 있다고 하여 그 작품의 음란성이 당연히 부정되는 것은 아니라고 한다. 다만 그 작품의 예술적 가치, 주제와 성적 표현의 관련성 정도 등에 따라서는 그 음란성이 '완화'되어 결국은 처벌대상으로 삼을 수 없게 되는 경우가 있을 뿐이라고 하여 예술작품도 음란성을 가질 수 있다는 입장이다.[269)]

이러한 논의의 전개는 구성요건의 단계에서 특정 표현물이 음란물에 해당하는지 여부에 대한 관점으로 이루어지고 있었다. 그런데 판례는 문학적·예술적·사상적·과학적·의학적·교육적 표현과 결합되어 있는 경우 음란물의 해당 여부에 대한 구성요건 판단이 아니라 특별한 사정이 있다면 '결합표현물에 의한 표현행위'는 형법 제20조의 '사회상규에 위배되지 아니하는 행위'로 본다.

판례 음란물에 문학적·예술적·사상적·과학적·의학적·교육적 표현 등이 결합된 경우

【판결요지】 [1] 정보통신망 이용촉진 및 정보보호 등에 관한 법률 제44조의7 제1항 제1호, 제74조 제1항 제2호에서 규정하는 '음란'이란 사회통념상 일반 보통인의 성욕을 자극하여 성적 흥분을 유발하고 정상적인 성적 수치심을 해하여 성적 도의관념에 반하는 것을 말한다. 음란성에 관한 논의는 자연스럽게 형성·발전되어 온 사회 일반의 성적 도덕관념이나 윤리의식 및 문화적 사조와 직결되고, 아울러 개인의 사생활이나 행복추구권 및 다양성과도 깊이 연관되는 문제로서, 국가 형벌권이 지나치게 적극적으로 개입하기에 적절한 분야가 아니다. 이러한 점을 고려할 때, 특정 표현물을 형사처벌의 대상이 될 음란 표현물이라고 하기 위하여는 표현물이 단순히 성적인 흥미에 관련되어 저속하다거나 문란한 느낌을 준다는 정도만으로는 부족하다. 사회통념에 비추어 전적으로 또는 지배적으로 성적 흥미에만 호소할 뿐 하등의 문학적·예술적·사상적·과학적·의학적·교육적 가치를 지니지 아니한 것으로서, 과도하고도 노골적인 방법에 의하여 성적 부위나 행위를 적나라하게 표현·묘사함으로써, 존중·보호되어야 할 인

268) 배종대, 778면; 이재상/장영민/강동범, 646면.

269) 대법원 2005.7.22. 선고 2003도2911 판결.

격체로서의 인간의 존엄과 가치를 훼손·왜곡한다고 볼 정도로 평가될 수 있어야 한다. 나아가 이를 판단할 때에는 표현물 제작자의 주관적 의도가 아니라 사회 평균인의 입장에서 전체적인 내용을 관찰하여 건전한 사회통념에 따라 객관적이고 규범적으로 평가하여야 한다.

[2] 음란물이 그 자체로는 하등의 문학적·예술적·사상적·과학적·의학적·교육적 가치를 지니지 아니하더라도, 음란성에 관한 논의의 특수한 성격 때문에, 그에 관한 논의의 형성·발전을 위해 문학적·예술적·사상적·과학적·의학적·교육적 표현 등과 결합되는 경우가 있다. 이러한 경우 음란 표현의 해악이 이와 결합된 위와 같은 표현 등을 통해 상당한 방법으로 해소되거나 다양한 의견과 사상의 경쟁메커니즘에 의해 해소될 수 있는 정도라는 등의 특별한 사정이 있다면, 이러한 결합 표현물에 의한 표현행위는 공중도덕이나 사회윤리를 훼손하는 것이 아니어서, 법질서 전체의 정신이나 그 배후에 놓여 있는 사회윤리 내지 사회통념에 비추어 용인될 수 있는 행위로서 형법 제20조에 정하여진 '사회상규에 위배되지 아니하는 행위'에 해당된다.

[3] 방송통신심의위원회(이하 '위원회'라고 한다) 심의위원인 피고인이 자신의 인터넷 블로그에 위원회에서 음란정보로 의결한 '남성의 발기된 성기 사진'을 게시함으로써 정보통신망을 통하여 음란한 화상 또는 영상인 사진을 공공연하게 전시하였다고 하여 정보통신망 이용촉진 및 정보보호 등에 관한 법률 위반(음란물유포)으로 기소된 사안에서, 피고인의 게시물은 다른 블로그의 화면 다섯 개를 갈무리하여 옮겨온 남성의 발기된 성기 사진 8장(이하 '사진들'이라 한다)과 벌거벗은 남성의 뒷모습 사진 1장을 전체 게시면의 절반을 조금 넘는 부분에 걸쳐 게시하고, 이어서 정보통신에 관한 심의규정 제8조 제1호를 소개한 후 피고인의 의견을 덧붙이고 있으므로 사진들과 음란물에 관한 논의의 형성·발전을 위한 학술적, 사상적 표현 등이 결합된 결합 표현물로서, 사진들은 오로지 남성의 발기된 성기와 음모만을 뚜렷하게 강조하여 여러 맥락 속에서 직접적으로 보여줌으로써 성적인 각성과 흥분이 존재한다는 암시나 공개장소에서 발기된 성기의 노출이라는 성적 일탈의 의미를 나타내고, 나아가 여성의 시각을 배제한 남성중심적인 성관념의 발로에 따른 편향된 관점을 전달하고 있어 음란물에 해당하나, 사진들의 음란성으로 인한 해악은 이에 결합된 학술적, 사상적 표현들과 비판 및 논증에 의해 해소되었고, 결합 표현물인 게시물을 통한 사진들의 게시는 목적의 정당성, 수단이나 방법의 상당성, 보호법익과 침해법익 간의 법익균형성이 인정되어 법질서 전체의 정신이나 그 배후에 놓여 있는 사회윤리 내지 사회통념에 비추어 용인될 수 있는 행위에 해당하므로, 원심이 게시물의 전체적 맥락에서 사진들을 음란물로 단정할 수 없다고 본 것에는 같은 법 제74조 제1항 제2호 및 제44조의7 제1항 제1호가 규정하는 '음란'에 관한 법리오해의 잘못이 있으나, 공소사실을 무죄로 판단한 것은 결론적으로 정당하다고 한 사례(대법원 2017.10.26. 선고 2012도13352 판결).

【해설】 예술서·예술작품·과학작품이 음란성의 평가대상이 되는가에 대하여 과학성,

예술성과 음란성은 차원을 달리하는 관념이므로 과학·예술작품도 음란성을 가질 수 있다는 입장이 다수설과 판례의 입장이며, 소수설은 과학성과 예술성이 음란성을 제거하므로 순수한 과학·예술작품의 음란성은 부정된다고 한다. 이러한 논의의 전개는 구성요건의 단계에서 특정 표현물이 음란물에 해당하는지 여부에 대한 관점으로 이루어지고 있었다. 그런데 이 판례는 문학적·예술적·사상적·과학적·의학적·교육적 표현과 결합되어 있는 경우 음란물의 해당 여부에 대한 구성요건 판단이 아니라 특별한 사정이 있다면 결합표현물에 의한 표현행위는 형법 제20조의 '사회상규에 위배되지 아니하는 행위'로 본다.

라. 상대적 음란성이론

상대적 음란성이론은 문서의 음란성 여부는 작품내용뿐만 아니라 그 밖의 부수사정, 예를 들면 작가나 출판사의 의도, 광고나 판매의 방법, 독자상황 등을 고려하여 상대적으로 판단해야 한다는 이론이다. 이에 의하면 음란성이 인정되지 않는 예술작품이나 과학적 논문도 다른 방법으로 공개될 때에는 음란문서가 될 수 있다(고야의 작품인 나체의 마야 사건, 연극 미란다 사건). 판례도 비록 명화집에 실려 있는 그림이라 할지라도 성냥갑에 넣어서 시판할 목적이라면 음화제조·판매가 된다는 입장으로 이 이론을 지지하고 있다.[270] 하지만 음란물 개념이 분명하지 않아 표현의 자유를 침해할 수 있다는 이유로 상대적 음란성 개념을 부정하는 것이 최근의 다수설의 입장이다.

마. 음란성 여부에 대한 판단주체

구체적인 표현물의 음란성 여부에 대한 판단은 종국적으로 법원이 판단한다. 따라서 한국간행물윤리위원회의 심사를 받거나,[271] 영상물등급위원회의 등급분류를 받았다고 하더라도 표현물에 대한 음란성이 부정되지 않으며, 위원회의 판단에 법원이 기속되지 않는다.[272]

바. 문서·도화·필름 기타 물건

(1) 의의

문서·도화는 비밀침해죄와 문서위조죄에서 설명하는 것과 동일하다. 필름은 사진이나 영화 등으로 재생될 수 있도록 제작된 물건을 말한다. 기타 물건은 남성용 또는 여성용 자위기구와 같은 공산품뿐만 아니라 조각품 등이 이에 해당한다.

자위기구와 같은 물건이라도 이를 음란하다고 평가하려면 그 물건을 전체적으로 관

270) 대법원 1970.10.30. 선고 70도1879 판결.
271) 대법원 2008.6.12. 선고 2007도3815 판결.
272) 대법원 2008.3.13. 선고 2006도3558 판결.

찰·평가하여 볼 때 단순히 저속하다거나 문란한 느낌을 주는 정도를 넘어 사람의 존엄성과 가치를 심각하게 훼손·왜곡하였다고 평가할 수 있을 정도로 노골적인 방법에 의하여 성적 부위 등을 적나라하게 표현 또는 묘사하는 것이어야 한다.[273] 따라서 정교하지 아니한 형상으로 간략하게 표현한 것에 불과한 경우에는 음란물에 해당하지 않는다.

(2) 동영상 파일의 경우

형법상 음화반포등죄의 객체는 문서, 도화, 필름 기타 물건과 같은 유체물이다. 컴퓨터 프로그램, 전자적 부호, 음성정보 등과 같은 경우는 유체물이 아니기 때문에 본죄의 객체에 해당하지 않는다. 따라서 인터넷에서 음란동영상을 반포하는 경우 형법의 음란물반포죄가 성립하지 않는다. 판례도 같은 입장이다.[274] 이 경우에는 형법이 아니라 특별법인 정보통신망 이용촉진 및 정보보호 등에 관한 법률에 의해 처벌된다.

판례 컴퓨터 프로그램파일

【판결요지】 형법 제243조(음화반포등)는 음란한 문서, 도화, 필름 기타 물건을 반포, 판매 또는 임대하거나 공연히 전시 또는 상영한 자에 대한 처벌 규정으로서 컴퓨터 프로그램파일은 위 규정에서 규정하고 있는 문서, 도화, 필름 기타 물건에 해당한다고 할 수 없다. 이는 형법 제243조의 행위에 공할 목적으로 음란한 물건을 제조, 소지, 수입 또는 수출한 자를 처벌하는 규정인 형법 제244조(음화제조등)의 '음란한 물건'의 해석에도 그대로 적용된다(대법원 2023.12.14. 선고 2020도1669 판결).

【해설】 컴퓨터 프로그램파일은 형법 제243조에 정하는 객체에 해당되지 않는다. 하지만 정보통신망 이용촉진 및 정보보호 등에 관한 법률 제44조의7에서 규정하고 있는 음란한 부호·문언·음향·화상 또는 영상을 배포·판매·임대하거나 공공연하게 전시하는 내용의 정보에 해당하기 때문에 특별법인 정보통신망법에 따라 처벌된다.

3. 행위: 반포, 판매, 임대 또는 공연전시·상영

가. 의의

반포는 불특정 또는 다수인에게 무상으로 교부하는 것으로 현실적인 인도가 필요하다. 따라서 단순히 우송하였지만 현실로 인도되기 이전이라면 아직 미수에 불과하다. 그러나 본죄의 미수범은 처벌하지 않는다.

273) 대법원 2014.7.24. 선고 2013도9228 판결.

274) 대법원 2023.12.14. 선고 2020도1669 판결.

판매는 불특정 또는 다수인에게 유상으로 양도하는 것을 말한다. 판매 역시 계약만으로는 부족하고 현실로 인도한 때 기수에 이른다.

임대는 유상으로 대여하는 행위를 말한다. 반드시 영업적으로 행하여야 하는 것은 아니다.

공연전시·상영은 불특정 또는 다수인이 음란물을 관람할 수 있는 상태에 두는 것을 말한다. 유상·무상을 불문하며, 순차적 관람도 가능하다.

나. 공연전시와 링크

정보통신망 이용촉진 및 정보보호에 관한 법률 제44조의7에서는 누구든지 정보통신망을 통하여 음란한 부호·문언·음향·화상 또는 영상을 배포·판매·임대하거나 공공연하게 전시하는 내용의 정보를 유통하여서는 아니 된다고 규정하고 있으며 이를 위반한 경우 동법 제74조에 의해 처벌된다.

음란한 부호 등이 전시된 웹페이지에 대한 링크(link)행위도 불특정·다수인이 이러한 링크를 이용하여 별다른 제한 없이 음란한 부호 등에 바로 접할 수 있는 상태가 실제로 조성되었다면 공연전시에 해당한다. 하지만 링크가 다른 웹사이트를 단순히 소개·연결할 뿐인 경우에는 공연전시에 해당하지 않는다. 또한 인터넷사이트에 집단 성행위 목적의 카페를 개설, 운영한 자가 남녀 회원을 모집한 후 특별모임을 빙자하여 집단으로 성행위를 하고 그 촬영물이나 사진 등을 카페에 게시한 경우, 카페가 회원제로 운영되는 등 제한적이고 회원들 상호 간에 음란물을 게시, 공유해 온 사정이 있다고 하더라도, 게시행위는 음란물을 공연히 전시한 것에 해당한다.[275)]

판례 음란한 부호 등이 전시된 웹페이지에 대한 링크(link)행위

【판결요지】 [2] 음란한 부호 등으로 링크를 해 놓는 행위자의 의사의 내용, 그 행위자가 운영하는 웹사이트의 성격 및 사용된 링크기술의 구체적인 방식, 음란한 부호 등이 담겨져 있는 다른 웹사이트의 성격 및 다른 웹사이트 등이 음란한 부호 등을 실제로 전시한 방법 등 모든 사정을 종합하여 볼 때, 링크를 포함한 일련의 행위 및 범의가 다른 웹사이트 등을 단순히 소개·연결할 뿐이거나 또는 다른 웹사이트 운영자의 실행행위를 방조하는 정도를 넘어, 이미 음란한 부호 등이 불특정·다수인에 의하여 인식될 수 있는 상태에 놓여 있는 다른 웹사이트를 링크의 수법으로 사실상 지배·이용함으로써 그 실질에 있어서 음란한 부호 등을 직접 전시하는 것과 다를 바 없다고 평가되고, 이에 따라 불특정·다수인이 이러한 링크를 이용하여 별다른 제한 없이 음란한 부호 등에

275) 대법원 2009.5.14. 선고 2008도10914 판결.

바로 접할 수 있는 상태가 실제로 조성되었다면, 그러한 행위는 전체로 보아 음란한 부호 등을 공연히 전시한다는 구성요건을 충족한다고 봄이 상당하며, 이러한 해석은 죄형법정주의에 반하는 것이 아니라, 오히려 링크기술의 활용과 효과를 극대화하는 초고속정보통신망 제도를 전제로 하여 신설된 구 전기통신기본법 제48조의2 (2001.1.16. 법률 제6360호 부칙 제5조 제1항에 의하여 삭제, 현행 정보통신망이용촉진및정보보호등에관한법률 제65조 제1항 제2호 참조) 규정의 입법 취지에 부합하는 것이라고 보아야 한다(대법원 2003.7.8. 선고 2001도1335 판결).

4. 고의

음란성에 대한 인식도 고의의 내용이 된다. 단 음란성은 규범적 구성요건요소이므로 비법률전문가로서의 소박한 가치평가라는 의미에서의 의미의 인식이 필요하다.

Ⅳ. 음화제조등죄

> 제244조 (음화제조등) 제243조의 행위에 공할 목적으로 음란한 물건을 제조, 소지, 수입 또는 수출한 자는 1년 이하의 징역 또는 500만원 이하의 벌금에 처한다.

음화제조등죄는 반포·판매·임대 또는 공연히 전시 또는 상영할 목적으로 음란한 물건을 제조, 소지, 수입 또는 수출한 경우에 성립하는 범죄이다. 음화등반포죄의 예비단계에 해당하는 행위를 독립된 범죄로 규정한 것이다.

본죄의 구성요건적 행위 중 '소지'행위는 반포 등의 목적이 있는 소지행위를 말한다. 따라서 이러한 목적이 없는 단순한 소지행위는 본죄가 성립하지 않는다. 다만 아동·청소년의 성보호에 관한 법률 제11조 제5항에서 아동·청소년이용음란물임을 알면서 이를 단순히 소지한 경우에도 처벌하는 규정을 두고 있다.

V. 공연음란죄

> 제245조 (공연음란) 공연히 음란한 행위를 한 자는 1년 이하의 징역, 500만원 이하의 벌금, 구류 또는 과료에 처한다.

1. 의의

공연음란죄는 공연히 음란한 행위를 함으로써 성립하는 범죄이다. 음란한 행위 자체를 처벌하는 거동범이다.

2. 행위: 공연히 음란행위

본죄의 행위는 공연히 음란행위를 하는 것이다. '공연성'은 불특정 또는 다수인이 인식할 수 있는 상태를 말하므로 해당 장소가 거리와 같은 공공장소일지라도 불특정 또는 다수인이 인식할 수 있는 상태가 아니라면 공연성은 없다. 마찬가지로 사적인 공간이라도 불특정 또는 다수인이 인식할 수 있는 상태라면 공연성이 인정될 수 있다. 또한 인식할 수 있는 상태에 있으면 성립하기 때문에 불특정 또는 다수인이 현실적으로 인식할 필요 없다. 추상적 위험범이기 때문이다.

'음란행위'는 성행위를 의미하기 때문에 단순히 나체를 보이는 것만으로는 음란행위가 되지 않는다고 보는 견해[276]가 있다. 하지만 판례는 음란행위가 반드시 성행위를 묘사하거나 성적인 의도를 표출할 것까지 필요로 하는 것은 아니며 일반인의 성욕을 자극하여 성적 흥분을 유발하고 정상적인 성적 수치심을 해하여 성적 도의관념에 반하는 행위라고 정의한다. 성행위에 한정할 경우에는 음란행위가 2인 이상이 요구되는 필요적 공범이라고 해석하는 것은 부당하며, 음란행위는 1인에 의해서도 표현될 수 있다는 점에서 판례의 입장이 타당하다.

판례에 따르면 요구르트 제품의 홍보를 위하여 전라의 여성 누드모델들이 일반 관람객과 기자 등 수십명이 있는 자리에서, 알몸에 밀가루를 바르고 무대에 나와 분무기로 요구르트를 몸에 뿌려 밀가루를 벗겨내는 방법으로 알몸을 완전히 드러낸 채 음부 및 유방 등

276) 이재상/장영민/강동범, 650면; 정성근/박광민, 750면.

이 노출된 상태에서 무대를 돌며 관람객들을 향하여 요구르트를 던진 경우,[277] 고속도로에서 승용차를 손괴하거나 타인에게 상해를 가하는 등의 행패를 부리던 자가 이를 제지하려는 경찰관에 대항하여 공중 앞에서 알몸이 되어 성기를 노출한 경우는[278] 음란행위에 해당한다.

3. 고의

본죄는 고의범이므로 공연히 음란행위를 한다는 인식과 의사가 있어야 한다. 음란의 의미에 대한 인식도 있어야 하지만 법률전문가와 같은 의미의 정확한 인식까지 있을 필요는 없으며, 비법률전문가의 소박한 가치평가에 따른 의미의 인식만으로 충분하다.

본죄를 경향범으로 본다면 고의 이외에도 성욕을 충족하려는 음란경향이 있어야 한다. 이에 따르면 예를 들면 피해여성의 옷차림이 성폭력을 유발한다는 사회편견에 대한 항의의 의사표시로 속옷차림으로 거리를 행진한 경우, 동물의 가죽으로 만든 모피를 반대하는 활동가가 나체로 광장에서 서 있는 경우 음란행위에 대한 고의가 있더라도 음란경향이 없기 때문에 본죄가 성립하지 않는다고 볼 수 있다. 판례는 초과 주관적 구성요건요소로 음란경향이 있을 필요가 없다는 것으로 부정하는 입장이다.

제2절 도박과 복표에 대한 죄

Ⅰ. 총설

도박과 복표에 관한 죄는 도박하거나, 도박을 개장하거나, 복표를 발매, 중개, 취득함으로써 성립하는 범죄이다. 도박행위는 인간의 사행심과 일확천금에 대한 기대심리를 조장하여 성실한 노동을 통한 경제적 가치 창출이라는 건전한 사회윤리를 저해하고, 미풍양속을 훼손하여 사회적 신뢰 기반을 약화시키는 위험성을 지닌다. 이러한 도박의 사회적 해악성은 형법 제246조 이하에서 별도로 처벌 규정을 두고 있는 이유이기도 하다.

277) 대법원 2006.1.13. 선고 2005도1264 판결.

278) 대법원 2000.12.22. 선고 2000도4372 판결.

도박은 건전한 노동의식을 훼손하는 부정적인 측면이 있지만, 여가를 이용하여 평소의 심신의 긴장을 해소해주는 긍정적인 측면도 있다. 따라서 여가선용과 일시적 오락에 불과한 도박행위는 국가정책적 입장에서도 허용해 줄 필요가 있다. 이러한 이유로 공법인의 복표발매행위는 주택건설촉진법, 한국마사회법, 국민체육진흥법, 산림법, 제주도개발특별법 등의 법령에 의해 위법성이 조각된다. 폐광지역 또는 관광특구 안에서의 카지노업은 폐광지역 개발 지원에 관한 특별법 또는 관광진흥법에 의하여 위법성이 조각된다.

내국인이 외국에서 도박행위를 하는 경우 비록 외국법에 의해서는 도박죄로 처벌되지 않는다고 하여도 우리나라 형법 제3조 내국인의 국외범 조항에 의하여 처벌될 수 있다.

Ⅱ. 단순도박죄 및 상습도박죄

> 제246조(도박, 상습도박) ① 도박을 한 사람은 1천만원 이하의 벌금에 처한다. 다만, 일시오락 정도에 불과한 경우에는 예외로 한다.
> ② 상습으로 제1항의 죄를 범한 사람은 3년 이하의 징역 또는 2천만원 이하의 벌금에 처한다.

1. 의의

도박죄의 기본유형으로써 도박함으로써 성립하는 범죄이다. 도박은 2인 이상이 행하므로 필요적 공범에 해당하며, 본죄의 보호법익은 사회의 건전한 근로의식이며, 보호의 정도는 추상적 위험범이다.

2. 행위: 도박행위

가. 의의

도박은 2인 이상의 당사자가 재물 또는 재산상 이익을 걸고 우연한 승패에 의하여 그 재물 또는 재산상 이익의 득실을 결정하는 것을 말한다.

나. 형법 개정

종전 도박죄의 규정에는 도박죄의 객체를 '재물'로 한정하여 규정하고 있었지만, 해석상 도박죄의 객체에 재물뿐만 아니라 재산상 이익도 포함되는 것으로 해석하였다. 이에 대하여 2013년 형법을 개정하면서 도박죄의 객체에 재물뿐만 아니라 재산상 이익도 포함됨을 명확하게 하기 위하여 도박죄의 구성요건 중 '재물로써' 부분을 삭제하였다.

다. 우연성과 정당한 이익성

도박의 승패는 우연에 의하여 결정되어야 한다. 우연이란 당사자가 확실히 예견하거나 영향을 미칠 수 없는 사정을 말한다. 우연은 당사자에게 주관적으로 불확실하면 족하고 객관적으로 불확실할 필요는 없다. 우연에 의해 결정되는 재물의 득실은 경제적으로 정당한 이익이 아니어야 한다. 따라서 보험계약은 도박이 될 수 없다.

라. 편면적 도박

우연성이 당사자 일방에게만 있는 편면적 도박의 경우 도박죄 성립 여부에 대하여 사기도박자에게는 사기죄가, 상대방에게는 도박죄가 성립한다는 견해도 있다.[279] 그러나 통설과 판례에 따르면 사기도박의 경우에는 당사자 일방이 사기의 수단으로써 승패의 수를 지배하는 경우이므로 우연성이 결여되어 있기 때문에 사기도박자에게만 사기죄가 성립하고, 상대방은 사기죄의 피해자가 될 뿐 도박죄가 성립하지 않는다고 본다.

판례 사기도박

【판결요지】 [1] 도박이란 2인 이상의 자가 상호 간에 재물을 도(賭)하여 우연한 승패에 의하여 그 재물의 득실을 결정하는 것이므로, 이른바 사기도박과 같이 도박당사자의 일방이 사기의 수단으로써 승패의 수를 지배하는 경우에는 도박에서의 우연성이 결여되어 사기죄만 성립하고 도박죄는 성립하지 아니한다.

[2] 사기죄는 편취의 의사로 기망행위를 개시한 때에 실행에 착수한 것으로 보아야 하므로, 사기도박에서도 사기적인 방법으로 도금을 편취하려고 하는 자가 상대방에게 도박에 참가할 것을 권유하는 등 기망행위를 개시한 때에 실행의 착수가 있는 것으로 보아야 한다.

[3] 피고인 등이 사기도박에 필요한 준비를 갖추고 그러한 의도로 피해자들에게 도박에 참가하도록 권유한 때 또는 늦어도 그 정을 알지 못하는 피해자들이 도박에 참가한 때에는 이미 사기죄의 실행에 착수하였다고 할 것이므로, 피고인 등이 그 후에 사

279) 김일수/서보학, 654면.

기도박을 숨기기 위하여 얼마간 정상적인 도박을 하였더라도 이는 사기죄의 실행행위에 포함되는 것이어서 피고인에 대하여는 피해자들에 대한 사기죄만이 성립하고 도박죄는 따로 성립하지 아니함에도, 이와 달리 피해자들에 대한 사기죄 외에 도박죄가 별도로 성립하는 것으로 판단하고 이를 유죄로 인정한 원심판결에 사기도박에 있어서의 실행의 착수 시기 등에 관한 법리오해의 위법이 있다고 한 사례.

[4] 피고인 등이 피해자들을 유인하여 사기도박으로 도금을 편취한 행위는 사회관념상 1개의 행위로 평가하는 것이 타당하므로, 피해자들에 대한 각 사기죄는 상상적 경합의 관계에 있다고 보아야 함에도, 위 각 죄가 실체적 경합의 관계에 있는 것으로 보고 경합범 가중을 한 원심판결에 사기죄의 죄수에 관한 법리오해의 위법이 있다고 한 사례(대법원 2011.1.13. 선고 2010도9330 판결).

마. 운동경기에서의 도박성

일반적으로 골프나 당구 등과 같은 운동경기 또는 바둑·장기와 같은 오락성 경기에서는 우연적 요소보다 당사자의 기량이나 체력 등과 같은 개인적 요소에 의해 승패가 좌우된다. 이에 경기에서 재물을 걸고 경기의 승패를 다투는 경우 도박이 될 수 있는가에 대하여 견해의 대립이 있다. 판례에 따르면 당사자의 경기력이 승패에 영향을 미치더라도 우연성을 완전히 벗어난 것이 아니라면 도박이 된다. 총 26 내지 32회에 걸쳐 합계 최고 8억여 원 상당의 내기골프를 한 사안에서,[280] 골프를 비롯한 운동경기와 화투, 카드, 카지노 등 사이에 승패의 결정에 경기자의 기능과 기량이라는 요인과 이와 무관한 우연이라는 요인이 영향을 미치는 정도는 매우 상대적인 것으로, 전자인 운동경기에 있어서는 기량이라는 요인이 지배적이고 후자인 화투 등에 있어서는 그렇지 않다고 단정할 수 없고, 우연의 속성이 인정되는 한 승패를 가름할 우연성의 정도는 도박죄의 성립에 원래 영향이 없는 것이기도 하다는 이유로 도박죄의 성립을 인정하였다.

3. 기수 시기

본죄의 기수는 도박행위에 착수함으로써 성립한다. 추상적 위험범이기 때문이다. 승패가 결정되거나 현실적으로 재물의 득실이 결정될 필요는 없다. 예를 들면 화투나 카드가 배부되면 범죄는 기수에 이른다.

280) 대법원 2008.10.23. 선고 2006도736 판결.

4. 위법성조각사유: 일시오락

단순도박이 일시오락 정도에 불과한 때에는 처벌하지 않는다. 일시오락의 정도는 도박죄의 위법성조각사유이다.

일시오락 정도에 불과한 도박행위를 처벌하는 아니하는 이유는 그 재물의 경제적 가치가 근소하여 건전한 근로의식을 침해하지 않을 정도이므로 건전한 풍속을 해할 염려가 없는 정도의 단순한 오락에 그치는 경미한 행위에 불과하고, 일반 서민대중이 여가를 이용하여 평소의 심신의 긴장을 해소하는 오락은 이를 인정함이 국가정책적 입장에서 보더라도 허용되기 때문이다.[281)]

일시오락의 정도의 판단기준에 대하여 도박금액만을 기준할 것이 아니라 도박의 시간과 장소, 도박에 건 재물 등의 가액, 도박에 가담한 자의 사회적 지위나 재산정도 및 도박으로 인한 이득의 용도 등 모든 사정을 종합적으로 고려하여 판단해야 한다.

판례 일시오락의 정도에 불과한 경우

① 음식점에서 1회 금 10원씩을 걸고 속칭 나이롱뽕이라는 놀이를 하고 패자로부터 갹출되는 금액으로 술값을 지급하기로 약정하여 이를 담배 및 음식값으로 소비한 경우(오락정도에 불과)에는 도박죄를 구성하지 않는다(대법원 1966.12.27. 선고 66도1510 판결).
② 피고인들이 같은 동리에 거주하는 일정한 생업에 종사하는 자들로서 소지금액 각 30원 이내 100원 정도로 음력 보름경에 술을 사서 나누어 마실 목적으로 약 20분간에 걸쳐 화투놀이를 한 경우에는 이는 본조 제1항 단서에 규정된 일시오락의 정도에 불과하다(대법원 1969.7.22. 선고 69도802 판결).
③ 평소 친하게 지내는 같은 업자들끼리 하루일과를 마치고 속칭 "육백"을 1시간 가량 친 결과 딴 돈 4,000원으로 술과 안주를 사서 함께 먹고 논 행위는 이들의 경력, 재산정도, 도박을 하게 된 경위 및 그 방법, 친분관계, 내기에 건 금액이 적은 점 등을 종합하여 볼 때 일시 오락의 정도에 불과하고 도박죄를 구성하지 않는다(대법원 1983.6.28. 선고 83도1044 판결).
④ 각자 1,000원 내지 7,000원을 판돈으로 내놓고 한 점에 100원짜리 속칭 "고스톱"을 한 것이 일시 오락의 정도에 불과하다고 본 사례(대법원 1990.2.9. 선고 89도1992 판결).
⑤ 풍속영업자가 그가 운영하는 여관 카운터에서 같은 동네에 거주하는 친구들과 함께 저녁을 시켜 먹은 후 그 저녁값을 마련하기 위하여 속칭 '훌라'라는 도박을 한 경우(대법원 2004.4.9. 선고 2003도6351 판결).

281) 대법원 2004.4.9. 선고 2003도6351 판결.

Ⅲ. 도박장소 개설죄

> 제247조(도박장소 등 개설) 영리의 목적으로 도박을 하는 장소나 공간을 개설한 사람은 5년 이하의 징역 또는 3천만원 이하의 벌금에 처한다.

1. 의의

도박장소개설죄는 영리의 목적으로 도박을 하는 장소나 공간을 개설함으로써 성립하는 범죄이다. 본죄는 도박행위의 교사·방조·예비행위에 해당하는 행위를 독립범죄로 규정한 독립적 구성요건이다.

2. 형법 개정

2013년 형법 개정을 통하여 도박을 하는 공간을 개설한 경우에도 처벌할 수 있도록 형법을 개정하였다. 종전 도박죄는 “도박을 개장”한 경우를 처벌하도록 규정되어 있어 도박할 수 있는 사이버공간을 제공한 경우 처벌되지 않는 것으로 해석될 여지가 있었다. 물론 이 경우에도 인터넷상에 도박사이트를 개설하여 전자화폐나 온라인으로 결제하도록 하는 경우 판례는 도박개장죄로 처벌하고 있었다. 이러한 해석상의 논란을 분명히 하기 위하여 도박개장죄의 구성요건에 장소뿐만 아니라 공간을 개설한 경우를 포함한 것으로 개정하여 최근 기승하고 있는 온라인 도박 사이트 등 새로운 범죄의 영역인 사이버 범죄에 대응 가능하도록 2013년 4월 형법을 개정하였다.

판례 도박장소개설죄 성립을 인정한 경우

① 인터넷 고스톱게임 사이트를 유료화하는 과정에서 사이트를 홍보하기 위하여 고스톱대회를 개최하면서 참가자들로부터 참가비를 받고 입상자들에게 상금을 지급한 행위에 대하여 도박개장죄를 인정한 사례(대법원 2002.4.12. 선고 2001도5802 판결).
② 인터넷 사이트 운영자가 회원들로 하여금 온라인에서 현금화할 수 있는 게임코인을 걸고 속칭 고스톱, 포커 등을 하도록 하고, 수수료 명목으로 일정액을 이익으로 취한 행위는 도박개장죄에 해당한다고 본 사례(대법원 2008.9.11. 선고 2008도1667 판결).
③ 성인피시방 운영자가 손님들로 하여금 컴퓨터에 접속하여 인터넷 도박게임을 하고 게임머니의 충전과 환전을 하도록 하면서 게임머니의 일정 금액을 수수료 명목으로

받은 행위를 도박개장죄로 인정한 사례(대법원 2008.10.23. 선고 2008도3970 판결).
④ 유료낚시터를 운영하는 사람이 입장료 명목으로 요금을 받은 후 낚인 물고기에 부착된 시상번호에 따라 경품을 지급한 사안에서, 도박개장죄를 인정한 사례(대법원 2009.2.26. 선고 2008도10582 판결).
⑤ 사설 인터넷 도박사이트를 운영하는 사람이, 먼저 소셜 네트워크 서비스 앱에 오픈채팅방을 개설하여 아동·청소년이용음란 동영상을 게시하고 1:1 대화를 통해 불특정 다수를 위 오픈채팅방 회원으로 가입시킨 다음, 그 오픈채팅방에서 자신이 운영하는 도박사이트를 홍보하면서 회원들이 가입 시 입력한 이름, 전화번호 등을 이용하여 전화를 걸어 위 도박사이트 가입을 승인해주는 등의 방법으로 가입을 유도하고 그 도박사이트를 이용하여 도박을 하게 하였다면, 영리를 목적으로 도박공간을 개설한 행위가 인정됨은 물론, 나아가 영리를 목적으로 아동·청소년이용음란물을 공연히 전시한 행위도 인정된다(대법원 2020.9.24. 선고 2020도8978 판결).

3. 기수 시기

영리의 목적으로 도박의 장소나 공간을 개설하기만 하면 기수가 되며, 현실적으로 도박이 이루어질 필요는 없다. 추상적 위험범이기 때문이다.

판례 도박프로그램 가동 중 문제발생 사건

【판결요지】 [1] 형법 제247조의 도박개장죄는 영리의 목적으로 도박을 개장하면 기수에 이르고, 현실로 도박이 행하여졌음은 묻지 않는다. 따라서 영리의 목적으로 속칭 포커나 바둑이, 고스톱 등의 인터넷 도박게임 사이트를 개설하여 운영하는 경우, 현실적으로 게임이용자들로부터 돈을 받고 게임머니를 제공하고 게임이용자들이 위 도박게임 사이트에 접속하여 도박을 하여, 위 게임으로 획득한 게임머니를 현금으로 환전해주는 방법 등으로 게임이용자들과 게임회사 사이에 있어서 재물이 오고갈 수 있는 상태에 있으면, 게임이용자가 위 도박게임 사이트에 접속하여 실제 게임을 하였는지 여부와 관계없이 도박개장죄는 '기수'에 이른다.
[2] 피고인이 단순히 가맹점만을 모집한 상태에서 도박게임 프로그램을 시험가동한 정도에 그친 것이 아니라, 가맹점을 모집하여 인터넷 도박게임이 가능하도록 시설 등을 설치하고 도박게임 프로그램을 가동하던 중 문제가 발생하여 더 이상의 영업으로 나아가지 못한 것으로 볼 여지가 있다면 이로써 도박개장죄는 이미 '기수'에 이르렀다고 볼 수 있고, 나아가 피고인이 모집한 피씨방의 업주들이 그곳을 찾은 이용자들에게 피고인이 개설한 도박게임 사이트에 접속하여 도박을 하게 한 사실이 없다고 하여 도박개장죄의 성립이 부정된다고 할 수 없다고 한 사례(대법원 2009.12.10. 선고 2008도5282 판결).

4. 죄수

도박장소를 개설한 자가 도박행위를 한 경우 도박장소개설죄와 도박죄는 경합범으로 보는 것이 타당하다. 도박장소개설행위와 도박행위가 법률상 구성요건이 법적·사회적 의미에서 단일한 것으로 볼 수 없기 때문이다.

도박장소를 개설하는 행위는 도박을 교사·방조한 행위로 볼 수 있기 때문에 도박장소개설죄만 성립하고 도박방조죄는 성립하지 않는 것으로 보는 것이 타당하다.

Ⅳ. 복표발매·중개·취득죄

> 제248조(복표의 발매 등) ① 법령에 의하지 아니한 복표를 발매한 사람은 5년 이하의 징역 또는 3천만원 이하의 벌금에 처한다.
> ② 제1항의 복표발매를 중개한 사람은 3년 이하의 징역 또는 2천만원 이하의 벌금에 처한다.
> ③ 제1항의 복표를 취득한 사람은 1천만원 이하의 벌금에 처한다.

1. 의의

복표발매·중개·취득죄는 법령에 의하지 아니한 복표를 발매한 경우(제1항), 제1항의 복표발매를 중개한 경우(제2항), 제1항의 복표를 취득한 경우에 성립하는 범죄이다. 복표도 우연에 의하여 승패가 결정된다는 의미에서 도박에 유사한 측면이 있으므로, 건전한 국민의 근로관념과 사회의 미풍양속을 보호하려는 데에 그 발매 등의 행위를 제한하고 처벌하는 것이다.[282] 이에 대해서는 사행행위 등 규제 및 처벌 특례법에서 특별히 규정하고 있다.

2. 형법 개정

도박장소의 개설과 복표발매죄가 「국제연합국제조직범죄방지협약」의 대상범죄가 될 수 있도록 법정형을 “3년 이하의 징역 또는 2천만원 이하의 벌금”에서 “5년 이하의 징역

---

282) 대법원 2003.12.26. 선고 2003도5433 판결.

또는 3천만원 이하의 벌금"으로 상향하고, 그 밖에 복표발매중개 및 복표취득죄도 물가 인상률 등을 고려하여 법정형을 현실화하였다.

3. 복표의 개념 요소

형법 제248조가 규정하는 복표의 개념 요소는 ① 특정한 표찰일 것, ② 그 표찰을 발매하여 다수인으로부터 금품을 모을 것, ③ 추첨 등의 우연한 방법에 의하여 그 다수인 중 일부 당첨자에게 재산상 이익을 주고 다른 참가자에게 손실을 줄 것이라는 3가지 개념 요소가 필요하다.[283] 경제상의 거래에 부수하는 특수한 이익의 급여 내지 가격할인에 불과한 경품권이나 사은권은 복표에 해당하지 않는다.

어떠한 표찰이 형법 제248조 소정의 복표에 해당하는지 여부는 그 표찰 자체가 갖는 성질에 의하여 결정되어야 하고, 그 기본적인 성질이 위와 같은 개념 요소를 갖추고 있다면, 거기에 광고 등 다른 기능이 일부 가미되어 있는 관계로 당첨되지 않은 참가자의 손실을 그 광고주 등 다른 사업주들이 대신 부담한다고 하더라도, 특별한 사정이 없는 한 복표로서의 성질을 상실하지는 않는다.

제3절 신앙에 대한 죄

Ⅰ. 총설

공중의 종교생활의 평온과 종교감정을 침해하는 것을 내용으로 하는 범죄이다. 국가는 모든 종교 내지 신앙의 자유를 인정할 뿐만 아니라 일정한 범위 내에서 종교생활의 평온과 종교감정도 형법적으로 보호된다.

장례식등방해죄의 보호법익은 사회풍속으로서의 종교감정과 종교생활의 평온이 보호법익이 되며, 시체에 관한 죄는 시체에 대한 일반의 숭경의 감정을 보호법익으로 한다. 하지만 변사체검시방해죄는 종교생활의 평온이나 종교감정과는 관련이 없으며 공무집행을 보호법익으로 하고 있다.

---

283) 대법원 2003.12.26. 선고 2003도5433 판결.

Ⅱ. 장례식등방해죄

제158조 (장례식 등의 방해) 장례식, 제사, 예배 또는 설교를 방해한 자는 3년 이하의 징역 또는 500만원 이하의 벌금에 처한다.

장례식방해죄는 장례식, 제사, 예배 또는 설교를 방해한 경우에 성립하는 범죄이다. 자유로운 종교적 행사를 방해하는 행위를 처벌하여 종교행사의 자유와 종교생활의 평온을 보호하기 위한 규정으로 추상적 위험범이다.

Ⅲ. 시체등오욕죄

제159조 (시체 등의 오욕) 시체, 유골 또는 유발(遺髮)을 오욕한 자는 2년 이하의 징역 또는 500만원 이하의 벌금에 처한다.

시체오욕죄는 시체, 유골 또는 유발을 오욕한 경우에 성립하는 범죄이다. 사자에 대한 사회일반의 숭경의 감정을 보호하기 위한 범죄이다. 이에 대한 특별법으로 '장사 등에 관한 법률'이 있다. 오욕은 시체에 대한 모욕적인 행위를 말한다.

Ⅳ. 분묘발굴죄

제160조 (분묘의 발굴) 분묘를 발굴한 자는 5년 이하의 징역에 처한다.
제162조 (미수범) 전2조의 미수범은 처벌한다.

1. 의의

분묘발굴죄는 분묘를 발굴하는 경우에 성립하는 범죄이다. 분묘의 평온을 유지하여 사자에 대한 종교적 감정을 보호하기 위한 범죄이다.

2. 객체: 분묘

분묘는 시신이나 유골을 매장하는 시설을 말한다(장사 등에 관한 법률 제2조). 안치한 시신 위로 흙을 높게 덮은 것을 분(墳)이라 하고, 평평하게 만든 것을 묘(墓)라고 한다. 시체나 유골이 토괴화, 즉 흙덩이로 되었을 때에도 분묘에 해당하며, 그 사자가 누구인지 불명하다고 할지라도 현재 제사 숭경하고 종교적 예의의 대상으로 되어 있고 이를 수호봉사하는 자가 있으면 여기에 해당한다.[284] 반드시 적법하게 매장된 분묘일 필요는 없다. 따라서 암매장된 분묘도 본죄의 객체가 된다. 묘의 봉분이 없어지고 평토화 가까이 되어 있고 묘비 등 표식이 없어 그 묘 있음을 확인할 수 없는 분묘라 하더라도 현재 이를 제사 숭경하고 종교적 의례의 대상으로 하는 자가 있는 경우에는 분묘에 해당한다.[285]

3. 행위: 발굴

발굴이란 복토의 전부 또는 일부를 분묘관리자나 수호·봉사자의 의사에 반하여 제거하거나 묘석 등을 파괴·해체하여 분묘를 훼손하는 것을 말한다.

4. 위법성조각

형사소송법상 검증·감정을 목적으로 분묘를 발굴한 경우 법령에 의하여 위법성이 조각된다. 분묘발굴죄는 그 분묘에 대하여 아무런 권한 없는 자나 또는 권한이 있는 자라도 시체에 대한 종교적 양속에 반하여 함부로 이를 발굴하는 경우만을 처벌대상으로 삼는 취지라고 보아야 할 것이므로, 법률상 그 분묘를 수호, 봉사하며 관리하고 처분할 권한이 있는 자 또는 그로부터 정당하게 승낙을 얻은 자가 시체에 대한 종교적, 관습적 양속에 따른 존숭의 예를 갖추어 이를 발굴하는 경우에는 그 행위의 위법성은 조각된다.[286]

그러나 토지구획정리사업시행자로부터 분묘의 개장명령을 받았다 하더라도 그 분묘를 보존 수호하는 권한있는 자의 제지를 무릅쓰고 한 분묘발굴행위가 정당한 것으로 될 수는 없고 또 그와 같은 개장명령이 있었다 하여 장사(葬事) 등에 관한 법률에 정한 절차에 따른 개장신고를 하지 않아도 된다고 볼 수도 없다.[287]

---

284) 대법원 1990.2.13. 선고 89도2061 판결.

285) 대법원 1976.10.29. 선고 76도2828 판결.

286) 대법원 2007.12.13. 선고 2007도8131 판결.

287) 대법원 1978.5.9. 선고 77도3588 판결.

V. 시체등 손괴·유기·은닉·영득죄

제161조(시체 등의 유기 등) ① 시체, 유골, 유발 또는 관 속에 넣어 둔 물건을 손괴(損壞), 유기, 은닉 또는 영득(領得)한 자는 7년 이하의 징역에 처한다.
② 분묘를 발굴하여 제1항의 죄를 지은 자는 10년 이하의 징역에 처한다.
제162조 (미수범) 전2조의 미수범은 처벌한다.

1. 의의

시체등 손괴·유기·은닉·영득죄는 시체, 유골, 유발 또는 관 속에 넣어 둔 물건을 손괴, 유기, 은닉 또는 영득하거나(제1항), 분묘를 발굴하여 제1항의 죄를 범한 경우(제2항)에 성립하는 범죄이다.

2. 행위: 손괴, 유기, 은닉 또는 영득행위

손괴는 종교적 감정 또는 종교적 평온을 해할 정도의 물질적 훼손 내지 파괴를 말한다. 유골의 일부 분리도 손괴에 해당할 수 있다. 후손들이 조상의 분묘를 발굴하고, 수습된 유골을 장례업체 직원으로 하여금 추모공원에서 화장 후 안치한 경우 유골손괴죄가 성립하는지 문제될 수 있다. 사자의 유체·유골에 대한 매장·관리·제사·공양 등은 그 제사 주재자를 비롯한 유족들의 사자에 대한 경애·추모 등 감정에 의해 이루어지는 것이고, 사자의 유체·유골은 제사 주재자에게 승계되는 것이므로, 그에 관한 관리 및 처분은 종국적으로 제사 주재자의 의사에 따라 이루어져야 한다.[288] 따라서 제사 주재자 또는 그로부터 정당하게 승낙을 얻은 자가 이를 행하는 경우에는 손괴에 해당하지 않지만, 동의 없이 함부로 유골의 물리적 형상을 변경하는 등으로 훼손하는 것은 사자에 대한 경애·추모 등 사회적 풍속으로서의 종교적 감정 또는 종교적 평온을 해치는 손괴에 해당한다.[289]

유기는 종교적·사회적 관례상 매장이라고 인정되는 방법에 의하지 않고 시체 등을 방

288) 대법원 2008.11.20. 선고 2007다27670 전원합의체 판결 참조; 제사 주재자는 우선적으로 망인의 공동상속인들 사이의 협의에 의해 정하되, 협의가 이루어지지 않는 경우에는 제사 주재자의 지위를 유지할 수 없는 특별한 사정이 있지 않은 한 망인의 장남(장남이 이미 사망한 경우에는 장남의 아들, 즉 장손자)이 제사 주재자가 되고, 공동상속인들 중 아들이 없는 경우에는 망인의 장녀가 제사 주재자가 된다.

289) 대법원 2024.10.8. 선고 2023도15833 판결.

기하는 것을 말하므로 유기죄의 유기와는 다르다. 시체 등을 장소적으로 이전할 것을 요하지 않는다.

은닉은 시체 등을 발견을 불가능하게 하거나 심히 곤란하게 하는 일체의 행위를 말한다. 시체를 매몰하거나 저수지에 가라 앉히는 것이 이에 해당한다.

영득은 시체 등을 불법하게 점유하는 것을 말한다. 점유취득의 방법에는 제한이 없다. 시체·유골·유발은 특수한 소유권으로 제사 주재자의 소유이므로 절도죄 등 재산범죄 성립 여부가 문제될 수 있지만, 시체 등을 영득한 경우 본죄만 성립하고 재산범죄는 성립하지 않는 것으로 보는 것이 타당하다. 양죄의 관계는 법조경합으로 보는 것이 타당하기 때문이다. 다만 '관 속에 넣어 둔 물건'을 영득한 경우에는 경합범으로 보는 것이 타당하다.

VI. 변사체검시방해죄

> 제163조(변사체 검시 방해) 변사자의 시체 또는 변사(變死)로 의심되는 시체를 은닉하거나 변경하거나 그 밖의 방법으로 검시(檢視)를 방해한 자는 700만원 이하의 벌금에 처한다.

1. 의의

변사체검시방해죄는 변사자의 시체 또는 변사의 의심 있는 시체를 은닉 또는 변경하거나 기타 방법으로 검시를 방해한 경우에 성립하는 범죄이다. 본죄는 신앙과 관련이 없으며 범죄수사를 방해하는 공무방해죄로서의 성질을 가지고 있다.

2. 객체: 변사체

변사체는 변사자의 시체 또는 변사의 의심이 있는 시체를 말한다. 변사자는 자연사 또는 통상적인 병사가 아닌 시체로서 범죄로 인한 사망의 의심이 있는 시체를 말한다. 따라서 질병으로 치료받다가 사망하였거나 자살 또는 범죄로 인하여 사망한 것이 명백한 경우에는 변사자가 아니다.

3. 행위: 시체를 은닉·변경하거나 기타 방법으로 검시를 방해하는 것

검시는 사인이 범죄로 인한 것인지를 판단하기 위하여 수사기관이 변사자의 상황을 조사하는 것을 말하며, 수사처분인 검증이 아니라 수사의 단서에 불과하다. 따라서 범죄의 의심이 있는 경우에 행하는 '사법검시'와 전염병사의 의심이 있을 때 행하는 '행정검시'가 이에 해당한다.

PART 03

국가적 법익

CHAPTER 01

국가의 존립과 권위에 대한 죄

제1절 내란의 죄

I. 총설

1. 의의

내란의 죄는 국토를 참절하거나 국헌을 문란할 목적으로 폭동에 의하여 국가의 존립과 헌법 질서를 위태롭게 하는 것을 내용으로 하는 범죄이다. 내란의 죄는 외환의 죄와 함께 국가 존립을 보호하는 정치 형법에 속하는 범죄이다.[1] 내란의 죄는 국가의 내부로부터 헌법의 기본 질서를 침해하여 국가의 존립을 위태롭게 하는 범죄이지만, 외환의 죄는 국가의 외부로부터 침해하는 범죄이다.

2. 사법심사의 대상

군사반란 및 내란을 통하여 정권을 장악한 경우 그 군사반란과 내란행위가 사법심사의 대상, 즉 처벌의 대상이 될 수 있는지에 대하여 견해의 대립이 있다. 이른바 '12·12 반란 사건 및 5·18 내란 사건'에서 일부 견해는 "군사반란 및 내란 행위는 국가의 헌정질서의 변혁을 가져온 고도의 정치적 행위의 성격을 가지고 있기 때문에, 정치적 책임을 지지 않는 법원이 사법적으로 심사하기에는 부적합한 것이고, 주권자인 국민의 정치적 의사형성 과정을 통하여 해결하는 것이 가장 바람직하다."고 하였다.[2]

대법원 판례의 다수의견에 따르면 군사반란과 내란행위는 처벌의 대상이 된다. "군사반란과 내란을 통하여 폭력으로 헌법에 의하여 설치된 국가기관의 권능행사를 사실상 불

1) 이재상/장영민/강동범, 673면.

2) 대법원 1997.4.17. 선고 96도3376 전원합의체 판결 중 반대의견이다. 박만호 대법관은 군사반란 및 내란이 사법심사의 대상이 되지 아니한다고 하였다.

가능하게 하고 정권을 장악한 후 국민투표를 거쳐 헌법을 개정하고 개정된 헌법에 따라 국가를 통치하여 왔다고 하더라도 그 군사반란과 내란을 통하여 새로운 법질서를 수립한 것이라고 할 수는 없으며, 우리나라의 헌법질서 아래에서는 헌법에 정한 민주적 절차에 의하지 아니하고 폭력에 의하여 헌법기관의 권능행사를 불가능하게 하거나 정권을 장악하는 행위는 어떠한 경우에도 용인될 수 없다"고 하였다. 따라서 군사반란과 내란 행위는 사법심사의 대상이 될 수 있을 뿐만 아니라 형사처벌의 대상이 된다.

생각건대, 민주주의는 국민의 자발적 동의와 참여를 기반으로 한다. 내란은 주권자인 국민의 자유로운 의사 형성을 저해하거나 폭력적으로 권력을 탈취하는 행위로서 국민 주권 원칙을 근본적으로 침해하는 행위이다. 주권자인 국민의 헌법적 의사를 폭력적·비민주적 방식으로 부정하고 왜곡하는 범죄이다. 내란을 통치행위로 보아 사법심사에서 제외하는 것은 민주주의의 핵심 가치를 부정하는 것과 같다. 민주주의의 중요한 원리 중 하나는 모든 공적 행위와 권력 행사가 책임성 있는 방식으로 이루어져야 한다. 내란은 국가권력의 합법적 행사를 초월하여 민주적 책임을 부정하는 극단적 행위이므로, 이에 대한 법적 책임 규명 없이는 민주적 책임성을 보장할 수 없다. 민주주의는 선거를 비롯한 정당한 절차와 이를 통한 평화적 정권교체를 전제로 한다. 내란은 폭력적으로 이러한 민주적 절차 자체를 파괴하려는 시도이며, 헌법상 법원은 민주적 절차가 지켜지고 있는지를 심사할 권한과 책무를 가진다. 법원이 내란에 대한 사법심사를 포기하면, 민주주의적 절차 보호는 무력화되며, 폭력이나 강압에 의한 권력 탈취의 위험성이 증가할 수밖에 없다.

3. 보호법익과 보호 정도

내란의 죄는 국가의 존립과 헌법적 질서를 포함한 국가의 내적 안전을 보호법익으로 한다.

본죄의 보호의 정도에 대하여 추상적 위험범으로 보는 견해[3]와 구체적 위험범으로 보는 견해[4]가 있다. 생각건대, 본죄의 미수범 처벌 규정이 있다는 점은 구체적 위험범설의 근거가 될 수 있다. 구체적 위험범은 현실적이고 구체적 위험범이 결과로 발생하여야 하므로 미수범 처벌 규정과 잘 연결될 수 있고, 추상적 위험범은 일반적으로 거동범적 성격이 있기 때문이다. 하지만 추상적 위험범이라도 결과범 성격을 가질 수 있다. 예를 들면 배임수재죄나 현주건조물방화죄와 같이 내란죄도 추상적 위험범이라도 결과범적 성격을

3) 김성돈, 741면; 박찬걸, 831면.

4) 김일수/서보학, 743면; 배종대, 658면; 손동권/김재윤, 730면.

가질 수 있다. 따라서 폭동을 일으킨 경우에 본죄가 성립하며, 국가권력을 배제하거나 국헌문란의 목적을 달성하였는지는 내란죄의 성립에 영향이 없다. 조문의 형식을 보면 '위험의 발생'이라는 결과 발생이 구성요건에 포함되어 있지 않으며, 내란죄는 실제 헌정질서가 무너졌거나 위태롭게 되었는지 구체적으로 평가할 필요 없이, 목적을 가지고 폭동한 행위만으로 국가 법익에 대한 위험이 추상적으로 인정되므로 추상적 위험범으로 보는 것이 타당하다.[5)]

4. 특별법

정부를 참칭하거나 국가를 변란할 것을 목적으로 하는 반국가단체를 구성하거나 이에 가입한 때에는 내란예비·음모에 해당하지만, 이를 국가보안법 제3조에서는 본범으로 처벌하고 있다. 내란죄 자체에 대해서는 형법이 적용된다. 군인의 내란행위는 군형법 제5조 반란죄로 가중처벌하고 있다. 헌정질서 파괴범죄의 공소시효 등에 관한 특례법에 따르면 형법 제2편제1장 내란의 죄, 제2장 외환의 죄와 군형법 제2편제1장 반란의 죄, 제2장 이적(利敵)의 죄는 '헌정질서 파괴범죄'로 형사소송법에 규정된 공소시효를 적용하지 아니한다.

Ⅱ. 내란죄

제87조 (내란) 대한민국 영토의 전부 또는 일부에서 국가권력을 배제하거나 국헌을 문란하게 할 목적으로 폭동을 일으킨 자는 다음 각 호의 구분에 따라 처벌한다.
1. 우두머리는 사형, 무기징역 또는 무기금고에 처한다.
2. 모의에 참여하거나 지휘하거나 그 밖의 중요한 임무에 종사한 자는 사형, 무기 또는 5년 이상의 징역이나 금고에 처한다. 살상, 파괴 또는 약탈 행위를 실행한 자도 같다.
3. 부화수행(附和隨行)하거나 단순히 폭동에만 관여한 자는 5년 이하의 징역이나 금고에 처한다.
제89조 (미수범) 전2조의 미수범은 처벌한다.

5) 이전에는 본죄의 보호 정도를 구체적 위험범으로 보았다. 종전 견해를 변경한다.

1. 의의

내란죄는 대한민국 영토의 전부 또는 일부에서 국가권력을 배제하거나 국헌을 문란하게 할 목적으로 폭동을 일으킨 경우에 성립하는 범죄이다. 필요적 공범 중 집합범, 추상적 위험범, 목적범, 상태범에 해당한다.[6)]

2. 주체: 우두머리, 모의참여자·지휘자·중요임무종사, 부화수행자·단순폭동관여자

본죄의 주체는 내란의 관여 정도에 따라 ① 우두머리, ② 모의참여자·지휘자·중요임무종사, ③ 부화수행자·단순 폭동 관여자로 구분하고 있다.

'우두머리'는 폭동을 조직·통솔하는 최고 지휘자의 지위에 있는 자를 말한다. 반드시 1인이어야 하는 것은 아니다. 반드시 내란의 발의자이거나 주모자일 필요는 없으며, 반드시 폭동의 현장에서 지휘·통솔할 필요는 없다. 형식적인 직위나 직책과 상관없이 실질적으로 내란을 지휘·통솔하는 지위에 있으면 된다.

'모의참여자'는 우두머리를 보좌하여 내란죄를 실행하기 위한 구체적인 계획 단계에서 그 모의(謀議)에 가담한 자를 말한다. 내란 범행을 목적으로 다수인이 범행 방법과 실행 계획 등을 논의하는 자리에 참석하여, 내란에 대한 구체적·적극적 동의를 표명하거나 의사를 같이한 자가 이에 해당한다.

'지휘자'는 우두머리의 아래에서 내란의 실행 단계에서 폭동 개시 전후를 불문하고 폭동 현장에서 폭동에 가담한 다수인의 전부 또는 일부를 지휘하거나 집단 외에서 지휘하는 자를 말한다. 폭동의 일부 지역이나 특정 집단을 지휘·통제하며, 현장 지휘를 수행하는 중간 지휘관이다.

'중요임무종사자'는 모의참여자·지휘자 이외의 자로서 폭동에 관하여 중요한 책임 있는 지위에 있는 자를 말한다. 구체적 지휘·통솔 책임은 없으나 내란 실행에 결정적 역할을 하는 주요 직무를 담당한 자를 말한다. 예를 들면 주요 시설 점거, 통신망 차단, 무기 및 자금 조달, 핵심 인물 납치 등 내란의 성공에 필수적이고 핵심적인 역할 수행자를 말한다.

'부화수행자'와 '단순 폭동 관여자'는 폭동 계획이나 실행 과정에서 핵심적 역할이나 지휘권 없이 타인의 지시에 따라 단순히 가담하거나, 소극적·부수적으로 폭동에 참여한 자를 말한다. 부화수행(附和隨行)은 자신의 판단 없이 타인의 뜻을 따르고 행동하는 것을 의미한다.

---

6) 대법원 1997.4.17. 선고 96도3376 전원합의체 판결: 내란죄를 계속범으로 보면 1980.5.17. 비상계엄의 전국확대로 시작된 국헌문란의 폭동은 1987.6.29.의 이른바 6·29선언 시에 비로소 종료된 것으로 보아야 한다. 하지만 내란죄를 상태범으로 보게 되면 비상계엄의 전국확대를 포함한 일련의 내란행위는 비상계엄이 해제된 1981.1.24.에 비로소 종료되었다.

3. 행위: 폭동행위

내란죄의 폭동행위는 다수인이 결합하여 폭행·협박을 하는 것을 말하며, 폭행·협박은 한 지방의 평온을 해할 정도의 최광의의 폭행·협박을 의미한다. 폭동의 내용인 폭행은 사람에 대한 유형력의 행사뿐만 아니라 물건에 대한 유형력의 행사도 포함된다. 협박은 사람에게 공포심을 일으키는 협박을 발한다. 현실적으로 공포심을 일으켰는지는 상관 없다. 판례는 이른바 '12·12 반란 사건'에서 '비상계엄의 전국확대조치'는 당시 법과 제도에 의하여 일어나는 당연한 결과라 할 수 있어도 그 위협적인 효과가 국헌문란의 목적을 가진 내란 가담자들에 의하여 목적을 달성하기 위한 수단으로 이용되었다면 내란죄의 폭동에 해당한다고 보았다.[7]

4. 기수와 미수, 상태범

폭행·협박이 한 지방의 평온을 해할 정도에 이른 때에 기수가 된다. 따라서 폭행·협박은 했으나 한 지방의 평온을 해할 정도에 이르지 못한 때에는 미수가 된다. 대한민국 영토의 전부 또는 일부에서 국가권력을 배제하거나 국헌을 문란하게 할 목적을 달성하였는지는 본죄의 기수·미수를 구별함에 상관이 없다.

본죄는 행위에 의해 야기된 위법상태의 계속 여부에 따라 본다면 계속범이 아니라 상태범(狀態犯)이다. 판례도 상태범으로 본다. 상태범은 구성요건적 실행행위에 의하여 법익의 침해가 발생함으로써 범죄는 기수가 되고 종료되지만, 기수 이후에도 위법상태가 계속되는 범죄를 말한다. 상태범은 기수 시기와 종료시기가 일치한다는 점에서 즉시범과 동일하다. 기수 후의 행위는 불가벌적 사후행위에 불과하다. 상태범이므로 내란 후에 행하여진 행위는 내란행위에 의하여 평가되어 버린 것으로 볼 수 있는 범위 내의 것이라면 새로운 법익의 침해를 수반하지 않은 이른바 불가벌적 사후행위로서 별개의 범죄를 구성하지 않는다.

5. 고의와 목적

가. 고의

본죄의 고의는 다수인이 집합하여 폭동한다는 인식과 그 의사를 말한다.

---

7) 대법원 1997.4.17. 선고 96도3376 전원합의체 판결.

나. 국토참절·국헌문란 목적

내란죄는 목적범이므로 다수인이 집합하여 폭동한다는 고의 이외에도 대한민국 영토의 전부 또는 일부에서 국가권력을 배제하거나 국헌을 문란하게 할 목적이 있어야 한다.

'국토참절(國土僭竊)'의 목적이 있어야 한다. 대한민국 영토의 전부 또는 일부에서 국가권력을 배제할 목적은 대한민국 영토의 전부 또는 일부에 대한 불법지배를 통해서 대한민국 통치권(영토고권)을 배제하려는 목적을 말한다. 대한민국의 영토를 외국에 양도하거나 대한민국 영토의 일부를 분리하는 것이 이에 해당한다.

'국헌문란(國憲紊亂)'의 목적이 있어야 한다. 국헌문란의 목적은 헌법상 기본질서를 침해할 목적을 말하여, 형법 제91조에서는 국헌문란의 목적에 대하여 다음과 같이 정의하고 있다. 제1장 내란의 죄에서 말하는 국헌을 문란할 목적은 ① 헌법 또는 법률에 정한 절차에 의하지 아니하고 헌법 또는 법률의 기능을 소멸시키는 것. ② 헌법에 의하여 설치된 국가기관을 강압에 의하여 전복 또는 그 권능행사를 불가능하게 하는 것에 해당함을 말한다. 제91조 제1호는 민주적 기본질서에 기초한 국가의 통치작용을 의미하며, 그 기능을 소멸시키는 것을 말한다. 제91조 제2호는 헌법기관의 존속과 기능을 의미하며, 그를 전복 또는 불가능하게 하는 것을 말한다.

헌법이나 법률이 정하는 정치적 기본조직을 불법으로 파괴하는 것을 말하고 구체적인 자연인만을 살해하거나, 그 계승을 기대하는 것은 이에 해당하지 않는다. 헌법수호를 목적으로 집단을 이룬 시위국민들을 가리켜 형법 제91조 제2호에서 규정하고 있는 '헌법에 의하여 설치된 국가기관'에 해당하는 것이라고 말하기는 어렵다. 하지만 광주시민들의 정당한 시위를 난폭하게 진압하는 행위는 내란행위자들이 헌법기관인 대통령과 국무위원들을 강압하여 그 권능행사를 불가능하게 한 것으로 보아야 하므로 국헌문란에 해당한다. '권능행사를 불가능하게 한다'고 하는 것은 그 기관을 제도적으로 영구히 폐지하는 경우만을 가리키는 것은 아니고 사실상 상당 기간 기능을 제대로 할 수 없게 만드는 것도 포함한다는 것이 판례의 입장이다.[8)]

6. 공범 규정의 적용 여부

가. 내부참가자

본죄는 필요적 공범이므로 임의적 공범을 전제로 한 총칙상 공범 규정이 적용되지 않는다. 따라서 내부참가자는 모두 제87조의 가담형태에 따라 내란죄의 '정범'으로 처벌된다.

---

8) 대법원 1997.4.17. 선고 96도3376 전원합의체 판결.

내란 가담자들이 하나의 내란을 구성하는 일련의 폭동행위 전부에 대하여 이를 모의하거나 관여한 바가 없다고 하더라도, 내란 집단의 구성원으로서 전체로서의 내란에 포함되는 개개 행위에 대하여 부분적으로라도 그 모의에 참여하거나 기타의 방법으로 기여하였음이 인정된다면, 그 일련의 폭동행위 전부에 대하여 내란죄가 성립한다.[9)]

나. 외부가담자

내란집단의 외부관여자에 대하여 총칙상 공범 규정이 적용되는가에 대하여 견해의 대립이 있다. 외부관여자에 대하여 총칙상 공범 규정이 언제나 적용되지 않는다는 견해가 있지만,[10)] 다수설은 집합범의 성격상 외부에서의 공동의 실행행위는 있을 수 없으므로 공동정범은 성립할 수 없지만, 집단의 외부에서 내란행위를 교사·방조하는 것은 가능하기 때문에 교사범과 방조범은 성립할 수 있다고 한다.[11)]

생각건대, 내란집단의 외부관여자라고 하더라도 그가 기능적 행위지배를 하였다면 그는 이미 내란죄의 우두머리나 중요임무종사자에 해당하므로 내란죄의 필요적 정범이 된다고 보는 것이 타당하며, 내란죄의 공동정범은 성립할 수 없다. 다만 집단 외에서 내란행위를 교사 또는 방조한 경우에는 내란죄의 교사범 또는 방조범이 성립할 수 있다.

다. 목적 없는 고의 있는 도구를 이용한 경우

목적범에서 목적은 없지만 고의는 있는 피이용자를 이용하여 범죄를 저지른 경우에 피이용자는 목적이 없기 때문에 처벌되지 않는다. 예를 들면 갑이 행사의 목적이 없지만 폭동에 대하여 고의 있는 을로 하여금 내란죄를 범하게 한 경우이다. 이용자가 처벌되지 않는 자를 이용한 것이기는 하지만, 피이용자에게 고의는 있기 때문에 간접정범의 의사지배를 인정할 수 있는지가 문제된다. 신분 없는 고의 있는 도구를 이용한 경우와 같은 논리구조이다.

학설은 현실적 지배의사를 인정할 수 없기 때문에 간접정범이 되지 않는다는 견해와 이용자에게 법적·규범적인 우위성이 인정되어 간접정범이 성립한다는 견해가 대립한다.

판례는 신분 없는 고의 있는 도구의 경우와 같이 이 경우에도 간접정범의 성립을 인정한다. 이른바 12·12 반란 사건에서 '국헌문란의 목적을 달성하기 위하여 그러한 목적이 없는 대통령을 이용한 경우에는 간접정범의 방법으로 내란죄를 실행한 것으로 보아야 한다'고 하여 학설과 같이 간접정범의 성립을 긍정한다.

---

9) 대법원 1997.4.17. 선고 96도3376 전원합의체 판결.
10) 김일수/서보학, 941면.
11) 이재상/장영민/강동범, 676면.

생각건대, 의사지배의 개념을 수정하여 현실적 의사지배뿐만 아니라 규범적·법적 의미의 의사지배를 인정할 필요가 있다. 간접정범의 의사지배를 현실적 의사지배에 한정하여 간접정범이 성립하지 않는다고 볼 경우 처벌의 공백이 발생하기 때문이다. 간접정범을 부정하는 견해에 따르면 공범이 성립할 수 있다고 하지만, 이 경우 피이용자의 행위는 구성요건해당성이 탈락되기 때문에 공범종속형식에 따를 경우 공범으로 처벌할 수 없다. 따라서 목적 없는 고의 있는 도구를 이용한 경우 피이용자는 목적이 없기 때문에 처벌되지 않으며, 이용자는 처벌되지 않는 자를 이용한 경우에 해당하므로 해당 범죄의 간접정범이 성립한다. 신분 없는 고의 있는 도구를 이용한 경우와 같은 법리이다.

7. 죄수

폭동에 수반하여 살인·상해·강도·손괴·방해 등의 행위가 있는 경우 살인죄·상해죄 등은 내란의 목적을 달성하기 위한 수단에 불과하므로 본죄에 흡수되어 내란죄의 단순일죄가 된다. 상태범이기 때문이다. 판례도 같은 입장이다.

다만 살해가 내란의 와중에 폭동에 수반하여 발생한 것이 아닌 특정인 또는 일정한 범위 내로 제한하여 의도적으로 실행된 경우에는 내란죄에 흡수되지 않고 별죄를 구성하며 내란죄와 실체적 경합이 된다.[12)]

Ⅲ. 내란목적살인죄

> 제88조 (내란목적의 살인) 대한민국 영토의 전부 또는 일부에서 국가권력을 배제하거나 국헌을 문란하게 할 목적으로 사람을 살해한 자는 사형, 무기징역 또는 무기금고에 처한다.
> 제89조 (미수범) 전2조의 미수범은 처벌한다.

내란목적살인죄는 대한민국 영토의 전부 또는 일부에서 국가권력을 배제하거나 국헌을 문란하게 할 목적으로 사람을 살해한 경우에 성립하는 범죄이다. 내란죄는 국헌문란의 목적을 달성함에 있어 '폭동'을 그 수단으로 하지만, 내란목적살인죄는 '살인'을 수단으로

---

12) 대법원 1997.4.17. 선고 96도3376 전원합의체 판결.

하는 점에서 두 죄는 구별된다.

살인이 폭동에 수반하여 행해진 경우 내란죄에 해당하기 때문에 폭동과 별개로 행하여진 살인만 내란목적살인죄에 해당한다. 내란죄와 내란목적살인죄의 죄수 관계에 대하여 판례는 내란의 실행과정에서 폭동행위에 수반하여 개별적으로 발생한 살인행위는 내란행위의 한 구성요소를 이루는 것이므로 내란행위에 흡수되어 내란목적살인죄는 성립하지 않지만, 특정인 또는 일정한 범위 내의 한정된 집단에 대한 살해가 내란의 와중에 폭동에 수반하여 일어난 것이 아니라 그것 자체가 의도적으로 실행된 경우에는 이러한 살인행위는 내란에 흡수되지 않고 내란목적살인죄를 구성한다고 한다. 따라서 1980.5. 광주재진입작전 중 공수부대원들이 총격을 가하여 여러 사람을 사살한 행위는 내란의 목적을 달성하기 위하여 직접 필요한 수단이었으므로 이러한 살인행위는 내란에 흡수될 수 없고 내란목적살인의 별죄를 구성한다.[13)]

Ⅳ. 내란예비·음모·선동·선전죄

제90조 (예비, 음모, 선동, 선전) ① 제87조 또는 제88조의 죄를 범할 목적으로 예비 또는 음모한 자는 3년 이상의 유기징역이나 유기금고에 처한다. 단, 그 목적한 죄의 실행에 이르기 전에 자수한 때에는 그 형을 감경 또는 면제한다.
② 제87조 또는 제88조의 죄를 범할 것을 선동 또는 선전한 자도 전항의 형과 같다.

1. 의의

내란예비·음모·선동·선전죄는 내란죄 또는 내란목적살인죄를 범할 목적으로 예비·음모·선동·선전함으로써 성립하는 범죄이다. 내란을 예비·음모한 자가 실행에 이르기 전에 자수한 때에는 형을 감경 또는 면제한다.

13) 대법원 1997.4.17. 선고 96도3376 전원합의체 판결.

2. 행위: 예비·음모·선동·선전

예비·음모는 내란죄 또는 내란목적살인죄를 범할 목적으로 행하여지는 준비행위로서 실행의 착수 이전에 이루어지는 범죄를 준비하는 행위를 말한다.

선동은 타인에게 자극을 주어 정당한 판단을 잃게 하고 범죄실행을 결의하게 하거나 이미 존재하는 결의를 촉구하는 것을 말하며, 선전은 불특정 다수인에게 내란의 취지를 이해시키고 알리는 행위를 말한다. 선동으로 말미암아 피선동자들에게 반드시 범죄의 결의가 발생할 것을 요건으로 하지 않는다.

내란선동은 주로 언동, 문서, 도화 등에 의한 표현행위의 단계에서 문제되는 것이므로 내란선동죄의 구성요건을 해석함에 있어서는 국민의 기본권인 표현의 자유가 위축되거나 본질이 침해되지 아니하도록 죄형법정주의의 기본정신에 따라 엄격하게 해석하여야 한다.

따라서 내란을 실행시킬 목표를 가지고 있다 하여도 단순히 특정한 정치적 사상이나 추상적인 원리를 옹호하거나 교시하는 것만으로는 내란선동이 될 수 없고, 그 내용이 내란에 이를 수 있을 정도의 폭력적인 행위를 선동하는 것이어야 하고, 나아가 피선동자의 구성 및 성향, 선동자와 피선동자의 관계 등에 비추어 피선동자에게 내란 결의를 유발하거나 증대시킬 위험성이 인정되어야만 내란선동으로 볼 수 있다.

판례 이석기의원 내란선동 및 내란음모 사건

【사실관계】 통합진보당 소속의 국회의원 피고인 갑 및 지역위원장 피고인 을이 공모하여, 이른바 조직원들과 두 차례 회합을 통하여 회합 참석자 130여 명에게 한반도에서 전쟁이 발발하는 등 유사시에 상부 명령이 내려지면 바로 전국 각 권역에서 국가기간시설 파괴 등 폭동을 할 것을 주장함으로써 내란의 죄를 범할 것을 선동하고 내란의 죄를 범할 목적으로 음모하였다는 내용으로 기소되었다(내란선동죄와 내란음모죄의 성립 여부).

【판결요지】 [4] [다수의견] (가) 내란선동죄는 내란이 실행되는 것을 목표로 선동함으로써 성립하는 독립한 범죄이고, 선동으로 말미암아 피선동자들에게 반드시 범죄의 결의가 발생할 것을 요건으로 하지 않는다. 즉 내란선동은 주로 내란행위의 외부적 준비행위에도 이르지 않은 단계에서 이루어지지만, 다수인의 심리상태에 영향을 주는 방법으로 내란의 실행욕구를 유발 또는 증대시킴으로써 집단적인 내란의 결의와 실행으로 이어지게 할 수 있는 파급력이 큰 행위이다. 따라서 내란을 목표로 선동하는 행위는 그 자체로 내란예비·음모에 준하는 불법성이 있다고 보아 내란예비·음모와 동일한 법정형으로 처벌되는 것이다.

(나) 내란선동죄에서 '국헌을 문란할 목적'이란 "헌법 또는 법률에 정한 절차에 의하지

아니하고 헌법 또는 법률의 기능을 소멸시키는 것(형법 제91조 제1호)" 또는 "헌법에 의하여 설치된 국가기관을 강압에 의하여 전복 또는 그 권능행사를 불가능하게 하는 것(같은 조 제2호)"을 말한다. 국헌문란의 목적은 범죄 성립을 위하여 고의 외에 요구되는 초과 주관적 위법요소로서 엄격한 증명사항에 속하나, 확정적 인식임을 요하지 아니하며, 다만 미필적 인식이 있으면 족하다. 그리고 국헌문란의 목적이 있었는지 여부는 피고인들이 이를 자백하지 않는 이상 외부적으로 드러난 피고인들의 행위와 그 행위에 이르게 된 경위 등 사물의 성질상 그와 관련성 있는 간접사실 또는 정황사실을 종합하여 판단하면 되고, 선동자의 표현 자체에 공격대상인 국가기관과 그를 통해 달성하고자 하는 목표, 실현방법과 계획이 구체적으로 나타나 있어야만 인정되는 것은 아니다.

또한, 형법상 내란죄의 구성요건인 폭동의 내용으로서의 폭행 또는 협박은 일체의 유형력의 행사나 외포심을 생기게 하는 해악의 고지를 의미하는 최광의의 폭행·협박을 말하는 것으로서, 이를 준비하거나 보조하는 행위를 전체적으로 파악한 개념이며, 그 정도가 한 지방의 평온을 해할 정도의 위력이 있음을 요한다.

내란선동이란 내란이 실행되는 것을 목표로 하여 피선동자들에게 내란행위를 결의, 실행하도록 충동하고 격려하는 일체의 행위를 말한다. 내란선동은 주로 언동, 문서, 도화 등에 의한 표현행위의 단계에서 문제되는 것이므로 내란선동죄의 구성요건을 해석함에 있어서는 국민의 기본권인 표현의 자유가 위축되거나 본질이 침해되지 아니하도록 죄형법정주의의 기본정신에 따라 엄격하게 해석하여야 한다. 따라서 내란을 실행시킬 목표를 가지고 있다 하여도 단순히 특정한 정치적 사상이나 추상적인 원리를 옹호하거나 교시하는 것만으로는 내란선동이 될 수 없고, 그 내용이 내란에 이를 수 있을 정도의 폭력적인 행위를 선동하는 것이어야 하고, 나아가 피선동자의 구성 및 성향, 선동자와 피선동자의 관계 등에 비추어 피선동자에게 내란 결의를 유발하거나 증대시킬 위험성이 인정되어야만 내란선동으로 볼 수 있다. 언어적 표현행위는 매우 추상적이고 다의적일 수 있으므로 그 표현행위가 위와 같은 내란선동에 해당하는지를 가림에 있어서는 선동행위 당시의 객관적 상황, 발언 등의 장소와 기회, 표현 방식과 전체적인 맥락 등을 종합하여 신중하게 판단하여야 한다.

다만 선동행위는 선동자에 의하여 일방적으로 행해지고, 그 이후 선동에 따른 범죄의 결의 여부 및 그 내용은 선동자의 지배영역을 벗어나 피선동자에 의하여 결정될 수 있으며, 내란선동을 처벌하는 근거가 선동행위 자체의 위험성과 불법성에 있다는 점 등을 전제하면, 내란선동에 있어 시기와 장소, 대상과 방식, 역할분담 등 내란 실행행위의 주요 내용이 선동 단계에서 구체적으로 제시되어야 하는 것은 아니고, 또 선동에 따라 피선동자가 내란의 실행행위로 나아갈 개연성이 있다고 인정되어야만 내란선동의 위험성이 있는 것으로 볼 수도 없다.

[5] 특정 정당 소속의 국회의원 피고인 갑 및 지역위원장 피고인 을이 공모하여, 이른바 조직원들과 두 차례 회합을 통하여 회합 참석자 130여 명에게 한반도에서 전쟁이

발발하는 등 유사시에 상부 명령이 내려지면 바로 전국 각 권역에서 국가기간시설 파괴 등 폭동을 할 것을 주장함으로써 내란의 죄를 범할 것을 선동하였다는 내용으로 기소된 사안에서, 당시의 한반도 정세, 각 회합의 내용 및 경위, 회합 참석자들의 성향·구성 및 피고인들과 관계, 피고인들의 경력과 범죄전력, 피고인들이 각 회합에서 맡은 역할과 발언 내용, 회합 참석자들의 강연 청취태도 및 발언 등 제반 사정을 종합할 때, 피고인들의 발언은 아직 전쟁 위기가 완전히 해소된 상태가 아니고 북한의 도발이 계속되는 당시의 상황에서 각 회합 참석자들에게 특정 정세를 전쟁 상황으로 인식하고 가까운 장래에 구체적인 내란의 결의를 유발하거나 증대시킬 위험성이 충분하므로, 피고인들의 행위는 그 자체로 위험성이 있는 내란 선동행위에 해당한다는 이유로, 피고인들에게 유죄를 인정한 원심판단을 정당하다고 한 사례.

[6] [다수의견] 음모는 실행의 착수 이전에 2인 이상의 자 사이에 성립한 범죄실행의 합의로서, 합의 자체는 행위로 표출되지 않은 합의 당사자들 사이의 의사표시에 불과한 만큼 실행행위로서의 정형이 없고, 따라서 합의의 모습 및 구체성의 정도도 매우 다양하게 나타날 수밖에 없다. 그런데 어떤 범죄를 실행하기로 막연하게 합의한 경우나 특정한 범죄와 관련하여 단순히 의견을 교환한 경우까지 모두 범죄실행의 합의가 있는 것으로 보아 음모죄가 성립한다고 한다면 음모죄의 성립범위가 과도하게 확대되어 국민의 기본권인 사상과 표현의 자유가 위축되거나 그 본질이 침해되는 등 죄형법정주의 원칙이 형해화될 우려가 있으므로, 음모죄의 성립범위도 이러한 확대해석의 위험성을 고려하여 엄격하게 제한하여야 한다.

한편 내란죄의 주체는 국토를 참절하거나 국헌을 문란할 목적을 이룰 수 있을 정도로 조직화된 집단으로서 다수의 자이어야 하고, 그 역할도 수괴, 중요한 임무에 종사한 자, 부화수행한 자 등으로 나뉜다(형법 제87조 각 호 참조). 또한, 실행행위인 폭동행위는 살상, 파괴, 약탈, 단순 폭동 등 여러 가지 폭력행위가 혼합되어 있고, 그 정도가 한 지방의 평온을 해할 정도의 위력이 있음을 요한다.

2인 이상의 자 사이에 어떠한 폭동행위에 대한 합의가 있는 경우에도 공격의 대상과 목표가 설정되어 있지 않고, 시기와 실행방법이 어떠한지를 알 수 없으면 그것이 '내란'에 관한 음모인지를 알 수 없다. 따라서 내란음모가 성립하였다고 하기 위해서는 개별 범죄행위에 관한 세부적인 합의가 있을 필요는 없으나, 공격의 대상과 목표가 설정되어 있고, 그 밖의 실행계획에 있어서 주요 사항의 윤곽을 공통적으로 인식할 정도의 합의가 있어야 한다.

나아가 합의는 실행행위로 나아간다는 확정적인 의미를 가진 것이어야 하고, 단순히 내란에 관한 생각이나 이론을 논의한 것으로는 부족하다. 또한, 내란음모가 단순히 내란에 관한 생각이나 이론을 논의 내지 표현한 것인지 실행행위로 나아간다는 확정적인 의미를 가진 합의인지를 구분하기가 쉽지 않다는 점을 고려하면, 내란음모죄에 해당하는 합의가 있다고 하기 위해서는 단순히 내란에 관한 범죄결심을 외부에 표시·전달하는 것만으로는 부족하고 객관적으로 내란범죄의 실행을 위한 합의라는 것이 명백히 인정되고, 그러한 합의에 실질적인 위험성이 인정되어야 한다.

그리고 내란음모가 실질적 위험성이 있는지 여부는 합의 내용으로 된 폭력행위의 유형, 내용의 구체성, 계획된 실행시기와의 근접성, 합의 당사자의 수와 합의 당사자들 사이의 관계, 합의의 강도, 합의 당시의 사회정세, 합의를 사전에 준비하였는지 여부, 합의의 후속 조치가 있었는지 여부 등을 종합적으로 고려하여 판단하여야 한다.

[7] 특정 정당 소속의 국회의원 피고인 갑 및 지역위원장 피고인 을을 비롯한 피고인들이, 이른바 조직원들과 회합을 통하여 회합 참석자 130여 명과 한반도에서 전쟁이 발발하는 등 유사시에 상부 명령이 내려지면 바로 전국 각 권역에서 국가기간시설 파괴 등 폭동을 할 것을 통모함으로써 내란의 죄를 범할 목적으로 음모하였다는 내용으로 기소된 사안에서, 당시의 한반도 정세, 회합의 내용 및 경위, 회합 참석자들의 성향·구성 및 피고인들과 관계, 피고인들의 경력과 범죄전력, 피고인들이 회합에서 맡은 역할과 발언 내용, 회합 참석자들의 강연 청취태도 및 발언 등 제반 사정에 비추어 볼 때, 피고인들을 비롯한 회합 참석자들이 전쟁 발발시 대한민국의 체제를 전복하기 위하여 구체적인 물질적 준비방안을 마련하라는 피고인 갑의 발언에 호응하여 선전전, 정보전, 국가기간시설 파괴 등을 논의하기는 하였으나, 1회적인 토론의 정도를 넘어서 내란의 실행행위로 나아가겠다는 확정적인 의사의 합치에 이르렀다고 보기 어려워 형법상 내란음모죄 성립에 필요한 '내란범죄 실행의 합의'를 하였다고 할 수 없다는 이유로, 피고인들에게 무죄를 선고한 원심판단을 정당하다고 한 사례(대법원 2015.1.22. 선고 2014도10978 전원합의체 판결).

제2절 외환의 죄

Ⅰ. 총설

외환의 죄는 외국으로 하여금 무력을 유발하게 하거나 대한민국에 항적(抗敵)하거나 적국을 위하여 이익을 제공하여 국가의 존립이나 안전을 외부로부터 위태롭게 하는 것을 내용으로 하는 범죄이다. 국가의 외부로부터 국가의 존립과 안전을 위태롭게 한다는 점에서 내란죄와 구별된다.

외환의 죄도 국가의 존립과 안전을 위태롭게 하는 범죄라는 점은 내란죄와 같지만, 국가의 외부로부터 국가의 존립과 안전을 위태롭게 하는 점은 내란죄와 다르다. 따라서 외환의 죄의 보호법익은 국가의 외적 안전이다. 보호의 정도에 대하여 내란의 죄와 같이 추상적 위험범으로 보는 것이 타당하다.

Ⅱ. 외환유치죄

제92조 (외환유치) 외국과 통모하여 대한민국에 대하여 전단을 열게 하거나 외국인과 통모하여 대한민국에 항적한 자는 사형 또는 무기징역에 처한다.
제100조(미수범) 전8조의 미수범은 처벌한다.

1. 의의

외환유치죄는 외국과 통모하여 대한민국에 대하여 전단(戰端)을 열게 하거나 외국인과 통모(通謀)하여 대한민국에 항적(抗敵)한 경우에 성립하는 범죄이다.

2. 구성요건

'외국'이란 대한민국 이외의 국가로서 반드시 국제법상 승인된 국가일 필요는 없다. 일정한 영토·인민·주권을 가진 사실상의 국가도 포함된다. 다만 제93조 여적죄와의 관계에서 적국은 제외된다. 우리나라와 무력분쟁상태에 있는 국가의 경우에는 여적죄가 우선 적용된다.

'외국인'은 외국과 외국을 대표하는 정부기관, 군대, 외교사절뿐만 아니라 외국의 사적 단체, 용병이나 테러단체도 포함된다고 생각한다.

'통모'는 의사 연락에 의한 합의를 말한다. 합의이어야 하므로 일반적 의사표시는 통모가 될 수 없다. 통모의 발의자가 누구인지는 문제되지 않으며, 직접적인 통모뿐만 아니라 간접적인 통모도 포함된다. 통모의 수단과 방법에는 제한 없다.

'전단을 연다'는 것은 전투행위를 개시하는 일체의 행위를 말한다. 국제법상 전쟁의 개시하는 것뿐만 아니라 사실상의 전쟁도 포함한다. 본죄는 위험범으로서 사실상 무력행사에 의해서도 대한민국의 외적 안전에 대한 위험이 야기될 수 있기 때문이다.

'항적'이란 적국을 위하여 적국의 군무에 종사하면서 대한민국에 적대하는 일체의 행위를 말한다. 전투원으로서 적대행위, 군무원과 같은 비전투원으로서 적대행위를 불문한다.

Ⅲ. 여적죄

제93조 (여적) 적국과 합세하여 대한민국에 항적한 자는 사형에 처한다.
제100조(미수범) 전8조의 미수범은 처벌한다.
제102조 (준적국) 제93조 내지 전조의 죄에 있어서는 대한민국에 적대하는 외국 또는 외국인의 단체는 적국으로 간주한다.

여적죄(與敵罪)는 적국과 합세하여 대한민국에 항적한 경우에 성립하는 범죄이며 외환의 죄의 기본적 구성요건이다. 형법전에서 절대적 법정형으로 사형만을 규정하고 있는 유일한 범죄이다.

'적국'은 대한민국과 교전상태에 있는 외국을 말한다. 제92조 후단의 항적과의 관계로 보면 본죄는 이미 외국과의 전쟁을 수행하고 있는 것을 전제로 하여 성립하는 범죄이다. 제102조에 따르면 대한민국에 적대하는 외국 또는 외국인의 단체도 적국으로 간주한다.

'항적'이란 적국을 위하여 적국의 군무에 종사하면서 대한민국에 적대하는 일체의 행위를 말한다. 전투원으로서 적대행위, 군무원과 같은 비전투원으로서 적대행위를 불문한다.

Ⅳ. 이적죄

제94조 (모병이적) ① 적국을 위하여 모병한 자는 사형 또는 무기징역에 처한다.
② 전항의 모병에 응한 자는 무기 또는 5년 이상의 징역에 처한다.
제95조 (시설제공이적) ① 군대, 요새, 진영 또는 군용에 공하는 선박이나 항공기 기타 장소, 설비 또는 건조물을 적국에 제공한 자는 사형 또는 무기징역에 처한다.
② 병기 또는 탄약 기타 군용에 공하는 물건을 적국에 제공한 자도 전항의 형과 같다.
제96조(시설파괴이적) 적국을 위하여 전조에 기재한 군용시설 기타 물건을 파괴하거나 사용할 수 없게 한 자는 사형 또는 무기징역에 처한다.
제97조(물건제공이적) 군용에 공하지 아니하는 병기, 탄약 또는 전투용에 공할 수 있는 물건을 적국에 제공한 자는 무기 또는 5년 이상의 징역에 처한다.

제99조 (일반이적) 전7조에 기재한 이외에 대한민국의 군사상 이익을 해하거나 적국에 군사상 이익을 공여하는 자는 무기 또는 3년 이상의 징역에 처한다.
제100조(미수범) 전8조의 미수범은 처벌한다.
제102조 (준적국) 제93조 내지 전조의 죄에 있어서는 대한민국에 적대하는 외국 또는 외국인의 단체는 적국으로 간주한다.

1. 의의

이적죄는 적국을 이롭게 하는 범죄 유형이다. 이적죄에는 모병이적죄(제94조), 시설제공이적죄(제95조), 시설파괴이적죄(제96조), 물건제공이적죄(제97조), 일반이적죄(제99조)가 있다. 일반이적죄는 '전7조에 기재한 이외에'라고 규정하여 모병이적죄 등에 대하여 보충관계에 있다.

2. 모병이적죄

적국을 위하여 전투에 종사할 인원을 모집하는 모병을 하거나 모병에 자발적으로 지원하는 것을 말한다. 강제로 모병에 응할 수밖에 없다면 책임이 조각될 수 있다.

3. 시설제공이적죄

군사시설이나 군사상 필요한 물건을 적국에 제공한 경우에 성립하는 범죄이다. 군대·요새·진영은 군사시설의 예시이며, 선박이나 항공기 기타 장소, 설비 또는 건조물, 병기 또는 탄약은 군용상 필요한 물건의 예시이다. '적국을 위하여'라는 이적 의사는 규정되어 있지 않지만, 본죄 역시 이적죄의 한 유형이라고 보여지므로 적국을 위한다는 의사가 인정되어야 한다. 강제로 제공한 경우에는 책임이 조각될 수 있다.

4. 시설파괴이적죄

적국을 위하여 시설제공이적죄에 기재한 군용시설 기타 물건을 파괴하거나 사용할 수 없게 한 경우 성립하는 범죄이다. 이적 의사가 없이 군사시설을 손괴하거나 기타의 방법으로 효용을 해한 경우에는 군사시설보호법 제14조의 적용을 받는다.

5. 물건제공이적죄

군용에 직접 제공되지는 않지만, 병기·탄약 기타 전투용에 공할 수 있는 물건을 적국에 제공하는 경우에 성립하는 범죄이다. 군용에 쓰지 않는 물건이라는 점에 특징이 있다.

6. 일반이적죄

제92조 외환죄부터 제98조 간첩죄의 구성요건에 해당하지 않는 행위로서 대한민국의 군사상 이익을 해하거나 적국에 군사상 이익을 공여한 경우에 성립하는 범죄이다. 외환의 죄에 있어서 기본적 구성요건이다. 제92조 외환죄부터 제98조 간첩죄에 대한 보충적 규정이므로 이에 해당하면 일반이적죄는 성립하지 않는다. 법조경합 중 명시적 보충관계에 해당한다.

조문의 위치상 일반이적죄가 적용되는 '전 7조에 기재한 이외'에는 간첩죄도 포함된다. 따라서 간첩죄의 기본적 성격은 이적죄의 성격을 가진다. 입법론으로 재고의 필요성이 있다. 이에 대해서는 후술한다.

V. 간첩죄

> 제98조 (간첩) ① 적국을 위하여 간첩하거나 적국의 간첩을 방조한 자는 사형, 무기 또는 7년 이상의 징역에 처한다.
> ② 군사상의 기밀을 적국에 누설한 자도 전항의 형과 같다.
> 제100조(미수범) 전8조의 미수범은 처벌한다.
> 제102조 (준적국) 제93조 내지 전조의 죄에 있어서는 대한민국에 적대하는 외국 또는 외국인의 단체는 적국으로 간주한다.

1. 의의

간첩죄는 적국을 위하여 간첩하거나, 적국의 간첩을 방조하거나, 군사상의 기밀을 적국에 누설한 경우에 성립하는 범죄이다. 간첩죄의 유형은 적국을 위하여 간첩하는 행위, 적국의 간첩을 방조하는 행위, 군사기밀을 적국에 누설하는 행위이다. 보호법익은 국가의 외부적 안전이고, 보호의 정도는 추상적 위험범이다.

2. 행위: 적국을 위하여 간첩하는 행위

가. 의의

간첩은 적국에 제보하기 위하여 은밀한 방법으로 우리나라의 군사상은 물론 정치, 경제, 사회, 문화, 사상 등 기밀에 속한 사항 또는 도서, 물건을 탐지·수집하는 것을 말한다.[14] 간첩행위는 탐지·수집하는 행위를 의미하며, 누설하는 행위는 포함되지 않는다.

나. 적국을 위하여

적국을 위한 것이므로 적국과의 의사연락이 있어야 하며, 편면적 간첩은 성립하지 않는다. 적국과의 의사 연락 없이 일방적으로 적국을 위하여 기밀을 수집하는 행위는 간첩 예비죄에 해당할 뿐이다.[15]

적국은 국제법상 국가로 취급받는 단체일 뿐만 아니라 사실상 국가에 준하는 단체도 포함된다. 대한민국에 적대하는 외국 또는 외국인의 단체는 적국으로 간주된다(제102조). 대법원은 간첩죄 성립에 있어서 북한을 적국에 준하는 것으로 본다.

적국 개념 대신에 외국 또는 외국인 개념으로 대체해야 한다는 입법론이 있다.[16] 현재는 냉전시대와는 달리 적국과 우방국의 구별이 불확실할 뿐만 아니라, 국가기밀은 적국 또는 우방국을 불문하고 간첩하거나 누설하였다면 우리나라의 보호법익이 침해된 것은 동일하기 때문이다. 국가의 안전이라는 보호법익을 해할 구체적인 행위인가에 따라 간첩죄가 새로이 규정될 필요가 있다. 타당한 입법론이라고 생각한다.

다. 국가기밀

(1) 실질적 국가기밀 개념

국가기밀은 대한민국의 안전을 위하여 객관적으로 적국에 대하여 비밀로 해야 할 이익이 있어야 한다는 실질적 기밀 개념이다. 따라서 국가기관의 기밀 표지(標識)나 비밀보지의사(祕密保持意思)라는 형식적 개념에 의하여 국가기밀이 결정되는 것은 아니다. 따라서 대한민국의 안전을 위해 비밀로 해야 할 실질적 이익이 있느냐에 따라 결정되어야 한다.[17]

---

14) 대법원 2011.1.20. 선고 2008재도11 전원합의체 판결.

15) 김성돈, 755면; 김일수/서보학, 756면; 배종대, 818면.

16) 임웅/이현정/박성민, 896면.

17) 대법원 1988.11.8. 선고 88도1630 판결; 대법원 1986.9.23. 선고 86도1429 판결; 대법원 1986.7.8. 선고 86도861 판결.

국가기밀은 대한민국의 외적 안전에 대한 중대한 불이익을 초래할 위험을 방지하기 위하여 적국에 대하여 비밀로 하여야 할 사실·대상·지식을 말한다. 따라서 군사기밀뿐만 아니라 정치·경제·사회·문화 등 각 방면에 걸쳐 우리나라의 국방정책상 적국에 알려지지 아니하는 것이 우리나라의 이익이 되는 모든 기밀을 포함한다.

국가기밀은 제한된 범위의 사람에게만 알려져 있는 것을 말하며, 일반인에게 공지된 사실은 국가기밀이 될 수 없다. 종전의 판례는 과거에 국민에게 널리 알려진 사실, 신문·잡지·라디오에 보도되어 알려진 사실, 일간신문에 보도된 사실 등 공지의 사실도 국가기밀에 포함된다고 하였지만, 97도985 전원합의체 판결을 통하여 '공지된 사실'은 국가기밀이 될 수 없다고 판례를 변경하였다.[18)]

판례 **범민련 녹음테이프 사건**

【사실관계】 피고인 갑은 북한에 입북하여 간첩활동을 해온 A와 국내에서 접촉하여 그의 연락처를 알아냈고, 그에게 가족을 찾아달라는 부탁을 하는 취지의 서신연락으로 시작되기는 하였지만 그 이후 A의 위와 같은 역할을 알고서도 그의 부탁을 받고 국내의 정치상황, 재야 운동단체들의 활동, 조국통일범민족연합(약칭 범민련) 남측본부 인사들의 구속 및 재판과정 등을 상세히 기재한 편지와 녹음테이프를 A에게 우송하였다. 그런데 이러한 편지의 녹음테이프는 동아일보, 한겨레신문 등 국내일간지와 월간말지 등 잡지, 방송 등을 통해 이미 보도된 사실이었다.

【판결요지】 [다수의견] 국가보안법 제1조 제1항은 이 법은 국가의 안전을 위태롭게 하는 반국가활동을 규제함으로써 국가의 안전과 국민의 생존 및 자유를 확보함을 목적으로 한다고 규정하고, 그 제2항에서 이 법을 해석 적용함에 있어서는 제1항의 목적달성을 위하여 필요한 최소한도에 그쳐야 하며, 이를 확대 해석하거나 헌법상 보장된 국민의 기본적 인권을 부당하게 제한하는 일이 있어서는 아니된다고 규정하고 있을 뿐 아니라, 유추해석이나 확대해석을 금지하는 죄형법정주의의 기본정신에 비추어서도 그 구성요건을 엄격히 제한해석하여야 한다. 따라서 현행 국가보안법 제4조 제1항 제2호 (나)목에 정한 기밀을 해석함에 있어서 그 기밀은 정치, 경제, 사회, 문화 등 각 방면에 관하여 반국가단체에 대하여 비밀로 하거나 확인되지 아니함이 대한민국의 이익이 되는 모든 사실, 물건 또는 지식으로서, 그것들이 국내에서의 적법한 절차 등을 거쳐 이미 일반인에게 널리 알려진 공지의 사실, 물건 또는 지식에 속하지 아니한 것이어야 하고, 또 그 내용이 누설되는 경우 국가의 안전에 위험을 초래할 우려가 있어 기밀로 보호할 실질가치를 갖춘 것이어야 한다. 다만 국가보안법 제4조(목적수행)가 반국가단체의 구성원 또는 그 지령을 받은 자의 목적수행행위를 처벌하는 규정이므로

18) 대법원 1997.11.20. 선고 97도2021 전원합의체 판결; 대법원 1997.7.16. 선고 97도985 전원합의체 판결.

그것들이 공지된 것인지 여부는 신문, 방송 등 대중매체나 통신수단 등의 발달 정도, 독자 및 청취의 범위, 공표의 주체 등 여러 사정에 비추어 보아 반국가단체 또는 그 지령을 받은 자가 더 이상 탐지·수집이나 확인·확증의 필요가 없는 것이라고 판단되는 경우 등이라 할 것이고, 누설할 경우 실질적 위험성이 있는지 여부는 그 기밀을 수집할 당시의 대한민국과 북한 또는 기타 반국가단체와의 대치현황과 안보사항 등이 고려되는 건전한 상식과 사회통념에 따라 판단하여야 할 것이며, 그 기밀이 사소한 것이라 하더라도 누설될 경우 반국가단체에는 이익이 되고 대한민국에는 불이익을 초래할 위험성이 명백하다면 이에 해당한다 할 것이다(대법원 1997.7.16. 선고 97도985 전원합의체 판결).

【해설】 국가보안법의 간첩죄와 형법의 간첩죄는 반국가단체를 위한 것인가 아니면 적국을 위한 것인가에 따라 구별되지만, 그 밖의 구성요건요소들을 고찰하면 양자는 거의 동일한 개념 표지들로 구성되어 있다. 국내에서의 적법한 절차 등을 거쳐 이미 일반인에게 널리 알려진 공지의 사실, 물건 또는 지식이 비밀에 해당될 수 있는가에 대하여 학설의 대립이 있지만, 판례는 국내에 널리 알려진 공지의 사실은 비밀이 될 수 없다고 한다.

(2) 이른바 모자이크이론

개별적인 사실은 공지의 사실이지만 이를 종합하면 전체로서 결합하여 새로운 중요사실을 판단할 수 있는 사항이 된 경우 국가기밀이 될 수 있다고 하는 이른바 '모자이크이론(Mosaic Theory)'이 있다. 그러나 공지의 사실은 이미 적국에 대해 기밀로 해야 할 실질적 이익이 없으며, 이를 적국이 결합하여 독자적인 의미로 정보를 결합하는 것은 통상적 정보활동에 해당하며, 개별 정보가 기밀이 아닌 경우에도 조합 가능성만으로 범죄행위를 인정하는 것은 과잉처벌이 될 수 있다. 행위자에게 기밀성에 대한 고의를 인정할 수 없다는 점에서 모자이크이론을 부정하는 것이 타당하다.

라. 탐지·수집하는 행위

탐지행위는 국가기밀을 알아내기 위하여 시도하거나 조사·관찰하는 행위이다. 기밀의 존재 여부, 내용, 성격 등을 알아내려는 모든 종류의 시도나 행위를 말한다. 군부대의 위치나 병력 현황 등을 망원경, 드론 등을 이용하여 관찰하는 행위가 이에 해당한다.

수집행위는 이미 존재하는 국가기밀을 모으는 행위이다. 수집행위는 행위의 결과로 국가기밀이 손에 들어온 것이 아니라도, 이를 확보하려는 적극적인 활동이면 성립한다. 군사시설 도면이나 작전계획을 사진으로 촬영하여 보관하는 행위, 파일 형태로 저장하는 행위가 이에 해당한다.

마. 실행의 착수 시기와 기수 시기

본죄의 실행의 착수 시기에 대하여 학설은 국가기밀을 탐지·수집하는 행위에 착수한 때라고 보지만, 판례는 간첩을 위하여 국내에 잠입 또는 상륙했을 때 실행의 착수가 있다고 한다.[19] 본죄의 구성요건적 행위는 간첩행위이므로 기밀을 탐지하는 행위를 개시한 때를 실행의 착수 시기로 보는 것이 타당하다.

본죄의 기수 시기는 기밀에 속하는 사항 또는 도서, 물건을 탐지·수집했을 때이다. 따라서 이미 탐지·수집한 기밀을 적국에 누설하는 행위는 간첩의 사후행위로 본다.

3. 행위: 적국의 간첩을 방조하는 행위

간첩방조는 적국의 간첩임을 알면서 그의 간첩행위를 원조하여 용이하게 하는 일체의 행위를 말한다. 이러한 간첩방조행위는 간첩의 실행행위, 즉 국가기밀의 탐지·수집행위를 돕는 것에 국한된다. 따라서 이와 무관하게 간첩에게 단지 숙식을 제공한다거나,[20] 안부 편지를 전달해 준다거나, 간첩을 은닉해 주거나, 간첩의 무전기매몰을 망보아 주는 것만으로는 간첩방조가 되지 않는다.

판례에 따르면 남파된 대남 공작원을 상륙시긴 경우,[21] 접선 방법을 합의하는 경우,[22] 대남공작원으로 하여금 합법적인 신분을 가장케 하기 위한 행위는[23]는 간첩방조에 해당한다.

4. 행위: 군사상 기밀을 누설하는 행위

본죄는 제1항과의 체계적 해석상 탐지·수집행위 없이 직무에 관하여 군사상 기밀을 지득한 자가 기밀을 누설함으로써 성립하는 신분범이다. 직무와 관계없이 알게 된 기밀을 누설한 경우에는 제99조 일반이적죄가 성립한다. 특별법으로 군사기밀보호법이 있다.

---

19) 대법원 1984.9.11. 선고 84도1381 판결.
20) 대법원 1967.1.31. 선고 66도1661 판결.
21) 대법원 1961.1.27. 선고 4293형상807 판결.
22) 대법원 1971.9.28. 선고 71도1333 판결.
23) 대법원 1970.10.30. 선고 70도1870 판결.

5. 죄수

간첩이 기밀을 탐지·수집한 후 적국에 누설까지 한 경우 군사상기밀누설행위는 불가벌적 사후행위가 되어 별죄를 구성하지 않고 간첩죄만 성립한다.

Ⅵ. 이적 예비·음모·선동·선전죄

> 第101조 (예비, 음모, 선동, 선전죄) ① 제92조 내지 제99조의 죄를 범할 목적으로 예비 또는 음모한 자는 2년 이상의 유기징역에 처한다. 단, 그 목적한 죄의 실행에 이르기 전에 자수한 때에는 그 형을 감경 또는 면제한다.
> ② 제92조 내지 제99조의 죄를 선동 또는 선전한 자도 전항의 형과 같다.

이적 예비·음모·선동·선전죄는 외환유치죄, 이적죄, 모병이적죄, 시설제공이적죄, 시설파괴이적죄, 물건제공이적죄, 간첩죄, 일반이적죄를 범할 목적으로 예비·음모한 경우(제1항) 또는 선동·선전한 경우(제2항)에 성립하는 범죄이다. 예비·음모한 자가 그 목적한 죄의 실행에 이르기 전에 자수한 경우에는 필요적으로 형을 감경 또는 면제한다.

Ⅶ. 전시군수계약불이행죄

> 第103조 (전시군수계약불이행) ① 전쟁 또는 사변에 있어서 정당한 이유 없이 정부에 대한 군수품 또는 군용공작물에 관한 계약을 이행하지 아니한 자는 10년 이하의 징역에 처한다.
> ② 전항의 계약이행을 방해한 자도 전항의 형과 같다.

전쟁 또는 사변에 있어서 정당한 이유 없이 정부에 대한 군수품 또는 군용공작물에 관한 계약을 이행하지 아니하거나(제1항), 계약이행을 방해한 경우(제2항)에 성립하는 범죄이다. 제1항의 계약불이행죄는 진정 부작위범이다.

제3절 국기에 관한 죄

Ⅰ. 총설

국기에 관한 죄는 대한민국을 모욕할 목적으로 국기 또는 국장을 손상, 제거, 오욕, 비방하는 것을 내용으로 하는 범죄이다. 국기에 관한 죄는 모욕죄와 손괴죄로 이루어진 결합범이다.

국기와 국장은 국가의 권위를 상징하는 표지이다. 본죄의 보호법익은 국기와 국장이 상징하는 국가의 권위와 대외적 체면이다. 보호의 정도는 추상적 위험범이다.

Ⅱ. 국기·국장모독죄

> 제105조 (국기, 국장의 모독) 대한민국을 모욕할 목적으로 국기 또는 국장을 손상, 제거 또는 오욕한 자는 5년 이하의 징역이나 금고, 10년 이하의 자격정지 또는 700만원 이하의 벌금에 처한다.

1. 의의

국기·국장모독죄는 대한민국을 모욕할 목적으로 국기 또는 국장을 손상, 제거 또는 오욕한 경우에 성립하는 범죄이다. 목적범이며 모욕죄와 손괴죄의 결합범이다.

2. 객체: 국기 또는 국장

국기는 국가의 권위를 상징하기 위하여 일정한 형식에 따라 제작된 기를 말하며, 국장은 국가를 상징하는 국기 이외의 일체의 휘장을 말한다. 군대의 군기, 대사관 등의 휘장, 나라문장이 이에 해당한다.

3. 행위: 손상, 제거, 오욕

'손상'은 손괴와 같이 물질적으로 국기 또는 국장의 전부 또는 일부를 훼손하는 것을 말한다. '제거'란 국기·국장을 손상하지 않고 현재 게양된 장소에서 철거하거나 다른 물건으로 가려서 보이지 않게 하는 것을 말한다. '오욕'은 국기·국장을 불결하게 하는 일체의 행위를 말한다.

4. 고의와 대한민국을 모욕할 목적

본죄는 목적범이므로 국기나 국장을 손상·제거·오욕한다는 고의 이외에도 대한민국을 모욕할 목적이 있어야 한다. 따라서 국기를 불태우거나 밟는 행위를 하였다고 하여도 대한민국을 모욕할 목적이 없다면 본죄로 처벌할 수 없다.

Ⅲ. 국기·국장비방죄

제106조 (국기, 국장의 비방) 전조의 목적으로 국기 또는 국장을 비방한 자는 1년 이하의 징역이나 금고, 5년 이하의 자격정지 또는 200만원 이하의 벌금에 처한다.

국기·국장비방죄는 대한민국을 모욕할 목적으로 국기 또는 국장을 비방한 경우에 성립하는 범죄이다. 본죄는 국기·국장모독죄와 행위객체는 동일하며 다만 행위태양이 다를 뿐이다. '비방'은 언어나 거동·문장 또는 회화에 의하여 모욕의 의사를 표현하는 것을 말한다. 공연성의 요건은 법에 규정되어 있지 않지만, 비방에 의하여 국가의 권위와 체면을 손상시킬 정도가 되어야 하기 때문에 공연성이 있어야 하는 것으로 해석하는 것이 통설이다.

제4절 국교에 관한 죄

Ⅰ. 총설

국교에 관한 죄는 국제법상 보호되는 외국의 이익을 해함으로써 외국과의 평화로운 국제관계와 우리나라의 대외적 지위를 위태롭게 하는 것을 내용으로 하는 범죄이다. 외국과의 국교관계를 원활히 하려는데 입법취지가 있다.

본죄의 보호법익에 대하여 대한민국의 대외적 지위로 보는 견해와 국제법상 의무에 기한 외국 법익의 보호로 보는 견해가 있다. 대한민국의 안전과 외교적 이익뿐만 아니라 국제법상 요구되는 외국의 이익을 같이 보호하는 것으로 보는 것이 타당하다. 보호의 정도는 추상적 위험범이다.

Ⅱ. 외국원수에 대한 폭행 등 죄

제107조 (외국원수에 대한 폭행등) ① 대한민국에 체재하는 외국의 원수에 대하여 폭행 또는 협박을 가한 자는 7년 이하의 징역이나 금고에 처한다.
② 전항의 외국원수에 대하여 모욕을 가하거나 명예를 훼손한 자는 5년 이하의 징역이나 금고에 처한다.
제110조 (피해자의 의사) 제107조 내지 제109조의 죄는 그 외국정부의 명시한 의사에 반하여 공소를 제기할 수 없다.

외국원수에 대한 폭행 등 죄는 대한민국에 체재하는 외국의 원수에 대하여 폭행 또는 협박을 가하거나(제1항), 모욕을 가하거나 명예를 훼손한 경우(제2항) 성립하는 범죄이다. 반의사불벌죄이다.

행위객체가 대한민국에 체재하는 외국의 원수라는 점에서 일반인에 대한 폭행죄에 비해 형이 가중된 가중적 구성요건이다. '원수'는 외국의 헌법에 의하여 국가를 대표할 권한이 있는 자를 말하며 외국의 대통령이나 군주가 이에 해당한다. 따라서 내각책임제 국가에서 내각의 수반인 수상이나 국제법상 국가로 인정되지 않는 단체나 집단의 대표는 외국의 원수에 해당하지 않는다.

Ⅲ. 외국사절에 대한 폭행 등 죄

> 제108조 (외국사절에 대한 폭행등) ① 대한민국에 파견된 외국사절에 대하여 폭행 또는 협박을 가한 자는 5년 이하의 징역이나 금고에 처한다.
> ② 전항의 외국사절에 대하여 모욕을 가하거나 명예를 훼손한 자는 3년 이하의 징역이나 금고에 처한다
> 제110조 (피해자의 의사) 제107조 내지 제109조의 죄는 그 외국정부의 명시한 의사에 반하여 공소를 제기할 수 없다.

외국사절에 대한 폭행 등 죄는 대한민국에 파견된 외국사절에 대하여 폭행 또는 협박을 가하거나(제1항), 모욕을 가하거나 명예를 훼손한 경우(제2항) 성립하는 범죄이다. 반의사불벌죄이다.

행위객체가 대한민국에 파견된 외국사절이라는 점을 제외하고는 외국원수에 대한 폭행등죄와 동일한다. 외교사절은 대사·공사를 말하고 영사는 포함되지 않는다.

Ⅳ. 외국국기·국장모독죄

> 제109조 (외국의 국기, 국장의 모독) 외국을 모욕할 목적으로 그 나라의 공용에 공하는 국기 또는 국장을 손상, 제거 또는 오욕한 자는 2년 이하의 징역이나 금고 또는 300만원 이하의 벌금에 처한다.
> 제110조 (피해자의 의사) 제107조 내지 제109조의 죄는 그 외국정부의 명시한 의사에 반하여 공소를 제기할 수 없다.

외국국기·국장모독죄는 외국을 모욕할 목적으로 그 나라의 공용에 공하는 국기 또는 국장을 손상, 제거 또는 오욕한 경우에 성립하는 범죄이다. 행위객체가 공용에 공하는 국기 또는 국장을 제외하고는 우리나라의 국기·국장모독죄의 구성요건과 동일하다. 반의사불벌죄이다. '공용에 공하는'이라는 의미는 국가의 권위를 상징하기 위하여 그 나라의 공적 기관이나 공무소에서 사용되는 것을 말한다.

Ⅴ. 외국에 대한 사전죄

제111조 (외국에 대한 사전) ① 외국에 대하여 사전한 자는 1년 이상의 유기금고에 처한다.
② 전항의 미수범은 처벌한다.
③ 제1항의 죄를 범할 목적으로 예비 또는 음모한 자는 3년 이하의 금고 또는 500만원 이하의 벌금에 처한다. 단 그 목적한 죄의 실행에 이르기 전에 자수한 때에는 감경 또는 면제한다.

외국에 대한 사전죄는 외국에 대하여 사전(私戰)한 경우에 성립하는 범죄이다. 국민이 외국과 전투행위를 하는 것은 외국의 정부와의 외교관계를 악화시키고 나아가 국가의 존립을 위태롭게 할 위험이 있기 때문에 처벌하는 규정이다.

사전(私戰)이란 국가의 전투명령에 의하지 않고 국가의사와 상관없이 개인 또는 집단이 외국에 대하여 전투행위를 하는 것을 말한다.

Ⅵ. 중립명령위반죄

제112조 (중립명령위반) 외국간의 교전에 있어서 중립에 관한 명령에 위반한 자는 3년 이하의 금고 또는 500만원 이하의 벌금에 처한다.

중립명령위반죄는 외국 간의 교전에 있어서 중립에 관한 명령에 위반한 경우에 성립하는 범죄이다. 국가 간의 중립명령에 대한 의무위반은 국가의 중립선언을 무의미하게 할 뿐만 아니라 상대국 간의 국교관계를 위태롭게 할 위험성이 있으므로 처벌 규정을 둔 것이다. 구성요건의 내용이 중립명령에 의하여 보충되도록 위임되어 있기 때문에 백지형법에 해당한다.

'외국 간의 교전'은 우리나라가 참가하지 않은 전쟁이 2개국 이상의 외국 사이에 행해지고 있는 상태를 말한다. '중립명령'은 우리나라가 교전국 중 일방 당사자 한쪽에도 가담하지 않고 국외중립을 지키도록 하는 명령을 말한다.

Ⅶ. 외교상 기밀누설죄

제113조 (외교상기밀의 누설) ① 외교상의 기밀을 누설한 자는 5년 이하의 징역 또는 1천만원 이하의 벌금에 처한다.
② 누설할 목적으로 외교상의 기밀을 탐지 또는 수집한 자도 전항의 형과 같다.

외교상 기밀누설죄는 외교상의 기밀을 누설한 경우(제1항) 또는 누설할 목적으로 외교상의 기밀을 탐지 또는 수집한 경우(제2항)에 성립하는 범죄이다.

'외교상의 기밀'은 외국과의 관계에서 국가가 보지(保持)해야 할 기밀로서, 외교정책상 외국에 대하여 비밀로 하거나 확인되지 아니함이 대한민국의 이익이 되는 모든 정보자료를 말한다. 외국에 이미 널리 알려져 있는 사항은 특단의 사정이 없는 한 이를 비밀로 하거나 확인되지 아니함이 외교정책상의 이익이 된다고 할 수 없는 것이어서 외교상의 기밀에 해당하지 아니한다.[24)]

24) 대법원 1995.12.5. 선고 94도2379 판결.

CHAPTER 02

국가의 기능에 대한 죄

제1절 공무원의 직무에 관한 죄

Ⅰ. 총설

1. 의의

공무원의 직무범죄는 공무원이 직무를 유기하거나, 직권을 남용하거나, 뇌물을 수수함으로써 국가기능의 공정을 침해하고 국가기능을 부패시키는 것을 내용으로 하는 범죄이다. 공무원이 범죄주체가 되는 신분범이라는 의미에서 '공무원범죄', 직무와 관련된 범죄라는 의미에서 '직무범죄'라고도 한다.

본죄의 보호법익은 국가의 기능이다. 보호의 정도에 있어서 직무유기죄는 구체적 위험범이며, 불법체포·감금죄는 침해범이며, 나머지는 추상적 위험범이다.

2. 종류

진정직무범죄는 공무원만이 정범이 될 수 있는 범죄로 진정 신분범이다. 따라서 진정직무범죄에 가담한 비공무원은 진정직무범죄의 공범이 된다. 진정직무범죄에는 직무유기죄(제122조), 피의사실공표죄(제126조) 등이 있다.

부진정직무범죄는 공무원이 아닌 자도 죄를 범할 수 있지만 공무원이 행한 경우 형이 가중되는 범죄이다. 따라서 부진정직무범죄에 가담한 비공무원은 일반범죄가 성립한다. 부진정직무범죄에는 불법체포·감금죄(제124조), 폭행·가혹행위죄(제125조) 등이 있다.

일반직무범죄는 모든 공무원이 범할 수 있는 범죄이다. 직무유기죄, 뇌물죄, 공무상비밀누설죄 등이 이에 해당한다. 일반직무범죄에 가담한 사인은 형법 제33조가 적용된다.

특수직무범죄는 구성요건이 전제하고 있는 특수한 지위에 있는 공무원만이 범할 수 있는 범죄이다. 특수직무범죄에 가담한 사인이나 일반공무원에 대해서는 형법 제33조가 적용된다. 불법체포감금죄, 특수폭행·가혹행위죄, 피의사실공표죄, 선거방해죄가 이에 해당한다.

3. 공무원의 의의

형법에는 공무원에 대한 개념 정의가 없으므로 국가공무원법, 지방공무원법 기타 특별법에 의존할 수밖에 없다. 국가공무원법과 지방공무원법에 따르면 공무원은 크게 경력직 공무원과 특수경력직 공무원으로 구분된다. 경력직 공무원은 실적과 자격에 의해 임용되고 그 신분이 보장되는 공무원으로 다시 일반직 공무원·특정직 공무원으로 나누어 진다. 특수경력직 공무원은 정무직·별정직·계약직·고용직으로 나누어진다. 특별법에 의한 공무원으로는 한국은행의 임직원, 한국산업은행, 한국수출입은행, 중소기업은행의 임원 및 특별검사, 특별검사보, 특별수사관, 청원경찰관 등이 있다.

공법상 공무원이라고 하더라도 기계적·육체적 노무는 직무범죄에 의하여 형법적 보호가치가 없으므로 특수경력직공무원 중 환경미화원·공원·인부 등 고용직 공무원은 본죄의 공무원에 해당하지 않는다.

특정한 공공목적을 위하여 특별한 법적 근거에 의하여 설립된 공법인(公法人) 직원의 경우 개별적으로 검토하여 행정기관에 준하는 공법인의 직원은 공무원으로 보는 것이 통설과 판례의 입장이다. 도시계획법에 따라 도시계획에 관하여 시장 또는 구청장의 자문에 응하며, 당해 시 또는 구의 도시계획에 관한 사항을 심의하기 위하여 설치된 시·구도시계획위원회의 위원은 공무원에 해당한다.[25]

Ⅱ. 직무유기죄

제122조 (직무유기) 공무원이 정당한 이유 없이 그 직무수행을 거부하거나 그 직무를 유기한 때에는 1년 이하의 징역이나 금고 또는 3년 이하의 자격정지에 처한다.

25) 대법원 1997.6.13. 선고 96도1703 판결.

1. 서설

가. 의의

직무유기죄는 공무원이 정당한 이유 없이 그 직무수행을 거부하거나 그 직무를 유기한 경우에 성립하는 범죄이다. 직무유기죄는 계속범이며 상태범이다. 작위의무를 수행하지 아니함으로써 구성요건에 해당하는 사실이 있었고 그 후에도 계속하여 그 작위의무를 수행하지 아니하는 위법한 부작위상태가 계속되는 한 가벌적 위법상태는 계속 존재하고 있기 때문이다. 형법 제122조 후단은 이를 전체적으로 보아 1죄로 처벌하는 취지로 해석되므로 이를 즉시범이라고 할 수 없다.[26]

나. 보호법익과 보호의 정도

직무유기죄의 보호법익은 공무원의 성실의무가 아니라 국가의 기능이다. 보호의 정도에 대하여 구체적 위험범으로 보는 견해[27]와 추상적 위험범으로 보는 견해[28]의 대립이 있다. 대법원 판례는 구체적 위험범으로 본다.[29] 구체적 위험범설에 따르면 직무유기행위로 인하여 국가의 기능을 저해하고 국민에게 피해를 야기시킬 구체적 위험성이 있어야 한다. 직무수행 거부행위나 직무 유기행위만으로는 본죄가 성립하지 않는다. 단순한 직무유기행위가 있는 경우에는 공무원법에서 정한 파면, 경고와 같은 징계는 가능하다는 점을 고려한 것으로 보인다.

생각건대, 구체적 위험범이 타당하다. 직무유기는 공무원이 법령 등에 의한 추상적 충근의무를 태만히 하는 일체의 경우에 성립하는 것이 아니라 직장의 무단이탈이나 직무의 의식적 포기 등과 같이 국가의 기능을 저해하고 국민에게 피해를 야기시킬 구체적 위험성이 있어야 한다.

다. 공무원법상 징계와의 구별

공무원은 국가공무원법상 성실의무(제56조), 복종의무(제57조), 직장이탈금지의무(제58조), 친절·공정의무(제59조), 종교중립의 의무(제59조의2), 비밀엄수의무(제60조), 청렴의무(제61조), 품위유지의무(제63조), 영리 업무 및 겸직금지의무(제64조), 정치운동금지의무(제65조), 집단행위금지의무(제66조)를 지며, 이에 위반하거나 직무를 태만히 하였을 때에는 징계처분을 받는다. 공무원법상 징

---

26) 대법원 1997.8.29. 선고 97도675 판결.

27) 이재상/장영민/강동범, 707면.

28) 김성돈, 771면; 임웅/이현정/박성민, 919면.

29) 대법원 2007.7.12. 선고 2006도1390 판결; 대법원 2005.5.12. 선고 2003도4331 판결.

계와는 별도로 징계사유 가운데 특별히 국가기능을 저해하고 국민에게 피해를 야기시킬 가능성이 큰 행위는 형법의 적용을 받는다. 징계사유에 해당하는 모든 직무상의 의무위반 행위를 처벌하는 것은 아니다.[30)]

2. 행위: 직무수행을 거부하거나 직무를 유기

가. 직무

직무유기죄는 구체적으로 직무를 수행해야 할 작위의무가 있는데도 이러한 직무를 저버린다고 인식하고 작위의무를 이행하지 않음으로써 성립한다.[31)]

직무는 공무원법에 따라 수행해야 할 본래의 직무를 말한다. 공무원 신분으로 인하여 부수적·파생적으로 발생하는 직무는 제외된다. 직무는 추상적 권한에 속하는 모든 직무가 아니라, 법령에 근거가 있거나 특별한 지시·명령이 있기 때문에 적시에 수행해야 할 구체적인 직무로 해석한다.

직무상 부수적으로 발생하는 수사기관에의 고발의무는 직무유기죄의 직무에 포함되지 않는다. 범칙사건 조사 결과에 따른 통고처분이나 고발 여부는 국세청장, 지방국세청장 또는 세무서장의 직무에 속할 뿐 범칙사건을 조사한 세무공무원에게는 조세범처벌절차법에 따른 통고처분이나 고발을 할 권한이 없다. 따라서 통고처분이나 고발조치를 건의하는 등의 조치를 취하지 않았다고 하더라도 직무를 의식적으로 방임 내지 포기하였다고 볼 수 없다.[32)]

벌금미납자에 대한 노역장유치 집행을 위하여 검사의 지휘를 받아 형집행장을 집행하는 경우 벌금미납자 검거는 사법경찰관리의 직무범위에 속한다. 따라서 경찰관인 갑이 벌금미납자로 지명수배되어 있던 A를 세 차례에 걸쳐 만나고도 그를 검거하여 검찰청에 신병을 인계하는 등 필요한 조치를 취하지 않았다면 직무유기죄가 성립한다.[33)]

판례 경찰관과 오토바이 상회 운영자

【판결요지】 경찰관이 장기간에 걸쳐 여러 번 오토바이를 오토바이 상회 운영자에게 보관시키고도 경찰관 스스로 소유자를 찾아 반환하도록 처리하거나 상회 운영자에게 반환 여부를 확인한 일이 전혀 없고, 상회 운영자로부터 오토바이를 보내준 대가 또는 그 처분대가로 돈까지 지급받았다면, 경찰관의 이와 같은 행위는 습득물을 단순히 상

30) 이재상/장영민/강동범, 707면; 임웅/이현정/박성민, 918면.

31) 대법원 2022.6.30. 선고 2021도8361 판결.

32) 대법원 1997.4.11. 선고 96도2753 판결.

33) 대법원 2011.9.8. 선고 2009도13371 판결.

회 운영자에게 보관시키거나 소유자를 찾아서 반환하도록 협조를 구한 정도를 벗어나 상회 운영자에게 그 습득물에 대한 임의적인 처분까지 용인한 것으로서 습득물 처리 지침에 따른 직무를 의식적으로 방임 내지 포기하고 정당한 사유 없이 직무를 수행하지 아니한 경우에 해당한다고 한 사례(대법원 2002.5.17. 선고 2001도6170 판결).

【해설】 경찰관은 방치되어 있는 오토바이를 치워달라는 신고를 받으면 습득물 처리지침에 따라 신고대장을 작성하고 보고서와 함께 오토바이를 경찰서 방범과로 보내야 하는 직무가 있다. 그런데 파출소에 오토바이를 운반할 적절한 수단이나 보관장소가 없어 오토바이상회운영자에게 운반과 보관을 부탁할 필요가 있었다 하더라도, 경찰관의 행위는 습득물을 단순히 상회운영자에게 보관시키거나 소유자를 찾아서 반환하도록 협조를 구한 정도를 벗어나 상회운영자에게 그 습득물에 대한 임의적인 처분까지 용인한 것이기 때문에 습득물 처리 지침에 따른 직무를 의식적으로 방임 내지 포기하고 정당한 사유 없이 직무를 수행하지 아니한 경우에 해당하므로 직무유기죄가 성립한다. 직무유기의 결과 상회 운영자로 부터 대가를 지급받은 경우에는 직무유기죄와 수뢰죄의 실체적 경합이 된다.

나. 직무수행을 거부

직무수행을 거부한다는 것은 직무를 적극적으로 수행할 의무가 있는 공무원이 직무를 수행하지 않는 것을 말한다. 신고서류를 접수·처리해야 할 의무가 있는 공무원이 도착한 서류를 우편으로 반송해 버린 경우,[34] 범죄 신고를 접수한 경찰관이 정당한 이유 없이 의식적으로 현장 출동을 거부하거나 수사를 회피하는 경우, 구조대원이 피해자의 구조요청을 받고도 현장을 떠나거나 필요한 조치를 하지 않고 방치한 경우, 감독관청 공무원이 불법적인 시설을 발견하고도 고의적으로 방치하는 경우 등이 이에 해당할 수 있다.

다. 직무를 유기

'직무를 유기한다'는 것은 공무원이 법령, 내규 등에 의한 추상적 성실의무를 태만히 하는 일체의 경우를 의미하는 것이 아니라 직장의 무단이탈, 직무의 의식적인 포기 등과 같이 국가의 기능을 저해하고 국민에게 피해를 야기할 구체적인 가능성이 있는 경우만을 가리킨다.[35]

직무를 의식적으로 방임하거나 포기 등 정당한 사유 없이 직무를 수행하지 아니한 경우를 의미한다. 따라서 일단 직무집행의 의사로 자신의 직무를 수행하였다면 공무원이 태만, 분망, 착각 등으로 인하여 직무를 성실히 수행하지 아니한 경우나 형식적으로 또는 소

34) 김성돈, 772면.

35) 대법원 2022.6.30. 선고 2021도8361 판결; 대법원 2014.4.10. 선고 2013도229 판결.

홀히 직무를 수행하였기 때문에 성실한 직무수행을 못한 것에 불과한 경우에는 직무유기에 해당하지 않는다.

라. 정당한 이유 없이

'정당한 이유 없이'는 법률의 규정에 의하지 않거나 일반적 업무규칙·예규·관행을 벗어나 자의적으로 위법·불공정하게 처리하는 것을 의미한다. 적법·공정한 직무집행을 확보하기 위한 '구성요건표지'이다. 따라서 정당한 이유가 있는 경우에는 구성요건해당성이 부정된다.

판례 직무유기를 긍정한 판례

① 자동차에 편승했던 경찰관이 운전사가 일으킨 교통사고를 인지하고서도 의법조치를 하지 않은 경우(대법원 1959.10.19. 선고 4289형상244 판결).

② 차량번호판의 교부담당공무원이 운행정지처분을 받은 자동차에 대하여 번호판을 재교부한 경우(대법원 1972.6.27. 선고 72도969 판결).

③ 세무공무원이 담당구역 내에 거주하는 자에 관한 양도소득세 과세자료를 다른 공무원이 은닉하고 있는 사실을 발견하고도 이를 방치한 경우(대법원 1984.4.10. 선고 83도1653 판결).

④ 학생군사교육단의 당직사관이 술을 마시고 내무반에서 화투놀이를 한 후 애인과 함께 자고 나서 당직근무의 인계·인수없이 퇴근한 경우(대법원 1990.12.21. 선고 90도2425 판결).

⑤ 농지사무를 담당하고 있는 군직원이 농지불법전용 사실을 알게 되고서도 이 사실을 외면하고 아무런 조치를 취하지 않은 경우(대법원 1993.12.24. 선고 92도3334 판결).

⑥ 경찰관이 방치된 오토바이가 있다는 신고를 받고 이를 오토바이 상회 운영자에게 연락하여 수거해가도록 하고 그 대가로 돈을 받은 경우(대법원 2002. 5. 17. 선고 2001도6170 판결).

⑦ 경찰관이 불법체류자의 신병을 출입국관리사무소에 인계하지 않고 훈방하면서 이들의 인적사항조차 기재해 두지 아니하였다면 직무유기죄가 성립한다고 한 사례(대법원 2008.2.14. 선고 2005도4202 판결).

⑧ 경찰관들이 현행범으로 체포한 도박혐의자 17명에 대해 현행범인체포서 대신에 임의동행동의서를 작성하게 하고, 그나마 제대로 조사도 하지 않은 채 석방하였으며, 현행범인 석방사실을 검사에게 보고도 하지 않았고, 석방일시·사유를 기재한 서면을 작성하여 기록에 편철하지도 않았으며, 압수한 일부 도박자금에 관하여 압수조서 및 목록도 작성하지 않은 채 검사의 지휘도 받지 않고 반환하였고, 일부 도박혐의자의 명의도용 사실과 도박 관련 범죄로 수회 처벌받은 전력을 확인하고서도 아무런 추가조사 없이 석방한 사안에서, 이는 단순히 업무를 소홀히 수행한 것이 아니라 정당한 사유 없이 의도적으로 수사업무를 방임 내지 포기한 것이라고 봄이 상당하다(대법원 2010.6.24. 선고 2008도11226 판결).

⑨ 경찰관인 피고인이 벌금미납자로 지명수배되어 있던 갑을 세 차례에 걸쳐 만나고

도 그를 검거하여 검찰청에 신병을 인계하는 등 필요한 조치를 취하지 않아 직무를 유기하였다는 내용으로 예비적으로 기소된 사안에서, 공소사실을 무죄로 인정한 원심판단에 법리오해의 위법이 있다고 한 사례(대법원 2011.9.8. 선고 2009도13371 판결).

판례 직무유기를 부정한 판례

① 경찰관이 경미한 범죄혐의사실을 인지하고 혐의자를 훈방조치하여 검사의 수사지휘를 받지 않은 경우(대법원 1982.6.8. 선고 82도117 판결).

② 전매공무원이 외제담배를 긴급압수한 후 도주한 범칙자를 찾는데 급급하여 미처 압수수색영장을 신청하지 못한 이 사건에서와 같이 직무수행과 관련하여 태만, 분망, 착각 등 일신상 또는 객관적 사유로 인하여 부당한 결과를 초래한 것에 불과한 경우에는 직무유기죄는 성립하지 않는다(대법원 1982.9.28. 선고 82도1633 판결).

③ 교도소보안과 출정계장이 호송교도관들에게 재소자의 호송업무를 지시한 후 그 수행에 대한 구체적인 확인·감독을 성실히 수행하지 못함으로 인하여 피호송자인 재소자들이 집단도주한 경우(대법원 1991.6.11. 선고 91도96 판결).

④ 조세범처벌절차법에 따른 통고처분이나 고발을 할 권한이 없는 세무공무원이 그 권한자에게 범칙사건 조사 결과에 따른 통고처분이나 고발조치를 건의하는 등의 조치를 취하지 않은 경우(대법원 1997.4.11. 선고 96도2753 판결).

⑤ 어업허가 신청업무를 담당하는 공무원이 출원인이 어업허가를 받을 수 없는 자라는 사실을 알면서도 그 직무상의 의무에 따른 적절한 조치를 취하지 않고 오히려 부하직원으로 하여금 어업허가 처리기안문을 작성하게 한 다음 스스로 중간결재를 하고, 농수산국장의 최종결재를 받은 경우에는 작위범인 위계에 의한 공무집행방해죄만이 성립하고 부작위범인 직무유기죄는 따로 성립하지 아니한다(대법원 1997.2.28. 선고 96도2825 판결).

⑥ 교육기관 등의 장이 징계의결을 집행하지 못할 법률상·사실상의 장애가 없는데도 징계의결서를 통보받은 날로부터 법정 시한이 지나도록 그 집행을 유보하는 모든 경우에 직무유기죄가 성립하는 것은 아니고, 그러한 유보가 직무에 관한 의식적인 방임이나 포기에 해당한다고 볼 수 있는 경우에 한하여 직무유기죄가 성립한다고 보아야 한다(대법원 2014.4.10. 선고 2013도229 판결).

⑦ 무단이탈로 인한 직무유기죄 성립 여부는 결근 사유와 기간, 담당하는 직무의 내용과 적시 수행 필요성, 결근으로 직무수행이 불가능한지, 결근 기간에 국가기능의 저해에 대한 구체적인 위험이 발생하였는지 등을 종합적으로 고려하여 판단할 경우 기간제 교사가 임기 종료 후 공무원으로서의 지위를 상실한 이후 성적처리 업무를 하지 않은 것으로 볼 수 있으므로 직무유기행위에 해당하지 않는다(대법원 2022.6.30. 선고 2021도8361 판결).

3. 죄수

직무유기죄는 즉시범이 아니라 계속범이므로 직무유기의 위법상태는 기수가 된 이후부터 시간적으로 계속 존재하고 있다. 따라서 그 이후 더해지는 직무유기는 전부 포괄하여 일죄가 된다.[36)]

4. 다른 죄와의 관계

가. 직무유기죄와 수뢰죄의 관계

공무원이 직무를 유기하고 그 직무유기의 결과 혜택을 받은 자로부터 대가를 지급받은 경우에는 직무유기죄와 수뢰죄의 실체적 경합이 된다.

공무원이 뇌물을 받고 그 대가로 직무수행을 유기한 경우에는 행위의 부분적 동일성에 의하여 제131조 제1항의 수뢰후부정처사죄와 직무유기죄의 상상적 경합이 된다.

나. 직무유기죄와 허위공문서작성죄의 관계

공무원이 위법사실을 '적극적으로 은폐할 목적으로' 허위공문서를 작성·행사한 경우에 부작위범인 직무유기죄는 작위범인 허위공문서작성죄 및 동행사죄에 흡수된다(법조경합 중 흡수관계). 따라서 예비군 중대장이 예비군 대원의 훈련불참사실을 고의로 은폐할 목적으로 당해 예비군 대원이 훈련에 참석한 양 허위내용의 학급편성명부를 작성한 경우 직무위배라는 위법상태는 허위공문서 작성 당시부터 포함되어 있는 것이므로 직무유기죄는 성립하지 않고 허위공문서작성죄만 성립한다.[37)] 판례에 따르면 하나의 행위가 부작위범인 직무유기죄와 작위범인 허위공문서작성·행사죄의 구성요건을 동시에 충족하는 경우, 그중 하나의 죄로만 공소를 제기할 수 있다.[38)]

공무원이 위법사실을 '은폐할 목적이 없는 경우'에는 허위공문서작성죄와 직무유기죄의 실체적 경합이 된다.[39)] 따라서 군직원이 농지전용허가를 하여 주어서는 안 됨을 알면서도 허가하여 줌이 타당하다는 취지의 현장출장복명서 및 심사의견서를 작성하여 결재권자에게 제출한 경우 위 복명서 및 심사의견서를 허위작성한 것이 농지일시전용허가를 신청하자 이를 허가하여 주기 위하여 한 것이라면 직접적으로 농지불법전용 사실을 은폐

---

36) 대법원 1997.8.29. 선고 97도675 판결.

37) 대법원 1982.12.28. 선고 82도2210 판결; 대법원 1997.2.28. 선고 96도2825 판결; 대법원 1999.12.24. 선고 99도2240 판결.

38) 대법원 2008.2.14. 선고 2005도4202 판결.

39) 대법원 1993.12.24. 선고 92도3334 판결.

하기 위하여 한 것은 아니므로 위 허위공문서작성, 동행사죄와 직무유기죄는 실체적 경합범의 관계에 있다.[40)]

다. 직무유기죄와 범인도피죄의 관계

검사로부터 범인을 검거하라는 지시를 받은 경찰관이 오히려 범인을 도피하게 한 경우에 직무유기죄는 범인도피죄에 흡수되어 작위범인 범인도피죄만 성립하고 부작위범인 직무유기죄는 따로 성립하지 않는다.[41)] 법조경합 중 흡수관계에 해당한다. 직무위배의 위법상태가 범인도피행위 속에 포함되어 있기 때문이다.

라. 직무유기죄와 위계공무집행방해죄의 관계

피고인이, 출원인이 어업허가를 받을 수 없는 자라는 사실을 알면서도 그 직무상의 의무에 따른 적절한 조치를 취하지 않고 오히려 부하직원으로 하여금 어업허가 처리기안문을 작성하게 한 다음 피고인 스스로 중간결재를 하는 등 위계로써 국장의 최종결재를 받은 경우, 직무위배의 위법상태가 위계에 의한 공무집행방해행위 속에 포함되어 있는 것으로 본다. 이 경우에는 작위범인 위계에 의한 공무집행방해죄만이 성립하고 부작위범인 직무유기죄는 따로 성립하지 아니한다.[42)]

마. 기타 범죄와의 관계

직무상 불법건축물의 단속의무가 있는 공무원이 타인을 교사하여 불법건축을 하게 한 경우 직무위배의 위법상태는 건축법위반 교사행위에 내재하고 있는 것이므로 건축법위반교사죄와 직무유기죄는 실체적 경합범이 되지 아니하고 직무유기죄는 건축법위반교사죄에 흡수된다.[43)]

검사가 긴급체포 등 강제처분의 적법성에 의문을 갖고 대면조사를 위한 피의자 인치를 2회에 걸쳐 명하였으나 사법경찰관이 이를 이행하지 않은 경우 제139조 인권옹호직무명령불준수죄와 직무유기죄의 상상적 경합이 된다.[44)]

---

40) 대법원 1993.12.24. 선고 92도3334 판결.
41) 대법원 1996.5.10. 선고 96도51 판결.
42) 대법원 1997.2.28. 선고 96도2825 판결.
43) 대법원 1980.3.25. 선고 79도2831 판결.
44) 대법원 2010.10.28. 선고 2008도11999 판결.

Ⅲ. 직권남용죄

제123조 (직권남용) 공무원이 직권을 남용하여 사람으로 하여금 의무 없는 일을 하게 하거나 사람의 권리행사를 방해한 때에는 5년 이하의 징역, 10년 이하의 자격정지 또는 1천만원 이하의 벌금에 처한다.

1. 의의

직권남용죄는 공무원이 직권을 남용하여 사람으로 하여금 의무 없는 일을 하게 하거나 사람의 권리행사를 방해한 경우에 성립하는 범죄이다. '직권남용권리행사방해죄'라고도 한다.

본죄와 강요죄의 구성요건이 유사하여 강요죄와 관련하여 본죄의 법적 성격이 무엇인가에 대하여 견해의 대립이 있다. 강요죄에 대하여 공무원이라는 신분으로 인하여 책임이 가중된 가중적 구성요건인 부진정 신분범으로 보는 견해가 있지만, 국가기능의 공정한 행사를 보호법익으로 하는 독립된 진정 신분범으로 보는 것이 타당하다. 폭행·협박을 행위수단으로 하고 있는 강요죄와는 달리 본죄는 직권남용을 행위수단으로 하고 있기 때문이다. 강요죄와는 구별되는 별개의 구성요건으로 보는 것이 타당하다.[45]

2. 주체: 공무원

가. 공무원

본죄의 행위주체는 공무원이다. 공무원의 범위에 대하여 견해의 대립이 있다. 학설은 본죄의 성질상 경찰, 검찰수사관, 집행관 등과 같이 일정한 행위를 명령하고 필요한 경우 이를 강제할 수 있는 공무원으로 강제력을 수반할 수 있는 직무를 행한 자로 해석하는 견해와 직무권한의 남용 개념과의 관계상 반드시 법률상의 강제력을 수반하는 직무를 행할 필요가 없다는 견해[46]가 있다.

판례에 따르면 일반적 직무권한은 반드시 법률상의 강제력을 수반하는 것임을 요하지 아니하며, 그것이 남용될 경우 직권행사의 상대방으로 하여금 법률상 의무 없는 일을 하

45) 부진정 신분범으로 보게 되면 공무원이 직권을 남용하여 폭행·협박으로 사람의 권리행사를 방해한 경우에는 강요죄만 성립하지만, 진정 신분범으로 보게 되면 강요죄와 직권남용죄의 상상적 경합이 된다.

46) 김성돈, 781면.

게 하거나 정당한 권리행사를 방해하기에 충분한 것이면 된다.[47] 따라서 대통령비서실 민정수석비서관,[48] 재정경제원장관,[49] 지자체 자치행정국장,[50] 서울시 구청장과 주택과장도[51] 직권남용죄의 주체가 된다.

생각건대, 본죄의 구성요건이 공무원으로 규정하고 있는 점, 남용의 의미를 고려하면 다른 직무범죄와 같이 본죄의 주체를 경찰, 검찰과 같이 강제력을 수반하는 직무를 행하는 자로 제한할 필요는 없다. 반드시 법률상의 강제력을 수반하는 직무를 행할 필요가 없다.

공직에서 퇴임한 공무원의 경우 직무권한이 없으므로 본죄의 주체가 되지 않지만, 퇴임 후에도 실질적 영향력을 행사하는 등 퇴임 전 공모한 범행에 관한 기능적 행위지배가 계속되었다고 인정할 만한 특별한 사정이 있다면 직무유기죄가 성립할 수 있다.[52]

나. 일반적 직무권한

공무원의 권한은 추상적 직무권한과 구체적 직무권한으로 나눌 수 있다. 일반적 직무권한 또는 추상적 직무권한의 범위에 있는 공무원도 본죄의 주체가 될 수 있다. 대법원은 남용의 대상인 '직권'의 범위를 '일반적 직무권한'이라고 표현하고 있다.

공무원의 직무행위가 공무원의 일반적 직무권한에 속하는 사항이라고 하기 위해서는 그에 관한 법령상의 근거가 필요하지만, 명문이 없는 경우라도 법·제도를 종합적, 실질적으로 관찰해서 그것이 해당 공무원의 직무권한에 속한다고 해석되고, 남용된 경우 상대방으로 하여금 사실상 의무 없는 일을 행하게 하거나 권리를 방해하기에 충분한 것이라고 인정되는 경우에는 직권남용죄에서 말하는 '일반적 권한'에 포함된다.

3. 구성요건적 행위

가. 의의

직권남용죄는 단순히 공무원이 직권을 남용하는 행위를 하였다는 것만으로 곧바로 성립하는 것이 아니다. 직권을 남용하여 현실적으로 다른 사람이 법령상 의무 없는 일을 하게 하였거나 다른 사람의 구체적인 권리행사를 방해하는 결과가 발생하여야 하고, 그 결

47) 대법원 2007.7.13. 선고 2004도3995 판결; 대법원 2004.5.27. 선고 2002도6251 판결; 대법원 2004.10.15. 선고 2004도2899 판결.

48) 대법원 1992.3.10. 선고 92도116 판결.

49) 대법원 2004.5.27. 선고 2002도6251 판결.

50) 대법원 2004.10.15. 선고 2004도2899 판결.

51) 대법원 2015.3.26. 선고 2013도2444 판결.

52) 대법원 2020.2.13. 선고 2019도5186 전원합의체 판결.

과의 발생은 직권남용 행위로 인한 것이어야 한다. 본죄의 행위는 직권을 남용하여 사람으로 하여금 의무 없는 일을 하게 하거나 권리행사를 방해하는 것이다.

나. 직권남용

(1) 의의

'직권남용'이란 공무원이 일반적 직무권한에 속하는 사항에 관하여 그 권한을 위법·부당하게 행사하는 것을 뜻한다. 남용에 해당하는가를 판단하는 기준은 구체적인 공무원의 직무행위가 본래 법령에서 그 직권을 부여한 목적에 따라 이루어졌는지, 직무행위가 행해진 상황에서 볼 때 필요성·상당성이 있는 행위인지, 직권행사가 허용되는 법령상의 요건을 충족했는지 등을 종합하여 판단하여야 한다.[53)]

(2) 일반적 직무권한

어떠한 직무가 공무원의 일반적 직무권한에 속하는 사항이라고 하기 위해서는 그에 관한 법령상 근거가 필요하다. 법령상 근거는 반드시 명문의 규정만을 요구하는 것이 아니라 명문의 규정이 없더라도 법령과 제도를 종합적, 실질적으로 살펴보아 그것이 해당 공무원의 직무권한에 속한다고 해석되고, 이것이 남용된 경우 상대방으로 하여금 사실상 의무 없는 일을 하게 하거나 권리를 방해하기에 충분한 것이라고 인정되는 경우에는 직권남용죄에서 말하는 일반적 직무권한에 포함된다. 형식적 직무권한의 유무를 판단할 경우 형식적 법령을 넘어서 실질적 종합 판단에 따르도록 하고 있다.

예를 들면 검찰의 고위 간부가 내사 담당 검사로 하여금 내사를 중도에서 그만두고 종결처리토록 한 경우,[54)] 시의 자치행정국장이 업무 담당자에게 승진 문제를 언급하고 허가처리가 지연되면 감사를 시키겠다고 하면서 허가 요건을 갖추지 못한 주택 허가를 해 주도록 한 경우,[55)] 대통령비서실장 및 정무수석비서관실 소속 공무원들이 전국경제인연합회에 특정 정치성향 시민단체들에 대한 자금지원을 요구한 경우,[56)] 국군기무사령관이 국군기무사령부의 직무인 군 첩보 수집·작성 및 처리 등 명목으로 자신의 지휘·감독 아래 있는 국군기무사령부 소속 부대원들로 하여금 인터넷 공간에서 특정 정당과 정치인을 지지·찬양 또는 반대·비방하거나 대통령과 국가정책을 홍보하는 의견을 유포하도록 한 경우[57)] 직권남용에 해당한다.

---

53) 대법원 2020.2.13. 선고 2019도5186 전원합의체 판결.

54) 대법원 2007.6.14. 선고 2004도5561 판결.

55) 대법원 2004.10.15. 선고 2004도2899 판결.

56) 대법원 2020.2.13. 선고 2019도5186 전원합의체 판결.

57) 대법원 2021.9.9. 선고 2019도5371 판결.

(3) 일반적 직무권한에 속하지 않는 사항이나 그와 관련이 없는 행위

직권을 남용한다는 구성요건요소를 해석함에 있어서 남용할 직권이 없으면 남용이 인정될 수 없다는 점을 출발점으로 삼고 있다. 따라서 일반적 직무권한에 속하지 않는 사항이나 그와 관련이 없는 행위에 대해서는 본죄가 성립하지 않는다.

예를 들면 세무공무원이 세금미납자를 감금하는 경우 감금은 세무공무원의 직무권한에 속하지 않기 때문에 직권남용에 해당하지 않는다. 또한 공무원이 직무와는 상관없이 단순히 개인적인 친분에 근거하여 문화 예술 활동에 대한 지원을 권유하거나 협조를 의뢰한 것에 불과한 경우,[58] 대검찰청 공안부장이 한국조폐공사사장에게 조폐공사의 쟁의행위·경영에 관하여 어떠한 지시나 명령을 할 수 있는 권한을 가지고 있지 않기 때문에 고등학교후배인 조폐공사사장에게 전화로 "좋지 않은 정보 보고가 올라온다. 서울이 시끄럽다. 빨리 직장폐쇄를 풀고 구조조정을 단행하라"고 말한 경우[59] 직권남용에 해당하지 않는다.

다. 의무 없는 일을 하게 함

의무 없는 일을 하게 한다는 것은 법률상 의무 없는 일을 하도록 하는 경우뿐만 아니라 법률상 의무가 있는 일이라도 의무의 내용을 불리하게 또는 과중하게 변경하는 경우를 포함한다. 단순한 심리적 의무감이나 도덕적 의무는 포함하지 않는다.[60]

직권남용 행위의 상대방이 그러한 일을 해야 할 법령상 의무가 있는지를 개별적으로 판단하여야 한다. 상대방이 '일반 사인인 경우'와 '공무원 또는 공공기관의 임직원인 경우'로 나누어 살펴보아야 한다.

직권남용 행위의 상대방이 일반 사인인 경우 특별한 사정이 없는 한 직권에 대응하여 따라야 할 의무가 없으므로 사인에게 어떠한 행위를 하게 하였다면 의무 없는 일을 하게 한 경우에 해당한다.[61] 하지만 상대방이 공무원 또는 유관기관의 임직원인 경우에는, 그가 한 일이 형식과 내용 등에서 직무범위 내에 속하는 사항으로서 법령 그 밖의 관련 규정에 따라 직무수행 과정에서 준수해야 할 원칙이나 기준, 절차 등을 위반하였는지 등을 살펴 법령상 의무 없는 일을 하게 한 때에 해당하는지를 판단해야 한다. 의무 없는 일에 해당하는지는 직권을 남용하였는지와 별도로 상대방이 그러한 일을 할 법령상 의무가 있는

58) 대법원 2009.1.30. 선고 2008도6950 판결.

59) 대법원 2005.4.15. 선고 2002도3453 판결.

60) 대법원 1991.12.27. 선고 90도2800 판결.

61) 대법원 2023.4.27. 선고 2020도18296 판결.

지를 살펴 개별적으로 판단하여야 한다.[62)]

공무원이 자신의 직무권한에 속하는 사항에 관하여 실무담당자로 하여금 그 직무집행을 보조하는 사실행위를 하도록 하더라도 이는 공무원 자신의 직무집행으로 귀결될 뿐이므로 원칙적으로 직권남용권리행사방해죄에서 말하는 '의무 없는 일을 하게 한 때'에 해당한다고 할 수 없다. 하지만, 직무집행의 기준과 절차가 법령에 구체적으로 명시되어 있고 실무 담당자에게도 직무집행의 기준을 적용하고 절차에 관여할 고유한 권한과 역할이 부여되어 있다면 실무 담당자로 하여금 그러한 기준과 절차를 위반하여 직무집행을 보조하게 한 경우에는 '의무 없는 일을 하게 한 때'에 해당한다.[63)]

라. 권리행사를 방해

권리행사를 방해한다는 것은 법령상 인정되어 있는 권리를 행사하지 못하게 방해하는 것을 말한다. 예를 들면 부당한 영업정지, 인·허가권자가 인·허가를 부당하게 거부하는 경우와 같이 법령상 인정된 권리를 행사하지 못하게 방해하는 것을 말한다. 공법상의 권리도 포함하므로 상급 경찰관이 직권을 남용하여 부하 경찰관들의 수사를 중단시키거나 다른 경찰관서로 이첩하게 한 경우 해당 경찰관의 권리행사를 방해한 것이다.[64)]

구체화된 권리의 현실적인 행사가 방해되어야 한다. 공무원의 직권남용행위가 있었다 할지라도 현실적으로 권리행사의 방해라는 결과가 발생하지 아니하였다면 본죄의 기수를 인정할 수 없다.[65)]

4. 기수 시기

본죄는 추상적 위험범이지만, 현실적으로 의무 없는 일을 하게 되거나 구체적인 권리행사가 방해된 결과가 발생한 때 기수가 되는 결과범이다. 판례도 본죄의 기수가 되려면 권리방해의 결과가 발생한 것이 필요하다고 한다.[66)] 따라서 공무원의 직권남용행위가 있었다 할지라도 현실적으로 권리행사의 방해라는 결과가 발생하지 아니하다면 본죄의 기수를 인정할 수 없다. 본죄의 미수범 처벌 규정이 없으므로 결과가 발생하지 않는 경우 무죄이다.

---

62) 대법원 2020.12.10. 선고 2019도17879 판결.

63) 대법원 2011.2.10. 선고 2010도13766 판결.

64) 대법원 2010.1.28. 선고 2008도7312 판결.

65) 대법원 2006.2.9. 선고 2003도4599 판결.

66) 대법원 1978.10.10. 선고 75도2665 판결.

5. 죄수 및 다른 죄와의 관계

직권남용죄는 사람으로 하여금 의무 없는 일을 하게 하거나 사람의 권리행사를 방해한 때 성립한다. 따라서 '권리행사를 방해함으로 인한 직권남용권리행사방해죄'와 '의무 없는 일을 하게 함으로 인한 직권남용권리행사방해죄'가 별개로 성립하는지 문제될 수 있다. 하지만 이는 하나의 사실을 각기 다른 측면에서 해석한 것에 불과하므로 따로 성립하지 않고 하나의 직권남용죄가 성립한다.[67)]

공무원이 직무관련자에게 제3자와 계약을 체결하도록 요구하여 계약 체결을 하게 한 행위가 제3자뇌물수수죄의 구성요건과 직권남용권리행사방해죄의 구성요건에 모두 해당하는 경우에는, 제3자뇌물수수죄와 직권남용권리행사방해죄가 각각 성립하되, 이는 사회관념상 하나의 행위가 수 개의 죄에 해당하는 경우이므로 두 죄는 형법 제40조의 상상적 경합관계에 있다.[68)]

Ⅳ. 불법체포·감금죄

> 제124조 (불법체포, 불법감금) ① 재판, 검찰, 경찰 기타 인신구속에 관한 직무를 행하는 자 또는 이를 보조하는 자가 그 직권을 남용하여 사람을 체포 또는 감금한 때에는 7년 이하의 징역과 10년 이하의 자격정지에 처한다.
> ② 전항의 미수범은 처벌한다.

1. 의의

불법체포·감금죄는 재판, 검찰, 경찰 기타 인신구속에 관한 직무를 행하는 자 또는 이를 보조하는 자가 그 직권을 남용하여 사람을 체포 또는 감금함으로써 성립하는 범죄이다.

제276조 일반체포·감금죄에 대하여 특수공무원이라는 신분으로 인하여 책임이 가중되는 부진정 신분범에 해당한다. 체포·감금죄의 구성요건행위와 동일하며 특수한 신분을 가진 자를 주체로 하고 있기 때문이다. 따라서 본죄에 가담한 비신분자가 있을 경우 그에게는 형법 제33조 공범과 신분 규정의 단서가 적용되어 체포·감금죄가 성립한다.

---

67) 대법원 2010.1.28. 선고 2008도7312 판결.

68) 대법원 2017.3.15. 선고 2016도19659 판결.

2. 주체: 재판 등 인신구속에 관한 직무를 행하는 자

본죄의 주체는 재판, 검찰, 경찰 기타 인신구속에 관한 직무를 행하는 자 또는 이를 보조하는 자이다. 기타 인신구속에 관한 직무를 행하는 자는 '사법경찰관리의 직무를 수행할 자와 그 직무범위에 관한 법률'에 규정된 자를 말한다. 교도소장, 소년원장, 보호관찰소 공무원, 산림·식품·의약품·화장품·의료기기·마약류 등 단속 사무에 종사하는 공무원, 철도경찰 사무에 종사하는 공무원 등이 이에 해당한다.

3. 행위: 직권을 남용하여 사람을 체포·감금

본죄의 행위는 그 직권을 남용하여 사람을 체포 또는 감금하는 것이다. 직권과 관련이 없다면 본죄가 아니라 제276조 일반체포·감금죄가 성립한다. 즉결심판 피의자의 정당한 귀가 요청을 거절한 채 다음날 즉결심판법정이 열릴 때까지 피의자를 경찰서 보호실에 강제유치시키려고 함으로써 피의자를 경찰서 내 즉결피의자 대기실에 1020분 동안 있게 한 경우,[69] 현행범 체포 당시 상황으로 보아도 요건 충족 여부에 관한 검사나 사법경찰관 등의 판단이 경험칙에 비추어 현저히 합리성을 잃은 경우[70] 현행범체포는 위법하므로 본죄가 성립한다.

본죄는 간접정범의 형태로도 행하여질 수 있다. 인신구속에 관한 직무를 행하는 자 또는 이를 보조하는 자가 피해자를 구속하기 위하여 진술조서 등을 허위로 작성한 후 이를 기록에 첨부하여 구속영장을 신청하고, 진술조서 등이 허위로 작성된 정을 모르는 검사와 영장전담판사를 기망하여 구속영장을 발부받은 후 그 영장에 의하여 피해자를 구금하였다면 형법 제124조 제1항의 직권남용감금죄가 성립한다.[71]

4. 다른 죄와의 관계

직권을 남용하여 불법체포·감금을 함으로 다른 사람의 권리행사를 방해한 경우에는 직권남용체포죄와 직권남용권리행사방해죄가 성립한다.[72] 양죄의 관계는 상상적 경합으로 보는 것이 타당하다.

---

69) 대법원 1997.6.13. 선고 97도877 판결.

70) 대법원 2017.3.9. 선고 2013도16162 판결.

71) 대법원 2006.5.25. 선고 2003도3945 판결.

72) 대법원 2017.3.9. 선고 2013도16162 판결.

V. 특수공무원 폭행·가혹행위죄

> 제125조 (폭행, 가혹행위) 재판, 검찰, 경찰 그 밖에 인신구속에 관한 직무를 수행하는 자 또는 이를 보조하는 자가 그 직무를 수행하면서 형사피의자나 그 밖의 사람에 대하여 폭행 또는 가혹행위를 한 경우에는 5년 이하의 징역과 10년 이하의 자격정지에 처한다.

1. 의의

특수공무원 폭행·가혹행위죄는 재판, 검찰, 경찰 기타 인신구속에 관한 직무를 수행하는 자 또는 이를 보조하는 자가 그 직무를 수행하면서 형사피의자나 그 밖의 사람에 대하여 폭행 또는 가혹한 행위를 가한 경우에 성립하는 범죄이다.

2. 구성요건

주체는 불법체포·감금죄의 주체와 동일하다. 재판, 검찰, 경찰 그 밖에 인신구속에 관한 직무를 수행하는 자 또는 이를 보조하는 자가 본죄의 주체이다.

객체는 형사피의자나 그 밖의 사람이다. '그 밖의 사람'에는 형사피고인, 증인, 참고인 등 수사나 재판에 있어서 조사의 대상이 된 사람뿐만 아니라 행정경찰상의 감독·보호를 받는 자 또는 그 관계인도 포함된다. 또한 교도소·구치소·소년원에 수용된 자도 본죄의 객체가 된다.

행위는 행위자가 직무를 수행하면서 폭행 또는 가혹행위를 하는 것이다. '직무를 수행하면서'는 직무를 행하는 기회에 있어서라는 의미이며, 직권남용의 경우도 포함하는 포괄적인 행위 상황을 말한다. 폭행은 사람의 신체에 대한 유형력의 행사를 말하며, 가혹행위는 폭행 이외의 방법으로 육체적·정신적으로 고통을 주는 행위를 말한다. 사람의 옷을 벗겨 수치심을 주는 행위, 음식을 주지 않거나 잠을 자지 못하도록 하는 행위 등이 이에 해당한다.

3. 다른 죄와의 관계

법률에 의하여 구금된 사람을 간음한 경우에는 본죄와 제303조 제2항 피구금자간음죄의 상상적 경합이 된다는 견해가 있지만,[73] 피구금자간음죄는 특별한 수단을 요건으로 하지 않으며, 피구금자의 동의가 있는 경우에도 피구금자간음죄가 성립하며, 본죄의 행위는 폭행·가혹행위가 있어야 한다는 점을 고려한다면 피구금자간음죄는 성립하지 않고 본죄만 성립한다고 보는 것이 타당하다.

Ⅵ. 피의사실공표죄

> 제126조 (피의사실공표) 검찰, 경찰 그 밖에 범죄수사에 관한 직무를 수행하는 자 또는 이를 감독하거나 보조하는 자가 그 직무를 수행하면서 알게 된 피의사실을 공소제기 전에 공표(公表)한 경우에는 3년 이하의 징역 또는 5년 이하의 자격정지에 처한다.

1. 의의

피의사실공표죄는 검찰, 경찰 기타 범죄수사에 관한 직무를 행하는 자 또는 이를 감독하거나 보조하는 자가 그 직무를 수행하면서 알게 된 피의사실을 공소제기 전에 공표한 경우에 성립하는 범죄이다. 공무상비밀누설죄와 유사한 성질을 가지며 진정 신분범이다.

본죄의 보호법익은 피의자의 무죄추정의 원칙 등 인권과 수사의 공정성이다. 수사공무원이 직무를 수행하면서 알게 된 피의사실을 공표하였다면 실제로 국가의 수사기능이 저해되지 않더라도 본죄는 성립한다. 추상적 위험범이다.

2. 구성요건

가. 주체: 검찰, 경찰 기타 범죄수사에 관한 직무를 행하는 자 또는 이를 감독하거나 보조하는 자

범죄수사에 관한 직무를 행하는 검사, 검찰수사관, 사법경찰관, 조서작성에 참여한 검찰주사 및 사법경찰리가 이에 해당한다. 구속영장을 발부한 법관도 강제수사에 대하여 사법적 통제를 하고 있으므로 본죄의 주체가 될 수 있다. 기자 등 언론기관은 본죄의 주체가

73) 김성돈, 795면.

되지 않는다. 본죄는 진정 신분범이기 때문이다.

나. 객체: 직무를 수행하면서 알게 된 피의사실

본죄의 객체는 직무를 수행하면서 알게 된 피의사실이다. 따라서 직무와 관련 없이 알게 된 사실은 해당하지 않는다. 피의사실은 형사피의사실, 즉 혐의사실을 의미하는 것이며, 고소장이나 체포·구속영장 등에 기재된 사실을 말하며, 사실을 알게 된 방법이나 경위 및 그 진실성 여부는 본죄의 성립에 영향이 없다.

다. 행위: 피의사실을 공소제기 전에 공표

본죄의 행위는 피의사실을 공소제기 전에 공표하는 것이다. 공표란 불특정 또는 다수인에게 그 내용을 알리는 것을 말한다. 피의자의 가족이나 변호인에게 알리는 것은 공표에 해당하지 않는다. 작위뿐만 아니라 부작위로도 가능하다. 따라서 신문기자가 수사기록을 열람하는 것을 묵인하는 경우에도 공표가 될 수 있다.

공표는 공소제기 전에 하여야 한다. 따라서 공소제기 후에 피의사실을 공표한 경우에는 본죄가 성립하지 않는다.

3. 위법성조각사유

피해자인 피의자의 동의가 있어도 위법성은 조각되지 않는다. 다만 수사실무상 공개수사를 위하고 동일범죄의 재발을 방지하기 위한 공공의 이익에서 일반인에게 고지하는 경우에는 정당행위로서 위법성이 조각될 수 있다.

검사와 사법경찰관의 상호협력과 일반적 수사준칙에 관한 규정 제5조 제1항에 따르면 "검사와 사법경찰관은 공소제기 전의 형사사건에 관한 내용을 공개해서는 안 된다." 제1항에도 불구하고 "법무부장관, 경찰청장 또는 해양경찰청장은 무죄추정의 원칙과 국민의 알 권리 등을 종합적으로 고려하여 형사사건 공개에 관한 준칙을 정할 수 있다." 법무부는 법무부훈령으로 '형사사건의 공보에 관한 규정'을 운영하고 있다. 경찰청은 '경찰수사사건등의 공보에 관한 규칙'을, 해양경찰청은 '수사사건등의 공보에 관한 규칙'을 운영하고 있다. '고위공직자범죄수사처 사건공보 준칙'도 있다.

수사기관의 훈령 등 내부규정으로 위법성조각사유를 정하는 것은 문제가 있다. 법률로 정하는 것이 바람직하다.

Ⅶ. 공무상 비밀누설죄

> 제127조 (공무상 비밀의 누설) 공무원 또는 공무원이었던 자가 법령에 의한 직무상 비밀을 누설한 때에는 2년 이하의 징역이나 금고 또는 5년 이하의 자격정지에 처한다.

1. 의의

공무상비밀누설죄는 공무원 또는 공무원이었던 자가 법령에 의한 직무상 비밀을 누설한 경우에 성립하는 범죄이다. 진정 신분범이며 추상적 위험범이다.

2. 주체: 공무원 또는 공무원이었던 자

본죄의 주체는 공무원 또는 공무원이었던 자이다. 국가공무원법 제60조에 따르면 공무원은 재직 중은 물론 퇴직 후에도 직무상 알게 된 비밀을 엄수(嚴守)하여야 한다. 따라서 공무원이었던 자, 즉 퇴직 공무원도 본죄의 주체가 된다.

3. 객체: 법령에 의한 직무상 비밀

본죄의 객체는 법령에 의한 직무상 비밀이다. 직무상 비밀은 직무수행 중 알게 된 비밀을 말한다. '법령에 의한 비밀'로 인정되는 범위에 대하여 견해의 대립이 있다. 통설은 법령에 의하여 특별히 비밀로 분류된 것을 의미한다고 한다. 하지만 판례는 법령에 의하여 비밀로 분류된 경우뿐만 아니라, 정치, 군사, 외교, 경제, 사회적 필요에 따라 비밀로 된 사항은 물론 정부나 공무소 또는 국민이 객관적, 일반적인 입장에서 외부에 알려지지 않는 것에 상당한 이익이 있는 사항도 실질적으로 그것을 비밀로서 보호할 가치가 있다고 인정할 수 있다면 법령에 의한 직무상 비밀로 본다.[74] 실질적 관점에 따라 비밀 개념을 넓게 해석한다.

생각건대, 본죄의 구성요건은 단순히 직무상 비밀이 아닌 '법령에 의한 직무상 비밀'로 규정하고 있다. 국민의 알 권리를 폭넓게 보장하며, 공직 부패에 대한 국민의 감시를 보장

74) 대법원 2021.11.25. 선고 2021도2486 판결.

해야 한다는 측면에서도 '법령에 의하여' 비밀로 규정되거나 분류된 것에 제한되는 것으로 해석하는 것이 타당하다.

판례 직무상 비밀에 대한 판례

① 감사원 감사관이 공개한 기업의 비업무용 부동산 보유실태에 관한 감사원 보고서의 내용은 공무상 비밀에 해당되지 않는다(대법원 1996.5.10. 선고 95도780 판결).
② 열람, 등사하게 한 수사기록의 내용이 모두 피의사실, 피의자 및 피해자의 각 인적 사항, 피해자의 상해 정도 또는 피의자의 신병처리 지휘내용 등에 관한 내용에 불과한 정도는 직무상 비밀에 해당하지 않는다(대법원 2003.6.13. 선고 2001도1343 판결).
③ 특정 사건에 대하여 수사를 진행하고 있는 상태에서 수사기관의 자료 확보 내역, 사안의 죄책 여하, 신병처리 의견 등의 정보가 수사기관 내부의 비밀에 해당한다(대법원 2007.6.14. 선고 2004도5561 판결).
④ 미국과의 자유무역협정 체결 협상을 위한 협상전략과 분야별 쟁점에 대한 대응방향 등을 담고 있는 문건은 직무상 비밀에 해당한다(대법원 2009.6.11. 선고 2009도2669 판결).
⑤ 구청에서 체납차량 영치 및 공매 등의 업무를 담당하던 공무원인 피고인이 갑의 부탁을 받고 차적 조회 시스템을 이용하여 을의 유사휘발유 제조 현장 부근에서 경찰의 잠복근무에 이용되고 있던 경찰청 소속 차량의 소유관계에 관한 정보를 알아내 갑에게 알려준 경우 직무상비밀에 해당하지 않는다(대법원 2012.3.15. 선고 2010도14734 판결).
⑥ 검사가 수사의 대상, 방법 등에 관하여 사법경찰관리에게 지휘한 내용을 기재한 수사지휘서는 당시까지 진행된 수사의 내용뿐만 아니라 향후 수사의 진행방향까지 가늠할 수 있게 하는 수사기관의 내부문서이다. 수사기관이 특정 사건에 대하여 내사 또는 수사를 진행하고 있는 상태에서 수사지휘서의 내용이 외부에 알려질 경우 피내사자나 피의자 등이 증거자료를 인멸하거나 수사기관에서 파악하고 있는 내용에 맞추어 증거를 준비하는 등 수사기관의 증거 수집 등 범죄수사 기능에 장애와 적정한 형벌권 실현에 지장이 생길 우려가 있기 때문에 수사기관 내부의 비밀에 해당한다(대법원 2018.2.13. 선고 2014도11441 판결).
⑦ 제18대 대통령 당선인 갑의 비서실 소속 공무원인 피고인이 당시 갑을 위하여 중국에 파견할 특사단 추천 의원을 정리한 문건이 사전에 외부로 누설될 경우 대통령 당선인의 인사 기능에 장애를 초래할 위험이 있으므로 직무상 비밀에 해당한다고 한 사례(대법원 2018.4.26. 선고 2018도2624 판결).

4. 행위: 누설

본죄의 구성요건적 행위는 '누설행위'이다. 누설은 비밀사항을 모르는 제3자에게 알리는 것을 말한다. 이미 알고 있는 사람에게 알리는 것은 누설이 아니다. 본죄는 누설행위를 함으로써 성립하는 추상적 위험범이다.

검찰의 고위 간부가 특정 사건에 대한 수사가 계속 진행 중인 상태에서 해당 사안에 관한 수사책임자의 잠정적인 판단 등 수사팀의 내부 상황을 확인한 뒤 그 내용을 수사대상자측에 전달한 행위는 공무상 비밀누설에 해당하지만,[75] 공무원이 직무상 알게 된 비밀을 그 직무와의 관련성 혹은 필요성에 기하여 해당 직무의 집행과 관련 있는 다른 공무원에게 직무집행의 일환으로 전달한 경우에는 원칙적으로 누설에 해당하지 않는다.[76] 다만, 비밀을 전달받은 공무원이 이를 그 직무집행과 무관하게 제3자에게 누설할 것으로 예상되는 등 국가기능에 위험이 발생하리라고 볼만한 특별한 사정이 인정되는 경우에는 누설이 될 수 있다.

Ⅷ. 선거방해죄

> 제128조 (선거방해) 검찰, 경찰 또는 군의 직에 있는 공무원이 법령에 의한 선거에 관하여 선거인, 입후보자 또는 입후보자되려는 자에게 협박을 가하거나 기타 방법으로 선거의 자유를 방해한 때에는 10년 이하의 징역과 5년 이상의 자격정지에 처한다.

선거방해죄는 검찰, 경찰 또는 군의 직에 있는 공무원이 법령에 의한 선거에 관하여 선거인, 입후보자 또는 입후보자 되려는 자에게 협박을 가하거나 기타 방법으로 선거의 자유를 방해한 경우에 성립하는 범죄이다. 보호법익은 선거권의 자유로운 행사이며, 추상적 위험범이다.

본죄의 행위는 법령에 의한 선거에 관하여 선거인, 입후보자 또는 입후보자 되려는 자에게 협박을 가하거나 기타 방법으로 선거의 자유를 방해하는 행위이다. 법령에 의한 선거이므로 법령에 의하지 않는 공공단체나 사적 단체의 선거는 포함되지 않는다. 입후보자 되려는 자는 공천을 받으려는 자 또는 입후보등록절차를 밟고 있는 자를 말한다. 방해의 수단과 방법에는 제한이 없으며, 협박은 선거를 방해하는 행위의 예시에 불과하다.

선거의 자유를 방해하는 행위를 하면 본죄는 성립하며, 미수범 처벌 규정은 없다. 현실

75) 대법원 2007.6.14. 선고 2004도5561 판결.

76) 대법원 2021.11.25. 선고 2021도2486 판결.

적으로 선거방해의 결과가 발생할 필요는 없다. 추상적 위험범이기 때문이다.

대통령선거·국회의원선거·지방의회의원 및 지방자치단체의 장의 선거에 대해서는 공직선거법이 적용된다(공직선거법 제2조). 공직선거법이 적용되는 사안이라면 본죄는 성립하지 않는 것으로 보는 것이 타당하다. 법조경합 중 특별관계에 해당하기 때문이다.

Ⅸ. 뇌물죄의 일반이론

1. 서설

가. 의의

뇌물죄는 공무원 또는 중재인이 직무행위의 대가로 부정한 이익을 취득하거나 공무원·중재인에게 이익을 제공하는 범죄이다. 뇌물죄에는 뇌물을 받는 수뢰죄와 뇌물을 주는 증뢰죄가 있다. 수뢰죄는 공무원의 직무범죄에 해당하지만, 증뢰죄는 반드시 직무범죄에 해당하지 않는다. 다만 직무범죄와 밀접한 관련성이 있으며, 수뢰죄와 증뢰죄는 상호대향 관계에 있으므로 양죄를 함께 규정하고 있다.

나. 본질

로마법의 경우 '직무행위의 불가매수성'에 뇌물죄의 본질이 있다고 하며, 게르만법은 '공무원의 직무의 순수성'에 뇌물죄의 본질이 있다고 한다. 로마법의 경우 직무행위의 대가로 뇌물을 받기만 하면 직무의무에 위반한 행위가 없어도 뇌물죄로 처벌하지만, 게르만법의 경우 직무의무에 위반한 부정행위가 있는 경우에만 뇌물죄로 처벌한다.

우리 형법의 경우 공무원이 부정한 직무행위가 있었는지와 무관하게 공무원이 뇌물을 수수·요구·약속만 하면 제129조 수뢰죄가 성립하는 것을 원칙으로 하고 있으며, 부정한 행위를 한 경우에는 제131조 수뢰 후 부정처사죄, 사후수뢰죄에서 형을 가중하고 있다는 점을 본다면 우리 형법은 로마법적 사상을 기본으로 하고 있으며 게르만법적 사상을 가미하고 있다.

다. 보호법익

로마법적 사상에 따를 경우 보호법익은 공무원의 직무행위의 불가매수성이지만, 게르만법적 사상에 따를 경우 보호법익은 직무의무의 불가침성과 순수성이 된다.

우리 형법의 경우 직무행위의 불가매수성을 보호법익으로 한다는 견해[77]와 직무행위의 불가매수성과 이에 대한 사회일반의 신뢰를 보호법익으로 한다는 견해[78]가 있다. 대법원 판례는 본죄의 보호법익에 대하여 '직무집행의 공정과 이에 대한 사회의 신뢰 및 직무행위의 불가매수성'이라고 한다.

생각건대, 본죄의 보호법익을 직무행위의 불가매수성으로 본다면 뇌물죄가 성립하기 위해서는 원칙적으로 직무관련성이 연결되어야 한다. 부정부패의 대표적 유형인 뇌물에 대한 우리나라의 현실을 본다면 직무집행의 공정성뿐만 아니라 이에 대한 사회의 신뢰까지도 보호법익으로 하는 것이 타당하다. 공무원이 전직한 이후에 전직 전의 직무와 관련하여 뇌물을 받은 경우뿐만 아니라 구체적 직무집행관련성이 없더라도 추후 뇌물과 관련된 부정한 직무를 행할 가능성이 확인된 경우에도 처벌할 필요성이 있기 때문이다.

판례 뇌물죄의 보호법익과 직무

【사실관계】 원주경찰서 교통계에 근무하는 경찰관 갑은 을의 도박장개설 및 도박범행을 묵인하는 등 편의를 봐주는 데 대한 사례비 명목으로 1회에 금 30만원씩 5회에 걸쳐 합계 금 150만원을 교부받고, 위 도박장개설 및 도박범행사실을 잘 알면서도 이를 단속하지 아니하였다.

【판결요지】 [1] 뇌물죄는 직무집행의 공정과 이에 대한 사회의 신뢰에 기하여 직무행위의 불가매수성을 그 직접의 보호법익으로 하고 있으므로 뇌물성은 의무위반 행위나 청탁의 유무 및 금품수수 시기와 직무집행 행위의 전후를 가리지 아니한다 할 것이고, 따라서 뇌물죄에서 말하는 '직무'에는 법령에 정하여진 직무뿐만 아니라 그와 관련 있는 직무, 과거에 담당하였거나 장래에 담당할 직무 외에 사무분장에 따라 현실적으로 담당하지 않는 직무라도 법령상 일반적인 직무권한에 속하는 직무 등 공무원이 그 직위에 따라 공무로 담당할 일체의 직무를 포함한다 할 것이고, 수뢰후부정처사죄에서 말하는 '부정한 행위'라 함은 직무에 위배되는 일체의 행위를 말하는 것으로 직무행위 자체는 물론 그것과 객관적으로 관련 있는 행위까지를 포함한다(대법원 2003.6.13. 선고 2003도1060 판결).

【해설】 뇌물죄의 보호법익은 직무집행의 공정과 직무행위의 불가매수성이다. 또한 피고인이 범행 당시 교통계에 근무하고 있어 도박범행의 수사에 관한 구체적 사무를 담당하고 있지 아니하였다고 하더라고 경찰관직무집행법에서 경찰관이 행하는 직무 중 하나로 '범죄의 예방·진압 및 수사'는 '일반적 직무권한'이 있기에 직무관련성이 인정된다.

77) 손동권/김재윤, 771면.

78) 김성돈, 797면; 김일수/서보학, 827면; 이재상/장영민/강동범, 720면; 임웅/이현정/박성민, 945면; 정성근/박광민, 799면.

2. 수뢰죄와 증뢰죄의 관계 및 공범 규정 적용 여부

가. 필요적 공범인가?

수뢰죄와 증뢰죄의 관계에 있어서 필요적 공범인지에 대해서 견해의 대립이 있다. '필요적 공범설'은 양죄는 1개의 범죄의 양면에 불과하고, 범인의 신분에 의하여 형의 경중에 차이만 있는 경우이므로 필요적 공범으로 본다.[79] '별개범죄설'은 수뢰죄는 신분범이고 증뢰죄는 비신분범이며, 수뢰죄는 공무원의 직무범죄, 증뢰죄는 공무의 집행을 방해하는 죄로 별개의 범죄로 본다. '이원설'은 뇌물죄 중 수수와 공여·약속으로 성립하는 뇌물죄의 경우에는 필요적 공범이지만, 요구와 공여의 의사표시로 성립하는 뇌물죄의 경우에는 일방적 의사표시만으로도 성립하므로 독립된 범죄로 본다.[80] 이원설이 다수설의 입장이다.

생각건대 수뢰죄와 증뢰죄가 필요적 공범인지 아니면 각각 독립범죄인지를 결정하는 기준은 구성요건에 다수인의 참여가 예정되어 있는가에 따라서 구분하는 것이 타당하다. 행위태양 중 수수·공여·약속은 다수인이 가담할 것을 전제로 한 것이기 때문에 필요적 공범으로 보는 것이 타당하며, 요구·공여의 의사표시는 당사자 일방의 의사표시만으로도 성립할 수 있기 때문에 독립범죄로 보는 것이 타당하다.

나. 공범 규정의 적용 범위

(1) 수뢰죄와 증뢰죄를 필요적 공범관계로 보는 경우

필요적 공범 상호 간에는 형법총칙의 공범 규정이 적용되지 않는다. 따라서 공무원은 수뢰죄, 증뢰자는 증뢰죄가 성립한다. 하지만 제3자가 수뢰자 측이나 증뢰자 측에 각각 가공하였다면 제3자와 수뢰자 사이에 또는 제3자와 증뢰자 사이에 공범 규정이 적용된다. 따라서 비신분자가 수뢰죄(진정 신분범)에 가공한 경우에는 제33조 본문이 적용되어 수뢰죄의 공범이 되지만, 비신분자가 증뢰죄(비신분범)에 가공한 때에는 증뢰죄의 공범이 성립하며 제33조의 문제는 아니다.

(2) 수뢰죄와 증뢰죄를 각각 별개의 독립범죄로 보는 경우

가담자 상호 간에는 공범과 신분 규정인 제33조가 적용된다. 따라서 비신분자인 제3자가 뇌물요구죄(진정 신분범)에 가공하면 제33조 본문에 따라 뇌물요구죄의 공범이 성립하

79) 김성돈, 800면.

80) 김일수/서보학, 829면; 손동권/김재윤, 774면; 이재상/장영민/강동범, 721면; 임웅/이현정/박성민, 946면; 정성근/박광민, 800면.

며, 가공형태에 따라 제30조 내지 제32조가 적용되어 뇌물요구죄의 공동정범, 교사범, 방조범이 된다. 비신분자인 제3자가 뇌물공여의사표시죄(비신분범)에 가공하면 뇌물공여의 사표시죄의 공범이 성립하며, 가공형태에 따라 제30조 내지 제32조가 적용되어 뇌물요구죄의 공동정범, 교사범, 방조범이 된다.

3. 뇌물의 개념

가. 의의

뇌물이란 공무원 또는 중재인이 그 직무에 관하여 받은 일체의 부당한 이익을 말한다. 뇌물은 모든 뇌물죄에 공통되는 기본적 개념이다. 뇌물 개념의 핵심적 요소는 '직무 관련성', '이익의 부당성', '대가관계'이다. 뇌물성을 인정하는 데 직무에 관한 부정한 청탁은 필요하지 않다.[81)]

나. 직무 관련성

(1) 직무의 의의

직무(職務)는 공무원 또는 중재인이 그 직위에 따라서 담당하는 업무를 말한다. 직무의 범위는 직접 법령에 정해진 경우는 물론 훈령·내규·행정처분·관례 등에 의한 경우를 포함한다. 또한 법령에 직접적인 규정이 없더라도 그 직무와 관련하여 사실상 처리하고 있는 행위이면 직무에 해당한다. 직무에 관하여 공무원이 반드시 결정권을 가질 필요는 없다. 결정권자를 보좌하거나 영향을 줄 수 있는 직무행위도 포함된다.[82)]

(2) 직무행위와 밀접한 관계가 있는 행위

직무에는 그 권한에 속하는 직무행위뿐만 아니라 직무행위에는 속하지 않더라도 직무행위와 밀접한 관계가 있는 행위, 직무행위와 관련하여 사실상 처리하던 직무도 포함된다.[83)] 최소한 당해 공무원의 일반적인 권한에 속하는 사무이어야 하므로 전혀 관계없는 사항에 관하여는 수뢰죄가 성립할 수 없다. 조세공무원이 경찰수사와 관련된 뇌물을 수수한 경우에는 직무관련성이 없기 때문에 뇌물죄가 성립하지 않는다.

특히 '직무행위와 밀접한 관계가 있는 행위'란 보통 직무상의 지위를 이용하거나 그 직무에 기한 세력을 기초로 공무의 공정에 영향을 줄 수 있는 행위를 말한다. 자기와 동일한

81) 대법원 2001.10.12. 선고 2001도3579 판결.

82) 대법원 1998.2.27. 선고 96도582 판결.

83) 대법원 2002.3.15. 선고 2001도970 판결.

권한을 가지고 있는 공무원에게 권유·청탁하는 행위, 직무권한은 다르지만 소관사무에 관한 의견이 사실상 존중되고 결정권자의 판단에 영향을 미칠 수 있는 경우, 기관 구성원 사이에 사실상 권한위임을 받거나 공조하여 사무를 취급하는 경우, 공무원 본래의 직무집행에 대한 준비적 행위의 성격을 가진 경우, 조언적 행정지도나 규정적 행정지도를 하는 경우 등이 직무와 밀접한 관계가 있는 행위이다.[84)]

(3) 소극적 공제판단형식

'소극적 공제판단형식'에 의하여 '직무에서 제외된다고 볼 수 없는 이상, 직무와의 관련성을 인정하기에 충분하다고 해석'한다. 즉 당해 행위가 전적으로 직무권한의 범위 밖에 속하는 것이 아니고 또 그 성질상 직무와 소원(疏遠)한 관계에 있는 것이 아니라면, 직무와의 관련성이 인정된다.

(4) 전직과 전직 전의 직무

공무원이 다른 직무로 옮긴 후에 전직 전의 직무에 관하여 뇌물을 받은 경우에도 직무관련성이 있는가에 대하여 통설과 판례는 과거의 직무행위에 대한 공정성과 이에 대한 사회의 신뢰를 보호할 필요성이 있기 때문에 직무관련성이 있다고 한다. 장래 담당할 직무 및 사무분장에 따라 현실적으로 담당하지 아니하는 직무라 하더라도 뇌물죄에 있어서 직무에 해당할 수 있다.[85)]

배임수재자가 배임증재자에게서 무상으로 빌려준 물건을 인도받아 사용하고 있던 중에 공무원이 되었는데, 배임증재자가 배임수재자에게 뇌물공여의 뜻을 밝히고 물건을 계속하여 배임수재자가 사용할 수 있는 상태로 두는 경우 뇌물공여죄가 성립하는지에 대하여 대법원 판례는 처음에 배임증재로 무상 대여할 당시에 정한 사용기간을 추가로 연장해 주는 등 새로운 이익을 제공한 것으로 평가할 만한 사정이 없다면, 이는 종전에 이미 제공한 이익을 나중에 와서 뇌물로 하겠다는 것에 불과할 뿐 새롭게 뇌물로 제공되는 이익이 없어 뇌물공여죄가 성립하지 않는다고 한다.[86)]

공무원이 직무와 관련하여 금품을 수수하였다면 비록 사교적 의례의 형식을 빌어 금품을 주고 받았다 하더라도 그 수수한 금품은 뇌물이 된다.[87)]

---

84) 김성돈, 802면; 정성근/박광민, 802면.

85) 대법원 1994.3.22. 선고 93도2962 판결.

86) 대법원 2015.10.15. 선고 2015도6232 판결.

87) 대법원 2018.5.15. 선고 2017도19499 판결; 대법원 2001.10.12. 선고 2001도3579 판결.

판례 직무관련성을 인정한 판례

① 구청위생계장이 유흥업소를 경영하는 사람으로부터 건물용도변경허가와 관련하여 금품을 수수한 경우(대법원 1989.9.12. 선고 89도597 판결).

② 시의회 의장이 토지구획정리사업에 대한 시의회의 심의와 관련하여 영향을 미칠 수 있는 지위에 있다는 이유로, 뇌물죄의 직무관련성을 인정한 사례(대법원 1996.11.15. 선고 95도1114 판결).

③ 대통령은 정부의 수반으로서 중앙행정기관의 장을 지휘·감독하여 정부의 중요정책을 수립·추진하는 등 모든 행정업무를 총괄하는 직무를 수행하고, 대형건설 사업 및 국토개발에 관한 정책, 통화, 금융, 조세에 관한 정책 및 기업활동에 관한 정책 등 각종 재정·경제 정책의 수립 및 시행을 최종 결정하며, 소관 행정 각 부의 장들에게 위임된 사업자 선정, 신규사업의 인·허가, 금융지원, 세무조사 등 구체적 사항에 대하여 직접 또는 간접적인 권한을 행사함으로써 기업체들의 활동에 있어 직무상 또는 사실상의 영향력을 행사할 수 있는 지위에 있고, 국책사업의 사업자 선정도 역시 대통령의 직무범위에 속하거나 그 직무와 밀접한 관계가 있는 행위이므로 이에 관하여 대통령에게 금품을 공여하면 바로 뇌물공여죄가 성립하고, 대통령이 실제로 영향력을 행사하였는지 여부는 범죄의 성립에 영향을 미치지 않는다(대법원 1997.4.17. 선고 96도3377 전원합의체 판결).

④ 국회의원이 의정활동과 전체적·포괄적으로 대가관계가 있는 금원을 교부받은 경우(대법원 1997.12.26. 선고 97도2609 판결).

⑤ 경찰관들이 변호사의 부탁에 따라 자신의 조사대상인 피의자들에게 특정 변호사를 변호인으로 선임하도록 알선하고 편의를 제공한 행위는 수사관으로서의 직무와 밀접한 관련이 있는 행위이다(대법원 2000.6.15. 선고 98도3697 전원합의체 판결).

⑥ 음주운전을 적발하여 단속에 관련된 제반서류를 작성한 후 운전면허 취소업무를 담당하는 직원에게 이를 인계하는 업무를 담당하는 경찰관이 피단속자로부터 운전면허가 취소되지 않도록 하여 달라는 청탁을 받고 금원을 교부받은 경우(대법원 1999.11.9. 선고 99도2530 판결).

⑦ 군에서 일차진급 평정권자가 그 평정업무와 관련하여 진급대상자로 하여금 자신의 은행대출금채무에 연대보증하게 한 경우(대법원 2001.1.5. 선고 2000도4714 판결).

⑧ 대대 주임원사인 피고인이 소속 대대 병사들의 보직에 관하여 지휘관인 대대장에게 건의하면 그 건의가 상당 부분 반영되어 왔다면 그와 같은 병사들의 보직 등을 결정하는 직무는 뇌물죄에 있어서의 직무에 해당한다고 한 사례(대법원 2004.5.28. 선고 2004도1442 판결).

⑨ 경찰관이 재건축조합 직무대행자에 대한 진정사건을 수사하면서 진정인측에 의하여 재건축 설계업체로 선정되기를 희망하던 건축사사무소 대표로부터 금원을 수수한 경우(대법원 2006.6.15. 선고 2005도1420 판결).

⑩ 국회의원이 특정협회로부터 요청받은 자료를 제공하고 그 대가로서 후원금 명목으로 금원을 교부받은 경우(대법원 2009.5.14. 선고 2008도8852 판결).

⑪ 재건축추진위원장이 재건축조합의 조속한 설립인가를 위해 담당공무원에게 두 차례에 걸쳐 점심 식사를 제공한 경우(대법원 2008.11.27. 선고 2006도8779 판결).

판례 **직무관련성을 부정한 판례**

① 법원의 참여주사가 공판에 참여하여 양형에 관한 사항의 심리내용을 공판조서에 기재한다고 하더라도 이를 가지고 형사사건의 양형이 참여주사의 직무와 밀접한 관계가 있는 사무라고는 할 수 없으므로 참여주사가 형량을 감경케하여 달라는 청탁과 함께 금품을 수수하였다고 하더라도 뇌물수수죄의 주체가 될 수 없다(대법원 1980.10.14. 선고 80도1373 판결).

② 피고인의 아들들의 결혼식장에서 공소외인들이 축의금으로 낸 것을 사후에 전달받은 것일 뿐만 아니라 피고인이 동 공소외인들과는 개인적으로도 친분관계를 맺어온 사이였다면 비록 동 공소외인들이 피고인의 직무와 관련이 있는 사업을 경영하는 사람들이었다 하더라도 그 사정만으로 위 금원이 축의금을 빙자하여 뇌물로 수수된 것이라고 단정할 수 없다(대법원 1982.9.14. 선고 81도2774 판결).

③ 피고인 갑이 시의 도시과 구획정리계 측량기술원으로 근무하면서 다년간 환지측량업무에 종사하게 된 결과 얻은 지식과 경험을 기초로 체비지에 관한 공개경쟁 입찰에서 입찰예정가격이 대략 어느 정도 될 것이라고 추측한 내용을 피고인 을에게 알려준 행위는 그의 직무행위 내지는 직무와 밀접하게 관련된 행위라고 볼 수 없는 것이고, 따라서 피고인 갑이 그 대가로 피고인 을로부터 받기로 약속한 이익도 뇌물죄에서 말하는 직무에 관련된 대가라고 보기 어렵다(대법원 1983.3.22. 선고 82도1922 판결).

④ 보안부대소속 치안본부 연락관이 경찰서장에게 경찰공무원의 승진을 부탁하고 이에 관하여 금원을 받았더라도 경찰공무원의 승진 여부는 치안본부의 인사에 관한 고유의 직무에 속하는 것이므로 이는 알선수뢰죄나 변호사법 제54조의 행위에 해당할지는 몰라도 자기의 직무에 관한 수뢰죄는 되지 아니한다(대법원 1983.10.11. 선고 83도425 판결).

⑤ 경찰청 정보과에 근무하는 경찰관 경감인 피고인 갑이 을로부터 그가 경영하는 주식회사가 중소기업협동조합중앙회 회장인 병에 의하여 외국인산업연수생에 대한 국내관리업체로 선정되는 데 힘써 달라는 부탁을 받고 금전 및 각종 향응을 받았다고 하는 공소사실에 대하여, 정보과 형사인 갑이 국내외에 걸쳐 발생하는 정치, 경제, 사회, 문화 등 제반 분야의 일들 중 일정 중요도 이상의 정보를 수집하고 분석하여 상부에 보고하는 직무를 담당하고 있으므로 추상적으로는 위 국내관리업체 선정도 갑의 정보수집 대상에 포함된다 하더라도 원래 위 국내관리업체 선정이 당시의 통상산업부(현 산업자원부) 또는 그 산하 중소기업청의 소관으로서 갑이 소속된 경찰청의 업무와는 아무런 관련이 없는 점, 중소기업협동조합중앙회는 갑의 출입처가 되어 본 적이 없는 점, 비밀리에 행하여지는 정보업무의 특성 등에 비추어 갑이 직무를 통하여 위 국내관

리업체 선정에 어떠한 영향을 준다고는 할 수 없으므로 중소기업협동조합중앙회장의 국내관리업체 선정은 갑의 직무와 관련성이 없다(대법원 1999.6.11. 선고 99도275 판결).
⑥ 수산업법시행령 제62조 및 어업면허및어장관리에관한규칙 제51조의2에 의하여 해양수산부가 지정 고시한 어업손실액 조사기관인 국립대학교 부설 연구소(국립대학교 부설 연구소 아닌 사립대학교 부설 연구소도 조사기관으로 지정되어 있다)가 국가를당사자로하는계약에관한법률에 근거하지 아니하고 국가와는 별개의 지위에서 연구소라는 단체의 명의로 체결한 어업피해조사용역계약상의 과업 내용에 의하여 국립대학교 교수가 위 연구소 소속 연구원으로서 수행하는 조사용역업무는 교육공무원의 직무 또는 그와 밀접한 관계가 있거나 그와 관련된 행위에 해당한다고 볼 수 없다(대법원 2002.5.31. 선고 2001도670 판결).
⑦ 서울대학교 의과대학 교수 겸 서울대학교 병원 의사가 구치소로 왕진을 나가 진료하고 진단서를 작성해주거나 법원의 사실조회에 대하여 회신을 해 준 경우, 의사로서의 진료업무이지 교육공무원인 서울대학교 의과대학 교수의 직무와 밀접한 관련 있는 행위라고 할 수 없기 때문에 직무관련성을 부정한 사례(대법원 2006.6.15. 선고 2005도1420 판결).

다. 부당한 이익

(1) 이익

이익은 수령자의 경제적·법적·인격적 지위를 유리하게 하여 주는 것을 말한다. 금전, 물품 그 밖의 재산적 이익과 사람의 수요 욕망을 충족시키기에 충분한 일체의 유형·무형의 이익을 포함한다. 재산·비재산적 이익, 유형·무형이익을 가리지 않으나, 비재산적 이익인 때에는 객관적으로 경제적 가치를 측정할 수 있는 내용을 가져야 한다. 이성 간의 정교나 성행위 제공,[88] 취직알선, 별장이나 자동차의 무료 대여,[89] 투기적 사업에 참여할 기회를 얻는 것,[90] 금원을 무기한 무이자로 차용하는 것,[91] 대출금채무에 연대보증하게 하는 것[92]도 뇌물에 해당한다.

(2) 이익의 부당성

직무에 대하여 정당한 보수로 인정되는 봉급, 수당, 여비 등은 뇌물이 아니다. 이익이 부당하다면 좋은 용도로 사용한다고 하더라도 뇌물성을 잃지 않는다. 따라서 부당한 이익이

88) 대법원 2014.1.29. 선고 2013도13937 판결.
89) 대법원 2006.4.27. 선고 2006도735 판결; 자동차를 뇌물로 제공한 경우 자동차등록원부에 뇌물수수자가 그 소유자로 등록되지 않았다고 하더라도 자동차의 사실상 소유자로서 자동차에 대한 실질적인 사용 및 처분권한이 있다면 자동차 자체를 뇌물로 취득한 것으로 보아야 한다.
90) 대법원 2012.8.23. 선고 2010도6504 판결.
91) 대법원 2014.5.16. 선고 2014도1547 판결.
92) 대법원 2001.1.5. 선고 2000도4714 판결.

라면 이를 사회복지시설이나 사회단체에 기부하도록 하였다고 하더라도 뇌물에 해당한다.

향응과 금전의 수수,[93] 조합아파트 가입권에 붙은 소위 프리미엄,[94] 장기간 처분하지 못하던 토지를 처분하고 향후 개발이 되면 가격이 많이 상승할 토지를 매수한 무형적 이익,[95] 투기적 사업에 참여할 기회를 얻는 것은 뇌물에 해당한다.[96] 자동차를 뇌물로 제공한 경우 자동차등록원부에 뇌물수수자가 그 소유자로 등록되지 않았다고 하더라도 자동차의 사실상 소유자로서 자동차에 대한 실질적인 사용 및 처분권한이 있다면 자동차 자체를 뇌물로 취득한 것으로 보아야 한다.[97]

라. 대가관계

(1) 대가관계의 의의

뇌물의 이익은 직무행위의 대가로 제공된 것이어야 한다. 즉 대가관계가 있어야 한다. 따라서 직무에 대한 대가관계가 없는 단순한 사교적 증여는 뇌물이 아니다.

사교적 의례로서 준 선물과 뇌물을 어떤 기준으로 구별할 것인가에 대하여 견해의 대립이 있다. 사교적 의례로서의 선물이라 할지라도 직무에 대한 대가관계가 인정되는 때에는 뇌물이 된다는 견해,[98] 직무행위와 대가관계가 인정되는 경우라 하더라도 사회의식에 있어서 관습적으로 승인되는 한도 내에서는 뇌물성이 부정된다는 견해[99]가 있다.

판례는 사교적 의례에 속하는 경우에는 뇌물성을 부정하면서도, 대가관계가 인정되는 때에는 금액이 근소하거나 규모가 적다고 하여 사교적 의례에 속한다고 할 수 없다는 입장이다.

생각건대, 직무행위와 대가관계가 있다면 이는 선물이 아니라 뇌물이다. 선물은 대가관계가 없어야 한다. 선물과 뇌물은 대가관계 유무에 따라 판단되어야 한다. 공무원이 얻는 어떤 이익이 직무와 대가관계가 있는 부당한 이익으로서 뇌물에 해당하는지 또는 사회상규에 따른 의례상의 대가 혹은 개인적 친분관계에 따른 교분상의 필요에 의한 것으로서 직무와의 관련성이 없는 것인지는 공무원의 직무내용, 직무와 이익제공자의 관계, 이익의 수수 경위와 시기 등의 사정과 아울러 제공된 이익의 종류와 가액도 함께 참작하여 이를 판단하여야 한다.[100]

---

93) 대법원 1967.10.31. 선고 67도1123 판결.
94) 대법원 1992.12.22. 선고 92도1762 판결.
95) 대법원 2001.9.18. 선고 2000도5438 판결.
96) 대법원 2002.5.10. 선고 2000도2251 판결.
97) 대법원 2006.4.27. 선고 2006도735 판결.
98) 신동운, 132면; 임웅/이현정/박성민, 958면.
99) 이재상/장영민/강동범, 725면.
100) 대법원 2017.1.12. 선고 2016도15470 판결.

(2) 포괄적 뇌물 이론과 정치자금

대가관계와 직무행위가 반드시 특정될 것을 요하지 않는다. 대가관계가 개개의 직무에 대해 구체적으로 존재하지 않더라도, 전체적으로 파악하여 그 공무원의 직무와 관련하여 일반적·포괄적인 대가관계가 있으면 대가성을 인정한다. 이른바 '포괄적 뇌물 이론'이다. 이러한 경우에도 직무집행의 공정성과 그에 대한 사회일반의 신뢰가 저해될 위험이 있기 때문이다. 공무원의 직무와 금원의 수수가 전체적으로 대가관계에 있으면 뇌물수수죄가 성립하고, 특별히 청탁의 유무, 개개의 직무행위의 대가적 관계를 고려할 필요가 없으며, 또한 그 직무행위가 특정된 것일 필요도 없다. 정치자금, 선거자금, 성금 등의 명목으로 이루어진 금품의 수수라 하더라도, 그것이 정치인인 공무원의 직무행위에 대한 대가로서의 실체를 가지는 한 뇌물로서의 성격을 잃지 않는다.

판례 한보 사건: 포괄적 뇌물 이론

【사실관계】 피고인 갑은 1993.3.경, 같은 해 12.경 및 1996.3.경 상피고인 정태수로부터 피고인이 의정활동을 통하여 한보그룹을 도와주고 같은 당 소속 국회의원들이 한보그룹을 문제삼지 않도록 하여 국회에서 한보그룹에 관련된 문제가 제기되지 않도록 도와달라는 취지의 부탁과 함께 그 청탁금 명목으로 금원을 교부받았다.

【판결요지】 [3] 뇌물죄는 직무집행의 공정과 이에 대한 사회의 신뢰에 기하여 직무수행의 불가매수성을 그 직접의 보호법익으로 하고 있으므로, 공무원의 직무와 금원의 수수가 전체적으로 대가관계에 있으면 뇌물수수죄가 성립하고, 특별히 청탁의 유무, 개개의 직무행위의 대가적 관계를 고려할 필요가 없으며, 또한 그 직무행위가 특정된 것일 필요도 없다 할 것이고, 한편 뇌물죄에 있어서 직무에는 공무원이 법령상 관장하는 직무 그 자체뿐만 아니라 그 직무와 밀접한 관계가 있는 행위 또는 관례상이나 사실상 소관하는 직무행위도 포함된다 할 것이므로, 국회의원이 그 직무권한의 행사로서의 의정활동과 전체적·포괄적으로 대가관계가 있는 금원을 교부받았다면 그 금원의 수수가 어느 직무행위와 대가관계에 있는 것인지 특정할 수 없다고 하더라도 이는 국회의원의 직무에 관련된 것으로 보아야 하고, 한편 국회의원이 다른 의원의 직무행위에 관여하는 것이 국회의원의 직무행위 자체라고 할 수는 없으나, 국회의원이 자신의 직무권한인 의안의 심의·표결권 행사의 연장선상에서 일정한 의안에 관하여 다른 동료의원에게 작용하여 일정한 의정활동을 하도록 권유·설득하는 행위 역시 국회의원이 가지고 있는 위 직무권한의 행사와 밀접한 관계가 있는 행위로서 그와 관련하여 금원을 수수하는 경우에도 뇌물수수죄가 성립한다.

[4] 정치자금·선거자금 등의 명목으로 이루어진 금품의 수수라 하더라도 그것이 정치인인 공무원의 직무행위에 대한 대가로서의 실체를 가지는 한 뇌물로서의 성격을 잃

지 아니한다(대법원 1997.12.26. 선고 97도2609 판결).

【해설】 국회의원이 특정한 직무행위와 대가관계가 있는 것이 아니라 국회의원의 의정활동과 전체적·포괄적으로 대가관계가 있는 금원을 교부받은 경우, 뇌물죄가 성립하는지 문제된 사건이다. 이른바 포괄적 대가관계이론을 제시한 판례이다. 판례는 공무원의 직무와 금원의 수수가 '전체적으로' 대가관계에 있으면 뇌물수수죄가 성립하고, 특별히 청탁의 유무, 개개의 직무행위의 대가적 관계를 고려할 필요가 없으며, 또한 그 직무행위가 특정된 것일 필요도 없다고 하여 뇌물죄의 성립을 인정하였다. 또한 정치자금·선거자금 등 명목으로 금원을 받았지만, 그것이 정치인인 당해 공무원의 직무행위에 대한 대가로서의 실체를 갖는 경우에 뇌물성을 인정하였다.

4. 뇌물의 몰수와 추징

제134조 (몰수, 추징) 범인 또는 사정을 아는 제3자가 받은 뇌물 또는 뇌물로 제공하려고 한 금품은 몰수한다. 이를 몰수할 수 없을 경우에는 그 가액을 추징한다.

가. 필요적 몰수와 추징

형법 제48조에 따라 몰수와 추징은 원칙적으로 임의적이지만, 뇌물의 몰수와 추징은 필요적이며 자유재량이 인정되지 않는다. 따라서 제134조 뇌물죄의 몰수와 추징에 대한 규정은 제48조에 대한 특칙이다. 뇌물죄와 관련된 부정한 이익을 보유하지 못하게 하는데 입법취지가 있다.

나. 몰수와 추징의 대상

몰수와 추징의 대상은 범인 또는 사정을 아는 제3자가 받은 뇌물 또는 뇌물로 제공하려고 한 금품이다. 몰수의 대상은 수수한 뇌물뿐만 아니라 제공되었으나 수수되지 않은 뇌물, 제공이 약속된 뇌물도 포함한다. 다만 뇌물을 요구만 한 경우에는 뇌물이 특정되지 않았기 때문에 몰수할 수 없고 그 가액을 추징할 수도 없다.[101]

금품의 무상대여를 통하여 위법한 재산상 이익을 취득한 경우 범인이 받은 부정한 이익은 그로 인한 금융이익 상당액이라 할 것이므로 추징의 대상이 되는 것은 무상으로 대여받은 금품 그 자체가 아니라 위 금융이익 상당액이다.[102]

---

101) 대법원 1996.5.8. 선고 96도221 판결.

102) 대법원 2014.5.16. 선고 2014도1547 판결.

공무원이 그 직무에 관하여 금원을 무기한 무이자로 차용한 경우에는 수뢰자가 받은 실질적 이익은 무기한 무이자 차용금의 금융이익 상당이므로 그 금융이익이 뇌물이 되므로 필요적 몰수와 추징의 대상이 되지만, 수뢰의 목적이 금전소비대차계약에 의한 금융이익이어서 그 금융이익이 뇌물이 되는 경우에는 소비대차의 목적인 금원 그 자체는 뇌물이 아니므로 대여로 받은 그 금원 자체는 필요적 몰수가 아니라 형법 제48조에 의하여 임의적 몰수 대상이 된다.[103)]

공무원범죄에 관한 몰수 특례법에서는 특정공무원범죄를 범한 자가 그 범죄행위를 통하여 얻은 '불법수익(不法收益)'뿐만 아니라, 불법수익의 과실로서 얻은 재산, 불법수익의 대가로서 얻은 재산, 이들 재산의 대가로서 얻은 재산 등 불법수익의 변형 또는 증식으로 형성된 재산인 '불법수익에서 유래한 재산'인 불법재산(不法財産)을 몰수하고 있다.

다. 몰수와 추징의 대상자: 뇌물을 보유하고 있는 자

뇌물을 현재 보유하고 있는 자로부터 몰수·추징하여야 한다. 만약 수뢰자가 뇌물을 그대로 보관하였다가 증뢰자에게 그대로 반환하였을 때에는 증뢰자로부터 몰수 또는 추징하여야 한다.[104)]

수뢰자가 일단 수뢰한 뇌물을 소비하고 같은 액수의 금원을 증뢰자에게 반환한 경우,[105)] 수뢰자가 자기앞수표를 뇌물로 받아 이를 소비한 후 자기앞수표 상당액을 증뢰자에게 반환한 경우,[106)] 은행에 예치한 후에 같은 액수의 돈을 반환한 경우,[107)] 수뢰자가 뇌물로 받은 돈을 다른 사람에게 다시 뇌물로 공여한 경우,[108)] 뇌물을 수수한 자가 공동수수자가 아닌 교사범 또는 종범에게 뇌물 중 일부를 사례금 등의 명목으로 교부한 경우[109)]에는 '수뢰자로부터' 추징하여야 한다. 이러한 행위들은 뇌물을 소비하는 행위에 불과하며, 뇌물 그 자체를 반환하였다고 볼 수 없기 때문이다.

판례 공동수수자와 사례금 지급 소비행위

【판결요지】 [3] 여러 사람이 공동으로 뇌물을 수수한 경우 그 가액을 추징하려면 실제로 분배받은 금품만을 개별적으로 추징하여야 하고 수수금품을 개별적으로 알 수 없

103) 대법원 1976.9.28. 선고 75도3607 판결.
104) 대법원 1984.2.28. 선고 83도2783 판결.
105) 대법원 1986.10.14. 선고 86도1189 판결.
106) 대법원 1999.1.29. 선고 98도3584 판결.
107) 대법원 1996.10.25. 선고 96도2022 판결.
108) 대법원 1986.11.25. 선고 86도1951 판결.
109) 대법원 2011.11.24. 선고 2011도9585 판결.

을 때에는 평등하게 추징하여야 하며 공동정범뿐 아니라 교사범 또는 종범도 뇌물의 공동수수자에 해당할 수 있으나, 공동정범이 아닌 교사범 또는 종범의 경우에는 정범과의 관계, 범행 가담 경위 및 정도, 뇌물 분배에 관한 사전약정의 존재 여부, 뇌물공여자의 의사, 종범 또는 교사범이 취득한 금품이 전체 뇌물수수액에서 차지하는 비중 등을 고려하여 공동수수자에 해당하는지를 판단하여야 한다. 그리고 뇌물을 수수한 자가 공동수수자가 아닌 교사범 또는 종범에게 뇌물 중 일부를 사례금 등의 명목으로 교부하였다면 이는 뇌물을 수수하는 데 따르는 부수적 비용의 지출 또는 뇌물의 소비행위에 지나지 아니하므로, 뇌물수수자에게서 수뢰액 전부를 추징하여야 한다.

[4] 공무원이 취득한 금품이 뇌물에 해당하는지는 당해 공무원의 직무 내용, 직무와 금품제공자의 관계, 쌍방 간에 특수한 사적인 친분관계가 존재하는지 여부, 금품의 다과, 금품을 수수한 경위와 시기 등의 제반 사정을 참작하여 결정하여야 하고, 이는 도시 및 주거환경정비법 제84조에 의하여 공무원으로 의제되는 정비사업전문관리업자의 임·직원의 경우도 마찬가지이다(대법원 2011.11.24. 선고 2011도9585 판결).

【해설】 공동수수자에 해당하는 경우에는 공동수수자로부터 몰수·추징을 하면 되지만, 수뢰자가 공동수수자가 아닌 자에게 뇌물 중 일부를 사례금 명목으로 교부하였다면 이는 소비행위에 불과하기 때문에 뇌물수수자에게 추징하여야 한다는 판례이다.

라. 몰수와 추징의 방법

수인이 공모하여 뇌물을 수수한 경우 실제로 수수한 금품 또는 그 가액을 개별적으로 추징해야 하며, 개별적으로 알 수 없을 경우 평등하게 분할하여 몰수 또는 추징한다.[110)]

공무원이 뇌물을 받음에 있어서 그 취득을 위하여 상대방에게 뇌물의 가액에 상당하는 금원의 일부를 비용의 명목으로 출연하거나 그 밖에 경제적 이익을 제공한 경우는 뇌물을 받는 데 지출한 부수적 비용에 불과하다. 따라서 그 받은 뇌물 자체를 몰수하여야 하고, 그 뇌물의 가액에서 위와 같은 지출을 공제한 나머지 가액에 상당한 이익만을 몰수·추징할 것은 아니다.[111)]

다만 공무원의 직무에 속한 사항의 알선에 관하여 금품을 받고 그 금품 중의 일부를 받은 취지에 따라 청탁과 관련하여 관계 공무원에게 뇌물로 공여하거나 다른 알선행위자에게 청탁의 명목으로 교부한 경우에는 그 부분의 이익은 실질적으로 범인에게 귀속된 것이 아니어서 이를 제외한 나머지 금품만을 몰수하거나 그 가액을 추징하여야 한다.[112)]

몰수가 불가능한 때에는 그 가액을 추징한다. '몰수가 불가능한 때'란 향응, 서비스와

110) 대법원 2001.10.12. 선고 99도5294 판결.

111) 대법원 1999.10.8. 선고 99도1638 판결.

112) 대법원 2002.6.14. 선고 2002도1283 판결.

같이 비재산적 이익을 제공받은 경우뿐만 아니라, 금품을 수수한 후에 소비·멸실·가공 등으로 그 존재 또는 동일성이 상실되거나 선의의 제3자에게 소유권이 이전되어 몰수가 불가능한 경우를 포함한다.

마. 추징 가액 산정의 기준

추징(追徵)은 범인이 받은 뇌물 자체를 몰수할 수 없을 때 그 가액을 징수하는 것을 의미한다. 뇌물로 받은 것이 금전이 아닌 재물일 때, 이 재물의 가치가 범죄 시점 이후 변동한 경우, 언제를 기준으로 가액을 정해야 하는지 문제된다.

추징가액 산정의 기준시기에 대하여 뇌물을 수수한 때로 보는 견해, 몰수 불가능한 사유가 발생한 때로 보는 견해, 판결을 선고할 때로 보는 견해가 있다. 판례는 원칙적으로 판결선고 시의 가격이 기준이 되지만,[113] 예외적으로 범죄행위로 취득한 주식의 판결선고 시의 주가뿐만 아니라, 그 처분가액을 정확히 알 수 없는 경우, 주식의 시가가 가장 낮을 때를 기준으로 산정한 금액을 추징한다.[114]

생각건대, 판결선고 시를 기준으로 하는 것이 타당하다. 뇌물죄가 형법상 부정한 이익의 박탈에 본질이 있고, 범죄행위로부터 취득된 이익을 가능한 한 완전하게 박탈하여 부정한 이득을 남기지 않도록 하기 위함이다. 특히 뇌물죄에서 뇌물이 물가변동이나 시가변동이 심한 재물일 경우에 추징가액이 크게 달라질 수 있고, 가액이 3천만 원 이상일 경우 특정범죄 가중처벌 등에 관한 법률 등 특별법 적용의 요건이 되므로 이러한 기준 시점의 명확한 설정은 중요하다. 뇌물을 수수한 시점에 비하여 그 가액이 크게 증가한 경우 수수한 뇌물뿐만 아니라 증가된 이익도 박탈하여야 이익의 완전한 박탈이 된다. 판결선고 시를 기준으로 하는 것이 타당하다.

5. 특별법

가. 특정범죄 가중처벌 등에 관한 법률

(1) 가중처벌

특정범죄 가중처벌 등에 관한 법률 제2조에 따르면 뇌물죄를 가중처벌하고 있다. 형법 제129조·제130조 또는 제132조에 규정된 죄를 범한 사람은 그 수수(收受)·요구 또는 약속한 뇌물의 가액(價額)에 따라 가중처벌한다.

---

113) 대법원 2001. 11. 27. 선고 2001도4829 판결.

114) 대법원 2005.7.15. 선고 2003도4293 판결.

수뢰액이 1억원 이상인 경우에는 무기 또는 10년 이상의 징역에, 수뢰액이 5천만원 이상 1억원 미만인 경우에는 7년 이상의 유기징역에, 수뢰액이 3천만원 이상 5천만원 미만인 경우에는 5년 이상의 유기징역에 처한다.

형법 제129조·제130조 또는 제132조에 규정된 죄를 범한 사람은 그 죄에 대하여 정한 형에 수뢰액의 2배 이상 5배 이하의 벌금을 병과(併科)한다.

(2) 적용대상의 확대

동법 제4조에서는 뇌물죄 적용대상을 확대하고 있다. 다음 각 호의 어느 하나에 해당하는 기관 또는 단체로서 대통령령으로 정하는 기관 또는 단체의 간부직원은 형법 제129조부터 제132조까지의 규정을 적용할 때에는 공무원으로 본다. ① 국가 또는 지방자치단체가 직접 또는 간접으로 자본금의 2분의 1 이상을 출자하였거나 출연금·보조금 등 그 재정지원의 규모가 그 기관 또는 단체 기본재산의 2분의 1 이상인 기관 또는 단체, ② 국민경제 및 산업에 중대한 영향을 미치고 있고 업무의 공공성이 현저하여 국가 또는 지방자치단체가 법령에서 정하는 바에 따라 지도·감독하거나 주주권의 행사 등을 통하여 중요 사업의 결정 및 임원의 임면 등 운영 전반에 관하여 실질적인 지배력을 행사하고 있는 기관 또는 단체가 이에 해당한다. 간부직원의 범위는 기관 또는 단체의 설립목적, 자산, 직원의 규모 및 해당 직원의 구체적인 업무 등을 고려하여 대통령령으로 정한다.

나. 부정청탁 및 금품등 수수의 금지에 관한 법률

소위 김영란법이라고 하는 '부정청탁 및 금품등 수수의 금지에 관한 법률'은 공직자 등에 대한 부정청탁 및 공직자 등의 금품 등의 수수(收受)를 금지함으로써 공직자 등의 공정한 직무수행을 보장하고 공공기관에 대한 국민의 신뢰를 확보하는 것을 목적으로 하고 있다. 지속적으로 발생하고 있는 공직자의 부패·비리 사건으로 인하여 공직에 대한 신뢰 및 공직자의 청렴성이 위기 상황에 직면해 있으며, 이는 공정사회 및 선진 일류국가로의 진입을 막는 최대 장애요인으로 작용하고 있으나, 이를 효과적으로 규제하기 위한 제도적 장치가 미비한 상태이었다. 이에 공직자 등의 공정한 직무수행을 저해하는 부정청탁 관행을 근절하고, 공직자 등의 금품 등의 수수행위를 직무관련성 또는 대가성이 없는 경우에도 제재가 가능하도록 하였다. 동법은 공직자등에 대한 부정청탁의 금지, 공직자 등의 금품 등의 수수 금지, 위반행위 신고 및 신고자 등의 보호를 규정하고 있다. 공직자 등이 직무 관련 여부 및 기부·후원·증여 등 그 명목에 관계없이 동일인으로부터 1회에 100만원 또는 매 회계연도에 300만원을 초과하는 금품 등을 받은 경우에는 3년 이하의 징역 또는

3천만원 이하의 벌금에 처하고, 직무와 관련하여 대가성 여부를 불문하고 1회에 100만원 또는 매 회계연도에 300만원 이하의 금품 등을 받은 경우에는 해당 금품등 가액의 2배 이상 5배 이하에 상당하는 금액의 과태료를 부과하도록 하고 있다.

X. 단순수뢰죄

> 제129조 (수뢰, 사전수뢰) ① 공무원 또는 중재인이 그 직무에 관하여 뇌물을 수수, 요구 또는 약속한 때에는 5년 이하의 징역 또는 10년 이하의 자격정지에 처한다.

1. 의의

단순수뢰죄는 공무원 또는 중재인이 그 직무에 관하여 뇌물을 수수, 요구 또는 약속한 경우에 성립하는 범죄이다. 뇌물죄의 기본적 구성요건이다. 뇌물을 받고 부정한 행위를 할 필요는 없다. 만약 뇌물을 받고 부정한 행위까지 한 경우라면 본죄가 아니라 제131조 제1항 수뢰 후 부정처사죄가 성립하여 가중처벌된다.

2. 주체: 공무원 또는 중재인

가. 공무원

'공무원'은 법령에 근거하여 국가·지방자치단체 및 이에 준하는 공법인의 사무에 종사하는 자로서 그 사무의 내용이 단순한 기계적·육체적인 것에 한정되어 있지 않은 자를 말한다. 시 또는 도의 도시계획에 관한 사항을 심의하기 위하여 설치된 시·구도시계획위원회의 위원,[115] 지방의회의원,[116] 기한부로 채용된 공무원,[117] 중앙약사심의위원회 소분과위원[118]도 공무원에 해당한다. 도시 및 주거환경정비법상 정비사업조합의 임원이 조합 임원의 지위를 상실하거나 직무수행권을 상실한 후에도 조합 임원으로 등기되어 있는 상태

115) 대법원 1997.6.13. 선고 96도1703 판결.
116) 대법원 1997.3.11. 선고 96도1258 판결.
117) 대법원 1971.10.19. 선고 71도1113 판결.
118) 대법원 2002.11.22. 선고 2000도4593 판결.

에서 계속하여 실질적으로 조합 임원으로서 직무를 수행하였다면 공무원에 해당한다.[119) 임명권자에 의하여 임용되어 공무에 종사하여 온 사람이 나중에 임용결격자이었음이 밝혀져 당초의 임용행위가 무효인 경우 임용결격사유가 있는 공무원도 뇌물죄의 주체가 될 수 있다.[120)]

하지만 서울특별시 후생복지심의위원회 위원장에 의해 서울시청 구내식당 소속 시간제 종사원으로 고용된 자는 뇌물수수죄의 주체인 '공무원'에 해당하지 않는다.[121)]

현재 공무원의 지위에 있는 자만이 본죄의 주체가 된다. 앞으로 공무원이 될 자는 제129조 제2항 사전수뢰죄의 주체가 되며, 공무원의 지위가 상실된 후에 뇌물을 수수한 자는 제131조 제3항 사후수뢰죄의 주체가 된다.

나. 중재인

'중재인'은 법령에 의하여 중재의 직무를 담당하는 자를 말한다. 노동조합 및 노동관계조정법에 의한 중재위원, 중재법에 의한 중재인이 있다. 공무원 또는 중재인 아닌 자의 수뢰행위는 본죄가 아니라 배임수재죄가 성립한다. 사인 간 분쟁을 해결하기 위하여 사적 합의에 따라 선정된 중재인은 형법상 중재인에 해당하지 않는다.

3. 행위: 수수·요구·약속

가. 의의

수뢰죄의 행위는 직무에 관하여 뇌물을 수수, 요구, 약속하는 것이다. 수수·요구·약속 행위는 증뢰죄에 있어서 공여·공여의 의사표시·약속에 각각 대응하는 개념이다. 뇌물을 수수·요구·약속하는 것만으로 충분하며 실제로 부정한 청탁을 받았는지는 본죄 성립에 영향 없다.

나. 수수

수수(收受)는 뇌물을 현실적으로 취득하는 것을 말한다. 수수가 되기 위해서는 영득의 의사가 필요하다. 따라서 곧바로 반환할 의사로 일시 받아둔 것에 불과하다면 수수라고 할 수 없다. 뇌물인지 모르고 이를 수수하였다가 뇌물임을 알고 즉시 반환하거나, 증뢰자가 일방적으로 뇌물을 두고 가므로 후일 기회를 보아 반환할 의사로 어쩔 수 없이 일시 보

119) 대법원 2016.1.14. 선고 2015도15798 판결.

120) 대법원 2014.3.27. 선고 2013도11357 판결.

121) 대법원 2012.8.23. 선고 2011도12639 판결.

관하다가 반환하는 경우는 영득의 의사가 없었기 때문에 수뢰죄가 성립하지 않는다.[122) 하지만 일단 영득의 의사로 수수하였다면 후에 반환하여도 본죄는 성립한다.[123)

뇌물에 대한 사실상 처분권을 획득하는 것을 의미하고, 뇌물인 물건의 법률상 소유권까지 취득하여야 하는 것은 아니다. 뇌물수수자가 법률상 소유권 취득의 요건을 갖추지는 않았더라도 뇌물로 제공된 물건에 한 점유를 취득하고 뇌물공여자 또는 법률상 소유자로부터 반환을 요구받지 않는 관계에 이른 경우에는 그 물건에 대한 실질적인 사용·처분 권한을 갖게 되어 그 물건 자체를 뇌물로 받은 것으로 보아야 한다.[124)

뇌물수수자가 뇌물공여자에 대한 내부 관계에서 물건에 대한 실질적인 사용·처분 권한을 취득하였으나 뇌물수수 사실을 은닉하거나 뇌물공여자가 계속 그 물건에 대한 비용 등을 부담하기 위하여 소유권 이전의 형식적 요건을 유보하는 경우에는 뇌물공여자와 뇌물수수자 사이에서는 소유권을 이전받은 경우와 다르지 않으므로 그 물건을 뇌물로 받았다고 보아야 한다.[125)

금품이나 재산상 이익 등이 반드시 공여자와 수뢰자 사이에 직접 수수될 필요는 없다.[126)

다. 요구

요구(要求)는 취득의사로 상대방에게 뇌물공여를 청구하는 것을 말한다. 요구행위는 공무원의 일방적 의사표시이므로 요구만 있으면 충분하고 상대방이 요구에 실제로 응할 필요가 없으며, 현실적으로 상대방의 교부가 있을 필요도 없다. 요구만 있으면 본죄는 기수가 되며, 요구 이후에 뇌물을 수수하였다면 포괄하여 수수죄만 성립한다.

라. 약속

약속(約束)은 직무와 관련하여 양 당사자 사이에 장래에 뇌물의 수수를 합의하는 것이다. 일단 약속이 이루어졌다면 이후에 약속을 이행하지 않거나 해제하더라도 본죄는 성립한다. 장차 뇌물을 주고받겠다는 양 당사자의 의사표시가 확정적으로 합치되면 된다.[127) 의사표시가 합치되면 본죄가 성립하므로 뇌물의 가액이 얼마인지는 문제되지 아니하며, 가액이 확정되어 있지 않아도 뇌물약속죄가 성립하는 데에는 영향이 없다.[128) 그러나 뇌

---

122) 대법원 2013.11.28. 선고 2013도9003 판결.

123) 대법원 2007.3.29. 선고 2006도9182 판결.

124) 대법원 2006.4.27. 선고 2006도735 판결.

125) 대법원 2019.8.29. 선고 2018도13792 전원합의체 판결.

126) 대법원 2008.6.12. 선고 2006도8568 판결; 대법원 2020.9.24. 선고 2017도12389 판결.

127) 대법원 2012.11.15. 선고 2012도9417 판결.

128) 대법원 2001.9.18. 선고 2000도5438 판결.

물약속죄 또는 부정처사 후 뇌물약속죄를 범한 데 대하여 특정범죄 가중처벌 등에 관한 법률을 적용할 경우에는, 약속한 뇌물의 가액에 따라 형벌이 가중되어 있으므로, 뇌물의 가액은 산정할 수 있어야 하며, 죄형균형 원칙이나 책임주의 원칙이 훼손되지 않도록 엄격하고 신중하게 인정하여야 한다.[129)]

4. 고의와 영득의사

수뢰죄가 성립하기 위하여 고의 외에도 영득의사가 필요한지 문제된다. 영득의사는 뇌물죄의 고의에 포함된 것이므로 영득의사가 필요 없다는 견해가 있지만,[130)] 수뢰죄가 성립하기 위해서는 영득의사가 있어야 하는 것이 타당하다.[131)] 영득할 의사로 뇌물을 수령한 것인지 여부를 판단함에 있어서는 뇌물을 교부받은 경위, 언제든지 그 뇌물을 반환할 기회가 있었는데도 반환하지 아니하였는지 여부, 그 뇌물을 반환하게 된 경위 등을 고려하여야 한다.[132)]

공무원이 뇌물인지 모르고 이를 수수하였다가 뇌물임을 알고 즉시 반환한 경우, 증뢰자가 일방적으로 뇌물을 두고 가는 바람에 후일 반환할 의사로 어쩔 수 없이 일시 보관하고 있는 경우에는 영득의사가 없다. 하지만 영득의사로 일단 수수를 하였다면 후에 뇌물을 반환하여도 수수가 된다. 예를 들면 수표를 은행에 예치시켰다가 후환이 두려워 되돌려 준 경우에는 영득의사가 인정된다.[133)]

5. 죄수

뇌물을 요구 또는 약속한 후 이를 수수한 경우에는 모두 포괄하여 하나의 수수죄가 성립한다. 협의의 포괄일죄이다. 뇌물을 여러 차례에 걸쳐 수수하였더라도 단일하고도 계속된 범의 하에 이루어졌다면 받은 일자가 상당한 기간에 걸쳐있고 각 수수기간 사이에 간격이 상당하여도 포괄일죄가 성립한다.[134)]

---

129) 대법원 1969.12.9. 선고 69도1288 판결; 대법원 2007.4.19. 선고 2005도7288 전원합의체 판결 등 참조.

130) 정성근/박광민, 814면.

131) 대법원 2010.4.15. 선고 2009도11146 판결.

132) 대법원 2013.11.28. 선고 2013도9003 판결.

133) 대법원 1984.4.10. 선고 83도1499 판결.

134) 대법원 2000.1.21. 선고 99도4940 판결.

6. 가담 형태

가. 수뢰죄의 공동정범

신분관계가 없는 사람이 신분관계로 인하여 성립될 범죄에 가공한 경우에는 형법 제33조 본문에 따라 신분관계가 있는 사람과 공범이 성립한다. 따라서 공무원이 아닌 자가 공무원의 수뢰행위에 가담하여 돈을 받은 경우에는 형법 제33조 공범과 신분 규정에 따라 수뢰죄의 공동정범, 방조범, 교사범이 될 수 있다. 비공무원이 공무원과 공동가공의 의사와 이를 기초로 한 기능적 행위지배를 통하여 공무원의 직무에 관하여 뇌물을 수수하는 범죄를 실행하였다면 공무원이 직접 뇌물을 받은 것과 동일하게 평가할 수 있으므로 공무원과 비공무원에게 형법 제129조 제1항에서 정한 뇌물수수죄의 공동정범이 성립한다.

다만 공무원이 직접 뇌물을 받지 아니하고 제3자로 하여금 뇌물을 받도록 한 경우 그 사람이 공무원의 사자(使者) 또는 대리인으로서 뇌물을 받은 경우나 그 밖에 예컨대 평소 공무원이 그 다른 사람의 생활비 등을 부담하고 있었다거나 혹은 그 다른 사람에 대하여 채무를 부담하고 있었다는 등의 사정이 있어서 그 다른 사람이 뇌물을 받음으로써 공무원은 그만큼 지출을 면하게 되는 경우 등 사회통념상 그 다른 사람이 뇌물을 받은 것을 공무원이 직접 받은 것과 같이 평가할 수 있는 관계가 있는 경우에는 제3자뇌물제공죄가 아니라 단순수뢰죄가 성립한다.[135]

나. 제3자뇌물수수죄와의 관계

형법은 제130조에서 제129조 제1항 뇌물수수죄와는 별도로 공무원이 그 직무에 관하여 뇌물공여자로 하여금 제3자에게 뇌물을 공여하게 한 경우에는 부정한 청탁을 받고 그와 같은 행위를 한 때에 뇌물수수죄와 법정형이 동일한 제3자뇌물수수죄로 처벌하고 있다. 제3자뇌물수수죄에서 뇌물을 받는 제3자가 뇌물임을 인식할 것을 요건으로 하지 않는다. 그러나 공무원이 뇌물공여자로 하여금 공무원과 뇌물수수죄의 공동정범 관계에 있는 비공무원에게 뇌물을 공여하게 한 경우에는 공동정범의 성질상 공무원 자신에게 뇌물을 공여하게 한 것으로 볼 수 있다. 공무원과 공동정범 관계에 있는 비공무원은 제3자뇌물수수죄에서 말하는 제3자가 될 수 없고,[136] 공무원과 공동정범 관계에 있는 비공무원이 뇌물을 받은 경우에는 공무원과 함께 뇌물수수죄의 공동정범이 성립하고 제3자뇌물수수죄는 성립하지 않는다.

---

135) 대법원 1998.9.22. 선고 98도1234 판결.

136) 대법원 2017.3.15. 선고 2016도19659 판결.

판례 기업 대표 등의 뇌물 공여 사건

【판결요지】 [1] [다수의견] 신분관계가 없는 사람이 신분관계로 인하여 성립될 범죄에 가공한 경우에는 신분관계가 있는 사람과 공범이 성립한다(형법 제33조 본문 참조). 이 경우 신분관계가 없는 사람에게 공동가공의 의사와 이에 기초한 기능적 행위지배를 통한 범죄의 실행이라는 주관적·객관적 요건이 충족되면 공동정범으로 처벌한다. 공동가공의 의사는 공동의 의사로 특정한 범죄행위를 하기 위하여 일체가 되어 서로 다른 사람의 행위를 이용하여 자기의 의사를 실행에 옮기는 것을 내용으로 한다. 따라서 공무원이 아닌 사람(이하 '비공무원'이라 한다)이 공무원과 공동가공의 의사와 이를 기초로 한 기능적 행위지배를 통하여 공무원의 직무에 관하여 뇌물을 수수하는 범죄를 실행하였다면 공무원이 직접 뇌물을 받은 것과 동일하게 평가할 수 있으므로 공무원과 비공무원에게 형법 제129조 제1항에서 정한 뇌물수수죄의 공동정범이 성립한다.

형법은 제130조에서 제129조 제1항 뇌물수수죄와는 별도로 공무원이 그 직무에 관하여 뇌물공여자로 하여금 제3자에게 뇌물을 공여하게 한 경우에는 부정한 청탁을 받고 그와 같은 행위를 한 때에 뇌물수수죄와 법정형이 동일한 제3자뇌물수수죄로 처벌하고 있다. 제3자뇌물수수죄에서 뇌물을 받는 제3자가 뇌물임을 인식할 것을 요건으로 하지 않는다. 그러나 공무원이 뇌물공여자로 하여금 공무원과 뇌물수수죄의 공동정범 관계에 있는 비공무원에게 뇌물을 공여하게 한 경우에는 공동정범의 성질상 공무원 자신에게 뇌물을 공여하게 한 것으로 볼 수 있다. 공무원과 공동정범 관계에 있는 비공무원은 제3자뇌물수수죄에서 말하는 제3자가 될 수 없고, 공무원과 공동정범 관계에 있는 비공무원이 뇌물을 받은 경우에는 공무원과 함께 뇌물수수죄의 공동정범이 성립하고 제3자뇌물수수죄는 성립하지 않는다.

뇌물수수죄의 공범들 사이에 직무와 관련하여 금품이나 이익을 수수하기로 하는 명시적 또는 암묵적 공모관계가 성립하고 공모 내용에 따라 공범 중 1인이 금품이나 이익을 주고받았다면, 특별한 사정이 없는 한 이를 주고받은 때 금품이나 이익 전부에 관하여 뇌물수수죄의 공동정범이 성립하고, 금품이나 이익의 규모나 정도 등에 대하여 사전에 서로 의사의 연락이 있거나 금품 등의 구체적 금액을 공범이 알아야 공동정범이 성립하는 것은 아니다.

금품이나 이익 전부에 관하여 뇌물수수죄의 공동정범이 성립한 이후에 뇌물이 실제로 공동정범인 공무원 또는 비공무원 중 누구에게 귀속되었는지는 이미 성립한 뇌물수수죄에 영향을 미치지 않는다. 공무원과 비공무원이 사전에 뇌물을 비공무원에게 귀속시키기로 모의하였거나 뇌물의 성질상 비공무원이 사용하거나 소비할 것이라고 하더라도 이러한 사정은 뇌물수수죄의 공동정범이 성립한 이후 뇌물의 처리에 관한 것에 불과하므로 뇌물수수죄가 성립하는 데 영향이 없다.

형법 제133조 제1항, 제129조 제1항에서 정한 뇌물공여죄의 고의는 '공무원에게 그 직무에 관하여 뇌물을 공여한다'는 사실에 대한 인식과 의사를 말하고, 미필적 고의로도 충분하다. 공여자가 공무원의 요구에 따라 비공무원에게 뇌물을 공여한 경우 공무원과 비공무원 사이의 관계가 형법 제129조 제1항 뇌물수수죄의 공동정범에 해당하고 공여자가 이러한 사실을 인식하였다면 공여자에게 형법 제133조 제1항, 제129조 제1항에서 정한 뇌물공여죄의 고의가 인정된다(대법원 2019.8.29. 선고 2018도2738 전원합의체 판결).

【해설】 피고인 기업 관계자들은 당시 대통령이었던 박근혜와 그 측근인 최순실에게 승마선수인 최순실의 딸 정유라를 지원하기 위한 목적으로 고가의 말을 제공하거나 승마 훈련 관련 비용 등을 지원하였다. 이 사건은 대통령과 그 측근에게 제공된 승마지원의 뇌물성 인정 여부가 핵심 쟁점이며, 대법원은 말 자체 및 그 구입 대금을 뇌물로 인정하는 방향으로 원심 판결 일부를 파기환송하였다.

7. 다른 죄와의 관계

가. 수뢰죄와 공갈죄의 관계

공무원이 직무집행의 의사로 직무에 관하여 상대방을 공갈하여 뇌물을 수수한 경우에는 수뢰죄와 공갈죄의 상상적 경합이 성립하지만, 직무집행의 의사 없이 타인을 공갈하여 재물을 교부하게 한 경우에는 공갈죄만이 성립한다.[137)] 또한 재물의 교부자는 공갈죄의 피해자이므로 뇌물공여죄는 성립하지 않는다. 세무공무원에게 회사에 대한 세무조사라는 직무집행의 의사가 있었고, 과다계상된 손금항목에 대한 조사를 하지 않고 이를 묵인하는 조건으로, 다시 말하면 그 직무처리에 대한 대가관계로서 금품을 제공받았다면 수뢰죄가 성립한다.

나. 수뢰죄와 사기죄의 관계

공무원이 뇌물을 수수함에 있어서 공여자를 기망한 경우에도 뇌물수수죄는 성립한다. 이 경우 뇌물을 수수한 공무원에 대하여는 한 개의 행위가 뇌물죄와 사기죄의 각 구성요건에 해당하므로 상상적 경합이 된다.[138)]

137) 대법원 1994.12.22. 선고 94도2528 판결.

138) 대법원 2015.10.29. 선고 2015도12838 판결; 대법원 1977.6.7. 선고 77도1069 판결.

XI. 사전수뢰죄

> 제129조 (수뢰, 사전수뢰) ② 공무원 또는 중재인이 될 자가 그 담당할 직무에 관하여 청탁을 받고 뇌물을 수수, 요구 또는 약속한 후 공무원 또는 중재인이 된 때에는 3년 이하의 징역 또는 7년 이하의 자격정지에 처한다.

1. 의의

사전수뢰죄는 공무원 또는 중재인이 될 자가 그 담당할 직무에 관하여 청탁을 받고 뇌물을 수수, 요구 또는 약속한 후 공무원 또는 중재인이 된 경우에 성립하는 범죄이다.

2. 주체: 공무원 또는 중재인이 될 자

본죄의 주체는 공무원 또는 중재인이 될 자이다. 공무원 또는 중재인이 될 것이 예정되어 있거나 기대될 수 있으면 된다. 공무원 채용시험에 합격하여 발령을 대기하고 있는 자 또는 선거에 의해 당선이 확정된 자뿐만 아니라 공직 취임의 가능성이 확실하지 않더라도 어느 정도의 개연성을 갖춘 자도 포함한다.[139] 공무원으로 의제되는 조합의 임원인 조합장 또는 상무이사로 선출된 상당한 개연성이 있는 피고인들이 그 담당할 직무에 관하여 청탁을 받고 소유권이전등기를 마칠 수 있는 기회를 제공받는 방법으로 이익을 수수한 경우 사전수뢰죄가 성립한다.

3. 행위

사전수뢰죄는 단순수뢰죄와 달리 청탁을 받고 뇌물을 수수·요구·약속하여야 한다. 여기에서 '청탁'이라 함은 공무원에 대하여 일정한 직무행위를 할 것을 의뢰하는 것을 말한다. 제3자 뇌물수수죄의 경우에는 직무에 관하여 '부정한' 청탁을 받는 것이 필요하지만, 사전수뢰죄의 경우 청탁은 반드시 그 직무행위가 부정한 것일 필요는 없으며, 직무행위가 정당한 경우, 즉 정당한 청탁의 경우에도 사전수뢰죄가 성립한다.[140] 또한 그 청탁이 반드시 명시적이어야 하는 것도 아니다. 수수·요구·약속의 의미는 단순수뢰죄의 경우와 동일하다.

---

139) 대법원 2010.5.13. 선고 2009도7040 판결.
140) 대법원 1999.7.23. 선고 99도1911 판결.

4. 기수와 객관적 처벌조건

공무원 또는 중재인이 될 자가 뇌물을 수수·요구·약속함으로써 범죄는 성립했지만, 공무원 또는 중재인이 되었을 때에 처벌할 수 있다. 따라서 공무원 또는 중재인이 된 사실은 객관적 처벌조건에 해당한다.

XII. 제3자뇌물수수죄

제130조 (제3자뇌물제공) 공무원 또는 중재인이 그 직무에 관하여 부정한 청탁을 받고 제3자에게 뇌물을 공여하게 하거나 공여를 요구 또는 약속한 때에는 5년 이하의 징역 또는 10년 이하의 자격정지에 처한다.

1. 의의

제3자뇌물수수죄는 공무원 또는 중재인이 그 직무에 관하여 부정한 청탁을 받고 자신이 직접 뇌물을 수수하는 것이 아니라 제3자로 하여금 뇌물을 받게 하는 경우에 성립하는 범죄이다. 제3자뇌물제공죄라고도 한다. 본죄는 수뢰죄의 일종으로 본인이 직접 수뢰하지 않고 제3자에게 증뢰하게 함으로써 성립하는 범죄이다.

주의할 점은 뇌물을 받게 되는 제3자가 공무원의 사자 또는 대리인인 경우, 평소 공무원이 제3자의 생활비 등을 부담하고 있는 등 제3자가 뇌물을 받음으로써 공무원이 그만큼 지출을 면하게 되는 경우에는 본죄가 아니라 단순수뢰죄가 성립한다.[141)]

판례 제3자뇌물제공죄와 단순수뢰죄의 구별

【판결요지】 [2] 형법 제130조의 제3자뇌물제공죄를 형법 제129조 제1항의 단순수뢰죄와 비교하여 보면 공무원이 직접 뇌물을 받지 아니하고, 증뢰자로 하여금 제3자에게 뇌물을 공여하도록 하고 그 제3자로 하여금 뇌물을 받도록 한 경우에는 부정한 청탁을 받고 그와 같은 행위를 한 경우에 한하여 단순수뢰죄와 같은 형으로 처벌하고, 공무원이 직접 뇌물을 받지 아니하고, 증뢰자로 하여금 제3자에게 뇌물을 공여하도록 하고 그 제3자로 하여금 뇌물을 받도록 하였다 하더라도 부정한 청탁을 받은 일이 없다면

141) 대법원 1998.9.22. 선고 98도1234 판결.

이를 처벌하지 아니한다는 취지로 해석하여야 할 것이나, 다만 공무원이 직접 뇌물을 받지 아니하고, 증뢰자로 하여금 다른 사람에게 뇌물을 공여하도록 하고 그 다른 사람으로 하여금 뇌물을 받도록 한 경우라 할지라도 그 다른 사람이 공무원의 사자 또는 대리인으로서 뇌물을 받은 경우나 그 밖에 예컨대 평소 공무원이 그 다른 사람의 생활비 등을 부담하고 있었다거나 혹은 그 다른 사람에 대하여 채무를 부담하고 있었다는 등의 사정이 있어서 그 다른 사람이 뇌물을 받음으로써 공무원은 그만큼 지출을 면하게 되는 경우 등 사회통념상 그 다른 사람이 뇌물을 받은 것을 공무원이 직접 받은 것과 같이 평가할 수 있는 관계가 있는 경우에는 형법 제129조 제1항의 단순수뢰죄가 성립한다(대법원 1998.9.22. 선고 98도1234 판결).

2. 간접수뢰 여부

본죄의 성격에 대하여 견해의 대립이 있다. 제3자 뇌물공여죄는 간접수뢰를 규정한 것이라고 보는 견해,142) 간접수뢰죄와 구별되는 수뢰죄의 일종이라는 견해143)가 대립하고 있다. 학설 대립의 차이점은 제3자에게 뇌물을 공여한 것이 공무원 본인에게 전혀 이익이 없는 경우에 그 결론이 달라진다. 간접수뢰로 보는 입장에서는 제3자는 이해관계 있는 자에 한정되므로 이 경우에는 공무원에게 간접적 이익이 없으므로 제3자뇌물공여죄가 성립하지 않는다. 간접수뢰가 아닌 독립한 범죄로 보는 입장에서 본죄의 경우 반드시 공무원과 제3자 사이에 이해관계가 있을 것을 요하지 않으므로 제3자뇌물공여죄가 성립한다.

생각건대, 본죄는 단순수뢰죄와 달리 '부정한 청탁'을 요건으로 하고 있으며, 간접수뢰로 본다면 굳이 제130조 제3자뇌물수수죄는 필요한 규정이 아니다. 독립적 범죄로 보는 것이 타당하다. 따라서 공무원과 제3자 사이에 이해관계가 있을 필요는 없다.

3. 제3자의 범위

제3자뇌물수수죄에서 공무원의 사자나 대리인, 배우자 기타 생활이익을 같이 하는 가족, 수뢰죄의 공동정범은 제3자에서 제외된다. 이들에게 뇌물을 제공한 경우에는 본죄가 아니라 단순수뢰죄가 성립한다. 이러한 경우에는 공무원이 직접 받은 것과 같이 평가할 수 있기 때문이다.

공무원이 직접 뇌물을 받지 아니하고 증뢰자로 하여금 다른 사람에게 뇌물을 공여하도

---

142) 정성근/박광민, 818면.

143) 김성돈, 812면; 배종대, 857면; 손동권/김재윤, 788면; 이재상/장영민/강동범, 733면.

록 한 경우, 그 다른 사람이 공무원의 사자 또는 대리인으로서 뇌물을 받은 경우나 평소 공무원이 그 다른 사람의 생활비 등을 부담하고 있었다거나 혹은 그 다른 사람에 대하여 채무를 부담하고 있었다는 등의 사정이 있어서 그 다른 사람이 뇌물을 받음으로써 공무원은 그만큼 지출을 면하게 되는 경우 등 사회통념상 그 다른 사람이 뇌물을 받은 것을 공무원이 직접 받은 것과 같이 평가할 수 있는 관계가 있는 경우에는 형법 제130조의 제3자 뇌물제공죄가 아니라, 형법 제129조 제1항의 뇌물수수죄가 성립한다.[144] 본죄를 간접수뢰가 아닌 독립한 범죄로 보는 입장에 따르면 제3자는 본죄의 주체인 공무원과 이해관계가 있을 필요 없다.

하지만 교사범이나 방조범은 제3자에 포함된다.[145] 공무원 또는 중재인이 부정한 청탁을 받고 제3자에게 뇌물을 제공하게 하고 제3자가 그러한 공무원 또는 중재인의 범죄행위를 알면서 방조한 경우에는 그에 대한 별도의 처벌 규정이 없더라도 방조범에 관한 형법총칙의 규정이 적용되어 제3자뇌물수수방조죄가 인정될 수 있다.[146]

4. 부정한 청탁

단순수뢰죄는 부정한 청탁을 요건으로 하지 않는 반면에, 제3자뇌물수수죄가 성립하기 위해서는 부정한 청탁이 있어야 한다. 공무원이 증뢰자로 하여금 제3자에게 뇌물을 공여하도록 하여 그 제3자가 뇌물을 취득하였다고 하더라도 부정한 청탁을 받은 일이 없다면 제3자 뇌물수수죄는 성립하지 않는다.

부정한 청탁은 위법한 것뿐만 아니라 사회상규나 신의성실의 원칙에 위배되는 부당한 경우를 포함한다.[147] 청탁의 대상이 된 직무집행 그 자체는 위법·부당한 것이 아니라 하더라도 당해 직무집행을 어떤 대가관계와 연결시켜 그 '직무집행에 관한 대가의 교부를 내용으로 하는 청탁'이라면 이는 부정한 청탁에 해당한다고 보아야 한다.[148]

부정한 청탁은 명시적 의사표시에 의해서뿐만 아니라 묵시적 의사표시에 의해서도 가능하지만, 묵시적 의사표시에 의한 부정한 청탁이 있다고 하려면 청탁의 대상이 되는 직무집행의 내용과 제3자에게 제공되는 이익이 그 직무집행에 대한 대가라는 점에 대하여

144) 대법원 2004.3.26. 선고 2003도8077 판결.
145) 손동권/김재윤, 788면; 이재상/장영민/강동범, 733면; 임웅/이현정/박성민, 972면.
146) 대법원 2017.3.15. 선고 2016도19659 판결.
147) 대법원 2007.1.26. 선고 2004도1632 판결.
148) 대법원 2006.6.15. 선고 2004도3424 판결.

공무원과 이익 제공자 사이에 공통의 인식이나 양해가 있어야 한다.[149)]

공정거래위원회 위원장인 피고인이 이동통신회사가 속한 그룹의 구조조정본부장으로부터 당해 이동통신회사의 기업결합심사에 대하여 선처를 부탁받으면서 특정 사찰에의 시주를 요청하여 시주금을 제공케 한 경우 제3자뇌물수수죄가 성립한다.[150)]

5. 다른 죄와의 관계

공무원이 직무관련자에게 제3자와 계약을 체결하도록 요구하여 계약 체결을 하게 한 행위가 제3자뇌물수수죄의 구성요건과 직권남용권리행사방해죄의 구성요건에 모두 해당하는 경우에는, 제3자뇌물수수죄와 직권남용권리행사방해죄가 각각 성립하되, 이는 사회관념상 하나의 행위가 수 개의 죄에 해당하는 경우이므로 두 죄는 형법 제40조의 상상적 경합관계에 있다.[151)]

XIII. 수뢰후 부정처사죄

> 제131조 (수뢰후 부정처사, 사후수뢰) ① 공무원 또는 중재인이 전2조의 죄를 범하여 부정한 행위를 한 때에는 1년 이상의 유기징역에 처한다.

1. 의의

수뢰후 부정처사죄는 공무원이 제129조 수뢰죄, 사전수뢰죄 및 제130조 제3자뇌물수수죄를 범한 후 더욱 나아가 부정한 행위를 함으로써 직무행위의 공정성을 침해하였기 때문에 불법이 가중되는 유형이다. 단순수뢰죄, 사전수뢰죄, 제3자뇌물수수죄에 비하여 가중처벌된다.

---

149) 대법원 2014.9.4. 선고 2011도14482 판결; 대법원 2009.1.30. 선고 2008도6950 판결; 대법원 2011.4.14. 선고 2010도12313 판결.

150) 대법원 2006.6.15. 선고 2004도3424 판결.

151) 대법원 2017.3.15. 선고 2016도19659 판결.

2. 형법 제129조 및 제130조의 죄를 범하여

수뢰후 부정처사죄는 공무원이 수뢰죄 또는 제3자뇌물수수죄를 범한 후 더 나아가 부정한 행위를 한 때에 성립하고 수뢰 등의 행위와 부정한 행위 사이에는 인과관계가 있어야 한다. 만약 부정한 행위를 할 것을 약속하고 뇌물을 수수, 요구 또는 약속하였다 하더라도 이후 부정한 행위를 하지 아니한 경우에는 해당 뇌물수수 등의 개별 행위는 수뢰후 부정처사죄에 해당하지 않고 수뢰죄에만 해당할 수 있다.

다만 판례는 '형법 제129조 및 제130조의 죄를 범하여'란 반드시 뇌물수수 등의 행위가 완료된 이후에 부정한 행위가 이루어져야 함을 의미하는 것은 아니고, 결합범 또는 결과적 가중범 등에서의 기본행위와 마찬가지로 뇌물수수 등의 행위를 하는 중에 부정한 행위를 한 경우도 포함한다.[152] 따라서 단일하고도 계속된 범의 아래 일정 기간 반복하여 일련의 뇌물수수 행위와 부정한 행위가 행하여졌고 그 뇌물수수 행위와 부정한 행위 사이에 인과관계가 인정되며 피해법익도 동일하다면, 최후의 부정한 행위 이후에 저질러진 뇌물수수 행위도 최후의 부정한 행위 이전의 뇌물수수 행위 및 부정한 행위와 함께 수뢰후 부정처사죄의 포괄일죄로 처벌한다.

3. 부정한 행위

부정한 행위란 공무원 또는 중재인이 직무에 위배하는 일체의 행위를 말한다. 수사기록의 일부를 파기·소각하는 경우, 응찰자에게 예정가격을 보여주는 경우, 증거품의 압수를 포기하는 경우, 회의에 참석하지 않는 경우, 불법한 인·허가처분을 해주는 경우, 구속된 피의자가 도주하는 것을 묵인하는 행위, 세금을 면탈·감액해주는 행위가 이에 해당한다. 행정청의 내부방침에 위배하여 허위의 복명서를 작성한 후 대규모소매점개설신고서를 수리한 직무위배 행위 역시 직무상 부정한 행위에 해당한다.[153]

4. 죄수 및 다른 죄와의 관계

가. 수뢰죄와 수뢰후 부정처사죄의 관계

수뢰죄와 수뢰후 부정처사죄의 관계는 법조경합 중 특별관계에 있으므로 뇌물을 수수한 후 부정한 행위를 하면 수뢰후 부정처사죄만 성립하며, 부정한 행위를 하지 않으면 수

---

152) 대법원 2021.2.4. 선고 2020도12103 판결.

153) 대법원 1996.8.23. 선고 96도1231 판결.

뢰죄만 성립한다. 단일하고도 계속된 범의 아래 일정 기간 반복하여 일련의 뇌물수수 행위와 부정한 행위가 행하여졌고 그 뇌물수수 행위와 부정한 행위 사이에 인과관계가 인정되며 피해법익도 동일하다면, 최후의 부정한 행위 이후에 저질러진 뇌물수수 행위도 최후의 부정한 행위 이전의 뇌물수수 행위 및 부정한 행위와 함께 수뢰후 부정처사죄의 포괄일죄로 처벌한다.[154)]

나. 수뢰후 부정처사죄와 허위공문서작성죄와의 관계

부정한 행위가 허위공문서작성죄에 해당하는 경우 양죄는 보호법익을 달리하는 것이므로 수뢰후 부정처사죄와 허위공문서작성죄의 상상적 경합이 된다. 마찬가지로 공무원이 수뢰후 행한 부정행위가 공도화변조 및 동행사죄와 같이 보호법익을 달리하는 별개 범죄의 구성요건을 충족하는 경우에는 수뢰후 부정처사죄 외에 별도로 공도화변조 및 동행사죄가 성립하고 이들 죄와 수뢰후 부정처사죄는 각각 상상적 경합 관계에 있다.[155)] 예비군 중대장이 그 소속예비군으로부터 금원을 교부받고 그 예비군이 예비군훈련에 불참하였음에도 불구하고 참석한 것처럼 허위내용의 중대학급편성명부를 작성, 행사한 경우라면 수뢰후 부정처사죄 외에 별도로 허위공문서작성 및 동행사죄가 성립하고 이들 죄와 수뢰후 부정처사죄는 각각 상상적 경합관계에 있다.[156)]

XIV. 사후수뢰죄

> 제131조 (수뢰후 부정처사, 사후수뢰) ② 공무원 또는 중재인이 그 직무상 부정한 행위를 한 후 뇌물을 수수, 요구 또는 약속하거나 제3자에게 이를 공여하게 하거나 공여를 요구 또는 약속한 때에도 전항의 형과 같다.
> ③ 공무원 또는 중재인이었던 자가 그 재직 중에 청탁을 받고 직무상 부정한 행위를 한 후 뇌물을 수수, 요구 또는 약속한 때에는 5년 이하의 징역 또는 10년 이하의 자격정지에 처한다.

사후수뢰죄는 공무원 또는 중재인이었던 자가 직무상 부정한 행위를 한 후 뇌물을 수

154) 대법원 2021.2.4. 선고 2020도12103 판결.
155) 대법원 2001.2.9. 선고 2000도1216 판결.
156) 대법원 1983.7.26. 선고 83도1378 판결.

수, 요구 또는 약속한 부정처사 후 수뢰한 경우(제2항) 또는 재직 중 청탁을 받고 직무상 부정한 행위를 한 후 뇌물을 수수, 요구 또는 약속한 퇴직 후 수뢰한 경우(제3항)에 성립하는 범죄이다.

제131조 제2항의 부정처사 후 수뢰죄는 수뢰후 부정처사죄와 대립되는 경우이다. 수뢰후 부정처사죄와 비교할 때 부정처사 후 수뢰죄는 수뢰행위와 부정처사 사이에 시간적 선후만 바뀌었을 뿐 그 실질은 같다.

제131조 제3항의 퇴직 후 수뢰죄는 재직 중 직무상 부정한 행위를 한 후에 퇴직하여 그 신분을 상실하고 수뢰하는 경우를 처벌한다.[157)]

XV. 알선수뢰죄

> 제132조 (알선수뢰) 공무원이 그 지위를 이용하여 다른 공무원의 직무에 속한 사항의 알선에 관하여 뇌물을 수수, 요구 또는 약속한 때에는 3년 이하의 징역 또는 7년 이하의 자격정지에 처한다.

1. 의의

알선수뢰죄는 공무원이 그 지위를 이용하여 다른 공무원의 직무에 속한 사항의 알선에 관하여 뇌물을 수수·요구·약속함으로써 성립하는 범죄이다. 단순수뢰죄는 공무원이 직접 자기 직무에 관하여 뇌물을 수수하는 범죄이지만, 알선수뢰죄는 자기의 지위를 이용하여 다른 공무원의 직무에 관한 사항을 알선함으로써 그 대가로 뇌물을 수수하는 범죄이다. 참고로 공무원이 아닌 사인이 다른 공무원의 직무에 속한 사항의 알선에 관하여 뇌물을 수수 등을 한 경우에는 형법의 알선수뢰죄가 아닌 특정범죄가중처벌법의 알선수재죄가 적용된다.

2. 주체: 공무원

본죄의 주체는 공무원이다. 중재인이나 사인은 이에 포함되지 않는다. 공무원의 지위의 높고낮음은 중요하지 않으며, 다른 공무원에 대한 임면권이나 직접 압력을 가할 수 있

---

157) 대법원 1983.4.26. 선고 82도2095 판결.

는 법적 근거가 있을 필요는 없다. 다만 단순히 공무원의 신분만 있어야 되는 것이 아니라 적어도 직무를 처리하는 공무원과 직무상 직접 또는 간접의 연관관계를 가지고 법률상 또는 사실상 영향을 미칠 수 있는 공무원을 말한다.[158)]

심화내용 형법의 알선수뢰죄와 특정범죄가중처벌의 알선수재죄

형법 제132조의 알선수뢰죄는 '공무원'이 다른 공무원의 직무에 속한 사항의 알선에 관하여 뇌물을 수수 등을 한 경우를 처벌하고 있다. 따라서 공무원이 아닌 '사인'이 다른 공무원의 직무에 속한 사항에 대하여 알선하는 경우에는 알선수뢰죄에 처벌할 수 없다. 주로 브로커와 같은 사인이 공무원의 직무에 속한 사항의 알선을 하여 금품 등을 받는 경우를 처벌할 필요성이 있다. 이에 따라 특정범죄가중처벌법 제3조는 "공무원의 직무에 속한 사항의 알선에 관하여 금품이나 이익을 수수·요구 또는 약속한 사람은 5년 이하의 징역 또는 1천만 원 이하의 벌금에 처한다."고 규정하고 있다. 결국 공무원이 아닌 사인이 다른 공무원의 직무에 속한 사항의 알선에 관하여 뇌물을 수수 등을 한 경우에는 형법의 알선수뢰죄가 아닌 특정범죄가중처벌법의 알선수재죄가 적용된다. 알선수재죄는 '공무원이 아닌 자'가 '공무원의 직무에 속한 사항을 알선한다는 명목'으로 '금품 등을 수수'함으로써 성립하는 범죄이다.

3. 지위를 이용

지위를 이용한다고 함은 다른 공무원이 취급하는 사무의 처리에 법률상·사실상 영향력을 미칠 수 있는 공무원이 그 지위를 이용하는 것을 말하며, 반드시 상하관계, 협동관계, 감독관계 등의 특수한 지위에 있을 필요는 없다.[159)] 대법원 판례는 지위를 이용하였다고 하기 위하여는 다른 공무원의 직무에 일반적 또는 구체적으로 영향을 미칠 수 있을 것을 요한다고 한다.

판례 지위를 이용한 경우에 해당하는 경우

① 국방부 전국병무사범대책위원회 행정요원으로 파견 근무 중인 경기도 병무청 심리연구사보가 병역검사기피자로부터 출국절차를 원만히 해결해 달라는 부탁을 받고 병무담당자에게 부탁하여 병종 불합격된 것으로 병적을 고쳐 정리하여 주겠다고 말하고 돈 150,000원을 받은 경우(대법원 1969.8.26. 선고 69도1120 판결).

158) 대법원 1982.6.8. 선고 82도403 판결.

159) 대법원 1999.6.25. 선고 99도1900 판결; 대법원 1992.5.8. 선고 92도532 판결.

② 군교육청 관리과 서무계장은 그 교육청 관내 국민학교 고용원의 인사교류 및 조정의 실무책임을 맡고 있는 자로서, 국민학교 고용원의 임명권자인 국민학교 교장의 고용원임용에 관한 사실상 영향력을 미칠 수 있는 특수한 관계에 있는 자라고 할 것이므로 위 서무계장이 고용원의 임용에 관한 알선을 한데 대한 사례명목으로 금품을 수수한 이상 알선수뢰죄가 성립된다(대법원 1988.1.19. 선고 86도1138 판결).

③ 노동부 직업안정국 고용대책과장으로 재직 중 관계공무원에게 청탁하여 연예인 국외공급 사업허가를 받아 달라는 부탁과 함께 금원을 교부받은 경우(대법원 1989.9.12. 선고 89도1297 판결).

④ 피고인이 △△△세무서 징세계장인 공소외인의 전임자였고 이 사건 당시에 ○○○세무서 징세계장으로 근무하고 있었다면 이 사건 압류재산의 공매담당자인 공소외인의 직무에 관하여 사실상의 영향력을 행사할 수 있는 지위에 있었다고 한 사례(대법원 1989.12.26. 선고 89도2018 판결).

⑤ 지역경제과장이 직전에 자신이 계장으로 있던 지적과 지정계 직원에게 토지거래계약허가를 받도록 알선한 경우(대법원 1990.7.27. 선고 90도890 판결).

⑥ 피고인은 중부지방국세청 재산국 ○○부동산 조사담당관인 공소외인이 △△세무서 총무과장으로 근무할 당시 △△세무서장이었고, 이 사건 당시 위 지방국세청 산하 □□세무서장으로 근무하고 있었다면, 이 사건 양도소득세 관련 세무조사 사무를 담당한 위 공소외인의 직무에 관하여 사실상의 영향력을 행사할 수 있는 지위에 있었다고 인정할 수 있다는 사례(대법원 1994.10.21. 선고 94도852 판결).

판례 지위를 이용한 경우에 해당하지 않는 경우

① 순천지청 검찰사무주무(검찰주사)가 동지청에서 관세법위반 피의사건의 수사사무를 담당하였던 검사의 직무상 어떠한 연관관계를 가지고 법률상 또는 사실상 어떤 영향력을 미칠 수 있는 지위에 있었다고도 보기 어렵다는 사례(대법원 1982.6.8. 선고 82도403 판결).

② 도교육위원회 사회체육과 보건계에서 아동급식과 아동 및 교원의 신체검사에 관한 업무를 담당하는 지방보건기사는 도 보건사회국에서 카바레 영업허가업무를 담당하는 시 등의 환경위생과 식품위생계를 감독하고 그 영업허가에 앞서 사전승인하는 업무를 담당하는 지방행정주사보와 직접·간접의 연관관계도 없을 뿐만 아니라 법률상이나 사실상 어떠한 영향력을 줄 수 있는 지위에 있지 않은 이상 단지 공무원의 신분을 가졌다는 사실만으로는 공무원이 지위를 이용하여 다른 공무원의 직무에 속한 사항의 알선에 관하여 뇌물을 수수하였다고 할 수 없다(대법원 1983.8.23. 선고 82도956 판결).

③ 피고인은 이 사건 금원수수 당시 군청 건설과 농지계에 근무하던 자로서 도지사의 직무에 속하는 골재채취예정지 고시사무와 직접 또는 간접의 연관관계가 있다고 볼 수 없을 뿐 아니라, 도지사의 위 직무에 관하여 법률상 또는 사실상 어떠한 영향을 미

칠만한 지위에 있는 자라고 볼 수도 없으니, 피고인을 위 도지사의 직무사항에 관하여 알선수뢰죄의 주체로 인정할 수 없다(대법원 1984.1.31. 선고 83도3015 판결).

4. 알선

'알선'이란 공무원의 직무에 속하는 일정한 사항에 관하여 당사자의 의사를 공무원 측에 전달하거나 편의를 도모하는 행위 또는 공무원의 직무에 관하여 부탁하거나 영향력을 행사하여 당사자가 원하는 방향으로 결정이 이루어지도록 돕는 등의 행위를 의미한다. 이 경우 공무원의 직무는 정당한 직무행위인 경우도 포함되고 알선의 상대방인 공무원이나 직무내용이 구체적으로 특정되어 있을 필요도 없다. 그것이 반드시 부정행위라거나 그 직무에 관하여 결재권한이나 최종결정권한을 갖고 있어야 하는 것이 아니다.[160)]

5. 뇌물을 수수, 요구, 약속

알선의 명목으로 금품을 받았다면 실제로 어떤 구체적인 알선행위를 하였는지와 상관없이 범죄는 성립한다.

공무원의 직무에 속한 사항의 알선과 수수한 금품 사이에 대가관계가 있어야 한다. 공무원의 직무에 속한 사항의 알선과 수수한 금품 사이에 대가관계가 있는지는 알선의 내용, 알선자와 이익 제공자 사이의 친분관계, 이익의 다과, 이익을 주고받은 경위와 시기 등 여러 사정을 종합하여 결정하되, 알선과 주고받은 금품 사이에 전체적·포괄적으로 대가관계가 있으면 충분하다.

알선자가 받은 금품에 알선행위에 대한 대가로서의 성질과 그 밖의 행위에 대한 대가로서의 성질이 불가분적으로 결합되어 있는 경우에는 그 전부가 불가분적으로 알선행위에 대한 대가로서의 성질을 가진다.

---

160) 대법원 1992.5.8. 선고 92도532 판결.

XVI. 특별법의 알선수재죄

1. 특정범죄 가중처벌 등에 관한 법률 제3조

> 제3조(알선수재) 공무원의 직무에 속한 사항의 알선에 관하여 금품이나 이익을 수수·요구 또는 약속한 사람은 5년 이하의 징역 또는 1천만원 이하의 벌금에 처한다.

가. 의의

특정범죄가중법의 알선수재죄는 공무원의 직무에 속한 사항의 알선에 관하여 금품이나 이익을 수수·요구 또는 약속한 경우에 성립하는 범죄이다. 본죄는 행위자가 공무원의 신분 유무를 불문하고, 누구든지 공무원의 직무에 속하는 사항에 관해 알선을 명목으로 금품 등을 수수하면 성립한다. 이른바 브로커를 처벌하는 규정이다. 형법 제132조 알선수뢰죄보다 그 범위가 확대되어 있다.

나. 구성요건

본죄의 주체는 알선을 의뢰한 '알선의뢰인'과 알선의 상대방이 될 수 있는 '알선상대방'인 공무원 사이를 중개하는 '알선중개인'이다. 공무원이 아닌 사람도 행위주체가 될 수 있다는 점에서 형법상 알선수뢰죄와 다르다. 세무사가 자신이 세무대리를 맡은 사건의 해결을 위해 공무원에게 청탁·알선한다는 명목으로 금품을 수수한 경우 본죄가 성립한다.[161)]공무원도 본죄의 주체가 될 수 있다.

본죄의 행위는 공무원의 직무에 속한 사항의 알선에 관하여 금품이나 이익을 수수·요구·약속하는 것이다. '공무원의 직무에 속하는 사항'의 의미는 일반 뇌물죄에서의 의미와 같다. 즉 공무원이 법령상 관장하는 직무 그 자체뿐만 아니라, 직무와 밀접한 관계가 있는 행위 또는 관례상·사실상 관여하는 직무행위도 포함된다.

'알선'은 일정한 사항에 관하여 알선의뢰인과 그 상대방인 알선상대방 사이를 중개하는 것을 말한다. 알선의뢰인이 청탁한 취지를 알선상대방에게 전하는 경우, 알선의뢰인을 대신하여 스스로 알선상대방에게 청탁하는 행위도 알선에 해당한다.

금품이나 이익의 수수·요구·약속의 의미는 형법상 뇌물죄에서 설명한 것과 기본적으로 동일하다. 금품이나 이익에 대한 영득의 의사가 필요하다. 따라서 알선의뢰인으로부터

---

161) 대법원 1983.3.8. 82도2873 판결.

금품을 받아 단순히 알선행위자에게 중간에서 전달하는 역할만 하였다면, 그 제3자는 금품에 대한 영득의 의사가 없으므로 알선수재죄는 성립하지 않는다.

2. 특정경제범죄 가중처벌 등에 관한 법률 제7조

> 제7조(알선수재의 죄) 금융회사등의 임직원의 직무에 속하는 사항의 알선에 관하여 금품이나 그 밖의 이익을 수수, 요구 또는 약속한 사람 또는 제3자에게 이를 공여하게 하거나 공여하게 할 것을 요구 또는 약속한 사람은 5년 이하의 징역 또는 5천만원 이하의 벌금에 처한다.

특정경제범죄법의 알선수재죄는 금융회사등의 임직원의 직무에 속하는 사항의 알선에 관하여 금품이나 그 밖의 이익을 수수, 요구 또는 약속한 사람 또는 제3자에게 이를 공여하게 하거나 공여하게 할 것을 요구 또는 약속한 경우에 성립하는 범죄이다. 알선의뢰인과 알선상대방인 금융기관의 임직원 사이를 중개하는 중개인이 본죄의 주체이다.

XVII. 증뢰죄

> 제133조 (뇌물공여등) ① 제129조부터 제132조까지에 기재한 뇌물을 약속, 공여 또는 공여의 의사를 표시한 자는 5년 이하의 징역 또는 2천만원 이하의 벌금에 처한다.

1. 의의

증뢰죄는 뇌물을 약속, 공여 또는 공여의 의사를 표시한 경우에 성립하는 범죄이다. 뇌물죄는 공무원의 직무범죄에 반하여 본죄는 비공무원이 수뢰행위를 방조 또는 교사하는 공범적 성격을 갖는 행위를 별도로 처벌하는 구성요건이다.[162] 뇌물공여죄라고도 한다.

162) 이재상/장영민/강동범, 738면.

2. 주체: 제한 없음

본죄의 주체에는 제한이 없다. 비공무원이 일반적이지만 공무원도 본죄의 주체가 될 수 있다.

3. 행위: 뇌물을 약속, 공여 또는 공여의 의사표시

본죄의 구성요건에 '직무에 관하여'라는 문언은 규정되어 있지 않지만, 증뢰자의 입장에서도 직무에 대한 대가관계가 있어야 한다는 것이 통설과 판례의 입장이다. 뇌물공여죄의 행위는 공여·약속·공여의 의사표시라는 3가지 행위로 구성되어 있다. '공여와 약속'은 수뢰죄의 '수수와 약속'과 필요적 공범관계에 있고, '공여의 의사표시'는 뇌물을 공여받을 상대방과 필요적 공범관계에 있으나 그 상대방이 반드시 처벌될 필요는 없다.

약속은 장차 뇌물을 공여할 것을 자진하여 약속하는 경우뿐만 아니라 공무원의 요구를 승낙하는 경우도 포함된다.

공여는 뇌물을 취득하게 하는 것을 말한다. 상대방이 뇌물을 수수할 수 있는 상태에 두면 본죄가 성립하며 상대방이 현실적으로 취득할 필요는 없다. 따라서 뇌물을 공무원이 근무하는 장소에 두고 갔으나 실질적으로 공무원이 이를 수수하지 않은 경우에는 증뢰만 성립하고 상대방인 공무원에 대해서는 수뢰죄가 성립하지 않는다.[163] 뇌물공여죄의 상대방인 수뢰자가 처벌받지 않는 상태에서 뇌물공여자만 처벌된다고 하여도 헌법 제11조 제1항 평등원칙에 위배되지 않는다.[164]

공여의 의사표시는 명시 또는 묵시의 방법으로 뇌물을 공여할 의사표시를 하면 본죄가 성립하며 공여할 금액이나 구체적 전달방법 등까지 자세히 표시될 필요는 없다.

4. 죄수 및 다른 죄와의 관계

뇌물을 약속 또는 뇌물공여의 의사표시를 한 후 실제로 뇌물을 공여한 경우 뇌물공여죄만 성립한다. 한 개의 행위로 여러 명의 공무원에게 증뢰한 경우 공무원의 수에 따라 상상적 경합이 된다.[165] 수뢰죄가 성립하지 않는 경우에도 별도로 증뢰죄는 성립할 수 있다.[166]

---

163) 대법원 1987.12.22. 선고 87도1699 판결.

164) 대법원 1996.8.23. 선고 96도1231 판결.

165) 손동권/김재윤, 795면; 이재상/장영민/강동범, 739면.

166) 김일수/서보학, 860면.

XVIII. 증뢰물 전달죄

> 제133조 (뇌물공여등) ② 제1항의 행위에 제공할 목적으로 제3자에게 금품을 교부한 자 또는 그 사정을 알면서 금품을 교부받은 제3자도 제1항의 형에 처한다.

증뢰물전달죄는 증뢰행위에 제공할 목적으로 제3자에게 금품을 교부하거나 그 정을 알면서 교부를 받은 경우에 성립하는 범죄이다. 교부의 경우에는 목적범이다. 금품을 교부받는 자와 그 정을 알면서 교부받은 자는 필요적 공범 중 대향범관계에 있다.

본죄는 제3자에게 증뢰용 금품을 교부함으로써 또는 제3자가 증뢰용 금품이라는 것을 알면서 교부받음으로써 즉시 성립한다. 제3자가 그 금품을 실제로 공무원에게 전달하였는가는 본죄의 성립에 영향이 없다. 예를 들면 갑이 을로부터 그가 이천군 건축계 공무원인 A에게 비위사실을 묵인해 준 데 대한 사례금으로 공여하는 뇌물이란 정을 알면서도 금 200만 원을 교부받은 다음 그 돈을 위 공무원 A에게 교부한 경우 증뢰물전달죄가 성립한다.[167)]

제2절 공무방해에 관한 죄

Ⅰ. 총설

1. 의의

공무방해에 관한 죄는 국가 또는 공공기관이 행사하는 기능을 방해하는 범죄이다. 공무원의 직무에 관한 죄는 공무원에 의하여 범해지는 직무상의 범죄이지만, 공무방해에 관한 죄는 공무를 집행하는 공무원에 대하여 범해지는 일반인의 범죄이다.

2. 보호법익

본죄는 공무원에 의하여 집행되는 공무 그 자체를 보호하기 위한 범죄이다. 본죄의 보호

167) 대법원 1997.9.5. 선고 97도1572 판결.

법익은 공무이며, 공무원은 본죄의 행위객체이다. 본죄에 의하여 공무원의 신분과 지위가 보호되는 것은 반사적 효과에 불과하다. 보호의 정도는 기본적으로 추상적 위험범이다.

Ⅱ. 공무집행방해죄

> 제136조 (공무집행방해) ① 직무를 집행하는 공무원에 대하여 폭행 또는 협박한 자는 5년 이하의 징역 또는 1천만원 이하의 벌금에 처한다.

1. 의의

공무집행방해죄는 직무를 집행하는 공무원에 대하여 폭행 또는 협박한 경우에 성립하는 범죄이다. 공무방해에 관한 죄 가운데 기본적 구성요건에 해당하며 추상적 위험범, 거동범이다. 미수범 처벌 규정은 없다.

2. 주체

본죄의 주체에는 제한이 없다. 공무원이 직무집행을 하는 상대방일 필요 없다. 공무원의 직무집행과 상관이 없는 제3자라도 본죄의 주체가 될 수 있다. 다른 공무원도 본죄의 주체가 될 수 있다.

3. 객체: 직무를 집행하는 공무원

가. 공무원: 법령에 의하여 국가 또는 공공단체의 공무에 종사하는 자

형법상 공무원이라 함은 국가 또는 지방자치단체 및 이에 준하는 공법인의 사무에 종사하는 자로서 그 노무의 내용이 단순한 기계적 육체적인 것에 한정되어 있지 않은 자를 말한다.[168]

원칙적으로 국가공무원법, 지방공무원법상 공무원과 특별법의 공무원을 포함하며, 그 공무에 종사하게 된 원인은 임명, 촉탁, 선거 등의 방법에 의한 것임을 묻지 않는다. 법령

---

168) 대법원 1978.4.25. 선고 77도3709 판결.

에 의하여 공무원으로 간주되는 자와 야간 당직 근무 중인 청원경찰관도 공무원에 해당한다.[169] 파출소에 근무하는 방범대원도 본죄의 객체인 공무원에 해당한다고 보는 것이 판례의 입장이다.[170] 하지만 국민권익위원회 운영지원과 소속 기간제근로자,[171] 국민기초생활보장법상 자활근로자로 선정되어 주민자치센터 사회복지담당 공무원의 복지도우미[172]는 형법상 공무원에 해당하지 않는다.

나. 직무집행의 범위

공무원이 원칙적으로 현재 구체적인 직무를 집행하고 있어야 한다. 직무는 구체적인 것을 요하며, 일반적인 직무의무는 포함되지 않는다. 공무원이 현재 구체적인 직무의 집행 중이어야 하는 것이 원칙이지만, 집행에 착수하기 직전의 준비행위도 직무집행과 불가분의 관계에 있을 때에는 직무집행 중이라고 본다. 따라서 공무원이 직무집행을 위하여 출근하는 경우 직무집행 중이라고 할 수 없지만, 직무집행을 위해 대기하고 있는 경우[173] 또는 일시휴식하는 경우에는 직무집행 중이라고 할 수 있다.[174] 노사분규 동향을 파악하거나 파악하기 위해 현장에서 대기 중이던 근로감독관을 폭행한 행위는 공무집행방해죄를 구성한다. 하지만 단순히 장래의 직무집행을 예상하여 폭행·협박을 가하는 행위는 공무집행방해죄에 해당하지 않는다.[175]

국공립병원과 같이 국가가 사기업과 동일한 위치에서 사업을 하는 경우에도 본죄의 직무집행에 포함시킬 수 있는지에 대하여 견해의 대립이 있으며, 판례는 권력적 작용뿐만 아니라 사경제 주체로서의 활동을 비롯한 비권력적 작용도 본죄의 직무에 속한다고 한다.[176]

다. 직무집행의 적법성

(1) 의의

독일 형법의 경우 공무원의 직무집행행위가 적법해야 한다는 명문의 규정이 있으나 우리나라 형법의 경우에는 명문의 규정이 없지만, 공무원의 적법한 직무집행을 보호하기 위한 것이며, 위법한 공무집행에 대해서 국민은 따를 의무가 없으므로 본죄의 직무집행은

169) 대법원 2009.1.15. 선고 2008도9919 판결.
170) 대법원 1991.3.27. 선고 90도2930 판결.
171) 대법원 2015.5.29. 선고 2015도3430 판결.
172) 대법원 2011.1.27. 선고 2010도14484 판결.
173) 대법원 2002.4.12. 선고 2000도3485 판결.
174) 대법원 1999.9.21. 선고 99도383 판결.
175) 대법원 2010.12.23. 선고 2010도7412 판결.
176) 대법원 2003.12.26. 선고 2001도6349 판결.

적법해야 한다. 따라서 적법성이 결여된 직무행위를 행하는 공무원에 대항하여 폭행이나 협박을 가하였다고 하더라도 이를 공무집행방해죄로 처벌할 수 없다. 예를 들면 수사기관이 긴급체포의 요건을 갖추지 못하였음에도 불구하고 실력으로 수사기관에 자진출석한 자를 체포하려고 하였다면 이는 적법한 공무집행이라고 볼 수 없으므로 이에 대항하는 행위는 정당방위에 해당하여 위법성이 조각된다.[177)]

(2) 적법성의 요건

직무행위의 적법성은 실질적 정당성이 아니라 형식적 적법성을 기준으로 판단해야 한다. 따라서 공무원의 직무집행이 적법하기 위해서는 첫째, 행위가 당해 공무원의 추상적 직무권한에 속하여야 한다. 둘째, 행위가 당해 공무원의 구체적 권한에 속하여야 한다. 셋째, 행위는 법령이 정한 방식과 절차에 따른 것이어야 한다.

(가) 추상적 직무권한 범위 내

추상적 직무권한, 즉 일반적 직무권한 범위에 속해야 한다. 공무원이 추상적 직무권한 범위를 넘어서 행위하는 경우 그 행위는 처음부터 공무원의 직무행위라고 볼 수 없다. 예를 들면 경찰관은 조세징수권한이 없으며, 면사무소 근무 공무원은 행정사무의 편의를 목적으로 설계도면의 제출을 요구할 권한이 없으며,[178)] 법관은 수사상의 강제처분을 집행할 권한이 없다. 그러나 공무원의 내부적 사무분담은 직무권한의 범위에 영향이 미치지 않기 때문에 교통경찰관이 불심검문을 하는 것은 적법한 직무집행에 해당한다.

(나) 구체적 권한

직무집행행위가 공무원의 구체적 권한에 속해야 한다. 구체적 직무집행이 법령에 정한 요건을 구비해야 한다. 특히 체포·구속의 경우 형사소송법 제200조의2 이하에서 정한 체포·구속의 요건을 갖추어야 체포·구속은 적법하다. 이러한 요건을 갖추지 않았을 경우에는 적법한 공무집행이라고 할 수 없다.

사법경찰관은 피의자를 체포할 추상적 권한은 있지만, 우연히 목격하게 된 피의자를 영장없이 긴급체포하는 경우에는 형사소송법 제200조의2 제1항의 긴급체포의 요건을 갖춘 경우에만 가능하므로, 이 요건이 구비되지 않는 경우 적법한 공무집행이 아니라 불법체포가 된다. 현행범인이라고 하더라도 영장 없이 체포할 수 없는 경미사건에서 동행

---

177) 대법원 2006.9.8. 선고 2006도148 판결.

178) 대법원 1982.11.23. 선고 81도1872 판결.

을 거절하는 사람을 강제로 연행하려는 경우, 교통경찰관이 운전면허증제시요구에 응하지 않는 사람을 교통초소로 강제연행하려는 경우, 법정형이 긴급체포사유에 해당하지 않는 범죄의 혐의로 기소중지된 사람을 경찰관이 강제연행하려는 경우, 출입국관리공무원이 관리자의 사전 동의 없이 사업장에 진입하여 불법체류자 단속업무를 개시한 경우[179]에는 적법한 공무집행이라고 할 수 없다.

구속영장을 발부받음이 없이 경찰서에서 설치되어 있는 보호실에 유치한 경우 영장주의에 위배되는 위법한 구금으로서 적법한 공무수행이라고 볼 수 없으며,[180] 현행범인체포나 긴급체포를 하는 경우 반드시 범죄사실의 요지, 구속의 이유와 변호인을 선임할 수 있음을 말하고 변명할 기회를 주어야 하는데 이러한 고지를 하지 않는 등 경찰관이 적법절차를 준수하지 아니한 채 실력으로 범인을 연행하려고 하였다면 적법한 공무집행이라고 할 수 없다.[181]

(다) 법령이 정한 방식과 절차

공무원의 직무행위의 유효요건으로 법률상 일정한 요건이나 방식을 규정하고 있는 경우 법령이 정한 방식과 절차에 따라야 한다. 수사기관이 피의자를 구속하는 경우에는 구속영장이 있어야 하며(형사소송법 제73조, 제201조), 구속영장을 집행하는 경우에는 영장을 제시해야 하며(형사소송법 제85조, 제209조), 공소사실의 요지를 알려져야 하며(형사소송법 제88조, 제209조), 수색영장, 압수영장의 야간집행이 금지되며(형사소송법 제125조, 제219조), 여자의 신체를 수색할 때에는 성년의 여자를 참여하게 하여야 한다(형사소송법 제124조, 제219조).[182]

판례 검정색 그랜져 승용차 사건

【사실관계】 경장 갑과 순경 을이 112차량을 타고 순찰 근무를 하던 중 지령실로부터 교통사고를 일으킨 검정색 그랜져 승용차가 도주하였다는 무전연락을 받고 삼익아파트 쪽으로 진행하고 있었는데, 다시 도보 순찰자인 순경 병으로부터 삼익아파트 뒷골목으로 도주하였다는 무전연락을 받고 그 주변을 수색하던 중 검정색 그랜져 승용차에서 피고인 A가 내리는 것을 발견하였다. 이에 갑과 을은 체포 이유 등을 고지하지 않고 피고인 A를 강제로 순찰차에 태우려고 하자, A는 이를 벗어날 목적으로 자신을 강

179) 대법원 2009.3.12. 선고 2008도7156 판결.

180) 대법원 1994.3.11. 판결 93도958 판결.

181) 대법원 2000.7.4. 선고 99도4341 판결.

182) 직무행위의 방식과 절차에 사소한 흠결이 있는 경우까지 모두 위법이라고 할 수 없다. 위법한 직무집행인가의 여부는 본질적인 형식을 위반하였는가에 의하여 결정되며, 이는 관련자의 권리를 보호함에 불가결한 형식인가의 여부에 의하여 판단해야 한다.

제로 붙잡고 놓아주지 않는 그들의 손에서 벗어나기 위하여 발버둥치는 과정에서 팔꿈치로 그들의 가슴 부분을 밀어 넘어뜨리거나 손으로 밀었다.

【판결요지】 [1] 순찰 중이던 경찰관이 교통사고를 낸 차량이 도주하였다는 무전연락을 받고 주변을 수색하다가 범퍼 등의 파손상태로 보아 사고차량으로 인정되는 차량에서 내리는 사람을 발견한 경우, 형사소송법 제211조 제2항 제2호 소정의 '장물이나 범죄에 사용되었다고 인정함에 충분한 흉기 기타의 물건을 소지하고 있는 때'에 해당하므로 준현행범으로서 영장 없이 체포할 수 있다고 한 사례.

[2] 헌법 제12조 제5항 전문은 '누구든지 체포 또는 구속의 이유와 변호인의 조력을 받을 권리가 있음을 고지받지 아니하고는 체포 또는 구속을 당하지 아니한다.'는 원칙을 천명하고 있고, 형사소송법 제72조는 '피고인에 대하여 범죄사실의 요지, 구속의 이유와 변호인을 선임할 수 있음을 말하고 변명할 기회를 준 후가 아니면 구속할 수 없다.'고 규정하는 한편, 이 규정은 같은 법 제213조의2에 의하여 검사 또는 사법경찰관리가 현행범인을 체포하거나 일반인이 체포한 현행범인을 인도받는 경우에 준용되므로, 사법경찰리가 현행범인으로 체포하는 경우에는 반드시 범죄사실의 요지, 구속의 이유와 변호인을 선임할 수 있음을 말하고 변명할 기회를 주어야 할 것임은 명백하며, 이러한 법리는 비단 현행범인을 체포하는 경우뿐만 아니라 긴급체포의 경우에도 마찬가지로 적용되는 것이고, 이와 같은 고지는 체포를 위한 실력행사에 들어가기 이전에 미리 하여야 하는 것이 원칙이나, 달아나는 피의자를 쫓아가 붙들거나 폭력으로 대항하는 피의자를 실력으로 제압하는 경우에는 붙들거나 제압하는 과정에서 하거나, 그것이 여의치 않은 경우에라도 일단 붙들거나 제압한 후에는 지체 없이 행하여야 한다.

[3] 형법 제136조가 규정하는 공무집행방해죄는 공무원의 직무집행이 적법한 경우에 한하여 성립하는 것이고, 여기서 적법한 공무집행이라 함은 그 행위가 공무원의 추상적 권한에 속할 뿐 아니라 구체적 직무집행에 관한 법률상 요건과 방식을 갖춘 경우를 가리키는 것이므로, 경찰관이 적법절차를 준수하지 아니한 채 실력으로 현행범인을 연행하려고 하였다면 적법한 공무집행이라고 할 수 없고, 현행범인이 그 경찰관에 대하여 이를 거부하는 방법으로써 폭행을 하였다고 하여 공무집행방해죄가 성립하는 것은 아니다.

[4] 경찰관의 행위가 적법한 공무집행을 벗어나 불법하게 체포한 것으로 볼 수밖에 없다면, 그 체포를 면하려고 반항하는 과정에서 경찰관에게 상해를 가한 것은 불법 체포로 인한 신체에 대한 현재의 부당한 침해에서 벗어나기 위한 행위로서 정당방위에 해당하여 위법성이 조각된다고 한 사례(대법원 2000.7.4. 선고 99도4341 판결).

【해설】 도주 차량의 파손 상태와 무전 정보 등에 비추어 형사소송법 제211조 제2항 제2호 준현행범 요건에 해당하여 영장 없이 체포가 가능하다. 체포 시에는 반드시 범죄사실의 요지, 구속이유, 변호인 조력을 받을 권리를 고지해야 하며, 체포 전 또는 지체 없이 고지를 해야 한다. 그러나 이 사건에서는 이 고지를 하지 않았다. 공무집행방해죄

가 성립하기 위해서는 적법한 공무집행이어야만 한다. 이 사건에서는 고지의무를 위반한 불법체포로 평가되므로 이를 거부하며 경찰관을 밀친 피고인의 행위는 공무집행방해죄에 해당하지 않는다.

라. 적법성의 판단기준

직무집행이 적법한가를 판단하는 기준에 대하여 법원이 법령을 해석하여 객관적으로 판단해야 한다는 객관설,[183] 당해 공무원이 적법한 것으로 믿었는가 또는 과실 없이 적법한 것으로 믿었는가에 의하여 결정된다는 주관설, 주관적·객관적인 면을 모두 고려해야 한다는 절충설, 일반인의 입장에서 공무원의 직무행위로 인정할 수 있을 때에 적법하다고 보는 일반인표준설이 있다.

판례는 추상적인 권한에 속하는 공무원의 어떠한 공무집행이 적법한지 여부는 행위 당시의 구체적 상황에 기하여 객관적 합리적으로 판단하여야 하고 사후적으로 순수한 객관적 기준에서 판단할 것은 아니라고 하여 객관설의 입장이다.[184]

생각건대, 객관설이 타당하다. 주관설에 따르면 공무원의 주관에 따라 결정되므로 불합리하며, 일반인표준설에 따르면 일반인의 부정확한 판단에 종속될 수 있기에 불합리하다. 직무집행의 적법성은 법관이 법령의 해석을 통해 객관적으로 공무집행 당시의 구체적 행위 사정을 고려하여 판단해야 한다.

마. 위법한 공무집행에 대항하는 행위

형법 제136조가 규정하는 공무집행방해죄는 공무원의 직무집행이 적법한 경우에 한하여 성립하는 것이므로, 적법성이 결여된 직무행위를 하는 공무원에게 대항하여 폭행을 가한 경우 공무집행방해죄가 성립하지 않는다.[185] 긴급체포는 영장주의 원칙에 대한 예외인 만큼 형사소송법 제200조의3 제1항의 요건을 모두 갖춘 경우에 한하여 예외적으로 허용되어야 하고, 요건을 갖추지 못한 긴급체포는 법적 근거에 의하지 아니한 영장 없는 체포로서 위법한 체포에 해당한다. 검사나 사법경찰관이 수사기관에 자진 출석한 사람을 긴급체포의 요건을 갖추지 못하였음에도 실력으로 체포하려고 하였다면 적법한 공무집행이라고 할 수 없고, 자진 출석한 사람이 검사나 사법경찰관에 대하여 이를 거부하는 방법으로써 폭행한 경우 공무집행방해죄가 성립하지 않는다.[186]

---

183) 김성돈, 829면; 김일수/서보학, 680면; 배종대, 876면; 손동권/김재윤, 803면; 신동운, 179면; 오영근/노수환, 782면; 이재상/장영민/강동범, 747면; 임웅/이현정/박성민, 987면; 정성근/박광민, 838면.

184) 대법원 1991.5.10. 선고 91도453 판결.

185) 대법원 1992.5.22. 선고 92도506 판결.

186) 대법원 2006.9.8. 선고 2006도148 판결.

바. 적법성의 체계적 지위

(1) 쟁점

행위자가 공무원의 직무집행행위의 적법성에 대하여 착오를 한 경우 그 법적 효과가 문제된다. 예를 들면 행위자가 공무원의 직무집행이 적법함에도 불구하고 이를 위법하다고 오인하고 이에 대하여 정당방위 의사로 폭행·협박한 경우 행위자의 착오를 어떻게 볼 것인가의 문제이다. 적법성의 체계적 지위를 구성요건요소로 보면 구성요건적 착오로 고의가 조각되며, 이를 위법성조각사유로 보면 금지착오로 오인에 정당한 이유가 있는 경우에 한하여 책임이 조각된다. 적법성의 체계적 지위에 대하여 견해의 대립이 있다.

(2) 학설

'처벌조건설'은 직무집행의 적법성이 객관적 처벌조건이라고 한다. 따라서 적법성에 대한 행위자의 인식은 고의의 내용이 아니므로 이에 대한 착오는 범죄성립에 영향을 주지 않는다.

'구성요건요소설'은 직무집행의 적법성을 구성요건요소로 보기 때문에 이에 대한 착오는 사실의 착오로 고의를 조각한다.[187] 다만 공무집행의 적법성은 그 판단에 있어서 법관의 객관적 법령해석을 요하는 규범적 구성요건요소이므로 행위자의 오인이 적법성 요건을 너무 좁게 해석하여 포섭의 착오를 일으킨 경우에는 위법성의 착오가 될 수 있다는 견해도 있다.[188]

'위법성조각사유설'은 직무집행이 위법할 때에는 반항행위의 위법성을 조각시키는 위법성조각사유가 된다는 견해이다. 따라서 직무행위의 불법은 정당방위를 가능하게 하는 위법한 침해가 되며, 직무집행의 적법성에 대한 착오는 위법성의 착오로서 형법 제16조에 의하여 해결해야 된다.[189] 오인에 정당한 이유가 있으면 책임이 조각된다.

'구분설'은 직무행위의 적법성과 그에 대한 오인이 어떠한 관계에 있는지를 구별하여 판단하는 견해이다.[190] 구분설에 따르면 그것이 존재함으로써 직무행위를 적법하게 하는 '행위사정'이 있을 경우에 행위자가 그 행위사정이 있음에도 불구하고 없는 것으로 오인하였다면 이는 고의를 조각하는 구성요건적 착오에 해당하며, 직무행위의 '적법성' 자체에 대해 행위자가 위법하다고 착오를 하였다면 금지착오로 보는 견해이다.

---

187) 김성돈, 829면; 김성천/김형준, 840면; 김일수/서보학, 861면; 배종대, 876면; 손동권/김재윤, 804면; 이재상/장영민/강동범, 749면.

188) 김성돈, 829면.

189) 오영근/노수환, 784면; 임웅/이현정/박성민, 991면; 정성근/박광민, 840면.

190) 김일수/서보학, 681면; 신동운, 185면.

(3) 판례

적법성의 체계적 지위에 대하여 직접적으로 명시하고 있는 판례는 없다. 다만 모욕죄 현행범 체포 사건에서 대법원은 현행범인 체포 요건을 갖추지 못한 경우 적법한 공무집행방해라고 볼 수 없으므로 공무집행방해죄의 구성요건을 충족하지 않는다고 판시하고 있다. 이러한 판례를 분석할 경우 판례는 적법성을 구성요건으로 보는 것 같다.

판례 | 모욕죄 현행범 체포 사건

【사실관계】 갑은 2009.9.6. 01:45경 서울 마포구 서교동 (이하 생략) 빌라 주차장에서 술에 취한 상태에서 전화를 걸다가 인근 지역을 순찰하던 경찰관인 A, B로부터 불심검문을 받게 되자 B에게 자신의 운전면허증을 교부하였다. B가 갑의 신분조회를 위하여 순찰차로 걸어간 사이에, 갑은 위 불심검문에 항의하면서 A에게 큰 소리로 욕설을 하였다. 이에 A는 갑에게 모욕죄의 현행범으로 체포하겠다고 고지한 후 갑의 오른쪽 어깨를 붙잡았고, 갑은 이에 강하게 반항하면서 A에게 상해를 가하였다.

【판결내용】 공소외 1이 피고인을 현행범인으로 체포할 당시 피고인이 이 사건 모욕 범행을 실행 중이거나 실행행위를 종료한 직후에 있었다고 하더라도, 피고인은 공소외 1, 2의 불심검문에 응하여 이미 운전면허증을 교부한 상태이고, 공소외 1뿐 아니라 인근 주민도 피고인의 욕설을 직접 들었으므로, 피고인이 도망하거나 증거를 인멸할 염려가 있다고 보기는 어려울 것이다. 또한 피고인의 이 사건 모욕 범행은 불심검문에 항의하는 과정에서 저지른 일시적, 우발적인 행위로서 사안 자체가 경미할 뿐 아니라, 고소를 통하여 검사 등 수사 주체의 객관적 판단을 받지도 아니한 채 피해자인 경찰관이 범행현장에서 즉시 범인을 체포할 급박한 사정이 있다고 보기도 어렵다. 따라서 공소외 1이 피고인을 체포한 행위는 현행범인 체포의 요건을 갖추지 못하여 적법한 공무집행이라고 볼 수 없으므로 공무집행방해죄의 구성요건을 충족하지 아니하고, 피고인이 그 체포를 면하려고 반항하는 과정에서 공소외 1에게 상해를 가한 것은 불법체포로 인한 신체에 대한 현재의 부당한 침해에서 벗어나기 위한 행위로서 정당방위에 해당하여 위법성이 조각된다. 원심이 이와 같은 취지에서 피고인에 대한 이 사건 공소사실 중 상해 및 공무집행방해의 점에 대하여 무죄를 선고한 제1심판결을 유지한 것은 정당하다(대법원 2011.5.26. 선고 2011도3682 판결).

【해설】 경찰관의 체포행위는 형사소송법 제212조에 따른 현행범인 체포 요건을 갖추어야 한다. 경찰관이 현행범인 체포 요건을 갖추지 못하였는데도 실력으로 현행범인을 체포하려고 하였다면 적법한 공무집행이라고 할 수 없다. 따라서 이에 저항하는 행위는 정당방위에 해당한다는 판례이다. 공무집행방해죄뿐만 아니라 상해죄에 대해서도 정당방위가 성립한다.

(4) 결론

생각건대, 형법이 적법성을 구성요건요소로 규정하고 있지 않은 점, 적법성을 구성요건요소로 이해할 경우 일반인은 적법하다고 인식하고 있음에도 불구하고 행위자만이 경솔하게 위법하다고 오신한 경우에 고의가 조각되어 본죄의 성립이 부정된다는 것은 부당하다는 점, 공무원의 직무집행행위에 대하여 형법 제20조의 정당행위나 제21조의 정당방위로 정당화된다는 점을 고려한다면 위법성조각사유로 보는 것이 타당하다. 따라서 형법 제16조 금지착오의 문제로 해결하는 것이 타당하다.

판례 공무집행방해죄 성립 인정 사례

① 대학생들인 피고인들이 전경 5명을 불법으로 납치, 감금하고 있으면서 경찰의 수회에 걸친 즉시 석방요구에도 불구하고 불가능한 조건을 내세워 이에 불응하고, 경찰이 납치된 전경들을 구출하기 위하여 농성장소인 대학교 도서관 건물에 진입하기 직전 동 대학교 총장에게 이를 통고하고 이에 동 총장이 설득하였음에도 불구하고 이에 응하지 아니한 상황 아래에서는 현행의 불법감금상태를 제거하고 범인을 체포할 긴급한 필요가 있다고 보여지므로, 경찰이 압수수색영장 없이 도서관 건물에 진입한 것은 적법한 공무원의 직무집행이라 할 것이다(대법원 1990.6.22. 선고 90도767 판결).

② 범칙행위를 하였다고 인정되는 운전자가 자신의 인적사항을 밝히지 아니하고 면허증제시를 거부하며 차량을 출발시킨 경우, 교통단속업무에 종사하던 의경이 서서히 진행하는 차량의 문틀을 잡고 정지할 것을 요구한 행위는 적법한 공무집행의 범위 안에 든다고 한 사례(대법원 1994.9.27. 선고 94도886 판결).

③ 재개발지역 내 주민들이 철거에 반대하여 건물 옥상에 망루를 설치하고 농성하던 중 피고인 등이 던진 화염병에 의해 발생한 화재로 일부 농성자 및 진압작전 중이던 일부 경찰관이 사망하거나 상해를 입은 사안에서, 경찰의 위 농성 진압작전을 위법한 직무집행으로 볼 수 없다는 이유로 피고인들에게 특수공무집행방해치사상죄 등을 인정한 원심판단을 수긍한 사례(대법원 2010.11.11. 선고 2010도7621 판결).

④ 검문 중이던 경찰관들이, 자전거를 이용한 날치기 사건 범인과 흡사한 인상착의의 피고인이 자전거를 타고 다가오는 것을 발견하고 정지를 요구하였으나 멈추지 않아, 앞을 가로막고 검문에 협조해 달라고 하였음에도 불응하고 그대로 전진하자, 따라가서 재차 앞을 막고 검문에 응하라고 요구하였는데, 이에 피고인이 경찰관들의 멱살을 잡아 밀치는 등 항의하여 공무집행방해 등으로 기소된 사안에서, 경찰관들의 행위는 적법한 불심검문에 해당한다고 보아야 하는데도, 이와 달리 보아 피고인에게 무죄를 선고한 원심판결에 법리오해의 위법이 있다고 한 사례(대법원 2012.9.13. 선고 2010도6203 판결).

⑤ 교도관들이 교도소 내에서 소란을 피운 피고인에 대하여 보호장비인 수갑과 머리보

호대를 사용하자, 피고인이 이에 저항하는 과정에서 머리로 교도관의 턱부위를 들이받아 상해를 가함과 동시에 그 직무집행을 방해하였다는 내용으로 기소된 사안에서, 제반 사정을 종합할 때 교도소 질서유지 등을 위하여 교도관들이 보호장비를 사용할 만한 상당한 이유가 있었다고 보아야 하는데도, 이와 달리 보아 공소사실 전부에 대하여 무죄를 선고한 원심판결에 법리오해 등 잘못이 있다고 한 사례(대법원 2012.6.28. 선고 2011도15990 판결).

판례 공무집행방해죄 성립 부정 사례

① 현행범인으로서의 요건을 갖추고 있었다고 인정되지 않는 상황에서 경찰관들이 동행을 거부하는 자를 체포하거나 강제로 연행하려고 하였다면, 이는 적법한 공무집행이라고 볼 수 없으므로 강제연행을 거부하는 자를 도와 경찰관들에 대하여 폭행을 하는 등의 방법으로 그 연행을 방해하였다고 하더라도, 공무집행방해죄는 성립되지 않는다(대법원 1991.9.24. 선고 91도1314 판결).

② 법정형이 5만 원 이하의 벌금, 구류 또는 과료에 해당하는 경미한 범죄의 현행범을 강제로 연행하려고 하는 경찰관의 행위는 적법한 공무집행이라고 볼 수 없으므로 이를 제지하고자 폭행을 가한 행위는 공무집행방해죄를 구성하지 아니한다고 본 사례(대법원 1992.5.22. 선고 92도506 판결).

③ 비록 사법경찰관 등이 피의자에 대한 구속영장을 소지하였다 하더라도 피의자를 체포하기 위하여는 체포 당시에 피의자에 대한 범죄사실의 요지, 구속의 이유와 변호인을 선임할 수 있음을 말하고 변명할 기회를 준 후가 아니면 체포할 수 없고, 이와 같은 절차를 밟지 아니한 채 실력으로 연행하려 하였다면 적법한 공무집행으로 볼 수 없다(대법원 1996.12.23. 선고 96도2673 판결).

④ 경찰관들이 노래연습장에서의 주류 판매 여부를 확인하기 위하여 법관이 발부한 영장 없이 노래연습장을 검색한 행위가 적법한 직무집행이라고 볼 수 없어 그 검색행위를 방해하였다고 하더라도 공무집행방해죄를 구성하지 않는다고 한 원심의 판단을 수긍한 사례(대법원 2005.10.28. 선고 2004도4731 판결).

⑤ 검사가 참고인 조사를 받는 줄 알고 검찰청에 자진출석한 변호사사무실 사무장을 합리적 근거 없이 긴급체포하자 그 변호사가 이를 제지하는 과정에서 위 검사에게 상해를 가한 것이 정당방위에 해당한다고 본 사례(대법원 2006.9.8. 선고 2006도148 판결).

⑥ 음주운전을 종료한 후 40분 이상이 경과한 시점에서 길가에 앉아 있던 운전자를 술 냄새가 난다는 점만을 근거로 음주운전의 현행범으로 체포한 것은 적법한 공무집행으로 볼 수 없다고 한 사례(대법원 2007.4.13. 선고 2007도1249 판결).

⑦ 출입국관리공무원이 관리자의 사전 동의 없이 사업장에 진입하여 불법체류자 단속업무를 개시한 사안에서, 공무집행행위의 적법성이 부인되어 공무집행방해죄가 성립

하지 않는다고 한 사례(대법원 2009.3.12. 선고 2008도7156 판결).

⑧ 피고인이 부산지방경찰청장에게 '부산에서 서울까지 도보로 시위한다'는 내용의 옥외집회(시위·행진) 신고를 한 후 부산 등을 거쳐 서울에서 도보행진을 하던 중, 불법집회라며 이를 제지하는 일부 경찰관들을 넘어뜨려 상해를 입히는 등 시위진압 업무를 방해하였다는 내용으로 기소된 사안에서, 위 행위가 공무집행방해죄를 구성한다고 본 원심판결에 법리오해 등의 위법이 있다고 한 사례(대법원 2011.6.9. 선고 2009도591 판결).

⑨ 도심광장인 '서울광장'에서, 행정대집행법이 정한 계고 및 대집행영장에 의한 통지 절차를 거치지 아니한 채 위 광장에 무단설치된 천막의 철거대집행을 행하는 공무원들에 대항하여 피고인들이 폭행·협박을 가하였더라도, 특수공무집행방해죄는 성립하지 않는다고 본 원심판단을 수긍한 사례(대법원 2010.11.11. 선고 2009도11523 판결).

⑩ 경찰관이 벌금형에 따르는 노역장 유치의 집행을 위하여 형집행장을 소지하지 아니한 채 피고인을 구인할 목적으로 그의 주거지를 방문하여 임의동행의 형식으로 데리고 가다가, 피고인이 동행을 거부하며 다른 곳으로 가려는 것을 제지하면서 체포·구인하려고 하자 피고인이 이를 거부하면서 경찰관을 폭행한 사안에서, 위와 같이 피고인을 체포·구인하려고 한 것은 노역장 유치의 집행에 관한 법규정에 반하는 것으로서 적법한 공무집행행위라고 할 수 없으며, 또한 그 경우에 형집행장의 제시 없이 구인할 수 있는 '급속을 요하는 경우'(형사소송법 제85조 제3항)에 해당한다고 할 수 없고, 이는 피고인이 벌금미납자로 지명수배 되었다고 하더라도 달리 볼 것이 아니라는 이유로, 위 공무집행방해의 공소사실에 대하여 무죄를 선고한 원심판단을 수긍한 사례(대법원 2010.10.14. 선고 2010도8591 판결).

⑪ 피고인이 경찰관의 불심검문을 받아 운전면허증을 교부한 후 경찰관에게 큰 소리로 욕설을 하였는데, 경찰관이 피고인을 모욕죄의 현행범으로 체포하려고 하자 피고인이 반항하면서 경찰관에게 상해를 가한 사안에서, 위 행위가 정당방위에 해당한다는 이유로, 피고인에 대한 '상해' 및 '공무집행방해'의 공소사실을 무죄로 인정한 원심판단을 수긍한 사례(대법원 2011.5.26. 선고 2011도3682 판결).

4. 행위: 폭행·협박

가. 폭행

폭행은 반드시 사람의 신체에 대한 것임을 요하지 않고 물건에 대한 유형력의 행사일지라도 간접적으로 사람에 대한 것이면 본죄의 폭행에 해당한다. 즉 직접폭행뿐만 아니라 간접폭행도 본죄의 폭행에 해당한다.

따라서 경찰관이 공무를 집행하고 있는 파출소 사무실의 바닥에 인분이 들어 있는 물통을 집어던지고 책상 위에 있던 재떨이에 인분을 퍼담아 사무실 바닥에 던지는 경우,[191]

191) 대법원 1981.3.24. 선고 81도326 판결.

공무원의 직무 수행에 대한 비판이나 시정 등을 요구하는 집회·시위 과정에서 의사전달 수단으로서 합리적 범위를 넘어서 상대방에게 고통을 줄 의도로 음향을 이용한 경우,[192] 피고인이 지구대 내에서 약 1시간 40분 동안 큰 소리로 경찰관을 모욕하는 말을 하고, 그 곳 의자에 드러눕거나 다른 사람들에게 시비를 걸고 그 과정에서 경찰관들이 피고인을 내보낸 뒤 문을 잠그자 다시 들어오기 위해 출입문을 계속해서 두드리거나 잡아당기는 등 소란을 피운 경우[193] 본죄의 폭행에 해당한다.

나. 협박

협박은 공무를 집행하는 공무원에게 공포심을 생기게 할 수 있는 일체의 해악고지를 말한다. 상대방이 현실적으로 공포심을 일으킬 필요는 없다. 폭력행위등 전과 12범인 갑이 자신이 경영하는 술집에서 떠들며 놀다가 주민의 신고를 받고 출동한 경찰로부터 조용히 하라는 주의를 받은 것뿐인데 그 후 새벽 4시의 이른 시각에 파출소에까지 뒤쫓아가서 "우리 집에 무슨 감정이 있느냐, 이 순사새끼들 죽고 싶으냐"는 등의 폭언을 한 경우 본죄의 협박이 된다.[194]

다. 폭행·협박의 정도

폭행·협박의 정도는 공무집행을 방해할 수 있을 정도에 이르러야 한다. 따라서 공무원이 전혀 개의치 아니할 정도의 경미한 폭행·협박은 여기에 해당하지 않는다. 또한 폭행·협박은 적극적인 행위이어야 한다. 따라서 공무원의 출입을 막기 위하여 닫혀있는 문을 열어주지 않는 경우나 풀려진 맹견을 묶지 않는 경우나 체포를 방해하기 위하여 누워있는 경우와 같이 소극적인 거동이나 불복종의 경우 본죄의 폭행·협박에 해당하지 않는다.

5. 기수 시기

본죄는 추상적 위험범이므로 공무원에 대하여 폭행·협박을 하면 기수가 되며, 실제로 직무집행의 방해라는 결과 발생이 필요하지 않다.

---

192) 대법원 2009.10.29. 선고 2007도3584 판결.

193) 대법원 2013.12.26. 선고 2013도11050 판결.

194) 대법원 1989.12.26. 선고 89도1204 판결.

6. 고의

직무를 집행하는 공무원에 대하여 폭행·협박한다는 사실에 대한 인식이 있어야 한다. 즉 공무원이 공무집행 중이라는 것을 알아야 한다. 직무집행의 적법성의 체계적 지위에 대하여 구성요건요소설의 입장을 취하면 고의의 내용이 되지만, 위법성요소설의 입장을 취하면 고의의 내용이 되지 않는다.

고의 이외에 직무집행을 방해할 의사도 있어야 하는가에 대하여 통설과 판례는 공무원의 직무집행을 방해한다는 고의로 충분하며, 별도로 방해의사는 필요 없다고 한다.

7. 죄수

죄수 결정의 기준에 대하여 판례는 동시에 여러 사람이 집행하는 공무를 방해한 때 수죄의 상상적 경합이 된다고 하여 공무원의 수에 따라 죄수를 결정해야 한다고 하지만, 학설은 공무의 수를 기준으로 판단해야 한다고 한다.

판례는 범죄 피해 신고를 받고 출동한 두 명의 경찰관에게 욕설을 하면서 차례로 폭행을 하여 신고 처리 및 수사 업무에 관한 정당한 직무집행을 방해한 사안에서, 동일한 장소에서 동일한 기회에 이루어진 폭행 행위는 사회관념상 1개의 행위로 평가하는 것이 상당하다는 이유로, 위 공무집행방해죄는 형법 제40조에 정한 상상적 경합의 관계에 있다고 한다.[195]

생각건대, 본죄의 보호법익은 공무원이 아니라 공무원이 집행하는 공무이므로 죄수 결정 기준은 공무의 수를 기준으로 하는 것이 타당하다. 공무원이 보호되는 것은 공무집행방해죄의 반사적 효과이다.

8. 다른 죄와의 관계

본죄와 폭행죄 또는 협박죄는 법조경합관계에 있다. 따라서 폭행과 협박은 공무집행방해죄에 흡수된다. 하지만 상해죄·살인죄·강도죄의 경우에는 본죄와 상상적 경합관계에 있다.

업무방해죄의 관계에 대하여 공무는 업무방해죄의 업무에 포함되지 않는다는 견해와 공무는 업무의 일종이지만, 본죄가 성립할 때에는 업무방해죄는 성립하지 않는다는 견해 등이 대립된다. 판례는 공무집행방해죄와 업무방해죄의 보호법익이 다르기 때문에 업무방해죄의 업무에 공무는 포함되지 않는다는 입장이다. 따라서 공무원이 수행하는 공무를 방

195) 대법원 2009.6.25. 선고 2009도3505 판결.

해하는 행위에 대해서는 공무집행방해죄만 성립하고 업무방해죄는 성립하지 않는다.[196)]

Ⅲ. 직무·사직강요죄

> 제136조 (공무집행방해) ② 공무원에 대하여 그 직무상의 행위를 강요 또는 조지(阻止)하거나 그 직을 사퇴하게 할 목적으로 폭행 또는 협박한 자도 전항의 형과 같다.

1. 의의

직무·사직강요죄는 공무원에 대하여 그 직무상의 행위를 강요 또는 조지(阻止)[197)]하거나 그 직을 사퇴하게 할 목적으로 폭행 또는 협박한 경우에 성립하는 범죄이다. 공무원의 장래의 공무집행을 보호하는 범죄이다. 본죄의 보호법익은 공무 및 공무원의 지위 안전이다. 보호의 정도는 추상적 위험범이다.

2. 객체: 공무원

본죄의 행위객체는 공무원이다. 다만 본죄의 공무원은 반드시 현재 직무를 집행하는 공무원일 필요는 없고 장래 직무를 집행할 공무원이면 된다.

3. 행위: 폭행 또는 협박

본죄의 행위는 폭행 또는 협박이며, 그 의미는 공무집행방해죄의 폭행, 협박과 동일하다.

4. 고의 및 목적

본죄는 목적범이므로 고의 이외에도 '직무상의 행위를 강요 또는 저지하거나 그 직을

196) 대법원 2009.11.19. 선고 2009도4166 전원합의체 판결.

197) 阻止는 막아서 못하게 하는 것 또는 저지하는 것을 의미하는 한자이다. 국어로 저지하다는 말로 바꾸는 것이 타당하다. 이하에서는 '저지'로 바꾸어 설명한다.

사퇴하게 할 목적'이 있어야 한다.

'직무상의 행위'는 공무원이 직무에 관하여 할 수 있는 일체의 행위를 말한다. 당해 공무원의 일반적·추상적 권한에 속하는 것이면 충분하고 반드시 구체적인 권한에 속할 필요는 없다는 것이 다수설이다. 또한 직무상의 행위는 적법해야 되는가에 대하여 직무상의 행위를 강요할 경우에는 적법 여부를 묻지 않으나 이를 저지하는 경우에는 적법한 직무상의 행위에 한한다고 보는 견해가 다수설이다.

'강요'는 직무에 관계된 처분을 적극적으로 하게 하는 것을 말한다. 본인의 의사에 반하는 의견을 협박에 의하여 발표하게 하는 것을 말한다. '저지'는 공무원으로 하여금 직무를 하지 못하게 하는 것을 말한다. 국회에 출석하려는 공무원을 폭행·협박하여 출석하지 못하게 하는 것을 말한다. '그 직을 사퇴하게 한다'는 것은 직무집행을 방해하기 위하여 사직하게 하는 경우뿐만 아니라 직무집행과 관계없이 개인적 사정으로 그 직을 사직하게 하는 경우를 포함한다.[198)]

Ⅳ. 위계에 의한 공무집행방해죄

제137조 (위계에 의한 공무집행방해) 위계로써 공무원의 직무집행을 방해한 자는 5년 이하의 징역 또는 1천만원 이하의 벌금에 처한다.

1. 의의

위계에 의한 공무집행방해죄는 위계로써 공무원의 직무집행을 방해한 경우에 성립하는 범죄이다. 공무집행방해의 수단이 폭행·협박이 아니라 위계이며, 객체도 직무집행 중인 공무원뿐만 아니라 장래 직무집행이 예상되는 공무원과 직무집행과 관련이 있는 비공무원인 제3자도 포함된다는 점에 특징이 있다.

2. 객체: 공무원

본죄의 객체는 공무원의 직무집행이다. 현재의 직무집행뿐만 아니라 장래의 직무집행

198) 김성돈, 834면; 손동권/김재윤, 810면; 신동운, 189면; 이재상/장영민/강동범, 754면; 임웅/이현정/박성민, 996면; 정성근/박광민, 847면.

도 포함된다. 또한 직무집행 중인 공무원뿐만 아니라 장래 직무집행이 예상되는 공무원과 직무집행과 관련이 있는 비공무원인 제3자도 포함된다.

3. 행위: 위계로써 공무원의 직무집행을 방해하는 행위

가. 위계

(1) 위계의 의의

위계는 행위자가 행위목적을 이루기 위하여 상대방에 오인·착각 또는 부지를 일으키게 하여 이를 이용하는 일체의 행위를 말한다. 위계의 상대방이 직접 직무를 담당하는 공무원일 필요 없다. 따라서 제3자를 기망하여 공무원의 직무를 방해한 경우에도 위계에 해당한다.

(2) 허위의 진술이나 허위신고의 경우

수사기관이나 공무원이 사실을 수사 또는 심리해야 할 사항에 대하여 허위의 진술이나 허위신고를 하였다는 것만으로는 본죄의 위계에 해당하지 않는다.[199] 수사에서 실체진실의 발견은 수사기관의 고유임무일 뿐만 아니라 수사절차 등에 참여한 사람이 법적으로 진실한 내용만을 말할 의무가 부과되어 있는 것은 아니기 때문이다.[200] 피의자나 참고인이 피의자의 무고함을 입증하는 등의 목적으로 수사기관에 대하여 허위사실을 진술하거나 허위의 증거를 제출하였다 하더라도, 수사기관이 충분한 수사를 하지 아니한 채 이와 같은 허위의 진술과 증거만으로 잘못된 결론을 내렸다면, 이는 '수사기관의 불충분한 수사에 의한 것'이므로 본죄가 성립하지 않는다.[201] 인·허가를 받기 위해 허위서류를 제출한 경우도 마찬가지다. 이는 '행정관청의 불충분한 심사'에 기인한 것으로서 출원자의 위계에 의한 것이었다고 할 수 없으므로 본죄가 성립하지 않는다.[202]

따라서 범죄수사에 있어서 허위신고나 허위진술을 한 경우, 관계공무원의 인·허가 사항의 심사에 있어서 허위자료를 제출한 경우, 금지규정을 준수해야 할 자를 감시·감독해야 할 공무원에 대하여 감시·감독을 피하는 경우, 가처분신청 시 당사자가 허위의 주장을 하거나 허위의 증거를 제출한 경우[203]는 본죄의 위계에 해당하지 않는다.

---

199) 대법원 2016.1.28. 선고 2015도17297 판결.
200) 대법원 1977.2.8. 선고 76도3685 판결.
201) 대법원 2003.7.25. 선고 2003도1609 판결.
202) 대법원 1997.2.28. 선고 96도2825 판결.
203) 대법원 2012.4.26. 선고 2011도17125 판결.

(3) 적극적 사술을 사용한 경우

하지만 수사기관에 '적극적으로' 허위의 증거를 조작하여 제출하였고 그 증거 조작의 결과 수사기관이 그 진위에 관하여 나름대로 충실한 수사를 하더라도 제출된 증거가 허위임을 발견하지 못하여 잘못된 결론을 내리게 될 정도에 이른 경우,[204] 인·허가관청이 충분한 심사를 하였으나 허위성을 발견하지 못하여 인·허가처분을 하게 된 경우, 심사담당 공무원이 출원사유가 허위라는 점을 알면서도 결재권자를 위계하고 결재권자의 착오 등을 이용하여 결재를 받아낸 경우, 단속업무를 수행하는 공무원에 대하여 위계를 사용하여 그 업무집행 자체를 못하게 한 경우에는 본죄가 성립한다.

판례 **변호사의 휴대전화 교도소 반입 사건**

【판결요지】 [1] 행형법 제45조, 제46조 제1항, 구 수용자 규율 및 징벌에 관한 규칙(2004. 6. 29. 법무부령 제555호로 개정되기 전의 것) 제3조, 제7조 제1항, 교도관직무규칙 제47조, 제54조의 각 규정들을 종합해 보면, 수용자에게는 허가 없는 물품을 사용·수수하거나 허가 없이 전화 등의 방법으로 다른 사람과 연락하는 등의 규율위반행위를 하여서는 아니 될 금지의무가 부과되어 있고, 교도관은 수용자의 규율위반행위를 감시·단속·적발하여 상관에게 보고하고 징벌에 회부되도록 하여야 할 일반적인 직무상 권한과 의무가 있다고 할 것이므로, 수용자가 교도관의 감시·단속을 피하여 규율위반행위를 하는 것만으로는 단순히 금지규정에 위반되는 행위를 한 것에 지나지 아니할 뿐 위계에 의한 공무집행방해죄가 성립한다고 할 수 없고, 또 수용자가 아닌 자가 교도관의 검사 또는 감시를 피하여 금지물품을 반입하거나 허가 없이 전화 등의 방법으로 다른 사람과 연락하도록 하였더라도 교도관에게 교도소 등의 출입자와 반출·입 물품을 단속·검사할 권한과 의무가 있는 이상, 수용자 아닌 자의 그러한 행위는 특별한 사정이 없는 한 위계에 의한 공무집행방해죄에 해당하는 것으로는 볼 수 없다 할 것이나, 구체적이고 현실적으로 감시·단속업무를 수행하는 교도관에 대하여 그가 충실히 직무를 수행한다고 하더라도 통상적인 업무처리과정하에서는 사실상 적발이 어려운 위계를 적극적으로 사용하여 그 업무집행을 하지 못하게 하였다면 이에 대하여 위계에 의한 공무집행방해죄가 성립한다.

[2] 변호사가 접견을 핑계로 수용자를 위하여 휴대전화와 증권거래용 단말기를 구치소 내로 몰래 반입하여 이용하게 한 행위가 위계에 의한 공무집행방해죄에 해당한다고 한 원심의 판단을 수긍한 사례(대법원 2005.8.25. 선고 2005도1731 판결).

【해설】 수용자가 교도관의 감시 등을 피하여 규율위반행위를 하는 것만으로는 본죄가 성립하지 않는다. 간순한 금지규정 위반행위에 불과하다. 수용자가 아닌 자의 경우에

204) 대법원 2003.7.25. 선고 2003도1609 판결.

도 마찬가지다. 수용자 아닌 자가 교도관의 검사 등을 피해 금지물품을 반입하는 등 규율위반행위를 한 것만으로 본죄가 성립하지 않는다. 다만 수용자나 수용자 아닌 자가 사실상 적발이 어려운 위계를 적극적으로 사용하였기 때문에 교도관이 충실히 직무를 수행한다고 하더라도 사실상 적발이 어려웠다면 본죄가 성립할 수 있다. 교도소에 담배를 반입한 사건에 대해서도(2001도7045 판결) 동일한 법리가 적용된다.

판례 위계 인정 사례

① 시험감독관의 눈을 피하여 답안쪽지를 전달하는 경우(대법원 1967.5.23. 선고 67도650 판결).
② 운전면허시험에 대리응시하는 경우(대법원 1986.9.9. 선고 86도1245 판결).
③ 지방자치단체의 공사입찰에 있어서 허위서류를 제출하여 입찰참가자격을 얻고 낙찰자로 결정되어 계약을 체결한 행위(대법원 2003.10.9. 선고 2000도4993 판결).
④ 감척어선 입찰자격이 없는 자가 제3자와 공모하여 제3자의 대리인 자격으로 제3자 명의로 입찰에 참가하고, 낙찰받은 후 자신의 자금으로 낙찰대금을 지급하여 감척어선에 대한 실질적 소유권을 취득한 경우(대법원 2003.12.26. 선고 2001도6349 판결).
⑤ 피의자 등이 적극적으로 허위의 증거를 조작하여 제출하고 그 증거 조작의 결과 수사기관이 그 진위에 관하여 나름대로 충실한 수사를 하더라도 제출된 증거가 허위임을 발견하지 못할 정도에 이른 경우(대법원 2011.2.10. 선고 2010도15986 판결).
⑥ 신청인이 허위의 자료를 첨부하여 비자발급 신청을 하였고, 이에 대하여 외국 주재 한국영사관 업무담당자가 충분히 심사하였으나 신청사유 및 소명자료가 허위인 것을 발견하지 못하여 이를 수리한 경우(대법원 2011.4.28. 선고 2010도14696 판결).
⑦ 피고인들이 공모하여 허위 물량배정계획서와 일괄 작성한 견적서들을 지방조달청에 제출하여 위계로써 지방조달청장의 단체수의계약 체결에 관한 정당한 직무집행을 방해하였다는 내용으로 기소된 사안에서, 피고인들에게 유죄를 인정한 원심판결을 수긍한 사례(대법원 2011.5.26. 선고 2011도1484 판결).
⑧ 등기신청인이 제출한 허위의 소명자료 등을 등기관이 충분히 심사하였음에도 발견하지 못하여 등기가 마쳐진 경우(대법원 2016.1.28. 선고 2015도17297 판결).

판례 위계 부정 사례

① 피의자나 참고인이 아닌 자가 자발적이고 계획적으로 피의자를 가장하여 수사기관에서 허위진술을 한 경우(대법원 1977.2.8. 선고 76도3685 판결).
② 허위재직증명서를 첨부하여 전화가입청약순위에 관하여 허위신고를 한 경우(대법원 1977.12.27. 선고 77도3199 판결).

③ 행정관청에 허가출원사유에 관하여 허위신고를 한 경우(대법원 1988.5.10. 선고 87도2079 판결).
④ 개인택시 운송면허신청서에 허위의 소명자료를 첨부하여 허위신고를 한 경우(대법원 1988.9.27. 선고 87도2174 판결).
⑤ 민사소송을 제기하면서 피고의 주소를 허위기재하여 법원공무원으로 하여금 변론기일소환장 등과 같은 소송서류를 허위주소로 송달케 한 경우(대법원 1996.10.11. 선고 96도312 판결).
⑥ 초등학교를 졸업하였음에도 초등학교 중퇴 이하의 학력자라는 허위 내용의 인우보증서를 첨부하여 운전면허 구술시험에 응시하였다는 사실만으로는 위계에 의한 공무집행방해죄가 성립하지 않는다고 한 사례(대법원 2007.3.29. 선고 2006도8189 판결).
⑦ 수출입화물방제업체 운영자인 피고인이 국립식물검역소 출장소에 허위의 소독작업결과서가 첨부된 수출식물검사신청서를 제출하여 수출검사합격증명서를 발급받음으로써 위계로써 위 출장소의 업무집행을 방해하였다는 공소사실에 대하여, 담당공무원이 신청사유의 사실 여부를 정당하게 조사하지 아니한 채 위 합격증명서를 발급한 것이라면, 피고인의 행위로 그 공무집행이 방해되었다고 단정할 수는 없다고 한 사례(대법원 2010.10.28. 선고 2008도9590 판결).
⑧ 화물자동차 운송주선사업자인 피고인이 관할 행정청에 주기적으로 허가기준에 관한 사항을 신고하는 과정에서 허위 서류를 제출하는 부정한 방법으로 허가를 받아 위계로써 공무원의 직무집행을 방해하였다는 내용으로 기소된 사안에서, 피고인에게 유죄를 인정한 원심판결에 법리오해의 위법이 있다고 한 사례(대법원 2011.8.25. 선고 2010도7033 판결).
⑨ 가처분신청 시 당사자가 허위의 주장을 하거나 허위의 증거를 제출한 경우(대법원 2012.4.26. 선고 2011도17125 판결).

나. 공무집행방해

방해는 공무집행 자체에 지장을 주거나 줄 위험성이 있는 일체의 행위를 말한다. 단순한 소극적 저항인 불복종은 방해행위에 해당하지 않고 사실상 직무집행을 곤란하게 만드는 적극적 거동이어야 한다.[205]

방해의 대상이 되는 공무원의 직무집행은 법령의 위임에 따른 공무원의 적법한 직무집행인 이상 공권력의 행사를 내용으로 하는 권력적 작용뿐만 아니라 '사경제 주체로서의 활동'을 비롯한 비권력적 작용도 포함된다.[206]

다. 기수 시기

본죄의 기수 시기에 대하여 견해의 대립이 있다. 본죄를 침해범으로 보는 견해에 따르

205) 김성돈, 838면; 김일수/서보학, 870면; 배종대, 877면; 오영근/노수환, 786면; 이재상/장영민/강동범, 753면; 정성근/박광민, 840면.

206) 대법원 2003.12.26. 선고 2001도6349 판결.

면 제136조 공무집행방해죄의 경우 폭행 또는 협박을 행위태양으로 하고 있으므로 추상적 위험범으로 보지만, 제137조 위계에 의한 공무집행방해죄의 경우 '직무집행을 방해'라고 규정하고 있기 때문에 본죄가 성립하려면 보호법익이 침해된 상태인 공무집행의 방해라는 결과가 필요하다는 견해이다. 본죄를 추상적 위험범으로 보는 견해에 따르면 본죄는 공무집행을 방해한다는 점에서 다른 공무집행방해죄와 본질적으로 그 성질이 동일하므로 현실적으로 공무가 침해될 필요는 없다고 한다.

판례는 상대방이 위계에 의해 그릇된 행위나 처분을 하여야만 본죄가 성립한다고 하여 침해범으로 본다. 판례에 따르면 상대방이 이에 따라 그릇된 행위나 처분을 하여야만 이 죄가 성립하는 것이고, 만약 범죄행위가 구체적인 공무집행을 저지하거나 현실적으로 곤란하게 하는 데까지는 이르지 아니하고 미수에 그친 경우에는 위계에 의한 공무집행방해죄로 처벌할 수 없다.[207] 따라서 범죄행위가 법원경매업무를 담당하는 집행관의 구체적인 직무집행을 저지하거나 현실적으로 곤란하게 하는 데까지는 이르지 않고 입찰의 공정을 해하는 정도의 행위라면 형법 제315조의 경매·입찰방해죄에만 해당될 뿐, 형법 제137조의 위계에 의한 공무집행방해죄에는 해당되지 않는다.[208]

생각건대, 행위자의 공무에 대한 위계의 정도에 따라 본죄의 성립이 달라질 수 있다는 점에서 본다면 위계를 사용하는 경우 그 위계행위만으로 본죄의 성립을 인정하는 것은 신중할 필요가 있다. 행위수단으로 폭행·협박을 사용한 경우에는 제136조에, 위계의 경우에는 제137조에 별개로 규정하고 있는 것도 양죄를 별개의 법적 성격을 가지고 있는 것으로 볼 수 있다. 행위자가 허위사실을 신고하는 등 위계행위를 하였다고 하더라도 공무원의 직무집행행위에 어떠한 침해적 결과가 발생하지 않았다면 본죄의 성립을 인정하기 어렵고, 공무원이 그에 따라 일정한 공무집행에 기능적 장애상태를 만들어내는 외부적 처분행위가 있어야 한다. 현실적으로 구체적 공무집행이 저지되거나 현실적으로 곤란한 상태인 방해가 발생하여야 본죄가 성립한다고 보는 것이 타당하다.

4. 고의

고의의 내용에 공무원에 대해 위계를 사용한다는 점에 대한 인식이 필요하다. 이 외에도 공무방해의 의사까지 고의의 내용에 포함될 수 있는지에 대해 필요하지 않다는 견해가 있지만,[209] 본죄는 다른 공무집행방해죄와 달리 공무집행의 방해라는 '결과'을 명시적으로

207) 대법원 2003.2.11. 선고 2002도4293 판결.

208) 대법원 2000.3.24. 선고 2000도102 판결.

209) 이재상/장영민/강동범, 754면.

규정하고 있는 이상 공무방해의 의사도 본죄의 고의의 내용에 포함된다고 해석해야 한다. 판례도 마찬가지다. 판례에 따르면 위계에 의한 공무집행방해의 죄가 성립되려면 자기의 위계행위로 인하여 공무집행을 방해하려는 의사가 있어야 한다.[210)]

5. 다른 죄와의 관계

가. 위계에 의한 공무집행방해죄와 범인은닉죄의 관계

피의자나 참고인이 아닌 자가 자발적이고 계획적으로 피의자를 가장하여 수사기관에 대하여 허위사실을 진술하였다 하더라도 위계에 의한 공무집행방해죄는 성립하지 않는다. 수사기관이 피의자 등의 진술 여부를 불구하고 이를 조사할 의무가 있는 것이기 때문이다. 하지만 범인은닉죄는 성립한다.[211)]

나. 위계에 의한 공무집행방해죄와 직무유기죄의 관계

피고인이, 출원인이 어업허가를 받을 수 없는 자라는 사실을 알면서도 그 직무상의 의무에 따른 적절한 조치를 취하지 않고 오히려 부하직원으로 하여금 어업허가 처리기안문을 작성하게 한 다음 피고인 스스로 중간결재를 하는 등 위계로써 국장의 최종결재를 받은 경우, 직무위배의 위법상태가 위계에 의한 공무집행방해행위 속에 포함되어 있는 것으로 본다. 이 경우에는 작위범인 위계에 의한 공무집행방해죄만이 성립하고 부작위범인 직무유기죄는 따로 성립하지 아니한다.[212)]

V. 법정·국회회의장 모욕죄

제138조 (법정 또는 국회회의장모욕) 법원의 재판 또는 국회의 심의를 방해 또는 위협할 목적으로 법정이나 국회회의장 또는 그 부근에서 모욕 또는 소동한 자는 3년 이하의 징역 또는 700만원 이하의 벌금에 처한다.

---

210) 대법원 1970.1.27. 선고 69도2260 판결.

211) 대법원 1977.2.8. 선고 76도3685 판결.

212) 대법원 1997.2.28. 선고 96도2825 판결.

1. 의의

법정·국회회의장 모욕죄는 법원의 재판 또는 국회의 심의를 방해 또는 위협할 목적으로 법정이나 국회회의장 또는 그 부근에서 모욕 또는 소동한 경우에 성립하는 범죄이다. 공무 중 법원의 재판기능과 국회의 심의기능을 보호하기 위한 규정이다. 추상적 위험범, 거동범, 목적범이다.

2. 주체: 제한 없음

본죄의 주체에는 제한이 없다. 피고인·증인·방청인뿐만 아니라 검사·변호인·판사·국회의원도 본죄의 주체가 될 수 있다.

3. 행위: 법정이나 국회회의장 등에서 모욕 또는 소동하는 행위

본죄의 행위는 법정이나 국회회의장 또는 그 부근에서 모욕 또는 소동하는 것이다.

모욕(侮辱)은 널리 경멸의 의사를 표시하는 것을 말한다. 증인이 정당한 이유 없이 선서 거부나 증인 거부를 한 경우는 단지 소송법상 정해진 그 거부행위에 대한 과태료 제재의 대상이 될 뿐 본죄의 모욕에 해당하지 않는다.

소동(騷動)은 법원의 재판이나 국회의 심의를 방해할 정도의 평온 교란이나 질서 파괴의 소란 행동을 의미한다. 본죄는 공무집행방해죄의 특수한 형태이므로 본죄의 모욕이나 소동은 법원의 재판이나 국회의 심의를 방해 또는 위협할 만한 정도의 적극적인 거동이어야 하며 단순한 부작위나 지시에 대한 단순한 불복종은 이에 해당하지 않는다.

법정이나 국회회의장 또는 그 부근에서 이루어져야 한다. 본죄의 취지에 따라 법원의 재판이나 국회의 심의에 영향을 미칠 수 있는 정도의 장소로 한정적으로 해석해야 한다. 따라서 법원 정문이나 국회의사당 울타리를 벗어난 곳은 '그 부근'이라고 할 수 없다.

4. 기수 시기

본죄는 법정이나 국회회의장 또는 그 부근에서 모욕 또는 소동행위를 함으로써 기수가 된다. 본죄는 추상적 위험범이므로 그로 인하여 법원의 재판이나 국회의 심의가 현실적으로 방해될 필요는 없다. 본죄의 미수범 처벌 규정은 없다.

5. 고의 및 목적

본죄의 고의는 법정이나 국회회의장 또는 그 부근에서 모욕 또는 소동을 일으킨다는 인식과 의사를 말한다. 본죄는 목적범이므로 고의 외에도 법원의 재판 또는 국회의 심의를 방해 또는 위협할 목적이 있어야 한다. 국가의 사법기능이나 입법기능을 방해 또는 위협하여 적정한 국가기능을 해하겠다는 의사를 말한다.

Ⅵ. 인권옹호직무방해죄

> 제139조 (인권옹호직무방해) 경찰의 직무를 행하는 자 또는 이를 보조하는 자가 인권옹호에 관한 검사의 직무집행을 방해하거나 그 명령을 준수하지 아니한 때에는 5년 이하의 징역 또는 10년 이하의 자격정지에 처한다.

1. 의의

인권옹호직무방해죄는 경찰의 직무를 행하는 자 또는 이를 보조하는 자가 인권옹호에 관한 검사의 직무집행을 방해하거나 그 명령을 준수하지 아니한 경우에 성립하는 범죄이다. 국가의 기능 중 검사의 인권옹호에 관한 직무집행기능을 보호하기 위한 범죄이다.

인권침해의 소지가 가장 많은 수사 분야에서 국민의 인권과 자유를 보호하기 위하여 우리 헌법과 법률은 검사에 많은 권한을 부여하여 절차법적 차원에서 인권보호의 기능을 수행하게 하고 있다. 인권옹호에 관한 검사의 직무집행을 방해하거나 그 명령을 준수하지 않았을 때에는 본죄가 성립한다.

2. 주체: 사법경찰관리

본죄의 주체는 경찰의 직무를 행하는 자 또는 이를 보조하는 자이다. 경찰의 직무를 행하는 자는 사법경찰관이며 이를 보조하는 자는 사법경찰리를 말한다. 사실상 이를 보조하는 사인은 제외된다.

사법경찰관리에는 일반사법경찰관리와 특별사법경찰관리가 있다. 다만 검사의 수사 지휘를 받지 않는 사법경찰관리는 이에 포함되지 않는다.

3. 객체: 인권옹호에 관한 검사의 직무집행 또는 명령

본죄의 객체는 인권옹호에 관한 검사의 직무집행 또는 명령이다. 인권옹호에 관한 검사의 직무는 피의자 및 피고인의 신체·명예·재산권을 침해할 소지가 있는 범죄수사와 판결집행에 관한 일체의 사무를 말한다. 형사소송법상 각종 강제처분에 대한 검사의 영장집행 지휘(형사소송법 제81조, 제92조, 제115조, 제209조), 구속장소감찰(형사소송법 제198조의2), 재판의 집행지휘(형사소송법 제460조) 등이 이에 해당한다.

검사의 직무집행 또는 명령이 적법하여야 하는가에 대하여 견해의 대립이 있다. 사법경찰관리가 검사의 명령을 함부로 비판·판단하는 것이 허용되지 않는다는 이유로 검사의 명령이 위법하다고 판단할 현저한 사유가 없는 한 명령의 적법 여부를 불문한다는 견해와 사법경찰관리가 상명하복의 관계에 있다는 이유로 위법한 명령을 따르지 않았다고 하여 범죄가 성립한다는 것은 부당하다는 점에서 명령이 적법해야 한다고 한다는 견해[213]가 있다. 인권옹호에 관한 검사의 명령은 법적 근거를 가진 적법한 명령이어야 한다는 것이 대법원 판례[214]와 헌법재판소의 입장이다.[215]

생각건대, 검사의 직무는 법령에 근거한 범위 내에서 행사되어야 하며, 검사의 명령은 법적 근거를 갖춘 적법한 명령일 때만 사법경찰관리는 이에 따라야 할 의무가 생긴다. 검사의 명령은 항상 적법해야 하며, 사법경찰관리는 그 명령이 명백히 위법한 경우 이를 이행하지 않을 정당한 사유가 있다고 볼 수 있다.

4. 행위: 직무방해 또는 명령불준수

본죄의 행위는 인권옹호에 관한 검사의 직무를 방해하거나 명령을 준수하지 않는 것이다. 직무집행방해는 위계에 의한 공무집행방해죄의 방해와 같다. 명령불준수는 인권옹호에 관한 검사의 명령·지시에 복종하지 않는 것을 말한다.

5. 죄수

형법 제139조에 규정된 인권옹호직무명령불준수죄와 형법 제122조에 규정된 직무유

213) 김성돈, 842면; 김일수/서보학, 882면; 손동권/김재윤, 816면; 신동운, 197면; 이재상/장영민/강동범, 760면; 임웅/이현정/박성민, 1002면; 정성근/박광민, 855면.

214) 대법원 2010.10.28. 선고 2008도11999 판결.

215) 헌법재판소 2007.3.29. 선고 2006헌바69 결정.

기죄의 각 구성요건과 보호법익 등을 비교하여 볼 때, 인권옹호직무명령불준수죄가 직무유기죄에 대하여 법조경합 중 특별관계에 있다고 보기는 어렵고 양죄는 상상적 경합관계에 있다는 것이 판례의 입장이다.[216]

Ⅶ. 공무상비밀표시무효죄

> 제140조 (공무상비밀표시무효) ① 공무원이 그 직무에 관하여 실시한 봉인 또는 압류 기타 강제처분의 표시를 손상 또는 은닉하거나 기타 방법으로 그 효용을 해한 자는 5년 이하의 징역 또는 700만원 이하의 벌금에 처한다.
> 제143조 (미수범) 제140조 내지 전조의 미수범은 처벌한다.

1. 의의

공무상비밀표시무효죄는 공무원이 그 직무에 관하여 실시한 봉인 또는 압류 기타 강제처분의 표시를 손상 또는 은닉하거나 기타 방법으로 그 효용을 해한 경우에 성립하는 범죄이다. 강제처분의 표시기능을 보호하기 위한 규정이다. 추상적 위험범이다.

2. 객체: 봉인 또는 압류 기타 강제처분의 표시

가. 봉인 또는 압류 기타 강제처분의 표시

본죄의 객체는 공무원이 그 직무에 관하여 실시한 봉인 또는 압류 기타 강제처분의 표시이다.

봉인(封印)이란 물건에 대한 임의의 처분을 금지하기 위하여 그 물건에 시행한 봉함 기타 이와 유사한 설비를 말한다. 압류한다는 취지의 문자를 기재한 지편을 첨부하는 것도 포함한다. 예를 들면 수사기관이 범죄 수사 중 현장 보존을 위해 범죄현장 출입문에 부착한 봉인 표시, 압수수색으로 확보한 박스에 부착한 봉인 표시 등이 이에 해당한다.

압류(押留)란 공무원이 직무상 보관할 물건을 자기의 점유로 옮기는 강제처분을 말한다. 민사소송법에 의한 유체동산의 압류·가압류·가처분, 국세징수법에 의한 강제처분이

216) 대법원 2010.10.28. 선고 2008도11999 판결.

이에 해당한다. 기타의 강제처분이란 압류에 속하지 않는 것으로서 공무원의 점유가 아닌 다른 방법으로 타인에 대하여 일정한 작위 또는 부작위를 명하는 처분을 말한다. 민사소송법에 의한 부동산의 압류·금전채권의 압류가 이에 해당한다. '압류 기타 강제처분의 표시'는 압류나 강제처분이 있다는 것을 명시하기 위하여 시행한 표시로서 봉인 외의 것을 말한다. 표시는 사실상 실시되어 있는 행위 당시에 존재해야 하고,[217] 가압류·가처분명령을 송달받은 상태만으로는 아직 강제처분의 표시가 있다고 할 수 없다.[218]

나. 강제처분의 유효성

봉인 또는 압류 기타 강제처분의 표시는 강제처분이 유효할 것을 전제로 한다. 따라서 강제처분이 완결된 후에는 본죄는 성립하지 않는다.[219] 집달관이 채무자 겸 소유자의 건물에 대한 점유를 해제하고 이를 채권자에게 인도한 후 채무자의 출입을 봉쇄하기 위하여 출입문을 판자로 막아둔 것을 채무자가 이를 뜯어내고 그 건물에 들어갔다 하더라도 이는 강제집행이 완결된 후의 행위로서 채권자들의 점유를 침범하는 것은 별론으로 하고 공무상 표시무효죄에 해당하지는 않는다. 하지만 압류가 해제되지 아니한 이상 채무를 변제하였다고 하여 압류의 효력이 부정되는 것은 아니다.

다. 강제처분의 적법성

본죄는 적법한 공무를 보호하기 위한 범죄이므로 부적법한 봉인 또는 압류 기타 강제처분의 표시는 보호받을 수 없다는 것이 통설과 판례이다.[220] 법률상 당연무효 또는 부존재라고 볼 수 있는 경우에는 그 봉인 등의 표시는 공무상표시무효죄의 객체가 되지 않는다. 하지만 절차에 하자가 있다고 하여 언제나 본죄의 객체에서 제외되는 것은 아니다. 적법한 절차에 의하여 취소되지 아니한 본죄의 객체가 될 수 있으며, 공무원이 실시한 봉인 등의 표시에 절차상 또는 실체상의 하자가 있다고 하더라도 객관적·일반적으로 그것이 공무원이 그 직무에 관하여 실시한 봉인 등으로 인정할 수 있는 상태에 있다면 적법한 절차에 의하여 취소되지 아니하는 한 공무상표시무효죄의 객체로 된다.[221]

---

217) 대법원 1997.3.11. 선고 96도2801 판결.

218) 대법원 1975.5.13. 선고 73도2555 판결.

219) 대법원 1985.7.23. 선고 85도1092 판결.

220) 김성돈, 844면; 김일수/서보학, 884면; 손동권/김재윤, 817면; 이재상/장영민/강동범, 761면; 임웅/이현정/박성민, 1004면; 정성근/박광민, 858면.

221) 대법원 2001.1.16. 선고 2000도1757 판결.

3. 행위: 손상·은닉 기타 방법으로 효용을 해하는 행위

손상은 물리적 훼손을 의미하는 것으로 봉인의 외표를 훼손하는 것뿐만 아니라 봉인 전체를 떼 내어 버리는 것도 포함된다. 은닉은 소재를 불명하게 하여 발견을 곤란하게 하는 것을 말한다.

기타 방법으로 효용을 해하는 행위는 손상·은닉 외의 방법으로 효용을 해하는 행위를 말한다. 예를 들면 점유이전금지가처분에 위반하여 점유를 이전하는 경우, 압류물을 원래의 보관장소에서 상당한 거리에 있는 다른 장소로 이전한 경우, 건물의 점유이전금지가처분 채무자가 그 가처분의 집행 취지가 기재된 고시문이 그 가처분 목적물에 부착된 이후 제3자로 하여금 그 건물 중 일부에서 영업을 할 수 있도록 한 경우[222]가 이에 해당한다.

가처분을 받은 자가 특정 채무자로 지정되어 있는 경우 가처분의 채무자가 아닌 제3자에게는 가처분의 효력이 미치지 않기 때문에 제3자가 압류물 등을 계속 사용한 경우 본죄는 성립하지 않는다. 따라서 남편을 채무자로 한 출입금지 가처분명령의 효력은 그의 처에게는 미치지 않으므로 그 처가 이를 무시하고 출입금지된 밭에 들어가 작업을 한 경우,[223] 온천수 사용금지 가처분결정이 있기 전부터 온천이용허가권자인 가처분 채무자로부터 이를 양수하고 임대차계약의 형식을 빌어 온천수를 이용하여 온 제3자가 위 금지명령을 위반하여 계속 온천수를 사용한 경우[224] 본죄는 성립하지 않는다.

4. 고의와 착오

가. 고의

본죄의 고의는 봉인 또는 압류 기타 강제처분의 표시를 손상 또는 은닉하거나 기타 방법으로 그 효용을 해한다는 인식과 의사를 말한다. 고의의 내용에 봉인 등의 표시가 적법·유효하다는 것도 포함될 수 있는지에 대하여 견해의 대립이 있다. 강제처분의 유효성이나 적법성을 위법성 요소로 보는지, 구성요건요소로 보는지에 따라 고의의 내용이 달라진다. 앞에서 설명한 공무집행방해죄에서 적법성에 대한 논의와 같은 법리이다.

나. 강제처분의 유효성·적법성에 대한 착오

행위자가 강제처분의 적법성에 대하여 착오를 한 경우 그 법적 효과가 문제된다. 예를

---

222) 대법원 2004.10.28. 선고 2003도8238 판결.

223) 대법원 1979.2.13. 선고 77도1455 판결.

224) 대법원 2007.11.16. 선고 2007도5539 판결.

들면 행위자가 강제처분이 유효하고 적법함에도 불구하고 이를 위법하다고 오인하고 봉인 등 표시의 효용을 해하는 행위를 한 경우 행위자의 착오를 어떻게 볼 것인가의 문제이다. 유효성·적법성의 체계적 지위를 구성요건요소로 보면 구성요건적 착오로 고의가 조각되며, 이를 위법성조각사유로 보면 금지착오로 오인에 정당한 이유가 있는 경우에 한하여 책임이 조각된다.

생각건대, 형법이 유효성과 적법성을 구성요건요소로 규정하고 있지 않고 해석에 의하여 인정된다는 점, 유효성과 적법성을 구성요건요소로 본다면 일반인은 강제처분의 표시가 유효하고 적법하다고 인식하고 있음에도 불구하고 행위자만이 경솔하게 위법하다고 오신하여 그 효용을 해한 경우에 고의가 조각되어 본죄의 성립이 부정된다는 것은 타당하지 않다. 유효성과 적법성은 위법성조각사유로 보는 것이 타당하며, 이에 대한 착오는 형법 제16조 금지착오의 문제로 해결하는 것이 타당하다.

Ⅷ. 공무상 비밀침해죄

제140조 (공무상비밀표시무효) ② 공무원이 그 직무에 관하여 봉함 기타 비밀장치한 문서 또는 도화를 개봉한 자도 제1항의 형과 같다.
③ 공무원이 그 직무에 관하여 봉함 기타 비밀장치한 문서, 도화 또는 전자기록등 특수매체기록을 기술적 수단을 이용하여 그 내용을 알아낸 자도 제1항의 형과 같다.
제143조 (미수범) 제140조 내지 전조의 미수범은 처벌한다.

1. 의의

공무상비밀침해죄는 공무원이 그 직무에 관하여 봉함 기타 비밀장치한 문서 또는 도화를 개봉한 경우(제1항), 공무원이 그 직무에 관하여 봉함 기타 비밀장치한 문서, 도화 또는 전자기록등 특수매체기록을 기술적 수단을 이용하여 그 내용을 알아낸 경우(제2항)에 성립하는 범죄이다. 본죄는 비밀침해죄(제316조)보다 불법이 가중된 가중적 구성요건이다.

2. 성격

제2항의 공무상비밀침해죄는 추상적 위험범이지만 제3항의 공무상비밀침해죄는 내용을 알아낸 경우에 성립하는 침해범이다. 개인의 비밀을 침해하는 제316조 비밀침해죄와는 달리 미수범 처벌 규정이 있으므로 결과범이다.

3. 구성요건

본죄는 개인의 비밀을 침해한 경우에 성립하는 제316조와 유사하다. 다만 행위객체인 문서 또는 도화가 공무원의 직무관련성이 있어야 한다는 것과 편지는 제외되고 문서와 도화에 한정된다는 점이다.

기술적 방법으로 그 내용을 알아냈을 때 기수가 된다. 내용을 알지 못하면 본죄는 성립하지 않는다. 개인의 비밀을 침해한 경우에는 미수범 처벌 규정이 없지만, 공무상 비밀침해의 경우에는 미수범 처벌 규정이 있다. 문서, 도화를 개봉한 것에 그치고 그 내용을 알아내지 못한 경우, 전자기록 등 특수매체기록의 보안장치를 해제하였지만, 그 내용을 알아내지 못한 경우에는 본죄의 미수범이 성립한다.

Ⅸ. 부동산 강제집행효용침해죄

> 제140조의2 (부동산강제집행효용침해) 강제집행으로 명도 또는 인도된 부동산에 침입하거나 기타 방법으로 강제집행의 효용을 해한 자는 5년 이하의 징역 또는 700만원 이하의 벌금에 처한다.
> 제143조 (미수범) 제140조 내지 전조의 미수범은 처벌한다.

1. 의의

부동산 강제집행효용침해죄는 강제집행으로 명도 또는 인도된 부동산에 침입하거나 기타 방법으로 강제집행의 효용을 해한 경우에 성립하는 범죄이다. 법원의 강제집행에 의하여 채권자에게 일단 명도된 부동산에 대하여 채무자가 다시 침입하거나 불법점유하는 행위에 대응하기 위한 구성요건이다. 보호법익은 국가의 강제집행의 효용 내지 기능이다. 보호 정도는 침해범이며, 결과범이다. 미수범 처벌 규정이 있다.

2. 객체: 강제집행으로 명도 또는 인도된 부동산

본죄의 객체는 강제집행으로 명도 또는 인도된 부동산이다. 강제집행이란 민사소송법에 의한 집행을 말하며 적법한 강제집행이어야 한다. 명도는 채무자 기타의 사람이 거주하거나 점유하고 있는 부동산에 대하여 채무자 등의 거주 또는 점유를 배제하고 채권자 또는 권리자에게 완전한 점유를 이전시키는 것을 말한다. 인도는 부동산의 점유만 이전하는 것을 말한다.

3. 행위: 침입 또는 기타 방법으로 강제집행의 효용을 해하는 것

침입은 권리자 또는 점유자의 의사에 반하여 부동산의 경계 안으로 들어가는 것을 말한다. 기타 방법은 부동산을 훼손하거나 출입구에 장애물을 설치하는 등 권리자의 점유 기타 권리행사를 방해하는 일체의 행위를 말한다.

강제집행의 효용을 해한다는 것은 권리자가 그 용도에 따라 사용·수익하거나 권리를 행사하는 데 지장을 초래하는 일체의 행위를 말한다.

4. 실행의 착수 시기와 기수 시기

본죄의 실행의 착수 시기는 침입 또는 기타 방해행위를 개시한 때이다. 기수 시기는 침입 또는 방해행위로 인하여 강제집행의 효용을 저해되거나 권리자의 권리실현이 지체되는 효과가 발생한 때이다. 침입 등 효용을 해하는 행위를 하였지만 강제집행의 효용을 침해하는 결과가 발생하지 않는 경우 본죄의 미수가 된다.

X. 공용서류등 무효죄

> 제141조 (공용서류 등의 무효, 공용물의 파괴) ① 공무소에서 사용하는 서류 기타 물건 또는 전자기록 등 특수매체기록을 손상 또는 은닉하거나 기타 방법으로 그 효용을 해한 자는 7년 이하의 징역 또는 1천만원 이하의 벌금에 처한다.
> 제143조 (미수범) 제140조 내지 전조의 미수범은 처벌한다.

1. 의의

공용서류무효죄는 공무소에서 사용하는 서류 기타 물건 또는 전자기록 등 특수매체기록을 손상 또는 은닉하거나 기타 방법으로 그 효용을 해한 경우에 성립하는 범죄이다. 손괴죄의 일종이다.

2. 주체: 제한 없음

본죄의 주체에는 제한이 없다. 따라서 공무원도 본죄의 주체가 될 수 있다. 하지만 정당한 권한이 있는 자의 정당한 처분에 의한 공용서류의 파기에는 본죄가 적용되지 않는다.[225)]

3. 객체: 공무소에서 사용하는 서류 기타 물건 또는 전자기록 등 특수매체기록

본죄의 객체는 공무소에서 사용하는 서류 기타 물건 또는 전자기록 등 특수매체기록이다.

공무소는 공무원이 직무를 집행하는 조직체를 말한다. 장소 개념이 아니라 국가 또는 지방자치단체의 사무가 수행되는 조직적 단위로 공적인 업무가 수행되는 곳을 말한다. 행정부, 법원, 경찰서, 시청 등이 대표적이다. 한국은행도 국고금 예수관계에서는 공무소에 해당한다.[226)]

서류 기타 물건은 공무소에서 사용·보관하고 있는 일체의 서류 기타 물건 또는 전자기록 등 특수매체기록을 말한다. 현재 공무소에서 사용하고 있다면 보존기간 경과 후의 문서도 포함된다. 일반인이 작성한 문서일지라도 공무소에 보관된 것이면 본죄의 객체에 포함된다.

전자기록에는 공문서로서의 효력이 생기기 이전의 서류라거나, 정식의 접수 및 결재절차를 거치지 않은 문서, 결재상신 과정에서 반려된 문서 등 미완성의 문서도 포함한다.[227)] 작성 중인 미완성의 피의자신문조서[228)]나 수사기록에 편철되지 않은 진술조서도 포함된다. 경찰이 작성한 진술조서가 미완성이고 작성자와 진술자가 서명·날인 또는 무인한 것이 아니어서 공문서로서의 효력이 없다고 하더라도 공무소에서 사용하는 서류가

---

225) 대법원 1995.11.10. 선고 95도1395 판결.

226) 대법원 1969.7.29. 선고 69도1012 판결.

227) 대법원 2020.12.10. 선고 2015도19296 판결.

228) 대법원 1982.10.12. 선고 82도368 판결.

아니라고 할 수는 없다.[229] 하지만 진술서를 폐기할 의도로 넘겨주었다면 이는 공용서류로서의 성질을 상실하였다.[230]

4. 행위: 손상·은닉하거나 기타 방법으로 그 효용을 해하는 행위

손상은 서류 등을 물리적으로 파손하여 그 효용을 감소·소멸시키는 일체의 행위를 말한다. 공문서의 경우에는 그것이 작성자의 지배를 떠나 작성자로서도 그 변경 삭제가 불가능한 단계에 이르렀다면 손상에 해당할 수 있지만, 그렇지 않고 상사가 결재하는 단계에 있어서는 작성자는 결재자인 상사와 상의하여 언제든지 그 내용을 변경 또는 일부 삭제할 수 있다면 본죄가 성립하지 않는다.[231] 은닉은 서류 등의 소재를 불명하게 하여 그 발견을 곤란·불가능하게 함으로써 그 효용을 해하는 것을 말한다.

기타 방법으로 그 효용을 해하는 행위는 손상·은닉 외의 방법으로 그 효용을 해하는 일체의 행위를 말한다. 피고인이 군에 보관 중인 피고인 명의의 건축허가신청서에 첨부된 설계도면을 떼내고 별개의 설계도면으로 바꿔 넣은 경우,[232] 세무공무원이 상속세신고서 및 세무서 작성의 부과결정서등을 임의로 반환한 경우[233] 본죄가 성립한다.

XI. 공용물 파괴죄

제141조 (공용서류 등의 무효, 공용물의 파괴) ② 공무소에서 사용하는 건조물, 선박, 기차 또는 항공기를 파괴한 자는 1년 이상 10년 이하의 징역에 처한다.
제143조 (미수범) 제140조 내지 전조의 미수범은 처벌한다.

1. 의의

공용물파괴죄는 공무소에서 사용하는 건조물, 선박, 기차 또는 항공기를 파괴한 경우

229) 대법원 2006.5.25. 선고 2003도3945 판결.
230) 대법원 1999.2.24. 선고 98도4350 판결.
231) 대법원 1995.11.10. 선고 95도1395 판결: 이 행위에 대하여 허위공문서작성죄의 성립 가능성은 있다.
232) 대법원 1982.12.14. 선고 81도81 판결.
233) 대법원 1981.8.25. 선고 81도1830 판결.

에 성립하는 범죄이다. 특수공용물을 파괴하는 손괴죄의 일종이다.

2. 객체: 공무소에서 사용하는 건조물, 선박, 기차 또는 항공기

본죄의 객체는 공무소에서 사용하는 건조물, 선박, 기차 또는 항공기이다. 자동차는 구성요건에 규정되어 있지 않기 때문에 본죄의 객체가 아니며, 제141조 공용서류등무효죄에 규정된 물건에 해당한다.

3. 행위: 파괴

본죄의 행위인 '파괴'는 손괴보다 물질적 훼손의 정도가 큰 경우를 말한다. 파괴의 정도에 이르지 않은 경우에는 본죄의 미수가 된다.

XII. 공무상 보관물 무효죄

> 제142조 (공무상보관물의 무효) 공무소로부터 보관명령을 받거나 공무소의 명령으로 타인이 관리하는 자기의 물건을 손상 또는 은닉하거나 기타 방법으로 그 효용을 해한 자는 5년 이하의 징역 또는 700만원 이하의 벌금에 처한다.
> 제143조 (미수범) 제140조 내지 전조의 미수범은 처벌한다.

1. 의의

공무상 보관물 무효죄는 공무소로부터 보관명령을 받거나 공무소의 명령으로 타인이 관리하는 자기의 물건을 손상 또는 은닉하거나 기타 방법으로 그 효용을 해하는 경우에 성립하는 범죄이다. 제323조의 권리행사방해죄에 대한 특별규정이다. 본죄의 보호법익은 공무소로부터 보관받은 물건의 효용이다. 보호의 정도는 침해범이며, 결과범이다. 미수범 처벌 규정이 있다. 진정신분범이다.

2. 주체: 진정신분범

본죄의 주체는 공무소로부터 보관명령을 받거나 공무소의 명령으로 타인이 관리하는 물건의 소유자이다. 진정신분범이다.

3. 객체: 공무상 보관물

본죄의 객체는 공무소로부터 보관명령을 받거나 공무소의 명령으로 타인이 관리하는 자기의 물건이다. 공무소의 보관명령은 법령에 근거한 적법한 명령이어야 한다. 물건에 대한 보관명령을 받아야 하므로 단순히 채권압류결정의 정본을 송달받은 것만으로는 보관명령을 받은 것이라고 할 수 없다.[234] 공무소의 명령으로 타인이 관리하는 물건이란 공무소의 처분에 의하여 자기의 사실상 지배력이 배제되고 공무소의 사실상 지배하에 옮겨진 것을 제3자가 공무소의 명령을 받아 그의 사실상 지배하에 두는 것을 말한다.

4. 행위: 손상·은닉 기타 방법으로 효용을 해하는 것

본죄의 행위는 손상·은닉 기타 방법으로 효용을 해하는 것이다. 공무상봉인등표시무효죄의 행위와 그 의미가 동일하다.

XIII. 특수공무방해죄·특수공무방해치사상죄

제144조 (특수공무방해) ① 단체 또는 다중의 위력을 보이거나 위험한 물건을 휴대하여 제136조, 제138조와 제140조 내지 전조의 죄를 범한 때에는 각조에 정한 형의 2분의 1까지 가중한다.
② 제1항의 죄를 범하여 공무원을 상해에 이르게 한 때에는 3년 이상의 유기징역에 처한다. 사망에 이르게 한 때에는 무기 또는 5년 이상의 징역에 처한다.

234) 대법원 1983.7.12. 선고 83도1405 판결.

1. 특수공무방해죄

특수공무방해죄는 단체 또는 다중의 위력을 보이거나 위험한 물건을 휴대하여 제136조 공무집행방해죄, 제138조 법정·국회회의장모욕죄, 제140조 공무상비밀표시무효죄, 제140조의2 부동산강제집행효용침해죄, 제141조 공용서류무효죄, 제142조 공무상보관물무효죄, 제140조 내지 142조의 미수범 등을 범함으로써 성립하는 범죄이다. 위계에 의한 공무집행방해죄와 인권옹호직무방해죄는 제외된다.

본죄는 단체 또는 다중의 위력이나 위험한 물건을 휴대하는 등 행위방법의 위험성으로 인하여 불법이 가중되는 가중적 구성요건이다.

2. 특수공무방해치사상죄

가. 의의

특수공무방해치사상죄는 특수공무방해죄를 범하여 공무원을 상해 또는 사망에 이르게 함으로써 성립하는 범죄이다. 본죄는 특수공무집행방해죄에 대한 결과적 가중범이다. 특수공무집행방해치사죄는 진정 결과적 가중범이지만, 특수공무집행방해치상죄는 부진정 결과적 가중범이다.

나. 특수공무집행방해치상죄

특수공무집행방해치상죄는 중한 결과인 상해에 대하여 과실이 있는 경우뿐만 아니라 고의가 있는 경우에도 본죄가 성립하는 부진정 결과적 가중범이다.[235] 중한 결과인 상해의 결과에 대하여 고의가 있는 경우 특수공무방해죄와 상해죄의 상상적 경합을 인정하게 되면 과실이 있는 경우에도 본죄로 가중처벌하는 것과 형의 불균형이 있기 때문이다.

특수공무집행방해치상죄의 경우 법정형은 3년 이상의 징역이며, 중한 결과인 상해에 대하여 고의범인 상해죄는 7년 이하의 징역이다. 결과적 가중범의 법정형이 더 높으므로 특수공무집행방해치상죄는 부진정 결과적 가중범이다.[236]

고의범에 대하여 더 무겁게 처벌하는 규정이 없는 경우에는 결과적 가중범만 성립한다. 따라서 직무를 집행하는 공무원에 대하여 위험한 물건을 휴대하여 고의로 상해를 가한 경우에는 특수공무집행방해치상죄만 성립할 뿐, 이와는 별도로 폭력행위 등 처벌에 관

---

235) 대법원 1995.1.20. 선고 94도2842 판결.

236) 해당 범죄가 진정 결과적 가중범인지 아니면 부진정 결과적 가중범인지를 확인하는 방법에 대한 자세한 내용은 형법총론 중 결과적 가중범에 대한 부분을 참고하라.

한 법률 위반(집단·흉기 등 상해)죄를 구성하지 않는다.[237] 주의할 점은 폭력행위 등 처벌에 관한 법률이 개정되어 집단·흉기 등 상해죄는 삭제되었으며 형법 제258조의2 특수상해죄로 개정되었다.

다. 특수공무집행방해치사죄

특수공무방해치사죄의 경우에는 형이 더 무거운 살인죄가 있기 때문에 부진정 결과적 가중범이 아니라 진정 결과적 가중범이다. 고의에 의한 기본 범죄인 특수공무집행방해죄와 중한 결과인 사망 사이에 과실이 있는 경우에 성립한다.

제3절 도주와 범인은닉의 죄

Ⅰ. 총설

1. 의의

도주의 죄는 법률에 의하여 체포 또는 구금된 자가 스스로 도주하거나 타인의 도주에 관여함으로써 성립하는 범죄이다. 범인은닉의 죄는 벌금 이상의 형에 해당하는 죄를 범한 자를 은닉 또는 도피하게 함으로써 성립하는 범죄이다.

2. 보호법익

도주의 죄의 보호법익은 국가의 구금권 또는 국가의 특수한 공적 권력관계의 확보로서의 구금권이며 보호 정도는 침해범이다. 범인은닉의 죄의 보호법익은 국가의 형사사법기능이며 보호 정도는 추상적 위험범이다.

---

237) 대법원 2008.11.27. 선고 2008도7311 판결.

Ⅱ. 단순도주죄

> 제145조 (도주, 집합명령위반) ① 법률에 따라 체포되거나 구금된 자가 도주한 경우에는 1년 이하의 징역에 처한다.
> 제149조 (미수범) 전 4조의 미수범은 처벌한다.

1. 의의

단순도주죄는 법률에 따라 체포 또는 구금된 자가 도주한 경우에 성립하는 범죄이다. 본죄의 보호법익은 국가의 형사사법기능 중 국가의 구금기능이며 침해범이며 진정신분범이다. 도주원조죄와는 필요적 공범관계에 있다.

2. 주체: 법률에 따라 체포되거나 구금된 자

가. 체포된 자

'체포된 자'는 체포영장에 의하여 체포된 자, 긴급체포나 현행범으로 체포된 자를 말한다. 사인에 의하여 현행범인으로 체포된 자가 도주한 경우에도 단순도주죄가 성립하는가에 대하여 견해의 대립이 있다. 단순도주죄는 공무방해죄의 성격을 지니고 있기 때문에 수사기관에 인도되기 전까지는 국가의 구금권을 침해하였다고 볼 수 없으므로 단순도주죄의 주체는 국가기관에 의해 구금된 경우에만 제한된다고 보는 것이 타당하다. 따라서 수사기관에 인도되기 전에 도주한 경우 도주죄는 성립하지 않고, 수사기관에 인도된 이후에 도주죄의 주체가 될 수 있다.

나. 구금된 자

구금(拘禁)은 사람의 신체의 자유를 제한하여 특정한 장소에 억류하는 행위를 말한다. 상대방의 의사에 반하여야 하므로 언제든지 자유로이 퇴거할 수 있다면 구금이라고 할 수 없다. 구금은 헌법상 보장된 신체의 자유에 대한 제한이므로, 반드시 법률에 따라 정당하게 이루어져야 한다.

'구금된 자'에는 수형자뿐만 아니라 미결구금자 등 법률에 따라 구금된 자를 말한다. 수형자는 유죄확정판결을 받고 형집행을 위하여 교도소에 수용된 자, 벌금 미납으로 노역장에 유치된 자를 말하며, 형사피의자 또는 형사피고인으로서 체포되거나 구속영장의 집행을 받아 교정시설에 수용된 미결수용자, 감정유치 중인 자도 법률에 따라 구금된 자에 해당한다(형의 집행 및 수용자의 처우에 관한 법률 제2조 참조).

법원이 선고기일에 피고인에 대하여 실형을 선고하면서 구속영장을 발부하는 경우, 검사가 법정에 재정하여 법원으로부터 구속영장을 전달받아 집행을 지휘하고, 그에 따라 피고인이 피고인 대기실에 인치되었다면 피고인은 본죄의 주체가 된다.[238]

'구인된 피고인·피의자'도 주체에 포함된다. 체포와 구인은 모두 구금 이전에 인신의 자유를 제한하는 강제처분으로서 구속영장에 의해서 집행되며, 구금은 구인도 포함하는 개념이기 때문이다. 다만 '구인된 증인'은 국가구금권 실현의 직접적 대상이 아니므로 본죄의 객체가 될 수 없다.[239]

군형법 등을 위반하여 군사법원법 제109조 등에 의하여 구금된 자, 소년법 제32조의 보호처분에 의하여 소년원에 송치된 자나 소년분류심사원에 위탁된 자도 본죄의 주체에 포함된다. 이 경우의 수용도 실질적으로 구금된 것과 차이가 없기 때문이다.

치료감호와 같은 보안처분을 받은 자가 도주한 경우도 포함된다. 이에 대하여 치료감호법 제52조에 처벌 규정이 있으므로 본죄의 적용이 없다는 견해가 있으나, 치료감호의 경우에도 국가가 형사사법기능을 수행하기 위하여 법률에 의하여 국가가 구금권을 행사하는 경우이므로 본죄의 주체에 해당한다고 보는 것이 타당하다. 피치료감호자가 도주한 경우 법조경합 중 특별관계로 보는 것이 타당하다. 마찬가지로 보호관찰 등에 관한 법률 제39조 등에 따라 보호관찰대상자를 구인장을 발부받아 구인하고, 유치한 경우에도[240] 본죄의 주체가 된다고 보는 것이 타당하다.

다. 법률에 따라

'법률에 따라' 또는 법률에 의하여 체포 또는 구금되어야 하며, 이 경우 적법성은 형식적 적법성을 갖춘 것만으로 충분하고 반드시 실질적 적법성까지 갖출 필요는 없다. 따라서 체포영장에 의하여 적법하게 체포된 자가 도주한 후 무죄판결이 확정되어도 이미 성립한 도주죄에는 영향이 없다.

하지만 사법경찰관이 피고인을 수사관서까지 동행한 것이 사실상 강제연행, 즉 불법한

238) 대법원 2023.12.28. 선고 2020도12586 판결.

239) 김성돈, 853면; 김일수/서보학, 900면; 배종대, 897면; 오영근/노수환, 813면; 임웅/이현정/박성민, 1016면; 정성근/박광민, 874면.

240) 보호관찰법 제42조에 따르면 유치기간을 형기에 산입한다. 이러한 법규정을 본다면 보호관찰법에 따른 구인과 유치도 국가형사사법기능을 수행하기 위한 것이라고 보는 것이 타당하다.

체포에 해당한다면, 불법한 체포로부터 6시간 상당이 경과한 후에 이루어진 긴급체포 또한 위법하다. 따라서 피고인은 불법체포된 자이기 때문에 형법 제145조 제1항에 정한 '법률에 의하여 체포 또는 구금된 자'가 아니어서 도주죄의 주체가 될 수 없다.[241)]

라. 형사사법기능과 국가의 구금권

본죄의 보호법익은 국가의 형사사법기능 중 국가 구금권이다. 따라서 형법, 형사소송법, 군사법원법, 소년법, 치료감호법, 보호관찰법 등 국가의 형사사법기능을 수행하기 위하여 국가가 구금권을 실행한 경우에 본죄가 적용될 수 있다.

하지만 출입국관리법 등 행정목적을 달성하기 위하여 실질적으로 구금한 경우에는 본죄의 적용이 없는 것으로 해석하는 것이 타당하다. 출입국관리법 제46조에 따르면 출입국관리법 제7조 등을 위반한 외국인을 대한민국 밖으로 강제퇴거시킬 수 있다. 동법 제51조에 따르면 출입국관리공무원은 지방출입국·외국인관서의 장으로부터 보호명령서를 발급받아 그 외국인을 보호할 수 있으며, 보호장소는 외국인보호실, 외국인보호소 또는 그 밖에 법무부장관이 지정하는 장소이다. 이는 외국인의 출입국관리를 통한 안전한 국경관리, 대한민국에 체류하는 외국인의 체류관리와 사회통합 등 행정목적을 달성하기 위한 '구금'이 아니라 '보호'이다. 국가의 형사사법기능 중 구금권과는 관련이 없으므로 본죄의 적용이 없다고 보는 것이 타당하다. 따라 보호되거나 일시보호된 자가 도주한 경우에는 출입국관리법 제93조의2에 따라 처벌될 뿐이며, 형법 제144조는 적용되지 않는다고 생각한다.

마찬가지로 이유로 아동복지법 제15조에 따라 보호조치에 적합한 아동복지시설·전문치료기관·요양소에 입소한 보호대상아동이 그 시설을 이탈한 경우, 경찰관 직무집행법 제4조에 따라 보호조치한 구호대상자가 이탈한 경우, 감염병의 예방 및 관리에 관한 법률 제41조에 따라 입원치료를 받는 감염병 환자가 의료기관 등 감염병 관리기관을 이탈한 경우[242)] 단순도주죄의 적용이 없다고 생각한다.

3. 행위: 도주

도주는 체포 또는 구금상태로부터 이탈하는 것을 의미한다. 이탈의 수단과 방법에는 제한이 없다. 부작위에 의한 도주는 집합명령위반죄가 성립하기 때문에 본죄의 도주는 작

241) 대법원 2006.7.6. 선고 2005도6810 판결.

242) 감염병 환자가 감염병예방법 제41조를 위반한 경우 동법 제79조의3에 따라 처벌하고 있다. 해당 법률이 처벌 규정이 있다는 것과 형법 제144조 단순도주죄가 적용되는 것은 별개의 문제이다.

위에 한정된다는 견해[243]가 있지만 부작위에 의한 도주도 가능하다고 생각한다.[244]

4. 기수 시기

기수 시기는 간수자의 실력적 지배를 벗어났을 때이다. 따라서 교도소 외벽을 넘지 못하고 실내에 잠복하고 있거나 교도소의 외벽을 넘은 때에도 계속 추적을 받고 있다면 기수가 아니다.

본죄의 성격에 대하여 즉시범이라고 견해, 계속범이라고 보는 견해, 상태범으로 해석하는 견해가 대립하고 있다. 계속범설을 취하면 도주죄의 기수 이후에 제3자가 가담한 경우 도주죄의 공범 또는 공동정범이 되지만, 즉시범이나 상태범설에 따르면 도주죄의 공범은 성립하지 않으며 범인은닉·도피죄로 되어 중하게 처벌된다. 또한 계속범설을 취하면 다시 체포되어야 범행이 종료되므로 공소시효가 완성될 여지가 없지만, 즉시범설이나 상태범설에 따르면 도주한 범인이 계속 도주상태가 되어 공소시효가 완성될 가능성이 있다.

판례는 즉시범으로 보고 있다.[245] 판례에 따르면 도주죄는 즉시범으로서 범인이 간수자의 실력적 지배를 이탈한 상태에 이르렀을 때에 기수가 되어 도주행위가 종료하는 것이고, 도주원조죄는 도주죄에 있어서의 범인의 도주행위를 야기시키거나 이를 용이하게 하는 등 그와 공범관계에 있는 행위를 독립한 구성요건으로 하는 범죄이므로, 도주죄의 범인이 도주행위를 하여 기수에 이르른 이후에 범인의 도피를 도와 주는 행위는 범인도피죄에 해당할 수 있을 뿐 도주원조죄에는 해당하지 아니한다.

생각건대, 본죄의 기수는 간수자의 실력적 지배를 이탈함으로써 기수가 되지만, 국가의 구금권이라는 보호법익이 침해되는 상태가 일정기간 계속되는 것이며, 도주행위는 외관상 한 번만 있는 것으로 보이지만, 실질적으로는 도주행위가 끊임없이 되풀이되는 구조이다. 보호법익이 침해되는 것이 계속되고 있는 계속범으로 보는 것이 타당하다.

243) 손동권/김재윤, 830면.

244) 김성돈, 857면; 김일수/서보학, 901면; 이재상/장영민/강동범, 772면; 임웅/이현정/박성민, 1017면; 정성근/박광민, 875면.

245) 대법원 1991.10.11. 선고 91도1656 판결.

Ⅲ. 집합명령위반죄

제145조 (도주, 집합명령위반) ② 제1항의 구금된 자가 천재지변이나 사변 그 밖에 법령에 따라 잠시 석방된 상황에서 정당한 이유없이 집합명령에 위반한 경우에도 제1항의 형에 처한다.
제149조 (미수범) 전 4조의 미수범은 처벌한다.

법률에 의하여 구금된 자가 천재, 사변 기타 법령에 의하여 잠시 해금된 경우에 정당한 이유 없이 그 집합명령에 위반한 경우에 성립하는 범죄로 진정 신분범이며, 진정 부작위범이다. 구금된 자만이 본죄의 주체가 되며, 체포된 자는 본죄의 주체가 될 수 없다.

구성요건적 행위는 정당한 이유 없이 집합명령에 위반하는 것이다. 따라서 집합명령에 응하는 것이 기대불가능하거나 불가항력적 사유가 있는 경우에는 본죄가 성립하지 않는다.

미수범 처벌 규정이 있다. 그러나 진정 부작위범의 경우 미수범 성립이 사실상 불가능하므로 의미는 없다.

Ⅳ. 특수도주죄

제146조 (특수도주) 수용설비 또는 기구를 손괴하거나 사람에게 폭행 또는 협박을 가하거나 2인 이상이 합동하여 전조 제1항의 죄를 범한 자는 7년 이하의 징역에 처한다.
제149조 (미수범) 전 4조의 미수범은 처벌한다.

특수도주죄는 수용설비 또는 기구를 손괴하거나 사람에게 폭행 또는 협박을 가하거나 2인 이상이 합동하여 도주죄를 범한 경우에 성립하는 범죄이다.

손괴는 물리적 손괴만을 의미하므로 물리적 손괴 없이 구금장소의 자물쇠를 열거나 단순히 수갑을 풀고 달아나는 것만으로는 본죄가 성립하지 않으며 단순도주죄에 해당한다.

V. 도주원조죄

> 제147조 (도주원조) 법률에 의하여 구금된 자를 탈취하거나 도주하게 한 자는 10년 이하의 징역에 처한다.
> 제149조 (미수범) 전 4조의 미수범은 처벌한다.
> 제150조 (예비, 음모) 제147조와 제148조의 죄를 범할 목적으로 예비 또는 음모한 자는 3년 이하의 징역에 처한다.

1. 의의

도주원조죄는 법률에 의하여 구금된 자를 탈취하거나 도주하게 한 경우 성립하는 범죄이다. 도주죄에 대한 교사 또는 방조에 해당하는 행위를 독립된 구성요건으로 규정한 것이다. 도주죄와 필요적 공범관계에 있으므로 형법총칙의 임의적 공범 규정은 본죄에 적용되지 않는다. 따라서 구금된 자가 타인을 교사하여 자기를 도주하게 한 경우 도주원조죄의 교사범이 아니라 도주죄만 성립한다.

2. 주체와 객체

본죄의 주체에는 제한 없다. 법률에 의하여 구금된 자도 다른 구금된 자를 도주하게 한 경우에 본죄의 주체가 된다. 구금된 자가 의사연락 하에 함께 도주한 경우 특수도주죄가 성립한다.

본죄의 객체는 법률에 의하여 구금된 자이다. 구금은 적법한 것이어야 한다. 구금된 자만이 객체이며 체포된 자는 포함되지 않는다. 체포되어 연행 중인 자는 구금된 자가 아니므로 객체가 되지 않는다. 이미 구금된 자이어야 하므로 이미 구금 상태를 벗어난 자는 본죄의 객체가 아니다. 따라서 도주죄의 기수에 이른 자를 도와주는 행위는 도주원조죄가 성립하지 않으며, 범인은닉·도피죄가 성립한다.

도주죄를 즉시범으로 보는 판례에 따르면 이미 기수에 이른 도주죄의 방조범이 성립할 수 없지만, 계속범으로 본다면 기수 이후라도 종료 이전이라면 공범이 성립할 수 있기 때문에 도주죄의 방조범이 성립할 수 있다.

3. 행위: 구금된 자를 탈취하거나 도주하게 한 행위

탈취란 피구금자를 간수자의 실력적 지배로부터 이탈시켜 자기 또는 제3자의 실력적 지배로 옮기는 것을 말한다. 자기 등의 실력적 지배로 옮겨야 하므로 피구금자를 간수자의 실력적 지배로부터 이탈시키는 것에 그친 경우는 본죄의 미수가 된다. 탈취의 수단과 방법에는 제한 없다. 폭행·협박·기망·유혹·위계도 본죄의 수단이 될 수 있다.

도주하게 한다는 것은 피구금자의 도주를 야기시키거나 이를 용이하게 하는 일체의 행위를 의미한다. 피구금자의 동의 유무나 도주 의사의 유무는 필요하지 않다. 수용시설의 문을 개방하거나 간수자를 폭행·협박하여 피구금자를 추적하지 못하게 하는 것이 이에 해당한다.

4. 실행의 착수 시기와 기수 시기

본죄의 실행의 착수 시기는 탈취의 경우 간수자의 실력적 지배를 배제시키는 행위를 개시하였을 때, 도주하게 한 경우에는 도주를 야기시키거나 이를 용이하게 하는 행위를 개시하였을 때이다. 본죄의 기수 시기는 피구금자를 자기 또는 제3자의 실력적 지배에 두었을 때이다.

Ⅵ. 간수자도주원조죄

제148조 (간수자의 도주원조) 법률에 의하여 구금된 자를 간수 또는 호송하는 자가 이를 도주하게 한 때에는 1년 이상 10년 이하의 징역에 처한다.
제149조 (미수범) 전 4조의 미수범은 처벌한다.
제150조 (예비, 음모) 제147조와 제148조의 죄를 범할 목적으로 예비 또는 음모한 자는 3년 이하의 징역에 처한다.

법률에 의하여 구금된 자를 간수 또는 호송하는 자가 도주하게 함으로써 성립하는 범죄이다. 간수자 또는 호송자라는 신분을 이유로 해서 단순도주원조죄에 대하여 형이 가중된 가중적 구성요건이다. 부진정 신분범이며 침해범이다.

간수 또는 호송의 임무는 법령의 근거를 가질 필요는 없으며, 현실적으로 임무에 종사하고 있으면 충분하다. 간수자 또는 호송자라는 신분은 행위 시에 있으면 충분하다.

법률에 의하여 구금된 자의 의미는 단순도주죄에서 설명한 것과 동일하다. 체포된 자는 본죄의 객체가 아니다.

피구금자를 도주하게 하는 행위의 의미는 도주원조죄에서 설명하는 것과 동일하다. 작위에 의한 경우뿐만 아니라 피구금자가 도주할 것을 알면서 이를 방지하지 않는 부작위로도 가능하다.

Ⅶ. 범인은닉도피죄

> 제151조 (범인은닉과 친족간의 특례) ① 벌금 이상의 형에 해당하는 죄를 범한 자를 은닉 또는 도피하게 한 자는 3년 이하의 징역 또는 500만원 이하의 벌금에 처한다.
> ② 친족 또는 동거의 가족이 본인을 위하여 전항의 죄를 범한 때에는 처벌하지 아니한다.

1. 의의

범인은닉·도피죄는 벌금 이상의 형에 해당하는 죄를 범한 자를 은닉 또는 도피하게 한 경우에 성립하는 범죄로 범인비호적 성격을 갖는 독립적 구성요건이다.

본죄는 추상적 위험범이다. 따라서 현실적으로 형사사법 작용을 방해하는 결과를 초래할 필요는 없으나 적어도 함께 규정되어 있는 은닉행위에 비견될 정도로 수사기관의 발견·체포를 곤란하게 하는 행위, 즉 직접 범인을 도피시키는 행위 또는 도피를 직접적으로 용이하게 하는 행위에 이르러야 성립한다.[246] 도주죄와 범인은닉죄는 인적 도피를 내용으로 한다는 점에서는 동일하지만, 도주죄는 국가의 구금권을 침해하는 것이며, 범인은닉죄는 국가의 형사사법기능 자체를 침해한다는 점에서 다르다.

246) 대법원 2011.4.28. 선고 2009도3642 판결.

2. 주체

가. 범인 이외의 자

본죄의 주체에는 제한이 없다. 다만 본죄가 범인을 은닉·도피하게 하는 범죄이므로 범인 자신은 제외된다. 범인 자신이 스스로 은닉 또는 도피행위를 한 경우에는 구성요건해당성이 없다. 범인 자신의 경우 기대가능성이 없기 때문에 처음부터 구성요건을 만들지 않았다.

나. 공범자 간의 범인은닉·도피

공범자 간의 범인은닉·도피 문제는 2가지로 나누어 살펴볼 수 있다. 먼저 공동정범 중 1인이 다른 공동정범을 은닉한 경우와 공동정범 중 1인이 자기를 은닉한 결과 다른 공동자가 은닉된 경우로 나누어 살펴보아야 한다.

범인 아니면 본죄의 주체가 될 수 있으므로, 공동정범 중의 한 사람이 다른 공동정범을 도피하게 한 경우에도 본죄가 성립한다.[247] 판례도 마찬가지다.[248] 본범에 대한 방조범도 범인도피죄의 주체가 된다.

공동정범 중 1인이 자기를 은닉하기 위하여 수사절차에서 허위로 진술하고 허위 자료를 제출한 경우에는 자신의 범행에 대한 방어권을 행사한 경우이므로 본죄가 성립하지 않는다. 그가 자신을 은닉한 결과 다른 공범자를 도피하는 결과가 된다고 하더라도 본죄가 성립하지 않는다.[249] 이때 다른 공범자가 이러한 행위를 교사하였더라도 이는 범죄가 될 수 없는 행위를 교사한 경우이므로 범인도피교사죄가 성립하지 않는다. 판례도 마찬가지다.

다. 범인의 자기은닉·도피의 교사

(1) 쟁점

범인이 타인을 교사하여 자신을 은닉·도피하게 한 경우 범인은닉죄의 교사범이 성립할 수 있는지 문제된다. 예를 들면 범인 갑이 을을 교사하여 갑 자신을 은닉·도피하게 한 경우에 을은 범인은닉죄가 성립한다. 이 경우 범인 갑은 범인은닉죄의 교사범이 될 수 있는가에 대하여 견해의 대립이 있다.

---

247) 이재상/장영민/강동범, 786면; 임웅/이현정/박성민, 1025면.

248) 대법원 1958.1.14. 선고 4290형상393 판결.

249) 대법원 2018.8.1. 선고 2015도20396 판결.

(2) 학설

긍정설은 타인을 교사하여 범인은닉죄를 범하게 하는 것은 범인 자신이 이를 행하는 경우와는 정상을 달리하는 것으로 자기비호권의 한계를 일탈한 것으로 범인은닉죄의 교사범이 된다고 한다.[250] 부정설은 타인을 교사하여 자기를 은닉하게 하는 것은 자기비호의 연장에 불과하고 범인 자신은 범인은닉죄의 정범이 될 수 없는데 교사범으로 처벌하는 것은 부당하므로 교사범도 될 수 없다고 한다.[251]

(3) 판례

판례는 기본적으로 긍정설의 입장이지만 무조건 범인 자신에 대한 범인은닉도피죄의 교사범 성립을 긍정하는 것은 아니다. 즉 범인이 자신을 위하여 타인으로 하여금 허위의 자백을 하게 하여 범인도피죄를 범하게 하는 경우 방어권의 남용으로 볼 수 있다면 범인도피교사죄가 성립한다고 하며,[252] 범인이 도피를 위하여 타인에게 도움을 요청하는 행위도 도피행위의 범주에 속하면 범인도피교사죄는 성립하지 않지만, 방어권의 남용으로 볼 수 있을 때에는 범인도피교사죄가 성립한다고 한다.[253] 따라서 판례는 방어권 남용을 기준으로 하여 범인도피교사죄의 성립을 인정하는 제한적 긍정설의 입장이라고 볼 수 있다. 방어권의 남용이라고 볼 수 있는지 여부는, 범인을 도피하게 하는 것이라고 지목된 행위의 태양과 내용, 범인과 행위자의 관계, 행위 당시의 구체적인 상황, 형사사법의 작용에 영향을 미칠 수 있는 위험성의 정도 등을 종합하여 판단하여야 한다.

예를 들면 군인 갑이 음주운전 혐의로 적발되자 헌병대 소속 중사 을에게 전화로 불러내어 "어떻게 좀 해 보라"고 계속 재촉하는 등 그로 하여금 단속 경찰관이 갑에 대한 주취운전자 적발보고서를 작성하거나 재차 음주측정을 하지 못하도록 제지하는 등으로 수사를 곤란하게 한 경우 갑의 행위는 범인의 자기은닉·도피를 교사한 행위에 해당한다. 판례는 이 행위에 대하여 방어권의 남용으로 볼 수 있기 때문에 범인도피교사죄가 성립한다고 판단하였다.[254]

하지만 갑이 자신의 휴대폰을 사용할 경우 소재가 드러날 것을 염려하여 평소 가깝게 지내던 후배인 A에게 요청하여 대포폰을 개설하여 받고, A에게 전화를 걸어 자신이 있는 곳으로 오도록 한 다음 A가 운전하는 자동차를 타고 청주시 일대를 이동하여 다닌 경우

250) 김성돈, 862면; 신동운, 229면.

251) 배종대, 901면; 손동권/김재윤, 836면; 이재상/장영민/강동범, 776면; 오영근/노수환, 826면; 정성근/박광민, 884면.

252) 대법원 2000.3.24. 선고 2000도20 판결.

253) 대법원 2014.4.10. 선고 2013도12079 판결.

254) 대법원 2006.5.26. 선고 2005도7528 판결.

이러한 행위는 형사사법에 중대한 장애를 초래한다고 보기 어려운 통상적 도피의 한 유형에 해당하여 범인도피교사죄가 성립하지 않는다.[255)]

(4) 소결

생각건대, 범인이 자기의 은닉·도피는 구성요건에 해당하지 않는다면 이를 제3자에게 교사하더라도 교사범은 성립할 수 없다고 보는 것이 법이론적으로 부합하고, 정범으로 행위하는 경우에는 처벌되지 않는 자가 그보다 불법의 정도가 적은 공범으로 가담하였다고 하여 그를 교사범으로 처벌된다는 것은 불합리하다.

방어권 남용을 기준으로 하는 판례에 따를 경우 자신의 도피를 위하여 제3자에게 도움을 요청하는 행위가 '통상의 도피행위'인지 아니면 '방어권의 남용'으로 볼 수 있는지는 분명하지 않다. 물론 여러 가지 종합적 사정을 고려하여 형사사법에 중대한 장애를 초래하였는지를 판단기준으로 한다고 하지만, 이 역시 불확실하다.

따라서 부정설이 타당하다. 제3자에게 도움을 요청하는 행위 또한 범인 자신의 도피행위에 해당하여 처벌할 수 없다고 보는 것이 타당하다. 범인의 요청에 응한 제3자를 범인도피죄의 정범으로 처벌할 수 있는지는 별개의 문제다.

3. 객체: 벌금 이상의 형에 해당하는 죄를 범한 자

가. 벌금 이상의 형에 해당하는 죄

본죄의 객체는 벌금 이상의 형에 해당하는 죄를 범한 자이다. 법정형에 벌금 또는 그 이상의 형을 포함하고 있는 범죄를 말한다. 법정형 중 가장 중한 형이 벌금이면 선택형으로 구류나 과료를 함께 규정하고 있어도 무방하다. 형법각칙의 모든 범죄가 벌금 이상의 형에 해당하는 죄에 해당한다.

나. 죄를 범한 자

죄를 범한 자에는 정범뿐만 아니라 교사범과 방조범도 포함되며, 예비·음모를 한 자도 포함된다. 친고죄에 있어서 단순히 고소가 없는 경우에는 본죄의 객체가 되나 고소권이 소멸한 경우에는 처벌의 가능성이 없으므로 본죄의 객체가 아니다. 마찬가지로 공소시효의 완성, 형의 폐지, 사면에 의하여 처벌가능성이 없는 자는 국가 형벌권 행사를 해할 염

255) 대법원 2014.4.10. 선고 2013도12079 판결.

려가 없으므로 본죄의 객체가 되지 않는다.[256)]

검사에 의하여 불기소처분을 받은 자가 본죄의 객체에 포함되는가에 대하여 검사의 불기소처분은 확정력이 없기 때문에 본죄의 객체에 포함된다는 견해[257)]가 있지만 검사의 불기소처분에 의하여 형사절차는 사실상 종결된다는 점을 고려할 때 본죄의 객체에 포함되지 않는다는 견해[258)]가 타당하다.

유죄판결이 확정되었거나 공소가 제기되었을 것을 요하는 것은 아니다. 따라서 범죄의 혐의를 받고 수사가 진행 중인 피의자도 죄를 범한 자에 포함된다.[259)]

다. 진범이어야 하는가?

본죄의 객체는 진범인(眞犯人)이어야 하는가에 대하여 견해의 대립이 있다. 진범일 필요가 없다는 부정설은 진범인이 아닐지라도 범죄의 혐의를 받고 수사 또는 소추 중인 자를 은닉하는 행위는 국가의 형사사법작용을 해하는 점에서 진범인을 은닉하는 경우와 다르지 않다고 한다.[260)] 본죄의 객체는 진범이어야 한다는 긍정설은 진범인이 아닌 자에 대한 은닉은 국가의 정당한 형벌권의 행사를 방해하였다고 할 수 없다고 한다.[261)] 단계적 구분설은 형법의 실현단계에 맞추어 수사개시 전의 단계에서는 진범인이어야 하나, 수사단계에서는 진범인이거나 적어도 진범이라고 강하게 의심받는 자이어야 하며, 소추·재판단계에서는 진범 여부를 불문한다는 입장이다.[262)]

판례는 구속수사의 대상이 된 사람을 은닉·도피시켰다면 그 후 무혐의로 석방되었다 하더라도 본죄가 성립한다고 하여 진범인일 필요가 없다는 부정설의 입장이다.[263)]

생각건대, 본죄의 객체를 진범이어야 한다면 진범인지 진범이 아닌지 불확실한 단계에서 그를 은닉 또는 도피하게 한 경우에는 본죄의 성립이 불가능하며, 행위자가 진범이 아니라고 인식하였다면 고의가 조각되어 처벌할 수 없는 공백이 발생한다. 국가의 형사사법기능은 진범인지가 공판에 의하여 밝혀지기 전까지 유지되어야 하므로 진범이 아니더라도 범죄의 혐의를 받고 수사 중 또는 소추 중이라면 본죄의 객체가 된다고 보는 것이 타당하다.

---

256) 김성돈, 864면; 김일수/서보학, 912면; 손동권/김재윤, 837면; 이재상/장영민/강동범, 777면; 임웅/이현정/박성민, 1027면; 정성근/박광민, 884면.

257) 김일수/서보학, 912면; 정성근/박광민, 885면.

258) 김성돈, 864면; 손동권/김재윤, 837면; 이재상/장영민/강동범, 777면; 임웅/이현정/박성민, 1027면.

259) 대법원 1983.3.23. 선고 83도1486 판결.

260) 김성돈, 864면; 손동권/김재윤, 838면; 임웅/이현정/박성민, 1027면.

261) 이재상/장영민/강동범, 778면; 정성근/박광민, 886면.

262) 김일수/서보학, 913면; 신동운, 224면.

263) 대법원 1982.1.26. 선고 81도1931 판결.

4. 행위: 은닉 또는 도피하게 하는 것

가. 은닉

은닉은 범인에게 수사기관의 발견이나 체포를 면할 수 있는 장소를 제공하여 범인을 감추어 주는 행위를 말한다. 범인에게 은신처를 제공하는 행위가 전형적인 행위유형이다. 경찰에서 수배 중인 자임을 인식하면서 자신의 집에 투숙하게 하여 체포를 면하게 한 경우에는 범인은닉죄가 성립한다.[264)]

나. 도피하게 하는 것

도피하게 한다는 것은 은닉 이외의 방법으로 범인에 대한 수사, 재판 및 형의 집행 등 형사사법 작용을 곤란 또는 불가능하게 하는 일체의 행위를 말한다. 그 수단과 방법에는 아무런 제한이 없다.

범인도피죄는 직접 범인을 도피시키는 행위 또는 도피를 직접적으로 용이하게 하는 행위에 이르러야 성립하므로, 그 자체로는 도피시키는 것을 직접적인 목적으로 하였다고 보기 어려운 어떤 행위를 한 결과 간접적으로 범인이 안심하고 도피할 수 있게 한 경우는 여기에 포함되지 않는다.[265)] 특히 '도피를 직접적으로 용이하게 하는 행위'는 정형화되어 있지 않기 때문에, 어느 행위가 이에 해당하는지 판단하는 것은 쉽지 않다. 단순히 행위자가 한 행위의 밖으로 드러난 태양만 살펴보는 것만으로는 부족하며, 행위자가 범인의 처지나 의도에 대하여 인식하고 있었는지, 그에게 범인을 은닉 내지 도피시키려는 의사가 있었는지를 함께 고려하여 판단할 수밖에 없다.

판례는 도피 비용을 제공하는 행위,[266)] 도피 교통수단을 제공하는 행위,[267)] 도피 중인 자에게 다른 피의자를 만나게 해주는 행위,[268)] 범인 아닌 다른 사람을 범인으로 가장하게 하여 수사를 받도록 하는 것,[269)] 범인에게 다른 공범이 더 있음을 실토하지 못하게 하여 범인의 체포와 발견에 지장을 초래하게 하는 행위,[270)] 범인이 기소중지자임을 알고도 다른 사람의 명의로 대신 임대차계약을 체결해 준 행위[271)]가 이에 해당한다고 한다. 하지만 주점 개업식 날 찾아온 범인에게 "도망다니면서 이렇게 와 주니 고맙다. 항상 몸조심하고

---

264) 대법원 1983.8.23. 선고 83도1486 판결.
265) 대법원 2011.4.28. 선고 2009도3642 판결.
266) 대법원 2002.10.11. 선고 2002도3332 판결.
267) 대법원 2013.11.28. 선고 2013도4430 판결.
268) 대법원 1990.12.26. 선고 90도2439 판결.
269) 대법원 1967.5.23. 선고 67도366 판결.
270) 대법원 1995.12.26. 선고 93도904 판결.
271) 대법원 2004.3.26. 선고 2003도8226 판결.

주의하여 다녀라. 열심히 살면서 건강에 조심하라."고 말한 것은 범인도피에 해당하지 않는다.[272)]

다. 허위 진술과 묵비

참고인이 수사기관에서 허위 진술을 하였다고 하여 그 자체를 처벌하거나 이를 수사방해 행위로 처벌하는 규정이 없는 이상 범인도피죄의 인정 범위를 함부로 확장해서는 안 된다.[273)] 원래 수사기관은 범죄사건을 수사함에 있어서 피의자나 참고인의 진술 여하에 불구하고 피의자를 확정하고 그 피의사실을 인정할 만한 객관적인 제반 증거를 수집·조사하여야 할 권리와 의무가 있기 때문이다.[274)]

따라서 수사과정에서 공범의 이름을 단순히 묵비한 경우,[275)] 수사기관에 출두한 참고인이 수사기관에 의해 범인으로 체포된 자가 자기가 목격한 사람과 다르다고 허위진술하여 진범인이 석방된 경우,[276)] 도로교통법위반으로 체포된 범인이 타인의 성명을 모용한다는 정을 알면서 신원보증인으로서 신원보증서에 자신의 인적 사항을 허위로 기재하여 제출한 경우,[277)] 폭행 현장의 참고인이 출동한 경찰관에게 범인의 이름 대신 허무인의 이름을 대면서 구체적인 인적 사항에 대한 언급을 회피한 경우[278)]에는 범인도피죄가 성립하지 않는다.

하지만 참고인의 진술이 적극적으로 수사기관을 기만하여 착오에 빠지게 함으로써 범인의 발견 또는 체포를 곤란 내지 불가능하게 할 정도의 것이라면 범인도피죄가 성립할 수 있다.[279)] 이러한 법리는 피의자가 수사기관에서 공범에 관하여 묵비하거나 허위로 진술한 경우,[280)] 게임장 등의 실제 업주가 아니라 종업원임에도 불구하고 자신이 실제 업주

272) 대법원 1992.6.12. 선고 92도736 판결.

273) 대법원 2013.1.10. 선고 2012도13999 판결.

274) 대법원 2003.2.14. 선고 2002도5374 판결.

275) 대법원 1984.4.10. 선고 83도3288 판결.

276) 대법원 1987.2.10. 선고 85도897 판결.

277) 대법원 2003.2.14. 선고 2002도5374 판결; 수사절차에서 작성되는 신원보증서는 체포된 피의자 석방의 필수적인 요건이거나 어떠한 법적 효력이 있는 것은 아니고, 다만 피의사건이 비교적 경미한 경우 피의자와 일정한 관계에 있는 신원보증인이 수사기관에 대하여 피의자의 신분, 직업, 주거 등을 보증하고 향후 수사기관이나 법원의 출석요구에 사실상 협조하겠다는 의사를 표시하는 것으로서 피의자나 신원보증인에게 심리적인 부담을 줌으로써 수사기관이나 재판정에의 출석 또는 형 집행 등 형사사법절차상의 편의를 도모하는 것에 불과하여 보증인에게 법적으로 진실한 서류를 작성·제출할 의무가 부과된 것은 아니다.

278) 대법원 2008.6.26. 선고 2008도1059 판결.

279) 대법원 2003.2.14. 선고 2002도5374 판결.

280) 대법원 2008.12.24. 선고 2007도11137 판결.

라고 허위로 진술하는 경우에도 적용될 수 있다.[281] 이른바 '바지사장'을 맡기로 하는 등 적극적으로 허위로 진술하거나 허위 자료를 제시하여 그 결과 수사기관이 실제 업주를 발견 또는 체포하는 것이 곤란 내지 불가능하게 될 정도에까지 이른 것으로 평가된다면 본죄가 성립할 수 있다.[282]

판례 범인은닉·도피 인정 사례

① 범인으로 혐의를 받아 수사기관으로부터 수사중인 경우에 범인 아닌 다른 자로 하여금 범인으로 가장케 하여 수사를 받도록 함으로서 범인체포에 지장을 초래케하는 행위는 '범인 은닉' 또는 '도피'에 해당된다(대법원 1967.5.23. 선고 67도366 판결).

② 공범이 더 있다는 사실을 숨긴 채 허위보고를 하고 조사를 받고 있는 범인에게 다른 공범이 더 있음을 실토하지 못하도록 하는 등의 행위를 하였다면 도피행위에 대한 고의가 있었다고 인정한 사례(대법원 1995.12.26. 선고 93도904 판결).

③ 검사로부터 범인을 검거하라는 지시를 받고서도 그 직무상의 의무에 따른 적절한 조치를 취하지 아니하고 오히려 범인에게 전화로 도피하라고 권유하여 도피케 한 경우(대법원 1996.5.10. 선고 96도51 판결).

④ 범인이 기소중지자임을 알고도 범인의 부탁으로 다른 사람의 명의로 대신 임대차계약을 체결해 준 경우, 비록 임대차계약서가 공시되는 것은 아니라 하더라도 수사기관이 탐문수사나 신고를 받아 범인을 발견하고 체포하는 것을 곤란하게 하여 범인도피죄에 해당한다고 한 사례(대법원 2004.3.26. 선고 2003도8226 판결).

⑤ 경찰공무원이 지명수배 중인 범인을 발견하고도 직무상 의무에 따른 적절한 조치를 취하지 아니하고 오히려 범인을 도피하게 하는 행위를 한 경우(대법원 2017.3.15. 선고 2015도1456 판결).

판례 범인은닉·도피 부정 사례

① 수사기관에 출두한 참고인이 수사기관에 의해 범인으로 체포된 자가 자기가 목격한 사람과 다르다고 허위진술하여 진범인이 석방된 경우(대법원 1987.2.10. 선고 85도897 판결).

② 주점 개업식 날 찾아온 범인에게 "도망다니면서 이렇게 와 주니 고맙다. 항상 몸조심하고 주의하여 다녀라. 열심히 살면서 건강에 조심하라."고 말한 행위(대법원 1992.6.12. 선고 92도736 판결).

③ 도로교통법위반으로 체포된 범인이 타인의 성명을 모용한다는 정을 알면서 신원보증인으로서 신원보증서에 자신의 인적 사항을 허위로 기재하여 제출한 경우(대법원 2003.2.14. 선고 2002도5374 판결).

---

281) 대법원 2013.1.10. 선고 2012도13999 판결.

282) 대법원 2012.8.30. 선고 2010도13694 판결.

④ 폭행 현장의 참고인이 출동한 경찰관에게 범인의 이름 대신 허무인의 이름을 대면서 구체적인 인적 사항에 대한 언급을 회피한 경우(대법원 2008.6.26. 선고 2008도1059 판결).

⑤ 공범 중 1인이 그 범행에 관한 수사절차에서 참고인 또는 피의자로 조사받으면서 자기의 범행을 구성하는 사실관계에 관하여 허위로 진술하고 허위 자료를 제출하는 것은 자신의 범행에 대한 방어권 행사의 범위를 벗어난 것으로 볼 수 없다. 이러한 행위가 다른 공범을 도피하게 하는 결과가 된다고 하더라도 범인도피죄로 처벌할 수 없다(대법원 2018.8.1. 선고 2015도20396 판결).

라. 부작위에 의한 도피

부작위에 의한 도피는 범인을 체포해야 할 보증인지위에 있는 자가 부작위하는 경우를 말한다. 따라서 경찰관이 범인을 검거하지 않고 직무상 의무에 따른 적절한 조치를 취하지 않는 경우 부작위에 의한 범인도피죄가 성립한다. 오히려 범인에게 전화로 도피하라고 권유하였다면 이는 부작위범이 아니라 작위범에 해당한다.[283)]

하지만 일반인들에게는 범인을 신고·체포할 작위의무가 없으므로 수사기관에 인계하지 않는 부작위는 범인도피죄가 될 수 없다. 채권자가 부정수표단속법위반 피의자를 수사당국에 인계하지 않은 경우 부작위에 의한 범인도피죄가 성립하지 않는다.[284)]

5. 기수 시기

본죄는 추상적 위험범이므로 범인을 은닉 또는 도피하게 함으로써 기수가 된다. 실제로 은닉·도피로 인하여 형사사법의 작용을 방해하는 결과가 발생할 필요가 없다. 또한 본죄는 계속범이므로 범인도피행위가 계속되는 동안에는 범죄행위도 계속되고 행위가 끝났을 때 비로소 범죄행위가 종료된다.[285)] 따라서 공범자의 범인도피행위의 도중에 그 범행을 인식하면서 그와 공동의 범의를 가지고 기왕의 범인도피상태를 이용하여 스스로 범인도피행위를 계속한 자는 범인도피죄의 공동정범이 된다.[286)]

283) 대법원 1996.5.10. 선고 96도51 판결.

284) 대법원 1984.2.14. 선고 83도2209 판결.

285) 대법원 2012.8.30. 선고 2012도6027 판결.

286) 대법원 1995.9.5. 선고 95도577 판결.

6. 친족 간의 특례

제151조 (범인은닉과 친족간의 특례) ② **친족 또는 동거의 가족이 본인을 위하여 전항의 죄**(범인은닉·도피죄)**를 범한 때에는 처벌하지 아니한다.**

가. 의의와 법적 성질

범인의 친족 또는 동거의 가족이 범인을 위하여 범인은닉·도피죄를 범한 경우 처벌하지 아니한다. 친족 간의 특례의 법적 성질에 대하여 견해의 대립이 있다. 인적 처벌조각사유설은[287] 범인은닉죄의 성립은 인정하지만, 친족 간의 정의를 고려하여 형법적 개입을 자제한다는 입법정책적 관점에서 그 처벌만을 조각한다고 한다.[288] 이 견해에 따르면 친족 등에 대해서는 형면제판결을 하여야 한다. 그런데 형법 제151조 제2항은 "형면제한다"고 규정하고 있지 않고 "처벌하지 아니한다"고 규정하고 있다. 이에 대하여 책임조각설은[289] "처벌하지 아니한다"라고 규정한 취지로 보아 적법행위에 대한 기대가능성이 없다고 보아 책임이 조각되므로 무죄판결을 해야 한다는 견해이다.

생각건대, 형법상 적법행위에 대한 기대가능성을 인정하기 어려워 책임을 조각하는 규정이 있다. 대표적으로 형법 제12조 강요된 행위 규정이며, 또 하나의 예가 제151조 제1항 친족 간 범인은닉 특례이다. 행위자를 비난하기 위해서는 행위자의 행위 당시 구체적 사정으로 보아 행위자가 범인을 은닉하지 않고 수사기관에 신고하거나 최소한 은닉 등을 거부할 것으로 기대할 수 있어야 하는데, 밀접한 친족 간의 정의(情誼)를 고려하면 이를 거부하기는 어려울 것이므로 범죄 성립을 배제하는 책임조각사유로 보는 것이 타당하다.

나. 적용범위

(1) 주체

범인은닉·도피행위의 주체는 친족 또는 동거의 가족이다. 친족, 동거가족의 범위는 원칙적으로 민법의 규정에 따른다. 다만 법적 성질을 면책사유로 본다면 적용범위를 엄격히 친족, 동거가족에만 국한시킬 필요가 없다. 적용범위를 긴밀한 친분 있는 인간관계, 예를 들면 내연관계에 있는 자도 부부에 준하여 해석할 수 있다. 하지만 판례는 사실혼 관계에

---

287) 신동운, 233면.

288) 이정원, 806면.

289) 김성돈, 868면; 배종대, 905면; 오영근/노수환, 827면; 이재상/장영민/강동범, 781면; 임웅/이현정/박성민, 1031면; 정성근/박광민, 889면.

있는 자는 민법의 친족이라고 할 수 없으므로 본죄의 친족에 해당하지 않는다고 한다.[290] 갑은 자기와 동거하여 사실혼 관계에 있는 을이 교통사고를 내자 사건 당일 그 증거물인 사고차량을 치워 수리하는 한편, 을을 외국으로 도피하게 한 경우 범인도피죄가 성립한다.

(2) 목적: 본인을 위하여

친족 또는 동거의 가족이 본인을 위하여 본죄를 범해야 한다. 본인의 형사상 이익을 의미하며, 재산상 이익은 포함되지 않는다. 따라서 본인에 대한 형사상 소추나 형사재판을 면하게 하기 위한 경우에는 특례가 적용된다. 본인의 불이익을 위하여, 공범자의 이익을 위하여, 본인의 이익과 함께 공범자의 이익을 위하여 범한 경우에는 특례가 적용되지 않는다.

다. 특례와 가담 형태

(1) 원칙

범인은닉과 친족 간의 특례는 친족이나 동거가족에 대해서만 적용되며, 친족이나 동거가족이 아닌 제3자나 공범에게는 적용되지 않는다.

친족이라는 신분은 책임을 조각시키는 소극적 신분이다. 소극적 신분은 신분관계가 있으면 범죄가 성립하지 않거나 성립된 범죄에 대한 처벌이 탈락되는 경우의 신분을 말한다. 대표적으로 의료법의 무면허의료죄에 있어서 '의사'라는 신분, 도로교통법의 무면허운전죄에 있어서 면허소지운전자는 소극적 신분이다. 소극적 신분에 대해서는 형법 제33조의 공범과 신분 규정이 적용되지 않는다. 형법 제33조의 공범과 신분 규정은 신분이 '있는' 경우에 범죄가 성립하거나 형이 가감되는 '적극적 신분'에 있어서 비신분자가 신분범에 가담한 경우를 규정하고 있다고 보기 때문이다.

(2) 학설과 판례

소극적 신분의 경우 '공범종속성의 일반원칙을 적용해야 한다는 견해'와 '형법 제33조를 적용할 수 있다는 견해'가 대립되어 있다.[291] 판례는 위법조각적 신분에 대해서는 형법 제33조가 적용된다고 보지만,[292] 범인은닉죄와 같은 책임조각신분에 대해서도 형법 제33조가 적용되는지에 대해서는 명시적 판결이 없다.

생각건대, 제33조 공범과 신분 규정의 적용 범위는 적극적 신분의 경우에만 적용되고

290) 대법원 2003.12.12. 선고 2003도4533 판결.

291) 이에 대한 자세한 설명은 형법총칙에서 공범과 신분에 대한 설명을 참고.

292) 대법원 2012.5.10. 선고 2010도5964 판결.

소극적 신분의 경우에는 그 적용이 없으므로 '공범종속성의 일반원칙'에 따라 해결하는 것이 타당하다. 범인은닉죄와 같이 책임조각적 신분과 공범의 경우 '비신분자가 신분자에게 가공한 경우'와 '신분자가 비신분자에게 가공한 경우'를 나누어 살펴보아야 한다.

(3) 제3자가 친족을 교사·방조하여 범인은닉죄를 범하게 한 경우

제3자가 친족을 교사·방조하여 범인은닉죄를 범하게 한 경우는 '비신분자가 신분자에 가공한 경우'에 해당한다. 신분자의 책임을 조각시키는 소극적 신분은 종속의 대상이 되는 불법요소가 아니기 때문에 책임개별화의 원칙에 따라 책임조각적 신분의 효과는 신분자에 대해서만 인정된다. 이 경우 신분자인 친족은 책임이 조각되어 처벌되지 않지만, 비신분자인 제3자는 제한적 종속형식에 따라 범인은닉죄의 교사범 또는 방조범으로 처벌된다. 예를 들면 비신분자인 갑이 살인죄를 범한 A를 은닉하도록 A의 아버지 을을 교사한 경우 을은 신분이 있으므로 처벌되지 않지만, 갑은 범인은닉죄의 교사범이 성립한다.

(4) 친족이 제3자를 교사하여 범인은닉행위를 행하게 한 경우

친족이 제3자를 교사하여 범인은닉행위를 행하게 한 경우는 '신분자가 비신분자에게 가공한 경우'에 해당한다. 이 경우 친족에 대하여 교사범이 성립할 수 있는가에 대하여 견해의 대립이 있다.

적극설에 따르면 특례는 친족 자신의 범인은닉행위를 벌하지 않는다는 취지이므로 신분자가 제3자를 범죄에 유인한 경우에는 비호권의 남용이 되므로 본죄의 교사범이 성립한다고 한다.[293] 소극설에 따르면 본 특례는 기대불가능성으로 인하여 책임이 조각되는 경우로서 친족 자신이 은닉하는 경우와 제3자를 교사하여 은닉하게 하는 경우를 구별할 이유가 없으므로 교사범이 성립하지 않는다.[294]

생각건대, 소극설의 결론은 공범의 일반원칙에 따라 해결하는 입장을 계속 유지하면 나오게 되는 결론으로 타당하다. 특례 규정은 기대가능성이 없기 때문에 책임이 조각된다는 의미이지 비호권을 인정한다는 취지는 아니다. 따라서 비호권의 남용 문제는 도출되지 않는다고 보는 것이 타당하다. 이에 따르면 신분자인 친족은 책임이 조각되어 처벌되지 않지만, 비신분자인 제3자는 범인은닉죄의 정범이 된다.

---

293) 신동운, 236면.

294) 김성돈, 869면; 김성천/김형준, 1028면; 김일수/서보학, 718면; 손동권/김재윤, 843면; 이재상/장영민/강동범, 793면; 임웅/이현정/박성민, 1033면.

Ⅶ. 예비·음모죄

제150조 (예비, 음모) 제147조와 제148조의 죄를 범할 목적으로 예비 또는 음모한 자는 3년 이하의 징역에 처한다.

예비·음모죄는 제147조 도주원조죄와 제148조 간수자의 도주원조죄를 범할 목적으로 예비 또는 음모한 경우에 성립하는 범죄이다. 단순도주죄나 특수도주죄에 대한 예비·음모는 처벌하지 않는다.

제4절 위증과 증거인멸의 죄

Ⅰ. 총설

1. 의의

위증의 죄는 법률에 의하여 선서한 증인이 허위의 진술을 한 경우, 법률에 의하여 선서한 감정인, 통역인 또는 번역인이 허위의 감정, 통역 또는 번역을 한 경우에 성립한다.

증거인멸의 죄는 타인의 형사사건 또는 징계사건에 관한 증거를 인멸·은닉·위조 또는 변조하거나, 위조 또는 변조한 증거를 사용하거나(증거인멸), 타인의 형사사건·징계사건에 관한 증인을 은닉 또는 도피하게 하여(증인은닉) 국가의 심판권 행사를 방해하는 것을 내용으로 하는 범죄이다.

2. 보호법익과 보호 정도

위증죄의 보호법익은 사법작용에 대한 국가의 기능이며, 보호의 정도는 추상적 위험범이다. 따라서 허위의 진술에 의하여 국가의 사법기능이 침해될 추상적 위험이 있으면 완성된다.

증거인멸죄의 보호법익은 사법작용에 대한 국가의 기능이며, 보호의 정도는 추상적 위험범이다.

3. 위증죄와 증거인멸죄의 관계

위증죄와 증거인멸죄의 보호법익은 국가의 사법기능으로 동일하다. 다만 위증죄는 무형적 방법으로 증거의 증명력을 해하지만, 증거인멸죄는 유형적 방법으로 물적 증거·인적 증거의 증명력을 해한다는 점에서 다르다. 위증죄는 국가의 재판기능 일반을 보호하지만, 증거인멸죄는 국가의 형사재판이나 징계재판의 기능만 보호한다는 점에서 보호범위가 다르다. 위증죄는 행위주체가 법률에 의하여 선서한 증인으로 제한되어 있는 진정신분범이지만, 증거인멸죄는 행위주체에 제한이 없는 일반범이다. 위증죄와 증거인멸죄는 서로 중첩적 요소가 없는 독자적 범죄이다.

Ⅱ. 단순위증죄

제152조 (위증, 모해위증) ① 법률에 의하여 선서한 증인이 허위의 진술을 한 때에는 5년 이하의 징역 또는 1천만원 이하의 벌금에 처한다.
제153조 (자백, 자수) 전조의 죄를 범한 자가 그 공술한 사건의 재판 또는 징계처분이 확정되기 전에 자백 또는 자수한 때에는 그 형을 감경 또는 면제한다.

1. 의의

단순위증죄는 법률에 의하여 선서한 증인이 허위의 진술을 한 경우에 성립하는 범죄이다. 위증죄는 법률에 의하여 선서한 증인이라는 신분을 요하는 신분범일 뿐만 아니라, 이러한 신분을 가진 자가 스스로 허위의 증언을 할 때에만 성립하는 자수범(自手犯)이다. 따라서 본죄의 정범은 스스로 허위의 증언을 하는 자이며, 간접정범이나 공동정범의 형태로 본죄를 범할 수 없다. 다만 신분 없는 자도 본죄의 교사 또는 방조범이 될 수 있다.

2. 주체: 법률에 의하여 선서한 증인

가. 법률에 의한 선서

본죄의 주체는 법률에 의하여 선서한 증인이다. 따라서 증인이라 할지라도 선서하지 않고 증언한 때에는 본죄의 주체가 될 수 없다.

법률에 의하여 선서하는 경우에는 민사소송, 형사소송, 국회에서의 증언·감정 등에 관한 법률, 징계사건, 특허사건이 포함된다. 선서가 이루어진 경우에도 선서가 법률상 근거가 없는 경우에는 무효이므로 위증죄는 성립하지 않는다. 따라서 심문절차로 진행되는 소송비용확정신청사건에서 증인으로 출석하여 선서를 하고 진술함에 있어서 허위의 공술을 하였더라도 그 선서는 법률상 근거가 없어 무효라 할 것이므로 위증죄는 성립하지 않는다.[295] 심문절차로 진행되는 가처분 신청사건에서 증인으로 선서를 하고 허위의 공술을 한 경우도 마찬가지이다.[296]

형사소송법 제159조에 따르면 선서무능력자는 16세 미만의 자와 선서의 취지를 이해하지 못하는 자이고, 이러한 선서무능력자는 선서의무가 없으므로 선서하게 하지 않고 신문해야 한다. 선서무능력자에 대해 선서를 시키고 증언하도록 해도 그 선서의 효력이 없으므로 위증죄는 성립하지 않는다.[297] 따라서 선서무능력자는 착오로 인하여 선서한 경우에도 본죄의 주체가 될 수 없다.

나. 증인

(1) 증인과 증인적격자

증인은 법원 또는 법관에 대하여 자신의 과거의 경험사실을 진술하는 제3자를 말한다. 증인적격이 있다면 형사소송의 경우 기소 후 공판절차에서의 증인은 물론이며 증거보전절차에서의 증인도 포함된다. 하지만 민사소송의 당사자는 증인능력이 없으므로 위증죄의 주체가 될 수 없다. 따라서 민사소송의 당사자인 회사의 대표이사가 소송절차 중 증인으로 선서하였다고 하더라도 위증죄의 주체가 되지 않는다.[298]

(2) 공동피고인

공동피고인이란 2인 이상의 피고인이 동일한 공판절차에서 공동으로 심판을 받는 경우에 그 각각의 피고인을 말한다. 공동피고인의 증인적격에 대하여 형사소송법상 견해의 대립이 있다. 다수설과 판례는 '공범인 공동피고인'과 '공범이 아닌 공동피고인'으로 나누어 본다.[299]

---

295) 대법원 1995.4.11. 선고 95도186 판결.

296) 대법원 2003.7.25. 선고 2003도180 판결.

297) 대법원 2006.4.14. 선고 2005도9561 판결; 선서무능력자의 증언이라도 증언능력이 인정된다면 증언 자체의 효력은 인정될 수 있다.

298) 대법원 1998.3.10. 선고 97도1168 판결.

299) '공범인 공동피고인'의 예를 들면 피고인 갑과 공동피고인 을이 공동하여 피해자 A를 상해하였다고 하여 상해죄의 공동정범으로 기소된 경우 을은 '공범인 공동피고인'에 해당한다. '공범 아닌 공동피고인'의 예를 들면 갑과 을이 상호 간에 폭행한 경우 갑과 을은 각각 폭행죄의 단독정범으로 '공범 아닌 공동피고인'에 해당한다.

공범인 공동피고인은 증인적격이 없다. 공동피고인에 대하여 증인적격을 인정하게 되면 공동피고인은 증인 선서와 진실의무를 부담하게 되며 이는 결국 공동피고인의 진술거부권이 침해되는 것이라고 볼 수 있기 때문이다. 하지만, 공범이 아닌 공동피고인은 증인적격이 있다. 공범이 아닌 공동피고인은 심리만 병합되었을 뿐이지 실질적으로 제3자에 해당하기 때문에 공동피고인을 증인으로 신문할 수 있다.

'공범인 공동피고인'은 당해 소송절차에서는 피고인의 지위에 있어 다른 공동피고인에 대한 공소사실에 관하여 증인이 될 수 없으나, 소송절차가 분리되어 피고인의 지위에서 벗어나게 되면 다른 공동피고인에 대한 공소사실에 관하여 증인이 될 수 있으며,[300] '공범이 아닌 공동피고인'은 피고인의 범죄사실에 관하여 증인의 지위에 있으므로 선서 없이 한 공동피고인의 법정진술은 피고인의 공소범죄사실을 인정하는 증거로 할 수 없다.[301]

(3) 증언거부권자가 거부권을 행사하지 않고 선서 후 위증한 경우

증언의무가 있는 증인이 '법률상의 사유를 근거로' 증언을 거부할 수 있는 증언거부권자(형사소송법 제148조 이하, 민사소송법 제314조 이하)가 자신의 증언거부권을 행사하지 않고 선서 후 위증한 경우 위증죄의 주체가 된다. 증언거부권은 증인의 권리이지 의무가 아니므로 이를 행사하지 않고 스스로 허위의 진술을 하였다면 위증죄가 성립한다. 증인으로 선서한 이상 진실대로 진술한다고 하면 자신의 범죄를 시인하는 진술을 하는 것이 되고 증언을 거부하는 것은 자기의 범죄를 암시하는 것이 되어 증인에게 사실대로의 진술을 기대할 수 없다고 하더라도 형사소송법상 이러한 처지의 증인에게는 증언을 거부할 수 있는 권리를 인정하여 위증죄로부터의 탈출구를 마련하고 있는 만큼 적법행위의 기대 가능성이 없다고 할 수 없으므로 선서한 증인이 증언거부권을 포기하고 허위의 진술을 하였다면 위증죄의 처벌을 면할 수 없다.[302]

또한 자신의 강도상해 범행을 일관되게 부인하였으나 유죄판결이 확정된 피고인이 별건으로 기소된 공범의 형사사건에서 자신의 범행을 부인하는 증언을 한 경우 피고인은 이미 유죄의 확정판결을 받은 경우이므로 일사부재리의 원칙에 의해 다시 처벌받지 않으므로 증언거부권이 없다. 따라서 피고인에게 사실대로 진술할 기대가능성이 있으므로 위증죄가 성립한다.[303]

300) 대법원 2012.12.13. 선고 2010도10028 판결; 대법원 2008.6.26. 선고 2008도3300 판결.

301) 대법원 2006.1.12. 선고 2005도7601 판결; 대법원 1982.6.22. 선고 82도898 판결; 대법원 1982.9.14. 선고 82도1000 판결 등.

302) 대법원 1987.7.7. 선고 86도1724 전원합의체 판결.

303) 대법원 2008.10.23. 선고 2005도10101 판결.

(4) 증언거부권에 대한 고지를 받지 못한 경우

문제는 증언거부권에 대하여 고지를 받지 못한 경우이다. 종전 판례는 증언거부권자가 위증을 하면 증언거부권 고지 여부를 고려하지 아니한 채 위증죄가 바로 성립한다는 입장이었다.

하지만 2008도942 전원합의체 판결에서 견해를 변경하여 증언거부권자가 위증을 하였을지라도 증언거부권을 고지받지 못함으로 인하여 그 증언거부권을 행사하는데 사실상 장애가 초래된 경우에는 위증죄가 성립하지 않는다고 하였다. 따라서 형사소송에서 증언거부권을 고지받지 못한 경우 증언거부권행사에 장애가 초래하였다면 위증죄는 성립하지 않지만, 거부권을 고지받지 못하였더라도 증언거부권행사에 장애가 초래되지 않은 경우에는 위증죄가 성립한다.[304)]

민사소송절차에서 증인으로 출석한 피고인이 민사소송법 제314조에 따라 증언거부권이 있음에도 불구하고 재판장으로부터 증언거부권을 고지받지 않은 상태에서 허위의 증언을 한 경우 위증죄에 해당한다는 것이 판례의 입장이다.[305)]

3. 행위: 허위의 진술을 하는 것

가. 허위성의 의미

진술의 허위성에 대하여 객관설과 주관설의 대립이 있다. '객관설'에 따르면 진술의 허위란 객관적 진실에 반하는 것이라고 한다. 허위란 진술과 진실의 불일치를 의미하며, 증인이 기억에 반하는 진술을 하였지만 객관적 진실과 일치하는 경우에는 허위라고 할 수 없다고 한다.[306)] '주관설'에 따르면 허위란 증인의 기억에 반하는 증언을 하는 것을 말한다. 허위란 진술과 기억의 불일치를 의미하며, 증인이 기억하는 사실을 진술하였다면 이것이 실제로 객관적 진실과 일치하지 않다고 하더라도 허위라고 할 수 없으며, 반대로 증인이 기억에 반하는 증언을 하였지만, 이것이 객관적 진실과 일치하는 경우에도 허위의 진술을 한 경우에 해당한다.[307)]

판례는 주관설의 입장이다. 판례에 따르면 자신의 기억에 반하는 진술을 하였다면 그 진술내용이 객관적 사실에 합치한다고 하여도 자기의 기억에 반하는 사실을 진술한 이상

---

304) 대법원 2010.1.21. 선고 2008도942 전원합의체 판결.

305) 대법원 2011.7.28. 선고 2009도14928 판결.

306) 김일수/서보학, 730면; 손동권/김재윤, 850면; 이재상/장영민/강동범, 790면.

307) 김성돈, 874면; 배종대, 911면; 신동운, 243면; 오영근/노수환, 833면; 임웅/이현정/박성민, 1039면; 정성근/박광민, 899면.

위증죄가 성립한다.[308] 기억이 확실하지 못한 사실을 확실히 기억하고 있다고 진술한 경우, 모르는 사실을 잘 안다고 진술한 경우,[309] 전문(傳聞)한 사실을 목격하였다고 진술한 경우,[310] 전해 들은 금품전달사실을 자신이 전달한 것으로 진술한 경우,[311] 방에서 개최된 회의를 마당에서 구경하고 회의에 참석하였다고 증언한 경우 진술의 허위성을 인정하였다.

생각건대, 주관설이 타당하다. 양 견해의 차이는 증인이 기억에 반하는 진술을 하였으나 진술 내용이 객관적 사실과 일치하는 경우, 증인이 기억에 반하는 사실을 진실이라고 믿고 진술하였는데, 실제로 객관적 진실에 반하는 경우 양죄의 결론이 달라진다. 위증죄는 사실의 진실성을 보호하는 것이 아니라 사법기관이 증인의 진술을 기초로 판단을 내릴 수 있는 신뢰성 있는 절차를 보호하는 것이다. 증인에 대해서 국가는 자신의 경험과 기억 이상의 내용, 즉 객관적 진실에 부합하는 사실만을 진술해 줄 것을 기대할 수 없다. 증인은 자신이 기억하는 사실만을 진술함으로 국가의 진실 발견에 최대한 협력하는 것만으로도 충분하다. 객관적 사실보다는 증인의 주관적 인식에 반하는 진술이 사법 절차를 왜곡한다고 보아야 하므로, 주관설이 법익 보호 목적에 부합한다. 객관설은 현실적으로 객관적 진실이 무엇인지 입증하거나 확인하기 어렵다는 실무적 한계가 있지만, 주관설은 증인의 진술과 증인의 주관적 인식 사이의 일치 여부를 기준으로 판단하므로, 법원이 허위성 여부를 판단하기 쉽다.

나. 허위성 판단 방법

증인의 증언이 기억에 반하는 허위진술인지 여부는 그 증언의 단편적인 구절에 구애될 것이 아니라 당해 신문절차에 있어서의 증언 전체를 일체로 파악하여 판단하여야 할 것이고, 증언의 전체적 취지가 객관적 사실과 일치되고 그것이 기억에 반하는 공술이 아니라면 사소한 부분에 관하여 기억과 불일치하더라도 그것이 신문취지의 몰이해 또는 착오에 인한 것이라면 위증이 될 수 없다.[312]

다. 진술

허위의 진술은 경험한 사실에 관한 진술이어야 한다. 진술의 대상은 경험한 사실에 제한되며, 가치판단은 포함되지 않는다. 경험한 사실을 기초로 한 주관적 평가나 법률효력

308) 대법원 1987.1.20. 선고 86도2022 판결.
309) 대법원 1986.9.9. 선고 86도57 판결.
310) 대법원 1984.3.27. 선고 84도48 판결.
311) 대법원 1990.5.8. 선고 90도448 판결.
312) 대법원 1996.3.12. 선고 95도2864 판결.

에 관한 설명에 잘못이 있다고 하여 위증죄가 성립하는 것은 아니다.[313] 경험한 객관적 사실에 대한 증인 나름의 법률적·주관적 평가나 의견을 부연한 부분에 다소의 오류나 모순이 있더라도 위증죄가 성립하는 것은 아니다.[314]

단순한 진술거부의 경우에는 진술에 해당한다고 할 수 없지만, 예외적으로 진술거부에 의하여 전체로서의 진술내용이 허위로 된 경우에는 부작위에 의한 위증이 될 수 있다.

진술의 내용은 반드시 요증사실(要證事實)에 대한 것으로 판결에 영향을 줄 수 있을 필요는 없고, 증인신문의 대상이 된 사항은 모두 진술의 내용이 될 수 있다.

사실에 대한 진술, 인정신문(認定訊問)에 대한 진술, 사실에 대한 진술에 있어서 지엽적 사실에 대한 진술, 동기나 내력에 대한 진술이 이에 포함된다.

4. 기수 시기

본죄는 추상적 위험범이다. 기수 시기에 대하여 1회의 증인신문절차에 있어서 증언은 포괄적으로 1개의 행위라고 파악하는 것이 타당하므로 증인에 대한 신문절차가 종료한 때에 기수가 된다. 허위의 진술을 한 증인이 신문이 끝나기 전에 이를 시정한 때에는 본죄는 성립하지 않는다. 별도의 증인 신청 및 채택 절차를 거쳐 그 증인이 다시 신문을 받는 과정에서 종전 신문절차에서의 진술을 철회·시정한다 하더라도 이미 종결된 종전 증인신문절차에서 행한 위증죄의 성립에 어떤 영향을 주는 것은 아니다. 다만 자백에 의한 형의 감면을 받을 수는 있다.[315]

5. 가담 형태

가. 자수범

위증죄는 선서한 증인이 스스로 허위의 진술을 한 경우에만 구성요건적 행위가 되는 자수범(自手犯)으로 보는 것이 타당하다. 누구나 범행주체가 될 수 있는 일반범의 경우에는 '행위지배' 또는 '범행지배'가 정범과 공범의 구별 기준이 되지만, 자수범의 경우에는 행위자의 자수성(自手性)이 정범과 공범의 구별 기준이 된다. 따라서 제3자의 경우 범행지배가 인정된다고 하더라도 자수성이 없기 때문에 그는 정범이 될 수 없고 공범이 될 수 있을 뿐

313) 대법원 2007.9.20. 선고 2005도9590 판결; 대법원 1988.9.27. 선고 88도236 판결; 대법원 1996.2.9. 선고 95도1797 판결.

314) 대법원 2009.3.12. 선고 2008도11007 판결.

315) 대법원 2010.9.30. 선고 2010도7525 판결.

이다. 즉 자수범의 경우 타인의 행위를 이용하여 간접적으로 범죄를 범하는 간접정범의 형식으로 범죄를 범할 수 없고, 자수적 실행행위가 없는 자는 공동정범이 될 수 없다. 증인 이외의 자는 본죄의 간접정범이나 공동정범이 될 수 없다.[316)]

나. 비신분자가 증인에게 가공한 경우

위증죄는 자수범이므로 선서한 증인 이외의 자는 본죄의 간접정범이나 공동정범이 될 수 없다. 하지만 공범은 성립할 수 있다. 따라서 비신분자가 증인에게 위증을 교사·방조한 경우 본죄에 대한 교사범이나 방조범은 성립한다.

다. 자기의 형사사건에 관하여 타인을 교사하여 위증하게 한 경우

형사피고인이 자기의 형사사건에 관하여 타인을 교사하여 위증하게 한 경우에 본죄의 교사범이 될 수 있는가에 대하여 견해의 대립이 있다.

긍정설은 형사피고인도 본죄의 교사범이 될 수 있다고 한다. 형사피고인에 대하여 본죄가 성립하지 않는 것은 기대가능성이 없기 때문인데, 타인에게 위증을 교사한 경우까지 책임이 조각된다고 할 수 없다. 교사에는 새로운 범죄창조라는 점에서 특수한 반사회성이 있으므로 변호권의 범위를 넘는다는 점을 근거로 내세운다.

부정설은 형사피고인은 본죄의 교사범이 될 수 없다고 한다. 정범으로 처벌되지 않는 피고인에게 교사범이 성립한다는 것은 부당하며, 피고인이 타인을 교사하여 위증하게 하는 것은 피고인 자신이 허위의 진술을 하는 것과 차이가 없다는 점을 근거로 내세운다.

판례에 따르면 자기의 형사사건에 관하여 타인을 교사하여 위증죄를 범하게 하는 것은 방어권을 남용하는 것이라고 보아 위증죄의 교사범이 성립한다.[317)]

생각건대, 피고인 스스로 하는 위증은 자기비호권의 범위 내에 들어간다고 보는 것이 타당하다. 피고인이 법정에서 반드시 진실을 말한 법적 의무는 없다. 이는 영미법계의 자기부죄거부의 특권이나 헌법 제12조의 진술거부권을 보장하는 취지에 부합한다. 피고인의 위증이 구성요건에 해당하지 않기 때문에 정범으로 처벌되지 않음에도 불구하고 이를 교사·방조한 경우에는 처벌된다는 것은 법리적으로 불합리하다. 타인의 위증에 대하여 묵비하거나 단순히 소극적으로 방조하는 것 또한 자기비호권의 연장으로 보는 것이 타당하다.

---

316) 김성돈, 877면; 2인 이상이 각자 선서하고 의사연락하에서 함께 허위의 진술을 한 경우라면 스스로 구성요건실현행위를 한 경우이므로 공동정범이 성립할 수 있다고 한다. 하지만, 이 경우는 각자 단독정범이 된다고 보아도 무방하다. 각자 자수적 실행행위를 한 것으로 볼 수 있다.

317) 대법원 2004.1.27. 선고 2003도5114 판결.

6. 자백와 자수의 특례

가. 의의

위증죄를 범한 자가 그 공술(供述)한 사건의 재판 또는 징계처분이 확정되기 전에 자백 또는 자수한 때에는 그 형을 감경 또는 면제한다. 위증에 의한 오판을 방지하기 위한 정책적 규정이다.

나. 성립 요건

자백과 자수는 시간적으로 위증죄의 기수 이후에 증언한 사건의 재판 또는 징계처분이 확정되기 전에 하여야 한다. 신문절차가 종결되기 전 위증이 기수가 되지 않은 상태에서의 자백은 자백이 아니다.

자백은 허위의 진술을 한 사실을 고백하는 것이다. 법원 또는 검사의 물음에 대하여 자인하는 경우도 자백이 된다. 따라서 자진하여 고백한 경우뿐만 아니라 수사기관의 신문에 응하여 고백한 경우도 포함된다.[318)]

자수는 범인 자신이 자발적으로 자기의 범죄사실을 수사기관에 신고하여 그 소추를 구하는 의사표시를 말한다. 수사기관에 대한 것이므로 법원에 대한 자수는 불가능하다.

다. 효과

자백·자수한 자에 대한 형의 감면은 필요적 감면이다. 본 특례는 일신전속적이므로 형의 감면은 자백·자수한 자에게만 적용된다.

7. 죄수 및 다른 죄와의 관계

하나의 사건에 관하여 한 번 선서한 증인이 같은 기일에 여러 가지 사실에 관하여 기억에 반하는 허위의 진술을 한 경우 이는 하나의 범죄의사에 의하여 계속하여 허위의 진술을 한 것으로서 포괄하여 1개의 위증죄를 구성하는 것이고 각 진술마다 수 개의 위증죄를 구성하는 것이 아니다.[319)] 소송사건의 같은 심급에서 변론기일을 달리하여 수차 증인으로 나가 수 개의 허위진술을 하더라도 최초 한 선서의 효력을 유지시킨 후 증언하였다면 1개의 위증죄가 성립한다.[320)]

---

318) 대법원 1973.11.27. 선고 73도1639 판결.

319) 대법원 1998.4.14. 선고 97도3340 판결.

320) 대법원 2007.3.15. 선고 2006도9463 판결.

타인으로 하여금 형사처분을 받게 할 목적으로 허위신고를 한 행위와 그 허위신고로 인한 재판에서 증인으로서 허위신고와 동일한 내용의 허위진술을 한 경우 무고죄와 위증죄의 실체적 경합이 된다.[321)]

Ⅲ. 모해목적 위증죄

> 제152조 (위증, 모해위증) ② 형사사건 또는 징계사건에 관하여 피고인, 피의자 또는 징계혐의자를 모해할 목적으로 전항의 죄를 범한 때에는 10년 이하의 징역에 처한다.
> 제153조 (자백, 자수) 전조의 죄를 범한 자가 그 공술한 사건의 재판 또는 징계처분이 확정되기 전에 자백 또는 자수한 때에는 그 형을 감경 또는 면제한다.

1. 의의

모해목적위증죄는 형사사건 또는 징계사건에 관하여 피고인, 피의자 또는 징계혐의자를 모해할 목적으로 위증죄를 범한 경우에 성립하는 범죄이다. 모해목적으로 인하여 불법이 가중되는 가중적 구성요건이다. 판례는 모해목적을 신분으로 보아 이를 부진정신분범으로 보지만, 학설은 신분범으로 보지 않는다.

2. 형사사건 또는 징계사건에 관하여 피고인, 피의자 또는 징계혐의자

형사사건의 경우 피고인뿐만 아니라 피의자도 포함된다. 형사소송법 제184조 증거보전절차와 형사소송법 제221조의2 증인신문의 청구의 경우 피의사건에 대하여 증인신문이 가능하기 때문이다.

3. 모해할 목적

모해할 목적은 불이익하게 피고인·피의자·징계혐의자에게 형사처분 또는 징계처분을

---

321) 김성돈, 878면.

받게 할 목적을 말한다.[322)] 목적 달성 여부는 본죄의 성립에 영향이 없다.

4. 가담 형태

모해할 목적으로 이러한 목적이 없는 타인을 교사하여 위증을 하게 한 경우 모해목적이 없는 피교사자는 단순위증죄가 된다. 문제는 이 경우 모해목적이 있는 교사자는 단순위증죄의 교사범이 되는지 아니면 모해목적위증죄의 교사범이 되는지가 문제된다.

판례는 '모해목적'을 일신전속적 신분으로 이해한다. 따라서 본죄는 부진정 신분범이 되므로 형법 제33조 단서 규정을 적용하여 모해목적위증죄의 교사범이 된다는 입장이다. 이에 대하여 학설은 모해목적을 신분으로 보지 않기 때문에 형법 제33조가 아니라 공범의 일반원칙에 따라 단순위증죄의 교사범이 된다고 본다.

생각건대, 신분이 되기 위해서는 행위자관련적 요소이어야 하는데, 목적은 특정행위와 관련하여 행위자가 비로소 가지게 되는 것으로 행위자관련적 요소가 아니라 행위관련적 요소에 해당한다. 목적범에서 목적은 신분이 될 수 없다. 공범종속성에 따른 일반원칙에 따라 형법 제33조 본문이 적용되어 단순위증죄의 교사범이 성립한다고 보는 것이 타당하다.

판례 모해위증죄의 모해의 목적

【사실관계】 갑은 피해자 A를 모해할 목적으로 을에게 위증을 교사하였으나, 을은 모해의 목적이 없었다. 이 경우 갑은 단순위증죄의 교사범이 되는가? 모해목적위증죄의 교사범이 되는가?

【판결요지】 [1] 형법 제33조 소정의 이른바 신분관계라 함은 남녀의 성별, 내·외국인의 구별, 친족관계, 공무원인 자격과 같은 관계뿐만 아니라 널리 일정한 범죄행위에 관련된 범인의 인적 관계인 특수한 지위 또는 상태를 지칭하는 것이다.

[2] 형법 제152조 제1항과 제2항은 위증을 한 범인이 형사사건의 피고인 등을 '모해할 목적'을 가지고 있었는가, 아니면 그러한 목적이 없었는가 하는 범인의 특수한 상태의 차이에 따라 범인에게 과할 형의 경중을 구별하고 있으므로, 이는 바로 형법 제33조 단서 소정의 "신분관계로 인하여 형의 경중이 있는 경우" 에 해당한다고 봄이 상당하다.

[3] 피고인 갑이 A를 모해할 목적으로 을에게 위증을 교사한 이상, 가사 정범인 을에게 모해의 목적이 없었다고 하더라도, 형법 제33조 단서의 규정에 의하여 피고인을 모해위증교사죄로 처단할 수 있다.

[4] 구체적인 범죄사실에 적용하여야 할 실체법규 이외의 법규에 관하여는 판결문상

322) 대법원 2007.12.27. 선고 2006도3575 판결.

그 규정을 적용한 취지가 인정되면 되고, 특히 그 법규를 법률적용란에서 표시하지 아니하였다 하여 위법이라고 할 수 없으므로, 모해의 목적으로 그 목적이 없는 자를 교사하여 위증죄를 범한 경우 그 목적을 가진 자는 모해위증 교사죄로, 그 목적이 없는 자는 위증죄로 처벌할 수 있다고 설시한 다음 피고인 을 모해위증교사죄로 처단함으로써 사실상 형법 제33조 단서를 적용한 취의로 해석되는 이상, 법률적용에서 위 단서 조항을 빠뜨려 명시하지 않았다고 하더라도 이로써 판결에 영향을 미친 위법이 있다고 할 수 없는 것이다.

[5] 형법 제31조 제1항은 협의의 공범의 일종인 교사범이 그 성립과 처벌에 있어서 정범에 종속한다는 일반적인 원칙을 선언한 것에 불과하고, 신분관계로 인하여 형의 경중이 있는 경우에 신분이 있는 자가 신분이 없는 자를 교사하여 죄를 범하게 한 때에는 형법 제33조 단서가 형법 제31조 제1항에 우선하여 적용됨으로써 신분이 있는 교사범이 신분이 없는 정범보다 중하게 처벌된다(대법원 1994.12.23. 선고 93도1002 판결).

【해설】 갑의 경우 모해위증죄의 교사범, 을은 위증죄 성립 여부가 문제된다. 이 사건의 경우 논점은 신분 개념에 대한 것이다. 판례는 '목적'을 신분으로 이해하고 있다. 그러나 통설은 신분의 개념요소에서 계속성을 필요로 하지 않으며, 신분이 되기 위해서는 행위자관련적 요소이어야 하는데, 목적은 특정행위와의 관계에서 비로소 가지게 되는 것이기 때문에 행위관련요소로서 신분요소가 아니라고 한다.

이 사안에서 대법원은 모해위증죄(152조 제2항)의 '모해의 목적'을 '신분관계로 인하여 형의 경중이 있는 경우'에 해당한다고 하여 신분범의 신분으로 이해한다. 판례에 따를 경우 본 사건은 ① '증인'이라는 신분관계에서는 비신분자가 신분범의 범죄에 가담한 경우에 해당하므로 갑에게 위증죄의 교사범이 성립하며, ② 모해목적이라는 신분과의 관계에서는 가감적 신분자가 비신분자의 범행에 가담한 경우에 해당하므로 형법 제33조의 단서가 적용되고, 신분이 없는 정범인 을에게는 단순위증죄의 정범이 성립하지만 신분자인 갑에게는 모해위증죄의 교사범이 된다. 그러나 통설에 따를 경우 목적은 신분이 아니므로 이 부분은 공범종속성에 관한 일반원리가 적용되어 형법 제33조 본문이 적용된다. 따라서 갑에게는 단순위증죄의 교사범이 성립한다.

Ⅳ. 허위감정·통역·번역죄

제154조 (허위의 감정, 통역, 번역) 법률에 의하여 선서한 감정인, 통역인 또는 번역인이 허위의 감정, 통역 또는 번역을 한 때에는 전2조의 예에 의한다.

1. 의의

허위감정·통역·번역죄는 법률에 의하여 선서한 감정인, 통역인 또는 번역인이 허위의 감정, 통역 또는 번역을 한 경우에 성립하는 범죄이다. 위증죄의 독립된 변형구성요건이다. '전2조의 예'에 의하므로 모해목적이 없는 경우에는 단순허위감정·통번역죄로 처벌하고 모해목적이 있는 경우에는 모해목적 허위감정·통번역죄로 처벌한다. 또한 재판 또는 징계처분이 확정되기 전에 자백 또는 자수한 때에는 감경 또는 면제한다.

2. 주체: 법률에 의하여 선서한 감정인, 통역인 또는 번역인

감정인은 자신이 가진 특수한 지식이나 경험에 의하여 알 수 있는 법칙 또는 그 법칙을 적용하여 얻은 판단을 법원 또는 법관에게 보고하는 자를 말한다(형사소송법 제221조 제2항). 감정인은 동일한 전문지식과 경험을 가진 다른 감정인에 의해 대체될 수 있는 대체성이 있으므로 다른 사람에 의해 대체될 수 없는 증인과는 다르다. 하지만 감정증인(鑑定證人)은 증인이다. 피해자를 치료한 의사가 치료 당시의 상태 등에 대하여 진술하는 경우와 같이 특별한 지식에 의하여 과거에 체험한 사실을 진술하는 제3자인 감정증인은 대체성이 없으므로 증인에 해당한다. 수사기관으로부터 감정을 위촉받은 '감정수탁자'는 본죄의 주체가 아니다.

통역인·번역인은 특별한 언어지식에 의하여 법원 또는 법관에 의하여 위촉을 받아 그 재판활동을 돕는 자이다. 따라서 수사기관에 의하여 통·번역을 위촉받는 자는 본죄의 주체가 아니다.

3. 행위: 허위의 감정·통역·번역

본죄의 행위는 허위의 감정, 통역, 번역하는 것이다. 허위의 의미는 위증죄의 허위와 그 의미가 같다. 허위의 감정·통역·번역을 서면으로 제출하는 경우에는 서면을 제출할 때, 구두로 보고하는 경우에는 그 진술의 전체가 종료한 때 기수가 된다.

4. 고의범

허위감정죄는 고의범이다. 따라서 감정인 등이 자신이 법원에 보고하는 내용이 허위라는 것을 인식하고 있어야 한다. 비록 감정내용이 객관적 사실에 반한다고 하더라도 감정인의

주관적 판단에 반하지 않는 이상 허위의 인식이 없어 허위감정죄로 처벌할 수 없다.[323)]

V. 단순증거인멸죄

> 제155조 (증거인멸등과 친족간의 특례) ① 타인의 형사사건 또는 징계사건에 관한 증거를 인멸, 은닉, 위조 또는 변조하거나 위조 또는 변조한 증거를 사용한 자는 5년 이하의 징역 또는 700만원 이하의 벌금에 처한다.
> ④ 친족 또는 동거의 가족이 본인을 위하여 본조의 죄를 범한 때에는 처벌하지 아니한다.

1. 의의

증거인멸죄는 타인의 형사사건 또는 징계사건에 관한 증거를 인멸, 은닉, 위조 또는 변조하거나 위조 또는 변조한 증거를 사용한 경우에 성립하는 범죄이다. 국가의 형사사법기능을 방해하는 범죄로 추상적 위험범이다.

2. 객체: 타인의 형사사건 또는 징계사건에 관한 증거

가. 타인의 사건에 관한 증거

(1) 증거

증거는 타인의 형사사건 또는 징계사건에 관하여 수사기관이나 법원 또는 징계기관이 국가의 형벌권 또는 징계권의 유무를 확인하는 데 관계있다고 인정되는 일체의 자료를 뜻한다. 범죄 또는 징계사유의 성립 여부에 관한 것뿐만 아니라 형 또는 징계의 경중에 관계있는 정상을 인정하는 데 도움이 될 자료까지도 증거에 포함된다.[324)]

증거물과 증거서류와 같은 증거방법(證據方法)뿐만 아니라 증거조사 후의 증거자료(證據資料)도 본죄의 증거에 해당한다.[325)] 증거가 피고인 또는 피의자에게 유리한지 불리한지

323) 대법원 2000.11.28. 선고 2000도1089 판결.

324) 대법원 2021.1.28. 선고 2020도2642 판결.

325) 증거방법은 사실인정의 자료가 되는 유형물 그 자체를 말한다. 증인, 증거서류, 증거물이 여기에 속한다. 즉 증거방법은 증거조사의 객체, 대상물이다. 증거자료란 증거방법을 조사함으로써 알게 된 내용을 말한다. 증인신문에 의하여 얻게 된 증인의 증언, 감정인의 감정결과, 증거물의 조사에 의하여 알게 된 증거물의 성질이나 형상 등이 증거자료가 된다.

여부도 묻지 않는다. 증거 중에는 증인도 포함되나 증인에 대하여는 별도로 제155조 제2항의 증인은닉죄가 성립하므로 본죄의 증거는 증인 이외의 증거를 말한다.

(2) 타인의 사건

타인의 사건에 관한 증거이므로 자기의 사건에 대한 증거는 본죄의 객체에 포함되지 않는다. 즉 자기증거인멸은 본죄의 구성요건에 해당하지 않는다.

자기의 형사사건에 대한 증거를 인멸하기 위하여 타인을 교사한 경우에 본죄가 성립하는지에 대하여 견해의 대립이 있다. 적극설에 따르면 이는 비호권의 남용으로서 적법행위의 기대가능성이 없다고 할 수 없다는 이유로 본죄의 교사범이 성립할 수 있다고 한다. 소극설에 따르면 이는 자기비호의 연장일 뿐이며, 정범이 될 수 없는 자가 교사행위에 의하여 본죄의 교사범으로 처벌된다는 것은 부당하다는 이유로 교사범이 성립할 수 없다고 한다.

판례는 범인은닉죄의 경우와 같이 방어권의 남용에 해당한다면 본죄의 교사범 성립을 긍정한다.[326)] 판례에 따르면 자기의 형사사건에 관한 증거를 인멸하기 위하여 타인을 교사하여 죄를 범하게 한 자에 대하여는 증거인멸교사죄가 성립한다.[327)]

생각건대, 자기 사건의 증거인멸이 구성요건에 해당하지 않는다면 이를 교사하더라도 교사범은 성립할 수 없다고 보는 것이 법이론적으로 부합하고, 정범으로 행위할 때에 처벌되지 않는 자가 그보다 불법의 정도가 적은 공범으로 가담할 경우에 처벌된다는 것은 불합리하므로 소극설의 입장이 타당하다.

(3) 공범자의 형사사건

공범자의 형사피고사건에 대한 증거인멸을 타인의 형사사건에 대한 증거인멸이라고 할 수 있는가에 대하여 견해의 대립이 있다. 긍정설은 공범자와 자기에게 공통된 증거는 타인의 형사사건에 대한 증거이므로, 공범자의 형사사건에 대한 증거도 타인의 증거에 포함된다고 해석한다. 부정설은 공범자의 사건은 타인의 사건이라고 할 수 없으므로 본죄가 성립하지 않는다고 한다.[328)] 절충설은 다른 공범자를 위해 증거를 인멸한 경우 타인의 사건이 되어 본죄가 성립하지만, 자기만을 위하거나 또는 공범자와 자기를 위하여 증거를 인멸한 때에는 자기의 사건이 되어 본죄가 성립하지 않는다고 한다.[329)]

판례는 피고인 자신이 직접 형사처분이나 징계처분을 받게 될 것을 두려워한 나머지

---

326) 대법원 2000.3.24. 선고 99도5275 판결; 대법원 1965.12.10. 선고 65도826 전원합의체 판결.

327) 대법원 2000.3.24. 선고 99도5275 판결.

328) 배종대, 923면; 손동권/김재윤, 859면; 오영근/노수환, 841면; 이재상/장영민/강동범, 799면.

329) 김성돈, 883면; 김일수/서보학, 720면; 임웅/이현정/박성민, 1049면; 정성근/박광민, 910면.

자기의 이익을 위하여 증거가 될 자료를 인멸한 경우, 그 행위가 동시에 다른 공범자의 증거를 인멸한 결과가 되어도 증거인멸죄로 처벌할 수 없다고 한다.[330] 판례는 자기의 이익을 위한 것이라면 증거인멸죄는 성립하지 않고 오로지 공범자의 이익을 위하는 의사를 가지고 증거인멸을 하는 경우에 증거인멸죄가 성립한다는 입장으로 행위자의 주관적 의도를 중시하는 입장이다.

생각건대, 절충설이 타당하다. 범인도피죄와 마찬가지로 자기만을 위하여 증거를 인멸한 경우에는 자기비호권으로 보아 본죄가 성립하지 않는다. 자기의 증거를 인멸하였는데 결과적으로 공범자의 증거도 인멸된 결과가 발생하였다고 하더라도 증거인멸죄가 성립하지 않는다고 보는 것이 타당하다. 하지만 다른 공범자를 위하여 그의 증거를 인멸하였다면 본죄가 성립한다.

나. 형사사건 또는 징계사건

형사사건 또는 징계사건에 대한 증거이므로 민사, 행정, 선거사건에 대한 증거는 여기에 포함되지 않는다. 형사사건이라면 형사피고사건 외에도 형사피의사건도 포함된다. 수사개시 전의 사건의 경우 범인도피죄와 마찬가지로 수사개시 이전이라도 장차 수사가 개시될 경우에는 국가의 심판기능을 해할 수 있기 때문에 수사개시 전의 사건도 포함된다.[331] 징계사건은 국가의 징계사건에 한정되고 사인 간의 징계사건은 포함되지 않는다.

3. 행위: 증거를 인멸·은닉·위조·변조하거나 위조·변조된 증거를 사용

가. 인멸·은닉

인멸(湮滅)은 증거에 대한 물질적 훼손뿐만 아니라 효용을 멸실·감소시키는 일체의 행위를 말한다. 은닉(隱匿)은 적극적으로 증거를 숨기거나 그 발견을 곤란하게 하는 일체의 행위를 말한다. 단순한 증거제출거부나 소지 사실을 부인하는 경우는 은닉이 될 수 없다.

나. 위조·변조

위조(僞造)는 부진정한 새로운 증거를 만들어 내는 것을 말한다. 존재하지 않는 증거를 이전부터 존재하고 있는 것처럼 만드는 행위가 이에 해당한다. 사실의 증명을 위해 작성된 문서가 그 사실에 관한 내용이나 작성명의 등에 아무런 허위가 없다면 증거위조에 해

330) 대법원 1995.9.29. 선고 94도2608 판결.

331) 대법원 1982.4.27. 선고 82도274 판결.

당한다고 볼 수 없다.[332)]

증거를 위조한다는 것은 증거물 자체를 위조하는 것을 말한다. 따라서 선서무능력자로서 범죄현장을 목격하지도 못한 사람으로 하여금 형사법정에서 범죄현장을 목격한 양 허위의 증언을 하도록 하는 경우,[333)] 참고인이 수사기관에서 허위의 진술을 하는 것[334)]은 증거위조에 해당하지 않는다. 새로운 증거를 만들어 내는 것이 아니기 때문이다. 하지만 참고인이 타인의 형사사건 등에 관하여 제3자와 대화하면서 허위로 진술하고 위와 같은 허위진술이 담긴 대화내용을 녹음한 녹음파일 또는 이를 녹취한 녹취록을 만들어 수사기관 등에 제출하는 것[335)]은 증거위조에 해당한다.

변조(變造)는 기존의 진정한 증거를 가공하여 증거가치를 변경시키는 것을 말한다. 문서의 내용에 허위내용을 첨가하거나 훔친 자동차의 차량번호판을 바꾸어 단 경우가 이에 해당한다.

다. 위조·변조된 증거를 사용

사용(使用)은 위조·변조된 증거를 진정한 증거인 양 법원이나 수사기관 또는 징계기관에 제출하는 것을 말한다. 반드시 자발적인 제출일 필요는 없으며 당해 기관의 요구에 응하여 제공한 경우도 포함된다.

4. 친족 간의 특례

제155조 제4항에 따르면 친족 또는 동거의 가족이 본인을 위하여 증거인멸죄를 범한 경우에는 처벌하지 않는다. 친족 간의 정의를 고려한 책임조각사유이다. 사실혼 관계에 있는 자는 본죄의 친족에 해당하지 않는다는 것이 판례의 입장이다.[336)]

이 특례가 가지는 형법적 쟁점, 즉 법적 성질, 적용 범위, 특례와 공범 관계 등에 대한 설명은 범인은닉죄에서 설명한 것과 같다.

5. 죄수 및 다른 죄와의 관계

증거에 대한 인멸, 은닉, 위조, 변조, 사용행위는 포괄일죄의 관계에 있으므로 위조·변

332) 대법원 2021.1.28. 선고 2020도2642 판결.
333) 대법원 1998.2.10. 선고 97도2961 판결.
334) 대법원 1995.4.7. 선고 94도3412 판결.
335) 대법원 2013.12.26. 선고 2013도8085, 2013전도165 판결.
336) 대법원 2003.12.12. 선고 2003도4533 판결.

조한 후 이를 사용하면 증거사용죄로 하나의 증거인멸죄가 된다.

공무원이 업무처리과정에서 작위범인 증거인멸죄를 범한 경우 별도로 부작위범인 직무유기죄는 성립하지 않으며 작위범인 증거인멸죄만 성립한다.[337] 판례는 직무위배의 위법상태가 증거인멸행위 속에 포함되어 있는 것으로 본다.

Ⅵ. 증인은닉·도피죄

> 제155조 (증거인멸등과 친족간의 특례) ② 타인의 형사사건 또는 징계사건에 관한 증인을 은닉 또는 도피하게 한 자도 제1항의 형과 같다.
> ④ 친족 또는 동거의 가족이 본인을 위하여 본조의 죄를 범한 때에는 처벌하지 아니한다.

1. 의의

증인은닉·도피죄는 타인의 형사사건 또는 징계사건에 관한 증인을 은닉 또는 도피하게 한 경우에 성립하는 범죄이다. 증거인멸죄의 수정적 구성요건이다. 증인을 객체로 한다는 점을 제외하고는 증거인멸죄와 그 성격이 같다.

2. 객체: 증인

본죄의 객체는 타인의 형사사건 또는 징계사건에 관한 증인이다. 증인에는 형사소송법상 증인뿐만 아니라 수사기관에서 조사하는 참고인도 포함된다.

피고인은 증거방법에 불과하므로 범인은닉죄의 객체가 되며 본죄의 증인은 될 수 없다. 우리 형사소송법에서 피고인의 지위는 당해 소송에서 제3자가 아니며 피고인의 증인적격을 인정하면 피고인은 증언의무를 부담하게 된다. 결국 피고인의 진술거부권은 의미가 없어져 버린다는 점에서 피고인은 증인이 될 수 없다. 피고인을 은닉했다면 본죄가 아니라 범인은닉죄가 성립한다.

피고인 자신을 위해 증인을 도피하게 한 행위는 본죄가 성립하지 않는다. 피고인 자신

337) 대법원 2006.10.19. 선고 2005도3909 전원합의체 판결.

을 위해 증인을 도피하게 한 행위가 동시에 다른 공범자의 형사사건이나 징계사건에 관한 증인을 도피하게 한 결과로 되는 경우에도 증인도피죄로 처벌할 수 없다.[338)]

3. 행위: 은닉 또는 도피

본죄의 행위는 증인을 은닉 또는 도피하게 하는 것이다. 은닉은 증인의 출석을 방해하거나 곤란하게 하는 일체의 행위를 말한다. 도피하게 하는 것은 은닉 이외의 방법으로 증인의 출석을 곤란하게 하거나 불가능하게 하는 일체의 행위를 말한다.

4. 친족 간의 특례

친족 또는 동거의 가족이 본인을 위하여 본죄를 범한 때에는 처벌하지 아니한다. 이 특례가 가지는 형법적 쟁점, 즉 법적 성질, 적용 범위, 특례와 공범 관계 등에 대한 설명은 범인은닉죄에서 설명한 것과 같다.

Ⅶ. 모해목적증거인멸죄

제155조 (증거인멸등과 친족간의 특례) ③ 피고인, 피의자 또는 징계혐의자를 모해할 목적으로 전2항의 죄를 범한 자는 10년 이하의 징역에 처한다.
④ 친족 또는 동거의 가족이 본인을 위하여 본조의 죄를 범한 때에는 처벌하지 아니한다.

모해목적증거인멸죄는 피고인, 피의자 또는 징계혐의자를 모해할 목적으로 타인의 형사사건이나 징계사건에 관한 증거를 인멸·은닉·위조·변조하거나 위조·변조한 증거를 사용하는 경우 또는 증인을 은닉·도피하게 하는 경우에 성립하는 범죄이다.

모해목적이 있기 때문에 증거인멸죄와 증인은닉도피죄에 비하여 형이 가중되는 가중적 구성요건이다. 친족 간의 특례조항이 있다.

---

338) 대법원 2003.3.14. 선고 2002도6134 판결.

제5절 무고의 죄

Ⅰ. 총설

1. 의의

무고의 죄는 타인으로 하여금 형사처분 또는 징계처분을 받게 할 목적으로 공무소 또는 공무원에 대하여 허위의 사실을 신고함으로써 성립하는 범죄이다.

2. 무고죄의 본질

무고죄의 본질에 대하여 견해의 대립이 있다. 개인적 법익침해설에 따르면 피무고자를 부당한 형사처분이나 징계처분을 받을 고통과 위험으로부터 구제하기 위한 개인적 이익을 보호하기 위한 범죄로 보며, 국가적 법익침해설에 따르면 국가의 형사 또는 징계권의 적정을 저해하는 범죄로 본다. 절충설은 국가의 형사 또는 징계권의 적정한 행사뿐만 아니라 피무고자 개인의 이익을 보호하는 범죄로 본다.

판례에 따르면 무고죄는 국가의 형사사법권 또는 징계권의 적정한 행사를 주된 보호법익으로 하고, 개인의 부당하게 처벌 또는 징계받지 아니할 이익을 부수적으로 보호하는 죄라고 한다. 따라서 무고에 있어서 피무고자의 승낙이 있었다고 하더라도 무고죄는 성립한다.[339)]

생각건대, 무고죄는 국가의 심판기능이라는 국가적 법익을 보호하면서도 동시에 피무고자가 부당한 처벌이나 처분을 받지 않을 개인적 법익도 보호하는 것으로 보는 것이 타당하다. 피무고자의 승낙이 있었다고 하더라도 본죄가 성립한다는 점은 국가적 법익을 보호대상으로 한다는 것을, 타인으로 하여금 형사처분이나 징계처분을 받게 할 목적을 요구한다는 점에서 피무고자의 이익을 침해한다는 것으로 이해할 수 있다.

3. 보호법익과 보호 정도

본죄의 주된 보호법익은 국가의 심판기능 내지 형사 또는 징계권의 적정한 행사이다. 형사 또는 징계처분에 대한 절차 개시의 적정, 수사권 또는 징계를 위한 조사권의 적정을

339) 대법원 2005.9.30. 선고 2005도2712 판결.

의미한다. 부차적 보호법익은 피무고자가 부당하게 처벌 또는 징계받지 아니할 이익이다. 보호 정도는 추상적 위험범이다.

Ⅱ. 무고죄

> 제156조 (무고) 타인으로 하여금 형사처분 또는 징계처분을 받게 할 목적으로 공무소 또는 공무원에 대하여 허위의 사실을 신고한 자는 10년 이하의 징역 또는 1천500만원 이하의 벌금에 처한다.
> 제157조 (자백, 자수) 제153조는 전조에 준용한다.
> 제153조 (자백, 자수) 전조의 죄를 범한 자가 그 공술한 사건의 재판 또는 징계처분이 확정되기 전에 자백 또는 자수한 때에는 그 형을 감경 또는 면제한다.

1. 의의

무고죄는 타인으로 하여금 형사처분 또는 징계처분을 받게 할 목적으로 공무소 또는 공무원에 대하여 허위의 사실을 신고한 경우에 성립하는 범죄이다. 추상적 위험범이며 목적범이다.

2. 주체

본죄의 주체는 제한이 없는 일반범이다. 고발내용을 기재한 고소장의 명의가 타인으로 되어 있는 경우 실제로 수사기관에 제출하고 수사기관에 대하여 고발인 진술을 하는 등 고발행위를 주도한 자가 있다면 그 자가 무고죄의 주체가 된다.[340)]

3. 행위: 공무소 또는 공무원에 대하여 허위의 사실을 신고

가. 행위의 상대방: 공무소 또는 공무원에 대하여

무고행위는 공무소 또는 공무원에게 하여야 한다. '공무소 또는 공무원'은 신고내용이

340) 대법원 1989.9.26. 선고 88도1533 판결.

되는 형사처분·징계처분을 처리할 수 있는 해당 관서 또는 그 소속 공무원을 말한다. 따라서 형사처분의 경우에는 수사기관인 검사 또는 사법경찰관뿐만 아니라 그 보조자를 말한다. 징계처분은 공법상 감독관계에서 질서유지를 위하여 과하는 신분적 제재를 말한다. 징계처분의 경우에는 징계처분을 할 수 있는 직권 있는 소속장뿐만 아니라 위반사항을 기관장에게 상신하여 징계처분을 촉구할 수 있는 기관도 포함된다.

판례에 따르면 수사기관을 통할하는 대통령,[341] 관내 경찰서장을 지휘·감독하는 도지사,[342] 조세범칙행위에 대해 고발권이 있는 국세청장[343]에게 제출한 경우 공무소 또는 공무원에게 제출한 경우에 해당하기 때문에 무고죄가 성립한다. 그러나 농협협동조합중앙회나 중앙회장은 신고행위의 상대방이 될 수 없다.[344]

나. 허위의 사실

(1) 의의

허위의 사실이란 객관적 진실에 반하는 것을 말한다. 따라서 신고자가 신고내용을 허위라고 믿었다 하더라도 그것이 객관적 진실에 부합할 때에는 허위사실의 신고에 해당하지 않기 때문에 무고죄는 성립하지 않는다.[345] 행위자의 행위로 인하여 국가의 심판기능이나 개인이 무고하게 피해를 입었다고 볼 수 없기 때문이다. 또한 허위사실이라도 행위자가 이를 진실한 사실이라고 오신하고 신고한 때에는 무고의 고의가 없으므로 본죄는 성립하지 않는다.[346]

(2) 허위성의 판단 방법

신고된 사실이 허위인가 아닌가의 여부는 사실의 핵심 또는 중요내용이 객관적 진실과 부합하는가에 따라서 판단해야 한다. 따라서 일부 객관적 진실에 반하는 내용이 포함되어 있더라도 그것이 정황을 다소 과장한 정도에 불과할 경우에는 허위사실이라고 볼 수 없다. 일부만이 허위사실인 경우 그것이 고소사실의 전체 성질을 변경시키는 경우에는 허위신고에 해당하지만, 허위의 일부사실의 존부가 전체적으로 보아 범죄사실의 성립 여부에 직접 영향을 줄 정도에 이르지 아니하는 내용에 관계된 경우에는 무고죄가 되지 않는다.

---

341) 대법원 1977.6.28. 선고 77도1445 판결.

342) 대법원 1982.11.23. 선고 81도2380 판결.

343) 대법원 1991.12.13. 선고 91도2127 판결.

344) 대법원 1980.2.12. 선고 79도3109 판결.

345) 미수범 처벌 규정이 없으므로 불능미수의 처벌 가능성도 없다(손동권/김재윤, 869면).

346) 대법원 2003.1.24. 선고 2002도5939 판결.

객관적 사실관계를 그대로 신고한 이상 그러한 사실관계를 토대로 한 나름대로의 주관적 법률평가를 잘못하고 이를 신고하였다고 하여 그 사실만 가지고 허위의 사실을 신고한 것에 해당한다고 할 수 없다.[347]

신고한 사실이 객관적 진실에 반하는 허위 사실이라는 요건은 적극적 증명이 있어야 하고, 신고사실의 진실성을 인정할 수 없다는 소극적 증명만으로 곧 그 신고사실이 객관적 진실에 반하는 허위의 사실이라 단정하여 무고죄의 성립을 인정할 수는 없다.[348]

예를 들면 도박자금으로 대여한 금전의 용도에 대하여 적극적으로 다른 용도를 제시하면서 허위로 신고한 경우[349]에는 허위사실이지만, 고소인이 차용사기로 고소함에 있어서 단순히 차용인이 변제의사와 능력의 유무에 관하여 기망하였다는 내용으로 고소한 경우 차용금의 용도를 묵비한 경우[350]는 무고죄가 되지 않는다.

(3) 구체적인 사례

'허위의 사실인 경우'에 해당하는 것으로는 신고한 사실은 진실이나 형사책임을 부담할 자에게 범죄성립을 조각하는 위법성조각사유가 있음을 알고도 이를 숨기고 신고한 경우,[351] 경찰관이 갑을 현행범으로 체포하려는 상황에서 을이 경찰관을 폭행하여 을을 현행범으로 체포하였는데, 을이 경찰관의 현행범 체포업무를 방해한 일이 없다며 경찰관을 불법체포로 고소한 경우,[352] 객관적으로 공소시효가 완성된 사실에 대하여 공소시효가 완성되지 않은 것처럼 고소한 경우,[353] 도박자금으로 대여한 금전의 용도에 대하여 허위로 신고한 경우[354]가 있다.

'허위의 사실이 아닌 경우'에 해당하는 것으로는 신고된 사실에 의하여 형사상 처벌을 면할 수 없는 이상 허위인 일부사실의 존부가 범죄사실 또는 징계사유의 성부에 직접 영향을 줄 정도에 이르지 않는 경우, 사실을 다소 과장한 경우,[355] 객관적 사실관계와는 일치하지만 법률적 평가를 잘못하거나 죄명을 잘못 적은 것에 지나지 않은 때,[356] 신고한 사

---

347) 대법원 2024.5.30. 선고 2021도2656 판결; 대법원 2020.8.27. 선고 2020도1842 판결; 대법원 2015.10.15. 선고 2014도13516 판결.

348) 대법원 2019.7.11. 선고 2018도2614 판결.

349) 대법원 2004.1.16. 선고 2003도7178 판결.

350) 대법원 2004.12.9. 선고 2004도2212 판결.

351) 대법원 1998.3.24. 선고 97도2956 판결.

352) 대법원 2009.1.30. 선고 2008도8573 판결.

353) 대법원 1995.12.5. 선고 95도1908 판결.

354) 대법원 2004.1.16. 선고 2003도7178 판결.

355) 대법원 1996.5.31. 선고 96도771 판결.

356) 대법원 1985.6.25. 선고 83도3245 판결.

실은 진실이나 형사책임을 부담할 자를 잘못 선택한 경우,[357] 고소장에 대여금의 액수가 부풀려져 있었던 경우[358]가 있다.

(4) 허위사실 적시의 정도

무고죄에 있어서 허위사실 적시의 정도는 수사관서 또는 감독관서에 대하여 수사권 또는 징계권의 발동을 촉구하는 정도의 것이면 충분하고 반드시 범죄구성요건 사실이나 징계요건 사실을 구체적으로 명시하여야 하는 것은 아니다.[359] 허위의 사실을 신고하였다 하더라도 그 사실 자체가 형사범죄로 구성되지 아니한다면 무고죄는 성립하지 아니한다. "피고소인이 송이의 채취권을 이중으로 양도하여 손해를 입었으니 엄벌하여 달라"는 내용의 고소사실이 횡령죄나 배임죄 기타 형사범죄를 구성하지 않는 내용의 신고에 불과하여 그 신고 내용이 허위라고 하더라도 무고죄가 성립할 수 없다.[360]

신고사실이 허위일지라도 형벌권행사를 위한 조사가 전혀 필요없음이 명백한 경우에는 무고죄가 성립하지 않는다. 따라서 그 사실이 사면이 되어 공소권이 소멸되었음이 분명한 경우,[361] 허위사실을 신고하였다고 하더라도 그 사실 자체가 범죄로 구성되지 아니하는 경우,[362] 신고내용 자체에 의하여 공소시효가 완성되었음이 분명한 경우,[363] 신고사실에 대하여 벌칙조항이 없는 경우[364]에는 국가기관의 직무를 그르치게 할 위험이 없으므로 이러한 경우에는 무고죄는 성립하지 아니한다.

다. 신고

허위사실을 신고하는 방법과 수단에는 제한이 없다. 일반적으로 고소 또는 고발의 형식에 의해서 이루어진다. 서면·구두에 의해서도 가능하다. 서면에 의한 경우 그 명칭이 고소장·고발장·진정서이건 상관이 없으며, 익명으로 하든 타인 명의를 사용하여도 무방하다.

허위사실의 신고는 자진하여 사실을 고지하여야 한다. 즉 자발성이 있어야 한다.[365] 따라서 공동피고인 중 1인이 자기범죄로 조사를 받는 과정에서 사법경찰관 및 검사의 신문

---

357) 대법원 1982.4.27. 선고 81도2341 판결.
358) 대법원 2003.1.24. 선고 2002도5939 판결.
359) 대법원 2006.5.25. 선고 2005도4642 판결.
360) 대법원 2007.4.13. 선고 2006도558 판결.
361) 대법원 1970.3.24. 선고 69도2330 판결.
362) 대법원 2007.4.13. 선고 2006도558 판결.
363) 대법원 1994.2.8. 선고 93도3445 판결.
364) 대법원 1976.10.26. 선고 75도1657 판결.
365) 대법원 2005.12.22. 선고 2005도3203 판결.

에 따라 다른 공동피고인의 범죄사실을 허위로 진술한 경우에는 이를 무고라 할 수 없다. 뿐만 아니라 정보원이 수사기관의 요청에 응하여 지득한 사실이나 정보를 제공하는 경우도 신고라고 할 수 없다. 하지만 고소장에 기재하지 않은 사실을 수사기관에서 고소보충조서를 받으면서 자진하여 허위사실을 진술한 경우[366]는 본죄의 신고에 해당한다.

4. 기수 시기

허위사실의 신고가 공무소 또는 공무원에게 도달한 때에 기수가 된다. 따라서 구두로 신고한 경우에는 진술과 동시에 기수가 되며, 문서로 발송할 때에는 그 문서가 도달했을 때 기수가 된다. 수사관이나 조사관이 열람할 수 있는 상태에 있으면 충분하고 반드시 문서가 접수되었거나 현실적으로 열람하였음이 필요하지 않다. 실제로 수사 개시나 공소제기가 될 필요는 없다,

신고가 도달한 이상 이후 무고문서를 되돌려 받았다고 하더라도 본죄의 성립에는 영향이 없다.[367] 무고행위 당시 형사처분의 대상이 될 수 있었던 허위신고사실이 사후적인 판례변경에 따라 범죄가 되지 않게 된 경우에도 이미 기수가 된 무고죄 성립에는 영향이 없다.[368]

본죄는 미수범 처벌 규정이 없으므로 허위신고 자체가 도달하지 않는 경우 범죄가 성립하지 않는다.

5. 고의와 목적

가. 미필적 고의

본죄의 고의는 공무소 또는 공무원에 대하여 허위의 사실을 신고한다는 인식이다. 객관적 진실과 일치하지 않는다 하더라도 행위자가 진실이라고 확신하고 신고하였을 때는 무고죄가 성립하지 않는다. 허위의 사실의 인식의 정도에 대하여 확정적 고의가 있어야 하는지 미필적 고의로 족하다고 하는지에 대하여 견해의 대립이 있다. 확정적 인식설은 허위사실에 대한 인식이 미필적 인식으로 족하다고 하면 행위자가 객관적 진실이라는 확인 없이 고소·고발하는 경우에도 무고의 고의가 인정되어 처벌의 범위가 넓어져 고소·고발권이 제한된다는 점을 그 이유로 한다.[369] 이에 대해 미필적 인식설은 무고의 성립을 제

366) 대법원 1996.2.9. 선고 95도2652 판결.

367) 대법원 1985.2.8. 선고 84도2215 판결.

368) 대법원 2017.5.30. 선고 2015도15398 판결.

369) 김일수/서보학, 942면; 이재상/장영민/강동범, 809면; 임웅/이현정/박성민, 1059면; 정성근/박광민, 924면.

한하기 위하여 목적을 요구하고 있다는 점, 확정적 인식을 요구하게 되면 진실하다고 적극적으로 확신하지 않는 모든 경우에 무고의 고의가 부정될 수 있다는 점, 피무고자의 법적 지위가 불안정해질 수 있다는 점에서 미필적 인식만으로도 충분하다고 한다.[370)]

판례는 미필적 고의만으로도 충분하다는 입장이다. 따라서 신고자가 허위라고 확신한 사실을 신고한 경우뿐만 아니라 진실하다는 확신 없는 사실을 신고하는 경우에도 그 범의를 인정할 수 있다.[371)]

생각건대, 미필적 고의만으로도 충분하다고 보는 것이 타당하다. 처벌의 범위가 넓어질 수 있다는 점에서 확정적 고의가 필요하다는 견해 또한 설득력이 있다. 확정적 인식이 필요하다면 불확실한 상태에서 고소·고발이 이루어진 경우 무고죄가 성립하지 않는다는 문제점이 있다. 미필적 고의를 인정한다고 하더라도 목적이 다시 이를 제한할 수 있다는 점에서 본죄의 고의는 미필적 고의만으로도 충분하다고 생각한다.

나. 타인으로 하여금 형사처분 또는 징계처분을 받게 할 목적

(1) 의의

본죄는 목적범이므로 타인으로 하여금 형사처분 또는 징계처분을 받게 할 목적이 있어야 한다. 목적 없이 혐의 있는 사실에 대하여 진정한 수사를 하여 흑백을 가려 달라고 신고한 경우에는 본죄가 성립하지 않는다.[372)] 형사처분을 받게 할 목적은 허위신고를 하면서 다른 사람이 그로 인하여 형사처분을 받게 될 것이라는 인식이 있으면 충분하고 그 결과의 발생을 희망할 필요까지는 없다.[373)]

(2) 타인무고

무고죄가 성립하기 위해서는 타인으로 하여금 형사처분을 받게 할 목적이 있어야 한다. 타인은 특정된 실재인이어야 한다. 따라서 사자나 허무인에 대한 무고는 성립하지 않는다. 따라서 갑이 이미 죽은 사람인 A가 살인을 하였다고 허위의 내용을 수사기관에 신고한 경우 무고죄는 성립하지 않는다.

---

370) 김성돈, 884면; 손동권/김재윤, 871면.

371) 대법원 2022.6.30. 선고 2022도3413 판결.

372) 대법원 1978.8.22. 선고 78도1357 판결.

373) 대법원 2022.6.30. 선고 2022도3413 판결.

(3) 자기무고의 경우

(가) 쟁점

자기무고(自己誣告)는 주로 범죄 위장의 목적으로 진범인을 대신하여 자신이 범죄자라고 자수하거나 신고하는 경우에 자기에 대한 무고죄가 성립할 수 있는지 문제된다. 타인이 낸 교통사고를 자기가 낸 사고라고 신고한 경우처럼 타인의 범죄를 자기의 범죄로 허위신고한 경우가 이에 해당한다.

(나) 자기무고와 공동정범

무고의 대상은 타인이어야 하므로 자기 자신으로 하여금 형사처분 또는 징계처분을 받게 할 목적으로 허위의 사실을 신고하는 행위, 즉 자기 자신을 무고하는 자기무고는 무고죄의 구성요건에 해당하지 않기 때문에 무고죄가 성립하지 않는다. 자기 자신을 무고하기로 제3자와 공모하고 이에 따라 무고행위에 가담하였더라도 이는 범죄가 성립할 수 없는 행위를 실현하고자 한 것에 지나지 않으므로 무고죄의 공동정범으로 처벌할 수 없다.[374] 판례도 마찬가지다.

타인이 낸 교통사고를 자기가 낸 사고라고 신고한 경우는 무고죄가 아니라 범인은닉죄가 성립한다고 보는 것이 타당하다.

(다) 자기무고의 교사·방조범

타인에게 자신을 무고하도록 교사한 경우에 무고죄의 교사범이 성립할 수 있는가에 대하여 견해의 대립이 있다. 부정설은 자기무고가 무고죄의 구성요건에도 해당하지 않기 때문에 제한종속형식에 따라 무고죄의 성립을 부정한다. 긍정설은 무고죄의 본질이 일차적으로 국가의 형사사법기능의 훼손을 방지한다는 점에서 무고죄의 성립을 긍정한다.

판례는 타인인 제3자의 행위는 무고죄의 구성요건에 해당하기 때문에 제3자를 교사·방조한 피무고자도 자기무고의 교사범의 성립을 인정한다. 피무고자의 교사·방조 하에 제3자가 피무고자에 대한 허위의 사실을 신고한 경우에는 제3자의 행위는 무고죄의 구성요건에 해당하여 무고죄를 구성하므로, 제3자를 교사·방조한 피무고자도 교사·방조범으로서의 죄책을 부담한다.[375]

생각건대, 타인에게 자기를 무고하도록 교사하는 자기무고의 교사의 경우 자기무고는 구성요건해당성이 없으므로 무고죄의 정범이 성립하지 않는다. 공범이 성립하기 위해서

---

374) 대법원 2017.4.26. 선고 2013도12592 판결.

375) 대법원 2008.10.23. 선고 2008도4852 판결.

는 정범이 전제되어야 하는데 공범이 종속할 정범이 없다. 따라서 교사범·방조범도 성립할 수 없다고 보는 것이 타당하다.

(4) 형사처분 또는 징계처분

형사처분 또는 징계처분을 받게 할 목적이 있어야 한다. 형사처분에는 형벌 이외에 보안처분·보호처분도 포함된다. 징계처분에는 공법상 특별권력관계에 의한 제재만을 의미하며 사법적 법률관계에서 나오는 징계처분은 이에 해당하지 않는다. 사립학교 교원에 대한 학교법인 등의 징계처분은 형법 제156조의 '징계처분'에 포함되지 않는다.[376)]

판례에 따르면 갑이 변호사인 피해자로 하여금 징계처분을 받게 할 목적으로 서울지방변호사회에 허위 내용의 진정서를 제출한 경우 변호사에 대한 징계절차는 변호사의 공익적 지위에 기인하여 공법상 특별권력관계에 준한 것으로 보아 무고죄가 성립하지만,[377)] 갑이 사립대학교 교수인 피해자로 하여금 징계처분을 받게 할 목적으로 국민권익위원회에서 운영하는 범정부 국민포털인 국민신문고에 민원을 제기한 경우 사립학교 법인과 교원의 관계는 사법상 법률관계이므로 무고죄가 성립하지 않는다.[378)]

6. 위법성조각

무고죄는 개인이 부당하게 처벌 또는 징계받지 아니할 이익도 보호하는 범죄유형이지만, 이는 부수적으로 보호하는 법익이며 주된 보호법익은 국가의 형사사법권 또는 징계권의 적정한 행사이다. 따라서 무고에 있어서 피무고자의 승낙이 있었다고 하더라도 무고죄의 위법성은 조각되지 않는다.[379)]

7. 죄수

무고죄의 죄수는 무고자의 수를 기준으로 한다. 따라서 한 개의 행위로 수인을 무고한 경우 수인의 법익을 침해할 뿐만 아니라 국가적 법익론에 의할 때에도 국가의 심판기능은 사람에 따라 별도로 발생하므로 수죄의 상상적 경합이 된다.

동일인에 대하여 동일한 무고사실을 기재한 서면을 순차적으로 수사기관에 제출한 때

376) 대법원 2014.7.24. 선고 2014도6377 판결.
377) 대법원 2010.11.25. 선고 2010도10202 판결.
378) 대법원 2014.7.24. 선고 2014도6377 판결.
379) 대법원 2005.9.30. 선고 2005도2712 판결.

에는 포괄일죄의 요건을 갖추면 일죄가 되지만, 제출한 수사기관이 다르거나 범의의 갱신이 있는 경우에는 수죄의 실체적 경합이 된다.

8. 자수·자백에 대한 특례

본죄를 범한 자가 그 신고한 사건의 재판 또는 징계처분이 확정되기 전에 자수 또는 자백을 한 때에는 그 형을 감경 또는 면제한다(제157조, 제153조). 자백의 절차에 관해서는 아무런 법령상의 제한이 없으므로 그가 신고한 사건을 다루는 기관에 대한 고백이나 그 사건을 다루는 재판부에 증인으로 다시 출석하여 전에 그가 한 신고가 허위의 사실이었음을 고백하는 것은 물론 무고 사건의 피고인 또는 피의자로서 법원이나 수사기관에서의 신문에 의한 고백 또한 자백의 개념에 포함된다.[380] 피고인의 고소 사건 수사 결과 피고인의 무고 혐의가 밝혀져 피고인에 대한 공소가 제기되고 피고소인에 대해서는 불기소결정이 내려져 재판절차가 개시되지 않은 경우도 포함된다.[381]

380) 대법원 2018.8.1. 선고 2018도7293 판결.

381) 대법원 2021.1.14. 선고 2020도13077 판결.

판례색인

사항색인

ㄱ

ㅂ

ㅇ

ㅈ

ㅊ

ㅋ

ㅌ

참고문헌

김성돈, 형법각론 제9판, 2024, 박영사.
김성천/김형준, 형법각론 제6판, 2017, 소진.
김신규, 형법각론 강의, 2021, 박영사.
김일수/서보학, 새로쓴 형법각론, 2018, 박영사.
김태명, 판례형법각론 제3판, 2018, 피앤씨미디어.
김혜정/박미숙/안경옥/원혜욱/이인영, 형법각론, 2024, 정독
박상기/전지연, 형법학 제4판, 2018, 집현재.
박찬걸, 형법각론 제2판, 2022, 박영사.
배종대, 형법각론, 제15판, 2024, 홍문사.
손동권/김재윤, 새로운 형법각론, 2022, 율곡출판사.
신동운, 형법각론 제3판, 2023, 법문사.
신양균/조기영, 판례교재 형법각론 제2판, 2022, 박영사.
오영근/노수환, 형법각론 제9판, 2025, 박영사.
이정원/이석배/정배근, 형법각론, 2023, 박영사.
이재상/장영민/강동범, 형법각론 제11판, 2020, 박영사.
임웅/이현정/박성민, 형법각론 제14정판, 2024, 법문사.
이형국/김혜경, 형법각론 제3판, 2023, 법문사.
정성근/정준섭, 형법강의 각론 제2판, 2022, 박영사.
정영일, 형법각론 제2판, 2022, 학림.
조광훈, 형법각론, 2025, 진원북스.
한국사법행정학회, 주석 형법(각칙 1 - 각칙 5) 제6판, 2024.
한국형사판례연구회, 형법판례 150선 제3판, 박영사.
한국형사판례연구회, 형사판례연구 제1권-제30권, 박영사.

저자 약력

최 호 진(崔豪珍)

세상의 문제를 해결하는데 형법이 최우선적 도구가 될 수 없다는 것을 믿는 형법학자이다. 새로운 범죄 현상에 대한 형사법적 대응 방안에 관심이 많다. 사이버범죄, 인공지능, 가상자산 등 정보사회의 등장으로 인한 범죄 현상과 그에 대한 형법 이론적 문제점과 정책적 연구를 수행하고 있다.

[학력 및 주요 경력]
경북대학교 대학원 박사과정 졸업 (법학박사)
현재 단국대학교 법과대학 법학과 교수
한국비교형사법학회 학회장
한국형사법학회, 한국형사정책학회 (전) 부회장
수원지방검찰청 형사상고심의위원회 위원
서울지방경찰청 경찰수사 심의위원회 위원
경기남부경찰청 피해자보호추진위원회 위원
서울중앙지방검찰청 범죄피해자재산환부심의 위원
서울지방경찰청 시민감찰위원회 위원
법무부 디지털 성범죄 TF 자문위원
대검찰청 검찰수사심의회 위원
국무조정실 정부업무평가 전문가평가 위원
대법원 양형위원회 전문위원
수원고등검찰청 형사상고심의위원회 위원장
수원고등검찰청 영장심의위원회 위원

[주요 논문]
인공지능과 형법 책임 귀속의 한계와 가능성(2024)
사회상규에 의한 정당행위 판단기준(2024)
인공지능의 형사상 책임능력(2024)
가상자산 발행 및 투자유치에 대한 형법적 검토(2023)
일수벌금형 제도 도입에 대한 정당성(2023)
암호화폐 또는 가상자산의 형법적 성격(2022)
양형기준에 있어서 자유형·벌금형 선택 기준(2022)
정보통신망법의 악성프로그램에 대한 형법정책(2020)
청탁금지법의 허용된 금품수수의 규정체계와 이에 대한 형법해석학적 방향(2020)
수사권조정에 있어서 경찰의 송치·불송치 결정에 대한 몇 가지 문제점(2020)
저장된 데이터의 보전명령제도 도입을 위한 시론(2019)
비트코인에 대한 몰수 가능성(2018)

제2판

형법각론

초판발행 2022년 1월 25일
제2판발행 2025년 8월 20일

지은이 최호진
펴낸이 안종만·안상준

편 집 장유나
기획/마케팅 장규식
표지디자인 권아린
제 작 고철민·김원표

펴낸곳 (주) 박영사(주) 박영사
서울특별시 금천구 가산디지털2로 53, 210호(가산동, 한라시그마밸리)
등록 1959.3.11. 제300-1959-1호(倫)
전 화 02)733-6771
f a x 02)736-4818
e-mail pys@pybook.co.kr
homepage www.pybook.co.kr
ISBN 979-11-303-2444-9 93360

정 가 65,000원